Finances publiques/Public finance

Collection dirigée par/Collection directed by Thierry Lambert

Les finances publiques connaissent un développement important et se diversifient. Cette discipline couvre notamment les finances de l'État, le droit public financier, le droit fiscal, les finances communautaires, les finances locales, les finances sociales, les finances internationales et comparées, les procédures fiscales ainsi que le droit douanier. Ces questions peuvent être envisagées dans un cadre national, communautaire ou mondial.

La présente collection a pour vocation de publier des travaux originaux (thèses, essais, colloques...) ou de facture plus classique (manuels, commentaires de textes, recueils de documents...).

Elle a aussi pour ambition de rééditer des ouvrages aujourd'hui introuvables, mais fort utiles, dès lors qu'ils s'imposent comme référence et qu'ils sont agrémentés d'une préface substantielle.

Public finance steadily developing and diversifying. This discipline more particulary covers state finance, public finance law, tax law, EU finance, local finance, social finance, international and comparative finance, tax procedures and customs law. Those questions can be considered within a national community or global framework.

The aim of this collection is to publish original works (theses, essays, symposiums...) or more traditional ones (textbooks text analyses, collections of documents ...).

In addition, it is meant to re-publish books which are currently untraceable no matter how useful provided they stand as genuine references and contain substantial prefaces.

Dernières parutions

Jennyfer PILOTIN, *Le secret en matière fiscale*, 2022.
Gbandi NADJOMBE, *La fiscalité privilégiée en propriété industrielle. Contribution à la cohérence d'une fiscalité au service de l'innovation*, 2022.
Jean-Bosco KAOMBA MUTUMBA, *La gestion des finances publiques en République démocratique du Congo*, 2021.
Vincent DREZET, Ophélie VILDEY, *Notre argent public, pour mieux vivre ensemble*, 2020.
Mohamed HARAKAT, *Finances publiques et réformes de l'État, le cas du Maroc*, 2020.
Mathurin MBOUNOU-NGOPO, *La fiscalité et l'impératif de développement du Centrafrique,* 2019.
Emmanuel JOANNARD-LARDANT, *L'établissement de la preuve fiscale : essai de droit processuel*, 2019.
Dominique VILLEMOT, *Le débat fiscal : une passion française,* 2019.

La proportionnalité en droit fiscal

5-7, rue de l'École-Polytechnique ; 75005 Paris

http://www.editions-harmattan.fr/

ISBN : 978-2-14-049186-3
EAN : 9782140491863

Marie-Caroline Lefebvre

La proportionnalité en droit fiscal

Tome 1
Une action régulatrice, par la structuration, dans la création de la norme fiscale

Préface d'Emmanuel Kornprobst

L'Harmattan

Du même auteur

La proportionnalité en droit fiscal. Tome 2 : l'action modératrice, par l'adaptation, de la proportionnalité dans l'application de la norme fiscale, éditions L'Harmattan, 2023

REMERCIEMENTS

Je tiens tout d'abord à remercier mon directeur de thèse pour sa confiance et son soutien. Mes remerciements s'adressent également aux professeurs qui ont accepté de siéger dans mon jury de thèse et de prendre le temps d'évaluer ce long travail, et tout particulièrement à Emmanuel KORNPROBST à qui j'exprime toute ma gratitude pour sa confiance et sa rigueur, ainsi que la pertinence de ses conseils

Source d'enrichissements tout autant qu'épreuve d'endurance, ma thèse n'aurait pu voir le jour sans le soutien indéfectible de mes amis et de ma famille.

Par-delà les difficultés de tous ordres, votre confiance et vos encouragements, vos conseils, et vos relectures aussi, m'ont maintenu dans un mouvement d'achèvement et de réalisation d'un projet, d'une idée, et plus encore, de réalisation de soi. Les mots sont bien peu de choses pour exprimer toute ma reconnaissance : à toi, Emmanuel, pour avoir toujours cru en mes capacités, à toi, Elsa, pour ta confiance et ton soutien sincères, ton aide dans les épreuves de la vie, à toi, Carolline, pour ton soutien, à vous, Céline et Marie-Pascale, pour vos relectures avisées et vos encouragements, à vous, Christophe, Adèle et Khalil, Clément, Yannis et Gwenola, pour votre amitié, vos encouragements et vos conseils, à vous encore, Christine et Béatrice, pour votre écoute et votre appui immuable, à vous aussi, Line, Perrine et Fouma, Dany, à vous enfin, ma mère et ma sœur, pour votre aide précieuse, vos encouragements continus et vos relectures assidues, et à toi, Julien qui, au quotidien, m'apporte soutien et réconfort avec nos enfants.

A vous tous, et à vous encore que je n'ai pas cités, je vous remercie de m'avoir encouragée et accompagnée sur le chemin de la liberté, ô combien merveilleuse et précise, absolue et fragile, la liberté d'être.

PRÉFACE

La proportionnalité…est tout à la fois un concept philosophique, un principe général du droit et une notion fonctionnelle.

En tant que concept philosophique, elle vient humaniser la notion de proportion qui est du domaine de la nature et non de la raison. En tant que principe général du droit, elle vient adapter notre droit positif en structurant la norme juridique. En tant que notion fonctionnelle, elle vient régir l'application qui doit en être faite par le juge.

C'est dire qu'elle est présente dans la formation de toutes les sources du droit, depuis la Constitution jusque dans la jurisprudence, en passant par le droit européen, le droit conventionnel ou encore la loi interne.

Trois difficultés se présentaient, alors, pour l'auteure. En premier lieu, il s'agit d'une notion relative qui évolue avec le temps, en nous faisant passer de la justice commutative, à la justice distributive et à la justice sociale, jusqu'à l'équité.

En deuxième lieu, il s'agit d'une notion sémantique protéiforme qui peut tout aussi bien se révéler sous son vrai nom que sous une terminologie synonyme, comme le principe d'égalité devant les charges publiques, ou même encore, être dégagée en tant que principe supérieur applicable même en l'absence de texte.

En troisième lieu, il s'agit d'une notion subjective qu'au final, il reviendra au juge de l'impôt d'interpréter sous le contrôle des juridictions suprêmes.

Le premier grand mérite de la thèse de Marie-Caroline Lefebvre est d'avoir pris la mesure de la tâche qui s'imposait à elle, en effectuant une recherche systématique de cette notion de proportionnalité dans notre droit fiscal à partir d'un examen de toutes les sources du droit, Constitution, droit européen, conventions fiscales, loi, jurisprudence, doctrine administrative opposable.

Ce travail n'avait jamais été fait auparavant et supposait une parfaite maitrise du concept, de la notion et de la jurisprudence, ce qui en droit fiscal, prend une dimension stratosphérique du fait, tout d'abord, de la pluralité des sources, ensuite de la pluralité de la sensibilité des juridictions suprêmes, qui sont, chacune, maîtres de leurs qualifications et interprétations juridiques, enfin de l'immensité du droit positif dans lequel la proportionnalité a pu se diffuser, dans les trois causes juridiques distinctes que sont la procédure d'imposition, le bien-fondé des impositions et les pénalités.

Et comme si toutes ces difficultés n'étaient pas suffisantes, la spécificité et le réalisme du droit fiscal viennent encore compliquer l'étude, dans la mesure où les mêmes faits juridiques sont, parfois, pris en compte pour l'application commune de la proportionnalité dans le cadre de plusieurs législations à la fois, aussi bien fiscales que pénales. L'exemple des pénalités est à cet égard tout à fait symptomatique du fait que non seulement cette proportionnalité n'est pas appréciée exactement de la même façon par la Cour européenne des droits de l'homme, la Cour de justice de l'Union européenne, le Conseil d'Etat et la Cour de cassation, mais que, de surcroît, le Conseil constitutionnel considère que le principe de proportionnalité devait s'appliquer au montant cumulé de certaines sanctions fiscales et pénales, autrement dit, que le cumul de deux sanctions chacune proportionnelle, peut devenir disproportionné. Ce qui revient à ce que, par exemple, un juge voit la proportionnalité de la sanction qu'il aura retenue, bridée par la proportionnalité de la sanction retenue par un autre juge.

Mais le très remarquable travail auquel s'est, ainsi, livrée l'auteure ne s'est pas arrêté à l'analyse de la proportionnalité en droit fiscal ; le second grand mérite de Marie-Caroline Lefebvre, c'est d'avoir théorisé le résultat de ses recherches, ce qui est le propre d'une véritable thèse et ce qui en fait un ouvrage de référence pérenne, en permettant d'apprécier l'évolution futur de la proportionnalité dans notre droit positif et en droit comparé et européen.

Cette théorisation était, en réalité, essentielle pour comprendre comment ce principe de proportionnalité s'est peu à peu diffusé dans notre droit positif. Or, il n'y a pas de véritable théorie sans sa terminologie propre. La thèse de l'auteure a, ainsi, été construite à partir de cette terminologie qu'elle a pris soin d'expliciter tout au long de ses développements, de telle sorte que sa démonstration se nourrit et se justifie, au fil des pages, des analyses fiscales qu'elle présente.

Elle structure et explicite, ainsi, les liens entre proportion et proportionnalité et proportionnalité objective et proportionnalité subjective allant jusqu'à la proportionnalisation de la proportionnalité.

C'est dire qu'au-delà de la connaissance du phénomène de proportionnalité, qui retiendra l'attention aussi bien de l'étudiant que du professionnel du droit, selon l'importance de ses connaissances, l'ouvrage suscitera l'intérêt et la réflexion du chercheur qui y trouvera matière à enrichir sa propre compréhension de ce principe de proportionnalité.

Emmanuel Kornprobst

Professeur (h) des Universités

Liste des principales abréviations

AIJC	Annuaire international de justice constitutionnelle
AJDI	Actualité juridique - Droit immobilier
AJDA	Actualité juridique – Droit administratif
ANRT	Atelier national de reproduction des thèses
APD	Archives de philosophie du droit
BF	Bulletin fiscal – éd. Francis Lefebvre
Bull.	Bulletin de la Cour de cassation
BDCF	Bulletin des conclusions fiscales
CE	Conseil d'État
Civ.	Chambre civile de la Cour de cassation
Com	Chambre commerciale de la Cour de cassation
CEDH	Convention européenne des droits de l'homme
Cour EDH	Cour européenne des droits de l'homme
CJCE	Cour de justice des Communautés européennes
CJUE	Cour de justice de l'Union européenne
Crim.	Chambre criminelle de la Cour de cassation
D	Recueil Dalloz
DF	Revue de droit fiscal
Dr. adm.	Revue de droit administratif (LexisNexis)
Dr. pénal	Revue de droit pénal
FR Lefebvre	Feuillet Rapide – éd. Francis Lefebvre
Gaz. Pal.	Gazette du Palais
Ibid.	Ibidem
JCP G, A, E et N	La semaine juridique, édition générale, administrative, entreprise et notariale
LPA	Les petites affiches
(Nouv.) Cah. Cons. const.	(Nouveaux) Cahiers du Conseil constitutionnel
Op. cit	Auparavant cité (pour la doctrine)
Préc.	Précité (pour les décisions)
RDP	Revue de droit public
Rec.	Recueil (de décisions)
RFDA	Revue française de droit administratif
RFDC	Revue française de droit constitutionnel
RFP	Revue fiscale patrimoniale
RJEP	Revue juridique de l'économie publique
Rev. adm.	Revue administrative
RJF	Revue de jurisprudence fiscale
RRJ	Revue de recherche juridique
RSC	Revue de sciences criminelle
RSLF	Revue de sciences et législation financières

RTD com.	Revue trimestrielle de droit commercial
RTD civ.	Revue trimestrielle de droit civil
RTD eur.	Revue trimestrielle de droit européen
RTDH	Revue trimestrielle des droits l'homme
S. v.	Au mot précisé
V.	Voir

« L'Harmonie naît seulement des contraires, car l'harmonie est unification des complexes et accord des opposés » (Philolaos de Crotone)[1]

[1] *In Fragmente der Vorsokratiker*, H. DIELS et W. KRANZ, Berlin, Widmann, 1952, 44 B 10, trad. J.-P. DUMONT, *Les présocratiques*, éd. Gallimard, 1988, p. 505

SOMMAIRE

INTRODUCTION

1. La proportionnalité, une notion, un principe, une règle qui fascine autant qu'elle irrite, qui dynamise autant qu'elle déstabilise.

La proportionnalité, évanescente et omniprésente.

La proportionnalité, une recherche mesurée d'équilibre et de proportions.

La proportionnalité, un mot, un contenant au contenu indéterminé et variable.

La proportionnalité, un concept, un outil structurant et structuré au service de la rationalité et de l'adaptation de la norme fiscale.

Voilà tout l'objet de cette étude consacrée à la proportionnalité en droit fiscal.

2. La proportionnalité, règle ou principe, captive, trouble, intrigue juristes et non-juristes. Aucun domaine juridique, artistique, économique ou scientifique ne peut ne pas connaître la proportionnalité, ne serait-ce par le biais de la proportion. De la proportionnalité aristotélicienne à la proportion mathématique, de l'architecture à la peinture, philosophie et sciences se sont nourries mutuellement dans une recherche permanente de certitude et de vérité, que certaines réflexions théologiques n'ont pas reniée. Paradoxalement, le résultat est mouvant et insaisissable totalement[1], autant qu'il touche à l'ontologie de l'être et de la norme, à leur rationalité et à la sienne propre[2].

---

[1] « [L]e savoir et les savants, des mains et de l'esprit, s'en sont nourris depuis l'Antiquité jusqu'au XVIIe siècle, jusqu'à ce que les Lumières éclairent une Modernité sous le signe du relativisme (…) si en tant que principe philosophique l'outil perdure et cherche, tant bien que mal, à dicter son rythme, la théorie mathématique découvrira d'autres horizons qui finiront par changer peu à peu le profil, et la nature, de la mesure qui fixe le temps » (V. ZARA, « Avant-propos », *in Proportions. Sciences, Musique, Peinture & Architecture*, Actes du LIe colloque International d'Études Humanistes, 30 juin – 4 juil. 2008, S. ROMMEVAUX, P. VENDRIX et V. ZARA (dir.), éd. Brepols, coll. « Études Renaissantes », 2011, p. 11 à 12).

[2] « Comme le langage structure la pensée, la proportion définit un espace de création, intellectuel ou artistique, quel qu'il soit, une ontologie qui se construit par comparaison » (*ibid.*).

3. Cette fascination, les juristes n'y sont donc pas étrangers[1], en démontrent les nombreuses études doctrinales, thèses[2], colloques et articles[3], qui y sont consacrés spécifiquement, et cela quelle que soit la matière envisagée : droit administratif, droit constitutionnel, droit des contrats, droit du travail, droit de la famille… dans une perspective interne ou européenne.

4. Le principe de proportionnalité a pris une ampleur certaine, sous l'influence de ces deux derniers, ainsi qu'en démontre la récente politique jurisprudentielle adoptée par la Cour de cassation[4], mais aussi les décisions de justice des dernières

---

[1] Il nous faut bien l'admettre, la proportionnalité nous fascine aussi autant qu'elle nous interroge, par son concept, son mécanisme, son dynamisme et sa rhétorique, en droit comme dans d'autres matières d'ailleurs. La questionner pour en découvrir les ressorts, les mécanismes et les (in)cohérences et différences nous était alors devenu nécessaire.

[2] M. RIFAT TINC, « Le contrôle de proportionnalité des mesures nationales restrictives des échanges. Un instrument de légalité au service de l'intégration » : *RDUE* 2010/4, p. 791 et s. ; G. XYNOPOULOS, *Le contrôle de proportionnalité dans le contentieux de la constitutionnalité et de la légalité en France, Allemagne et Angleterre*, éd. LGDJ, Coll. « Bibl. droit public », t. n°179, 1995, 463 p. ; I. CORNESSE, *La proportionnalité en droit du travail*, éd. Litec, coll. « Bibl. droit de l'entreprise », 2001, 567 p. ; S. VAN DROOGHENBROECK, *La proportionnalité dans le droit de la Convention européenne des droits de l'Homme. Prendre l'idée simple au sérieux*, éd. Bruylant, 2001, 785 p. ; J.-B. DUCLERCQ, *Les mutations du contrôle de proportionnalité dans la jurisprudence du Conseil constitutionnel*, éd. LGDJ-Lextenso éditions, coll. « Bibli. const. et de sc. polit. », t. n°146, 2014, 537 p. ; B. GENIAUT, *La proportionnalité dans les relations de travail : de l'exigence au principe*, éd. Dalloz, coll. « Nouv. Bibl. Thèses », t. n°86, 2009, 474 p. ; S. LE GAC-PECH, *La proportionnalité en droit privé des contrats*, éd. LGDJ, 2000, « Bibl. droit privé », t. n°335, 580 p. ; A. MARZAL YETANO, *La dynamique du principe de proportionnalité. Essai dans le contexte des libertés de circulation du droit de l'Union européenne*, éd. Institut universitaire Varenne, 2014, 546 p. ; P. MUZNY, *La technique de proportionnalité et le juge de la Convention européenne des droits de l'homme. Essai sur un instrument nécessaire dans une société démocratique*, éd., PUAM, 2005, t. 1 et 2, 734 p. ; X. PHILIPPE, *Le contrôle de proportionnalité dans les jurisprudences constitutionnelles et administratives françaises*, éd. Economica-PUAM, 1990, 541 p.

[3] V. BERGER, « Le contrôle de proportionnalité exercé par la Cour européenne des droits de l'homme » : *LPA* 5 mars 2009, n°46, p. 40 et s. ; R. BOUSTA, « Contrôle constitutionnel de proportionnalité. La spécificité française à l'épreuve des évolutions récentes » : *RFDC* 2011, p. 913 et s. ; G. BRAIBANT, « Le principe de proportionnalité », in *Mélanges Marcel Waline, Le juge et le droit public*, éd., LGDJ, 1974, T. 2, p. 297 et s. ; J.-P. COSTA, « Le principe de proportionnalité dans la jurisprudence du Conseil d'État » : *AJDA* 1988, p. 434 et s. ; M. FROMONT, « Le principe de proportionnalité » : *AJDA* n°spé., 1995, p. 156 ; V. GOESEL-LE BIHAN, « Le contrôle de proportionnalité exercé par le Conseil constitutionnel, figures récentes » : *RFDC* 2007, p. 281 et s. ; *Ibid.*, « Les figures du contrôle de proportionnalité en droit français » et « Le contrôle de proportionnalité exercé par le Conseil constitutionnel » : *LPA* 5 mars 2009, n°46, p. 5 et 62 ; *ibid.*.« Le contrôle de proportionnalité exercé par le Conseil constitutionnel, technique de protection des libertés publiques ? » : *Jus politicum* 2012, n°7 ; J.-P. GRIDEL, « Le contrôle de proportionnalité exercé par le juge judiciaire français » : *LPA* 5 mars 2009, n°46, p. 113 ; M. GUIBAL, « De la proportionnalité » : *AJDA* 1978, p. 477 et s. ; P. MOOR, « Systématique et illustration du principe de proportionnalité », in *Les droits individuels et le juge en Europe, Mélanges en l'honneur de Michel Fromont*, Strasbourg, PUS, 2001, p. 319 et s. ; F. SUDRE, « Le contrôle de proportionnalité de la Cour européenne des droits de l'homme. De quoi est-il question ? » : *JCP G* 2017, doctr. 589 ; J. ZILLER, « Le principe de proportionnalité » : *AJDA* 1996, p. 185.

[4] Rapport de la Commission de réflexion sur la réforme de la Cour de cassation, 15 mai 2017, 366 p., spé. p. 158s. : la proposition 33 invite à l'adoption d'une motivation enrichie lorsque, notamment,

années, y compris dans des matières qui semblaient en être préservées, du moins par ses effets « sismiques », voire systémiques[1]. Les parties l'invoquent comme un argument, si ce n'est rhétorique, commode ou « à la mode »[2], concentrant tout le poids de leur argument dans l'excessivité de l'atteinte à leurs droits et libertés, comme la dernière touche qui fera basculer leur adversaire et leur fera obtenir gain de cause[3].

5. L'essor de la proportionnalité, règle immanente mise en exergue par le juge et la doctrine, se nourrit de l'étiolement du légicentrisme, du culte de la loi[4], particulièrement en droit constitutionnel[5], et de la moindre qualité rédactionnelle de

---

la Cour exerce un « contrôle de proportionnalité » ; la proposition 36 recommande l'application d'une méthodologie prédéfinie et l'harmonisation de l'application du contrôle de proportionnalité afin de parvenir à « une doctrine de la proportionnalité » de la Cour de cassation.

[1] V. notamment en matière de droit de la famille : A. BÉNABENT, « Un culte de la proportionnalité… un brin disproportionné ? » : *D*2016, p. 137 ; H. FULCHIRON, « Grandeurs et servitudes du contrôle de proportionnalité » : *D*2016, p. 2496. *Contra* : X. PHILIPPE, « Le contrôle de proportionnalité exercé par les juridictions étrangères : l'exemple du contentieux constitutionnel » : *LPA* 5 mars 2009, n°46, p. 6

[2] V. notamment A. BÉNABENT, *op. cit.*

[3] Parce que la proportionnalité entretient des liens étroits avec la sécurité juridique, la première étant tantôt outil de contrôle, tantôt critère de la seconde, la proportionnalité, si elle peut aboutir à un dynamisme juridique, ne devrait pas avoir pour conséquence de renverser un paradigme juridique : elle reste d'abord et avant tout un « contrôle de mesure dans le cadre d'un office confié par la loi (comme, par exemple, doser une sanction à l'intérieur du cadre légal, ou apprécier un excès manifeste ou un déséquilibre significatif) ». Il est vrai, certaines décisions pourraient être interprétées comme manifestant une permissivité du juge, lequel s'autoriserait « de repousser une loi parce qu'il en trouve la mise en œuvre inappropriée » (A. BÉNABENT, *Ibid.*). Recherche « d'un équilibre entre l'autonomie de chacune et les exigences de l'intérêt général », la proportionnalité est donc à la fois sujet et objet. Toutefois, ce paradoxe n'en infère pas nécessairement une implosion du principe de proportionnalité dès lors que l'on tient compte des destinataires et acteurs du principe. Il n'y a nulle contradiction rédhibitoire à ce que la mise en œuvre de la proportionnalité, si elle impose des exigences au législateur, à l'administration ou encore au contribuable, s'inscrit également dans l'office du juge, en ce compris le contrôle de proportionnalité, sans s'y réduire toutefois (v. par ex., à propos du Conseil constitutionnel, M. AMELIER, « Principes d'interprétation constitutionnelle et autolimitation du juge constitutionnel », Exposé présenté à l'occasion d'une rencontre organisée à Istanbul en mai 1998 par l'OCDE : https://www.conseil-constitutionnel.fr/les-membres/principes-d-interpretation-constitutionnelle-et-autolimitation-du-juge-constitutionnel; R. FRAISSE, « Le Conseil constitutionnel exerce un contrôle conditionné, diversifié et modulé de la proportionnalité » : *LPA* 5 mars 2009, n°46, p. 74 et s.).

[4] A l'État-Providence, succède la méfiance de l'interventionnisme étatique, et la remise en cause constante de la légitimité des normes légales, fiscales en particulier. Astreint à justifier son intervention, sinon la loi « serait pur caprice » disait R. BONNARD (*in* « Le pouvoir discrétionnaire des autorités administratives et le recours pour excès de pouvoir » : *RDP* 1923, p. 388) le législateur doit expliciter, *a priori* ou *a posteriori*, à partir bien souvent des motifs et objectifs du Gouvernement, la raison de l'adoption de chaque mesure, en élaborer et démontrer la logique interne, entre l'objectif et le moyen, composants intrinsèques de la norme, et partant sa rationalité. M. MEKKI relève ainsi que « [la] nouvelle rationalité du droit oblige les décideurs politiques et juridiques à se justifier. Dans un effort de légitimation, il devient impératif de réduire les "écarts" entre le fait et le droit. » (« L'argument sociologique en droit : forces et faiblesses ? », *in L'argument sociologique en droit. Pluriel et singularité*, D. FENOUILLET (dir.), éd. Dalloz, 2015, p. 91).

[5] En ce sens, J.-B. DUCLERCQ, *Les mutations du contrôle de proportionnalité dans la jurisprudence du Conseil constitutionnel*, *op. cit.*; P. MOOR, « Systématique et illustration du principe de proportionnalité », *op. cit.* spé. pp. 323-324 ; D. ROUSSEAU, *Droit du contentieux constitutionnel*, éd. LGDJ-Lextenso, 10e éd., 2010, p. 539 et s.

la loi ouvrant une latitude d'interprétation plus grande[1], et plaçant le juge au centre de la dynamique juridique[2]. Le droit fiscal n'est pas exclu de ce mouvement d'inclusion et d'expansion du principe de proportionnalité, ou de la proportionnalité, loin de là : impositions, procédures fiscales, sanctions fiscales ou pénales sont toutes des occasions, des « *lieux* »[3] où le juge de l'impôt se saisit du concept de proportionnalité pour exercer son contrôle. Aucune étude spécifique et globale de la proportionnalité en droit fiscal, appréhendée par les juridictions internes ou européennes n'ayant, à notre connaissance, traité de ce sujet, nous nous en saisissons.

6. Champ matériel, spatial et temporel de l'étude. Le champ de notre étude renvoie donc, matériellement, au droit fiscal en général, à la fois sur les règles relatives aux impositions de toutes natures et aux taxes, y compris les contributions sociales, que sur les règles relatives aux procédures de contrôle et de contentieux, et aux pénalités[4]. Pour autant, lister l'ensemble des « lieux » de proportionnalité serait fastidieux autant qu'inutile dans une présentation, relativement synthétique, du concept de proportionnalité et de sa mise en œuvre en droit fiscal et en procédures fiscales, tant dans l'adoption des lois fiscales que des prises de décision par l'administration fiscale ou des contribuables. Aussi, si nous avons embrassé aussi largement que possible l'ensemble du droit fiscal[5], nous avons d'une part, restreint le droit international fiscal aux droits européens de l'Union européenne et des droits de l'homme et des libertés fondamentales, ces droits suffisant à notre démonstration[6], et

---

[1] C. DE LA MARDIÈRE, « Le pouvoir créateur du juge de l'impôt », in *La création du droit par le juge*, éd. Dalloz, coll. « APD », t. n°50, 2007, p. 231.

[2] D. ROUSSEAU, *op. cit.* p. 546-547 : le « juge devient ainsi celui à qui est demandé d'exercer la fonction critique, celui qui oblige les acteurs sociaux et politiques à s'interroger sur la validité de leurs décisions, à argumenter et à convaincre sans cesse les auditoires de la légitimité de leurs actes ». Ces considérations dépassent le seul juge constitutionnel et peuvent ainsi s'appliquer à l'ensemble de la fonction juridictionnelle, mettant en exergue alors la fragilité de l'équilibre institutionnel : si cette confiance en la figure du juge, personnification du sage, fait défaut, qui le remplacera ?

[3] Pour reprendre l'expression de S. VAN DROOGHENBROECK, in *La proportionnalité dans le droit de la Convention européenne des droits de l'Homme*, *op. cit.*

[4] S'il eût été possible de segmenter notre approche à l'une seule des facettes du droit fiscal, notre analyse en serait devenue partielle, tronquée et partant potentiellement erronée : il convient en effet d'envisager le droit fiscal dans son ensemble, « dans la cohésion nécessaire et inéluctable du système, c'est-à-dire dans l'obligation de considérer la totalité de ce qui est exprimé dans le système lui-même » (G. DEL VECCHIO, « Les principes généraux du droit », *in Recueil d'études en l'honneur de F. GENY, t. II, Les sources générales des systèmes juridiques actuels*, éd. Topos-Duchemin, 1977, p. 73).

[5] Sans être l'objet principal de notre étude, le droit douanier sera abordé.

[6] Ce qui ne présume des solutions à apporter concernant les autres outils internationaux. Par ex., voncernant le principe de rétroactivité *in mitius* prévu par l'article 15 du Pacte de New-York, le commissaire du gouvernement J. ARRIGHI DE CASANOVA, dans ses conclusions sur l'avis *Houdmond*, notait que le visa de l'avis du Conseil d'État du 27 mai 1993, à savoir l'article 8 de la Déclaration de 1789 et l'avis du 29 prairial an VII, « montre bien que l'adhésion de la France à cet instrument international n'a fait, sur ce point comme sur bien d'autres, que consacrer des règles préexistantes » (*DF* 1996, n°25, comm. 765). En revanche, à propos de l'article 14§3 relatif au droit de ne pas contribuer à sa propre incrimination, le Conseil d'État entend la notion « d'infraction pénale » dans un sens plus précis, circonscrit, et donc différent de l'« accusation en matière pénale » de l'article 6 de la Convention européenne des droits de l'homme (CE, 8e et 3e ss-sect., 17 mars 2010, n°309.197, *SARL Café de la Paix* ; CE, 9e et 10e ss-sect., 7 janv. 2004, n°232.465, *M. Colombani* ;

d'autre part, concentré notre attention sur certaines impositions ou procédures, en fonction du second critère.

7. A ce champ matériel, s'ajoute en effet un champ spatial relativement vaste : des juges constitutionnel et juridictions de cassation français aux juridictions européennes, que sont la Cour européenne des droits de l'Homme et la Cour de justice de l'Union européenne. Là encore, si notre propos a pour point de départ, les décisions juridictionnelles, il est impossible et inutile de les citer toutes pour l'objet de notre étude. Aussi, par une sélection d'arrêts importants, nous adaptons notre propos afin de mettre en exergue les traits et mécanismes de la proportionnalité, sans la noyer sous un flot de décisions ou de précisions qui en cacherait l'idée[1].

8. Enfin, quant au champ temporel, s'il n'a pas de contours précis et offre quelques incursions sur la période de la deuxième moitié du XXe siècle, il se concentre, avec une large prévalence, toute proportion gardée, sur le XXIe siècle, les décisions de ces dernières années révélant, avec acuité, les mécanismes et critères de la proportionnalité[2].

9. À travers ce prisme matériel, temporel et spatial, apparaissent certains traits de la proportionnalité, plus ou moins automatiques, plus ou moins partagés, plus ou moins récurrents, mais constants d'un point de vue conceptuel et fonctionnel, ouvrant la possibilité de dépasser les traditionnelles grilles de lecture s'arrêtant « net » au seuil du contrôle de proportionnalité.

10. Car, si le principe de proportionnalité apporte un dynamisme formidable à la norme fiscale et lui donne une souplesse certaine dans son application, les risques d'insécurité juridique ou les critiques tenant à la subjectivité dans la motivation des décisions juridictionnelles, alertent et pointent l'usage précautionneux, mesuré, proportionné qu'il convient de faire de la proportionnalité, en tant que règle ou principe. L'intérêt de lui donner un contenu conceptuel à la fois stable et malléable prend toute son importance, en particulier en matière fiscale, où la créativité du législateur, mais celle aussi des contribuables et de leur conseil, et la recherche d'une plus grande justice dans l'imposition apportent une complexification accrue du droit fiscal[3].

11. Mais alors, se pose la question primordiale de la détermination de **l'objet de notre étude : qu'est-ce donc que le concept de « proportionnalité » ?** Si le principe de proportionnalité, en tant que « l'une des caractéristiques fondamentales » de « tous les ordres juridiques qualifiés (…) comme des États de droit »[4] fascine, la notion de « proportionnalité » intrigue, interroge sur son contenu, plus que sa valeur juridique.

Crim. 6 nov. 1997, Pini – V. également, F. LOLOUM, concl. sur CE, 8e et 9e ss-sect., 4 avr. 1997, n°183.658, *Jammet* : *DF* 1997, n°24, comm. 660).

[1] Certaines décisions, bien qu'isolées, seront mentionnées, en ce qu'elles permettront d'appuyer notre démonstration sur certains points particuliers.

[2] Mais aussi parce qu'il ne s'agit pas d'en faire une étude historique.

[3] M. COLLET, *Droit fiscal*, éd. PUF, coll. « Thémis », 6e éd., 2017, p. 6-7.

[4] P. MOOR, « Systématique et illustration du principe de proportionnalité », *op. cit.*, p. 319.

12. En raison de leur objectivité ou du moins leur acception générale propre, partir des définitions de la proportionnalité telle qu'elle a été dégagée par les juridictions nationales ou européennes dans le cadre de leur contrôle constitue une première approche : il s'agit d'un contrôle centré sur la « nécessité dans une société démocratique » ou un « rapport raisonnable de proportionnalité » pour la Cour européenne des droits de l'Homme[1], la réunion des caractères d'appropriation, de nécessité et de proportionnalité *stricto sensu,* réduite bien souvent à l'absence d'existence de mesures moins contraignantes pour la Cour de justice de l'Union européenne, une disproportion manifeste ou une erreur manifeste d'appréciation pour le Conseil constitutionnel ou les juges de cassation. Mais, à supposer qu'une définition existe systématiquement, ce serait s'enfermer dans une définition limitée à un ordre juridique donné[2], et opposer ces ordres juridiques, ou les décisions des différentes juridictions, au lieu de mettre en avant l'unicité du concept de proportionnalité par-delà les différences de définition ou d'application.

13. La doctrine fourmille également de définitions juridiques, parfois contradictoires[3], centrées sur l'idée de rapport ou de relation binaire ou ternaire d'une décision ou d'une norme, c'est-à-dire le but, le moyen, voire les effets ou la situation d'application[4], la proportionnalité étant envisagée comme principe, source ou technique de contrôle juridictionnel, d'autres se focalisant sur une définition arithmétique ou sur l'intensité variable du contrôle de proportionnalité[5]. Mais là encore, sans être fondamentalement erronées, la diversité des définitions de la notion de proportionnalité montre qu'il n'y a pas un contenu, mais des contenus propres à

---

[1] M.-A. EISSEN, « Le principe de proportionnalité dans la jurisprudence de la Cour européenne des droits de l'homme », *in* L-E. PETTITI, E. DECAUX et P.-H. IMBERT (dir.), *La Convention européenne des droits de l'homme. Commentaire article par article*, éd. Economica, 1999, p. 66 et p. 69.

[2] Lequel se définit à partir de la norme de contrôle (H. KELSEN, *Théorie pure du droit* (trad. C. EISENMANN), éd. Bruylant-LDGJ, coll. « La pensée juridique », 1999, p. 39), et dont le droit fiscal constitue une facette (en ce sens, M. PELLETIER, *Les normes fiscales*, éd. Dalloz, coll. « Nouv. Bibl. th., n°78, éd. 2008, spé. p. 30-32).

[3] Par ex., la distinction entre le « proportionnel » et le » proportionné » : cf. l'opposition entre B. GENIAUT pour qui le premier renvoie à un critère quantitatif, tandis que le second serait d'ordre qualitatif (in *La proportionnalité dans les relations de travail : de l'exigence au principe*, *op. cit.*, pp. 2-3), et J.-P. GRIDEL, et à sa suite M. MEKKI, selon lesquels ces adjectifs correspondent à une proportionnalité quantitative, alors que leurs dérivés adver*biaux* relèvent d'une exigence qualitative (J.-P. GRIDEL, « Le contrôle de proportionnalité exercé par le juge judiciaire français », *op. cit.*; M. MEKKI, *L'intérêt général et le contrat. Contribution à une étude de la hiérarchie des intérêts en droit privé*, éd. LGDJ, coll. « Bibl. de droit privé », t. n°411, p. 383 et s.).

[4] Pour G. BRAIBANT, le principe de proportionnalité, gage d'efficacité et de protection des droits et libertés des individus, est « l'exigence d'un rapport, d'une adéquation entre les moyens employés (…) et le but [visé] » (« Le principe de proportionnalité », *op. cit.* ; en ce sens, également, J.-P. COSTA, « Le principe de proportionnalité dans la jurisprudence du Conseil d'État », *op. cit.*); M. GUIBAL envisage la proportionnalité comme une dynamique en évaluant les moyens par rapport au but et à la situation (« De la proportionnalité », *op. cit.*).

[5] Sur cette typologie, cf. J.-B. DUCLERCQ, *Les mutations du contrôle de proportionnalité dans la jurisprudence du Conseil constitutionnel, op. cit.*, pp. 4-5.

leur auteur[1], dont on peut dégager des constantes[2]. Toutefois, pour « large et neutre »[3] que soit ce choix de définition, elle reste une définition, englobante certes, mais enfermante aussi, et donc excluante à certains égards.

14. Certes, la proportionnalité est une « notion à contenu variable », et cette caractéristique la rend « par essence indéfinissable [...] de manière objective »[4]. Mais toute appréhension n'est pas impossible : dès lors que l'on aborde le concept[5] de proportionnalité, sa structure, sa substance, on touche alors à une ou plusieurs autres dimensions de la notion, dépassant le si riche signifié de « proportionnalité » et de ses dérivés. Il s'agit alors de saisir la ou les fonctions de la proportionnalité, en allant au-delà sa seule « utilité pratique »[6] casuistique ou des définitions juridiques, en dépassant une seule méthodologie descriptive[7].

15. Plan. La proportionnalité présentant un caractère universel[8], franchir les frontières juridiques élargit à ce titre notre horizon (I), ouvrant la voie à une approche juridique renouvelée, accentuant certaines problématiques proprement juridiques (II).

I. Proportionnalité et proportion(s) hors du droit

16. Plan. Si sciences, arts et philosophie traitent constamment ou épisodiquement de la proportionnalité (B), la définition de cette dernière converge avec l'approche sémantique (A).

A. Sémantique, proportionnalité et proportions

17. Proportion et comparaison, subjectivité et objectivité, dans une perspective scientifique exacte ou au contraire empreinte d'équité, imprègnent la proportionnalité. En effet, le recours à l'étymologie et aux dictionnaires, pour traditionnel qu'il soit,

---

[1] P. MOOR, « Systématique et illustration du principe de proportionnalité », *op. cit.*. p. 327. Il n'y a donc pas un contrôle mais des contrôles de proportionnalité, selon qu'il se situe dans la norme ou dans son application. - V. en ce sens, par ex. : H. FULCHIRON, « Grandeurs et servitudes du contrôle de proportionnalité », *op. cit.*.

[2] Ainsi, comme l'avait déjà remarqué X. PHILIPPE, deux éléments intangibles caractérisent toute définition de la proportionnalité : « la définition générale de la proportionnalité s'établit autour de deux éléments : un élément fixe constitué par le rapport entre deux ou plusieurs paramètres ; un élément variable représenté par le degré du lien qui les unit » (*in Le contrôle de proportionnalité dans les jurisprudences constitutionnelles et administratives françaises, op. cit.*, p. 33).

[3] J.-B. DUCLERCQ, *Les mutations du contrôle de proportionnalité dans la jurisprudence du Conseil constitutionnel, op. cit.*, p. 6

[4] J. SALOMON, « Les notions à contenu variable en droit international public », *in, Les notions à contenu variable en droit*, C. PERELMAN et R. VANDER ELST (dir.), éd. Bruylant, 1984, p. .264

[5] Non dans un sens courant, c'est-à-dire une « **manière** de se représenter une chose concrète ou abstraite », mais au sens philosophique, comme « représentation mentale abstraite et générale, objective, stable, munie d'un support verbal », *in* Centre national de ressources textuelles et lexicales (CNRTL) : http://www.cnrtl.fr/definition/concept (nous soulignons).

[6] P. MOOR, « Systématique et illustration du principe de proportionnalité », *op. cit.*, p. 320.

[7] *Ibid.* p. 339.

[8] Cf. *infra*.

nous y invite[1], le terme moderne de « proportionnalité »[2] renvoie soit à une notion scientifique et en particulier, mathématique[3], soit à une notion juridique liée à une idée de justice[4].

18. Si de telles définitions présentent leurs propres limites, l'équité étant éminemment subjective, la proportionnalité des sciences exactes étant d'ordre quantitatif, mais, sans s'exclure l'une l'autre, donnent déjà plusieurs indications importantes : d'une part, la proportionnalité se définit en fonction du cadre dans lequel elle s'insère et elle dépend de proportions[5], lesquelles peuvent être ou constantes et mesurables (on emploiera plus volontiers le qualificatif « proportionnel »), ou dépendantes d'une conception ou d'un référentiel (on emploiera alors le qualificatif « proportionné »)[6] ; d'autre part, la quantification des proportions s'opère en science par des équations mathématiques, des rapports « source de proportionnalité »[7],

---

[1] La notion de rapport est désignée sous le terme de « proportion » et l'identité de rapports par le terme de « proportionnalité » (en ce sens, v. M. SPIESSER, « Règle de trois, rapports et proportions : les calculs des marchands (XIVe-XVIe siècles) » in S. ROMMEVAUX, P. VENDRIX et V. ZARA (dir.), *Proportions. Sciences, Musique, Peinture & Architecture, Actes du LIe colloque International d'Études Humanistes*, *op. cit.*, p. 110).

[2] Des occurrences de ce terme, dérivé du bas latin *proportionnalitas* (« même sens »), apparaissent vers 1370-1380 (*Dictionnaire Le Petit Robert*, éd. 1972, *s. v.* « proportionnalité »).

[3] En sciences, la proportionnalité désigne un « caractère de grandeurs, de quantité qui sont ou restent proportionnelles entre elles » (*ibid.*) ou un « rapport de proportion » alors qu'en mathématique, elle qualifie la « relation existant entre deux grandeurs proportionnelles » (CNRTL : http://www.cnrtl.fr/definition/proportionnalite) et renvoie à des notions de géométrie tel que le théorème de Thalès ou la loi des sinus. La proportionnalité peut ainsi correspondre à une relation particulière entre deux séries de nombres, reliée par une constante. Elle peut encore faire référence à la « règle de trois », très usitée par les marchands de la Renaissance (sur ce point, v. M. SPIESSER, op. cit., p. 101-122).

[4] Quant à l'aspect juridique ou social, il s'agit de l'« **action** d'établir un **rapport** entre deux choses selon une proportion **équitable** » ou « le **fait** de répartir quelque chose selon une **juste** proportion » (*Dictionnaire Le Petit Robert*, *op. cit.*, nous soulignons). Sont souvent cités en exemple le principe de proportionnalité des peines ou encore la proportionnalité de l'impôt. – V. également, en ce sens, X. PHILIPPE, *Le contrôle de proportionnalité dans les jurisprudences constitutionnelles et administratives françaises*, *op. cit.*, p. 8.

[5] D'ailleurs, si le terme « proportion » reprend l'idée de la proportionnalité, qu'il soit employé seul ou dans des locutions, il accentue la relativité de la notion de proportionnalité. Ainsi, la « proportion » désigne notamment le « rapport de grandeur entre les parties d'une chose, entre une partie et le tout, défini par **référence** à un **idéal esthétique** » ou encore la « relation que **l'on établit** entre **deux choses** que l'on **compare** » (*Dictionnaire Le Petit Robert*, *op. cit*, nous soulignons).

[6] Si les mathématiques sont plus familières des grandeurs proportionnelles, le droit et d'autres sciences humaines ont une acception axée sur le caractère proportionné, à savoir ce qui est « dans une proportion normale avec quelque chose, qui forme avec quelque chose une proportion » *(ibid.)*.

[7] M. SPIESSER, *op. cit.* p. 110.

reposant sur la logique[1], la raison[2], et dont une extension est possible[3] ; la proportionnalité est encore une « action », révélant la structure de son objet, tout en participant à sa structuration dans une recherche d'une équité. Si donc le raisonnement sur la proportionnalité utilise des critères objectifs, cette recherche d'une équité et l'identification des termes de comparaison, comme l'appréciation de leur relation logique, la relativisent par la subjectivité qu'elles impliquent. Enfin, la proportionnalité est une anticipation, le préfixe « *pro* » marquant certes une approbation, mais aussi une antériorité spatiale ou temporelle, tout autant qu'elle donne une fonction, une propriété, par le suffixe « *-ité* ».

19. Ainsi se dessine l'idée d'un **cadre choisi** pour un **but** donné (parvenir à un idéal de beauté ou à une comparaison), cadre dans lequel des éléments ou des proportions seront répartis en fonction d'un but, référent comparatif : la proportionnalité donne une ossature, une structure à un ensemble ou à un objet en particulier afin d'aboutir à un équilibre ou une harmonie, termes synonymes de l'occurrence proportion, en fonction des contours (buts) souhaités[4]. La proportionnalité est une force agissante qui modèle, tel un potier, l'objet sur lequel elle influe et lui apporte une forme adéquate, une juste proportion[5], une adaptation constante donc.

20. Transition. Ce que la sémantique nous apprend, les sciences humaines et l'art le confirment : les sciences non juridiques illustrent à plus d'un titre l'action modelante de la proportionnalité, et plus encore la qualifie en lui adjoignant des objectifs précis. Elles permettent aussi d'en saisir pleinement et positivement le sens fonctionnel, et non par son seul opposé, la disproportion(-nalité).

---

[1] J.-B. DUCLERCQ, *Les mutations du contrôle de proportionnalité dans la jurisprudence du Conseil constitutionnel, op. cit.* p. 3 : « la proportion serait plutôt une démarche de comparaison, de mise en relation entre des éléments, tandis que la proportionnalité serait plutôt le résultat de cette démarche, un résultat concluant, les éléments étant reliés suivant un rapport logique ».

[2] S. ROMMEVAUX, « De la proportion au rapport » in S. ROMMEVAUX, P. VENDRIX et V. ZARA (dir.), *Proportions. Sciences, Musique, Peinture & Architecture, Actes du LIe colloque International d'Études Humanistes, op. cit.* p. 17.

[3] Ainsi, « il revient à la proportion de signifier le plus clairement parmi tous les objets mathématiques connus, formalisés et utilisés à [l'époque de la Renaissance] cette association fondamentale du scientifique, de la technique et de la morale. (…) Ce qui explique que la proportion, (…), fut au contraire considérée à la Renaissance non seulement comme un objet mathématique distinct et autonome, mais plus encore comme le nombre par excellence, capable de rendre raison, de façon inégalée, du rapport de l'homme à la réalité (…) » (P. CAYE, « La question de la proportion. Réflexions pour un humanisme du quadrivium » in S. ROMMEVAUX, P. VENDRIX et V. ZARA (dir.), *Proportions. Sciences, Musique, Peinture & Architecture, Actes du LIe colloque International d'Études Humanistes, op. cit.*, p. 70-71).

[4] « Comme le langage structure la pensée, la proportion définit un espace de création, intellectuel ou artistique quel qu'il soit, une ontologie que se construit par comparaison » (V. ZARA, *op. cit.*, p. 12)

[5] Son action s'observe avec acuité dans son opposé, la disproportion, celle-ci étant un « défaut de proportion, une trop grande différence entre deux ou plusieurs choses », que l'on pourrait traduire par une absence ou une insuffisance de proportion. *Dictionnaire Le Petit Robert, op. cit., s.v.* « disproportion »).

B. La proportionnalité appréhendée par l'art et les sciences humaines

21. Plan. Sans chercher à l'exhaustivité, nous nous concentrerons sur la mise en œuvre de la proportionnalité dans la philosophie et la religion (1) et plus encore, les arts (2), les premiers insistant sur un but axiologique, fondé sur l'équité, et le rapport logique, les seconds sur l'opposition entre subjectivité et objectivité dans l'atteinte d'un but, devenu lui-même relatif, l'adaptation apparaissant dans tous les cas en filigrane.

1. Aristote et la loi du Talion : une certaine idée de la justice

22. Plan. Si la philosophie aristotélicienne a enraciné la proportionnalité à l'idée de justice, la loi du Talion, principe juridique de la religion hébraïque, en est une traduction par l'idée d'une compensation, tandis que la conception de la loi juste de Saint Thomas d'Aquin insiste sur la poursuite d'un but légitime.

23. La justice par la proportionnalité selon Aristote. Par son antériorité et sa postérité[1], Aristote et son *Éthique à Nicomaque* constitue souvent le point de départ des réflexions sur la proportionnalité[2]. Si la définition aristotélicienne de la proportionnalité rejoint les définitions actuelles[3], l'idée de justice est prégnante comme but et fonction : le « juste » dans la sphère publique est « un milieu entre deux extrêmes, qui sans cela ne seraient plus en proportion ; car la proportion est un milieu, le juste une proportion »[4] ; il est « ce qui assure la cohésion des hommes entres eux » lorsqu'il est entendu sous forme de réciprocité « basée sur une proportion et non sur une stricte égalité[5] », cette proportion dépendant de l'opinion qui est définie comme étant juste[6].

24. Fonction de cohésion, la proportionnalité est une **règle** de répartition, qui s'exprime dans un **cadre** donné (la Cité) dans un **but** de justice. Elle dépend, dans son expression et sa définition, d'un cadre et de son but[7].

---

[1] Auteurs grecs et romains ont perpétué cette idée de la proportionnalité, en l'insérant parfois dans les textes de loi tels la loi des XII tables, y compris sous la forme d'une loi du Talion, ou le Code Justinien, contraste saisissant avec la mythologie antique, où la violence et la vengeance nourrissent les récits dans une recherche perpétuelle de rééquilibrage et d'une justice (v. J. CANTEGREIL, « Remarques sur la vengeance et le droit. Homère, Eschyle, Kadaré », *in* C. PUIGELIER et F. TERRE (dir.), *La Vengeance*, éd. Panthéon-Assas, coll. « Colloques », 2011, p. 27 et s. ; G. COURTOIS, « La vengeance », *in* S. RIALS et D. ALLAND (dir.), *Dictionnaire de la culture juridique*, , éd. PUF, 2007, *s. v.*). Mais les Perses n'y ont pas été insensibles non plus, avec notamment le Code d'Hammurabi (B. ANDRE-SALVINI, *Le Code d'Hammurabi*, éd. Somogy éditions d'arts, coll. « Solo », 2016, p. 41 et s.).

[2] Par exemple, G. XYNOPOULOS, *Le contrôle de proportionnalité dans le contentieux de la constitutionnalité et de la légalité en France, Allemagne et Angleterre, op. cit.*, p. 1 et s. ; *ibid.*, « Proportionnalité », in *Dictionnaire de la culture juridique, op. cit.*, s.v.

[3] Cf. *supra*.

[4] Aristote, *Éthique à Nicomaque*, Livre V « De la justice », chapitre 7.

[5] Aristote, *ibid.*, chapitre 8. La justice distributive, par opposition à la justice de répartition, est le ciment social.

[6] Aristote, *ibid.* chapitre 10.

[7] Aristote, *ibid.*, chapitre 7 (nous soulignons). Elle s'impose aux sujets de droit et a pour garant le juge (*ibid.*)

25. L'adaptation par compensation : la loi du Talion, une illustration particulière de la proportionnalité. Dans la religion, la « loi du talion », tirée de l'Exode[1], est une expression de la proportionnalité[2]. En effet, la *lex talionis* est inspirée par l'idée de proportion entre le dommage subi et sa sanction. Il s'agit en particulier des versets 22 à 25 du Chapitre 21 de l'Exode :

> « 22 Si des hommes se querellent, et qu'ils heurtent une femme enceinte, et la fasse accoucher, sans autre accident, ils seront punis d'une amende imposée par le mari de la femme, et qu'ils paieront devant les juges.
>
> 23 Mais s'il y a un accident, tu donneras vie pour vie, 24 yeux pour œil, dent pour dent, main pour main, pied pour pied, 25 brûlure pour brûlure, blessure pour blessure, meurtrissure pour meurtrissure. »

La *lex talionis* peut être interprétée dans deux sens différents et opposés : soit elle manifeste la « régressive rémanence d'un désir de vengeance couvert par le masque de la légalité[3] », soit, au contraire, elle marque un « progrès de la conscience humaine et de l'esprit juridique[4] », par l'obligation de respecter « une **certaine proportionnalité**[5] » dans la réaction à un dommage subi[6]. En ce sens, la traduction usuelle « œil pour œil, dent pour dent » méconnaît par contresens la prescription juridique hébraïque *âyn tah' at âyn,* où *tah' at* désignant la **substitution monétaire compensatoire** en matière de réparation civile[7], en fonction de l'étendue du préjudice immédiat ou différé, d'ordre physique, psychique et esthétique et, des conséquences sur l'arrêt de travail de la victime selon sa profession et des soins médicaux dont elle aura besoin.

26. La règle de proportionnalité s'inscrit donc dans un cadre et donne la mesure, la proportion de la compensation monétaire en fonction d'un but (la finalité sociale de la réparation) et en tenant compte de critères objectifs et subjectifs définis en fonction

---

[1] Ex. 21 à 23 dans les lesquels Dieu énonce à Moïse un ensemble de prescriptions juridiques civiles et pénales, ainsi que religieuses.

[2] Elle fut réceptionnée antérieurement dans le Code d'Hammurabi. L'introduction de la loi du Talion dans le droit babylonien constituait déjà une nouveauté par rapport aux codes antérieurs sumériens, exprimant une conception différente de la réparation des torts, mais elle ne s'appliquait alors qu'à la classe supérieure, véhiculant « probablement une valeur d'exemplarité, de dissuasion », notamment en ce que la peine de mort et les châtiments corporels constituent les principales peines, les peines pécuniaires étant réservées aux « affaires simples, (…) la réparation des dommages concernant des gens de catégories sociales inférieures et pour les litiges concernant le commerce, les terres agricoles et le domaine administratif » (B. ANDRE-SALVINI, *Le Code d'Hammurabi, op. cit.*. p.41s).

[3] R. DRAÏ, « Talion », in *Dictionnaire de la culture juridique, op. cit.*, s.v.

[4] *Ibid.*

[5] *Ibid.* Nous soulignons.

[6] V. plus largement sur la thématique de la vengeance : C. PUIGELIER et F. TERRE (dir.), *La Vengeance*, éd. Panthéon-Assas, coll. « Colloques », 2011, 317 p.

[7] R. DRAÏ, *op. cit.*. La signification est donc pour un œil, la valeur d'un œil.

du but indemnitaire, le tout dans une conception de la justice déterminée, propre à un pays, une religion, une époque[1]. Elle tend à **rationaliser** les comportements humains, à éviter la démesure propre à la vengeance[2], y compris dans le recours au procès civil[3], la légitime défense en étant une claire manifestation[4]

27. La proportionnalité par l'objectif, critère d'une « loi juste » selon Saint Thomas d'Aquin. Partant principalement du livre d'Ézéchiel, la loi juste, selon Saint Thomas d'Aquin, s'appuie sur une finalité transcendante : « (...) les lois sont justes et en raison de leur **fin**, à savoir quand elles sont ordonnées au bien commun ; et en raison de leur **auteur**, à savoir quand la loi portée n'excède pas le pouvoir de celui qui la porte ; et en raison de leur **teneur**, à savoir lorsque les charges imposées aux sujets selon les exigences du bien commun, le sont d'après une égalité de proportion »[5]. Appliquée à la loi fiscale, cette définition met en exergue que « pour être juste, mais plus encore, c'est essentiellement le lien intrinsèque – et proportionné – de l'imposition au bien commun (sa destination) qui la justifie. »[6] Le bien commun est à la fois justification et mesure du prélèvement fiscal[7], et oblige en conscience le croyant. L'idée de rapport refait surface, mais il ne s'agit pas d'un rapport quelconque

[1] La loi du talion présente des différences entre le livre de l'Exode et le Code d'Hammurabi, ce dernier étant plus inégal, proportionnellement : « [a]lors qu'éborgner un esclave est compensé par une somme d'argent, cette faute entraîne la mise en liberté de l'esclave dans l'Exode (21,26). » (B. ANDRE-SALVINI, *Le Code d'Hammurabi*, *op. cit.*, p. 55).

[2] J.-M. ROY, « La vengeance, le discours et la mort », *in La Vengeance*, *op. cit.* p. 207.

[3] N. FRICERO, « Le procès civil, instrument d'une vengeance équitable », *in* C. PUIGELIER et F. TERRE (dir.), *La Vengeance, op. cit.* p. 243-244.

[4] Par l'exigence de nécessité et de proportionnalité, la justification exonératoire tirée de la légitime défense, pour délicate que soit son appréciation, exprime l'idée d'une rationalité et d'une adaptation (en ce sens, v. J. PRADEL, « Quelle place pour la vengeance dans notre droit pénal aujourd'hui ? », *in* C. PUIGELIER et F. TERRE (dir.), *La Vengeance, op. cit.*. p.266-267). La loi du Talion, source de proportionnalité des peines, n'a pas été abandonnée (elle fut ainsi reprise dans la loi des XII tables. – V. également, *ibid.*, J.-L. A. CHARTIER, « De la vindicte publique à la justice vindicatoire », p. 251 et s., spé. p. 253) et est encore illustrée de nos jours par le droit répressif, incluant la répression des crimes en col blanc, alliant rationalité et proportionnalité : « la peine n'est jamais arbitraire. (...) En heurtant les croyances collectives, [le crime] entraîne une réaction de la communauté qui est proportionnelle à l'intensité des sentiments qu'il a froissés » (J.-M. ROY, « La vengeance, le discours et la mort », *op. cit.* p. 205, citant E. DURKEIM (*De la division du travail social*, éd. PUF, 1998), l'auteur poursuit : « la preuve que nous sommes restés fidèles à la loi du talion" est trouvée dans "les précautions minutieuses" prises pour proportionner la peine au crime » : *ibid.* p. 206).

[5] T. D'AQUIN, *La Somme théologique*, éd. Seuil, 1984-1986, 3716 p._Ia IIae, qu. 96, art. 4, cité et commenté par F. BIN, *in L'influence de la pensée chrétienne, sur les systèmes fiscaux d'Europe occidentale*, éd. L'Harmattan, 2007, p. 130 et 131.

[6] F. BIN, *ibid.* , p. 131. V. également, C. COURT, « Impôt juste et impôt injuste chez Saint Thomas d'Aquin », *in* J.-C. MARTINEZ (dir.), *Dieu et l'impôt,* éd. G. de Bouillon, 2001, p. 423 et s.

[7] V. également T. D'AQUIN, *De regimine judaeorum ad ducissam Brabantiae (Lettre à la duchesse de Brabant)*, Lettre rédigée à Paris en 1271, à la Comtesse de Flandre, Marguerite de Constantinople, citée in Thomas d'Aquin (St), *Petite somme théologique. Anthologie des textes politiques*, éd. Téqui, 1997, p. 201, citée et commentée par Fabrice BIN, *ibid.* p. 132-133.

mais la raison objective d'une loi, une rationalité fondée sur le bien commun, lequel constitue aussi le critère d'une répartition[1].

2. Alchimie et arts : la proportion au service d'une harmonie

28. Plan. La chimie (a) et les arts (b), familiers des proportions, montrent l'interdépendance et l'interaction entre la proportion et la proportionnalité, la première contribuant à donner un caractère mesurable de la seconde, la seconde donnant la mesure de la première.

a. *Proportions et proportionnalité dans la chimie : la recherche cosmique d'une harmonie*

29. De la chimie à l'alchimie. En gastronomie, notamment moléculaire, la recherche d'un équilibre gustatif, s'obtient à partir de critères fixes mathématiques d'ordre quantitatif[2], l'alchimie, si elle ne les renie pas, les dépasse : les mathématiques sont source d'une proportionnalité abstraite, basée sur des rapports logiques et chiffrés ; l'alchimie va au-delà, mettant en évidence ensemble la relativité temporelle[3] et intentionnelle[4] de la notion de proportionnalité, dans la recherche d'une harmonie.

30. L'harmonie, une structuration rationnelle du monde. L'harmonie, objectif commun aux alchimistes, a varié selon les époques et dans l'alchimie du XVIe siècle, la préoccupation fondamentale est de « rendre compte de la diversité des qualités des corps en ramenant leur composition et leurs interactions à des rapports déterminés»[5], de manière à se préserver des disproportionnalités[6] et d'assurer à tous

---

[1] *Comp.* l'institution de la Zakat dans le Coran, dont les fonctions de purification et de remerciement à Dieu se double d'un « principe de moyen de solidarité de la cohésion sociale et de secours » (M. OUACHANI, « L'impôt dans le Coran : la Zakat », *in* J.-C. MARTINEZ (dir.), *Dieu et l'impôt, op. cit.* p. 89.

[2] Qu'une recette culinaire soit un assemblage de proportions d'ingrédients, ou de produits bien proportionnés est un truisme, que l'assemblage soit plus ou moins heureux selon le tour de main, ou l'exactitude des proportions, en est un autre. Cependant, si les recettes de cuisine sont un bon exercice d'apprentissage des règles de proportionnalité, pour la conversion des quantités afin de l'adapter à un nombre de convives, tout en gardant l'harmonie des saveurs, la proportionnalité se cache parfois dans les endroits les plus inattendus, de la proportionnalité inversée entre la qualité de la viande et la qualité du couteau (V. « Où il est démontré que le principe de proportionnalité peut s'appliquer à la gastronomie » : http://www.dumieletdusel.com/archives/2008/08/18/10250924.html), du coefficient de proportionnalité équilibrant, selon la loi de Henry, la pression dans le liquide et sous le bouchon…de la bouteille de Champagne (V. « Le secret des bulles de Champagne » : https://www.gôôd.com/actu/article/gastronomie/le-secret-des-bulles-de-champagne-83).

[3] « [c]haque époque les pense dans le cadre des conceptions dominantes de son temps, ce qui introduit, notamment dans les périodes modernes, une exigence de mathématisation du discours de la chimie » (B. JOLY, « "Ce qui est en haut est comme ce qui est en bas", proportions chimiques et relations cosmologiques dans l'alchimie de la Renaissance » in S. ROMMEVAUX, P. VENDRIX et V. ZARA (dir.), *Proportions. Sciences, Musique, Peinture & Architecture, op. cit.* p. 124).

[4] « [t]oute entreprise (al)chimique relève en effet d'une **intention** de mettre en ordre la représentation de la nature en établissant des rapports bien proportionnés entre les corps mixtes et les substances élémentaires qui les constituent, mais aussi entre le Ciel et à la Terre (…) » (*ibid.*)

[5] *Ibid.*

[6] *Ibid.*

les principes la coexistence de l'expression de leur substance, en les structurant à partir de leurs « propriétés », et de leurs interactions, ce qui induit alors une adaptation permanente des éléments constitutifs du monde[1] : à la relativité personnelle de la définition des proportions en fonction de la conception du monde, de ses éléments constitutifs, propre à chaque alchimiste, s'ajoutent une relativité certaine d'ordre temporel, tout autant qu'un changement par l'objectivisation induite par l'introduction des mathématiques. La recherche d'une harmonie varie, dans sa définition et ses modalités, en fonction à la fois de l'intentionnalité de l'auteur et du choix des critères objectifs (mathématiques).

b. ***Arts, proportionnalité et proportions : illustration par la musique et l'art visuel***

31. L'art a pour vocation essentielle de « mettre en scène (...) dans un matériau sensible (couleur, son, pierre...) une vérité tenue pour supérieure »[2], universelle et sans concept[3]. Plus encore que l'alchimie, les arts montrent l'importance d'une objectivisation de la proportionnalité, propre à la vulgarisation et à la diffusion d'un savoir, d'un art, dans une perspective transcendant l'œuvre, d'une représentation de la vérité variable selon les époques[4] : en musique, en architecture ou encore dans la sculpture et la peinture, proportionnalité et proportions, « langage **constructeur** d'harmonie[5] » constituent des moyens, des normes, confondues parfois avec un idéal, comme avec le nombre d'or[6], qui structurent ainsi l'œuvre, sa forme, pour représenter cette vérité ; les proportions qui participent donc à la structure de l'objet sur lequel elles s'appliquent[7].

---

[1] Ainsi, par l'élaboration d'un système « explicatif », reposant sur les réalités physiques, l'alchimiste, notamment Séverin, a développé une rationalité de la représentation du monde, incluant une adaptation permanente des éléments.

[2] L. FERRY, *Le sens du beau. Aux origines de la culture contemporaine*, éd. Le livre de Poche, coll. « Essais », 2011, p.16.

[3] E. KANT, *Critique de la faculté de juger*, éd. Gallimard-Flammarion, 2015, p. 38.

[4] Laquelle se modifia dans le temps : « dans l'Antiquité, dire la vérité dans l'art, c'était d'abord exprimer l'harmonie du cosmos ; à l'ère des religions monothéistes, la grandeur et la sublimité du divin ; dans nos démocraties humanistes, la profondeur et la richesse du génie humain » (L. FERRY, *op. cit.*, p.16).

[5] S. ROMMEVAUX, P. VENDRIX et V. ZARA, *Proportions. Arts, architecture, musique, mathématiques et sciences, op. cit.*

[6] « nombre idéal (1,618) correspondant à une **proportion** considérée comme particulièrement **esthétique**, celle de deux dimensions dont la plus grande est avec la plus petite dans le même rapport que la somme des deux avec la plus grande » (nous soulignons). Cette règle se retrouve aussi dans la nature. – V, par ex. F. CORBALAN, *Le nombre d'or. Le langage mathématique de la beauté*, éd. RBA, coll. « Le monde est mathématique », 2013, 164 p. ; M.C. GHYKA, *Esthétique des proportions dans la nature et dans les arts*, éd. du Rocher, 1998, 320 p.

[7] L'esthétique et sa philosophie offrent une richesse de réflexion que cette introduction ne saurait évoquer dans sa complétude. Nous invitons lectrices et lecteurs à consulter l'introduction générale à la philosophie de l'art de Jacques DARRIULAT, l'auteur y explicitant la philosophie de l'esthétique de l'Antiquité à nos jours, avec pédagogie et multiples références, comme autant de perspectives d'enrichissement et de discussion : http://jdarriulat.net/Introductionphiloesth/index.html. Et pour celles et ceux dont l'emploi du temps ne permettrait pas ces lectures, nous les encourageons à écouter

32. Structurations rythmique et tonale de l'œuvre musicale. La proportion intervient en permanence dans la musique, structurant l'œuvre musicale « tant du point de vue temporel (rythme, mètre, mesure) que du point de vue de la hauteur de ton »[1].

33. D'un point de vue du rythme[2], « perception d'un rapport de temps entre les éléments du discours [musical ou d'une autre nature], et proportionnellement entre ses points d'appui »[3], la proportionnalité a constitué la base d'un système de notation, la notation proportionnelle, qui a donné naissance ensuite à la notation moderne[4]. Théorisée à partir du XIIe et usitée principalement jusqu'au XVIe siècle, l'objectif de la notation proportionnelle est de faire coïncider exactement les temps dans l'exécution de la musique à plusieurs instruments ou parties[5]. La valeur musicale varie alors selon le cadre donné par la partition, la comparaison avec d'autres valeurs et l'objectif poursuivi par les musiciens. Cette relativité de la valeur musicale, source de complication, a motivé une nouvelle approche, la notation moderne, plus objective, qui n'a toutefois pas évacué toute subjectivité de l'interprétation[6].

34. La théorie des proportions s'applique encore à la hauteur du son et constitue même « la base de la théorie des intervalles musicaux »[7]. Elle est essentielle pour ordonner, « **hiérarchiser** les intervalles musicaux, **évaluer** leur pertinence et les

---

notamment les quatre émissions « Les chemins de la philosophie » consacrées à la beauté des 1er, 2, 3 et 4 avr. 2019 (accessible sur le site de Franceculture).

[1] R. RASCH, « Proportion, intervalle et tempéraments musicaux », *in* S. ROMMEVAUX, P. VENDRIX et V. ZARA (dir.), *Proportions. Sciences, Musique, Peinture & Architecture, op. cit.* p. 231.

[2] *Comp.* les *tempos*, indications de la vitesse d'exécution à la destination de l'interprète aux fins d'adapter l'expressivité de l'œuvre musicale à la volonté du compositeur. Et notamment le *rubato*, qui donne une grande liberté rythmique de d'exécution, par un léger décalage du rythme de la mélodie « en retardant certaines notes, en en précipitant d'autres, tandis que l'accompagnement demeure strictement mesuré » (http://www.cnrtl.fr/definition/rubato). – V. J.-Y. BOSSEUR, *Du Son au signe, Histoire de la notation musicale*, éd. Alternatives, coll. « Écritures », 2005, p. 67 et p. 81.

[3] J. CHAILLEY, *La musique et le signe*, éd. D'aujourd'hui, coll. « Les introuvables », 1985, p. 98.

[4] S. BOUISSOU, « La notation aux époques baroque et classique », in *Histoire de la notation, de l'époque baroque à nos jours*, S. BOUISSOU, C. GOUBAULT et J.-Y. BOSSEUR, éd. Minerve, Coll. « Musique ouverte », p. 13.

[5] Fondée sur quatre, puis huit sortes de valeurs figurées, il est symptomatique que la durée de ces valeurs est relative à la fois au mode rythmique du morceau, et à la situation de la note précédente. Cette évolution date de l'*Ars nova*, ensemble de doctrines novatrices dans lequel Philippe de VITRY, futur évêque de Meaux, a réformé la notation proportionnelle, et a inventé les signes de mesures, mettant fin aux modes rythmiques.

[6] « Des facteurs irrationnels, comme l'interprétation, le goût ou la sensibilité, pèsent sur cette appréciation et exacerbent la distanciation existant entre les différentes étapes d'une œuvre, de sa conception par le compositeur à sa notation figée sur papier, à sa transmission par l'interprète et enfin à sa réception par l'auditeur » (S. BOUISSOU, « La notation aux époques baroque et classique », *op. cit.*, p. 15.). – V. également, J. CHAILLEY, *op. cit.*. p. 124. ; J.-Y. BOSSEUR, *Du Son au signe, Histoire de la notation musicale, op. cit.*. p. 8 (« Nulle notation ne peut prétendre assurer un contrôle absolu sur une œuvre, nous indiquer quelle latitude l'interprète doit prendre vis-à-vis de ce qui est écrit, quel taux d'initiative personnelle lui revient. (…) ») et pp. 7s.

[7] R. RASCH, « Proportion, intervalle et tempéraments musicaux », *op. cit.* p. 233.

qualifier de consonants ou dissonants, et ce depuis Pythagore »[1]. La question des rapports entre les intervalles a préoccupé les théoriciens de la musique, qui cherchaient ainsi à définir des normes pour structurer la tonalité et apporter une harmonie à la composition musicale, et donc en faire un ensemble bien proportionné[2]. Mais jusqu'à Johann Georg NEIDHARDT, la proportion était d'une nature qualitative, ni Gioseffo ZARLINO, si à sa suite, Franscico SALINAS n'ayant tenté de calculer numériquement, et donc objectivement, les proportions de ce tempérament, ni les écarts du tempérament, ni encore les intervalles eux-mêmes[3]. Ce n'est donc qu'à partir des XVIIe et XVIIIe siècles qu'une méthode « vraiment proportionnelle et numérique pour les écarts des intervalles tempérés » sera trouvée[4], Marin MERSENNE se distinguant, dans l'émergence d'une esthétique du goût, par une recherche de critères commensurables, rationnels, structurant la musique dans un perspective transcendante d'harmonie[5]. Cette méthodologie fut complétée, objectivement et abstraitement, par un référentiel unique et absolu, et non plus relatif[6].

---

[1] B. VAN WYMEE*RSC*H, « Proportion, harmonie et beauté chez Mersenne. Entre lecture analogique et lecture physico-mathématique de la musique », *in* S. ROMMEVAUX, P. VENDRIX et V. ZARA (dir.), *Proportions. Sciences, Musique, Peinture & Architecture, op. cit.*. p. 261.

[2] Gioseffo ZARLINO, dans ses *Institutioni armoniche* de 1558, présente la proportion comme l'une des causes intrinsèques, avec le son des cordes et des tuyaux, et formelles de la musique, à l'opposé des causes extrinsèques (jouer avec harmonie et le musicien). La cause formelle est « cette espèce ou similitude ou peut-être exemple qui tient la chose en soi, à cause duquel elle s'appelle ainsi, comme la proportion est la consonance », tandis que la cause matérielle est « cela dont la chose est faite et qui est en elle permanent, comme les sons dont la consonance est faite ». De plus, ne pouvant expliquer que les tierces et sixtes des monocordes pythagoriciens soient dissonantes, G. ZARLINO inventa le tempérament dit mésotonique, corrigeant tous les intervalles « de telle manière que l'oreille n'est pas offensée » et rétablissant alors « l'univocité du système » (V. R. RASCH, « Proportion, intervalle et tempéraments musicaux » *op. cit.* p. 232, 235 et 237. Pour la période antérieure, v. la présentation de J. CHAILLEY, *La musique et le signe, op. cit.,* ainsi que celle de J.-Y. BOSSEUR, *Du Son au signe, Histoire de la notation musicale, op. cit.*

[3] R. RASCH, *op. cit.* p. 237-242.

[4] *Ibid.* p. 245.

[5] À partir d'une définition de la proportion commune, voire « méta-physique », il a tendu, « dans les années 1630, vers une conception physico-mathématique de la consonance, lieu de la norme esthétique, tout en maintenant la notion de proportion et de commensurabilité comme un élément essentiel de ses démonstrations » (B. VAN WYMEERSCH, « Proportion, harmonie et beauté chez Mersenne. Entre lecture analogique et lecture physico-mathématique de la musique », *op. cit.* p. 261). Sa théorie est particulièrement intéressante en ce qu'elle s'appuie sur les deux facettes imbriquées de la proportion, et présente une certaine réminiscence avec les théories alchimiques : la proportion mathématique vient « structurer les relations entre les intervalles musicaux », à partir d'un système de hauteurs sonores « relatives les uns par rapport aux autres » et ayant toutes « une commune mesure » ; dans le contexte plus large de l'harmonie du monde, ces analogia « structurent l'univers » (*ibid.* p. 261-263). Sa démarche l'est également : M. MERSENNE dût étayer sa théorie « par l'observation, l'expérience et la démonstration », afin de rester « crédible » et tout en s'appuyant sur l'objectivité des critères de la théorie de proportion, classant ainsi rationnellement les intervalles, il se garda ainsi de jugement de valeur sur ces consonances (*ibid.*). A l'instar de DESCARTES, M. MERSENNE dissocie alors le son physiquement parfait de l'appréhension humaine, opposition entre l'esthétique objective et subjective (*ibid.*, p. 271-274) que l'art visuel accentuera.

[6] « [T]oute notion de hauteur absolue se trouve donc liée à l'établissement préalable d'un **point conventionnel de référence**, précis et objectif, indépendant de toute variation psychologique ou physiologique » (J. CHAILLEY, *La musique et le signe, op. cit.* p. 72, souligné par l'auteur).

Avec l'invention du diapason[1], une comparaison objectivisée du rapport de proportion entre deux notes devint possible[2], apportant stabilité et mettant « fin à des spéculations de plusieurs siècles » dans l'appréciation de la hauteur du son, et donc de l'harmonie musicale[3].

35. Qu'il s'agisse de hauteurs de sons ou de valeur de temps, la proportion arithmétique, critère objectif d'harmonisation, conduit à une proportionnalisation de la musique par l'adaptation du son et du tempo au cadre, c'est-à-dire à la partition et à l'intention de son compositeur[4], et apporte aussi une structuration rationnelle et objective de l'œuvre, contraignant dans une certaine mesure l'interprétation ou l'harmonisant[5].

36. Proportions et proportionnalité dans l'architecture. Si la perspective introduit la tri-dimension et impose de repenser la proportion, afin d'atteindre une certaine harmonie d'ensemble, une (r)évolution dans la conception architecturale se manifeste tout particulièrement lors de la Renaissance[6], conduisant à une redéfinition des méthodes et rationalités fondées sur l'idée de proportion, notamment à travers la théorie des ordres : si VITRUVE envisageait la proportion comme une finalité[7], les

---

[1] La valeur du diapason a été officiellement définie par un arrêté du 16 février 1859, à 435 Hz à 15 degrés, avant d'être adoptée à l'échelle internationale en 1885. Une nouvelle modification eut lieu en 1939, suite au congrès de l'IRCAT, le *la* absolu étant défini par une longueur d'onde de 440 Hz à une température de 20 degrés. Cf. J. CHAILLEY, *ibid.*. p. 86-95.

[2] Ainsi, « un *la* (...) devenait une entité musicale en soi, définissable et repérable en toute circonstance » (*Ibid.* p. 84).

[3] J.-Y. BOSSEUR, *Du Son au signe, Histoire de la notation musicale*, *op. cit.* p. 83.

[4] La musicalité se transforme et s'appréhende différemment selon les expérimentations et les auteurs. L'atonalité, le dodécaphonisme ou encore la musique sérielle en sont des illustrations, toutes cependant répondant à une structuration objective et subjective. – V. par ex., H. POUSSEUR, *Série et harmonie généralisée : une théorie de la composition musicale*, éd. Mardaga, 2009, 400 p. ; A. LAI, *Genèse et révolutions des langages musicaux,* éd. L'Harmattan, 2002, 254 p., X. HASCHER, M. AYARI et J.-M. BARDEZ (dir), *L'analyse musicale aujourd'hui,* éd. Delatour France, 2015, 478 p., T. W. ADORNO, *Alban Berg, le maître de la transition infime* (trad. R. ROCHLITZ), éd. Gallimard, 1989, 224 p.

[5] A la différence du droit, il n'y a pas de norme objective : « l'interprète-acteur fait ce qu'il veut, en tant que c'est son acte qui réalise le texte, en dernier ressort ; et si l'interprétation qu'il inclut dans son acte est (critiquement) absurde, son auteur peut être discrédité, mais ni son acte invalidé quant à son résultat, ni son opération disqualifiée en tant qu'interprétation » (J. COMBACAU, « interpréter des textes, réaliser des normes : la notion d'interprétation dans la musique et le droit, *in* G. COHEN-JONATHAN, Y. GAUDEMET, R. HERTZOG (dir.), *Mélanges Paul Amselek,* éd. Bruylant, 2005, p. 261s., spé. p. 269.

[6] Celle-ci « a un sentiment beaucoup plus fort (...) de l'impossibilité de la plénitude ontologique du monde, qui se manifeste par la discontinuité des ordres, voir par leur dysmorphie » et c'est pourquoi « [i]l appartient en effet à l'architecture et, en particulier à l'architecture vitruvienne, i.e. à l'architecture eurythmique, fondée sur les proportions et l'harmonie, de donner à ce monde moyen construit par l'entendement une réalité extra-mentale, en le dressant dans la quadri-élémentarité de la nature (....). » (P. CAYE, « La question de la proportion. Réflexions pour un humanisme du quadrivium » *op. cit.* pp. 76-77).

[7] À l'époque de la Grèce et de la Rome antiques, l'architecture avait pour objet de donner un rapport harmonique entre les différents « ordres », les proportions ne prenant sens qu'avec l'édifice. Pour VITRUVE, la beauté d'un édifice réside dans « *symmetria* » ou la « *commodulatio,* c'est-à-dire la commensurabilité de toutes les parties entres elles et des parties avec le tout » (F. LEMERLE, « Ordres et proportions dans la tradition vitruvienne (XVe-XVIIe siècles) » *in* S. ROMMEVAUX, P.

vitruviens de la Renaissance en ont renouvelé l'acception, la conception du projet architectural ne reposant plus sur la raison, mais sur le principe de la proportion[1], « comme si la proportion devenait un véritable instrument de conception du projet et non seulement le résultat de sa synthèse[2], marquant une « accentuation du mentalisme face à une réalité perçue de plus en plus dans sa discontinuité »[3].

37. Si cette structuration par l'analogie proportionnelle prend pour point de départ le corps humain[4], rapport « fondamental pour tous les aspects de la théorie des ordres »[5], VIGNOLE, dans sa *Regola delli cinque ordini* de 1562, prenant le contrepied de VITRUVE, introduisit plus nettement la proportionnalité[6], tandis que C. PERRAULT, dans une volonté de rationalisation et de normalisation des ordres, élabora une « méthode géométrique et mathématique » dans une dynamique ascendante[7]. Dès lors, si la proportionnalité repose sur des critères objectifs de proportions chiffrées dans un but esthétique affirmé, le sens du raisonnement dans la structuration par la proportionnalité jouera un rôle indéniable, tant au niveau du créateur de la norme ou du décideur, qu'au niveau du contrôle par le « juge ». A la proportionnalité, la sculpture et la peinture n'y sont pas étrangers, et accentuent peut-

---

VENDRIX et V. ZARA (dir.), *Proportions. Sciences, Musique, Peinture & Architecture*, *op. cit.* p. 409-410).

[1] « Lorsqu'on lit l'édition du *De architectura* de Vitruve de Fra'Giocondo (1511) ou les éditions de Rome (1486), de Florence (1496) et de Venise (1497), on remarque (...) [que] là où l'ensemble des manuscrits propose, pour définir la *ratiocinatio* de l'architecte, c'est-à-dire sa méthode de conception du projet, comme "un raisonnement qui explique et démontre les objets réalisés sur le chantier [...] ***rationis pro portione*****, en fonction de la raison"**, les éditions imprimées de la Renaissance écrivent ***rationa proportionis*****, i.e. selon le principe de la proportion**, voire selon le calcul de la proportion » (P. CAYE, « La question de la proportion. Réflexions pour un humanisme du quadrivium », *op. cit.* p. 78, nous soulignons).

[2] La proportion « devient un véritable opérateur efficient (...) précisément parce qu['elle] devient en amont un instrument d'efficience qu'elle se révèle, en aval, au niveau de la forme, plus libre et plus gracieuse en s'affranchissant du canon étouffant de la *symmetria*, du système de mesures, pour accéder à une harmonie plus haute, plus sophistiquée et plus élégante » (*ibid.* p. 78).

[3] *Ibid.* p.76.

[4] Et plus récemment, LE CORBUSIER lorsqu'il conçut son Modulor, à partir de la mesure de l'homme et dont les mesures sont toutes reliées les unes aux autres et au nombre d'or.

[5] Y. PAUWELS, « Des hommes et des dieux : les origines des proportions et des ordres » *in* S. ROMMEVAUX, P. VENDRIX et V. ZARA (dir.), *Proportions. Sciences, Musique, Peinture & Architecture*, *op. cit*, p. 400.

[6] Il « ne définit plus l'ordre par une hauteur spécifique, mais par des relations proportionnelles entre les trois éléments principaux (...) dans un ordre mathématique unitaire » (F. LEMERLE, « Ordres et proportions dans la tradition vitruvienne (XVe-XVIIe siècles) » *op. cit.* p. 415).

[7] La « médiocrité moyenne » permet de dégager des proportions « probables et vraisemblables » fondées sur des « raisons positives ». Il aboutit à un système « rigide, formellement impeccable (...) fondé sur des proportions géométriques croissantes simples, facilement réalisables grâce au choix d'un nouveau module_(...) » (Id. p. 420-421). Toutefois, C. PERRAULT, comme CHAMBRAY avant lui, « triche : il a commencé par inventer son système de proportions fondée sur la médiocrité moyenne avant de choisir les nombres comparatifs des ordres antiques et modernes qui lui permettent de l'établir » (*ibid.* p. 423).

être plus encore la subjectivité de la définition de la proportionnalité, par rapport à la proportion et à la perspective, et en tant que norme[1].

38. Proportionnalité et proportions en sculpture et peinture : entre perspective et esthétique. L'utilisation des proportions, dans la représentation du corps humain comme dans les nuances picturales, répond à un besoin technique et « détermine une pratique et une esthétique particulière des œuvres », en ce qu'elles « présupposent "un prototype idéal" dont on peut décliner la taille »[2], sans se libérer du regard[3]. Les proportions ont toutefois un avantage indéniable : elles sont la « preuve objective » que l'artiste, peintre ou sculpteur, n'a pas commis d'erreur et lui donnent des arguments pour écarter les reproches potentiels, nonobstant l'inconstance du jugement humain tributaire de l'angle du regard et de la perception propre à chacun[4]. C'est pourquoi renonçant à « donner une description valable et définitive de la mesure qui pourrait se rapprocher de la beauté véritable »[5], précisément parce que cela est impossible[6], A. DÜRER insiste sur la méthode de conceptualisation d'une œuvre, précédant sa réalisation. On retrouve alors l'idée d'une anticipation, d'une intention qui définit des « pro »-« portions » aux fins de réaliser une œuvre donnée, dans un idéal esthétique objectivisé[7].

39. Cependant, les proportions ne sont pas envisagées isolément, mais résultent d'une perspective[8], une illusion, un trompe-l'œil par la profondeur créée délibérément par l'agencement et la déformation des corps et objets : « hantée par la disproportion », « la perspective rompt (…) avec l'analogie de proportion entre la chose et son image [en ce qu'elle] conduit à la construction d'une image qui ne

---

[1] Plutôt que de proportionnalité, on parle de « *canon* » : il s'agit d'une « **norme** de proportionnalité **appliquée** à la figure et au corps de l'homme et déterminant **l'idéal** de la perfection physique » (CNTRL, nous soulignons). Autrement dit, une règle, un but, une action.

[2] V. AUCLAIR, « Usages et fonctions de la théorie des proportions dans le Livre de Portraiture de Jean Cousin fils », *in Proportions. Sciences, Musique, Peinture & Architecture, op. cit.* p. 382

[3] Si la perspective, par l'effet de profondeur apporte des déformations graphiques importantes, « l'impression visuelle subjective joue un rôle déterminant dans notre perception des raccourcis », écartant la seule réduction aux mathématiques (*Ibid.* p. 384).

[4] A. DÜRER, *Traité des proportions* accompagné des *Lettres et Écrits théoriques*, *op. cit.*, p. 178. – V. également, V. AUCLAIR, « Usages et fonctions de la théorie des proportions dans le Livre de Portraiture de Jean Cousin fils », *op. cit.* p. 391.

[5] A. DÜRER, *Traité des proportions accompagné des Lettres et Écrits théoriques, op. cit.* p. 181.

[6] C. BAUDELAIRE écrivit : « Pour établir une théorie rationnelle et historique du beau, en opposition avec la théorie du beau unique et absolu (…). Le beau est fait d'un élément éternel, invariable, dont la quantité est excessivement difficile à déterminer, et d'un élément relatif, circonstanciel, qui sera, si l'on veut, tour à tour ou tout ensemble, l'époque, la mode, la morale, la passion. Sans ce second élément, qui est comme l'enveloppe amusante, titillante, apéritive, du divin gâteau, le premier élément serait indigestible, inappréciable, non adapté et non approprié à la nature humaine ». (*in Peintre de la vie moderne*, I. *Le beau, la mode et le bonheur*, éd. 1001 nuits, 2010, 112 p., p. 5).

[7] A. DÜRER, *op. cit.* p. 181.

[8] Elle se définit définie comme « un art de représenter les objets sur une surface plane de telle sorte que leur représentation coïncide avec la perception visuelle qu'on peut en avoir, compte tenu de leur position dans l'espace par rapport à l'œil de l'observateur » (*Dictionnaire Le Petit Robert, op. cit.*, s. v. « perspective »). La « perspective » renvoie aussi à un « évènement ou *[une]* succession d'évènements qui se présente comme probable ou possible » (*ibid.*).

respecte par les proportions de son modèle (…) »[1]. L'intention du peintre, son point de vue, est à l'origine de la définition d'une perspective[2], sans s'émanciper d'une recherche d'objectivité[3]. La perspective opère ainsi une proportionnalisation de l'œuvre, lui donnant ses propriétés proportionnées, dans un but transcendant d'idéal esthétique, d'une harmonie de l'œuvre. Mais, si les proportions et règles de perspectives définissent des critères objectifs de jugement esthétiques, à la vertu pédagogique certaine, propre à extraire des œuvres un modèle qui participera à la construction d'une esthétique idéale[4], elles ne suffisent pas à garantir une uniformité dans l'appréciation positive de l'œuvre finie, dans sa « pro »-« portionnalité », et aujourd'hui plus encore.

40. Les canons de beauté esthétique, fondés sur l'idée de proportions, garants d'une certaine objectivité de l'art, ont été progressivement abandonnés lorsque « les valeurs sociales et esthétiques qui leur étaient attachées n'étaient plus déterminantes dans le jugement sur les œuvres et les artistes »[5], lorsque l'art s'est émancipé des mathématiques, renouvelant alors l'idéal artistique, « grâce à un nouveau jeu d'arguments et à de nouvelles normes, nécessaires aux amateurs pour juger les œuvres et aux artistes pour se défendre face aux critiques »[6], dans l'histoire, et particulièrement à la fin du XIXe siècle : la proportionnalité devient un contenant aux contenus multiples et subjectifs, bien que sous-tendus pas des critères objectifs en permettant la communication et la diffusion[7]. L'impressionnisme a remis en cause les

---

[1] L. VINCIGUERRA, « Peinture, vision et disproportion chez Alberti et Léonard de Vinci », *in* S. ROMMEVAUX, P. VENDRIX et V. ZARA (dir.), *Proportions. Sciences, Musique, Peinture & Architecture*, *op. cit.* p. 327

[2] Léon Battista ALBERTU insiste sur la relativité de la proportionnalité, en fonction du point de vue : toute chose prend une certaine une mesure à partir de et par rapport à ce dernier, tout en variant si celui est modifié, notamment en distinguant l'œil du peintre de l'œil du regardeur. La perspective devient une composition, une invention, une *historia*, (*ibid.* p. 332-333).

[3] Léonard de Vinci exclut que la perspective puisse ouvrir « sur l'idée d'un partage du subjectif et de l'objectif », mais « s'inscrit au contraire dans un monde où l'homme qui voit, l'image qui fait voir et les choses visibles se partagent ensemble un univers commensurable ». Toutefois, il considère la perspective comme limitante, en ce qu'elle oblige le regardeur à une place déterminée, une captation du regard imposée par « la composition picturale elle-même, [par son] **organisation interne des lignes et des éléments du tableau telles qu'elles sont choisies par le peintre** » (*ibid.* p. 333, nous soulignons). On peut mentionner également Jean Cousin : cf. V. AUCLAIR, « Usages et fonctions de la théorie des proportions dans le Livre de Portraiture de Jean Cousin fils », *op. cit.*, p. 373 à 394

[4] La rationalité, facteur de vulgarisation, devient première, la proportion mathématique, parfaite, n'étant plus qu'un moyen. – V. notamment, les traités sur les proportions d'A. DÜRER ou G. AUDRAN.

[5] V. AUCLAIR, « Usages et fonctions de la théorie des proportions dans le Livre de Portraiture de Jean Cousin fils », *op. cit.,* p. 393. – V. également, C. BAUDELAIRE, *Peintre de la vie moderne, I. Le beau, la mode et le bonheur*, *op. cit.*, p. 5.

[6] V. AUCLAIR, « Usages et fonctions de la théorie des proportions dans le Livre de Portraiture de Jean Cousin fils », *op. cit.,* p. 394.

[7] La caractéristique est « d'abord un contenu, c'est-à-dire un sentiment, une situation, un évènement, une action, un individu déterminés ; et c'est ensuite la manière dont ce contenu est exprimé. C'est à celle-ci que s'applique la loi du caractéristique dans l'art, loi qui exige que toutes les particularités du mode d'expression contribuent à faire ressortir le contenu, fassent partie de la représentation totale » (G.W.F. HEGEL, *Introduction à l'esthétique : le Beau*, éd. Flammarion, coll. « Champs », 1979, p. 78).

canons esthétiques de l'époque et apporté une plus grande liberté aux artistes dans la représentation de la réalité, de la nature. Pour autant, le résultat enchante par la luminosité, l'expressivité, la vivacité du trait, l'équilibre et la juste proportion **accordée** à la nature, magnifiée par la présence discrète de l'humain[1]. Puis le XXe siècle a accentué la subjectivité de la proportionnalité dans la définition de l'équilibre final et de la proportionnalité qui en résulte par le choix induit des proportions[2]. La proportionnalité, « canon » esthétique, est devenue une affaire personnelle, un langage sans cesse renouvelé, en perpétuelle évolution[3].

41. La proportionnalité est donc une règle de représentation mais aussi de répartition dans un cadre donné, afin d'apporter à ce cadre l'équilibre et l'harmonie **voulue par son auteur**, et dans l'optique d'exprimer une émotion, une idée ou autre et de la rendre **perceptible** par l'observateur. Purement subjective, comme avec les peintres modernes et contemporains, la proportionnalité et l'harmonie de l'œuvre finale dépendra de chacun, et de son état d'esprit ou de sa période artistique. Objectivée par des canons, un ensemble de règles, la proportionnalité assure une harmonie contraignante certes, mais compréhensible, accessible, et prévisible pour l'observateur, et affecté d'une faculté de propagation indéniable.

42. Transition. De ces détours par les arts et les sciences humaines, la proportionnalité est avant tout un contenant, aux contenus variés selon son auteur. Plusieurs éléments, parfois communs, se dégagent, en particulier sur les fonctions et les modalités. Tout d'abord, la proportionnalité est une règle déterminée dans un cadre donné, agissant sur les éléments présents dans ce cadre pour leur faire acquérir la souplesse nécessaire ou leur donner une forme permettant la réalisation de la raison d'être de cet élément et sa cohabitation permanente et évolutive avec les autres éléments, tout en respectant la finalité du cadre. La proportionnalité doit permettre, à travers le but ou les proportions, d'apporter une harmonie ou à donner son caractère juste à une norme. Mais, elle s'appuie aussi sur une rationalité, que les critères objectifs de proportion cherchent à étayer, alors que leur agencement la relativise.

II. La proportionnalité juridique, un concept fonctionnel structuré et structurant

43. Plan. De ce détour par la sémantique et les sciences humaines se dégage un concept structuré et structurant (du principe) de la proportionnalité (A), dont la mise

---

[1] Alors que la nature servait de décor à une représentation de scènes, elle devient sujet et l'humain prétexte à représenter la nature. Dépassant les canons, la représentation de l'humain change également, par la redéfinition libre des proportions. Les peintures d'Eugène Boudin, et à sa suite, Claude Monet, Pierre-Auguste Renoir, Camille Pissarro, Edgar Degas, Paul Cézanne, Alfred Sisley…en sont une illustration exquise.

[2] L'expressionnisme ou le cubisme par exemple ont déconstruit les canons et redessiné les proportions en fonction de l'auteur de l'œuvre : on cherche d'abord à exprimer une idée ou une émotion telle qu'on la perçoit, sans essayer de la modeler dans un « canon » pour la rendre perceptible aux autres. L'art moderne n'hésite pas à user de la disproportion pour attirer l'attention, faire réagir, heurter les « bonnes mœurs » ou le « bon sens » populaire.

[3] V. par ex. G. VIGARELLO, *Histoire de la beauté. Le corps et l'art d'embellir de la Renaissance à nos jours*, éd. du Seuil, coll. « Histoire », 2004, 345 p.

en œuvre sera confrontée à des problématiques communes aux normes fiscales de procédures, d'imposition ou répressives (B).

A. Proportionnalité, proportionnalisation et proportion

44. Structure (du principe) de proportionnalité. Concept structurant[1], la proportionnalité est une exigence, posée par le juge[2], de rationalité et d'adaptation constante d'une norme ou de l'acte ou de la décision pris pour son application[3]. La proportionnalité est une règle non-écrite[4], immanente et permanente[5], mais aussi un outil de contrôle modelant les normes s'inscrivant dans cet ordre afin de les faire coexister, ou à défaut, de les en supprimer, dans le respect de leurs propres rationalités et, le cas échéant, de la finalité plus large de l'ordre ou de la politique dans lesquels elles s'inscrivent.

45. Rationalité d'abord, « sans laquelle un ordre qui se définit comme celui d'un État de droit est impensable : la cohérence du système est garantie par la nécessité de l'intégration, dans l'ensemble de l'ordre juridique, de toute situation particulière, au moyen d'une argumentation rationnelle publique [et objective] »[6]. Rationalité et

---

[1] Sur le structuralisme, v. not. E. PIAGET, *Le structuralisme*, éd. PUF, Coll. « Quadrige », 2e éd., 2016, 144 p., spé. le chapitre II consacré à la structure mathématique et logique et le chapitre V relatif au structuralisme linguistique.

[2] Sur les normes jurisprudentielles, v. l'article éponyme de M.-C. BERGERES : *DF* 2000, n°13, étude 109

[3] P. MOOR, « Systématique et illustration du principe de proportionnalité », *op. cit.* pp. 320 et 325. L'auteur, bien que mettant précisément en valeur ces deux fonctions du principe de proportionnalité, garde toutefois une définition ternaire découpée en maximes d'aptitude, de nécessité et de proportionnalité *stricto sensu*, et rejette l'idée de fonction structurante de « ce qui pourrait être un contenu normatif » (*ibid.* p. 327).

[4] J. DE GUILLENSCHMIDT résume ainsi que si aucun texte constitutionnel ne consacre expressément un principe de proportionnalité, cette règle non écrite, « pierre angulaire du contrôle de constitutionnalité », « doit être observée en toutes matières » : le législateur doit s'y conformer, « de façon transversale et en toute matière » (*in* « Le contrôle de proportionnalité dans la jurisprudence du Conseil constitutionnel français, 5e conférence des Chefs d'institution de l'ACCF, Libreville, 8-13 juil. 2008, https://accf-francophonie.org/publication/bulletin-n9/#le-controle-du-principe-de-proportionnalite-dans-la-jurisprudence-du-conseil-constitutionnel-francais), bien que le Conseil constitutionnel s'en défende alors.

[5] En démontre la permanence du contrôle de proportionnalité, mettant en œuvre le concept de proportionnalité (en ce sens, v. notamment G. BRAIBANT, « Le principe de proportionnalité », *op. cit.* ; M. GUIBAL, « De la proportionnalité », *op. cit.* ; M. FROMONT, « *Le principe de proportionnalité* » : *op. cit.* ; M.-A. EISSEN, *in* « *Le principe de proportionnalité dans la jurisprudence de la Cour européenne des droits de l'homme* », *op. cit.* ; X. PHILIPPE, *Le contrôle de proportionnalité dans les jurisprudences constitutionnelles et administratives françaises*, *op. cit.* ; *Ibid.* « Le contrôle de proportionnalité exercé par les juridictions étrangères : l'exemple du contentieux constitutionnel » *op. cit.* ; S. VAN DROOGHENBROECK, *La proportionnalité dans le droit de la Convention européenne des droits de l'Homme. Prendre l'idée simple au sérieux, op. cit.* ; V. BERGER, « Le contrôle de proportionnalité exercé par la Cour européenne des droits de l'homme », *op. cit.*).

[6] P. MOOR, « Systématique et illustration du principe de proportionnalité », *op. cit.*. p. 322. E. KANT également estimait que l'important « n'est pas que le droit s'enracine dans la nature rationnelle de l'homme, mais qu'il trouve sa fondation exclusivement dans le caractère pur et a priori de principes rationnels universels (…) Il appartient à la juridicité structurelle de la raison de conférer au droit sa

objectivité sont la mesure d'une justification, rempart contre l'arbitraire, par la justiciabilité et la légitimité qu'elles lui donnent. Cette rationalité objective[1] l'est car elle repose sur une logique[2], mais non sur une vérité[3]. Elle l'est encore parce qu'elle est révélée par une opération de comparaison, laquelle ouvre toutefois la brèche à la subjectivité.

46. Adaptation ensuite, en ce que, tout en respectant ce lien logique et rationnel qui en donne l'impulsion, le mouvement, et sur laquelle elle est fondée, la proportionnalité apporte l'adaptation nécessaire pour atteindre cet équilibre, cette adaptation se situant dans la norme même ou étant ajoutée. Le contrôle de proportionnalité consiste donc à vérifier la propriété structurelle et adaptative ou adaptée d'une norme ou d'une décision d'application, à travers les fonctions « agissantes » de la proportionnalité[4].

47. La proportionnalité, qualité et fonction. Ce contrôle est possible aussi en ce que la proportionnalité est avant tout la qualité inhérente, en principe, d'une norme

---

raison d'être et son fondement, c'est-à-dire d'en assurer, au niveau de l'intelligible pur, la possibilité, la base et la légitimité » (S. GOYARD-FABRE, *La philosophie du droit de Kant*, éd. Vrin 1996, pp. 41 et 175). Rationalité encore en ce qu'elle renvoie à un acte de connaissance, qui s'impose à tout esprit capable de le comprendre, et lui donne de ce fait une propriété de généralisation : « l'élément formel de raison est dans le droit positif le même que celui qui existe dans un acte rationnel de jugement juridique en dehors de tout droit positif » (en ce sens, M. DJUVARA, « Droit rationnel et droit positif », *in Recueil d'études sur les sources du droit en l'honneur de F. GENY, t. III, Les sources des diverses branches du droit*, éd. Topos-Duchemin, 1977, p. 245 et s., spé. p. 258-259 et, v. également, p. 270-273).

[1] Objectivité et rationalité se complètent : si la première est le résultat d'une observation ou d'une « représentation fidèle » d'un objet, la rationalité renvoie à une démarche reposant sur des considérations logiques et méthodologiques, une manipulation du sujet observé afin d'en établir le mécanisme propre, laquelle peut s'appuyer sur des critères objectifs sans pour autant écarter la subjectivité dans le choix et l'appréciation de ces derniers (cf. définitions du CNRTL, accessible en ligne).

[2] Selon X. PHILIPPE, le contrôle de proportionnalité constitue une « fonction logique de droit » (« Le contrôle de proportionnalité exercé par les juridictions étrangères : l'exemple du contentieux constitutionnel » : *LPA* 5 mars 2009, n°46, p. 6 ; du même auteur, *Le contrôle de proportionnalité dans les jurisprudences constitutionnelles et administratives françaises*, *op. cit.* p. 410 et s.), G. VEDEL l'assimilant quant à lui à *« un principe de logique juridique dans le bloc général des normes de référence »* (in « Excès de pouvoir législatif et excès de pouvoir administratif », *Cah. Const. const.*, 1996, n°1, accessible en ligne. – V. également, J.-B. DUCLERCQ, *Les mutations du contrôle de proportionnalité dans la jurisprudence du Conseil constitutionnel, op. cit.* p. 101)

[3] V. PETEV se prononce ainsi en faveur d'une justifiabilité rationnelle, plus appropriée « que le concept de vérité pour expliquer la légitimité des normes juridiques, tant au niveau sémantique qu'au niveau pragmatique » (Vérité et justification en droit », *in* G. COHEN-JONATHAN, Y. GAUDEMET, R. HERTZOG (dir.), *Mélanges Paul Amselek*, éd. Bruylant, 2005, p. 663 et s.). – V. également, G. DEL VECCHIO, « Les principes généraux du droit », *op. cit.*, p. 69 et s.

[4] Ainsi, le contrôle de proportionnalité, s'il est provoqué par la confrontation à des normes de contrôle supérieures au regard de la hiérarchie des normes et consiste à en vérifier la compatibilité ou la conformité, est davantage un contrôle de la norme fiscale (« une exigence interne » : B. MATHIEU, « Réflexions en guise de conclusion sur le principe de Sécurité juridique », *Cah. Const. const.*, 2001, n°11, p. 106), à partir de ses composants lesquels sont rattachés à la norme de contrôle à travers l'objectif. On retrouve le même raisonnement dans la structuration comportementale de l'Administration et du contribuable, la norme de contrôle étant alors la loi.

ou d'une décision d'application reposant sur une rationalité[1] objective et vérifiable, et donc justiciable[2] et ayant la faculté de s'adapter ou d'en permettre l'adaptation, d'un point de vue abstrait ou spécifique aux cas d'application, dans le respect de sa rationalité propre mais aussi de celle des autres normes ou droits et libertés du contribuable[3]. La proportionnalité est alors fonction[4] et qualité à la fois[5]. Or, eu égard à l'action manifestée par le contrôle de proportionnalité, il serait plus exact d'évoquer une proportionnalisation, le suffixe « -isation » renvoyant à une action ou au résultat de cette action, à propos du contrôle juridictionnel, et de la proportionnalité, comme support de ce contrôle.

48. Impossible fixité de la proportionnalité. Il ne s'agit pas, à travers cette étude, d'apporter une solution nette et fixe, mais seulement de démontrer qu'à travers la proportionnalité, se cachent en réalité des outils et techniques juridictionnels éculés, réactualisés constamment. La proportionnalité n'exempte pas le juge de raisonner avec justesse[6]. Au contraire, elle concentre à la fois la logique propre au raisonnement juridique et les « correctifs »[7], sans que ces derniers n'occultent la rectitude du raisonnement, par la dissociation qu'il convient d'opérer entre le lien logique et l'adaptation[8]. Il ne s'agit donc pas de permettre une prévisibilité à toute épreuve : la proportionnalité, concept flou, n'est pas étranger à la logique[9], et apporte la souplesse au droit, gage de cohésion et de dynamisme[10].

---

[1] C.-A. MORAND, « Les exigences de la méthode législative et du droit constitutionnel portant sur la formation de la législation », *in Droit et société*, n°10, 1988, *Pratique de recherches, questions théoriques et problèmes épistémologiques sur le droit et la société*, p. 391 et s. Par ailleurs, si certains auteurs emploient l'expression « contrôle d'adéquation », ils le définissent comme consistant en « un contrôle de la seule rationalité – et non de l'efficacité – de la mesure prise » et plus exactement à « l'existence d'un lien rationnel entre la mesure et l'objectif poursuivi » (V. GOESEL-LE-BIHAN, « A quoi sert le contrôle de l'adéquation dans la jurisprudence récente du Conseil constitutionnel ? » : *RFDC* 2017, n°109, p. 89s.).

[2] P. MOOR, « Systématique et illustration du principe de proportionnalité », *op. cit.* p. 323.

[3] Les normes fiscales, par les sujétions qu'elles imposent ou les droits qu'elles octroient, portent « par nature » atteinte aux droits des contribuables ou créent des différences de traitement. Ces normes sont donc en constante opposition avec d'autres règles ou principes. Et quand bien même ne porteraient-elles pas atteinte à un droit constitutionnellement protégé, que l'exigence de proportionnalité et de proportionnalisation s'appliquerait (P. MOOR, « Systématique et illustration du principe de proportionnalité », *op. cit.* p. 329)

[4] G. VEDEL et P. DEVOLVE, *Droit administratif*, éd. PUF, Coll. « Thémis », 10e éd., 1988, spé. p. 431 et s. et 798 et s.

[5] P. MOOR, « Systématique et illustration du principe de proportionnalité », *op. cit.* p. 325-326.

[6] M.-L. MATHIEU, *Logique et raisonnement juridique*, éd. PUF, coll. « Thémis », 2e éd., 2015, p. 7.

[7] « Raisonner constitue l'un des principaux exercices de la pensée juridique. (…) **Le raisonnement juridique est, principalement, logique**. (…) Pour corriger la rigueur de la logique élémentaire, l'esprit juridique a inventé des **correctifs** » (G. CORNU, *Droit civil, Introduction au droit*, éd. Montchrétien, coll. « Domat droit privé », 7e éd., 1997, p. 75 (souligné dans le texte).

[8] M.-L. MATHIEU, *ibid.*, p. 10 : « le recours aux correctifs ne doit pas masquer le raisonnement dont il faut assurer la **rectitude**, même si ce n'est pas **suffisant** » (souligné par l'auteur).

[9] *Ibid.* p. 60.

[10] En ce sens, M.-L. MATHIEU-IZORCHE, « La marge nationale d'appréciation, enjeu de savoir et de pouvoir, ou jeu de construction ? »: *RSC* 2006, n°1, p. 25 et s. ; M. DELMAS-MARTY, « Droits de l'homme et systèmes de droit », *Le Débat* 1995/1, n°83, p. 148 et s.

49. Transition. Ce faisant, plusieurs problématiques sont soulignées par la mise en œuvre du principe de proportionnalité, qu'il convient d'expliciter dès à présent.

B. Problématiques communes dans la mise en œuvre (du principe) de proportionnalité

50. Plan. Le contrôle de proportionnalité accentue la spécificité des normes de contrôle et des méthodes juridictionnelles à travers les contraintes dans la création et la mise en mouvement de la norme fiscale (1), tout en exigeant une motivation adéquate des décisions juridictionnelles, explicitation du raisonnement complexe à l'œuvre (2).

1. Des normes de contrôles et des méthodes juridictionnelles : l'essor des contraintes fiscales[1]

51. Double spécificité des normes de contrôle. Participant ainsi « au même travail d'engendrement du droit »[2], le contrôle de proportionnalité est une confrontation des normes fiscales, au contenu relativement déterminé, avec des normes de contrôle au contenu relativement indéterminé[3], laissant au législateur, comme au juge[4], une liberté d'appréciation d'une amplitude réelle, mais variable, étant donné la spécificité des normes de contrôle et des méthodes juridictionnelles[5] (a) que les juges de cassation se sont appropriés (b).

---

[1] M. COLLET, « Réforme fiscale : la contrainte constitutionnelle » : *RFFP* 2011, n°116, p. 19

[2] M. DELMAS-MARTY, « Droits de l'homme et systèmes de droit », *op. cit.* p. 148.

[3] Normes à « texture ouverte » (N. McCORMICK, « La texture ouverte des règles juridiques », *in* P. AMSELEK et C. GRZEGORCYK (dir.), *Controverses autour de l'ontologie du droit*, éd. PUF, 1989, p. 109 et s.), « le sens d'un droit fondamental ne se définit que dans un rapport à une prétention contraire à un droit concurrent » (J. LENOBLE, *Droit et communication : la transformation du droit contemporain,* éd. Du Cerf, 1994, p. 84). et ne trouve donc « sa signification véritable que contextualisé, c'est-à-dire concrètement appliqué à un cas d'espèce » (E. DUBOUT, « L'efficacité structurelle de la question prioritaire de constitutionnalité en question » : *RDP* 2013, p. 107 et s.), dévoilant ainsi l'« obscurité structurelle » (Y. AGUILA, « Cinq questions sur l'interprétation constitutionnelle » : *RFDC* 1995, n°21, p. 16 et s.)

[4] Le juge déterminant le sens du texte, dans un « « *processus de générescence de la règle de droit »* (J. FREMONT, « Transformation du texte, transformation du droit », in D. BOURCIER et C. THOMASSET (dir.), *L'Écriture du droit. Législation et technologie de l'information*, éd. Diderot, coll. « Arts et sciences », 1996, p. 81 et s., spé. p. 85), c'est-à-dire de choisir, par un travail d'interprétation des mots, une signification parmi l'ensemble des possibles » (D. ROUSSEAU, *Droit du contentieux constitutionnel,* éd. LGDJ-Lextenso édition, Domat, 10e éd., 2013, p. 118-119 et p. 554). À ce titre, nous adhérons à la voie proposée par cet auteur relativement à l'interprétation du droit constitutionnel, considérée comme un « acte de concrétisation continue », dépassant l'opposition entre l'école de l'interprétation-découverte et l'interprétation-création (*ibid.* p. 144). – V. également en ce sens, H. KELSEN, *Théorie pure du droit* (trad. C. EISENMANN), éd. LGDJ-Bruylant, coll. « La Pensée juridique », 1999, p. 335 et s.

[5] Par-delà la permanence de l'exigence de proportionnalité (v. not., S. VAN DROOGHENBROECK, *La proportionnalité dans le droit de la Convention européenne des droits de l'Homme. Prendre l'idée simple au sérieux, op. cit..* ; G. XYNOPOULOS, « Proportionnalité », in *Dictionnaire de la culture juridique, op. cit.* ; *ibid., Le contrôle de proportionnalité dans le contentieux de la constitutionnalité*

a. ***Spécificités des normes de contrôle et des méthodes juridictionnelles devant les juridictions constitutionnelle et européennes***

52. Spécificités des normes de contrôle. Le droit constitutionnel, dont l'essor[1] a participé de l'accroissement des contraintes[2] pesant sur le législateur fiscal, sans toutefois apporter de révolution[3], se distingue[4] en ce que la Déclaration des droits de l'homme du 24 août 1789[5] comporte des dispositions spécifiques relatives au droit fiscal, notamment l'article 13[6], imposant le critère de différenciation des facultés

---

et de la légalité en France, Allemagne et Angleterre, *op. cit.* ; X. PHILIPPE, *Le contrôle de proportionnalité dans les jurisprudences constitutionnelles et administratives françaises*, *op. cit.*, 541 p. ; J. DE GUILLENSCHMIDT, « Le contrôle de proportionnalité dans la jurisprudence du Conseil constitutionnel français, *op. cit.*). Plus encore elle est « **consubstantielle** aux droits fondamentaux » (P. MUZNY, *La technique de proportionnalité et le juge de la Convention européenne des droits de l'homme. Essai sur un instrument nécessaire dans une société démocratique*, *op. cit.*, p. 90, nous soulignons).

[1] Le droit constitutionnel a connu un essor continu, affinant au fur et à mesure les principes et règles du contrôle, conforté ou encouragé par les juridictions européennes (L. PHILIP, « Le dialogue des juges et l'élargissement de la compétence du Conseil constitutionnel », in *Le dialogue des juges. Mélanges en l'honneur du président Bruno Genevois,* éd. Dalloz, 2009, p. 841 et s.), l'instauration de la question prioritaire de constitutionnalité présentant un tournant (V. not. J.-B. DUCLERCQ, *Les mutations du contrôle de proportionnalité dans la jurisprudence du Conseil constitutionnel, op. cit.*) : les contraintes pesant sur le législateur se sont étoffées, encadrant l'ensemble du droit fiscal, mobilisant certaines dispositions plus que d'autres, significativement d'un point de vue quantitatif, les principes d'égalité garantis par les articles 6 et 13 de la Déclaration des droits de l'Homme et du Citoyen du 26 août 1789, plus ponctuellement, les principes issus des articles 8 et 9 spécifiques aux pénalités fiscales ou la garantie des droits, fondée sur l'article 16.

[2] M. COLLET, « Réforme fiscale : la contrainte constitutionnelle », *op. cit.*

[3] Le contrôle *a posteriori* a offert au Conseil constitutionnel la possibilité de développer son contrôle de proportionnalité dans la continuité toutefois de son contrôle *a priori* (en ce sens, A. VIALA, « De la puissance à l'acte : la QPC et les nouveaux horizons de l'interprétation conforme » : *RDP* 2011, n°4, p. 975 ; E. DUBOUT, « L'efficacité structurelle de la question prioritaire de constitutionnalité en question », *op. cit.* ; C. ROULHAC, « L'apport de la question prioritaire de constitutionnalité en matière fiscale » : *DF* 2017, n°51-52, 586). Le contrôle de proportionnalité s'est transformé (J.-B. DUCLERCQ, *Les mutations du contrôle de proportionnalité dans la jurisprudence du Conseil constitutionnel, op. cit*), précisé, affirmé, sans toutefois provoquer un changement dans la rédaction des motivations du juge constitutionnel, le syllogisme juridique présentant des limites indéniables à la compréhension d'une logique complexe, accentuée par une relative « imprécision terminologique dont on peine à dire si elle est volontairement entretenue ou non » (E. DUBOUT, *ibid.* – V. également, J.-B. DUCLERCQ, *ibid., spé.* p. 123 et s. et p. 165).

[4] M. PELLETIER, « La spécificité du contrôle de constitutionnalité des lois fiscales. Conseil constitutionnel versus Cour de justice de l'Union européenne et Cour européenne des droits de l'homme » : *DF* 2015, n°13, étude 230 ; R. BOUSTA, « Contrôle constitutionnel de proportionnalité. La spécificité française à l'épreuve des évolutions récentes » : *RFDC* 2011, p. 913 et s., spé. p. 925 et s.

[5] Ci-après la Déclaration de 1789 ou la Déclaration.

[6] Ainsi, le juge constitutionnel interprète l'article 13 de la Déclaration comme posant une règle de proportionnalité en ce que l'exigence d'égalité devant les charges publiques ne serait pas « respectée si l'impôt revêtait un caractère confiscatoire ou faisait peser sur une catégorie de contribuables une charge excessive au regard de leurs facultés contributives » (par ex. :Cons. const., 1er mars 2017, déc. n°2016-614 QPC, *Dominique Lacquemont* ; Cons. const., déc. 26 nov. 2010, déc. n°2010-70 QPC, *M. Moreau*, cons. 3). Par ailleurs, l'égalité devant la loi est un mode de raisonnement juridique de comparaison aux fins d'établir une égalité de proportion, laquelle repose sur des appréciations

contributives[1], à l'inverse des droits européens[2] : d'une part, si les traités européens traitent de la fiscalité indirecte[3], la fiscalité directe a été appréhendée par

substantielles à partir de critères matériels (O. JOUANJAN, « Le Conseil constitutionnel, gardien de l'égalité ? » : *Jus Politicum,* 2012, n°7, p. 3). La proportionnalité se manifeste également, discrètement, dans le contrôle de l'intelligibilité et l'accessibilité de la loi : entre imprécisions, sanctionnées par l'incompétence négative, et le fourmillement de détails, rendant obscur et incompréhensible une disposition fiscale, un équilibre est à trouver, à partir d'un contrôle de la proportionnalité matérielle intégré au contrôle de la proportionnalité substantielle, manifestation de l'influence réciproque avec le principe de sécurité juridique.

[1] Sans toutefois définir ces dernières, le Conseil constitutionnel ayant alors la charge d'en déterminer les contours (v. not, H. AGENEAU, *Le principe d'égalité dans les lois fiscales. Essai sur la jurisprudence du Conseil constitutionnel*, ANRT, 1998, spé. p. 73 et s. et, de manière plus nuancée, p. 201 et s.), ni obligeant une différenciation : autrement dit, si le législateur entend opérer une distinction, il est contraint dans le choix du critère, mais il n'a pas l'obligation, en présence différence de situations, d'adopter un traitement fiscal distinct. Quant à l'article 6, siège de l'égalité devant la loi, il n'inclut pas une obligation de différencier les contribuables selon un critère préétabli mais est mobilisé dès lors qu'il s'agit d'apprécier la constitutionnalité du champ d'application d'une norme fiscale. La place des articles 6 et 13 dans le droit constitutionnel fiscal explique le caractère résiduel du droit au respect de sa vie privée et les libertés d'entreprendre et contractuelle ou du droit de propriété dans le cadre des lois d'imposition, tandis les modalités de recouvrement de l'impôt ou dans la mise en œuvre de certaines mesures répressives, telles les confiscations, peuvent être plus volontiers confrontées aux exigences du droit de propriété du contribuable, parfois indirectement (Cons. const., 13 janv. 2012, déc. n°2011-208 QPC, *Consorts B.*., cons. 6 et 8 à propos de l'article 374 du Code des douanes autorisant la confiscation de marchandises contre le conducteur ou le déclarant). *Comp.* CEDH, 22 sept. 1994, n°23/1993/418/497, *Hentrich c/ France*).

[2] Lesquels tendent à se rejoindre dans la définition des étapes du contrôle de proportionnalité, par une filiation marquée, bien que non affirmée, avec le droit anglo-saxon et allemand en particulier : CJCE, 17 déc. 1970, aff. C-11/70, *Internationale Handelsgesellschaft mbH c./ Einführ- und Vorratsstelle füre Getreide und Futtermittel.* – V. not, S. VAN DROOGHENBROECK, *La proportionnalité dans le droit de la Convention européenne des droits de l'Homme, op. cit.*, p. 34). Ainsi, à l'instar des juges de Karlsruhe, ce sont également à partir des termes de « nécessité » ou de « nécessaire » qu'a pu être dégagé un principe européen de proportionnalité, inhérent à toute limitation des droits et libertés fondamentaux : la Commission, puis la Cour EDH se sont rattachées implicitement mais nécessairement au principe de proportionnalité, présent « en filigrane », tiré « de l'état latent pour [le] sortir au grand jour qu'[il] l'ait ou non désigné[…] nommément » (M.-A. EISSEN, « Le principe de proportionnalité dans la jurisprudence de la Cour européenne des droits de l'homme », *op. cit.* p. 65 et 69).

[3] Les dispositions fiscales du traité FUE ont trait à la liberté de circulation des marchandises, à travers la prohibition des taxes aux effets équivalents aux droits de douanes, restrictions aux importations, impositions intérieures discriminatoires ou protectionnisme fiscal.

l'interprétation constructive des traités[1] et dans une moindre mesure du droit dérivé[2] par la Cour de justice de l'Union européenne[3], et d'autre part, la Convention européenne des droits de l'homme ne comporte pas non plus de dispositions

---

[1] Donnant tort à certains auteurs (par ex. D. BERLIN, « Chronique de jurisprudence fiscale européenne » : *RTD eur.* 1997, n°1, p. 105), la Cour de justice n'opère pas de différences de nature entre les règles nationales, fiscales ou pas, puisqu'il s'agit de « donner plein effet aux libertés fondamentales du Traité » (B. NGUYEN, « Bachmann, Warner, Schumacker, Wielockx et les autres... ou quand la Cour de justice harmonise la fiscalité européenne » : *Europe* 1995, chron. n°12, p. 1-4, spé. p. 1), et induit un nécessaire encadrement par le droit communautaire puis de l'Union européenne (B. PLAGNET, « L'Europe fiscale » : *JCP E* 1991, n°12, pp. 2-7), à travers les dispositions générales, à savoir celle relatives aux entraves fiscales aux libres circulation et à la citoyenneté européenne (article 20, §2, a du TFUE, par transposition de la jurisprudence relative aux libertés économiques : CJCE, gde ch., 12 juil. 2005, aff. C-403/03, *Agon Schempp c/ Finanzamt München* et en matière fiscale, CJCE, 5e ch., 29 avr. 2004, aff. C-224/02, *Pusa* ; CJCE, 1ère ch., 15 juil. 2004, aff. C-365/02, *Marie Lindfors* ; CJUE, 20 mai 2011, aff. C-56/09, *Emiliano Zanotti c/Agenzia delle Entrate – Ufficio Roma 2*), comme les aides d'État ont fait l'objet plus tardivement d'une « fiscalisation » à partir notamment de 1986 (CJCE, 28 janv. 1986, aff. C-270/83, *Commission c/ France*), et surtout de 1995 avec l'arrêt *Schumacker*. Sur cet historique, cf. A. MAITROT DE LA MOTTE, *Droit fiscal de l'Union européenne*, éd. Bruylant, Coll. « Droit de l'Union européenne », 2e éd., 2016, p. 131-138.

[2] S'agissant des directives, elles s'interprètent à la lumière de son texte et de sa finalité, afin d'atteindre le résultat visé par celle-ci, cette interprétation étant opposable aux contribuables (CJUE, 5 juil. 2007, aff. C-321-05, *Hans Markus Koefoed*, pt. 45). Cette structuration par la proportionnalité n'est pas absente du contrôle des actes des institutions européennes relatifs à la fiscalité : ainsi, si ces dernières créent une différence de traitement entre des situations comparables, le principe d'égalité, aujourd'hui énoncé à l'article 20 de la Charte des droits fondamentaux de l'UE, n'est pas violé « pour autant que cette différence est dûment justifiée », c'est-à-dire si la différence de traitement est « en rapport avec un objectif légalement admissible poursuivi par la mesure [en cause] et (...) est proportionnée à cet objectif ». Par ailleurs, la Cour reconnaît au législateur de l'Union « un large pouvoir d'appréciation » eu égard aux « choix de nature politique, économique ainsi que sociale », à la hiérarchisation des intérêts divergents ou aux appréciations complexes auxquelles il doit se livrer « de telle sorte que le contrôle (...) doit se limiter à celui de l'erreur manifeste » (CJUE, gde ch., 7 mars 2017, aff. C-390/15, *Rzecznik Praw Obywateleskich (RPO)*, pts 52-54 ; et *anté*., CJCE, 10 déc. 2002, aff. C-491/01, *Bristish American Tobacco (Investments) Ltd et Imperial Tobacco Ltd c/ Royaume-Uni*, pts 123-126 ; CJUE, 2e ch., 18 juin 2015, aff. C-508/13, *Estonie c/ Parlement et Conseil*).

[3] Profitant de « l'inertie du processus décisionnel », soucieuse de construire un « ordre fiscal commun » (A. MAITROT DE LA MOTTE, *Souveraineté fiscale et construction communautaire. Recherche sur les impôts directs*, éd. LGDJ, coll. « Bibl. sc. fin. », t. n°44, 2005, 537 p.), la Cour de justice a créé, à partir de la méthode d'interprétation téléologique, des justifications transnationales, de nature à réguler les actions des législateurs nationaux et mettant en œuvre le principe de proportionnalité (F. PERALDI-LENEUF, « L'articulation des compétences fiscales à l'échelon européen » : *DF* 2001, n°44, étude 233, n°36), y compris dans les conséquences mêmes d'une incompatibilité d'une réglementation nationale, mêlant l'intégration négative par les libertés économiques (obligation de ne pas faire) et l'intégration positive par l'harmonisation ou les conventions de non double-imposition (obligation de faire), sans que cette distinction ne soit complètement étanche : en effet, en l'absence d'impôt européen, hormis la TVA, impôt harmonisé, elle construisit et construit encore un droit fiscal européen dont l'objet est « l'intégration européenne des fiscalités nationales » (A. MAITROT DE LA MOTTE, *Droit fiscal de l'Union européenne, op. cit.* p. 45). Toutefois, si « les droits fiscaux nationaux sont l'objet du droit fiscal communautaire » (D. BERLIN, Droit fiscal communautaire, éd. PUF, coll. « Droit fondamental », 1988, p. 13), « le caractère hybride de la matière rend difficile le développement d'un droit européen de la fiscalité comme d'un droit de la fiscalité européenne » (A. MAITROT DE LA MOTTE, *ibid.*)

spécifiques mais prévoit expressément certaines limitations aux droits et libertés[1], rarement d'ordre fiscal[2]. Par ailleurs, au-delà d'une contribution « pour l'entretien de la force publique, et pour les dépenses de l'administration », le législateur fiscal use de l'outil fiscal dans le cadre de politiques économiques, sociales ou environnementales, s'écartant de la seule couverture des charges publiques : le contrôle constitutionnel, en se saisissant de ces questions, apporte une orientation économique ou axiologique[3], que l'on retrouve, en des termes différents, devant la Cour européenne des droits de l'homme[4]. Au contraire, l'horizon économique de la jurisprudence de la Cour de justice n'est que peu contrebalancé par l'entrée en vigueur

---

[1] Hors l'article 15 dont l'application à la matière fiscale relève du cas d'école et ne sera donc pas évoqué dans notre étude, les justifications des articles 8 (respect de la vie privée), 9 (liberté de pensée, de conscience et de religion ainsi que de réunion et d'association) et 10 (liberté d'expression) diffèrent selon la liberté protégée et demeurent largement définis.

[2] Hormis « le paiement des impôts ou d'autres contributions ou des amendes » (art. 1er, al. 2 du Premier protocole additionnel) ou encore le bien-être économique du pays (art. 8§2) ou la défense de l'ordre public (art. 8§2, art. 9§2).

[3] Prenant en considération les rapports institutionnels, politiques et sociaux, la multiplicité des critères « ne supprime pas la subjectivité ; mais elle définit un jeu de contraintes dynamiques qui oblige le Conseil à faire évoluer les textes et ses arbitrages jurisprudentiels "à la lumière de l'évolution de la société et de sa marche vers le progrès" selon la belle expression de Jacques Robert [« Le Conseil constitutionnel en question », Le Monde du 8 déc. 1981] » (D. ROUSSEAU, *Droit du contentieux constitutionnel, op. cit.*, p. 126-127).

[4] Dans l'affaire *De Becket c/ Belgique*, la Commission, dans son rapport du 22 janvier 1960, s'est longuement interrogée sur l'expression « nécessaire dans une société démocratique » et avait notamment estimé que si les mesures prises par le droit pénal belge pouvaient se justifier juste après la seconde guerre mondiale, il n'était pas envisagé d'assouplir les sanctions lorsque ces mesures cesseraient d'être nécessaires dans une société démocratique (not. p. 149 et s.). L'opinion dissidente d'un membre de la Commission montre à quel point la notion de « nécessité » peut être une question politique et délicate (p. 152 et s.).

de la Charte des droits fondamentaux[1], pour autant qu'elle soit applicable[2], lesquels droits constituent néanmoins un point de convergence[3].

53. Spécificités des objectifs : une déclinaison tripartite commune. Selon que le contrôle de la rationalité prend appui sur les éléments intrinsèques de la norme contrôlée, ayant une valeur normative, ou le rattache à des objectifs plus généraux ou de valeur juridique supérieure, l'intensité de ce contrôle varie. Une première distinction s'opère selon que la norme de contrôle elle-même prévoit ou non des justifications par des objectifs déterminés, ou en interdit d'autres[4] ; dans la négative,

---

[1] Le juge européen n'a pas attendu cette évolution juridique pour se saisir de la question des droits fondamentaux : ces derniers, reconnus par la CEDH, font en effet partie du droit de l'Union en tant que principes généraux (CJCE, 14 mai 1974, aff. C-41/73, *Nold* ; CJCE 28 oct. 1975, aff. C-361/75, *Rutili ;* CJUE, gde ch., 22 oct. 2013, aff. C-276/12, *Jirí Sabou*, pts 26-27), mais la Convention EDH n'est pas un instrument juridique formellement intégré à l'ordre juridique de l'Union (CJUE, gde ch., 21 déc. 2016, aff. C-203/15 et C-698/15, *Tele2 Sverige et Watson e.a.*, pt. 127 ; CJUE, gde ch., 15 fév. 2016, aff. C-601/15, *N*, pt. 45 ; CJUE, 3 sept. 2015, aff. C-398/13 P, *Inuit Tapiriit Kanatamie*, pt. 45 ; CJUE, 27 mai 2014, aff. C-129/14-PPU, *Spasic*), la Cour de justice ne l'invoquant que pour vérifier que sa jurisprudence est compatible avec celle de la Cour européenne et respecte le standard minimal de protection apportée par la Convention (CJUE, gde ch., 15 fév. 2016, aff. C-601/15, *N*).

[2] Si les dispositions de la Charte s'imposent aux institutions de l'Union, même lorsqu'elles agissent en dehors du cadre juridique de l'Union (CJUE, gde ch., 20 sept. 2016, aff. C-8/15 P à C-10/15 P, *Ledra Advertising*), leur applicabilité concernant les États membre dépend d'un lien de connexité avec le droit de l'Union, cette condition de mise en œuvre de ce droit étant entendu de manière de plus en plus extensive par la Cour de justice, étendant par là-même le champ d'application de la Charte (L. PAILLER, *Le respect de la Charte des droits fondamentaux de l'Union européenne dans l'Espace judiciaire européen en matière civile et commerciale*, éd. Pédone, 2017, 547 p.). Ainsi, les sanctions, adoptées pour garantir l'effet utile d'une directive, en font partie même si ladite directive n'en prévoit pas expressément l'application et même si la sanction résulte d'une loi ne transposant pas cette directive (CJUE, gde ch., 16 mai 2017, aff. C-682/15, *SA de droit luxembourgeois Berlioz Investment SA*, pts 38 à 41 ; CJUE, gde ch., 26 fév. 2013, aff. C-617/10, *Aklagaren c/ Hans Akerberg Fransson*, pt. 21).

[3] Si l'article 52 de la Charte impose un standard minimal de protection faisant référence entre autres à la CEDH, cela ne fait pas obstacle à ce que la Cour de justice accorde une protection plus étendue (CJUE, gde ch., 21 déc. 2016, aff. C-203/15 et C-698/15, *Tele2 Sverige et Watson e.a.*, pt. 128), et l'application du principe *non bis in idem* en fut, temporairement une illustration (cf. *infra*). Cet outil juridique, en ce qu'il pose expressément une condition de proportionnalité aux restrictions aux droits et libertés qu'il prévoit, assoit, au moins symboliquement, une protection des contribuables. – V. plus largement, l'analyse critique de L. PAILLER, *in Le respect de la Charte des droits fondamentaux de l'Union européenne dans l'Espace judiciaire européen en matière civile et commerciale, op. cit.*. p. 181 et s.

[4] Ainsi, des articles 8 à 11 de la Convention EDH dont le paragraphe 2, « domaine par excellence du contrôle de proportionnalité » (V. BERGER, « Le contrôle de proportionnalité exercé par la Cour européenne des droits de l'homme », *op. cit.*) subordonne la limitation à un droit fondamental à trois conditions : être prévue par la loi, et être nécessaire, dans une société démocratique, à des objectifs d'intérêt général, il est vrai, largement définis. C'est au sujet de la liberté d'expression (art. 10) que la Cour a pour la première fois affirmé, d'abord implicitement (CEDH, 23 juil. 1968, n°1474/62 et a., *Affaire « relative à certains aspects du régime linguistique de l'enseignement en Belgique » c/ Belgique*, § 5) puis plus nettement (CEDH, 7 sept. 1976, *Handyside c/ Royaume-Uni*, §49), que la proportionnalité au but légitime constitue l'une des conditions à laquelle doit répondre l'ingérence étatique. Rapidement, la Cour est parvenue à sa définition la plus élaborée, à laquelle elle adjoint parfois la mention du juste équilibre (F. SUDRE, « Le contrôle de proportionnalité de la Cour européenne des droits de l'homme. De quoi est-il question ? » : *JCP G* 2017, doctr. 589, n°18) (par

la seconde dépend de savoir si le juge limite la marge de manœuvre de l'État par une liste fermée ou semi-fermée d'objectifs légitimes, ou au contraire, accepte toute sorte d'objectif, à l'exception de ceux prohibés par la norme de contrôle[1] ; enfin, l'intensité des objectifs dépend encore de l'obligation de faire ou de ne pas faire, de résultat ou de moyen qu'il induit[2]. Par ailleurs, les objectifs de valeur juridique égale aux normes

---

ex., l'arrêt *Olsson contre Suède* du 24 mars 1988, relatif à l'article 8 de la Convention). Nonobstant les variations sémantiques, le contrôle de proportionnalité s'applique uniformément, en son principe, aux ingérences, y compris d'ordre fiscal. En outre, en dehors de droits textuellement limités, la Cour européenne contrôle également l'application de la norme nationale au regard du principe de proportionnalité, celle-ci étant une exigence « sous-jacente » à la norme interprétée, selon une intensité variable qu'illustrent le choix des qualificatifs et adverbes (en ce sens, M. DELMAS-MARTY, « Quand l'Europe raisonne la raison d'État », *Revue Projet* 2011/5 (n°324-325), p. 16s).

[1] La Cour de justice allie les deux méthodes : le contrôle de proportionnalité des restrictions ou dispositions de transpositions consiste à vérifier qu'une règlementation nationale présente un caractère approprié, nécessaire et strictement proportionné à atteindre à un objectif légitime. Ce dernier est déterminé et contrôlé par la Cour elle-même, selon une dichotomie entre les raisons impérieuses d'intérêt général, parfois spécifiques au droit fiscal et les autres raisons, d'ordre extra-fiscal, appelant une vigilance accrue, si ce n'est une méfiance sceptique, de la Cour dans leur admissibilité.

[2] Par ex., la largesse des limitations admises par la Convention EDH (paragraphes 2 des art. 8, 9, 10 et 11 de la Convention), et la tout aussi grande largesse des justifications admises par la Cour EDH, en dehors des restrictions expressément admises, conduisent les juges de Strasbourg à admettre comme légitime l'intervention du législateur fiscal, nonobstant leurs doutes sur le bien-fondé d'une telle ingérence : afin de ménager les susceptibilités des États parties, la Cour EDH préférera se prononcer plutôt sur la disproportionnalité de la justification avancée. Bien que les objectifs nationaux doivent se fondre dans les objectifs légitimes admis par la Cour EDH, cette dernière n'opère pas un contrôle direct du lien logique mais procédera d'abord et de préférence par le critère de l'adaptation, dans une dynamique inversée (v. M. DELMAS-MARTY, « Quand l'Europe raisonne la raison d'État », *op. cit.*) : par son contrôle *in concreto*, marque d'une subjectivisation au cas particulier, la Cour EDH vérifie la proportionnalité entre le but et le droit fondamental en « tenant compte de son importance et de l'intensité de l'atteinte portée » (V. COUSSIRAT-COUSTERE, « Article 8§2 », *in* L-E. PETTITI, E. DECAUX et P-H. IMBERT (dir.), *op. cit.*, p. 338), mais non d'une proportionnalité entre le moyen et le but (C. BLANC-FILY, *Valeurs dans la jurisprudence de la Cour européenne des droits de l'Homme. Essai critique sur l'interprétation axiologique du juge européen*, éd. Bruylant, 2016, p. 525), ce qui serait une objectivisation du contrôle. En effet, la Cour EDH se trouve dans l'impossibilité d'imposer une axiologie commune issue de la convention EDH, en raison du principe de subsidiarité et du respect du pluralisme, ce que l'adoption du protocole n°16 devrait intensifier (*ibid*, p. 535s., et spé. p.359-550 ; F. SUDRE, « La subsidiarité, "nouvelle frontière" de la Cour européenne des droits de L'homme – A propos des Protocoles 15 et 16 à la Convention » : *JCP G* 2013, doctr. 1086 ; B. PASTRE-BELDA, « La Cour européenne des droits de l'homme, entre promotion de la subsidiarité et protection effective des droits » : *RTDH* 2013, n°94, p. 251s., spé. p. 252). Toutefois, une autre tendance, inverse et plus ponctuelle, se dessine également vers une objectivisation du contrôle (F. LAZAUD, « L'objectivisation du contentieux européen des droits de l'homme » : *RRJ*, 2005, n°2, p. 913s. ; M. AFROUKH, « L'identification d'une tendance récente à l'objectivisation du contentieux dans le contrôle de la Cour européenne des droits de l'homme » : *RDP* 2015, p. 1357s.), qu'une interprétation des arrêts permet également (S. VAN DROOGHENBROECK, *La proportionnalité dans le droit de la Convention européenne des droits de l'Homme, op. cit.*, p. 266 ; D. BOTTEGHI et A. LALLET, « De l'art faussement abstrait (et pas vraiment concret du contrôle de conventionnalité » : *ADJA* 2010, p. 2416 ; G. COHEN-JONATHAN, « La fonction quasi-constitutionnelle de la Cour européenne des droits de l'homme », in *Renouveau du droit constitutionnel. Mélanges en l'honneur de Louis Favoreu*, éd. Dalloz, 2007, p. 1139s.). C'est donc un choix de politique judiciaire, « exprimant le souci originel de [la Cour] de circonscrire sa compétence et de faire preuve de retenue » (…) afin de faire apparaître l'action du juge européen

de contrôle opèrent, étant donné leur extériorité, une distanciation[1] avec le contenu de la norme et avec son objectif propre, déclinaison de l'objectif premier et transcendant[2]. Ainsi, même si la terminologie des décisions ne le matérialise pas nécessairement[3], il

---

comme plus légitime aux yeux des États » (A. SCHAHMANECHE, *La motivation des décisions de la Cour européenne des droits de l'homme*, éd. Pédone, 2014, p. 67. – V. également, B. PASTRE-BELDA, *op. cit.* p. 252. *Comp.* à l'inverse, la subjectivisation mesurée de la Cour de justice, relevée par certains auteurs (L. COUTRON, obs. sous CJUE, gde ch., 2 déc. 2014, aff. C-196/13, *Commission c/ Italie* : *RTD eur* 2015, p. 365) alors que les avocats généraux sont plus enclins à ce que la Cour de justice donne une portée générale à ses décisions (V. par ex., les conclusions de F. G. JACOBS sur l'affaire *Rolf Dieter Danner* (aff. C-136/00), pts 38-39 : « la mission primordiale de la Cour en matière préjudicielle [est] dire clairement et avec cohérence (…), ce qu'est le droit, et de rendre des arrêts de portée générale » afin d'enlever toute « incertitude (…) susceptible de causer des dommages économiques substantiels aux gouvernements, aux entreprises et aux citoyens ». *Comp.* G. GOULARD, concl. sur CE, Ass., 14 déc. 2001, *de Lasteyrie du Saillant* : *DF* 2002, n°12, comm. 255.

[1] J.-B. DUCLERCQ, *Les mutations du contrôle de proportionnalité dans la jurisprudence du Conseil constitutionnel, op. cit.* p. 167.

[2] De l'indétermination opérationnelle ou moindre densité normative de ces intérêts, principes ou objectifs (R. BOUSTA, *Contrôle constitutionnel de proportionnalité. La spécificité française (...)* : *op. cit.* p. 925 et s. ; J.-E. SCHOETTL, note sous Cons. const., 16 déc. 1999, n° 99-421 DC : *AJDA* 2000, p. 31), résulte un affaiblissement du contrôle du juge opérant, le cas échéant, un déplacement de ce dernier sur l'existence réelle d'une situation juridique ou factuelle à l'origine de la disposition fiscale, ou créée par elle.

[3] À ce titre, le Conseil constitutionnel semble employer indifféremment les termes « buts » et « objectifs », voire « finalité » ou « motif » pour déterminer l'étalon à l'aune duquel il vérifiera le caractère logique et approprié des moyens mis en œuvre (par ex. Cons. const. 7 déc. 2018, déc. n°2018-750/751 QPC, *Sté Long Horn International e. a.*, cons.24, 28 et 34). Cette indétermination terminologique peut prêter à confusion dans la compréhension des décisions du Conseil ; la nécessité de recourir aux commentaires officiels interroge aussi sur le statut à accorder à ces derniers (en ce sens, v. not M. PELLETIER, « La spécificité du contrôle de constitutionnalité des lois fiscales », *op. cit.* ; E. DUBOUT, « *L'efficacité structurelle de la question prioritaire de constitutionnalité en question* », *op. cit.*. *Comp.* à propos des rapports annuels de la Cour de cassation, aux propriétés explicatives et pédagogiques *a posteriori* : Y. CHARTIER, « Le rapport de la Cour de cassation. À propos du Rapport pour l'année 1999 » : *JCP G* 2000, 238), à la fois rendant accessible et compréhensible au plus grand nombre une décision tout en permettant, par son caractère *a posteriori*, une maîtrise de l'interprétation, prescrivant plus que décrivant (D. BARANGER, « Sur la manière française de rendre la justice constitutionnelle. Motivations et raisons politiques dans la jurisprudence du Conseil constitutionnel », *Jus Politicum* 2012, n°7). En outre, par les expressions « le législateur a entendu que » ou « le législateur a voulu que », le Conseil constitutionnel prend acte de la volonté du législateur de chercher à réaliser un ou plusieurs objectifs, sans apporter de jugement de valeur sur le choix de cet objectif, position qu'il appuie le cas échéant par la différence de nature de son pouvoir d'appréciation avec celui du Parlement (Cons. const., déc. 8 juin 2012, déc. n°2012-251 QPC, *COPACEL et a.*, cons. 5 ; Cons. const., 28 déc. 2017, déc. n°2017-758 DC, *Loi de finances pour 2018*, cons.11). Il importe donc pour le Conseil constitutionnel, dans la méthode syllogique, de déterminer en premier lieu le cadre de son contrôle, son attention se portant sur les points d'appréhension, c'est-à-dire les composants de la loi qu'il peut appréhender par un raisonnement qui se veut rationnel et logique. Dans le cadre de l'égalité fiscale, la loi a précisément pour objet soit de créer une différence de traitement, soit au contraire de traiter uniformément une même catégorie de contribuables. Cet objet est une traduction de l'objectif législatif. On perçoit dès lors le raisonnement circulaire et peu satisfaisant que pourra ou devra suivre le Conseil constitutionnel lors de l'étape suivante du contrôle du lien logique, en particulier lorsqu'il confirmera la constitutionnalité de l'inégalité contestée en raison *du « rapport direct avec l'objet de la loi »* (H. AGENEAU, *Le principe d'égalité dans les lois fiscales. Essai sur la jurisprudence du Conseil constitutionnel, op. cit.* p. 251s.,

est possible de dissocier un ou des objectifs immédiats et concrets, déduits du contenu de la disposition, voire de son seul objet, et un ou des objectifs médiats et abstraits auquel le ou les premiers sont rattachés[1].

54. Malgré ces différences, les approches des juges constitutionnel et européens se rejoignent dans la délicate appréhension du contrôle du lien logique, afin d'encadrer l'action législative, voire étatique, sans se substituer au pouvoir législatif[2].

---

spé. p. 257-258 ; F. LUCHAIRE, « Un Janus constitutionnel : l'égalité » : *RDP* 1986, p. 1266s.). – V. également sur les incohérences du Conseil : O. JOUANJAN, « Le Conseil constitutionnel, gardien de l'égalité ? » : *Jus Politicum, op. cit.*).

[1] Plus ce dernier est éloigné de la disposition législative, en termes de précision et de hiérarchie des normes, plus la structuration par le contrôle juridictionnel de la rationalité sera lâche, en principe. Ainsi, selon qu'il s'agisse d'un « seul » but d'intérêt général, ou de l'objectif à valeur constitutionnelle de lutte contre la fraude ou l'évasion, le Conseil constitutionnel adoptera une approche distanciée du lien logique de la norme, distance qu'il atténue parfois par la vérification de la réalité d'une situation de fait à l'origine de la loi. L'objectif peut être simple, complexe ou pluriel sans exclure un caractère extra-fiscal (par ex. : Cons. const., 28 déc. 2017, déc. n°2017-758 DC, *Loi de finances pour 2018*, cons. 28 ; Cons. const., 29 déc. 2004, déc. n°2004-511 DC, *Loi de finances pour 2005,* cons. 41 ; Cons. const., 27 déc. 2002, déc. n°2002-464 DC, *Loi de finances pour 2003,* cons. 25 ; Cons. const., 29 déc. 1998, déc. n°98-405 DC ; Loi *de finances pour 1999,* cons. 40), et son degré de précision, variable selon les cas, conditionne le caractère opérant, et l'intensité du contrôle de constitutionnalité (ainsi, les objectifs de la création d'un prélèvement forfaitaire unique pour les revenus de capitaux mobiliers sont si généraux, qu'ils ne donnent que peu d'emprise à un contrôle de la logique de la norme contrôlée : Cons. const., déc. 28 déc. 2017, déc. n°2017-758 DC, *préc.,* cons. 28 à 32). De même, les intérêts généraux visés ou non par la Convention européenne des droits de l'Homme, sont admis très largement par la Cour EDH, de sorte que la structuration par le lien logique de la norme est faible, eu égard à la marge d'appréciation des États parties et expliquant sans doute l'attention accrue portée sur l'adaptation *in casu.* Enfin, si la Cour de justice a conditionné la compatibilité des mesures restrictives des libertés économiques à des justifications prétoriennes, elle opère un contrôle de la rationalité d'une intensité variable selon la raison impérieuse d'intérêt général soulevée.

[2] M. DELMAS-MARTY, « Quand l'Europe raisonne la raison d'État », *op. cit.*, p. 21-22. Ce qui n'exclut pas cependant la prise en compte des raisons politiques du législateur (par ex. D. BARANGER, « Sur la manière française de rendre la justice constitutionnelle. Motivations et raisons politiques dans la jurisprudence du Conseil constitutionnel, *op. cit.*). Toutefois, concernant le Conseil constitutionnel plus particulièrement, parachevant cet édifice, l'instauration de la question prioritaire de constitutionnalité, a ouvert et renouvelé les termes du débat, là encore davantage dans le cadre de la proportionnalisation par l'adaptation, et accentué l'influence certaine, en vertu de l'autorité de la chose jugée, voire directive du Conseil constitutionnel, sorte de « quasi-législateur », notamment lorsqu'il donne une interprétation particulière des textes qu'il contrôle. En ce sens, M. BOUVIER, *Introduction au droit fiscal général et à la théorie de l'impôt*, éd. LGDJ, 11e éd., 2012, p. 40. – V. à propos de l'autorité des décisions du juge constitutionnel : not., B. MATHIEU et M. VERPEAUX, *L'autorité des décisions du Conseil constitutionnel, Actes de la cinquième journée d'études annuelle du CRDC de l'Université Paris I Panthéon-Sorbonne*, éd. Dalloz, 2010, 163 p. ; M. DISANT, *L'autorité de la chose interprétée par le Conseil constitutionnel*, éd. LGDJ, coll. « Bibl. const.et de science politique », t. n°135, 2010, 868 p.

b. *Contrôle de conventionnalité et contrôle de constitutionnalité devant les juridictions ordinaires*

55. Juridictions ordinaires, creusets des normes de contrôle. Aux confluences des contrôles de conventionnalité et de constitutionnalité, les juridictions ordinaires opèrent un équilibre délicat, alliant convergence et autonomie des droits constitutionnels et conventionnels[1], facteur également d'une certaine convergence entre les deux ordres juridictionnels[2], aux fins de garantir l'effectivité des droits et libertés des contribuables mais aussi de l'efficacité de l'action de l'administration fiscale[3]. Proportions et proportionnalités, prépondérances et autres synonymes ont depuis longtemps irrigué l'application du droit fiscal par les juges de l'impôt, aux fins immédiates de qualification ou dans des finalités plus lointaines, dans une recherche d'équilibre entre les pouvoirs de l'administration fiscale et les contribuables. Le contrôle de la conventionnalité[4], qu'il s'agisse des traités[5], du droit de l'Union

---

[1] P. MARCHESSOU relève que ce mouvement global créant une « hiérarchie des interprètes juridictionnels de la norme fiscale » est à l'origine d'une « compétition organisée (...) entre les mains du contribuable puisque c'est lui qui saisit le juge et, à la limite, qui choisit son juge compte tenu de [cette] concurrence » (« Réflexions contemporaines sur l'interprétation des textes fiscaux », *in* G. COHEN-JONATHAN, Y. GAUDEMET, R. HERTZOG (dir.), *Mélanges Paul Amselek*, éd. Bruylant, 2005, p. 551 et s., spé. p. 561). Cette concurrence s'est intensifiée avec l'instauration de la question prioritaire de constitutionnalité, laquelle devait permettre une « réappropriation par les citoyens de notre corpus constitutionnel », réaffirmant la primauté de la Constitution (Discours de N. SARKOZY du 1er mars 2010 : *Nouv. Cah. Const. const.*, 2010, n°29), ce qui était sans compter sur la jurisprudence du Conseil et de la modulation des effets dans le temps de l'abrogation (T. DUCHARME, « L'effet inutile des QPC confronté aux droits européens » : *RDP* 2019, n°1, p. 107s.).

[2] V. par ex., E. MIGNON, « L'apport des juridictions communautaire et européenne au droit fiscal français » : *LPA* 15 mai 2002, n°97, p. 61 et s. ; L. BARONE, *L'apport de la Convention européenne des droits de l'homme au droit fiscal français*, éd. L'Harmattan, 2000, 439 p. ; A. K. SID, *Droits fondamentaux du contribuable et procédures fiscales. Études comparatives*, éd. L'Harmattan, 2008, t. 1, *Les droits d'origine non procédurale du contribuable* (438 p.) et t. 2. *Les droits d'origine procédurale du contribuable* (329 p.)

[3] Contrôlant la rationalité de la loi lorsque des moyens tirés de l'inconventionnalité de la loi sont soulevés, et selon les critères et méthodes exposées par les juges constitutionnel et européens, les juges administratifs et judiciaires n'en assurent pas moins un contrôle de rationalité de l'action des agents de l'administration et des décisions prises par le contribuable en tenant compte de la logique qu'agents des impôts ou contribuables sont censés adopter, imposant alors une structuration dictée par la légalité.

[4] CE, Ass. 20 oct. 1989, n°108.243, *Nicolo* ; Cass., Ch. mixte, 24 mai 1975, *Sté cafés Jacques Vabres*. Ces décisions se fondent sur l'article 55 de la Constitution conférant supériorité légale aux traités et conventions internationales, sous certaines conditions, et font suite à la décision « IVG » du Conseil constitutionnel (Cons. Const., 15 janv. 1975, déc. n°74-54 DC, *Loi relative à l'interruption volontaire de grossesse*), solution qu'il a réitérée tant dans le cadre du contrôle *a priori* (par ex : Cons. const., 24 juil. 1991, déc. n°91-298 DC, *Loi portant diverses dispositions d'ordre économique et financier*, cons. 21 ; Cons. const., déc. 17 déc. 2015, déc. n°2015-723 DC, *Loi de financement de la sécurité sociale pour 2016*, cons. 9) que dans le cadre de son contrôle *a posteriori* (not., Cons. const., 12 mai 2010, déc. n°2010-605 DC, *Loi relative à l'ouverture à la concurrence et à la régulation du secteur des jeux d'argent et de hasard en ligne*).

[5] CE, Ass. 20 oct. 1989, n°108.243, *préc.* ; Cass., Ch. mixte, 24 mai 1975.

européenne[1] ou de la Convention européenne des droits de l'homme[2], ou le filtrage des questions prioritaires de constitutionnalité[3], rôle accueilli avec bonheur[4] ou résistance[5], voire défiance[6], ont ajouté de nouvelles occasions pour les juges ordinaires de mettre en œuvre le principe de proportionnalité, offrant un palliatif assumé, bien qu'imparfait[7], au monopole du contrôle de la constitutionnalité des lois du Conseil constitutionnel, antérieurement restreint au contrôle *a priori*[8].

---

[1] *Ibid.* V. également, CE, Ass., 28 fév. 1992, n°56.776, *Sté Rothmans international France et Sté Philip Morris France*.

[2] CE, Ass., 21 déc. 1990, n°105.743, n°105.810, n°105.811 et n°105.812, *Confédération nationale des associations familiales catholiques et a.*

[3] J.-B. DUCLERCQ, *Les mutations du contrôle de proportionnalité dans la jurisprudence du Conseil constitutionnel, op. cit.*, p. 145 et s.

[4] Le juge administratif s'est approprié les techniques de contrôle, y compris dans l'appréciation restrictive du caractère sérieux des QPC (M. COLLET, « La question prioritaire de constitutionnalité en matière fiscale » : *RJEP* 2011, n°16, étude 5), tant et si bien qu'il manie, « habilement (…) par l'intermédiaire des conclusions de ses rapporteurs publics » ces outils « pour orienter la décision du juge constitutionnel dans le sens qui lui convient » (F. MARTINET et A. ANGOTTI, « Conseil d'État et Cour de cassation, juges de l'impôt : étude comparative (introduction générale et premier volet). La fiscalité européenne et constitutionnelle ou "la théorie des lasagnes" » : *DF* 2012, n°42, étude 480, n°18). Toutefois, nous sommes plus mesurée quant à l'intensité de cette influence, aussi mutuelle soit-elle.

[5] N. MOLFESSIS, « La résistance immédiate de la Cour de cassation à la QPC » : *Pouvoirs* 2011 n°137, p. 85

[6] A. LEVADE, « Renvoi préjudiciel versus Question prioritaire de constitutionnalité : la Cour de cassation cherche le conflit » : *D* 2010, p. 1254 ; D. SIMON et A. RIGAUX, « Drôle de drame : la Cour de cassation et la question prioritaire de constitutionnalité » : *Europe* 2010, étude 5 ; *Ibid.*, « Le feuilleton de la question prioritaire de constitutionnalité : drôle de drame, Quai des brumes, le jour se lève ? » : *Europe* 2010, repère 6.

[7] Les auteurs emploient des termes ou expressions significatifs à cet égard : contrôle *« édulcoré » ou « atténué »* de constitutionnalité pour les uns (M.-C. BERGERES, « Vers un contrôle élargi de la loi fiscale par le Conseil d'État ? » : *DF* 2002, n°43, étude 35, n°5 ; M. COLLET, « Les bienfaits du « dialogue des juges ». Remarques sur la mise en œuvre par le juge fiscal des articles 14 de la Convention EDH et 1er de son premier protocole additionnel » : *DF* 2006, n°51, étude 70, n°2), « remède de fortune » pour les autres (F. MARTINET et A. ANGOTTI, « Conseil d'État et Cour de cassation, juges de l'impôt : étude comparative (introduction générale et premier volet), *op. cit.*). À telle enseigne qu'il s'agirait peut-être là d'une explication de la réticence de la Cour de cassation dans son rôle de filtre des QPC, la Cour « pouvant se sentir dépossédée d'un contrôle de constitutionnalité qu'elle réalisait auparavant sous couvert de conventionalité » (F. MARTINET et A. ANGOTTI, *op. cit.* – V. également, J.-C. BOUCHARD et P. FUMENIER, « De la question préjudicielle de constitutionnalité : vers une société de confiance » : *DF* 2008, n°36, étude 433, spé. n°6.

[8] J.-C. BOUCHARD et P. FUMENIER, *Ibid.*, n°4 ; P. CASSIA et E. SAULNIER, « Le Conseil d'État et la Convention européenne des droits de l'Homme » : *AJDA* 1997, p. 411 ; G. DRAGO, « Les droits fondamentaux entre juge administratif et juges constitutionnel et européens » : *Dr. adm.* 2004, étude 11, spé. n°14

56. Complémentaire à l'outil juridique des principes généraux du droit[1], cette émancipation du juge de l'impôt a opéré un élargissement fécond[2], pratique et théorique, du droit fiscal, notamment sous l'angle des droits fondamentaux[3]. Elle constitue un facteur de rapprochement entre les juridictions, à la fois entre les juridictions ordinaires des deux ordres[4], juges du droit commun des droits européens *lato sensu*[5], et entre ces dernières et les juridictions européennes, le juge fiscal étant en situation de coopération tant par le biais de la question préjudicielle pour le droit de l'Union européenne[6] que, désormais, par la demande d'avis consultatif pour la Convention européenne des droits de l'homme[7]. Ces outils préventifs, outre qu'ils anticipent d'éventuelles divergences d'interprétation, favorisent convergence et « dialogue des juges » par l'implication verticale dans le processus décisionnel.

---

[1] Tels les droits de la défense (CE, 9e et 10e ss-sect., 5 juin 2002, n°219.840, *Simoens*) ou le principe de l'égalité devant les charges publiques (CE, 2 juin 1944, *Fays*). Concernant ce dernier, si le Conseil d'État employa les expressions de « principe de l'égalité fiscale » (CE, 5 mai 1922, *Fontan*) ou « de principe de l'égalité devant l'impô*t* » (CE, 23 nov. 1936, *Abdoulhoussen* ; CE, 14 mars 1941, *Sté Job* ; CE, Sect., 4 fév. 1944, *Guieysse*), ce fut alors pour désigner un argument des requérants, plutôt qu'une considération propre du juge. – V. toutefois, sur l'affermissement ultérieur de l'exigence d'équité dans la répartition des charges publiques, not. P. DEVOLVE, *Le principe d'égalité devant les charges publiques,* éd. LDGJ, « Bibl. droit public », t. n°88, 1969, spé. p. 1-2).

[2] M.-C. BERGERES, « Vers un contrôle élargi de la loi fiscale par le Conseil d'État ? », *op. cit.*. De plus, le juge se montre d'autant plus enclin à l'application de ces outils juridiques que la « fragilisation » du droit fiscal français lui paraît peu probable, voire exclue tant la fiscalité française apparaissait alors, selon les termes du commissaire du gouvernement F. SENERS, « respectueuse de l'ensemble des principes qui inspirent la Convention » (concl. sur CE, Ass., Avis, 12 avr. 2002, n°239.693, SA Financière Labeyrie : *DF* 2002, n°26, comm. 55).

[3] Par ex., v. F. MARTINET et A. ANGOTTI, « Conseil d'État et Cour de cassation, juges de l'impôt : étude comparative (introduction générale et premier volet), *op. cit.*, n°9). De plus l'invocation d'une atteinte à un droit fondamental est un « puissant stimulant pour le juge (…) *»* (G. DRAGO, « Les droits fondamentaux entre juge administratif et juges constitutionnel et européens *», op. cit.*).

[4] Sans gommer toutefois les différences, le Conseil d'État montrant une familiarité plus aigüe avec les raisonnements et méthodes de la CEDH ou de la CJUE, tandis que la Cour de cassation semble plus isolée, et sans doute que les règles de répartition du contentieux fiscal n'y sont pas étrangères En ce sens, F. MARTINET et A. ANGOTTI, « Conseil d'État et Cour de cassation, juges de l'impôt : étude comparative (introduction générale et premier volet), *op. cit.*, n°9.

[5] F. PERALDI-LENEUF, « L'articulation des compétences fiscales à l'échelon européen », *op. cit.*; F. MARTINET et A. ANGOTTI, *op. cit.*

[6] P. MARTIN, « La jurisprudence fiscale de la CJCE du point de vue du Conseil d'État (France) » : *DF* 2009, n°12-13, étude 247. Le conseiller d'État notait que cette « conviction de la logique juridique de la démarche de la CJCE » était facilitée par le fait qu'ils « rappellent assez facilement au Conseil d'État des concepts de droit interne appliqués dans des débats comparables », sans annihiler pour autant toute interrogation quant au « maniement concret de ces concepts », dont les notions de raisons impérieuses d'intérêt général ou du principe de proportionnalité. Si le juge de l'impôt mentionne expressément les décisions de la Cour de justice et se saisit volontairement de la question préjudicielle, sur le fondement de l'article 267 du TFUE, cela n'empêche pas quelques hiatus (par ex., CJUE, 5e ch., 4 oct. 2018, aff. C-416/17, *Commission c/ France*).

[7] V. à propos du protocole additionnel n°16 entré en vigueur au 1er août 2018, les décisions de la Cour de cassation :Cass., Ass., 5 oct. 2018, n°10-19.853, P+B+R+I et n°12-30.139, P+B+R+I. Sur la subsidiarité, v. not F. SUDRE, « La subsidiarité, "nouvelle frontière" de la Cour européenne des droits de l'homme, *préc.*

57. Cependant, si ce mouvement d'émancipation a permis, par l'application des techniques de contrôle de constitutionnalité dans l'application des principes conventionnels[1], une certaine harmonisation entre les deux techniques de contrôle, cette convergence n'est pas exclusive de possibles divergences eu égard à la diversité des prismes (davantage économiques avec le droit de l'Union européenne, orientés naturellement sur les droits fondamentaux dans le cadre de la Convention EDH ou dans le rôle de filtre des questions prioritaires de constitutionnalité), mais aussi au rôle[2] et au raisonnement propre[3] du juge fiscal, ou aux influences réciproques[4], dans une ampleur moindre toutefois dans le cadre du contrôle de la rationalité.

58. L'application de la norme fiscale par les juridictions ordinaires, continuation du contrôle de proportionnalité[5]. Le contrôle de proportionnalité n'a pas pour objet la seule confrontation de la loi avec des normes supérieures, et se poursuit à l'égard de l'Administration ou des contribuables[6], dans une marge de liberté

---

[1] M. COLLET, « Les bienfaits du « dialogue des juges ». Remarques sur la mise en œuvre par le juge fiscal des articles 14 de la Convention EDH et 1er de son premier protocole additionnel » : *DF* 2006, n°51, étude 70.

[2] Ainsi, A. BONNET temporisait, sans le nier « l'impact issu du droit de la cour de Strasbourg (…) de même que celui de la cour de Luxembourg », le juge administratif tendant aussi à éviter une pénétration trop marquée d'une vision « exclusivement anglo-saxonne du droit » (*in* « L'impulsion du juge national et la Convention EDH : incertitude ou rééquilibrage ? » : *DF* 2009, n°51, étude 583).

[3] Il ne s'agit nullement ici du réalisme ou de l'autonomie du droit fiscal, mais plutôt du cheminement intellectuel distincts des juges judiciaire et administratif, le premier « restant fidèle aux principes classiques de l'interprétation stricte de la loi fiscale et d'application littérale des textes clairs, tandis que le [second], empreint de pragmatisme, a privilégié les constructions prétoriennes par des raisonnements analogiques et des interprétations extensives » (F. MARTINET et A. ANGOTTI, « Conseil d'État et Cour de cassation, juges de l'impôt : étude comparative (introduction générale et premier volet), *op. cit.*. et des mêmes auteurs, le deuxième volet de leur étude « La procédure fiscale, ou la "théorie des jeux" » : *DF* 2013, n°39, étude 435.

[4] L'attractivité du droit européen des droits de l'homme produit ainsi « un effet de décalque des principes de la Convention dans la jurisprudence administrative et judiciaire », mais aussi le droit de l'Union, notamment au travers de la Charte des droits fondamentaux, sans pour autant dénier l'autonomie de chaque ordre juridictionnel (G. DRAGO, « Les droits fondamentaux entre juge administratif et juges constitutionnel et européens » , *op. cit.*).

[5] Si la confrontation des règles fiscales procédurales, d'imposition ou répressives à des normes supérieures, pousse à dépasser la norme fiscale pour l'inscrire dans des principes juridiques hiérarchiquement plus élevés, l'application de la règle fiscale est en elle-même source de proportionnalité, qu'il s'agisse de la « proportionnalité normative » (soit que la loi exige le respect d'une règle de proportionnalité dans le cadre d'une décision ou d'une action, soit que la proportionnalité est « induite ou contenue de façon plus ou moins explicite dans une norme » par l'emploi de termes tels que « équitable », « raisonnable », « nécessaire »…), ou la « proportionnalité interprétative » (ou technique de contrôle de proportionnalité) » (V. not, X. PHILIPPE, *Le contrôle de proportionnalité dans les jurisprudences constitutionnelles et administratives françaises*, *op. cit.).*

[6] Le droit fiscal est en un sens finaliste, mais le recours aux techniques de régulation telles les incitations fiscales et aux dispositifs de bilatéralisation des relations entre l'administration fiscale et les contribuables (M. COLLET, « La régulation fiscale » : *DF* 2008, n°12, étude 220), montre une tendance inverse, dans la droite ligne de l'État-Providence consistant « à trouver des finalités et à mettre en place une panoplie d'instruments juridiques ou non considérés comme aptes à provoquer des changements dans les systèmes sociaux dans lesquels on se propose d'intervenir » (J.-B. AUBY, « Le recours aux objectifs des textes dans leur application en droit public » : *RDP* 1991, p. 327 et s., spé. p. 332),

plus contrainte pour ces derniers. L'interprétation de la loi tient alors une place importante[1] : au-delà de l'application ou de la transposition des règles et principes européens et constitutionnels, le juge, nonobstant la quantité impressionnante des textes écrits régissant le droit fiscal[2], et leur instabilité, doit bien souvent faire œuvre d'interprétations[3], plus ou moins constructives[4], créant parfois des constructions ou standards[5], véritables principes ou règles de droit[6], de nature à encadrer l'action de l'administration ou à limiter la créativité ou la propension à la dépense (déductible) de certains contribuables[7] et ainsi pallier les inévitables « phénomènes de vacuité dans

---

[1] La loi présente une « inadaptation », « inadéquation » plus ou moins visible, mais non moins « fondamentale du fait de sa nature même – aux situations qu'elle doit régir » (G. TIMSIT, « La transdiction à l'œuvre », *Enquête* [en ligne], 7 | 1999, mis en ligne le 17 juil. 2013).

[2] Par ailleurs, l'application du droit fiscal est tributaire des renvois, par le législateur, ou par le juge lui-même, à des textes ou notions posés par d'autres branches du droit, le renvoi à un concept par le Code général des impôts faisant présumer que la loi en a adopté implicitement la définition, sous réserve que le droit fiscal ne s'y oppose pas (en ce sens, Y. BENARD, « Amortissement des composants : la recomposition des usages » : *RJF* 10/2005, p. 706, not. p. 712 (note sous CE, 10e et 9e ss-sect., 18 mai 2005 , n°261.623 et n°261.791, *min. c/ Banque populaire Loire et Lyonnais*) ; G. GOULARD, « Les charges de sous-activité » : *RJF* 8-9/1994, chron. p. 510 ; M. COLLET, *Droit fiscal*, éd. PUF, coll. « Thémis », 6e éd., 2017, p. 90 et 102-103).

[3] Opération intellectuelle visant à donner un sens, « une signification à un énoncé » (M. COLLET, *ibid.* p. 89), l'interprétation, « fonction du cadre textuel de cet énoncé, de son objet, voire de l'objectif qui lui est assigné par le législateur » (ibid. spé. p. 95 et 103), la loi fiscale suivant, à cet égard, « le sort de toute autre loi » (L. TROTABAS, « Le principe de l'interprétation littérale des lois fiscales », in *Recueil d'études sur les sources du droit en l'honneur de F. GENY*, t. III, Les sources des diverses branches du droit, éd. Topos-Duchemin, 1977, p. 101 et s). – V. not H. KELSEN *in Théorie pure du droit* (trad. C. EISENMANN), éd. LGDJ-Bruylant, coll. « La Pensée juridique », 1999, p. 340. Aussi, la loi « ne reçoit de signification – une signification nécessairement singulière – que dans le mouvement qui l'accomplit et l'achève, visant à travers le jugement par lequel est "appliquée" la loi, à en dire – transdiction – la signification qu'elle doit revêtir dans ce cas » (G. TIMSIT, « La transdiction à l'œuvre »,*op. cit.*). – V. également, J. FREMONT, « Transformation du texte, transformation du droit », in D. BOURCIER et C. THOMASSET (dir.), *L'Écriture du droit. Législation et technologie de l'information*, éd. Diderot, coll. « Arts et sciences », 1996, p. 81 et s.

[4] P. MARCHESSOU, *op. cit.* p. 175 ; M.-L. MATHIEU, *Logique et raisonnement juridique, op. cit.*, p. 10, préc.). – V. également, M. DJUVARA, « Droit rationnel et droit positif », *in Recueil d'études sur les sources du droit en l'honneur de F. GENY*, t. III, Les sources des diverses branches du droit, éd. Topos-Duchemin, 1977, 1934, p. 245 et s.

[5] Le standard présentant une souplesse et une propriété adaptative, par opposition à la fixité et à la rigidité de la règle. – V. not sur cette notion, S. RIALS, *Le juge administratif français et la technique du standard. Essai sur le traitement juridictionnel de l'idée de normalité*, éd. LGDJ, « Bibl. droit public », t. n°135, 1980, 564 p. ; A.-A. AL-SANHOURY, « Le standard juridique », *in Recueil d'études en l'honneur de F. GENY, t. II, Les sources générales des systèmes juridiques actuels*, éd. Topos-Duchemin, 1977, p. 144s., spé. p. 146-147 ; C. PERELMAN et R. VANDER ELST (dir.), *Les notions à contenu variable en droit*, éd. Bruylant, 1984, 377 p.

[6] Tout en suivant certaines règles ou tendances d'interprétation telles que le principe d'interprétation stricte pour les dispositions dérogatoires (CE, 27 juil. 2009, n°312.165, *Mme Dubosque*), les conventions fiscales bilatérales (CE, 6 mai 1996, n°154.217, *SA Quarte d'Alsace*), lesquelles justifient plus qu'elles n'expliquent vraiment les solutions du juge (en ce sens, M. COLLET, *Droit fiscal*, *op. cit.*, p. 97-98).

[7] Ainsi, en matière de bénéfices industriels et commerciaux, l'acte anormal de gestion, fondé sur les articles 38 et 39 du CGI, assure une cohérence de la déductibilité des dépenses par rapport aux règles relatives à cette catégorie de revenu par l'exigence d'un lien, d'un point de vue logique, avec la poursuite de l'intérêt de l'exploitation.(V. à ce propos, M. COLLET, « *Contrôle des actes de gestion ;*

l'édiction de la règle de droit »[1]. Indirectement, ces concepts fonctionnels[2] et régulateurs[3], « coordonnateurs » aussi, seront susceptibles, par l'impérativité de rationalité qu'ils impliquent, de dégager « une cohérence ou une logique qui fait parfois défaut dans une réglementation constituée sous forme de strates successives »[4].

59. Ainsi, dans l'application de la norme fiscale, règle de fond ou règle procédurale, la rationalité n'est plus décidée, mais imposée[5], soit que l'Administration est tenue d'adopter une intention conforme à l'objet de la procédure, soit que le contribuable doit démontrer que ses décisions s'inscrivent bien dans la rationalité légale de la norme fiscale de l'application de laquelle il entend bénéficier. La structuration[6] est cependant plus factuelle, le lien logique propre à chaque espèce[7] et

---

pour un retour à l'anormal » : *DF* 2003, n°14, étude 14) ; ainsi également des divers mécanismes anti-évasions ou du dispositif de l'article L64 du LPF, imposant ou rétablissant une rationalité factuelle conformément à la rationalité légale, ce qui n'est guère évident, les contribuables étant particulièrement encouragés, incités à user des régimes fiscaux favorables, « textes fiscaux et les autres textes juridiques avec lesquels ils se combinent, de façon à contourner les intentions du législateur et à éluder l'impôt » (P. AMSELEK, « Les mécanismes régulateurs de la pratique du droit fiscal en France » : *DF* 1983, n°40, étude 100058). V. sur cette régulation fiscale par l'aménagement d'espaces de liberté au profit du contribuables, tempérée par des restrictions : M. COLLET, « La régulation fiscale », *op. cit.*, et sur le concept de régulation, favorisant l'acceptabilité de la norme : G. TIMSIT, « Normativité et régulation » : *Cah. Const. const.* 2006, n°21, p. 84 et s. (accessible en ligne).

[1] M.-C. BERGERES, « Les normes jurisprudentielles en droit fiscal » : *DF* 2000, n°13, étude 109, n°1

[2] *Idem.*

[3] P. AMSELEK, « Les mécanismes régulateurs de la pratique du droit fiscal en France » : *op. cit.*. Ces mécanismes obéissent à une rationalité qui leur est propre, tout autant qu'ils constituent une adaptation dans l'application des lois, apportant une certaine « souplesse dans les rouages juridiques » (M. COLLET, *Droit fiscal*, *op. cit.*, p. 171).

[4] M.-C. BERGERES, « Les normes jurisprudentielles en droit fiscal », *op. cit.*

[5] *Comp.* C.-A. MORAND, « Les exigences de la méthode législative et du droit constitutionnel portant sur la formations de la législation », *op. cit.*. p.400

[6] Laquelle peut tendre vers une « normalisation des comportements » (J.-J. BIENVENU et T. *LAMBERT*, *Droit fiscal*, 4e éd., PUF, coll. « Droit fondamental », 2010, p. 189s.).

[7] Chargé de l'application d'une loi fiscale générale et impersonnelle, le juge doit trouver dans la norme contenue dans le texte le moyen de traduire la rationalité objective posée par le législateur de manière à encadrer et réguler l'application de la loi par une rationalité objective et singulière, référentiel de l'inévitable adaptation, laquelle est à la fois réalisation et condition de la rationalité propre d'application (G. TIMSIT, « La transdiction à l'œuvre », *op. cit.).* G. TIMSIT dissocie le processus de transdiction en deux opérations de spécification et de certification de la référence, amenant à la qualification des faits, et met en évidence le rôle de co-déterminateur par le juge « de la signification du texte dont la signification avait été prédéterminée par le législateur », dans les limites sémantiques posées par le texte. Cette transdiction se retrouve dans la proportionnalité, l'exigence de rationalité amenant à une adaptation au cas particulier, celle-ci pouvant être la mesure de la rationalité concrète telle que voulue, ou supposée telle, par le législateur. *Comp.* la notion d'effectuation ou de représentance développées par Paul RICOEUR, et repris par l'auteur dans l'étude de l'application de la loi par le juge : Paul RICOEUR, *Essais d'herméneutique, Du texte à l'action, II*, éd. Seuil, 1986 et *Temps et Récit*, t. 1 et 3, éd. Seuil, 1991.

révélé, comme nous le verrons par la confrontation aux situations d'application[1], usant le cas échéant des règles de proportions, favorisée parfois par les droits fondamentaux, notamment en matière de procédures fiscales, et dont la mise en œuvre nécessite prudence et précision[2].

60. Transition. Ces différences liées aux spécificités des normes de contrôle et des méthodes juridictionnelles n'occultent cependant pas une commune exigence dans la qualité de la motivation des décisions juridictionnelles mettant en œuvre le principe de proportionnalité.

2. La qualité des motivations juridictionnelles, enjeu de la légitimité du contrôle de proportionnalité

61. Eu égard aux effets potentiellement destructeurs de la disproportionnalité, la proportionnalité, en tant que technique d'interprétation ou de qualification, se pose donc la question de la sécurité juridique, de la prévisibilité dans l'application d'une norme, tout autant que sur un plan plus politique, le spectre du « gouvernement des juges »[3] : le raisonnement qui la sous-tend est prévisible, et écarte, sans l'abolir totalement[4], le risque d'une décision en opportunité[5]. Nonobstant la présentation de certaines décisions sous la forme syllogistique[6], par opposition à la motivation

---

[1] Le caractère adapté vient alors « révéler » le lien logique, lequel ne sera valable que pour autant qu'il se confondra, ou coïncidera, avec la rationalité légale, et dans l'objectif voulu par le législateur. Sur ce mouvement ascendant, cf. *infra*. Partie II, Titre I.

[2] L'emploi de notions « floues » ou « standards » est, précisément par l'absence de délimitation nette, source d'une insécurité juridique, justifiée toutefois par des objectifs de légitimité, voire légitimation de l'impôt et, de manière pragmatique aussi, d'efficacité du système fiscal par une optimisation du recouvrement de l'impôt (M. COLLET, « La régulation fiscale », *op. cit.* n°14 et n°16-17).

[3] M. COLLET, *Droit fiscal, op. cit.*. p. 92-93. – V. également P. MOOR, « Systématique et illustration du principe de proportionnalité », *op. cit.*. pp. 326-327. Toutefois, cette crainte spectrale (en ce sens, J. RIVERO, « Des juges qui ne veulent pas gouverner », note sous Cons. const., 15 janv. 1975 : *AJDA* 1975, p. 137), pourrait n'être qu'un mythe (G. TIMSIT, *Gouverner ou juger*, éd. PUF, 1995, spé. p. 1 et 120 ; M. TROPER, « Existe-t-il un concept de gouvernement des juges », *in Gouvernement des juges et démocraties*, CRDC, éd. Publication de la Sorbonne, coll. « Sc. Politique », n°3, 2001, p.), voire un mythe *ad hoc* (R. PINTO, « La fin du gouvernement des juges » : *RDP* 1950, p. 833 et s. ; E. ZOLLER, « Splendeurs et misères du constitutionnalisme » : *RDP* 1994, p. 160 et s.), argument explicatif spécieux, interrogeant non pas tant sur l'existence même de ce pouvoir normatif du juge que sur son degré d'interventionnisme et de discrétionnarité (G. DEL VECCHIO *in* « Les principes généraux du droit », *in Recueil d'études en l'honneur de F. GENY, t. II, Les sources générales des systèmes juridiques actuels*, éd. Topos-Duchemin, 1977, p. 69). – V. sur le « remède » qu'apporterait le *self-restraint* : L. PECH, « Le remède au gouvernement des juges : le judicial self restraint ? » *in Gouvernement des juges et démocraties, op. cit.*, p. 63s.)

[4] La justice ne saurait se passer de la justesse du raisonnement mais « la précision des concepts n'est pas une condition nécessaire, ni même un enjeu essentiel » : la validité du raisonnement ne repose pas uniquement sur des concepts « nets », car la logique « s'accommode parfaitement de concepts flous : c'est alors une logique élaborée, beaucoup moins accessible que la logique "ordinaire", qui ne connaît que le oui et le non » (M.-L. MATHIEU, *Logique et raisonnement juridique, op. cit.*, p. 60).

[5] P. MOOR, « Systématique et illustration du principe de proportionnalité », *op. cit.* p. 339.

[6] Le syllogisme juridique (Aristote, *Réfutation sophistiques*, 165 a, A ; trad. Tricot J., éd. Vrin, 1969) présuppose également un caractère déterminé des droits et libertés fondamentaux, alors qu'il n'est rien (E. DUBOUT, « L'efficacité structurelle de la question prioritaire de constitutionnalité en

« discursive » des juridictions notamment européennes, la proportionnalité conduit à un raisonnement plus complexe, mais tout aussi logique[1] et ce dépassement du syllogisme aristotélicien a pris une ampleur avec les droits et libertés fondamentaux, notions « floues » par excellence, redessinant une hiérarchie des normes ou renouvelant la pyramide normative kelsénienne[2].

62. En effet, la rationalité[3] consiste à vérifier le raisonnement logique[4] présidant à l'adoption de la norme ou de la décision[5], sa justification objective, et assure, dans une certaine mesure, une structuration, voire une sécurisation commune de la norme ; les critères de l'adaptation en revanche, pour objectifs qu'ils soient, sont susceptibles d'aboutir à des conclusions différentes selon l'appréciation qui en est faite, *in abstracto* ou *in concreto*, la seconde pouvant, dans certains cas, conduire à une (dispro)portionnalité *in abstracto* à forte capacité de propagation[6], notamment lorsque elle est manifestée par une lacune procédurale, à l'instar de la procédure de visite domiciliaire prévue à l'article L 16 B du Livre des procédures fiscales.

63. Dès lors, si la proportionnalité présente une certaine systématicité propre à donner une certaine visibilité[7], voire prévisibilité, marquant une interdépendance avec le principe de sécurité juridique[8], l'inévitable aléa juridique et l'inéluctable subjectivité dans la décision juridictionnelle[9] imposent une motivation[10] précise,

---

question », *op. cit.*; D. BARANGER, « Sur la manière française de rendre la justice constitutionnelle. Motivations et raisons politiques dans la jurisprudence du Conseil constitutionnel, *op. cit.*).

[1] M. DELMAS-MARTY, « Droits de l'homme et systèmes de droit », *Le Débat* 1995/1, n°83, p. 146-151, spé. p. 151).

[2] *Ibid.* p. 148-149.

[3] Si le juge somme le législateur d'être rationnel, une certaine rationalité est requise en retour dans l'énoncé de la décision juridictionnelle, ce qui participe de sa légitimité également ; paradoxalement, pour le Conseil constitutionnel, « sa part d'irrationalité, sa rusticité, son empirisme, ont été quelques-unes des causes, et non des moindres de sa réussite » (G. VEDEL, préface à l'ouvrage de D. ROUSSEAU).

[4] G. CORNU, *Droit civil, Introduction au droit, op. cit.*, p. 75.

[5] Nous différencions les normes fiscales d'origine légale des décisions d'application, prises par l'administration fiscale et des décisions des contribuables, les trois faisant l'objet d'un contrôle de proportionnalité, de la rationalité à l'adaptation pour les normes fiscales, ou à l'inverse de l'adaptation à la rationalité, pour les décisions administratives ou des contribuables, sans que ces sens soient exclusifs l'un de l'autre. Toutefois, par mesure de simplification, nous emploierons le terme de « norme » dans les intitulés des titres.

[6] En ce sens, P. MOOR, « Systématique et illustration du principe de proportionnalité », *op. cit.* p. 340.

[7] Règles de procédure et règles de proportion jouent un rôle important, voire essentiel.

[8] CJUE, 1ère ch., 5 juil. 2012, aff. C-318/10, *Société d'investissement pour l'agriculture tropicale SA (SIAT) c/ Belgique*.

[9] Il faut également compter sur l'autodiscipline du juge, une certaine retenue ou prudence (P. MOOR, « Systématique et illustration du principe de proportionnalité », in *Les droits individuels et le juge en Europe, Mélanges en l'honneur de Michel Fromont*, éd. PUS, 2001, pp. 319 et s. spé. pp. 339-340 ; M.-L. MATHIEU-IZORCHE, « La marge nationale d'appréciation, enjeu de savoir et de pouvoir, ou jeu de construction ? », *op. cit.*)

[10] Loi des 16-24 août 1790 sur l'organisation judiciaire, dont l'article 15 du Titre V pose l'exigence d'énoncer « les motifs qui auront déterminé le jugement », dans une acception actuelle recouvrant les motifs de droit et de fait (*Comp.* article 208 de la Constitution du 10 Thermidor An III). « Ainsi

pédagogique et explicative[1], à la hauteur du rôle que certains observateurs avertis lui assignent, à savoir être « un modèle universel de procès équitable »[2], et également en considération du fait que les décisions juridictionnelles forment le droit positif[3]. Ils enjoignent également une meilleure exploitation des complémentarités entre les juges du droit et les juges du fond, spécialement dans le contrôle de l'adaptation[4].

64. Problématique générale. Concept de la logique floue, la proportionnalité imprègne le contrôle juridictionnel de la création et de l'application de la norme fiscale, conditionnant parfois la mise en œuvre même du contrôle de proportionnalité : loin de s'y réduire, la proportionnalité dépasse le contrôle éponyme[5], et le droit fiscal en donne une illustration saillante qu'il convient maintenant d'explorer.

65. Plan. Ainsi, plus qu'une simple méthodologie, la proportionnalité est un raisonnement. Outil de contrôle du juge, créé par lui[6], secondé par la doctrine, elle englobe ainsi la création de la norme fiscale, par le lien logique et rationnel, manifestation de la rationalité (Partie I), et sa mise en œuvre par l'adaptation, laquelle est parfois presque toute entière contenue et déduite du lien logique, en tous les cas complétée par des éléments extérieurs, consolidant ou déstabilisant la norme fiscale (Partie II)[7] : la structuration s'opère par la rationalisation, laquelle repose sur la rationalité des normes, tandis que la modération vient de la proportionnalisation, amenant à la proportionnalité dans sa complétude, signant ainsi leur interdépendance[8].

---

fut-il affirmé (…) que la nécessité des motifs est une règle absolue, et non pas une sorte d'expédient destiné à remédier à l'absence possible d'un texte » (T. SAUVEL, « Histoire du jugement motivé » : *RDP* 1955, p. 47). Aujourd'hui cette obligation résulte des articles 455 et 458 du code de procédure civile et de l'article R. 200 du Code de justice administrative.

[1] S. GJIDARA, « La motivation des décisions de justice : impératifs anciens et exigences nouvelles » : *LPA* 26 mai 2004, n°105, p. 3

[2] S. GUINCHARD et a. , *Droit processuel*, éd. Dalloz, Coll. « Précis », 2011, spé. p. 1012 et s. Mais à rebours des tendances actuelles organisationnelles, l'allègement de l'exigence de la motivation contribuant à l'accélération du cours de la justice, au détriment de la qualité de jurisprudence (S. GJIDARA, *op. cit.*), et dont les effets ne sont pas encore perceptibles sur la légitimité du juge.

[3] M. DJUVARA, « Droit rationnel et droit positif », *op. cit.*, spé. p. 258 et s.

[4] S. GJIDARA, « La motivation des décisions de justice : impératifs anciens et exigences nouvelles », *op. cit.*

[5] Ainsi, si A représente l'intensité proportionnelle de l'atteinte à un droit ou une liberté fondamentale, B la rationalité et C, l'adaptation, ces dernières n'étant pas sans lien avec la première, comme nous le verrons, le contrôle de proportionnalité P s'écrit sous la forme « A (B + C) », et devient P' lorsque lui-même devient objet du concept de proportionnalité.

[6] V. par ex., M.-C. BERGERES, « Les normes jurisprudentielles en droit fiscal », *op. cit.*

[7] Les notions de « lien logique » et « adaptation » seront explicitées *infra*, en introduction de chaque Partie, afin de ne pas alourdir notre présent propos.

[8] Afin de faciliter la lecture, l'ensemble des références afférentes à chaque décision se situe en fin de l'ouvrage dans une bibliographie dédiée, seules les références des décisions (juridiction, date, numéro de requête ou pourvoi, nom des parties le cas échéant), suivi de apparaissant. Concernant les études, ouvrages ou thèses, les références doctrinales complètent apparaissent en début de titre ; pour les occurrences ultérieures, le nom de l'auteur, le titre de l'article ou de l'ouvrage, suivis de « op. cit » seront seuls mentionnés.

PARTIE I. LA STRUCTURATION DES NORMES FISCALES PAR L'IMPULSION DU LIEN LOGIQUE : L'ACTION RÉGULATRICE DE LA PROPORTIONNALITÉ DANS LA CRÉATION DE LA NORME FISCALE

67. De la rationalité au lien logique objectif. Si l'être humain, la politique, l'activité économique… sont sommés d'être rationnels, logiques[1], le législateur, l'administration, et naturellement le contribuable, n'y échappent pas non plus : une action irrationnelle semble impossible, ou du moins ne peut être envisagée dans la perspective d'une légitimation et d'un contrôle juridictionnel effectif[2], et plus largement d'un « État de droit »[3]. Il *doit* donc exister une intention d'une nature

---

[1] L'histoire humaine est symptomatique de la coexistence de rationalités et d'irrationalités : les progrès scientifiques, en tous domaines, offrent les explications rationnelles que l'être humain rattachait auparavant aux divinités, polythéistes ou monothéistes, et qu'il transforme aujourd'hui en techniques diverses et variées aux fins d'une productivité et d'une efficacité toujours plus exigeantes. La recherche de rationalité répond à la volonté de l'homme de trouver une justification à son action et aux évènements qui l'entourent et qu'il subit directement ou indirectement.

[2] « [L]a validité d'un système de droit suppose non seulement son effectivité et sa légitimité, mais encore sa rationalité » (M. DELMAS-MARTY, « La jurisprudence de la Cour européenne des droits de l'homme et la logique du flou » : *RDP* 1992, p. 1031). La légitimité est d'abord une croyance, comme le relevait M. WEBER (v. not., *Le Savant et le Politique*, éd. 10/18, 2002, 221 p. ; *Sociologie du droit*, éd. PUF, coll. « Quadrige », 2017, 324 p.) : elle appelle une capacité de conviction (v. à ce titre, P. ROSANVALLON, *La légitimité démocratique : impartialité, réflexivité, proximité*, éd. Seuil, 2008, 384 p.) et d'évolution auquel le raisonnement logique participe pleinement (v. également, F. SCHARPF, *Gouverner l'Europe*, éd. Presse de Science Po, 2000, 238 p.). *Comp.* à propos des décisions de justice, M.-L. MATHIEU, *Logique et raisonnement juridique*, éd. PUF, coll. « Thémis », 2e éd., 2015, p. 7 ; M. DJUVARA, « Droit rationnel et droit positif », *in Recueil d'études sur les sources du droit en l'honneur de F. GENY, t. III, Les sources des diverses branches du droit,* éd. Topos-Duchemin, 1977, p. 245 et s., spé. p.249 et p. 251.

[3] Mode de limitation du pouvoir, obstacle à l'arbitraire et protection de l'individu, la notion d'État de droit, notion polysémique et au contenu variable (H. KELSEN, *Théorie pure du droit*, (trad. C. EISENMANN), éd. Bruylant-LGDJ, coll. « La pensée juridique », 2e éd., 1990, p. 304), constitue un standard de droit européen et constitutionnel déterminant le fonctionnement de l'État. En ce sens, cette notion se rapproche de la « prééminence du droit », critère européen de la Cour européenne des droits de l'homme, tout en présentant une dynamique évolutive certaine. – V. not. E. CARPANO, *État de droit et droits européens. L'évolution du modèle de l'État de droit dans le cadre de l'européanisation des systèmes juridiques*, éd. L'Harmattan, 2005, 662 p. ; du même auteur, « La définition du standard européen de l'État de droit » : *RTD eur.* 2019, p. 255 et s.

variable, saisissable intellectuellement, conduisant au contenu d'une disposition légale ou d'une décision particulière.

68. Mais de quelle raison parlons-nous ? On perçoit déjà la différence de nature entre la raison du Législateur et celle de l'Administration, appliquant la loi et étant réputée faire sienne l'objectif poursuivi par la loi, ou celle du contribuable, choisissant un régime légal particulier dans son intérêt bien compris : la première guidera, ou impliquera la seconde, tandis qu'elle contraindra la troisième, ou à tout le moins, forcera le contribuable à adopter un comportement conforme[1].

69. Concernant la justification de l'action législative, telle une force centripète[2], la proportionnalité condense la qualité de la norme et la fonction du contrôle de la proportionnalité : en ce que la création de la norme et celle des actes d'application (qu'il s'agisse de l'application de la loi par le contribuable ou l'administration fiscale) nécessitent, pour être valides, un motif objectif, le contrôle de proportionnalité a pour objet de vérifier la rationalité de cette norme ou de cet acte afin de prémunir les contribuables d'une décision arbitraire[3] ou illégale, le défaut de rationalité emportant *ipso facto* disproportionnalité de l'atteinte portée aux droits de ces derniers, ou de protéger l'État d'un mésusage des règles juridiques, par détournement de leur rationalité par des contribuables mal intentionnés[4]. La proportionnalité, par son action structurante, participe ainsi de la construction de la norme ou de la régulation des acteurs du droit, via l'exigence de rationalité.

70. Mais quelle est-elle cette « raison », cette rationalité légitimatrice ? Comment la traduire juridiquement ?

71. La rationalité : l'exigence d'une logique objective. Distincte de la causalité et de la cohérence, la rationalité repose et se mesure sur le lien logique unissant l'objectif législatif au contenu, voire aux effets de la norme : ces éléments intrinsèques et extrinsèques de la norme fiscale constituent les points d'appréhension, saisissables intellectuellement[5] et de ce fait, à partir desquels un contrôle peut s'opérer. En effet, si la rationalité de la norme, à travers la proportionnalité, a été définie par une exigence

---

[1] Cf. *infra*, Partie I, Titre II, Chapitre II, Section 2.

[2] J.-B. DUCLERCQ, *Les mutations du contrôle de proportionnalité dans la jurisprudence du Conseil constitutionnel*, éd. LGDJ-Lextenso, coll. « Bibl. const. et de sc. polit. », t. n°146, 2014, p. 203-204.

[3] P. MOOR, « Systématique et illustration du principe de proportionnalité », in *Les droits individuels et le juge en Europe, Mélanges en l'honneur de Michel Fromont*, éd. PUS, 2001, pp. 319 et s. spé. p. 321 ; C.-A. MORAND, « Les exigences de la méthode législative et du droit constitutionnel portant sur la formation de la législation », *in Droit et société*, n°10, 1988, *Pratique de recherches, questions théoriques et problèmes épistémologiques sur le droit et la société*, p. 394 ; D. BARANGER, « Sur la manière française de rendre la justice constitutionnelle. Motivations et raisons politiques dans la jurisprudence du Conseil constitutionnel, *Jus Politicum* 2012, n°7.

[4] Le respect de la rationalité de la norme fiscale ne signifie pas pour autant que, subjectivement, le contribuable adhère à l'objectif législatif. En ce sens, J.-B. AUBY, « Le recours aux objectifs des textes dans leur application en droit public » : *RDP* 1991, p. 327 et s., spé. p. 327.

[5] Ce que traduisent les expressions de critères « objectifs et rationnels » du Conseil constitutionnel ou de critères « objectifs et vérifiables » de la CJUE.

de causalité[1] ou de cohérence[2], ces notions s'en distinguent bien que l'exigence d'une logique objective de la norme ou de la décision, prouvant le bien-fondé de ces dernières, ne leur soit pas étrangère.

72. La cohérence, résultat d'une rationalité. La cohérence, union étroite d'idées qui s'accordent entre elles et plus largement comme une absence de contradiction[3], se définit d'une manière plus dynamique, comme une « harmonie », un « rapport logique » ou « étroit »[4], une « absence de contradiction dans l'enchaînement des parties [d'un] tout »[5]. Elle traduit ainsi l'homogénéité des éléments constitutifs de la norme, à savoir son ou ses objectifs et son contenu, en tenant compte d'une certaine chronologie, de l'objectif à un contenu déterminé.

73. Or, si proportionnalité et cohérence se rejoignent en ce qu'elles portent sur un champ textuel, limité à la norme ou au couple norme(s)-décision, la cohérence juridique peut être envisagée sur un ensemble textuel plus large, comme une réforme, le code général des impôts ou le livre des procédures fiscales[6]. De plus, la cohérence est d'abord un résultat, fruit de la rationalité : le lien logique de la norme ou de la décision précède l'« harmonie » de celle-ci.

74. La causalité, une rationalité orientée. Justification d'une obligation ou de son étendue, la cause répond à une exigence de rationalité, en sus des textes qui l'imposent (ou l'imposaient) : elle fonde ou bien l'obligation de réparer un dommage, ou bien la validité d'un engagement contractuel, toutes les autres conditions étant réunies par ailleurs. Toutefois, cause et proportionnalité ont des accointances plus qu'elles ne se confondent ou ne se ressemblent totalement. Cela se vérifie plus aisément, il est vrai, pour la causalité en matière de responsabilité délictuelle et quasi-

---

[1] À propos de la jurisprudence de la CJUE : A. MARZAL YETANO, *La dynamique du principe de proportionnalité. Essai dans le contexte des libertés de circulation du droit de l'Union européenne*, *Institut universitaire* Varenne, 2014, 546 p. ; C. MAUBERNARD, *Droit matériel de l'Union européenne*, éd. Ellipses, coll. « Tout le droit », 2007, p.

[2] À propos du contrôle des principes d'égalité : M. COLLET, *Droit fiscal*, éd. PUF, coll. « Thémis », 6e éd., 2017, pp. 37-39.

[3] *Dictionnaire Le Petit Robert*, éd. 1972, s.v. « cohérence »

[4] *Ibid.* La notion de « rapport » renvoie à l'idée de lien, de relation entre plusieurs objets distincts ou à une relation de ressemblance conférant une certaine cohérence. Elle peut également se définir comme une relation de cause à effets. Le contrôle de cohérence pourrait alors être compris comme la vérification juridictionnelle d'une relation étroite de cause à effet entre l'objectif visé et les effets produits par l'application de la norme. Cependant, une telle expression n'est guère appropriée notamment dans le cadre du contrôle de constitutionnalité *a priori*. De plus, l'idée de causalité, si elle peut constituer une explication, n'est pas celle que nous avons privilégiée, cf. *infra*.

[5] *Ibid.*

[6] Ainsi le contrôle de proportionnalité peut, s'il remet en cause la rationalité d'une disposition légale, ou son adaptation, provoquer des secousses de nature à semer une certaine discordance dans l'ensemble des normes fiscales, notamment si ces secousses atteignent le lien logique d'une de ces normes, prenant alors un caractère sismique ou systémique. Cf. *infra*, Partie II, Titre II, Chapitre II, Section 2.

délictuelle que pour la défunte cause en matière de droit des obligations, depuis la réforme du 10 février 2016[1].

75. Causalité dans les régimes de responsabilité. La causalité, imprégnée du droit de la responsabilité, a été employée par certains auteurs pour, non pas tant définir le principe de proportionnalité, qu'en expliquer le raisonnement tenu en particulier par la Cour de justice[2]. Cependant, si l'on peut considérer que les effets sont « *causés* » par les prévisions de la norme, mais ne correspondent pas nécessairement à l'objectif ou aux effets voulus par l'auteur de la norme, on ne peut y déceler nécessairement une rupture causale de nature à remettre en cause cette norme, ou son application dans un cas particulier : d'une part, la cause efficiente, fait générateur, d'une application d'une norme fiscale, se retrouve non pas dans ses dispositions mêmes, mais dans l'acte ou la décision qui concrétise les prévisions légales ; d'autre part, c'est confondre implication et causalité, voire nécessité[3]. Enfin, le concept de la cause en responsabilité conduit à concentrer l'attention sur l'adaptation des effets[4] à un ou des objectifs, pour en déduire une rationalité, qui peut d'ailleurs ne pas exister, et non à s'interroger sur cette rationalité d'abord[5]. Certes, la causalité n'est pas étrangère au droit fiscal, notamment dans le contentieux de la responsabilité : toutefois, son champ d'application restreint et les raisons exposées ci-avant justifient d'écarter la notion de causalité comme fondement de la rationalité.

76. Cause et droit des obligations. Le droit des contrats connaissait également la notion de cause, entendue cette fois-ci comme la cause finale, c'est-à-dire l'objectif

---

[1] Encore que cette disparition puisse ne pas être si radicale ou définitive qu'il n'y paraît de prime abord, les fonctions de la cause ayant été conservées et en particulier, l'article 1169 du code civil. – V. par ex., P. MALINVAUD, D. FENOUILLET, et M. MEKKI, *Droit des obligations*, éd. LexisNexis, 14e éd., 2017, p. 292 s. ; P. MALAURIE, L. AYNES, et P. STOEFFEL-MUNCK, *Droit des obligations*, éd. LGDJ-Lextenso, 10e éd., p. 350s.

[2] V. notamment, A. MARZAL YETANO, *La dynamique du principe de proportionnalité. (...), op. cit.*. ; C. MAUBERNARD, *Droit matériel de l'Union européenne, op. cit.*

[3] M.-L. MATHIEU, *Logique et raisonnement juridique, op. cit.*, pp. 295s., spé. p. 298 : « la succession d'évènements dans le temps ne constitue nullement la preuve d'un lien de causalité les unissant ».

[4] Par ailleurs, faut-il prendre tous les effets causés par l'application de la norme ou seulement ceux qui en résultent directement ? Autrement dit, doit-on préférer la théorie de l'équivalence des causalités, laquelle, si large, serait impropre à un contrôle de la rationalité de la norme, ou la théorie de la causalité adéquate, dont les règles, pour faire le départ entre la cause (*causa causans*) et l'occasion (*occasion causans*) seraient déterminées par les juges et seraient ainsi imprécises, arbitraires ou subjectives ? (en ce sens, P. LE TOURNEAU, « Responsabilité en général », *in Répertoire de droit civil*, éd. Dalloz, actualisation sept. 2017, n°49 ; P. JOURDAIN, « Lien de causalité – Détermination des causes du dommage » *in JCl Civil, Fasc. 160, « Droit à réparation »*, actualisation 14 août 2013, n°18)

[5] Qu'elle soit décidée ou imposée : l'explication par la causalité occulte les mécanismes de prises de décision par l'administration fiscale et est impropre à expliciter le contrôle de la proportionnalité dans les décisions de gestion prises par les contribuables. P. AMSELEK remarquait à ce propos que « [c]ontrairement aux idées reçues, il n'existe pas de séparation radicale entre la création du droit d'un côté et la pratique du droit de l'autre » (*in* « Les mécanismes régulateurs de la pratique du droit fiscal en France » : *DF* 1983, n°40, étude 100058. – V. également, M. COLLET, « La régulation fiscale » : *DF* 2008, n°12, étude 220, n°1)

à atteindre qui motive chacune des parties à entrer dans le contrat ; elle répond à la question « Pourquoi ? »[1], donc à l'exigence d'une justification, d'un motif rationnel d'un engagement par un sujet de droit. Mais peut-elle se confondre avec la proportionnalité, avec le lien logique ?

77. La question est délicate, certaines définitions de la cause, recoupant l'idée d'une structuration par la rationalité[2], au point d'ailleurs que la cause n'est plus tant « cause » que « raison logique », rationnelle d'un engagement juridique, délimité par un ou plusieurs actes juridiques, et emportant une adaptation.[3]. Rationalité et adaptation constituent la définition et l'effet de la cause de l'obligation[4]. L'objectivité de la logique y participe également, en ce que ce caractère la rend « saisissable », appréhendable par un tiers, et notamment le juge[5].

78. Le concept de proportionnalité explique ainsi ou englobe la notion de cause, dans un contrôle qualitatif[6]. Toutefois, s'il peut être considéré comme « une façon plus claire et actuelle d'exprimer la vieille notion de cause »[7], il s'en écarte[8]. D'une part, l'utilité d'une norme fiscale, d'une décision administrative ou d'une décision de

---

[1] J. ROCHFELD, « Cause », in *Répertoire de droit civil Dalloz*, actualisation juin 2016, n°9.

[2] La cause finale est « structurelle » en ce qu'elle réside dans le contrat lui-même (J. ROCHFELD, *préc.*, n°12 ; A. BÉNABENT, *Droit des obligations*, éd. LGDJ, coll. « DOMAT Droit privé », 16e éd., 2017, p. 167). Elle représente l'intérêt médiat ou immédiat, pour un contractant, de conclure un acte juridique et a pour fonction, respectivement, de permettre le contrôle de la licéité et de la moralité du contrat (cause du contrat), ou l'existence d'une contrepartie (cause de l'obligation). (G. CORNU, *Vocabulaire juridique*, éd. PUF, coll. « Quadrige », 7e éd., 2005, « Cause », p. 135-136). – V. J. CARBONNIER, *Droit civil, Vol. 4 : Les obligations*, éd. PUF, coll. « Thémis. Droit privé », 22e éd., 2000, n°16 ; A. BÉNABENT, *op. cit.*, p. 165 ; J. ROCHFELD, *op. cit.*, n°9 à 18 ; P. MALINVAUD, D. FENOUILLET, et M. MEKKI, *Droit des obligations*, *op. cit.*, p. 292s. ; P. MALAURIE, L. AYNES, et P. STOEFFEL-MUNCK, *Droit des obligations, op. cit.*, p. 350s.

[3] Plus précisément, elle correspond à l'utilité de la prestation pour le cocontractant, c'est-à-dire « le principe de changement fourni à la volonté par l'intérêt » (CARNELUTTI, *Teoria generale del diritto*, 1940, Biblioteca del « Foro Italiano », Roma, § 135, p. 347, cité par J. ROCHFELD, *op. cit.*, n°29) mais y ajoute aussi, « le mouvement » vers l'adéquation entre le bien et le besoin du cocontractant (J. ROCHFELD, *op. cit.*, n°28-29).

[4] Elle peut s'étendre, sans s'y confondre, au contrôle de la cohérence du contrat pris dans son ensemble (A. BÉNABENT, *op. cit..*, p. 168).

[5] « [L]a traduction de la **rationalité** du contrat : poursuite d'un intérêt, elle s'impose également comme la recherche rationnelle de cet intérêt » mais « la volonté ne doit pas être tant rationnelle qu'intelligible, c'est-à-dire présenter **une logique saisissable de l'extérieur** ». Le contrôle du juge judiciaire revient à vérifier que la raison de l'engagement repose sur une « **rationalité pratique**, propre à un contexte et à une société donnés **et se modulant** en fonction des circonstances » (J. ROCHFELD, *op. cit.*, n°51-53, nous soulignons.

[6].V. not, S. LE GAC-PECH, *La proportionnalité en droit privé des contrats*, éd. LGDJ, « Bibl. droit privé », t. n°335, 2000, 580 p. ; C. AUGUET, « Au nom de la cause, vive le principe de proportionnalité « : *Dr. et patrimoine*, 2001, fév., p. 33. *Comp.* les réserves de F. TERRE : « La proportionnalité comme principe ? »: *JCP* 2009, p. 52

[7] A. BÉNABENT, *op. cit.* p. 168.

[8] Transposer la théorie de la cause au principe de proportionnalité en droit fiscal revient à considérer qu'il existe alors un double rapport de causalité, le premier entre la loi et ses dispositions, le second, entre les dispositions et les moyens concrètement mis en œuvre pour son application, la cause finale de l'agent se trouvant dans les dispositions de la norme.

gestion du contribuable n'est pas un critère explicite[1], en ce qu'il tend à se prononcer sur l'opportunité de ces mesures[2], ni opportun en ce qu'il conduirait à une contractualisation juridique, et non seulement politique, des relations entre les contribuables et le législateur[3] ; d'autre part, sans exclure toute subjectivité, la nature même du contentieux fiscal, portant sur la légalité, s'accommode mal de la prise en compte d'un mobile subjectif et non objectivé ayant déterminé un agent ou un contribuable à agir[4], et plus encore si le contrôle porte sur la conventionnalité ou la constitutionnalité[5]. Ainsi, l'existence des sujétions imposées par une norme fiscale ne dépend pas tant de l'utilité réelle des dispositions pour atteindre l'objectif, que de la logique qui relie l'objectif aux dispositions de la loi, de laquelle découle une justification légitimisant l'atteinte aux droits des contribuables[6] ; de même, la proportionnalité des décisions d'application de la norme fiscale ne se pose pas en termes de causalité, en termes de valeur[7], d'utilité mais de rationalité[8]. Une extension du concept de cause nous semble ainsi inadéquate, et c'est pourquoi nous écarterons cette notion au profit du lien logique et objectif.

---

[1] Bien qu'il puisse transparaître parfois de la motivation des juridictions.

[2] Ce que les juges s'interdisent, tout autant qu'ils prémunissent les contribuables d'une immixtion de l'Administration dans leur gestion privée ou entrepreneuriale (CE, 7 juil. 1958, n°35.977 ; CE, 7e et 8e ss-sect., 27 juin 1984, n°35.030, *min. c/ Sté Courtaulds* ; CE, 9e et 10e ss-sect., 23 janv. 2015, n°369.214, *SAS Rottapharm).*

[3] *Comp.* l'évolution des relations entre les contribuables et l'administration fiscale, tendant plus vers une individualisation du traitement fiscal qu'une « contractualisation » au caractère épisodique et déséquilibré en défaveur du contribuable.

[4] Ainsi, l'illicéité ou l'amoralité d'un acte de gestion ne constitue pas nécessairement un critère de déductibilité des charges, à moins qu'il n'en soit un critère légal. Cf. *infra*, Partie I, Titre II, Chap. II, Sect. 2, sous-sect. 1.

[5] Et ce d'autant plus que le motif présidant à l'adoption d'une disposition légale fiscale, s'il est formulé, peut constituer une justification *a posteriori* d'une mesure, et donc idoine, destinée à convaincre l'administration ou le contribuable de son bien-fondé : la finalité de la norme est inscrire la norme dans un cadre, cadre qui s'imposera ensuite tant au juge qu'au législateur (en ce sens, R. VIDAL, « L'évolution du détournement de pouvoir dans la jurisprudence administrative » : *RDP* 1952, p. 275s., spé. p. 289).

[6] Si le législateur donne le « pourquoi » de la norme fiscale ainsi adoptée, il ne s'engage pas envers les destinataires de la norme : il pose seulement une règle et la motive par un objectif. Il est libre de choisir sa justification, la « cause finale », cette intention pouvant être explicitée dans les motifs et travaux préparatoires devant le Parlement ou seulement être déduite à partir de l'objet de la norme

[7] R. VIDAL, *op. cit.*., p. 289

[8] Il s'agit de déterminer s'ils peuvent être reliés logiquement à l'objet de la norme, et partant à l'objectif poursuivi par le législateur, sans que la « cause » animant l'adoption de l'acte ou de la décision ne coïncident totalement ou nécessairement avec la finalité de la loi. Par ex., dans le cadre des dispositifs de défiscalisation, l'intérêt bien compris du contribuable prime bien souvent sur l'objectif socio-économique ou environnemental poursuivi par le législateur (en ce sens, J.-B. AUBY, « Le recours aux objectifs des textes dans leur application en droit public », *op. cit.* p. 327). A l'inverse, les détournements de procédure commis par l'administration ou les actes constitutifs d'abus de droit sont sanctionnés, ne pouvant être rattachés à l'objectif poursuivi par le législateur (en ce sens, R. VIDAL, *op. cit.*, p. 275).

79. Rationalité et lien logique objectif. Les notions de cohérence ou de cause ont en commun l'idée de logique[1], d'explication rationnelle d'une obligation ou d'une norme, à partir d'une justification vérifiable, le caractère objectif donnant ce caractère de justiciabilité[2].

80. La vérification de l'existence **d'un** lien logique objectif, élément structurel de la norme et structuration de celle-ci, éloigne le risque d'un contrôle de l'opportunité de la norme, jugeant le choix opéré entre plusieurs vérités juridiques possibles[3]. Ce lien objectif justifie et légitime[4] l'intrusion du législateur dans les droits des contribuables, et par suite, celle de l'administration[5]. Mais c'est également dans l'existence d'un lien logique objectif que le juge de l'impôt cherchera à confronter la légalité d'une décision de gestion du contribuable.

81. Cette objectivité se retrouve à la fois dans la notion de logique et dans la recherche des points d'appréhension[6] à partir desquels le juge pourra opérer son contrôle, c'est-à-dire les éléments structurels des décisions, qu'elles aient été prises par le législateur, l'administration ou le contribuable[7]. À ce titre, la transposition des

---

[1] Il s'agit par la logique formelle de « dissocier le contenu du contenant » et de **« se rendre sensible à la validité** des raisonnements, sans se laisser abuser par le contenu des énoncés » (M.-L. MATHIEU, *Logique et raisonnement juridique, op. cit.*, p. 296. Souligné dans le texte).

[2] P. MOOR, « Systématique et illustration du principe de proportionnalité », *op. cit.*, p. 323. *Comp.* V. PETEV, « Vérité et justification en droit », *in* G. COHEN-JONATHAN, Y. GAUDEMET, R. HERTZOG (dir.), *Mélanges Paul Amselek*, éd. Bruylant, 2005, p. 663s.

[3] Le juge vérifie, ou devrait vérifier, la rectitude du raisonnement, non son opportunité (M.-L. MATHIEU, *op. cit.*, pp. 154 et 193), s'interrogeant le cas échéant sur la réalité d'une situation de fait ayant motivé l'adoption de la mesure. Il est ainsi possible, d'écarter ici, s'agissant de la rationalité, le spectre du « gouvernement des juges ».

[4] L'existence d'un objectif d'intérêt général ne suffit pas, à lui seul, à donner à la norme sa rationalité.

[5] P. MOOR, « Systématique et illustration du principe de proportionnalité », *op. cit.*, pp. 323-325. L'auteur évoque alors l'exigence de mesure de « compensation », ce que nous traduisons dans les critères d'adaptation, et non dans le cadre de la rationalité. Cf. *infra*, Partie II.

[6] Nous préférons cette expression à celle de « points d'adhérence » développée par J.-B. DUCLERCQ (*in Les mutations du contrôle de proportionnalité dans la jurisprudence du Conseil constitutionnel, op. cit.* p. 67), en ce que si l'adhérence est d'abord un état, dénotant une certaine passivité, l'appréhension renvoie à l'idée d'une action, celle de saisir par l'intelligence (« toute opération intellectuelle relativement simple ou immédiate, soit de perception, soit de jugement, soit de mémoire, soit d'imagination, considérée comme s'appliquant à un contenu distinct de l'opération elle-même » : CNTRL v.s. ce mot), ce qui correspond mieux à l'action de juger.

[7] Dans une approche antéchronologique s'agissant du Conseil constitutionnel. Théoriquement, des raisons de faits ou de droit motivent l'auteur à adopter, dans un objectif déterminé, soit des dispositions dont le contenu, matérialisé par un moyen, produira les effets escomptés (ou pas) de manière à effectivement atteindre l'objectif, voire un but plus lointain, soit à prendre une décision, matérialisée dans un acte juridique, à la fois contenu et contenant, dans le but d'obtenir la réalisation des effets de la norme, sans nécessairement toutefois adhérer à l'objectif ou but sous-tendant cette norme (en ce sens, R. VIDAL, *op. cit.*, p. 290-291). Ainsi, si chronologiquement, les éléments extrinsèques encadrent les éléments intrinsèques, la détermination des composants de la loi nécessite une reconstruction par le juge du raisonnement suivi par le législateur, de manière antéchronologique, palliant ainsi la subjectivité propre à l'appréciation des motifs (en ce sens, J.-B. DUCLERCQ, *Les mutations du contrôle de proportionnalité dans la jurisprudence du Conseil constitutionnel, op. cit.* p. 158s.). Cf. *infra*.

éléments rationnels constitutifs de l'acte administratif, mis en évidence par R. BONNARD[1], à la loi[2] montre l'unicité de l'approche structurelle du contrôle de proportionnalité, à partir des composants intrinsèques et extrinsèques de la norme ou de la décision[3], même si les modalités de mise en œuvre diffèrent en fonction de l'objectif choisi[4], ou de l'objet du contrôle[5].

82. L'objectif, point central du contrôle juridictionnel[6], est le référent à l'aune duquel une logique doit pouvoir être établie avec le moyen, le contenu de la norme[7]

---

[1] *In* « Le pouvoir discrétionnaire des autorités administratives et le recours pour excès de pouvoir » : *RDP* 1923, p. 363-392.

[2] J.-B. DUCLERCQ, *op. cit.,* p. 67s.

[3] Matériellement, on distingue les éléments intrinsèques à la norme ou à la décision, à savoir l'objectif et le moyen, et les éléments extrinsèques, les motifs et les effets (R. BONNARD, *op. cit.* ; J.-B. DUCLERCQ, *op. cit..,* p. 67*).* Toutefois, ces éléments ne sont pas toujours précisément identifiés, parfois même confondus, la terminologie employée par les juridictions n'y étant pas étrangère.

[4] Dans le cadre du contrôle de la loi fiscale, selon le rattachement de l'objectif de la norme à un objectif plus général, transcendant, autrement dit à un objectif immédiat et concret ou à un objectif médiat et abstrait, déclinaison du premier dans un « dégradé matriciel » (J.-B. DUCLERCQ, *op. cit.* p. 172), le caractère opératoire de l'objectif s'accroissant à mesure qu'il s'identifie à l'objet de la norme (*Comp.* J.-B. DUCLERCQ, *ibid.* p. 84 et p. 92). On retrouve l'idée de R. VIANDIER, distinguant l'endosquelette, c'est-à-dire « la construction, logique ou symbolique de la loi », et l'exosquelette, c'est-à-dire « la charpente visible, d'un texte divisé en chapitre, sections, articles et alinéas » (*in Recherche de légistique comparée,* éd. Springer-Verlag, 1988, p. 87).

[5] Le raisonnement du Conseil constitutionnel présente ainsi, dans la détermination de ces éléments, un caractère déductif en partie circulaire, de nature à favoriser la constitutionnalité des dispositions fiscales soumises à son examen. Ainsi, si le contrôle constitutionnel de la rationalité de la loi fiscale se concentre sur la norme fiscale elle-même, par une approche calibrée, disposition par disposition, « poussée à l'extrême sous l'effet du contrôle *a posteriori* » (J.-B. DUCLERCQ, *op. cit.*, p. 68-69), du moyen à l'objectif, le Conseil reconstruit le raisonnement logique du législateur, qu'il le suppute ou qu'il le précise, qu'il en approuve la justesse ou l'opportunité plus rarement, sans la remettre en cause toutefois, le Conseil ne disposant pas d'un pouvoir général d'appréciation et de décision de même nature que le Parlement (Cons. Const., 29 déc. 2005, déc. n°2005-530 *DC, Loi de finances pour 2006,* cons. 67 ; Cons. const., 29 déc. 2012, déc. n°2012-662 DC, *Loi de finances pour 2013,* cons. 50, 60, 65 et 79 ; Cons. const. 30 sept. 2016, déc. n°2016-571 QPC, *Sté Layher SAS*, cons. 12 ; Cons. const. 16 sept. 2016, déc. n°2016-564 QPC, *Lucas M.*, cons. 3 ; Cons. const, 27 oct. 2017, déc. n°2017-667 QPC, *M. Didier C*, cons. 3).

[6] Il « insuffle au moyen une certaine épaisseur juridique et véhicule un sens qui communique avec les "composants" extrinsèques de la loi auxquels il est relié » (J.-B. DUCLERCQ, *op. cit.,* p. 73). Matérialisation de la *ratio legis*, il donne la raison pour laquelle le législateur a adopté telle ou telle norme fiscale, mais aussi le sens qu'il a souhaité lui attribuer, une rationalité à la fois instrumentale et axiologique. *Comp.* D. ROUSSEAU, *Droit du contentieux constitutionnel,* éd. LGDJ-Lextenso, 10e éd., 2013, p. 546-547.

[7] Le contenu de la norme peut être complété, implicitement (par ex., Cons. const., 28 janv. 2014, déc. n°2013-361 QPC, *Cts P de B*, cons. 10) ou non, par la jurisprudence des juridictions des deux ordres (par ex. Civ. 2e, 7 mai 2014, n°13-15.790,*Urssaf du Rhône c/ Sté STMicroelectronics* Grenoble 2 ; Civ. 2e, 2 avr. 2015, n°14-16.453, *Sté STMicroelectronics Crolles 2/ Urssaf Rhône-Alpes* . *Comp.* Cons. const., 28 avr. 2017, déc. n°2017-627/628 QPC, *Société Orange*, cons. 7 et 8 ; Cons. const., 28 sept. 2017, déc. n° 2017-654 QPC, *Sté BPCE* , cons. 8), cette jurisprudence étant parfois circonscrite à la décision de renvoi (ce qui interroge sur le caractère « constant » de la jurisprudence), et le médiat de la jurisprudence européenne (Cons. const., 6 oct. 2017, déc. n°2017-660 QPC, *Société de participations financière*, cons. 6), ou encore par le Conseil constitutionnel lui-même (Cons. const., 1er juin 2018, déc. n°2018-708 QPC, *Sté Elengy et a.*, cons. 8 et 9).

ou de la décision. La détermination de cet ou ces objectif(s)[1] met en lumière la différence entre les mesures selon leur objet (règles de procédures, règles d'imposition, dispositifs répressifs) ou leur nature (loi, acte administratif, décision de gestion du contribuable) et entre les contrôles juridictionnels, leurs modalités et leur intensité[2]. Si les effets ou conséquences ne sont pas nécessairement écartés, les motifs en revanche ne contribuent que rarement, en eux-mêmes, au contrôle de la rationalité[3], bien qu'ils se retrouvent dans l'objectif législatif immédiat[4] : parce qu'ils ont en

---

[1] Cette opération n'est pas toujours des plus aisées, le législateur n'ayant pas d'obligation de formuler un objectif législatif dans le corps même de la norme, mais l'explicite dans des documents annexes ou durant les travaux parlementaires. Le Conseil constitutionnel se démarque par une méthodologie antéchronologique. Ainsi, dans l'affaire *Sté Métro Holding France SA*, le Conseil constitutionnel impute au législateur l'intention « de favoriser l'implication des sociétés mères dans le développement économique de leurs filiales », à partir du critère tiré de la condition de vote attachés aux titres des filiales pour pouvoir bénéficier du régime fiscal des sociétés mères (Cons. const., 3 fév. 2016, déc. n°2015-520 QPC, *Sté Métro Holding SA venant aux droits de la société CRFP Cash*, cons. 10. – V. également, Cons. const., 8 juil. 2016, déc. n°2016-553 QPC, *Sté Natixis,* cons.8). Or, la différence de traitement résulte d'une interprétation « excluante » (distinction avec l'interprétation neutralisante faite par P. MARTIN dans son intervention au colloque du CEFEP 2014 (*in* « Le régime français des sociétés mères à la lumière de la directive : les méthodes d'interprétation du juge fiscal » : *DF.* 2014, n° 41, étude 569) et reprise par G. BLANLUET (« Discrimination à rebours : le droit interne à l'épreuve du droit de l'Union européenne », *op. cit.*) du Conseil d'État par sa décision *SA Technicolor* (CE, 10e et 9e ss-sect., 15 déc. 2014, n°380.942, *SA Technicolor*). Il n'y avait donc ni différence de situation, ni objectif législatif, ni même plus largement un intérêt général susceptible de justifier la différence de traitement. Il eût été plus satisfaisant en ce cas de prendre acte de cette absence de justification, plutôt que justifier l'inconstitutionnalité de la discrimination à rebours à partir d'une intention que le législateur n'avait pas ou pas nécessairement, puisqu'il entendait initialement traiter les distributions de dividendes de manière uniforme (V. également : Cons. const., 26 juin 2015, déc. n°2015-474 QPC, *Sté ICADE ;* Cons. const., 20 juin 2014, déc. n°2014-404 QPC, *Époux Machillot* ; Cons. const., 10 mai 2016, déc. n°2016-539 QPC, *Mme Eve G.* ; Cons. const., 19 mai 2017, déc. n°2017-629 QPC, *Société FB Finance ;* Cons. const., 21 sept. 2018, déc. n°2018-733 QPC, *Sté d'exploitation des moyens de carénage. Comp.* à propos de l'article 13 de la Déclaration :par ex., Cons. const., 19 oct. 2017, déc. n°2017-663 QPC, *Époux Tartarin*, cons. 6 ; Cons. const., 8 juin 2012, déc. n°2012-251 QPC, *COPACEL et a.*, cons. 4). La détermination de cet objectif apparaît toutefois, eu égard aux commentaires officiels, grandement inspirés par les travaux parlementaires, les rapports officiels ou encore les réponses ministérielles, ou des réformes législatives ultérieures : ces documents expliquent en effet mieux l'objectif retenu, plutôt qu'une déduction de l'objet des dispositions, qui sans ces commentaires officiels, paraît quelque peu divinatoire, ou « oraculaire » (D. BARANGER, « Sur la manière française de rendre la justice constitutionnelle. Motivations et raisons politiques dans la jurisprudence du Conseil constitutionnel », *op. cit.*).

[2] En ce qu'il orientera et déterminera la rationalité de la norme fiscale et son adaptation subséquente.

[3] Bien que nécessaires, les motifs ne sont pas toujours explicités par le législateur, l'administration ou le contribuable, et lorsqu'ils le sont, notamment dans la loi, ils relèvent souvent plus de considérations générales, qui, si elles donnent effectivement une direction, définissent un but plus qu'une motivation factuelle ou juridique. Ils ont donc une vertu explicative, plus que justificatrice. De plus, l'objectivité des données de droit ou de fait n'occulte pas l'appréciation subjective par le législateur, l'administration ou le contribuable, subjectivité qui, tel le sable fin filant entre les doigts d'une main, laisse peu de points d'accroche à un contrôle juridictionnel, lequel pourrait de surcroît, sur une base subjective, tendre à une remise en cause de l'opportunité de la loi ou de la décision.

[4] En ce sens, R. VIDAL, *in* « L'évolution du détournement de pouvoir dans la jurisprudence administrative », *op. cit.*, p. 290).

commun le même objet, à savoir un moyen, les motifs tendent à se mêler à l'objectif[1], teintant ce dernier d'une certaine subjectivité. Autrement dit, cette relative parenté entre les motifs et le ou les objectifs fait entrer les premiers dans le contrôle juridictionnel par le biais des seconds, dans une épaisseur juridique variable[2].

83. Rationalité et structuration. L'exigence d'une rationalité par un lien logique[3] entre un ou des objectifs et le contenu contribue, à travers la structuration qu'elle génère, à la régulation des acteurs juridiques, le législateur fiscal étant tenu de donner un cadre à son action dans celui plus général des droits et libertés des contribuables, tandis que l'administration fiscale voit son action bridée, délimitée par la loi dont elle adopte les objectifs, alors que le contribuable, s'il n'adhère pas nécessairement aux objectifs législatifs, doit néanmoins en respecter la logique, la rationalité, la structure[4]. Le pouvoir discrétionnaire des uns et des autres ne souffre le caprice : les juges attraient à leur contrôle, selon des modalités diverses, la rationalité des mesures, restreignant la liberté d'appréciation, voire la liberté tout court, dans l'action[5].

84. Plan. Selon les normes juridiques de contrôle mobilisées, la structuration par la rationalité diffère : le contrôle de l'égalité entre contribuables ne suit pas un raisonnement identique à celui relatif à la protection de la vie privée ou du droit de propriété des contribuables, ni au respect des droits issus du droit pénal. Cette différence se double d'une seconde distinction selon la nature de norme fiscale, en suivant la distinction tri-partite des causes juridiques : si les garanties propres au droit pénal s'appliquent, pour partie, aux seules pénalités (Titre III), sans exclure une confrontation aux principes d'égalité ou au droit au respect de ses biens, les normes fiscales de procédures portent plus naturellement atteintes à la vie privée des contribuables (Titre I) tandis que les normes d'imposition sont majoritairement confrontées aux principes d'égalité (Titre II).

---

[1] Selon un degré variable : tantôt si « étroitement corrélés qu'ils peuvent donner l'impression de se superposer », tantôt si différents « qu'ils donnent l'impression de deux entités bien distinctes », ils constituent « le relais entre une réalité sociale qui s'impose et une volonté que le législateur impose » (J.-B. DUCLERCQ, *op. cit.*, p. 76).

[2] Concernant le contrôle constitutionnel, v. J.-B. DUCLERCQ, *op. cit.*, p. 75.

[3] Nous emploierons les expressions lien logique et lien rationnel, comme synonymes, tout en accentuant un aspect plutôt que l'autre.

[4] En ce sens, J.-B. AUBY, « Le recours aux objectifs des textes dans leur application en droit public », *op. cit.*, p. 328.

[5] R. BONNARD, *op. cit.*, p. 363 et 388.

Titre I. La structuration des normes de procédures fiscales *lato sensu* par les rationalités

85. Justification générale des normes fiscales procédurales. Contreparties du système fiscal déclaratif[1], les lois de procédures fiscales[2], par nature attentatoire aux libertés individuelles, sont tout autant nécessaires au bon fonctionnement du système fiscal : ainsi, eu égard au caractère indispensable de la contribution commune « l'exercice des libertés et droits individuels ne saurait en rien excuser la fraude fiscale ni en entraver la légitime répression »[3]. Les pouvoirs d'investigation de l'Administration fiscale n'en n'ont pas moins des limites, constituées par les droits des contribuables dans le respect de leur vie privée ou dans leur droit à l'oubli fiscal, traduction particulière de la sécurité juridique, limites dont l'intensification de la lutte contre la fraude et l'évasion fiscales n'a de cesse de mettre à l'épreuve.

86. Délais de prescriptions et procédures de contrôle ne constituent pas les seules hypothèses de structuration de la mise en œuvre des moyens par l'Administration fiscale : cette structuration dessine également les procédures de recouvrement et le procès fiscal, en des termes et modalités proches ou identiques à ceux appliqués en d'autres matières ; elle intervient encore dans l'encadrement de la rétroactivité de certaines lois fiscales. Cet encadrement procédural structurant est une garantie contre une loi ou une action arbitraire du Législateur ou de l'Administration : toutefois, si reprenant R. VON JHERING, « ennemie de l'arbitraire, la [procédure] est la sœur jumelle de la liberté », le formalisme et les procédures ne doivent pas étouffer cette liberté, ni l'action indispensable de l'administration fiscale.

87. Plan. Par la confrontation aux normes supérieures, les juges vérifient que les normes de procédures fiscales sont dotées d'une rationalité propre à leur donner une direction, une justification, laquelle, parce qu'elle présente un caractère transcendant, s'avère cependant, impropre à permettre une structuration fine et efficience par la rationalisation et l'adaptation. La raison instrumentale demeure le moyen idoine de contrôle de la rationalité (Chapitre I), que le juge précise dans l'application par

---

[1] M. COLLET, *Droit fiscal,* éd. PUF, coll. « Thémis », 6e éd., 2017, p. 8-9. L'application correcte et exhaustive du droit fiscal n'est pas en effet une qualité innée du contribuable.

[2] Nous entendons par « lois fiscales de procédures » les dispositions législatives portant sur les règles de procédures relatives aux obligations déclaratives des contribuables et à l'établissement de l'impôt, aux procédures de contrôle et d'imposition et au recouvrement de l'impôt (V. J. LAMARQUE, « Droits fondamentaux constitutionnels. Principe d'égalité devant l'impôt », *JCl. Procédures fiscales,* fasc. 112, n°67, actualisation 31 mars 2016) mais aussi les dispositions régissant le procès fiscal, les règles propres à certains contentieux particuliers, tels la responsabilité de l'administration ou la répétition de l'indu, ainsi que les dispositions aux effets rétroactifs.

[3] Cons. const., 29 déc. 1983, déc. n°83-164 DC, *Loi de finances pour 1984*, cons. 27.

l'administration fiscale, tout en employant d'autres mécanismes susceptibles de contribuer à l'encadrement *a posteriori* de l'action administrative (Chapitre II).

CHAPITRE I. LA DOUBLE STRUCTURATION DANS LA CRÉATION DES NORMES DE PROCÉDURES FISCALES PAR LES RATIONALITÉS « DÉCIDÉES »

88. De la rationalité axiologique à la rationalité instrumentale. De l'établissement de l'imposition au contrôle fiscal, les lois fiscales de procédure sont l'ossature du droit fiscal sur laquelle pourront s'adosser les lois d'imposition. Le législateur dispose d'une ample marge d'appréciation pour décider de l'orientation et des modalités des procédures de contrôle en amont et en aval de la décision d'imposition. Il n'est cependant pas libre, la confrontation aux droits et libertés des contribuables garantis par les normes et principes supra-législatifs, écrits ou non écrits, l'intimant de justifier l'intrusion fiscale que la loi fiscale de procédure opère. La légitimité de son action dépend donc des valeurs qu'il entend défendre et protéger, cette ou ces finalités transcendant la seule disposition législative adoptée, marqueur d'une rationalité décidée médiate, opérant une structuration axiologique, plus ou moins forte selon les droits ou libertés et selon les normes supérieures mobilisés.

89. Cette première structuration se double d'une rationalité instrumentale à l'aune de l'objet concret et immédiat, objet opérant et appréhensible concrètement, donnant un cadre ensuite pour l'application, la rationalité décidée par le législateur s'imposant alors aux autorités fiscales chargées de la mettre en œuvre.

90. Plan. Si ce dédoublement de la structuration est particulièrement prégnant dans la protection de la vie privée et la garantie des droits des contribuables (Section 2), le contrôle de l'égalité, bien que plus résiduel, apporte une structuration selon un raisonnement différent (Section 1).

Section 1. L'égalité devant la loi, structuration résiduelle des lois fiscales de procédure

91. Du caractère résiduel de l'égalité et des modalités de contrôle. Comparativement à la proportionnalité des intrusions procédurales dans la vie privée des contribuables ou dans la préservation de leurs droits, et notamment le recours juridictionnel, le principe d'égalité constitue un élément structurant résiduel. Son emploi est en effet dès plus limité, ne serait-ce qu'en considération du fait qu'une discrimination n'est pas « possible » dans les rapports verticaux entre les contribuables et l'État[1], alors même qu'il s'agit des situations les plus fréquentes.

92. De plus, si le droit constitutionnel appréhende la norme fiscale de procédure par elle-même, la Cour de justice s'en saisit de manière incidente, en ce qu'elle intervient dans l'application de normes d'imposition, à l'exception des mesures

[1] CE, Ass., Avis, 12 avr. 2002, n°239.693, *SA Financière Labeyrie* ; CE, 9e et 10e ss-sect., 17 juil. 2013, n°352.273, *min. c/ Sté Coopérative Bressor*.

justifiées par la raison impérieuse d'intérêt général de l'efficacité des contrôles fiscaux, en lien avec la lutte contre la fraude et autres pratiques abusives[1]. Le droit européen des droits de l'homme, s'il condamne les discriminations entre les contribuables, aborde cependant peu cet aspect, qui semble accessoire par rapport à l'approche de la proportionnalité de l'ingérence elle-même, sans exclure toutefois que l'inégalité entre contribuable puisse constituer un critère de disproportionnalité.

93. Plan. Les juges[2] ne mettent en œuvre un contrôle de proportionnalité de l'égalité qu'autant qu'une inégalité entre des contribuables placés dans des situations comparables existe. Or, par une dichotomie, avec une acuité croissante, entre les contribuables de « bonne foi » et ceux usant de procédés de fraude ou d'évasion fiscales, le législateur crée une différence de situation propre à justifier une différence de traitement entre ces deux catégories de contribuables. Ainsi, le contrôle de la rationalité de l'inégalité est abordé différemment selon qu'est en cause (II) ou pas (I) la lutte contre la fraude ou les pratiques abusives.

I. La structuration par l'égalité des règles fiscales générales de procédures

94. Plan. Dans une certaine mesure, l'inégalité n'existe que si elle est perceptible, ce qui suppose une intensité dans la différence de traitement (A), la disproportionnalité déclenchant alors un contrôle de proportionnalité, et tout d'abord de la rationalité relativement à la justification apportée par le législateur (B).

---

[1] Ainsi, certaines procédures peuvent entrer dans le champ d'application de la Charte des droits fondamentaux dès lors qu'est mis en œuvre le droit de l'Union, au sens de l'article 51, §1 de la Charte. Tel est le cas lorsqu'un assujetti fait l'objet d'un contrôle et d'un rehaussement fiscal en matière de TVA à la suite de la constatation d'une pratique abusive (CJUE, 3e ch., 17 déc. 2015, aff. C-419/14, *WebMindLicenses Kft c/ Nemzeti Adó-és Vámhivatal Kiemelt Adó- és Vám Főigazgatóság*, pt. 79 ; CJUE, gde ch., 26 fév. 2013, aff. C-617/10, *Aklagaren c/ Hans Akerberg Fransson*, pts 25-27.

[2] Y compris le juge ordinaire : comme le rappelle P. COLLIN, « le procès fiscal est le procès fait à un acte, la décision d'imposition » (concl. sur CE, Avis, 1er avr. 2010, n°334.465, *SAS Marsadis* : *DF* 2010, n°17-18, comm. 299). Ainsi, le juge administratif écarte le grief tiré d'une inégalité de fait, sans toutefois la nier, en considérant qu'il n'y a pas de discrimination « prohibée » dans « le refus par l'administration d'exercer le pouvoir gracieux (...) à l'égard d'un contribuable, qui n'a pas présenté de réclamation dans les délais de recours contentieux, alors même qu'elle l'aurait exercé à l'égard d'un autre contribuable placé dans la même situation » (CE, 8e et 3e ss-sect., 3 fév. 2011, n°322.857, *Sté Groupe Président Electronics)*. Toutefois, le fait que le Conseil d'État ait relevé l'absence de réclamation dans les délais de recours contentieux laisse suggérer la possibilité d'une solution différente, nécessitant alors d'établir une justification logique à la différence de traitement factuelle, la Cour EDH sanctionnant tant les discriminations directes qu'indirectes. *Comp.* déjà en dehors du droit fiscal : à propos d'un refus de permis de construire accordé à une autre personne disposant d'un terrain situé dans la même zone d'urbanisme (CE, 2e et 4e ss-sect., 10 déc. 1969, n°73.118, *Cts Fourel* ; CE, 5e et 3e ss-sect., 25 nov. 1992, n°104.95, *Mme Perron)*, ou encore à propos du refus de la mention d'une spécialité médicale à un chirurgien-dentiste alors que d'autres praticiens l'ont obtenue sur la base d'une durée d'exercice de la profession plus courte (CE, 4e ss-sect., 19 mai 1995, n°133.225, *Mesnay*).

A. Proportionnalité et caractérisation de l'inégalité

95. Généralité des règles fiscales de procédure : l'absence de distinction décidée par le législateur. Les règles de procédures traitent généralement de manière uniforme les contribuables, sans distinction selon leur situation. Ainsi, reprenant les principes et méthodes du contrôle constitutionnel d'égalité, la Cour de cassation écarte le grief tiré de l'inégalité devant la loi et les charges publiques en ce que l'article L 17 du LPF s'applique « de la même manière pour tous les contribuables », la délimitation précise des prérogatives de l'administration dans la rectification du prix ou de l'évaluation d'un bien lorsqu'il paraît inférieur à sa valeur vénale réelle répondant par ailleurs au grief tiré d'une atteinte au droit de la propriété et à la liberté contractuelle, l'objectif de lutte contre la fraude fiscale parachevant la motivation condensée de la Cour[1]. De même, le Conseil d'État relève que « alors (...) que tous les contribuables sont également susceptibles d'être concernés par une demande de substitution de base légale devant le juge de l'impôt dans les mêmes conditions, l'article L. 57 du livre des procédures fiscales, en ce qu'il ne fait pas obstacle à la faculté dont dispose l'administration de solliciter une substitution de base légale au cours de la procédure contentieuse qui l'oppose à un contribuable, ne méconnaît pas le principe d'égalité devant la loi énoncé par l'article 6 (...) »[2].

96. Disproportionnalité et déclenchement du contrôle de proportionnalité. L'inégalité peut dépasser un seuil de disproportionnalité, propre à la rendre visible juridiquement et ainsi déclencher le contrôle de rationalité de l'inégalité ainsi créée : la disproportionnalité dans la différence de traitement, ou comparée à la différence de situation, conditionne alors l'exigence d'une explication logique. Ainsi, si un délai de reprise est prévu pour certaines catégories de contribuables, le juge constitutionnel s'en saisit, vérifiant que la « non-identité [entre les deux catégories de contribuables] est justifiée, compte tenu de l'objet de la loi, par la différence de situation »[3]. Tel n'a pas été le cas du délai de reprise plus court bénéficiant aux contribuables n'ayant bénéficié que de traitements, salaires ou pensions : en effet, s'il était dans l'intention du législateur de traiter plus favorablement ces contribuables[4], il ne pouvait écarter cette mesure dès lors que ces contribuables auraient disposé « **même dans une proportion infime**, de revenus d'une autre catégorie que les salaires, traitements et pensions »[5]. Dès lors ce n'est pas le lien logique qui fait défaut, puisqu'au contraire, le champ d'application coïncide parfaitement avec l'intention du législateur, mais c'est l'inadaptation, l'absence de mécanismes modérateurs qui conduit à

---

[1] Com., 22 mars 2018, n°17-24.593. Cette motivation, aussi efficace soit-elle, reprend donc les critères du Conseil constitutionnel, ce qui est logique dans le cadre d'une décision QPC, mais elle ne permet pas de déterminer si l'égalité et le respect du droit de propriété sont envisagés séparément ou si l'un participe de l'adaptation de l'autre, et inversement.

[2] CE, 8e ch., 28 déc. 2017, n°415.281, *Sté Lupa Immobilière France*.

[3] Cons. const., 3 juil. 1986, déc. n°86-209 DC, *Loi de finances rectificative pour 1986*, cons. 25.

[4] Puisque que « ces rémunérations sont généralement déclarées par des tiers, ce qui a pour conséquence de limiter les risques de sous-déclaration et de faciliter les contrôles ».

[5] Cons. const., 3 juil. 1986, déc. n°86-209 DC, *Loi de finances rectificative pour 1986*, cons. 26, nous soulignons.

l'inconstitutionnalité de la norme au regard du principe d'égalité, le Conseil sanctionnant une sévérité **qu'il estime** injustifiée[1].

97. Dans le cadre du contrôle de conventionnalité, la différence de traitement doit être justifiée par une différence de situation, inversement proportionnelle : par exemple, le fait que les intérêts moratoires prévus à l'article L 209 du LPF s'appliquent aux contribuables ayant constitué des garanties dans le cadre du sursis de paiement (article L 277 du LPF), et ceux ne l'ayant pas fait mais bénéficiant toutefois du « mini-sursis a été jugé contraire aux articles 14 et 1er du premier protocole additionnel à la CEDH, en raison d'une différence de situation insuffisante, trop minime pour justifier l'amplitude de la différence de traitement[2]. Dès lors, un contrôle de la rationalité s'amorce.

B. Le contrôle de la rationalité de la création de distinctions dans les règles de procédures

98. Cadre du contrôle : quelle norme ? Hors la fraude et l'évasion fiscale, le contrôle du respect du principe d'égalité relatif aux lois de procédures fiscales se concentre principalement sur le seul article 6 de la Déclaration, même si les procédures de contrôle, guidées ou non par l'objectif à valeur constitutionnelle de lutte contre la fraude et l'évasion fiscale, ont pour finalité d'assurer *in fine* l'égalité des contribuables devant les charges publiques par l'application correcte et égale de la loi fiscale.

99. Toutefois, le contrôle de la rationalité ne s'opère pas à l'aune de cet objectif transcendant, en raison de la distanciation avec la norme contrôlée et de sa généralité le rendant peu opérant : son rôle axiologique, s'il n'est pas totalement neutre dans ce contrôle[3], justifie plus encore l'appréciation de la proportionnalisation de la procédure, par l'adaptation. Concernant les règles fiscales générales de procédure, des objectifs d'intérêt général peuvent venir au soutien de différences de traitement, dans une distanciation moindre, mais accentuant le caractère parfois tautologique de l'énoncé du raisonnement du Conseil constitutionnel.

100. Cadre du contrôle : quel(s) objectif(s) ?. Le contrôle de la rationalité de la différence ainsi créée par le législateur s'opère donc à travers l'objectif immédiat de la norme de contrôle, lequel se confond et est déduit de l'objet de la procédure en

---

[1] V. Cons. const., 28 déc. 1990, déc. n°90-285 DC, *Loi de finances pour 1991*, cons. 50-52. *Comp.* les effets de seuil dans le cadre des normes d'imposition.

[2] « [L]a différence de situation existant entre les contribuables ayant constitué des garanties et ceux ne l'ayant pas fait [mais bénéficiant toutefois du « mini-sursis »], ne justifie pas, eu égard à cet objet [des intérêts moratoires prévus par l'article 209 du LPF, à savoir réparer le préjudice subi par l'administration du fait du paiement tardif des impôts], une **telle** différence de traitement » (CE, 9e et 10e ss-sect., 10 août 2005, n°259.741, *M. Sarteur*, nous soulignons).

[3] Cet objectif transcendant la seule disposition législative fonde une différence de traitement, et non l'objet de la loi : « l'objet d'une disposition qui consiste à donner un pouvoir à l'administration ne peut en rien justifier la différence de traitement qui résulte de l'exercice de ce pouvoir », ajoutant qu'« [i]l faudrait d'ailleurs s'interroger de façon générale sur la question de savoir si l'objet d'une disposition législative peut, en quelque cas, justifier une différence de traitement. » (O. JOUANJAN, *in* « Le Conseil constitutionnel, gardien de l'égalité ? » : *Jus Politicum*, 2012, n°7, p. 9).

question : par l'exigence d'un rapport direct avec l'objet de loi, le Conseil constitutionnel impose ainsi au législateur d'être « cohérent » entre d'une part, l'objectif qu'il poursuit et, d'autre part, l'objet et les critères qu'il met en œuvre[1]. Plus que de cohérence, il s'agit de pouvoir rattacher rationnellement et logiquement l'objet de la loi à la différence de traitement.

L'identification de l'objectif législatif est donc primordiale[2] en ce qu'elle porte sur le critère de différenciation[3]. Se distinguant à ce titre des juridictions européennes, le Conseil constitutionnel suit, en principe, un cheminement inverse du raisonnement ayant conduit à l'adoption de la loi fiscale[4] : partant du contenu, et éventuellement, des effets de la disposition législative contestée, il en déduit, prenant parfois appui sur les travaux parlementaires[5], incluant le cas échéant ceux à l'origine d'une mesure

---

[1] En ce sens, G. EVEILLARD, « L'exigence de critères objectifs et rationnels dans le contrôle de l'égalité devant l'impôt par le Conseil constitutionnel » : *LPA* 28 janv. 2000, n°20, p. 8 et s. ; M. COLLET, *Droit fiscal*, *op. cit.*, p. 33 et s.

[2] J.-B. DUCLERCQ insiste : « interface de la norme constitutionnelle applicable, l'objectif législatif devient lui-même une norme de contrôle du moyen législatif correspondant » (*op. cit.* p. 203-204).

[3] L'objectif n'est pas neutre : il est imprégné de choix politiques, mais il doit présenter une neutralité dans son application.

[4] Même si l'agencement des arguments peut prêter à confusion : Cons. const., 28 déc. 2000, déc. n°2000-442 DC, *Loi de finances pour 2001,* cons. 23. En théorie, le législateur devrait déterminer ses moyens d'actions en fonction de l'objectif poursuivi : ce dernier précède donc l'adoption d'une norme fiscale d'imposition, dont le contenu est précisément de traduire dans la loi le premier. Il faut encore tenir compte des motifs et des effets de la norme, composants extrinsèques de la loi, mais leur absence de valeur normative conduit à les écarter le plus souvent. De plus, l'objectif législatif peut trouver un prolongement, en dehors de la disposition législative, dans un objectif d'intérêt général ou à valeur constitutionnelle, ces derniers étant, le cas échéant, extérieurs à la norme d'imposition contrôlée. Chronologiquement, on devrait donc avoir les motifs, raison de fait ou de droit motivant, expliquant l'opportunité d'une norme d'imposition, l'objectif législatif donnant l'impulsion, la direction d'application et interprétative au contenu de la norme d'imposition, et les effets produits par les dispositions. Et si le législateur n'est « pas soumis par le droit positif à une obligation de motivation », « il n'en faudra pas moins "produire" (au double sens du terme) toutes les raisons pertinentes (…) les raisons de la loi sont (re)mises en jeu », en celles-là comprises les raisons politiques (D. BARANGER, « Sur la manière française de rendre la justice constitutionnelle. Motivations et raisons politiques dans la jurisprudence du Conseil constitutionnel, *op. cit.*).

[5] La mention des travaux préparatoires n'est pas systématique dans les décisions QPC, même si les commentaires, notamment officiels, en font mention : Cons. const. 7 déc. 2018, déc. n°2018-750/751 QPC, *Sté Long Horn International e. a.*., cons. 28 ; Cons. const., 30 nov. 2018, déc. n°2018-748 QPC, *Sté Zimmer Biomet France Holdings* ; Cons. const., 17 sept. 2015, déc. n°2015-482 QPC, *Sté Gurdebeke SA*., cons. 6 ; Cons. const., 17 juil. 2015, déc. n°2015-475 QPC, *Sté Crédit Agricole SA*, cons. 13 ; Cons. const., 19 sept. 2014, déc. n°2014-413 QPC, *Sté PV- CP Distribution,* cons. 5. En revanche, du fait de la proximité temporelle, cette référence est plus fréquente dans le cadre du contrôle *a priori* : Cons. const., 28 déc. 2017, déc. n°2017-758 DC, *Loi de finances pour 2018*, cons. 12, 28 et 90 ; Cons. const. 16 août 2007, déc. n°2007-555 DC, *Loi TEPA,* cons. 8, 19 et 31 ; Cons. const., déc. 29 déc. 2004, déc. n°2004-511 DC, *Loi de finances pour 2005,* cons. 12, 19 et 41. Toutefois, ces travaux constituent plus une explication de l'intention du législateur, que cette intention, émiettée dans le processus d'élaboration de la norme, une rationalité discursive (V. PETEV, « Vérité et justification en droit », *op. cit.*, p. 672-673) à moins que cette intention ne soit purement dissimulée par le Gouvernement (M. COLLET, « Les bienfaits du « dialogue des juges ». Remarques sur la mise en œuvre par le juge fiscal des articles 14 de la Convention EDH et 1er de son premier protocole additionnel » : *DF* 2006, n°51, étude 70, n°28). Néanmoins, et la juridicisation des débats politiques, attraits par la logique jurisprudentielle aidant (D. ROUSSEAU, *Droit du*

modifiée par la disposition soumise à son contrôle[1], un objectif législatif immédiat et concret, tantôt qualifié d'intérêt général, tantôt confondu avec l'objet de la loi, parfois encore constituant une déclinaison d'un objectif de valeur constitutionnelle, telle que la lutte contre la fraude et l'évasion fiscale, à moins qu'il n'en soit un complément, ou s'insérant dans une réforme[2], ou seulement une « perspective », « plus globale »[3]. Il emploie les expressions « le législateur a entendu que (...) »[4] et « il a voulu que (...) »[5], validant ainsi les intentions du législateur fiscal[6], les sortant de la « sphère politique partisane » pour les rendre acceptables par tous et leur donner ainsi une juridicité[7]. Le Conseil constitutionnel procède donc d'abord à l'identification des composants de la disposition fiscale contestée, et particulièrement des objectifs législatifs, point central, force « centripète » du contrôle de la proportionnalité[8].

101.Structuration par la coïncidence du champ d'application avec l'objectif immédiat. La rationalité structurante d'une norme fiscale procédurale est appréhendée, saisie par la possibilité de relier logiquement, rationnellement le champ

---

contentieux constitutionnel, *op. cit.*, p. 521 et s.), ils constituent un point d'appui, lorsqu'ils permettent de déterminer ou préciser l'objectif, et notamment sa transformation (par ex. : Cons. const., 28 déc. 2011, déc. n°2011-644 DC, *Loi de finances pour 2012*, cons. 12). En ce qu'ils sont extérieurs à la norme contrôlée, le Conseil constitutionnel opte le plus souvent, même s'il s'appuie sur les travaux préparatoires, pour une méthode déductive à partir des dispositions contrôlées, reformulant sous forme d'objectifs plus généraux, voire plus larges, ces dernières. Par cette approche littérale du texte et quelque peu circulaire, dès lors qu'il n'existe pas de contradiction manifeste, signe d'incohérence, avec les travaux préparatoires, le Conseil constitutionnel prend acte de la volonté du législateur et ainsi, objectivise son contrôle de proportionnalité, le cantonnant à un contrôle plus formel que substantiel. Néanmoins, le Conseil privilégie l'objectif lui permettant d'opérer un contrôle ou du moins dans un sens donné (par ex., Cons. const., 21 sept. 2018, déc. n°2018-733 QPC, *Sté d'exploitation des moyens de carénage* : comme l'avait relevé Y. BENARD dans ses conclusions sous la décision de renvoi, et que le commentaire de la décision précise également (pp. 2-4), la volonté de « favoriser l'investissement public dans les infrastructures portuaires » présentait un caractère subsidiaire dans les objectifs du Gouvernement lors de la loi de 1975 instaurant la taxe professionnelle ; cette décision doit être comprise comme s'insérant dans une perspective plus large que la seule exonération de CFE, et plus exactement dans une volonté du juge constitutionnel « de prémunir le régime fiscal des ports d'une nouvelle contestation sur le terrain du droit des aides d'État après la remise en cause, au 1er janvier 2018, de l'exonération d' IS à la suite d'une décision de la Commission européenne du 27 juillet 2017 » (M. PELLETIER, « Neutralité et modes de gestion des services publics : une occasion manquée » : *DF* 2018, n°40, act. 435.).

[1] Cons. const., 27 déc. 2002, déc. n°2002-464 DC, *Loi de finances pour 2003,* cons. 25.

[2] Cons. const., 30 déc. 1996, déc. n°96-385 DC, *Loi de finances pour 1997*, cons. 5.

[3] Cons. const., 28 déc. 2017, déc. n°2017-758 DC, *Loi de finances pour 2018*, cons. 12.

[4] Par exemple, Cons. const. 18 oct. 2010, déc. n°2010-58 QPC, *PROCOS et autres*, cons. 5 ; Cons. const., 8 fév. 2018, déc. n°2017-689 QPC, *M. Gabriel S.,* cons. 8; Cons. const., 28 déc. 2017, déc. n°2017-758 DC, *Loi de finances pour 2018*, cons. 12.

[5] Par exemple, Cons. const., 16 juin 2017, déc. n°2017-638 QPC, *M. Gérard S.*, cons. 6.

[6] Pour autant que les objectifs soient eux-mêmes compatibles avec la norme de contrôle.

[7] D. BARANGER, « Sur la manière française de rendre la justice constitutionnelle. Motivations et raisons politiques dans la jurisprudence du Conseil constitutionnel, *op. cit.*. *Comp.* D. LINOTTE estimant que la théorie du bilan « s'efforçait de donner un contenu juridique plus précis à la notion d'intérêt général, au lieu de se borner à l'invoquer abstraitement comme excuse absolutoire » (« Déclin du pouvoir jurisprudentiel et ascension du pouvoir juridictionnel en droit administratif » : *AJDA* 1980, p. 632s., spé. p. 636).

[8] J.-B. DUCLERCQ, *Les mutations du contrôle de proportionnalité dans la jurisprudence du Conseil constitutionnel, op. cit.* p. 170s. et p. 203-204.

d'application de la procédure à son objectif immédiat, ce dernier agissant comme un projecteur délimitant, par ses rayons, l'objet à observer[1]. Le critère de différenciation doit donc être inclus dans cet objectif immédiat, et rend la détermination de ce dernier d'autant plus importante[2].

---

[1] En ce sens, v. J.-B. DUCLERCQ, *ibid.*, p. 91. Dans les décisions les plus anciennes, le Conseil se contentait d'affirmer l'existence d'une discrimination entre les contribuables, sans la démontrer ou expliciter formellement les éléments pris en compte dans son appréciation. (par ex. : Cons. Const., 27 déc. 1973, déc. n°73-51 DC, *Loi de finances pour 1974,* cons. 1 et 3).

[2] Si le plus souvent, le cadre du contrôle du respect de l'égalité devant les charges publiques est dessiné par l'objet et les effets et le ou les buts visés (Cons. const., 8 fév. 2018, déc. n°2017-689 QPC, *M. Gabriel S.,* cons. 7 à 8; Cons. const., 19 oct. 2017, déc. n°2017-663 QPC, *Époux Tartarin,* cons. 6 et 7 ; Cons. const., 3 oct. 2017, déc. n°2017-658 QPC, *M. Jean-Jacques M.* ; Cons. const., 6 mars 2015, déc. n°2014-456, *Sté Nextradio TV,* cons. 6 et 7), dans d'autres décisions, le Conseil affine la description de la norme législative contestée, en dissociant plus nettement l'objet, l'objectif immédiat et concret et un but médiat, plus global ou en déclinant un objectif plus général en un objectif propre à la mesure contestée, et propre à justifier cette dernière. Par ex., dans la décision QPC du 7 juillet 2017 concernant la majoration de 25% de l'assiette des contributions sociales afférentes à certains revenus de capitaux mobiliers, le Conseil ne reprend pas l'objet des dispositions contestés de l'article c, I de l'article 136-6 du Code de la sécurité sociale, contrairement à sa décision du 20 février 2017 partant de l'objet de la norme (« assujettir le contribuable à une imposition dont l'assiette inclut des revenus dont il n'a pas disposé »), il relève dans un même considérant, la mesure (la majoration de 25%), l'objectif immédiat (compenser « la baisse des taux du barème de l'imposition de l'impôt sur le revenu, concomitante à la suppression et à l'intégration dans ce barème de l'abattement de 20% dont bénéficiaient de certains redevable »), lequel s'inscrit dans un but médiat global (« maintenir un niveau d'imposition équivalent»). Cette complexification de l'objectif dédouble ce dernier en un « objet » ou objectif concret et immédiat, et en un objectif médiat, transcendant éventuellement la disposition contestée, voire l'imposition ou le dispositif dans lequel cette disposition s'insère, à l'instar des matriochkas russes, sans pour autant qu'il soit toujours aisé de déterminer à l'aune de quel objectif s'opère finalement le contrôle du respect de l'égalité (Cons. const., 7 juil. 2017, déc. n°2017-643/650 QPC, *Herzi et Lacquemant,* cons. 15. *Comp.* Cons. const., 10 fév. 2017, déc. n° 2017-610 QPC, *Époux G.*, cons.10. – V. également : Cons. const., 20 avr. 2018, déc. n°2018-701 QPC, *Sté Mi Développement 2* (à propos de l'amendement « Charasse » dans le cadre de l'intégration fiscale des groupes de sociétés) ; Cons. const., 15 déc. 2017, déc. n°2017-679 QPC, *Courtois,* cons. 5 et 7 (à propos de la présomption de rattachement au patrimoine du constituant des biens, droits ou produits contenus dans un trust, dans le cadre de l'ancien impôt de solidarité sur la fortune) ; Cons. const., 19 sept. 2014, déc. n°2014-417 QPC, *Sté Red Bull On Permise et a.* (à propos de la taxe « Red bull » prévue à l'article 1613 bis A du CGI) ; Cons. const., 8 juin 2012, déc. n°2012-251 QPC, *COPACEL et a.* (à propos des articles 990 D et 990 E du CGI) ; Cons. const., 29 déc. 2004, déc. n°2004-511 DC, *Loi de finances pour 2005*, cons. 12 (à propos d'un crédit d'impôt). La déclinaison de l'objectif, par une méthode d'entonnoir, n'est donc pas anodine : elle assure la constitutionnalité de la mesure fiscale. Elle n'est retenue toutefois que pour autant que le temps n'a pas émoussé la pertinence de l'objectif particulier (Cons. const., 4 fév. 2011, déc. n°2010-97 QPC, *Sté LAVAL DISTRIBUTION*). Il est en effet plus évident ou facile de justifier une loi par son objectif, qu'un objectif législatif par l'objet de la loi (par ex., l'objectif de l'exonération de la cotisation patronale prévue par l'article L 241-10 du Code de la sécurité sociale diffère de celui propre à la limitation de son champ d'application aux « seules centres communaux ou intercommunaux d'action sociale » : Cons. const., 5 août 2011, déc. n°2011-158 QPC, *SIVOM de la Communauté du Bruaysis*, cons. 4 – V. également, Cons. const., 15 déc. 2017, déc. n°2017-681 QPC, *SCI Marlin*, cons. 6 ; Cons. const., 16 juin 2017, déc. n°2017-638 QPC, *M. Gérard S.*) A l'inverse, le Conseil constitutionnel opère parfois une simplification de l'objectif poursuivi par le législateur, propice à la mise en évidence d'une inégalité devant les charges publiques, par ex, à propos de la location meublée (Cons. const., 8 fév. 2018, déc. n°2017-689 QPC, *M. Gabriel S.,* cons. 9), ou du régime spécifique

Ainsi, si l'objectif du législateur est d'autoriser l'imputation des frais de constitution de garanties engagés par le contribuable lors de sa demande de sursis de paiement d'impositions directes, lorsque ce dernier s'acquitte de sa dette fiscale, cet objectif est interprété comme ne distinguant pas, *a priori,* selon que sont mis à la charge du contribuable des intérêts de retard ou des intérêts moratoires, ces deux majorations ayant « pour objet la compensation du préjudice subi par l'État du fait du paiement tardif des impôts »[1]. Le critère de différenciation n'apparaissant pas dans l'objectif, aucun argument ne permet alors d'expliquer rationnellement la raison de cette différence de traitement de sorte que seul un motif d'intérêt général aurait pu justifier la différence de traitement ainsi instituée[2].

102. Le législateur étant « libre » d'instituer des procédures de contrôle générales ou spécifiques[3], le Conseil constitutionnel ne peut guère remettre en cause ni l'objectif concert et immédiat poursuivi, ni l'objectif médiat de lutte contre la fraude et l'évasion fiscale, et se focalise sur l'identification d'un lien logique à partir d'une définition claire des procédures, et donc des pouvoirs de l'administration, et sur les critères d'adaptation, notamment procéduraux[4]. Son contrôle se concentre donc sur la structuration par la rationalité instrumentale à travers la matérialisation du lien logique dans le champ d'application, et la possibilité d'un contrôle juridictionnel, garantie d'une application égale entre les contribuables, mais surtout d'une correcte application, écartant alors le risque d'un détournement de procédure[5].

---

aux agents généraux d'assurance de l'exonération de l'indemnité compensatrice (Cons. const., 19 oct. 2017, déc. n°2017-663 QPC, *Époux Tartarin*, cons. 7.; Cons. const., 14 oct. 2016, déc. n°2016-587 QPC, *Époux Fischer*, cons. 6). – V. not. E. CORTOT-BOUCHER, concl. sur CE, 3e et 8e ch., 17 juill. 2017, n° 410.766, *Époux Tartarin* : *DF* 2017, n° 38, comm. 461).

[1] Cons. Const., 6 juin 2014, déc. n°2014-400 QPC, *Sté Orange SA*, cons. 6. Le Conseil reprend alors un raisonnement similaire tenu par le Conseil d'État au regard des articles 14 et 1er du premier protocole à la Convention EDH : CE, 9e et 10e ss-sect., 10 août 2005 n°259.741, *M. Sarteur*.

[2] Cons. Const., 6 juin 2014, déc. n°2014-400 QPC, *Sté Orange SA*. De même, il n'y a pas d'atteinte à l'égalité si une mesure concerne tous les contribuables sans distinction, tel que le délai de reprise prévus aux articles L 169, L 176 et L 180 du LPF (Cons. const., 3 juil. 1986, déc. n°86-209 DC, *Loi de finances rectificative pour 1986*, cons. 24). *Comp.* Cons. const., 31 déc. 1981, déc. n°81-136 DC, *Loi de finances rectificatives pour 1981 (III)*, cons. 6 et 7 ; Cons. const., 18 déc. 2014, déc. n°2014-706 DC, *Loi de financement de la sécurité sociale pour 2015,* cons. 12 ; Cons. const., 28 juin 2013, déc. n°2013-330 QPC, *Mme Bosc*, cons. 4.

[3] Ainsi, de la procédure spécifique de demande d'éclaircissement et de justifications en matière d'impôt sur la fortune : Cons. const., 29 déc. 1998, déc. n°98-405 DC, *Loi de finances pour 1999*, cons. 31.

[4] Cf. *infra*. Partie II.

[5] Si l'objectivité de ces critères rend plus aisée l'appréhension du lien logique lorsque le législateur invoque des buts plus proches de l'idée de justice sociale, plus politiques aussi, l'apparente faveur du Conseil envers les « entreprises ou individus suspectés de fraude fiscale », tant à l'aune du nombre d'inconstitutionnalité ou de réserves d'interprétations qu'en raison de leurs conséquences financières, peut aussi s'expliquer par les risques importants de mésusages à défaut d'un encadrement législatif et juridictionnel suffisant. Aussi, nous ne pensons pas qu'il y ait, de la part du Conseil, une telle inclination, freinant alors « la réalisation de l'objectif d'une plus juste répartition des richesses poursuivi par les pouvoirs publics nationaux de concert avec les institutions européennes » (en ce sens, C. ROULHAC, « L'apport de la question prioritaire de constitutionnalité en matière fiscale » : *DF* 2017, n°51-52, 586, spé. n°7 ; T. PERROUD, « Le Conseil constitutionnel et les portes

103. Transition. Le rattachement à un objectif transcendant de lutte contre la fraude fiscale et les pratiques abusives, s'il justifie *per se* une différence de traitement, n'apporte pas une structuration forte, eu égard à son caractère peu opérant pour ce faire : la rationalité instrumentale demeure le moyen idoine de ce contrôle.

II. Structuration par l'égalité dans les règles fiscales de procédure dans le cadre de la lutte contre la fraude et l'évasion fiscale

104. La lutte contre la fraude fiscale, principe justifiant une différence de traitement. L'appréhensibilité de ces dispositifs est moindre, en ce que le rattachement à un objectif extérieur à la norme, qui la transcende, justifie par lui-même une différence de traitement entre les contribuables vertueux et les autres[1], de sorte que l'inégalité ne peut être qu'interne à ces deux catégories[2].

105. Incidence mesurée de la lutte contre la fraude fiscale en droit constitutionnel. L'argument de l'objectif à valeur constitutionnelle de lutte contre la fraude et l'évasion fiscales ne modifie pas fondamentalement les termes du contrôle constitutionnel. La liberté du législateur est néanmoins plus prégnante quant aux moyens, même si les juges de la rue Montpensier vérifient plus ou moins intensément la réalité de la pratique visée ou de la différence de situation, factuelle et juridique, alléguée. Son contrôle est donc restreint : ainsi, « s'il suit nécessairement [des articles 8 et 13 de la Déclaration] que l'exercice des libertés et des droits individuels ne saurait en rien excuser la fraude fiscale, ni entraver sa légitime répression, le choix des moyens pour atteindre ce dernier objectif est laissé cependant au législateur » et ce dernier peut ainsi « renoncer à un procédé de contrôle qu'il estime inefficace ou dont les inconvénients lui semblent excessifs »[3].

Se privant *in fine* d'un contrôle de la rationalité décidée par le législateur à l'aune de l'objectif transcendant, le juge constitutionnel impose toutefois une délimitation claire du dispositif, excluant les applications automatiques ou non-contrebalancées par la

---

étroites » : JP Blog, 16 mars 2017, disponible en ligne), mais au contraire, la volonté d'assurer l'effectivité de cette lutte tout en préservant les droits des contribuables, même fraudeurs.

[1] Par ex., Cons. const., 31 déc. 1981, déc. n°81-136 DC, *Loi de finances rectificatives pour 1981 (III)*, cons. 6 et 7. – V. plus spécialement les illustrations récentes de ce mouvement de subjectivisation : E. DE CROUY-CHANEL, « Chronique de procédures fiscales 2018 »: *DF* 2019, n°10, étude 196 ; D. GUTMANN, « L'argument sociologique en droit fiscal », *in* D. FENOUILLET (dir.), *L'argument sociologique en droit. Pluriel et singularité*, éd. Dalloz, 2015, p. 275 et s.

[2] En ce sens, Cons. const., 22 juil. 2016, déc. n°2016-555 QPC, *M. Karim B.*

[3] Cons. const., 3 juil. 1986, déc. n°86-209 DC, *Loi de finances rectificative pour 1986*, cons. 33. Par ex., dans la mesure où les obligations déclaratives mettent en œuvre la lutte contre la fraude fiscale, « il n'est pas arbitraire d'établir, à cet égard, une distinction entre des personnes qui sont soumises à des régimes fiscaux ne comportant pas des modes de déclarations et de contrôle semblables », notamment en résidents fiscal et non-résident fiscal français (Cons. const., 29 déc. 1983, déc. n°83-164 DC, *Loi de finances pour 1984*, cons. 33) ; à l'inverse, le Conseil ne remet pas en cause l'opportunité même de cette suppression : les dispositions en cause, « qui constituent l'exercice par le législateur de son pouvoir d'appréciation en la matière, ne sont pas entachées d'erreur manifeste » (Cons. const., 3 juil. 1986, déc. n°86-209 DC, *Loi de finances rectificative pour 1986*, cons. 33).

possibilité de saisir le juge[1], avec une acuité particulière au regard de la protection apportée au droit au respect de la vie privée. Son contrôle se situe donc dans la coïncidence du champ d'application avec son objectif concret et immédiat, à l'instar des lois de procédures de droit commun[2].

106. Efficacité des contrôles fiscaux et lutte contre les pratiques abusives en droit de l'Union européenne. L'inégalité entre les ressortissants des États de l'Union européenne lorsqu'ils exercent leur liberté de circulation peut trouver une justification tirée de l'efficacité des contrôles fiscaux[3], pendant procédural de la lutte contre la fraude et autres pratiques abusives. Raison impérieuse d'intérêt général en ce qu'elle contribue, de manière *a priori* ou *a posteriori*, à la lutte contre la fraude et l'évasion fiscale[4], la nécessité de garantir l'efficacité des contrôles fiscaux autorise des entraves consistant, par exemple, à subordonner un avantage fiscal à la production de justificatifs. Sous réserve d'un champ d'application délimité, le lien logique dépend de l'objectif immédiat et concret de la réglementation, appréhendé à partir du but de la procédure de contrôle fiscal et de l'objet de ce contrôle[5]. La structuration par cette justification est donc plus forte que l'objectif à valeur constitutionnelle de lutte contre

---

[1] V. not, Cons. Const., 27 déc. 1973, déc. n°73-51 DC, *Loi de finances pour 1974,* et à propos de l'article 168 du CGI : Cons. const., 21 janv. 2011, déc. n°2010-88 QPC, *Mme Boisselier. Comp.* S. RIALS « L'office du juge », in *Droits* 1989, n°9, p. 3 et s., spé. p. 4 : « la fonction de juger a sa logique et ses exigences interdisent de la réduire à cette légi-diction mécanique à laquelle on a cru un temps pouvoir la cantonner ».

[2] *Comp.* toutefois, Cons. const., 24 mai 2019, déc. n°2019-784 QPC, *Sté Cosfibel Premium*, cons. 8 et 9 : si les modalités de recouvrement (retenue à la source) peuvent se justifier au regard de l'objectif de garantie du montant et du recouvrement d'une imposition, eu égard à l'absence du « pouvoir de vérifier et de contrôler la réalité des charges déductibles [que les personnes non résidentes] ont éventuellement engagées », cet objectif rejoint certes la jurisprudence de la Cour de justice (cf. *infra*) mais n'ouvre cependant pas la possibilité pour les personnes concernées de démontrer l'existence de frais professionnels, fragilisant alors le dispositif légal, en l'occurrence l'article 182 B au regard du droit de l'Union européenne, d'autant plus que les modalités de calcul en cas de rappel ont pour but « d'empêcher (…) des ententes de nature à minorer le montant de l'impôt » (en ce sens, M. PELLETIER : *DF* 2019, n°23, act. 273). De plus, le Conseil constitutionnel envisage globalement la technique de la retenue à la source et la charge fiscale, alors que l'une et l'autre appelle une appréciation différenciée de leur rationalité et de leur adaptation (en ce sens, à propos de la retenue à la source de l'article 119 bis 2 du CGI, CJUE, 5e ch., 11 nov. 2018, aff. C-575/17, *Sofina SA, Rebelco SA, Sidro SA* ; CE, 9e et 10e ch., 27 fév. 2019, n°398.662, *Sofina. Comp.* CE, 10e et 9e ch., 9 juin 2017, n°403.096, *Sté GBL Energy*).

[3] CJCE, 15 mai 1997, aff. C-250/95, *Futura Participations SA et Singer ;* CJCE, 5e ch., 4 mars 2004, aff. C-334/02, *Commission c/ France* ; CJUE, 3e ch., 17 oct. 2013, aff. C-181/12, *Yvon Welte* ; CJUE, 23 janv. 2014, aff. C-296/12, *Commission c/ Belgique* ; CJUE, 5e ch., 11 déc. 2014, aff. C.-678/11, *Commission c/ Espagne*. Déjà antérieurement : CJCE, 20 fév. 1979, aff. C-120/78, *Rewe-Zentral* (affaire dite « Cassis de Dijon »).

[4] CJCE, 28 janv. 1992, aff. C-204/90, *M. Bachmann c/ Belgique* ; CJCE, 28 janv. 1992, aff. C-300/90, *Commission c/ Belgique* ; CJCE 18 déc. 2007, aff. C-101/05, *Skatteverket c/ A;* CJUE, 1ère ch., 5 juil. 2012, aff. C-318/10, *Société d'investissement pour l'agriculture tropicale SA (SIAT) c/ Belgique*, pt 36 et pts 38 et s.

[5] La Cour de justice omet parfois d'analyser l'aptitude d'une norme à rendre efficace les contrôles fiscaux : l'adaptation est seule envisagée, laissant présumer l'aptitude de la norme à atteindre cet objectif, et donc l'existence du lien logique (par ex., CJUE, 3e ch., 17 oct. 2013, aff. C-181/12, *Yvon Welte*, pts 62 et s.).

la fraude fiscale, eu égard à son caractère instrumental plus marqué, orienté dans la perspective d'un marché unique.

107. Dans le but de procéder à des contrôles fiscaux, l'État membre peut, dès lors qu'il ne pose aucune exclusion générale et automatique, « appliquer des mesures qui permettent la vérification, de façon claire et précise, du montant des frais déductibles dans cet État au titre des frais professionnels[1] ». Subordonner la déductibilité de frais professionnels à la production de justificatifs est donc possible, même si cette condition est renforcée dans le cadre de la lutte contre la fraude fiscale[2].

Conclusion de la Section 1.

108. La structuration par l'égalité est donc à mi-chemin entre la raison axiologique et la raison instrumentale de la loi fiscale de procédure, dans des modalités différentes selon la norme de contrôle mobilisée, mais convergentes aussi dans une application circonscrite coïncidant avec l'objet concret et immédiat de la procédure. Elle annonce déjà la possibilité d'une instrumentalisation par le législateur de la rationalité, et par suite un affaiblissement du contrôle juridictionnel que le contrôle de l'égalité des normes d'imposition met en évidence.

109. Concernant les lois fiscales de procédure, la structuration résulte principalement de leur confrontation au droit aux respect de la vie privé ou au recours juridictionnel.

Section 2. Respect de la vie privée et garantie des droits, principes structurants des lois de procédures fiscales

110. Omniprésence des normes de procédure fiscales. L'intrusion dans les droits et libertés des contribuables, en particulier la vie privée, constitue un trait saillant des procédures de contrôle fiscal[3]. En amont, elle se manifeste aussi,

---

[1] CJUE, 1ère ch., 5 juil. 2012, aff. C-318/10, *SIAT SA*, pts 43 et 44 ; CJCE, 3e ch., 11 mars 2005, aff. C-39/04, *Laboratoire Fournier*, pt. 24 ; CJCE, 8 juil. 1999, aff. C-254/97, *Sté Baxter*, pt 18.

[2] Par ex., CJUE, 1ère ch., 5 juil. 2012, aff. C-318/10,*SIAT SA*, pts 46-48.

[3] Par nature, les perquisitions ou visites domiciliaires, et les saisies consécutives, constituent une ingérence dans le respect des domiciles et correspondances des contribuables, personnes physiques ou personnes morales, ou de leurs avocats : en ce sens, notamment, CEDH, 16 déc. 1992, n°13710/88, *Niemietz c/ Allemagne*, §27 à 33 ; CEDH, gde ch., 25 fév. 1993, n°10828/83, *Funke c/ France*, §48 ; CEDH, gde ch., 25 fév. 1993, n°12661/87, *Miailhe c/ France*, § 28 ; CEDH, gde ch., 25 fév. 1993, n°11471/85, *Crémieux c/ France*, §31 ; CEDH, 16 déc. 1997, n°136/1996/755/954, *Camenzind c/ Suisse*, §35 ;CEDH, 3e sect., 8 janv. 2002, n°51578/99, *Keslassy c/ France* ; CEDH, 2e sect., 16 avr. 2002, n°37971/97, *Société Colas Est et autres c/ France*, §42 ; CEDH, 1ère sect., 9 déc. 2004, n°41872/98, *Van Rossem c/ Belgique,* §36-37 ; CEDH, 3e sect., 28 avr. 2005, n°41604/98, *Buck c/ Allemagne*, §32 ; CEDH, 5e sect., 24 juil. 2008, n°18603/03, *André et a. c/ France*, §37 ; CEDH, 5e sect., 16 oct. 2008, n°1044/03, *Maschino c/ France*, §29 ; CEDH, 5e sect, 21 déc. 2010, n°29408/08, *Sté Canal plus et a. c/ France*, §52 et 58 ; CEDH, 5e sect., 6 oct. 2016, n°33696/11, *K.S et M.S c/ Allemagne*, §32 ; CEDH, 1ère sect., 14 mars 2013, n°24117/08, *Sté Bernh Larsen Holding c/ Norvège*, §104. Les développements de la Cour sur l'existence d'une ingérence sont beaucoup plus succincts depuis l'arrêt *Niemetz c/ Allemagne* du 16 déc. 1992, se limitant à une constatation ou une affirmation de la Cour même lorsque la qualification d'ingérence est contestée. Ainsi, dans l'arrêt *Crémieux*

silencieusement dans la collecte des données, aux fins d'établissement de l'impôt ou de recoupement, tandis qu'en aval, les procédures de recouvrement interviennent ou bien une loi fiscale aux effets rétroactifs[1] affecte subitement la situation passée ou les espoirs futurs d'un contribuable, en raison bien souvent d'un vice de procédure[2]. La forme étant l'alliée de la liberté[3], le contrôle de la rationalité des lois fiscales de procédures prémunit, dans une certaine mesure, les contribuables de l'arbitraire par l'exigence d'une justification préalable à l'intrusion fiscale, la première imprimant une structuration dynamique différenciée de la seconde.

111. Plan. Alors que les juges de la loi ne peuvent remettre en cause l'opportunité de son adoption, ils opèrent un contrôle de la rationalité à la fois différent selon qu'il s'agit du droit au respect de la vie privée (I) ou des effets rétroactifs d'une loi (II), et similaire à partir de la délimitation précise du cadre de l'intervention de l'administration ou de la portée de la loi, manifestation d'une rationalisation dans la création de la loi, et condition d'un contrôle juridictionnel efficace.

I. Vie privée et autres libertés individuelles, structuration axiologique des lois fiscales de procédure

112. Intrusions « fiscales » *versus* droits et libertés du contribuable. Ni généraux, ni absolus, le droit au respect de la vie privé[4], la liberté d'entreprendre, la liberté contractuelle[5] sont susceptibles de limitations par le législateur à la condition

---

contre France précité, la Cour, renvoyant à l'arrêt *Niemetz contre Allemagne*, énonce qu'il « lui suffit de constater une immixtion dans la vie privée et la correspondance des intéressés » pour conclure à la présence d'une ingérence (Cf. CEDH, gde ch., 25 fév. 1993, n°11471/85, *Crémieux c/ France*). Par ailleurs, les informations personnelles, telles que les données bancaires entrent dans le champ d'application de l'article 8 (CEDH, 4e sect., 1er déc. 2015, n°69436/10, *Brito Ferrinho Bexiga Villa-Nova c/ Portugal*, §42-44). *Comp.* la distinction opérée par la Cour de justice entre les domiciles des entreprises et des particuliers : CJCE, 17 oct. 1989, aff. C-85/87, *Dow Benelux*.

[1] Nous utiliserons de préférence cette expression, englobant la pluralité des rétroactivités, soit que la loi a vocation à l'être, soit qu'elle peut potentiellement l'être : cf. la distinction opérée par A. LOUVARIS, « Les rétroactivités de la loi en droit des affaires et en droit fiscal : brefs propos et illustrations » : *JCP E* 2013, 1509.

[2] Cet aspect des lois fiscales rétroactives, not. les lois de validation, invite à les traiter, dans leur ensemble, dans les développements consacrés à la procédure : ces lois, à l'exclusion des lois fiscales rétrospectives, ont bien souvent été motivées par des décisions du juge relatives à des actes de procédures.

[3] Selon l'expression de R. VON JHERING.

[4] Initialement rattaché à la liberté individuelle (Cons. const., 18 janv. 1995, déc. n°94-352 DC, *Loi d'orientation et de programmation relative à la sécurité*, cons. 3), le droit au respect de la vie privée l'est désormais à l'article 2 de la Déclaration de 1789 (Cons. const., 29 déc. 2016, déc. n°2016-744 DC, *Loi de finances pour 2017*, cons. 61 ; Cons. const., 23 juil. 1999, déc. n°99-416 DC, *Loi portant création d'une couverture maladie universelle*, cons. 45) : le droit au respect de la vie privée se distingue du droit à mener une vie de famille normale, contenu dans le 10e aliéna du Préambule de la Constitution de 1946). Ce droit est protégé par l'article 8 de la Convention EDH et l'article 7 de la Charte des droits fondamentaux de l'Union européenne.

[5] Liberté d'entreprendre et liberté contractuelle font partie de libertés d'ordre économique, à l'instar de la liberté de commerce et d'industrie. La liberté d'entreprendre peut se subdiviser en deux : le libre établissement et le libre exercice d'une activité professionnelle (par ex., Cons. const., 30 nov. 2012, déc. n° 2012-285 QPC, *M. Christian S.*, cons. 7).

d'une part que ces limitations soient justifiées par un intérêt général, dont la définition peut être fermée ou ouverte, et d'autre part, qu'il n'en résulte pas d'atteintes disproportionnées au regard de l'objectif poursuivi[1]. Ces limitations prennent la forme d'intrusions de l'Administration dans les droits ou libertés des contribuables, tantôt de manière ostentatoire (les perquisitions fiscales, les contrôles fiscaux externes), tantôt discrètement, parfois à l'insu du contribuable (les droits de communication, collecte de données). Si le juge de l'application est susceptible d'apporter des précisions utiles à une délimitation plus fine du champ des investigations permises par la loi de procédures fiscales[2], cette dernière doit présenter une rationalité *in abstracto*, matérialisant la rationalité décidée par le législateur, pour s'imposer à l'administration.

113.Plan. Pour parvenir à ce contrôle de la rationalité instrumentale de la loi autorisant l'intrusion de l'administration (B), encore faut-il parvenir à établir une intrusion suffisante et une justification axiologique suffisante *a priori* également : la disproportionnalité de cette dernière conditionne le déclenchement du contrôle de la rationalité (A).

A. Proportionnalité de l'intérêt général apprécié *in abstracto* : dualité d'approche

114.Nuances dans l'intensité de l'intrusion : la spécificité du Conseil constitutionnel. Si la Cour européenne des droits de l'homme attrait à son contrôle les ingérences, même minimes, dans la vie privée des contribuables[3], le Conseil constitutionnel tend à proportionnaliser cette qualification en n'exigeant de

---

[1] D'une exigence négative tenant à ce que les limitations légales « n'aient pas pour conséquence d'en dénaturer la portée » (par ex., Cons. const., 10 juin 1998, déc. 98-401 DC, *Loi d'orientation et d'incitation relative à la réduction du temps de travail*, cons. 26 ; Cons. const., 27 juil. 2000, déc. n°2000-433 DC, *Loi modifiant la loi n °86-1067 du 30 septembre 1986 relative à la liberté de communication,* cons. 36 à 44), le Conseil constitutionnel a, par la suite, posé deux exigences positives, les limitations devant d'une part être liées à des exigences constitutionnelles ou justifiées par l'intérêt général, et d'autre part, ne pas porter « d'atteintes disproportionnées au regard de l'objectif poursuivi » (Cons. const. 21 janv. 2011, déc. n°2010-89 QPC, *Sté Chaud Colatine*, cons. 3 ; Cons. const., 9 août 2012, déc. n°2012-654 DC, *Loi de finances rectificative pour 2012 (II)*, cons. 18 ; Cons. const., déc. 21 déc. 2017, déc. n°2017-756 DC, *Loi de financement de la sécurité sociale pour 2018*, cons. 48. En dehors du droit fiscal : Cons. const., 16 janv. 2001, déc. n°2000-439 DC, *Loi relative à l'archéologie préventive*, cons. 14 ; Cons. const., 27 nov. 2001, déc. n°2001-451 DC, *Loi portant amélioration de la couverture des non salariés agricoles pour les accidents du travail et les maladies professionnelles*, cons. 18 à 21 ; Cons. const., 12 mai 2010, déc. n°2010-605 DC, *Loi relative à l'ouverture à la concurrence et à la régulation du secteur des jeux d'argent et de hasard en ligne*, cons. 24). V. également, pour la liberté contractuelle : Cons. const., déc. 21 déc. 2017, déc. n°2017-756 DC, *Loi de financement de la sécurité sociale pour 2018*, cons. 50.; pour le droit au respect de la vie privée : Cons. const., 29 déc. 2016, déc. n°2016-744 DC, *Loi de finances pour 2017*, cons. 61.

[2] Cf. *infra*, Chapitre II, Section 1 du présent Titre.

[3] CEDH, 3e sect., 22 déc. 2015, n°28601/11, *G.S.B. c/ Suisse*, §48-51, et la jurisprudence citée. Parmi cette dernière, la décision de la Commission EDH, 1er déc. 1985, n°10473/83, *Lundvall c/ Suède* (DR 45, p. 121) est en réalité plus réservée sur la qualification de l'ingérence, en l'espèce, que ne l'affirme la Cour EDH dans sa décision de 2015.

justification qu'en présence d'une intrusion suffisamment caractérisée, en tenant compte du caractère personnel des informations appréhendées.

115. Contrôle explicite : l'objet et le caractère personnel des informations recueillies. Ces intrusions doivent avoir « pour objet ou pour effet de porter atteinte à la liberté contractuelle ou à la liberté d'entreprendre »[1], ou encore au droit au respect de la vie privée. Tel n'est pas le cas, au regard de la liberté d'entreprendre, de l'obligation de transmettre certaines informations à l'administration, dès lors que les informations ne seront pas rendues publiques[2] ou sont couvertes par le secret professionnel des agents des impôts[3]. Tel n'est pas le cas non plus de la création d'un fichier de traitement automatisé de données pour répondre aux besoins d'informations de l'administration dans le cadre de la lutte contre la fraude et l'évasion fiscales : elle ne porte pas atteinte, *en soi*, à la liberté du commerce et de l'industrie, les prestataires extérieurs demeurant libres de continuer à proposer leurs services aux particuliers et entreprises qui le souhaitent[4].

116. En revanche, « la collecte, l'enregistrement, la conservation et la communication de données à caractère personnel » portent une atteinte au droit au respect de la vie privée du contribuable et ainsi « doivent être justifiés par un motif d'intérêt général et mis en œuvre de manière adéquate et proportionnée à cet objectif »[5].

117. Existence d'un contrôle implicite ? Si, de prime abord, en l'absence d'atteinte à une liberté d'ordre économique ou au droit au respect de la vie privée, il n'y a pas de conciliation entre des intérêts opposés, et donc pas de contrôle de proportionnalité de l'équilibre nouveau instauré par la loi, toutefois, l'on perçoit un contrôle de la proportionnalité de l'atteinte elle-même : la liberté en cause n'est pas amoindrie ou annihilée par la loi de procédure de manière suffisante pour être qualifiée d'« atteinte ». Ainsi, si le Conseil énonce qu'une disposition ne porte pas atteinte au droit au respect de la vie privée, cela ne signifie pas pour autant nécessairement qu'aucune atteinte n'existe : celle-ci est alors justifiée et proportionnée, au terme d'un contrôle de proportionnalité implicite, l'affirmation du Conseil opérant une double proportionnalisation performative[6].

---

[1] Par ex., Cons. const., 14 janv. 2016, déc. n°2015-515 QPC, *M. Marc François-Xavier M.-M.*, cons. 6. Cette atteinte pourrait dépendre de la faculté offerte à un contribuable d'opter pour un régime social, cette interprétation devant toutefois être confirmée : Cons. const., 21 déc. 2017, déc. n°2017-756 DC, *Loi de financement de la sécurité sociale pour 2018*, cons. 52.

[2] Cons. const., 29 déc. 2015, déc. n°2015-725 DC, *Loi de finances pour 2016*, cons. 33.

[3] Cons. const., 29 déc. 2013, déc. n°2013-685 DC, *Loi de finances pour 2014*, cons. 107.

[4] En ce sens, CE, 9e et 10e ch., 18 janv. 2017, n°400.298, *Sté REPCCAP*.

[5] Cons. const., 29 déc. 2016, déc. n°2016-744 DC, *Loi de finances pour 2017*, cons. 61 ; Cons. const., 21 oct. 2016, déc. n°2016-591 QPC, *Mme Helen S.*, cons. 3. Si le traitement automatique des données nécessite une base légale, on ne peut négliger toutefois le rôle du pouvoir réglementaire, qui opère discrètement cette « mutation profonde du contrôle fiscal, qu'encourage d'ailleurs sans nuances l'OCDE (…) et que permet le droit de l'UE *(CJUE, 2e ch., 27 sept. 2017, aff. C-73/16, Peter Puskar (...))* » (E. DE CROUY-CHANEL, « Procédures fiscales : chronique de l'année 2017 » : *DF* 2018, n°9, étude 206).

[6] Au sens d'effectuation, et plus encore selon la seconde taxinomie de J. L. AUSTIN, au sens d'illocutoire et de perlocutoire (v. J. L. AUSTIN, *Quand dire c'est faire* (trad. G. LANE), éd. du

118. Transition. Seuil de déclenchement du contrôle de la proportionnalité, la disproportionnalité de l'atteinte induit la justification par un motif d'intérêt général, mais aussi sa rationalisation à travers une délimitation précise des pouvoirs accordés à l'Administration.

B. Rationalité et rationalisation des lois de procédures fiscales : une double structuration

119. Plan. La faiblesse du contrôle dans la justification, *per se*, des lois de procédures fiscales accordant des pouvoirs d'investigation à l'Administration (1), est contrebalancée par les exigences tenant à la circonscription de l'action administrative, matérialisation *in abstracto* de l'objectif concret et immédiat des procédures fiscales, support appréhendable par le juge de la loi et condition de l'effectivité du contrôle du juge de l'impôt (2). Il y a donc un dédoublement du contrôle de la rationalité en fonction des points d'appréhension sur lesquels le juge peut s'appuyer, d'un point de vue objectif et vérifiable.

1. La faible structuration axiologique par l'appréciation de l'existence ou du bien-fondé de l'intérêt général

120. Proportionnalité minimale de la justification, faible structuration par l'imprécision des objectifs transcendants. Si les droits européens limitent les objectifs d'intérêt général invocables par les États, la structuration que ces derniers apportent est faible, eu égard à la largesse tant des limitations admises par la Convention européenne des droits de l'homme[1] que de l'impossibilité pour la Cour

---

Seuil, coll. « Points d'essais », 1970, 183 p. ; B. CASSIN, *Quand dire, c'est vraiment faire. Homère, Gorgias et le peuple en arc-en-ciel*, éd. Fayard, 2018, 260 p.). Par ex., à propos de l'utilisation par l'administration de preuves obtenues illégalement : Cons. const., 4 déc. 2013, déc. n°2013-679 DC, *Loi relative à la lutte contre la fraude fiscale et la grande délinquance économique et financière*, cons. 33, ou à propos des demandes d'informations sur le fondement de l'article L 13-0A du CGI : Cons. const. 29 déc. 1999, déc. n°99-424 DC, *Loi de finances pour 2000*, cons. 40 (en tenant compte de la délimitation stricte du champ des informations demandées sur le fondement de l'article L. 13-0A du CGI, excluant par ailleurs l'identité des clients et la nature des prestations fournies, et de l'application de l'article 226-13 du Code pénal, le Conseil opère un contrôle de la proportionnalité de l'atteinte, par une cristallisation performative de la proportionnalisation). En outre, si la lutte contre la fraude fiscale ou douanière ne saurait autoriser le recours à la garde à vue de 96 heures prévue par l'article 706-88 du code pénal, pour des infractions « qui ne sont pas susceptibles de porter atteinte en eux-mêmes à la sécurité, à la dignité ou à la vie des personnes », les atteintes à la liberté individuelle et aux droits de la défense ne peuvent « être regardées comme proportionnées », et c'est tout autant le lien logique qui est remis en cause, que l'inadaptation de la mesure (Cons. const., 4 déc. 2013, déc. n°2013-679 DC, *préc.*, cons. 77).

[1] Certes l'article 18 de la Convention oblige les États à ne pas détourner les restrictions autorisées du « but pour lequel elles ont été prévues », mais ces restrictions, contenues notamment dans les paragraphes 2 des articles 8, 9, 10 et 11 de la Convention, « domaine[s] par excellence du contrôle de proportionnalité » (V. BERGER, « Le contrôle de proportionnalité exercé par la Cour européenne des droits de l'homme » : *LPA* 5 mars 2009, n°46, p. 40 et s.) sont largement entendues et si la lutte contre les abus de droit fiscaux n'y figure pas, elle peut être incluse dans la protection du « bien-être économique du pays » citée à l'article 8 (CEDH, 5e sect., 6 oct. 2016, n°33696/11, *K.S et M.S c/ Allemagne*, §36. *Comp.* à propos de lutte contre le blanchiment d'argent, activités « constitutives

EDH d'imposer une axiologie issue de la Convention, et de sa compréhensivité[1], nonobstant ses doutes[2] sur le bien-fondé d'une telle ingérence qu'elle peut éprouver[3], le Conseil constitutionnel suit une même ligne directrice, les procédures fiscales étant dans leur globalité justifiées par la lutte contre la fraude fiscale[4], obligation positive pesant sur le législateur[5]. Autrement dit, le lien logique entre l'objectif immédiat et

---

d'une grave menace pour la démocratie » : CEDH, 5e sect., 6 déc. 2012, n°12323/11, *Michaud c/ France*, §99, §121 et §123), dans les mesures prises pour garantir le paiement des impôts (CEDH, 1ère sect., 3 juil. 2003, n°38746/97, *Buffalo Srl en liquidation c/ Italie*, §35 ; CEDH, 22 sept. 1994, n°23/1993/418/497, *Hentrich c/ France*, §39 ; CEDH ; 1ère sect., 23 oct. 2014, n°27785/10, *Melo Tadeu c/ Portugal*) ou est prise en compte par la Cour EDH pour justifier d'une certaine sévérité, tout proportionnée, à l'égard de ceux qui auraient souhaité exploiter des failles législatives (CEDH, 23 oct. 1997, n°117/1996/736/933 à 935, *National & Provincial Building Society e. a. c/ Royaume-Uni* ; CEDH, 1ère sect., 27 mai 2004, n°42219/98 et n°54563/00, *Ogis-Institut Stanislas, OGEC St Pie X et Blanche de Castille et autres c/ France*), ou faire obstacle à l'échange d'information (CEDH, 5e sect. 6 oct. 2016, n°33696/11, *K.S et M.S c/ Allemagne*, §36.).

[1] Le principe de subsidiarité et le pluralisme également s'y opposent. En ce sens, v. C. BLANC-FILY relève que « [f]ace au caractère axiologique des raisons justifiant une immixtion dans les droits des individus, la Cour européenne semble, la plupart du temps, adresser un blanc-seing prétorien à l'égard des buts légitimes invoqués par les États » (*in Valeurs dans la jurisprudence de la Cour européenne des droits de l'Homme. Essai critique sur l'interprétation axiologique du juge européen*, éd. Bruylant, 2016, spé. p. 521 et s. et p. 523). V. également, B. PASTRE-BELDA, « La Cour européenne des droits de l'homme, entre protection de la subsidiarité et protection effective des droits » : *RTDH* 2013, n°94, p. 251 et s. ; V. COUSSIRAT-COUSTERE, « Article 8§2 », in L-E. PETTITI, E. DECAUX et P-H. IMBERT (dir.), *La Convention européenne des droits de l'homme. Commentaire article par article*, , éd. Economica, 1999, p. 323-351, spé. p. 336

[2] Toutefois, la locution « sans doute », expression marquant « que l'on fait certaines concessions, mais indique surtout notamment selon leur place dans la phrase, quel est le degré d'importance que l'on attache à ce que l'on concède » (C. PERELMAN et L. OLBRECHTS-TYTECA, *Traité de l'argumentation. La nouvelle rhétorique*, éd. Université de Bruxelles, 5e éd., 1992, p. 212) sert à la Cour plus à marquer son approbation que ses hésitations (A. SCHAHMANECHE, *La motivation des décisions de la Cour européenne des droits de l'homme*, éd. Pédone, 2014, p. 496-498).

[3] CEDH, 3e sect., 28 avr. 2005, n°41604/98, *Buck c/ Allemagne*, §41 ; CEDH, gde ch., 25 fév. 1993, n°10828/83, *Funke c/ France*, §52. *Comp.* la même position de retrait de la Cour de justice concernant les droits relatifs à l'intimité du contribuable mais aussi de son activité économique, les objectifs étant appréhendés avec une compréhensivité accrue si l'objectif est directement encouragé par le droit dérivé, comme la directive TVA, la nécessité étant contenue dans les garanties procédurales, mais aussi concernant le droit à un recours juridictionnel effectif. Ainsi, la liberté d'entreprise, laquelle inclut la liberté d'exercer une activité économique ou commerciale, et la liberté contractuelle et la concurrence libre peuvent être limitées par les objectifs légitimes tels que l'exacte perception de la TVA et la prévention de la fraude fiscale. Si la Cour de justice ne vérifie pas le lien logique dans les développements propres à l'article 16 de la Charte, c'est qu'elle a pu avoir l'occasion antérieurement d'envisager cette question. Elle manifeste à cet égard un contrôle restreint, se confondant dans l'aptitude de la norme à atteindre les objectifs légitimes. Il y a alors une uniformité des justifications et du lien logique, invariables selon les fondements, le recours à des objectifs européens plutôt que nationaux y contribuant fortement. (par exemple, CJUE, 9e ch., 26 oct. 2017, aff. C-534/16, *Finančné riaditel'stvo Slovenskej republiky c/ BB Construct s.r.o.*, pts 22-39).

[4] Objectif à valeur constitutionnelle, au besoin décliné, parfois qualifié « uniquement » de but d'intérêt général (Cons. const., 29 déc. 2013, déc. n°2013-684 DC, *Loi de finances rectificative pour 2013*, cons. 11).

[5] *ibid.*, cons. 10 : « il incombe au législateur (…) » (Cons. const., 4 déc. 2013, déc. n°2013-679 DC, *Loi relative à la lutte contre la fraude fiscale et la grande délinquance économique et financière*, cons. 32,). Plus largement, « il appartient au législateur d'assurer la conciliation entre, d'une part, la lutte contre la fraude fiscale qui constitue un objectif à valeur constitutionnelle, et, d'autre part,

l'objectif médiat ne présente pas un caractère opérant de nature à structurer l'action législative[1], mais il en permet l'orientation dans une perspective axiologique, ne serait-ce éthique. Néanmoins, un contrôle, même faible, de la proportionnalité de l'objectif lui-même est perceptible, en ce qu'il doit pouvoir justifier l'intrusion fiscale.

121. Visites domiciliaires et droit européen au respect de sa vie privée (article 8 de la Convention EDH). Si les procédures fiscales, telles les visites domiciliaires, heurtent par nature le droit au respect de la vie privée des personnes et doivent alors répondre aux trois critères exigés par le paragraphe 2 de l'article 8[2], la condition tenant à la légitimité du but est entendue très largement, ce but recouvrant des notions elles-mêmes vagues telles « le bien-être économique du pays », « la défense de l'ordre » et « la prévention des infractions pénales »[3]. De plus, ces buts sont retenus, pris ensemble ou isolément, sans réelle discussion par la Cour[4] : le seul constat que la procédure litigieuse entre dans le cadre de la lutte contre la fraude fiscale[5] suffit à établir que l'ingérence poursuit un but légitime[6], notamment le bien-être économique du pays[7]. Néanmoins, si la Cour approuve, dans certains cas, plus nettement l'objectif poursuivi ou en sélectionne certains selon leur pertinence dans contexte donné[8], la

---

l'exercice des libertés constitutionnelles garanties » (Cons. const., 29 déc. 2013, déc. n°2013-685 DC, *Loi de finances pour 2014*, cons. 106).

[1] X. PHILIPPE, *Le contrôle de proportionnalité dans les jurisprudences constitutionnelles et administratives françaises*, Economica, PUAM, 1990, p. 439 et s. et p. 487 et s.

[2] À savoir la légalité de la mesure, la légitimité du but et la nécessité dans une société démocratique.

[3] V. COUSSIRAT-COUSTERE, « Article 8§2 », *op. cit.*, p. 336 : « L'abondance et la généralité des buts conventionnellement garantis font que l'hypothèse du défaut d'un tel but ne se réalise pratiquement jamais ».

[4] Même si elle affirme ne pas se borner « à se demander si l'État défendeur a usé de son pouvoir d'appréciation de bonne foi, avec soin et de manière sensée » (par ex., CEDH, 3e sect., 8 janv. 2002, n°51578/99, *Keslassy c/ France* ; CEDH, 5e sect., 16 oct. 2008, n°1044/03, *Maschino c/ France, §31. Comp.* à propos de l'article L 450-4 du Code de commerce : CEDH, 5e sect., 21 déc. 2010, n°29408/08, *Sté Canal plus et a. c/ France*, §54). Il serait délicat pour le juge européen de s'opposer frontalement à un État partie en jugeant que le but poursuivi n'est pas légitime ou en remettant en cause l'appréciation faite par les juridictions internes (par ex, CEDH, 3e sect., 28 avr. 2005, n°41604/98, *Buck c/ Allemagne,* §41 : en l'espèce, le tribunal avait très succinctement retenu un motif légitime (l'identification de l'auteur d'une infraction routière), et la Cour se refuse à remettre en cause cette décision car « [p]rêter tout autre motivation au mandant n'est que pure supputation, sur laquelle la Cour ne saurait se pencher »). Une reconstruction *a posteriori* d'une rationalité « pro-Convention EDH » n'est pas exclue, « les buts légaux inspirateurs de l'auteur de l'ingérence », buts officieux, côtoyant les motifs officiels et avoués, « reconstruits *a posteriori* par l'État défendeurs devant les organes européens de contrôles » (V. COUSSIRAT-COUSTERE « Article 8§2 », *op. cit.*, p. 336).

[5] Parfois complété par les motifs retenus par les juridictions nationales ayant statué sur l'affaire (par ex. : CEDH, 5e sect., 6 oct. 2016, n°33696/11, *K.S et M.S c/ Allemagne*, §36 ;CEDH, 1ère sect., 7 juin 2007, n°71362/01, *Smirnov c/ Russie*, §39-40.).

[6] CEDH, 5e sect., 6 oct. 2016, n°33696/11, *K.S et M.S c/ Allemagne*, §36.

[7] CEDH, gde ch., 25 fév. 1993, n°10828/83, *Funke c/ France*, §52.

[8] Ainsi, dans l'affaire *G.S.B. contre Suisse*, alors que le gouvernement suisse avait estimé que la transmission de données bancaires aux autorités américaines poursuivait les buts de maintien de l'ordre, de prévention de certaines infractions pénales, de maintien de la sécurité nationale et du bien-être économique du pays, la Cour considère que seule la protection du bien-être économique du pays pouvait « valablement » constituer un but légitime, eu égard au contexte particulier : en l'espèce, « les prétentions des autorités fiscales américaines contre les banques suisses pouvaient mettre en danger la survie même d'UBS SA, acteur important de l'économie suisse et employeur d'un nombre

structuration qui en résulte est faible[1], y compris d'un point de vue axiologique. L'approximation de la définition des buts faisant obstacle à un contrôle indirect de la rationalité du contenu de la norme, par le contrôle de la décision administrative prise pour son application, la Cour préfèrera invalider celle-ci sur le terrain de l'adaptation[2], bien que cette démarche puisse, le cas échéant, aboutir à une remise en cause de la rationalité de la norme fiscale, non tant dans sa rationalité même, que dans l'absence de rationalisation par l'adaptation[3]. En ce sens, elle vérifiera la nécessité de la procédure de visite selon des critères factuels.

---

considérable de personnes » (CEDH, 3e sect., 22 déc. 2015, n°28601/11, §83-84 et §95). Cette marge d'appréciation est d'autant plus ample que la Cour fait le lien avec le contexte particulier ayant conduit la Suisse à conclure un accord avec les États-Unis, et avec les effets de cette transmission de données. En effet, il ne s'agissait « que » d'une procédure d'entraide administrative, et non d'une procédure pénale, ayant pour but de permettre aux autorités fiscales américaines de « vérifier (…) que [le contribuable] s'était bien acquitté de ses obligations fiscales, et dans l'hypothèse où tel ne serait pas le cas, d'en tirer les conséquences juridiques » (§95). *Comp.*, la décision de la Commission du 1er déc. 1985, n°10473/83, *Lundvall c/ Suède* : la Commission procédait également, mais de manière plus abrupte : ainsi, affirmait-elle, qu'« à son avis », l'ingérence (l'utilisation d'un numéro d'identité personnelle pour l'obtention d'information) « se justifiait d'ailleurs au regard de l'article 8§2 comme prévue par la loi et nécessaire dans une société démocratique, notamment au bien-être économique du pays et à la protection des droits et libertés d'autrui ». – V. également à propos de lutte contre le blanchiment d'argent, activités « constitutives d'une grave menace pour la démocratie » : CEDH, 5e sect., 6 déc. 2012, n°12323/11, *Michaud c/ France*, §99, §121 et §123.

[1] Alors même que cette disposition a l'objet et le but « essentiels » de « prémunir l'individu contre des ingérences arbitraires des pouvoirs publics » (CEDH, 16 déc. 1992, n°13710/88, *Niemietz c/ Allemagne*, §31).

[2] Plus précisément, sur les situations individuelles des requérants, les incidences ressenties, et non pas tant sur les moyens mis en œuvre pour atteindre les buts, à moins qu'ils ne soient la mesure de ces incidences. C. BLANC-FILY remarque qu'« [a]lors que le test de proportionnalité a vocation à rechercher s'il y a disproportion entre les moyens employés et le but poursuivi dans le patrimoine juridique d'un justiciable, la Cour ne pratique qu'un contrôle lacunaire de la proportionnalité puisqu'elle ne s'intéresse qu'à la proportionnalité des incidences subies par le requérant sur son patrimoine juridique. Elle ne cherche donc pas toujours à déterminer si les moyens employés par la partie contractante étaient légitimes et ne se révélaient pas excessifs au regard de l'importance du but poursuivi » (*in Valeurs dans la jurisprudence de la Cour européenne des droits de l'Homme*, *op. cit.*, p. 525). V. également, V. COUSSIRAT-COUSTERE, « Article 8§2 », *op. cit.* p. 338. *Comp.* la pratique des réserves d'interprétation du Conseil constitutionnel, ménageant les susceptibilités du Parlement (v. D. ROUSSEAU, *Droit du contentieux constitutionnel*, *op. cit.*, p. 158-162)

[3] Ainsi dans les arrêts *Crémieux, Funke et Miaihle c/ France* du 25 fév. 1993, partant du constat des « sérieuses difficultés » rencontrées par les États « résultant de l'étendue et de la complexité des réseaux bancaires et des circuits financiers ainsi que des multiples possibilités de placements internationaux, facilitées par la relative perméabilité des frontières », la Cour « reconnaît **donc** qu'ils peuvent estimer **nécessaire** de recourir à certaines mesures telles les visites domiciliaires et les saisies **pour établir la preuve matérielle** de délits de change et en poursuivre le cas échéant les auteurs » (CEDH, gde ch., 25 fév. 1993, n°10828/83, *Funke c/ France*, §56 ; CEDH, gde ch., 25 fév. 1993, n°12661/87, *Miailhe c/ France*, § 37 ; CEDH, gde ch., 25 fév. 1993, n°11471/85, *Crémieux c/ France*, §39. Nous soulignons). De même, dans l'arrêt *André contre France*, la Cour n'examine pas la nécessité réelle des perquisitions au cas d'espèce : elle n'affirme pas que les visites domiciliaires n'étaient pas nécessaires, mais, dans une expression similaire, elle énonce que lesdites mesures n'avaient pas pour **but** de prouver les infractions commises par l'avocat, mais seulement de pallier aux difficultés de l'Administration d'effectuer le contrôle fiscal d'un client de cet avocat et de trouver les documents de nature à confirmer les soupçons de fraude (CEDH, 5e sect., 24 juil. 2008, n°18603/03, *André et a. c/ France*, §46-47. *Comp.* avec CEDH, 5e sect., 6 déc. 2012, n°12323/11,

122. Recouvrement et droit au respect de ses biens (articler 1er du premier protocole). L'absence de structuration à l'aune de l'objectif est similaire, et plus grande encore, pour les procédures de recouvrement[1], ou encore dans les procédures de remboursement[2]. D'une part, cette disposition réserve le « droit que possèdent les États de mettre en vigueur les lois qu'ils jugent **nécessaires** pour réglementer l'usage des biens conformément à l'intérêt général ou pour assurer le **paiement des impôts ou d'autres contributions ou des amendes** »[3]. D'autre part, si une finalité de la mesure doit exister[4], la Cour EDH fait preuve d'un certain libéralisme : le législateur dispose d'une « **ample** marge d'appréciation, **spécialement** en ce qui concerne la question de savoir **si – et, dans l'affirmative, jusqu'où** – le fisc doit être placé dans une position meilleure (…)», la Cour « respect[ant] l'appréciation portée par le législateur en pareilles matières, sauf si elle est dépourvue de **base raisonnable** »[5].

Michaud c/ France, not. §127-131 à propos de l'obligation de déclaration de soupçons, ou encore CEDH, 1ère sect., 14 mars 2013, n°24117/08, *Sté Bernh Larsen Holding c/ Norvège* (spé. § 158-161). Toutefois, la Cour relâche parfois son contrôle sur la nécessité de la perquisition : aux « sérieuses difficultés rencontrées par les États », elle ajoute que « la fraude fiscale est une infraction qui affecte les ressources de l'État et ses capacités à agir dans l'intérêt collectif. En tant que telle, la fraude fiscale constitue une infraction grave », notamment comme en l'espèce où la fraude présumée s'élevait à 100 000 euros et, se référant à la Convention d'assistance administrative mutuelle de l'OCDE, que la lutte contre de telles pratiques est « une priorité absolue » pour les États membres de l'OCDE (CEDH, 5e sect., 6 oct. 2016, n°33696/11, *K.S et M.S c/ Allemagne*, §48).

[1] La Cour assimile le recouvrement des impositions et amendes à l'imposition ou l'amende elles-mêmes car c'est ainsi qu'elle peut exercer un contrôle, même lâche. Néanmoins, elle distingue, au sein des lois fiscales, les « lois fiscales procédurales (c'est-à-dire [les lois] qui règlementent les formalités d'imposition, y compris le recouvrement des créances fiscales) » et les lois fiscales matérielles « c'est-à-dire les lois qui déterminent les circonstances dans lesquelles un impôt est dû et les montants à payer » (CEDH, 23 fév. 1995, n°15375/89, *Gasus Dosier- und Fördertechnik GmBH c/ Pays-Bas*).

[2] Ainsi, l'État peut devenir débiteur envers les contribuables : il ne peut alors refuser de rembourser des crédits d'impôts ou en cas de retard, refuser de payer les intérêts de retard, sans justifier d'un but d'intérêt général **et** respecter le principe de proportionnalité (CEDH, 1ère sect., 3 juil. 2003, n°38746/97, *Buffalo Srl en liquidation c/ Italie*, §28-29; CEDH, 1ère sect., 9 mars 2006, n°10162/02, *Eko-Elda Avee c/ Grèce*, §27-28).

[3] Art. 1er, al. 2 du Premier protocole additionnel. Par ex. : le système des acomptes, le droit de préemption, les procédures de recouvrement forcé des créances fiscales (saisie des biens).

[4] Ainsi, le Conseil d'État n'a pas hésité à invalider le mécanisme de sursis de paiement en vigueur avant 1995 en ce qu'il ne reposait sur aucune justification (CE, 9e et 10e ss-sect., 10 août 2005 n°259.741, *M. Sarteur*). Toutefois, la Cour ne se prononce réellement sur la légitimité de l'ingérence qu'autant que le but est contesté. Par ailleurs, la finalité, incluant parfois la légalité de l'ingérence (CEDH, 22 sept. 1994, n°23/1993/418/497, *Hentrich c/ France*, §37-42), peut se déduire des faits ou de la qualification de l'ingérence, celle-ci intégrant la catégorie des mesures destinées à assurer le paiement des impôts (CEDH, 1ère sect., 23 oct. 2014, n°27785/10, *Melo Tadeu c/ Portugal*, §76). Ainsi par exemple, lorsque l'État recourt à une saisie pour garantir le paiement de la dette fiscale, cet acte « résulte donc de l'exercice de prérogatives conférées dans le cadre du recouvrement de créances fiscales et de l'application des règles relatives aux procédures d'exécution forcé » (*ibid.*). Elle est donc légale et non arbitraire et correspond à l'intérêt général d'assurer le paiement des impôts.

[5] CEDH, 23 fév. 1995, n°15375/89, *Gasus Dosier- und Fördertechnik GmBH c/ Pays-Bas*, §60 – V. également, C. BLANC-FILY, *Valeurs dans la jurisprudence de la Cour européenne des droits de l'Homme, op. cit.*, spé. p. 521 et s. ; B. PASTRE-BELDA, « La Cour européenne des droits de l'homme, entre protection de la subsidiarité et protection effective des droits », *op. cit.*

Ainsi, le recouvrement forcé des créances fiscales[1], ou la lutte contre la fraude et l'évasion fiscales[2] justifient par eux-mêmes l'ingérence dans le droit au respect des biens des contribuables.

123. La structuration par la rationalité en fonction de la finalité, objectif médiat et commun à l'ensemble des procédures de même nature, est donc faible. Cette structuration s'observe en réalité à partir de la décision administrative mettant en œuvre le recouvrement ou la procédure, selon la contextualisation factuelle, venant remettre en cause la justification première[3]. Ainsi, si les objectifs nationaux doivent se fondre dans les objectifs légitimes prévus ou admis par la Cour EDH, cette dernière n'opère pas un contrôle direct du lien logique mais procédera d'abord et de préférence par le contrôle de l'adaptation, dans une dynamique inversée[4].

---

[1] Il vise « manifestement à [le] faciliter (…), ce qui, **en soi**, est clairement conforme à l'intérêt général », la limitation éventuelle des pouvoirs de l'administration fiscale n'affectant pas « le but essentiel » de la loi (CEDH, 23 fév. 1995, n°15375/89, *Gasus Dosier- und Fördertechnik GmBH c/ Pays-Bas*, §61, nous soulignons).

[2] Par ex., à propos d'un système d'acompte : CEDH, 1ère sect., 3 juil. 2003, n°38746/97, *Buffalo Srl en liquidation c/ Italie*, §35. À propos du droit de préemption : v. CEDH, 22 sept. 1994, n°23/1993/418/497, *Hentrich c/ France*, §39 ; CEDH, 1ère sect., 23 oct. 2014, n°27785/10, *Melo Tadeu c/ Portugal*, §76.

[3] Ainsi, si l'ancien droit de préemption prévue par l'article 668 du CGU a été justifié par la lutte contre la fraude fiscale constitue un but légitime, la Cour EDH a considéré qu'il visait en réalité la prévention de non-perception de droits d'enregistrement supérieurs, objectif concret et immédiat dont l'opérance est supérieure (CEDH, 22 sept. 1994, n°23/1993/418/497, *Hentrich c/ France*, §39). *Comp.* CEDH, 1ère sect., 23 oct. 2014, n°27785/10, *Melo Tadeu c/ Portugal*, §76. Plus largement, au regard de l'article 8 de la Convention, la Cour insiste sur l'encadrement de la marge d'appréciation des États avec un « *contrôle européen* », les exceptions prévues par l'article 8 étant d'« interprétation étroite », les gouvernements doivent établir « de manière convaincante » « **leur nécessité dans un cas donné** » (nous soulignons). Par ex., CEDH, gde ch., 25 fév. 1993, n°10828/83, *Funke c/ France*, §55 ; CEDH, gde ch., 25 fév. 1993, n°12661/87, *Miailhe c/ France*, § 36 ; CEDH, gde ch., 25 fév. 1993, n°11471/85, *Crémieux c/ France*, §38; CEDH, 2e sect., 16 avr. 2002, n°37971/97, *Société Colas Est et autres c/ France,* §47 ; CEDH, 1ère sect., 9 déc. 2004, n°41872/98, *Van Rossem c/ Belgique*, §41 ; CEDH, 3e sect., 28 avr. 2005, n°41604/98, *Buck c/ Allemagne*, §44. ; CEDH, 1ère sect., 7 juin 2007, n°71362/01, *Smirnov c/ Russie*, §43 ;CEDH, 5e sect., 24 juil. 2008, n°18603/03, *André et a. c/ France*, §40 ; CEDH, 5e sect., 6 oct. 2016, n°33696/11, *K.S et M.S c/ Allemagne*, §42.

[4] Dans la mesure où la Cour ne se prononce pas sur la conventionnalité abstraite d'une législation, mais sur celle concrète de son application, le lien logique abstrait n'est que peu présent dans son contrôle, résultant le plus souvent d'un constat de l'existence d'un but d'intérêt général, tandis que les critères d'adaptation, et leur mise en œuvre, conduisent à établir un lien logique concret, traduction du lien logique abstrait.

124. Recouvrement et garanties financières le cadre de la TVA[1]. Si l'efficacité du recouvrement constitue une raison impérieuse d'intérêt général[2], justifiant la constitution d'une garantie financière, tout autant que les objectifs de la directive TVA, et notamment assurer l'exacte perception de la TVA et la lutte contre la fraude fiscale[3], la rationalité de la mesure de garantie financière n'est pas mesurée à cette aune, extrinsèque à elle-même, mais à partir de son objectif concret et immédiat de sorte que l'adaptation s'y confond. Ainsi, si une garantie a pour objet de garantir un État membre contre le risque d'impayés d'impôts que présente un nouvel assujetti à la TVA en raison de ses liens avec une autre personne morale ayant des arriérés d'impôts, cet objectif n'est pas discuté en son principe, mais dans sa portée, l'étendue de cette garantie devant être corrélée avec ce risque : le lien logique est vérifié par la correspondance logique entre l'objet de la garantie et l'existence réelle d'un risque d'impayés d'impôts, ici traduite par les modalités de calcul du montant de la garantie, ce rapport logique imposant dans un second temps une adaptation en fonction de la réalité et de l'étendue de ce risque[4], les objectifs transcendants justifiant alors l'importance d'une garantie malgré l'atteinte à la liberté d'entreprise[5]. Ainsi, la rationalité axiologique, complexifiée parfois par l'effet croisé d'autres objectifs, et notamment la préservation du principe de neutralité, à travers le droit à déduction[6], a

[1] Ces mesures doivent par ailleurs respecter le principe de neutralité : CJUE, 9e ch., 26 oct. 2017, aff. C-534/16, *Finančné riaditeľstvo Slovenskej republiky c/ BB Construct s.r.o.*, pt. 24 ; CJCE, 3e ch., 27 sept. 2007, aff. C-146/05, *Albert Collée*, pt. 26 ; CJCE, gde ch., 21 fév. 2006, aff. C-255/02, *Halifax Plc, Leeds Permanent Development Services Ltd, County Wide Property Investments Ltd*, pt. 92 ; CJUE, 3e ch., 21 oct. 2010, aff. C-385/09, *Nidera Handelscompagnie BV c/ Valstybinė mokesčiųinspekcija prie Lietuvos Respublikos finansų ministerijos*, pt. 49 ; CJUE, 7e ch., 5 oct. 2016, aff. C-576/15, *Maya Marinova ET c/ Direktor na Direktsia « Obzhalvane i danachno-osiguritelna praktika » Veliko Tarnovo pri Tsentralno upravlenie na Natsionalnata agentsia za prihodite*, pt. 44. V. également, en dehors de TVA : CJUE, 1ère ch., 18 oct. 2012, aff. C-498/10, X *NV c/ Staatssecretaris van Financiën*, pt. 39.

[2] CJCE, gde ch., 3 oct. 2006, aff. C-290/04, *FKP Scorpio Konzertpoduktionen GmBH* ; CJUE, 1ère ch., 12 juil. 2012, aff. C-269/09, *Commission c/ Espagne.*

[3] CJUE, 9e ch., 26 oct. 2017, aff. C-534/16, *Finančné riaditeľstvo Slovenskej republiky c/ BB Construct s.r.o.*, pt 23 et pts 41-42.

[4] *Ibid.*, pts 22, 26 et 28. La discordance entre ces modalités de calcul et le risque d'impayés est donc en soi une source de disproportionnalité, accentuée par l'impossibilité d'adapter ces modalités (*ibid.*, pts 26 et 27 ; CJCE, 1ère ch., 10 juil. 2008, aff. C-25/07, *Alicja Sosnowska c/ Dyrekto Izby Skarbowej we Wrocławiu Ośrodek Zamiejscowy w Wałbrzychu*, pt. 24). Dans cette dernière affaire, prenant appui sur un montant étant « de nature à faire courir un risque financier non négligeable à des entreprises qui viennent de débuter leurs activités et peuvent, de ce fait, ne pas disposer de ressources importantes », la Cour relève qu'« **en réalité** », cette caution « n'a pour effet que de remplacer la charge financière liée à l'immobilisation pour une durée de 180 jours du montant de l'excédent de TVA, par celle afférente à l'immobilisation du montant de la caution », ce qui est « **d'autant moins justifié** que, d'une part, ce montant peut (…), être plus élevé que le montant de l'excédent (…), et d'autre part, la durée de l'immobilisation de la caution est plus longue que le délai de remboursement de l'excédent de TVA prévu pour les nouveaux assujettis » (*ibid.*, pts 31 et 31. Nous soulignons).

[5] CJUE, 9e ch., 26 oct. 2017, aff. C-534/16, *Finančné riaditeľstvo Slovenskej republiky c/ BB Construct s.r.o.*, pts 23 et 41-42.

[6] CJUE, 3e ch., 21 oct. 2010, aff. C-385/09, *Nidera Handelscompagnie BV*, pt. 47. ; CJCE, 3e ch., 12 janv. 2006, aff. jtes C-354/03, *Optigen Ltd*, C-355/03, *Fulcrum Electronics Ltd*, et C-484/03, *Bond House Systems Ltd c/ Commissionners of Customs & Excise*, pt. 52

un effet structurant moindre que la rationalité instrumentale, en ce que le juge peut l'appréhender et exercer son contrôle[1].

125. Cour de justice de l'Union européenne et Charte des droits fondamentaux : l'exemple des données personnelles. Les données fiscales présentant un caractère personnel au sens de l'article 2 de la directive 95/46[2], leur collecte et leur utilisation sont également encadrées par les articles 7 et 8 de la Charte des droits fondamentaux[3]. Il suffit alors, que les limitations apportées par les lois fiscales de procédure répondent, même indirectement, à des objectifs d'intérêt général reconnus par l'Union, et tel est le cas par exemple de la lutte contre la fraude, l'évasion fiscale et les abus éventuels, reconnu et encouragé par la directive TVA[4] ou, par la directive 95/46[5]. Bien que relativement plus précis, la structuration à partir de l'objectif médiat est faible, tandis, qu'à partir de l'objectif immédiat de la procédure,

---

[1] Il s'agit de la directive 95/46/CE du Parlement européen et du Conseil, du 24 octobre 1995, relative à la protection des personnes physiques à l'égard du traitement des données à caractère personnel et à la libre circulation de ces données : JOUE 23 nov. 1995, L 281, p. 31. *Comp.* la raison impérieuse de nécessité de garantir l'efficacité du recouvrement dans le cadre des libertés de circulation : CJUE, gde ch., 26 fév. 2019, aff. C-115/16, *N Luxembourg 1 et a.*, pt 160 ; CJUE, 1ère ch., 18 oct. 2012, aff., C-498/10, *X*, pts 39 et 43-53 ; CJUE, 5e ch., 13 juil. 2016, aff. C-18/15, *Brisal et KBC Finance Ireland*, pts 21-22.

[2] CJUE, 3e ch., 1er oct. 2015, aff. C-201/14, *Smaranda Bara e.a. c/ Președintele Casei Naționale de Asigurări de Sănătate, Casa Națională de Asigurări de Sănătate, Agenția Națională de Administrare Fiscală (ANAF)*, pt. 29.

[3] « pour autant que les conditions d'un traitement légal de données à caractère personnel en vertu de cette directive sont remplies, ce traitement est **réputé** satisfaire également aux exigences fixées aux articles 7 et 8 de la Charte » (CJUE, 2e ch., 27 sept. 2017, aff. C-73/16, *Peter Puškár c/ Finančné riaditeľstvo Slovenskej republiky, Kriminálny úrad finančnej správy*, pt. 102, nous soulignons). Mais seules les personnes physiques identifiées ou identifiables peuvent invoquer la protection de leurs données personnelles sur le fondement de l'article 8 de la Charte (CJUE, gde ch., 9 nov. 2010, aff. jtes C-92/09 et C-93/09, *Volker und Markus Schecke et Hartmut Eifert c/ Land Hessen*, pt. 53 ; CJUE, 3e ch., 17 déc. 2015, aff. C-419/14, *WebMindLicenses Kft).*

[4] CJUE, 3e ch., 17 déc. 2015, aff. C-419/14, *WebMindLicenses Kft*, pt. 76, citant la décision du 7 décembre 2010 relative à la TVA, et non à la Charte ou aux droits garantis par la Convention EDH compris comme principes généraux du droit communautaire (CJUE, gde ch., aff.C-285/09, *R*, pt. 45), et la décision *Halifax* (CJCE, gde ch., 21 fév. 2006, aff. C-255/02, *Halifax plc, préc.*).

[5] Si l'utilisation d'un traitement de données à caractère personnel dans le but de garantir la perception de l'impôt et lutter contre la fraude fiscale n'a pas pour objectif spécifique la sécurité publique, la défense ou la sécurité de l'État, objectifs susceptibles d'écarter l'application de la directive (CJUE, 3e ch., 1er oct. 2015, aff. C-201/14, *Smaranda Bara e.a.*, pt. 29), les premiers justifient des limitations à la protection apportée aux justiciables, en ce que ces données, et leur traitement, peuvent être nécessaires pour sauvegarder un intérêt économique ou financier important d'un État membre dans le domaine fiscal (art.13, §1 de la directive. CJUE, 2e ch., 27 sept. 2017, aff. C-73/16, *Peter Puškár*, pt. 43. – V. également, CJUE, gde ch., 21 déc. 2016, aff. C-203/15 et C-698/15, *Tele2 Sverige et Watson e.a.*, pt. 73). L'utilisation d'un traitement de données à caractère personnel n'est donc pas exclu dans le cadre de la perception de l'impôt et de la lutte contre la fraude fiscale, sans même avoir à recourir au consentement des personnes concernées (condition alternative à la légalité de la mesure): la Cour de justice retient alors ces finalités, sans en discuter la légitimité ou la réalité, ou encore leur caractère approprié, en ce qu'elles apparaissent « *susceptibles* » de relever d'une des situations mentionnées à l'article 7 de la directive, à savoir constituer des missions d'intérêt public (CJUE, 2e ch., 27 sept. 2017, aff. C-73/16, *Peter Puškár, préc.*, pts 106-108).

elle reprend vigueur dans le mouvement de l'application, par les précisions apportées par le juge européen[1].

126. Conseil constitutionnel et l'objectif de valeur constitutionnelle de lutte contre la fraude et l'évasion fiscales. En droit constitutionnel, la démarche est moins riche en détail mais comparable en substance : la justification d'une loi fiscale d'ordre procédural trouve dans l'objectif de valeur constitutionnelle de la lutte contre la fraude et l'évasion fiscales un point d'appui indéniable[2], parfois implicite[3], dans la conciliation des droits du contribuable, qu'il s'agisse de ses libertés économiques (liberté d'entreprendre ou liberté contractuelle), de son droit de propriété ou du respect de sa vie privée, mais ne suffisant pas toujours[4]. Ainsi, le juge peut restreindre le recours à certaines procédures si les infractions poursuivies ne présentent pas un **degré** de gravité, liée à l'atteinte à la sécurité, à la dignité ou à la vie des personnes[5].

127. Transition. Le rattachement à un objectif médiat transcendant la loi fiscale de procédure légitimise cette loi et l'intrusion dans les droits et libertés des contribuables. Cependant, il opère une distanciation rendant peu opérant le contrôle de la rationalité à l'aune de ce référent, la généralité de ce dernier expliquant cet aspect. La structuration s'appuie donc sur une exigence de rationalisation de l'action législative, à partir de l'objectif concret et immédiat de la procédure, une rationalité instrumentale donc.

2. L'intensification graduelle de la structuration par l'objectif concret et immédiat des procédures fiscales

128. Structuration forte par l'objectif concret et immédiat. La structuration est donc fonction de la précision normative, délimitant strictement le champ d'application de la procédure, d'un point de vue spatial, temporel et matériel, et conditionnant l'efficience du contrôle juridictionnel[6], plaçant administration et juge dans une

---

[1] V. à propos des saisies des données fiscales : CJUE, 2e ch., 27 sept. 2017, aff. C-73/16, *Peter Puškár*, pts 109-111. Car l'article 6 de la directive 95/46 impose que la collecte des données soit justifiée par des finalités déterminées, explicites et légitimes. – V. également à propos de la directive de coopération administrative : CJUE, gde ch., 16 mai 2017, aff. C-682/15, *SA de droit luxembourgeois Berlioz Investment SA*.

[2] Ainsi, « l'exercice des libertés et droits individuels ne saurait en rien excuser la fraude fiscale, ni en entraver la légitime répression », de sorte que la procédure de visite domiciliaire ne peut être « **dans [son] principe** » critiquée (Cons. const., 29 déc. 1983, déc. n°83-164 DC, *Loi de finances pour 1984*, cons. 26, nous soulignons). V. également, Cons. const., 29 déc. 2013, déc. n°2013-685 DC, *Loi de finances pour 2014*, cons. 106. M. COLLET évoquait l'approche *« très compréhensive »* de cet objectif par le Conseil constitutionnel (*in* « La question prioritaire de constitutionnalité en matière fiscale » : *RJEP* 2011, n°16, étude 5)

[3] Cons. const., déc. 29 déc. 2013, déc. n°2013-685 DC, *op. cit.*, cons. 89-92.

[4] Relativisant alors cette indulgence vis-à-vis du législateur, particulièrement dans le cadre des procédures fiscales, sans pour autant aboutir à la « révolution fiscale » annoncée au début de la QPC (C. ROULHAC, « L'apport de la question prioritaire de constitutionnalité en matière fiscale », *op. cit.*).

[5] Cons. const., 4 déc. 2013, déc. n°2013-679 DC, *Loi relative à la lutte contre la fraude fiscale et la grande délinquance économique et financière*, cons. 77.

[6] Cf. *infra*, chapitre II, Section 1.

situation de compétence liée[1]. Cette structuration tend à s'intensifier à mesure que l'intrusion pénètre dans l'intimité de la vie privée des contribuables, hors les données nécessaires à l'établissement des impositions ou au contrôle de celui-là et destinées à l'administration fiscale, ou qu'elles atteignent la substance de la liberté du justiciable, et notamment sa liberté d'entreprendre : un contrôle juridictionnel *a priori* pourra être requis ou du moins des modalités de mises en œuvre aptes à prémunir les contribuables de détournement de procédure ou d'atteintes irrémédiables et illimitées, *rationae personae*, de leur vie privée[2].

a. ***Les données économiques, liberté d'entreprendre et vie privée***

129. Données économiques et vie privée dans son aspect matériel. Les données d'ordre économique, relatives aux revenus ou aux patrimoines, constituent des renseignements utiles à l'établissement des impositions ou au recoupement des informations aux fins de contrôle. Leur appréhension par l'administration fiscale donne à celle-ci un aperçu de la vie privée des contribuables, dans son aspect matériel : pour garantir cette restriction, les prérogatives octroyées à l'administration nécessitent une stricte délimitation de son périmètre et de son usage. Le contrôle se centralise alors sur la délimitation légale précise de l'intrusion, dans un raisonnement incluant la sécurité juridique matérielle, et s'intensifie si l'intrusion atteint le cœur de l'activité économique d'un opérateur. La rationalité de la loi se situe donc dans sa capacité de rationalisation et de structuration de l'action administrative.

130. Données économiques et structuration des procédures fiscales : divergences d'approches, unité d'exigence dans la précision normative. En droit constitutionnel, la structuration des procédures de contrôle faiblement intrusives,

---

[1] X. PHILIPPE, *Le contrôle de proportionnalité dans les jurisprudences constitutionnelles et administratives françaises, op. cit.*

[2] Cette distinction recoupe en partie celle faite initialement par le Conseil constitutionnel selon le type de contrôle, et notamment entre les opérations de police judiciaire tendant à la recherche d'infractions et les procédures administratives de contrôles, seules les premières exigeant *in fine* une intervention du juge judiciaire au préalable (Cons. const. 28 déc. 1990, déc. n°90-286 DC, *Loi de finances rectificative pour 1990*, cons. 13). Toutefois, cette distinction n'est pas toujours efficiente : si l'absence de mesure de coercition écarte la nécessité d'une autorisation judiciaire préalable à la mise en œuvre du droit d'enquête spécial des articles L 80 F et suivants du LPF (Crim., 21 mars 2012, n°11-86.317 ; Cons. const., 27 janv. 2012, déc. n°2011-214 QPC, *Sté COVED SA*), ce droit de l'administration se rapproche concrètement de la procédure de l'article L 16 B, au point qu'elle peut être assimilée à « une véritable procédure de substitution du droit de perquisition et de saisie prévue à l'article L 16 B du Livre des procédures fiscales », sans la protection de l'autorité judiciaire, effective ou non (L. AYRAULT et O. NEGRIN, *Code de procédure fiscale annoté et commenté*, éd. Dalloz 2019, 26e éd. V. en ce sens M. COLLET, *Droit fiscal, op. cit.*, p. 51-52 ; V. HAÏM, « Panorama des pouvoirs d'investigation de l'administration » in B. HATOUX (dir.), *Droits du contribuable. État des lieux et perspectives*, éd. Economica, 2002, p. 7 et s.). De même, peut-on considérer que le contribuable est véritablement libre de s'opposer à la communication de sa comptabilité dans le cadre de cette nouvelle procédure d'examen de comptabilité, alors que si la possibilité donnée par l'article L 13 G du LPF à l'administration pour obtenir une copie des écritures comptables d'un contribuable tenant une comptabilité informatisée n'est assortie d'aucun « pouvoir d'exécution forcée pour en obtenir la remise » et que les garanties du contribuable prévues par le livre des procédures fiscales sont opposables, le refus opposé par le contribuable exposera ce dernier à des sanctions, voire à une évaluation d'office pour opposition à contrôle fiscal ?

telles le droit de communication, s'observe à travers la coïncidence entre l'objectif concret et immédiat de la procédure et la délimitation matérielle, spatiale et temporelle des pouvoirs d'investigations accordés à l'Administration, traduction d'un lien logique avec l'objectif propre de la procédure, y compris en ce qu'il inclut le contrôle juridictionnel dans l'application de la procédure adoptée[1] : l'énumération exhaustive circonscrit abstraitement et *a priori* l'action de l'administration à travers l'indication des lieux, documents et des pouvoirs de contrôle et de saisie des agents de l'administration. Cette même exigence se retrouve pour les fichiers de traitements de données, cette délimitation devant par ailleurs concerner les personnes ayant l'autorisation d'y accéder[2]. Le juge constitutionnel, comme le juge de l'application d'ailleurs, insiste ou apporte des précisions par ses réserves d'interprétation[3], usant des expressions de la restriction telles les mots « seul », « certains locaux » [4] ou « ne…que »[5] ou encore les expressions de l'exclusion « ni…ni.. »[6], et ainsi corrigeant,

---

[1] Par ex., à propos du droit de communication : Cons. const., 29 déc. 2013, déc. n°2013-685 DC, *Loi de finances pour 2014*, cons. 107.. V. également, Crim. 4 avr. 2012, n°12-90.009 (article L 26 du LPF) ; Crim., 21 mars 2012, n°11-86.317 (article L 80 F à H du LPF). *Comp.* Cons. const., 27 janv. 2012, déc. n°2011-214 QPC, *Sté COVED SA* (à propos de l'article 65 du Code des douanes). – V. également et comp., Cons. const., 29 déc. 2016, déc. n°2016-744 DC, *Loi de finances pour 2017*, cons. 63 et. Cons. const., 21 déc. 2017, déc. n°2017-756 DC, *Loi de financement de la sécurité sociale pour 2018*, cons. 63 à 65, spé. cons. 65 ; Cons. const. 28 déc. 1990, déc. n°90-286 DC, *Loi de finances rectificative pour 1990*, cons. 13, 16 et 17.

[2] Si le caractère public d'un registre des trusts en ce qu'il aurait permis, non nécessairement pour un usage « fiscal » et par les agents de l'administration fiscale, de dévoiler précisément la gestion patrimoniale des contribuables, et d'en déduire une organisation familiale, n'a pas été censuré sur l'absence de contrôle judiciaire préalable, mais sur l'absence d'une délimitation légale précise matérielle, spatiale et personnelle : ainsi le registre public des trusts, eu égard à l'absence de précision quant à « la qualité ni les motifs justifiant la consultation du registre », porte une atteinte au droit au respect de la vie privée « manifestement disproportionnée » ; de telles dispositions n'ont ainsi pas limité « le cercle des personnes ayant accès aux données de ce registre, placé sous la responsabilité de l'administration » (Cons. const., 21 oct. 2016, déc. n°2016-591 QPC, *Mme Helen S.*, cons. 6). Le Conseil se focalise sur les lacunes de l'encadrement textuel des modalités de consultations et d'utilisation de ces données, tout en éludant la question du lien logique dont l'existence est alors présumée. *Comp.* Cons. const., 13 mars 2014, déc. n°2014-690 DC, cons. 53-57, spé. cons. 57 : « eu égard à la nature des données enregistrées, à l'ampleur du traitement, à la fréquence de son utilisation, au grand nombre de personnes susceptibles d'y avoir accès et à l'insuffisance des garanties relatives à l'accès au registre », la création du registre national des crédits aux particuliers portait une atteinte manifestement disproportionnée au regard du but d'intérêt général poursuivi de prévention des situations de surendettement.

[3] Qu'elles soient neutralisantes, directives ou constructives, ou encore excluantes.

[4] Cons. const. 28 déc. 1990, déc. n°90-286 DC, *Loi de finances rectificative pour 1990*, cons. 13.

[5] Par ex., le droit d'exercice prévu par les articles L 26 et L 27 du LPF « n'autorise une intervention des agents de l'administration que dans les locaux professionnels » (Crim., 19 juin 2013, n°12-87.880) et les saisies des marchandises ne sont permises « que lorsque les agents constatent une infraction » (Crim. 4 avr. 2012, n°12-90.009 (art. L 26 du LPF) ; Crim., 21 mars 2012, n°11-86.317 (art. L 80 F à H du LPF). *Comp.* Cons. const., 27 janv. 2012, déc. n°2011-214 QPC, *Sté COVED SA* (à propos de l'article 65 du Code des douanes) ; Cons. const., 29 déc. 2013, déc. n°2013-685 DC, *Loi de finances pour 2014*, cons. 107 ; Cons. const., 28 déc. 1990, déc. n°90-286 DC, *Loi de finances rectificative pour 1990*, cons. 13, 16 et 17.

[6] Cons. const. 29 déc. 1999, déc. n°99-424 DC, *Loi de finances pour 2000*, cons. 40. *Comp.* CE, 8e et 3e ss-sect., 15 fév. 2016, n°357.667, *M. Lieser* ; CE, 9e et 10e ss-sect., 24 juin 2015, n°367.288, *SELAS Pharmacie Reveillon*. Déjà : CE, 3e et 8e ss-sect., 7 juil. 2004, n°253.771, *min. c/ Wiedemann*.

par neutralisation[1], l'insuffisance de structuration, potentielle source d'arbitraire ou d'inadaptation[2].

131. Pour la Cour EDH, ce qui importe se situe notamment dans l'exigence de garanties procédurales[3], laquelle suppose une délimitation légale des pouvoirs des autorités fiscales[4], ou le caractère limité de l'ingérence résultant de la nature des données, en l'occurrence économiques, bancaires ou financières, et non de l'étendue de ces dernières ou des pouvoirs d'investigation de l'administration[5]. Ces garanties étant jugées déterminantes pour établir les impositions et vérifier que les contribuables se sont correctement acquittés de leurs obligations fiscales, une certaine justice fiscale transparaît alors : la Convention EDH ne doit pas servir aux contribuables pour éluder leurs obligations fiscales[6]. La structuration se situera non pas tant en amont, qu'en aval, dans les mesures prises pour l'application de la loi, l'aspect axiologique plus marqué se doublant de considérations d'équité, voire de responsabilisation des contribuables[7] : la structuration a aussi pour sujet, indirectement ici, les contribuables.

132. Quant à la Cour de justice, si elle n'opère pas de distinction selon la nature des données, les données fiscales ayant globalement un caractère personnel au sens

---

[1] Par l'exclusion, la neutralisation d'une inadaptation potentielle n'est que partielle, par une définition négative, en creux, alors qu'une définition restrictive présente un caractère plus complet et *a priori*.
[2] Ainsi, concernant le pouvoir de contrôle de l'Administration dans la télétransmission des factures, le Conseil relève l'accès restreint de l'administration aux locaux de l'entreprise et délimite par ailleurs l'office du pouvoir réglementaire en cas de renvoi par la loi à des décrets d'application (Cons. const. 28 déc. 1990, déc. n°90-286 DC, *Loi de finances rectificative pour 1990*, cons. 13 et 17). De même, les demandes d'information de l'administration fondées sur l'article L.13-0 A du LPF ont été considérées comme ne portant pas atteinte au droit au respect de la vie privée, entre autres, en raison d'un champ d'application limité quant aux informations visées, le Conseil constitutionnel précisant toutefois cette donnée : « il résulte des dispositions précitées, éclairées par les débats parlementaires à l'issue desquels elles ont été adoptées, que **le législateur a entendu délimiter strictement** le champ des informations demandées, **qui ne peuvent porter ni** sur l'identité des clients, **ni** sur la nature des prestations fournies » (Cons. const. 29 déc. 1999, déc. n°99-424 DC , *Loi de finances pour 2000*, cons. 40. Nous soulignons. *Comp.* l'apport du juge administratif : cf. *infra*, Chapitre II, Section 1). – V . également, Cons. const., 29 déc. 1998, déc. n°98-405 DC, *Loi de finances pour 1999,* cons. 61 ; Cons. const., 29 déc. 2013, déc. n°2013-685 DC, *Loi de finances pour 2014*, cons. 107 ; Cons. const.. 28 déc. 1990, déc. n°90-286 DC, *Loi de finances rectificative pour 1990*). *Comp.* à propos du droit d'exercice prévu par les articles L 26 et L 27 du LPF *qui « n'autorise une intervention des agents de l'administration* ***que*** *dans les locaux professionnels » et les saisies des marchandises ne sont permises «* ***que*** *lorsque les agents constatent une infraction* » (Crim., 19 juin 2013, n°12-87.880 ; Crim. 4 avr. 2012, n°12-90.009 (art. L 26 du LPF) , Crim., 21 mars 2012, n°11-86.317 (art. L 80 F à H du LPF), nous soulignons). *Comp.* Cons. const., 27 janv. 2012, déc. n°2011-214 QPC, *Sté COVED SA*.
[3] Par ex. dans la possibilité reconnue pour l'administration fiscale de demander et prendre copie de données stockées sur un serveur distant et partagée : CEDH, 1ère sect., 14 mars 2013, n°24117/08, *Sté Bernh Larsen Holding c/ Norvège*, §163 et s..
[4] La Cour veille à ce que la loi ne confère pas aux autorités fiscales un pouvoir discrétionnaire absolu (*Ibid.*, §164).
[5] En ce sens, CEDH, 3e sect., 22 déc. 2015, n°28601/11, *G.S.B. c/ Suisse*, §93-96.
[6] *Ibid.*, §95. *Comp.* les lois de validations.
[7] V. not., *ibid.*, §95-96. *Comp.* à propos des lois de validation : CEDH, 5e sect., 15 janv. 2015, n°36918/11, n°36963/11, n°36967/11, n°36969/11, n°36970/11 et n°36971/11, *Arnaud et a. c/ France*, §30-31 ; CEDH, 4e sect., 10 juin 2003, n°27793/95, *M.A. et 34 a. c/ Finlande*, p. 12-13.

de la directive 95/46/CE[1], elle reprend les exigences de la Cour européenne quant à l'exigence d'un encadrement légal apte à permettre un contrôle juridictionnel au moins *a posteriori* de la saisie ou la collecte de telles données[2], sans considérer qu'une autorisation préalable soit nécessaire : les garanties adéquates et suffisantes contre les abus et l'arbitraire résultent d'une part, d'« un encadrement légal et une limitation stricts d'une telle saisie » de données fiscales[3], et d'autre part, de la possibilité pour la personne visée par la saisie de solliciter *a posteriori* un contrôle juridictionnel, efficace *in casu*, portant tant sur la légalité que sur la nécessité de celle-ci[4]. La structuration se prolonge donc dans l'acte administratif, matérialisant la rationalité de la loi fiscale de procédure[5].

133. Déclaration des schémas d'optimisation fiscale et préservation de l'activité économique. Dans une volonté affirmée de lutte contre la fraude fiscale, le législateur a tenté de dissuader le recours à certains montages par l'obligation déclarative faite aux conseillers juridiques et fiscaux des entreprises et particuliers, préalablement à la commercialisation ou à la mise en œuvre de ces montages, touchant ainsi au cœur de ces métiers. Si, le Conseil constitutionnel n'a pas censuré la possibilité d'instaurer une telle obligation de déclaration, il s'est focalisé sur la définition lacunaire du champ d'application, à travers la notion de « schéma d'optimisation fiscale », d'où il résultait une atteinte disproportionnée à la liberté d'entreprendre, mais également à l'objectif de valeur constitutionnelle d'accessibilité

---

[1] Dir. n°95/46/CE du PE et du Conseil, du 24 oct. 1995 relative à la protection des personnes physiques à l'égard du traitement des données à caractère personnel et à la libre circulation des données : JOUE 1995, L281, p. 31. En ce sens, CJUE, 2e ch., 27 sept. 2017, aff. C-73/16, *Peter Puškár*, pts 41 à 44 ; CJUE, 3e ch., 1er oct. 2015, aff. C-201/14, *Smaranda Bara e.a.*, pt. 29.

[2] La condition de légalité de toute limitation de l'exercice des droits garantis par la Charte, en l'occurrence l'article 7, « implique que la base légale qui permet l'utilisation des preuves [recueillies] par l'administration fiscale doit être suffisamment claire et précise et que, en définissant elle-même la portée de la limitation de l'exercice du droit garanti par l'article 7 de la Charte, elle offre une certaine protection contre d'éventuelles atteintes arbitraires de cette administration » (CJUE, 3e ch., 17 déc. 2015, aff. C-419/14, *WebMindLicenses Kft, préc.*, pt. 81).

[3] *Ibid.*, pt. 77.

[4] *Ibid.*, pt. 78. V. également ; CJUE, 2e ch., 27 sept. 2017, aff. C-73/16, *Peter Puškár*, pts 109-111. *Comp.* CJUE, gde ch., 16 mai 2017, aff. C-682/15, *SA de droit luxembourgeois Berlioz Investment SA*.

[5] V. également s'agissant de la collecte et du traitement de données fiscales aux fins d'établissement de l'imposition : le caractère nécessaire de l'établissement d'un fichier comprend sa finalité exacte, ses effets juridiques pour les personnes qui y sont mentionnées et son caractère confidentiel ou public, en sus de l'absence de moyens moins contraignants (CJUE, 2e ch., 27 sept. 2017, aff. C-73/16, *Peter Puškár*, pts 111-113), la Cour insistant sur les effets néfastes d'une telle liste. Elle reste vigilante et exige une circoncision factuelle de l'inclusion d'une personne dans un fichier destiné à la lutte contre la fraude fiscale à partir d'indices suffisants pour présumer que les personnes concernées figurent à juste titre sur la liste afin de respecter la présomption d'innocence, la liberté d'entreprise, et enfin par le respect de toutes les conditions de licéité de ce traitement imposée par la directive 95/46/CE (*ibid.*, pts 114-115). La Cour poursuit encore, par un *obiter dictum*, à la possibilité de limiter le droit d'information des personnes concernées, conditionnant celle-ci à la nécessité de sauvegarder un intérêt mentionné à l'article 13, §1 de la directive « tel que notamment, un intérêt économique et financier important dans le domaine fiscal » et à la condition de licéité (*ibid.*, pt. 116). – V. également, CJUE, gde ch., 21 déc. 2016, aff. C-203/15 et C-698/15, *Tele2 Sverige et Watson e.a.*, pt. 96.

et d'intelligibilité de la loi[1]: l'obligation aurait été ainsi susceptible d'englober l'ensemble de l'activité de conseil juridique et fiscal, et non seulement certains schémas porteurs de risques de fraude ou d'évasion fiscales[2]. Intervient ici l'influence réciproque des principes juridiques, que nous aurons l'occasion de revoir, le principe de proportionnalité étant dépendant de l'objectif à valeur constitutionnelle d'accessibilité et d'intelligibilité de la loi[3] et inversement.

134. Recouvrement et solidarités financières dans le cadre de la TVA[4]. Le principe de sécurité juridique impose également l'énoncé clair et précis des cas et conditions de mise en œuvre des mesures de garantie du recouvrement[5]. De même, oscillant entre rationalité imposée et rationalité décidée[6], les mesures de solidarité financières ou de système de responsabilité solidaire, justifiées par la lutte contre la fraude et l'évasion fiscales, ne peuvent être générales et absolues: une circonscription dans l'application du régime de responsabilité objective, par une adaptation de son étendue, via le critère probatoire[7], matérialisant un lien logique concret avec les finalités immédiates poursuivies est donc nécessaire[8].

135. Présomption d'une rationalité, confirmation par les recours du débiteur solidaire. En l'état du droit positif, le lien logique est établi par l'objectif donné à la mesure de solidarité et est présumé effectif : une remise en cause de ce lien logique reviendrait à dire que le législateur a commis une erreur manifeste d'appréciation dans le principe même de la mesure. Parce qu'une telle affirmation pourrait être considérée comme un empiètement sur le pouvoir souverain d'appréciation du législateur, le juge procède en sens inverse, c'est-à-dire en se focalisant sur l'adaptation de la norme, qui en matière de solidarité, repose sur l'existence de recours ouverts au débiteur solidaire actionné, et dont l'éventuelle sévérité est, comme en matière de sanctions, justifiée par la finalité de la lutte contre la fraude et l'évasion fiscales[9], notamment au regard du droit au respect des biens[10]. Ce faisant, ce sont ces critères d'adaptation qui,

---

[1] Fondée sur les articles 4, 5, 6 et 16 de la Déclaration.

[2] Cons. const., 29 déc. 2013, déc. n°2013-685 DC, *Loi de finances pour 2014*, cons. 88 à 91, spé. cons. 91. Cette exigence est d'autant plus forte que l'obligation était assortie d'une sanction en cas de non-respect. Mais, si le Conseil constitutionnel souligne l'existence de cette sanction, il n'a pas jugé opportun de mentionner l'article 8 de la Déclaration. *Comp.* les conditions relatives aux présomptions de pratiques abusives ou frauduleuses dans le cadre des lois fiscales d'imposition : cf. *infra*, Titre II et Partie II, Titre I, Chapitre II.

[3] Ou du principe de sécurité juridique, en droit européen.

[4] V. aussi, à propos des saisies des données fiscales : CJUE, 2e ch., 27 sept. 2017, aff. C-73/16, *Peter Puškár*, pts 109-111. – V. également à propos de la directive de coopération administrative : CJUE, gde ch., 16 mai 2017, aff. C-682/15, *SA de droit luxembourgeois Berlioz Investment SA*.

[5] Tout en faisant par ailleurs intervenir la notion de proportionnalité dans la caractérisation d'une clarté et d'une prévisibilité suffisante des dispositions en cause (CJUE, 16e ch., 2 juin 2016, aff. C-81/15, *Kapnoviomichania Karelia*, pts 45-47).

[6] Les États membres peuvent les adopter dès lors que les Traités ou les actes de droit dérivé applicables ne s'y opposent pas (*ibid.*, pt. 43).

[7] CJUE, 16e ch., 2 juin 2016, aff. C-81/15, *Kapnoviomichania Karelia*, pt. 49 ; CJCE, 4e ch., 21 fév. 2008, aff. C-271/06, *Netto Supermarkt GmbH & Co. OHG*, pts 22-23.

[8] CJCE, 4e ch., 21 fév. 2008, aff. C-271/06, *préc.*, pt. 22 ; CJCE, 3e ch., 27 sept. 2007, aff. C-409/04, *Teleos e. a.*, pt. 58.

[9] Com., 9 nov. 2017, n°17-16.464. Cf. *infra*.

[10] CE, 9e et 10e ch., 22 fév. 2017, n°386.430, *Sté Gecop*.

proportionnalisant la mesure de solidarité financière, lui donnent sa rationalité non punitive[1].

136. Solidarité et responsabilité dans l'article L 267 du LPF. Ainsi, même si une hésitation demeure sur la qualification de la solidarité des dirigeants de droit ou de fait prévue par l'article L 267 du LPF[2], le raisonnement conduit par le juge judicaire est significatif : ces dispositions « ont **pour objet** [ou but][3], sous le contrôle du juge judiciaire, d'apprécier la **responsabilité** d'un dirigeant de société, solidairement avec cette dernière, au titre des manquements aux obligations fiscales, leur incombant et répondent **ainsi** à l'objectif de valeur constitutionnelle de lutte contre la fraude fiscale (…) »[4].

137. L'énonciation de l'objet suffit à établir le lien logique qui encadrera la mise en application de l'article L 267 du LPF : le juge devra vérifier que les conditions sont bien réunies, y compris le délai d'action de l'administration[5]. Or, parmi ces conditions, il y a le lien de causalité, c'est-à-dire la démonstration que les manquements du dirigeant, dont il n'est pas nécessaire d'en relever la mauvaise foi ou le caractère intentionnel[6], sont la cause exclusive de l'impossibilité pour le comptable public de recouvrer l'impôt dû par la société ainsi que les pénalités qui l'accompagnent[7], donc qu'ils en sont l'explication logique et rationnelle. Le lien logique vient ici, dans l'application *in concreto*, justifier la mise en œuvre de la procédure de l'article L 267 du LPF. À ce titre, la Cour de cassation ne se satisfait pas du seul constat d'une négligence du dirigeant dans les déclarations fiscales et le paiement des impôts par la société, mais exige que d'une part la caractérisation des vaines poursuites par le comptable public[8], et d'autre part, que soient recherchées d'autres circonstances ayant rendu impossible le recouvrement des impositions dues[9].

---

[1] Cf. *infra*, Titre III de la présente Partie.

[2] Si la Cour de cassation valide globalement cet article en raison à la fois de la procédure administrative contradictoire suivie à l'encontre de la société et des recours dont dispose le dirigeant, c'est au regard des articles 8, 9, et 16 de la Déclaration ou de principes parmi lesquels la proportionnalité, la nécessité et l'adéquation (en sus des droits de la défense) (Com., 16 avr. 2015, n°15-40.001 ; Com., 14 janv. 2014, n°13-40.061) et en s'abstenant de préciser l'absence de caractère de punition des dispositions de l'article L 267 du LPF (Com., 9 nov. 2017, n°17-16.464 ; Com., 16 avr. 2015, n°15-40.001. *Comp.* Com., 14 janv. 2014, n°13-40.061 où la question était posée au regard des « principes de proportionnalité, de nécessité et d'adéquation, au respect des droits de la défense », pourtant applicables aux seules « sanctions ayant le caractère de punition »).

[3] Com., 14 janv. 2014, n°13-40.061 ; Com., 29 nov. 2013, n°13-40.055.

[4] Com., 9 nov. 2017, n°17-16.464 ; Com., 16 avr. 2015, n°15-40.001.

[5] Com., 14 janv. 2014, n°13-40.061.

[6] Com., 24 janv. 2019, n°18-19.152.

[7] Com. 12 déc. 2000, n°98-11.969 ; Com. 26 fév. 2002, n°98-21.744 ; Com. 11 janv. 2005, n°02-16.597.

[8] Com. 3 mars 2004, n°02-16.547.

[9] Com. 29 sept. 2004, n°02-18.5733 et 02-18.394 ; Com. 11 janv. 2005, n°02-16.597. Sans pour autant que cette responsabilité n'aboutisse à imputer au dirigeant les manquements commis par la société, même si c'est par l'intermédiaire du premier. Or, l'existence de manquements et la notion de responsabilité marquent un aspect punitif certain, distinct de la garantie de recouvrement des impositions, et rattaché de plus à l'objectif de valeur constitutionnelle de lutte contre la fraude fiscale.

138. Transition. Ainsi, alors que le juge constitutionnel s'attache à la délimitation dans la norme, les juges européens se concentrent davantage sur l'application de la norme fiscale, dans un mouvement dynamique inversé, l'application circonstanciée étant la résultante d'une précision normative. La structuration par la rationalité instrumentale s'accentue dès que la vie privée du contribuable, dans son aspect intimiste, est saisie par l'administration.

b. *Données fiscales ou économiques et l'intimité de la vie privée*

139. Intensification de la structuration dans l'application : le contrôle juridictionnel préalable. Dès lors que les saisies ou procédures de contrôle sont susceptibles, de manière générale, d'appréhender des données de nature à renseigner, même incidemment, sur l'intimité de la vie privée du contribuable, données qui ne présentent pas d'intérêt pour l'établissement de l'impôt ou son contrôle, la stricte délimitation matérielle, spatiale et temporelle des prérogatives de l'administration ne suffit plus à elle-seule et doit se coupler d'un contrôle juridictionnel préalable[1], l'effectivité du second étant subordonnée à la première. Visant initialement les procédures les plus intrusives, telles les perquisitions fiscales, l'exigence d'une autorisation préalable par l'autorité judiciaire, gardienne des libertés individuelles[2], tend à s'étendre à d'autres données immatérielles. La structuration est alors renforcée, par le contrôle du juge *a priori*, élément par ailleurs modérateur de l'action administrative.

140. Visites domiciliaires (article L 16 B du LPF), l'exemple topique de la synergie de la rationalité et de la sécurité juridique[3]. Si les juges constitutionnel et européens imposent l'encadrement juridictionnel des visites domiciliaires[4], le juge

---

[1] La nécessité de la contribution commune aux charges publiques justifie certes les pouvoirs d'investigation de l'administration, mais cette dernière ne saurait être arbitraire. En ce sens, Cons. const., 29 déc. 1983, déc. n°83-164 DC, *Loi de finances pour 1984*, cons. 27 et 28 ; CJUE, 3e ch., 17 déc. 2015, aff. C-419/14, *WebMindLicenses Kft* ; CEDH, 16 déc. 1992, n°13710/88, *Niemietz c/ Allemagne*, §31 ; CEDH, gde ch., 25 fév. 1993, n°10828/83, *Funke c/ France*, §56 ; CEDH, gde ch., 25 fév. 1993, n°12661/87, *Miailhe c/ France*, §37 ; CEDH, gde ch., 25 fév. 1993, n°11471/85, *Crémieux c/ France*, §39.

[2] D. TURPIN, « L'autorité judiciaire gardienne de la liberté individuelle » : *AJDA*, 1983, p. 653 et s.

[3] Construites sur un même modèle, les décisions relatives aux procédures de l'article L16 B du LPF sont transposables, en tout ou partie, aux visites domiciliaires en matière de droits de douane (art. L.38 du LPF et 64 du Code des douanes) ou encore celles prévues en matière économique (art. L 450-4 du Code de commerce). C'est pourquoi, les décisions de la Cour européenne statuant sur ces procédures reposent sur un même raisonnement. Ainsi, les développements qui suivent s'appuieront sur ces arrêts, qu'ils traitent spécifiquement des articles L 16 B et L 38 du LPF ou des autres procédures similaires.

[4] Certes « les nécessités de l'action fiscale peuvent exiger que des agents du fisc soient autorisés à opérer des investigations dans des lieux privés, [mais] de telles investigations **ne** peuvent être conduites **que dans le respect de l'article 66 de la Constitution** qui confie à l'autorité judiciaire la sauvegarde de la liberté individuelle sous tous ses aspects, et notamment celui de l'inviolabilité du domicile ; que **l'intervention de l'autorité judiciaire doit être prévue** pour conserver à celle-ci **toute la responsabilité et tout le pouvoir de contrôle** qui lui reviennent » (Cons. const., 29 déc. 1983, déc. n°83-164 DC, Loi de finances pour 1984, cons. 26, nous soulignons. – V. également, CEDH, gde ch., 25 fév. 1993, n°10828/83, *Funke c/ France, §56* ; CEDH, gde ch., 25 fév. 1993, n°12661/87, *Miailhe c/ France, §37* ; CEDH, gde ch., 25 fév. 1993, n°11471/85, *Crémieux c/ France,*

constitutionnel relève que « **quelles que soient** les garanties » procédurales prévues, l'absence ou le manque de précisions anéantissait l'effectivité du contrôle juridictionnel[1], tandis que la Cour EDH adopte une approche factuelle, centrée sur la précision de l'ordonnance d'autorisation[2], et des garanties « adéquates et suffisantes », « spéciales et impératives », préalables dans certains cas[3], seulement en aval dans d'autres cas[4]. Ainsi, si le contrôle du lien logique est faible au regard de l'objectif médiat de lutte contre la fraude fiscale, il est en revanche renforcé en ce qu'il exige une délimitation précise tant de l'étendue des investigations que des pouvoirs du juge judiciaire, ainsi que l'existence de cette garantie procédurale, à même d'assurer le respect, dans les faits, du lien logique voulu par le législateur, c'est-à-dire l'objectif de la procédure, et non celui à valeur constitutionnelle de lutte contre la fraude et l'évasion fiscales[5], tout particulièrement s'il s'agit d'un cabinet d'avocat.

---

§39 ; CEDH, 21 fév. 2008, n°18497/03, *Ravon c/ France* ;CEDH, 5e sect., 24 juil. 2008, n°18603/03, *André et a. c/ France*; CJUE, 3e ch., 17 déc. 2015, aff. C-419/14, *WebMindLicenses Kft*, pt. 72 et pts 77-78 (renvoyant à la jurisprudence de la Cour européenne, et notamment aux décisions *Niemietz c/ Autriche* (CEDH, 16 déc. 1992, n°13710/88, § 29-31) et *Sté Colas Est c/ France* (CEDH, 2e sect., 16 avr. 2002, n°37971/97).

[1] Les dispositions de la première mouture du futur article L 16 B du LPF ne « précis[aient] pas l'acceptation du terme "infraction" (...) et **ne limitent donc pas clairement le domaine ouvert aux investigations en question** », ni « n'assign[aient] (...) de façon explicite au juge ayant le pouvoir d'autoriser les investigations des agents de l'administration la mission de vérifier de façon concrète le bien-fondé de la demande qui lui est soumise », « pass[aient] sous silence les possibilités d'intervention et de contrôle de l'autorité judiciaire dans le déroulement des opérations autorisées », et « n'interdis[aient] pas une interprétation selon laquelle seules les visites effectuées dans des locaux servant exclusivement à l'habitation devraient être spécialement autorisées par le juge, **de telle sorte que, *a contrario*, les visites opérées dans d'autres locaux pourraient donner lieu à des autorisations générales** » dépassant l'objectif immédiat de la procédure (Cons. const., 29 déc. 1983, déc. n°83-164 DC, *Loi de finances pour 1984*, cons. 28 et 29, nous soulignons).

[2] CEDH, 3e sect., 8 janv. 2002, n°51578/99, *Keslassy c/ France ;* CEDH, 5e sect., 16 oct. 2008, n°1044/03, *Maschino c/ France*. Se concentrant sur l'application de la norme fiscale de procédure, la Cour attache une importance accrue à la précision des autorisations en ce qu'elles prémunissent les justiciables et permettent de s'assurer, dès l'autorisation ou ensuite en cas de recours, que le but des perquisitions demeure bien la recherche des preuves matérielles de l'infraction : cf. *infra*, chapitre II, Section 1 du présent titre

[3] Elle impose aux juridictions internes, juges de droit commun de la Convention EDH en application du principe de subsidiarité, de constater l'existence de ce lien, tout au long de la procédure, afin de prémunir le contribuable justiciable des détournements de procédures. *Rapp.* à propos de l'art. 450-4 du Code de commerce :CEDH, 5e sect., 2 avr. 2015, n°63629/10 et 63567/10, *Vinci construction et GTM Génie civil et Services c/ France*, §78-79.

[4] CEDH, 3e sect., 8 janv. 2002, n°51578/99, *Keslassy c/ France* ; CEDH, 1ère sect., 7 juin 2007, n°71362/01, *Smirnov c/ Russie*, §45. Mais alors l'efficacité réelle de ce contrôle de légalité de la mesure relève du contrôle de la « nécessité » de l'ingérence.

[5] V. également, *posté*. :Cons. Const., 29 déc. 1984, déc. n°84-184 DC, *Loi de finances pour 1985*, cons. 33-35 ; Cons. const. 29 déc. 1989, déc. n°89-268 DC, *Loi de finances pour 1990*, cons. 96 ; Cons. const., 29 déc. 2012, déc. n°2012-661 DC, *Loi de finances rectificative pour 2012 (III)*, cons. 8 et 9. Et pour les décisions récentes, sur le fondement de la garantie des droits (art.16 de la Déclaration) : Cons. const., 30 juil. 2010, déc. n°2010-19/27 QPC, *Époux Pipolo et a.* – Sur l'évolution de l'art. 16 de la Déclaration : v. J. LAMARQUE, « L'article 16 de la déclaration de 1789 » : *DF* 2015, n°13, étude 232 ; M. TROPER, « L'interprétation de la Déclaration des droits. L'exemple de l'article 16 », in *Droits* 1988, n°8, p. 111 à 122 ; D. ROUSSEAU, *Droit du contentieux constitutionnel, op. cit.*, p. 538-540.

141. La rationalité d'une norme fiscale résulte donc de la possibilité d'en rationaliser l'application, par des dispositions suffisamment précises et claires, et par un contrôle juridictionnel effectif, prémunissant les contribuables d'un détournement de procédure, d'un abus ou de l'arbitraire de l'administration fiscale[1]. Ainsi, c'est pourquoi « pour faire pleinement droit de façon expresse tant aux exigences de la liberté individuelle et de l'inviolabilité du domicile qu'à celles de la lutte contre la fraude fiscale, [de telles dispositions doivent] être assorties de **prescriptions et de précisions interdisant toute interprétation ou toute pratique abusive** »[2]. Cette exigence marque ainsi la synergie opérée avec la sécurité ou prévisibilité juridique[3]. Il appartient alors au juge judiciaire français de s'assurer que la loi est mise en œuvre de manière « adéquate », c'est-à-dire qu'elle corresponde à l'objectif concret et immédiat « dans un cas donné »[4].

---

[1] CEDH, 16 déc. 1992, n°13710/88, *Niemietz c/ Allemagne*, §31 ; CEDH, gde ch., 25 fév. 1993, n°10828/83, *Funke c/ France*, §56 ; CEDH, gde ch., 25 fév. 1993, n°12661/87, *Miailhe c/ France*, § 37 ; CEDH, gde ch., 25 fév. 1993, n°11471/85, *Crémieux c/ France*, §39 ; CJUE, 3e ch., 17 déc. 2015, aff. C-419/14, *WebMindLicenses Kft*, pt. 77.

[2] Cons. const., 29 déc. 1983, déc. n°83-164 DC, *Loi de finances pour 1984*, cons. 30. Dans le même sens, CJUE, 3e ch., 17 déc. 2015, aff. C-419/14, *WebMindLicenses Kft*, pt. 81, reprenant les arrêts de la Cour EDH *Malone c/ Royaume-Uni* du 2 août 1984 (§67) et *Gillan et Quinton c/ Royaume-Uni* du 12 janv. 2010 (n°4158/05, §77). Toutefois, la Cour EDH considère relativement souplement la condition tenant à la légalité des restrictions aux libertés et droits fondamentaux : si la norme doit être « **suffisamment** accessible [,] le citoyen [devant] pouvoir disposer de renseignements **suffisants**, dans les circonstances de la cause, sur les normes juridiques applicables à un cas donné » et qu'elle doit être « énoncée **avec assez de précision** pour permettre au citoyen de régler sa conduite; en s'entourant au besoin de conseils éclairés, il doit être à même de prévoir, à **un degré raisonnable** dans les circonstances de la cause, les conséquences de nature à dériver d'un acte déterminé », la Cour, rejetant la prévisibilité « avec une certitude absolue », est consciente qu'une « rigidité **excessive** », peut être préjudiciable, « le droit [devant] savoir s'adapter aux changements de situation » (CEDH, plén., 26 avr. 1979, n°6538/74, *Sunday Times c/ Royaume Uni*, § 49), la Cour ajoutant que « beaucoup de lois se servent (...), par la force des choses, de formules plus ou moins vagues dont l'interprétation et l'application dépendent de la pratique »(*ibid.*). La terminologie montre bien la présence du principe de proportionnalité : l'absence d'accessibilité et de prévisibilité suffisantes constitue une critique invalidant les restrictions à un droit ou à une liberté fondamentale, par l'insécurité juridique qui en résulte, faisant obstacle à la condition tenant à la légalité de l'ingérence ; inversement, la « rigidité excessive » est aussi une manifestation de la disproportionnalité en ce qu'elle fait obstacle à l'adaptabilité de la norme. Dans l'un et l'autre cas, l'accent est mis sur le caractère contingent du caractère suffisant ou excessif des précisions de la norme. *Comp.* l'application « nuancée » du principe de légalité des délits et des peines par la Cour EDH : J.-F. RENUCCI, *Droit européen des droits de l'homme*, éd. LGDJ, 7e éd., 2017, p. 359 et s.

[3] Ce principe européen de sécurité juridique, prégnant en droit fiscal (M.-C. BERGERES, « La contingence et le droit fiscal » : *DF* 1999, n°10, étude 95) « s'impose avec une rigueur particulière lorsqu'il s'agit d'une réglementation de l'Union susceptible de comporter des conséquences financières, afin de permettre aux intéressés de connaître avec exactitude l'étendue des obligations qu'elle leur impose » (CJUE, 1ère ch., 8 mars 2017, aff. C-14/16, *Euro Park Service*, pt 38 ; CJCE, gde ch., 21 fév. 2006, aff. C-255/02, *Halifax plc, préc.*, pt. 72). *Comp.* en matière de procédure de recouvrement : CJUE, 16e ch., 2 juin 2016, aff. C-81/15, *Kapnoviomichania Karelia*, pts 45-47.

[4] CEDH, gde ch., 25 fév. 1993, n°10828/83, *Funke c/ France*, §55 ; CEDH, gde ch., 25 fév. 1993, n°12661/87, *Miailhe c/ France*, § 36 ; CEDH, gde ch., 25 fév. 1993, n°11471/85, *Crémieux c/ France*, §38. Cf. *infra*., Chapitre II, Section I du présent Titre.

142.Gradation des garanties « *adéquates et suffisantes* » (CEDH). La seule présence de telles garanties ne suffit pas à établir la proportionnalité de la perquisition et des saisies menées chez le contribuable, mais elle a pour but d'assurer le respect de la proportionnalité de la perquisition en contrôlant son usage (à savoir réaliser le but légitime poursuivi), sans épuiser pour autant les critères d'adaptation[1].

143. La Cour EDH exige donc des garanties « adéquates et suffisantes », « particulières » en cas de perquisitions multiples[2]. Elles sont même « spéciales » et « impératives » lorsque la perquisition et les saisies portent sur le cabinet d'un avocat[3] : elles doivent s'ajouter à la présence du juge de l'autorisation et être « de nature à empêcher la consultation effective de tous les documents du cabinet, ainsi que leur saisie[4] ». Cette exigence supplémentaire s'explique par la place « centrale » qu'occupe l'avocat « dans l'administration de la justice et leur qualité d'intermédiaires entre les justiciables et les tribunaux permettant de les qualifier d'auxiliaires de justice[5] ». Le secret professionnel de l'avocat, « base de la relation de confiance » entre l'avocat et son client et « corollaire du droit qu'à le client de ne pas contribuer à sa propre incrimination[6] », doit donc être protégé pour préserver l'efficacité de l'assistance juridique de ce client[7]. Sont donc en jeu les droits garantis

---

[1] *Ibid.*, respectivement, §57, §38 et §40. Dans ces trois arrêts de 1993, les perquisitions douanières fondées sur l'article 64 du Code des douanes, n'ont pas été sanctionnées parce qu'elles étaient disproportionnées, mais parce qu'aucun contrôle avant ou après la visite domiciliaire, ne permettaient de s'assurer qu'elles ne le soient pas. Il ne s'agit pas ici de garanties judiciaires au sens de l'article 6 de la Convention. La Cour a rappelé, en ce sens, que « [le] fait qu'en violation de l'article 6§1 de la Convention, les requérantes n'aient pas bénéficier d'un contrôle juridictionnel effectif pour contester l'ordonnance d'autorisation du juge au sens de cette disposition (…) ne met pas en cause la pertinence de ces garanties » (CEDH, 5e sect., 21 déc. 2010, n°29408/08, *Sté Canal plus et a. c/ France*, §58. – V. également CEDH, 3e sect., 21 fév. 2008, n°18497/03, *Ravon c/ France*, §30-31 ; CEDH, 5e sect., 16 oct. 2008, n°1044/03, *Maschino c/ France*, §33).– V. également, CEDH, 3e sect., 8 janv. 2002, n°51578/99, *Keslassy c/ France ;* CEDH, 1ère sect., 7 juin 2007, n°71362/01, *Smirnov c/ Russie*, §45.

[2] CEDH, 1ère sect., 9 déc. 2004, n°41872/98, *Van Rossem c/ Belgique*, §43.

[3] Sur le fondement de l'article 8 : CEDH, 5e sect., 24 juil. 2008, n°18603/03, *André et a. c/ France*, §42-43 : CEDH, 5e sect., 21 janv. 2010, n°43757/05, *Xavier da Silveira c/ France*, §36-37. De manière moins affirmative, v. CEDH, 1ère sect., 7 juin 2007, n°71362/01, *Smirnov c/ Russie*, §46 et 48 : la Cour relève seulement « préoccupant[e] » l'absence de disposition « destinée à protéger les documents privilégiés couverts par le secret professionnel » d'un avocat, mais cette absence a contribué, en sus d'un mandat rédigé en termes excessivement large, à caractériser la disproportionnalité.

[4] CEDH, 5e sect., 24 juil. 2008, n°18603/03, *André et a. c/ France*, §44 ; CEDH, 5e sect., 21 janv. 2010, n°43757/05, *Xavier da Silveira c/ France*, §37. *Comp.* avec l'obligation de déclaration de soupçon incombant aux avocats dans le cadre de la lutte contre le blanchiment d'argent : CEDH, 5e sect., 6 déc. 2012, n°12323/11, *Michaud c/ France*.

[5] CEDH, 5e sect., 24 juil. 2008, n°18603/03, *André et a. c/ France*, §42. De plus, un critère personnel s'ajoute au critère procédural, en ce que, pour justifier la perquisition d'un cabinet d'avocats, l'avocat doit être « accusé ou soupçonné d'avoir commis une infraction ou participé à une fraude » commise par leurs clients : en ce cas, ils ne sont plus en effet seulement avocats, mais auteurs ou complices de la fraude, objet de la perquisition fiscale.

[6] *Ibid.*, §41 ; CEDH, 5e sect., 6 déc. 2012, n°12323/11, *Michaud c/ France*, §117-118 ; CEDH, 4e sect., 1er déc. 2015, n°69436/10, *Brito Ferrinho Bexiga Villa-Nova c/ Portugal*, § 55.

[7] CEDH, 1ère sect., 25 juil. 2013, n°11082/06 et n°13772/05, *Khordokovski & Lebedev c/ Russie*, §629.

par l'article 6 de la Convention, ce qui justifie une vigilance intensifiée de la Cour[1]. La Cour de cassation, à ce titre, rejoint la Cour européenne[2].

144. Convergence horizontale avec la Cour de justice de l'UE. Il en est de même, dans une convergence horizontale, des perquisitions et saisies pénales ou fiscales et du droit au respect de la vie privée et de famille prévu par l'article 7 de la Charte et 8 de la Convention. La Cour de justice exige que « la législation et la pratique internes [prévoyant les saisies] offrent des garanties adéquates et suffisantes contre les abus et l'arbitraire[3] », citant les arrêts *Funke et Miaihle contre France* de 1993 et *Société Colas-Est et a. contre France* de 2002.

145. En revanche, si la Cour EDH mentionne l'existence de mesures moins attentatoires, elle n'en conclut pas nécessairement la disproportionnalité des mesures d'investigation[4], tandis que si la Cour de justice recherche si de tels moyens existent « tels qu'un simple contrôle dans les locaux [de l'assujetti], et une demande d'informations ou d'enquête administrative adressée à l'administration [de l'autre État membre] en application du règlement n°904/2010, [et] n'auraient pas permis d'obtenir toutes les informations nécessaires[5] », elle en donne une portée mesurée et se reporte sur le respect des droits de la défense, et notamment l'existence d'un recours juridictionnel *a posteriori*[6].

146. Extension de l'autorisation préalable aux procédures présentant par elles-mêmes un risque suffisant d'atteinte à la vie privée. En dehors des perquisitions fiscales, dès qu'une potentielle intrusion dans l'intimité de la vie privée des contribuables est possible, en raison de l'objet même de l'investigation ou de son usage, le juge constitutionnel tend à considérer nécessaire que l'exercice de ce droit par l'administration soit subordonné à une autorisation préalable de l'autorité judiciaire. Ainsi les données de connexion étant susceptibles d'apporter des indications sur la consommation internet des contribuables, et potentiellement leur vie intime, le Conseil constitutionnel impose, depuis 2015, la condition d'une autorisation préalable par une autorité judiciaire, en sus de la délimitation du champ d'application des droits de communication[7], évolution qui, si l'on suit les commentaires officiels,

---

[1] Déjà, CEDH, 16 déc. 1992, n°13710/88, *Niemietz c/ Allemagne*, §37. – V. également, CEDH, 1ère sect., 25 juil. 2013, n°11082/06 et n°13772/05, *Khordokovski & Lebedev c/ Russie*, §629.

[2] « [E]n toutes matières, que ce soit dans le domaine du conseil ou de celui de la défense, en l'absence de présomption de participation de l'avocat à la fraude en cause, les consultations adressées par lui à son client ou destinées à celui-ci, les correspondances échangées entre eux, les notes d'entretien et, plus généralement, toutes les pièces du dossier sont couvertes par le secret professionnel » (Com., 26 nov. 2013, n°12-27.162, *Sté Futura finances* ; Com., 3 mai 2012, n°11-14.008 , *Sté Alexandre Holding*).

[3] CJUE, 3e ch., 17 déc. 2015, aff. C-419/14, *WebMindLicenses Kft*, pt. 77.

[4] Par exemple, CEDH, 3e sect., 28 avr. 2005, n°41604/98, *Buck c/ Allemagne*.

[5] CJUE, 3e ch., 17 déc. 2015, aff. C-419/14, *WebMindLicenses Kft* , pt. 82.

[6] *Ibid.*, pts 82-85.

[7] Ainsi la décision relative à l'article L 450-3 du Code de commerce (Cons. const., 5 août 2015, déc. n°2015-715 DC, *Loi pour la croissance, l'activité et l'égalité des chances économiques*), transposée à l'article L 621-10 du Code monétaire et financier (Cons. const. 21 juil. 2017, déc. n°2017-646/647 QPC, M. Alexis K. et a.),puis à l'article 65 du Code des douanes (Cons. const., 15 fév. 2019, déc. n°2018-764 QPC, *M. Paulo M.*) conduisit le législateur à modifier, avant toute saisine du Conseil constitutionnel, l'article 96 G du LPF construit sur le même modèle (L. n°2018-898, 23 oct. 2018,

serait la conséquence de l'élévation des exigences de la Cour de justice[1], dans un mouvement de standardisation des protections minimales exigées[2].

147. Transition. Cette approche formelle, centrée sur la précision normative et le recours juridictionnel, se retrouve également dans le contrôle de proportionnalité des mesures de recouvrement des lois fiscales rétroactives, à défaut d'une structuration efficace par les objectifs d'intérêt général.

II. L'encadrement normatif multiple de l'intrusion fiscale rétroactive : une rationalité commune des lois aux effets rétroactifs

148. Problématique. Aucune norme ou principe interne ou européen n'interdit dans l'absolu l'adoption par le législateur fiscal de lois interprétatives ou de validation. Toutefois, il n'a pas « carte blanche » : la remise en cause d'effets juridiques passés, matérialisant une intrusion fiscale dans le droit au respect des biens des contribuables ou remettant en cause l'effectivité de son recours juridictionnel, doit trouver une justification, tant sur le fondement de l'article 1er du premier protocole[3] que de l'article 6 de la Convention EDH[4], ou sur le fondement de l'article 16 de la Déclaration de 1789[5]. L'idée de sécurité juridique imprègne cet encadrement

---

Loi relative à la lutte contre la fraude : JO 24 oct. 2018, texte n°1 : *DF* 2018, n°46, comm. 450 à 466, obs. C. SAND. – V. également, C. SAND, « Doute sur la constitutionnalité et la conventionalité de l'amende fiscale contre les professionnels permettant la commission de fraude fiscale » : *DF* 2018, n°46, act. 491 ; J.-H. ROBERT, « Le verrou qui cache la forêt – Commentaire d'importantes dispositions de la loi n°2018-898 du 23 oct. 2018 relative à la lutte contre la fraude » : *Dr. pénal* 2018, n°13, étude 28).

[1] CJUE, gde ch., 21 déc. 2016, aff. C-203/15 et C-698/15, *Tele2 Sverige et Watson e.a.*

[2] À moins qu'il ne s'agisse d'un argument légitimisant une évolution jurisprudentielle.

[3] CEDH, 2e sect., 14 fév. 2006, n°67847/01, *Lecarpentier et a.* ; CEDH, 23 oct. 1997, n°117/1996/736/933 à 935, *National & Provincial Building Society e. a. c/ Royaume-Uni*, §80 ; CEDH, 9 déc. 1994, n°13427/87, *Raffineries grecques Stran et Stratis Andreadis c/ Grèce*, §69.

[4] CEDH, 23 oct. 1997, n°117/1996/736/933 à 935, *National & Provincial Building Society e. a. c/ Royaume-Uni*, spé. § 107.

[5] C'est à partir de la décision du 29 décembre 1999 (Cons. const. déc. n°99-425 DC, *Loi de finances rectificative pour 1999*) qu'est apparu l'article 16 de la Déclaration en tant que fondement du contrôle constitutionnel. Cette disposition, posant l'exigence d'une séparation des pouvoirs, n'était pourtant pas la plus évidente, eu égard à l'interprétation qu'on pouvait en retenir. – V. notamment, M. TROPER, « L'interprétation de la Déclaration des droits. L'exemple de l'article 16 », *op. cit.* – J. LAMARQUE estime que le Conseil constitutionnel « a littéralement recréé l'article de la Déclaration de 1789 », aboutissant « à une réduction des pouvoirs du législateur que n'autorise ni la lettre du texte constitutionnel, ni l'interprétation traditionnelle de ce principe »(*in* « L'article 16 de la déclaration de 1789 », *op. cit.*).

prétorien[1], bien que les juges de la rue Montpensier refusent de consacrer expressément un « principe » général de sécurité juridique ou de confiance légitime[2].

149. Ainsi, si le juge constitutionnel s'oppose à ce que le législateur porte atteinte « aux situations légalement acquises »ou remette « en cause les effets qui peuvent légitimement être attendus de telles situations »[3] sans se prévaloir d'un motif d'intérêt

---

[1] Que le législateur peut mettre en échec s'il décide, de reconstruire plutôt que colmater les brèches, c'est-à-dire plutôt que d'adopter des dispositions rétroactives, d'instaurer des contributions exceptionnelles, possibilité que le juge constitutionnel encourage parfois. Ainsi, il « est loisible pour le législateur de prendre des mesures non rétroactives de nature à remédier auxdites conséquences [*ie*, en l'espèce les conséquences financières d'une décision de justice censurant le mode de calcul de l'assiette de la contribution exceptionnelle à la charge des entreprises exploitant des spécialités pharmaceutiques] (Cons. const., 18 déc. 1998, déc. n°98-404 DC, *Loi de financement de la sécurité sociale pour 1999,* cons. 7) ou « aucune règle constitutionnelle n'interdit au législateur de modifier un régime fiscal existant en créant une nouvelle imposition dont le fait générateur est postérieur à son institution » (Cons. const., 29 nov. 2017, déc. n°2017-755 DC, *Loi de finances rectificative pour 2017*, cons. 45. – V. également, Cons. const., 9 août 2012, déc. n°2012-654 DC, *Loi de finances rectificative pour 2012 (II), cons. 36*). En cas d'invalidation d'une norme d'imposition, il est donc plus simple de créer une nouvelle taxe exceptionnelle que de tenter de rafistoler l'ancienne, l'imposition nouvelle exceptionnelle ne constituant pas une mesure de validation : les garanties constitutionnelles se réduisent pour l'essentiel aux articles 6 et 13 de la Déclaration, encore que le contrôle opéré est parfois très lapidaire (par ex., Cons. const. 21 déc. 1999, déc. n°99-422 DC, *Loi de financement de la sécurité sociale pour 2000*, cons. 57).

[2] Contrairement à la Cour de justice, qui reconnaît un principe de confiance légitime (CJCE, 14 mai 1975, aff. C-74-74, *CNTA*) et la Cour EDH protégeant, sur le fondement de l'article 1er du premier protocole additionnel, l'espérance légitime d'obtenir la restitution d'une somme d'argent (CEDH, 3e sect., 16 avr. 2002, n°36677/97, *Dangeville c/ France*). Toutefois, il tend à rejoindre matériellement la protection que les juges de Strasbourg et de Luxembourg apportent aux contribuables, illustrant ainsi « sa propension à se rapprocher des standards des juges européens » (C. ROULHAC, « L'apport de la question prioritaire de constitutionnalité en matière fiscale », *op. cit.* n°3). Plus largement, sur la critique de cette distinction entre la confiance légitime et la sécurité juridique, v. not J. VAN MARBEECK, *De la certitude à la confiance : le principe de sécurité juridique dans la jurisprudence de la Cour de justice de l'Union européenne*, éd. Anthémis- Université de Saint-Louis, 2014, 736 p., l'auteur démontrant par ailleurs la permanence de cette exigence dès l'Antiquité (sur ce point, rapp., D. SOULAS DE RUSSEL et P. RAIMBAULT, « Nature et racines du principe de sécurité juridique : une mise au point » : *RIDC*, 2003, vol. 55, n°1, p. 85 et s.

[3] Toutefois, « le pouvoir du législateur de modifier rétroactivement la législation fiscale ne saurait à l'inverse être restreint du seul fait de l'existence de droits nés sous l'empire de la loi ancienne » (Cons. Const., 29 déc. 1986, déc. n°86-223 DC, *Loi de finances rectificative pour 1986*, cons. 6). Ainsi, si le législateur entend mettre un terme à une « utilisation optimisante des règles de déduction » dans la détermination des plus-value de long terme, il lui est loisible de « maintenir, dans un souci de "loyauté" favorable au contribuable, le régime fiscal antérieurement applicable aux cessions de titres de participations émis en contrepartie d'apport intervenus avant que la nouvelle mesure soit connue », créant *de facto* une inégalité de traitement justifiée (Cons. const., 17 juil. 2015, déc. n°2015-475 QPC, *Sté Crédit Agricole SA*, cons. 12 et 13). En quelque sorte, il est malvenu pour le contribuable de critiquer une différence de traitement, inévitable par l'instauration de nouvelle règle, alors que, en dépit de l'optimisation fiscale avérée, le législateur a préservé les intérêts des contribuables tout en se prémunissant des effets d'aubaine. Les guillemets entourant le terme loyauté, succédant à l'objectif général du dispositif, marque une nette approbation de l'indulgence et de la « générosité » du législateur. – V. également, Cons. const., 26 juin 2015, déc. n°2015-473 QPC, *Époux Pahlon*, cons. 5 et 6.

général suffisant[1] ou, pendant un court laps de temps, impérieux[2], la Cour européenne s'assure que la rétroactivité de la loi poursuit un but d'intérêt général, devenu un impérieux motif d'intérêt général[3] en écho à l'impérativité de la protection des droits fondamentaux de l'individu[4], avec une vigilance accrue concernant les lois de validation dans la mesure où elles peuvent influer sur le dénouement juridictionnel des litiges en cours[5].

150. Plan. Par conséquent, la sommation faite au législateur de justifier la rétroactivité d'une mesure fiscale inclut un contrôle de proportionnalité, par la rationalité axiologique (A). La structuration par la rationalité se prolonge, particulièrement en droit constitutionnel, dans la détermination de l'étendue des effets rétroactifs à l'aune de l'objet de la loi, objectif concret et immédiat (B)[6].

---

[1] Cons. Const., 29 déc. 2005, déc. n°2005-530 *DC, Loi de finances pour 2006* ; Cons. const., 19 déc. 2013, déc. n°2013-682 DC, *Loi de financement de la sécurité sociale pour 2014*, cons. 14 ; Cons. const., 29 déc. 2012, déc. n°2012-662 DC, *Loi de finances pour 2013*, cons. 42.

[2] Cons. const., 14 fév. 2014, déc. n°2013-366 QPC, *Selarl PJA, ès qualité de liquidateur de la Sté Maflow France*.

[3] Sur le fondement de l'article 1er du premier protocole, les arrêts plus anciens évoquaient déjà un « intérêt général évident et impérieux » (par exemple : CEDH, 23 oct. 1997, n° 117/1996/736/933 à 935, *National & Provincial Building Society, préc.*, §81 ; CEDH, 9 déc. 1994, n°13427/87, *Raffineries grecques Stran et Stratis Andreadis c/ Grèce*, §69 ; CEDH, 1ère sect., 27 mai 2004, n°42219/98 et n°54563/00, *Ogis-Institut Stanislas, OGEC St Pie X et Blanche de Castille et autres c/ France*, §85) tandis que des arrêts plus récents ne mentionnent qu'un *« intérêt général »* (CEDH, 5e sect., 15 janv. 2015, n°36918/11, n°36963/11, n°36967/11, n°36969/11, n°36970/11 et n°36971/11, *Arnaud et autres c/ France*, §24-26). Sur le fondement de l'article 6 de la Convention : CEDH, 28 oct. 1999, n°24846/94, 34165/96 à 34173/96, *Zielinski et Pradal et Gonzalez et autres c/ France*, §57 ; CEDH, 9 déc. 1994, n°13427/87, *Raffineries grecques Stran, préc.*, §47 ; CEDH, 2e sect., 12 juin 2007, n°40191/02, *Ducret c/ France*, §32 ; CEDH, 5e sect., 25 nov. 2010,. n°20429/07, *Lilly c/ France*, §50.

[4] Et cela alors même que la mesure rétroactive est examinée sous l'angle de l'alinéa 2 de l'article 1er lequel justifie l'ingérence par l'intérêt général d'assurer le paiement des impôts : CEDH, 4e sect., 10 juin 2003, n°27793/95, *M.A. et 34 autres c/ Finlande*, p. 11

[5] Dès, notamment les années 1990, la Cour de Strasbourg affirmait, concernant les validations législatives, que « [le] principe de la prééminence du droit et la notion de procès équitable commandent de traiter avec la plus grande circonspection les raisons avancées pour (…) une législation rétroactive qui a pour effet d'influer sur le dénouement judiciaire d'un litige auquel l'État est partie » et particulièrement lorsque cette loi voue à l'échec l'action engagée : CEDH, 23 oct. 1997, 117/1996/736/933 à 935, *National & Provincial Building Society, préc.*, §112. Déjà, CEDH, 9 déc. 1994, n°13427/87, *Raffineries grecques Stran et Stratis Andreadis, préc., §49 ;* CEDH, 28 oct. 1999, n°24846/94, 34165/96 à 34173/96, *Zielinski et Pradal, préc.*, §57. Comp. à propos de l'article 6 : CEDH, 1ère sect., 27 mai 2004, n°42219/98 et n°54563/00 *Ogis-Institut Stanislas, préc.*, §61 ; CEDH, 2e sect., 12 juin 2007, n°40191/02, *Ducret c/ France*, §32 ; CEDH, 5e sect., 25 nov. 2010, n°20429/07, *Lilly c/ France*, § 46. Les impérieux motifs d'intérêt général peuvent être alors ceux exigés pour l'atteinte au droit de propriété par une loi rétroactive : alors lorsque la Cour s'est prononcée sur l'article 1er du Premier protocole, elle estime qu'il n'est pas nécessaire d'examiner séparément le grief fondé sur l'article 6 (par ex., CEDH, gde ch., 6 oct. 2005, n°11810/03, *Maurice c/ France*, §104 ; CEDH, 2e sect., 14 fév. 2006, n°67847/01, *Lecarpentier et a. c/France*, §57).

[6] Il faut bien entendu établir le caractère rétroactif de la disposition législative contestée. À ce titre, la frontière est nette en droit constitutionnel : il existe ou non une rétroactivité ou une atteinte quant aux effets de certaines situations consolidées (Cons. const., 17 juil. 2015, déc. n°2015-475 QPC, *Sté Crédit Agricole SA*, cons. 6 ; Cons. const., 13 oct. 2011, déc. n°2011-180 QPC, *M. Jean-Luc O. et a.*, cons. 11) ou des situations légalement acquises (Cons. const., 13 avr. 2018, déc. n°2018-700 QPC,

A. L'exigence d'intérêt général, une justification dénuée de propriété structurante forte

151. Nécessité d'un motif d'intérêt général. Le législateur ne peut se contenter d'affirmer l'existence d'un intérêt général : encore faut-il l'établir par des éléments concordants, à défaut de quoi une atteinte disproportionnée aux droits du contribuable sera caractérisée[1]. Dès lors que le motif d'intérêt général doit présenter un caractère « suffisant » ou « impérieux », le contrôle juridictionnel consiste à s'assurer de

---

Sté Technicholor, cons. 8 ; Cons. const., 28 déc. 2017, déc. n°2017-759 DC, *Loi de finances rectificative pour 2017 (II)*, cons. 16 ; Cons. const., 28 déc. 2017,déc. n°2017-758 DC, *Loi de finances pour 2018*, cons. 46 ; Cons. const., 17 déc. 2015, déc. n°2015-723 DC, *Loi de financement de la sécurité sociale pour 2016*, cons. 9 ; Cons. const., 29 déc. 2012, déc. n°2012-661 DC, *Loi de finances rectificative pour 2012 (III),* cons. 15 ; Cons. Const., 29 déc. 2005, déc. n°2005-530 *DC, Loi de finances pour 2006,* cons. 46), cette atteinte pouvant être conditionnée à un droit d'option du contribuable (Cons. const., déc. 21 déc. 2017, déc. n°2017-756 DC, *Loi de financement de la sécurité sociale pour 201*8, cons. 52 ; Cons. const., 17 janv. 2017, déc. n°2016-604 QPC, *Sté Alinéa*) tel que le régime du sursis d'imposition des plus-values, le contribuable « accept[ant] ainsi de les voir imposées selon les règles et taux applicables à des exercices ultérieurs » (Cons. const., 7 nov. 1997, déc. n°97-391 DC, *Loi portant mesures urgentes à caractère fiscal et financier*, cons. 9 ; Cons. const. 22 avr. 2016, déc. n°2016-538 QPC, *M. et Mme Moinel-Delalande* ; Cons. const., 7 juil. 2017, déc. n°2017-642 QPC, *M. Alain C.*, cons. 14). On peut à ce titre considérer qu'il s'agit là d'une proportionnalisation prétorienne dans la caractérisation de l'atteinte, le choix du contribuable pour un dispositif atténuant voire annihilant le caractère rétroactif de la disposition législative contestée (cf. en ce sens, J.-C. CAVAILLE, note sous Cons. const., 22 avr. 2016, déc. n°2016-538 QPC : *DF* 2016, n°36, comm. 461). Le Conseil constitutionnel refuse toutefois de voir un caractère rétroactif dans la rétrospectivité ou « petite rétroactivité », notamment en matière d'impôt sur le revenu, prenant appui sur le fait générateur de l'impôt ou d'une réduction d'impôt (Cons. const. 9 déc. 2016, déc. n°2016-603 QPC, *Consorts C.*, cons. 7 et 8 ; Cons. const., 17 juil. 2015, déc. n°2015-475 QPC, *Sté Crédit Agricole SA*, cons. 6 ; Cons. const., 29 déc. 1998, déc. n°98-405 DC, *Loi de finances pour 1999,* cons. 16 ; Cons. const., 30 déc. 1997, déc. n°97-395 DC, *Loi de finances pour 1998,* cons. 17. – V. également, CE, 8ᵉ et 10ᵉ ch., 13 avr. 2018, n°418.205). En revanche, la frontière est plus souple pour opposer à une norme rétroactive l'article 1er du premier protocole additionnel à la Convention EDH : il faut démontrer détenir un bien ou une créance, ou du moins une espérance légitime d'obtenir ce bien ou cette créance, qualification non exclusive de toute idée de proportionnalité ou d'éviter une instrumentalisation des droits accordés aux contribuables (CEDH, 1ère sect., 19 juin 2008, n°12045/06, *Ictigiarouglou c/ Grèce*, §50 et 51 ; CE, 8ᵉ et 3ᵉ ss-sect., 19 nov. 2008, n°292.948, *Sté Gétécom*), cette espérance nécessitant une base suffisante en droit, telle une norme parfaitement claire, précise et directement applicable (CEDH, 3ᵉ sect., 16 avr. 2002, n°36677/97, *Dangeville c/ France*, § 44-49), ou confirmée par une jurisprudence bien établie des tribunaux (CEDH, gde ch., 28 sept. 2004, n°44912/98, *Kopecky c/ Slovaquie*, §52 ; CEDH, 5ᵉ sect., 23 juil. 2009, n°30345/05, *Joubert c/ France*). Toutefois, et sans doute à des fins pédagogiques, alors même que l'applicabilité de l'article 1er du premier protocole n'est pas certaine, faute de « bien », la Cour EDH fait alors « comme si » et cherche à déterminer si une ingérence est établie, ce qui est le cas « sans conteste » des mesures rétroactives emportant extinction des créances en restitution des sommes versées à l'Administration fiscale ou diminution de la valeur de la créance. V. Par ex. : CEDH, 23 oct. 1997, n°117/1996/736/933 à 935, *National & Provincial Building Society, préc.*; CEDH, 1ère sect., 27 mai 2004, n°42219/98 et n°54563/00, *Ogis-Institut Stanislas, OGEC St Pie X et Blanche de Castille et autres c/ France*, §80.

[1] Ainsi, le motif, bien que légitime, tiré de la volonté affirmée de lutter contre des effets d'aubaine et à la volonté de réaffecter les crédits à d'autres actions dans le domaine de l'emploi et de la croissance, est rejeté non tant en son principe, qu'en raison de l'absence de preuves concordantes (CE, plén. fisc., 9 mai 2012, n°308.996, *min. c./ Sté EPI*).

l'existence d'un équilibre entre l'intérêt général et ceux des contribuables, cet intérêt général devant présenter une épaisseur sincère, et non artificielle.

152. Plan. Si le refus du Conseil d'État d'adopter la terminologie de la Cour européenne des droits de l'homme, contrairement à la Cour de cassation, pose la question d'une éventuelle volonté d'harmonisation entre les différents fondements (1), le contrôle de proportionnalité conduit à une proportionnalisation des motifs d'intérêt général d'ordre budgétaire ou non budgétaire (2).

1. Sémantique et motifs d'intérêt général

153. Sémantiques et proportionnalité de l'intérêt général : l'équivalence des adjectifs « impérieux » et « suffisant » ? Bien que bref[1], le changement de terminologie du juge constitutionnel avec la décision du 14 février 2014, renseigne sur l'intensité du contrôle constitutionnel, le caractère « impérieux »[2] étant plus exigeant que la seule « suffisance »[3]. Néanmoins si ces deux termes sont aussi vagues l'un et l'autre, laissant « toute sa place à un contrôle relevant surtout de l'équité »[4], l'ajout de ces adjectifs marque une évolution du contrôle de constitutionnalité, l'intérêt général n'étant plus la justification du pouvoir législatif : il en donne les limites[5].

154. Indifférence de l'intensité du motif d'intérêt général devant le juge administratif. Alors qu'il exige un motif d'intérêt général « suffisant » des ingérences dans le droit à un recours effectif[6], le juge administratif n'emploie sur le fondement de l'article 1er du premier protocole[7], ni l'adjectif « suffisant », ni l'adjectif « impérieux », nonobstant le désaveu de la Cour européenne des droits de l'homme[8],

---

[1] Depuis cette décision, le juge constitutionnel a repris sa formulation traditionnelle d'« intérêt général suffisant » : Cons. const., 29 nov. 2017, déc. n°2017-755 DC, *Loi de finances rectificative pour 2017*, cons. 44 ; Cons. const., 29 déc. 2013, déc. n°2013-685 DC, *Loi de finances pour 2014*, cons. 38-39. Nous retiendrons cette expression dans le cadre de nos développements.

[2] L'intérêt général impérieux s'impose, ne peut être raisonnablement contesté : le caractère impérieux désignant en effet ce « qui est pressant, auquel on ne peut résister, qui s'impose comme logique, nécessaire » (*in* CNTRL, occurrence « impérieux »)

[3] Le caractère suffisant signifiant « qui entraîne à soi seul un certain effet ou qui permet à soi seul d'obtenir un certain résultat » ou « dont la quantité, la force, l'intensité sont à la juste mesure de ce qui est nécessaire » (*in* CNTRL, occurrence « suffisant »).

[4] M. COLLET, *Droit fiscal*, *op. cit.*, p. 47.

[5] Comme le relève le Professeur J. LAMARQUE, le juge « cherche si les motifs sur lesquels s'est fondé le législateur pour prendre [l'une ou l'autre de ces mesures] correspondent réellement à un but d'intérêt général et sont de nature à justifier ces mesures » *(in* « L'article 16 de la déclaration de 1789 » : *DF* 2015, n°13, étude 232, spé. n°4).

[6] CE, Ass. 27 mai 2005, n°277.975, *Provin.*

[7] CE, 9e et 10e ss-sect., 21 oct. 2011, n°314.767, *min. c/ SNC Peugeot Citroën Mulhouse* et n°314.768, *min. c/ Sté Mécanique Automobile de l'Est* ; CE, plén. fisc., 9 mai 2012, n°308.996, *min. c/ Sté EPI, préc.* ; CE, plén. fisc., 25 oct. 2017, n°403.320, *min. c/ Sté Vivendi ;* CE, 8e et 3e ch., 13 mars 2019, n°417.536, *Sté Ferropem.*

[8] CEDH, 2e sect., 14 fév. 2006, n°67847/01, *Lecarpentier et a., préc. ;*CEDH, 6 oct. 2005, n°1513/03, *Draon et Maurice.*

et alors que le juge judiciaire s'est prononcé en faveur de l'impériosité du motif d'intérêt général[1], ce que la doctrine n'a pas manqué de remarquer[2].

155. Toutefois, cette absence de qualification ne signifie pas absence de contrôle de proportionnalité, au contraire : il est implicite. Seul le résultat du contrôle figure dans la décision en ce que les motifs sont ou pas « susceptibles de justifier » l'atteinte réalisée par les effets rétroactifs de la loi, selon qu'ils sont suffisants ou pas. Autrement dit, il y a une équivalence entre les motifs d'intérêt général, cette notion comportant en elle-même cette notion de « suffisance » ou d'« impérativité ».

156. Une volonté de neutralité ou d'harmonisation entre les critères constitutionnels et européens. Si le juge administratif manifeste ainsi le refus d'imposer un motif d'intérêt général dont l'impérativité serait supérieure sur le fondement de l'article 1er du premier protocole, il marque peut-être aussi une volonté d'une neutralité entre les principes constitutionnels et européens, de nature à assurer une certaine harmonisation[3].

157. Cette volonté d'harmonisation est d'autant plus prégnante que C. LEGRAS, dans ses conclusions sur l'affaire *SNC Peugeot Citroën Mulhouse*, avait invité le Conseil d'État à adopter l'impériosité du motif d'intérêt général en ce qu'il lui semblait « difficile de maintenir [une] jurisprudence qui exige seulement un motif d'intérêt général d'une ampleur suffisante, à l'évidence plus facile à reconnaître qu'un intérêt général impérieux »[4], et d'importer ainsi la jurisprudence européenne[5]. Le Conseil d'État ne suivit donc pas, laissant ainsi une indétermination sur le « seuil d'appréciation » ou d'exigence requise du législateur.

158. La variable tenant à l'emploi d'un adjectif marque donc bien seulement l'intensité du contrôle, sans qu'un motif puisse automatiquement, *in abstracto,* constituer une justification suffisante : « l'appréciation, même si elle repose sur des éléments objectifs, sera nécessairement subjective », éloignant donc la possibilité d'une unité de solutions jurisprudentielles[6]. Néanmoins, une même échelle est perceptible, juge administratif et juge européen marquant une exigence accrue si l'intrusion fiscale atteint le droit à un recours juridictionnel effectif.

---

[1] Soc., 28 mars 2006, n° 04-16.558, P+B, *SA Entreprise Jean Spada et a. c/ Assedic Côte d'Azur.* Également au regard de l'article 6§1 : Civ. 1re, 27 juin 2018, n°17-21.850. *Comp.* la différence entre l'article 6§1 pour lequel les motifs d'intérêt général doivent être suffisants et l'article 1er du Premier protocole pour lequel le législateur doit établir des motifs d'intérêt général susceptibles de justifier une atteinte au droit au respect de ses biens : CE, Ass. 27 mai 2005, n°277.975, *Provin.*

[2] V. not., L. MILANO, « Les lois rétroactives, illustration de l'effectivité du dialogue des juges « : *RFDA* 2006, p. 447 et s ; F. SUDRE, *Droit européen et international des droits de l'homme*, éd. PUF, 10e éd., 2011, p. 383 et s.

[3] En ce sens, CE, plén. fisc., 25 oct. 2017, n°403.320, *min. c/ Sté Vivendi.*

[4] C. LEGRAS, concl. sur CE, 9e et 10e ss-sect., 21 oct. 2011, n°314.767, *min. c/ SNC Peugeot Citroën Mulhouse*, et n°314.768, *min. c/ Sté Mécanique Automobile de l'Est* : *DF* 2011, n°50, comm. 630.

[5] CEDH, 2e sect., 14 fév. 2006, n°67847/01, *Lecarpentier et a.*

[6] « (…) l'appréciation ne sera jamais portée *in abstracto,* sans référence au contexte. Ce qui peut être jugé impérieux en période de crise budgétaire peut ne pas être suffisant lorsque le budget est excédentaire » (L. AYRAULT, « Droit fiscal européen des droits de l'homme : chronique de l'année 2011 » : *DF* 2012, n°9, étude 166, n°42).

159. Transition. Quoiqu'il en soit, qu'il s'agisse de motifs d'intérêt général budgétaire ou non, ce motif fait l'objet en lui-même d'un contrôle de proportionnalité, intégré au contrôle de la proportionnalité de la mesure fiscale plus largement, sans qu'une structuration forte de celle-ci n'en résulte.

2. La proportionnalité des motifs d'intérêt général, une structuration axiologique bi-directionnelle

160. Plan. En termes différents, Conseil constitutionnel et juge européen convergent dans le principe d'une proportionnalisation des motifs d'intérêt général (a), tant que par la volonté d'empêcher une instrumentalisation des normes fondamentales par les contribuables (b), structurant à la fois l'action législative à partir de la norme fiscale et les contribuables[1].

a. *Structuration et proportionnalité des motifs d'intérêt général*

161. Le contrôle de proportionnalité varie selon que le motif d'intérêt général relève (ii) ou non (i) de considérations budgétaires.

i. Proportionnalisation des motifs d'intérêt général non budgétaire

162. Méthode inductive Conseil constitutionnel : de l'objet de la loi de validation à l'objectif d'intérêt général. Le Conseil procède par induction, déterminant d'abord l'objet de la validation, c'est-à-dire l'objectif concret et immédiat de la loi aux effets rétroactifs[2]: l'objectif immédiat se confond dans la portée

[1] Le droit de l'Union européenne protège de manière générale la confiance légitime, principe qui s'oppose, par exemple, à une modification de la législation nationale privant rétroactivement un droit à déduction que l'assujetti a acquis sur le fondement du droit de l'Union (CJCE, 6e ch., 8 juin 2000, aff. C-396/98, *Grundstückgemeinschaft Schloßstraße GbR*, pt. 36). Mais si la Cour de justice oppose le principe de sécurité juridique à l'entrée en vigueur d'un acte communautaire à une date antérieure à sa publication, elle réserve l'exception d'un but d'intérêt général, à la condition de respecter la confiance légitime des intéressés, et par extension au législateur national lorsqu'il adopte une législation qui relève du droit de l'Union (CJCE, gde ch., 26 avr. 2006, aff. C-376/02, *Stichting « Goed Wonen »*, pts 33-34 ; CJCE, 3 déc. 1998, aff. C-381/97, *Belgocodex SA c/ Belgique*, pt. 26). Ainsi, constitue une justification suffisante l'obstacle mis à l'utilisation à grande échelle, pendant le processus législatif, des montages financiers destinés à minimiser la charge de la TVA contre lesquels une loi de modification vise précisément à lutter, dans la mesure où les opérateurs économiques en avaient été averti « de telle manière qu'ils soient en mesure de comprendre les conséquence de la modification législative envisagée pour les opérations qu'ils pratiquent » et où il s'agissait en réalité d'éviter un effet d'aubaine entre l'annonce de la modification et sa réalisation (CJCE, gde ch., 26 avr. 2006, aff. C. 376/02, *Stichting « Goed Wonen »*, pts 33-34, et pts 38-39, cet arrêt citant la jurisprudence de la Cour EDH, et notamment l'arrêt *National & Provincial Building Society* du 23 octobre 1997). Toutefois, la rareté des décisions de la Cour de justice justifie de les citer d'abord pour comparaison.

[2] Bien que figurant en dernier parmi les conditions mises à la constitutionnalité de la mesure rétroactive, la délimitation de la portée de cette dernière sera examinée en premier, à moins que le Conseil constitutionnel se focalise uniquement sur le critère qui emportera la décision d'inconstitutionnalité. En ce cas, l'absence de contrôle de la portée limitée n'implique pas

matérielle et temporelle de la validation, objet législatif, et s'insère dans l'objectif plus large d'intérêt général. Ainsi en partant de la portée matérielle de la loi de validation, le Conseil constitutionnel annonce déjà la suite de son contrôle : il donne la mesure du caractère suffisant ou non du but d'intérêt général, alors même que les deux étapes du raisonnement sont distinctes en principe[1].

163. Cet objectif d'intérêt général tient donc compte de la rationalité décidée par le législateur et canalise d'autant moins l'action législative qu'il n'est pas limité en nombre : a souvent été retenu l'intérêt général tenant « la prévention des troubles qu'apporterait à la continuité des services publics fiscaux et juridictionnels concernés la multiplication de réclamations pouvant, en vertu du [LPF], être présentées pendant plusieurs années »[2], s'ajoutant le cas échéant, à un motif financier[3], ou accentué parfois par l'existence d'un revirement de jurisprudence[4].

L'égalité devant les charges publiques entre redevables[5], ou encore l'objectif de valeur constitutionnelle de lutte contre la fraude et l'évasion fiscales[6], sont également des buts admissibles, cumulativement ou isolément[7]. Le caractère impérieux du second résulte de sa valeur constitutionnelle, et déduit de l'article 13 de la Déclaration, il participe également à l'égalité devant les charges publiques[8]. Au regard de celle-ci, la validation des impositions visées, loin de méconnaître une « règle ou un principe de valeur constitutionnelle », tend au contraire à assurer son respect. Elle constitue alors un « garde-fou » contre l'enrichissement injustifié de certains redevables.

164. Structuration axiologique par la constitutionnalité de l'objet de la validation. Le Conseil constitutionnel exige que l'acte modifié ou validé ne méconnaisse « aucune règle, ni aucun principe de valeur constitutionnelle sauf à ce

---

nécessairement respect de cette condition. Par ex., Cons. const., 10 déc. 2010, déc. n°2010-78 QPC, *Sté IMNOMA*.

[1] V. toutefois, Cons. const. 23 sept. 2011, déc. n°2011-166 QPC, *Yannick N.*, cons. 5.

[2] Cons. const. 29 déc. 1999, déc. n°99-425 DC, *Loi de finances rectificative pour 1999*, cons. 11. – V. également, Cons. const., 24 juil. 1991, déc. n°91-298 DC, *Loi portant diverses dispositions d'ordre économique et financier,* cons. 24 ; Cons. const. 29 déc. 1989, déc. n 89-268 DC, *Loi de finances pour 1990*, cons. 84 ; Cons. Const., 29 déc. 1986, déc. n°86-223 DC, *Loi de finances rectificative pour 1986*, cons. 7 : Cons. const., 14 oct. 2010, déc. n°2010-53 QPC, *Sté Plombinoise de Casino*, cons. 5.

[3] Cons. const. 29 déc. 1999, déc. n°99-425 DC, *Loi de finances rectificative pour 1999*, cons. 11.

[4] *Ibid.*, cons. 15 : « le renvoi, par l'avis de mise en recouvrement, aux seules mentions figurant dans la notification initiale de redressement, alors même que les droits et pénalités ont été réduits au cours de la procédure contradictoire, a constitué, au cours des années récentes, une pratique très courante ; que cette pratique était **au demeurant conforme à l'interprétation jurisprudentielle de l'article R. 256-1 du [LPF], antérieure à la décision du 28 juillet 1999 du Conseil d'État qui en a décidé autrement** ». Nous soulignons.

[5] Par ex., Cons. const., 14 oct. 2010, déc. n°2010-53 QPC, *Sté Plombinoise de Casino*, cons. 5.

[6] Cons. const. 23 sept. 2011, déc. n°2011-166 QPC, *Yannick N.,* cons. 5.

[7] *Ibid.*. En l'occurrence cet objectif est déduit de l'objet de la loi et des travaux parlementaires, cette référence aux travaux parlementaires n'étant pas toujours mentionnée dans la décision même du Conseil mais dans le commentaire officiel. Par ex., celui de la décision du 23 septembre 2011 (n°2011-166 QPC, *Yannick N.),* p. 7.

[8] En ce sens, Cons. const., 29 déc. 1983, déc. n°83-164 DC, *Loi de finances pour 1984*, cons. 27 ; Cons. const., 30 juil. 2010, déc. n°2010-19/27 QPC, *Époux Pipolo et a.*. cons. 9 ; Cons. const., 21 janv. 2011, déc. n°2010-88 QPC, *Mme Boisselier*, cons. 6.

que le but d'intérêt général visé soit lui-même de valeur constitutionnelle ». Ce critère est mis en œuvre lorsque le Conseil identifie de tels règles ou principes dans les droits du contribuable (par exemple : l'équilibre des droits des parties[1], le respect des garanties procédurales liées aux contrôles fiscaux des particuliers[2], ou encore le respect des droits de la défense, bien que moins fréquemment mentionné[3]).

165. Illustration : l'asymétrie de la validation et la rupture de l'équilibre entre les parties. Par exemple, s'agissant de la loi du 30 décembre 2004 introduisant dans la loi la règle dite de l'intangibilité du bilan d'ouverture du premier exercice non prescrit, le seul fait de réserver à l'État la faculté de se prévaloir, pour les impositions établies avant l'entrée en vigueur de la loi, de la jurisprudence du Conseil d'État[4] opérant un revirement de jurisprudence, et qu'entendait combattre précisément ladite loi, porte atteinte à l'équilibre des droits des parties et méconnaît ainsi l'exigence de l'article 16 de la Déclaration de 1789[5]. Ainsi, l'« asymétrie de la validation[6] » exclut automatiquement la constitutionnalité de la loi de validation : cette décision, si elle semble se focaliser sur le critère de droit, n'en renvoie pas moins à la portée limitée de la validation ou de la modification. Cette portée s'entend alors *rationae personae.* Ainsi, si la portée matérielle de la loi rétroactive doit être limitée, la portée *rationae personae* doit être universelle, en ce qu'elle ne peut exclure une catégorie de contribuable ou bien l'État lui-même.

166. Diversité des intérêts généraux devant la Cour EDH[7]. Variés sont les motifs d'intérêt général acceptés : la dissipation de toute incertitude quant à la légalité des recettes collectées[8], la proportion de remboursement de cotisations sociales nécessaire à l'égalisation des situations[9], la mise en conformité du droit national avec le droit communautaire[10], assure l'égalité entre les contribuables[11] ou encore la lutte

---

[1] Cons. const., 10 déc. 2010, déc. n°2010-78 QPC, *Sté IMNOMA*, cons. 6 et 7.
[2] Cons. const. 23 sept. 2011, déc. n°2011-166 QPC, *Yannick N.*, cons. 5.
[3] Par ex., Cons. const. 29 déc. 1999, déc. n°99-425 DC, *Loi de finances rectificative pour 1999*, cons. 14, bien que ce ne soit pas une affirmation nette d'un critère dont le non-respect serait rédhibitoire dans tous les cas ; toutefois, le respect des droits de la défense semble un critère important, du moins pouvant avoir une influence sur la proportionnalisation de la loi aux effets rétroactifs.
[4] CE, Ass., 7 juil. 2004, n°230.169, *Min. c/ SARL Ghesquière équipement.*
[5] Cons. const., 10 déc. 2010, déc. n°2010-78 QPC, *Sté IMNOMA*, cons. 7. Il y a d'ailleurs quelques contradictions ou incohérences à vouloir neutraliser une jurisprudence en consacrant un principe prétorien ancien, tout en se réservant la possibilité d'invoquer la décision du Conseil d'État opérant ce revirement de jurisprudence dans le cas où elle lui était favorable.
[6] E. GEFFRAY, concl. sur CE, 3e et 8e ss-sect., 13 fév. 2009, n°296.117, *SNC Saupic* : *RJF* 5/2009, n°480 ; *BDCF* 5/2009, n°61.
[7] *Comp.* l'acception restrictive de l'intérêt général par la Cour de justice : CJCE, gde ch., 26 avr. 2006, aff. C. 376/02, *Stichting « Goed Wonen »,* pts 33-34.
[8] CEDH, 23 oct. 1997, n° 117/1996/736/933 à 935, *National & Provincial Building Society e. a. c/ Royaume-Uni*, §81.
[9] CEDH, 1ère sect., 27 mai 2004, n°42219/98 et n°54563/00, *Ogis-Institut Stanislas, OGEC St Pie X et Blanche de Castille et autres c/ France*, §87.
[10] CEDH, 3e sect., 16 avr. 2002, n°36677/97, *SA Dangeville c/France*, §55. *Comp.* CJCE, gde ch., 26 avr. 2006, aff. C. 376/02, *Stichting « Goed Wonen ».*
[11] CEDH, 4e sect., 10 juin 2003, n°27793/95, *M.A. et 34 autres c/ Finlande,* p. 12

contre l'évasion fiscale[1]. La Cour tient compte à la fois de l'objectif principal de la disposition rétroactive et du but plus large dans lequel il s'insère[2] : l'existence d'un ou plusieurs intérêts généraux suffit pour légitimer la rétroactivité de la loi fiscale, voire pour conclure au respect de la condition tenant au « juste équilibre »[3], et cela d'autant plus que l'existence d'un « bien » est incertaine ou que les contribuables ont tenté de « pervertir l'intention initiale du législateur »[4]. On retrouve alors une similarité avec le juge constitutionnel dans la volonté de l'obstacle mis à l'instrumentalisation des droits fondamentaux[5], mais une aussi une qualité abstraite du contrôle, propice à une propagation de la disproportionnalité au-delà du cas particulier[6].

167. Proportionnalisation des motifs d'intérêt général et considérations d'équité : une structuration axiologique particulière[7] accrue ?. La caractérisation

---

[1] CEDH, 5e sect., 15 janv. 2015, n°36918/11, n°36963/11, n°36967/11, n°36969/11, n°36970/11 et n°36971/11, *Arnaud et autres c/ France*, §26 (l'installation de Français à Monaco dans le seul but d'échapper à l'ISF pour leurs biens situés hors de France) ; CEDH, 4e sect., 10 juin 2003, n°27793/95, *M.A. et 34 autres c/ Finlande*, p. 12 (optimisation des gains de stock-options). *Comp.* CJCE, gde ch., 26 avr. 2006, aff. C. 376/02, *Stichting « Goed Wonen »*, pts 33-34, *préc.*

[2] Par ex., CEDH, 4e sect., 10 juin 2003, n°27793/95, *M.A. et 34 autres c/ Finlande,* p. 12 (la lutte contre l'évasion fiscale s'inscrit dans le but d'assurer une égalité de traitement entre les contribuables disposant de stock-options). En revanche, l'interprétation rigoureuse par le Conseil d'État du principe de procédure de l'exception de recours parallèle, privant le contribuable de « la seule procédure interne susceptible d'offrir un remède suffisant pour assurer le respect des dispositions de l'article 1er du premier protocole » (à savoir une action en responsabilité) ne constitue pas une justification au regard de l'intérêt général (CEDH, 3e sect., 16 avr. 2002, n°36677/97, *SA Dangeville c/France*, §56).

[3] CEDH, 23 oct. 1997, n°117/1996/736/933 à 935, *National & Provincial Building Society préc.*, §82.

[4] *Ibid.*

[5] Par ailleurs, alors que la condition tenant à la « cause d'utilité publique » ou d'« impérieux motifs d'intérêt général » ne serait pas remplie, la Cour poursuit néanmoins son contrôle de la proportionnalité de l'ingérence en abordant le juste équilibre, ménageant ainsi les susceptibilités des États ou de leurs juridictions : par ex., CEDH, 5e sect., 23 juil. 2009, n°30345/05, *Joubert c/ France* ; CEDH, 3e sect., 16 avr. 2002, n°36677/97, *SA Dangeville c/ France*, §59. Les lois fiscales rétroactives montrent, entre autres, le caractère « éminemment politique » du contrôle de conventionalité, « le juge se montrant soucieux des conséquences budgétaires de sa jurisprudence et du risque d'encombrement des juridictions que, précisément, la loi de validation a pour objectif de supprimer » (F. MARTINET et A. ANGOTTI, « Conseil d'État et Cour de cassation, juges de l'impôt : étude comparative (introduction générale et premier volet). La fiscalité européenne et constitutionnelle ou "la théorie des lasagnes" » : *DF* 2012, n°42, étude 480, n°8).

[6] D. BOTTEGHI et A. LALLET énoncent ainsi que « [l]e fait que le contrôle soit concret et que la loi de validation soit déclarée inconventionnelle en tant qu'elle modifie, pour un procès particulier, les règles rétroactivement sans justification pertinente ne conduit pas au relativisme généralisé. Le motif conduisant à admettre ou écarter la loi de validation sera, le plus souvent, transposable dans les contentieux comparables.» (*in* « De l'art faussement abstrait (et pas vraiment concret) du contrôle de conventionnalité » : *AJDA* 2010, p. 2416). – V. également, M. AFROUKH, « L'identification d'une tendance récente à l'objectivisation du contentieux dans le contrôle de la Cour européenne des droits de l'homme » : *RDP* 2015, p. 1357 et s. ; G. COHEN-JONATHAN, « La fonction quasi-constitutionnelle de la Cour européenne des droits de l'homme », *in Renouveau du droit constitutionnel. Mélanges en l'honneur de Louis Favoreu,* éd Dalloz, 2007, p. 1139 et s. ; F. LAZAUD, « L'objectivisation du contentieux européen des droits de l'homme : *RRJ*, 2005, n°2, p. 913-934.

[7] C'est-à-dire telle que voulue par l'État.

d'une espérance légitime, nécessaire à l'application de l'article 1er du Premier protocole, repose d'abord sur une appréciation factuelle, objectivisant une perception, par essence subjective, de la perspective d'obtenir gain de cause[1] ou le bénéfice d'un régime fiscal[2] par exemple. À cette fin, si certains critères sont véritablement objectifs, d'autres présentent un caractère indéterminé. L'appréciation voulue objective du juge, correspondant au standard d'un contribuable de bonne foi, rationnel et raisonnable, n'en demeure pas moins teintée d'une subjectivité propre à la conception de ce standard.

168. Ainsi, la conservation du bénéfice d'un agrément constitue une espérance légitime en ce que, nonobstant les raisons ayant conduit, en l'espèce, à la suppression du bénéfice mondial consolidé, l'État s'était « engagé » pour une période limitée, en contrepartie de surcroît d'engagements[3]. C'est le même raisonnement qui ressort de la décision *Sté EPI* relative à la suppression d'un crédit d'impôt[4] ou dans une exonération fiscale, limitées d'un point de vue temporel[5]. Il y a alors une exigence de loyauté requise du législateur, voire de contractualisation entre le législateur et le contribuable[6], marquant une structuration accrue, une rationalisation de l'action législative, annoncée dès la qualification d'une espérance légitime.

ii. L'intensité de l'intérêt général financier **per se** *: une structuration de l'action législative par une rationalité évidente*

169. Des approches convergentes. Si le motif d'ordre budgétaire ne suffit pas à lui-seul[7], à moins de porter sur l'équilibre même d'un organisme public, il peut être admis s'il est appuyé d'autres considérations : il « serait inexplicable d'exclure par principe du contrôle de proportionnalité qu'il faut opérer en application de l'article 1er du Premier protocole la motivation financière que se rattache indéniablement à

---

[1] CEDH, 2e sect, 19 oct. 2004, n°58867/00, *Caisse régionale de crédit agricole mutuel Nord de France c/ France.*

[2] CE, 3e et 8e ch., 5 juil. 2018, n°401.157.

[3] CE, plén. fisc., 25 oct. 2017, n°403.320, *min. c/ Sté Vivendi* ; CE, 3e et 8e ss-sect., 6 juin 2018, n°414.482, *SAS Dekra France* ; CE, 8e et 3e ch., 13 mars 2019, n°417.536, *Sté Ferropem.*

[4] CE, plén. fisc., 9 mai 2012, n°308.996, *min. c/ Sté EPI.*

[5] *A contrario*, CE, 8e et 9e ss-sect., 30 nov. 1994, n°128.516, *SCI Résidence Dauphine* ; CE, 8e et 3e ss-sect., 22 janv. 2013, n°355.844, *Fédération nationale indépendante des mutuelles* ; CE, 3e et 8e ss-sect., 21 nov. 2012, n°347.223, *M. et Mme Daumen* ; CE, 8e et 3e ss-sect., 12 juil. 2013, n°359.314, *M. Gibier.*

[6] D'autant plus que l'agrément en l'espèce était réputé irrévocable entre les parties. Cf. E. CRÉPEY, concl. sur CE, plén. fisc., 25 oct. 2017, n°403.320, *min. c/ Sté Vivendi* : *DF* 2018, n°7-8, comm. 188. *Comp.* CEDH, 9 déc. 1994, n°13427/87, *Raffineries grecques Stran et Stratis Andreadis c/ Grèce*, §72-74

[7] En ce sens, CEDH, 5e sect., 23 juil. 2009, n°30345/05, *Joubert c/ France*, §60 ; CEDH, 28 oct. 1999, n°24846/94 et 34165/96 à 34173/96, *Zielinski et Pradal, préc.* §59. À supposer qu'il soit quantifiable avec certitude, « l'intérêt général exigé par la jurisprudence du Conseil constitutionnel ne peut se ramener à l'intérêt des finances publiques, si important soit-il. Sinon, cette condition jurisprudentielle est pure tautologie, (….) » et « pour qu'elle réponde à un intérêt général, que la loi fiscale rétroactive ait eu pour objet de remédier à une situation qui préjudicie non seulement au fisc mais également aux contribuables dans leur ensemble » (J. TUROT, « Moins de laine ou moins de mouton ? - A propos du colloque tenu au Sénat le 10 nov. 1995 sur « les lois fiscales rétroactives face au principe de sécurité juridique » : *DF* 1996, n°3, 100004, p. 107 et s., n°9).

l'intérêt général »[1], ou en application de l'article 6§1[2], ni d'ailleurs au regard de l'article 16 de la Déclaration. Conseil constitutionnel et Cour européenne des droits de l'homme refusent ainsi d'admettre qu'un objectif aussi propre au droit fiscal puisse fonder la rétroactivité d'une loi, à moins que l'équilibre d'un organisme public soit mis en péril ou que les considérations financières viennent appuyer d'autres intérêts généraux plus « nobles »[3].

170. Approche du droit constitutionnel. Si les objectifs budgétaires ne sont pas en principe considérés comme un motif d'intérêt général « suffisant »[4], et ne le seront effectivement qu'en partie parfois[5], cet intérêt d'ordre budgétaire le devient s'il dépasse le strict cadre budgétaire pour toucher plus largement l'équilibre ou le fonctionnement d'un organisme, et indirectement d'autres contribuables que ceux concernés par la loi de validation, donc un intérêt général d'ordre plus systémique[6].

171. Le Conseil vérifie alors le bien-fondé, la réalité de cet argument, par la portée virtuelle et potentielle de l'effet d'une décision de justice, qui a conduit le législateur à intervenir, voire en tenant compte également aussi de la portée de la loi de validation. Ce faisant, le Conseil introduit dans son contrôle de la proportionnalité de la prééminence de l'intérêt général des composants extérieurs à la disposition législative soumise à son examen.

172. Approche de la Cour européenne des droits de l'homme. Si les considérations d'intérêt général qui sous-tendent, relève de marge d'appréciation

---

[1] C. LEGRAS, concl. sur CE, 9e et 10e ss-sect., 21 oct. 2011, n°314.767, *min. c/ SNC Peugeot Citroën Mulhouse*, et n°314.768, *min. c/ Sté Mécanique Automobile de l'Est*, *op. cit.*

[2] CE, 1ère et 6e ss-sect., 23 juin 2004, n°257.797, *Sté Laboratoires Genévrier* (en dehors du droit fiscal). *Contra*, CEDH, 16 janv. 2007, n°954/05, *Chiesi SA c/ France* ; CE, Ass. 11 juil. 2001, n°219.312, *min. c/ Préaud* ; CE, 4e et 5e ss-sect., 25 avr. 2007, n°296.665, *min. c/ Transports Hébert.*

[3] Il ne s'agit pas de réparer une perte de recette qu'une malfaçon ou une interprétation erronée de la loi fiscale par l'Administration, mesure alors de la rationalité de la loi. V, en ce sens, J. TUROT, « Moins de laine ou moins de mouton ?, *op. cit.*

[4] Cons. const., 29 déc. 2012, déc. n°2012-662 DC, *Loi de finances pour 2013,* cons. 44.

[5] Cons. const.,19 déc. 2013, n°3013-682 DC, *Loi de financement de la sécurité sociale pour 2014*, cons. 18.

[6] Ainsi dans la décision du 14 octobre 2010 relative aux prélèvements sur les jeux, le Conseil constitutionnel retient que le législateur a « entendu éviter que ne se développent, pour un motif tenant à la compétence du pouvoir réglementaire, des contestations dont l'aboutissement, **eu égards aux montants financiers en jeu**, aurait pu entraîner, **pour l'État et les autres bénéficiaires** des produits en cause, des **conséquences gravement dommageables** » (Cons. const., déc. n°2010-53 QPC, *Sté Plombinoise de Casino*, cons. 5, nous soulignons.). – V. également, Cons. Const., 28 déc. 1995, déc. n°95-369 DC, *Loi de finances pour 1996*, cons. 35, la validation ayant été déclarée à l'inverse inconstitutionnelle « eu égard aux sommes concernées et aux conditions générales de l'équilibre financier du budget annexe de l'aviation civile qui n'étaient pas susceptibles d'être affectées en l'espèce » ; Cons. const., déc. 11 déc. 2003, n°2003-486 DC, *Loi de financement de la sécurité sociale pour 2004,* cons. 24, même conclusion en l'absence d'effet significatif sur les conditions générales de l'équilibre financier de la sécurité sociale ; Cons. const., 18 déc. 1998, déc. n°98-404 DC , *Loi de financement de la sécurité sociale pour 1999*, cons. 6 et 7, même conclusion l'intérêt général tenant au « souci de prévenir les conséquences financières d'une décision de justice censurant le mode de calcul de la contribution en cause » n'étant pas suffisant.

« particulièrement large » des États parties[1], le seul intérêt financier de l'État[2] ou d'un secteur économique[3] est insuffisant pour justifier en soi l'intervention d'une loi de validation.

173. S'il le peut, c'est que d'autres raisons s'y ajoutent, manifestation d'une proportionnalisation de l'intérêt général financier aux fins d'assurer la rationalité de l'ingérence, en particulier la sauvegarde de la « pérennité » d'organisme ou système d'intérêt général[4], le risque d'un contentieux abondant[5] ou encore la volonté d'éviter que des contribuables ne tirent parti d'une malfaçon législative pour échapper à leurs obligations fiscales que la Cour juge bien fondées, considérations d'équité.

174. Appropriation et fusion des méthodes par le juge administratif. Alors que le Conseil d'État jugeait suffisamment sérieux le motif tiré des pertes budgétaires, l'intérêt général étant assimilé à l'intérêt particulier de l'administration fiscale, les autres juridictions, et notamment la Cour EDH[6] et le Conseil constitutionnel[7], refusaient une telle approche, l'intérêt général devant recouvrir « l'intérêt des citoyens contribuables dans leur ensemble ». Par ses décisions de 2011[8], il a dû « fort opportunément » « se rallier à cette position respectueuse des libertés individuelles », exigeant désormais « des motifs complémentaires au motif budgétaire » pour caractériser un intérêt général susceptible de justifier une loi fiscale rétroactive[9]

175. Le juge fiscal, dans le contrôle de conventionnalité[10], tend à appliquer la méthode du juge constitutionnel, sondant les intentions du législateur, affirmées, cachées ou implicites, plus ou moins sincères et lui ouvrant alors la possibilité

---

[1] CEDH, 5e sect., 9 déc. 2008, n°31050/06, *SCI Parc de Vallauris c/ France.*

[2] CEDH, 2e sect., 12 juin 2007, n°40191/02, *Ducret c/ France*, §40 ; CEDH, 28 oct. 1999, n°24846/94 et 34165/96 à 34173/96, *Zielinski et Prada, préc.*, §59 ; CEDH, 5e sect., 23 juil. 2009, n°30345/05, *Joubert c/ France*, §60 ; CEDH, 5e sect., 25 nov. 2010, n°20429/07, *Lilly c/ France*, §51. V. également, CE, 9e et 10e ss-sect., 21 oct. 2011, n°314.767, *min. c/ SNC Peugeot Citroën Mulhouse ;* CE, plén. fisc., 25 oct. 2017, n°403.320, *min. c/ Sté Vivendi.*

[3] CEDH, 2e sect., 12 juin 2007, n°40191/02, *Ducret c/ France*, §40, à moins de démontrer que la survie des entreprises de ce secteur « et *a fortiori*, l'équilibre général de l'économie nationale, auraient été menacés ».

[4] CEDH, 5e sect., 25 nov. 2010, n°20429/07, *Lilly c/ France*, §54. *Comp.* CEDH, 5e sect., 23 juil. 2009, n°30345/05, *Joubert c/ France*, §63.

[5] Encore faut-il en ce cas, que la prévisibilité et l'ampleur de ce risque puissent être quantifiés avec précision et certitude : CEDH, 5e sect., 23 juil. 2009, n°30345/05, *Joubert c/ France*, §61-62.

[6] *Ibid.*

[7] Cons. const, 18 déc. 1998, déc. n°98-404 DC, *Loi de financement de la sécurité sociale pour 1999.*

[8] CE, 9e et 10e ss-sect., 21 oct. 2011, n°314.767, *min. c/ SNC Peugeot Citroën Mulhouse* et n°314.768, *min. c/ Sté Mécanique Automobile de l'Est.*

[9] F. MARTINET et A. ANGOTTI, « Conseil d'État et Cour de cassation, juges de l'impôt : étude comparative (introduction générale et premier volet), *op. cit.*, n°7.

[10] M.-C. BERGERES, « Vers un contrôle élargi de la loi fiscale par le Conseil d'État ? » : *DF* 2002, n°43, étude 35 ; M. COLLET, « Les bienfaits du "dialogue des juges". Remarques sur la mise en œuvre par le juge fiscal des articles 14 de la Convention EDH et 1er de son premier protocole additionnel », *op. cit.*

d'opérer un choix des motifs, selon le sens qu'il veut donner à sa décision[1]. Toutefois, cette appréciation globalisée des motifs d'intérêt général peut parfois laisser place, dans un premier temps, à une appréciation individualisée, motif par motif, ce qui pourrait écarter dès lors la proportionnalisation du motif financier[2].

176.Transition. Si la structuration est faible à partir de l'objectif d'intérêt général, la rationalité étant décidée par le législateur, le contrôle de proportionnalité de l'intérêt général fait intervenir une structuration comportementale, canalisant les buts « mercantiles » de certains contribuables.

b. *L'effet d'aubaine ou l'enrichissement injustifié : la proportionnalisation par l'équité ou une structuration comportementale indirecte des contribuables*

177.Nette convergence spatiale. Juges constitutionnels et européens sont réticents à admettre une disproportionnalité dans l'atteinte aux droits de contribuables par les effets rétroactifs d'une loi, lorsqu'ils décèlent une volonté de la part de ces derniers d'échapper à leurs obligations fiscales : par ces considérations plus opportunes, empreintes d'équité, une structuration indirecte comportementale des contribuables est perceptible, notamment par une certaine responsabilisation[3]. Cette proportionnalisation prend un aspect plus prégnant lorsque les motifs budgétaires s'opposent, ceux de l'État, par la collectivité d'individus qu'il représente, dépassant l'intérêt budgétaire et vénal des contribuables.

178.Proportionnalisation en fonction de l'objet de la loi de validation devant le Conseil constitutionnel. Les juges de la rue Montpensier requièrent un intérêt général dont l'intensité varie selon que la loi rétroactive ou de validation « vise une simple règle de procédure dont la violation n'a pas porté atteinte aux droits de la défense, ou au contraire une règle de fond qui a fragilisé le droit de propriété »[4], se montrant plus sévère ou circonspect envers le législateur dans le second cas, vis-à-vis des contribuables dans le premier cas : ils marquent ainsi une plus forte approbation lorsqu'ils soulignent que le vice couvert par la loi de validation est d'ordre procédural, et non de fond, soulignant qu''il serait inéquitable que des contribuables échappent,

---

[1] En ce sens, M. COLLET, *ibid.*, n°28 :« le juge est particulièrement libre de faire dire ce qu'il veut à l'intention du législateur, aucunement contraint de construire une interprétation en phase avec des motifs clairement exprimés. Et il n'hésite pas à user de cette liberté lorsqu'il l'estime opportun, car de nature à asseoir la solution qu'il a décidé d'adopter ».
[2] CE, plén. fisc., 25 oct. 2017, n°403.320, *min. c/ Sté Vivendi.*
[3] En dehors de la rétroactivité, *comp.* sur ces deux considérations : CE, 9e et 10e ss-sect., 31 juil. 2009, n°316.525, *Sté Ulysse SAS*, n°324.925, *SAS Cargill France*, et n°325.172, *min. c/ SAS Cargill France* ; CE, 9e et 10e ss-sect., 17 juil. 2013, n°352.273, *min. c/ Sté Coopérative Bressor.*
[4] M. COLLET, *Droit fiscal*, *op. cit.*, p. 47-48.

pour un tel motif, à des impositions légalement dues par ailleurs[1], d'autant plus si la déstabilisation de l'irrégularité était importante[2].

179. Proportionnalisation du motif budgétaire devant le Conseil constitutionnel. Le rejet de principe des motifs financiers s'atténue lorsque le législateur entend éviter un effet d'aubaine[3], c'est-à-dire des effets contraires à l'objectif de rendement poursuivi, en raison du décalage entre l'entrée en vigueur de la loi et la date à laquelle les dispositions contestées ont été rendues publiques[4]. Par cet assouplissement jurisprudentiel, non dénué d'un certain moralisme, l'intérêt général porte en lui-même l'adaptation nécessaire à la proportionnalisation de l'effet rétroactif[5].

180. Toutefois, toute rétroactivité n'est pas permise : le Conseil constitutionnel cisèle alors la norme en fonction de critères temporels, traduisant la matérialisation des attentes légitimes des contribuables ou les situations légalement acquises. Ainsi, si pour la modification de l'article 212 du CGI, l'objectif de rendement a suffi à justifier et adapter la rétroactivité limitée à un exercice fiscal[6], sous-entendant peut-

---

[1] Ainsi, il juge que « l'intérêt général qui s'attache à une telle validation **l'emporte** sur la mise en cause des droits des contribuables qui résulterait de **l'irrégularité de pure forme** que la validation a pour effet de faire disparaître » (Cons. const. 29 déc. 1999, déc. n°99-425 DC, *Loi de finances rectificative pour 1999*, cons. 11, nous soulignons) ; ou encore le Conseil constitutionnel ajoute au but d'intérêt général avancé par le gouvernement et souligne que la loi de validation permet d'éviter que « le reversement aux casinos [bien avisés] d'impositions dont ils sont redevables au regard des règles de fond de la loi fiscale [engendre à leur profit] un enrichissement injustifié » (Cons. const., 14 oct. 2010, déc. n°2010-53 QPC, *Sté Plombinoise de Casino*, cons. 5). Il reformule ainsi, en la concrétisant, la volonté d'éviter une rupture « caractérisée » devant les charges publiques et fait ainsi ressortir l'aspect d'« équité » du principe de proportionnalité envisagé. C'est parfois indirectement, par l'absence de situation légalement acquise et surtout légitime, que le Conseil élude l'effet d'aubaine : ainsi, s'agissant de l'article 164 de la loi LME, le « seul droit que ces contribuables peuvent invoquer est que les exigences posées par la jurisprudence Ravon soient satisfaites à leur égard (…) » ; ainsi « le législateur a entendu que la jurisprudence Ravon ne produise pas un effet amnistiant au bénéfice de personnes suspectées de fraude fiscale » (Commentaire officiel de la décision n°2010-19/27 QPC, p. 8, *préc.*). – V. également, par ex., CE, 9e et 10e ss-sect., 8 nov. 2010, n°308.558, *Syndicat mixte d'études, d'aménagement et de gestion de la base de plein air et de loisirs de l'étang de Saint-Quentin-en-Yvelines* : la loi validant l'article R.256-1 du LPF « a eu pour effet de permettre le recouvrement d'impositions mises à la charge de contribuables qui remplissaient toutes les conditions de fond pour y être assujettis et qu'elle ne prive pas ceux-ci de la possibilité de contester l'impôt (…) ».

[2] Cons. const. 29 déc. 1988, déc. n 88-250 DC, *Loi de finances rectificative pour 1988*, cons. 6. En ce sens, également, M. COLLET, *Droit fiscal, op. cit.*, p. 47-48.

[3] L'effet d'aubaine, tout autant d'ailleurs que les motifs d'intérêt généal, soulevés en défense par l'administration doivent être étayés à partir d'études précises et concluante : CE, 8e et 3e ch., 13 mars 2019, n°417.536, *Sté Ferropem.*

[4] Cons. const., 19 déc. 2013, n°2013-682 DC, *Loi de financement de la sécurité sociale pour 2014*, cons. 15 ; Cons. const., 29 déc. 2013, n°2013-685 DC, *Loi de finances pour 2014*, cons. 39 ; Cons. const., 29 déc. 2012, déc. n°2012-661 DC, *Loi de finances rectificative pour 2012 (III)*, cons. 19. – V. également, Cons. const., 21 juin 2013, déc. n°2013-327 QPC, *SA Assistance Sécurité et Gardiennage* ; CJCE, gde ch., 26 avr. 2006, aff. C. 376/02, *Stichting « Goed Wonen*, pts 38-39. – V. également, M. COLLET, « Effet d'aubaine » : *RJEP* 2013, repère 11.

[5] Cons. const., 29 déc. 2012, déc. n°2012-661 DC, *Loi de finances rectificative pour 2012 (III)*, cons. 19 ; Cons. const., 14 oct. 2010, déc. n°2010-53 QPC, *Sté Plombinoise de Casino*, cons. 5.

[6] Cons. const., 29 déc. 2013, déc. n°2013-685 DC, *Loi de finances pour 2014*, cons. 39.

être que la pratique visée n'était pas si « légitime » que cela, en revanche, la remise en cause des attentes légitimes des contribuables dans l'application d'un régime particulier d'imposition lié au respect d'une durée légale de six ou huit ans est contraire à l'article 16 de la Déclaration, cette attente prenant fin à la fin de cette période légale[1].

181. L'équité, l'argument final parachevant la motivation globale. Ainsi, le Conseil constitutionnel appuie sa décision en soulevant en dernier argument, qu'« **à défaut de validation,** la restitution aux intéressés d'impositions dont ils sont redevables au regard des règles de fond de la loi fiscale pourrait constituer un enrichissement injustifié »[2]. Cette affirmation finale confirme, comme si cela était superfétatoire, la proportionnalité de la loi de validation, et aussi l'effet d'aubaine potentiel ou réel. Le Conseil constitutionnel cherche à préserver une imposition dont il considère qu'elle est due, nonobstant l'absence de base légale. Il tend, par mesure d'équité, d'éviter que certains redevables profitent d'un effet d'aubaine, à l'instar de la Cour européenne des droits de l'homme.

182. Perversion de l'intention du législateur et effet d'aubaine devant le juge de Strasbourg : une approche *in concreto*. La Cour EDH n'est pas en reste et, dans une approche concentrée sur les modalités de la mise en œuvre de la rétroactivité plus que de la rétroactivité elle-même, marque sa réprobation vis-à-vis des contribuables prêts à tirer parti des malfaçons législatives dans des buts mercantiles, qu'il s'agisse de l'article 6§1 ou de l'article 1er du premier protocole, bien qu'en des termes différents : ainsi, tient-elle compte, dans une motivation nettement développée, de l'« effet d'aubaine »[3] ou du fait que les contribuables ont ou n'ont pas délibérément perverti l'intention initiale du législateur[4]. Par ces considérations d'équité[5], le comportement des contribuables, guidés par des motifs considérés comme purement

---

[1] Cons. const., 19 déc. 2013, déc. n°2013-682 DC, *Loi de financement de la sécurité sociale pour 2014*, cons. 18. Dans le même sens, à propos de la remise en cause du caractère libératoire d'une imposition « et qui était **déjà** acquittée » : Cons. const., 29 déc. 2012, déc. n°2012-662 DC, *Loi de finances pour 2013,* cons. 44, nous soulignons.

[2] Cons. const. 29 déc. 1999, déc. n°99-425 DC, *Loi de finances rectificative pour 1999*, cons. 11, nous soulignons.

[3] Ou d'une chance, suite à un revirement de jurisprudence pendant la procédure d'appel, amoindrissant de fait l'antériorité du bien ou de l'espérance légitime du contribuable : CEDH, 5e sect., 9 déc. 2008, n°31050/06, *SCI Parc de Vallauris c/ France.* V. également, CE, 9e et 10e ss-sect., 8 nov. 2010, n°308.558, *Syndicat mixte d'études, d'aménagement et de gestion de la base de plein air et de loisirs de l'étang de Saint-Quentin-en-Yvelines.*

[4] Not. CEDH, 23 oct. 1997, n°117/1996/736/933 à 935, *National & Provincial Building Society e. a.*

[5] Ainsi, dans l'affaire *Ogis-Institut Stanislas et autres contre France*, elle a considéré en effet que les contribuables ne pouvaient se prévaloir « d'un « droit » techniquement imparfait ou déficient sans que, **au nom du respect de l'équité de la procédure**, le législateur puisse intervenir pour préciser les conditions d'obtention de ce droit [à remboursement des cotisations sociales] et ses limites » (CEDH, 1ère sect., 27 mai 2004, n°42219/98 et n°54563/00, §69, nous soulignons). Mais, en l'espèce, l'intervention du législateur n'avait pas conduit à l'extinction du litige : les contribuables s'étaient vu privés de leur créance qu'à hauteur de la différence entre le taux de 1,5%, fixé par le Conseil d'État « pour des considérations d'ordre pragmatique », et le taux de 0,62% finalement retenu par le législateur (*ibid.*, §66 et 70-71).

vénaux et égoïstes[1], influe donc dans la caractérisation d'un objectif d'intérêt général, sans doute insuffisant ou fragile *ab initio*, ou dans l'appréciation du juste équilibre[2], pour autant que les impositions initiales fussent bien fondées[3]. Cette notion de « perversion de l'intention initiale » résulte souvent d'un vice de forme ou d'une carence du pouvoir réglementaire dont les contribuables entendent se prévaloir[4], dans une distinction similaire à celle du Conseil constitutionnel. La Convention ne doit pas servir aux justiciables à obtenir un gain que la Cour **estime** indu[5].

---

[1] Lorsque les intérêts en jeu ne sont pas purement financiers, la Cour semble se montrer plus souple, compréhensive vis-à-vis des requérants. – V. par ex., en dehors du droit fiscal, à propos de la loi « anti-Perruche » du 4 mars 2002 : CEDH, gde ch., 6 oct. 2005, n°11810/03, *Maurice c/ France*, §89-90.

[1] CEDH, 23 oct. 1997, n°117/1996/736/933 à 935, *National & Provincial Building Society e. a.*, §81, §109-112, spé. §111 ;CEDH, 1ère sect., 27 mai 2004, n°42219/98 et n°54563/00 *Ogis-Institut Stanislas,* §85. A l'inverse, l'État ne peut par une loi chercher à revenir sur ses propres engagements, la Cour procédant alors par la rupture du « *juste équilibre* » pour remettre en cause, dans le cas particulier, l'intérêt général allégué par l'État (CEDH, 9 déc. 1994, n°13427/87, *Raffineries grecques Stran et Stratis Andreadis c/ Grèce*, §72-74).

[2] Par ex., not. CEDH, 23 oct. 1997, n°117/1996/736/933 à 935, *National & Provincial Building Society*: « « un intérêt général évident et impérieux commande de veiller à ce que les organismes privés ne bénéficient pas d'une manne en cas de changement de régime de collecte de l'impôt et ne privent pas le fisc de recettes pour de simples failles dues à l'inadvertance dans la législation fiscale d'habilitation », « **surtout** lorsque ces organismes ont suivi les débats du Parlement sur la proposition initiale et, tout en la désapprouvant, ont manifestement compris que le législateur avait la ferme intention de l'intégrer à la législation » (§81). La Cour insiste par ailleurs sur le fait que les contribuables « **avaient ou auraient dû avoir conscience** que l'État tenterait de son côté de remédier au vide juridique mis en évidence » par les juridictions nationales et ainsi de réduire les chances de succès des actions en restitution « à néant » (§112, nous soulignons). – V. également, CEDH, 1ère sect., 27 mai 2004, n°42219/98 et n°54563/00, *Ogis-Institut Stanislas*, §71 et 72, où la Cour légitimise l'intérêt général tendant à veiller à ce que ces organismes privés « ne bénéficient pas d'avantages **exorbitants** en cas de changement de régime en matière de cotisations sociales et ne fassent pas, pour une carence du pouvoir réglementaire à l'origine d'un vide juridique, peser sur l'État des obligations **indues** » (§85).

[3] CEDH, 5e sect., 9 déc. 2008, n°31050/06, *SCI Parc de Vallauris c/ France :* la Cour « juge convaincante la thèse du Gouvernement selon laquelle, en se bornant à purger un vice de pure forme, la loi de validation litigieuse a permis le recouvrement d'impositions **par ailleurs légalement dues** » (nous soulignons). *Comp.* CE, 9e et 10e ss-sect., 8 nov. 2010, n°308.558, *Syndicat mixte d'études, d'aménagement et de gestion de la base de plein air et de loisirs de l'étang de Saint-Quentin-en-Yvelines*, à propos de la la loi validant l'article R256-1 du LPF.

[4] CEDH, 23 oct. 1997, n°117/1996/736/933 à 935, *National & Provincial Building Society e. a.* ; CEDH, 1ère sect., 27 mai 2004, n°42219/98 et n°54563/00 *Ogis-Institut Stanislas* ; CEDH, 5e sect., 9 déc. 2008, n°31050/06, *SCI Parc de Vallauris c/ France.. Comp.* CE, 9e et 10e ss-sect., 8 nov. 2010, n°308.558, *Syndicat mixte d'études, d'aménagement et de gestion de la base de plein air et de loisirs de l'étang de Saint-Quentin-en-Yvelines.*

[5] Même si la loi de validation a constitué une ingérence disproportionnée dans le droit au respect de ses biens, le fait que le recours des contribuables était fondé sur un vice formel peut avoir pour effet de limiter la satisfaction équitable de l'article 41 de la Convention : en effet, la Cour estime que le seul constat de violation constitue une satisfaction équitable pour le préjudice moral, les impositions étant bien fondées par ailleurs (du moins le suppose-t-elle) (CEDH, 5e sect., 23 juil. 2009, n°30345/05, *Joubert c/ France*, § 74-76). V. également, en dehors du droit fiscal : CEDH, gde ch., 30 juin 2005, n°46720/99, n°72203/01 et n°72552/01, *Jahn et autres c/ Allemagne*, § 95-116. Sur la faiblesse de la motivation, empreinte d'équité de la Cour : v. A. SCHAHMANECHE, *La motivation des décisions de la Cour européenne des droits de l'homme*, *op. cit.*, p. 680 et s. ; J ;-F. FLAUSS et

183. Responsabilisation des contribuables. Une même appréhension de la situation, par l'attitude des contribuables, se retrouve dans l'affaire *Arnaud et autre contre France* au sujet de l'imposition rétroactive à l'impôt de solidarité sur la fortune des Français résidents de Monaco, suite à la signature d'un Avenant à la convention fiscale liant la France et la Principauté de Monaco[1]. Sans aller jusqu'à considérer que le fait de s'installer à Monaco constitue une perversion de l'intention initiale du législateur ayant instauré l'impôt sur la fortune français, la Cour a retenu néanmoins le fait que les contribuables étaient informés des négociations entre la France et la Principauté de Monaco sur l'Avenant de la convention fiscale bilatérale : une lettre du ministre enjoignant les contribuables à anticiper l'entrée en vigueur du texte « malgré l'absence d'obligation légale à ce stade », les « larges facilités de paiements », l'absence de pénalités pour la période antérieure à la ratification de l'Avenant, ainsi que l'existence d'un recours pour contester la légalité des impositions[2].Il n'y avait donc aucune « surprise »[3] dans cette imposition rétroactive[4]. Ainsi, l'anticipation des effets de l'entrée en vigueur de l'Avenant ainsi que les « mesures adaptées (…) afin d'atténuer l'importance de l'impôt exigé à partir de 2005 » ont permis d'éviter aux contribuables de supporter une « charge excessive » et que leur situation financière n'a pas été fondamentalement atteinte[5].

184. Bris de jurisprudence, espérance légitime et effet d'aubaine. Plus délicate est l'appréciation de la tangibilité, crédibilisation de l'espérance légitime dans le cas d'une législation aux effets rétroactifs, brisant une jurisprudence, un revirement le cas

---

E. *LAMBERT*-ADBELGAWAD (dir.), *La pratique d'indemnisation par la Cour EDH*, éd. Bruylant, 2011, 357 p. ; P. TAVERNIER, « La contribution de la jurisprudence de la Cour EDH relative à la responsabilité internationale en matière de réparation, une remise en cause nécessaire » : *RTDH* 2007, n°75, p. 945-966 ; G. COHEN-JONATHAN, « Quelques considérations sur la réparation accordée aux victimes de la CEDH », *in Les droits de l'homme au seuil du troisième millénaire, Mélanges en hommage à Pierre Lambert*, éd. Bruylant 2000, p. 119-121.

[1] V. également, CEDH, 4e sect., 10 juin 2003, n°27793/95, *M.A. et 34 autres c/ Finlande*, p. 12-13 : s'agissant de l'optimisation d'un plan de stock-options, la Cour énonce que malgré des conséquences financières importantes, la mesure législative rétroactive n'a pas imposé une charge excessive aux requérants « **compte tenu du pourcentage maximal de l'impôt** sur le revenu et du fait que l'impôt, qui reflétait en partie **le très haut niveau de revenu** des demandeurs, était fondé sur les **bénéfices réels** tirés de la vente d'options d'achat d'actions » (nous soulignons). Les arguments comparatifs et factuels, insistant aussi sur la situation « confortable » des justiciables, contribuent ensemble à l'adaptation de la mesure rétroactive, dont les effets sont ainsi limités et relativisés.

[2] CEDH, 5e sect., 15 janv. 2015, n°36918/11, n°36963/11, n°36967/11, n°36969/11, n°36970/11 et n°36971/11, *Arnaud et autres c/ France*, §31. *Comp.* CJCE, gde ch., 26 avr. 2006, aff. C. 376/02, *Stichting « Goed Wonen »*, pt 44.

[3] *Comp.* l'exigence d'un régime transitoire dans la modification rétroactive du régime de la répétition de l'indu : cf. *supra*, Chapitre I du présent titre.

[4] Et ce d'autant plus que pour l'année 2005, la rétroactivité n'est pas établie compte tenu de l'autorisation législative pour l'approbation de l'Avenant, tout au plus la Cour relève la « restrospectivité » de l'impôt sur le revenu (CEDH, 5e sect., 15 janv. 2015, n°36918/11, n°36963/11, n°36967/11, n°36969/11, n°36970/11 et n°36971/11, *Arnaud et autres c/ France*, §30). Cependant c'est méconnaître le fait générateur de l'ISF, ainsi que sa nature : il s'agit en effet d'un impôt sur le patrimoine, et non les revenus, dont le fait générateur se situe au 1er janvier de l'année, et non au 31 décembre.

[5] CEDH, 5e sect., 15 janv. 2015, n°36918/11, n°36963/11, n°36967/11, n°36969/11, n°36970/11 et n°36971/11, *Arnaud et autres c/ France*, §32.

échéant[1]. Parmi les autres critères marquant l'affermissement de l'espérance légitime, comptent la nature du « revirement » lequel peut n'être qu'un « parachèvement d'une évolution jurisprudentielle », le caractère automatique ou discrétionnaire d'un agrément[2], la formation d'une réclamation contentieuse avant l'intervention de la loi rétroactive[3], le délai d'adoption de cette dernière, et, à l'inverse, la volonté d'écarter les effets d'aubaine semble jouer dès la qualification d'un bien, tout autant que lors de l'appréciation de l'équilibre ménagé par la loi aux effets rétroactifs[4].

185. Hormis le critère temporel relatif à la célérité du législateur, ce n'est pas tant la tangibilité de l'espérance[5] qui compte que la légitimité de l'intervention du législateur[6].

186. Transition. L'intérêt général justifiant la rétroactivité d'une loi fiscale apporte une structuration de l'action législative, appréhendée à partir de la norme fiscale rétroactive, mais cette structuration plus assurée qu'en matière procédurale n'en reste pas moins fondée sur une rationalité décidée par le législateur. Si cette structuration axiologique donne l'orientation générale mais apporte peu d'effets dans la rationalisation de la norme législative, tandis qu'une structuration comportementale

---

[1] Ainsi, en présence d'un bris de revirement de jurisprudence, si un délai de 6 mois est trop bref (CE, 8e et 3e ss-sect., 19 nov. 2008, n°292.948, *Sté Gétécom*) pour permettre « l'éclosion d'une espérance légitime », « eu égard au temps nécessaire à la mise en mouvement d'une intervention législative, (...) un délai supérieur à un an est suffisant », ce qui laisse un laps de temps de six mois où une espérance légitime pourra être considérée ou pas comme suffisamment affermie (C. LEGRAS, concl. sur CE, 9e et 10e ss-sect., 21 oct. 2011, n°314.767, *min. c/ SNC Peugeot Citroën Mulhouse* et n°314.768, *min. c/ Sté Mécanique Automobile de l'Est, op. cit.).*

[2] CE, 3e et 8e ss-sect., 20 mars 2013, n°349.834, *min. c/ Sté Bellon.*

[3] C. LEGRAS, concl., *op. cit.*. *Comp.* en ce sens, CEDH, 5e sect., 25 nov. 2010, n°20429/07, *Lilly c/ France* ; CEDH, 5e sect., 23 juil. 2009, n°30345/05, *Joubert c/ France* ; CEDH, 5e sect., 9 déc. 2008, n°31050/06, *SCI Parc de Vallauris c/ France.*

[4] Par ex., J. COURTIAL écrivait dans ses conclusions sur l'affaire SCI Le Complexe soulignait que « la société essaie d'échapper au paiement de sa dette en invoquant un vice qui, à le supposer réel, serait tout de même très formel. La loi de validation aurait alors bien pour objet, non de priver le redevable de ses biens, mais de le priver d'une aubaine, et donc de rétablir l'égalité de tous devant l'impôt » (concl. sous CE, 9e et 10e ss-sect., 21 déc. 2001, n°211.663 : *DF* 2002, n°22-23, comm. 461). Il en a été de même, concernant la réforme apportée par la loi LME aux régimes des perquisitions fiscales et saisies de l'article L 16 B du LPF : il n'y a pas d'espérance légitime à se prévaloir de la décision *Ravon* de la Cour européenne dès lors que « le législateur s'est contenté de donner une nouvelle rédaction à l'article L 16 B conforme aux exigences de la convention [EDH] » (CE, 8e et 3e ss-sect., 1er fév. 2012, n°339.387, *Sté des logements modulaires (LOGMO)* et n°339.388, *Pino Garcia*), sans aucune référence au délai séparant cette décision de la loi LME. *Comp.* l'absence d'espérance légitime dans le maintien d'une situation de non-imposition ou d'une exonération fiscale : CE, 3e et 8e ss-sect., 21 nov. 2012, n°347.223, *M. et Mme Daumen ;* CE, 8e et 3e ss-sect., n°355.844, 23 janv. 2013, *Fédération nationale indépendante des mutuelles* ; CE, 8e et 3e ss-sect., 12 juil. 2013, n°359.314, *M. Gibier.*

[5] Et sa légitimité laquelle « serait inversement proportionnelle à la légitimité des motifs de la loi de validation » le juge risquant alors de confondre l'invocabilité de l'article premier du premier protocole et son application (M. COLLET, « Les bienfaits du "dialogue des juges". Remarques sur la mise en œuvre par le juge fiscal des articles 14 de la Convention EDH et 1er de son premier protocole additionnel », *op. cit.* n°36).

[6] En ce sens, L. AYRAULT, Droit fiscal européen des droits de l'homme : chronique de l'année 2012 » : *DF* 2013, n°9, chron. 177).

des contribuables est perceptible, c'est à nouveau la rationalité instrumentale, mesure du lien logique, qui donne la structuration principale à la norme fiscale, notamment en droit constitutionnel.

B. La structuration par la portée de la disposition rétroactive, concrétisation du lien logique avec l'objectif législatif immédiat

187. Faible structuration à partir de l'objet de la loi fiscale rétroactive devant la Cour EDH. Se focalisant sur les effets concrets de ces lois rétroactives, le contrôle européen apporte en la matière peu de structuration, mais accentue l'aspect modérateur du contrôle de proportionnalité par l'adaptation, c'est-à-dire la préservation du bien ou du recours juridictionnel, le premier pouvant, dans certaines situations, être totalement annihilé. La Cour européenne ne s'attache pas à la délimitation de la portée de la loi par rapport à son objectif d'intérêt général, mais plus dans la radicalité de ses effets, approche accentuée par la globalisation de la proportionnalisation dans la situation d'application : son attention se porte ainsi sur les effets, et non sur la portée des effets rétroactifs. Ainsi la Cour pourra se montrer plus sévère si les dispositions ayant effet rétroactif font disparaître entièrement la créance en son principe que si elles ne portent que sur le montant de la créance, la laissant intacte dans son principe[1]. Elle ne semble pas porter une attention particulière à la proportion de la diminution de cette créance, d'autant plus si les contribuables ont cherché à profiter d'un vide juridique.

188. Forte structuration à partir de l'objet de la loi fiscale rétroactive en droit constitutionnel. L'objectif d'intérêt général ne permet pas un contrôle efficace du contenu de la norme rétroactive : cet objectif médiat, s'il justifie l'intervention de la loi rétroactive ou de validation, n'a guère d'autre « utilité » dans l'identification du lien logique, laquelle se matérialise par la circonscription du champ d'application, traduction de l'objectif législatif immédiat et concret, à savoir l'objet de la validation : la traduction matérielle du lien logique réside dans le champ d'application de ladite mesure, celui-ci devant « strictement », « précisément », coïncider avec le « vice » couvert par la validation[2]. La délimitation de la portée des effets rétroactifs[3] marquent ainsi la rationalité de la loi, et partant la rationalisation de l'action législative, mais aussi sa proportionnalisation par l'effet modérateur qu'il induit. La rationalité est alors

---

[1] CEDH, 1ère sect., 27 mai 2004, n°42219/98 et n°54563/00, *Ogis-Institut Stanislas,* §86.

[2] Cons. const. 29 déc. 1999, déc. n°99-425 DC, *Loi de finances rectificative pour 1999*, cons. 11 et 15 ; Cons. const. 29 déc. 1988, déc. n 88-250 DC, *Loi de finances rectificative pour 1988*, cons. 6 ; Cons. const. 29 déc. 1989, déc. n 89-268 DC, *Loi de finances pour 1990*, cons. 81 ; Cons. const. 23 sept. 2011, déc. n°2011-166 QPC, *Yannick N.*

[3] Cette délimitation est parfois liée au respect des décisions ayant force de chose jugée, critère d'adaptation extrinsèque : ainsi, l'article 1er de la loi en cause « n'a ni pour objet, ni pour effet de valider un acte annulé ou déclaré illégal par une décision juridictionnelle », ce qui inclut donc l'adaptation extrinsèque par le respect des décisions passées en force de chose jugée, et son article 2 « qui n'a d'ailleurs pas pour porter de purger les impositions en cause de **vice autres que ceux** qui tiendraient éventuellement à la délibération du 8 décembre 1994 », l'adverbe « d'ailleurs » marquant une prééminence de la garantie des droits par le respect des « droits des contribuables nés de décisions juridictionnelles passées en force de chose jugée » (Cons. const., 19 nov. 1997, déc. n°97-390 DC, *Loi organique relative à la fiscalité applicable en Polynésie française,* cons. 5 et 13, nous soulignons.

mesure de l'adaptation intrinsèque, sur laquelle le Conseil constitutionnel insiste parfois[1]. La proportionnalisation par l'adaptation intrinsèque déduite du lien logique conforte et complète la justification tirée de ou des objectifs d'intérêt général, dans une approche abstraite.

189. Ainsi, dans les lois de validation, il importe que le législateur ne valide pas globalement l'acte mais spécifie précisément l'illégalité couverte par la loi de validation : « si le législateur peut, dans un but d'intérêt général suffisant, valider un acte dont le juge administratif est saisi, afin de prévenir les difficultés qui pourraient naître de son annulation, c'est à la condition de définir strictement la portée de cette validation, eu égard à ses effets sur le contrôle de la juridiction saisie »[2]. Lorsque la rétroactivité touche l'imposition elle-même, et qu'elle vise à empêcher des effets suite à l'annonce de l'adoption de la mesure, sa portée doit correspondre à ces effets précisément, et conduit alors une date d'entrée en vigueur datée de l'annonce[3]. Si le juge constitutionnel énonce simplement le constat d'une portée limitée de la rétroactivité, il insiste parfois, la précise aussi, le cas échéant, en excluant certaines interprétations extensives[4]. Son approbation est parfois plus nette encore, relevant au passage le caractère presque « indolore » pour les contribuables, de la disposition législative examinée[5].

Conclusion de la Section 2.

190. La structuration par la rationalité dépend donc de l'objet de la procédure et de ses effets : si elle s'observe à partir de la rationalité instrumentale des lois ayant pour objectif immédiat des procédures de contrôle ou de recouvrement, elle tend à se concentrer, s'agissant des lois fiscales aux effets rétroactifs sur l'intérêt général

---

[1] Cons. const. 29 déc. 1989, déc. n 89-268 DC, *Loi de finances pour 1990*, cons. 99 : « **de surcroît,** le fait de **limiter la validation** des opérations **dans le cas où** l'ordonnance a autorisé, outre la visite domiciliaire, celle de tout coffre ou véhicule, à la condition que cette dernière n'ait pas été effectuée, **loin de constituer une discrimination répond au contraire au souci de restreindre les effets d'une mesure de validation** à une hypothèse où les droits des intéressés ne se trouvent en aucune façon affectés ». Nous soulignons.

[2] Cons. const. 21 déc. 1999, déc. n°99-422 DC, *Loi de financement de la sécurité sociale pour 2000*, cons. 64. Tel n'était pas le cas en l'espèce :le législateur avait en effet validé globalement les dits actes « en tant que leur légalité serait contestée pour un motif tiré de l'illégalité de cet arrêté [du 28 avril 1999] », « sans indiquer le motif précis d'illégalité dont il entendait purger l'acte contesté » (cons. 64 et 65).

[3] Cons. const., 29 déc. 2013, déc. n°2013-685 DC, *Loi de finances pour 2014*, cons. 38-39 (à propos de l'article 212 du CGI).

[4] Par ex., « la validation est strictement limitée dans sa portée **puisqu'elle n'a pas pour objet** de purger les impositions en cause d'autres vices que celui [en cause] » et les avis entachés du vice de forme en question « ne sont validés **qu'en tant, précisément**, [souligne le Conseil], qu'ils se réfèrent, pour ce qui est du montant des droits et pénalités, à la seule notification de redressement » et qu'ainsi, « ces actes pourront être contestés, devant le juge compétent, pour tout autre motif de forme ou de fond » (Cons. const. 29 déc. 1999, déc. n°99-425 DC, *Loi de finances rectificative pour 1999*, cons. 11 et 16).

[5] Par ex., il ajoute que « **de surcroît,** le fait de limiter la validation (…), **loin de constituer une discrimination répond au contraire au souci de restreindre les effets d'une mesure de validation à une hypothèse** où les droits des intéressés ne se trouve en aucune façon affectés » (Cons. const. 29 déc. 1989, déc. n 89-268 DC, *Loi de finances pour 1990*, cons. 99, nous soulignons).

poursuivi, ce rattachement à des objectifs transcendants donnant néanmoins une direction axiologique justifiant souvent la prise en considération des préoccupations pécuniaires et vénales de certains contribuables[1].

CONCLUSION DU CHAPITRE I

191. Bien que résiduel, le contrôle de l'égalité, construit sur le modèle du contrôle de proportionnalité, repose sur un raisonnement différent, l'objectif d'intérêt général contribuant plus fortement à la structuration de la norme fiscale de procédure.

192. La confrontation des lois fiscales de procédures ou aux effets rétroactifs aux droits et libertés, distincts du contrôle de l'égalité, concentre le contrôle de leur rationalité, structurant la norme fiscale : la circonscription matérielle, spatiale, temporelle voire personnelle des procédures fiscales manifeste le lien logique reliant les dispositions à l'objectif immédiat et concret de la procédure, points appréhendables par le juge, dans l'orientation générale donnée par l'intérêt général transcendant. Ce lien marque la forte adaptation intrinsèque de la norme qui structurera son application à partir d'une rationalité qui s'imposera à l'Administration.

---

[1] Cette structuration se prolonge par le contrôle exercé par les juridictions suprêmes des ordres judiciaire et administratif, par une interprétation stricte des lois fiscales aux effets rétroactifs, notamment interprétatives, mais « qui donne néanmoins leur plein effet aux intentions manifestées par le législateur » (P. MARTIN concl. sur CE, Plén., 28 nov. 1986, *Delattre et Cie*, n°15.196 : *DF* 1987, n°26, comm. 1239). – V. également, les conclusions d'O. FOUQUET sur CE, Plén., 22 mai 1989, n°68.832, *Redjala* (*Gaz. Pal.*. 1989, I, p. 777 et s.), et B. MARTIN LAPRADE, sur CE, Sect., n°61.531, 11 déc. 1987, *SCI Rudel* (*DF* 1988, n°19, comm. 924). Cette poursuite de la structuration dans l'application peut aussi prendre la forme, devant le juge judiciaire, d'un refus de faire produire des effets aux lois faussement rétroactives, condamnant ainsi un détournement de la loi par le législateur lui-même (Com., 7 avr. 1002, *Mme Pavie c/ Directeur général des impôts. Comp.* CE, Ass. 7 juil. 1989, n°106.284, *Cie financière et industrielle des autoroutes*).

Chapitre II. La structuration dans la mise en application des normes de procédures fiscales : la rationalité « imposée »

193.Plan. Les procédures de contrôle ou de recouvrement s'appuient sur une rationalité temporelle ou matérielle, parfois imposée, parfois décidée, non exempte d'une certaine proportionnalisation par adaptation (Section 1)[1]. Elles recouvrent également des contentieux particuliers, nés, le cas échéant, de la disproportionnalité des normes fiscales, soit par défaut de rationalité, soit, plus souvent, par une inadaptation insuffisante ou inexistante. La responsabilité de l'État pour faute simple de l'Administration fiscale ou du fait des lois contraires aux normes supérieures présentent ainsi une rationalité imposée, dictée par l'idée de causalité, critère de droit, mesure de la proportionnalité de l'indemnisation du préjudice (Section 2).

Section 1. Rationalités matérielle et temporelle des procédures fiscales

194.Plan. Si la structuration des procédures dépend en partie des objectifs visés par le législateur, certains principes inhérents, ou considérés comme tels, à l'État de droit, s'imposent à lui de sorte que la rationalité mi-décidée, mi-imposée s'observe dans les exceptions et restrictions à l'égalité ou aux droits procéduraux accordés aux contribuables, tandis qu'elle conduit *a priori* à une structuration des procédures de contrôle[2] notamment, par une présomption d'appropriation et de poursuite[3], par les

---

[1] La « fraude fiscale est condamnable. Le contrôle destiné à la combattre est légitime. Mais dans un État de droit, pour atteindre un but légitime, fût-il d'intérêt général, tous les moyens ne sont pas bons » (B. HATOUX, « La preuve illicite est irrecevable ou le vol est un péché capital », étude à propos de Com. 31 janv. 2012, n°11-13.097 :: *RJF* 4/2012, p. 384)

[2] Si cette structuration vise l'Administration, les procédures de contrôles sont aussi le moyen d'assurer la structuration des décisions prises par les contribuables, positivement ou négativement. Il est d'ailleurs amusant de remarquer que si la régularité d'un ESFP n'est pas remise en cause par l'envoi d'une demande de déclaration catégorielle simultanément à l'avis de vérification en ce que cette mise en demeure « ne peut être regardée comme participant du contrôle de cohérence entre les revenus déclarés par ce contribuable et sa situation patrimoniale, sa situation de trésorerie ou son train de vie, mais a seulement pour objet de permettre la réalisation de ce contrôle dans des conditions plus satisfaisantes s'agissant des revenus déclarés » (CE, 8e et 3e ch., 24 oct. 2018, n°416.676), le lien logique propre à chaque procédure est objectivement envisagé, et abstraitement, puisque une remise en cause dans le cas concret semble écartée, tandis que la mise en demeure constitue une mesure d'adaptation de la procédure de contrôle concomitante, en ce qu'elle peut compenser, par la facilitation du contrôle, les inconvénients de la procédure de l'article L12 du LPF.

[3] A la fois la norme fondamentale, présupposée de la validité de la décision de l'administration (F. HAMON, M. TROPER, *Droit constitutionnel*, éd. LGDJ-Lextenso, 35e éd., 2014, p. 21-22) et le privilège du préalable (principe énoncé par M. HAURIOU à l'occasion de la décision *Préfet de l'Eure* (CE, 30 mai 1913 : Rec. p. 583 ; S 1915, p. 39) laissent présumer que l'administration agit conformément aux prescriptions légales.

agents de l'Administration, des objectifs immédiats et concrets des procédures de contrôle[1] (I). Quant à la rationalité temporelle, elle traduit une volonté de sécurisation juridique, par l'instauration de délais de prescription et de réclamation (II).

I. La rationalité matérielle de et par la loi de procédure fiscale

195. Nécessité d'un affinement de la rationalité matérielle. La norme procédurale ayant pour objet la structuration matérielle, spatiale et temporelle des procédures fiscales, ou du procès fiscal, l'appréhension du lien logique par le juge, dans l'application de la loi, peut sembler superfétatoire en ce qu'elle serait présumée, le contrôle juridictionnel n'intervenant qu'au stade du contrôle de l'adaptation. Pourtant, cette opération nécessite parfois une précision du lien logique afin de lui donner un caractère opératoire supérieur[2], soit de la procédure elle-même, soit afin de permettre l'expression des garanties procédurales (A) de sorte que, par cette transdiction[3], le juge fiscal, saisi par les contribuables, puisse s'assurer de la coïncidence des objectifs poursuivis par le législateur et l'Administration fiscale (B).

A. La précision accrue de la rationalité instrumentale de la loi de procédure fiscale

196. Plan. La précision de la rationalité instrumentale accroît l'effet structurant de la loi fiscale de procédure, notamment au regard des autres droits non-procéduraux (1) et de l'accès à un tribunal (2), contrôles qui, en principe, diffèrent du contrôle de la rationalité imposée par cette norme et mise en application.

1. La précision de la rationalité instrumentale abstraite aux fins d'une application concrète

197. Perfectionnement de la rationalité abstraite. La rationalité de la loi instituant une procédure de contrôle, plus ou moins invasive dans la vie privée des contribuables ou de personnes qui leur sont liées, dépend de son objectif concret et immédiat, le lien logique étant saisi à partir de la délimitation précise, spatiale et

---

[1] Ainsi, la référence aux objectifs de la loi est naturellement présente dans la doctrine administrative car « l'adhésion aux objectifs de la loi est dans la nature du pouvoir exécutif, et consubstantielle à la subordination hiérarchique des fonctionnaires » et que la formulation d'objectifs par le législateur a souvent pour destinataire, non pas tant les contribuables-administrés que l'administration car ces objectifs « sont le début de la formulation et de la mise en place d'une politique publique, et non pas le commandement de la loi » (J.-B. AUBY, « Le recours aux objectifs des textes dans leur application en droit public » : *RDP* 1991, p. 332 et p. 337).

[2] Cette précision s'opère à travers les objectifs poursuivis, déduits du texte même ou des travaux parlementaires, de nature à « fonder, (…) cerner positivement les compétences des autorités chargées de leur application [i.e. des textes] » et à défaut d'objectif « sous-jacents, c'est en vérité par amalgame à la lettre du texte qu'ils [les juges] vont opérer pour délimiter les compétences des organes d'application » (J.-B. AUBY, *ibid.*, p. 331 et 335).

[3] G. TIMSIT, « La transdiction à l'œuvre », Enquête [en ligne], 7 | 1999, mis en ligne le 17 juil. 2013. V. également, H. KELSEN, *Théorie pure du droit (*trad. C. EISENMANN), éd. LGDJ-Bruylant, coll. « La Pensée juridique », 1999, p. 235 : « [l]'application du droit est en même temps création du droit ».

temporelle, de la procédure en question[1]. Toutefois, bien qu'abstraitement délimité par la loi, ce champ d'application nécessite parfois des précisions supplémentaires par le juge, sans que cette interprétation de la loi ne se confonde avec la vérification de la légalité de la procédure mise en œuvre, c'est-à-dire de la correspondance entre la rationalité abstraite et objective et la rationalité particulière dans la situation d'application[2].

198. Perfectionnement par le juge européen : l'exemple des solidarités financières dans le cadre du recouvrement de la TVA[3]. Ainsi, si l'objectif de prévention de la fraude fiscale légitimise parfois des exigences élevées quant aux obligations des fournisseurs, collecteurs de taxes pour le compte de l'État et dans l'intérêt du Trésor public, la Cour de justice précise que la « répartition du risque entre ces derniers et l'administration fiscale, à la suite d'une fraude commise par un tiers, doit être compatible avec le principe de proportionnalité »[4]. Cette répartition exige un partage équitable, interdisant d'imputer à un assujetti « de manière inconditionnelle » la perte de recettes fiscales « **causée** par les agissements d'un tiers assujetti, sur lesquels [le débiteur solidaire] n'a aucune influence »[5]. Mais il lui appartient en revanche à prendre toute mesure raisonnable en son pouvoir, d'établir sa bonne foi et d'exclure sa participation à une fraude[6].

199. De même, elle conditionne la mise en œuvre des dispositifs sous-tendus par la lutte contre la fraude fiscale à la preuve préalable par l'administration de certains faits. La Cour en précise donc l'objet : ainsi, un système de responsabilité sans faute entrant dans le champ d'application de la TVA, s'il est justifié par la lutte contre la

---

[1] D'un point de vue de la norme, comme de son application, comme nous le verrons : il n'est pas fréquent « que la validité des actes d'application des textes soit appréciée par rapport aux objectifs de ces derniers » car « les auteurs des textes prennent généralement soin de pénétrer suffisamment dans le registre des moyens pour que ce soit sur ce registre que la conformité de l'application soit estimée » (J.-B. AUBY, « Le recours aux objectifs des textes dans leur application en droit public », *op. cit.*, p. 328).

[2] Il ne s'agit pas de restreindre la liberté d'appréciation de l'administration fiscale et de lui retirer son pouvoir discrétionnaire, mais de la contraindre à choisir les procédures adéquates, et une fois ce choix opéré, à s'y tenir (*contra* : R. BONNARD, « Le pouvoir discrétionnaire des autorités administratives et le recours pour excès de pouvoir » : *RDP* 1923, p. 363).

[3] V. aussi, à propos des saisies des données fiscales : CJUE, 2e ch., 27 sept. 2017, aff. C-73/16, *Peter Puškár préc.*, pts 109-111. Car en effet, l'article 6 de la directive 95/46 impose que la collecte des données soit justifiée par des finalités déterminées, explicites et légitimes. – V. également à propos de la directive de coopération administrative : CJUE, gde ch., 16 mai 2017, aff. C-682/15, *SA de droit luxembourgeois Berlioz Investment SA*.

[4] CJCE, 4e ch., 21 fév. 2008, aff. C-271/06, *Netto Supermarkt GmbH & Co. OHG*, pt. 22 ; CJCE, 3e ch., 27 sept. 2007, aff. C-409/04, *Teleos e. a.*, pt. 58.

[5] CJUE, 16e ch., 2 juin 2016, aff. C-81/15, *Kapnoviomichania Karelia*, pt. 50 ; CJUE, 7e ch., 21 déc. 2011, aff. C-499/10, *Vlaamse Oliemaatschappij NV c/ FOD Financiën*, pt. 24 ; CJCE, 4e ch., 21 fév. 2008, aff. C-271/06, *Netto Supermarkt GmbH & Co. OHG*, pt. 23 (nous soulignons). La notion de causalité intervient ici, plus au sens d'imputabilité, pour matérialiser le lien logique justifiant ou légitimant le prononcé d'une mesure de solidarité : il importe donc de vérifier l'implication ou non du débiteur solidaire dans la fraude commise par ledit tiers, cette implication enclenchant une répartition opérant la proportionnalisation de la répartition, laquelle est complétée par la possibilité d'établir une cause exonératoire, critère probatoire d'adaptation.

[6] CJCE, 4e ch., 21 fév. 2008, aff. C-271/06, *Netto Supermarkt GmbH & Co. OHG*, pts 24-25 ; CJCE, 3e ch., 27 sept. 2007, aff. C-409/04, *Teleos e. a.*, pts 65-66.

fraude, ne peut remettre en cause le régime du droit à déduction de manière générale et préventive[1], sa mise en œuvre devant au contraire reposer sur la preuve apportée par l'administration, « à suffisance de droits les éléments objectifs permettant de conclure que l'assujetti savait ou aurait dû savoir que l'opération invoquée pour refuser le droit à déduction était impliquée dans une fraude commise par le fournisseur ou un autre opérateur intervenant en amont de la chaîne de livraison »[2]. Ce faisant, la Cour de justice prolonge la structuration de la norme en encadrant son application, circonscrivant d'autant plus son application[3].

200. Perfectionnement par le juge administratif. Ainsi, par exemple, du droit de communication de l'article L 13-0 A du LPF, spécifique aux professions dépositaires du secret professionnel prévu à l'article 226-13 du Code pénal. Partant de la prémisse constitutionnelle[4], le Conseil d'État, après avoir rappelé les obligations fiscales auxquelles sont tenus ces professionnels[5], en déduit le champ d'application strict de l'article L 13-0 A du LPF, d'un point de vue matériel et temporel. Ainsi, les agents de l'administration peuvent donc prendre connaissance, « **pendant** les opérations de contrôle, de factures établies par un avocat pour des prestations destinées à des clients nommément désignés, **dès lors que** ces documents ne comportent **aucune indication, même sommaire**, sur la nature des prestations fournies à ces clients »[6]. Dans cette prolongation de l'intention du législateur, traduite

---

[1] CJUE, 3e ch., 21 oct. 2010, aff. C-385/09, *Nidera Handelscompagnie BV c/ Valstybinė mokesčiųinspekcija prie Lietuvos Respublikos finansų ministerijos*, pt. 47 ; CJCE, 3e ch., 12 janv. 2006, aff. jtes C-354/03, *Optigen Ltd*, C-355/03, *Fulcrum Electronics Ltd*, et C-484/03, *Bond House Systems Ltd c/ Commissionners of Customs & Excise*, pt. 52

[2] CJUE, 3e ch., 21 juin 2012, aff. jtes C-80/11 et C-142/11, *Mahagében kft et Péter David c/ Nemzeti Adó-és Vámhivatal Dél-dunántúli Regionális Adó Föigazgatósága*, pt. 49.

[3] V. également, la notion de « pertinence vraisemblable », condition de légalité de la demande d'échange d'information présentée dans le cadre de la directive « renseignement » n°2011/16 : l'autorité requérante doit alors justifier sa demande en motivant de manière adéquate « quant à la finalité des informations demandées dans le cadre de la procédure fiscale menée contre le contribuable dans la demande d'informations », ces informations étant précisées par la directive n°2011/16 (CJUE, gde ch., 16 mai 2017, aff. C-682/15, *SA de droit luxembourgeois Berlioz Investment SA*, pts 70 et 80). La Cour de justice donne ainsi le cadre factuel de contrôle par l'autorité requise, et par le juge saisi d'un recours par un contribuable. *Comp.* CE, 3e et 8e ss-sect., 28 déc. 2012, n°345.111, *min. c/ Sté Technipex.*

[4] Le Conseil avait écarté le grief tiré d'une atteinte « indirecte » au respect de la vie privée, en ce que, prenant appui sur les « débats parlementaires » le législateur « a entendu délimiter strictement le champ des informations demandées, qui ne peuvent porter ni sur l'identité des clients, ni sur la nature des prestations » (Cons. const. 29 déc. 1999, déc. n°99-424 DC , *Loi de finances pour 2000*, cons. 40).

[5] En application des articles 99 et 1649 quater G du CGI.

[6] CE, 8e et 3e ss-sect., 15 fév. 2016, n°357.667, *M. Lieser*. Toutefois, le juge réserve l'hypothèse où « des discordances entre les mentions figurant sur les pièces comptables dont elle a régulièrement pu prendre connaissance quant à l'identité des personnes ayant payé des prestations soumises à la TVA et l'identité des bénéficiaires mentionnés sur les factures de ces prestations font douter du caractère probant de ces dernières quant à la domiciliation des bénéficiaires effectifs des prestations, de demander à l'avocat qui a effectué ces prestations qu'il fournisse les éléments de nature à établir la domiciliation des payeurs lorsqu'elle est nécessaire à la détermination des règles de territorialité applicables en matière de TVA » (CE, 10e et 9e ss-sect., 4 mai 2016, n°387.466, *Sté Le Blevenec et associés*).

par l'objectif immédiat et concret de la procédure[1], le juge donne les précisions nécessaires à l'application de la norme procédurale[2], ici un droit de communication[3], dans une motivation pédagogique destinée aux vérificateurs, mais aussi aux contribuables, afin que chacun connaisse l'étendue de ses droits[4]. Le secret professionnel prévu à l'article 226-13 du Code pénal est ainsi vecteur d'une proportionnalisation du droit de communication[5], tout autant qu'il est objet de proportionnalisation aux fins de concilier contrôle fiscal et secret professionnel de certains professionnels[6], l'objet de l'article L13-0 A étant précisément de lever le secret professionnel dans certaines situations et à l'exclusion de certaines informations[7], à moins que la proportionnalisation ne viennent de l'initiative du juge prenant en compte l'inadaptation progressive des dispositions légales, confronté au

---

[1] Permettre de contrôler certains professionnels, dans le respect du secret professionnel de ces derniers.

[2] « Il est des cas dans lesquels, sans que le texte appliqué recèle une norme d'objectif expresse, on voit le juge indiquer à l'organe d'application que ses compétences sont bornées par les objectifs du texte qu'il applique » (J.-B. AUBY, « Le recours aux objectifs des textes dans leur application en droit public », *op. cit.*, p. 329).

[3] V. également la délimitation entre le droit de communication et la vérification de comptabilité (CE, Sect., 6 oct. 2000, n°207.765, *SARL Trace*) ou celle relative à certains droits de communication, tel celui prévu par l'article L 83 du LPF, le juge administratif précisant l'objet particulier de ce droit dans l'objectif plus général des droits de communication : (CE, 9e et 10e ch., 26 avr. 2017, n°398.405, *Adam*) et, le cas échéant, le champ matériel (en définissant par exemple les documents, tels que les documents de service (V. déjà CE, 7e et 8e ss-sect., 7 nov. 2008, n°305.609, *Chambre départementale des notaires de Seine-et-Marne*).

[4] Il est intéressant à ce titre de relever que le secret professionnel de l'article L 103 du LPF ne suffit pas à adapter, à proportionnaliser l'atteinte ainsi portée (CE, Ass. plén., 20 nov. 1959, n°42.560, *Secrétaire d'État au Budget ;* CE, Ass. 12 mars 1982, n°11.413, 11.414, 11.466, 11.099, 11.100 et 11.451, *Conseil national de l'ordre des médecins et a.* ; CE, 9e et 10e ss-sect., 24 juin 2015, n°367.288, *SELAS Pharmacie Réveillon*). Cf. *infra*, sur les critères d'adaptation.

[5] En ce sens, A. BRETONNEAU, concl. sous CE, 10e et 9e ss-sect., 4 mai 2016, n°387.466, *Sté Le Blevenec et associés : DF* 2016, n°25, comm. 385).

[6] Le secret médical s'imposant aux pharmaciens ou aux médecins diffère, en ce que, le secret médical des premiers « s'inscrit dans le prolongement du secret médical confié [aux seconds] », sans s'y réduire en ce qu'il englobe les prestations réservées par l'article L 4211-1 du Code de la santé publique (M.-A. NICOLAZO DE BARMON, concl. sur CE, 9e et 10e ss-sect., 24 juin 2015, n°367.288, *SELAS Pharmacie Réveillon, op. cit.*). De même, le secret des sources du journaliste fait également l'objet d'une attention accrue du juge (CEDH, 5e sect., 18 avr. 2013, n°26419/10, *Saint-Paul Luxembourg SA c/ Luxembourg*), à moins qu'il ne soit établi que ce journaliste participe, ou est présumé participer, à une fraude fiscale, laquelle n'est plus alors incluse dans son activité journalistique (Com., 12 fév. 2013, n°12-13.399, *Esch*).

[7] Si le juge judiciaire se montre plus souple, par une conception plus restrictive de l'étendue du secret professionnel (Crim. 1er fév. 1977, n°75-93.432, *German* ;Crim. 21 mai 1979, n°78-92.805), mais néanmoins large concernant les avocats (Com., 26 nov. 2013, n°12-27.162, *Sté Futura finances* ; Com., 3 mai 2012, n°11-14.008, *Sté Alexandre Holding*), le juge administratif sanctionne fermement la violation du secret professionnel et n'admet d'exception que si elle est expressément prévue par le loi (CE, 9e et 10e ss-sect., 24 juin 2015, n°367.288, *SELAS Pharmacie Réveillon*), ce qui implique qu'une disposition législative levant le secret professionnel doit délimiter sa portée et ne vaut que pour les renseignements qu'elle désigne expressément, en l'occurrence, le montant, la date, et la forme des versements. C'est d'ailleurs la jurisprudence du juge administratif, trop protectrice, qui a conduit à l'adoption de l'article L 13-0 A du LPF par la loi de finances pour 2000.

« particularisme du contentieux de masse et à l'évolution des technologies de l'information »[1].

201. Perfectionnement par la proportionnalisation. Le juge peut énoncer une règle prétorienne de proportion, point de déclenchement d'un contrôle, proportionnalisant alors la procédure en question par une délimitation de son champ d'application matériel[2]. L'adaptation vient apporter une rationalité objective dans une optique de sécurisation juridique, d'égalité dans l'application de la règle de droit, d'encadrement des moyens d'actions de l'administration.

Ce rôle du juge administratif est donc primordial, et plus encore eu égard à la multiplication opportune[3] de ces moyens d'action, par les droits de communication[4] ou par de nouvelles procédures de contrôle qui, si elles empruntent à la vérification de comptabilité certains traits, s'en distinguent par les garanties moindres qu'elles offrent, tout en conduisant à une dilution de l'encadrement par la rationalité.

202. Perfectionnement devant le juge judiciaire. Si son rôle n'est pas moindre, la motivation du juge judiciaire, plus concise, n'apporte pas autant, voire aucune précision dans la délimitation de la procédure, la loi pouvant être jugée suffisante, justifiant alors une conciliation *a priori* et abstraite, sans qu'une proportionnalisation

---

[1] Note anonyme sous CE, 9e et 10e ch., 26 avr. 2017, n°398.405, *Adam* : *DF* 2017, n°36, comm. 431. – V. également, E. DE CROUY-CHANEL, « Procédures fiscales : chroniques de l'année 2017 » : *DF* 2018, n°9, étude 206, spé. n°6.

[2] Ainsi de la « règle du double », manifestation d'une disproportionnalité des ressources par rapport aux revenus déclarés du contribuable, et ouvrant la faculté pour l'administration fiscale de demander des justifications au contribuable concerné en application de l'article L 16 du LPF (CE, 9e et 8e ss-sect., 5 mars 1999, n 164.412, *Bancarel*). En outre, le juge de l'impôt poursuit la structuration par la limitation matérielle des prérogatives de l'administration : « l'administration peut, sur leur fondement, demander soit des éclaircissements, c'est-à-dire des commentaires ou informations qui **ne peuvent légalement qu'être** relatifs à des mentions portées dans les déclarations de revenus souscrites par le contribuable, soit des justifications, c'est-à-dire la production de documents qui **ne** peuvent **légalement** concerner **que** les points limitativement énumérés aux deux premiers alinéas de l'article L. 16, et ne sauraient être exigés sur d'autres points que dans le cas où l'administration a réuni des éléments permettant d'établir que le contribuable peut avoir des revenus plus importants que ceux qu'il a déclarés » (CE, Sect., 16 avr. 2012, n°320.912, *Meyer*). Cf. *infra*.

[3] L'instauration de nouvelles procédures viennent en effet contourner des décisions du juge de l'impôt, bien souvent du juge administratif, privant l'Administration d'user de procédures dans un but différent de celui pour lesquelles les procédures avaient été initialement adoptées. Ainsi, si la vérification de comptabilité n'autorise pas, selon le Conseil d'État, le contrôle du respect des obligations légales en matière d'épargne réglementée, en l'absence de déclaration fiscale à vérifier (CE, 9e et 10e ch., 26 juin 2017, n°392.870, *CRCAM du Nord-Est*), le législateur réagit promptement par la création d'une nouvelle procédure de contrôle *ad hoc* visant les organismes dépositaires pour le respect des obligations concernant l'épargne réglementée et les plafonds de paiement en espèce (art. L 80 Q du LPF, issu de L. n°2017-1757, 29 déc. 2017, *Loi de finances rectificative pour 20*, art. 58 : *DF* 2018, n°3, comm. 127).

[4] Par ex., le nouvel article L 88 du LPF issu de la loi de finances pour 2018, instituant, en application de la directive n°2016/2258/UE du 8 décembre 2016, un droit de communication à l'égard des personnes soumises à des obligations de vigilance en matière de blanchiment de capitaux et de financement du terrorisme, cette même loi durcissant dans le même temps les sanctions pour opposition au droit de communication (L. n°2017-1837, 30 déc. 2017, art. 109 et 106, I, 1 : *DF* 2018, n°3, comm. 128 et 132). – V. également, P. OUDENOT et A. LAUMONIER, « Les nouveaux moyens de l'administration fiscale pour lutter contre la fraude fiscale » : *DF* 2014, n°46, étude 618.

in concreto ne soit néanmoins exclue. Ainsi en est-il de l'article L 16 B du LPF dont l'attendu de principe sur la conciliation *a priori* de la procédure de visite et de saisie de l'article L16 du LPF[1] suggère que la rationalité légale suffit, dès lors que, d'une part, la loi encadre, « organise » le droit de visite contrôle[2] et, d'autre part, qu'un contrôle juridictionnel existe en amont, pendant et en aval de la visite domiciliaire, de nature à garantir sa coïncidence avec la rationalité concrète[3].

203. Report du contrôle concret sur les juges du fond. C'est donc aux juges du fond qu'il appartient de vérifier cette rationalité concrète, c'est-à-dire le fait que les agents de l'administration fiscale poursuivent bien l'objectif de la procédure de visite et de saisie. Cette « assurance » *in concreto* ne serait pas donc incompatible avec la jurisprudence de la Cour européenne, notamment les décisions *Keslassy*[4] et *Maschino*[5], où les juges de Strasbourg avaient, sur le fondement de l'article 8, relevé que, « en l'espèce », l'ordonnance d'autorisation détaillait avec précision les faits établissant une présomption de fraude et les lieux concernés par la procédure. Ainsi, il est nécessaire que les juges identifient précisément et expressément les lieux où les visites sont autorisées[6], à défaut d'irrégularité de l'autorisation[7], mais, et c'est là le point névralgique, vérifient l'existence de faits laissant présumer une fraude fiscale.

204. Mais s'il est nécessaire que « les juges du fond usent de leur sens critique pour procéder à l'analyse concrète des pièces présentées par l'administration

---

[1] Ces dispositions « assurent la conciliation du principe de la liberté individuelle ainsi que du droit d'obtenir un contrôle juridictionnel effectif de la décision prescrivant la visite avec les nécessités de la lutte contre la fraude fiscale [déjà sur ce point, Civ. 2e, 21 avr. 2005, n°02-21.148, Rigat : *RJF* 11/2005, n°1207 ; *DF* 2005, comm. 470], **de sorte que** l'ingérence dans le droit au respect de la vie privée et du domicile est proportionnée au but poursuivi ; qu'ainsi elle ne contreviennent pas à celles des articles 8 et 6§1 de la Convention [EDH] » (nous soulignons) : Com., 8 déc. 2009, n°08-21.017, P+B+R+I, *X et Sté Matex c/ DNEF et a.* :Com., 23 mars 2010, n°09-14.101, *Sté Artal Forest et a.* Déjà : Com. 9 fév. 1993, n°91-21.699, *Feingold* ; Com. 16 mai 2000, *Sté des Grands Magasins*, n°97-30.325 ; Com. 21 avr. 1992, n°90-17.376, *Jurquet* ; Crim. 30 avr. 2003, n°02-81.789, *Victori*. C'est avec un même attendu général que la Cour de cassation affirme que le droit de communication prévu par les articles L 81, L 83 et L 85 assure la conciliation du principe de liberté individuelle et des nécessités de la lutte contre la fraude fiscale, et ne contreviennent donc pas à l'article 8 de la Convention EDH (Com. 16 mai 2000, *Sté des Grands Magasins*, n°97-30.235 ; Crim. 14 nov. 2002, n°00-30.270, *Neang Chin et a.*: *RJF* 3/2003, n°323). Si le moyen fondé sur la Charte des droits fondamentaux n'avait guère de chance de prospérer tant que celle-là était « dépourvue de valeur juridique contraignante » (Com. 29 mars 2011, *Sté Newedge Group*, n°10-30.001 : *RJF* 7/2011, n°831), laissant quelque espoir d'une possible évolution, la jurisprudence de la Cour de cassation n'est guère encourageante.

[2] Cette absence de précisions a motivé la décision de non-conformité lors de l'adoption de la première version de l'article L 16 B : Cons. const., 29 déc. 1983, déc. n°83-164 DC, *Loi de finances pour 1984*, cons. 24 et s. – V. également, Cons. Const., 29 déc. 1984, déc. n°84-184 DC, *Loi de finances pour 1985*, cons. 33-35.

[3] Déjà, Civ. 2e, 21 avr. 2005, n°02-21.148, *Rigat*, la Cour affirmant en l'espèce le respect du droit à un procès équitable et à un recours effectif sur le fondement des articles 6§1 et 13 de la Convention EDH.

[4] CEDH, 3e sect., 8 janv. 2002, n°51578/99, *Keslassy c/ France*.

[5] CEDH, 5e sect., 16 oct. 2008, n°1044/03, *Maschino c/ France*, §31 et §32-34.

[6] Sauf à renvoyer les agents à solliciter, au cours des opérations les autorisations complémentaires qui leur semblent nécessaires (en ce sens, Com. 30 oct. 1989, n°89-10.741 *Sté Roga*).

[7] Com. 21 mars 1989, n°88-12.016 et n°87-17.918, *Torrès-Duchêne*.

fiscale »[1], on ne peut inférer, nous semble-t-il, de la seule énumération des pièces relatives à l'existence de flux d'argent vers des sociétés situées à l'étranger, à des recherches effectuées à cet égard ou aux liens qui unissent ces sociétés aux contribuables présumés d'avoir commis des fraudes fiscales, que le juge de l'autorisation n'a pas effectivement et concrètement vérifié l'existence de présomptions de fraude[2], et non caractérisé des agissements frauduleux : autrement dit, ces éléments énumérés suffisent à donner base légale à la décision d'autorisation[3]. Mais l'on aborde déjà la rationalité concrète et imposée, structuration de la mise en œuvre de la règle de droit, processus pour lequel les garanties procédurales, et notamment le droit à un recours juridictionnel effectif, lequel constitue un critère d'adaptation. Toutefois, ce droit peut aussi être directement remis en cause par les conditions mises à son exercice.

2. Le droit à un recours juridictionnel effectif, objet d'un contrôle de rationalité

205. Fondement du recours juridictionnel : l'applicabilité en matière fiscale de l'article 6§1 de la Convention européenne. Si parce qu'il matérialise une dette particulière, une « obligation de nature patrimoniale résultant d'une législation fiscale », l'impôt est exclu du champ d'application de l'article 6§1 et l'arrêt *Ferrazzini contre Italie*[4] l'a réaffirmé avec force[5], cela ne signifie pas que toute contestation

---

[1] A. ANGOTTI et M. RODRIGUES, « Visites domiciliaires (LPF, art. L. 16 B) », *op. cit.*

[2] *Contra*, *ibid.* – V. également, B. HATOUX, « La prérédaction des ordonnances d'autorisation par l'administration en matière d'article L 16 B du LPF », note sous Com., 28 mai 2013, n°12-16.317, P+B, *Pegasus Farms Ltd* : *RJF* 10/2013, p. 794 ; J. LAMARQUE, « L'article L. 16 B après l'arrêt Ravon. Libres propos d'un juriste libre », *in* M. CHADEFAUX, F. DEBOISSY et C. DE LA MARDIÈRE (dir), *Écrits de fiscalité des entreprises. Études à la mémoire du Professeur Maurice Cozian*, éd. Litec, 2009, p. 719 et s ; dans le même ouvrage, C. LOUIT, « L'article L. 16 B, le juge national et la Cour européenne des droits de l'homme : la saga du droit de « visite » ou la trahison des clercs», p. 743 et s.

[3] Com., 8 déc. 2009, n°08-21.017, P+B+R+I, *X et Sté Matex c/ DNEF et a.*

[4] CEDH, gde ch., 12 juil. 2001, n°44759/98, *Ferrazzini c./ Italie*, §25 ; CEDH, 24 fév. 1994, n°3/1993/398/476, *Bendenoun c/ France*, §52. ; CEDH, 3e sect., 5 oct. 1999, n°43604/98, *Gantzer c/ France* ; CEDH, 1ère sect., 23 juil. 2002, n°34619/97, *Janosevic c/ Suède*, §64. Et postérieurement, CEDH, 3e sect., 19 sept. 2017, n 10114/06, *OOO Khabarovskaya Toplivnaya Kompaniya c/ Russie*. Pour le juge administratif, v. CE, 9e et 10e ch., 25 oct. 2017, n°374.836, *Sté Holcim France SAS venant aux droits de la société Euro Stockage et Sté Enka* ; CE, 9e et 10e ss-sect., 28 juil. 2000, n°184.510, *Vanackere*. Pour le juge judiciaire, v. Com., 12 juil. 2004, n°01-11.403, P+B+I, *Cts Pelat* ; Com. 31 mai 2005, n°02-17.025, *Marin-Cudraz et Favray ;* Com. 15 mai 2012, n°11-18.478, *Allegrini*. – V. également, B. HATOUX, « Application de l'article 6-1 de la Convention européenne des droits de l'homme au contentieux fiscal. Analyse et perspectives d'un revirement du juge judiciaire » : *RJF* 11/2004, p. 804 à 807 ; L. AYRAULT, « Le volet civil de l'article 6-1 et le droit fiscal au lendemain de l'arrêt : Cass., 12 juil. 2004, *Consorts Pelât* », in *L'année fiscale*, éd. PUF, 2005. *Comp.* anté., Com., 20 nov. 1990, *Donsimoni ;* Cass., Ass. plén., 14 juin 1996, n°402 P, *Kloeckner*.

[5] Cette disposition « n'est pas applicable, en principe, au titre de la notion « droits et obligations de caractère civil », à la procédure de caractère fiscal, même si les mesures fiscales en cause ont entraîné des répercussions sur les droits patrimoniaux » (CEDH, gde ch., 12 juil. 2001, n°44759/98, *Ferrazzini c./ Italie*, §25 ; CEDH, 3e sect., 5 oct. 1999, n°43604/98, *Gantzer c/ France*). L'interprétation cohérente de la Convention est confortée par les dispositions de l'article 1er du

touchant à la matière fiscale ne puisse entrer dans le champ d'application de l'article 6§1. D'une part, dès lors qu'une pénalité recouvrant la notion d'« accusation en matière pénale » est infligée au contribuable ou qu'une procédure pénale teinte la procédure administrative d'une coloration pénale[1], ce dernier peut se prévaloir des droits garantis par l'article 6 dans son volet pénal[2]. De plus, concernant le volet civil, le contribuable doit pouvoir bénéficier des droits garantis par cette disposition pour toute contestation réelle et sérieuse portant sur un droit ou une obligation de nature civile, son existence, son étendue ou ses modalités d'exercice, à l'exception du contentieux de l'assiette des impositions[3]. Ce droit d'accès à un juge, dans son volet pénal ou civil, est d'autant plus important qu'il participe de l'adaptation des mesures procédurales, de recouvrement ou répressives[4].

Premier Protocole, laissant aux États le droit d'adopter les lois nécessaires pour assurer le paiement des impôts (CEDH, 23 fév. 1995, n°15375/89, *Gasus Dosier- und Fördertechnik GmBH c/ Pays-Bas*, §60). La Cour EDH avait laissé entrevoir une perspective d'évolution « compte tenu de l'intervention croissante des normes étatiques dans les relations de droit privé » (CEDH, gde ch., 12 juil. 2001, n°44759/98, *Ferrazzini c./Italie*, §27). Cependant, en 2001 comme aujourd'hui, la matière fiscale relève du « noyau dur des prérogatives de la puissance publique, le caractère public du rapport entre le contribuable et la collectivité restant prédominant » (*ibid*., §29 ; CEDH, 1ère sect., 23 juil. 2002, n°34619/97, *Janosevic c/ Suède*, §64) et « [p]eu importe à cet égard que la motivation de la Cour ait éventuellement été de vouloir fermer la porte à un nouveau contentieux au potentiel considérable » (P. DOURNEAU-JOSETTE, « La fraude fiscale et la Convention européenne des droits de l'homme », in J. LASSERRE-CAPDEVILLE, P. MARCHESSOU, B. TRESCHER, C. CUTAJAR (dir.), *Fraude et évasion fiscales. États des lieux et moyens de lutte*, éd. Joly, 2015, p. 151 et s., spé. p. p. 153). Comp. cette expression « noyau dur » également employée dans le cadre des pénalités pour justifier une proportionnalisation moindre (cf. *infra*).

[1] La Cour rejette l'idée que les procédures de redressement fiscal doivent ou ne doivent pas entrer dans ce champ d'application car « il n'est pas rare que [l'imposition et les pénalités fiscales] se trouvent combinés dans une même instance et il est parfois impossible de distinguer les phases d'une procédure qui porte sur une « accusation en matière pénale » de celles qui ont un autre objet » (CEDH, gde ch., 23 nov. 2006, n°73053/01, *Jussila c/ Finlande*, §36 et §45. *Comp.* CEDH, 2e sect. 21 juin 2005, n°50664/99, *Sträg Datatjänster AB c/ Suède* ; CEDH, 5e sect., 5 avr. 2012, n°11663/04, *Chambaz c/ Suisse*. Dans certaines décisions, cette logique a été étendue, de manière contestable aux procédures d'exécution de la décision de justice ordonnant la restitution d'une imposition privée de sa base légale jugée incompatible avec le droit de l'Union européenne (par ex., CEDH, 2e sect., 11 oct. 2011, n°48225/08, *Beires Côrte-Real c/ Portugal*).

[2] Toutefois, si les pénalités pour mauvaise foi, par suite d'un dégrèvement, disparaissent en cours de procédures, l'article 6 peut devenir inapplicable (*Comp.* CEDH, 2e sect., 3 déc. 2002, n°52938/99, *Mieg de Boofzheim* ; CEDH, 5e sect., 23 juil. 2009, n°30345/05, *Joubert c/ France*).

[3] Pour contester la régularité des perquisitions fiscales dont il a fait l'objet (CEDH, 3e sect., 21 fév. 2008, n°18497/03, *Ravon c/ France*, §24 ;CEDH, 2e sect., 23 janv. 2018, n°52961/09, *Homan*, pt. 25. *Comp.* Crim., 20 avr. 2017, n°15-86.227, P+B (à propos de l'article 63 du Code des douanes, dans sa rédaction antérieure à la loi n°2014-742 du 1er juil. 2014), ou l'exercice du droit de préemption par l'État sur un bien dont l'Administration estime le prix insuffisant (CEDH, 22 sept. 1994, n°23/1993/418/497, *Hentrich c/ France*) ou obtenir la restitution d'impôts indument versés (CEDH, 23 oct. 1997, n°117/1996/736/933 à 935, *National & Provincial Buildng Society e. a. c/ Royaume-Uni*, §97) ou encore l'engagement de la responsabilité de l'État (CEDH, 26 mars 1992, n°11760/85, *Sté Éditions Périscope c/ France*, §40).

[4] Cf. *infra*. Toutefois, une singularisation s'observe : la Cour de justice insiste sur la genèse de l'article 47, manifestant une volonté de continuité avec la protection accordée par le droit de l'Union avant la Charte, tout en marquant une certaine autonomisation par rapport à la Convention européenne : ainsi, alors que les Explications de la Charte mentionnent uniquement un

206. Une garantie procédurale essentielle, critère d'adaptation disposant de sa rationalité propre. Les garanties procédurales ont également une importance particulière dans les procédures de contrôle fiscal ou d'enquête judiciaire[1], d'autant plus, que par l'intrusion dans la vie privée ou professionnelle, elles portent atteinte frontalement aux droits des contribuables, voire des tiers. Or si le contrôle du lien logique s'opère à partir de l'objectif immédiat et concret, lequel, s'agissant des normes procédurales, peut se confondre avec l'objet même de la procédure en cause, cette rationalité abstraite et décidée doit pouvoir s'apprécier *in concreto* : le recours juridictionnel, garantie de l'État de droit[2], et en cela disposant d'une rationalité par lui-même qui s'impose aux organes et sujets de droit, offre au juge la possibilité de s'assurer que l'objectif immédiat de la procédure est respecté dans les faits ; autrement dit, si l'administration est discrétionnaire dans le choix de la mise en œuvre des procédures de contrôle fiscal, elle ne peut faire tout et n'importe quoi, elle ne peut agir arbitrairement.

207. Critère d'adaptation indispensable, le recours juridictionnel doit donc exister : « [é]quité, publicité et célérité du procès n'offrent point d'intérêt en l'absence de procès »[3]. *A priori*, la notion de proportionnalité est donc peu présente : il s'agirait d'un contrôle simple, considérant, selon l'approche de R. ALEXY[4], les règles procédurales plus comme des règles, c'est-à-dire comme des prescriptions devant être respectées sans nuance, que comme des principes, prescriptions, finalités vers lesquelles il faut tendre en fonction du contexte et donc obéissant « *à* une logique très particulière d'optimisation »[5]. Toutefois, cette dichotomie n'est pas toujours aussi

---

rapprochement avec l'article 6 de la Convention, la Cour de justice considère que le droit consacré à l'article 47 tire son origine du principe de coopération loyale (art. 4§3 du TUE) et de l'article 19§1 du TUE, et constitue ainsi « une réaffirmation du principe de protection juridictionnelle effective » (CJUE, 2e ch., 27 sept. 2017, aff. C-73/16, *Peter Puškár*, pts 57-58 ; CJUE, gde ch., 16 mai 2017, aff. C-682/15, *SA de droit luxembourgeois Berlioz Investment SA*, pt. 44).

[1] Il en est de même des procédures de recouvrement : CEDH, 22 sept. 1994, n°23/1993/418/497, *Hentrich c/ France*, §39.

[2] L'État de droit n'est plus tant la séparation des pouvoirs que la capacité du système juridique et politique à prémunir les justiciables de l'arbitraire de l'État de l'Administration, marquant un changement qualitatif vers la garantie des droits : l'évolution quant à l'article 16 de la Déclaration est manifeste en ce sens. V. par ex., D. ROUSSEAU, l'auteur illustrant cette transformation par l'idée d'une « *charte des libertés* » (*Droit du contentieux constitutionnel*, éd. LGDJ-Lextenso, 10e éd., 2013, p. 538-540) ; J. LAMARQUE, « L'article 16 de la déclaration de 1789 » : *DF* 2015, n°13, étude 232 ; M. TROPER, « L'interprétation de la Déclaration des droits. L'exemple de l'article 16 », in *Droits* 1988, n°8, p. 111 à 122. *Comp.* la notion de « prééminence du droit » utilisée par la Cour EDH.

[3] « Équité, publicité et célérité du procès n'offrent point d'intérêt en l'absence de procès » (Comm. EDH, 21 fév. 1975, n°4451/70, *Golder c/ Royaume-Uni*, § 35). Et dont la violation ne peut constituer un argument que pour autant le contribuable n'a pas renoncé à l'exercer en ne contestant pas le rejet d'une réclamation devant le juge (à propos de l'article 13 de la Convention EDH : CE, 8e et 3e ss-sect., 3 fév. 2011, n°322.857, *Sté Groupe Président Electronics*)

[4] R. ALEXY, *A Theory of Constitutional Rights*, trad. J. RIVERS, éd. Oxford University Press, 2010, spé. p. 44 et s., approche citée et reprise notamment par E. DUBOUT, « *L'efficacité structurelle de la question prioritaire de constitutionnalité en question* » : *RDP* 2013, p. 107 et s..

[5] E. DUBOUT, *ibid.*

nette, ce que nous pouvons observer dans le droit à recours juridictionnel effectif, dans son application au volet pénal ou civil[1].

208. Limitations et effectivité du recours juridictionnel. Si des limitations sont possibles[2],et même nécessaires dans l'organisation de ce recours, mais elles doivent être justifiées et proportionnées[3] :dans la mesure où ces restrictions, même implicites[4], ont précisément pour but l'adaptation du droit à un recours juridictionnel, donc d'une recherche d'un équilibre entre des intérêts opposés, cette proportionnalisation n'a d'autre rationalité qu'elle-même, et pour limite la substance, l'existence même du

---

[1] Si, des droits tels que le droit de se taire ou le droit de ne pas contribuer à sa propre incrimination ne souffrent pas d'exceptions ouvrant la voie à un contrôle de leur proportionnalité, d'autres, moins absolus, peuvent être également source de proportionnalité. Ainsi, à propos du respect du contradictoire et de l'égalité des armes, la Cour considère que d'une part, « dans une procédure pénale donnée, il peut y avoir des **intérêts concurrents** (…) qui doivent être mis en balance avec les droits de l'accusé », et d'autre part, que les mesures restreignant les droits de la défense ne sont admises que pour autant qu'elles sont légitimes, c'est-à-dire « absolument nécessaires » et que « toutes difficultés causées à la défense par une limitation de ses droits [de l'accusé] doivent être **compensées** par la procédure suivie devant les autorités judiciaires » (CEDH, gde ch., 16 fév. 2000, n°28901/95, *Rowe et Davis c/ Royaume-Uni*, §61, et jurisprudence citée). Nous soulignons. Mais la Cour ne vérifie pas l'intérêt général, justifiant la limitation des droits de la défense, l'appréciation du caractère absolument nécessaire appartenant aux juridictions internes, seulement la « compensation » lors de la phase juridictionnelle (même arrêt, §62 et s.)

[2] Alors que l'article 6 ne contient pas de clause de limitations, la Cour transpose, de manière prétorienne, les conditions des paragraphes 2 en changeant la terminologie relative au contrôle de proportionnalité, sans distinguer selon qu'il s'agit du volet pénal ou du volet civil de l'article 6 de la Convention EDH (en matière pénale, CEDH, 1ère sect., 23 juil. 2002, n°34619/97, *Janosevic c/ Suède*, §80). Ce faisant, la Cour autonomise plus encore le principe de proportionnalité qui s'applique ainsi même sans texte express (M.-A. EISSEN, *in* « Le principe de proportionnalité dans la jurisprudence de la Cour européenne des droits de l'homme », in L-E. PETTITI, E. DECAUX et P-H. IMBERT (dir.), *La Convention européenne des droits de l'homme. Commentaire article par article*, éd. Economica, 1999, p. 65 et s.).

[3] Le droit d'accès à un tribunal n'est pas absolu et dépend des réglementations nationales, tels les délais de prescription ou les formalités (CEDH, 23 oct. 1997, n°117/1996/736/933 à 935, *National & Provincial Building Society e. a.*, §105). Ainsi, l'épuisement des voies de recours administratives constitue une limitation du droit à un recours effectif (article 47 de la Charte) qui n'est justifiée que pour autant qu'elle respecte les conditions de l'article 52 de la Charte. À ce titre, la Cour de justice admet relativement facilement les buts d'intérêt général, tel le désengorgement des tribunaux et l'amélioration de l'efficacité de la procédure juridictionnelle (CJUE, 2e ch., 27 sept. 2017, aff. C-73/16, *Peter Puškár*, pts 66-67), tandis qu'elle se montre plus circonspecte sur la possibilité de rejeter comme moyen de preuve d'une violation de la protection des données fiscales à caractère personnel, une liste obtenue sans le consentement légalement requis du responsable du traitement des données (*ibid.* pts 92-93), son hésitation sur la légitimité de cette restrictions, en l'espèce, des objectifs visant à éviter l'utilisation non autorisée de documents internes dans le cadre d'une procédure juridictionnelle et de protéger les droits des autres personnes mentionnées sur la liste, est d'autant plus grande qu'elle estime ce rejet disproportionné lorsque le requérant dispose d'un droit d'accès à ces données.

[4] Car ce droit « appelle de par sa nature même une réglementation par l'État, réglementation qui peut varier dans le temps et l'espace, en fonction des besoins et des ressources de la communauté et des individus » (CEDH, 3e sect., 14 déc. 1999, n°34791/97, *Khalfaoui c/ France*, § 35-36 ; CEDH, 28 mai 1985, n°8225/76, *Ashingdane c/ Royaume-Uni*, §57 ; Comm. EDH, 21 fév. 1975, n°4451/70, *Golder c/ Royaume-Uni*, , §36-38.

recours juridictionnel[1]. Elle s'exprime parfois en droit de l'Union européenne sous la forme du principe de proportionnalité, soit en lui-même[2], soit sous la forme des principes d'équivalence et d'effectivité[3].

209. Prégnance de la sécurité juridique en droit fiscal[4]. Ce principe européen « s'impose avec une rigueur particulière lorsqu'il s'agit d'une réglementation de l'Union susceptible de comporter des conséquences financières, afin de permettre aux intéressés de connaître avec exactitude l'étendue des obligations qu'elle leur impose[5] ». Dans le cadre du principe d'effectivité, il requiert que les modalités procédurales mettant en œuvre le droit de l'Union[6], ainsi que les modalités d'exercice

---

[1] V en ce sens, en dehors du droit fiscal, CEDH, 2e sect., 15 juil. 2003, n°33400/96, *Ernst et a. c/ Belgique*, §48 et §52-55 : en l'occurrence, le privilège de juridiction est une restriction « inhérente » au droit à l'accès à un tribunal, et partant qui ne peut être disproportionnée en elle-même, bien que la Cour, une fois ce constat posé, envisage également si les requérants « disposaient d'autres voies raisonnables pour protéger efficacement leurs droits garantis par la Convention » et affirme qu'en l'espèce, tel était le cas : ils auraient pu agir en réparation contre le magistrat (§53-54). Elle aboutit alors à la conclusion que « les restrictions apportées au droit d'accès n'ont pas porté atteinte à la substance même de leur droit à un tribunal ou qu'elles aient été disproportionnées sous l'angle de l'article 6§1 de la Convention » (§55).

[2] Les limitations ne doivent pas atteindre le droit dans sa substance, mais au contraire, poursuivre « un but légitime » et ménager « un rapport raisonnable de proportionnalité entre les moyens employés et le but visé » (CEDH, 3e sect., 14 déc. 1999, n°34791/97, *Khalfaoui c/ France*, §36 ; CEDH, 23 oct. 1996, n°21920/93, *Levages Prestations Services c/ France*, §40).

[3] L'autonomie procédurale des Etats membres est subordonnée aux conditions que les réglementations nationales « ne soient pas moins favorables que celles régissant des situations similaires de nature interne (principe d'équivalence) et qu'elles ne rendent pas **impossible** en pratique **ou excessivement difficile** l'exercice des droits conférés par l'ordre juridique de l'Union (principe d'effectivité) » (CJUE, 1ère ch., 8 mars 2017, aff. C14/16, *Euro Park Service*, pt 36, nous soulignons). Sur la répétition de l'indu : CJCE, 16 déc. 1976, aff. C-33/76, *Rewe Zentralfinanz*, pt 5 ; CJUE, 3e ch., 27 juin 2013, aff. C93/12, *ET Agrokonsulting-04-Velko Stoyanov*, pt 36). Or, d'une part, si le principe d'équivalence implique une égalité, et non identité, de traitement entre les situations internes et les situations relevant du droit de l'Union européenne, sa confrontation aux limitations procédurales conduit à une comparaison, à un rapport de proportion très exigeant en l'espèce. D'autre part, le principe d'effectivité inclut dans sa mise en œuvre le principe de proportionnalité, eu égard aux expressions employées (et soulignées par nous; v. encore CJUE, 30 juin 2011, aff. C-262/09, *Meilicke*, pt 55 ; CJUE, 5e ch., 18 oct. 2012, aff. C-603/10, *Pelati*, pt. 23), à travers le principe de sécurité juridique aussi en ce que les modalités d'exercice des recours doivent être « suffisamment précises, claires et prévisibles » (CJUE, 5e ch., 18 oct. 2012, aff. C-603/10, *Pelati*, pt. 36). Bien qu'il ne s'agisse pas toujours nommément du principe de proportionnalité, ce dernier contribue implicitement à la conciliation et à la préservation de l'effectivité des droits procéduraux dont peuvent se prévaloir les contribuables aux fins de sauvegarder les droits qu'ils tirent du droit de l'Union européenne. Ainsi le principe de proportionnalité intervient en amont pour garantir l'effectivité des recours, dans les conditions tenant à la forme de la procédure, ainsi que dans le cadre de la sécurité juridique temporelle par l'exigence des délais raisonnables pour agir.

[4] V. M.-C. BERGERES, « *La contingence et le droit fiscal* » : *DF* 1999, n°10, étude 95

[5] CJUE, 1ère ch., 8 mars 2017, aff. C-14/16, *Euro Park Service*, pt 38 ; CJCE, gde ch., 21 fév. 2006, aff. C-255/02, *Halifax Plc, Leeds Permanent Development Services Ltd, County Wide Property Investments Ltd*, pt. 72.

[6] CJUE, 1ère ch., 8 mars 2017, aff. C-14/16, *Euro Park Service*, pt 45; CJUE, 3e ch., 15 juil. 2010, aff. C-582/08, *Commission c/ Royaume-Uni*, pts 49-50 ; CJUE, 5e ch., 18 oct. 2012, aff. C-603/10, *Pelati*, pt. 36

des recours[1], « soient suffisamment précises, claires et prévisibles pour permettre aux contribuables de connaître avec exactitude leurs droits afin d'assurer qu'ils seront en mesure de bénéficier des avantages fiscaux en vertu [du droit dérivé] et de s'en prévaloir le cas échéant, devant les juridictions nationales »[2].

210. Interprétation et effectivité du recours juridictionnel. Par son interprétation des normes procédurales, le juge de l'impôt ménage un juste équilibre pour que les normes fiscales de procédure ne constituent pas un obstacle à l'accès au juge.

211. Ainsi, par exemple de l'interprétation des articles L 277 et L 279 du LPF relatifs au sursis de paiement[3], et plus précisément à l'obligation de consignation auprès du comptable public d'une somme égale au 10e des impôts concernés pour saisir le juge des référés. La loi du 9 juillet 1991 sur les procédures civiles d'exécution et la jurisprudence de la Cour de cassation et du Conseil d'État avaient introduit un déséquilibre, fragilisant le droit d'accès au juge du référé fiscal et le droit au sursis de paiement, non pas tant en raison de l'obligation de consigner un 10e des impositions contestées, mais en raison des conséquences des mesures prises par les comptables publics très en amont de la phase de recouvrement. Par sa décision *Parfival*, le Conseil d'État, par une interprétation constructive de l'article L 277 du LPF, « compte tenu de l'objectif et de la portée » de cet article et de l'article L 279 du LPF, rééquilibra les droits du contribuable et la préservation des garanties propres à assurer le recouvrement, en considérant les sommes saisies comme valant consignation constituée pour permettre la saisine du juge du référé fiscal[4], tandis que la Cour de cassation, par une interprétation « créative »[5], restreignit les possibilités pour le comptable de recourir à des ATD[6]. Le juge de l'impôt vient ici neutraliser le déséquilibre en assurant l'effectivité de l'action en justice, droit fondamental « en ce qu'elle corrige ce que le privilège du préalable a de plus excessif »[7], en ce qu'elle « écarte le risque de transformer l'exigence de consignation en obstacle susceptible de fermer l'accès au juge »[8], critère d'adaptation écartant en l'occurrence une atteinte

---

[1] CJUE, 5e ch., 18 oct. 2012, aff. C-603/10, *Pelati*, pt. 36

[2] CJUE, 1ère ch., 8 mars 2017, aff. C-14/16, *Euro Park Service*, pt 45 ; CJUE, 5e ch., 18 oct. 2012, aff. C-603/10, *Pelati*, pt. 36, et jurisprudence citée.

[3] Le sursis de paiement est en soi un équilibre entre le droit du contribuable de ne pas payer immédiatement une imposition dont il conteste la régularité ou le bien-fondé et la préservation des garanties propres à assurer de recouvrement de la créance fiscale, et donc les intérêts financiers de l'État. Pour un aperçu historique plus large : v. J. BUISSON, *Le sursis de paiement de l'impôt*, éd. LGDJ, 1996, p. 44 et s. ; J. COURTIAL, concl. sous CE, Sect., 25 avr. 2001, n° 213.460, *Sté Parfival*: *DF* 2001, n°29, comm. 711. Pour A. TAILLEFAIT, c'est un moyen « de prémunir le contribuable contre les effets **excessifs** du privilège du Trésor en matière de recouvrement » (note sous CE, Sect., 25 avr. 2001, n° 213.460, *Sté Parfival*: *DF* 2002, n°29, comm. 26, nous soulignons).

[4] CE, Sect., 25 avr. 2001, n° 213.460, *Sté Parfival*. – V. également, CE, ord. réf., 13 juin 2007, n°306.252, *Michel Soppelsa*.

[5] A. TAILLEFAIT, note CE, Sect., 25 avr. 2001, n° 213.460, *Sté Parfival*, *op. cit.*

[6] Com., 25 avr. 2001, n°98-15.471, *Cantin*.

[7] A. TAILLEFAIT, note CE, Sect., 25 avr. 2001, n°213.460, *Sté Parfival*, *op. cit.*

[8] J. COURTIAL, concl. sous CE, Sect., 25 avr. 2001, n° 213.460, *Sté Parfival*, *op. cit.*

au droit au respect de ses biens, tel que garanti par l'article 1er du Premier protocole additionnel de la Convention EDH[1].

212. Recours juridictionnel devant le juge judiciaire. Dans le cadre des visites domiciliaires de l'article L 16 B, alors que la Cour de cassation avait dans un premier temps fermé la voie juridictionnelle contre l'ordonnance d'autorisation du juge de la détention et des libertés, à la personne, occupant des lieux, contre laquelle n'est invoquée aucune présomption de fraude[2], elle opéra un revirement de jurisprudence en des termes illustrant la prégnance de la complétude du recours, et une proportionnalisation de l'atteinte au droit à la vie privée, favorisée par la Convention européenne[3], et par la jurisprudence de la Cour européenne[4]. Mais elle adopte une approche très compréhensive dans la pratique des ordonnances d'autorisation prérédigées par l'administration, considérant que le recours juridictionnel n'en est pas moins effectif, au regard de l'article 6 de la Convention EDH[5].

213. L'action du requérant doit donc lui donner la possibilité de faire valoir ses arguments devant une juridiction ayant compétence pour connaître de l'entier litige, en fait et en droit, ce recours pouvant être liée à une procédure subséquente[6].

---

[1] Ainsi, la justification par l'intérêt général, assurer le paiement des impôts, ne suffit pas à elle seule, à assurer le respect des biens du contribuable : la portée limitée des articles L 277 et L 279 du LPF, écarte la qualification d'une atteinte à ce droit, en même temps qu'elle proportionne/adapte la procédure à la situation en particulier, rééquilibrant les droits des contribuables par rapport aux pouvoirs des comptables publics, au profit des premiers.

[2] Com., 25 sept. 2012, n° 11-24.526.

[3] Com. 27 juin 2018, n°16-27.561 : la solution énoncée par l'arrêt du 25 septembre 2012 (Com., n° 11-24.526) « est source pour les personnes concernées d'incertitude juridique quant à la portée du recours qui leur est ouvert, [en raison de l'arrêt du 21 février 2008 (Ravon/France, requête n° 18497/03]; qu'il apparaît ainsi nécessaire d'amender la jurisprudence de cette Chambre en ce qu'elle ne permet pas un contrôle effectif de l'ordonnance d'autorisation de visite et de saisie ».

[4] À l'origine des condamnations de la France par l'arrêt *Ravon* (CEDH, 3e sect., 21 fév. 2008, n°18497/03, §29), le revirement de la Cour de cassation fermant le recours contre le déroulement des opérations auprès du juge de l'autorisation, ce dernier n'étant plus compétent après l'achèvement des opérations (Com. 30 nov. 1999, *Sté Bec* , n°98-30.005, en matière de concurrence ; Com. 18 avr. 2000, n°98-30.039, *Jacobson*, en matière fiscale) a été en quelque sorte corrigé ou compensé par le Conseil d'État (CE, 9e et 10e ss-sect., 10 mai 2007, n°298.590, *Winkler*), sans que cette évolution n'ait été suffisante pour éviter la condamnation de la Cour européenne sur le fondement de l'article 6 de la Convention, en raison de l'absence de tout recours, « la personne visée par la perquisition projetée (…) ne [pouvant] se faire entendre » par un tribunal, au sens de l'article 6§1. Le juge de cassation étant uniquement juge du droit, il n'a pas compétence pour apprécier les faits et ne peut donc offrir un recours aussi complet que celui requis par l'article 6§1, alors qu'au regard de l'article 8, ce recours peut suffire (en ce sens, CEDH, 3e sect., 8 janv. 2002, n°51578/99, *Keslassy c/ France.*).

[5] Cf. *infra*. Ce droit à un recours effectif n'est pas remis en cause par l'absence de suspension des opérations de visite et de saisie, afin de laisser au contribuable le temps de faire appel à un conseil de son choix (Com. 9 juin 2015, n°14-17.039, P+B, *Les éditions Méditerranée*).

[6] CEDH, 5e sect., 19 mai 2009, n°43387/05, *SA LPG Finance Industrie c/ France*. Ainsi, dans le cadre d'un contentieux fiscal relatif au redressement fiscal fondé au moins pour partie sur des pièces saisies lors d'une visite domiciliaire, la société requérante « aurait pu et même dû, dans le cadre de ce recours contentieux, soulever le moyen tiré de l'irrégularité alléguée des opérations de visite et de saisie dans ses locaux, ce qu'elle a omis de faire ». Par cette décision, la Cour atténua la portée de

214. Continuité de l'existence du recours juridictionnel. Par ailleurs, ce droit à un recours effectif ne doit pas seulement exister au moment de l'introduction de l'instance, mais doit perdurer tout au long de la procédure[1], et si les exemples mentionnés portaient sur le droit européen, le droit à un recours effectif, garanti par l'article 16 de la Déclaration, joue, de même, un rôle d'adaptation dans la procédure au sein de laquelle il s'insère[2] et pas seulement dans les procédures de visite et de saisie[3].

215. Adoptant une approche formelle, le juge judiciaire se concentre donc davantage sur les garanties procédurales que sur le lien logique concret en lui-même, même si, à l'inverse, il rappelle la finalité des procédures de contrôle, à savoir l'objectif à valeur constitutionnelle de lutte contre la fraude fiscale[4] ou de sauvegarde de l'ordre public[5], à l'aune desquels est apprécié l'équilibre atteint par l'adaptation de l'ingérence dans la vie privée des justiciables. Dès lors, le lien logique concret de la procédure n'est pas explicité, comme s'il relevait de l'évidence[6], le juge de cassation n'ayant pas, ou se refusant à avoir une réelle prise sur une précision prétorienne des définitions légales. Toutefois, parce que les garanties procédurales ont pour objectif, par le contrôle du bon usage de la procédure, de préserver le lien logique par rapport à l'objet immédiat et concret[7] (lequel n'est pas toujours précisé[8]), elles contribuent à la structuration de l'action administrative.

B. La structuration dans la mise en œuvre de la procédure de contrôle par la rationalité concrète imposée : entre autorisation préalable et détournement de procédure

216. Plan. Les pouvoirs que l'administration détient de la loi ont une fin précise, soit qu'il s'agisse de vérifier le respect par les contribuables de leurs obligations fiscales, soit qu'il s'agisse de recouvrer des créances fiscales. Si l'administration n'est légitime à agir que dans le cadre de la loi, celle-ci lui impose une rationalité que les

---

l'arrêt *Ravon contre France*, aux seuls cas où le requérant n'a aucun moyen de saisir le juge de manière autonome.

[1] Cf. *infra*.

[2] Com., 7 fév. 2012, n°11-21.263, *Alamo*.

[3] Bien que parfois d'une manière plus atténuée, l'encadrement légal étant considéré comme suffisant. Par ex., en matière de contributions indirectes (Crim., 19 juin 2013, n°12-87.880 ; Crim. 4 avr. 2012, n°12-90.009), ou du droit d'enquête, de visite et de saisie en matière de règles de facturations (Crim., 21 mars 2012, n°11-86.317).

[4] Par ex., Crim., 19 juin 2013, n°12-87.880 ; Crim. 4 avr. 2012, n°12-90.009 (les « objectifs à valeur constitutionnelle de lutte contre les fraudes à la législation des contributions indirectes »), Crim., 21 mars 2012, n°11-86.317 (la lutte contre « les fraudes à la TVA intracommunautaires ou nationales ») ; Civ. 2e, 21 avr. 2005, n°02-21.148, *Rigat* (la « nécessité de la lutte contre la fraude fiscale »).

[5] Com., 16 mai 2017, n°16-25.077, *SARL Akilis et a. c/ DGDDI, agissant pour le directeur national du renseignement et des enquêtes douanières.*

[6] Il s'agit toujours de rechercher les infractions à la loi fiscale, ou des preuves de ces infractions.

[7] Cf. *infra*. Partie II.

[8] Com., 16 mai 2017, n°16-25.077, *SARL Akilis et a., préc.*; Cass., Ass. Plén., 15 juin 2010, n°09-17.492, *Sté DEG Conseils* et n°10-40.012, *Sté Webtel-GSM LLC et a.*

agents de l'administration, eu égard à la subordination du pouvoir exécutif au pouvoir législatif, sont présumés faire leur (1), contribuables ou personnes intéressées ayant la possibilité d'établir *a posteriori* soit que l'autorisation préalable n'était pas fondée ou n'a pas été respectée dans le déroulement de la procédure, soit, à défaut d'une telle autorisation, que l'Administration a commis un détournement de procédure[1] (2).

1. L'établissement du lien logique *a priori* : la preuve de la légitimité de l'action de l'administration

217.Plan. Si l'administration ne peut renoncer, sauf dispositions légales contraire, à l'application la loi fiscale[2], elle dispose d'une certaine marge d'appréciation, de choix dans la mise en œuvre de la loi, c'est-à-dire le choix « des actes juridiques nécessaires pour la réalisation des objectifs des textes appliqués »[3]. Une fois son choix arrêté, elle est tenue par ce cadre procédural, contrainte alors d'user de la procédure dans un sens conforme à son objet, et par suite à l'objectif poursuivi par le législateur. Elle sera présumée, *a priori,* respecter ces derniers, gage d'efficacité de l'action administrative[4] (a), à moins que la loi, parfois à l'invitation des juridictions supérieures, ait instauré l'obligation d'obtenir une autorisation préalable pour les procédures les plus intrusives dans la vie privée ou professionnelle des contribuables (b).

a. *La présomption* a priori *d'une coïncidence objective des intentions subjectives du législateur et de l'administration fiscale*

218.Subordination du pouvoir exécutif. Dans le contrôle de la légalité des décisions de gestion prises par l'administration fiscale dans le cadre des procédures de contrôle fiscales, celle-ci, du fait de la subordination du pouvoir exécutif au pouvoir législatif, est présumée réaliser l'objectif procédural souhaité par le législateur dans la mise en œuvre des textes. L'administration n'a ainsi pas de volonté « autonome »[5].

219. Cette présomption objective laisse à l'écart l'intention, le mobile ayant animé les agents de l'administration fiscale : la légalité de l'acte de procédure dépendra de « l'ensemble des éléments **objectifs** de fait ou de droit qui sont le fondement de l'acte

---

[1] Si dans le premier cas, on reste sur le contrôle de la légalité, on aborde dans le second cas la problématique des détournements de pouvoir ou de procédures (V. G. VEDEL et P. DEVOLVE, *Droit administratif*, t. 2, éd. PUF, coll. « Thémis », 1992, p. 329-329)
[2] CE, 9e et 10e ss-sect., Avis, 1er avr. 2010, n°334.465, *SAS Marsadis*.
[3] J.-B. AUBY, « Le recours aux objectifs des textes dans leur application en droit public », *op. cit.*, p. 330. V. également, R. VIDAL, « L'évolution du détournement de pouvoir dans la jurisprudence administrative » : *RDP* 1952, p. 275 et s., spé. p. 300
[4] R. VIDAL, *ibid.* p. 310.
[5] G. VEDEL et P. DEVOLVE, *op. cit.* p. 328 ; J.-B. AUBY, « Le recours aux objectifs des textes dans leur application en droit public », *op. cit.*, p. 332. Sur la distinction entre les buts objectifs et subjectifs : v. également, C. EISENMANN, *Cours de droit administratif*, t. 2, éd. LGDJ, 1983, p. 275-279.

et qui sont absolument indépendant de la psychologie de son auteur »[1]. Elle occulte la dualité des objectifs, d'intérêt général tel que précisé par le législateur, « but essentiel et primordial de toute activité administrative », et spécial tel que poursuivi par l'administration dans le cas concret[2] : l'adhésion[3] présumée de l'administration implique une commune intention, mais cette dualité devient visible, appréhendable particulièrement, et paradoxalement, dans les hypothèses de discordances[4].

220. Déplacement du contrôle juridictionnel de la rationalité. Cela ne signifie pas pour autant que le juge abandonne tout contrôle. Au contraire, ce contrôle est donc concentré dans le contrôle de la légalité[5] et ce d'autant plus que, pour les lois fiscales procédurales, le législateur précise, et c'est là une condition de constitutionnalité et de conventionnalité, le champ spatial et temporel, c'est-à-dire les moyens[6], sans que cela n'exclut totalement des précisions ultérieures par le juge[7].

221. Cela ne signifie pas non plus que les agents de l'administration agissent sans motif : ils le font *a priori* en considération des faits objectifs et s'en justifieront *a posteriori.* Ce faisant, par ce contrôle des faits, tels qu'exprimés dans l'acte contrôlé, le juge de cassation de l'impôt vérifie cette matérialité sous-jacente, justification de l'acte de procédure et concrétisation du lien logique entre ce dernier et l'objectif : c'est donc bien la vérification de l'existence d'un lien logique conforme à la loi[8].

222. La motivation adéquate et préalable, fragilisation de la présomption. Sans exiger d'autorisation préalable, le juge exige parfois une motivation démontrant le bien-fondé de la démarche entreprise. Ainsi, par exemple, de la mise en œuvre des directives relatives à la coopération administrative entre États membres et notamment la directive « renseignement » n°2011/16[9], adoptée aux fins de contrer les effets négatifs de la mondialisation sur l'efficacité des contrôles fiscaux.

---

[1] G. VEDEL et P. DEVOLVE, *op. cit.* p. 329. – V. également, J.-B. DUCLERCQ, *Les mutations du contrôle de proportionnalité dans la jurisprudence du Conseil constitutionnel*, éd. LGDJ-Lextenso, coll. « Bibl. const.et de sc. polit., t. n°146, 2014, p. 76.
[2] R. VIDAL, « L'évolution du détournement de pouvoir dans la jurisprudence administrative », *op. cit.*. p. 310.
[3] J.-B. AUBY, « Le recours aux objectifs des textes dans leur application en droit public », *op. cit.*, p. 332.
[4] Cf. *infra*.
[5] C.-A. MORAND, « Les exigences de la méthode législative et du droit constitutionnel portant sur la formation de la législation », in *Droit et société*, n°10, 1988, *Pratique de recherches, questions théoriques et problèmes épistémologiques sur le droit et la société*, p. 394.
[6] J.-B. AUBY, « Le recours aux objectifs des textes dans leur application en droit public », *op. cit.*, p. 328.
[7] Cf. *supra*.
[8] R. BONNARD écrit ainsi qu'« un acte sans motif ne se conçoit pas de la part d'une personne raisonnable et c'est le propre de l'insensé d'agir sans motif ou de dissocier l'acte du motif. En conséquence, lorsqu'une autorité administrative prend une décision, c'est en considération de l'existence d'un certain fait » (*in* « Le pouvoir discrétionnaire des autorités administratives et le recours pour excès de pouvoir », op. cit., p. 363-392). *Comp.* L. DUBOUIS, *La théorie de l'abus de droit et la jurisprudence administrative,* éd. LGDJ, « Bibl. Droit Public », t. n°45, 1962, p.439 et s.
[9] Directive 2011/16/UE du Conseil du 15 fév. 2011 relative à la coopération administrative dans le domaine fiscal et abrogeant la directive 77/799/CE : JOUE 2011, L 64, p. 1

223. Si la Cour de justice dédouble le lien logique, mesure de rationalité, entre d'une part, l'objectif de la directive, et plus largement avec la lutte contre la fraude et l'évasion fiscale, et d'autre part, la rationalité particulière dans l'acte d'application, elle structure l'action des administrations fiscales, les obligeant à s'inscrire dans la rationalité décidée par les organes européens, en justifiant *a priori* leur démarches : l'autorité requérante doit démontrer, la « pertinence vraisemblable » des informations demandées[1] par « une motivation **adéquate** quant à la **finalité** des informations demandées **dans le cadre** de la procédure fiscale menée contre le contribuable identifié dans la demande (…) »[2], ce qui n'est pas sans rappeler, par ailleurs, les conventions fiscales internationales. Autrement dit, l'administration nationale doit établir en quoi les informations requises présentent un lien logique avec l'objet de sa demande : l'obligation de motivation concrétise le lien logique avec l'objectif immédiat et concret de la demande, et garantie une effectivité du recours juridictionnel postérieur[3].

224. Transition. La présomption d'adhésion ne suffit toutefois pas, dans certaines procédures : une autorisation préalable du juge judiciaire est alors requise, afin de s'assurer *a priori*, avant toute procédure, que l'administration tend effectivement à matérialiser la loi fiscale procédurale.

b. *L'autorisation préalable des procédures les plus intrusives : une garantie en trompe-l'œil ?*

225. Problématique. Nonobstant la délimitation des procédures de visites et de saisies domiciliaires, il est apparu primordial d'encadrer la mise en œuvre de ces procédures par une autorisation préalable du juge judiciaire, en l'occurrence le juge de la détention et des libertés, légitimant alors l'intervention de l'administration fiscale dans un cadre donné[4].

---

[1] Selon l'article 20, §2 de la directive, ces informations recouvrent d'une part « l'identité de la personne faisant l'objet d'un contrôle ou d'une enquête et la finalité fiscale des informations demandées, et d'autre part, le cas échéant, les coordonnées de toute personne dont il y a lieu de penser qu'elle est en possession des informations demandées ainsi que tout renseignement susceptible de faciliter la collecte des informations par l'autorité requise » (CJUE, gde ch., 16 mai 2017, aff. C-682/15, *SA de droit luxembourgeois Berlioz Investment SA*, pt. 79).

[2] *Ibid*, pt. 80.

[3] Ou antérieurement, de l'autorité requise, celle-ci pouvant solliciter des informations complémentaires nécessaires « *pour exclure, de son point de vue, l'absence manifeste de pertinence vraisemblable des informations sollicitées (…)* » (*Ibid.*, pts 80-81).

[4] Ainsi, à propos des perquisitions fiscales, O. DUGRIP relevait que « [l]*'intervention du juge judiciaire, en effet, doit constituer pour l'administré une véritable garantie face à l'administration des Finances. Le juge ne saurait, sans méconnaître les termes de la Constitution et de la loi, abdiquer les pouvoirs que celles-ci lui confient. Gardien de la liberté individuelle et de l'inviolabilité du domicile, (…) il doit exercer lui-même sa mission telle qu'elle est prévue par les textes en vérifiant de manière concrète le bien-fondé de la demande d'autorisation de perquisition présentée par l'administration et en contrôlant l'exécution de celle-ci. À défaut, le juge ne satisfait pas aux exigences des textes et la visite domiciliaire est irrégulière* » (note sous Cass., Ch. mixte, 15 déc. 1988, n°168 P (*Maene*), n°170 P (*Farnaud*), n°171 P et n°176 P). – V. également, CEDH, 5e sect., 2 avr. 2015, n°63629/10 et 63567/10, *Vinci construction et GTM Génie civil et Services c/ France*, §78-79 (à propos de l'article L 450-4 du Code de commerce)

226. Critères d'appréciation de la rationalité légitime de la procédure de visite. Cette légitimité doit reposer sur des critères objectifs permettant de vérifier la légalité, la réunion des conditions légales prévues à la mise en œuvre de la procédure : l'administration doit établir, en application du paragraphe I de l'article L 16 B du LPF, des « présomptions qu'un contribuable se soustrait à l'établissement ou au paiement des impôts sur le revenu ou sur les bénéfices ou des taxes sur le chiffre d'affaires (...) » au moyen d'agissements frauduleux[1].

227. Le contrôle de la concrétisation de l'objet de la procédure, rationalité constituant le cadre dans lequel les agents devront se mouvoir, impose donc au juge de vérifier concrètement et effectivement que la demande d'autorisation est motivée par de telles présomptions[2], c'est-à-dire que la procédure demandée entre bien dans les prévisions légales[3], et qu'elle est ainsi nécessaire « dans un cas donné[4] » en fonction de motifs « pertinents et suffisants »[5], et qu'elle encadre les procédures de contrôle, par des mentions minimales[6].

228. Les critères juridiques reposant sur les présomptions sont néanmoins plus nets que ceux employés par la Cour européenne pour laquelle les motifs se matérialisent dans, notamment, la gravité de l'infraction à l'origine des perquisitions

---

[1] c'est-à-dire des présomptions d'agissements proches voire identiques à ceux relevant des articles 1741 ou 1743, 1° du CGI.

[2] Mais non de caractériser des agissements frauduleux (Com. 29 juin 2010, n°09-15.702 et n°09-15.704, *Sté Trimble Europe Bv*). Il ne s'agit par ailleurs que de simples présomptions de fraude, lesquelles ne correspondent pas aux critères de l'article 1382 [anc.art. 1353] du Code civil (indices précis, graves et suffisamment concordants) et n'impliquent pas que le juge des libertés et de la détention se prononce sur le bien-fondé de l'impôt prétendument fraudé (Com. 9 mars 2010, n°09-14.707, *Glas*, P+B ; Com. 9 juin 2015, n°14-15.436 ; Com. 1er juin 2010, *Sté DEG conseils*, n°09-16.464).

[3] Cass., Ch. mixte, 15 déc. 1988, n°87-11.944 (n°168 P), *Maene* ; Cass., ch. mixte, 15 déc. 1988, (n°170 P), *Farnaud*. – V. également, Crim.. 14 mars 2007, n°06-81.099.

[4] Par ex., CEDH, gde ch., 25 fév. 1993, n°10828/83, *Funke c/ France*, §55 ; CEDH, gde ch., 25 fév. 1993, n°12661/87, *Miailhe c/ France*, § 36 ; CEDH, gde ch., 25 fév. 1993, n°11471/85, *Crémieux c/ France*, §38 ; CEDH, 2e sect., 16 avr. 2002, n°37971/97, *Société Colas Est et autres c/France*, §47 ; CEDH, 1ère sect., 9 déc. 2004, n°41872/98, *Van Rossem c/ Belgique*, §41 ; CEDH, 3e sect., 28 avr. 2005, n°41604/98, *Buck c/ Allemagne*, §44 ; CEDH, 1ère sect., 7 juin 2007, n°71362/01, *Smirnov c/Russie*, §43 ; CEDH, 5e sect., 24 juil. 2008, n°18603/03, *André et a. c/ France*, §40 ; CEDH, 5e sect., 6 oct. 2016, n°33696/11, *K.S et M.S c/ Allemagne*, §42. Il convient alors de démontrer, au cas par cas, que la procédure a bien eu pour objet et pour effet de rechercher les preuves matérielles des fraudes ou évasions fiscales. À défaut, il y aurait donc un « *abus* », c'est-à-dire un détournement de procédure. Mais, parfois, comme dans l'arrêt *André contre France*, la Cour n'examine pas la nécessité réelle des perquisitions au cas d'espèce : mais elle énonce que les visites domiciliaires n'avaient pas pour **but** de prouver les infractions commises par l'avocat, mais seulement de pallier les difficultés de l'Administration d'effectuer le contrôle fiscal d'un client de cet avocat et de trouver les documents de nature à confirmer les soupçons de fraude (CEDH, 5e sect., 24 juil. 2008, n°18603/03, *André et a. c/ France*). Une telle considération possède des caractéristiques transposables.

[5] Par ex. CEDH, 5e sect., 16 oct. 2008, n°1044/03, *Maschino c/ France*, §31-32..

[6] CEDH, 1ère sect., 9 déc. 2004, n°41872/98, *Van Rossem c/ Belgique*, §45 ; CEDH, 5e sect., 24 juil. 2008, n°18603/03, *André et a. c/ France*, §45 ; CEDH, 1ère sect., 7 juin 2007, n°71362/01, *Smirnov c/ Russie*, §48 ; CEDH, 5e sect., 16 oct. 2008, n°1044/03, *Maschino c/ France*, §32.

et saisies, le contexte ayant donné lieu au mandat judiciaire, le contenu et l'étendue de ce dernier. Or ces critères constituent plus des indices dont l'appréciation dépend du juge. Par exemple, la gravité de l'infraction semble jouer un rôle : plus l'infraction est mineure, moins la perquisition sera justifiée, des alternatives existant[1], et inversement[2]. Cette gravité de l'infraction sert donc avant tout à caractériser la nécessité de la perquisition. À ce titre, l'intensification de la lutte contre la fraude fiscale influe[3], la fraude fiscale présentant par elle-même un caractère de gravité[4]. Si donc la gravité de l'infraction, couplée, aux difficultés d'obtenir des preuves matérielles, rend nécessaires les opérations de perquisitions et de saisies, en ce qu'elles seraient les seules mesures de nature à lutter efficacement contre les fraudes fiscales, il reste difficile, en l'état de la jurisprudence, de déterminer si, dans le cadre de la lutte contre la fraude fiscale, la Cour EDH prescrit ou non une hiérarchie dans les procédures fiscales mises en œuvre, et donc la démonstration par l'administration fiscale que les perquisitions et saisies domiciliaires constituaient le seul moyen de prouver les fraudes fiscales, contrairement à la Cour de justice[5].

229.Contrôle de cassation et appréciation souveraine des juges du fond. Si la Cour EDH impose un contrôle *in concreto*[6] de la proportionnalité, *a priori* ou *a posteriori*[7], ce dernier est difficilement compatible avec le pouvoir de cassation du juge du droit.

230. Toutefois, la Cour de cassation oblige le juge des libertés et de la détention à la mettre en mesure d'exercer son contrôle, c'est-à-dire de s'assurer que ce juge a

---

[1] CEDH, 3e sect., 28 avr. 2005, n°41604/98, *Buck c/ Allemagne*, §47.

[2] CEDH, 5e sect., 6 oct. 2016, n°33696/11, *K.S et M.S c/ Allemagne*, §48.

[3] Cf. *supra*, et CEDH, gde ch., 25 fév. 1993, n°10828/83, *Funke c/ France*, §57 ; CEDH, gde ch., 25 fév. 1993, n°12661/87, *Miailhe c/ France*, § 38; CEDH, gde ch., 25 fév. 1993, n°11471/85, *Crémieux c/ France*, §40.

[4] CEDH, 5e sect., 6 oct. 2016, n°33696/11, *K.S et M.S c/ Allemagne*, §48.

[5] La Cour de justice recherche « si des moyens d'investigations moins attentatoires au droit garanti par l'article 7 de la Charte que les interceptions de télécommunications et la saisie de courriers électroniques, tels qu'un simple contrôle dans les locaux [de l'assujetti], et une demande d'informations ou d'enquête administrative adressée à l'administration [de l'autre État membre] en application du règlement n°904/2010, n'auraient pas permis d'obtenir toutes les informations nécessaires » (CJUE, 3e ch., 17 déc. 2015, aff. C-419/14, *WebMindLicenses Kft c/ Nemzeti Adó-és Vámhivatal Kiemelt Adó- és Vám Főigazgatóság*, pt. 82), mais elle n'en donne pas non plus une portée certaine et se reporte sur le respect des droits de la défense (*ibid.*, pts 82-85).

[6] La Cour ne se place pas au niveau de la réglementation nationale, mais au niveau l'acte de procédure la mettant en application, ce dernier étant mis en perspective avec l'objet de cette réglementation, et plus indirectement avec son but transcendant : la procédure doit donc coïncider dans son objet et dans ses effets à cette réglementation. C'est donc indirectement par la situation d'application, que la Cour peut appréhender le lien logique abstrait, sans toutefois qu'une condamnation engendre nécessairement une fragilisation de la norme nationale ; tout dépendra du ou des motifs établissant la violation de l'article 8 notamment.

[7] CEDH, 3e sect., 8 janv. 2002, n°51578/99, *Keslassy c/ France ;* CEDH, 5e sect., 16 oct. 2008, n°1044/03, *Maschino c/ France*, §31; CEDH, 5e sect., 21 déc. 2010, n°29408/08, *Sté Canal plus et a. c/ France*, §54. – V. également, CEDH, 5e sect., 2 avr. 2015, n°63629/10 et 63567/10, *Vinci construction et GTM Génie civil et Services c/ France,* §78-79 (à propos de l'article L 450-4 du Code de commerce).

rempli son office de vérification concrète et effective[1]. Tel n'est pas le cas d'une motivation limitée à l'énonciation que les informations fournies laissent présumer qu'une personne physique ou morale se soustrait au paiement de l'impôt[2]. En revanche, satisfait à l'exigence de motivation le juge se référant « **en les analysant, fût-ce succinctement, aux éléments d'information** fournis par l'administration **et dont il a tiré les faits fondant son appréciation** »[3]. Il ne s'agit donc pas de reprendre les termes de la loi, mais d'établir objectivement, par une énumération, et une analyse, des éléments retenus, le caractère présumé tangible, matériel, de la vérification opérée[4], ce que commande par ailleurs la vérification quant à l'origine licite des informations fournies par l'administration[5]. Dès lors, la Cour de cassation peut, à partir des éléments objectifs figurant dans les décisions soumises à son examen, s'assurer que le contrôle a été fait, mais non pas de comment il a été fait, ni des conclusions auxquelles il a conduit, domaine qu'elle réserve au pouvoir souverain des juges.

231. Autorisation préalable et ordonnance prérédigées. Si cette pratique répond à l'objectif de bonne administration de la justice, elle ne doit pas occulter le rôle du magistrat, et notamment son contrôle. Or, la Cour de cassation pose une présomption d'appropriation par le juge des libertés et de la détention de ces ordonnances prérédigées par les soins de l'Administration[6], et précise qu'elle « ne

---

[1] V. CEDH, gde ch., 25 fév. 1993, n°10828/83, *Funke c/ France*, §57 ; CEDH, gde ch., 25 fév. 1993, n°12661/87, *Miailhe c/ France*, §38 ; CEDH, gde ch., 25 fév. 1993, n°11471/85, *Crémieux c/ France*, §40.

[2] Cass., Ch. mixte, 15 déc. 1988, n°87-11.944 (n°168 P), *Maene* ; Cass., ch. mixte, 15 déc. 1988, n°170 P, *Farnaud*.

[3] Com. 8 janv. 1991, *SA Hesnault*, n°89-18.264, et *Hervé et Fadoul*, n°89-16.278 ; Com. 28 janv. 1992, *Parigot*, n°90-16.170. Toutefois le juge de l'autorisation n'est pas tenu « d'énoncer de façon motivée et concrète en quoi les éléments d'information fournis par l'administration tendent à établir les faits allégués, ni de relever l'existence des faits positifs résultant de ces éléments d'information et de nature à constituer des présomptions de la véracité des accusations portées par l'administration, propres à justifier les mesures sollicitées » (Com. 8 janv. 1991, *préc.*).

[4] Les adjectifs « concret » et « effectif » renvoient à cette idée de tangibilité, matérialité établie de manière positive, à partir de ce que les premiers juges ont relevé. Cf. CNRTL, occurrence « concret » et « effectif ». Cette condition d'éléments énumérés positivement ne s'étend toutefois pas aux éléments écartés, ni aux pièces à décharge.

[5] Com. 7 avr. 2010, n°09-15.122 ; Com. 7 juin 2011, *Dobson*, n°10-18.108. – V. également, Com., 26 fév. 2013, n°12-14.771, P+B, *Sté HR Access Solutions*. Ainsi, ne peuvent fonder une demande d'autorisation les documents provenant de vol, peu important que l'administration en ait eu connaissance par la transmission d'un procureur de la République ou antérieurement (Com. 31 janv. 2012, n°11-13.097 (n°141 P+B) ; Com. 21 fév. 2012, n°11-15.162).

[6] « Les motifs et le dispositif de l'ordonnance rendue en application de l'article L. 16 B du [LPF] sont réputés établis par le juge qui l'a rendue et signée » (par ex. Com., 28 mai 2013, n°12-16.317, P+B, *Pegasus Farms Ltd* ; Com. 15 déc. 2009, n°09-17.734, P+B, *Sté Agence maritime africaine (AMA)*), formulation reprise de la jurisprudence antérieure à la loi LME (Com. 29 oct. 1991, *Fouquet et Pelfanian*, n°90-13.368 ; Crim. 22 mars 2001, n°99-30.197, *Sté Trigone*).

porte pas atteinte aux principes d'impartialité[1] et d'indépendance du juge[2] qui statue sur requête, dans le cadre d'une procédure non contradictoire »[3]. Cette absence de caractère contradictoire, placée en incise, semblant alléger l'intensité de la vérification incombant au juge de l'autorisation, alors qu'elle devrait au contraire induire une vigilance accrue.

232. L'absence de toutes modifications, y compris sur des paragraphes portant sur un autre ressort que le juge saisi[4], ni plus d'ailleurs le « très bref délai, ainsi qu'au nombre et à l'importance de documents produits »[5], ni encore l'identité de deux ordonnances d'autorisation prise par des juges relevant de ressorts différents[6] sont des motifs, « [...]propres à établir que le juge n'aurait pas rempli son office » de

---

[1] L'impartialité, clé de voûte de l'exercice judiciaire du pouvoir, légitime son exercice, tout en protégeant les justiciables par la garantie d'un procès équitable. Un juge est dit impartial lorsqu'il statue en toute objectivité, sur les affaires dont il est saisi, selon sa propre interprétation des faits, sans avantager ou désavantager une partie ou une autre. Elle suppose donc du juge qu'il s'abstienne de trancher prématurément un litige et ne s'y attèle qu'une fois ayant à sa disposition une connaissance complète des éléments du dossier. – V. R. KOERING-JOULIN, « Le juge impartial » : *Justices* 1998, n°10, p. 1. – V. également, le dossier : « Qu'est-ce qu'un juge impartial » ?, *Délibérée* 2018/3 (n°5). À ce titre, certains auteurs estiment que la pratique des ordonnances prérédigées « porte manifestement atteinte au devoir d'impartialité objective (...) dans la mesure où elle fait naître chez le justiciable un sentiment légitime de suspicion ainsi qu'une incertitude sur la réalité, l'effectivité et le caractère concret du contrôle juridictionnel » et « donne l'impression » que le juge a statué sans avoir véritablement connaissance du dossier (en ce sens, F. MARTINET, « Impartialité du juge et visites domiciliaires (LPF, art. L. 16B) : Don Quichotte manque sa charge », note sous Com. 14 déc. 2010, n°10-13.601 : *DF* 2011, n°4, comm. 135).

[2] Ni plus d'ailleurs au principe de séparation des pouvoirs, ni à celui de l'indépendance de la magistrature, ni à ceux de la Convention EDH : Com. 16 mai 1995, *Sté Générale sucrière et a.*, n°93-20.748.

[3] Com., 28 mai 2013, n°12-16.317, P+B, *Pegasus Farms Ltd.* La cassation de l'ordonnance du président de la cour d'appel d'Orléans est d'autant plus significative de la force de la présomption ainsi posée qu'il avait relevé que « pour satisfaire à l'obligation d'impartialité objective », il ne peut être admis que la présomption d'appropriation puisse jouer, sans nuance « dès lors [que le juge] n'a pas changé une virgule au texte prérédigé, n'en retirant pas les paragraphes qui concernaient la visite domiciliaire à effectuer dans le ressort du tribunal d'Argentan et que la société peut dès lors avoir des motifs légitimes de douter de l'impartialité voire de l'indépendance du premier juge », ces motifs n'étant pas de nature à établir que ce dernier n'aurait pas rempli son office. – V. également, Com. 25 sept. 2012, n°11-24.526, *Sté BRM.* Déjà : Com. 11 juil. 2000, *Gille*, n°98-30.366 ; Civ. 3e, 18 nov. 2009, n°08-18.029, P+B, *Palusci c/ Elleouet e a.*

[4] Com., 28 mai 2013, n°12-16.317, P+B, *Pegasus Farms Ltd.*

[5] Com. 14 déc. 2010, n°10-13.601. En l'espèce, le premier président de la cour d'appel de Paris avait relevé que « quel que soit le bien fondé au fond, selon l'administration fiscale, de l'ordonnance, il ne saurait être admis que l'autorité judiciaire agisse en fait de manière non distincte de l'autorité administrative en se bornant à authentifier les documents établis par celle-ci (...) il n'est certes pas interdit au juge de reprendre les motifs figurant dans la requête, mais qu'on ne peut faire totalement prévaloir la seule apparence formelle sur les réalités ». – V. également, Com. 18 déc. 2012, n°11-28.786, *Sté Amazon* ; Com. 2 fév. 2010, n°09-13.795, P+B+I+R, *Sté Locadis et Sté Centre viande Beauvallet et fils*. Déjà, Com. 16 mai 2000, *Sté des Grands Magasins*, n°97.30.325 ; Crim. 22 mars 2001, *Sté Trigone*, n°99-30.197.

[6] Com. 14 nov. 2018, n°17-16.071 et 17-16.072 ; Com. 15 déc. 2009, n°09-12.734 ; Com. 1er juin 2010, *Sté DEG conseils*, n°09-16.464. Déjà : Com. 1er oct. 1996, *Blan*, n°1318 D ; Crim. 22 mars 2001, *Sté Trigone*, n°99-30.197.

vérification quant à la conformité de la demande d'autorisation à l'article L 16B[1], « qu'il s'est trouvé dans l'impossibilité de les examiner, ni ne sont de nature à priver le juge de la possibilité d'apprécier le bien-fondé de la requête ou d'adopter les motifs soumis à son appréciation »[2].

233. Continuité anté- et post-loi LME[3]. Si la remise en cause de la rationalité légitimatrice par l'autorisation se poursuit *a posteriori*, le cas échéant, devant le premier président de la cour d'appel, cette nouvelle économie du contentieux, introduite par la loi LME sous l'impulsion de la Cour européenne des droits de l'homme, n'a pas poussé la Cour de cassation à modifier sa jurisprudence : elle continue ainsi à exercer un contrôle restreint et renvoie au pouvoir souverain[4] du juge de l'autorisation et, ensuite du premier président de la Cour d'appel, l'appréciation quant à l'existence de présomptions d'agissements frauduleux[5], sans que ce dernier, ni les justiciables d'ailleurs, ne puisse tirer parti de faits postérieurs à l'ordonnance d'autorisation[6]. Ces faits auraient pu être de nature à établir tant l'absence de réalité des présomptions qu'un éventuel détournement de procédure[7].

234. Faiblesse du contrôle de cassation de la rationalité légitimatrice : réalisme du juge judiciaire ?. Dès lors, le contrôle de la rationalité concrète apparaît bien faible eu égard à cette pratique autorisée de pré-rédaction des ordonnances et au contrôle restreint de la Cour de cassation[8].Il est vrai que les pourvois en cassation des

---

[1] V. également, Com. 2 fév. 2010, n°09-13.795, P+B+I+R, *Sté Locadis et Sté Centre viande Beauvallet et fils ;* Com. 2 fév. 2010, n°09-14.821, P+B+I+R, *Sté France Business Informatique Orléans (FBIO) et a.* ; Com. 15 juin 2010, n°09-68.087, *M. Corbet* ; Com. 12 oct. 2010, n°08-15.573, *M. Schwartz.*

[2] Com. 2 fév. 2010, n°09-13.795, *Sté Locadis et Sté Centre viande Beauvallet et fils.* ; Com. 14 nov. 2018, n°17-16.071 et 17-16.072.

[3] Cette pratique avait été critiquée par les parlementaires pendant les débats de la loi du 4 août 2008 dite « LME ».

[4] Crim. 25 janv. 2006, n°05-84.339.

[5] L'incise « en les analysant » implique qu'il ne peut se contenter de lister les documents, mais doit *a minima* s'y référer et préciser les faits établissant une présomption de fraude fiscale, sans qu'il doive expliciter les raisons pour lesquelles il écarterait certains éléments : Com., 8 déc. 2009, n°08-21.017, P+B+R+I, *X et Sté Matex c/ DNEF et a.*

[6] Com. 9 mars 2010, n°09-14.707, P+B, *Glas.*

[7] De même, et de manière contestable, l'absence de production de toutes les pièces mentionnées ne vicie pas la procédure s'il n'est pas démontré que cette absence de production serait de nature à remettre en cause l'appréciation par le juge des éléments retenus par lui à titre de présomption de fraude fiscale, qu'il aurait été ainsi surpris par l'Administration (Com. 18 fév. 1997, n°95-30.030 ; Com. 20 mai 2000, n°98-30.028, *Lafay et a.* ; Com. 1er juin 2010, n°09-14.735, *Sté de droit britannique à responsabilité limitée Who works international Ltd* ; Crim. 14 juin 2001, n°00-30.170, *Sté Mainguet* ; Com.4 juin 1996, *Davidas*, n°1081 D ; Crim. 16 oct. 2002, *Sté Optical Center*, n°01-86.201).

[8] À telle enseigne, que certains commentateurs estiment qu'« [a] l'issue de ce dialogue de sourds, (…) la présomption de régularité de la décision est, en dépit des apparences, quasi irréfragable, dès lors que la preuve du caractère insuffisant de l'examen opéré par le juge est en pratique impossible à rapporter » (F. MARTINET, « Impartialité du juge et visites domiciliaires (LPF, art. L. 16B) : Don Quichotte manque sa charge », note sous Com. 14 déc. 2010, n°10-13.601, *op. cit.*). – V. également sur ce thème : V. PERRON, Le contrôle juridictionnel des perquisitions en matière fiscale, thèse Paris II – Panthéon-Assas, 2007, 643 p.

premières décisions étaient fondés sur l'article 6 de la CEDH et non sur l'article 8 de la Convention pour lequel la Cour EDH estime que l'ordonnance doit reposer sur des motifs « pertinents et suffisants »[1] et non seulement sur l'intervention d'un magistrat[2]. Toutefois, la solution de la Cour de cassation ne varie pas qu'il s'agisse de l'article 6 ou de l'article 8 ou des deux ensembles[3], nonobstant certaines évidences, ce qui est, en soi, contestable.

235. Toutefois, et peut-être que la Cour de cassation fait ici preuve d'un certain réalisme, voire d'un conséquentialisme, tenant compte à la fois des charges pesant déjà sur les épaules des juges des libertés et de la détention, de la célérité nécessaire dans la lutte contre la fraude fiscale[4], mais aussi, et peut-être plus encore, des conséquences quant à la solidité et à la légitimité de l'édifice juridictionnel si la présomption était amoindrie à tel point que le juge devrait prouver, plus encore, qu'il a effectué concrètement son office, contrôler la légalité de la demande d'autorisation de visite domiciliaire, en somme faire preuve de sa probité[5]. Par ailleurs, un contrôle restreint ne signifie pas absence de contrôle : la Cour de cassation vérifie bien l'existence d'une analyse, non les conclusions, hormis le cas de dénaturation ou d'inexactitude matérielle[6].

---

[1] CEDH, 3e sect., 8 janv. 2002, n°51578/99, *Keslassy c/ France* ; CEDH, 5e sect., 16 oct. 2008, n°1044/03, *Maschino c/ France*, §31-32

[2] V. L. AYRAULT, « Droit fiscal européen des droits de l'homme : l'année 2008 » : *DF* 2009, n°9, étude 222, spé. n°10 et s.

[3] Par ex., Com. 14 nov. 2018, n°17-16.071 et 17-16.072.

[4] Justifiant d'ailleurs le caractère exécutoire de la procédure. Cf. Cons. const., 30 juil. 2010, déc. n°2010-19/27 QPC, *Époux Pipolo et a.*

[5] En ce sens, la suggestion tenant à l'obligation de respecter un certain délai (F. MARTINET, « Impartialité du juge et visites domiciliaires (LPF, art. L. 16B), *op. cit.*) est un remède pouvant devenir un placebo, voire avoir un effet pervers : si ce délai obligatoire peut contribuer à favoriser un contrôle plus étendu du juge des libertés et de la détention, il peut n'être que formel, la charge de travail pesant sur les épaules du juge étant déjà conséquente, et de plus, accentué le soupçon de partialité pesant sur le juge.

[6] Com., 8 déc. 2009, n°08-21.017, P+B+R+I, *X et Sté Matex c/ DNEF et a.* ; Com., 2 fév. 2010, n°08-21.890 et 09-10.028, *X et Sté Matex*. Néanmoins, sans remettre en cause l'appréciation souveraine des juges du fond, le juge de cassation semble parfois approfondir son contrôle lorsqu'elle se prononce sur la possibilité de retenir certains éléments de fait comme pouvant justifier l'autorisation de visite tels la possession d'immeubles, de comptes bancaires, de véhicules, d'une activité professionnelle en lien avec des personnes physiques ou morales, le cas échéant avec une dimension internationale (Crim. 22 mars 2006, n°04-85.705 ; Com. 1er déc. 1998, *Greset*, n°96-30.193), particulièrement les « paradis fiscaux » (Com. 19 mai 1998, *Sté GRC*), ou au contraire refuser l'octroi d'une autorisation pour la recherche de preuve d'agissements prescrits. Mais, les faits prescrits sont admis comme pouvant fonder l'appréciation de la probabilité des présomptions de fraude (Com., 12 janv. 1999, *Gombert*, n°97-30.140 ; Com. 5 oct. 1999, *Cloarec*, n°97-30.308 P), de même que des condamnations antérieures ou antécédents fiscaux (Com. 23 nov. 1993, *Diata*, n°1820 D ; Com., 1er juin 1999, *Cloarec*, n°97-30.353). Par ailleurs, les déclarations anonymes si plusieurs conditions cumulatives sont réunies, à savoir un document établi par les agents de l'administration et signé par eux, en leur qualité d'agent assermenté, et l'adjonction d'autres éléments décrits et analysés par le juge, corroborant cette déclaration (par ex., Com. 1er juin 2010, n°09-16.127, *Sté Inforad* ; Com. 13 juil. 2010, n°09-67.983, *Sté Calitex*, et n°09-16.977, *M. Katz et a.*. Déjà : Com. 13 janv. 1998, *Guilloux*, n°96-30.097 ; Com. 30 mai 2000, *SCI du Château de la Jonchère*, n°98-30.052 P ; Crim. 28 juin 2006, *Antoine*, n°05-83.782).

236. Une responsabilité incombant aux juges du fond. La définition du contrôle de cassation par la Cour renvoie donc aux premiers juges toute la charge et la responsabilité d'examiner en conscience et de manière approfondie, et de modifier, si besoin est, mais sans les y obliger non plus, les ordonnances prérédigées par l'administration. Elle pousse également les présidents de la cour d'appel non pas à s'indigner d'une absence de vérification concrète et effective par les premiers juges, mais à se prononcer sur l'absence de présomptions de fraudes fiscales, privant alors de légalité et de légitimité la procédure fondée sur l'article L.16 B[1].

237. La sanction n'intervenant qu'*a posteriori*, l'exigence d'autorisation préalable peut donc être une garantie en trompe-l'œil, si bien que les procédures de l'article L.16 B se rapprochent concrètement, mais non légalement et *de facto* à d'autres procédures dénuées d'une telle autorisation, à l'instar du droit d'enquête spéciale des articles L.80 F et suivants du LPF[2], assimilable, selon L. AYRAULT, à « une véritable procédure de substitution du droit de perquisition et de saisie prévue à l'article L.16 B du Livre des procédures fiscales », sans la protection de l'autorité judiciaire, effective ou non[3]. Dès lors, ce n'est donc qu'*a posteriori*, qu'une sanction peut être trouvée à l'inexistence de la coïncidence dans la rationalité entre les objectifs du législateur et ceux de l'administration.

2. Prospective et rétrospective de la rationalité imposée par les règles de procédure

238. Plan. Bien que les procédures de visites domiciliaires et de saisies ne soient pas les seules concernées, elles illustrent, dans la mesure de la légitimité rationnelle établie par l'ordonnance d'autorisation, le cadre légal et factuel de l'action des agents de l'administration. Ce qui paraît clair de prime abord se trouble par les possibilités de dématérialisation offertes par les nouvelles technologies (a). Si cet encadrement est prospectif, c'est essentiellement de manière rétrospective que la sanction de l'inexistence d'un lien logique se manifeste, mais également en présence d'un détournement de procédure, notion que le juge de l'impôt manie avec grande prudence (b).

a. *Le non-respect de l'autorisation préalable : une déviation factuelle ?*

239. Continuité de la rationalité concrétisée par l'autorisation préalable. A l'instar de l'exigence de précision normative incombant au législateur, le juge de l'autorisation doit[4], dans l'ordonnance d'autorisation, détailler le double champ

---

[1] *Rapp.* CEDH, 5e sect., 2 avr. 2015, n°63629/10 et 63567/10, *Vinci construction et GTM Génie civil et Services c/France*, §78-79 (à propos de l'art. L 450-4 du Code de commerce)

[2] Crim., 21 mars 2012, n°11-86.317. *Comp.* Cons. const., 27 janv. 2012, déc. n°2011-214 QPC, *Sté COVED SA*.

[3] L. AYRAULT, *Code de procédure fiscale commenté* : Dalloz 2019 ; M. COLLET, *Droit fiscal*, éd., PUF, coll. « *Thémis* », 6e éd., 2017, p. 51-52 ; V. HAÏM, « Panorama des pouvoirs d'investigation de l'administration » in B. HATOUX (dir.), *Droits du contribuable. État des lieux et perspectives*, éd. Economica, 2002, p. 7 et s.

[4] Com. 21 mars 1989, n°88-12.016 et n°87-17.918, *Torrès-Duchêne*.

d'investigation à travers les fraudes présumées et les lieux à visiter[1], ces indications minimales étant de nature à orienter et encadrer le comportement des agents de l'administration, perpétuant ainsi la structuration initiale contenue dans l'autorisation, et sur laquelle les contribuables et autres personnes intéressées pourront s'appuyer dans le cadre d'une recours juridictionnel[2]. Cette structuration dynamique est également à l'œuvre dans la poursuite dans l'encadrement par les possibilités de saisies, les pièces devant présenter un lien avec la présomption de fraude[3], ce lien étant entendu d'un point de vue matériel (par rapport à la fraude dont l'administration cherche la preuve) et non d'un point de vue personnel (par rapport à la personnes visées par les présomptions de fraude)[4].

240. Appréciations temporelles de la proportionnalité et qualité du contrôle juridictionnel. L'effectivité de cette structuration dépend à la fois de l'effectivité du contrôle du juge pendant ou *a posteriori*, en cas de recours, sur le déroulement des opérations[5]. Il y a ainsi une double appréciation « temporelle » de la proportionnalité par la rationalité, au moins en théorie : l'une ponctuelle, au moment de l'autorisation, l'une continue sur le déroulement de la procédure, l'autre étant focalisée sur une adaptation à la fois déduite et consolidant l'objectif de la procédure mise en œuvre à partir de la première. Or, dès lors que les agents et officiers de police judiciaire n'ont aucune d'obligation d'information de l'occupant des lieux visités ni sur la possibilité de saisir le juge des libertés et de la détention, ni sur les modalités de cette saisine[6], le recours juridictionnel *pendante* les opérations ne contribue pas à la structuration de

---

[1] « [U]n mandat de perquisition doit être assorti de certaines limites pour que l'ingérence qu'il autorise (…) ne soit pas **potentiellement illimitée et, partant, disproportionnée** » (CEDH, 1ère sect., 9 déc. 2004, n°41872/98, *Van Rossem c/ Belgique*, §45, nous soulignons). Tel n'est pas le cas d'une rédaction « en termes larges » (CEDH, 5e sect., 24 juil. 2008, n°18603/03, *André et a. c/ France*, §45. – V. également CEDH, 1ère sect., 7 juin 2007, n°71362/01, *Smirnov c/ Russie*, §48) : la décision d'autorisation doit circonscrire, par « des mentions minimales », telles infractions dont la preuve est recherchée, précisions des locaux, nomination des officiers de police chargés d'effectuer les opérations (CEDH, 1ère sect., 9 déc. 2004, n°41872/98, *Van Rossem c/ Belgique ibid.*. ; CEDH, 1ère sect., 7 juin 2007, n°71362/01, *Smirnov c/ Russie*, §48 ; CEDH, 5e sect., 16 oct. 2008, n°1044/03, *Maschino c/ France*, §32). Et, le cas échéant, les agents devront solliciter au cours des opérations les autorisations complémentaires qui leur semblent nécessaires (Com. 30 oct. 1989, *Sté Roga*). *Comp.* CEDH, 3e sect., 8 janv. 2002, n°51578/99, *Keslassy c/ France* ; CEDH, 5e sect., 21 déc. 2010, n°29408/08, *Sté Canal plus et a. c/ France*, §54.

[2] CEDH, 5e sect., 24 juil. 2008, n°18603/03, *André et a. c/ France*, §45 ; CEDH, 1ère sect., 9 déc. 2004, n°41872/98, *Van Rossem c/ Belgique*, §45 ; CEDH, 5e sect., 16 oct. 2008, n°1044/03, *Maschino c/ France*, §32.

[3] Com., 29 nov. 2011, n°11-14.460, *Sté Clinique Matignon*/

[4] Com. 15 sept. 2015, n°14-20.320, *Sté GFP et M.* : l'article L. 16 B du LPF « permet d'appréhender des documents de personnes pouvant être en relation d'affaires avec [les personnes visées par les présomptions], y compris des pièces utiles, seulement pour partie, à la preuve des agissements présumés ».

[5] À ce titre, la désignation par le juge d'un ou plusieurs officiers de police judiciaire pour assister aux opérations et le tenir informé le juge du déroulement d'une visite domiciliaire, se double de la faculté pour ce juge de se rendre personnellement dans les locaux pendant l'intervention, et décider, à tout moment, d'office ou à la requête des parties la suspension ou l'arrêt de la visite (déjà, Com., 30 nov. 1999, *Sté Bec*, n°98-30.005; Com. 18 avr. 2000, n°98-30.039, *Jacobson*).

[6] Com., 9 mars 2010, n°09-13.215, *Sté Lifrapos et a.*. Déjà avant la loi LME : Com., 5 mai 1998, n°96-30.116, *Sté Value Investing Partners Inc. et a.*

l'action administrative[1]. Cette structuration, par la préservation de la rationalité imposée et légitimatrice de l'autorisation, intervient finalement plutôt *a posteriori.*

241.Saisies informatiques : dilution du contrôle par la dématérialisation. C'est à cette même conclusion que conduit la problématique des saisies, le cas échéant « massives et indifférenciées »[2], des documents informatiques, problématique accentuée par le développement des nouvelles technologies et de la dématérialisation dans le stockage des données. Car si l'autorisation « implique la possibilité d'examiner en ces lieux tous les documents et supports d'information susceptibles d'y être consultés et exploités, l'article L 16 B permettant la saisie de tous documents matérialisés accessibles depuis les locaux visités »[3], il n'est pas possible pour le juge, ou pour l'administration, de prévoir par avance les obstacles ou difficultés informatiques, parfois plus ou moins sciemment organisées par les contribuables[4], permettant de ne saisir que les pièces ou documents en relation avec les fraudes fiscales dont la preuve est recherchée[5], les éléments relatifs au secret professionnel faisant toutefois l'objet d'une attention particulière.

242.C'est en effet au juge chargé du contrôle de la régularité des opérations qu'il appartient d'estimer souverainement, et concrètement[6], si, par la comparaison entre l'ordonnance et les pièces saisies, dûment identifiées et consignées dans l'inventaire, lesdites pièces n'étaient pas étrangères au but de l'autorisation accordée[7]. L'obligation

---

[1] Et le moyen tiré de cette absence d'information n'est opérant que pour autant qu'il serait fait état d'irrégularité(s) ayant entaché les opérations (Com. 2 fév. 2010, n°09-13.795, P+B+I+R, *Sté Locadis et Sté Centre viande Beauvallet et fils*).

[2] Lesquelles sont prohibées, sans pour autant que cela n'oblige les agents ni « de justifier de ce que chacun [des documents] est en relation avec la fraude présumée, ni même à s'expliquer sur leur quantité » (Com. 5 janv. 2016, n°14-24.666, *Sté Mondelez Europe GmbH et a.*).

[3] Com., 26 fév. 2013, n°12-14.771, P+B, *Sté HR Access Solutions.*

[4] Ainsi, le choix d'un contribuable pour un fichier unique et insécable peut se retourner contre lui, la saisie pouvant porter sur le ficher en entier :« il appartient ensuite au demandeur au recours de préciser et produire les éléments du fichier qui seraient insaisissables en en indiquant la raison pour chacun de ces éléments » (Com. 8 mars 2016, n°14-26.929, *Sté Barjane*). *Comp.* CEDH, 1ère sect., 14 mars 2013, n°24117/08, *Sté Bernh Larsen Holding c/ Norvège*, §173.

[5] Com., 15 oct. 1998, *Jacob*, n°94-12.383. La Cour de cassation admet aussi la saisie de pièces seulement « pour partie utiles à la preuve des agissements », proportionnalisation maximale étendant, et donc distordant, la rationalité structurante donnée par l'autorisation (Com. 12 nov. 1996, *Sté BP France* ; Crim. 19 nov. 2003, *Sté Screg Ile-de-France Normandie*, n°02-81.997). *Rapp.* CEDH, 5e sect., 2 avr. 2015, n°63629/10 et 63567/10, *Vinci construction et GTM Génie civil et Services c/ France*, §78-79 (à propos de l'article L 450-4 du Code de commerce). De plus, d'une part, « la communication des codes permettant d'accéder aux données informatiques, d'ordre purement technique, exclut tout risque d'auto-incrimination, et ce même si les agents ont rappelé à la représentante de la société la teneur de l'article 1735 quater du CGI qui sanctionne l'obstacle à l'accès ou à la saisine des données informatiques » (Com. 11 mai 2017, n°16-12.526, *Sté Grande pharmacie de Poissy*), et d'autre part, « ni des dispositions de l'article L. 16 B du livre des procédures fiscales, ni d'aucun autre texte » n'obligent les enquêteurs à « révéler les modalités techniques, les mots de passe et les moteurs de recherche utilisés lors des opérations » (Com. 26 avr. 2017, n°15-27.800, *Sté Meuble Ikéa*).

[6] CEDH, 5e sect., 2 avr. 2015, n°63629/10 et 63567/10, *Vinci construction et GTM Génie civil et Services c/ France*, §78-79 (à propos de l'art. L 450-4 du Code de commerce).

[7] Com. 18 janv. 2011, n°09-70.397 ; Com. 5 janv. 2016, n°14-24.666, *Sté Mondelez Europe GmbH et s.* ; Com. 8 mars 2016, n°14-26.929, *Sté Barjane*. Déjà : Crim. 19 nov. 2003, *Sté Screg Ile-de-*

de différenciation, de pertinence des documents saisis apporte une proportionnalisation structurante à la saisie elle-même, par les limites de l'autorisation, et ainsi une proportionnalité concrète de la visite domiciliaire[1].

243.Saisies et secret professionnel. À défaut d'un contrôle effectif par les officiers de police judiciaire, « interface du juge des libertés ayant autorisé la visite »[2], la structuration *a priori* n'est guère efficiente, particulièrement concernant le secret professionnel de l'avocat. Car l'insaisissabilité de principe des documents couverts par le secret professionnel de l'avocat[3] en application de l'article 66-5 de la loi n°71-1130 du 31 décembre 1971[4] souffre d'exceptions. En premier lieu la participation de l'avocat à la fraude fiscale dont la preuve est recherchée[5], et de surcroît, sa violation n'entraîne pas nécessairement une annulation complète de la saisie, mais elle se limite par exemple, aux seuls courriels d'une messagerie professionnelle non couverts par le secret professionnel[6], transposant ainsi la solution appliquée aux saisines comportant des documents sans rapport avec les agissements dont la preuve est recherchée[7].

France Normandie, n°02-81.997. Ce contrôle dépend par ailleurs des arguments et de la précision des contestations émises par les parties à l'appui de leurs recours (en ce sens, Com. 2 juil. 1996, *SCP Mouial*,n° 1239 D).

[1] Ainsi, « dès lors que l'ordonnance retient que les enquêteurs ont procédé à la prise en copie de documents à partir des fichiers figurant dans le disque dur de l'ordinateur portable de la personne visitée, que les fichiers copiés sont tous identifiables par un préfixe laissant supposer qu'il s'agissait de documents concernant l'intéressé et ses activités d'affaires, et que de tels fichiers, susceptibles de contenir des documents administratifs et bancaires, demeuraient dans les limites de l'autorisation délivrée » (Com. 12 oct. 2012, n°09-70.591, *Clémence*).

[2] A. LOUVARIS et P. SCHIELE, « Secret des affaires et droit fiscal. Quelles notations sur un duo ambivalent » ; *JCP E* 2016, 1459 ; P. SCHIELE et E. TALEC, « Visites domiciliaires et protection du secret professionnel « : *DF* 2014, act. 482.

[3] Le secret professionnel de l'avocat recouvre « les consultations adressées par lui à son client ou destinées à celui-ci, les correspondances échangées entre eux, les notes d'entretien et, plus généralement, toutes les pièces du dossier » (Com., 3 mai 2012, n°11-14.008, *Sté Alexandre Holding*). Ces documents, s'ils ne comprennent pas les correspondances entre l'avocat et l'expert-comptable de son client (Com. 4 nov. 2014, n°13-20.322), incluent, par un effet d'attraction, les factures d'honoraires jointes à une correspondance entre l'avocat et son client (Com. 6 déc. 2016, n°15-14.554, *Sté Windrose BV*).

[4] Com., 26 nov. 2013, n°12-27.162, *Sté Futura finances* ; Com. 6 déc. 2016, n°15-14.554, *Sté Windrose BV*. Déjà : Com., 5 mai 1998, *Sté Value Investing partners*, n°96-30.116 ; Com. 20 oct. 1998, *Ardoin*

[5] CEDH, 5e sect., 24 juil. 2008, n°18603/03, *André et a. c/ France*. Déjà : Com. 3 mars 2015, n°13-27.605, *Sté Dolphin* ; Com., 5 mai 1998, *Sté Value Investing*, n°96-30.116. De plus, la violation de ce secret professionnel n'est susceptible d'aboutir à la nullité de la saisie que pour autant soient versés aux débats des documents pour constater le caractère confidentiel, qu'une argumentation vienne étayer leur insaisissabilité et, que, le cas échéant, la saisie ait donné lieu à interrogation, protestation ou demande d'intervention d'un des officiers de police judiciaire (Com. 7 juin 2011, *Dobson*, n°10-18.110 ; Com. 5 janv. 2016, n°14-24.666, *Sté Mondelez Europe GmbH et a.* ; Com. 8 mars 2016, n°14-26.929, *Sté Barjane*). La force du secret professionnel est alors amoindrie dans une large mesure.

[6] Com. 18 janv. 2011, n°10-11.778, *Aïm* ; Com. 25 juin 2015, n°14-15.524, *Sté Aria*.

[7] Com. 6 nov. 2012, n°11-25.953, *Sté Pharmacie Riquelme*. – V. également : Com., 26 juin 2012, n°11-21.047 (P+B) et n°11-21.048 (P+B), *Sté Finworldgest*.

244. Proportionnalisation des conséquences d'une visite ou saisie dénuées d'une rationalité. Cette même délimitation, et structuration *a posteriori*, se traduit dans les redressements d'imposition postérieurs, et fondés sur les pièces saisies lors de ces visites domiciliaires[1]. L'irrégularité de l'autorisation ou des saisies se répercutant sur la régularité de la décision d'imposition « dans la mesure où celle-ci procède de l'exploitation des informations ainsi recueillies »[2], l'administration ne peut se prévaloir d'autres moyens d'accès à ces desdits renseignements pour établir une imposition[3], ni de pièces ou documents obtenus par une autorité administrative ou judiciaire dans des conditions déclarées ultérieurement illégales par un juge[4].

245. Transition. L'effort de structuration prospective et rétrospective par la rationalité, puis par la proportionnalisation de la sanction du non-respect de cette rationalité, est manifeste d'une recherche d'équilibre entre les droits des contribuables et l'efficacité de la lutte contre la fraude et l'évasion fiscale[5]. Cette structuration s'observe aussi dans le détournement de procédure.

---

[1] En ce sens, Com. 30 mai 1995, *SCI de la Gare*, n°1136 D ; CE, 10e et 9e ss-sect., 4 août 2006, n°264.624, *Louerat*.

[2] CE, Sect., Avis, 1er mars 1996, n°174.245 et 174.246, SARL *Finibéton* : l'annulation de l'ordonnance d'autorisation « a pour effet d'interdire à l'administration des impôts d'opposer au contribuable les informations recueillies à cette occasion » et affecte donc la régularité de la décision d'imposition « dans la mesure où celle-ci procède de l'exploitation des informations ainsi recueillies », elle est en revanche « sans incidence sur la régularité de la décision d'imposition dans la mesure où celle-ci procède de l'exploitation de renseignements que l'administration n'a pas recueillis à l'occasion de la visite annulée » (JO 4 avr. p. 5230).

[3] Ainsi, le fait que l'Administration eut pu prendre connaissance de ces renseignements en exerçant son droit de communication ou en mettant en œuvre une vérification de comptabilité est sans incidence, c'est-à-dire qu'il ne vient pas corriger la disproportion constatée (CE, Sect., Avis, 1er mars 1996, n°174.245 et 174.246, *SARL Finibéton*).

[4] Concernant le juge administratif : CE, 8e et 3e ch., 23 nov. 2016, n°387.485 ;CE, 9e et 10e ss-sect., 15 avr. 2015, n°373.269, *Sté Car Diffusion 78* ; CE, 8e et 3e ch., 20 oct. 2016, n°390.639, *M. Issan*. – V. avant l'arrêt de 2015, les conclusions des rapporteurs publics bien que non suivies sur ce point : G. BACHELIER, concl. sur CE, Sect., 6 déc. 1995, n°90.914, *Navon*, et n°126.826, *SA Samep* : *DF* 1996, n°7, comm. 203 ; V. DAUMAS, concl. sur CE, Sect., 16 juil. 2014, n°355.201, *M. Ganem c/ Cne de Jouy-en-Josas* : *RFDA* 2014, p. 924. Concernant le juge judiciaire : Crim. 16 mai 2012, n°11-83, 602, P+B ; Com. 31 janv. 2012, n°11-13.097 ; Com. 21 fév. 2012, n°11-15.162. Déjà : Com. 27 nov. 1991, n°90-10.608, n°90-10.607, n°90-11.980 et n°90-11.985, *Cts Michaut* ; Com. 4 fév. 1997, n°95-30.008, *EURL Jacky Chris*.

[5] Il n'en demeure pas moins que ces corrections *a posteriori*, aussi proportionnées et proportionnalisantes soient-elles, ne résolvent pas la question de l'éventuelle utilisation des documents saisis dans l'intervalle entre la saisie lors de la perquisition et l'annulation de celle-ci par la cour d'appel, risquant alors d'étioler le secret professionnel (en ce sens, A. LOUVARIS et P. SCHIELE, « Secret des affaires et droit fiscal. Quelles notations sur un duo ambivalent ? », *op. cit.*). Et si la Convention européenne des droits de l'homme commande que le contrôle concret ultérieur doive également permettre d'obtenir, le cas échéant, la restitution des documents concernés ou, s'agissant de copies de fichiers informatiques, « l'assurance de leur parfait effacement » (CEDH, 5e sect., 2 avr. 2015, n°63629/10 et 63567/10, *Vinci construction et GTM Génie civil et Services c/ France*, §78-79), on ne peut provoquer l'amnésie des agents de l'administration fiscale.

b. *La déduction* a posteriori *de l'inexistence du lien logique : le détournement de procédure* ab initio

246. Détournement de procédure, abus dans la mise en œuvre d'une procédure. « Élément indispensable de moralité administrative et de vérité juridique »[1], le détournement de procédure, sorte d'abus de droit appliquée à l'Administration[2], n'est pas d'un maniement aisé. S'il peut s'expliquer par l'absence d'outils spécifiques de contrôle[3], il peut l'être également par la volonté de l'administration d'échapper aux contraintes des garanties offertes aux contribuables vérifiés[4].

247. La preuve du détournement de procédure. Démontrer l'existence d'un détournement de procédure est délicat[5], d'autant plus que le juge l'accueille avec réserve : il s'agit en effet d'établir une absence de rationalité concrète conforme à la rationalité abstraite, c'est-à-dire que le but poursuivi est contraire aux apparences de légalité que l'administration a tenté de créer, par l'inutilité ou l'excessivité de l'acte de procédure eu égard à l'objet théorique de ladite procédure[6]. « [S]aisissable par la connaissance des intentions de l'autorité qui le commet », le juge se montre « à ce

---

[1] M. HEUMANN, concl. sur CE, Ass., 24 juin 1960, *SARL « Le Monde »* et *Sté Frampar* : Rec. p. 412. On peut aussi le rattacher à une certaine obligation de loyauté de l'administration (V. not. E. GLASER, « Droit de communication : quelles garanties pour le contribuable ? » : *RJF* 8-9/2008, p. 787), à moins de considérer que les dispositions du livre des procédures fiscales suffisent à ce titre (en ce sens, R. VICTOR, concl. sur CE, 8e et 3e ch., 20 oct. 2016, n°390.639, *M. Issan*, *op. cit.* : « La loyauté se confond alors avec le respect de la légalité : sans être nulle part affirmée, elle est en réalité partout »). Ainsi, le juge administratif exclut de faire peser sur l'administration une telle obligation, optant pour une obligation d'abstention, celle de ne pas induire en erreur (CE, 10e et 9e ss-sect., 26 mai 2010, n°296.808, *M. Beckman* ; CE, 8e et 3e ch., 20 oct. 2016, n°390.639, *M. Issan*), contrairement au juge judiciaire (Com. 18 mai 1996, n°94-17.312, *Peysselier* ; Cass, Ass. plén., 7 janv. 2011, n°09-14.316 et n°09-17.667).

[2] Dont le régime diffère toutefois : en ce sens, R. VIDAL, « L'évolution du détournement de pouvoir dans la jurisprudence administrative », *op. cit.*, p. 292.

[3] À laquelle le législateur pourra aisément remédier, notamment après la sanction jurisprudentielle de ce mésusage.

[4] Le détournement de procédure est ainsi « un vice de procédure aggravé, consistant en la substitution volontaire à une procédure régulière d'une autre procédure plus expéditive, mais inapplicable à l'opération poursuivie, dans le but d'éluder certaines garanties ou formalités » (O. De DAVID BEAUREGARD-BERTHIER, « La notion de détournement de procédure en droit administratif » : *Dr. adm.* 2006, n°1, étude 2).

[5] R. VIDAL, « L'évolution du détournement de pouvoir dans la jurisprudence administrative », *op. cit.*, p. 286-287 et p. 299.

[6] R. VIDAL, *ibid.*, p. 303 ; P. MOOR, « Systématique et illustration du principe de proportionnalité », *op. cit.*, p. 332.

titre très circonspect » pour préserver l'action de l'administration[1], refusant d'imposer à cette dernière une obligation de résultat, même atténuée[2].

248. Cette prudence est si forte qu'il faut parfois attendre l'aveu officiel du gouvernement pour que le juge s'autorise à sanctionner certains détournements de procédure, et dans certains cas seulement. Ainsi, en a-t-il été des perquisitions réalisées sur le fondement de l'ordonnance du 30 juin 1945 avant que ne soit adoptée la procédure aujourd'hui codifiée à l'article L 16 B du LPF, les débats parlementaires, sans ambiguïté[3], ayant pu influencer le juge de l'impôt. Mais dans ces décisions, c'est l'absence de procédure idoine qui rétrospectivement lui permit d'établir le but de l'Administration, contraire ou du moins différent de celui prévu par cette ordonnance de 1945, le juge laissant toutefois à celle-ci la possibilité de reconstruire une justification rationnelle *a posteriori*[4].

249. L'impossibilité d'un détournement de procédure en présence d'une autorisation préalable ?. L'existence d'une autorisation préalable, dans le cadre de l'article L 16 B du LPF écarte, sans toutefois l'exclure totalement[5], le risque d'un détournement de procédure. En effet, le juge exclut toute disproportionnalité, et *a fortiori* un détournement de pouvoir, en l'absence de hiérarchisation des procédures de contrôle fiscal[6], « aucun texte ne subordonnant la saisine de l'autorité judiciaire, pour l'application de l'article L16 B, au recours préalable à d'autres procédures »,

---

[1] R. BONNARD, « Le pouvoir discrétionnaire des autorités administratives et le recours pour excès de pouvoir », *op. cit.*, p. 363-392. – V. également, G. VEDEL et P. DEVOLVE, *op. cit.* p. 331. Ce constat relatif au juge administratif s'applique également à la Cour de cassation, et le contentieux relatif à la visite domiciliaire en atteste.

[2] Il n'est guère satisfaisant de retenir un critère de succès « raisonnable » ou « convenable » (G. GUILLENSCHMIDT, concl. sous CE, 7e, 8e et 9e ss-sect., 11 fév. 1987, n°40.565, *M. Bon* : *DF* 1987, n°44, comm. 1985). – V. également, Crim. 28 mars 1996, *Pedoussaud,* n°95-80.930.

[3] En effet, lors des débats relatifs à la loi de finances pour 1984, le secrétaire d'État avait affirmé sans ambage que l'administration « effectu[ait] une perquisition, mais on ne dit pas que c'est pour rechercher une infraction fiscale et l'on justifie l'intervention par la recherche d'une infraction à l'ordonnance de 1945 » (JO Sénat 10 déc. 1983, p. 4043) et rajouta que « ce fameux droit de perquisition, sur la base de l'ordonnance de 1945, a été utilisé un millier de fois depuis 1945 et dans l'illégalité » (JO AN 17 déc. 1983, p. 6700).

[4] « (…) en l'absence de toute indication devant le juge de l'impôt sur la nature et le sérieux des soupçons de fraude en matière de contributions indirectes ou d'infractions à la législation économique, **qui étaient nécessaires pour légitimer** une intervention administrative forcée au domicile du contribuable, il ressort **manifestement** de **l'ensemble des circonstances** (…) que l'administration fiscale, qui ne disposait alors, pour les besoins du contrôle en matière de taxe sur la valeur ajoutée, d'aucune procédure légale de visite domiciliaire, a en réalité utilisé les procédures prévues par les dispositions sus-rappelées des articles 506 et 1855 du code général des impôts et 15 de l'ordonnance n° 45-1484 du 30 juin 1945 à seule fin de rechercher les preuves d'infractions à la législation relatives à la taxe sur la valeur ajoutée ; qu'elle a ainsi commis un détournement de procédure (…)» (CE, 7e, 8e et 9e ss-sect., 11 fév. 1987, n°40.565, *M. Bon,* nous soulignons. V. également, CE, plén., 11 fév. 1987, n°55.363, *Sté de fait Goujon-Vessat* ; CE, plén., 11 fév. 1987, n°59.652, *M. Passicousset*).

[5] CEDH, 5e sect., 24 juil. 2008, n°18603/03, *André et a. c/ France*, §40..

[6] Une perquisition a un effet de surprise que n'aurait pas une montée en puissance des procédures de contrôle, laissant le temps aux contribuables de détruire des preuves de leurs forfaits fiscaux, alertés par la mise en œuvre des procédures moins intrusives.

telle qu'une vérification de comptabilité (art. L 13)[1], un ESFP (art. L 12), une demande d'éclaircissement ou de justification (art. L 16), un droit de communication (art. L 81 et L 83), un contrôle des opérations internationales en matière de prix de transfert (art. L 13 B du LPF)[2], ou encore une demande d'assistance administrative internationale[3].

250. La possibilité d'un détournement de procédure en l'absence d'autorisation préalable. Dans le cadre des procédures ne nécessitant pas une autorisation préalable, le détournement de procédure s'établit à partir de l'inadaptation de la procédure, en fonction des effets de la décision de l'administration, éléments extrinsèques[4], ou postérieurs. Ainsi, de la délimitation entre le droit de communication et la vérification de comptabilité[5], mais aussi de l'impossibilité d'utiliser la vérification de comptabilité pour contrôler le respect de l'épargne réglementée[6].

251. Dans ce dernier cas, par exemple, le Conseil d'État releva les courriers de l'administration, **postérieurs** à la vérification de comptabilité, par lesquelles elle sollicitait la réalisation de traitement informatique sur le fondement de l'article L 47 A du LPF, pour en déduire que « cette demande avait **pour objet exclusif** de permettre à l'administration de contrôler, non la sincérité des déclarations souscrites par la caisse en vue d'assurer l'établissement d'impôts qu'elle devait, mais le respect des dispositions applicables aux comptes d'épargne réglementée ». De manière rétrospective, cette demande, manifestation d'une rationalité concrète à l'origine de la procédure, rendait irrégulière la procédure de vérification de comptabilité en matérialisant un objectif distinct de cette procédure[7], et malgré le fait que l'administration ait « poussé au demeurant la logique de vérification de comptabilité à son terme »[8]. Ainsi, si incidemment, une vérification de comptabilité peut conduire

---

[1] Com. 21 janv. 2014, n°12-28.696, *Assoc. Fac Habitat*. Déjà : Crim. 30 avr. 2003, n°02-81.789, *Victori.*. En l'espèce, le moyen tiré du détournement de pouvoir est écarté en ce que la société n'avait assorti son moyen « d'aucune précision sur la nature ou le contenu de ces documents [ie ceux auxquels la vérification ne permettait pas à l'administration d'accéder] et ne conteste pas les écritures de l'administration selon lesquelles les redressements litigieux ne sont pas fondés sur des éléments recueillis au cours de la visite ».

[2] Crim. 4 mai 2006, n°05-80.413 (1ère esp.), n°05-80.757 (2e esp.), n°04-86.695 (3e esp.).

[3] Crim. 17 mai 2006, n°05-85.416. De surcroît, une visite peut être mise en œuvre concomitamment ou après une vérification de comptabilité, les deux formant deux étapes de la procédure d'imposition sans qu'un détournement puisse être, de ce fait, établi, ni une violation d'un devoir de loyauté de l'administration (CE, 9e et 10e ss-sect. réunies, 23 juin 2014, n°360.708, *Sté Groupement Charbonnier Montdidérien*).

[4] R. VIDAL, « L'évolution du détournement de pouvoir dans la jurisprudence administrative », *op. cit.*

[5] CE, Sect., 6 oct. 2000, n°207.765, *SARL Trace*. – V. également, CE, 9e et 10e ch., 26 juin 2017, n°392.870, *CRCAM du Nord-Est*, cons. 4.

[6] CE, 9e et 10e ch., 26 juin 2017, n°392.870, *CRCAM du Nord-Est*. – V. P. DURAND, « Le contrôle de l'épargne réglementée, un dispositif obsolète » ?, note sous CE, 9e et 10e ss-sect., 9 mars 2016, n°375.818, *CRCAM de Normandie* : *DF* 2016, n°15, comm. 285, l'auteur soulignant l'emploi inapproprié par l'Administration des dispositions de l'article L 47 A du LPF.

[7] CE, 9e et 10e ch., 26 juin 2017, n°392.870, *CRCAM du Nord-Est*, cons. 5.

[8] P. DURAND, « Le contrôle de l'épargne réglementée, un dispositif obsolète » ?, note précitée, l'auteur ajoutant que « si les demandes de traitement de l'Administration se révèlent sans lien avec le contrôle fiscal mais sont en réalité motivées par la mise en œuvre d'une législation économique, sans impact fiscal, l'Administration aurait probablement du mal à mettre en œuvre l'opposition à

à constater des infractions à l'épargne réglementée, elle ne peut avoir ce seul but. Si en l'espèce, le détournement de procédure a pu être établi, dans la majorité des cas, il n'en est pas ainsi[1], cette hypothèse étant relativement rare[2], et les conséquences sont là encore proportionnalisées dans le cadre de l'imposition[3].

252. Transition. La rationalité temporelle diffère de la rationalité matérielle en ce qu'elle s'impose aussi au législateur.

II. La rationalité temporelle : l'exemple des délais de reprise et délais de réclamation

253. Plan. Procédures de contrôle ou de recouvrement et procès fiscal doivent respecter une certaine proportionnalité temporelle, des délais « raisonnables », durées de la procédure elle-même ou délais dans lesquels administration et contribuable peuvent remettre en cause une situation passée ou obtenir le paiement de l'impôt. Il s'agit bien de trouver un équilibre : car « (...) si juger trop lentement est nécessairement critiquable, juger trop vite peut parfois l'être tout autant, car l'objectif du juge doit être de juger bien »[4], laisser planer une incertitude trop longtemps sur les recettes fiscales est tout autant critiquable qu'un délai trop bref, obstacle à un recours des contribuables pour contester l'application du droit fiscal.

254. Plan. Plus encore que la garantie contre les changements de doctrine administrative, l'encadrement temporel des procédures fiscales *lato sensu* est donc

---

contrôle fiscal (CGI, art. 1746) en cas de refus d'un établissement de réaliser les traitements demandés ».

[1] *Comp.* à propos des visites domiciliaires de l'article L 16 B du LPF : CE, 9e et 8e ss-sect., 22 mars 1999, n°144.530, n°144.585 et n°144.619, *SA Jean Lemosse*, n°163.361 et 163.362, *M. Descat* et n°169.586, *M. Azais*.

[2] Et les évolutions législatives favorables à l'administration peuvent réduire encore la probabilité d'établir un tel détournement. Ainsi, par exemple, de la possibilité ouverte, de manière inconditionné, de consulter la copie que l'Administration a gardée des comptabilités informatisées (et la comparer aux fichiers remis par le contribuable, y compris s'il remet sa copie des fichiers sans aucune altération des scellés ou des fichiers), et de l'opposer au contribuable : cela permet certes de donner la possibilité de savoir si la comptabilité a été modifiée entre le contrôle inopiné et la réalisation des traitements, ainsi que cela résulte des travaux préparatoires, et notamment des motifs de l'amendement (AN, amdt n°234, 13 sept. 2018), mais l'asymétrie qui en résulte, l'absence de délimitation dans les conditions, et, *in fine*, l'impossibilité pour les contribuables d'établir un éventuel détournement de procédure, peuvent être source d'une disproportionnalité de cette faculté procédurale (V. en ce sens, les observations de C. SAND sur L. n°2018-898, 23 oct. 2018, *Loi relative à la lutte contre la fraude*, art. 4 : JO 24 oct. 2018, texte n°1 : *DF* 2018, n°46, comm. 457).

[3] Et si la décision d'imposition n'est pas irrégulière, le remède peut prendre corps dans l'engagement de la responsabilité de l'administration : « est constitutif d'une faute lourde commise au cours d'opérations ayant le caractère d'actes de police judiciaire et engageant la responsabilité de l'État, le détournement de procédure organisé par des fonctionnaires des impôts qui ont surpris la religion des magistrats en leur dissimulant les motifs réels des perquisitions pour obtenir une autorisation de visite domiciliaire » (CE, 7e et 8e ss-sect., 11 juil. 1984, n°45.920, n°46.920, 46.285, et 46.283, *Sté industrielle de Saint-Ouen (SISO)*. – V. également : TGI Paris, 18 nov. 1987).

[4] M. GROS, « Le juge administratif, la procédure et le temps » : *RDP* 1999, n°6, p. 1709.

essentiel[1], et même nécessaire[2]. Il poursuit une rationalité particulière, en ce que tout en étant orientée vers une sécurité juridique des contribuables et de l'État[3], cette rationalité se confond avec l'adaptation : autrement dit, la proportionnalisation de la temporalité de la procédure est la rationalité temporelle, dans le principe même de l'instauration des délais de reprises ou des réclamations (A). En revanche, les dispositions dérogatoires allongeant ces durées poursuivent une finalité autre, proportionnalisation de la finalité générale de sécurité juridique (B)[4].

A. La sécurité juridique temporelle, justification générale des délais de prescription[5]

255. Plan. Tantôt sécurisant les contribuables, tantôt les finances publiques, le juge veille à sur la structuration temporelle par les délais de réclamation (1) et de reprise (2)[6], soit que le délai de réclamation trop court porte, voire annihile le droit à un recours juridictionnel effectif[7], soit que le délai de reprise est si long qu'il laisse

---

[1] « [L]a prescription, sous toutes ses formes, est une règle fondamentale du droit d'une société évoluée. (…) C'est un besoin profond de l'être humain que d'être protégé contre ses propres imperfections par certaines formes de la stabilité juridique » (Président DUCAMIN, concl. sur CE, Ass. Plén., 27 mars 1963, n°52.259, *Sieur G* (*DF* 1963, n°21, doctr. p. 3-4 et 12), cité par F. ALADJIDI, concl. sur CE, 9e et 10e ss-sect., 23 juin 2014, n°355.801, *Polynésie française c/ M. Zannier*: *DF* 2014, n°41, comm. 582). – V. également, J. TUROT, « Indispensable prescription » (*DF* 2015, n°42, étude 628, n°1) : « en matière fiscale, la première sécurité juridique, ce n'est pas la non-rétroactivité des lois, [ni]la garantie contre les changements de doctrine, (…) c'est la prescription ».

[2] CE, 9e et 10e ss-sect., 23 juin 2014, n°355.801, *Polynésie française c/ Zannier, préc.*

[3] Pour le CE, « le principe de sécurité juridique, (…), fait obstacle à ce que puisse être contestée indéfiniment une décision administrative individuelle qui a été notifiée à son destinataire, ou dont il est établi, à défaut d'une telle notification, que celui-ci a eu connaissance » (CE, sect., 31 mars 2017, n°389.842, *M. Amar)* ; pour la Cour EDH, « l'institution de délai de prescription est un trait commun aux systèmes juridiques des États contractants, visant à garantir la sécurité juridique en fixant un terme aux actions et à empêcher l'injustice qui pourrait se produire si les tribunaux étaient appelés à se prononcer sur des événements survenus loin dans le passé » (CEDH, 23 juin 2009, n°36963/06, *Zouboulidis c/ Grèce*, §31 ; CEDH, 22 juin 2000, n°34292/96, *Coëme et a. c/ Belgique*, § 146) ; pour la Cour de justice, l'instauration de délais de prescription satisfait au principe d'effectivité, limite à l'autonomie procédurale des États membres, en ce qu'elle « constitue une application du principe fondamental de sécurité juridique » (CJCE, 16 déc. 1976, aff. C-33/76 *Rewe Zentralfinanz*, pt 5, et aff. C-45/76 *Comet*, pts 17 et 18 ; CJCE, 28 nov. 2000, aff. C-88/99, *Roquette frères SA*, pt. 22).

[4] Par ailleurs, cet encadrement temporel, s'il représente en soi un équilibre, peut servir également de critère d'adaptation des procédures auxquels il s'applique, et notamment dans le droit à un recours juridictionnel effectif.

[5] Sur la question du délai raisonnable de la procédure juridictionnelle : cf. *infra*, à propos du contentieux de la responsabilité

[6] Une différence entre les délais accordés à l'Administration fiscale et aux contribuables peut être contestée sur la combinaison des articles 14 et 1er du Premier protocole additionnel à la Convention (*Comp.* CEDH, 23 juin 2009, n°36963/06, *Zouboulidis c/ Grèce ;* CE, 9e et 10e ss-sect., 17 juil. 2013, n°352.273, *min. c/ Sté Coopérative Bressor*). En revanche, le fait que le contribuable ouvre des comptes bancaires à l'étranger le place *de facto* dans une situation différente de celui n'ayant ouvert des comptes bancaires qu'en France, écartant alors la possibilité d'une discrimination injustifiée entre eux (CE, 6e ch., 1er mars 2017, n°405.711)

[7] En ce sens, v. CJCE, Plén., 2 déc. 1997, aff. C-188/95, *Fantask*, pt 52.

les contribuables dans une incertitude « injustifiée », la question se posant particulièrement dans les cas de prorogations des délais[1].

1. Délai de reprise, la rationalité dans la sécurité juridique des contribuables

256.Sécurité juridique, rationalité même des délais de reprise. Un délai de prescription doit exister, le juge administratif pouvant à ce titre, pallier l'absence de dispositions par le recours au droit commun[2] ou à un principe général de prescription trentenaire applicable même sans texte[3], voire dénier au but officiellement poursuivi une valeur normative, et de le redéfinir, par une interprétation neutralisante[4] : ainsi, « nonobstant toutes dispositions contraires », le juge administratif écarte les travaux préparatoires, ces deniers ne pouvant être regardés comme « ayant expressément entendu permettre à l'Administration d'exercer un droit de reprise sans limitation de durée » et les dispositions en cause « ne sauraient avoir pour effet de dispenser l'administration du respect du délai général de reprise de l'article L. 186 du LPF »[5].

257. Bien que l'adage *fraus omnia corrumpit* fait obstacle à ce qu'un acte obtenu par fraude soit créateur de droits et le répute n'être jamais devenu définitif[6], la fraude fiscale, si elle peut justifier l'instauration d'un délai plus long, ne peut en revanche contourner cette impérativité : la sécurité juridique rend impossible

---

[1] Cf. *infra*.

[2] CE, 13 mai 1960, n°34.197, *Secrétaire d'État d'Agriculture c/ Sieur Manière*.

[3] Ce délai étant applicable, en principe, avant la réforme de la prescription civile par la loi du 17 juin 2008 : CE, Ass., 8 juil. 2005, n°247.976, *Sté Alusuisse-Lonza-France* (espèce relative aux pollutions industrielles).

[4] L'interprétation neutralisante va au-delà de l'interprétation juridique laquelle peut se définir comme consistant à « rechercher le sens d'un texte, la pensée qu'il exprime. À l'entendre ainsi, tout texte comporte une interprétation » (A. ESMEIN note sous Cass., Ch. réunies, 9 mars 1927, 28 mai 1932 et 16 juin 1933 : S. 1934, I, p. 241 et s.), en lui donnant une perspective, une orientation « parmi l'ensemble des possibles » (D. ROUSSEAU, *Droit du contentieux constitutionnel*, *op. cit.*, p. 554) : « il faut que l'organe d'application du droit résolve la question de savoir quel est le contenu qu'il doit donner à la norme individuelle à déduire de la norme générale législative dans son application à une espèce concrète, la norme individuelle se présentant comme un acte juridictionnel ou une décision administrative » (H. KELSEN, *Théorie pure du droit* (trad. C. EISENMANN, éd. Bruylant-LGDJ, coll. « La pensée juridique », 2e éd., 1999, p. 335), tout en étant contraint par le potentiel sémantique du texte, cadre rigide où se déploie l'analyse, voire la créativité (en ce sens, v. L. TROTABAS, « Le principe de l'interprétation littérale des lois fiscales », in *Recueil d'études sur les sources du droit en l'honneur de F. GENY, t. III, Les sources des diverses branches du droit,* éd. Topos-Duchemin, 1977, p. 101-110 ; G. MORANGE, « L'interprétation des lois fiscales » : *RSLF* 1951, p. 638 et s.), le juge fiscal demeurant pragmatique (P. MARCHESSOU, *L'interprétation des textes fiscaux*, éd. Economica, 1980, p. 211 et s. – V. la controverse sur l'autonomie du droit fiscal, dont nous nous contenterons de la conclusion : M. COZIAN et L. TROTABAS, « Propos désobligeants sur une tarte à la crème : l'autonomie et le réalisme du droit fiscal » : *DF* 1999, n°13, 100125 et l'intéressante analyse de F. GENY, « Le particularisme du droit fiscal » : *RTD civ.* 1931, p. 832 et s.)

[5] CE, 10e et 9e ss-sect., 4 avr. 2012, n°326.760, *min. c/ M. Goudy*.

[6] CE, Ass., 12 avr. 1953, *Sarovitch*.

l'imprescriptibilité en droit fiscal[12]. Dès lors, si l'existence d'un délai de prescription ne souffre d'aucune atténuation, c'est dans son étendue et son champ d'application matériel que se mesurera à la fois sa rationalité et son caractère adapté[3], ce qui implique parcimonie et circoncision[4].

258.Transition. Le bénéfice de la prescription ne bénéficie pas aux seuls contribuables.

2. Délai de réclamation et prescription quadriennale des dettes publiques, sécurisation juridique des intérêts financiers de l'État

259.Sécurité juridique, rationalité des délais opposables aux contribuables. Si les délais de recours reposent sur l'idée qu'il faut laisser aux justiciables un certain « laps de temps qui leur permette (…) de réfléchir, de se renseigner, de se faire une opinion sérieuse sur la valeur juridique de la décision et sur les chances qu'ils peuvent avoir d'en obtenir la réformation ou l'annulation (…) », ils doivent être conciliés avec l'intérêt général « exigeant que la stabilité des situations administratives ne puisse être discutée que pendant un délai bref »[5] d'autant plus que la contestation porte sur la décision d'imposer ou de mettre en recouvrement de l'impôt. Ce n'est donc pas seulement l'action de l'administration qui risquerait d'être entravée, ce sont aussi les finances publiques, et les intérêts publics qu'ils soutiennent, qui risqueraient d'être affectés, par des recours tardivement mis en œuvre.

260. Les délais pour former réclamation préalable sur l'assiette de l'impôt sont longs en matière fiscale, contrairement aux recours relatif aux actes de recouvrement, et cette longueur est « significative de la volonté du législateur de permettre au

---

[1] « [L]e pouvoir réglementaire [en Polynésie Française, les règles de répartition des compétences entre l'État et le Territoire donne compétence en matière fiscale, à l'Assemblée territoriale, autorité disposant seulement d'un pouvoir réglementaire] ne saurait, sans méconnaître le principe de sécurité juridique, instituer au profit de l'administration fiscale un droit de reprise excluant l'application de **tout** délai », y compris « lorsque le bénéfice d'un dispositif fiscal favorable a été obtenu par fraude », « aucun principe constitutionnel ni aucun principe général du droit ne [faisant en ce cas] obstacle à l'application d'un délai de prescription » (CE, 9e et 10e ss-sect., 23 juin 2014, n°355.801, *Polynésie française c/ Zannier*).

[2] Comp. en matière pénale fiscale : « Il appartient au législateur, afin de tenir compte des conséquences attachées à l'écoulement du temps, de fixer en matière pénale des règles relatives à la prescription de l'action publique qui ne soient pas manifestement inadaptées à la nature ou à la gravité des infractions » : Cons. const., 24 mai 2019, déc. n°2019-785 QPC, *M. Mario S.*. Déjà, en matière disciplinaire : Cons. const. 11 oct. 2018, déc n°2018-738 QPC, *M. Pascal D.* – V. également, J. TUROT, « De la proportionnalité en matière de prescription » : *DF* 2019, n°27, étude 312.

[3] CEDH, 23 juin 2009, n°36963/06, *Zouboulidis c/ Grèce*, §35.

[4] Par ex., « l'allongement de trois à dix ans, qui concerne les **seuls** revenus ou bénéfices afférents aux obligations déclaratives qui n'ont pas été respectées, n'est pas manifestement disproportionné avec **cet** objectif » (CE, 6e ch., 1er mars 2017, n°405.711, nous soulignons). V. également, CE, 9e et 10e ss-sect., 23 juin 2014, n°355.801, *Polynésie française c/ Zannier* ; CE, 3e ss-sect., 30 mars 2011, n°315.066, *Mezelle*. Déjà : CE, plén. 3 fév. 1984, n°38.230, *Mme Bilger Gillet*. *Comp.*, à propos du principe de non-discrimination de l'article 14 de la Convention EDH : CEDH, 23 juin 2009, n°36963/06, *Zouboulidis c/ Grèce*, §32-34.

[5] R. ODENT, *Contentieux administratif*, éd. Dalloz, 2007, vol. 1, p. 821, cité par B. BOHNERT, concl. sur CE, sect., 31 mars 2017, n°389842, *M. Amar* : *DF* 2017, n°24, comm. 351.

contribuable d'entamer avec l'Administration un dialogue pleinement efficace, ce qui implique qu'il puisse "revenir à la charge" autant qu'il le souhaite, sans avoir le souci d'une forclusion éventuelle, autre que celle instituée par [l'article R-196-1 du LPF] »[1].

261. Ainsi, tout autant que les délais de reprise, les délais de réclamation[2] s'imposent, sécurisant les recettes fiscales, le contrôle de la rationalité se déplaçant alors sur l'amplitude du délai, non pas tant en lui-même mais en ce qu'un délai « d'au moins deux ans à compter de la date de la mise en recouvrement ou, à défaut, du versement de l'imposition est suffisant[...] pour permettre aux contribuables de faire valoir utilement leurs droits » et assurer ainsi la protection d'un droit patrimonial[3] et la préservation de l'effectivité du droit à un recours juridictionnel.

262. Aménagement prétorien des délais de réclamation. À ce titre, les délais légaux de forclusions[4] devenaient inopposables au contribuable en cas d'absence de mention sur l'avis d'imposition du caractère obligatoire de la réclamation préalable et du délai dans lequel cette réclamation doit être présentée[5]. Toutefois, il en résultait qu'un contribuable pouvait, dans certaines circonstances, « différer indéfiniment la date à laquelle il exercera son droit au recours, et par voie de conséquence, celle d'une éventuelle action devant le juge »[6], ce qui rompait le juste équilibre instauré par la forclusion, « entre, d'un côté la nécessité de préserver la sécurité des situations préétablies, celles des décisions prises par les pouvoirs publics dans l'intérêt général et, d'un autre côté, la nécessité de laisser au justiciable le temps nécessaire pour accéder au juge et faire valoir ses droits, c'est-à-dire faire respecter le principe de légalité administrative »[7].

263. Il était donc nécessaire de réinstaurer un délai butoir, mesure de proportionnalisation et en l'occurrence de rationalisation, afin que les délais de forclusion continuent d'assurer cet équilibre, tout en tenant compte de certaines situations particulières[8]. Ainsi, le Conseil d'État a-t-il transposé à la matière fiscale, moyennant quelques adaptations, la solution qu'il a apportée dans le cadre du droit

---

[1] B. MARTIN LAPRADE, obs. à propos des décisions CE, Sect.14 juin 1974, n°89.865 ; CE, Sect.,12 juil. 1974, n°87.076, CE, Sect. 8 nov. 1974, n°83.219, CE, 7e et 8e ss-sect., 27 nov. 1974, n°82.699 ; CE, 7e et 9e ss-sect., 11 déc. 1974, n°85.413.

[2] Article R*196-1 du LPF.

[3] CE, 9e et 10e ss-sect., 25 juin 2012, n°345.043, *min. c/ M. Abrial* et n°345.491, *M. Abrial*, n°328.771, M. Tricot et n°328.775, *M. Roche ;* CE, 9e ss-sect., 20 fév. 2013, n°338.675, *Gillet.*

[4] Art. R. 196-1 et R. 196-2 du LPF.

[5] Pour un avis d'imposition : CE, 10e et 9e ss-sect., 27 juin 2005, n°259.368, *Dufresnes* ; CE, 10e et 9e ss-sect., 26 mars 2012, n°325.404, *min. c/ Sté Sonavi.* Pour un avis de mise en recouvrement : CE, 9e et 10e ss-sect., 27 juil. 2012, n°331.748, *Manseau ;* CE, 3e et 8e ss-sect., 25 nov. 2015, n°373.128, *Sté Kermadec.*

[6] B. BOHNERT, concl. sur CE, sect., 31 mars 2017, n°389.842, *M. Amar* : *DF* 2017, n°24, comm. 351

[7] C.-A. DUBREUIL, « Introduction de l'instance », *JCl Justice Administrative*, *Fasc. 43*, 6 fév. 2017, n°2

[8] En somme, il fallait définir un délai raisonnable, c'est-à-dire un « délai qui ne doit pas être excessivement long, mais tout en n'étant pas exagérément bref » (G. EVEILLARD, « Le délai pour agir devant le juge administratif », note sous CE, Ass. 13 juil. 2016, n°387.763, M. Czabaj : *Dr. adm.* 2016, n°12, comm. 63).

administratif général[1] : désormais si le contribuable peut exciper de l'absence d'information, sur l'avis d'imposition ou l'avis de mise en recouvrement, relativement aux voies et délais de recours, pour échapper aux délais de forclusions, il ne peut toutefois agir de manière indéfinie, mais « dans un délai raisonnable »[2].

264. Proportionnalisation du délai raisonnable. Mêlant critères objectifs et subjectifs, structurels et ponctuels, d'adaptation, le Conseil d'État définit ce délai strictement, tout en gardant une certaine marge de manœuvre, une certaine adaptabilité afin de tenir compte de toutes les situations[3] : ainsi, le délai initial de deux ans est prolongé d'un délai raisonnable d'un an à compter de l'année au cours de laquelle il est établi que le contribuable a eu connaissance de l'existence de l'imposition ; cette prolongation peut être supérieure si le contribuable établit des « circonstances particulières »[4] et elle n'a pas de limite tant qu'une décision expresse de rejet n'est pas intervenue[5]. C'est donc par un délai raisonnable défini *in abstracto*, modulable en fonction de ces circonstances, lesquels résulteront d'un contrôle *in concreto*[6], que le juge administratif réintroduit une certaine rationalisation des délais de recours opposables aux contribuables.

265. Si l'influence des juridictions européennes n'apparaît pas de prime abord, elle demeure manifeste, Cour de justice et Cour européenne[7] considérant que la définition d'un délai de prescription général, fixe et abstrait, est de nature à assurer la sécurité juridique et à préserver les intérêts des justiciables[8], « même si, par définition, l'écoulement de ces délais entraîne le rejet, total ou partiel, de l'action intentée »[9], les critères d'adaptation reposant à la fois sur l'appréciation de la proportionnalité de la

---

[1] CE, Ass. 13 juil. 2016, n°387.763, M. Czabaj.
[2] CE, sect., 31 mars 2017, n°389.842, *M. Amar*.
[3] Dans ces conclusions, le rapporteur public B. BONHERT explicitait clairement cette mise en œuvre du principe de proportionnalité dans la détermination du délai raisonnable : « [le] "*bonus de temps*" [d'un an] ainsi accordé au contribuable [lui] semble proportionné à la durée nécessaire pour permettre au destinataire de l'acte de s'informer sur les modalités d'exercices des voies de recours, d'en évaluer les chances de succès, et d'entreprendre les démarches à cet effet » (concl. sous CE, sect., 31 mars 2017, n°389.842, *M. Amar, op. cit.).*
[4] CE, sect., 31 mars 2017, n°389.842, *M. Amar*..
[5] CE, 9e et 10e ch., 8 fév. 2019, n°406.555 : « en cas de silence gardé par l'administration fiscale sur la réclamation pendant six mois, le contribuable peut soumettre le litige au tribunal administratif, le délai de recours contentieux ne pouvant par ailleurs courir à son encontre tant qu'une décision expresse de rejet de sa réclamation, laquelle doit être motivée et, (…), comporter la mention des voies et délais de recours, ne lui a pas été régulièrement notifiée ».
[6] Ce même encadrement est appliqué aux contestations relatives au recouvrement des impôts, taxes, et redevances prévue par l'article L 281 du LPF (CE, sect., 31 mars 2017, n°389.842, M. Amar).
[7] Par ex., CEDH, 16 déc. 1992, n°12964/87, *Geoffre de la Pradelle c/ France*, §§34-35 ; CEDH, 1ère sect., 2 mars 2017, n°34639/09, *Paroutsas et autres c/ Grèce*, §29.
[8] En ce sens, G. EVEILLARD, « Le délai pour agir devant le juge administratif », note sous CE, Ass. 13 juil. 2016, n°387.763, M. Czabaj, *op. cit.*
[9] CJCE, 16 déc. 1976, aff. C-33/76, *Rewe Zentralfinanz*, pt 5, et aff. C-45/76 *Comet,* pts 17 et 18 ; CJCE, 28 nov. 2000, aff. C-88/99, *Roquette frères SA*, pt. 23. *Rapp*., également, bien que rapportée depuis 2012, Instr. 19 déc. 2000 : BOI 13 O-7-00 ; *DF* 2001, n°3, intr. 12547.

durée[1], la prévisibilité[2], voire un régime transitoire en cas de modification rétroactive des règles[3].

266. Sécurité juridique et délais de prescription quadriennale. En aval, le juge justifie également les règles posant les délais de prescription quadriennale[4] par la garantie de la sécurité juridique des collectivités publiques[5], reportant son contrôle discrétionnaire sur la proportionnalité de la durée du délai, celle-ci n'étant pas jugée « exagérément court[e] », y compris lorsqu'il s'applique à des « indemnités générées par le caractère insuffisant d'une rémunération (…) d'une créance sur le Trésor », la diligence du contribuable à introduire une action en justice constituant alors un critère d'adaptation dans un sens défavorable à ce dernier[6], puisque non structurelle.

267. Transition. Certaines des justifications en particulier la fraude fiscale autorise une extension temporelle du droit de reprise de l'administration.

B. La lutte contre la fraude fiscale, justification particulière des prorogations des délais de reprise

268. Multiplication des exceptions. Les articles L. 168 et suivants du LPF prévoient différents délais, lesquels constituent par eux-mêmes une adaptation de l'application de la prescription en fonction des comportements des contribuables ou des difficultés rencontrées par l'administration dans l'établissement ou le contrôle des

---

[1] Ce qu'est un délai de trois années : CJUE, 3e ch., 12 déc. 2013, aff. C-362/12, *Test Claimants in the Franked Investment Income Group Litigation c/ Commissioners of Inland Revenue, Commissioners for Her Majesty's Revenue and Customs*. Déjà : CJCE, 17 nov. 1998, aff. C-228/96, *Aprile Srl en liquidation*, pt. 19.

[2] CJUE, 3e ch., 12 déc. 2013, aff. C-362/12, *Test Claimants in the Franked Investment Income Group Litigation*, pts 30-34.

[3] CJCE, 5e ch., 11 juil. 2002, aff. C-62/00, *Marks et Spencer plc C/ Commissioners of Customs & Excise*, pt. 38 ; CJUE, 3e ch., 12 déc. 2013, aff. C-362/12, *Test Claimants in the Franked Investment Income Group Litigation*, pts. 41-43.

[4] L. n°68-1250 du 31 déc. 19688 *relative à la prescription des créances sur l'État, les départements, les communes et les établissements publics*, spé. articles 1er, 2, 3 et 7 :JO 3 janv. 1969, p. 76

[5] CE, 9e et 10e ss-sect., 31 juil. 2009, n°316.525, *Sté Ulysse SAS ;* CE, 9e et 10e ss-sect., 17 juil. 2013, n°352.273, *min. c/ Sté Coopérative Bressor*.

[6] La prescription joue contre le contribuable dès lors qu'il a eu connaissance de sa possibilité d'agir contre l'État de la non-conformité alléguée au droit communautaire des dispositions mettant fin à la règle dite du décalage d'un mois, à savoir « dès leur publication », point de départ fixé à partir de la connaissance théorique et abstraite de l'existence d'un préjudice, sans attendre l'intervention de l'arrêt de la Cour de justice des Communautés européennes du 25 octobre 2001 (aff. C-/78/00, *Commission c/ Italie*) jugeant non conforme un mécanisme de remboursement échelonné dans le temps par l'État italien d'un excédent de TVA, « au demeurant différent de celui prévu à l'article 271 A du CGI » ; le juge s'appuie sur la loi de 1968, les « droits acquis au sens et pour l'application de [cette loi] ne [faisant] pas référence à une décision juridictionnelle mais à la seule existence d'une créance d'un contribuable sur l'État ou les collectivités publiques, quelle que soit son origine et sans qu'y fassent obstacle les exigences découlant des stipulations de [l'article 1P1] » (CE, 9e et 10e ss-sect., 31 juil. 2009, n°316.525, *Sté Ulysse SAS* ; CE, 9e et 10e ss-sect., 17 juil. 2013, n°352.273, *min. c/ Sté Coopérative Bressor*. - V. également, CE, 9e ss-sect., 17 mai 2013, n°349.835, *Sté SAS Cie Fromagerie de la vallée de l'Ance*, n°349.836, *Sté Souchon d'Auvergne*, n°349.837, *Sté SAS Fromagerie du Velay*).

impositions, ces agissements ou difficultés constituant le motif et la rationalité de ces délais dérogatoires[1].

269. Or, si le législateur a drastiquement réduit les délais en droit privé[2], en droit fiscal, il poursuit une orientation inverse, d'un point de vue matériel et temporel : il permet qu'aux particuliers et entreprises soit demandé « dans plus en plus de cas, de justifier de leur innocence fiscale pour des opérations remontant à dix ans, et parfois encore plus loin »[3]. Ainsi par exemple du délai applicable pour les comptes ouverts à l'étranger (art. L 169 du LPF)[4], de la prorogation du délai en cas de demande d'aide d'assistance administrative (art. L188 A)[5], ou encore des délais de reprise en cas

---

[1] Melchior WATHELET s'exprimait ainsi dans ses conclusions sur l'affaire *Berlioz* : « Le recours accru aux moyens de l'assistance administrative internationale pose la question de l'équilibre entre, d'une part, l'efficacité administrative et, d'autre part, le respect des droits du citoyen, dont le droit à un recours effectif ».

[2] Loi n° 2008-561 du 17 juin 2008, *portant réforme de la prescription en matière civile* : JO 18 juin 2008, p. 9858, texte n°1

[3] J. TUROT, « Indispensable prescription », *op. cit.*. De même, la prorogation du délai de prescription en cas de demande d'aide d'assistance administrative, prévue à l'article L 188 A du LPF a été rendue automatique, quelle que soit la nature du renseignement demandé par la loi du 6 décembre 2013, et d'une durée maximale de trois ans à compter de la fin de la durée initiale, portant ainsi le délai de prescription potentiellement à treize ans. On peut encore mentionner les délais de reprise en cas d'ouverture d'une enquête judiciaire fiscale, régis par l'article L 188 B du LPF, ou la réouverture d'un délai de reprise en cas de révélation d'omissions ou insuffisance de déclaration par une procédure judiciaire, par une procédure devant les juridictions administratives ou par une réclamation contentieuse, possibilité prévue par l'article L 188 C du LPF.

[4] Ainsi, le champ d'application de l'alinéa 4 de l'article L 169 du LPF relatif à l'obligation de déclaration des comptes à l'étranger a été considérablement étendu par la loi de finances rectificative pour 2011 (L. n°2011-1978, 29 déc. 2011, art. 58 : JO 30 déc. 2011, p. 22510, texte n°2), au point d'en changer la philosophie, transformant un dispositif de lutte contre les paradis fiscaux en un « dispositif discriminatoire à l'égard des personnes qui détiennent des avoirs dans une banque située à l'étranger plutôt que dans une autre banque en France » (J. TUROT, « Indispensable prescription », *op. cit.*, n°4). De plus, la loi relative à la lutte contre la fraude a encore durci cette disposition, en excluant son application si le contribuable apporte la preuve que la totalité des soldes visés sont restés inférieurs à 50 000 € tout au long de l'année, et non plus seulement au 31 décembre (L. n°2018-898, 23 oct. 2018, art. 7 et 9 :JO 24 oct. 2018, texte n°1 : *DF* 2018, n°46, comm. 456, obs. C. SAND). Par ailleurs, ce dispositif s'appliquant en cas de manquement à une obligation déclarative, on peut s'interroger sur son but punitif, au moins indirectement en ce qu'il permet de garantir une certaine effectivité de la lutte contre la fraude fiscale (*Comp.* à propos de l'article 1731 bis du CGI : Cons. const., 16 sept. 2016, déc. n°2016-564 QPC, *Lucas M.*) ; toutefois, si de ce dispositif, on peut raisonnablement penser que des pénalités seront appliquées (CJCE, 4e ch., 11 juin 2009, aff. C-155/08, X et aff. C-157/08, *E. H. A. Passenheim-Van Shoot*), cette extension de la prescription ne s'applique pas directement à des pénalités, contrairement à l'article 1731 bis du CGI. Et cette qualification a en effet été écartée par le Conseil d'État, en raison de l'objet de l'article L 169 du LPF (CE, 6e ch., 1er mars 2017, n°405.711), tout en admettant la possibilité d'écarter son application en cas d'erreur commise par le contribuable (CE, 10e et 9e ch., 21 juin 2018, n°411.195, *min. c/ M. B*).

[5] Les dispositions de l'article L. 188 A du LPF ont été adoptées par l'article 40 de la loi L. n°96-134, 12 avr. 1996, *Loi portant diverses dispositions d'ordre économique et financier* : JO 13 avr. 1996 ; *DF* 1996, n°17, comm. 555 ; *Procédures* 1996, comm. 164. – V. également, P. DIBOUT, « L'extension des prérogatives de l'administration fiscale dans le contrôle des opérations internationales (L. 12 avr. 1996 portant DDOEF, art. 39 et 40) » : *DF* 1996, n°18-19, 100036), avant leur modification par a loi du 6 décembre 2013, (L. n°2013-1117, *Loi relative à la lutte contre la*

d'ouverture d'une enquête judiciaire fiscale (art. L 188 B)[1], ou de la réouverture d'un délai de reprise en cas de révélation d'omissions ou insuffisance de déclaration par une procédure judiciaire, par une procédure devant les juridictions administratives ou par une réclamation contentieuse (art. L 188 C).

270. Insuffisance de la seule rationalité fondée sur l'objectif de lutte contre la fraude et l'évasion fiscale. Si ces prorogations et allongements de délais de reprise participent de la lutte contre la fraude et l'évasion fiscale, cette justification ne suffit pas par elle-même, et nécessite à la fois un champ d'application défini[2] et un encadrement substantiel de la mise en œuvre de ces dispositions afin d'en éviter une instrumentalisation. La nature dérogatoire de ces textes appelant une interprétation stricte[3], le Conseil d'État demeure vigilant, en raison du « caractère exorbitant du pouvoir de reprise »[4], cherchant à éviter que l'Administration ne puisse, de sa seule volonté, faire jouer en sa faveur ces règles de prescriptions[5], tout en accordant parfois une certaine souplesse favorable à l'administration[6]. Sa vigilance est ainsi accrue dans l'application de la prorogation fondée sur une demande d'aide d'assistance internationale : si l'article L 188 A du LPF a pour fonction d'éviter que la prescription ne joue contre l'administration lorsque celle-ci est confrontée à la nécessité de formuler une telle demande, l'administration ne peut en bénéficier qu'autant que la

---

fraude fiscale et la grande délinquance économique et financière, art. 59 : JO 7 déc. 2013, p. 19.941, @texte n°4 ; *DF* 2013, n°51-52, comm. 565).

[1] Et modifié par la loi du 23 octobre 2018, incluant le 5° alinéa de l'article L 228 du LPF : L. n°2018-898, *Loi relative à la lutte contre la fraude*, art. 12 : JO 24 oct. 2018, texte n°1 : *DF* 2018, n°46, comm. 458, obs. C. SAND.

[2] En ce sens, CE, 9e et 10e ss-sect., 23 juin 2014, n°355.801, *Polynésie française c/ Zannier*.

[3] CE, 3e et 8e ss-sect., 28 déc. 2012, n°345.111, *min. c/ Sté Technipex*.

[4] P. MARTIN, concl. sur CE, Sect., 29 avr. 1987, n°39.998 : *DF* 1987, n°40, comm. 1734 (à propos de l'anc. art. L 170 du LPF, dont les dispositions ont été reprises à l'art. L 188 C).

[5] Par ex., à propos de l'article L 188 C du LPF, le juge administratif adoptant une interprétation restrictive de la notion de « révélation » : CE, plén. fisc., 23 déc. 2013, n°350.967, *M. Patenôtre* ; CE, 3e et 8e ss-sect., 29 avr. 2009, n°299.949, *M. et Mme Aubry*.

[6] Ainsi, à propos des révélations, distinguant selon que la révélation est sollicitée par le vérificateur ou non : CE, 8e et 3e ss-sect., 28 fév. 2007, n°283.441, *SARL Louvigny* ; CE, 9e et 10e ss-sect., 24 juin 2015, n°367.288, *SELAS Pharmacie Reveillon* ; CE, 8e et 3e ch., 27 juin 2018, n°411.301. À propos également de l'interprétation extensive de la notion d'« instance » de l'ancien article L 170, l'instance pénale recouvrant aussi l'instruction: CE, 8e et 3e ss-sect., 27 avr. 2009, n°308.445, *M. Imbert* et n°295.346, *M. Bouget* ; CE, 10e et 9e ss-sect., 30 déc. 2014, n°361.842, *Versogungswerk der Zahnärtzekammer aus Berlin (VZB)*.

prorogation du délai de reprise soit utile[1] pour permettre les rectifications[2] Une solution contraire aurait été la voie à un détournement de la *ratio legis* de cette disposition[3]. La « volonté du Conseil d'État de protéger les contribuables contre les prescriptions trop longues »[4] se traduit donc dans la rationalité même du délai de prescription par une coïncidence avec son objet, les agissements visés[5].

271.Dilution de la structuration. Alors que cet article L 188 A précisait les hypothèses dans lesquelles l'administration pouvait formuler une demande d'aide internationale, et notamment afin d'apprécier si les conditions d'application des articles 57 et 209 B du CGI étaient réunies, la suppression de cette délimitation en fonction de la nature du renseignement, par la loi du 6 décembre 2013, ouvre alors cette faculté de prorogations aux demandes de « renseignements concernant un contribuable » et ainsi marque un affaiblissement de la structuration.

272.Interrogations quant à la compatibilité avec les normes supérieures. Cette délimitation matérielle peut apparaître insuffisante, notamment au regard du droit de l'Union européenne ou des principes constitutionnels, ces dispositions dérogatoires visant spécifiquement et généralement les situations internationales[6], « même si le pays étranger concerné est pleinement coopératif, et quand bien même le contribuable a déclaré ce qu'il était tenu de déclarer, les revenus de ses comptes et contrats, et tout son patrimoine étranger sur sa déclaration d'ISF », perspective

---

[1] Les redressements doivent être en rapport avec l'objet de la demande d'aide administrative internationale, aucune condition de nécessité n'est, semble-t-il requise : si le Conseil d'État s'oppose à la prorogation du délai de reprise lorsque les omissions ou insuffisances ne correspondent pas aux redressements notifiés (CE, 3e et 8e ss-sect., 28 déc. 2012, n°345.111, *min. c/ Sté Technipex*), il serait possible à l'administration de formuler à une demande d'assistance administrative internationale, alors qu'elle dispose des éléments pour procéder aux rectifications, dans le but de bénéficier d'un délai plus long. Or, cette condition de nécessité est une mesure d'adaptation par la subsidiarité de la mise en œuvre de cette disposition : en ce sens, CJCE, 4e ch., 11 juin 2009, aff. C-155/08, *X* et aff. C-157/08, *E. H. A. Passenheim-Van Shoot*. En l'espèce, la Cour admet, au regard de la justification tirée de la lutte contre la fraude fiscale, la compatibilité de délais de reprise plus longs « lorsque des avoirs sont détenus dans un autre État que lorsqu'ils sont détenus dans le premier État membre, lorsque ces avoirs ou ces revenus sont dissimulés aux autorités fiscales et que celles-ci ne disposent d'aucun indice quant à leur existence permettant de déclencher l'enquête » et d'appliquer des amendes sur une période de temps plus longue. – V. également : CJUE, 2e ch., 15 sept. 2011, aff. C-132/10, *Halley*.

[2] Autrement dit si les omissions ou insuffisances d'imposition notifiées dans le délai prorogé sont en rapport avec l'objet de la demande : CE, 3e et 8e ss-sect., 28 déc. 2012, n°345.111, *min. c/ Sté Technipex*. *Comp.* CE, 3e et 8e ss-sect., 29 avr. 2009, n°299.949, *M. et Mme Aubry*.

[3] J. TUROT, « Indispensable prescription », *op. cit.*, n° 1 et n°17. – V. également, J.-B. AUBY, « Le recours aux objectifs des textes dans leur application en droit public », *op. cit.*, p. 334.

[4] J. TUROT, *ibid.*, n°1.

[5] Le même effort de rationalisation s'observe dans la définition du « délai raisonnable », dont le respect conditionne l'opposabilité de la prorogation, le législateur étant intervenu, à ce titre, pour fixer le caractère « proportionné » de ce délai à 60 jours (L. n°2013-1117, 6 déc. 2013, *Loi relative à la lutte contre la fraude fiscale et la grande délinquance économique et financière*, art. 59 : JO 7 déc. 2013, p. 19.941, @texte n°4 ; *DF* 2013, n°51-52, comm. 565). Cf. également, *infra*, Partie II, Titre II, Chapitre II, Section 2.

[5] H. RABAULT, « La fraude fiscale aggravée : vers une criminalisation de l'évitement de l'impôt ? » : *LPA* 13 août 2014, n°161, p. 5.

[6] H. RABAULT, *ibid.*

dissuasive quant à l'exercice par les contribuables de leurs libertés de circulation[1]. Or, en posant ce qui peut s'assimiler à une présomption générale de fraude fiscale, notamment concernant les articles L 169 et L 188 B du LPF[2], la justification tirée de la lutte contre la fraude fiscale exigerait une application particulière ciblée, ou du moins une présomption générale ayant pour sous-jacent une réalité systématique de fraude ou d'évasion fiscale, ce qui n'est pas nécessairement le cas dès la présence d'un élément d'extranéité. Si le juge administratif, par l'affirmation d'une délimitation du champ d'application matériel, tendrait à écarter cette contrariété, pour l'article L 169 du LPF, s'agissant de la qualification de présomption de fraude, et de l'application générale ou trop « aisée »[3], cette solution n'est sans doute pas transposable, en tout cas dans les mêmes termes, à l'article L 188 B, eu égard au 5e de l'article L 228, affaiblissant alors la structuration par la loi, sans donner des points d'appréhension correctifs au juge.

Conclusion de la Section 1.

273. Le perfectionnement par l'interprétation des lois fiscales de procédure, précisant la rationalité, apporte un supplément de structuration de l'action administrative ou des recours exercés par les contribuables, l'action des uns ou des autres devant s'inscrire dans la rationalité imposée par la loi ou par des principes supérieurs.

274. Différente est la rationalité imposée dans le cadre du contentieux particulier de la responsabilité : la rationalité, si elle est imposée, ne l'est plus par la loi, mais elle est créée et déterminée par une cause objective, la faute de l'État ou de son administration ou l'incompatibilité de la loi avec le droit de l'Union européenne, voire avec les principes constitutionnels[4], et englobe l'adaptation ; la structuration est alors rétrospective.

Section 2. La structuration imposée par l'engagement de la responsabilité de l'État : la causalité, rationalité et mesure de la proportionnalisation *in abstracto*

275. Origine de la responsabilité de l'administration. « Contentieux traditionnel de la responsabilité de l'État du fait du fonctionnement d'un service

---

[1] J. TUROT, « Indispensable prescription », *op. cit.*, n°3 et 4

[2] *Ibid.*, spé. n°7.

[3] CE, 6e ch., 1er mars 2017, n°405.711 : les dispositions de l'article L 169 du LPF « ne dispensent pas, d'une part, l'administration d'établir que le contribuable était soumis aux obligations déclaratives relatives aux comptes qu'il détient à l'étranger », « ne créent, d'autre part, aucune présomption quant au caractère imposable des sommes portées au crédit de ces comptes », et enfin, ne prévoient un allongement de la prescription **que** pour « les seuls revenus ou bénéfices afférents aux obligations déclaratives qui n'ont pas été respectées ».

[4] Cependant, si le raisonnement, y compris dans la proportionnalisation de l'indemnisation, se situe sur le lien logique causal concernant la responsabilité, les critères d'adaptation extrinsèques sont prégnants dans le remboursement de l'impôt indu payé ou la récupération des aides d'État illégales. Cf. *infra*.

public »[1], l'engagement de cette responsabilité[2] peut trouver sa source dans plusieurs faits ou comportements dommageables : la faute simple de l'administration fiscale[3], le dysfonctionnement du service public de la justice appréhendé notamment via le « délai raisonnable »[4], la seule violation du droit international, et tout particulièrement l'adoption d'une loi en méconnaissance des engagements internationaux de la France[5]. Ce fait dommageable établi, l'indemnisation ne pourra couvrir qu'un préjudice « distinct » de celui né du paiement des impôts[6], présentant un lien direct de causalité avec la faute imputée à l'administration[7].

276. Plan. Si la causalité est distincte de la proportionnalité[8], le lien de causalité est la justification rationnelle et logique de l'engagement de la responsabilité de l'État[9], tout autant qu'il est le point de départ de la proportionnalisation de

---

[1] M. COZIAN, F. DEBOISSY, M. CHADEFAUX, *Précis de fiscalité des entreprises 2018/2019*, LexisNexis, 42e éd., 2018, n°78.

[2] S'écartant du principe de répartition des compétences juridictionnelles posé par l'arrêt *Blanco* (TC, 8 fév. 1873, *Blanco*), la responsabilité de l'Administration relève des deux ordres de juridictions, leur compétence étant calquée sur celle du contentieux de l'assiette (TC, 31 juil. 1875, n°81, *Renaux* ; TC, 1er juil. 2002, n°3.924, *Sté Pinault Bretagne et Cie*), à l'exception toutefois de la responsabilité de l'État du fait des lois qui relève exclusivement des juridictions administratives (TC, 31 mars 2008, n°3631, *Sté Boiron* ; Com., 8 juil. 2008, n°06-11.733, n°05-19.968 et n°04-16.794). Cf. M. COLLET, *Droit fiscal*, *op. cit.*. p. 295-297). Quant à la répartition du contentieux de l'impôt entre les deux ordres de juridictions, aujourd'hui contenue dans l'article L 199 du LPF, elle a perdu sa logique initiale, fonction de la nature de l'impôt (Loi des 7 et 11 sept. 1790, faisant application en matière fiscale du principe de séparation des fonctions administratives et judiciaire posée par l'article 13 du titre 2 de la loi sur l'organisation judiciaire des 16 et 24 août 1790) et laissé place à une « sédimentation historique » (J.-L. BEDIER, « Domaine du contentieux fiscal – Répartition des compétences entre les deux ordres de juridictions » : *JCl Procédures fiscales*, Fasc. 405, actualisation du 21 déc. 2017, spé. n°98 et s.), qui selon les auteurs, repose sur le principe de séparation des pouvoirs (C. GOYARD, « Unité et plénitude de juridiction », in *Gouverner, administrer, juger. Liber amicorum Jean Waline*, éd. Dalloz, 2002, p. 597 à 606) ou une exception à ce dernier (G. GEST, « Dualité de juridiction et unité du droit fiscal » : *RFDA* 1990, p. 822 et s.), un certain hasard (P. BERN, *La nature juridique du contentieux de l'imposition*, éd. LGDJ, « Bibl. de droit public », t. n°109, 1972, spé. p. 70 et s.), des considérations politico-juridiques (L. TROTABAS, *Précis de science et technique fiscales*, éd. Dalloz, 1958, p. 327), ou, et plus officiellement, de bonne administration de la justice, en raison de la spécialisation des deux ordres de juridictions (G. GEST, *op. cit.* ; F. MARTINET et A. ANGOTTI, « Conseil d'État et Cour de cassation, juges de l'impôt : étude comparative (introduction générale et premier volet), *op. cit.*, n°1. – V. également : *Rép. min. Éco. Fin. et Privatisation*, n°18.923, à P. Bleuler: JOAN 19 oct. 1987, p. 5777; *Rép. min. Éco. Fin. et Privatisation* n°24.290, à G. Trémège : JOAN 19 oct. 1987, p. 5779).

[3] CE, Sect., 21 mars 2011, n°306.225, *M. Kupra*.

[4] CE, Ass. 28 juin 2002, n°239.575, *Magiera*, décision à l'origine de l'article R. 311-1 du Code de justice administrative.

[5] CE, Ass., 8 fév. 2007, n°279.522.

[6] CE, 1ère ss-sect., 5 juil. 1996, n°150.398, *SCI Saint-Michel* ; Com. 30 mai 1995, n°93-17.915, *Sté United distillers France* ; CE, Ass., 30 oct. 1996, n°141.043, *SA Jacques Dangeville*.

[7] CE, Sect., 21 mars 2011, n°306.225, *M. Kupra*.

[8] Cf. *supra*.

[9] La proportionnalisation est ainsi rationalisation d'un dysfonctionnement. *Comp.* en matière de responsabilité civile : la cause s'entend de la cause efficiente, c'est-à-dire de celle ayant fait naître l'obligation de réparer : celle-ci n'existe que s'il est possible de relier le fait générateur et le dommage. L'évènement causal doit avoir été indispensable à la réalisation du dommage, ce « rapport de nécessité » devant parfois, être complété par une « relation d'adéquation entre le fait générateur

l'indemnisation : sa rationalité repose sur la détermination d'un lien de causalité entre un fait générateur avec le préjudice subi (I), l'indemnisation qui en résulte constituant une mesure de proportionnalité, une règle de proportion égale au préjudice subi, non exclusive de toute proportionnalisation afin de préserver la rationalité établie (II).

I. Le fait générateur, recherche d'une rationalité dans l'engagement de la responsabilité

277. Plan. Si le fait générateur de la responsabilité de l'État varie selon qu'il s'agit de la faute simple de l'administration fiscale, de l'inconventionnalité de la loi ou de l'excessivité de la durée du procès fiscal, la faute du contribuable est également prise en compte. Le raisonnement sur les notions de causalité et de cause totalement ou partiellement exonératoires offre au juge du droit un contrôle efficace et uniforme, dans une responsabilisation des différents protagonistes. À ce titre, la responsabilité de l'État en raison du dysfonctionnement de la justice présente des particularités (A) par rapport aux régimes de responsabilité pour faute simple ou de responsabilité objective du fait des lois inconventionnelles (B).

A. Le fait générateur et le lien de causalité : une double structuration indirecte

278. Plan. Selon les causes envisagées, le cheminement diffère, centré sur la rationalité « causale » ou au contraire déduit de l'absence de proportionnalisation factuelle : ainsi, l'incompatibilité des lois avec les normes supérieures ainsi que la faute de l'Administration fiscale constituent des faits, instantanés en quelque sorte (1), alors que le caractère excessif de la durée du procès fiscal résulte d'un dysfonctionnement, résultat d'un processus plus long et multifactoriel (2).

1. Faute de l'Administration fiscale et contrariété avec les normes supérieures : une rationalité instantanée

279. De la faute lourde à la faute simple : la recherche d'un équilibre. Alors que l'incompatibilité des lois avec les normes supérieures constitue un fait objectif, instantané et non fautif, parfois teintée d'une proportionnalité, le basculement de la faute lourde à la faute simple de l'administration fiscale de nature à engager la

---

et le dommage », rejoignant la théorie de la causalité directe (P. JOURDAIN, « Lien de causalité – Détermination des causes du dommage » in *JCl Civil, Fasc. 160*, « Droit à réparation », actualisation 14 août 2013, n°40). Ce lien de causalité a pour fonction, certes d'identifier un enchaînement des évènements et d'imputer juridiquement la responsabilité, mais aussi d'encadrer cette identification en posant des limites à l'étendue de la responsabilité. Bien qu'objective, la causalité est établie « à l'aide du bon sens, de la raison, de l'intuition et d'un empirisme de bon aloi » (P. LE TOURNEAU, « Responsabilité en général », *in Répertoire de droit civil*, éd. Dalloz, actualisation sept. 2017, n°44) et permet aux juges d'appliquer avec pragmatisme, et dans un sens favorable à la victime, ou bien la théorie de la causalité adéquate, ou bien la théorie de l'équivalence des conditions, pour ne citer que les deux principales (P. LE TOURNEAU, *préc.*., n°51 ; P. JOURDAIN, *préc.*, n°11). – V. également, P. MALAURIE, L. AYNES, P. STOEFFEL-MUNCK, *Droit des obligations*, éd. LGDJ, 10e éd., 2017, p. 59 et s. ; P. MALINVAUD, D. FENOUILLET, M. MEKKI, *Droit des obligations*, éd. LexisNexis, 14e éd., 2017, p. 676 et s.

responsabilité de l'État marque une proportionnalisation progressive du régime de responsabilité. Ainsi, le Conseil d'État posa, par l'arrêt *Bourgeois* du 27 juillet 1990, le premier jalon d'une proportionnalisation de la responsabilité de l'Administration, par un raisonnement séquentiel, opération par opération, en fonction de leurs difficultés propres : la faute lourde était désormais réservée aux seules actes ou opérations présentant des « difficultés particulières »[1], justifiant donc ce maintien limité, « acceptable »[2] de ce motif de limitation de la responsabilité.

280. Toutefois cette solution « d'équilibre »[3] n'a pas suffi[4], nécessitant le franchissement d'un second jalon : ce fut la décision *Kupra* du 21 mars 2011[5], étendue peu après aux demandes d'indemnisation formées par les collectivités locales pour les fautes commises dans les opérations d'établissement et de recouvrement des impositions locales[6].

281. Proportionnalisation des conditions d'engagement de la responsabilité de l'administration : les causes exonératoires. Si désormais, une faute commise par l'administration dans la procédure de contrôle ou les modalités de recouvrement peut, en principe, ouvrir droit au contribuable lésé à une indemnisation de son préjudice[7], il n'en demeure pas moins que les conditions d'engagement de cette responsabilité ne sont pas exemptes d'une certaine proportionnalisation, confinant une faute caractérisée, si ce n'est lourde.

282. Si le lien de causalité n'est pas établi lorsque l'Administration démontre « qu'elle aurait pris la même décision d'imposition si elle avait respecté les formalités prescrites ou fait reposer son appréciation sur des éléments qu'elle avait omis de prendre en compte, soit qu'une autre base légale que celle initialement retenue justifie l'imposition »[8], ces causes exonératoires conduisent bien d'une part à exclure l'indemnisation des irrégularités de procédure, la décharge des impositions suffisant alors[9], et d'autre part, à limiter la mise en jeu de la responsabilité de l'administration

---

[1] CE, Sect., 27 juil. 1990, n°44.676, *Bourgeois.*
[2] P. COLLIN, « Procédures fiscales : chronique de l'année 2011 » : *DF* 2012, n°9, étude 165, n°8.
[3] *Ibid.*
[4] En effet, le Conseil d'État avait neutralisé sa propre jurisprudence par une tendance à apprécier « relativement prompt[ement] » une opération comme présentant des « difficultés particulières » là où celles-ci n'existaient pas vraiment, « maintenant ainsi artificiellement en vie le régime de faute lourde », de facto (*ibid.*).
[5] CE, Sect., 21 mars 2011, n°306.225, *M. Kupra* : « une faute commise par l'Administration lors de l'exécution d'opérations se rattachant aux procédures d'établissement et de recouvrement de l'impôt est de nature à engager la responsabilité de l'État à l'égard du contribuable ou de toute autre personne si elle leur a directement causé un préjudice ».
[6] CE, 9e et 10e ss-sect., 16 nov. 2011, *Cne de Cherbourg-Octeville.*
[7] CE, 8e et 3e ss-sect., 12 mars 2014, n°359.643, n°359.644, n°361.975, n°362.191, *min. c/ M. Favreau*, et n°359.645, *min. c/ Sté MJA agissant en qualité de mandataire judiciaire de la société de gestion Laborde (ci-apr-s min. c/ Sté MJA).*
[8] CE, Sect., 21 mars 2011, n°306.225, *M. Kupra ;* CE, 8e et 3e ss-sect., 12 mars 2014, n°359.643, n°359.644, n°361.975, n°362.191, *min. c/ M. Favreau*, et n°359.645, *min. c/ Sté MJA.*
[9] *Comp.* l'appréciation de la « satisfaction équitable » par la Cour EDH (art. 41 de la Convention). Cf. *supra*.

aux cas où elle aurait imposé un revenu ou un patrimoine là où manifestement, objectivement, il n'y avait pas lieu à cet imposition, en principe ou en termes de montant[1].

283.Lois inconstitutionnelles et responsabilité de l'État. Se pose aussi l'éventualité d'une responsabilité de l'État du fait des lois inconstitutionnelles. Cette responsabilité se décompose en deux, dont l'une, issue d'un principe affirmé en 1938[2], induit un contrôle de la proportionnalité du préjudice subi : une rupture d'égalité devant les charges publiques, générées par la loi, qui occasionne un préjudice **anormal** et **spécial**, peut engager la responsabilité de l'État, à moins que la loi n'exclue elle-même l'indemnisation[3]. La seconde composante est l'extension, « en raison des exigences inhérentes à la hiérarchie des normes » de la responsabilité de l'Etat du fait des lois inconventionnelles aux lois inconstitutionnelles[4], transposant ainsi la jurisprudence *Gardedieu*[5], à la différence toutefois que seul le juge constitutionnel est compétent pour se prononcer sur la conformité à la Constitution de disposition législative[6]. En toute logique, seules les inconstitutionnalités des lois ayant reçues application peuvent donner lieu à indemnisation[7].

284. Or, si la déclaration d'inconstitutionnalité doit, en toute logique, précéder l'engagement de l'action en responsabilité, la modulation dans le temps des effets d'une telle décision, décidée par le Conseil constitutionnel[8] peut apporter de sérieuses

---

[1] En ce sens, T. LAMULLE, « La responsabilité pour faute des services fiscaux », *DF* 2012, n°18-19, étude 285 ; P. COLLIN, « Procédures fiscales : chronique de l'année 2011 », *op. cit* – V. également, la première application positive de la jurisprudence « *Kupra* » : CE, 8e et 3e ss-sect., 12 mars 2014, n°359.643, n°359.644, n°361.975, n°362.191, *min. c/ M. Favreau*, et n°359.645, *min. c/ Sté MJA*.

[2] CE, Ass. 14 janv. 1938, n°51.704, *SA des produits laitiers « La Fleurette »* : Rec. p. 25

[3] CE, Ass., 24 déc. 2019, n°425.983, *Sté Hôtelière Paris Eiffel Suffren*, n°425.981, *Sté Paris Clichy* et n°428.162, *Laillat*

[4] *Ibid*. Anté, v. TA Paris, 7 fév. 2017, n°1505725/3-1, *Sté Paris Clichy*, décision confirmée par CAA Paris, 5 oct. 2018, n°17PA01180 et 17PA01188.

[5] V. déjà : M. DISANT, « La responsabilité de l'État du fait de la loi inconstitutionnelle : *RFDA* 2011, p. 1181 ; O. DESAULNAY, « La responsabilité de l'État du fait d'une loi inconstitutionnelle : l'inévitable pas de deux du Conseil d'État et du Conseil constitutionnel », *in Mélanges Pierre Bon*, éd. Dalloz 2014, p. 792 et s.

[6] Une telle transposition présenterait même l'avantage, caractéristique de l'atypicité de ce régime de responsabilité, qu'il « n'implique aucune exigence relative à l'anormalité ni à la spécialité du préjudice » (G. EVEILLARD, « La responsabilité de l'État du fait des lois inconstitutionnelles » : *Dr. adm.* 2017, n°6, comm. 30).

[7] Ce qui concerne ainsi les déclarations d'inconstitutionnalité « sur le fondement de l'article 61-1, lors de l'examen d'une question prioritaire de constitutionnalité, ou bien encore, sur le fondement de l'article 61, à l'occasion de l'examen de dispositions législatives qui la modifient, la complètent ou affectent son domaine » (CE, Ass., 24 déc. 2019, n°425.983, *Sté Hôtelière Paris Eiffel Suffren*, n°425.981, *Sté Paris Clichy* et n°428.162, *Laillat*)

[8] Cet « outil de régulation », s'analysant, selon M. DISANT, comme « un aménagement de la portée du droit à réparation du fait de la loi inconstitutionnelle, en permettant de limiter, voire de neutraliser, le dommage que le législateur n'est pas juridiquement tenu d'indemniser » (M. DISANT, « Les effets dans le temps des décisions QPC : le Conseil constitutionnel, « maître du temps » ? Le Législateur, bouche du Conseil constitutionnel ? » : *Nouv. Cah. Const. const.* 2013, n°40, p. 63. – V. également, M. DISANT, « La responsabilité de l'État du fait de la loi inconstitutionnelle : *RFDA* 2011, p. 1181).

limites, comme l'a affirmé le Conseil d'Etat[1], puis le juge constitutionnel[2]. Ces limites se situent plus encore, à la fois dans l'absence de certitude dans le lien de causalité entre le fait générateur, la loi inconstitutionnelle, et le préjudice subi[3], ce qu'accentue par ailleurs à la fois l'économie des moyens[4] et l'existence d'un pouvoir discrétionnaire du législateur pour déterminer le contenu de la loi[5], et dans le facteur temps que constitue la prescription quadriennale, dans une acception pouvant neutraliser la recevabilité de l'action en responsabilité : « la prescription quadriennale commence à courir dès lors que le préjudice qui résulte de l'application de la loi à sa situation peut être connu dans sa réalité et son étendue par la victime, **sans qu'elle puisse être légitimement regardée comme ignorant l'existence de sa créance jusqu'à l'intervention de la déclaration d'inconstitutionnalité** »[6]. La responsabilité de l'Etat s'accompagne alors d'une responsabilisation sévère des contribuables, confinant à une déresponsabilisation du premier : dans la méfiance quant aux effets d'aubaine, la responsabilité de l'Etat du fait des lois inconstitutionnelles est un « produit de luxe »[7].

285. Proportionnalisation dans le fait générateur de la responsabilité de l'État pour fait des lois inconventionnelles. La proportionnalisation de la gravité de la faute est exclue s'agissant de l'engagement de la responsabilité de l'État pour fait des lois inconventionnelles : il s'agit en effet d'un régime de responsabilité « sans faute »[8], résultant du seul constat de l'incompatibilité d'une norme d'imposition de

---

[1] « l'engagement de cette responsabilité est subordonné **à la condition que la décision du Conseil constitutionnel**, qui détermine les conditions et limites dans lesquelles les effets que la disposition a produits sont susceptibles d'être remis en cause, **ne s'y oppose pas**, soit qu'elle l'exclue expressément, soit qu'elle laisse subsister tout ou partie des effets pécuniaires produits par la loi qu'une action indemnitaire équivaudrait à remettre en cause » (CE, Ass., 24 déc. 2019, n°425.983, *Sté Hôtelière Paris Eiffel Suffren*, n°425.981, *Sté Paris Clichy* et n°428.162, *Laillat*, nous soulignons).

[2] Les dispositions de l'article 62 de la Constitution « réservent également au Conseil constitutionnel le pouvoir de s'opposer à l'engagement de la responsabilité de l'Etat du fait des dispositions déclarées inconstitutionnelles ou d'en déterminer les conditions ou limites particulières » (Cons. const. 28 fév. 2020, n°2019-828/829 QPC, *Raphael S et a.*)

[3] « à chaque fois que le motif d'inconstitutionnalité retenu n'implique pas que le législateur, s'il ne l'avait pas commis, aurait **nécessairement** donné à la loi un contenu de nature à donner satisfaction au requérant, et notamment à n'entraîner pour lui aucun préjudice » (G. EVEILLARD, « La responsabilité de l'État du fait des lois inconstitutionnelles » : *Dr. adm.* 2017, n°6, comm. 30). Nous soulignons.

[4] « [S]i, parmi plusieurs moyens d'inconstitutionnalité fondés, le Conseil constitutionnel en choisit un qui, même s'il est le plus opportun pour déclarer sans contestation possible l'inconstitutionnalité, ne permet pas de caractériser la certitude de la cause du préjudice (…) » (*ibid.*)

[5] G. EVEILLARD, *op. cit.*

[6] CE, Ass., 24 déc. 2019, n°425.983, *Sté Hôtelière Paris Eiffel Suffren,* n°425.981, *Sté Paris Clichy* et n°428.162, *Laillat*, nous soulignons.

[7] N. CHIFFLOT, « Responsabilité de l'Etat du fait des lois déclarées contraires à la Constitution par le Conseil constitutionnel » : *Procédures* 2020, comm. 51, reprenant les mots du Pr CHAPUS à propos de la décision d'assemblée du Conseil d'Etat du 14 janv. 1938 précitée.

[8] CE, Ass., 8 fév. 2007, *Gardedieu.* Toutefois, toute illégalité, inconventionnalité ou inconstitutionnalité pourrait être considérée, comme le soutient G. EVEILLARD, comme une faute : c'est alors « une responsabilité pour faute qui ne dit pas son nom, puisque le juge s'abstient soigneusement de qualifier de faute la violation de la hiérarchie des normes (…) » mais qui présente l'avantage que « le fait générateur du dommage n'a pas besoin d'être qualifié de fautif pour entraîner

droit interne avec le droit de l'Union européenne[1], et plus largement pour les violations d'une norme internationale[2].

286. C'est la cause, justification rationnelle du principe de la responsabilité. Toutefois, cette dernière est limitée d'une part aux violations suffisamment graves, « caractérisées » du droit de l'Union européenne, ce critère dépendant de la marge d'appréciation dont dispose les États membres[3], et d'autre part aux seuls effets inévitables de la législation de l'État membre, et excluant dès lors les conséquences résultant de décisions personnelles aux ressortissants, comme augmenter le montant des dividendes pour compenser l'absence de crédit d'impôt[4].

287. *In fine*, si ce régime de responsabilité est dit « sans faute », l'appréciation de la gravité de la violation confine la caractérisation d'une faute. On retrouve donc une rationalité, fonction d'une proportionnalisation de la violation ou de l'erreur constatée, tout autant que des faits ou des choix des justiciables.

2. La prise en compte du comportement et des choix des contribuables et des tiers : une rationalité seconde proportionnalisante de la première

288. Application de la causalité adéquate. Toute faute ou erreur caractérisée de l'administration n'entraîne la mise en jeu de la responsabilité de l'État que pour autant qu'elle présente un lien logique, particulier, en ce qu'il est causal : il traduit que le préjudice subi est le résultat nécessaire de la faute de l'administration. La condition tenant au lien direct, application stricte de la théorie de la causalité adéquate[5], exclut la responsabilité de l'État si un fait matériel ou juridique s'interpose entre l'auteur de

une responsabilité de l'administration » (G. EVEILLARD, *op. cit.*). Néanmoins, nous ne pensons pas que toute inconventionnalité ou inconstitutionnalité puisse être considérée, nécessairement, comme une faute.

[1] CJCE, Plén., 19 nov. 1991, aff. C-6/90 et C-9/90, *Andréa Francovitch c/ Italie et Daniela Bonifaci c/ Italie* ; CJCE, 5 mars 1996, aff. C-46/93 et C-48/93, *Brasserie du Pêcheur et Factofarme ;* CE, Ass., 28 fév. 1992, *Sté Arizona Tobacco Products.*

[2] À propos d'une violation de l'article 1er du premier protocole additionnel de la Convention EDH par le régime transitoire de la suppression de la règle dite du « décalage d'un mois » en matière TVA : CE, 9e et 10e ss-sect., 31 juil. 2009, n°316.525, *Sté Ulysse SAS*, n°324.925, *SAS Cargill France*, et n°325.172, min. c/ *SAS Cargill France ;* CE, 9e et 10e ss-sect., 17 juil. 2013, n°352.273, *min. c/ Sté Coopérative Bressor*.

[3] Même lorsque l'État membre ne dispose d'aucune ou presque marge d'appréciation, la simple infraction au droit de l'Union peut suffit à établir l'existence d'une violation suffisamment caractérisée (CJCE, 5 mars 1996, aff. C-46/93 et C-48/93, *Brasserie du Pêcheur et Factofarme*, pts. 46-51 ; CJCE, gde ch., 12 déc. 2006, aff. C-446/04, *Test Claimants in the FII Group Litigation*, pt. 112).

[4] CJCE, gde ch., 12 déc. 2006, aff. C-446/04, *Test Claimants in the FII Group Litigation*, pt. 207. À ce titre, la situation des actionnaires ayant perçu les dividendes est différente : CJUE, 2e ch., 14 sept. 2017, aff. C-628/15, *The Trustees of the BT Pension Scheme c/ Commissioners for Her Majesty's Revenue and Customs*, pt. 72.

[5] CE, Sect., 14 oct. 1966, n°60.783, *Marais*.

la faute, l'État, et celui qui en demande réparation, le contribuable bien souvent[1]. La faute commise par ce dernier peut amoindrir voire annihiler la responsabilité de l'État, pondérant, proportionnalisant le lien de causalité[2]. Ce raisonnement de qualification quant au caractère direct du lien de causalité permet au juge du droit de conserver un contrôle effectif sur les conditions d'engagement de cette responsabilité[3], et de prémunir aussi l'État de demandes d'indemnisation multiples.

289. **Hypothèses d'interposition, rupture de la chaîne causale.** Cette « interposition » recouvre en réalité plusieurs hypothèses, et n'est pas propre à la responsabilité pour faute de l'Administration. Ainsi, par exemple, l'interposition brisant la chaîne causale peut résulter d'une décision de gestion[4] ou d'une absence de diligence[5], toutes survenant *a posteriori* du fait causal initial.

290. L'interposition peut encore résulter de l'absence de relations directes avec l'Administration. Dès lors qu'il n'y a pas de victime par ricochet, les conséquences qui résultent, pour les salariés et les créanciers, des difficultés rencontrées par une entreprise à la suite d'agissements fautifs de l'administration fiscale ne sont pas directement liées au comportement de l'Administration mais proviennent des liens juridiques que ces personnes physiques entretenaient avec la société[6]. Cette interposition ici exclut une indemnisation, ou la réduit à un niveau symbolique.

291. Une autre interposition, qui n'en est pas vraiment une, est la préexistence de difficultés financières ou économiques d'une entreprise[7], les constructions juridiques complexes élaborées par le contribuable, ou encore des manœuvres ou rétention d'information provoquant la faute reprochée à l'administration[8]: ces faits, terreau propice à la survenance d'une faute constituent des causes exonératoires, totales ou partielles, facteur de proportionnalisation de l'indemnisation par la pondération de la

---

[1] Il faut que la faute de l'administration constitue la cause déterminante du préjudice, ce qu'exclut la préexistence de difficultés de la société ayant fait l'objet d'un contrôle fiscal (CE, 9e et 10e ss-sect., 6 avr. 2001, n°194.347, *Levêque*). V. M. COZIAN, F. DEBOISSY, M. CHADEFAUX, *préc.*, n°80.

[2] En ce sens, P. FUMENIER et C. MAIGNAN, « Conditions de mise en œuvre de l'action en responsabilité de l'administration fiscale », note sous CE, 8e et 3e ss-sect., 12 mars 2014, n°359.643, n°359.644, n°361.975, n°362.191, *min. c/ M. Favreau*, et n°359.645, *min. c/ Sté MJ : DF* 2014, n°22, comm. 361. *Comp.* en matière de responsabilité civile, le rôle joué par la faute de la victime : P. MALAURIE, L. AYNES, P. STOEFFEL-MUNCK, *Droit des obligations*, *op. cit.* p. 75 et s. ; P. MALINVAUD, D. FENOUILLET, M. MEKKI, *Droit des obligations*, *op. cit.*, p.693 et s.

[3] CE, 3e et 5e ss-sect., 26 nov. 1993, n 108.851, *SCI Les jardins de Bibemus*.

[4] CJCE, gde ch., 12 déc. 2006, aff. C-446/04,*Test Claimants in the FII Group Litigation*, pt. 207. *Comp.* la situation des actionnaire ayant perçu les dividendes : CJUE, 2e ch., 14 sept. 2017, aff. C-628/15, *The Trustees of the BT Pension Scheme, préc.*, pt. 72

[5] Ainsi, dans l'arrêt *Bourgeois*, l'indemnisation avait été réduite à un niveau symbolique, faute pour le contribuable d'avoir réagi promptement à l'envoi d'avis d'imposition et de prélèvement sur son compte : CE, Sect., 27 juil. 1990, n°44.676.

[6] CE, 8e et 7e ss-sect., 8 août 1990, n°54.500, *Sté Homecare France*.

[7] CE, 8e et 9e ss-sect., 13 oct. 1999, n°181.539, *M. Queyroi*.

[8] C. LEGRAS, dans ses conclusions, sur l'arrêt Kupra, évoquait déjà ces « manœuvres dilatoires, de rétention d'information, du caractère non satisfaisant de la tenue des comptes, de l'attitude [du contribuable] pendant le contrôle, du manque de clarté des schémas d'optimisation ou des circuits financiers mis en place » (citée par P. COLLIN, « Procédures fiscales : chronique de l'année 2011 » : *DF* 2012, n°9, étude 165, n°8)

causalité, et aboutissent *in fine* à un résultat « proche de celui découlant de la mise en œuvre du critère de “difficultés particulières” qui justifiait jusqu'à [l'arrêt Kupra] l'application d'un régime de faute lourde »[1].

292. L'impossibilité de rattacher logiquement et avec certitude le préjudice avec le fait générateur amène donc à cette proportionnalisation dans la rationalité causale. Celle-ci présente un caractère diffus dans la détermination du dysfonctionnement du service public de la justice.

B. La rationalité diffuse de l'origine de la responsabilité en raison de la durée excessive du procès fiscal

293. Principe structurant d'une durée « raisonnable ». Exigence posée par les articles 6 et 13 de la Convention européenne des droits de l'homme et l'article 47 de la Charte des droits fondamentaux, le délai raisonnable constitue, en droit français, un des « principes généraux qui gouvernent le fonctionnement des juridictions administratives »[2], structurant le contentieux administratif[3], sa rationalité étant toute entière contenue dans la proportionnalisation de la procédure dans la singularité du litige fiscal en cause. Le délai « raisonnable » est alors une manifestation de la dynamique inversée de la proportionnalité, allant de l'adaptation à la rationalité.

294. Appréciation globale de l'excessivité de la procédure. La Cour européenne des droits de l'homme, et la Cour de justice à sa suite[4], apprécie globalement, la durée d'une procédure juridictionnelle[5], en fonction de critères objectifs[6] tirés des circonstances de l'espèce : ces trois critères prétoriens sont

---

[1] P. COLLIN, *Ibid.*
[2] CE, 5e et 4e ss-sect., 15 déc. 2006, n°284.144, *Sté La niçoise*. Le droit administratif impose également une certaine célérité dans le jugement, le contentieux de la responsabilité pour durée excessive ayant été ajouté aux compétences de premier et dernier ressort du Conseil d'État par le décret n°2005-911 du 28 juil. 2005 (JO 4 août 2005, p. 12772) modifiant l'article R 311-1 du Code de justice administrative. – V. également, CE, 4e ss-sect., 10 juil. 2006, n°285.311, *Croayne*.
[3] M. MEZAGUER, « L'appréciation du délai raisonnable de jugement par le Conseil d'État : la mise en lumière d'un principe structurant du contentieux administratif » : *Dr. adm.* 2017, n°4, étude n°13/
[4] CJUE, 21 janv. 2016, aff. C-603/13 P, *Galp Energía España SA c/ Commission,* pts 55-59 ; CJUE 12 nov. 2014, aff. C-580/12 P, *Guardian Industries et Guardian Europe c/ Commission*, pts 17-18. En droit de l'Union européenne, la notion de délai raisonnable n'est pas spécifique au droit à un recours juridictionnel : ainsi, afin de garantir le respect du principe de neutralité, un État membre ne peut prolonger indéfiniment le délai de remboursement d'un excédent de TVA, ou doit compenser, par le versement d'intérêt de retard, la partie excessive de cette durée, le comportement des assujettis et des États membres étant pris en considération (CJUE, 7e ch., 6 juil. 2017, aff. C-254/16, *Glencore Agriculture Hungary Kft*, pts 21-27 ; CJUE, 12 mai 2011, aff. C-107/10, *Enenl Maritsa Iztok 3,* pts 53-60). *Comp.* les contentieux particuliers de récupération des aides d'État illégales ou de la répétition des taxes indûment payées : cf. *infra*., Partie II, Titre I, Chapitre I, Section 1.
[5] En tenant compte de la réclamation préalable obligatoire (CEDH, 3e sect., 26 sept. 2000, n°41715/98, *Kadri c/ France*, §16).
[6] CEDH, 22 sept. 1994, n°23/1993/418/497, *Hentrich c/ France*, §61.

d'abord[1] la complexité de l'affaire (laquelle peut résulter du droit fiscal lui-même[2]), mais aussi le comportement du requérant et celui des autorités nationales[3]. Elle pèse le poids respectif de chacun de ces critères pour déterminer si un ou plusieurs faits peuvent justifier, d'un point de vue rationnel la durée de la procédure : à défaut d'explication logique, le laps de temps entre l'introduction de l'instance et la décision de dernière instance est considéré comme non « raisonnable »[4], ou excessif.

295. Ainsi, en présence d'une affaire « simple », et en l'absence d'un comportement dilatoire du justiciable visant à retarder l'issue de la procédure, le caractère « déraisonnable » sera retenu, et ce d'autant plus si cette lenteur a également privé le requérant d'un accès effectif à un tribunal[5]. La violation de l'article 6§1 aggrave plus encore celle résultant d'un délai « déraisonnable ». De même, un laps de temps supérieur à huit ans ne saurait être raisonnable dans le cadre d'une affaire dénuée de complexité et eu égard à la réticence de l'administration à produire les mémoires devant les juridiction, malgré les demandes réitérées du justiciable[6].

296. Appréciation duale de l'excessivité du procès fiscal. La notion de délai raisonnable du procès fiscal est, devant le juge administratif, évaluée de manière plus affinée, tantôt en globalisant toutes les instances, tantôt en les individualisant, la caractérisation d'une disproportionnalité temporelle entraînant la responsabilité de l'État et alors la réparation du préjudice[7]. Synthétisant sa jurisprudence relative à la modulation dans l'appréciation du délai raisonnable, le Conseil d'État énonce que « le caractère raisonnable du délai de jugement d'une affaire doit s'apprécier **de manière à la fois globale**, compte tenu, notamment, de l'exercice des voies de recours, particulière à chaque instance **et concrète**, en prenant en compte sa **complexité**, les conditions de **déroulement** de la procédure et, en particulier, le comportement des parties tout au long de celle-ci, mais aussi, dans la mesure où la juridiction saisie a connaissance de tels éléments, l'intérêt qu'il peut y avoir, pour l'une ou l'autre, compte tenu de sa situation particulière, des **circonstances propres** au litige et, le cas échéant, de sa nature même, à ce qu'il soit tranché rapidement ; que lorsque la durée globale de jugement n'a pas dépassé le délai raisonnable, la responsabilité de l'État est néanmoins susceptible d'être engagée **si la durée de l'une des instances a, par elle-même, revêtu une durée excessive** »[8].

---

[1] Ce critère est « *particulièrement important* » : J.-F. RENUCCI, *Droit européen des droits de l'homme*, éd. LGDJ, 7e éd., 2017, p.465).

[2] Au cas particulier, la détermination de l'assiette imposable à l'IS, ainsi que les majorations (CEDH, 1ère sect., 23 juil. 2002, n°34619/97, *Janosevic c/ Suède*, §92).

[3] CEDH, 26 mars 1992, n°11760/85, *Sté Éditions Périscope c/ France*, §44 ; CEDH, 1ère sect., 23 juil. 2002, n°34619/97, *Janosevic c/ Suède*, §93.

[4] L'adjectif raisonnable définit ce « qui correspond à la mesure normale, suffisante, qui est acceptable » ou ce qui est « conforme à la raison » (*Le Grand Robert de la langue française*, édition numérique, nov. 2016)

[5] CEDH, 1ère sect., 23 juil. 2002, n°34619/97, *Janosevic c/ Suède*, §94.

[6] CEDH, 26 mars 1992, n°11760/85, *Sté Éditions Périscope c/ France*, § 44.

[7] CE, Ass., 28 juin 2002, n°239.575, *Magiera*.

[8] CE, 4e ss-sect., 12 mars 2010, n°327.703, *Sté Le Mirador*, nous soulignons.

297. Objectivité et subjectivité dans la détermination de la durée du procès fiscal. Par le caractère concret des critères retenus, la Cour de Strasbourg et le Conseil d'État assoient leur appréciation du délai raisonnable sur une objectivité, contrebalancée par la subjectivité de l'appréciation souveraine du juge. Il n'y a en effet aucun critère purement objectif, aucune durée légale maximale de jugement, emportant systématiquement non-respect du délai raisonnable. Certes, le Conseil d'État a considéré que la durée de jugement supérieure à 13 ans, alors que l'affaire était encore en cours, est excessive « **quelles que soient les difficultés** qu'elle ait pu, le cas échéant présenter »[1]. Mais c'est d'abord par une appréciation souveraine des critères, teintée d'un certain réalisme, que le juge adapte sa décision aux spécificités de l'espèce, au comportement et à la personne du requérant ou de la célérité des juridictions[2]. Il y a donc une subjectivisation des critères objectifs, nécessaire en l'absence de données chiffrées ou chiffrables, cette subjectivité, plus accentuée devant la CEDH, étant limitée par le caractère concret et vérifiable des données mises en balance par le juge. Il module ainsi la notion de délai raisonnable de jugement, la proportionnalité de ce dernier par rapport à l'affaire et au contribuable. Une généralisation est dès lors délicate.

298. Le comportement du contribuable ou de l'administration[3] agit comme un élément participant au dysfonctionnement, donc au préjudice subi et entraîne un partage des torts, atténuant la partie excessive de la durée de la procédure. Mais si, dans le cadre de la responsabilité pour faute, la faute du contribuable joue comme une cause exonératoire, par une appréciation isolée, dans le cadre de la responsabilité pour durée excessive, ce comportement intègre le dysfonctionnement du service public de la justice : ce dernier résulte d'une cause plus diffuse, appréciée globalement, instance par instance ou pour toute la procédure juridictionnelle : les critères sont donc imbriqués dans le second cas.

299. Transition. De cette différence de nature dans la rationalité, découle une différence dans la proportionnalisation de l'indemnisation.

---

[1] CE, 4e ss-sect., 20 nov. 2009, n°327.156, *Naji Elias A et Mona Karkour A*. Nous soulignons. Une telle durée est alors considérée objectivement comme manifestement excessive. En ce sens également, CEDH, 3e sect., 26 sept. 2000, n°41715/98, *Kadri c/ France*, §17-19 (12 ans, 2 mois et 5 jours) ; CEDH, 8 juin 2004, n°46098/99, *Clinique Mozart SARL c/ France*, §34-35 (12 ans, 7 mois et 10 jours), et plus nettement encore, CEDH, 26 mars 1992, n°11760/85, *Sté Éditions Périscope c/ France*, § 44. *Comp.* pour des durées équivalentes ou plus brèves en l'absence d'explication rationnelle : CEDH, 1ère sect., 23 juil. 2002, n°34619/97, *Janosevic c/ Suède*, §94-95 (6 mois et 8 mois) ; CEDH, 30 juil. 2009, n°1409/03, *Smirnov c/ Ukraine*, §22-24 (8 ans et 6 mois) ; CEDH, 17 déc. 2013, n°35729/12, *Barta et Drajkó c/ Hongrie*, §35-38 (6 ans et 3 mois ; 4 ans et 3 mois).

[2] Pour une étude détaillée, v. M. MEZAGUER, « L'appréciation du délai raisonnable de jugement par le Conseil d'État : la mise en lumière d'un principe structurant du contentieux administratif », *op. cit.*

[3] Des manœuvres dilatoires ou un retard dans la production de ses écritures ou des pièces, par exemple. Par ex., CEDH, 26 mars 1992, n°11760/85, *Sté Éditions Périscope c/ France*, §44 ; CEDH, 8 juin 2004, n°46098/99, *Clinique Mozart SARL c/ France*, §35 ; CEDH, 7 juil. 1989, n°11689/85, *Union Alimentaria Sanders S.A. c/ Espagne*, §34-35.

II. Le préjudice et le lien de causalité, mesure de la rationalité de l'indemnisation

300.Plan. L'indemnisation découle normalement du lien logique causal, en application du principe de réparation intégrale du préjudice[1]. L'adaptation quantitative de l'indemnité, par la proportionnalisation, intervenant dans l'appréciation de la causalité, elle présente un caractère intrinsèque marqué, parfois exclusif, sur lequel le juge du droit exerce un strict contrôle. Ainsi, l'indemnisation est modulée par la considération, en amont, du fait générateur et des causes exonératoires (A), tandis qu'elle se traduit parfois par une forfaitisation, rejoignant alors l'appréciation globale de la durée excessive du procès fiscal (B).

A. La proportionnalisation de l'indemnité, déduction du lien de causalité

301.Indemnisation et exception de recours parallèle[2]. : les préjudices indemnisables. Par les actions en responsabilité pour faute ou du fait des lois inconventionnelles, il ne s'agit pas d'ouvrir une voie de recours qui permettrait aux contribuables de remporter ce qu'ils n'ont pu obtenir, ou pas cherché à obtenir, par la voie du contentieux, c'est-à-dire la décharge des impositions, intérêts et pénalités mis à leur charge[3] : ainsi, si l'indemnisation du préjudice distinct découle de la caractérisation d'une faute simple de l'administration et conduit à une réparation intégrale, soit une règle de proportion de 100%, le préjudice indemnisable « qui ne saurait résulter du seul paiement de l'impôt, peut être constitué des conséquences matérielles des décisions prises par l'Administration et, le cas échéant, des troubles dans ses conditions d'existence dont le contribuable justifie »[4].

---

[1] CE, 19 mai 1922, *Dame Sempey* ;CE 30 mai 1934, *Sieur Carricand* ;CE 8 mars 1950, *Salgues* ; Civ. 1ère, 9 nov.. 2004, n°02-12.506 P ; Civ. 2e, 28 mai 2009, n°08-16.829. – V. également, l'étude globale de J.-M. PONTIER, « La notion de réparation intégrale du préjudice » : *AJDA* 2019, p. 848.

[2] Cette règle a pour but, comme le rappelait G. GOULARD, « d'éviter qu'un contribuable n'engage un contentieux indemnitaire pour tenter d'obtenir ce qu'il n'a pas demandé dans le délai de réclamation, (…). Elle évite la répétition des contentieux et assure l'autorité du juge. En matière fiscale, elle correspond à **l'intention du législateur**, qui par les articles L 190 et suivants du LPF a prévu des règles de procédures juridictionnelles propres au contentieux fiscal. Il serait donc contraire à la loi de permettre à un contribuable d'obtenir la restitution des impôts qu'il conteste par une autre voie que le contentieux fiscal » (concl. sur CE, Ass., 30 oct. 1996, n°141.043, *SA Jacques Dangeville : RJF* 12/1996, p 809). Nous soulignons.

[3] S. AUSTRY, « Directives communautaires non transposées : articulation entre les conditions d'invocabilité et le droit à réparation devant le juge national » : *RJF* 12/1996, p. 803.

[4] CE, Sect., 21 mars 2011, n°306.225, *M. Kupra ;* CE, 8e et 3e ss-sect., 12 mars 2014, n°359.643, n°359.644, n°361.975, n°362.191, *min. c/ M. Favreau*, et n°359.645, *min. c/ Sté MJA*. Par ex., constitue un préjudice distinct du paiement de l'impôt ou la somme exigée par le titre exécutoire les troubles dans les conditions d'existence (CE, 8e et 3e ss-sect., 9 déc. 2015, n°387.630, *Royer*), la perte de chance de développer une activité ou une perte de valeur du fonds de commerce (CE, 8e et 3e ss-sect., 3 août 2011, n°307.164, n°307.325 et n°307.432, *min. c/ Sté Dirland et MM. Dirler*), les difficultés financières voire la faillite de l'entreprise (CE, 8e et 3e ss-sect., 12 mars 2014, n°359.643, n°359.644, n°361.975, n°362.191, *min. c/ M. Favreau*, et n°359.645, *min. c/ Sté MJA*), et plus largement ou encore, un préjudice commercial et financier distinct du préjudice fiscal subi par la société ou ses dirigeants (CE, 8e et 9e ss-sect., 5 juil. 1996, n°150.398, *SCI Saint-Michel* ; CE, 8e et

302. Causalité et *quantum* de la réparation. Si le contribuable établit l'existence d'un préjudice distinct, ce dernier peut ne pas être réparé en entier, le *quantum* de l'indemnisation étant modulé en fonction de ses fautes commises. Le juge de cassation raisonne uniquement en termes de causalité, ce fait du contribuable constituant une cause d'atténuation ou d'exonération[1]. Le lien de cause à effet est alors la manifestation de la rationalité de la responsabilité de l'Administration, et la mesure de son étendue[2]. La règle de proportion résultant de cette causalité est alors comprise entre 0% et 100%, selon une appréciation souveraine du juge, étayée d'éléments objectifs.

303. Transition. Il ne s'agit pas de neutraliser une disproportionnalité d'ores et déjà réalisée, mais d'apporter une compensation au préjudice subi par le contribuable[3]. L'argument de l'équité est palpable dans l'appréciation du *quantum* de la réparation, et plus encore lorsque ce dernier est forfaitaire.

B. La forfaitisation de l'indemnisation, adaptation extrinsèque du lien de causalité

304. Forfaitisation et effet d'aubaine. Par la forfaitisation d'une indemnisation, le juge vient définir l'étendue du préjudice subi, réparable en fonction du lien de causalité. En quelque sorte, il vient moduler ce dernier, tout en évitant le cas échéant, des « effets d'aubaine ».

305. Ainsi, le préjudice subi par les contribuables du fait d'un taux sous-disproportionné, portant atteinte à leur droit au respect de leur bien sur le fondement de l'article 1er du Premier protocole additionnel à la Convention EDH est déterminé objectivement par le juge de cassation à partir de la référence à un taux égal à la moitié

3e ss-sect., 12 mars 2014, n°359.643, n°359.644, n°361.975, n°362.191, *min. c/ M. Favreau*, et n°359.645, *min. c/ Sté MJA*). *Comp.* CJUE, 2e ch., 14 sept. 2017, aff. C-628/15, *The Trustees of the BT Pension Scheme, préc.*, pts 73-75.

[1] CE, Sect., 21 mars 2011, n°306.225, *M. Kupra*.

[2] Ainsi, lorsque le contribuable ou le représentant de la société a manqué de coopération lors de la procédure contradictoire, s'abstenant de contester immédiatement les montants mis à sa charge ou à la charge de la société, alors que l'administration, une fois informée des indications pertinentes, a rapidement pris en compte ces éléments pour corriger son erreur, le préjudice matériel et moral résultant de la liquidation de la société a pour origine le comportement du contribuable, ou de son représentant, qui ne peut dès lors prétendre à indemnisation. – V. également la jurisprudence antérieure exigeant la faute lourde : CE, 8e et 3e ss-sect., 30 déc. 2011, n°323.542, *Palusci*.

[3] En ce sens, G. DRAGO énonce que la réparation au titre de la satisfaction équitable par la Cour européenne « ne conduit pas à effacer les conséquences d'une violation d'un droit fondamental (…) mais assure une simple réparation pécuniaire » (*in* « Les droits fondamentaux entre juge administratif et juges constitutionnel et européens » : *Dr. adm.* 2004, étude 11, n°20). – V. également, v. A. SCHAHMANECHE, *La motivation des décisions de la Cour européenne des droits de l'homme,* éd. Pédone, 2014, spé. p. 680s. ; J.-F. FLAUSS et E. LAMBERT-ADBELGAWAD (dir.), *La pratique d'indemnisation par la Cour EDH*, éd. Bruylant, 2011, 357 p. ; P. TAVERNIER, « La contribution de la jurisprudence de la Cour EDH relative à la responsabilité internationale en matière de réparation, une remise en cause nécessaire » : *RTDH* 2007, n°75, p. 945-966 ; G. COHEN-JONATHAN, « Quelques considérations sur la réparation accordée aux victimes de la CEDH », *in Les droits de l'homme au seuil du troisième millénaire, Mélanges en hommage à Pierre Lambert*, éd. Bruylant 2000, p. 119-121.

de celui des obligations assimilables au Trésor « compte tenu de l'origine de la créance et de la nécessité de concilier une rémunération effective de cette créance au regard de l'évolution générale des taux d'intérêt et des prix avec les contraintes d'intérêt général de limitation de l'impact budgétaire de la mesure » [1]. Ce faisant, le Conseil d'État veille, par cette référence, à préserver la valeur de la créance, sans que le temps ne la déprécie et donc n'appauvrisse le contribuable, mais sans que ce contribuable ne s'enrichisse non plus.

306. Proportionnalisation objective et discrétionnaire. L'indemnisation du préjudice est proportionnalisée discrétionnairement par le juge : ainsi, le Conseil d'État« fait une **juste appréciation** de la rémunération à laquelle la société requérante pouvait prétendre en la calculant, compte tenu de l'origine de la créance[2] et de la nécessité de concilier une rémunération effective de cette créance au regard de l'évolution générale des taux d'intérêt et des prix avec les contraintes d'intérêt général de limitation de l'impact budgétaire de la mesure, sur la base d'un taux d'intérêt équivalent à la moitié du taux applicable aux obligations assimilables du Trésor »[3]. Il ne s'agit pas ici d'une forfaitisation qui prend en compte les éventuelles fautes du contribuable, contrairement à l'indemnisation de la durée excessive du procès fiscal : le caractère excessif résulte d'une appréciation d'ensemble, la réparation du préjudice allie objectivité et forfaitisation en ce que, d'une part, le Conseil d'État se montre plus réticent à admettre les préjudices matériels[4] que le préjudice moral, et d'autre part, la réparation du préjudice moral fait l'objet d'une « juste appréciation » forfaitaire par le Conseil d'État[5]. Si la causalité, ici implicite, est la mesure de la réparation intégrale du préjudice, cette réparation n'en est pas moins proportionnalisée par le juge en fonction de critères objectifs, mais selon une appréciation souveraine présentée comme incontestable.

---

[1] CE, 9e et 10e ss-sect., 31 juil. 2009, n°316.525, *Sté Ulysse SAS*, n°324.925, *SAS Cargill France*, et n°325.172, min. c/ *SAS Cargill France* ; CE, 9e et 10e ss-sect., 17 juil. 2013, n°352.273, *min. c/ Sté Coopérative Bressor.*.

[2] Le fait que la créance fiscale demeure gelée entre les mains de l'État pendant un certain nombre d'années « ne procède pas d'une erreur de l'Administration mais d'une obligation légale » (P. COLLIN, concl. sous CE, 9e et 10e ss-sect., 31 juil. 2009, n°316.525, *Sté Ulysse SAS*, n°324.925, *SAS Cargill France*, et n°325.172, min. c/ *SAS Cargill France*).

[3] CE, 9e et 10e ss-sect., 31 juil. 2009, n°316.525, *Sté Ulysse SAS*, n°324.925, *SAS Cargill France*, et n°325.172, min. c/ *SAS Cargill France ;* CE, 9e et 10e ss-sect., 17 juil. 2013, n°352.273, *min. c/ Sté Coopérative Bressor. Comp.* CEDH, 1ère sect., 3 juil. 2003, n°38746/97, *Buffalo Srl en liquidation c/ Italie* ; CEDH, 1ère sect., 9 mars 2006, n°10162/02, *Eko-Elda AVEE c/ Grèce*.

[4] Par ex., tels « la perte d'un avantage ou d'une chance ou encore par la reconnaissance tardive d'un droit » ou encore « les désagréments provoqués par la durée abusivement longue d'une procédure lorsque ceux-ci ont un caractère réel et vont au-delà des préoccupations habituellement causées par un procès » (CE, 5e et 4e ss-sect., 15 déc. 2006, n°284.144, *Sté La niçoise*).

[5] CE, 4e ss-sect., 20 nov. 2009, n°327.156, *Naji Elias A et Mona Karkour.*.

307. De même, prévue à l'article 41 de la Convention EDH[1], la satisfaction équitable constitue un moyen subsidiaire compensatoire, et discrétionnaire[2], de la reconnaissance par la Cour européenne d'une violation d'un droit ou d'une liberté fondamentaux garantis par la Convention ou ses protocoles lorsque le droit interne « ne permet d'[en effacer qu'imparfaitement les conséquences ». En droit fiscal, la reconnaissance de cette violation constitue souvent une réparation du préjudice considérée par la Cour comme suffisamment proportionnée[3], ce qui n'exclut pas l'octroi d'une satisfaction « adéquate », « c'est-à-dire adaptée »[4]. La réparation du délai raisonnable du procès en est d'ailleurs une illustration.

308. Forfaitisation de la réparation de la durée excessive du procès. Cette durée est « présumée entraîner, par elle-même, un préjudice moral dépassant les préoccupations habituellement causées par un procès » : le non-respect du délai raisonnable cause donc un préjudice direct et certain [5], justification rationnelle de l'indemnisation et mesure de celle-ci.

A l'instar de la satisfaction équitable accordée par la Cour EDH, le Conseil d'État alloue une indemnité forfaitaire du préjudice moral, statuant en équité comme l'atteste l'expression « juste appréciation »[6]. Mais, ce forfait destiné à compenser la disproportionnalité, et donc limité à cette disproportionnalité du délai, peut lui-même être modulé, atténué voire supprimé s'il est apporté la preuve de l'absence d'un préjudice moral[7], la seule reconnaissance de la durée excessive du procès pouvant par ailleurs être considérée comme de nature à compenser le préjudice moral subi[8].

309. La réparation du préjudice et elle n'aura aucune incidence sur la décision rendue sur le fond, le dysfonctionnement ayant conduit à cette durée excessive n'étant

---

[1] CEDH, 26 mars 1992, n°11760/85, *Sté Éditions Périscope c/ France*, §46-47. *Comp.* CEDH, 14 sept. 2004, n°73804/01, *Storck c/ France*, §29 ; CEDH, 2e sect., 15 oct. 2002, n°52116/99, *Vieziez c/ France*, §28. *Comp.* CJUE, 21 janv. 2016, aff. C-603/13 P, *Galp Energía España SA c/ Commission*, pts 55-59. V. également, CJUE, 12 nov. 2014, aff. C-580/12 P, *Guardian Industries et Guardian Europe c/ Commission*, pts 17-18.

[2] V. A. SCHAHMANECHE, *La motivation des décisions de la Cour européenne des droits de l'homme*, *op. cit.*, p. 680 : « avec **l'équité**, c'est tout le **pouvoir** discrétionnaire de la Cour qui se manifeste. (...) Si cela ne pose en soi aucune difficulté, encore faudrait-il que la **motivation** qui entoure les intentions du juge d'indemniser le ou les requérant(s) soit de qualité. A défaut, le pouvoir du juge peut vite passer pour arbitraire », nous soulignons.

[3] Par ex., CEDH, 5e sect., 25 nov. 2010, n°20429/07, *Lilly c/France*, §62-63. Souvent, cette satisfaction équitable ne prend pas de forme monétaire, les requérants n'ayant pas apporté les éléments nécessaires à l'appréciation par la Cour du préjudice.

[4] V. BERGER, « Le contrôle de proportionnalité exercé par la Cour européenne des droits de l'homme » : *LPA* 5 mars 2009, n°46, p. 40 et s.

[5] Souvent l'absence de lien direct et certain reliant rationnellement le préjudice à la durée excessive motive la non-réparation des préjudices matériels : CE, 4e ss-sect., 24 sept. 2008, n°308.458, *André A.* ; CEDH, 14 sept. 2004, n°73804/01, *Storck c/ France*, §29 ; CEDH, 2e sect., 15 oct. 2002, n°52116/99, *Vieziez c/ France*, §28.

[6] CE, 4e ss-sect., 24 sept. 2008, n°308.458, *André A.* ; CE, 4e ss-sect., 20 nov. 2009, n°327.156, *Naji Elias A et Mona Karkour A.*

[7] CE, 5e et 4e ss-sect., 28 nov. 2008, n°298.152, *SARL Le Club.*

[8] CEDH, 14 sept. 2004, n°73804/01, *Storck c/ France*, §29 ; CEDH, 2e sect., 15 oct. 2002, n°52116/99, *Vieziez c/ France*, §28.

pas source d'une illégalité substantielle[1]. Ainsi, par la sanction de la disproportion dans la durée de la procédure, le Conseil d'État, et dans une moindre mesure, les juridictions européennes[2], agissent comme régulateurs de la procédure administrative contentieuse, dans une certaine discrétionnarité : la proportionnalité, traduite par la notion de délai raisonnable, permet la structuration d'un ensemble de normes, ici entendu comme l'organisation du procès administratif, tout en présentant une certaine malléabilité aux fins de concilier les intérêts des contribuables avec ceux de la justice et de l'administration, tout en s'adaptant à la variété des situations, se dédoublant dans une structuration comportementale de l'administration et du contribuable.

Conclusion de la Section 2.

310. La rationalité à l'œuvre dans les régimes de responsabilité s'impose *a posteriori* à l'administration ou à l'État, et indirectement aux contribuables, apportant une structuration propre à chacun, et non dénuée d'une certaine modération par l'adaptation à la situation d'application. Le raisonnement concentrée dans la causalité permet au juge du droit de maintenir une unité dans le régime et la proportionnalisation de l'indemnisation, et présente à ce titre un différence notable avec les contentieux issus du droit de l'Union européenne du remboursement des impositions perçues malgré leur contrariété au droit de l'Union et la récupération des aides d'État fiscales illégales, pour lesquels la proportionnalisation par l'adaptation est le fruit d'éléments extérieurs à la rationalité.

CONCLUSION DU CHAPITRE II.

311. La structuration apportée par la rationalité instrumentale de la loi fiscale de procédure s'impose à l'Administration, bien qu'elle dispose d'une liberté de choix dans les moyens à adopter : cette structuration intervient ainsi dans le mouvement d'application de la loi, transdiction nécessitant parfois l'interprétation du juge, mais toujours la possibilité de le saisir d'un recours juridictionnel. Elle naît dans d'autres hypothèses de l'application même du droit fiscal, son effet structurant se manifestant *a posteriori* par une rationalité également imposée. Dans tous les cas, elle a pour objet et sujet principaux l'action de l'administration.

312. La structuration par la rationalité des procédures fiscales connaît ainsi deux types de concrétisation. La première structuration s'appuie sur la rationalité *a priori,* moteur dans l'adoption de la loi ou des actes administratifs subséquents. Prolongeant le lien logique dans sa concrétisation, le rôle des juridictions ordinaires est essentiel à la sauvegarde des droits des contribuables, par la structuration imposée à

---

[1] CE, 9e ss-sect., 8 oct. 2004, n°260.507, *Hollander* ; CE, 5e et 4e ss-sect., 15 déc. 2006, n°284.144, *Sté La niçoise*.

[2] L'article R 311-1 du Code de justice administrative attribuant au Conseil d'État compétence en premier et dernier ressort des actions en responsabilité de l'État pour durée excessive de la procédure, cette juridiction apparaît comme « le garant systémique du respect du délai raisonnable de jugement » (M. MEZAGUER, « L'appréciation du délai raisonnable de jugement par le Conseil d'État : la mise en lumière d'un principe structurant du contentieux administratif », *op. cit.*).

l'administration fiscale, tantôt précisant le champ d'application de la procédure en cause, tantôt contrôlant le respect de la rationalité de la procédure.

313. La seconde structuration intervient *a posteriori* à travers les régimes de responsabilité de l'État, dont la mise en œuvre fait intervenir la proportionnalité, tant dans la détermination du fait générateur que par la prise en compte du fait du contribuable, et la forfaitisation de l'indemnisation. L'adaptation de la réparation octroyée dépend alors entièrement de la notion de causalité, du lien logique rationnel justifiant l'engagement de la responsabilité de l'État : elle est alors intrinsèque et se déduit de la rationalité causale.

314. Si la structuration comportementale des normes procédurales a pour destinataire premier l'administration, cette structuration vise en premier lieu les contribuables s'agissant des lois d'imposition, sans exclure par ailleurs une structuration par la rationalité de la norme elle-même.

CONCLUSION DU TITRE I.

315. Les normes fiscales de procédure se caractérisent par une commensurabilité matérialisable à travers son champ d'application, dans toutes ses facettes, et que privilégie le juge dans son contrôle, en ce qu'elle lui offre des points d'appréhendabilité, son appréciation de cette rationalité décidée n'étant pas dénuée de toute considération axiologique selon la finalité transcendante à laquelle le législateur aura choisi de rattacher la norme, et en particulier la lutte contre la fraude et l'évasion fiscales.

316. Les procédures fiscales étant des armes fiscales aux mains de l'administration fiscale, le juge de l'impôt veille à enserrer plus encore l'action de celle-ci dans le cadre imposé par la loi fiscale de procédure, de manière à prémunir les contribuables d'agents par trop zélés, ou à tout le moins, de permettre la réparation du préjudice causé, la faute ou la négligence du contribuable jouant en tous les cas à son détriment.

317. Rationalité décidée et rationalité imposée se complètent ainsi dans une rationalisation tant de l'action du législateur que de celle de l'administration, dans une structuration complète par les normes fiscales de procédure.

TITRE II. LES STRUCTURATION DES NORMES D'IMPOSITION PAR LES RATIONALITÉS

318. Plan. Si, d'un point de vue général, la loi fiscale de procédure offre des points d'appréhension structurants à partir du champ d'application, dans tous ses aspects, matérialisation de l'objectif concret et immédiat s'inscrivant dans un objectif médiat de lutte contre les pratiques abusives au sens large ou de sécurité juridique, la structuration des lois d'imposition emprunte des chemins différents. A ces normes d'imposition[1], teintées de considérations conjecturales de nature économique, sociale, environnementale ou politique[2], et plus encore dans un contexte où la fiscalité devient un argument politique, partie intégrante des programmes politiques[3], sont donc assignés des buts extra-fiscaux dont il est difficile d'en mesurer la rationalité ou l'adéquation à l'aune des éléments de calcul ou du champ d'application de l'imposition (Chapitre I).

319. Alors que les lois fiscales de procédure structurent l'action administrative, l'administration devant poursuivre la rationalité qui lui est imposée par la loi, dans une perspective protectrice des contribuables, les normes d'imposition poursuivent à l'inverse une structuration comportementale des contribuables, ces derniers devant démontrer qu'ils poursuivent, à travers leurs intérêts particuliers, la rationalité imposée par le législateur (Chapitre II).

---

[1] Par loi d'imposition, nous entendons les dispositions législatives portant sur la création d'un impôt ou sur la modification de son régime, à savoir le champ d'application, la détermination de la matière imposable, les taux, les régimes d'imposition et les éventuels avantages fiscaux. – V. J. LAMARQUE, « Droits fondamentaux constitutionnels. Principe d'égalité devant l'impôt », *JCl. Procédures fiscales,* fasc. 112, n°67, actualisation 31 mars 2016.

[2] V. G. ORSONI, *L'interventionnisme fiscal*, éd. PUF, 1995, 305 p. Ces considérations reposant sur l'effet incitatif, psychologique des politiques fiscales (M. LAURE, *Traité de politique fiscale*, éd., PUF, 1956, p. 5). Plus largement, sur l'évolution de l'impôt sur la période récente : v. G. ARDANT, *Histoire de l'impôt. Livre 2 : XVIIe et XXIe siècle*, éd. Fayard, coll. « Les Grandes études historiques », 1972, spé. p. 519 et s. *Comp.* M. LEROY, *L'impôt, l'État et la société. La sociologie fiscale de la démocratie interventionniste*, éd. Economica, coll. « Finances publiques », 2010, p. 232 et s.

[3] En ce sens, F. PEZET, « Le caractère confiscatoire de l'impôt et les exigences constitutionnelles françaises » : *DF* 2013, n°22, étude 300.

CHAPITRE I. LA STRUCTURATION DANS LA CRÉATION DES NORMES D'IMPOSITION : LA PRÉGNANCE DE L'ÉGALITÉ

320.Problématique. L'ingérence dans le droit de propriété découle nécessairement de la nature de l'impôt, prélèvement de caractère pécuniaire, effectué par voie d'autorité à titre définitif en vue d'assurer le financement de l'État, et ce sans contrepartie[1]. L'impôt n'a alors d'autre rationalité que lui-même, à moins que le législateur n'adosse à la contribution fiscale des objectifs extra-fiscaux, posant en particulier la question de l'égalité, et dans tous les cas, quelle que soit la nature des objectifs, la rationalité n'est pas nécessairement exclusive d'une adaptation par la proportionnalisation.

321. Le contrôle de conventionnalité et le contrôle de constitutionnalité ne reposent pas sur un fondement uniforme, la Convention EDH privilégiant le droit de propriété ou les droits au respect de la vie privée ou de la liberté de religion, le droit de l'Union européenne et le droit constitutionnel l'égalité entre les contribuables[2]. La confrontation aux normes supérieures tend à consolider ou fragiliser le bien-fondé d'une imposition, le contrôle opéré par les juridictions ordinaires des deux ordres étant de nature à apporter une certaine harmonisation tout autant qu'un dynamisme, en particulier dans le contrôle de l'égalité entre les contribuables[3]. Si la convergence notionnelle des normes supérieures a été favorisée par le contrôle de conventionnalité[4], on observe toutefois que le pouvoir normatif de la jurisprudence est moindre qu'en termes de procédures.

---

[1] M. COLLET, *Droit fiscal*, éd. PUF, coll. « *Thémis* », 6e éd., 2017, p. 22-23.

[2] En ce sens, G. VEDEL *Cours de législation financière 1952-1953*, Les Cours de droit, 1953, p. 326. Sur cette question, v. spé. O. NEGRIN, « Une légende fiscale : la définition de l'impôt de Gaston Jèze » : *RDP* 2008, p. 139 ; E. de CROUY-CHANEL, « La définition juridique de l'impôt. L'exemple de la doctrine française », *in* T. BERNS, J.-C. K. DUPONT et M. XIFARAS (dir.), *La philosophie de l'impôt, Actes d'un colloque internationale, Université libre de Bruxelles*, 29 avr. 2004, éd. Bruylant, coll. « Penser le droit », 2006, p. 135 et s.. Pour une approche plus large, v. par ex. J.-R. PELLAS, « La notion d'impôt dans la Revue Française de Finances publiques (1983-2017) » : *RFFP* 2018, n°142, p. 291. ; G. TOURNIE, « De l'impôt et des mots : réflexion sur le déficit conceptuel du droit fiscal », *in Constitution et Finances publiques, Etudes en l'honneur de Loïc Philip*, éd. Economica, 2005, p. 603 et s.

[3] Ce qui n'exclut naturellement pas la confrontation du bien-fondé des impositions à d'autres droits et libertés, tels le droit de mener une vie de famille normale, ou le droit de propriété, l'accessibilité et l'intelligibilité de la loi (bien qu'*a posteriori*, l'interprétation du juge est de nature à en écarter le bien-fondé : CE, 10e et 9e ss-sect, 25 juin 2010, n°326.363, *M. Mortagne)*, la liberté d'entreprendre et le principe de libre concurrence (CE, 9e et 10e ch., n°415.947, 29 juin 2018, *SEITA*). Cf. *infra* à propos de l'imposition confiscatoire, notamment en matière d'impôt sur le capital.

[4] Cf. *supra*. Introduction du Titre II.

322. Plan. La structuration axiologique des normes d'imposition, si elle pénètre le contrôle juridictionnel, n'est pas moins faible dans son acception humaniste, tandis qu'elle tend à revêtir un aspect instrumental plus marqué dans son acception économique du marché unique européen. La structuration s'opère ainsi prioritairement à partir de la rationalité instrumentale dans la confrontation aux principes d'égalité[1] (Section 2), et de manière plus résiduelle, dans la confrontation aux autres droits et libertés des contribuables, tel le respect de la vie privée et la liberté de religion (Section 2).

Section 1. En dehors de l'égalité, structuration résiduelle par les droits et libertés fondamentaux

323. Problématique. Le droit constitutionnel français disposant de nombres spécifiques à la fiscalité[2] et le droit de l'Union européenne étant orienté vers le marché unique, la confrontation des normes d'imposition aux droits et libertés des contribuables en dehors du contrôle des égalités relève davantage, mais non exclusivement, de la Convention européenne des droits de l'Homme, laquelle induit une structuration axiologique faible de la norme d'imposition eu égard aux marges de manœuvres relativement larges reconnues aux États dans la définition de leur politique économique et fiscale.

324. Plan. Si un contrôle de proportionnalité est perceptible dans la caractérisation d'une intrusion fiscale suffisante par la norme d'imposition dans les droits et libertés des contribuables, particulièrement devant le Conseil constitutionnel[3], la structuration par la rationalité des atteintes aux libertés

---

[1] Ainsi, selon P. PHILIP, « les principes d'égalité et de proportionnalité, qui garantissent une certaine sécurité juridique, couvrent quasiment l'intégralité des droits dont les contribuables sont susceptibles de se prévaloir » (*in* « Principes d'égalité et de proportionnalité : vers des solutions plus harmonieuses » : *LPA* 3 juin 2008, n°111, p. 4 et s.). Toutefois, loin de s'opposer, les principes d'égalité et de proportionnalité se confondent, en ce que le second constitue la matrice du premier, ce dernier donnant une axiologie générale, orientant le contrôle de proportionnalité.

[2] Cf. *supra* : Introduction générale.

[3] Concentrant alors le contrôle de proportionnalité dans l'affirmation de l'absence d'une intrusion fiscale suffisante, non dénuée parfois de considérations éthiques et d'équité : le « seuil de perception » de l'atteinte serait émoussé par l'existence d'une pratique, « source d'évasion fiscale », ou de revenus ou chiffres d'affaires substantiels. nécessairement, « au cas présent, une atteinte au droit de propriété qui serait Ainsi, l'existence d'une pratique permettant aux personnes physiques d'éluder l'impôt sur la plus-values justifie la suppression d'une exonération fiscale, « qui est apparue comme une source d'évasion fiscale » et cette suppression « **ne saurait être** regardée comme portant atteinte à la liberté d'entreprendre des établissements financiers », ni d'ailleurs, en raison la majoration d'imposition qu'elle entraîne contraire à la Constitution » (Cons. const. 29 déc. 1989, déc. n°89-268 DC, *Loi de finances pour 1990*, cons. 40 et 41, nous soulignons). De même, le législateur peut ajouter une troisième tranche d'imposition à la contribution prévue par les articles L 138-1 et suivants du Code de la sécurité sociale, dans le cadre d'un barème progressif et appliquée qu'à certains produits : sans tenir compte des potentiels effets sur la concurrence, argument des sénateurs, le Conseil écarte l'existence d'« aucune atteinte » à la liberté d'entreprendre par le seul objectif de proportionnalisation de la contribution, à partir des facultés contributives des entreprises concernées ; l'intensité de la charge fiscale n'est, *in abstracto*, pas telle qu'elle générerait une atteinte à la liberté d'entreprendre (Cons. const., 19 déc. 2013, déc. n°2013-682 DC, *Loi de financement de la sécurité*

d'entreprendre ou contractuelle[1], au respect de la vie privée ou de ses biens, ou encore à la liberté de religion, est faible, le législateur n'étant pas contraint pas des objectifs restrictifs d'intérêt général ou bénéficiant d'une légitimité *a priori* par la nature même du prélèvement fiscal[2](I).

325. Toutefois, l'exigence d'une précision normative suffisante, condition de l'accessibilité ou de la prévisibilité juridique tout autant que de l'exercice du recours juridictionnel, contribue, dès la création de la norme à sa structuration, par

---

sociale pour 2014, cons. 25). V. également, Cons. const., 30 déc. 1996, déc. n°96-385 DC, *Loi de finances pour 1997*, cons. 18 ; et en dehors du droit fiscal : Cons. const., 18 oct. 2010, déc. n°2010-55 QPC relative à la prohibition des machines à sous ; Cons. const., 3 déc. 2010, déc. n°2010-73 QPC, sur les paris hippiques ; Cons. const. 22 juin 2012, déc. n°2012-258 QPC sur le monopole d'importation des viandes. *Comp.* la jurisprudence européenne, dont la formulation est parfois ambivalente : ainsi, dans l'affaire *Wasmuth contre Allemagne* en 2011, « même à admettre que la seule contribution du requérant au système du prélèvement cultuel [par la mention de son appartenance religieuse sur sa carte d'imposition] constitue une ingérence dans le droit (...) de ne pas manifester sa religion, cette ingérence n'est pas disproportionnée » (CEDH, 5e sect., 17 fév. 2011, n°12884/03, *Wasmuth c/ Allemagne*, §63. – V. également, CEDH, 1ère sect., 28 août 2001, n°36846/97, *Lundberg c/ Suède*, p. 7-8). A l'inverse, l'absence de toute intrusion fiscale est parfois manifeste de la position de retrait du juge : par ex. la preuve de secours et soins ininterrompus pendant une certaine durée, reçus par l'adopté de l'adoptant, en application de l'article 786 du CGI n'a certes pas d'«incidence sur les règles relatives à l'établissement de la filiation adoptive » et ne fait pas « obstacle aux relations entre l'enfant et l'adoptant en la forme simple », mais, comprise comme « une protection contre les intrusions publiques ou privées au sein de la sphère d'intimité de chacun » (Commentaire officiel de la décision du 16 mai 2012, n°2012-248 QPC, *M. Mathieu E.*), la garantie du droit au respect de sa vie privée aurait pu permettre un contrôle de proportionnalité de l'intrusion réalisée, par l'objet et l'étendue de la preuve, aux fins d'établir l'imposition ou l'exonération, et éventuellement d'en préciser les garanties procédurales. Toutefois, le Conseil préféra éluder la question en opérant un contrôle au regard de l'article 16 (Cons. const., 28 janv. 2014, déc. n°2013-361 QPC, *Cts P de B.*, cons. 14 à 16. *Comp. ibid.* 22 mats 2012, déc. n° 2012-652 DC, *Loi relative à la protection de l'identité*, cons. 2 à 11).

[1] Liberté d'entreprendre et liberté contractuelle font partie de libertés d'ordre économique, à l'instar de la liberté de commerce et d'industrie. La liberté d'entreprendre peut se subdiviser en deux : le libre établissement et le libre exercice d'une activité professionnelle (par ex., Cons. const., 30 nov. 2012, déc. n° 2012-285 QPC, *M. Christian S.*, cons. 7).

[2] La remise en cause, par la liberté d'entreprendre, le droit de propriété ou le respect de la vie privée, de l'opportunité de telle ou telle imposition, tel ou tel dispositif d'incitation, est également exclue, ces droits fondamentaux ne devant pas servir, être instrumentalisés, dans un but politique ou particulier : l'instauration ou la suppression de l'incitation à recourir aux heures supplémentaires et complémentaires de travail n'apporte pas d'atteinte à la liberté d'entreprendre (Cons. const. 9 août 2012, déc. n°2012-654 DC, *Loi de finances rectificative pour 2012 (II)*, cons. 21. V. pour l'octroi d'un avantage fiscal : Cons. const., 17 déc. 2015, déc. n°2015-723 DC, *Loi de financement de la sécurité sociale pour 2016*, cons. 15), ni le droit pour chacun d'obtenir un emploi (Cons. const., 9 août 2012, déc. n°2012-654 DC, *Loi de finances rectificative pour 2012 (II),* cons. 21 ; Cons. const., 16 août 2007, déc. n°2007-555 DC, *Loi TEPA,* cons. 7 et 8), ne porte pas plus atteinte à la liberté d'entreprendre l'adaptation des conditions de détermination de l'assiette d'imposition sur le revenu d'un complément de prix par le cédant des titres d'une société (Cons. const., 14 janv. 2016, déc. n°2015-515 QPC, *M. Marc François-Xavier M.-M.* – V. également, Cons. const., 17 juil. 2015, déc. n°2015-475 QPC, *Sté Crédit Agricole SA* ; Cons. const., 28 janv. 2014, déc. n°2013-361 QPC, *Cts P de B.*, cons. 14 à 16) ou encore l'instauration d'un barème progressif d'une redevance dès lors que l'existence même d'une activité économique n'est pas remise en cause (Cons. const., 29 mars 2019, n°2019-771 QPC, *Sté Vermillion REP).*

l'encadrement normatif et juridictionnel de son application, permettant par ailleurs un renforcement de la rationalité instrumentale(II).

I. L'intrusion fiscale par l'impôt dans les droits et libertés des contribuables, une légitimité « (quasi)-présumée »

326. Plan. Si, eu égard à la liberté du législateur, la structuration axiologique est faible (A), une remise en cause discrète, par l'inadaptation de l'imposition, n'est pas exclue (B).

A. La finalité justificatrice : une nécessité axiologique aux propriétés structurantes faibles

327. Problématique. Si la Convention européenne ou le Conseil constitutionnel limitent le champ des possibles intérêts généraux justifiant une intrusion fiscale par une norme d'imposition dans les droits et libertés des contribuables, la structuration axiologique qui en résulte est faible, sans qu'une structuration instrumentale ne la renforce autrement que par la précision normative.

328. Faibles contraintes constitutionnelles. Le Conseil constitutionnel subordonne la légitimité d'une telle limitation à la poursuite de certaines finalités, définies largement comme **« liées à des exigences constitutionnelles ou justifiées par l'intérêt général** (…)»[1], ce dernier n'étant pas déterminé *a priori*. Toutefois, s'il présente, potentiellement, un caractère opératoire supérieur aux exigences constitutionnelles[2], l'objectif législatif d'intérêt général est appréhendé avec une certaine compréhension par le Conseil constitutionnel, ce dernier adoptant un contrôle formel de l'existence du lien logique à partir de cette justification, susceptible à elle

---

[1] Nous soulignons. Par ex., pour la liberté d'entreprendre : Cons. const. 9 août 2012, déc. n°2012-654 DC, *Loi de finances rectificative pour 2012 (II)*, cons. 18 ; Cons. const., 21 déc. 2017, déc. n°2017-756 DC, *Loi de financement de la sécurité sociale pour 2018*, cons. 48 ; pour le droit au respect de la vie privée : Cons. const., 29 déc. 2016, déc. n°2016-744 DC, *Loi de finances pour 2017*, cons. 61. En dehors du droit fiscal : Cons. const., 16 janv. 2001, déc. n°2000-439 DC, *Loi relative à l'archéologie préventive*, cons. 14 ; Cons. const., 27 nov. 2001, déc. n°2001-451 DC, *Loi portant amélioration de la couverture des non salariés agricoles pour les accidents du travail et les maladies professionnelles*, cons. 18 à 21 ; Cons. Const., 12 mai 2010, déc. n°2010-605 DC, *Loi relative à l'ouverture à la concurrence et à la régulation du secteur des jeux d'argent et de hasard en ligne*, cons. 24. L'évolution dans l'énoncé des considérants de principe relatifs à la liberté d'entreprendre met en exergue la fonction fondamentale du principe de proportionnalité, dans la préservation de l'existence et la substance des droits et libertés : d'une exigence négative tenant à ce que les limitations légales ne soient ni restrictives ou arbitraires (Cons. const., 16 janv. 1982, n°81-132 DC, *Loi de nationalisation*, cons. 16) ou « n'aient pas pour conséquence d'en dénaturer la portée » (Cons. const., 10 juin 1998, déc. n°98-401 DC, *Loi d'orientation et d'incitation relative à la réduction du temps de travail*, cons. 26 ; Cons. const., 27 juil. 2000, déc. n°2000-433 DC, *Loi modifiant la loi n °86-1067 du 30 septembre 1986 relative à la liberté de communication*, cons. 36 à 44), le Conseil constitutionnel a, par la suite, posé deux exigences positives, les limitations devant d'une part être liées à des exigences constitutionnelles ou justifiées par l'intérêt général, et d'autre part, ne pas porter « d'atteintes disproportionnées au regard de l'objectif poursuivi ».

[2] V. par ex., Cons. const., 16 août 2007, déc. n°2007-555 DC, *Loi TEPA*, cons. 7-8.

seule, d'inclure l'adaptation d'une contribution fiscale à l'objectif poursuivi[1]. La seule finalité peut aussi suffire à assurer la proportionnalisation d'une atteinte à une liberté constitutionnellement garantie, ou du moins à ne pas y porter « une atteinte contraire à la Constitution », le lien logique suffisant alors[2]. Le juge constitutionnel se prononce donc sur l'adaptation modératrice de la norme d'imposition par rapport à l'exercice d'un droit ou d'une liberté, mais n'imprime pas un effet structurant sur le contenu normatif par l'objectif d'intérêt général ou par les exigences constitutionnelles.

329. Faibles contraintes conventionnelles : l'article 1er du Premier protocole, une légitimité présumée de l'impôt[3]. Dès lors l'alinéa 2 de cet article réserve le droit des États parties « de mettre en vigueur les lois **qu'ils** jugent **nécessaires** (...) pour assurer le **paiement des impôts ou d'autres contributions ou des amendes** », la Cour, sans toutefois abandonner tout idée de contrôle, reconnaît aux États une « large marge d'appréciation »[4], « **spécialement** quand il[s] élabore[nt] et met[tent] en œuvre **une politique en matière fiscale** » : il appartient aux autorités nationales de décider de l'opportunité de lever l'impôt, sous quelles formes ou modalités, et de leur utilisation car elles « sont manifestement mieux placées que la Cour pour apprécier ces problèmes »[5] et la Cour « respecte l'appréciation portée par législateur en pareilles

---

[1] Cons. const., 19 déc. 2000, déc. n°2000-437 DC, *Loi de financement de la sécurité sociale pour 2001*, cons. 37.

[2] *Ibid.* En l'occurrence, il s'agissait de l'instauration d'une contribution sur la progression du chiffre d'affaires des entreprises pharmaceutiques ayant pour finalité « d'inciter les entreprises pharmaceutiques à conclure avec le comité économique des produits de santé, (...), des conventions relatives à un ou plusieurs médicaments, visant à la modération de l'évolution du prix de ces médicaments et à la maîtrise du coût de leur promotion ». – V. également, Cons. const., 29 déc. 2013, déc. n°2013-684 DC, *Loi de finances rectificative pour 2013*, cons. 2 à 14).

[3] La Cour le rappelle systématiquement : l'imposition fiscale constitue « en principe » une ingérence dans le droit garanti par l'article 1er du Protocole n°1, précisant parfois qu'il en est ainsi en ce que l'imposition « prive la personne concernée d'un élément de propriété, à savoir de la somme qu'elle doit payer » (par ex., CEDH, 3e sect., 4 janv. 2008, n°25834/05 et 27815/05, *Imbert de Trémiolles*. Déjà anté. : Comm. EDH, 14 déc. 1988, n°13013/87, *Wasa Liv Ömsesidigt, Försäkringsbolaget Valands Pensionsstiftelse and other*, ci-après *Wasa Liv Ömsesidigt*) mais cette ingérence est justifiée expressément par les dispositions du deuxième alinéa de cet article (par ex., CEDH, 5e sect., 15 janv. 2015, n°36918/11, n°36963/11, n°36967/11, n°36969/11, n°36970/11 et n°36971/11, *Arnaud et autres c/ France*, §23 ; CEDH, 3e sect., 4 janv. 2008, n°25834/05 et 27815/05, *Imbert de Trémiolles* ; CEDH, 1ère sect., 3 juil. 2003, n°38746/97, *Buffalo Srl c/ Italie*, §32 ; Comm. EDH, 14 déc. 1988, n°13013/87, *Wasa Liv Ömsesidigt*). Il en est de même des amendes, dont le contrôle sur le fondement de l'article 1er du Protocole n°1 prolonge celui opéré à partir de l'article 6 de la Convention EDH (CEDH, 2e sect., 4 mars 2014, n°18640/10, n°18647/10, n°18668/10 et n°18698/10, *Stevens et a. c/ Italie*, §185 ; CEDH, 1ère sect., 11 janv. 2007, n°35533/04, *Mamidakis c/Grèce*, §44).

[4] Nous soulignons. En soi, un « concept modérateur » de l'activisme du juge européen, apportant une « nécessaire souplesse dans la mise en œuvre de la Convention EDH en favorisant son adaptation aux réalités culturelles, économiques, juridiques et sociales souvent fort différentes d'un pays à un autre » (J.-P. MARGUENAUD, *La Cour européenne des droits de l'homme*, éd. Dalloz, Coll. « Connaissance du droit », 6e éd., 2012, p. 65), éloignant les crispations politiques des États, du moins jusqu'à un certain point comme en démontrent les derniers protocoles n°15 et 16.

[5] Nous soulignons. La Commission relevait déjà que « les attitudes quant aux objectifs sociaux et économiques (...) par [la] politique fiscale [d'un Etat] peuvent (...) varier considérablement selon les lieux et les époques » et l'État doit pouvoir « maintenir un équilibre entre la nécessité de percevoir des recettes et les autres objectifs des mesures fiscales adoptées » (Comm. EDH, 14 déc. 1988, n°13013/87, *Wasa Liv Ömsesidigt*).

matières, sauf si elle est dépourvue de (toute)[1] base raisonnable[2] ». Plus encore, la légitimité de cette ingérence semble acquise dès lors que cette ingérence « s'inscrit dans cette marge d'appréciation de l'État »[3], c'est-à-dire dans un financement de la collectivité, orientée ou pas selon des intérêts généraux propres à chaque État[4], le juge européen marquant parfois son assentiment[5].

330. Ainsi, même si la Cour lit l'alinéa second « à la lumière » du premier et exige, en conséquence, un « **juste équilibre** entre les exigences de l'intérêt général et les impératifs de la sauvegarde des droits fondamentaux de l'individu [6]», sa prudence retire à la rationalité axiologique sa propriété structurante des lois d'imposition

---

[1] CEDH, 2e sect., 14 mai 2013, n°66529/11, *N.K.M. c/ Hongrie*, §59, nous soulignons.

[2] CEDH, 5e sect., 15 janv. 2015, n°36918/11, n°36963/11, n°36967/11, n°36969/11, n°36970/11 et n°36971/11, *Arnaud et autres c/ France*, §25 ; CEDH, 3e sect., 4 janv. 2008, n°25834/05 et 27815/05, *Imbert de Trémiolle* ; CEDH, 3e sect., 14 nov. 2017, n°46184/16, *P. Plaisier B.V et a. c/ Pays-Bas*, §67 ; CEDH, 23 oct. 1997, n°117/1996/736/933 à 935, *National & Provincial Building Society e. a. c/ Royaume-Uni*, §80 -82 ; CEDH, 3e sect., 29 mars 2007, n°23123/04, *Carlo Spampinato c/ Italie*; CEDH, 23 fév. 1995, n°15375/89, *Gasus Dosier- und Fördertechnik GmBH c/ Pays-Bas*, §60.

[3] « **par conséquent**, elle ne saurait être considérée comme arbitraire » : CEDH, 2e sect., 16 mars 2010, n°72638/01, *Di Belmonte c/ Italie*, §42, ajoutant en l'espèce que la rétroactivité de la loi créant un impôt sur les indemnités d'expropriation ne change pas cette conclusion (nous soulignons).

[4] Ainsi, si la Cour écarte, comme non pertinent en l'espèce, l'argument fondé sur la recommandation 2009/384/CE de la Commission européenne, elle admet qu'une loi d'imposition puisse instaurer une imposition dans le but de maintenir « le sens de la justice sociale de la population », mais également de protéger les fonds publics et de répartir le fardeau public, deux rationalités axiologiques fondées sur l'équité et l'éthique : CEDH, 2e sect., 14 mai 2013, n°66529/11, *N.K.M. c/ Hongrie*, §58-59, not. §59. – V. également, CEDH, 2e sect., 25 juin 2013, n°49570/11, *Gall c/ Hongrie*, §58 ; CEDH, 2e sect., 2 juil. 2013, n°41838/11, *R.Sz c/ Hongrie*, §48 ; CEDH, 4e sect., 28 nov. 2017, n°36642/14, *MA c/ Hongrie*, §25.

[5] Par ex., pour la Commission EDH, l'instauration d'un impôt exceptionnel « dans le souci de maintenir un faible taux d'inflation, **essentiel** (…) à tout développement économique **satisfaisant**, tout en devant limiter davantage encore le déficit du budget national (…) constitue **sans aucun doute** une mesure adoptée dans un but d'utilité publique et jugée d'intérêt général par l'État » (Comm. EDH, 14 déc. 1988, n°13013/87, *Wasa Liv Ömsesidigt*). – V. également, l'assouplissement de l'appréciation de la Cour suite à la crise économique née des *subprimes* : CEDH, 3e sect., 14 nov. 2017, n°46184/16, *P. Plaisier B.V et a. c/ Pays-Bas*, spé. §82-88 et §92-93. Ainsi, l'instauration de l'impôt de solidarité sur la fortune français en ce qu'il doit permettre de financer un partie du revenu minimum d'insertion, « **incontestablement**, (…) **était** conçu pour répondre à un intérêt général », peu importe que cette affectation des recettes ait évolué dans le temps (CEDH, 3e sect., 4 janv. 2008, n°25834/05 et 27815/05, *Imbert de Trémiolles*).

[6] CEDH, 5e sect., 15 janv. 2015, n°36918/11, n°36963/11, n°36967/11, n°36969/11, n°36970/11 et n°36971/11, *Arnaud et autres c/ France*, §24 ; CEDH, 3e sect., 4 janv. 2008, n°25834/05 et 27815/05, *Imbert de Trémiolles* ; CEDH, 1ère sect., 3 juil. 2003, n°38746/97, *Buffalo Srl c/ Italie*, §32. Ou dans une autre formulation « un **rapport de proportionnalité raisonnable** entre les moyens employés et le but recherché » (par exemple, CEDH, 1ère sect., 11 janv. 2007, n°35533/04, *Mamidakis c/Grèce*, §44). Car « [i]nhérent à l'ensemble de la Convention, le souci d'assurer un tel équilibre se reflète aussi dans la structure de l'article 1 (P1-1) » (CEDH, Plén., 23 sept. 1982, n°7151/75 et n°7152/75, *Sporrong et Lönnroth c/ Suède*, §69). Ces deux expressions ont un sens similaire : une unité du contrôle de proportionnalité des ingérences dans le droit au respect de ses biens se retrouve, comme l'annonçait déjà la décision précitée du 23 sept. 1982 dans l'affaire *Sporrong et Lönnroth c/ Suède*, citant *mutatis mutandis* la décision du 23 juil. 1968, n°1474/62 et a., *Affaire « relative à certains aspects du régime linguistique de l'enseignement en Belgique » c/ Belgique*, série A n°6, p. 32, §5).

matérielles selon un intérêt général[1], distinct de la seule optique budgétaire[2] : elle reporte alors son attention sur l'adaptation[3], l'ingérence devenant disproportionnée « si elle impose à la personne ou l'entité en cause une charge excessive ou porte fondamentalement atteinte à leur situation financière[4] », en somme si elle prend un caractère confiscatoire, telle une expropriation déguisée[5].

[1] En ce sens, C. BLANC-FILY, *Valeurs dans la jurisprudence de la Cour européenne des droits de l'Homme. Essai critique sur l'interprétation axiologique du juge européen*, éd. Bruylant, 2016, 756 p., spé. p. 521 et s.

[2] La marge d'appréciation sera encore plus large lorsqu'entre en ligne de compte des domaines qui ne font pas consensus tels que « l'établissement des délicats rapports entre les Églises et l'État », domaine sur lequel « il n'existe pas au niveau européen un standard commun en matière de financement des Églises ou des cultes et que ces questions sont étroitement liées à l'histoire et aux traditions de chaque pays » (CEDH, 3e sect., 29 mars 2007, n°23123/04, *Carlo Spampinato c/ Italie*) : la loi prévoyant ce prélèvement ou cette affection relève de « la marge d'appréciation de l'État et ne saurait être considérée en tant que telle comme arbitraire » au regard de l'article 1er du Protocole n°1, ni nécessairement au regard de l'article 9.

[3] Ainsi, dans l'affaire *N.K.M contre Hongrie*, sans remettre en cause l'opportunité d'une imposition pour réaliser un but social, bien qu'elle exprime quelques doutes, la Cour considère comme inutile de se prononcer, à ce stade de son examen sur « l'adéquation d'une mesure qui vise **officiellement** un objectif social, **cette mesure devant en tout état de cause faire l'objet du test de proportionnalité** ». – V. également en ce sens, L. AYRAULT, « Droit fiscal européen des droits de l'homme : chronique de l'année 2013 » : *DF* 2014, n°10, chron. 201, n°53 et n°60.

[4] CEDH, 15 janv. 2015, *Arnaud et autres c/ France*, §24 ; CEDH, 3e sect., 4 janv. 2008, n°25834/05 et 27815/05, *Imbert de Trémiolles* ; CEDH, 3e sect., 29 mars 2007, n°23123/04, *Carlo Spampinato c/ Italie*; CEDH, 1ère sect., 3 juil. 2003, n°38746/97, *Buffalo Srl c/ Italie*, §32 ; Comm. EDH, 14 déc. 1988, n°13013/87, *Wasa Liv Ömsesidigt*. V. également, en matière de pénalités : CEDH, 1ère sect., 11 janv. 2007, n°35533/04, *Mamidakis c/Grèce*, §44.

[5] Ou une imposition ciblée : CEDH, 2e sect., 14 mai 2013, n°66529/11, *N.K.M. c/ Hongrie*, §59.

331. Faible contrainte conventionnelle des buts légitimes à une ingérence fiscale dans la liberté de religion (article 9)[1][2]. Bien que « la liberté de pensée, de conscience et de religion représente l'une des assises d'une "société démocratique" » et qu'elle participe au « pluralisme -chèrement conquis au cours des siècles (...) qui ne saurait être dissocié de pareille société », la Cour concède aux États une large marge d'appréciation[3], réduisant d'autant son contrôle de la rationalité des lois d'imposition, et cela, eu égard à l'établissement délicat des relations entre les États et les religions, l'absence de standard commun concernant le financement religieux, mais aussi l'influence de l'histoire et des traditions[4]. La prudence s'impose donc[5].

Ainsi, si la Cour énonce que l'ingérence sera nécessaire, pour un but légitime donné, si elle répond à un « besoin social pressant » et, en premier lieu, si les raisons avancées

---

[1]L'article 9 de la Convention induit l'obligation pour l'État de ne pas forcer leurs contribuables à participer à des activités religieuses, ni à les obliger à agir de telle sorte que l'on puisse en déduire qu'ils ont ou n'ont pas de convictions religieuses. Certains États ayant instauré des prélèvements fiscaux à destination des institutions religieuses, de telles impositions, en ce qu'elles peuvent faire participer, de gré ou de force, les contribuables à des activités religieuses pour lesquelles ils n'ont ou ne veulent avoir aucune accointance, ou à des activités « non-religieuses », mais réalisées par une organisation religieuse, constituent ainsi une ingérence (CEDH, 5e sect., 17 fév. 2011, n°12884/03, *Wasmuth c/ Allemagne*, §51 ; CEDH, 5e sect., 6 avr. 2017, n°10138/11, 16687/11, 25359/11 et 28919/11, *Klein et a. c/ Allemagne*, §82-81). En revanche, le paiement d'un impôt spécial à une institution religieuse, telle l'Église, directement ou via l'État, n'est pas nécessairement constitutive d'une ingérence dans l'exercice de cette liberté, dès lors que l'impôt n'oblige pas le contribuable à manifester ses convictions religieuses (par exemple, si le contribuable disposait d'un choix entre destiner une partie de son impôt à l'État, à l'Église catholique ou à l'une des institutions représentatives des cinq autres religions, ou se dispenser d'un tel choix : :CEDH, 5e sect., 17 fév. 2011, n°12884/03, *Wasmuth c/ Allemagne*, §51 ; CEDH, 3e sect., 29 mars 2007, n°23123/04, *Carlo Spampinato c/ Italie*, lecture *a contrario*). La liberté de religion du contribuable est encore préservée lorsque l'impôt ecclésial appliqué à tous les contribuables, même non membres de l'Église, a pour but de financer les activités « de nature non religieuse[s] » assurées par la communauté religieuse comme « l'administration des enterrements, le soin et l'entretien de la propriété de l'église et des bâtiments de valeur historique et la prise en charge des anciens enregistrements de population » (CEDH, 1ère sect., 28 août 2001, n°36846/97, *Lundberg c/ Suède*, p. 7. – V. également Cour EDH, 23 oct. 1990, n°11581/85, *Darby c/ Suède, contra* Commission EDH, 11 avr. 1988, *Darby c/ Suède*.

[2] En revanche, la liberté d'expression n'est pas directement touchée par la fiscalité (bien qu'on ne puisse exclure la mise en péril de la liberté d'expression par une imposition ciblée, traduisant un objectif étranger à l'idée de financement de la collectivité) : la diffusion d'articles concernant l'impôt payé par les plus importants patrimoines, les techniques d'évasion ou de fraude fiscales mises en place par les entreprises ont pour sujet la fiscalité mais leur éventuelle censure touche les libertés publiques, non le droit fiscal (V. par ex., CEDH 21 janv. 1999, n°29183/95, *Fressoz et Roire c/ France* ; CEDH, 27 juil. 2015, n°913/13, *Satakunnan Markkinapörssi Oy et Satamedia Oy c/ Finlande*). C'est pourquoi nous ne traiterons pas de ce sujet dans le cadre de cette étude.

[3] CEDH, 5e sect., 6 avr. 2017, n°10138/11, 16687/11, 25359/11 et 28919/11, *Klein et a. c/ Allemagne*, § 77 ; CEDH, 3e sect., 29 mars 2007, n°23123/04, *Carlo Spampinato c/ Italie* ; CEDH, 1ère sect., 28 août 2001, n°36846/97, *Lundberg c/ Suède*, p. 7 ; CEDH, 25 mai 1993, *Kokkinakis c/ Grèce*, §31.

[4] CEDH, 5e sect., 6 avr. 2017, n°10138/11, 16687/11, 25359/11 et 28919/11, *Klein et a. c/ Allemagne*, §87 ; CEDH, 3e sect., 29 mars 2007, n°23123/04, *Carlo Spampinato c/ Italie*.

[5] Concernant la lutte contre les sectes et la loi française du 13 juin 2001, la Cour EDH a affirmé qu'elle « n'a pas pour tâche de se prononcer in abstracto sur une législation (...). Un procès d'intention fait au législateur, soucieux de régler un problème brûlant de société, n'est pas la démonstration de probabilité d'un risque encouru par [l'association cultuelle] ». (CEDH, 2e sect, 6 nov. 2011, n°53430/99, *Fédération chrétienne des Témoins de Jéhovah de France*).

par les autorités nationales pour le justifier sont « pertinentes et suffisantes »[1], expression matérialisant un contrôle de proportionnalité sur le principe même de l'intérêt général, elle se contente bien souvent, eu égard à la marge d'appréciation des États, de reprendre le but énoncé par l'État défendeur, sans chercher à l'intégrer nécessairement dans l'un des buts énumérés par l'article 9§2[2], ni à vérifier l'existence, la réalité effective de l'intérêt général[3].

332. Transition. La structuration axiologique est particulièrement faible au regard des libertés constitutionnelles ou conventionnelles européennes, et la structuration par la rationalité instrumentale n'est pas aisée : en dehors du contrôle des égalités, il est difficile en effet d'établir une explication logique structurante quant au choix d'un impôt ou d'un taux ou d'un champ d'application, sans remettre en cause un choix politique. En revanche, la disproportionnalité d'une intrusion fiscale, en ce qu'elle tend à annihiler le droit ou la liberté du contribuable, à l'atteindre dans sa substance même, peut aboutir à une remise en cause discrète, tant en raison de la multiplicité des critères que par le stade du contrôle, à savoir l'inadaptation, soit uniquement cette dernière, soit plus encore la légitimité de l'intérêt général, et partant la rationalité de la norme d'imposition.

B. La discrète remise en cause de la légitimité de l'intrusion fiscale ?

333. Problématique. Conseil constitutionnel et Cour européenne des droits de l'homme s'opposent en ce que le premier sanctionne une disproportionnalité, sans remettre en cause l'intérêt général poursuivi, tandis que la Cour EDH use du contrôle d'adaptation pour, lorsqu'elle éprouve des doutes quant à la légitimité ou la sincérité du ou des intérêts généraux avancés par le gouvernement, mettre en évidence un but « inavoué », en particulier au regard de l'article 1er du Premier protocole additionnel, éloigné du seul financement direct ou indirect de la collectivité d'un État.

334. Annihilation du droit ou liberté garantis par la Constitution : une disproportionnalité préservant la légitimité de l'intrusion fiscale. Si le Conseil constitutionnel impose un champ d'application limité pour les lois fiscales de procédures, c'est dans la portée, les effets, éléments externes à la norme législative, qu'il porte son regard, veillant à ce que la loi limite dans une certaine mesure, jugée acceptable, le droit ou la liberté en question, sans donc remettre en cause la rationalité

---

[1] Et si, d'autre part, elle est proportionnée au but légitime poursuivi : CEDH, 5e sect., 6 avr. 2017, n°10138/11, 16687/11, 25359/11 et 28919/11, *Klein et a. c/ Allemagne*, §85.

[2] Alors que ces buts légitimes, à savoir la sécurité publique, la protection de l'ordre, de la santé ou de la morale publiques, et la protection des droits et libertés d'autrui, auraient pu conduire à une appréciation plus restrictive de la Cour.

[3] Encore faudrait-il qu'elle en ait les moyens (*comp.* C.-A. MORAND, « Les exigences de la méthode législative et du droit constitutionnel portant sur la formation de la législation », *in Droit et société*, n°10, 1988, pp. 391-407). Ainsi, constitue un but légitime la garantie apportée aux droits des Églises et sociétés religieuses détentrices du droit de lever l'impôt cultuel consacré par le droit constitutionnel allemand (CEDH, 5e sect., 17 fév. 2011, n°12884/03, *Wasmuth c/ Allemagne*, §55). – V. également, CEDH, 3e sect., 29 mars 2007, n°23123/04, *Carlo Spampinato c/ Italie* ; CEDH, 5e sect., 6 avr. 2017, n°10138/11, 16687/11, 25359/11 et 28919/11, *Klein et a. c/ Allemagne*, §89).

de la norme[1], sans se prononcer par ailleurs sur le choix d'une rationalité instrumentale plutôt qu'une autre[2] (ce qui n'évacue pas la problématique de la structuration par cette dernière).

335. Annihilation du droit au respect de ses biens garanti par l'article 1er du Premier protocole additionnel : une disproportionnalité remettant en cause la rationalité légitime du prélèvement fiscal. À partir d'un contrôle *in concreto* du « juste équilibre », prenant le contexte du système fiscal national, envisagé à la fois dans sa globalité et dans la particularité factuelle, la Cour cherchera à établir le lien logique concret, traduction du lien logique abstrait de la norme d'imposition[3] : prenant appui sur les faits, la Cour prend acte d'une rationalité existante, mais ne lui confère pas, en raison de la dynamique inversée de son contrôle de proportionnalité, un effet structurant *ab initio*. Cette approche respecte la souveraineté des États, en focalisant le contrôle de la Cour sur l'application de la norme dans un cas particulier, et non sur la norme elle-même.

L'affaire *N.KM. contre Hongrie* en constitue un exemple topique[4] : si la Cour écarte l'hypothèse d'un abus législatif, n'ayant rien dans le dossier pour la corroborer[5], elle parvient, après avoir pointé chaque inadaptation de l'imposition, à la conclusion que

---

[1] Par ex., lorsque le législateur a entendu, dans un but d'intérêt général, limiter le droit pour les redevables de répercuter le coût d'une cotisation sociale sur les producteurs, telle la cotisation sociale à la charge des fournisseurs agréés de produits du tabac, le lien logique est aisément établi, et même présumé, à partir de l'objectif d'intérêt général, à savoir « garantir une répercussion homogène de la contribution et éviter des distorsions de compétitivité entre ces producteurs [de tabac] ». La pertinence du mécanisme mis en œuvre n'est pas éprouvée. En revanche, le Conseil censure, sur l'adaptation, les dispositions en ce qu'elles « limitent la capacité des fournisseurs de produits du tabac à négocier librement leurs prix avec chacun des producteurs avec lesquels ils sont en relation contractuelle ». Or, le législateur n'avait pas interdit toute répercussion mais limitée à un certain pourcentage les possibilités de répercussion, afin précisément d'enserrer cette dernière et d'éviter des distorsions de compétitivité. L'ampleur de cet encadrement est donc jugée inadaptée, disproportionnée mais non l'intérêt général poursuivi (Cons. const., 22 déc. 2016, déc. n°2016-742 DC, *Loi de financement de la sécurité sociale pour 2017*, cons. 29. *Comp.* les décisions relatives au forfait social lorsque la désignation d'un organisme est imposée ou ouverte, l'atteinte à la liberté d'entreprendre étant écartée dans le second cas : Cons. const, 13 juin 2013, déc. n°2013-672 DC, *Loi relative à la sécurisation de l'emploi* ; Cons. const., 19 déc. 2013, déc. n°2013-682 DC, *Loi de financement de la sécurité sociale pour 2014*, cons. 43-44).

[2] Ainsi, s'il « incombe au législateur de poser des règles propres à assurer le droit pour chacun d'obtenir un emploi tout en permettant l'exercice de ce droit par le plus grand nombre », ce à quoi tend l'exonération du nombre d'heures travaillées afin de stimuler la croissance et l'emploi, finalité de l'article 1er de la Loi TEPA, le Conseil se refuse à « rechercher si l'objectif que s'est assigné le législateur pouvait être atteint par d'autres voies » et ne vérifie que si « les modalités retenues (…) ne sont pas manifestement inappropriées à la finalité poursuivie ». En l'espèce, le seul fait que « **par sa finalité**, l'article 1er tend[e] à mettre en œuvre l'exigence résultant du cinquième aliéna du Préambule de 1946 » suffit à assurer à la fois la rationalité par le lien logique et l'adaptation de cette exonération par rapport à l'objectif visé : Cons. const., 16 août 2007, déc. n°2007-555 DC, *Loi TEPA*, cons. 7-8, nous soulignons.

[3] La Cour procède « à un examen global des différents intérêts en cause » et « doit aller sous les apparences et examiner la réalité de la situation en cause, en tenant compte de toutes les circonstances pertinentes, y compris la conduite des parties à la procédure, les moyens employés par l'État et la mise en œuvre de ces moyens » (CEDH, 2e sect., 14 mai 2013, n°66529/11, *N.K.M c/ Hongrie*, §62).

[4] *Comp.* Comm. EDH, 14 déc. 1988, n°13013/87, *Wasa Liv Ömsesidigt.*

[5] CEDH, 2e sect., 14 mai 2013, n°66529/11, *N.K.M. c/ Hongrie*, §69.

la mesure spécifique d'imposition, ayant conduit à une « privation substantielle de revenus dans une période de difficultés personnelles considérables [du requérant], à savoir celle du chômage »[1], visant de surcroît une catégorie particulière de contribuables[2], « ne peut être justifiée par l'intérêt public légitime [d'ordre social et de justice] invoqué par le gouvernement »[3].

336.Annihilation de la liberté de religion protégée par l'article 9 de la Convention EDH. Procédant de manière similaire, la Cour EDH pourrait sanctionner le mésusage de l'impôt, dans l'optique principale non de financer la collectivité, mais de lutter, par exemple, contre les sectes[4]. Le détournement de l'impôt se matérialise alors dans son montant en ce qu'il_menace la survie d'organismes religieux et l'exercice même de la liberté de religion de leurs membres. Il en est ainsi lorsque les dons manuels des contribuables constituent « la source essentielle de financement de l'association »[5]. L'illégitimité ne se situerait pas dans la rationalité axiologique, mais dans l'instrumentalisation de l'impôt, c'est-à-dire dans la transformation de sa

---

[1] CEDH, 2e sect., 14 mai 2013, n°66529/11, N.K.M c/ Hongrie, §70.– V. également, CEDH, 2e sect., 25 juin 2013, n°49570/11, *Gall c/ Hongrie*, §69. Tel n'a pas été le cas dans l'affaire de 2017 : CEDH, 4e sect., 28 nov. 2017, n°36642/14, *M.A. c/ Hongrie*, §33.

[2] En l'occurrence, l'imposition ciblée ne concerne que quelques fonctionnaires, tandis que d'autres « ayant des avantages statutaires et autres comparables n'étaient apparemment pas obligés de contribuer de manière comparable à la charge publique, même s'ils étaient en position de direction qui leur permettaient de définir certains avantages contractuels éventuellement désapprouvés par le public », la Cour ajoutant qu'« [e]n supposant que la mesure contestée a servi l'intérêt du budget de l'État en cas de difficultés économiques, la Cour note que la majorité des citoyens n'était pas obligé de contribuer, dans une mesure comparable, à la charge publique » (CEDH, 2e sect., 14 mai 2013, n°66529/11, N.*K.M c/ Hongrie*, §71 et 72. – V. également, CEDH, 2e sect., 25 juin 2013, n°49570/11, *Gall c/ Hongrie*, §71. Certains commentateurs ont pu, à juste titre, affirmé que le « caractère excessif proche du seuil économique de confiscatoire constitue moins la cause de la reconnaissance de l'incompatibilité que le constat du traitement particulier dont les requérants ont fait l'objet » (L. AYRAULT, « Droit fiscal européen des droits de l'homme : chronique de l'année 2013 » : *DF* 2014, n°10, chron. 201, n°60). La Cour peut également se focaliser uniquement sur la situation du contribuable concerné, relevant seulement l'ampleur de la réduction du revenu annuel par suite de l'application des règles fiscales contestées (CEDH, 4e sect., 28 nov. 2017, n°36642/14, M.*A. c/ Hongrie*, §29) ; mais, dans cette affaire, sur le terrain de l'article 14, combinée à l'article 1er du premier protocole, la Cour a jugé que le requérant n'a pas démontré l'existence d'une discrimination (CEDH, 4e sect., 28 nov. 2017, n°36642/14, *M.A.c/ Hongrie,* §44). *Comp.* CEDH, 3e sect., 14 nov. 2017, n°46184/16, *P. Plaisier B.V et a. c/ Pays-Bas*, §89-93.

[3] *Ibid*., §75. Dans une affaire ultérieure, elle explicita ce doute comme lié à une décision spécifique de la Cour constitutionnelle nationale, contextualisant plus encore sa décision et donc écartant une généralisation inductive : CEDH, 4e sect., 28 nov. 2017, n°36642/14, *MA c/ Hongrie*, §25. Le contrôle de proportionnalité est alors subjectivisé en ce qu'il porte prioritairement sur les incidences propres aux contribuables.

[4] V. not., M.-C. BERGERES, « Quelle arme fiscale contre les sectes ? (A propos du jugement TGI Nanterre, 4 juil. 2000, n°99-14.939, Association "Les Témoins de Jéhova" » : *DF* 2001, n°25, étude 140

[5] La taxation des dons manuels au taux de 60% entre personnes ne présentant aucun lien de filiation peut ainsi « menac[er] la pérennité, sinon entrav[er] sérieusement l'organisation interne, le fonctionnement de l'association et ses activités religieuses, étant observé que les lieux de cultes étaient eux-mêmes visés » : CEDH, 5e sect., 30 juin 2011, n°8916/058, *Assoc. Les Témoins de Jéhovah c/ France*, §53 ; CEDH, 5e sect., 31 janv. 2013, n°50471/07, *Assoc. Cultuelle du Temple Pyramide c/ France*, n°25502/07, §39, *Église évangélique missionnaire et Salaûn c/France*, §28-29, et n°50615/07, *Ass. des chevaliers du Lotus d'or c/ France,* §38.

rationalité instrumentale. La structuration qui en résulte ne viserait donc pas la norme, mais l'action administrative[1].

337. Transition. La structuration par la rationalité instrumentale au regard des droits et libertés des contribuables nécessite donc une précision normative : le caractère appréhendable des éléments constitutif de la norme est la condition de l'effectivité du contrôle juridictionnel autant que de la prévisibilité juridique, opérant la rationalisation modératrice du principe de proportionnalité.

II. La « sécurité juridique », catalyseur d'une structuration par la rationalité instrumentale

338. Plan. Dans son versant matériel, la sécurisation juridique dans l'application de la norme d'imposition impose une précision suffisante de celle-ci, cette précision matérialisant la rationalité structurante[2] et par suite l'adaptation intrinsèque (A). Elle freine à l'inverse une complexification excessive et inutile de la norme, rendant son appréhension et sa compréhension impossible, ou du moins excessivement difficile (B). Ainsi, la « sécurité juridique » contribue dans le premier cas à la structuration de

---

[1] S'agissant du droit français, bien que la disproportionnalité de la taxation ait été évoquée, la Cour EDH a, à chaque fois, estimé que la notion de révélation des dons manuels était trop floue pour pouvoir remplir la condition d'une ingérence « prévue par la loi » : « la notion de révélation telle qu'interprétée en l'espèce a fait dépendre la taxation des dons manuels de la réalisation du contrôle fiscal, ce qui implique nécessairement une part d'aléa et donc une imprévisibilité dans l'application de la loi fiscale » (CEDH, 5e sect., 30 juin 2011, n°8916/058, *Assoc. Les Témoins de Jéhovah c/ France*, §70). *Comp.* les lois fiscales de procédures dans la délimitation du champ d'application et son lien avec l'effectivité du recours juridictionnel). Toutefois, s'il n'a pas semblé opportun à la Cour d'envisager la finalité et la nécessité de l'ingérence, elle prit soin de relever qu'« en l'absence de précision de la loi sur « le donataire », force est de constater que **l'intention initiale du législateur** était d'encadrer les transmissions de patrimoine au sein des familles et donc ne concernait que les personnes physiques » (CEDH, 5e sect., 30 juin 2011, n°8916/058, *Assoc. Les Témoins de Jéhovah c/ France*, §69, nous soulignons). En effet, alors que la révélation d'un don manuel ne constituait pas un fait générateur des droits de mutation à titre gratuit au sens de l'article 757 du CGI, c'est pour lutter contre cette forme d'évasion fiscale qu'un 2e alinéa a été ajouté cet article par la loi de finances pour 1992 (L. n°91-1322, 30 déc. 1991 : *DF* 1991, n°2-3, comm. 46), afin d'obliger le donataire à déclarer ou enregistrer dans ledit don dans le délai d'un mois à compter de leur révélation, plaçant ainsi le donataire devant une alternative entre être imposé au barème progressif de l'impôt sur le revenu ou au barème des droits de mutations à titre gratuit. Ainsi, la proportionnalité exigée dans une précision suffisante de la norme contribue à l'établissement de la rationalité de l'ingérence au cas particulier, tandis que la mention de l'intention initiale tendrait à appuyer l'idée d'un détournement de la législation par l'administration, privant de ce fait l'acte d'imposition de sa légitimité à défaut de pouvoir être matériellement et logiquement relié à l'intention du législateur.

[2] Rationalité et sécurité juridique sont liées, et non sans accointances avec la société capitalistique dont la vitalité économique dépend de la capacité à prendre un risque, calculé en fonction de divers paramètres économiques, industriels et juridiques, ces règles juridiques devant être stables et prévisibles dans leurs effets (par ex., J. TUROT, « Moins de laine ou moins de mouton ? - A propos du colloque tenu au Sénat le 10 nov. 1995 sur « les lois fiscales rétroactives face au principe de sécurité juridique » : *DF* 1996, n°3, 100004, p. 107 et s.

la norme[1], y compris par ailleurs dans le contrôle de l'égalité, tandis que dans le second, elle poursuit sa rationalité propre.

A. La « sécurité juridique » matérielle, catalyseur d'une précision accrue de l'adaptation intrinsèque

339. Sécurité juridique matérielle : une nécessité aux différentes appellations. Qu'il s'agisse du principe de sécurité juridique, ou de son versant subjectif, la confiance légitime[2], ou de l'objectif constitutionnel d'accessibilité et d'intelligibilité de la loi[3], le législateur a l'obligation d'édicter des règles « suffisamment précises et des formules non équivoques »[4] afin de « prémunir les sujets de droit contre une interprétation contraire à la Constitution ou contre le risque

---

[1] En ce sens, F. DOUET, *Contribution à l'étude de la sécurité juridique en droit fiscal interne français*, éd. LGDJ, 1997, p. 3.

[2] Principe général du droit communautaire pour la Cour de justice (CJCE, 6 avr. 1962, aff. C-13/61, *Bosch*), la sécurité juridique constitue également un principe « nécessairement inhérent » à la Convention européenne des droits de l'homme (CEDH, 13 juin 1979, n°6833/74, *Marckx c/ Belgique*, § 58). Il en a été de même ultérieurement pour le principe de la confiance légitime, avec toutefois un laps de temps plus long pour la Cour EDH (s'agissant de la Cour de justice : CJCE, 16 mai 1979, aff. 84/78, *Tomadini*, pts 20 et s. ; CJCE, 5 juin 1973, aff. C-81/72, *Commission c/ Conseil*, pt. 10 ; CJCE, 5 mai 1981, aff. C-112/80, *Dübreck*, pts 47 et 48. S'agissant de la Cour EDH : CEDH, 1ère sect., 15 juin 2006, n°33554/03, *Lykourezos c/ Grèce*, §57 ; CEDH, 5e sect., 18 déc. 2008, n°20153/04, *Unedic c/ France*, §73 et 74 ; CEDH, 5e sect., 26 mai 2011, n°23228/08, *Legrand c/ France*, §33 et s.). Quant aux juridictions françaises, le Conseil d'État a reconnu un principe général de sécurité juridique par la décision *KPMG* du 24 mars 2006 (CE, Ass., 24 mars 2006, n°288.460 et a., *Société KPMG et autres*), et la protection de la confiance légitime par l'arrêt *Getecom* du 19 nov. 2008 (CE, 8e et 3e ss-sect., 19 nov. 2008, n°292.948), tandis que la Cour de cassation a franchi le pas par un arrêt de 2005 (Civ. 1ère, 6 déc. 2005, n°04-20.625 (en matière de filiation) ; Com., 8 fév. 2011, n°10-10965 (en matière de réglementation des marchés financiers). – V. également, J.-P. PUISSOCHET et H. LEGAL, « Le principe de sécurité juridique dans la jurisprudence de la Cour de justice des Communautés européennes », *Cah. Const. const.*, n°11, déc. 2001 – accessible en ligne ; J.-G. HUGLO, « La Cour de cassation et le principe de la sécurité juridique », *ibid.*).

[3] Déduits des articles 34 et 35 de la Constitution, ils constituent des moyens plus résiduels de contrôle qualitatif et quantitatif de la loi fiscale dont l'opérance est moindre dans le cadre du contrôle *a posteriori* : l'incompétence négative n'est censurée dans le cadre du contrôle *a posteriori* que si « cette méconnaissance affecte par elle-même un droit ou une liberté que la Constitution garantit » (Cons. const., 28 mars 2013, déc. n°2012-298, QPC, *SARL Majestic Champagne*). Tel est le cas lorsque le législateur omet de préciser les conditions de recouvrement d'une imposition, la mise en recouvrement ou l'avis d'imposition conditionnant la réclamation contentieuse du contribuable (*ibid.*). V. not, J. BURGUBURU, concl. sur CE, 10e et 9e ss-sect., 25 juin 2010, n°326.363, *M. Mortagne* : *DF* 2010, n°27, comm. 403.

[4] Cons. const., 29 déc. 2012, déc. n°2012-662 DC, *Loi de finances pour 2013*, cons. 83 ; Cons. const., 28 déc. 2011, déc. n°2011-645 DC, *Loi de finances rectificative pour 2011*, cons. 7.

d'arbitraire »[1], contre une application aléatoire[2], mais aussi de préserver l'exercice du droit à un recours juridictionnel. Ces principes et objectif, à l'« étroite parenté »[3], participent ainsi de l'État de droit[4]

340. Précision dans la norme fiscale d'imposition : nécessité accrue à mesure que s'instille le soupçon de pratiques abusives ou frauduleuses *lato sensu*. Si ce principe de sécurité juridique, combiné au principe d'effectivité, est prégnant[5] de manière générale en droit fiscal[6], la Cour de justice exige plus encore, peut-être par un parallèle avec le principe de légalité des délits et des peines en droit pénal, que lorsque un mécanisme vise à lutter contre la fraude ou l'évasion fiscale, la loi, par des dispositions « claires, précises et prévisibles dans leurs effets »[7], doit permettre au

---

[1] Cons. const., 29 nov. 2017, déc. n°2017-755 DC, *Loi de finances rectificative pour 2017*. Cet objectif, touchant à la compétence du législateur, ne peut toutefois venir au soutien d'une question prioritaire de constitutionnalité à moins que la garantie des droits et libertés fondamentaux n'en soit affectée directement (Cons. const., 28 mars 2013, déc. n°2012-298 QPC, *SARL Majestic Champagne* , cons. 5 ; Cons. const., 25 oct. 2013, déc. n°2013-351 QPC, *Sté Boulanger*, cons. 14 ; Cons. const., 18 juin 2010, déc. n°2010-5 QPC, *SNC Kimberly Clark*, cons. 3 ; Com., 19 oct. 2017, n°17-15.023).

[2] G. NOEL opère ainsi la comparaison entre la « roulette russe » et un jeu fiscal « cartésien », considérant que dans la détermination du régime juridique applicable relève davantage de la première (« L'opposabilité des prises de position de l'administration fiscale sur la situation des contribuables » in *L'amélioration des rapports entre l'administration fiscale et les contribuables, Colloque université Orléans, Société Française de droit fiscal*, éd. PUF, 1989, p. 109 et s.). – V. également, du même auteur, « La Charte du contribuable ou l'administration fiscale de service : véritable « révolution » ou simple « miroir aux alouettes » ? - Les réponses de l'administration fiscale aux souhaits des usagers contribuables » : *DF* 2005, n°47, étude 41 ; « Le juge de l'imposition et la régulation fiscale. La technique de la « chrysalidation juridique » de préceptes contenus dans la Charte du contribuable » : *DF* 2014, n°21, étude 335.

[3] Pour reprendre l'expression de C. BLAZY MALAURIE à propos de l'article 16 de la Déclaration et du principe de sécurité juridique, l'auteure relevant par ailleurs que les objectifs de valeur constitutionnelle d'intelligibilité et d'accessibilité sont « à l'évidence l'expression la plus souple et la plus courante de la sécurité juridique » (« Constitution et confiance légitime » : *RFFP* 2015, p. 33 et s.).

[4] B. PLESSIX, « Sécurité juridique et confiance légitime » : *RDP* 2016, p. 799 et s.

[5] V. M.-C. BERGERES, « *La contingence et le droit fiscal* » : *DF* 1999, n°10, étude 95 ; M. PACTEAU, « *La sécurité juridique : un principe qui nous manque* » : *AJDA* 1995, n° spécial p. 151 et s

[6] Ce principe européen « s'impose avec une rigueur particulière lorsqu'il s'agit d'une réglementation de l'Union susceptible de comporter des conséquences financières, afin de permettre aux intéressés de connaître avec exactitude l'étendue des obligations qu'elle leur impose ». Dans le cadre du principe d'effectivité, il requiert que les modalités procédurales mettant en œuvre le droit de l'Union, ainsi que les modalités d'exercice des recours, « soient suffisamment précises, claires et prévisibles pour permettre aux contribuables de connaître avec exactitude leurs droits afin d'assurer qu'ils seront en mesure de bénéficier des avantages fiscaux en vertu [du droit dérivé] et de s'en prévaloir le cas échéant, devant les juridictions nationales » (CJUE, 1ère ch., 8 mars 2017, aff. C-14/16, *Euro Park Service*, pts 38-45 ; CJUE, 5e ch., 18 oct. 2012, aff. C-603/10, *Pelati*, pt. 36 ; CJCE, gde ch., 21 fév. 2006, aff. C-255/02, *Halifax Plc, Leeds Permanent Development Services Ltd, County Wide Property Investments Ltd*, pt. 72. – V. également, Cons. Const., 29 déc. 2005, déc. n°2005-530 DC, *Loi de finances pour 2006*, cons. 77.

[7] CJUE, 1ère ch., 5 juil. 2012, aff. C-318/10, *Société d'investissement pour l'agriculture tropicale SA (SIAT) c/ Belgique*, pt 58. – V. également, CJCE, gde ch., 7 juin 2005, aff. C-17/03, *VEMW e.a.*, pt. 80; CJUE, 4e ch. 16 fév. 2012, aff. C-72/10 et C-77/10, *Costa et Cifone*, pt. 74 ; CJCE, 17 oct. 1996, aff. C-283/94, *Denkavit International BV*, aff. C-291/94, *VITIC Amsterdam BV* et aff. C-292/94,

contribuable de « déterminer au préalable et avec la précision suffisante le champ d'application de celle-ci »[1], y compris dans le cadre des agréments fiscaux[2].

341. De même, l'objectif constitutionnel d'accessibilité et d'intelligibilité de la loi s'impose tout particulièrement « lorsque la loi fiscale invite le contribuable (...) à opérer des arbitrages et qu'elle conditionne la charge finale de l'impôt aux choix éclairés de l'intéressé »[3], et cela d'autant plus que la possibilité effective, pour le contribuable, d'évaluer avec un degré de prévisibilité raisonnable le montant de son impôt selon les diverses options qui lui sont ouvertes » participent de la justification des disposition fiscales incitatives au regard du principe d'égalité devant l'impôt[4].

342. La sécurité juridique n'est donc pas tant la garantie d'une certitude, que l'assurance d'une prévisibilité juridique dans la structure de la norme fiscale[5], dans un degré de probabilité de nature à conférer une confiance du contribuable[6].

Voormer BV c/ Bundesamt für Finanzen, pt. 27. *Comp.* CE, 9e et 10e ss-sect., 17 juil. 2013, n°356.523, *min. c/ SAS Garnier Choiseul Holding*, n°352.989, *min. c/ SARL Garnier Choiseul Holding* et n°360.706, *min. c/ SARL Garnier Choiseul Holding.*

[1] CJUE, 1ère ch., 5 juil. 2012, aff. C-318/10, *SIAT SA*, pt 57-58. – V. également, CJCE, 3e ch., 9 juil. 1981, aff. C-169/80, *Administration des douanes c/ SA Gondrand Frères et SA Garancini* : Rec. p. 1931 ; CJUE, 7e ch., 9 juil. 2015, aff. C-183/14, *Radu Florin Salomie et Nicolae Vasile Oltean c/Roumanie*, pt. 37

[2] En ce « que certaines d'entre elles [règles] restent susceptibles d'être modifiées au gré de l'administration fiscale » (CJUE, 1ère ch., 8 mars 2017, aff. C-14/16, *Euro Park Service*, pts 34 à 46, spé. pt. 42).

[3] Toutefois, la méconnaissance de l'article 14 de la Déclaration ne peut motiver une QPC, ces dispositions, miss en œuvre par l'article 34 de la Constitution, « n'institu[ant] pas un droit ou une liberté qui puisse être invoqué, à l'occasion d'une instance devant une juridiction, à l'appui d'une question prioritaire de constitutionnalité sur le fondement de l'article 61-1 de la Constitution » (Cons. const., 18 juin 2010, déc. n°2010-5 QPC, *SNC Kimberly Clark*, cons. 4) mais uniquement une prérogative du Parlement, considérée comme respectée « dès lors que le Parlement a été clairement informé de leurs motifs et y a librement consenti par son vote » (Cons. const., 18 déc. 2002, déc. n°2001-453 DC, *Loi de financement de la sécurité sociale pour 2002*, cons. 22 ; Cons. const., 21 déc. 1999, déc. n°99-422 DC, *Loi de financement de la sécurité sociale pour 2000*, cons. 22).

[4] Les agréments fiscaux également : cf. *infra*.

[5] En ce sens, G. CORNU, *Vocabulaire juridique*, Association Henri Capitant, éd. PUF, 12e éd., 2017, p. 953 : la sécurité est définie comme dans un sens abstrait, « toute garantie, tout système de protection tendant à assurer, sans surprise, la bonne exécution des obligations, à exclure ou au moins à réduire l'incertitude dans la réalisation du droit ». *Comp.* P. ROUBIER, la qualité que requiert la technique juridique afin de « garantir la sécurité des résultats de telle manière que chacun puisse prévoir ces résultats et compter sur eux » (in *Théorie générale du droit, histoire des doctrines juridiques et philosophie des valeurs sociales*, éd. Dalloz, 2e ed., 2005, p. 89).

[6] Ce qui n'est guère aisé eu égard à l'activisme du législateur fiscal, au nombre « innombrables » de textes à connaître (L. TROTABAS, « La nature juridique du contentieux fiscal en droit français », *in Mélanges Hauriou*, éd. Sirey, 1929, p. 711 et s., spé. p. 714), à sa technicité et à une rédaction de qualité aléatoire (F. DOUET, *Contribution à l'étude de la sécurité juridique en droit fiscal interne français*, *op. cit.*, p. 37 et s.), favorisant *in fine* les échappées fiscales de certains contribuables : d'une part, « plus les textes sont nombreux et précis, plus le système est dur à maîtriser, à gérer dans son ensemble » (M. ROBBEZ-MASSON, *La notion d'évasion fiscale en droit interne français*, éd. LGDJ, « Bibli. Sc. fin. », 1990, t. n°29, spé. n°142) ; d'autre part, complexité, manque de généralité, de stabilité, et d'impartialité réduisent l'aura de la loi fiscale, désorientent le contribuable et le conduisent, parfois, à franchir la ligne rouge (en ce sens, P. MARCHESSOU, *L'interprétation des*

343. Transition. Toutefois, la précision normative doit servir la structuration par la rationalité instrumentale, à travers la détermination du champ d'application, présupposé de toute règle de droit : la norme d'imposition, complexe par nature, ne peut souffrir d'une complication enténébrant sa compréhension.

B. De la juste mesure dans la complexité de la norme

344. La proportionnalité dans la précision normative. Le caractère proportionné dans les termes et modalités d'application de la loi se manifeste, non pas tant par l'expression du « principe de proportionnalité » que par les adverbes ou adjectifs dérivant des mots « excès », « raisonnable », ou du verbe « suffire » par exemple. Tant la carence que l'excès de précision sont sanctionnés : une juste mesure est requise, une précision bien proportionnée, appuyée le cas échéant de motif(s) d'intérêt général.

345. L'excès de la complexité, manifestation d'une disproportionnalité[1]. Si le Conseil constitutionnel admet que « des motifs d'intérêt général suffisants [puissent] justifier la complexité de la loi »[2], cette complexité ne pouvant « à elle seule, porter atteinte à l'objectif de valeur constitutionnelle d'accessibilité et d'intelligibilité de la loi »[3], il exerce donc un contrôle de proportionnalité dans la complexité de la loi, dans l'objectif de la sécurité juridique, voire dans le lien logique en sanctionnant les contradictions extrinsèques[4]. Cette complexité est appréciée par rapport aux aptitudes des destinataires de la norme[5], l'absence de justification tirée de l'intérêt général venant conforter cet argument[6]. La loi fiscale en constitue un exemple topique, la

---

textes fiscaux, éd. Economica, 1980, p. 27 ; P.-M. GAUDEMET et J. MOLINIER, « *Finances publiques. Fiscalité (tome 2)* », éd. Domat-Montchrestien, 6e éd., 1997, 493 p.), amoindrissant le consentement de et à l'impôt (F. DOUET, *ibid.* p. 48 et s.).

[1] Sur la modération induite par l'exigence de sécurité juridique : M.-C. BERGERÈS, « *La contingence et le droit fiscal* », *op. cit.*; P. PUISSOCHET et H. LEGAL, « Le principe de sécurité juridique dans la jurisprudence de la Cour de justice des Communautés européennes », *op. cit.*

[2] Cons. Const., 29 déc. 2005, déc. n°2005-530 DC, *Loi de finances pour 2006*, cons. 78-80.

[3] Cons. const., 29 déc. 2012, déc. n°2012-662 DC, *Loi de finances pour 2013,* cons. 119 ; Cons. const., 19 déc. 2000, déc. n°2000-437 DC, *Loi de financement de la sécurité sociale pour 2001,* cons. 3 et 4.

[4] Cons. const., 29 déc. 2012, déc. n°2012-662 DC, *Loi de finances pour 2013,* cons. 84.

[5] Cons. Const., 29 déc. 2005, déc. n°2005-530 DC, *Loi de finances pour 2006*, cons. 77 et 89. En l'occurrence, la disproportion résulte également dans le contrôle de la justification de la mesure, à savoir un gain budgétaire. Or, d'une part, bien que le Conseil ne le rappelle pas en l'espèce, un objectif budgétaire ne constitue pas en lui-même une justification tirée de l'intérêt général. D'autre part, ce gain est *« sans commune mesure »*, donc disproportionné par rapport aux pertes de recettes générées par le « bouclier fiscal » (*ibid.*, cons. 86-87).

[6] *Ibid.*, cons. 89 : « une complexité à la fois excessive **et** non justifiée par un motif d'intérêt général » « véritable » (nous soulignons) « était doublement disproportionnée, à la fois en elle-même en ce qu'elle rendait la loi incompréhensible, et en l'absence de justification ». Le juge constitutionnel en déduit que « les incertitudes qui en résulteraient seraient source d'insécurité juridique, notamment de malentendus, de réclamations et de contentieux » et plus encore, « la complexité du dispositif organisé par l'article 78 pourrait mettre une partie des contribuables concernés hors d'état d'opérer les arbitrages auxquels les invite le législateur [et], faute pour la loi de garantir la rationalité de ces arbitrages, serait altérée la justification de chacun des avantages fiscaux correspondants du point de vue de l'égalité devant l'impôt » (*ibid*, cons. 84-85 et 88)

législation fiscale étant selon certains auteurs « caricature des maux objectifs de la loi moderne, inaccessible, inintelligible, insécurisante »[1].

346. Malléabilité de la norme fiscale et proportionnalité. A l'inverse, une certaine latitude peut être ménagée afin d'apporter la souplesse nécessaire à la norme et lui permettre d'atteindre son objet et sa finalité, notamment par le renvoi à d'autres dispositions[2] ou d'autres notions non strictement juridiques[3]. Cette malléabilité de la loi fiscale peut ainsi renforcer le pouvoir d'interprétation des juges[4], le juge, et notamment le Conseil constitutionnel apportant une structuration accrue par ses

---

[1] B. PLESSIX, « Sécurité juridique et confiance légitime », *op. cit.*

[2] Il est ainsi possible au législateur de renvoyer à un décret les précisions des « modalités pratiques permettant la perception de cette imposition [la CVAE], l'assiette étant par ailleurs « précisément » définie par la loi (Cons. const., 29 déc. 2009, déc. n°2009-599 DC, *Loi de finances pour 2010*, cons. 35) ou encore aux notions telles que définies par une directive (Cons. const., 28 déc. 2000, déc. n°2000-441 DC, *Loi de finances rectificative pour 2000*, cons. 30) ou encore par l'encadrement des taux qu'une collectivité ou un établissement public à caractère administratif sont en droit d'appliquer (Cons. const. 30 déc. 1987, déc. n°87-239 DC, *Loi de finances rectificative pour 1987*, cons. 5) ou des abattements en matière de taxe d'habitation (Cons. const. 29 déc. 1989, déc. n°89-268 DC, *Loi de finances pour 1990*, cons. 32. *Comp.* Cons. Const., 29 déc. 1986, déc. n°86-223 DC, *Loi de finances rectificative pour 1986*, cons. 11.

[3] Par ex., le renvoi « à une notion préexistante, définie par l'[INSEE] », liant ainsi la compétence du pouvoir réglementaire pour déterminer, chaque année, les vingt premières zones d'emploi éligibles au crédit [de taxe professionnelle] (Cons. const., 29 déc. 2004, déc. n°2004-511 DC, *Loi de finances pour 2005*, cons. 19) ou encore, eu égard à la volonté de réaction rapide face à certaines restructurations d'entreprises d'ampleur, la souplesse normative n'est validée qu'à la condition que des critères objectifs et extérieurs à l'exécutif sous-tendent cette compétence exceptionnelle du gouvernement, tels qu'en l'occurrence, « l'existence de plans sociaux, le nombre de licenciement et l'incidence sur les sous-traitants locaux » (*ibid.*, cons. 20). – V. également le commentaire officiel sur la décision Cons. const., 19 sept. 2014, déc. n°2014-417 QPC, *Sté Red Bull On Permise et autres ;* Cons. const., 20 nov. 2015, déc. n°2015-498 QPC, *Société SIACI Saint-Honoré SAS et autres*. Cette souplesse dans l'exigence de précision est poussée jusqu'à reporter sur le pouvoir réglementaire une obligation de modération de la charge fiscale (Cons. const., 27 sept. 2018, déc. n°2018-735 QPC, *M. Xavier B et a.*, cons. 19. *Comp.* Cons. const., 7 déc. 2018, déc. n°2018-750/751 QPC, *Sté Long Horn International e. a.*, cons. 28-29 : en l'occurrence, l'encadrement dans les écarts de taxation, en ce qu'ils sont compris entre 5 et 35%, est doublé d'une appréciation discrétionnaire « compte tenu de l'objectif ainsi poursuivi » en ce que « le législateur a entendu tenir compte des difficultés particulières auxquelles ces régions ultramarines sont confrontées, qui grèvent la compétitivité des entreprises qui y sont établies, et ainsi préserver le tissu économique local. ».

[4] En ce sens, à propos du Conseil constitutionnel, M. COLLET, *Droit fiscal*, *op. cit.*, p. 42

réserves d'interprétation, cristallisant le cas échéant l'interprétation de la loi en question[1], y compris dans le cadre des agréments fiscaux[2].

---

[1] Ainsi, le complément apporté à une disposition législative préexistante, par lequel « le législateur a entendu se référer à l'interprétation constante de l'article 298 bis du code général des impôts que l'administration a précisée dans ses instructions » écarte toute ambiguïté et donne une clarté suffisante à la loi (Cons. const., 27 déc. 2002, déc. n°2002-464 DC, *Loi de finances pour 2003*, cons. 58). – V. également, Cons. const., 29 déc. 2004, déc. n°2004-511 DC, *Loi de finances pour 2005*, cons. 20. Cons. const., 29 nov. 2017, déc. n°2017-755 DC, *Loi de finances rectificative pour 2017*, cons. 49. *Comp.* Com. 11 avr. 2018, *Fondation Nafond Privatstiftung c/ DDFiP des Alpes-Maritimes*, n°17-21.938 (concernant la taxe de 3% sur la valeur vénale des immeubles, l'expression « actionnaires, associés ou autres membres » et la définition de ces entités « s'ils sont entendus largement afin de permettre d'appréhender toutes les entités, quelle que soit leur forme juridique, susceptibles d'être concernées par ce texte » « sont suffisamment précis pour que soit identifiées les personnes et entités concernées, au besoin grâce à une interprétation menée à la lumière de l'intention du législateur, qui est, dans un but de lutte contre la fraude et l'évasion fiscale, de dissuader les contribuables assujettis à l'impôt de solidarité sur la fortune d'échapper à cette imposition en créant, dans des États [non coopératifs], des entités qui deviennent propriétaires d'immeubles situés en France, ce qui exclut les risques [d'une interprétation contraire à la Constitution ou d'arbitraire] ») et Com., 22 mars 2018, n°17-24.593 à propos de l'article L 17 du LPF considéré comme fixant « de manière précise », les conditions de rectification du prix ou de l'évaluation d'un bien.

[2] Prolongeant alors la structuration par la rationalité à l'action administrative, par ses réserves d'interprétation directives : ainsi, concernant l'agrément nécessaire au report des déficits antérieurs non encore déduits dans le cadre d'une restructuration de sociétés, le Conseil énonce que les dispositions « ne sauraient, sans priver de garanties légales les exigences qui résultent de l'article 13 de la Déclaration de 1789, être interprétées comme permettant à l'administration de refuser cet agrément pour un autre motif que celui tiré de ce que l'opération de restructuration en cause ne satisfait pas aux conditions fixées par la loi » (Cons. const., 28 nov. 2014, déc. n°2014-431 QPC, *Stés ING Direct Nv et ING Bank NV*, cons. 11). Ou dans une autre formulation sur le fondement de l'article 34, « l'exigence de l'agrément confère seulement au ministre chargé du budget le pouvoir d'assurer, conformément à l'objectif poursuivi par le législateur que l'opération de restructuration, de regroupement ou d'apport en cause satisfait aux conditions fixées par la loi » (par ex., Cons. const. 30 déc. 1987, déc. n°87-237 DC, *Loi de finances pour 1988*, cons. 9 à 11). – V. également, Cons. const. 29 déc. 1999, déc. n°99-424 DC , *Loi de finances pour 2000,* cons. 31 et 32 ; Cons. Const., 29 déc. 1984, déc. n°84-184 DC, *Loi de finances pour 1985*, cons. 25 et 26. – V. également J. MAÏA, « L'agrément fiscal : instrument d'intervention économique ou de sécurité juridique ? » : *RJF* 2/2001, p. 99 et s.). Intensifiant son pouvoir intrusif dans l'application de la norme, le Conseil peut imposer l'interprétation et les conditions d'agrément, le contexte juridique pouvant en constituer une explication ponctuelle : ainsi ces conditions « devront être identiques à celles qui sont applicables aux organismes situés sur le territoire français » s'agissant des agréments pris pour l'application des articles 200, 238 bis et 885-0 V bis A du CGI (Cons. const., 29 déc. 2009, déc. n°2009-600 DC, *Loi de finances rectificative pour 2009*, cons. 4) ou à propos de l'agrément prévu à l'article 210 B du CGI, l'administration ne pourra, concernant la première condition, que vérifier objectivement la réalité du motif économique de l'opération, « sans pouvoir apprécier l'opportunité de celle-ci » ajoutant « que la condition relative à l'absence de fraude s'imposerait même dans le silence de la loi ; que la troisième condition ne peut donner lieu qu'à des vérifications de nature technique » et « qu'en fixant ainsi les conditions objectives nécessaires et suffisantes pour la délivrance de l'agrément, le législateur a suffisamment encadré l'action de l'autorité administrative » (Cons. const. 29 déc. 1999, déc. n°99-424 DC , *Loi de finances pour 2000,* cons. 30 à 32). *Comp.* Cons. Const., 29 déc. 1984, déc. n°84-184 DC, *Loi de finances pour 1985*, cons. 25 et 26 : la disposition légale contestée « doit être interprétée comme conférant seulement aux ministres qu'elle désigne le pouvoir de vérifier si la fondation ou l'association répond aux conditions [légales], c'est-à-dire si elle présente un intérêt général culturel ». Sur cette évolution, v. F. DOUET, *Contribution à l'étude de la sécurité juridique en droit fiscal interne français*, *op. cit.* p. 92 et s.

347. Néanmoins cette malléabilité ne doit pas être une source d'incertitudes, l'absence de sécurisation juridique dans la mise en œuvre d'un mécanisme *a priori* de lutte contre la fraude fiscale ou l'évasion fiscale emportant disproportionnalité de ce mécanisme aux objectifs poursuivis[1]. Alors, dans une dynamique réciproque, la sécurité juridique devient critère de proportionnalité, tout autant qu'elle est objet d'un contrôle de proportionnalité.

Conclusion de la Section 1.

348. La structuration par la rationalité opérée à l'aune des droits et libertés des contribuables est légère et, en ce qu'elle résulte *in fine* de la volonté du législateur, dépend de ce dernier. Si la structuration instrumentale ne permet pas nécessairement d'en mesurer la rationalité, l'exigence d'une sécurité juridique matérielle conduit à un contrôle de la proportionnalité de la qualité normative, les précisions ainsi requises conditionnant la matérialisation adéquate du lien logique. Ainsi, l'adaptation intrinsèque, déduite du lien logique, est une manifestation de l'exigence d'une sécurisation intrinsèque de la norme, tout autant que cette dernière contribue, de manière extrinsèque, à la consolidation du lien logique de la norme considérée[2].

349. Si la sécurité juridique s'applique tout autant au contrôle de l'égalité, la structuration par ce dernier marque un approfondissement du contrôle juridictionnel, dans une logique performative de proportionnalisation.

Section 2. L'égalité, principes structurants dans la création des normes d'imposition

350. L'égalité, passion française attisée par la fiscalité. Le droit fiscal attise les passions, et la passion de l'égalité[3], passion française s'il en est[4], en constitue un terrain d'expression propice, ainsi qu'en démontre l'importance quantitative des décisions confrontant des dispositions fiscales aux principes de l'égalité fiscale[5], qu'il

---

[1] CJUE, 1ère ch., 5 juil. 2012, aff. C-318/10, *SIAT SA,* pt 59. Il s'agissait en l'occurrence d'une condition mise à la déductibilité de certains frais professionnels. *Comp.* à propos des actes des institutions européennes : CJCE, 3e ch., 14 avr. 2005, aff. C-110/03, *Belgique c/ Commission*, pt. 31.

[2] L'arrêt *SIAT SA* de la Cour de justice est sans ambigüité : de l'incertitude juridique, la Cour conclut que la règle nationale en cause « **ne saurait** être considérée comme proportionnée aux objectifs poursuivis », témoignant ainsi de l'effet radical de l'insécurité juridique, révélatrice d'une inadaptabilité intrinsèque, ou l'accentuant (CJUE, 1ère ch., 5 juil. 2012, aff. C-318/10, pts 57-59, nous soulignons). – V. également, CJCE, gde ch., 7 juin 2005, aff. C-17/03, *VEMW e.a.*, pt. 80 ; CJUE, 4e ch., 16 fév. 2012, aff. C-72/10 et C-77/10, *Costa et Cifone*, pt. 74.

[3] V. D. GODFRIDI, *La passion de l'égalité. Essai sur la civilisation socialiste*, éd. Texquis, 2017, 152 p. Et bien entendu, les écrits d'Alexis de Tocqueville, *La démocratie en Amérique*, éd. Flammarion, 2010, 304 p., spé. p. 181 et s.

[4] M. FORSE, M. PARODI, O. GALLAND, *L'égalité, une passion française ?*, éd. Armand Collin, 2013, 200 p.

[5] Affirmé à l'occasion de la décision dite « *Taxation d'office* » du 23 déc. 1973 (Cons. Const., 27 déc. 1973, déc. n°73-51 DC, *Loi de finances pour 1974*), le principe constitutionnel d'égalité devant l'impôt ou d'égalité fiscale, dont les racines avec le concept déjà alors développé par le Conseil d'État ont été mises en évidence (cf. H. AGENEAU, *Le principe d'égalité dans les lois fiscales. Essai sur la jurisprudence du Conseil constitutionnel*, ANRT, 1998, p. 14 et s.), s'est développé en se

s'agisse de l'article 6[1] ou de l'article 13 de la Déclaration de 1789[2], ou des décisions de la Cour de justice relatives aux restrictions et entraves fiscales[3] à l'exercice des

---

subdivisant en deux branches, l'égalité devant la loi fiscale, reposant sur l'article 6 de la Déclaration de 1789, et l'égalité devant les charges publiques, garantie par l'article 13 du même texte. (V. par ex., O. FOUQUET, « Le Conseil constitutionnel et le principe d'égalité devant l'impôt » : *Nouv. Cah. Const. const.* 2011, n°33, p. 1 ; E. BOKDAM-TOGNETTI, « QPC et contentieux fiscal : bientôt quatre années d'enrichissement mutuel et d'évolution sans révolution » : *RJF* 12/2013, p. 979 et s., spé. p. 984 ; G. EVEILLARD, « L'exigence de critères objectifs et rationnels dans le contrôle de l'égalité devant l'impôt par le Conseil constitutionnel » : *LPA* 28 janv. 2000, n°20, p. 8 et s. ; R. TORLET et M. VALETEAU, « La jurisprudence du Conseil constitutionnel relative au principe d'égalité depuis l'institution de la QPC » : *DF* 2015, n°13, étude 231. – V. également, P. DEVOLVE, *Le principe d'égalité devant les charges publiques*, éd. LGDJ, « Bibl. droit public », t. n°88, 1969, spé. p. 2 et s.). Toutefois, l'articulation entre les deux principes n'est pas uniforme selon les auteurs : l'égalité devant l'impôt est tantôt confondue avec le principe d'égalité devant la loi (par ex., L. PHILIP, « Le principe constitutionnel d'égalité en matière fiscale » : *DF* 1990, n°12, étude 100009 ; F. MÉLIN-SOUCRAMANIEN, *Le principe d'égalité dans la jurisprudence du Conseil constitutionnel*, éd. Economica, 1997, 397 p.) tantôt englobé dans le concept plus large d'égalité fiscale (F. LUCHAIRE, « Un Janus constitutionnel : l'égalité » : *RDP* 1986, p. 1266 et s.) ou encore restreint, distingué dans le seul article 13 de la Déclaration (M.-C. BERGERES, « Les normes jurisprudentielles en droit fiscal » : *DF* 2000, n°13, étude 109). Certains auteurs se sont ainsi interrogés sur l'apport de l'article 13 par rapport à l'article 6 : E. DE CROUY-CHANEL et A.-S. LE BRIS, « La décision n°2010-44 QPC du Conseil constitutionnel : réflexions sur la notion de faculté contributive » : *DF* 2011, n°9, étude 230.

[1] Et non l'article 2 de la Constitution ou l'article 1er de la Déclaration, en ce que la texture plus ouverte de l'article 6 de la Déclaration est « moins précis », « moins contraignant à l'égard de son propre pouvoir d'appréciation [du Conseil constitutionnel] et ainsi « disposer d'une capacité pleine et entière de "gestion" du principe d'égalité en fonction du contexte de chaque affaire », ce que manifeste plus encore la référence au seul « principe constitutionnel d'égalité » : D. ROUSSEAU, *Droit du contentieux constitutionnel*, éd. LGDJ-Lextenso, 10e éd., 2013, p. 479-480.

[2] L'instauration de la question prioritaire de constitutionnalité n'a pas fondamentalement modifié l'appréciation du respect de l'égalité, le Conseil constitutionnel s'efforçant de maintenir une continuité avec le contrôle *a priori*, par une approche objective de son contrôle, nonobstant les éléments de subjectivisation expressément introduit par le constituant et le législateur (en ce sens, E. DUBOUT, « L'efficacité structurelle de la question prioritaire de constitutionnalité en question » : *RDP* 2013, p. 107 et s. – V. également, A. VIALA, « De la puissance à l'acte :la QPC et les nouveaux horizons de l'interprétation conforme » : *RDP*, 2011, n°4, p. 971 et s.). Quantitativement, au 1er sept. 2017, le Conseil constitutionnel a rendu 126 décisions QPC en matière fiscale, dont 49 requêtes étaient fondées sur le principe d'égalité devant la loi et 71 sur le principe d'égalité devant les charges publiques, et 44 fondées sur les deux principes ensembles. Par ailleurs, la moitié des abrogations (en matière fiscale) résultait sur une méconnaissance de l'égalité entre les contribuables, et les trois-quarts des réserves d'interprétation ont été fondés sur les principes d'égalité (*in* C. ROULHAC, « L'apport de la question prioritaire de constitutionnalité en matière fiscale » : *DF* 2017, n°51-52, 586, spé. n°3).

[3] Une entrave ou une restriction fiscales existe si les situations communautaires et internes sont traitées différemment au détriment de la première, c'est-à-dire si la fiscalité est plus désavantageuse pour des non-résidents, ou des résidents en raison de leurs liens avec des non-résidents, car une telle différence de traitement, interdit, gêne ou rend moins attrayant l'exercice de cette liberté de circulation.

libertés de circulation[1], ou, à défaut, relatives au principe général de non-discrimination[2].

351. Égalités et proportionnalité, similarités des méthodes par-delà les différences d'intensité du contrôle juridictionnel. En ce domaine, plus qu'ailleurs, se manifestent la spécificité des normes de contrôle, en particulier constitutionnelles, ainsi que la spécificité des méthodes constitutionnelles[3], comparativement aux

---

[1] Les mesures fiscales nationales (relatives à la fiscalité directe en particulier) sont susceptibles, par un coût fiscal dissuasif, d'entraver l'exercice des libertés de circulation, et en particulier la liberté de circulation des travailleurs (art. 45 à 48 TFUE, anc. art. 39 à 42 TCE), la liberté d'établissement (art. 29 à 55 TFUE, anc. articles 43 à 48 TCE, la liberté de circulation des prestations de service (art. 56 à 62 TFUE, anc. art. 45 à 49 TCE), et la liberté de circulation des capitaux et des paiements (art. 63 à 66 TFUE, anc. art. 49 à 59 TCE). Les libertés de circulation sont reprises dans l'accord EEE et la Cour de justice leur donne la même portée : pour la liberté de circulation des capitaux (art. 40 de l'accord EEE) : CJUE, 3e ch., 28 oct. 2010, aff. C-72/09, *Ets Rimbaud SA*, pts 19 à 20 ; CJUE, 7e ch., 26 mai 2016, aff. C-244/15, *Commission c/ Grèce*, pt. 39 ; pour la liberté de prestation de service (art. 36 de l'accord EEE) : CJUE, 5e ch., 8 juin 2017, aff. C-580/15, *Van der Weegen et Pot c/ Belgique*, pt. 44 ; pour la liberté d'établissement (art. 31 de l'accord EEE) : CJUE, 3e ch., 18 juil. 2013, aff. C-261/91, *Commission c/ Danemark*, pts 30 et 31. Par ailleurs, dès lors qu'une décision liant l'Union européenne à un autre État est identique en substance à une disposition du TFUE relative à une liberté de circulation, la Cour de justice interprète la première conformément à la jurisprudence relative à la seconde : en ce sens, CJUE, 2e ch., 19 oct. 2017, aff. C-65/16, *Istanbul Lojistik Ltd c/ Nemzeti Adó-és Vámhivatal Fellebbviteli Igazgatóság*, pt. 38 (à propos de l'article 4 de la décision n°1/95 du Conseil d'association CE-Turquie du 22 déc. 1995 et de la liberté de circulation des marchandises).

[2] Ce principe, contenu dans l'article 18 TFUE (anc. art. 12 TCE), a un caractère subsidiaire (CJUE, 2e ch., 20 mai 2011, aff. C-56/09, *Emiliano Zanotti c/Agenzia delle Entrate – Ufficio Roma 2*, pt 24. – V. également, J. KOKOTT, concl. sur CJCE, 2e ch., 7 sept. 2006, aff. C-470/04, *N*). En raison de ce caractère subsidiaire, la Cour se prononcera d'abord au regard ces libertés, dont les exigences sont plus strictes, absorbant le principe général de non-discrimination (v. not. CJCE, 5e ch., 8 mars 2001, aff. C-397/98 et C-410/98, *Metallgesellschaft Ltd e. a. ;* CJUE, 3e ch., 21 janv. 2010, aff. C-311/08, *Société de Gestion Industrielle SA (SGI)*). Mais son utilité est indéniable pour les contribuables n'exerçant pas une activité économique, tels que les étudiants (CJUE, 2e ch., 20 mai 2011, aff. C-56/09, *Emiliano Zanotti, préc.*) ou les retraités (CJCE, 1ère ch., 9 nov. 2008, aff. C-520/04, *Pirkko Marjatta Turpeinen*), ou leurs opérations dans le cadre de la gestion de leur patrimoine privé (CJCE, 2e ch., 26 oct. 2006, aff. C-345/05, *Commission c/ Portugal* ; CJCE, 8e ch., 18 janv. 2007, aff. C. 104/06, *Commission c/ Suède*.). Et l'article 20 de la Charte des droits fondamentaux pose également une exigence générale d'égalité en droit.

[3] L'évolution du contrôle des conditions de renvoi au Conseil constitutionnel opéré par les juges de cassation depuis l'instauration de la QPC montre une appropriation accrue, les juges reprenant les standards ou structures terminologiques et méthodologiques du juge constitutionnel. Certes, ils manifestent une réserve manifeste dans les décisions de renvoi, sans exclure des précisions ou reformulation des griefs qui, selon lui, pourraient poser question, sélectionnant, ciblant ainsi les fondements possibles de l'inconstitutionnalité (Com., 28 juin 2011, n°11-40.019, *Sté Heatherbrae Ltd* : « si la question peut être « reformulée » à l'effet de la rendre plus claire ou de lui restituer son exacte qualification, il n'appartient pas au juge de la modifier »), mais sans aller plus loin sur l'examen de la proportionnalité de l'atteinte portée à un droit ou liberté constitutionnellement : les juges de cassation précisent l'existence d'une différence ou d'une disparité de traitement, sans expliciter ou anticiper une justification soit par une différence de situation, soit par une justification relevant de l'intérêt général (par ex., Com., 27 sept. 2018, n°18.12-084, *Sté Long Horn International e. a.* ; Com., 29 oct. 2013, n°13-13.301 et n°13-13.302 ; Com., 21 sept. 2017, n°17-40.049 ; Com., 4 juil. 2017, n°17-40.037 ; Com., 14 déc. 2010, n°10-18.601, *Mme Noblins* ; CE, 3e et 8e ss-sect., 18 mai 2010, n°324.976, *Machado* ; CE, 8e et 3e ss-sect., 9 juil. 2010, n°339.081, *Époux Mathieu* ; CE,

juridictions européennes, en particulier dans la détermination de l'objectif d'intérêt général, la démarche inductive étant plus propice à la proportionnalisation des normes d'imposition contrôlées[1]. Construits à partir du principe de proportionnalité[2], dans l'un et l'autre cas, les contrôles de l'égalité suivent un schéma similaire, offrant une relative liberté ou une contrainte relative dans la marge de manœuvre du législateur fiscal : d'une part, l'égalité devant la loi n'impose pas un critère de différenciation, contrairement à l'article 13 exigeant une différenciation en fonction des facultés contributives, critère néanmoins atténué par la poursuite de buts extra-fiscaux[3], ou à la différence de situations communautaires comparables ; d'autre part, en n'enfermant pas le législateur dans un choix restreint et fermé, le principe d'égalité est « le garant de la liberté de qualification du législateur », de sa liberté encadrée d'opérer des distinctions entre les contribuables, encore faut-il qu'elles soient justifiées : l'égalité

8e et 3e ss-sect., 16 fév. 2015, n°386.505, *Époux P.* ; CE, 9e et 10e ch., 27 oct. 2016, n°391.678, *Comptoir de Bonneterie Rafco* ; CE, 9e et 10e ch., 26 juin 2017, n°406.437, *Sté BPCE*). Ce ciblage n'est pas toujours exprimé de prime abord et peut résulter de la confrontation entre le considérant énonçant les griefs du requérant et le considérant affirmant le caractère sérieux de la question posée au regard des principes d'égalité devant la loi et d'égalité devant les charges publiques (CE, 10e et 9e ch., 1er oct. 2018, n°422.050, *Fondations Ildys*). Toutefois, il ne faudrait pas réduire ce rôle de filtre à la seule reproduction de ces principes constitutionnels, et les décisions de non-renvoi du juge administratif, montrent, par l'effort pédagogique des motivations qu'il ne s'en contente pas (CE, 9e et 10e ch., 26 juin 2017, n°404.874, *Sté Air Liquide France Industrie* ; CE, 9e et 10e ch., 29 juin 2018, n°416.346, *SAS Cie exploitation et répartition pharmaceutique (CERP) de Rouen ;* CE, 9e et 10e ch., 26 juin 2017, n°410.437, *Sté PalmElit. Comp.* Com., 21 fév. 2012, n°11-40.097, *SA Paris-Saint-Germain Football*) par opposition au juge judiciaire (Civ. 2e, 14 déc. 2017, n°17-18.964, *Sté Établissements Darty et fils c/ Caisse nationale du RSI* ;Com., 18 mars 2011, n°10-40.078 ; Com., 29 nov. 2013, *Tolga Guven*, n°13-40.055 ; Com., 15 oct. 2014, *Silberman*, n°14-15.141). Ce faisant, juge judiciaire et juge administratif ne renvoient donc aux juges de la rue Montpensier « **que** les dispositions **pour lesquelles, il estime, compte tenu de la jurisprudence construite par le Conseil constitutionnel** et précisée depuis l'entrée en vigueur de la procédure de QPC, qu'elles présentent une réelle fragilité constitutionnelle », et qu'ainsi, le juge suprême « est donc quasiment devenu *de facto* juge ordinaire de la constitutionnalité de la loi, comme il est juge de la conformité des lois au droit de l'Union européenne, sous cette réserve qu'il lui est interdit, même en cas d'évidence, de constater la contrariété à la Constitution d'une disposition législative » (P. COLLIN, « Procédures fiscales : chronique de l'année 2011 » : *DF* 2012, n°9, étude 165, n°9, ce constat relatif au juge administratif est transposable au juge judiciaire) (nous soulignons). C'est d'ailleurs la raison pour laquelle le juge, nonobstant l'évidence du vice d'inconstitutionnalité dont est affectée une disposition analogue, optera pour un renvoi de la question prioritaire de constitutionnalité au Conseil plutôt que d'étendre soit une non-conformité à une autre disposition, soit une réserve d'interprétation. Cf. *infra*, Partie II, Titre II, Chapitre I.

[1] Cf. *supra* : Introduction générale.

[2] O. JOUANJAN, « Le Conseil constitutionnel, gardien de l'égalité ? » : *Jus Politicum,* 2012, n°7, p. 3 : http://juspoliticum.com/article/Le-Conseil-constitutionnel-gardien-de-l-egalite-459.html]. Si l'égalité devant la loi est donc une source d'application du principe de proportionnalité, on peut également avancer que le raisonnement sous-tendant la proportionnalité constitue une matrice des principes d'égalité. *Comp.* D. ROUSSEAU, l'auteur défendant l'idée d'un concept équitable de l'égalité : *Droit du contentieux constitutionnel*, *op. cit.* p. 495-496.

[3] En ce sens, M.-L. DUSSART, « Les choix de politiques fiscales du législateur, l'égalité devant les charges publiques et le pouvoir d'appréciation du juge constitutionnel » : *RDP* 2010, n°4, p. 1003 et s. – V. également, M. COLLET, *Droit fiscal*, *op. cit.*, p. 6.

« implique avant tout une exigence de justification de la part du législateur fiscal »[1], l'objectif constituant le référent à l'aune duquel est éprouvé l'existence d'un lien logique.

352. Propriété axiologique de l'égalité. L'égalité, constituant *per se* une orientation axiologique, fondée sur l'équité[2], elle imprègne le contrôle de rationalité, axé ainsi sur la rationalité instrumentale, l'équité se retrouvant néanmoins, complétée le cas échéant complétée d'une axiologique fondée sur l'éthique, dans le cadre de la lutte contre la fraude et l'évasion fiscales et autres pratiques abusives *lato sensu*. En ce qu'une structuration de la norme s'impose au législateur, une modération de l'action du législateur fiscal s'en infère dans l'élaboration de la norme. Cette structuration, exigence aux fins du contrôle de la rationalité, n'en est pas moins choisie par le législateur : maître contraint de l'égalité, il détermine les objectifs, fiscaux ou extra-fiscaux, qu'il entend poursuivre, créant *de facto* des différences de traitement[3].

353. Plan. Alliant contrainte normative et liberté normative, le contrôle juridictionnel de la rationalité, sans remettre en cause l'opportunité d'une imposition, prend un cheminement distinct selon qu'il s'agit de la mise en œuvre de l'égalité (Sous-section 1) ou de la justification d'une inégalité (Sous-section 2).

Sous-section 1. La rationalité instrumentale dans la mise en œuvre de l'égalité fiscale

354. Plan. La mise en œuvre du principe d'égalité est soit construite par le législateur, dans une relative liberté d'appréciation performative, ou de création, d'une différence de situation (I), soit contrainte par la norme de contrôle, en particulier l'article 13 de la Déclaration de 1789 (II).

---

[1] F. PEZET, « Janus à bon port. Réflexions sur les apports du principe d'égalité aux évolutions du régime fiscal des ports », note sous Cons. const., 21 sept. 2018, déc. n°2018-733 QPC, *Sté d'exploitation des moyens de carénage* : *DF* 2018, n°49, comm. 492

[2] Fondement de la répartition de la charge fiscale, et sa justice, « dans une certaine conception de l'État, relevant du champ des principes constitutionnels. (…) il n'existe pas de principe de justice de l'impôt, mais des principes de justice de l'État. (…) : ainsi, un État libéral, reconnaissant et garantissant les libertés de la personne, peut justement constater une obligation envers lui (…) à raison des bénéfices retirés de l'appartenance à la communauté qu'il constitue » (E. DE CROUY-CHANEL et A.-S. LE BRIS, « La décision n°2010-44 QPC du Conseil constitutionnel », *op. cit.*). De même, P. BERN relève que « sous l'influence néo-libérale du "Reaganisme" et du "Thatchérisme", américains et britanniques allaient dans le sens de la décompression fiscale » tandis que « les gouvernements issus de l'Union de la Gauche ou de la Gauche plurielle qui se sont plus ou moins succédé en France depuis 1981 ont tenté une expérience contraire. Le fondement idéologique est (…) passer de l'égalité devant l'impôt à l'égalité par l'impôt. » (*in « La législation française anti-évasion fiscale internationale* », in G. COHEN-JONATHAN, Y. GAUDEMET, R. HERTZOG (dir.), *Mélanges Paul Amselek*, éd. Bruylant, 2005, p. 79 et s., spé. p.86).

[3] F. PEZET, énonce ainsi : « l'interprétation du principe d'égalité fiscale est un moyen d'expliquer et de légitimer la marge de manœuvre reconnue au législateur fiscal » « d'opérer les classifications de son choix, y compris lorsqu'elle repose sur une dimension subjective » (*in* « Janus à bon port. Réflexions sur les apports du principe d'égalité aux évolutions du régime fiscal des ports », *préc.*).

I. La différence de situations ou l'absence de situations comparables

355.Plan. L'existence d'une différence de situation consiste à démontrer la mise en œuvre du principe d'égalité par la norme d'imposition[1], le législateur pouvant soit prendre en compte une différence préexistante, soit la créer par la disposition législative contestée[2], justifiant de manière « performative » la nouvelle distinction opérée. Si la Cour de justice[3] (B) et le Conseil constitutionnel (A) incluent l'existence d'une différence de situation dans les justifications aux situations d'inégalité de traitement, ces deux juridictions adoptent un raisonnement différent[4].

A. La méthode constitutionnelle inductive, propices à l'identification d'une différence de situation

356.Plan. Le législateur étant libre de décider de l'opportunité d'une nouvelle imposition[5], la mise en œuvre du principe d'égalité met en évidence, le caractère formel du contrôle constitutionnel (2) en raison des principes et méthodes guidant l'identification des éléments constitutifs de la norme d'imposition (1).

---

[1] E. DE CROUY-CHANEL et A.-S. LE BRIS, « La décision n°2010-44 QPC du Conseil constitutionnel » :*op. cit.* ; L. BERNARDEAU et O. PEIFFERT, « Jurisprudence de la CJUE : fiscalité directe (juill./oct. 2014) » : *DF* 2014, n°48, chron. 652, spé. n°57 à 60.

[2] Sachant que le principe d'égalité ne contraint pas législateur « à traiter différemment des personnes se trouvant dans des situations différentes » : Cons. const., 16 juin 2017, déc. n°2017-638 QPC, *M. Gérard S.*, cons. 3 ; Cons. const., 28 avr. 2017, déc. n°2017-627/628 QPC, *Société Orange*, cons. 9 ; Cons. const., 30 déc. 1997, déc. n°97-395 DC, *Loi de finances pour 1998,* cons. 32. On retrouve une certaine similarité avec le droit de l'Union européenne, mais aussi une nette divergence : en effet, la Cour de justice exige, pour justifier une différence de traitement entre des contribuables ayant exercé leur liberté de circulation et ceux ne l'ayant pas fait, que la réglementation nationale s'inscrive dans une des raisons impérieuses d'intérêt général qu'elle définit et contrôle, à moins qu'une différence de situation comparable n'exclut le grief d'une atteinte à l'égalité ou à la neutralité ; mais une différence de situation implique une différenciation dans le régime applicable.

[3] Antérieurement, le contrôle de l'existence de situations comparables précédait celui des justifications à une restriction ou entrave à une liberté de circulation, puis la Cour a inclus la première dans les secondes : CJUE, gde ch., 12 juin 2018, aff. C-650/16, *A/S Bevola, Jens W. Trock ApS c/ Skatteministeriet*, pt. 20 ; CJUE, 1ère ch., 17 mai 2017, aff.C-68/15, *X c/ Ministraad (Belgique)*, pt. 50 ; CJUE, 2e ch., 2 sept. 2015, aff. C-386/14, *Groupe Steria SCA*, pt. 21 ;CJUE, 2e ch., 25 fév. 2010, aff. C-337/08, *X Holding BV*, pt. 20.

[4] *Comp.* la position de net retrait de la Cour EDH, laquelle reporte l'appréciation des situations analogues ou différentes sur les États parties : elle leur reconnaît une marge d'appréciation aux États pour « déterminer **si et dans quelle mesure** des différences entre des situations à d'autres égards analogues justifient des différences » (par ex. CEDH, 1ère sect., 30 avr. 2009, n°13444/04, *Glor c/ Suisse*, §82, nous soulignons).

[5] Cons. const. 29 déc. 1999, déc. n°99-424 DC, *Loi de finances pour 2000*, cons. 21, ce que le Conseil ne remettra pas en cause dans la mesure où il ne dispose pas d'un pouvoir d'appréciation de même nature que le Parlement (par ex., Cons. const., 14 déc. 2018, déc. n°2018-753 QPC, *M. Jean-Guilhem G.*, cons. 9).

1. L'identification des éléments de la norme d'imposition, méthode inductive aux propriétés justificatrices fortes

357. Une démarche antéchronologique. Le Conseil constitutionnel suit, en principe, un cheminement inverse du raisonnement ayant conduit à l'adoption de la loi fiscale[1] : partant du contenu, et éventuellement, des effets de la disposition législative contestée[2], il en déduit, prenant parfois appui sur les travaux parlementaires[3], incluant parfois ceux à l'origine d'une mesure modifiée par la disposition soumise à son contrôle[4], un objectif législatif immédiat et concret, parfois qualifié d'intérêt général[5], parfois confondu avec l'objet de la loi, parfois encore constituant une déclinaison d'un objectif de valeur constitutionnelle, telle que la lutte contre la fraude et l'évasion fiscales, à moins qu'il n'en soit un complément, ou s'insérant dans une réforme[6], ou seulement une « perspective », « plus globale »[7]. Il emploie les expressions « le législateur a entendu que (…) »[8] et « il a voulu que

---

[1] Même si l'agencement des arguments peut prêter à confusion : Cons. const., 28 déc. 2000, déc. n°2000-442 DC, *Loi de finances pour 2001,* cons. 23. En effet, le législateur devrait déterminer ses moyens d'actions en fonction de l'objectif poursuivi : ce dernier précède donc l'adoption d'une norme fiscale d'imposition, dont le contenu est précisément de traduire dans la loi le premier. Il faut encore tenir compte des motifs et des effets de la normes, composants extrinsèques de la loi, mais leur absence de valeur normative conduit à les écarter le plus souvent. De plus, l'objectif législatif peut trouver un prolongement, en dehors de la disposition législative, dans un objectif d'intérêt général ou à valeur constitutionnelle, ces derniers étant, le cas échéant, extérieurs à la norme d'imposition contrôlée. Ainsi, chronologiquement, les motifs (1), raison de fait ou de droit motivant, expliquent l'opportunité d'une norme d'imposition, l'objectif législatif (2) donnant l'impulsion, la direction d'application et interprétative au contenu (3) de la norme d'imposition, et les effets produits par les dispositions (4).

[2] Par ex., en détaillant les cas d'application ou l'économie générale de la disposition fiscale contestée (par ex., Cons. const., 19 oct. 2017, déc. n°2017-663 QPC, *Époux Tartarin*, cons. 6). Ce peut être aussi l'explicitation de la raison de l'instauration d'une taxe, par exemple, lorsqu'elle doit permettre le financement d'un fonds d'indemnisation (Cons. const., 8 juin 2012, déc. n°2012-251 QPC, *COPACEL et a.*, cons. 4).

[3] Mais aussi les rapports ou réponses ministérielles (par ex., Cons. const., 4 fév. 2011, déc. n°2010-97 QPC, *Sté LAVAL DISTRIBUTION ;* Cons. const., 15 déc. 2017, déc. n°2017-681 QPC, *SCI Marlin*, cons. 6). Sur les travaux préparatoires, cf. *supra* note 5, p. 92. Bien qu'extérieurs à la norme contrôlée, ils constituent un point d'appui, lorsqu'ils permettent de déterminer ou préciser l'objectif, et notamment sa transformation, passant, par exemple, d'un objectif d'intérêt général de santé publique à un objectif prépondérant de rendement fiscal (par ex. : Cons. const., 28 déc. 2011, déc. n°2011-644 DC, *Loi de finances pour 2012*, cons. 12). Ces documents expliquent en effet mieux l'objectif retenu, plutôt qu'une déduction de l'objet des dispositions, qui sans ces commentaires officiels, paraît quelque peu divinatoire. *Comp.* les décisions du Conseil d'État et les conclusions des rapporteurs publics : par ex, CE, 8e et 3e ch., 29 mars 2017, n°407.057, *SAS Sintex France*, cons.7 ; CE, 3e ch., 12 juil. 2018, n°418.890, *Sté Nateva* (à propos de l'article 44 sexies du CGI).

[4] Cons. const., 27 déc. 2002, déc. n°2002-464 DC, *Loi de finances pour 2003,* cons. 25.

[5] Sur la terminologie employée par le Conseil constitutionnel, v. *supra* note 2, p. 56.

[6] Cons. const., 30 déc. 1996, déc. n°96-385 DC, *Loi de finances pour 1997*, cons. 5 ; Cons. const. 18 oct. 2010, déc. n°2010-57 QPC, *Sté SITA FD et autres*. – V. également, Com. 24 mai 2011, n°10-16.688, *Sté Sectrad et a.*

[7] Cons. const., 28 déc. 2017, déc. n°2017-758 DC, *Loi de finances pour 2018*, cons. 12.

[8] Par ex., Cons. const., 18 oct. 2010, déc. n°2010-58 QPC, *PROCOS et autres*, cons. 5 ; Cons. const., 8 fév. 2018, déc. n°2017-689 QPC, *M. Gabriel S.*, cons. 8 ; Cons. const., 28 déc. 2017, déc. n°2017-

(…) »[1], validant ainsi, par une démarche objective, les intentions du législateur fiscal, sans apporter en principe de jugement de valeur sur le choix de cet objectif[2]. Il appuie son raisonnement le cas échéant par la différence de nature de son pouvoir d'appréciation avec celui du Parlement[3].

358. Cette « reconstruction », remodelant parfois l'intention du législateur[4], présente un caractère idoine soit pour confirmer la constitutionnalité de la différence

---

758 DC, *Loi de finances pour 2018*, cons. 12. – V. également, CE, 8e et 3e ch., 29 mars 2017, n°407.057, *SAS Sintex France*, cons.7.

[1] Par ex., Cons. const., 16 juin 2017, déc. n°2017-638 QPC, *M. Gérard S.*, cons. 6.

[2] Le juge de cassation, dans son rôle de filtre, adopte les méthodes et principes constitutionnelles, tout particulièrement le juge administratif « [e]*n* raison de l'osmose intellectuelle qui existe aujourd'hui entre le Conseil d'État et le Conseil constitutionnel » sans cependant « certitude absolue » (O. FOUQUET, « Le contrôle du Conseil d'État sur la conventionnalité des lois fiscales rétroactives », note sous CE, 9e et 10e ss-sect., 21 oct. 2011, n°314.767, *min. c/ SNC Peugeot Citroën Mulhouse*, et n°314.768, *min. c/ Sté Mécanique Automobile de l'Est : DF* 2011, n°50, comm. 630). Par ailleurs, les travaux parlementaires, s'ils ne figurent pas dans les décisions QPC (ou en dehors de ce contentieux, v. par ex. CE, 9e et 10e ch., 27 fév. 2019, n°408.457 : *JD* 2019-002.759 ; *DF* 2019, n°37, comm. 363, concl. E. BOKDAM-TOGNETTI) sont mentionnés dans les conclusions des rapporteurs publics (par ex., R. VICTOR, concl. sur CE, 8e et 3e ch., 29 mars 2017, n°407.057, *SAS Sintex France*, *préc.* (« il ressort **nettement des travaux préparatoires (…) qu'à travers la mesure d'exemption des PME de la contribution sur les dividendes, le législateur a entendu** prémunir ces entreprises, dans un contexte marqué pour ces dernières, par les difficultés d'accès aux financements, contre un effet pervers de la taxation des bénéfices distribués qui résulterait de ce que leur accès à des investisseurs en capital serait rendu encore plus difficile ». Nous soulignons) ; E. CORTOT-BOUCHER, concl. CE, 3e ch., 12 juil. 2018, n°418.890, *Sté Nateva, op. cit.* (« [il] **ressort toutefois des travaux préparatoires (…), et notamment du rapport fait par M. Philippe Marini au nom de la commission** des lois du Sénat (…), que l'objectif de [la loi de finances pour 2000] a été d'encourager la création (…) d'entreprises constituant des entités originales et indépendantes.», nous soulignons). – V. également, P. MARCHESSOU, *L'interprétation des textes fiscaux,op. cit.*, p. 171 et s.

[3] Cons. const., 8 juin 2012, déc. n°2012-251 QPC, *COPACEL et a.*, cons. 5 ; Cons. const., 28 déc. 2017, déc. n°2017-758 DC, *Loi de finances pour 2018*, cons.11.

[4] L'interprétation est alors à la fois statique et dynamique (cf. C. PERELMAN, « L'interprétation dans le droit », in *APD*, éd. Dalloz, 1972, t. n°17, p. 31). Par ex., pour le régime spécifique aux agents généraux d'assurance de l'exonération, de l'impôt sur les plus-values professionnelles, de l'indemnité compensatrice, l'objectif législatif est concentré dans la seule poursuite de l'activité exercée, commune à l'ensemble des régimes d'exonération prévus par l'article 151 septies du CGI (Cons. const., 19 oct. 2017, déc. n°2017-663 QPC, *Époux Tartarin*, cons. 7 ; Cons. const., 14 oct. 2016, déc. n°2016-587 QPC, *Époux Fischer*, cons. 6) alors que l'intention du législateur eut pu fort bien s'étendre à la préservation du tissu économique impliquant une conservation de l'exercice de l'activité dans les mêmes locaux ou d'une unité dans la personne de l'entreprise repreneuse ou cessionnaire (en ce sens, E. CORTOT-BOUCHER, concl. sur CE, 3e et 8e ch., 17 juil. 2017, n° 410.766, *Époux Tartarin, op. cit.*). Cette méthode n'est retenue toutefois que pour autant que le temps n'a pas émoussé la pertinence de l'objectif particulier (en ce sens, Cons. const., 4 fév. 2011, déc. n°2010-97 QPC, *Sté LAVAL DISTRIBUTION*) et sa mise en œuvre est parfois critiquable. Ainsi, dans l'affaire *Sté Métro Holding France SA*, le Conseil constitutionnel déduit l'intention du législateur « de favoriser l'implication des sociétés mères dans le développement économique de leurs filiales », à partir du critère tiré de la condition de vote attachés aux titres des filiales pour pouvoir bénéficier du régime fiscal des sociétés mères (Cons. Const., 3 fév. 2016, déc. n°2015-520 QPC, *Sté Métro Holding SA venant aux droits de la société CRFP Cash*, cons. 10). Or, la différence de traitement résulte d'une interprétation « excluante » (P. MARTIN, « Le régime français des sociétés mères à la lumière de la directive : les méthodes d'interprétation du juge fiscal » : *DF* 2014, n° 41, étude 569)

de traitement, soit, au contraire, pour constater l'inconstitutionnalité de la disposition[1]. Il est en effet plus évident ou facile de justifier une loi par son objectif, qu'un objectif législatif par l'objet de la loi[2].

---

du Conseil d'État par sa décision *SA Technicolor* (CE, 10e et 9e ss-sect., 15 déc. 2014, n°380.942, *SA Technicolor*). Il n'y avait donc ni différence de situation, ni objectif législatif, ni même plus largement un intérêt général susceptible de justifier la différence de traitement. Il eût été plus satisfaisant en ce cas de prendre acte de cette absence de justification, plutôt que justifier l'inconstitutionnalité de la discrimination à rebours à partir d'une intention que le législateur n'avait pas ou, du moins pas nécessairement. – V. également : Cons. const., 26 juin 2015, déc. n°2015-474 QPC, *Sté ICADE* ; Cons. cons., 20 juin 2014, déc. n°2014-404 QPC, *Époux Machillot ;* Cons. const., 10 mai 2016, déc. n°2016-539 QPC, *Mme Eve G.* ; Cons. Const., 8 juil. 2016, déc. n°2016-553 QPC, *Sté Natixis*, cons.8 ; Cons. const., 19 mai 2017, déc. n°2017-629 QPC, *Société FB Finance* ;Cons. const., 21 sept. 2018, déc. n°2018-733 QPC, *Sté d'exploitation des moyens de carénage*.

[1] Comme le remarque J.-Y. CHEROT, « il n'y pas de différences de situations objectives en elles-mêmes. Les différences de situations n'apparaissent qu'en fonction d'un objectif poursuivi » (« Quelques observations sur le principe d'égalité dans la Constitution et dans la jurisprudence du Conseil constitutionnel », *in Mélanges offers au Doyen Charles Cadoux*, éd. PUAM, 1999, p. 67 et s., spé. p.68). – V. également, O. JOUANJAN, *Le principe d'égalité devant la loi en droit allemand*, éd. Economica-PUAM, coll. « Droit public positif », 1992, spé. p. 266 et s.). Par ex., Cons. const., 21 sept. 2018, déc. n°2018-733 QPC, *Sté d'exploitation des moyens de carénage* : comme l'avait relevé Y. BENARD dans ses conclusions sous la décision de renvoi, et que le commentaire de la décision précise également (pp. 2-4), la volonté de « favoriser l'investissement public dans les infrastructures portuaires » présentait un caractère subsidiaire dans les objectifs du Gouvernement lors de la loi de 1975 instaurant la taxe professionnelle. Aussi, cette décision doit-elle aussi être comprise comme s'insérant dans une perspective plus large que la seule exonération de CFE, et plus exactement dans une volonté du juge constitutionnel « de prémunir le régime fiscal des ports d'une nouvelle contestation sur le terrain du droit des aides d'État après la remise en cause, au 1er janvier 2018, de l'exonération d' IS à la suite d'une décision de la Commission européenne du 27 juillet 2017 » (M. PELLETIER, note : *DF* 2018, n°40, act. 435). – V. également, Cons. const., 19 oct. 2017, déc. n°2017-663 QPC, *Époux Tartarin*, cons. 7 ; Cons. const., 14 oct. 2016, déc. n°2016-587 QPC, *Époux Fischer*, cons. 6 ; Cons. const., 5 août 2011, déc. n°2011-158 QPC, *SIVOM de la Communauté du Bruaysis*, cons. 4 ; Cons. const., 15 déc. 2017, déc. n°2017-681 QPC, *SCI Marlin*, cons. 6 ; Cons. const., 16 juin 2017, déc. n°2017-638 QPC, *M. Gérard S.* ; Cons. const., 8 fév. 2018, déc. n°2017-689 QPC, *M. Gabriel S.*, cons. 9. Relevons que le juge constitutionnel ne peut se prononcer qu'au regard de la loi, alors que certaines inégalités de traitement résultent de l'application des conventions fiscales internationales, le droit conventionnel, et notamment celui de la Convention EDH ou du droit de l'Union européenne, reprenant ses droits. Par ex., Cons. const., 28 sept. 2017, déc. n° 2017-654 QPC, *Sté BPCE* , cons. 8.

[2] E. DUBOUT, « L'efficacité structurelle de la question prioritaire de constitutionnalité en question », *op. cit.* ; V. GOESEL-LE BIHAN, « Le contrôle de proportionnalité exercé par le Conseil constitutionnel, technique de protection des libertés publiques ? » : *Jus politicum* 2012, n°7 ; du même auteur, « Le contrôle de l'objectif poursuivi par le législateur dans la jurisprudence récente du Conseil constitutionnel » : *RFDC* 2014, p. 269 et s.

359. Qualités des objectifs législatifs concrets et immédiat. L'objectif peut être unique ou pluriel[1]. Son degré de précision[2], tout autant que sa distanciation par rapport à la norme d'imposition ou par rattachement à un objectif médiat transcendant[3], conditionnent son caractère opérant dans le contrôle de la rationalité[4]. Certaines

---

[1] Par ex., à propos de la réforme de l'imposition des revenus de capitaux mobiliers : Cons. const., 28 déc. 2017, déc. n°2017-758 DC, *Loi de finances pour 2018*, cons. 28 ; à propos de la réduction d'impôt sur le revenu accordée au titre de l'emploi d'un salarié à domicile :Cons. const., 29 déc. 2004, déc. n°2004-511 DC, *Loi de finances pour 2005,* cons. 41 ; déjà : Cons. const., 27 déc. 2002, déc. n°2002-464 DC, *Loi de finances pour 2003,* cons. 25) ;à propos de l'élargissement de l'assiette de la taxe sur les locaux à usage de bureaux en Île-de-France :Cons. const., 29 déc. 1998, déc. n°98-405 DC, *Loi de finances pour 1999,* cons. 40.

[2] Par ex., les objectifs de la création d'un prélèvement forfaitaire unique pour les revenus de capitaux mobiliers sont si généraux, qu'ils ne donnent que peu d'emprise à un contrôle de la logique de la norme contrôlée (Cons. const., 28 déc. 2017, déc. n°2017-758 DC, *Loi de finances pour 2018*, cons. 28 à 32).

[3] Cette complexification de l'objectif dédouble ce dernier en un « objet » ou objectif concret et immédiat, et en un objectif médiat, transcendant éventuellement la disposition contestée, voire l'imposition ou le dispositif dans lequel cette disposition s'insère, sans pour autant qu'il soit toujours aisé de déterminer à l'aune de quel objectif s'opère finalement le contrôle du respect de l'égalité. Par ex., dans la décision QPC du 7 juillet 2017 concernant la majoration de 25% de l'assiette des contributions sociales afférentes à certains revenus de capitaux mobiliers, le Conseil ne reprend pas l'objet des dispositions contestés de l'article c, I de l'article 136-6 du Code de la sécurité sociale, contrairement à sa décision du 10 février 2017. Mais il suit un raisonnement identique à celle-ci. Partant de l'objet de la norme (« assujettir le contribuable à une imposition dont l'assiette inclut des revenus dont il n'a pas disposé »), il relève dans un même considérant, la mesure (la majoration de 25%), l'objectif immédiat (compenser « la baisse des taux du barème de l'imposition de l'impôt sur le revenu, concomitante à la suppression et à l'intégration dans ce barème de l'abattement de 20% dont bénéficiaient de certains redevable »), lequel s'inscrit dans un but médiat global (« maintenir un niveau d'imposition équivalent») (Cons. const., déc. n°2017-643/650 QPC, *Herzi et Lacquemant*, cons. 14-15 ; Cons. const., 10 fév. 2017, déc. n° 2016-610 QPC, *Époux Garancini*, cons. 9-10). – V. également : Cons. const., 20 avr. 2018, déc. n°2018-701 QPC, *Sté Mi Développement 2* (à propos de l'amendement « Charasse » dans le cadre de l'intégration fiscale des groupes de sociétés) ; Cons. const., 15 déc. 2017, déc. n°2017-679 QPC, *Courtois*, cons. 5 et 7 (à propos de la présomption de rattachement au patrimoine du constituant des biens, droits ou produits contenus dans un trust, dans le cadre de l'ancien impôt de solidarité sur la fortune) ; Cons. const., 19 sept. 2014, déc. n°2014-417 QPC, *Sté Red Bull On Permise et a.* (à propos de la taxe « Red bull » prévue à l'article 1613 bis A du CGI) ; Cons. const., 8 juin 2012, déc. n°2012-251 QPC, *COPACEL et a.* (à propos des articles 990 D et 990 E du CGI) ; Cons. const., 29 déc. 2004, déc. n°2004-511 DC, *Loi de finances pour 2005*, cons. 12. (à propos d'un crédit d'impôt).

[4] Par ex., si l'objectif est d'« inciter à l'investissement productif dans les petites et moyennes entreprises, **compte tenu du rôle joué par ce type d'entreprises dans la création d'emplois** » (nous soulignons), il se subdivise en un objectif immédiat et un objectif médiat, ce dernier renvoyant à la création d'emplois, et le législateur pouvait exclure d'une exonération d'ISF les activités ne contribuent pas ou peu, ou encore indirectement, à cette création d'emplois, telles les activités de gestion de patrimoine mobilier pour compte propre ainsi que des activités de gestion ou de location d'immeuble, ou encore les activités bancaires, financières et d'assurances qui présentent un caractère commercial, tandis que l'objet de la disposition contestée étant relatif à des titres sociaux, il (com)porte rationnellement une différence entre les entreprises sociétaires et les entreprises individuelles, dont le capital n'est pas ouvert aux tiers ; toutefois, cette redéfinition de la notion d'entreprise vient éclairer l'objectif législatif concret et immédiat et s'y confondre, de sorte que « l'objet de la loi » peut également être compris comme synonyme de l'objectif législatif concert et immédiat, ici l'incitation à l'investissement productif dans les PME (Cons. const., 31 juil. 2003, déc. n°2003-477 DC, *Loi pour l'initiative économique,* cons. 20 et 21, et 22).

décisions marquent plus nettement la prépondérance de l'objectif immédiat et concret, en ce qu'il contient le critère de différenciation, même s'il s'apprécie en tenant compte de l'objectif médiat[1], lequel en revanche sert à l'appréciation de l'adaptation[2].

360. Transition. De cette méthode d'identification, il en infère une faible structuration de la norme d'imposition par la rationalité, matérialisée par la différence de situations.

2. La démonstration d'une différence de situation

361. Plan. Le contrôle juridictionnel de la rationalité des différences de traitement, écartant une violation du principe d'égalité devant la loi, présente un pouvoir structurant faible (a), le juge opérant un déplacement de son contrôle sur la matérialité de la différence de situation invoquée par le législateur (b).

a. *La différence de situation, une justification aux propriétés structurantes faibles*

362. Différence de traitement et différence de situation par rapport à l'imposition. La différence de situation peut être démontrée en fonction de l'imposition en cause, cette technique marquant la possibilité pour le juge constitutionnel d'appréhender rationnellement ce composant interne de la loi d'imposition. Ce faisant, le Conseil structure les inégalités de traitement, la différenciation devant s'opérer prioritairement en fonction de l'imposition que la norme contrôlée régie, et non au regard de l'objet des dispositions contestées même si ce dernier consiste précisément à créer une différence de situation[3], le tout dans une perspective de cohérence interne à l'imposition considérée[4]. Le Conseil marque dans

---

[1] Cons. const., 27 déc. 2002, déc. n°2002-464 DC, *Loi de finances pour 2003*, cons. 20.

[2] *Ibid*, cons. 32 et 34.

[3] Par ex., pour créer une différence de traitement entre les entreprises assujetties à la cotisation sur la valeur ajoutée des entreprises, le législateur ne peut s'appuyer sur les règles de l'intégration fiscale, propres à l'impôt sur les sociétés, « sans lien » avec ladite cotisation : l'intégration fiscale a en effet « pour objet, de compenser, au titre d'un même exercice, les résultats bénéficiaires et déficitaires des sociétés du membres du groupe » alors que la CVAE a pour objet d'imposer la valeur ajoutée créée par les entreprises, le dispositif de l'article 1586 quater I bis du CGI posant une règle d'agrégation des chiffres d'affaires, sans compensation (de plus, l'option pour l'intégration fiscale rend la société mère seule redevable, tandis qu'en matière de CVAE, chaque société demeure redevable individuellement de l'impôt). C'est donc « au regard de l'objet de la cotisation sur la valeur ajoutée des entreprises » qu'un critère de différenciation aurait pu être établi (Cons. const., 19 mai 2017, déc. n°2017-629 QPC, *Société FB Finance*, cons. 9). *Comp.* Cons. const., 30 sept. 2016, déc. n°2016-571 QPC, *Sté Layher SAS*). – V. également, à propos de l'impôt sur le revenu : Cons. const., 10 mai 2016, déc. n°2016-539 QPC, *Mme Eve G.*, cons. 6 à 8 :si la loi a pour objet de déroger au principe de l'imposition commune des couples mariées, et donc de créer une différence de traitement au sein de ces couples selon le critère de la résidence fiscale des membres de ces couples en Nouvelle-Calédonie, la différence de situation est vérifiée par rapport à l'imposition en cause, en l'occurrence l'impôt sur le revenu, reposant sur le principe de l'imposition commune des époux, nonobstant l'existence de domiciles distincts (v. not., les conclusions d'E. CREPEY sur la décision de renvoi, CE, 10e et 9e ss-sect., 10 fév. 2016, n°394.701 : *DF* 2016, n°12, comm. 243).

[4] Alors que l'existence d'un objectif d'intérêt général, prolongeant l'objectif législatif concret et immédiat, et dépassant ainsi la seule norme contrôlée, conduit à un contrôle du lien logique d'une

certains cas un contrôle plus resserré[1], ce qu'il ne peut nécessairement faire lorsque la différence de situation ne se mesure pas à l'aune d'une imposition mais naît d'un objectif législatif.

363. Une justification idoine par l'objectif législatif. Si le contenu de la norme d'imposition dépend à la fois des dispositions et de leur interprétation par les juges[2], l'identification de l'objectif législatif, force « centripète » du contrôle de la proportionnalité[3] est une opération primordiale en ce qu'elle porte sur le critère de différenciation[4] : la force « centripète » se concentre donc dans ce dernier, plus spécifiquement.

364. La différence de situations est alors vérifiée en fonction des critères de différenciation, lesquels doivent présenter un lien objectif, matériel avec l'objectif législatif[5], la différence de traitement devant par ailleurs conserver un « rapport direct avec l'objet de la loi qui l'établit », cet objet pouvant se confondre ou renvoyer à l'objectif législatif porté par la norme contrôlée. Or, en ce cas, si l'objectif est précisément de créer une distinction entre les contribuables, l'inexistence d'une différence de traitement s'explique rationnellement par la volonté du législateur : le raisonnement du Conseil constitutionnel prend alors un caractère circulaire, guère satisfaisant, une justification tautologique du lien logique créé par la loi[6], parfois

---

intensité moindre sur le lien logique, mais déplacé sur la réalité concrète de la différence de situation (cf. *infra*). Par ex. Cons. const., 19 mai 2017, déc. n°2017-629 QPC, *Société FB Finance*, cons. 10.

[1] Cons. const., 29 déc. 2016, déc. n°2016-743 DC, *Loi de finances rectificative pour 2016*, cons. 23-28 à propos de la contribution à l'accès au droit et à la justice (le critère de différenciation, attaché à la structure sociale de la société, n'est donc pas pertinent en ce qu'il ne permet pas de traduire une différence de situation dans le niveau d'activité, ayant un lien logique avec la différence de traitement) ; Cons. const., 19 déc. 2013, déc. n°2013-682 DC, *Loi de financement de la sécurité sociale pour 2014*, cons. 12 ; Cons. Const., 29 déc. 1984, déc. n°84-184 DC, *Loi de finances pour 1985*, cons. 17.

[2] Le contenu de la norme peut être complété par la jurisprudence du Conseil d'État ou de la Cour de cassation, cette jurisprudence « constante » étant parfois circonscrite à la décision de renvoi (Cons. const., 6 oct. 2017, déc. n°2017-660 QPC, *Société de participations financière*, cons. 6), ou encore par le Conseil constitutionnel lui-même (par ex. Cons. const., 1er juin 2018, déc. n°2018-708 QPC, *Sté Elengy et a.*, cons. 8 et 9 ; Cons. const., 28 avr. 2017, déc. n°2017-627/628 QPC, *Société Orange*, cons. 7; Cons. const., 28 sept. 2017, déc. n° 2017-654 QPC, *Sté BPCE* , cons. 8)

[3] « [I]nterface de la norme constitutionnelle applicable, l'objectif législatif devient lui-même une norme de contrôle du moyen législatif correspondant » (J.-B. DUCLERCQ, *Les mutations du contrôle de proportionnalité dans la jurisprudence du Conseil constitutionnel*, éd. LGDJ-Lextenso éditions, coll. « Bibl. const. et de sc. polit. », t. n°146, 2014, p. 203-204).

[4] L'objectif n'est pas neutre en ce qu'il est imprégné de choix politiques, mais il doit présenter une neutralité dans son application.

[5] H. AGENEAU, *Le principe d'égalité dans les lois fiscales, op. cit.*, p. 254.

[6] Par ex., le traitement fiscal distinct dans l'imposition des plus-values latentes des sociétés d'investissements immobiliers cotées optant pour le régime favorable d'exonération d'impôt sur les sociétés, résulte d'un double objectif législatif tenant à la fois à la volonté « d'inciter les sociétés à opter pour le régime qu'il créait » et de « favoriser les restructurations des sociétés » ayant opté pour le bénéfice de ce régime : la différence de traitement dans l'imposition des plus-values est « fondée sur une différence de situation en rapport direct avec l'objet de la loi » «lequel, ajoute le commentaire officiel, diffère de l'objectif poursuivi par le législateur en instaurant l'article 208 C du CGI ». Or, la différence de traitement dans l'imposition desdites plus-values naît de la volonté du législateur, lorsqu'il a adopté l'article 208 C ter, créant par là-même la différence de situation entre les sociétés :

fortement marqué[1]. Tel est le cas lorsque la différence de situation naît précisément de la loi fiscale, contrairement aux normes fiscales prenant appui sur une différence préexistante[2].

365. Toutefois, toute structuration n'est pas exclue : le choix pour la poursuite d'un objectif législatif oblige le législateur à préserver la direction donnée à la norme : ainsi, si le critère de différenciation du champ d'application d'une imposition ou d'une exonération n'est pas inscrit dans l'objectif de la disposition, il ne peut alors, en application du principe « *ubi lex non distinguit, nec nos distinguere debemus* », opérer de distinction autre[3].

366. L'objet du contrôle : la coïncidence entre l'objectif législatif et critère de différenciation. Le contrôle de la rationalité se concentre dans la coïncidence entre l'objectif législatif et d'une part, le ou les critères de différenciation, ces derniers pouvant être contenus dans l'objectif, et d'autre part, la différence de traitement, effet créé par la disposition, laquelle sert *a priori* de support à la détermination de

---

l'objet de la loi est donc la création d'une différence de situation à laquelle coïncide une différence de traitement, la première justifiant la seconde (Cons. const., 26 juin 2015, déc. n°2015-474 QPC, *Sté ICADE* , cons. 8). On retrouve le même raisonnement dans la décision relative au prélèvement forfaitaire unique : affirmer que cette différence de traitement repose sur une différence de situation entre ces catégories de revenus revient à valider la différenciation qu'a créée le législateur en érigeant une différence de situation qui n'existait pas auparavant (bien qu'en l'occurrence, le rapport direct avec l'objectif législatif n'est pas mentionné soit considérant qu'il s'agit d'un truisme, soit que la généralité de l'objectif ne permet pas d'en déduire un rapport direct) : Cons. const., 28 déc. 2017, déc. n°2017-758 DC, *Loi de finances pour 2018*, cons. 30. – V. également, Cons. const., 29 déc. 2012, déc. n°2012-662 DC, *Loi de finances pour 2013*, cons. 30 ; Cons. const., 30 déc. 1997, déc. n°97-395 DC, *Loi de finances pour 1998,* cons. 23.

[1] Ainsi, dans la décision n°95-369 DC, le Conseil énonce que « la distinction opérée par la loi entre les contrats à versements libres et les autres contrats repose sur des différences objectives de situation des souscripteurs, relatives aux effets de l'éventuelle remise en cause de leurs engagements **compte tenu de la modification du régime fiscal applicable introduite par l'article concerné** », avec la particularité ici que, si la différence de situation est contenu dans l'objectif législatif immédiat, sa matérialisation dépend du choix du contribuable (Cons. Const., 28 déc. 1995, *Loi de finances pour 1996*, cons. 6 (nous soulignons)). V. également, Cons. const., 21 déc. 2017, déc. n°2017-756 DC, *Loi de financement de la sécurité sociale pour 2018*, cons. 44. *Comp.* Cons. const., 13 juil. 2018, déc. n°2018-719 QPC, *Mme Estelle E.*, cons. 11).

[2] Cons. Const., 28 déc. 1995, déc. n°95-369 DC, *Loi de finances pour 1996*, cons. 6 ; Cons. const., 30 déc. 1996, déc. n°96-385 DC, *Loi de finances pour 1997*, cons. 31 ; Cons. const. 9 août 2012, déc. n°2012-654 DC, *Loi de finances rectificative pour 2012 (II),* cons. 22 et 23 ; Cons. const., 21 déc. 2017, déc. n°2017-756 DC, *Loi de financement de la sécurité sociale pour 2018*, cons. 15 et 16 ; Cons. const., 13 juil. 2018, déc. n°2018-719 QPC, *Mme Estelle E.* (à propos de la différence de traitement existant dans l'imposition des plus-values générées lors d'un partage successoral ou lors d'une indivision successorale) ; Cons. const., 27 sept. 2018, déc. n°2018-735 QPC, *M. Xavier B et a.*, cons. 22 à 26. – V. également, par exemple, CE, 8e et 3e ch., 12 oct. 2018, n°422.427, *Sté Inter Invest et A.* (à propos des conditions d'octroi de la réduction d'impôt pour investissement outre-mer (article 199 undecies B du CGI) ; CE, 9e et 10e ss-sect., 23 sept. 2013, n°369.684, *Sté Visiocom* (à propos de l'article 1010 du CGI) ; CE, 10e et 9e ch., 12 oct. 2016, n°401.459 (à propos de l'article 150-0 B du CGI, dans sa rédaction issue de la loi de finance pour 2000, du 30 déc. 1999).

[3] Cons. const., 23 nov. 2018, déc. n°2018-747 QPC, *M. Kamel H. Comp.* Cons. const., 29 déc. 2013, déc. n°2013-685 DC, *Loi de finances pour 2014*, cons. 19 ; Cons. const., 28 juin 1982, déc. n°82-140 DC, *Loi de finances rectificatives pour 1982*, cons. 10.

l'intention du législateur. N'ayant pas un pouvoir général d'appréciation et de décision que le Parlement[1], il ne peut guère aller au-delà de ce constat de cette coïncidence, matérialisant le lien logique : son contrôle vise à vérifier l'existence d'un lien logique, non d'imposer le lien logique qu'il estimerait adéquat. Il suffit donc que le critère de différenciation soit inclus dans l'objectif et le dispositif contrôlée pour assurer, par cette « identité », l'existence d'un lien matériel, selon une logique voulue par le législateur[2].

367. Transition. L'existence d'une relation matérielle entre le(s) critère(s) de différenciation et l'imposition ou une de ses règles d'application, constitue le support du lien rationnel et logique établissant la différence de situation. Un déplacement du contrôle peut alors s'observer.

b. *Le déplacement du contrôle constitutionnel sur la matérialité de la différence de situation*

368. Contrôle de la réalité de la différence de situation. Si le Conseil ne peut remettre en cause la différence de traitement en raison de la différence de situation créée ou préexistante à la norme d'imposition contrôlée, certaines décisions marquent un approfondissement, par l'appréhension d'éléments extrinsèques à la norme, tels les effets ou la réalité que la loi fiscale régit[3], voire leur systématicité structurelle[4]. Ainsi, lorsque le contrôle fait intervenir des normes ou notions extérieures à la loi fiscale contrôlée, notamment par renvoi à des notions ou droits non fiscaux, le juge constitutionnel teste alors la réalité juridique de la différence de situation, par rapport aux dispositions législatives non fiscales[5]. Il en est de même par la comparaison entre l'objectif législatif et les motifs factuels, vérifiant ainsi concrètement la réalité des arguments avancés par le gouvernement, en particulier lorsque le dispositif mis en place comporte implicitement une certaine « moralisation » ou dissuasion envers les contribuables[6].

---

[1] Cons. const., 29 nov. 2017, déc. n°2017-755 DC, *Loi de finances rectificative pour 2017*, cons. 35.

[2] Cons. const., 30 déc. 1991, déc. n°91-302 DC, *Loi de finances pour 1992*, cons. 7 ; Cons. Const., 21 juin 1993, déc. n°93-320 DC, *Loi de finances rectificative pour 1993,* cons. 21.

[3] Par ex., Cons. const., 7 déc. 2018, déc. n°2018-750/751 QPC, *Sté Long Horn International e. a..*, cons. 32 où la différence de situation explicitant alors, pour le Conseil, la différence de traitement, ou plus logiquement l'écarte.

[4] En ce sens, CE, 8e et 3e ch., 24 oct. 2018, n°423.256, cons. 4.

[5] Cons. cons., 20 juin 2014, déc. n°2014-404 QPC, *Époux Machillot*, cons. 10 ; Cons. const., 8 fév. 2018, déc. n°2017-689 QPC, *M. Gabriel S.* ; Cons. const., 22 déc. 2016, déc. n°2016-742 DC, *Loi de financement de la sécurité sociale pour 2017*, cons. 9 à 14 ; Cons. const., 28 déc. 2000, déc. n°2000-441 DC, *Loi de finances rectificative pour 2000*, cons. 46; Cons. const., 21 sept. 2018, déc. n°2018-733 QPC, *Sté d'exploitation des moyens de carénage*. *Comp.* à propos du versement d'une fraction de la prime d'activité sous la forme d'une réduction dégressive de la CSG : Cons. const., 29 déc. 2015, déc. n°2015-725 DC, *Loi de finances pour 2016*, cons. 27 et 28.

[6] Toutefois, sans remettre en cause les éléments de fait, ni l'appréciation portée par le législateur, l'emploi du conditionnel en témoigne, le contrôle constitutionnel est relativement lâche, et se réduit souvent à valider le raisonnement circulaire : Cons. const., 29 déc. 2013, déc. n°2013-685 DC, *Loi de finances pour 2014*, cons. 45 ;Cons. const., 13 juil. 2018, déc. n°2018-719 QPC, *Mme Estelle E.*, cons. 11.

369. Cette focalisation sur la réalité matérielle ou juridique des différences de situations marque un déplacement du contrôle constitutionnel de la rationalité, propice à un resserrement de ce dernier[1] : il n'a plus pour objet le lien logique d'un point de vue conceptuel, abstrait, mais son existence concrète. Par cette approche objective, le contrôle du Conseil aboutit à une validation objective de l'appréciation subjective du législateur fiscal quant à la rationalité de la norme adoptée, excluant toute remise en cause officielle ou frontale du choix ainsi opéré[2]. L'appréhension de la réalité sous-jacente à une différence de traitement marque toutefois un déplacement du contrôle, propice à un resserrement de ce dernier[3].

370. Transition. Les normes d'imposition, potentielles entraves fiscales aux libertés de circulation, trouvent également dans la différence de situation, à la fois une justification propre à leur donner une rationalité légitime ou à la leur imposer.

B. Comparabilité des situations et libertés de circulation européennes

371. Comparabilité de situations : rapport et proportions en droit de l'Union européenne. Si le Conseil constitutionnel n'impose pas un traitement différencié des personnes se trouvant dans des situations différentes[4], la Cour de justice considère qu'à situations comparables doit correspondre un même traitement fiscal et qu'en présence d'une différence de situations, une différenciation dans le régime fiscal applicable s'impose[5].La comparabilité des situations constitue également la condition de certaines justifications expressément prévues par les traités[6].

---

[1] C. ROULHAC, « L'apport de la question prioritaire de constitutionnalité en matière fiscale », *op. cit.*, spé. n°3. Toutefois, l'identification d'une différence ou l'identité de situation est parfois passée sous silence ou admise implicitement, le juge constitutionnel se concentrant uniquement sur l'existence d'un motif d'intérêt général : Cons. const., 26 juin 2015, déc. n°2015-473 QPC, *Époux Palhon* ; *RJF* 10/2015, n°483 ; Cons. const., 17 sept. 2015, déc. n°2015-482 QPC, *Sté Gurdebeke SA*.

[2] M. COLLET relève ainsi la portée très relative du principe d'égalité en droit fiscal car la loi fiscale « a vocation à tenir compte des différences de situations économique, sociale, familiale, etc., entre contribuables » et le juge « ne s'estime pas autorisé à être trop regardant sur le choix – éminemment politique- du législateur(…) » : « il se contente donc de constater qu'à travers telle ou telle disposition, le législateur poursuive tel ou tel objectif d'intérêt général, mais sans en discuter la pertinence » (M. COLLET, *Droit fiscal, op. cit.*, p. 36). Si l'extension du principe lui a donné, à partir des années 1980, une nouvelle effectivité, le contrôle de constitutionnalité reste assez formel dans l'ensemble.

[3] C. ROULHAC, « L'apport de la question prioritaire de constitutionnalité en matière fiscale », *op. cit.*, spé. n°3.

[4] Cons. const., 16 juin 2017, déc. n°2017-638 QPC, *M. Gérard S.*, cons. 3 ; Cons. const., 28 avr. 2017, déc. n°2017-627/628 QPC, *Société Orange*, cons. 9 ; Cons. const., 15 janv. 2015, déc. n°2014-436 QPC, *Mme Silberman*, cons. 8. *Comp.* Cons. const., 14 nov. 2014, déc. n°2014-425 QPC, *Sté Mutuelle Saint-Christophe*, cons. 6 ; Cons. const., 30 déc. 1997, déc. n°97-395 DC, *Loi de finances pour 1998*, cons. 32. – V. également, CE, 10e et 9e ss-sect., 26 juil. 2011, n°347.113, *Sté Renault Trucks* ; CE, Ass., 28 mars 1997, n°176.049, *Société Baxter*.

[5] CJCE, 14 fév. 1995, aff. C-279/93, *Schumacker*, pt. 30 ; CJCE, 14 sept. 1999, aff. C-191/97, *Gschwind*, pt 21 ; CJCE, 1ère ch., 22 mars 2007, aff. C-383/05, *Talotta*, pt 18 ;CJUE, 4e ch., 10 mai 2010, aff. C-39/10, *Commission c/ Estonie*, pt. 48.

[6] Notamment le paragraphe 1 de l'article 65 du TFUE (anc. art. 58 TCE) relatif à la libre circulation des capitaux.

372. L'enjeu est de déterminer l'existence d'une comparabilité, en fonction de l'objectif et de l'objet de la législation nationale[1] : une telle opération conduit donc à établir un rapport de comparabilité, d'un point de vue juridique et factuel, entre deux situations, ce qui fait intervenir la notion de proportion, voire de proportionnalité de la différence de situation. La casuistique est la règle : il n'existe pas de seuil objectif de comparaison entre les situations des contribuables, point de basculement de qualification et justification dans le contrôle de la rationalité et de l'adaptation[2], mais est fonction de l'économie générale des dispositions nationales et des objectifs qu'elles poursuivent, « au regard de l'objet et du contenu des dispositions nationales en cause »[3]. Certaines présomptions de non-comparabilité[4] objectivisent l'appréciation, relativisée par le refus constant de systématisation par de la Cour de justice[5].

373. Structuration par la rationalité instrumentale. Justification écartant la qualification d'entrave ou la justifiant, la différence de situation opère une structuration dans la création de la norme, la Cour de justice pointant les illogismes entre l'objet d'une disposition fiscale et la situation factuelle ou juridique : si le législateur choisit de traiter de manière identique des situations, il admet qu'il n'existe pas de différence objective entre celles-ci[6]. Le raisonnement reste abstrait, concentré sur la norme d'imposition mais il tend à s'extraire du raisonnement conduit par le législateur, en en donnant, le cas échéant, une lecture différente. Le contrôle de la comparabilité des situations est alors moins propice à une justification et s'oriente dans l'exigence d'une raison impérieuse d'intérêt général.

---

[1] CJUE, gde ch., 12 juin 2018, aff. C-650/16, *A/S Bevola, Jens W. Trock ApS c/ Skatteministeriet*, pts 32 et 37-38; CJUE, gde ch., 17 juil. 2014, aff. C-48/13, *Nordea Bank Danmark A/S c/ Skatteministeriet*, pt. 24 ; CJUE, 3e ch., 17 déc. 2015, aff. C-388/14, *Timac Agro Deutschland GmbH c/ Finanzamt Sankt Augustin*, pt. 27 ; CJUE, 4e ch., 10 mai 2010, aff. C-39/10, *Commission c/ Estonie*, pt. 51.

[2] CJCE, 14 fév. 1995, aff. C-279/93, *Schumacker* ; CJCE, 14 sept. 1999, aff. C-191/97, *Gschwind*, pts 28-32; CJCE, gde ch., 7 sept. 2004, aff. C-319/02, *Petri Manninen*, pts 24 et 32 ; CJUE, 1ère ch., 5 juil. 2012, aff. C-318/10, *SIAT SA*, pts 29 et 30-33 ; CJUE, 3e ch., 10 mai 2012, aff. jtes C-338/11 et C-347/11, *Santander Asset Management SGIIC*.

[3] CJUE, 4e ch., 10 mai 2010, aff. C-39/10, *Commission c/ Estonie*, pt. 51 ; CJUE, 2e ch., 25 fév. 2010, aff. C-337/08, *X Holding BV*, pt. 22 ; CJCE, 2e ch., 17 janv. 2008, aff. C-256/06, *Jäger*, pt 44 ; CJCE, 3e ch., 11 sept. 2008, aff. C-11/07, *Hans Eckelkamp e.a.*, pt 61 ; CJUE, 3e ch., 17 oct. 2013, aff. C-181/12, *Yvon Welte*, pt. 51 ; CJUE, 1ère ch., 7 nov. 2013, aff. C-322/11, *K*, pts. 21 et 31.

[4] Sous réserve de la preuve contraire apportée par le requérant.

[5] Par ex., la présomption de non-comparabilité entre résident et non-résident d'un État membre : CJCE, 14 fév. 1995, aff. C-279/93, *Schumacker*, pts 31-37 ; CJCE, 4e ch., 22 déc. 2008, aff. C-282/07, *Truck Center SA* ; CJUE, gde ch., 24 fév. 2015, aff. C-512/13, *C.G. Sopora c/ Staatssecretaris van Financiën*. Ou encore entre les établissements stables : CJUE, gde ch., 12 juin 2018, aff. C-650/16, *A/S Bevola, Jens W. Trock ApS c/ Skatteministeriet*, pt. 20 ; CJUE, gde ch., 19 juin 2019, aff. C-607/17, *Skatteverket c/ Memira Holding AB* et aff. C. 608/17, *Skatteverket c/ Holmen AB* (revenant sur la jurisprudence CJUE, gde ch., 17 juil. 2014, aff. C-48/13, *Nordea Bank DanmarkA/S c/ Skatteministeriet* ; CJUE, 3e ch., 17 déc. 2015, aff. C-388/14, *Timac Agro Deutschland GmbH c/ Finanzamt Sankt Augustin*).

[6] CJUE, 3e ch., 17 oct. 2013, aff. C-181/12, *Yvon Welte*, pt. 51; CJUE, 2e ch., 22 avr. 2010, aff. C-510/08, *Mattner*, pt. 38 ; CJCE, 11 sept. 2008, aff. C-11/07, *Hans Eckelkamp e.a.*, pt 63.

374. Transition. L'obligation positive de différenciation des contribuables peut être prévue par les textes, et notamment par l'article 13 de la Déclaration de 1789, contraignant alors la structuration de la norme d'imposition.

II. L'obligation positive de différenciation dans la réalisation de l'égalité : les facultés contributives

375. L'égalité devant les charges publiques, une obligation de différenciation selon les facultés ou capacités contributives. Spécificité de la norme constitutionnelle, la différenciation par les « facultés » contributives constitue, une obligation positive pour le législateur[1], contrainte[2] structurant la norme d'imposition[3]. Toutefois, sa vérification dans sa complétude nécessiterait une évaluation globale de la charge fiscale : devant l'impossibilité d'y parvenir d'une manière abstraite, sans tenir compte des choix personnels des contribuables, l'appréciation s'effectue en principe impôt par impôt[4], la détermination des « facultés » contributives devant reposer sur des « critères objectifs et rationnels »[5], matérialisation d'un lien « en fonction » des buts poursuivis[6] par le législateur[7].

---

[1] Autrement dit, à facultés égales, les contribuables devraient contribuer également aux charges publiques. En ce sens, H. AGENEAU, *Le principe d'égalité dans les lois fiscales*, *op. cit.*, p. 14.

[2] M. COLLET, « Réforme fiscale : la contrainte constitutionnelle » : *RFFP* 2011, n°116, p. 19

[3] Critère néanmoins atténué par la poursuite de buts extra-fiscaux. En ce sens, M.-L. DUSSART, « Les choix de politiques fiscales du législateur, l'égalité devant les charges publiques et le pouvoir d'appréciation du juge constitutionnel », *op. cit.*. V. également, M. COLLET, *Droit fiscal*, *op. cit.*, p. 6. Cf. *infra*.

[4] Cons. const., 13 oct. 2011, déc. n°2011-180 QPC, *M. Jean-Luc O. et a.*, cons. 5 ; Cons. const., 29 sept. 2010, déc. n°2010-44 QPC, *M. et Mme Mathieu*, cons. 5 ; Cons. const., 19 nov. 1997, déc. n°97-390 DC, *Loi organique relative à la fiscalité applicable en Polynésie française*, cons. 7 ; Cons. const., 28 déc. 1990, déc. n°90-285 DC, *Loi de finances pour 1991*, cons. 28.

[5] L'expression « motif objectif et rationnel » est parfois employée, accentuant l'idée d'une justification traduite dans ces critères (par ex. Cons. const., 29 déc. 2013, déc. n°2013-684 DC, *Loi de finances rectificative pour 2013*, cons. 37). Par ces caractères « rationnels » et « objectifs », c'est d'abord l'exigence de critères constatables, et aussi contrôlables par le juge constitutionnel (*Comp.* les critères « objectifs et vérifiables » de la Cour de justice de l'Union européenne), ce dernier ne les définissant pas isolément mais les globalisant comme un tout (v. G. EVEILLARD, « L'exigence de critères objectifs et rationnels dans le contrôle de l'égalité devant l'impôt par le Conseil constitutionnel », *op. cit ;* A. FRANK, « Les critères objectifs et rationnels dans le contrôle constitutionnel de l'égalité » : *RDP* 2009, n°1, p. 77 et s.

[6] Cette expression marque le fait que le législateur précède le juge dans la détermination et l'appréciation du lien logique, et que l'objectif précède et constitue le référent à l'aune duquel les critères sont examinés.

[7] De l'article 13 de la Déclaration, tel qu'interprété par le Conseil constitutionnel, s'impose au législateur la règle suivante : « **il appartient au législateur de déterminer**, dans le respect des principes constitutionnels et **compte tenu des caractéristiques de chaque impôt**, les règles selon lesquelles **doivent être appréciées** les **facultés contributives**. En particulier, pour assurer le respect du principe d'égalité, il doit fonder son appréciation sur des **critères objectifs et rationnels en fonction des buts qu'il se propose** » (par ex. Cons. const., 28 avr. 2017, déc. n°2017-627/628 QPC, *Société Orange*, cons. 5 ; Cons. const., 28 déc. 2017, déc. n°2017-758 DC, *Loi de finances pour 2018*, cons. 9) (nous soulignons). Sur l'historique de l'évolution de ce considérant de principe : V. notamment H. AGENEAU, *Le principe d'égalité dans les lois fiscales*, *op. cit.*, p. 27 et s.

376. Facultés et capacités contributives : une différence sémantique opérante ?. Facultés ou capacités contributives ne sont pas synonymes, même si le Conseil constitutionnel n'opère pas une distinction stricte et rigoureuse entre les deux. On observe une tendance distinguant les capacités contributives, mesurant ce que le contribuable peut payer à raison, principalement, des flux d'argent imposables qu'il reçoit, et les facultés contributives, correspondant à ce qu'il « doit payer à raison du profit qu'il retire de son appartenance à une société établie »[1], cette distinction étant plus nette concernant les impositions portant sur un bien, un patrimoine, un capital. La détermination des facultés contributives marquerait une recherche d'équité accentuée, une axiologie amoindrissant *per se* la rationalité instrumentale tirée du critère imposé de différenciation. Quoiqu'il en soit, le Conseil emploie une même méthode de contrôle.

377. Plan. Par l'exigence de « critères objectifs et rationnels », le Conseil vérifie l'existence d'un lien logique, temporel et matériel, entre les composants de l'assiette et l'objet de l'imposition, à savoir un flux d'argent (A) ou un capital (B)[2], même indirectement[3].

A. Les impôts sur les flux d'argent : une assiette dynamique

378. Délimitation matérielle et temporelle de l'assiette de l'impôt sur les flux d'argent. S'agissant des impositions sur un revenu[4], le Conseil a posé les termes du lien logique, à savoir l'assiette (le revenu ou la ressource) et le redevable, et les exceptions à ce principe, notamment pour des « motifs de lutte contre la fraude ou l'évasion fiscales », exceptions devant elles aussi répondre à l'exigence de rationalité et d'adaptation[5]. À défaut de tels objectifs, il importe que, même en présence d'un mécanisme de prélèvements anticipés, l'imposition finalement due porte sur des

---

[1] E. DE CROUY-CHANEL et A.-S. LE BRIS, « La décision n°2010-44 QPC du Conseil constitutionnel », *op. cit.*

[2] Cons. const., 18 déc. 1998, déc. n°98-404 DC, *Loi de financement de la sécurité sociale pour 1999*, cons. 26. Les critères objectifs et rationnels pouvant alors être aussi la mesure de l'adaptation de la charge fiscale personnelle, mais non nécessairement ente contribuables (par ex. Cons. const. 9 août 2012, déc. n°2012-654 DC, *Loi de finances rectificative pour 2012 (II)*, cons. 32).

[3] Notamment lorsque l'impôt a pour assiette un autre impôt, ce qu'« aucune règle ou principe de valeur constitutionnel » n'interdit (Cons. const., 21 déc. 1999, déc. n°99-422 DC, *Loi de financement de la sécurité sociale pour 2000*, cons. 13 ; Cons. Const., 29 déc. 1984, déc. n°84-184 DC, *Loi de finances pour 1985*, cons. 18).

[4] L'appréhension par l'impôt sur les flux d'argent se manifeste directement dans l'imposition des revenus, et plus indirectement via les transactions, comme la taxe sur la valeur ajoutée ou les accises, ou les transmissions de patrimoine, telles les donations ou successions. Nous nous concentrerons plus particulièrement sur les deux premières.

[5] Ainsi « de telles dérogations doivent être adaptées et proportionnées à la poursuite de ces objectifs » (Cons. const., 29 déc. 2013, déc. n°2013-684 DC, *Loi de finances rectificative pour 2013*, cons. 29 ; Cons. const., 6 fév. 2014, déc. n°2013-362 QPC, *Sté TF1 SA*, cons. 4 ; Cons. const., 30 mars 2017, déc. n°2016-620 QPC, *Sté EDI-TV*, cons. 5. *Comp.* Cons. const., 7 juil. 2017, déc. n°2017-643/650 QPC, *Herzi et Lacquemant*, cons. 14 et 16 ; Cons. const., 10 fév. 2017, déc. n° 2016-610 QPC, *Époux Garancini*, cons.9).

produits ou revenus dont le contribuable a effectivement retirés ou disposés[1]. L'imposition est fondée et justifiée par rapport à ce flux d'argent, mesure des capacités contributives, à la date du fait générateur[2] : dès lors, elle devient source de disproportionnalité si elle inclut dans l'assiette imposable, des éléments qui n'ont pas fait l'objet de flux à la date du fait générateur soit *ab initio*, soit ultérieurement[3], c'est-à-dire qui ne peuvent être reliés rationnellement en fonction du critère constitutionnel de différenciation.

379. Accentuation de la contrainte constitutionnelle. Dans certaines hypothèses, la contrainte constitutionnelle crée et impose une certaine structuration de la norme d'imposition, réintroduisant une rationalité axiologique fondée sur l'équité : les facultés contributives doivent ainsi, pour l'impôt sur le revenu, tenir compte du foyer fiscal[4] et de la progressivité[5]. Par ailleurs, sans pouvoir exclure la construction d'un raisonnement à partir d'une solution déterminée, le Conseil constitutionnel, nonobstant les observations du Gouvernement distinguant clairement une contribution exceptionnelle sur les hauts revenus et l'impôt sur le revenu, a rattaché la première au second : la mise en perspective avec l'impôt sur le revenu assoit l'argument idoine d'inconstitutionnalité tiré de de ce que la contribution n'est pas calculée en fonction du foyer fiscal[6].

380. Transition. Cette contrainte aboutit pour les impôts dont l'assiette est un capital à des critères différents mettant en perspective la déconnexion des revenus perçus et la poursuite de buts sociaux, économiques, environnementaux ou de solidarité, etc.

B. Les impôts sur un capital : une assiette statique

381. L'impôt sur la fortune, entre solidarité et rendement. L'impôt sur la fortune immobilière (ci-après IFI) ou son ancêtre, l'impôt de solidarité sur la fortune[7] (ci-après ISF), ont ainsi pour objet de « frapper la capacité contributive que confère la

---

[1] Cons. const., 17 sept. 2015, déc. n°2015-483 QPC, *M. Jean-Claude C.*, cons. 6. – V. également, Cons. const., 6 mars 2015, déc. n°2014-456 QPC, *Sté Nextradio TV* ;Cons. const., 13 juil. 2018, déc. n°2018-719 QPC, *Mme Estelle E.*, cons. 12.

[2] La liquidité desdits flux ne semble pas constituer un critère : CE, 8e et 3e ch., 26 nov. 2018, n°424.331 : *RJF* 2/2019, n°191, concl. R. VICTOR.

[3] Cons. const., 28 avr. 2017, déc. n°2017-627/628 QPC, *Société Orange*, cons. 8 (à propos de la contribution patronale portant sur les attributions d'actions gratuites). *Comp.* Cons. const., 29 déc. 2016, déc. n°2016-744 DC, *Loi de finances pour 2017* (à propos de l'ajustement de la TASCOM par l'imputation des acomptes, voire la restitution d'une partie de la taxe).

[4] Cons. const., 29 déc. 2012, déc. n°2012-662 DC, *Loi de finances pour 2013*, cons. 73 . Les considérations relatives au quotient familial allient ainsi certes un aspect sociologique, mais aussi et surtout un aspect axiologique d'une certaine conception de la justice fiscale : ainsi « l'argument sociologique est d'autant plus pertinent qu'il s'appuie sur des postulats axiologiques implicites » (D. GUTMANN, « L'argument sociologique en droit fiscal », in *L'argument sociologique en droit. Pluriel et singularité*, D. FENOUILLET (dir.), éd. Dalloz, 2015, p. 275)

[5] Cons. const., 21 juin 1993, déc. n°93-320 DC, *Loi de finances rectificatives pour 1993* ; Cons. const., 30 déc. 1997, déc. n°97-395 DC, *Loi de finances pour 1998*.

[6] Cons. const., 29 déc. 2012, déc. n°2012-662 DC, *Loi de finances pour 2013*, cons. 73.

[7] Et son aïeul l'impôt sur les grandes fortunes.

détention d'un ensemble de biens et de droits »[1], ce qui ne se limite pas aux « seuls bien productifs de revenus »[2] mais englobe tous les biens dont le contribuable est propriétaire[3]. Sur ce point, le changement de perspective téléologique, l'IFI poursuivant un objectif de rendement[4], tandis que l'ISF avait une vocation de solidarité, portée par son intitulé, n'a pas modifié l'inclusion des biens non-productifs de revenu[5] : celle-ci peut aussi bien se justifier à partir d'un objectif budgétaire que d'un objectif de solidarité[6]. Ainsi, la nature de l'impôt structure la norme d'imposition

---

[1] Cons. const., 29 déc. 2014, déc. n°2014-707 DC, *Loi de finances pour 2015*, cons. 18.

[2] Cons. const., 11 fév. 2011, déc. n°2010-99 QPC, *Mme Noblins*, cons.4 ; Cons. const., 29 déc. 2012, déc. n°2012-662 DC, *Loi de finances pour 2013,* cons. 90. *Comp.* antérieurement : Cons. const., 30 déc. 1981, déc. n°81-133 DC, *Loi de finances pour 1982*, cons. 7 et 12 : cette capacité « résulte des revenus en espèce ou en nature procurés périodiquement par ces biens, qu'ils soient ou non soumis par ailleurs à l'impôt sur le revenu » et « se trouve entre les mains non du nu-propriétaire mais de ceux qui bénéficient des revenus ou avantages afférents aux biens dont la propriété est démembrée ».

[3] Cons. const., 29 sept. 2010, déc. n°2010-44 QPC, *M. et Mme Mathieu*, cons. 11.

[4] Cons. const., 28 déc. 2017, déc. n°2017-758 DC, *Loi de finances pour 2018*, cons. 41 et 55 (à propos de l'exonération de certains biens et de la prise en compte, pour la valeur en pleine propriété, des propriétés dont un contribuable a l'usufruit, par l'effet de la volonté et non de la loi). *Comp.* Cons. const. 9 août 2012, déc. n°2012-654 DC, *Loi de finances rectificative pour 2012 (II), cons. 41* à propos de la taxe portant sur les stocks des entreprises du secteur pétrolier placés sous l'un des régimes de suspension de taxe , lesquels sont « en lien avec les capacités contributives [desdites] entreprises.

[5] Si un lien avait été établi par les auteurs entre la capacité contributive et la production de revenus par les biens détenus, en raison notamment de la décision n°98-405 DC, le juge constitutionnel a depuis remis en cause cette interprétation laquelle ne tenait sans doute pas assez compte de l'affirmation selon laquelle « en raison de son taux et de son caractère annuel, l'impôt de solidarité sur la fortune est appelé **normalement** à être acquitté sur les revenus des biens imposables » (Cons. const., 29 déc. 1998, déc. n°98-405 DC, *Loi de finances pour 1999,* cons. 27, nous soulignons) : l'écart par rapport à une normalité de la charge d'imposition était susceptible de résulter pour le nu-propriétaire par l'inclusion de la valeur en pleine-propriété dans l'assiette de l'ISF. Certes ce dispositif avait été imaginé par le législateur afin de contrer certains montages juridiques, mais l'objectif « *anti-abus* » n'apparaît pas dans la décision du Conseil. – V. également, Cons. const., 30 déc. 1981, déc. n°81-133 DC, *Loi de finances pour 1982*, cons. 7, cette décision marquant à la fois l'assentiment du Conseil sur une norme, un standard à l'aune duquel est apprécié le bien-fondé de l'imposition et coïncidence entre rationalité de l'assiette de l'imposition et de son adaptation (v. A. MANGIAVILLANO, *Le contribuable et l'État : l'impôt et la garantie constitutionnelle de la propriété (Allemagne-France)*, éd. Dalloz, coll. « Nouv. Bibl. th. », t. n°126, 2013, p. 185 et s.). Ce faisant, elle manifeste également sa vigilance à ce que l'imposition sur la fortune ne se mue en impôt en capital (en ce sens, Doyen VEDEL affirmait « [s]eule une décision faisant référence à la fois au taux et à l'annualité de cet impôt sur les grandes fortunes serait de nature, (…), à dissuader le législateur (…) d'instituer des aggravations du taux de cet impôt, ce qui le ferait basculer d'un type d'impôt sur le capital à un impôt en capital » (*Archives du Conseil constitutionnel*, séance du 30 déc. 1981, p. 16). – V. également, J.-P. FELDMAN, « Le Conseil constitutionnel et l'ISF. De l'égalité et de la progressivité de l'impôt », à propos de la décision n°2010-44 QPC : D 2010, p. 2620 et s. ; L. PHILIP, « Solidarité et politique fiscale », *in* J-C. BEGUIN et P. CHARLOT (dir.), *La solidarité en droit public*, éd. L'Harmattan, coll. « Logiques juridiques », 2005, p. 250 et s. ; E. DE CROUY-CHANEL, « L'impôt sur la fortune, le mal-aimé du système fiscal français » : *Rev. polit. parl.* oct./déc. 2005, n°1037, p. 21 et s.

[6] Même si en réalité, il y a bien longtemps que l'ISF avait perdu sa vocation solidaire, si tant est qu'elle fut effective, et revêtu un aspect symbolique, et budgétaire, rendant tout suppression nette « problématique » d'un point de vue politique. J.-C. GROSCLAUDE notait à cet égard, que « ainsi délié de tout examen de ses effets économiques et financiers sur le propriétaire d'un capital donné »,

en ce que la capacité contributive s'établit à partir de la structure du patrimoine du foyer d'imposition, mais non en fonction de la rationalité axiologique ou de la composition de ce foyer[1]

382. L'instauration de l'imposition différentielle en 2012 manifeste la même position de retrait du Conseil constitutionnel, preuve des limites juridictionnelles du juge qui ne peut aller au-delà des termes de la loi, interprétés à la lumière des débats ou travaux parlementaires, d'autant plus si les mesures sont chargées de symboles politiques forts[2] : la coïncidence des critères avec les objectifs législatifs leur confère « objectivité » et rationalité, ce lien logique assurant par ailleurs la proportionnalité de la charge fiscale personnelle. La poursuite d'un objectif de rendement donne donc néanmoins une latitude plus large au législateur dans le choix des éléments de l'assiette[3].

383. Dilution de la structuration de la norme d'imposition. Quel que soit le type d'imposition envisagée, et eu égard à l'interventionnisme fiscal, le critère de différenciation des facultés ou capacités contributives perd en netteté, la poursuite d'intérêts généraux non strictement budgétaires ou fiscaux diluant la structuration imposée par la norme constitutionnelle.

Conclusion de la Sous-section 1.

384. La mise en œuvre du principe d'égalité par la prise en compte ou la création d'une différence de situations ou par l'obligation de différenciation, européenne ou constitutionnelle, démontre que la rationalisation de la norme d'imposition, par sa structuration catalysée par le contrôle juridictionnel, repose sur une rationalité décidée par le législateur, lequel doit néanmoins tenir compte de certaines contraintes.

385. Si cependant, le législateur introduit une inégalité de traitement, celle-ci n'est pas illégitime, disproportionnée dès lors qu'elle peut être rattachée rationnellement et logiquement à un intérêt général, faisant corps avec la loi d'imposition ou lui étant extérieur, cette extériorité distendant le lien logique et retirant au juge tout ou partie de son pouvoir de contrôle.

---

l'ISF est « uniquement un geste de solidarité obligatoire », ce qu'en attestent les discours du ministre chargé du budget pendant les débats parlementaires (relevant par ailleurs que pour l'opinion publique, « le rétablissement de l'impôt sur la fortune était aussi une mesure de justice afin de réclamer à ceux qui ont les moyens pour aider ceux qui n'ont pas grand-chose » :JOAN CR, 21 oct. 1988, p. 1165), et remarquait par ailleurs que cette affectation ne fut jamais juridique mais seulement symbolique (in *JCl. Impôt sur la fortune.* Fasc. 15, « Historique et problématique », n°31, actualisation 1er juin 2014).

[1] Cons. const., 29 sept. 2010, déc. n°2010-44 QPC, *M. et Mme Mathieu..*

[2] Cons. const. 9 août 2012, déc. n°2012-654 DC, *Loi de finances rectificative pour 2012 (II),* cons. 31 et 32. *Comp.* l'absence d'obligation de prévoir une évaluation selon des modalités identiques : Cons. const., 15 janv. 2015, déc. n°2014-436 QPC, *Mme Silberman*, cons. 8.

[3] Mais dès lors qu'il entend épargner certains biens, pour des considérations pratiques ou des objectifs législatifs déduit des dispositions contrôlées, que le juge reformule, on retrouve le raisonnement circulaire propre à justifier les mesures adoptées : Cons. const., 28 déc. 2017, déc. n°2017-758 DC, *Loi de finances pour 2018*, cons. 41 et 42 et et cons. 88 à 90.

Sous-section 2. La rationalité instrumentale et axiologique des inégalités fiscales

386. Plan. Une violation du principe d'égalité n'aboutit pas nécessairement à une disparition de la norme d'imposition, dès lors qu'une justification rationnelle existe. Le contrôle de la rationalité, s'il repose sur la rationalité instrumentale de l'objectif d'intérêt général (I), demeure contrebalancé par des considérations éthiques et d'équité portées par les objectifs de lutte contre les fraudes et évasions fiscales et autres pratiques abusives (II).

I. La structuration des inégalités par l'intérêt général, justification instrumentale de la violation des principes d'égalité

387. Plan. Conseil constitutionnel, Cour européenne et Cour de justice n'adoptent pas la même démarche, ni n'admettent une même ouverture relative dans le choix des objectifs législatifs légitimes : à la liberté du droit constitutionnel (A), s'opposent la relative contrainte de la Convention européenne des droits de l'homme (B) et une contrainte accrue de la Cour de justice de l'Union européenne (C).

A. L'unité de la structuration constitutionnelle des inégalités à partir de la rationalité instrumentale

388. Problématique. La violation justifiée des principes d'égalité, soit que le législateur opère une distinction entre les contribuables dans le champ d'application ou les conditions d'application d'une loi d'imposition (article 6)[1], soit qu'il s'écarte de la structuration des normes d'imposition dans la détermination des critères d'appréciation des facultés ou capacités contributives (article 13)[2], résulte d'une part, de la poursuite d'un motif d'intérêt général, voire d'une exigence constitutionnelle ou d'un objectif de valeur constitutionnelle, et d'autre part, de sa propriété explicative du contenu de la norme d'imposition.

389. Plan. Le contrôle du Conseil constitutionnel se concentre sur la coïncidence opérée par les moyens mis en œuvre entre la finalité poursuivie et l'objet des dispositions législatives, qu'il s'agisse de mesures favorables ou dissuasives. Bien que relevant de fondements distincts, les techniques de contrôle des articles 6 et 13 aboutissent à un résultat similaire en termes de structuration (1), que met en exergue la synergie observable dans le cadre d'une application successive ou cumulée des deux fondements (2).

---

[1] Sans remettre en cause l'appréciation des facultés ou capacités contributives. En ce sens, M. COLLET, *Droit fiscal*, *op. cit.*, p. 35 : il s'agit de savoir si « les critères d'identification [d'une] catégorie [de contribuable] permettent d'isoler un ensemble suffisamment homogène de contribuable (se distinguant nettement des personnes non concernées par le dispositif en question) et, d'autre part, [si] ces critères permettent d'identifier les contribuables auxquels la loi a souhaité réserver un traitement particulier ».

[2] Cette distinction s'observe de manière générale, sans que le Conseil ne suive toutefois une rigueur constante à ce sujet.

1. La structuration auto-déterminée des inégalités, une relative liberté constitutionnelle

390. Plan. Le législateur fiscal dispose d'une relative liberté dans la détermination des règles d'imposition, leur assignant des objectifs d'ordre social, économique, ou encore environnemental ou de solidarité s'écartant de la vocation première de l'impôt. Les distinctions opérées devant la loi (a) ou la modification du critère de différenciation dans la détermination des capacités contributives (b) obéissent à une structuration, fonction de ces objectifs, dont le caractère non fiscal ou extérieur à la norme d'imposition influe sur le contrôle constitutionnel.

a. *Une structuration de l'inégalité devant la loi fiscale en fonction de l'intérêt général*

391. La coïncidence de l'objectif d'intérêt général avec le champ d'application de la norme d'imposition. Le motif d'intérêt général[1] peut se confondre avec l'objectif législatif de la loi examinée, ou celui qu'elle reprend par modification d'une disposition préexistante[2]. La rationalité de l'inégalité s'établit alors par la coïncidence entre le champ d'application de la loi et l'objectif d'intérêt général poursuivi, de manière à circonscrire l'inégalité ainsi créée, par le truchement du critère de différenciation[3]. Cette délimitation peut se complexifier lorsqu'une

---

[1] En l'absence d'une telle justification, la différence de traitement est contraire au principe d'égalité devant la loi : Cons. const., 29 déc. 2016, déc. n°2016-743 DC, *Loi de finances rectificative pour 2016*, cons. 28; Cons. const., 28 déc. 2000, déc. n°2000-441 DC, *Loi de finances rectificative pour 2000,* cons. 46.

[2] Par ex., Cons. const., 16 déc. 2010, déc. n°2010-620 DC, *Loi de financement de la sécurité sociale pour 2011,* cons. 15. Ce motif ne peut pas toujours se résumer à un objectif de rendement budgétaire : Cons. const., 6 oct. 2017, déc. n°2017-660 QPC, *Société de participations financière* ; Cons. const., 30 sept. 2016, déc. n°2016-571 QPC, *Sté Layher SAS*, cons. 9.

[3] Ainsi, à propos des modalités spécifiques du calcul du dégrèvement de la cotisation sur la valeur ajoutée des entreprises appartenant à un groupe, si le Conseil constitutionnel ne remet pas en cause cet objectif qualifié d'intérêt général, proche de la lutte contre une optimisation fiscale, voire contre une pratique « abusive », il relève que les opérations de restructuration ne sont pas propres aux sociétés appartenant à un groupe fiscalement intégré mais concernent tous les groupes de sociétés : il n'y a donc pas de coïncidence logique entre l'intention du législateur et le champ d'application, trop étroit, des modalités spécifiques du dégrèvement (Cons. const., 19 mai 2017, déc. n°2017-629 QPC, *Société FB Finance*, cons. 10). *Comp.* Cons. const., 30 nov. 2018, déc. n°2018-748 QPC, *Sté Zimmer Biomet France Holdings*, décision relative à la limitation de la déductibilité des charges financières au sein des groupes de sociétés (art. 209, IX du CGI) où le juge constitutionnel, par une réserve d'interprétation neutralisante, corrige cette dissonance entre l'objectif de lutter contre une pratique optimisante, dont il ne vérifie pas, par ailleurs, la réalité, et le champ d'application en résultant. A l'inverse, si le législateur entend différencier le régime fiscal des dividendes, selon que la société mère forme ou non avec ses filiales un groupe fiscalement intégré, le choix du critère de l'option pour ce dernier régime peut rationnellement être rattaché l'objectif d'incitation « à la constitution de groupes nationaux, soumis à des **conditions particulières de détention** caractérisant leur degré d'intégration » (nous soulignons) ; toutefois, le Conseil n'envisage pas la possibilité qu'une société réunissant les conditions de détention de l'intégration fiscale avec une ou plusieurs filiales, n'opte toutefois pas pour le régime d'intégration fiscale : il y a là une contradiction car alors, l'option pour le régime d'intégration fiscale ne constitue plus un critère rationnel de différenciation si l'on s'en tient à l'objectif d'intérêt général retenu, mais dépendant du choix d'une société mère

première différence de traitement en génère une seconde[1], ou dans le cadre d'une évolution législative privant de fondement une différence de traitement[2].

392. Or, le motif d'intérêt général constituant un prolongement de l'objectif législatif concret et immédiat, ce dernier déclinant la première ou s'y confondant parfois, cette exigence retire explique un contrôle restreint de la logique de la différenciation[3], le juge se réservant parfois la possibilité d'apporter son assentiment à la loi adoptée, ou du moins son absence de critique à cet égard : le juge contrôle ainsi que la logique voulue par le législateur se vérifie effectivement dans la norme d'imposition, à travers ce critère de différenciation et la délimitation du champ d'application[4], mais il n'en questionne pas nécessairement la validité « scientifique », bien qu'il puisse en certains cas déplacer son contrôle sur l'existence d'une réalité, sous-jacente au lien logique[5].

(Cons. const., 18 avr. 2018, déc. n°2018-699 QPC, *Sté Life Sciences Holdings France*, cons. 9, à propos de la neutralisation de la quote-part de frais et charges). *Comp.* Cons. const., 30 sept. 2016, déc. n°2016-571 QPC, *Sté Layher SAS*.

[1] Cons. const., 17 sept. 2015, déc. n°2015-482 QPC, *Sté Gurdebeke SA*, cons. 7, par ex.

[2] Par ex., l'objectif législatif « d'intérêt général » tendant à éviter une optimisation fiscale dans l'imposition des revenus de capitaux mobiliers, par la combinaison d'une part, du barème progressif de l'impôt sur le revenu avec le cumul des abattements proportionnels et fixes, et d'autre part, le prélèvement forfaitaire libératoire, ne justifie une différence de traitement que pour autant que cette faculté d'optimisation perdure : Cons. const., 26 juin 2015, déc. n°2015-473 QPC, *Époux Pahlon*, cons. 5 et 6. – V. également, Cons. const. 29 déc. 1989, déc. n°89-268 DC, *Loi de finances pour 1990*, cons. 42.

[3] Cons. const., 28 déc. 2017, déc. n°2017-758 DC, *Loi de finances pour 2018*, cons. 69 ; Cons. const., 30 nov. 2018, déc. n°2018-748 QPC, *Sté Zimmer Biomet France Holdings.*

[4] Cette exigence s'accentue parfois en raison, de manière plus ou moins implicite, de considérations éthiques ou d'équité, notamment dans l'instauration de régimes de faveurs tels l'amnistie fiscale, la nature d'un tel texte étant de porter atteinte au principe d'égalité devant l'impôt : à partir de l'intention du législateur, dépassant ainsi la seule mesure d'amnistie, les juges de la rue Montpensier relèvent le caractère transcendant des objectifs poursuivis bénéficiant à l'ensemble de la collectivité et non pas seulement aux seuls contribuables indélicats, tout autant qu'ils reconnaissent la marge d'appréciation du législateur dans la détermination des motifs d'intérêt général. Mais ils ne s'arrêtent pas à ce constat et posent comme exigences strictes à la fois la définition claire, objective du champ d'application de la mesure et une stricte délimitation de l'avantage ainsi consenti, deux critères à partir desquels un lien logique entre le contenu de la norme et l'objectif peut être établi, ces critères constituant également une adaptation intrinsèque (Cons. const., 3 juil. 1986, déc. n°86-209 DC, *Loi de finances rectificative pour 1986*, cons. 17). Et tel était le cas en l'espèce : l'application était limitée aux **seuls** « résidents français qui détiennent des avoirs irréguliers à l'étranger et à l'encontre desquels une procédure administrative ou judiciaire n'a pas été engagée avant la date de régularisation de leur situation au sujet des mêmes sommes », aux **seuls** avoirs rapatriés avant le 1er janvier 1987, date d'entrée en vigueur de la loi, et aux **seuls** « "impôts dont le fait générateur est antérieur à la date d'entrée en vigueur" de la loi » (*ibid.*, cons. 18, nous soulignons).

[5] S'il met en avant les effets de la norme fiscale contestée, l'emploi du conditionnel montre qu'il tient compte de ces derniers tels qu'ils sont avancés par le gouvernement, le Conseil ne disposant pas des moyens d'opérer des vérifications par lui-même. Par ex., concernant les octrois de mer, (Cons. const., 7 déc. 2018, déc. n°2018-750/751 QPC, *Sté Long Horn International e. a.*., cons. 24), concernant la taxe dite « *Red bull* », le conditionnel marquant la position de retrait du Conseil quant à la véracité des motifs de faits du législateur, qui justifie la déclaration d'inconstitutionnalité (Cons. const., 13 déc. 2012, déc. n°2012-659 DC, *Loi de financement de la sécurité sociale pour 2013*, cons. 26).

393. Structuration performative dans l'égalité devant la loi. À moins que le Conseil ne poursuive son contrôle sur l'article 13 de la Déclaration, l'existence du lien rationnel et logique suffit en principe à elle-seule, à adapter la norme à la situation d'application, dans l'optique du contrôle de constitutionnalité : le « rapport direct avec l'objet de la loi », matérialisation du lien logique[1], constitue à la fois la justification et l'adaptation de la norme fiscale d'imposition[2], le juge constitutionnel pointant parfois des éléments d'adaptation qui renforcent l'adaptation intrinsèque[3] ou apportant des correctifs, par des réserves d'interprétation[4]. L'adaptation reste concentrée dans la norme d'imposition, à partir d'une rationalité instrumentale.

394. Transition. Le législateur peut s'écarter également de la contrainte constitutionnelle des facultés ou capacités contributives de l'article 13 en démontrant un intérêt général.

b. *Une structuration modifiée dans l'appréciation des facultés contributives par un motif d'intérêt général*

395. Effet d'une modification du critère de différenciation de l'article 13 de la Déclaration. Par la poursuite d'un motif d'intérêt général, le lien logique primitif, fonction du type d'imposition est déformé pour aboutir à un lien logique secondaire[5] et modifie le pouvoir d'appréhension du Conseil constitutionnel lequel ne sanctionne que l'erreur manifeste d'appréciation[6]. L'exigence demeure d'établir un lien rationnel entre cette appréciation modifiée des facultés ou capacités contributives par des

---

Comp., fondé sur « *le principe d'égalité* », à propos de la taxe sur les bières à forte teneur en alcool : Cons. const., 12 déc. 2002, déc. n°2002-463 DC, *Loi de financement de la sécurité sociale pour 2003,* cons. 13/

[1] Parfois selon le choix opéré par le contribuable, matérialisant la différence de situation justificatrice : Cons. Const., 28 déc. 1995, déc. n°95-369 DC, *Loi de finances pour 1996,* cons. 6.

[2] Par ex., Cons. const., 13 oct. 2011, déc. n°2011-180 QPC, *M. Jean-Luc O. et a.*, cons. 6 ; Cons. const., 28 déc. 2017, déc. n°2017-758 DC, *Loi de finances pour 2018*, cons. 69 ; Cons. const., 22 déc. 2016, déc. n°2016-742 DC, *Loi de financement de la sécurité sociale pour 2017*, cons. 9 à 17 ; Cons. const., 12 déc. 2002, déc. n°2002-463 DC, *Loi de financement de la sécurité sociale pour 2003,* cons. 13 ; Cons. const., 3 juil. 1986, déc. n°86-209 DC, *Loi de finances rectificative pour 1986*, cons. 17-18 et 25-26..

[3] Ou excluent une éventuelle inadaptation en raison de l'application d'autres dispositions que celles soumises à son examen : Cons. const., 22 déc. 2016, déc. n°2016-742 DC, *Loi de financement de la sécurité sociale pour 2017*, cons. 15.

[4] Cf. *infra*.

[5] Par ex., s'agissant de l'assiette de l'ISF, E. de CROUY-CHANEL et A.-S. LE BRIS écrivent que « [s]i le législateur distingue les biens dont il faut favoriser l'acquisition et ceux qui permettent d'investir et qui, par suite, ne doivent pas être grevés par l'impôt sur le patrimoine, il ne cherche pas à déterminer la faculté du redevable à contribuer mais à favoriser certains choix économiques » (*in* « La décision n°2010-44 QPC du Conseil constitutionnel », *op. cit.*).

[6] Cons. const., 29 déc. 2013, déc. n°2013-685 DC, *Loi de finances pour 2014*, cons. 20 ; Cons. const., 13 déc. 2012, déc. n°2012-659 DC, *Loi de financement de la sécurité sociale pour 2013,* cons. 20 ; Cons. const., 29 déc. 2009, déc. n°2009-599 DC, *Loi de finances pour 2010,* cons.39.

« critères objectifs et rationnels » avec le but concret et immédiat, souvent d'intérêt général, poursuivi par le législateur[1].

396. Le raisonnement du Conseil constitutionnel n'est pas constant : le contrôle du lien logique est parfois omis, parfois très détaillé, parfois encore supplanté par le pouvoir d'appréciation du Parlement[2]. On perçoit alors la difficulté à saisir et à éprouver de manière objective la logique voulue par le législateur fiscal, en particulier lorsque celle-ci est empreinte d'opportunité politique[3] : la coïncidence entre l'objectif et l'objet de la disposition se vérifie alors à partir des critères objectifs et rationnels, matérialisant l'existence d'un lien logique dans une délimitation appréhendable. Ainsi, si l'octroi d'avantages fiscaux ou l'instauration d'impositions spécifiques se justifie par des objectifs concrets et immédiats d'intérêt général[4], ces « mesures

---

[1] Par l'obligation de ne pas créer de « rupture caractérisée de l'égalité devant les charges publiques », ou de ne pas instituer une imposition au caractère confiscatoire, le Conseil veille à ce que les dispositions fiscales ne génèrent pas de conséquences disproportionnées dans le chef des contribuables, même en présence d'un lien logique. Cf. *infra*. Partie II.

[2] Par ex., Cons. const., 28 déc. 2000, déc. n°2000-442 DC, *Loi de finances pour 2001,* cons. 23. Cette liberté est réduite lorsqu'il se « borne à tirer les conséquences des prescriptions du droit communautaire (…) » ou qu'il a « entendu respecter les obligations communautaires ou les engagements internationaux de la France » (Cons. const., 29 déc. 2004, déc. n°2004-511 DC, *Loi de finances pour 2005*, cons. 14, 15 et 21. Comp. Cons. const., 27 déc. 2002, déc. n°2002-464 DC, *Loi de finances pour 2003*, cons. 20).

[3] Cette difficulté s'accroît lorsqu'une imposition est instaurée : la position de retrait du Conseil constitutionnel, s'interdisant de remettre en cause l'opportunité des impositions nouvellement créées (mais pas seulement) dès lors qu'un intérêt général peut être identifié, il admet l'instauration « de charges particulières [pesant sur] certaines catégories de personnes » dès lors qu'il n'en résulte pas de rupture caractérisée devant les charges publiques. Ainsi la création de l'imposition forfaitaire sur les entreprises de réseaux, dans le cadre de la réforme de la taxe professionnelle, a pour but de « préserver les ressources des collectivités territoriales » en soumettant certaines entreprises qui auraient été plus particulièrement avantagées par la réforme : le lien logique, et en l'espèce l'adaptation, résulte de la seule définition de la catégorie des entreprises ciblées, ici liée « au domaine d'activité de ces entreprises, de leurs conditions d'exercice et de leur implantation sur l'ensemble du territoire » : Cons. const., 29 déc. 2009, déc. n°2009-599 DC, *Loi de finances pour 2010,* cons. 73. Toutefois, et c'est en cela que le juge teste l'existence d'un lien logique, plus qu'il ne questionne ce dernier, si ces critères permettent une nette distinction des autres contribuables, cela ne justifie pas pour autant de les assujettir à une charge particulière, qui résulte seulement de la volonté du législateur. Ce qui ne l'empêche pas, de marquer parfois une certaine approbation dans l'instauration de prélèvements (Cons. const., 29 déc. 1998, déc. n°98-405 DC, *Loi de finances pour 1999*, cons. 56. *Comp.* Cons. const., 29 déc. 1995, déc. n°95-371 DC, *Loi de finances rectificative pour 1995*, cons. 12 où il fit preuve d'une position plus mesurée, voire contraire ; Cons. const., 28 déc. 2000, déc. n°2000-442 DC, *Loi de finances pour 2001,* cons. 23 où il 'efface derrière la volonté du législateur ; Cons. const., 6 mars 2015, déc. n°2014-456 QPC, *Sté Nextradio TV*, cons. 7 et 8 ; Cons. const., 20 nov. 2015, déc. n°2015-498 QPC, *Société SIACI Saint-Honoré SAS et autres* , cons. 6.

[4] Le juge énonce que « le principe d'égalité ne fait obstacle à ce que soient établies des impositions spécifiques ayant pour objet d'inciter les redevables à adopter des comportements conformes à des objectifs d'intérêt général, pourvu que les règles qu'il fixe à cet effet soient justifiées au regard desdits objectifs », c'est-à-dire reposent sur des critères objectifs et rationnels en rapport direct avec la finalité poursuivie (Cons. const., 29 déc. 2014, déc. n°2014-708 DC, *Loi de finances rectificative pour 2014*, cons. 23), laquelle peut se dédoubler en faisant corps de l'objet de la disposition contrôlée et de celui du dispositif dans lequel la précédente s'insère (par ex., Cons. const., 29 déc. 2012, déc. n°2012-662 DC, *Loi de finances pour 2013*, cons. 60). – V. également à propos de la taxe sur les

d'incitation au développement d'activités économiques [et financières][1] » doivent être délimitées par « des critères objectifs et rationnels en fonction des buts recherchés »[2]. Ces critères, matérialisation du lien logique, dépendent de l'objectif choisi par le législateur, et un simple rapprochement logique, même faible, avec les critères mis en œuvre suffit en principe[3], et notamment le champ d'application déterminé par le législateur[4].

397. Les objectifs concrets et immédiats d'intérêt général : une rationalité instrumentale propre, une adaptation contrainte par la rationalité de l'imposition. Des préoccupations peuvent venir corriger l'assiette, l'adapter en fonction de considérations extérieures à cette dernière et décidées par le législateur, mais non nécessairement modératrices. Ainsi, par exemple, des exonérations des œuvres d'art ou des biens professionnels, facteur de proportionnalisation tout autant qu'objet du contrôle de proportionnalité : si donc l'opportunité de cette mesure d'adaptation revient au législateur[5], le Conseil constitutionnel s'assure que les critères mis en œuvre traduisent une réalité matérielle et juridique appréhendable, vérifiable objectivement, par rapport à leur rationalité propre[6].

398. Il suffit que le ou les critères de différenciation correspondent à l'objectif poursuivi, soit qu'il est exprimé dans les mêmes termes[7], soit qu'il le traduit et le

---

bureaux en Île-de-France aux locaux commerciaux et de stockages, Cons. const., 29 déc. 1998, déc. n°98-405 DC, *Loi de finances pour 1999*, cons. 40.

[1] Cons. const., 27 déc. 2002, déc. n°2002-464 DC, *Loi de finances pour 2003*, cons. 19. Déjà sur le principe d'égalité, v. Cons. Const., 29 déc. 1984, déc. n°84-184 DC, *Loi de finances pour 1985*, cons. 25.

[2] Cons. const., 29 avr. 2011, déc. n°2011-121 QPC, *Sté UNILEVER France*, cons. 3 ; Cons. const. 16 août 2007, déc. n°2007-555 DC, *Loi TEPA*, cons. 3 ; Cons. const., 31 juil. 2003, déc. n°2003-477 DC, *Loi pour l'initiative économique*, cons. 2; Cons. const., 27 déc. 2002, déc. n°2002-464 DC, *Loi de finances pour 2003*, cons. 19 ; Cons. const., 30 déc. 1996, déc. n°96-385 DC, *Loi de finances pour 1997*, cons. 4 ; Cons. const., 29 déc. 2012, déc. n°2012-662 DC, *Loi de finances pour 2013,* cons. 121. Le considérant de principe est parfois limité à la seule faculté pour le législateur d'adopter « pour des motifs d'intérêt général des mesures d'incitation par l'octroi d'avantage fiscaux » : Cons. const., 29 déc. 2004, déc. n°2004-511 DC, *Loi de finances pour 2005*, cons. 40 ; Cons. const., 29 déc. 2003, déc. n°2003-489 DC, *Loi de finances pour 2004*, cons. 28). Le Conseil ajoute parfois que « l'avantage consenti ne [doit pas être] hors de proportion avec l'effet incitatif attendu » (Cons. const. 16 août 2007, déc. n°2007-555 DC, *Loi TEPA*, cons. 3).

[3] Par ex, Cons. const., 29 déc. 2012, déc. n°2012-662 DC, *Loi de finances pour 2013*, cons. 60) ; Cons. const., 29 déc. 1998, déc. n°98-405 DC, *Loi de finances pour 1999*, cons. 40.

[4] Par ex., Cons. const., 28 déc. 2000, déc. n°2000-442 DC, *Loi de finances pour 2001*, cons. 5.

[5] Par ex, Cons. const., 29 déc. 1983, déc. n°83-164 DC, *Loi de finances pour 1984*, cons. 7).

[6] Par ex., concernant les parts ou actions sociales, le Conseil énonce que « par le pouvoir qu'elles confèrent à leur propriétaire dans la société où [le contribuable] jouit de l'influence liée à une fonction de gestion de direction ou d'administration [elles] donnent à celui-ci une maîtrise telle de son instrument de travail qu'elles peuvent être considérées comme des biens professionnels dès lors qu'elles représentent une part substantielle du capital lors des votes sociaux », cette part étant fixée à 25% du capital social sans que cette proportion procède « d'une appréciation manifestement erronée ». (*ibid*, cons. 8 à 10).

[7] Cons. const., 18 déc. 1998, déc. n°98-404 DC , *Loi de financement de la sécurité sociale pour 1999,* cons. 26, concernant le fondement de l'exonération.

précise[1], prenant appui le cas échéant sur des notions ou textes non-fiscaux, externes à la norme mais non au lien logique : si les critères objectifs et rationnels ne reprennent pas le critère de différenciation inclus dans l'objectif d'intérêt général, une différenciation est exclue en application du principe « *ubi lex non distinguit, nec nos distinguere debemus* »[2]. Comme pour le principe d'égalité devant la loi fiscale, la détermination de l'objectif, référent du contrôle de la rationalité, importe : elle donne le sens et la direction de la disposition contrôlée, permet de constater et valider, eu égard à la méthodologie constitutionnelle, une logique supposée voulue par le législateur, opérant parfois un choix performatif en termes de proportionnalisation par la rationalité[3].

399. Approfondissement du contrôle de la rationalité : la réalité factuelle et juridique. Si certaines décisions marquent une approbation présumant, l'existence et

---

[1] *Ibid.*, concernant l'assiette.

[2] Ainsi, l'octroi d'une exonération doit coïncider avec l'objectif législatif, en ce qu'il en constitue une explication rationnelle, la coïncidence, par rapport au champ d'application, prend en compte l'objet, la nature, la durée ainsi que les conditions nécessaires à son octroi, ces critères marquant l'adaptation intrinsèque. Par ex., dans le cadre de la *Loi TEPA*, et plus particulièrement le champ d'application général de la réduction des CSG et CRDS appliquées à toutes les heures supplémentaires, sans distinction (Cons. const. 16 août 2007, déc. n°2007-555 DC, *Loi TEPA*, cons. 12-14.), ou de la différence des taux de TVA entre les margarines et graisses végétales et les corps gras alimentaires d'origine laitière, les seconds bénéficiant d'un taux trois fois moindre : elle est justifiée par la volonté du législateur de favoriser la production et la vente, en modérant leur prix de vente, des produits d'origine laitière. Il existe donc une coïncidence entre l'objectif et le champ d'application du taux réduit de TVA par l'identité des critères mis en œuvre, cette coïncidence traduisant le lien logique voulu par le législateur et emportant, en l'occurrence, une adaptation intrinsèque (Cons. const., 29 avr. 2011, déc. n°2011-121 QPC, *Sté UNILEVER France*, cons. 4). – V. également, Cons. const., 29 déc. 2003, déc. n°2003-488 DC, *Loi de finances rectificative pour 2003*, cons. 10 et 11 ; Cons. const., 29 déc. 2009, déc. n°2009-599 DC, *Loi de finances pour 2010*, cons. 82 ; Cons. const., 26 déc. 1984, déc. n°84-186 DC, *Loi de finances rectificative pour 1984*, cons. 5 et 6 ; Cons. const., 17 déc. 2015, déc. n°2015-723 DC, *Loi de financement de la sécurité sociale pour 2016*, cons. 14 ; Cons. const., 28 déc. 2011, déc. n°2011-644 DC, *Loi de finances pour 2012*, cons. 13), le Conseil constitutionnel écartant parfois explicitement les éventuels effets sur la concurrence (Cons. const., 29 déc. 1998, déc. n°98-405 DC, *Loi de finances pour 1999*, cons. 36).

[3] Par ex., si le législateur entend, par une exonération de cotisation patronale, favoriser le maintien chez elles de personnes dépendantes et pour ce faire, favoriser la coopération intercommunale spécialisée en matière d'aide sociale, la stricte coïncidence entre la limitation du champ d'application de l'exonération et l'objectif de cette exonération établit l'existence d'un lien logique par des critères de différenciation objectifs et rationnels, alors que le législateur eût pu, tout aussi rationnellement, étendre ces exonérations à d'autres centres communaux ou intercommunaux, même non spécialisés, dès lors qu'il assure le même service public (Cons. const., 5 août 2011, déc. n°2011-158 QPC, *SIVOM de la Communauté du Bruaysis*). Mais il eût fallu pour ce faire choisir comme référent le premier objectif, et non celui particulier à la limitation de l'exonération : le choix de l'objectif est donc primordial. En l'occurrence, le Conseil constitutionnel a, sans doute, pris en considération les raisons ayant justifié la non-inclusion des SIVOM du champ d'application de l'exonération (le commentaire officiel est sans équivoque sur ce point), pour considérer que ce lien logique constituait une justification suffisante à la différence de traitement. Par ailleurs, si l'objectif particulier ne lui semble plus actuel, il peut privilégier l'objectif global de la législation aux fins d'opérer son contrôle du respect du principe d'égalité devant les charges fiscales (Cons. const., 4 fév. 2011, déc. n°2010-97 QPC, *Sté LAVAL DISTRIBUTION*).

de la matérialité du lien logique[1], d'autres décisions marquent au contraire une intensification du contrôle sur la réalité concrète, juridique ou factuelle, des éléments du lien logique[2], tels, cependant, qu'ils sont présentés par le gouvernement dans ses observations[3].

400. Ce déplacement et cet approfondissement du contrôle de la rationalité s'appuie sur des éléments extrinsèques à la norme, via des textes ou notions extérieurs à la norme contrôlée, voire non-fiscaux, tenant à ses motifs ou à ses effets, le juge se fondant sur l'objectivité des arguments chiffrés, juridiques ou factuels[4]. Le lien

---

[1] Cons. const., 19 déc. 2013, déc. n°2013-682 DC, *Loi de financement de la sécurité sociale pour 2014*, cons. 49-50. En l'espèce, après l'énoncé du but d'intérêt général, dont la portée est restreinte, c'est sur le terrain de l'adaptation que le Conseil se focalise admettant implicitement mais nécessairement l'existence d'un lien rationnel par les critères mis en œuvre (cons. 50). – V. également, Cons. const., 29 déc. 2012, déc. n°2012-662 DC, *Loi de finances pour 2013,* cons. 99-102, condamnant, à propos de l'imposition des plus-values immobilières réalisées à l'occasion de la cession d'un terrain à bâtir, le taux marginal d'imposition comme aboutissant à faire peser « sur une catégorie de contribuables une charge excessive (…) », le caractère restreint du champ d'application accentuant la disproportionnalité de ce taux. Autres exemples : Cons. const., 31 juil. 2003, déc. n°2003-477 DC, *Loi pour l'initiative économique,* cons. 5 ; Cons. const., 27 déc. 2002, déc. n°2002-464 DC, *Loi de finances pour 2003* , cons. 20, 25 et 26 ; Cons. const., 30 déc. 1996, déc. n°96-385 DC, *Loi de finances pour 1997*, cons. 6 et 7 ;. Cons. const., 17 juil. 2015, déc. n°2015-475 QPC, *Sté Crédit Agricole SA*, cons. 12 et 13 ; Cons. const., 26 juin 2015, déc. n°2015-473 QPC, *Époux Pahlon*, cons. 5 et 6 ; Cons. const., 14 oct. 2016, déc. n°2016-587 QPC, *Époux Fischer*, cons. 7 ; Cons. const., 19 oct. 2017, déc. n°2017-663 QPC, *Époux Tartarin* (en l'occurrence l'absence de lien logique est aggravée par l'inadaptation).

[2] Ainsi, si le législateur entend limiter les conséquences fiscales liées à la qualité professionnelle des revenus tirés d'une location meublée, dans une optique de lutte contre une évasion fiscale non relevée par le juge constitutionnel (contrairement au commentaire officiel de cette décision), il ne peut ériger en condition d'application une inscription au registre du commerce et des sociétés, laquelle est réservée aux personnes physiques « ayant la qualité de commerçant », « alors même que l'activité de location de biens immeubles ne constitue pas un acte de commerce au sens de l'article L 110-1 du [code de commerce] » mais a un caractère civil (Cons. const., 8 fév. 2018, déc. n°2017-689 QPC, *M. Gabriel S.*, cons. 9). En revanche, il peut limiter l'exonération des biens professionnels au titre de l'ISF à la seule fraction de la valeur des parts ou actions correspondant aux éléments du patrimoine social *nécessaires* à l'activité professionnelle du contribuable, y compris en cas de filiales (Cons. const., 29 déc. 2016, déc. n°2016-743 DC, *Loi de finances rectificative pour 2016*, cons. 22 ; Cons. const., 29 déc. 2012, déc. n°2012-662 DC, *Loi de finances pour 2013,* cons. 96). V. également, Cons. const., 29 déc. 1989, déc. n°89-270 DC, *Loi de finances rectificative pour 1989*, cons. 4 et 5 à propos de la taxe annuelle sur les bureaux en Île-de-France (cette décision est également particulière en ce que, tout en reprenant les critères « objectifs et rationnels » propres en principe à l'article 13 de la Déclaration, cette déclaration de conformité à la Constitution est fondée sur l'article 2 de cette dernière) et Cons. const., 29 déc. 1998, déc. n°98-405 DC, *Loi de finances pour 1999*, cons. 40, *préc.*

[3] Cons. const., 17 déc. 2015, déc. n°2015-723 DC, *Loi de financement de la sécurité sociale pour 2016*, cons. 14, à propos du crédit d'impôt visant à favoriser une offre de contrat d'assurance complémentaire en matière de santé ; Cons. const. 16 août 2007, déc. n°2007-555 DC, *Loi TEPA*, cons. 31 à 33 à propos de la réduction ISF-PME. *Comp.* Cons. const., 31 juil. 2003, déc. n°2003-477 DC, *Loi pour l'initiative économique*, cons. 13 et 14 et cons. 26. ; Cons. const., 16 août 2007, déc. n°2007-555 DC, *Loi TEPA,* cons. 20.

[4] En marquant parfois une approbation quant à l'opportunité et à la proportionnalisation du choix du législateur :« loin de méconnaître l'article 13 de la Déclaration des droits de l'homme et du citoyen de 1789, une telle limitation du champ d'application des abattements en cause permet de mieux prendre en compte les facultés contributives des redevables concernés » : Cons. const., 28 déc. 2000, déc. n°2000-442 DC, *Loi de finances pour 2001*, cons. 5. – V. également, Cons. const., 29 déc. 1998,

logique dépasse donc la structuration par les composants de la norme contrôlée pour atteindre une structuration plus substantielle, et finalement commune aux techniques de contrôle des deux articles, mais pouvant se complexifier par son insertion dans un ensemble plus grand.

401. Proportionnalisation performative par la structuration ?. Si, en principe, l'existence d'un lien rationnel et logique n'emporte pas *ipso facto* une adaptation de la norme fiscale d'imposition à la situation d'application, le Conseil se réservant la possibilité de sanctionner la disproportionnalité, en raison soit du caractère confiscatoire de l'imposition, soit de la rupture caractérisée devant les charges publiques que la norme d'imposition créée dans le chef de certains contribuables par rapport à d'autres, la structuration par la rationalité peut suffire à assurer l'adaptation (intrinsèque) dans l'application de la norme d'imposition devant les charges publiques, et donc la quasi-complétude de la proportionnalisation[1], sans exclure toutefois une réitération des critères logiques en tant que critères d'adaptation, cristallisant alors ces derniers et marquant la continuité d'un contrôle discret du Conseil[2]. Alors, le lien entre l'assiette et l'imposition, selon les objectifs particuliers, concrets et immédiats, suffit alors à établir et structurer la norme d'imposition : la rationalité emporte adaptation intrinsèque, laquelle peut se compléter d'une adaptation extrinsèque.

---

déc. n°98-405 DC, Loi de finances pour 1999, cons. 36 ou encore Cons. const., 28 déc. 2000, déc. n°2000-442 DC, *Loi de finances pour 2001,* cons. 5.

[1] Par ex. Cons. const., 28 déc. 2017, déc. n°2017-758 DC, *Loi de finances pour 2018*, cons. 62 et 63 ; Cons. const., 17 juil. 2015, déc. n°2015-475 QPC, *Sté Crédit Agricole SA*, cons. 13 ; Cons. const., 29 déc. 2014, déc. n°2014-708 DC, *Loi de finances rectificative pour 2014*, cons. 23 ; Cons. const., 28 janv. 2014, déc. n°2013-361 QPC, *Cts P de B ;* Cons. const., 20 avr. 2012, déc. n°2012-238 QPC, *SA PSG Football ;* Cons. const., 5 août 2011, déc. n°2011-158 QPC, *SIVOM de la Communauté du Bruaysis* ; Cons. const., 29 avr. 2011, déc. n°2011-121 QPC, *Sté UNILEVER France*, cons. 4 ; Cons. const., 11 fév. 2011, déc. n°2010-99 QPC, *Mme Noblins*, cons. 4 ; Cons. const., 28 déc. 2010, déc. n°2010-622 DC, *Loi de finances pour 2011,* cons. 24 ; Cons. const., 18 oct. 2010, déc. n°2010-58 QPC, *PROCOS et a.*

[2] Ainsi en est-il par exemple lorsque la situation d'application coïncide avec l'objectif poursuivi, comme avec l'amendement Charasse, prévu à l'article 223 B du CGI faisant obstacle à une double déduction de charges financières dans le cadre de rachat de certaines sociétés devenant membre du groupe fiscal intégré (Cons. const., 20 avr. 2018, déc. n°2018-701 QPC, *Sté Mi Développement 2*, cons. 7) ou lorsque, compte tenu de l'objectif poursuivi, teinté de lutte contre l'évasion fiscale, mais non rattaché à l'objectif de valeur constitutionnelle, le Conseil constitutionnel valide les critères mis en œuvre dans le cadre des droits de mutation à titre gratuit appliqués lors du dénouement des contrats d'assurance-vie (Cons. const., 3 oct. 2017, déc. n°2017-658 QPC, *M. Jean-Jacques Menage* (à propos de l'article 757 B du CGI). *Comp.* l'objectif d'intérêt général de lutte contre l'optimisation fiscale : Cons. const., 30 nov. 2018, déc. n°2018-748 QPC, *Sté Zimmer Biomet France Holdings ;* Cons. const., 19 sept. 2014, déc. n°2014-413 QPC, *Sté PV- CP Distribution*), et à plus forte raison, si la loi s'insère dans cet objectif à valeur constitutionnelle (par ex., Cons. const., 16 sept. 2011, déc. n°2011-165 QPC, *Sté Heatherbrae Ltd,* cons. 5 ; Cons. const., 28 déc. 2000, déc. n°2000-442 DC, *Loi de finances pour 2001, cons.* 23 ; Cons. const., 29 déc. 1998, déc. n°98-405 DC, *Loi de finances pour 1999*, cons. 40 ; Cons. const. 29 déc. 1989, déc. n°89-268 DC, *Loi de finances pour 1990*, cons. 77 (à propos de la taxe de 3%) ; Cons. const., 30 déc. 1981, déc. n°81-133 DC. Le fait que le Conseil constitutionnel affirme, en sus, l'absence de disproportion manifeste d'un avantage fiscal par rapport à un objectif peut signifier soit qu'un contrôle discrétionnaire s'ajoute à l'adaptation intrinsèque, soit que cette affirmation est superfétatoire, l'adaptation intrinsèque se suffisant à elle-même.

402. A l'inverse, si l'absence de cette explication rationnelle et logique emporte disproportionnalité de la norme d'imposition[1], et la rupture caractérisée ou le caractère confiscatoire d'une imposition, manifestation de son inadaptation, peut conduire à l'inexistence de critères objectifs et rationnels, par une dynamique inversée[2], le juge constitutionnel, par ses réserves d'interprétation neutralisantes ou constructives, corrige la loi et ainsi, (re)définit le lien logique[3] : la correction prétorienne rétablit le lien logique, en passant par l'adaptation intrinsèque, parfois en prêtant une intention au législateur, redéfinie *a posteriori* et en fonction des réformes ultérieures de la taxe litigieuse[4].

---

[1] Cons. const., 7 juil. 2017, déc. n°2017-643/650 QPC, *Herzi et Lacquemant*, cons. 16 ; Cons. const., 10 fév. 2017, déc. n° 2016-610 QPC, *Époux Garancini*, cons.9 ; Cons. const., 29 déc. 2012, déc. n°2012-662 DC, *Loi de finances pour 2013*, cons. 133.

[2] Une fusion des deux étapes s'observe lorsque le contrôle constitutionnel est resserré sur la seule (in)adaptation de la norme fiscale d'imposition, laissant présumer que le législateur a choisi des critères objectifs et rationnels en fonction des buts qu'il poursuit (Cons. const., 17 sept. 2015, déc. n°2015-483 QPC, *M. Jean-Claude C.*, cons. 6 ; Cons. const., 29 déc. 2004, déc. n°2004-511 DC, *Loi de finances pour 2005*, cons. 41 et 42), à moins que ces critères ne constituent également la mesure de la rationalité et de l'adaptation (Cons. const., 18 déc. 2001, déc. n°2001-453 DC, *Loi de financement de la sécurité sociale pour 2002*, cons. 46 et 47). L'énoncé de la portée de la norme législative et de l'objectif législatif suffit, sans que cet objectif ne relève nécessairement d'un intérêt général et peut donc relever d'une question budgétaire (par ex., Cons. const., 17 sept. 2015, déc. n°2015-483 QPC, *M. Jean-Claude C.*, à propos du mécanisme de versement anticipé des prélèvements sociaux portant sur une partie des produits de certains contrats d'assurance-vie).

[3] Par ex., si, pour renchérir le coût des activités polluantes, et ainsi réduire la consommation des produits polluants et limiter le développement de ces activités, le législateur peut instaurer une taxe générale, il ne peut en exonérer les exploitants d'installation spécialement destinées à recevoir des déchets inertes tout en imposant les exploitants des autres installations, y compris pour les déchets inertes traités pas ces derniers (Cons. const. 18 oct. 2010, déc. n°2010-57 QPC, *Sté SITA FD et autres*, cons. 5). De même pour déterminer l'assiette de cette contribution patronale, et notamment en ce qu'elle comprend les attributions d'actions gratuites : objective, l'attribution d'actions gratuite est bien *a priori* rationnelle, en ce qu'elle correspond à la volonté du législateur, mais ce lien logique est temporaire et doit être consolidée par la réalisation effective de cette attribution. En l'occurrence, c'est en offrant cette possibilité que le Conseil constitutionnel a corrigé cette inadaptation temporelle (Cons. const., 28 avr. 2017, déc. n°2017-627/628 QPC, *Société Orange*, cons.8). *Comp.* Cons. const., 15 janv. 2015, déc. n°2014-436 QPC, *Mme Silberman*, cons. 12.

[4] Du moins est-ce ainsi que le présente le commentaire officiel de la décision n°2010-57 QPC précitée, après avoir relevé que les modifications législatives sont postérieures aux faits à l'origine du litige : « par une réserve, le Conseil a relevé que **le législateur n'avait pu admettre**, sans créer de différence de situation injustifiée entre les catégories d'installation, que l'ensemble des déchets inertes reçus par les exploitants d'installation de stockage des déchets ménagers fussent soumis à la taxe.» (p. 8, nous soulignons). – V. également, CE, 9e et 10e ch., 26 juin 2017, n°404.874, *Sté Air Liquide France Industrie*. Toutefois, *comp.* Y. BÉNARD, concl. sur CE, 9e et 10e ch., 29 juin 2018, n°416.346, *SAS Cie exploitation et répartition pharmaceutique (CERP) de Rouen* : « *en tout état de cause, il* [lui] semblerait pour le moins hasardeux, d'un point de vue constitutionnel, de délimiter l'assiette d'une imposition (…) – à partir de la seule intention **éventuellement** manifestée par le législateur s'agissant des effets souhaitables d'une autre imposition sur les prix, car il paraît difficile de voir dans ce seul élément intentionnel – qui ne rejoint pas nécessairement la réalité et peut même s'en éloigner très significativement – un critère objectif et rationnel » (*DF* 2018, n°50, comm. 503). *Comp.* également, l'interprétation neutralisante et nouvelle de dispositions contestées, écartant opportunément le renvoi d'une QPC dans la mesure où leur lettre et leur esprit s'y prêtent (bien qu'il ne soit « ***pas toujours facile de déterminer ce qu'est l'esprit, c'est-à-dire le sens général d'une***

403. Transition. La similarité des raisonnements des contrôles de l'égalité fiscale s'affermit dans l'articulation entre les articles 6 et 13, mettant en évidence une unité conceptuelle dans l'appréhension du lien logique et de la structuration de la norme d'imposition.

2. L'articulation entre les principes d'égalité, une accentuation de l'unité conceptuelle du contrôle de la rationalité

404. Problématique. Le Conseil constitutionnel maintient une distinction entre les articles 6 et 13 lorsqu'il éprouve successivement, sur l'un et l'autre fondement, la constitutionnalité de la disposition fiscale soumise à son examen[1]. L'application simultanée des deux fondements de l'égalité fiscale marque une synergie[2] des liens logiques[3], que l'indifférenciation du « principe d'égalité » accentuait[4].

405. Plan. Cette synergie s'observe soit par une « (con)fusion », la motivation du Conseil constitutionnel ne correspondant pas au fondement annoncé de l'article 6 ou 13 de la Déclaration ou en présence d'une application successive des deux principes d'égalité (a), soit par une absorption de l'un par l'autre, selon que l'objet du contrôle du lien logique est, en premier lieu, la différence de traitement ou les facultés ou capacités contributives (b)[5].

a. *La synergie par (con)fusion*

406. Plan. Si une certaine « confusion » peut être décelée lorsque les termes de la motivation ne correspondent pas au fondement annoncé, **l'application successive** des articles 6 et 13 de la Déclaration marque au contraire une fusion par inclusion de l'article 13 dans l'article 6.

407. La confusion : une application des techniques de l'article 6 sur le fondement de l'article 13 de la Déclaration. Les termes du contrôle de

---

législation *», « la loi doit être appliquée, non seulement dans sa lettre, mais dans son esprit » :* R. ODENT, *Cours de contentieux administratif, t. II*, éd. Dalloz, 2007, spé. pp. 502-505), à moins que le juge considère comme présentant un caractère sérieux cette question au regard des principes d'égalité devant la loi et devant les charges publiques, tout en laissant le soin au Conseil constitutionnel d'interpréter les dispositions contestées (CE, 9e et 10e ch., 14 mars 2018, n°416.697, *Sté Elengy et Fosmax LNG*). *Comp.* déjà, à propos des traités internationaux, interprétées de manière conforme aux règles et principes de valeur constitutionnelle : CE, Ass., 3 juil. 1996, n°169.219, *Koné*.

[1] Par ex., Cons. const., 28 avr. 2017, déc. n°2017-627/628 QPC, *Société Orange*, cons. 9. *Comp.* Cons. const., 13 juil. 2018, déc. n°2018-719 QPC, *Mme Estelle E. ;* Cons. const., 13 oct. 2011, déc. n°2011-180 QPC, *M. Jean-Luc O. et a.* (si l'énoncé des deux fondements laissent penser une application cumulative, la décision montre qu'il s'agit en réalité d'une application successive).

[2] Mais non une identité nécessairement. *Contra*, H. AGENEAU, *Le principe d'égalité dans les lois fiscales*, *op. cit.*, p. 186 et s.

[3] Alors même que l'idée de rapport ou de relation donne une image plus statique, comparative, que l'expression « en fonction de », accentuant l'impulsion logique fixée par le législateur.

[4] Au point que les mêmes critères ont pu être étendus à l'article 2 de la Constitution : Cons. const. 29 déc. 1989, déc. n°89-270 DC, *Loi de finances rectificative pour 1989*, cons. 4 et 5.

[5] Cette distinction n'étant pas toujours évidente, et une certaine « inconstance » rédactionnelle, manifestation d'un tâtonnement, ne facilite pas la compréhension du raisonnement suivi par le Conseil.

constitutionnalité manifestent parfois une confusion entre les fondements employés, par une synergie des techniques de contrôle, dans l'appréciation de l'existence du lien logique, et particulièrement dans les décisions antérieures aux années 2010[1], employant comme norme de contrôle le « principe d'égalité [devant l'impôt] », associé ou non à l'article 13 de la Déclaration de 1789[2]. Ainsi, bien qu'ayant fondé sa décision sur l'article 13 de la Déclaration de 1789[3], le juge constitutionnel opère un contrôle du respect de l'égalité selon les techniques de l'article 6, à savoir une différence de traitement en rapport, direct ou non, avec l'objet de l'imposition ou l'objectif poursuivi, à partir de laquelle il conclut ou non à des critères objectifs et rationnels et donc au respect ou non du principe d'égalité devant les charges publiques[4]. – ou une similarité de situation[5]. On observe alors le même raisonnement que lors de la combinaison des liens logiques par l'absorption, différente toutefois de la fusion par inclusion.

---

[1] On observe une progression dans la motivation à partir des années 2000, et surtout 2010, distinguant plus nettement les deux normes de contrôle du respect de l'égalité en droit fiscal. En effet, antérieurement, le Conseil ne distinguait pas systématiquement les articles 6 et 13 évoquant un « principe d'égalité », principe général et générique : (toutefois, v. par ex. : Cons. const., 28 déc. 2000, déc. n°2000-441 DC, *Loi de finances rectificative pour 2000,* cons. 28 et 29)

[2] Cons. const., 29 déc. 2003, déc. n°2003-488 DC, *Loi de finances rectificative pour 2003* ; Cons. const., 29 déc. 1998, déc. n°98-406 DC, *Loi de finances rectificative pour 1998,* cons. 10 ; Cons. const., 28 déc. 1995, déc. n°95-369 DC, *Loi de finances pour 1996,* cons. 10 ; Cons. const. 9 août 2012, déc. n°2012-654 DC, *Loi de finances rectificative pour 2012 (II)*, cons. 42 ; Cons. const., 28 juil. 2011, déc. n°2011-638 DC, *Loi de finances rectificative pour 2011*, cons. 20 et 31 ; Cons. const., 28 déc. 2010, déc. n°2010-622 DC, *Loi de finances pour 2011,* cons. 24 ; Cons. const., 29 déc. 2009, déc. n°2009-599 DC, *Loi de finances pour 2010,* cons. 16 et 42.

[3] A l'inverse, dans une hypothèse moins fréquente, alors qu'il rappelle, dans un considérant, les exigences du « principe d'égalité », c'est en réalité un contrôle de l'égalité devant les charges publiques qu'il conduit, à partir des techniques de l'article 6 mais en employant les expressions, notamment les critères objectifs et rationnels de l'article 13. Par ex., Cons. const., 29 déc. 2004, déc. n°2004-511 DC, *Loi de finances pour 2005,* cons. 11 à 15 ; Cons. const., 29 déc. 1998, déc. n°98-405 DC, *Loi de finances pour 1999,* cons. 21.

[4] Ou une différence de traitement non justifiée par « motif objectif et rationnel »: Cons. const., 29 déc. 2013, déc. n°2013-684 DC, *Loi de finances rectificative pour 2013*, cons. 37 ; Cons. const., 19 sept. 2014, déc. n°2014-417 QPC, *Sté Red Bull On Permise et autres* , cons. 11 et 12. *Comp.* à propos de la première mouture, l'absence de critères objectifs et rationnels étant appréciés « en rapport avec l'objectif poursuivi » : Cons. const., 13 déc. 2012, déc. n°2012-659 DC, *Loi de financement de la sécurité sociale pour 2013*, cons. 26. C'est également l'absence de « **rapport direct** avec l'objet » de la taxe sur les boues d'épuration qui a motivé la réserve d'interprétation afin que l'assiette de la taxe ne comprenne pas les boues que le producteur n'a pas l'autorisation d'épandre : Cons. const., 8 juin 2012, déc. n°2012-251 QPC, *COPACEL et* a., cons. 6. *Comp.* à propos de la TGAP relative aux déchets inertes : Cons. const. 18 oct. 2010, déc. n°2010-57 QPC, *Sté SITA FD et autres*. – V. également sur la synergie par confusion : Cons. const., 14 déc. 2018, déc. n°2018-753 QPC, *M. Jean-Guilhem G.,* cons. 10 à 12 ; Cons. const., 20 nov. 2015, déc. n°2015-498 QPC, *Société SIACI Saint-Honoré SAS et autres* , cons. 6 ; Cons. const. 9 août 2012, déc. n°2012-654 DC, *Loi de finances rectificative pour 2012 (II)*, cons. 42 ; Cons. const., 16 sept. 2011, déc. n°2011-165 QPC, *Sté Heatherbrae Ltd,* cons. 5 ; Cons. const., 28 juil. 2011, déc. n°2011-638 DC, *Loi de finances rectificative pour 2011*, cons. 31.

[5] Cons. const., 28 juil. 2011, déc. n°2011-638 DC, *Loi de finances rectificative pour 2011*, cons. 31 ; Cons. const., 16 sept. 2011, déc. n°2011-165 QPC, *Sté Heatherbrae Ltd* , cons. 5 ; Cons. const., 21 juin 1993, déc. n°93-320 DC, *Loi de finances rectificative pour 1993,* cons. 19.

408. La fusion par inclusion de l'article 13 dans l'article 6 de la Déclaration. Si certaines décisions dissocient, plus ou moins nettement, le contrôle de rationalité de la différence de traitement et la détermination des facultés contributives des contribuables[1], ou l'ampleur de la charge fiscale ou de l'inégalité créée[2], lorsque le test de l'article 13 succède au contrôle du respect du principe d'égalité devant la loi fiscale, les critères objectifs et rationnels en fonction des buts poursuivis par le législateur sont, au mieux présumés, au pire éclipsés par une sorte de « fusion »[3], réduisant en ce dernier cas le contrôle de l'égalité devant les charges publiques à au caractère confiscatoire de l'imposition ou au caractère excessif de la charge fiscale ou de la rupture caractérisée de l'égalité[4]. Or les critères de différenciation diffèrent selon le principe d'égalité en cause : une application successive des deux principes devrait se matérialiser dans la décision du Conseil par deux appréciations différentes, l'une portant d'abord sur le champ d'application ou les conditions d'application, l'autre sur l'appréciation des facultés ou capacités contributives.

b. *La synergie par absorption, fonction de l'objet du contrôle constitutionnel*

409. Problématique. Le contrôle de l'égalité fiscale au regard des articles 6 et 13 de la Déclaration de 1789, **pris ensemble**, ne réduit pas nécessairement le second à la seule vérification de l'absence de caractère confiscatoire de la charge fiscale des contribuables pris isolément, ou de l'absence de rupture caractérisée devant les charges publiques entre les contribuables comparativement et laisse une distinction entre les deux fondements, plus ou moins nette[5].

---

[1] Par ex., Cons. const., 13 oct. 2011, déc. n°2011-180 QPC, *M. Jean-Luc O. et a.* ;Cons. const., 16 janv. 1986, déc. n°85-200 DC, *Loi relative à la limitation des possibilités de cumul entre pensions de retraite et revenus d'activité*, cons. 16 à 19.

[2] Par ex., Cons. const., 29 déc. 1998, déc. n°98-405 DC, *Loi de finances pour 1999,* cons. 21 ; Cons. const., 29 déc. 2013, déc. n°2013-685 DC, *Loi de finances pour 2014*, cons. 139-140 (à propos des droits de mutations applicables à la valeur des immeubles et droits immobiliers situés en Corse, où le Conseil relève à la fois l'absence de justification, et la disproportionnalité du caractère dérogatoire accroissant le caractère injustifié de la disposition législative fiscale) ; Cons. const. 9 août 2012, déc. n°2012-654 DC, *Loi de finances rectificative pour 2012 (II),* cons. 41 et 42.

[3] Par ex., Cons. const., 15 janv. 2015, déc. n°2014-436 QPC, *Mme Silberman*, cons. 8 ; Cons. const., 7 déc. 2018, déc. n°2018-750/751 QPC, *Sté Long Horn International e. a.*., cons. 28-29 *;* Cons. const., 29 déc. 2013, déc. n°2013-685 DC, *Loi de finances pour 2014*, cons. 38 et s. *;* Cons. const., 28 déc. 2000, déc. n°2000-441 DC, *Loi de finances rectificative pour 2000*, cons. 29 (à propos de la taxe sur les achats de viande).

[4] Cons. const., 7 déc. 2018, déc. n°2018-750/751 QPC, *Sté Long Horn International e. a.*., cons. 28-29 ; Cons. const., 22 avr. 2016, déc. n°2016-537 QPC, *Sté Sofadig Exploitation* : *RJF* 7/2016, n°643 ; Cons. const., 17 juil. 2015, déc. n°2015-475 QPC, *Sté Crédit Agricole SA*, cons. 13 *;* Cons. const., 26 juin 2015, déc. n°2015-474 QPC, *Sté ICADE* , cons. 9 et 10 ; Cons. const., 27 déc. 2002, déc. n°2002-464 DC, *Loi de finances pour 2003,* cons. 32 et 34 ; Cons. const., 29 déc. 1993, déc. n°93-330 DC, *Loi de finances pour 1994,* cons. 6.

[5] V. par ex. : Cons. const., 29 déc. 2013, déc. n°2013-685 DC, *Loi de finances pour 2014*, cons. 139-140 ; Cons. const., 29 déc. 2012, déc. n°2012-662 DC, *Loi de finances pour 2013*, cons. 133 (l'inconstitutionnalité repose sur l'absence de motif légitime) ; Cons. const. 9 août 2012, déc. n°2012-654 DC, *Loi de finances rectificative pour 2012 (II),* cons. 41 et 42/

410. Toutefois, selon que le Conseil constitutionnel éprouve prioritairement la différence de traitement, ou la prise en considération des facultés ou capacités contributives, le principe de l'égalité devant les charges publiques est en quelque sorte absorbé par le principe d'égalité devant la loi dans le premier cas, et inversement dans le second, parfois au sein d'une même décision[1]. Ces absorptions , manifestent la synergie des techniques de contrôle, et la relative unité autour de la recherche de l'existence d'un lien logique, emprunte d'un tâtonnement du Conseil constitutionnel[2].

411. L'absorption de l'égalité devant les charges publiques par l'égalité devant la loi : la prépondérance de la différence de traitement. Dans cette première hypothèse, l'examen de la différence de traitement ou de la différence de situations, effets de la loi, occupe tout ou partie du raisonnement du Conseil constitutionnel : seul le rapport logique de la différence de traitement avec l'objectif législatif ou l'objet de la loi suffit à assurer l'égalité devant la loi, et par suite l'égalité

---

[1] Par ex., Cons. const., 20 avr. 2012, déc. n°2012-238 QPC, *SA PSG Football*. A moins que les deux principes d'égalité ne soient littéralement fusionnés en un seul : Cons. const., 14 nov. 2014, déc. n°2014-425 QPC, *Sté Mutuelle Saint-Christophe*, cons. 6 (« le principe d'égalité devant l'impôt **et** les charges publiques n'impose pas que les personnes privées soient soumises à des règles d'assujettissement à l'impôt identiques à celles qui s'appliquent aux personnes morales de droit public ; ce principe ne fait pas davantage obstacle à ce que le législateur prévoie des taux d'imposition différents pour la taxe spéciale sur les contrats d'assurance selon que sont assurés les biens affectés de façon permanente et exclusive à une activité industrielle, commerciale, artisanale ou agricole ou d'autres biens »). Nous soulignons. – V. également, Cons. const., 7 déc. 2018, déc. n°2018-752 QPC, *Fondations Ildys*, cons. 11.

[2] S'il l'on suit les commentaires officiels du Conseil constitutionnel, une explication résiderait également dans les griefs avancés par les requérants, contribuables, députés ou sénateurs , obligeant le Conseil « à répondre principalement au grief le plus pertinent en l'espèce et à examiner plus succinctement le second » (v. not. le commentaire de la décision du 18 avr. 2018 (déc. n°2018-699 QPC, *Sté Life Sciences Holdings France*), à la page 10). En ce sens, Cons. const., 29 déc. 2013, déc. n°2013-685 DC, *Loi de finances pour 2014*, cons. 50 et 51. *Contra* : Cons. const., 29 déc. 2016, déc. n°2016-743 DC, *Loi de finances rectificative pour 2016*, cons. 23-28 ; Cons. const., 19 sept. 2014, déc. n°2014-417 QPC, *Sté Red Bull On Permise et a.*.

devant les charges publiques[1], y compris dans l'ampleur de la différence de traitement ainsi instaurée[2], le juge constitutionnel précisant parfois le lien logique[3].

412. **L'absorption de l'égalité devant la loi par l'égalité devant les charges publiques : la prépondérance des facultés ou capacités contributives ou de la proportionnalité de la rupture d'égalité.** Lorsque la différence de traitement porte sur la charge fiscale supportée par les contribuables, le Conseil constitutionnel se prononce sur l'existence de critères objectifs et rationnels tantôt en fonction du but poursuivi par le législateur[4], tantôt « en rapport avec l'objet de la loi »[5]. On retrouve donc la synergie par confusion évoquée ci-avant, mais d'une manière plus « orthodoxe » puisque fondée sur les deux fondements cumulativement, et dans certaines décisions, les traces du raisonnement du principe d'égalité devant la loi, et notamment le raisonnement circulaire[6]. Il en est notamment ainsi lorsque le grief porte sur une différenciation dans le champ d'application de la loi d'imposition, incluant une appréciation sur les capacités contributives, et particulièrement les cas d'exonération ou les impositions touchant un nombre restreint de contribuables[7], et

---

[1] par ex., Cons. const., 7 déc. 2018, déc. n°2018-750/751 QPC, *Sté Long Horn International e. a..*, cons. 34 ; Cons. const., 30 nov. 2018, déc. n°2018-748 QPC, *Sté Zimmer Biomet France Holdings*, cons. 9 ; Cons. const., 18 avr. 2018, déc. n°2018-699 QPC, *Sté Life Sciences Holdings France*, cons. 7 à 10 ; Cons. const., 29 nov. 2017, déc. n°2017-755 DC, *Loi de finances rectificative pour 2017*, cons. 35 et 36 ; Cons. Const., 6 oct. 2017, déc. n°2017-660 QPC, *Société de participations financière*, cons. 7 ; Cons. const., 9 mars 2017, déc. n°2016-615 QPC, *Époux V.* ; Cons. const., 8 juil. 2016, déc. n°2016-553 QPC, *Sté Natixis.* ; Cons. const., 17 juil. 2015, déc. n°2015-475 QPC, *Sté Crédit Agricole SA*, cons. 13 ; Cons. const. 9 août 2012, déc. n°2012-654 DC, *Loi de finances rectificative pour 2012 (II),* cons. 54. Et inversement si le rapport logique n'est pas établi : Cons. const., 28 déc. 2010, déc. n°2010-622 DC, *Loi de finances pour 2011*, cons. 29 ; Cons. const., 29 déc. 2009, déc. n°2009-599 DC, *Loi de finances pour 2010*, cons. 87. *Comp.* anté, où le fondement, la norme de contrôle est le « *principe d'égalité* » ou le « *principe constitutionnel d'égalité* » : Cons. const., 29 déc. 2004, déc. n°2004-511 DC, *Loi de finances pour 2005*, cons. 11 à 16 ; Cons. const., 27 déc. 2001, déc. n°2001-456 DC, *Loi de finances pour 2002*, cons. 40 ; Cons. const. 29 déc. 1989, déc. n°89-268 DC, *Loi de finances pour 1990*, cons. 32.

[2] Cons. const., 29 déc. 1993, déc. n°93-330 DC, *Loi de finances pour 1994,* cons. 6.

[3] Cons. const., 29 déc. 2014, déc. n°2014-708 DC, *Loi de finances rectificative pour 2014*, cons. 11 et 12. – V. également, à propos de la taxe sur les logements vacants : Cons. const., 29 déc. 2012, déc. n°2012-662 DC, *Loi de finances pour 2013,* cons. 135-138.

[4] Cons. const. 9 août 2012, déc. n°2012-654 DC, *Loi de finances rectificative pour 2012 (II),* cons. 26 à 34.

[5] Cons. const., 24 mai 2019, déc. n°2019-784 QPC, *Sté Cosfibel Premium*, cons. 8 et 9 ; Cons. const., 29 nov. 2017, déc. n°2017-755 DC, *Loi de finances rectificative pour 2017*, cons. 35. Ou « en lien direct avec les objectifs poursuivis » : Cons. const., 28 janv. 2014, déc. n°2013-361 QPC, *Cts P de B.*, cons. 10.

[6] V. également, Cons. const., 27 janv. 2017, déc. n°2016-609 QPC, Sté *Comptoir de Bonneterie Rafco* ; Cons. const., 28 janv. 2014, déc. n°2013-361 QPC, *Cts P de B* ; Cons. const., 18 oct. 2010, déc. n°2010-58 QPC, *PROCOS et a.*

[7] Cons. const., 24 mai 2019, déc. n°2019-784 QPC, *Sté Cosfibel Premium*, cons. 8 et 9 ; Cons. const., 15 déc. 2017, déc. n°2017-681 QPC, *SCI Marlin*, cons. 7 ; Cons. const., 7 mai 2015, déc. n°2015-466 QPC, *Époux P.*, cons. 5. *Comp.* à propos de l'exonération des ports publics de la CFE : Cons. const., 21 sept. 2018, déc. n°2018-733 QPC, *Sté d'exploitation des moyens de carénage.* Cela s'observe aussi dans l'appréciation différenciée des facultés contributives : ainsi, « en créant une différence de traitement entre les personnes **pour la détermination des modalités de leur participation au financement de l'assurance maladie selon le montant de leurs revenus**

plus encore lorsqu'est invoqué et retenu l'objectif à valeur constitutionnelle de lutte contre la fraude et l'évasion fiscales, nécessaire pour garantir l'égalité des contribuables devant les charges publiques[1]

413. L'extension de la structuration dans l'adaptation. Lorsque le Conseil examine successivement les deux principes d'égalité, l'adaptation intrinsèque du « rapport direct avec l'objet de la loi » s'étend à l'adaptation intrinsèque au regard du principe d'égalité devant les charges publiques. Cela est particulièrement net lorsque le Conseil constitutionnel, après avoir cité les deux fondements des principes d'égalité, ne confronte la norme contestée qu'au regard de l'article 6, étendant ensuite la constitutionnalité au principe d'égalité devant les charges publiques[2]. Cela l'est encore lorsque la critique porte sur une différenciation dans l'application d'un avantage fiscal, telle une exonération, le contrôle de constitutionnalité suivant un raisonnement mêlant les deux fondements : le rapport avec l'objet de la loi du ou des critères objectifs et rationnels suffit à assurer l'adaptation intrinsèque de la norme fiscale[3], ce rapport pouvant être vérifié ou établi, le cas échéant, à l'aune de normes externes à la norme contrôlée[4].

414. Transition. Quelle que soit les variations de la motivation, a structuration par le contrôle constitutionnelle se situe ainsi dans la rationalité instrumentale et contraint, selon le choix du législateur, le contenu de la loi d'imposition. Le contrôle

---

professionnels, le législateur a fondé son appréciation sur des **critères objectifs et rationnels** en fonction des buts qu'il se proposait » (Cons. const., 27 sept. 2018, déc. n°2018-735 QPC, *M. Xavier B et a.*, cons. 16, nous soulignons).

[1] Si le Conseil constitutionnel relève l'existence d'une différence de traitement entre les contribuables, le fait que cette différenciation s'inscrive dans cet objectif médiat et transcendant suffit à établir un lien logique justifiant la différence de traitement par des « critères objectifs et rationnels en rapport direct avec l'objet de la loi », à condition toutefois que le critère de différenciation corresponde, coïncide à une pratique ou un risque que le législateur entend contrecarrer de manière préventive : Cons. const., 1er déc. 2017, déc. n°2017-676 QPC, *Mme Elise D.*, cons. 9 à 11 (en l'occurrence, la déductibilité des dettes du défunt, dans l'établissement de l'actif net successoral, diffère selon que ces dettes ont été contractées à l'égard d'un héritier ou de personnes interposées ou à l'égard de tiers, la déductibilité étant refusée dans le premier cas, sauf si la preuve contraire de la sincérité et de l'existence de la dette est apportée ; cette différence s'explique par la volonté du législateur de « permettre le contrôle de la sincérité de ces dettes et ainsi réduire les risques de minoration de l'impôt », objectif immédiat et concret s'inscrivant dans l'objectif médiat et global de lutte contre la fraude et l'évasion fiscale, ce qui, « par conséquent », rend cette différence, par les critères adoptés, objective et rationnelle et en rapport avec l'objet de la loi). – V. également, Cons. const., 20 janv. 2015, déc. n°2014-437 QPC. *Comp.* Cons. const., 16 juin 2017, déc. n°2017-638 QPC, *M. Gérard S.*, cons. 6 et 7. On retrouve alors un raisonnement semblable à l'article 13, consistant à vérifier l'existence d'un lien logique par la vérification de la réalité d'un risque de fraude fiscale et de la coïncidence rationnelle du critère choisi. Cf. *infra*.

[2] Par ex., Cons. const., 18 avr. 2018, déc. n°2018-699 QPC, *Sté Life Sciences Holdings France*, cons. 8 à 10 ; Cons. const., 17 sept. 2015, déc. n°2015-482 QPC, *Sté Gurdebeke SA*, cons. 7 et 8 ; Cons. const., 6 fév. 2014, déc. n°2013-365 QPC, *Époux M.*, cons. 8.

[3] Cons. const., 15 déc. 2017, déc. n°2017-681 QPC, *SCI Marlin*, cons. 7 ; Cons. const., 7 mai 2015, déc. n°2015-466 QPC, *Époux P.*

[4] Cons. const., 15 janv. 2015, déc. n°2014-436 QPC, *Mme Silberman*, cons. 10 et 11 ; Cons. const., 28 janv. 2014, déc. n°2013-361 QPC, *Cts P de B.*, cons. 7 à 10 ; Cons. const. 16 août 2007, déc. n°2007-555 DC, *Loi TEPA*, cons. 14 et 15.

de conventionnalité de la Cour européenne se caractérise au contraire par un faible pouvoir structurant, tant par le contrôle lui-même que par la marge de manœuvre accordée au législateur fiscal.

B. La faible structuration de la norme d'imposition par la contrainte des droits européens de l'homme

415. Problématique. La Cour EDH tend à prendre en compte une volonté législative guidée par un intérêt général, refusant de remettre en cause directement l'objectif législatif poursuivi, et procédant plutôt par une méthode ascendante, en particulier lorsqu'est atteint un droit ou un une liberté non patrimoniale (1), tandis que le juge de cassation tend parfois à une harmonisation, certes circonscrite, avec les méthodes et principes constitutionnels (2).

1. La faible structuration des inégalités des contribuables

416. Structuration par l'intérêt général justifiant une distinction dans le droit au respect des biens (articles 14 de la Convention et 1er du Premier protocole). Si une « justification objective et raisonnable » s'impose[1], les contrôles de la Commission, puis de la Cour EDH manifestent une compréhension générale des fréquentes et même nécessaires distinctions entre différents groupes de contribuables, aboutissant parfois à des « situations marginales »[2], tout autant qu'une relativité de son appréciation, « les attitudes quant aux objectifs sociaux et économiques que doit poursuivre l'État par sa politique fiscale [pouvant] également varier considérablement selon les lieux et les époques »[3]. La nature même de l'imposition et de son objet explique la position de retrait de la Cour EDH, et partant une absence de structuration dans la création de la norme[4].

417. Structuration accrue des différences de traitement en fonction des critères relevant de la vie intime du contribuable (articles 8 et 14 de la

---

[1] A défaut de quoi il n'existe pas de « rapport raisonnable proportionnalité entre les moyens et le but visé » ou de juste équilibre : CEDH, 23 oct. 1982, n°11581/85, *Darby c/ Suède* (à propos de l'impôt ecclésial).

[2] Comm. EDH, 14 déc. 1988, n°13013/87, *Wasa Liv Ömsesidigt.*

[3] et l'État est « souvent amené à maintenir un équilibre entre la nécessité de percevoir des recettes et les autres objectifs des mesures fiscales adoptées » : Comm. EDH, 14 déc. 1988, n°13013/87, *Wasa Liv Ömsesidigt ;* CEDH, 23 oct. 1982, n°11581/85, *Darby c/ Suède*. *Comp*., CEDH, gde ch., 29 avr. 1999, n°s 25088/94, 28331/95 et 28443/95, *Chassagnou et autres c/ France*, §92. Ainsi, l'instauration d'un impôt spécial touchant exclusivement des compagnies d'assurances vie ou des sociétés de prévoyances ou de retraite, dont la situation financière était alors exceptionnelle et dont le statut fiscal était avantageux, relève de cette marge d'appréciation, apportant alors une « justification objective et légitime » à la différence de traitement (Comm. EDH, 14 déc. 1988, n°13013/87, *Wasa Liv Ömsesidigt*). Par cette appréciation globale, la légitimité de la justification n'apparaît pas clairement, bien que l'on perçoive à travers les faits objectifs que l'impôt spécial se justifiait plus dans un but éthique et d'équité, moins par un objectif d'intérêt général juridique.

[4] V. également, C. BLANC-FILY, *Valeurs dans la jurisprudence de la Cour européenne des droits de l'Homme, op. cit.* p. 521 et s. ; V. COUSSIRAT-COUSTERE, « Article 8§2 », in L-E. PETTITI, E. DECAUX et P-H. IMBERT (dir.), *La Convention européenne des droits de l'homme. Commentaire article par article*, éd. Economica, 1999, p. 323-351, spé. p. 336-338.

Convention). Les différences fiscales entre des contribuables en fonction de critères relevant de la vie intime appellent une vigilance accrue : la nécessaire « justification objective et raisonnable » est éprouvée « par rapport au but et aux effets de la mesure en cause » et en fonction des « principes qui prévalent généralement dans les sociétés démocratiques »[1], l'écart avec la fonction première de l'impôt expliquant la recherche d'un référent commun[2]. Toutefois, le contrôle sur la légitimité du but est succinct[3], et plus encore lorsqu'un but légitime a été déjà été retenu lors de l'examen d'une violation au regard de l'article 8 seul[4].

418. Cette prudence de la Cour, qui lui évite de se prononcer directement sur l'opportunité d'établir une différence de traitement entre les contribuables, est parfois écartée. Ainsi, dans l'affaire *Glor contre Suisse*, lorsqu'une taxe est établie pour restaurer une certaine égalité entre des contribuables et a pour « fait générateur » le handicap physique d'un contribuable, la Cour émet des doutes quant à la légitimité même de cette taxe en raison de l'impossibilité d'établir un lien rationnel, logique[5]. La critique qui transparaît alors, intervient au stade du contrôle du caractère raisonnable et proportionné, et non dès le contrôle du caractère objectif : l'inadaptation de la taxe au cas particulier remet en cause la légitimité de la loi d'imposition en elle-même[6], la Cour étayant sa décision de trois autres considérations généralisables, et touchant la loi d'imposition elle-même par le prisme de la situation factuelle[7].

---

[1] CEDH, 1ère sect., 30 avr. 2009, n°13444/04, *Glor c/ Suisse*, §72-73 rappelant une jurisprudence constante.

[2] Toutefois, la Cour reconnaît une marge d'appréciation aux États pour « déterminer si et dans quelle mesure des différences entre des situations à d'autres égards analogues justifient des différences » : *ibid.*, §82.

[3] Par ex., la Cour « prend acte de l'intention du législateur suisse [en l'occurrence] de rétablir une certaine égalité entre les personnes qui effectuent le service militaire ou le service civil, et celles qui en sont exemptées » *(ibid.)*.

[4] *Ibid.*, §103. Les juges de Strasbourg, sans même expliciter s'il y a ou non une différence de traitement entre les contribuables, transposent le raisonnement conduit au regard de l'article 8§2 pour en déduire qu'il n'y a pas de traitement discriminatoire.

[5] Le gouvernement suisse avait invoqué « comme seul objectif (…) le rétablissement d'une certaine forme d'égalité entre les personnes effectuant leur service militaire ou civil et celles qui en sont exemptées » ; la Cour ne s'estime « **pas convaincue de l'existence** » d'un intérêt général, en ce que cette taxe « peut se révéler être en contradiction avec la nécessité de lutter contre la discrimination envers les personnes handicapées et de promouvoir leur pleine participation et intégration dans la société » ajoutant que la taxe s'inscrit dans un mouvement inverse et récent des États tendant à supprimer complètement la conscription en sus d'être un cas isolé parmi les législations des États parties, ce constat réduisant fortement la marge d'appréciation des États (*ibid.*, §85, nous soulignons).

[6] La Cour procédant à une minutieuse balance des intérêts, réitère, de manière plus affirmative, ses doutes sur l'opportunité même de la taxe et elle relève que la taxe d'exemption est « probablement » une source non négligeable de rentrées financières, alors que pour le requérant, le prélèvement de 2% sur son salaire est significatif, compte tenu, en l'espèce, « du caractère relativement modeste de son revenu imposable *(ibid.*, §85-89). Le fait que le requérant a toujours manifesté sa volonté d'effectuer son service militaire a peut-être influé, mais il ne constitue pas l'élément principal de la décision de la Cour (§96).

[7] Il s'agit de l'appréciation du taux de handicap, le montant de la taxe, et les alternatives à la taxe, trois critères d'adaptation, absents en l'espèce.

419. Transition. Ainsi, sur le fondement de la Convention EDH, hormis quelques exemples topiques, la structuration dans la création des normes d'imposition, porteuses d'inégalités, dépend du choix du législateur. Si les méthodes et principes du contrôle constitutionnel et du contrôle de la Cour EDH diffèrent, ne serait-ce que sur la structuration descendante pour le premier, ascendante pour la seconde, le juge de cassation réalise une harmonisation sémantique entre les deux.

2. Harmonisation sémantique entre les principes européens et constitutionnels de l'égalité dans l'application de la Convention EDH

420. Harmonisation sémantique des termes du contrôle de la rationalité, une unité conceptuelle ?. Alors que dans le contrôle de l'intensité des motifs d'intérêt général justifiant une rétroactivité de la loi fiscale, le Conseil d'État marque une volonté de neutralité[1], il tend au contraire, dans le contrôle de l'égalité, à une harmonisation terminologique : il transpose le raisonnement conduit par le Conseil constitutionnel pour l'appliquer dans le cadre de la Convention EDH[2], en rappelant qu'une distinction entre des personnes placées dans une situation analogue est discriminatoire, au sens des dispositions des articles 1er du premier protocole et 14 de la Convention EDH, « si elle n'est pas assortie de justifications objectives et raisonnables, c'est-à-dire si elle ne poursuit pas un objectif d'utilité publique ou si elle n'est pas fondée sur des critères objectifs et rationnels en rapport avec les buts de la loi[3] »,

421. En effet, l'expression des « justifications objectives et raisonnables » est issue de la jurisprudence de la Cour EDH. Cependant, celle-ci précise cette expression

---

[1] Cf. *supra*, Titre I.

[2] V. également, pour la Cour de cassation, par exemple, l'absence de discrimination dans l'application du taux de 60% pour les droits de mutation à titre gratuit entre personnes dépourvues de lien de parenté ou parentes au-delà du 4e degré en raison d'une justification objective et raisonnable (Com. 15 déc. 2009, n°08-19.406 ; Com., 15 mai 2007, n°06-11.845), y compris pour les associations cultuelles (Com. 15 mai 2007 n°06.11-844 ; Com . 7 juil. 2009, n°07-21.957). La technique employée par le juge administratif « consiste à adopter le raisonnement suivi par le Conseil constitutionnel pour apprécier le respect par la loi du principe d'égalité » (L. OLLÉON, « Intérêts de retard et convention européenne des droits de l'Homme : peut-on noyer un serpent de mer ? », chron sur CE, Ass., Avis, 12 avr. 2002, n°239.693, *SA Financière Labeyrie* : *RJF* 6/2002 p. 447). – V. également, CE, 9e et 10e ss-sect., 28 juil. 2011, n°315.028, *Mme Aubert et Syndicat national des auteurs et compositeurs*. Dans ces conclusions P. COLLIN (*DF* 2011, n°44, comm. 571) insistait sur les différences économiques des secteurs de l'écrit et de l'audiovisuel : le second, incluant le cinéma, bénéficiant de soutien financier par le biais de subvention et de dispositifs fiscaux, tandis que le premier n'avait droit qu'à peu d'aides directs ou indirectes, « le soutien à l'écrit passant essentiellement par le prix unique du livre » et représentait des droits d'auteurs bien moindre. Ce faisant, ces conclusions montrent que la validation objective de la différence de traitement n'est pas exempte d'une vérification de la réalité sous-jacente, donc d'un contrôle de l'existence du lien logique, plus que du lien logique lui-même, reprenant alors les principes constitutionnels.

[3] CE, 8e et 3e ch., 29 mars 2017, n°399.506, *Sté Layher SAS*, cons. 6 ; CE, 9e et 10e ch., 20 juin 2016, n°386.146, *SA Société Générale et a.*, cons. 4 ; CE, 8e et 3e ss-sect., 10 avr. 2015, n°377.207, *Sté Red Bull on Premise et Sté Red Bull off Premise*, cons. 5 ; CE, 9e et 10e ss-sect., 16 nov. 2011, n°349.751, *SNC Parc éolien de Saint-Léger* et n°348.810, *SAS Parc éolien du Bois-Clergeons* ;CE, Ass., Avis, 12 avr. 2002, n°239.693, *SA Financière Labeyrie*.

comme la poursuite d'un « but légitime » ou d'un « rapport raisonnable de proportionnalité entre les moyens et les buts visés »[1]. En revanche, « l'objectif d'utilité publique » ou « les critères objectifs et rationnels en rapport avec les buts de la loi » relèvent plus du champ lexical constitutionnel.

422. Harmonisation sémantique et autonomie des normes de contrôle[2]. Fruit du contrôle atténué de constitutionnalité[3], en particulier s'agissant de la Convention européenne des droits de l'Homme, cette assimilation conceptuelle des normes de contrôle est contestable, même si, elle semble limitée à certains objectifs d'intérêt général d'ordre budgétaire : si le contrôle de conventionnalité peut venir pallier l'absence d'inconstitutionnalité, en particulier avant l'instauration de la QPC, ou le report dans le temps des effets d'une abrogation par le Conseil constitutionnel[4], il reste délicat pour le juge d'affirmer une protection plus étendue par la Convention européenne, alors que l'objectif initial de la QPC était précisément de replacer la Constitution au sommet de la hiérarchie des normes, ou au contraire de « parvenir par le biais du contrôle de conventionnalité, à un résultat différent de celui [qu'il aurait] atteint en tant que juge du filtre pour le contrôle de constitutionnalité, d'autant que la Cour de Strasbourg reconnaît aux États parties de larges marges d'appréciation pour organiser leur société et définir les réglages de leur système fiscal. »[5]

423. Cependant, aussi délicat soit cet exercice, il n'est pas impossible, et même nécessaire en ce qu'il assure l'autonomie juridique des normes de contrôle, que le résultat des contrôles de constitutionnalité ou de conventionnalité concorde ou diffère. Certes, une synergie conceptuelle[6] est possible en raison de la convergence des

---

[1] Cf. *supra*.

[2] V. J. ANDRIANTSIMBAZOVINA, « La Convention européenne des droits de l'homme, instrument de convergence des droits constitutionnels nationaux et du droit communautaire », *in* H. GAUDIN, *Droit constitutionnel, Droit communautaire, Vers un respect réciproque mutuel ?*, éd. Economica-PUAM 2001, p. 180 et s. ; du même auteur, « La conception des libertés par le Conseil constitutionnel et par la Cour européenne des droits de l'homme » : *Cah. Const. const.*, 2011, n°32, p. 19 et s. (accessible en ligne) ; F. LUCHAIRE, « Le Conseil constitutionnel et la Convention européenne des droits de l'homme » : *Gaz. Pal.*. 10 juin 2007, n°161, p. 11 et s.

[3] M.-C. BERGÈRES, « Vers un contrôle élargi de la loi fiscale par le Conseil d'État ? » : *DF* 2002, n°43, étude 35, n°5. – V. également, M. COLLET, « Les bienfaits du « dialogue des juges ». *op. cit.* , n°2 ; F. MARTINET et A. ANGOTTI, « Conseil d'État et Cour de cassation, juges de l'impôt : étude comparative (introduction générale et premier volet). La fiscalité européenne et constitutionnelle ou "la théorie des lasagnes" » : *DF* 2012, n°42, étude 480. Cf. Titre II, Introduction.

[4] Cf. *infra*, Partie II, Titre II, Chapitre II.

[5] R. VICTOR, concl. sur CE, 8e et 3e ch., 27 juin 2018, n°419.370, *Sté Corstyrène* : *DF* 2018, n°45, comm. 439. En ce sens également, ses concl. sur CE, 8e et 3e ch., 29 mars 2017, n°399.506, *Sté Layher SA* : *DF* 2017, n 25, comm. 365.

[6] Certaines décisions opèrent même une triple synergie, considérant, pour rejeter une demande de transmission d'une QPC, qu'une différence de traitement « n'est contraire ni aux stipulations combinées de l'article 14 de la convention européenne de sauvegarde des droits de l'homme et des libertés fondamentales et de l'article 1er du protocole additionnel à cette convention, ni au principe général du droit de l'Union de non-discrimination, **dès lors qu'elle est justifiée par une différence de situation**, au regard de l'objectif de préservation de la compétitivité des entreprises hyper-électro-intensives, entre celles dont l'activité principale est fortement exposée à la concurrence internationale, si bien qu'elles ne peuvent pas répercuter dans leurs prix de vente le coût résultant du prix d'achat de

jurisprudences européennes et constitutionnelle refusant de regarder les objectifs de rendement comme étant de nature à justifier une différence de traitement, mais il n'en demeure pas moins que le rapprochement ne devrait pas aller au-delà, même s'il traduit un commode raccourci intellectuel : les textes de contrôle, leur interprétation par les juges et leurs fonctions étant différents[1], cette unité dans la protection des droits fondamentaux, ne saurait être systématique, et la structuration qui en résulte diffère. Une plus nette distinction devrait donc être observée, dans tous les cas, dans les termes en fonction des contrôles opérés, afin de préserver l'autonomie des outils juridiques, et d'écarter le risque d'une uniformisation silencieuse[2].

424. Transition. La démarche de la Cour de justice est tout autre, marquant un pouvoir important de rationalisation dans la création des lois d'imposition.

C. La structuration prétorienne par la contrainte de l'Union européenne : les raisons impérieuses d'intérêt général

425. Problématique. Si les traités prévoient des possibilités de dérogations aux libertés de circulation[3], la Cour admet la possibilité de légitimer la moindre[4] entrave ou restriction fiscale à une liberté de circulation[5] par d'autres justifications, les

---

l'électricité, et les autres » (CE, 9e et 10e ch., 26 juin 2017, n°404.874, *Sté Air Liquide France Industrie*, cons. 27).

[1] En ce sens, A. MANGIAVILLANO, *Le contribuable et l'État : l'impôt et la garantie constitutionnelle de la propriété (Allemagne-France)*, éd. Dalloz, coll. « Nouv. Bibl. des thèses », t. n°126, éd. 2013, p. 476-480.

[2] G. DRAGO relève ainsi que « [l]a relation entre les ordres juridictionnels est ici plus conceptuelle qu'organique, mais elle demeure malgré tout désordonnée parce que le contour des droits fondamentaux, et parfois leur contenu même, peut être différent selon la juridiction qui les utilise. L'effet de contagion de la norme constitutionnelle ou conventionnelle en matière de droit fondamentaux préserve l'autonomie de chaque ordre juridictionnel. (…) » (*in* « Les droits fondamentaux entre juge administratif et juges constitutionnel et européens » : *Dr. adm.* 2004, étude 11, n°8). Comp. E. DUBOUT, « L'efficacité structurelle de la question prioritaire de constitutionnalité en question », *op. cit.*: « *le juge* [constitutionnel] *(…) se trouve en tant qu'organe exerçant une fonction politique astreint à une obligation supplémentaire de motivation de sa décision qu'un organe juridictionnel « classique ». (…). C'est pourquoi, ce ne sont pas les mêmes arguments qui doivent être formulés, ou du moins, pas sous la même forme et pas selon le même raisonnement.* ».

[3] Comme en matière de libre circulation des capitaux : CJUE, 2e ch., 7 avr. 2011, aff. C-20/09, *Commission c/ Portugal*, pt. 59 ; CJCE, 4 juin 2002, aff. C-367/98, *Commission c/ Portugal*, pt. 49.

[4] La Cour refuse en effet une sorte de règle *de minimis* applicable aux restrictions fiscales, dont le seuil de perception juridique constituerait une proportionnalisation de ladite restriction : CJCE, plén., 6 juin 2000, aff. C-35/98, *Staatssecretaris van Financiën et Verkooijen* ; CJCE, plén. 15 fév. 2000, aff. C-169/98, *Commission c/ France (1ère esp.)* et aff. C-34/98, *Commission c/ France (2e esp.)*.

[5] Si la proportionnalité n'est pas étrangère à la liberté de circulation des marchandises, elle concerne d'abord la fiscalité indirecte et est régie en grande partie par les traités (art. 30 et s., art. 110, 111 et 112 du TFUE) et une réglementation européenne, tandis que l'absence de réglementation européenne visant les autres libertés a laissé place à la construction jurisprudentielle de la Cour de justice, soucieuse de construire un « ordre fiscal commun » (V. not. A. MAITROT DE LA MOTTE, *Souveraineté fiscale et construction communautaire. Recherche sur les impôts directs*, éd. LGDJ, coll. « Bibl. de sc. fin. », t. n°44, 2005, 537 p.) et à partir de laquelle nous conduirons notre analyse prioritairement. Sur la suppression des entraves douanières à la libre circulation des marchandises, cf. notamment. A. MAITROT DE LA MOTTE, *Droit fiscal de l'Union européenne*, éd. Bruylant, Coll. « Droit de l'Union européenne », 2e éd., 2016, pp. 121 et s.)

« raisons impérieuses d'intérêt général »[1], sous réserve du test de « proportionnalité »[2] : ainsi, à la cohérence du système fiscal[3] et à l'efficacité des contrôles fiscaux[4], se sont ajoutées la préservation de la répartition équilibrée du pouvoir d'imposition[5], la lutte contre la fraude ou l'évasion fiscales[6], ou encore la

---

[1] Lesquelles ont *in fine* pour but de préserver aussi les intérêts financiers des États membres, comme le reconnaît la Cour lorsqu'elle énonce que la directive « fusion » 90/434/CEE du Conseil du 23 juil. 1990 assure l'objectif de répartition équilibrée du pouvoir d'imposition entre les États membres en « sauvegard[ant] les intérêts financiers de l'État de la société apporteuse en assurant l'imposition des [plus-values d'apport] au moment de leur réalisation effective » (CJUE, 1ère ch., 8 mars 2017, aff. C-14/16, *Euro Park Service*, pt. 67 ; CJUE, 1ère ch., 19 déc. 2012, aff. C-207/11, *3D I*, pt. 28).

[2] Une restriction à une liberté de circulation ne saurait être admise, à défaut de situation objectivement comparable « que si elle poursuit un objectif légitime compatible avec le traité (...) et se justifie par des raisons impérieuses d'intérêt général, pour autant, en pareil cas, qu'elle soit propre à garantir la réalisation de l'objectif poursuivi et qu'elle n'aille pas au-delà de ce qui est nécessaire pour l'atteindre ». Concernant la liberté de circulation des capitaux, la Cour précise parfois que les justifications ne sont admises que dans la mesure où « il n'existe pas de mesure d'harmonisation au niveau de l'Union assurant la protection de ces intérêts » (CJUE, 8e ch., 13 nov. 2014, aff. C-112/14, *Commission c/ Royaume-Uni*, pt 23 ; CJCE, gde ch., 23 oct. 2007, aff. C-112/05, *Commission c/ Allemagne*, pt. 72 et jurisprudence citée). Par ailleurs, la formulation de l'attendu de principe connaît des variations : la mention des « objectifs légitimes compatibles avec le traité » n'est pas systématique (CJUE, 3e ch., 16 avr. 2015, aff. C-591/13, *Commission c/ Allemagne ;* CJCE, 4e ch., 27 nov. 2008, aff. C-418/07, *Sté Papillon*, pt 33 ; CJCE, gde ch., 12 sept. 2006, aff. C-196/04, *Cadbury Schweppes*, pt 47 ; CJCE, 15 mai 1997, aff. C-250/95, *Futura Participations SA et Singer*, pt. 26), ou remplacée par la mention des situations non comparables (CJUE, 3e ch., 17 déc. 2015, aff. C-388/14, *Timac Agro Deutschland GmbH c/ Finanzamt Sankt Augustin*, pt. 25 ; CJUE, gde ch., 17 juil. 2014, aff. C-48/13, *Nordea Bank DanmarkA/S c/ Skatteministeriet*, pt 23 ; CJUE, 1ère ch., 7 nov. 2013, aff. C-322/11, *K*, pt 36), la notion d'objectif légitime semblant recouvrer une même réalité que les raisons impérieuses d'intérêt général (par ex., CJUE, 5e ch., 8 juin 2017, aff. C-580/15, *Van der Weegen et Pot c/ Belgique*, pts 36 et 37).

[3] CJCE, plén., 28 janv. 1992, aff. C-204/90, *M. Bachmann c/ Belgique* ; CJCE, plén., 28 janv. 1992, aff. C-300/90, *Commission c/ Belgique* ; CJCE, gde ch., 7 sept. 2004, aff. C-319/02, *Petri Manninen;* CJCE, gde ch., 18 déc. 2007, aff. C-101/05, *Skatteverket c/ A* ; CJCE, 4e ch., 27 nov. 2008, aff. C-418/07, *Sté Papillon*, pts 41 et s. ; CJUE, 1ère ch., 5 juil. 2012, aff. C-318/10, *SIAT SA*, pts 36 et 38 et s.

[4] CJCE, 28 janv. 1992, aff. C-204/90, *M. Bachmann c/ Belgique* ; CJCE, 28 janv. 1992, aff. C-300/90, *Commission c/ Belgique* ; CJCE, gde ch., 18 déc. 2007, aff. C-101/05, *Skatteverket c/ A* ;CJUE, 1ère ch., 5 juil. 2012, aff. C-318/10, *SIAT SA*, pts 36 et 38 et s.

[5] CJCE, gde ch., 13 déc. 2005, aff. C-446/03, *Marks & Spencer plc*, pt. 45 ; CJCE, gde ch., 18 juil. 2007, aff. C-231/05, *Oy AA*, pt. 51 ; CJCE, 4e ch., 15 mai 2008, aff. C-414/06, *Lidl Belgium GmbH & Co KG*, pt. 31 ; CJUE, 1ère ch., 23 janv. 2014, aff. C-164/12, *DMC Beteilungsgesellschaft mBH*, pt. 46.

[6] CJCE, 4e ch., 11 oct. 2007, aff. C-451/05, *Européenne et Luxembourgeoise d'Investissement SA (Elisa)*, pts 81 et 82 ; CJUE, 8e ch., 13 nov. 2014, aff. C-112/14, *Commission c/ Royaume-Uni*, pt. 25 ; CJUE, 4e ch., 3 oct. 2013, aff. C-282/12, *Itelcar – Automóveis de Aluguer Lda c/ Fazenda Pública*, pt.34.Toutefois, le risque d'évasion fiscale n'est pas une justification non pertinente en elle-même, sauf en matière de liberté de circulation des capitaux : CJCE, plén., 28 janv. 1986, aff. C-270/83, *Commission c/ France* ; CJCE, 16 juil. 1998, aff. C-264/96, *Imperial Chemical Insutrie plc (ICI) c/ Kenneth Hall Colmer (Her Majesty's Inspector of Taxes) ;* CJCE, 5e ch., 12 déc. 2002, aff. C-324/00, *Lankhorst-Hohorst GmbH c/ Finanzamt Steinfurt* ; CJCE, gde ch., 13 déc. 2005, aff. C-446/03, *Marks & Spencer plc*.

nécessité de faire obstacle à un double emploi des pertes[1], sans exclure d'autres justifications non spécifiquement fiscales[2].

426. Plan. À l'aune de ces objectifs imposés autant que décidés, axés sur un caractère concret et immédiat, le contrôle de la rationalité des dispositifs fiscaux tend à établir une coïncidence objective et rationnelle avec le contenu de la norme fiscale nationale, son champ d'application et ses effets, dans une démarche différant selon qu'il s'agisse d'un objectif d'origine prétorienne (1) ou national et non spécifiquement fiscal (2)[3].

---

[1] CJCE, gde ch., 13 déc. 2005, aff. C-446/03, *Marks & Spencer plc*, spé. pts 46 et s. Cette raison impérieuse d'intérêt général suppose qu'il existe effectivement « le risque qu'un contribuable fasse valoir deux fois la même perte » (CJUE, 1ère ch., 7 nov. 2013, aff. C-322/11, *K*, pts 57-58), et d'autre part, n'a pas de signification autonome de la répartition équilibrée des pouvoirs d'imposition : J. KOKOTT énonçait ainsi, dans ses conclusions sous l'arrêt *A Oy* de 2013 que « la seule chose décisive est, en fin de compte, le fait que la réglementation nationale poursuive l'objectif de préservation de la répartition du pouvoir d'imposition. L'objectif de prévention d'une double prise en considération des pertes n'a, en revanche, pas de signification autonome » (pt 49) (concl. du 19 juil. 2012, pts 50-54 sur CJUE, 4e ch., 21 fév. 2013, aff. C-123/11). La répartition équilibrée des pouvoirs d'imposition a en effet pour objet de sauvegarder la symétrie entre le droit d'imposition des bénéfices et la faculté de déduction des pertes (par ex., CJUE, 1ère ch., 23 janv. 2014, aff. C-164/12, *DMC Beteilungsgesellschaft mBH*).

[2] Certaines justifications sont systématiquement rejetées telles le risque de réduction des recettes fiscales (CJUE, 7e ch., 4 mai 2017, aff. C-98/16 (1ère esp.), *Commission c/ Grèce*, pt. 15 ;CJUE, 7e ch., 26 mai 2016, aff. C-244/15, *Commission c/ Grèce*, pt. 43 ; CJUE, 3e ch., 16 avr. 2015, aff. C-591/13, *Commission c/ Allemagne*, pt 78 ; CJCE, gde ch., 7 sept. 2004, aff. C-319/02, *Petri Manninen ;* CJCE, plén., 21 sept. 1999, aff. C-307/97, *Cie de Saint-Gobain Zweigniederlassung Deustchland c/ Finanzamt Aachen-Innenstadt*), un objectif de nature purement économique (CJUE, 2e ch., 7 avr. 2011, aff. C-20/09, *Commission c/ Portugal*, pt. 65 ; CJCE, plén., 6 juin 2000, aff. C-35/98, *Staatssecretaris van Financiën et Verkooijen*, pt. 48), ou la situation économique de l'État membre (*ibid.* ; CJCE, 16 juil. 1998, aff. C-264/96, *Imperial Chemical Insutrie plc (ICI)*), la compensation du désavantage fiscal résultant de la restriction par d'autres avantages fiscaux (CJUE, 1ère ch., 17 mai 2017, aff.C-68/15, *X c/ Ministraad*, pts. 59-60 ; CJCE, plén., 21 sept. 1999, aff. C-307/97, *Cie de Saint-Gobain*, pt. 52), à moins qu'il n'existe entre les deux un lien direct, caractérisant un objectif de cohérence fiscale. S'il s'agit toujours de l'objectif *in fine*, il présente un caractère trivial et contrastant trop nettement avec l'objectif des traités, de sorte qu'il convient de « l'habiller » avec les vêtements créés et dessinés par la Cour de justice (en ce sens, A. MAITROT DE LA MOTTE, *Droit fiscal de l'Union européenne*, *op. cit.* p. 33-34).

[3] L'ouverture induite par ces justifications aux restrictions et entraves fiscales se referme aussitôt dans le contrôle de la proportionnalité, parfois dès le stade de la rationalité. Certains auteurs ont mise en évidence que l'élargissement des justifications aux atteintes à des libertés de circulation est une main tendue aux États membres, bien vite retirée par le durcissement du contrôle de l'adaptation, différenciée le cas échéant selon la liberté envisagée. – V. notamment, B. DELAUNAY, « L'évolution de la jurisprudence relative aux justifications des restrictions fiscales aux libertés communautaires » : *DF* 2009, n°12, comm. 248 ; du même auteur, « L'évolution de la jurisprudence fiscale de la Cour de justice en matière de liberté de circulation des capitaux » : *DF* 2012, n°47, étude 526.

1. La structuration par les justifications propres au droit fiscal : organisation du pouvoir d'imposition et territorialité[1]

427. Plan. La sauvegarde de la réparation équilibrée des pouvoirs d'imposition entre États membres suppose une concurrence entre la souveraineté fiscale de deux États membres, ouvrant une possibilité d'optimisation fiscale aux contribuables, particulièrement les entreprises[2] (a), alors que la justification tirée de la cohérence fiscale ne met en jeu le système fiscal que d'un seul État membre (b).

a. *La répartition équilibrée du pouvoir d'imposition entre les États membres*

428. Une justification nécessitant des pouvoirs d'imposition concurrents. Raison impérieuse d'intérêt général autonome[3] et distincte du principe de territorialité[4], la sauvegarde de la répartition équilibrée du pouvoir d'imposition des États membres suppose que l'exercice d'une liberté de circulation mettent en jeu les

---

[1] Bien que multiples, les justifications admises par la Cour de justice constituent des déclinaisons du principe de territorialité (en ce sens, L. BERNARDEAU, dans ses chroniques relatives à la jurisprudence en matière de fiscalité directe : v. par ex., *DF* 2018, n°31-35, comm. 362. *Contra* D. GUTMANN, *Droit fiscal des affaires*, éd. LGDJ, 6ème éd., 2015, 791 p.) – V. également, CJUE, 1ère ch., 23 janv. 2014, aff. C-164/12, *DMC Beteilungsgesellschaft mbH*, pts 49 et 52 ; CJUE, gde ch., 29 nov. 2011, aff. C-371/10, *National Grid Indus*, pts 46 à 49 ; CJUE, 3e ch., 21 janv. 2010, aff. C-311/08, *Société de Gestion Industrielle SA (SGI)*, pt. 60 ; CJCE, 2e ch., 7 sept. 2006, aff. C-470/04, *N*, pt. 46. *Comp.* sur les transferts de pertes : CJCE, gde ch., 18 juil. 2007, aff. C-231/05, *Oy AA*, pts 54 et 55 ; CJCE, gde ch., 13 déc. 2005, aff. C-446/03, *Marks & Spencer plc*, pt. 46), soit qu'elles visent le pouvoir d'imposition d'un État membre, seul ou en combinaison avec celui d'un autre État membre, soit qu'elles en constituent les moyens spécifiques de réalisation, d'effectivité par la lutte contre la fraude fiscales et l'efficacité des contrôles fiscaux. Cf. *infra*.

[2] Nous y incluons le risque de double emploi des pertes : CJUE, 3e ch., 17 déc. 2015, aff. C-388/14, *Timac Agro Deutschland GmbH*, pt. 34 ; CJUE, 1ère ch., 7 nov. 2013, aff. C-322/11, *K*, pt. 50 ; CJCE, 4e ch., 15 mai 2008, aff. C-414/06, *Lidl Belgium GmbH & Co K*, pt. 31; CJCE, gde ch., 18 juil. 2007, aff. C-231/05, *Oy AA*, pt. 54; CJCE, gde ch., 13 déc. 2005, aff. C-446/03, *Marks & Spencer plc*, pt. 45. Cet objectif a « notamment pour objet de sauvegarder la symétrie entre le droit d'imposition des bénéfices et la faculté de déduction des pertes, en particulier afin de prévenir que le contribuable choisisse librement l'État membre où faire valoir de tels bénéfices ou de telles pertes » (CJUE, 3e ch., 17 déc. 2015, aff. C-388/14, *Timac Agro Deutschland GmbH*, pt. 35 ; CJUE, 1ère ch., 7 nov. 2013, aff. C-322/11, *K*, pt. 51 ; CJCE, gde ch., 18 juil. 2007, aff. C-231/05, *Oy AA*, pt. 56 ; CJCE, 4e ch., 15 mai 2008, aff. C-414/06, *Lidl Belgium GmbH & Co KG*, pt. 34). Ainsi, la norme faisant obstacle à double emploi des pertes, permet à la fois de sauvegarder la symétrie en le droit d'imposition d'un État et le droit à déduction, et de participer à la répartition équilibrée du pouvoir d'imposition entre États membres (CJUE, 1ère ch., 7 nov. 2013, aff. C-322/11, *K*, pt. 55)

[3] CJUE, 2e ch., 25 fév. 2010, aff. C-337/08, *X Holding BV*, pts 28 et 29 ; CJCE, 4e ch., 15 mai 2008, aff. C-414/06, *Lidl Belgium GmbH & Co KG* ; CJCE, gde ch., 18 juil. 2007, aff. C-231/05, *Oy AA*, pt. 54.

[4] CJUE, 4e ch., 8 nov. 2012, aff. C-342/10, *Commission c/ Finlande*, pt. 45.

pouvoirs d'imposition entre deux États[1], membres de l'Union européenne ou non[2] dans la mesure où cette raison impérieuse d'intérêt général vise notamment « à sauvegarder la **symétrie** entre le droit d'imposition des bénéfices et la faculté de déduction des pertes[3] », en faisant obstacle à ce que le contribuable puisse choisir librement l'État membre où faire valoir de tels bénéfices ou de telles pertes[4], soit lors de l'établissement de l'impôt[5], soit en amont en contrant « des comportements de nature à compromettre le droit d'un État membre d'exercer sa compétence fiscale en relation avec les activités réalisées sur son territoire[6] », sans que ces comportements relèvent systématiquement de la fraude ou de l'évasion fiscales[7].

---

[1] La compétence fiscale de l'État se manifeste tant dans l'établissement de l'imposition et son contrôle que dans son recouvrement, ce dernier pouvant être à la fois objet d'un contrôle de proportionnalité et vecteur de proportionnalité. Ainsi, un État peut imposer la valeur économique générée sur son territoire en taxant les plus-values latentes afférentes à des actifs et en prévoyant un fait générateur distinct de la réalisation effective de ces biens : CJUE, 1ère ch., 23 janv. 2014, aff. C-164/12, *DMC Beteilungsgesellschaft mBH*, pts 52-53 ; CJUE, 3e ch., 18 juil. 2013, aff. C-261/91, *Commission c/ Danemark*, pt. 37 ; CJUE, gde ch., 29 nov. 2011, aff. C-371/10, *National Grid Indus*, pt. 49.

[2] Aussi, cette justification sera rejetée au vu du seul constat que la législation litigieuse ne concerne le droit d'imposer d'un seul État. En ce sens : CJUE, 1ère ch., 17 mai 2017, aff. C-68/15, *X c/ Ministraad*, pt 57 ; CJUE, 2e ch., 2 sept. 2015, aff. C-386/14, *Groupe Steria SCA*, pt. 29 ; CJCE, 4e ch., 27 nov. 2008, aff. C-418/07, *Sté Papillon*, pts 39 et 40.

[3] CJUE, 3e ch., 17 déc. 2015, aff. C-388/14, *Timac Agro Deutschland GmbH*, pt 35 ; CJUE, gde ch., 17 juil. 2014, aff. C-48/13, *Nordea Bank DanmarkA/S c/ Skatteministeriet*, pt 32 ; CJUE, 1ère ch., 7 nov. 2013, aff. C-322/11, *K*, pt. 51 ; CJCE, 4e ch., 15 mai 2008, aff. C-414/06, *Lidl Belgium GmbH & Co KG*, pt. 33.

[4] CJUE, 3e ch., 17 déc. 2015, aff. C-388/14, *Timac Agro Deutschland GmbH*, pt. 34 ; CJUE, 1ère ch., 7 nov. 2013, aff. C-322/11, *K*, pt. 51 ; CJCE, 4e ch., 15 mai 2008, aff. C-414/06, *Lidl Belgium GmbH & Co KG* ; CJCE, gde ch., 18 juil. 2007, aff. C-231/05, *Oy AA*, pt. 56.

[5] Ainsi, cette justification implique « que les pertes déduites au titre d'un établissement stable puissent être compensées par l'imposition des bénéfices de cet établissement dégagés sous l'empire de la compétence fiscale de l'État membre considéré, à savoir tant ceux réalisés pendant toute la période pendant laquelle ledit établissement dépendait de la société résidente que ceux réalisés au moment de la cession du même établissement » (CJUE, gde ch., 17 juil. 2014, aff. C-48/13, *Nordea Bank DanmarkA/S c/ Skatteministeriet*, pt 33). – V. également, CJUE, 3e ch., 16 avr. 2015, aff. C-591/13, *Commission c/ Allemagne ;* CJUE, gde ch., 29 nov. 2011, aff. C-371/10, *National Grid Indus*.

[6] CJCE, gde ch., 12 sept. 2006, aff. C-196/04, *Cadbury Schweppes*, pt. 56. – V. également, CJUE, 10e ch., 22 juin 2017, aff. C-20/16, *Bechtel c/ Finanzamt Offenburg*, pt. 65 ; CJUE, 1ère ch., 5 juil. 2012, aff. C-318/10, *SIAT SA*, pt. 45 ; CJUE, 3e ch., 21 janv. 2010, aff. C-311/08, *Société de Gestion Industrielle SA (SGI)*, pt. 63 ; CJCE, gde ch., 13 déc. 2005, aff. C-446/03, *Marks & Spencer plc*, pt. 46.

[7] Par ex., l'imposition des plus-values latentes lors d'un transfert d'activité dans un autre État membre : CJUE, 3e ch., 16 avr. 2015, aff. C-591/13, *Commission c/ Allemagne* ; CJUE, 1ère ch., 23 janv. 2014, aff. C-164/12, *DMC Beteilungsgesellschaft mBH*, pts 49-51 ; CJUE, gde ch., 29 nov. 2011, aff. C-371/10, *National Grid Indus ;* CJUE, 3e ch., 21 janv. 2010, aff. C-311/08, *Société de Gestion Industrielle SA (SGI) ;* CJCE, gde ch., 18 juil. 2007, aff. C-231/05, *Oy AA* ; CJCE, gde ch., 13 déc. 2005, aff. C-446/03, *Marks & Spencer plc*, pt. 46.

429. Si ni l'exercice de ces libertés, ni la législation des autres États membres[1] ne sauraient faire renoncer un État membre à son droit d'exercer sa compétence fiscale[2], tant que l'Union européenne ne procèdera pas à une harmonisation, pour « définir, par voie conventionnelle ou unilatérale, les critères de répartition de leur pouvoir de taxation, en vue, notamment, d'éliminer les doubles impositions »[3], l'existence d'une directive européenne réglant sur un point particulier cette répartition[4], ou l'aménagement par l'État membre lui-même, de son pouvoir d'imposition, notamment par des conventions fiscales bilatérales[5], enlèvent à la répartition équilibrée des pouvoirs d'imposition son caractère opérant (*pacta sunt servanda*).

430. Une structuration indirecte de la norme d'imposition : le déplacement du contrôle de la rationalité. La Cour de justice examine concrètement l'application de la législation en cause, ou plus exactement la réalité de la situation ou du comportement que l'État membre a entendu contrer : si les situations communautaires peuvent porter atteinte au droit d'imposer de l'État membre, la justification tirée de la nécessité de préserver la répartition équilibrée des pouvoirs d'imposition sera retenue,

---

[1] CJUE, 1ère ch., 23 janv. 2014, aff. C-164/12, *DMC Beteilungsgesellschaft mBH*, pt 56 et 57 ; CJUE, gde ch., 29 nov. 2011, aff. C-371/10, *National Grid Indus*, pts 46 et 62 ; CJCE, 4e ch., 28 fév. 2008, aff. C-293/06, *Deutsche Shell;* CJCE, 4e ch., 23 oct. 2008, aff. C-157/07, *Krankenheim Ruhesitz am Wannsee-Seniorenheimstatt GmbH* ; CJCE, gde ch., 18 juil. 2007, aff. C-231/05, *Oy AA*, pt. 54. Les États ne peuvent pas plus lutter contre les aides d'État ou la concurrence fiscale dommageable : même si ces dispositifs sont de nature à porter atteinte au bon fonctionnement du marché intérieur, les États membres ne peuvent, par des mesures fiscales nationales, les inciter ou les contraindre à cesser ces pratiques, « à les démanteler via des contre-mesures prenant la forme d'entraves fiscales » (A. MAITROT DE LA MOTTE, *Droit fiscal de l'Union européenne, op. cit.*, p. 261). – V. not. CJCE, 4e ch., 11 oct. 2007, aff. C-451/05, *Elisa*, pts 31 et 32 *;* CJCE, gde ch., 12 sept. 2006, aff. C-196/04, *Cadbury Schweppes*, pt. 49.

[2] Comme imposer une plus-value réalisée sur son territoire, même si cette plus-value est encore latente : CJUE, 1ère ch., 23 janv. 2014, aff. C-164/12, *DMC Beteilungsgesellschaft mBH*, pts 48-49 ; CJUE, gde ch., 29 nov. 2011, aff. C-371/10, *National Grid Indus*, pt. 46 ; CJCE, 2e ch., 7 sept. 2006, aff. C-470/04, *N*, pt. 46. *Comp.* les transferts de pertes intra-groupes : CJCE, gde ch., 18 juil. 2007, aff. C-231/05, *Oy AA*, pt. 54 ; CJCE, gde ch., 13 déc. 2005, aff. C-446/03, *Marks & Spencer plc.*.

[3] CJUE, 3e ch., 16 avr. 2015, aff. C-591/13, *Commission c/ Allemagne*, pt. 64 ; CJUE, gde ch., 29 nov. 2011, aff. C-371/10, *National Grid Indus*, pt. 45 ; CJCE, 2e ch., 9 nov. 2009, aff. C-540/07, *Commission c/ Italie*, pt. 29 ; CJCE, 12 mai 1998, aff. C-336/96, *Époux Robert Gilly*, pts. 24 et 30.

[4] CJUE, 20 déc. 2017, aff. C-504/16 et C-613/16 (4e esp.), *Deister Holding AG, anciennement Traxx Investments NV et Juhler Holding A/S c/ Bundesznetralamt für Steuern*, pt. 98 ; CJUE, 1ère ch., 8 mars 2017, aff. C-14/16, *Euro Park Service*, pts 66 à 68.

[5] CJUE, 10e ch., 22 juin 2017, aff. C-20/16 (2e esp.), *Wolfram Bechtel et Marie-Laure Bechtel c/ Finanzamt Offenburg*, pt. 68. – V. également, CJUE, gde ch., 12 sept. 2017, aff. C-648/15, *Autriche c/ Allemagne*, pt. 26 : « la conclusion entre deux États membres d'une convention préventive de la double imposition a pour objet et pour effet d'éliminer ou d'atténuer certaines conséquences de l'exercice non coordonné de leur pouvoir d'imposition, lequel est par nature susceptible de restreindre, de dissuader ou de rendre moins attrayant l'usage des libertés de circulations prévues par le traité FUE », la Cour s'étant en l'espèce reconnue compétente sur le fondement de l'article 325 TFUE, et par l'effet d'une clause d'arbitrage insérée dans la convention germano-autrichienne, pour élucider une difficulté d'interprétation d'un des articles de cette convention. Sur le contrôle des conventions fiscales internationales par la Cour de justice : cf. not., A. MAITROT DE LA MOTTE, *Droit fiscal de l'Union européenne*, *op. cit* p. 167 et s. et p.607 et s.; M.-C. BERGERÈS, « Droit communautaire et conventions fiscales internationales » : *DF* 2007, n°19, étude 487.

et inversement[1], éventuellement accentuée par l'absence de mesures moins contraignantes[2], ou limitée par la Cour de justice elle-même à des situations qu'elle définit[3]. Le lien logique avec l'objectif européen, est donc contrôlé à partir l'application particulière de la norme nationale, dans une perspective objective permettant une généralisation : la dynamique est inversée. Ce faisant, la justification tirée de la répartition équilibrée des pouvoirs d'imposition structure directement le pouvoir d'imposition de l'État membre, en le rationalisant, et, par ricochet les normes d'imposition[4].

431. Dynamique performative proportionnalisante par la structuration. Les mesures justifiées par cette raison impérieuse d'intérêt général ne font pas toujours l'objet d'un contrôle de leur nécessité, lorsque celle-ci résulte de la symétrie entre le droit d'imposer et la faculté de déduction des pertes[5]. De l'aptitude de la norme à assurer la répartition équilibrée des pouvoirs d'imposition, la Cour de justice en conclut la proportionnalité de la norme[6]. Si la Cour procède parfois de manière plus détaillée, elle reprend en réalité les mêmes arguments, ce qui montre le caractère superfétatoire et révélateur de l'adaptation intrinsèque par le seul lien logique[7].

432. Transition. La cohérence fiscale, déclinaison de la répartition équilibrée des pouvoirs d'imposition[8], exige une structuration accrue de la norme d'imposition, prise dans un ensemble la dépassant.

---

[1] Par ex., CJUE, 3e ch., 16 avr. 2015, aff. C-591/13, *Commission c/ Allemagne*, pts 64 à 73 ; CJUE, gde ch., 29 nov. 2011, aff. C-371/10, *National Grid Indus*.

[2] CJUE, 2e ch., 25 fév. 2010, aff. C-337/08, *X Holding BV*, pts 41 et 42; CJCE, gde ch., 18 juil. 2007, aff. C-231/05, *Oy AA*, pts 64 et 65.

[3] CJCE, gde ch., 13 déc. 2005, aff. C-446/03, *Marks & Spencer plc*, pt. 55.

[4] Par ex., dans le cadre des plus-values latentes, les critères territorial et temporel structurent à la fois le pouvoir d'imposer et l'assiette imposable, et matérialisent le lien logique justifiant la norme d'imposition par rapport à l'objectif de la répartition équilibrée des pouvoirs d'imposition des États membres (CJUE, gde ch., 29 nov. 2011, aff. C-371/10, *National Grid Indus*, pts 52 à 64 ; CJUE, 3e ch., 21 janv. 2010, aff. C-311/08, *Société de Gestion Industrielle SA (SGI)*, pt. 60 ; CJCE, gde ch., 18 juil. 2007, aff. C-231/05, *Oy AA*, pt. 54 ; CJCE, 2e ch., 7 sept. 2006, aff. C-470/04, N, pt. 46. *A contrario*, CJCE, gde ch., 13 déc. 2005, aff. C-446/03, *Marks & Spencer plc*, pt. 46).

[5] CJUE, 3e ch., 17 déc. 2015, aff. C-388/14, *Timac Agro Deutschland GmbH*, pts 48-49 ; CJUE, gde ch., 17 juil. 2014, aff. C-48/13, *Nordea Bank DanmarkA/S c/ Skatteministeriet*, pts 32-33 ; CJCE, 4e ch., 23 oct. 2008, aff. C-157/07, *Krankenheim Ruhesitz*, pt. 54. *Contra* : CJUE, 5e ch., 21 juin 2018, aff. C-480/16, *Fidelity Funds, Fidelity Investment Finds et Fidelity Institutional Funds*, pts 84 et 86, où la Cour identifie néanmoins une mesure moins restrictive, ouvrant, sous condition, la possibilité aux OPCVM de bénéficier d'une exonération d'imposition, sans remettre en cause la cohérence systémique.

[6] CJUE, 1ère ch., 7 nov. 2013, aff. C-322/11, *K*, pt. 72.

[7] CJUE, 2e ch., 30 juin 2016, aff. C-123/15, *Max-Heinz Feilen c/ Finanzamt Fulda*, pt. 40 ; CJCE, 4e ch., 23 oct. 2008, aff. C-157/07, *Krankenheim*.

[8] Déclinaison du principe plus général de la répartition équilibrée des pouvoirs d'imposition, il en résulte que si la cohérence fiscale est retenue, la première l'est également en principe, mais l'inverse n'est en revanche pas automatique : en effet, si « les exigences liées à la répartition équilibrée du pouvoir d'imposition et à la cohérence fiscale se recoupent », la répartition équilibrée n'exige pas un « lien direct, personnel et matériel » et conduit la Cour à procéder par une motivation distincte à l'examen de la justification tirée de la cohérence (CJUE, 3e ch., 17 déc. 2015, aff. C-388/14, *Timac Agro Deutschland GmbH*, pt 47 ;CJUE, gde ch., 29 nov. 2011, aff. C-371/10, *National Grid Indus*, pt. 80). Toutefois, la cohérence systémique invoquée peut aller à l'encontre de la répartition du

b. *La cohérence fiscale : le lien logique matérialisé par une stricte symétrie*

433. Cohérence fiscale, symétrie et structuration du pouvoir d'imposition. Plus stricte que la répartition équilibrée des pouvoirs d'imposition, la cohérence fiscale est en soi une recherche d'équilibre : elle a « pour fonction de protéger l'intégrité des systèmes fiscaux nationaux, pourvu qu'elle ne fasse pas obstacle à l'intégration de ces systèmes dans le cadre du marché intérieur »[1]. Par ses conditions, elle présente un pouvoir structurant supérieur en intensité : un lien direct doit être démontré entre l'avantage fiscal concerné et la compensation de cet avantage par un prélèvement fiscal déterminé[2], la nécessité du lien direct étant appréciée au regard de l'objectif de la réglementation nationale[3]. Ce lien direct constitue à la fois, le rapport logique et rationnel et l'adaptation intrinsèque de la norme fiscale nationale.

434. La structuration à partir de la stricte symétrie objective. L'approche de la Cour est objective, reposant sur une comparaison de l'application de la règle fiscale nationale en cause, combinée le cas échéant avec une convention fiscale bilatérale[4], dans une situation interne et dans une situation intracommunautaire. Il s'agit alors d'établir une stricte symétrie, qui n'admet aucune nuance : soit le lien direct est établi et la justification admise, soit le lien ne l'est pas, et la justification ne sera pas retenue[5].

---

pouvoir d'imposition décidée par deux États dans une convention fiscale bilatérale, établissant alors une inadaptation et donc une disproportionnalité (en ce sens, CJUE, 10e ch., 22 juin 2016, aff. C-20/16, *Bechtel c/ Finanzamt Offenburg*, pt. 78). En l'occurrence, l'argument vient conforter l'absence de lien direct « entre, d'une part, la méthode d'exemption avec réserve de progressivité, en vertu de laquelle l'État membre de résidence renonce à imposer les revenus perçus dans un autre État membre, tout en tenant compte de ces revenus, aux fins de déterminer le taux d'imposition applicable au revenu imposable, et, d'autre part, le refus de prendre en compte des cotisations ayant un lien direct avec les revenus exonérés. » (pt. 77).

[1] M.L. POIARES MADURO, concl. sur CJCE, gde ch., 13 déc. 2005, aff. C-446/03, *Marks & Spencer plc* : *BDCF* 2/2006, n°13.

[2] CJUE, 5e ch., 21 juin 2018, aff. C-480/16, *Fidelity Funds, Fidelity Investment Finds et Fidelity Institutional Funds*, pts 79-80 ; CJUE, gde ch., 12 juin 2018, aff. C-650/16, *A/S Bevola, Jens W. Trock ApS c/ Skatteministeriet*, pt. 45 ; CJUE, 2e ch., 2 sept. 2015, aff. C-386/14, *Groupe Steria SCA*, pts 31-33 ; CJCE, 4e ch., 27 nov. 2008, aff. C-418/07, *Sté Papillon*, pt 44 :CJCE, gde ch., 7 sept. 2004, aff. C-319/02, *Petri Manninen*, pt. 42 ; CJCE, 16 juil. 1998, aff. C-264/96, *Imperial Chemical Insutrie plc (ICI)*, pt. 26 ; CJCE, 28 janv. 1992, aff. C-204/90, *M. Bachmann c/ Belgique*, pt. 29. La Cour a légèrement assoupli sa jurisprudence en admettant une exception pour l'application des droits de succession : « la condition selon laquelle il doit s'agir du même contribuable ne saurait s'appliquer dès lors que la personne qui a acquitté les droits de succession lors de la succession antérieure est nécessairement décédée » (CJUE, 2e ch., 30 juin 2016, aff. C-123/15, *Max-Heinz Feilen c/ Finanzamt Fulda*, pt. 36).

[3] CJUE, gde ch., 12 juin 2018, aff. C-650/16, *A/S Bevola, Jens W. Trock ApS c/ Skatteministeriet*, pt. 49 ; CJUE, 1ère ch., 7 nov. 2013, aff. C-322/11, *K*, pt. 66 ; CJCE, 4e ch., 27 nov. 2008, aff. C-418/07, *Sté Papillon*, pt 44 ; CJCE, gde ch., 12 déc. 2006, aff. C-446/04,*Test Claimants in the FII Group Litigation*, pt. 58.

[4] CJUE, 1ère ch., 7 nov. 2013, aff. C-322/11, *K*, pts 67-68.

[5] CJUE, 3e ch., 16 avr. 2015, aff. C-591/13, *Commission c/ Allemagne*, pt 75 ; CJUE, 3e ch., 17 oct. 2013, aff. C-181/12, *Yvon Welte*, pt. 60-61. Ainsi, concernant le régime d'intégration fiscale français, la Cour relève d'une part que « la neutralisation des différentes opérations internes au groupe permet, notamment, d'éviter un double emploi des pertes au niveau des sociétés résidentes relevant du régime de l'intégration fiscale », et d'autre part, que dans le cadre d'un groupe intégrant une sous-filiale

La structuration opère en premier lieu sur le pouvoir d'imposition, et par ricochet sur la norme d'imposition, en la dépassant tout en la contraignant.

435. Dynamique performative proportionnalisante par la structuration. Le contrôle de la rationalité, correspondant en l'occurrence au contrôle de l'appropriation, suffit à assurer la proportionnalité de la restriction créée par la norme d'imposition à partir l'existence du lien direct entre l'avantage fiscal consenti et la compensation de cet avantage par un prélèvement fiscal déterminé pour la seconde, matérialisation du lien logique[1]. A l'instar de la répartition équilibrée des pouvoirs d'imposition, la Cour envisage parfois la nécessité et la proportionnalité *stricto sensu*, mais en réitérant les mêmes arguments de la rationalité, elle révèle ainsi la coïncidence de la rationalité et de l'adaptation intrinsèque au sein du seul lien logique[2].

436. Transition. L'objectivité du lien rationnel et logique et du contrôle opéré par la Cour[3], mesurant ainsi la rationalité des mesures à l'aune des raisons impérieuses invoquées, n'est pas atténuée par la distanciation créée par ces objectifs, extérieurs à la norme d'imposition, en ce que d'une part, ces objectifs sont un prolongement européen des objectifs nationaux, et d'autre part, la Cour de justice ne confronte pas la norme elle-même mais son application objective, même si *in fine*, c'est sur la norme

---

détenue par un filiale non-résidente, « les sociétés résidentes bénéficieraient des avantages du régime de l'intégration fiscale, en termes de consolidation des résultats et de prise en compte immédiate des pertes de toutes les sociétés relevant de ce régime, sans que les pertes de la sous-filiale et les provisions de la société mère puissent faire l'objet d'une neutralisation », pour enfin en déduire que « le lien direct existant, dans le régime de l'intégration fiscale, entre les avantages fiscaux et la neutralisation des opérations internes au groupe serait ainsi anéanti, ce qui affecterait la cohérence dudit régime » (CJCE, 4e ch., 27 nov. 2008, aff. C-418/07, *Sté Papillon*, pts 46-50). De même, la réintégration des pertes réalisées par un établissement stable non-résident dans les résultats d'une société résidente reflète une « logique de symétrie et constitue le complément indissociable de la déduction accordée précédemment » (CJUE, 3e ch., 17 déc. 2015, aff. C-388/14, *Timac Agro Deutschland GmbH*, pts 40-41 ; CJCE, 4e ch., 23 oct. 2008, aff. C-157/07, *Krankenheim*, pt. 42) ou encore, il existe un lien direct entre la prise en compte des pertes générées par un investissement en capital, tel un immeuble, et l'imposition des bénéfices dégagées par cet investissement, s'agissant d'un même contribuable et de l'impôt sur le revenu (CJUE, 1ère ch., 7 nov. 2013, aff. C-322/11, *K*, pt. 69).

[1] CJUE, 3e ch., 17 déc. 2015, aff. C-388/14, *Timac Agro Deutschland GmbH*, pts 48-49 ; CJUE, gde ch., 17 juil. 2014, aff. C-48/13, *Nordea Bank DanmarkA/S c/ Skatteministeriet*, pts 32-33; CJUE, 1ère ch., 7 nov. 2013, aff. C-322/11, *K*, pt. 72 ; CJCE, 4e ch., 23 oct. 2008, aff. C-157/07, *Krankenheim*, pt. 54. *Contra* : CJUE, 5e ch., 21 juin 2018, aff. C-480/16, *Fidelity Funds, Fidelity Investment Finds et Fidelity Institutional Funds*, pts 84 et 86.

[2] CJUE, 2e ch., 30 juin 2016, aff. C-123/15, *Max-Heinz Feilen c/ Finanzamt Fulda*, pt. 40 ; CJCE, 4e ch., 23 oct. 2008, aff. C-157/07, *Krankenheim*.

[3] Ainsi, la Cour de justice annonce dans certaines décisions que son contrôle portera sur la question de savoir « si la réglementation litigieuse peut être **objectivement** justifiée par une raison impérieuse d'intérêt général » (CJUE, 7e ch., 26 mai 2016, aff. C-244/15, *Commission c/ Grèce*, pt. 39), à partir des observations faites par les gouvernements ou l'exposé des motifs d'une disposition nationale (par ex. : CJUE, gde ch., 17 juil. 2014, aff. C-48/13, *Nordea Bank DanmarkA/S c/ Skatteministeriet*, pts 28 à 30). Si cette approche objective est parfois atténuée par une certaine subjectivisation qu'ont relevée des auteurs (v. not., L. COUTRON, obs. sous CJUE, gde ch., 2 déc. 2014, aff. C-196/13, *Commission c/ Italie* : *RTD eur.* 2015, p. 365), cette nature objective est de nature à étendre la portée d'une décision, particulièrement celle résultat d'un recours en manquement.

elle-même qu'elle se prononce. Cet aspect concret est plus accentué encore lorsqu'une restriction est justifiée par un objectif extra-fiscal.

2. Les justifications non spécifiques au droit fiscal : le contrôle de la véracité du lien logique ?

437. Problématique. En dehors des considérations relevant de la souveraineté fiscale des États membres, les traités prévoient d'une part[1], la Cour de justice reconnaît d'autre part aux États la possibilité de justifier par des objectifs non spécifiquement fiscaux les restrictions ou entraves d'ordre fiscal, tels la protection des consommateurs[2], la protection de l'environnement[3], l'objectif d'intérêt général d'ordre social consistant à répondre aux besoins de logement[4], ou la continuité et le maintien de l'emploi sur le territoire national par la promotion de l'investissement dans l'entreprise et la restructuration de celle-ci[5], etc.[6]. Le contrôle de la rationalité s'intensifie, comme si le caractère extra-fiscal des justifications laissait soupçonner une instrumentalisation de l'outil fiscal à des fins illégitimes au regard des traités européens.

438. Une structuration indirecte et renforcée. La Cour exige que la mesure litigieuse soit, d'une part, apte à réaliser l'objectif d'intérêt général « d'une manière cohérente et systématique »[7], et, d'autre part, n'instaure ni différence entre les ressortissants des États membres, ni n'entre en contradiction avec un objectif communautaire[8]. La preuve d'une concrétisation du lien logique incombe à l'État

---

[1] L'article 45 du TFUE (anc. art. 39 TCE) autorise des limitations à la liberté de circulation des travailleurs justifiées par des raisons d'ordre public, de sécurité publique ou de santé publique : il en est de même de la liberté d'établissement (art. 52 TFUE, anc. art. 46 TCE).
[2] CJUE, 5e ch., 8 juin 2017, aff. C-580/15, *Van der Weegen et Pot c/ Belgique*, pt. 39 ; CJUE, 10e ch., 23 janv. 2014, aff. C-296/12, *Commission c/ Belgique*, pt. 47 ; CJUE, 2e ch., 24 mars 2011, aff. C-400/08, *Commission c/ Espagne*, pt. 74 ; CJCE, 4 déc. 1986, aff. C-220/83, *Commission c/ France*, pt. 20.
[3] CJUE, gde ch., 19 sept. 2017, aff. C-552/15, *Commission c/ Irlande*, pt. 90 ; CJUE, 2e ch., 24 mars 2011, aff. C-400/08, *Commission c/ Espagne*, pt. 74 ; CJCE, 5e ch., 29 nov. 2001, aff. C-17/00, *François de Coster ;* CJCE, 20 sept. 1988, aff. C-302/86, *Commission c/ Danemark*, pt 9..
[4] CJUE, 7e ch., 26 mai 2016, aff. C-244/15, *Commission c/ Grèce*, pt 40 ; CJCE, 3e ch., 15 oct. 2009, aff. C-35/08, *Busley et Cibrian Fernandez. Comp.* à propos de la lutte contre la spéculation immobilière ou la protection des intérêts des épargnants : CJUE, 10e ch., 23 janv. 2014, aff. C-296/12, *Commission c/ Belgique*, pts. 46-47 *;* CJUE, 20 janv. 2011, aff. C-155/09, *Commission c/ Grèce*.
[5] CJUE, 3e ch., 16 avr. 2015, aff. C-591/13, *Commission c/ Allemagne*, pt 76.
[6] La promotion de la recherche et du développement (CJCE, 3e ch., 11 mars 2005, aff. C-39/04, *Laboratoire Fournier*), la promotion de l'enseignement (CJCE, 3e ch., 18 déc. 2007, aff. C-281/06, *Jundt c/ Finanzamt Offenburg*), l'efficacité des politiques de développement (CJUE, 1ère ch., 28 fév. 2013, aff. C-544/11, *Helga Petersen et Petersen c/ Finanzamt Ludwigshafen*, pts. 59-61).
[7] Par ex., CJUE, 7e ch., 26 mai 2016, aff. C-244/15, *Commission c/ Grèce*, pts 35 et 30 (objectif d'intérêt général d'ordre social consistant à répondre aux besoins de logement).
[8] CJCE, 3e ch., 11 mars 2005, aff. C-39/04, *Laboratoire Fournier*, pt. 23 : « S'il ne peut être exclu, (…), que la promotion de la recherche et du développement constitue une raison impérieuse d'intérêt général, il n'en demeure pas moins qu'elle ne saurait justifier une mesure nationale, (…), qui refuse le bénéfice d'un crédit d'impôt recherche à toute opération de recherche non effectuée dans l'État membre concerné. En effet, une telle réglementation est directement contraire à l'objectif de la politique communautaire dans le domaine de la recherche et du développement technologique, (…)».

membre[1], à partir « de preuves appropriées ou d'un analyse de l'aptitude et de la proportionnalité de la mesure restrictive adoptée par cet État, ainsi que des éléments précis permettant d'étayer son argumentation »[2]. Le déplacement du contrôle de la rationalité est manifeste, la Cour se focalisant sur la réalité de l'efficacité de la mesure adoptée, pour en déduire alors que cette dernière repose sur une justification, qui la structure[3].

439. Transition. Les justifications des entraves aux libertés de circulation sont donc à mi-chemin entre la rationalité décidée par les législateurs nationaux, et celle imposée à ces derniers, leurs administrations ou aux contribuables, particuliers et entreprises[4], et la lutte contre le « mésusage » par les contribuables des règles fiscales n'y fait pas exception.

II. La lutte contre la fraude et l'évasion fiscales et autres pratiques abusives *lato sensu*, justification instrumentale et considérations d'équité et éthiques

440. Problématique. La rationalité instrumentale de la norme d'imposition se matérialise dans la coïncidence du champ d'application de celle-ci avec la pratique ciblée, ces deux critères faisant l'objet d'un contrôle juridictionnel. Ce dernier est néanmoins orienté, d'un point de vue axiologique, sur les considérations d'équité et éthiques portées par l'objectif de lutte contre les fraudes, évasions et autres pratiques abusives fiscales[5], et des considérations économiques propres au marché unique de l'Union européenne[6].

L'effectivité et la cohérence du droit de l'Union européenne dans son ensemble constituent l'enjeu de la recevabilité d'un objectif, fondement du lien logique.

[1] CJUE, 10e ch., 23 janv. 2014 , aff. C-296/12, *Commission c/ Belgique*, pts 47-48.

[2] CJUE, 7e ch., 26 mai 2016, aff. C-244/15, *Commission c/ Grèce*, pt 42.

[3] Ainsi, elle rappelle que « à supposer que de telles considérations puissent constituer, dans certaines circonstances et sous certaines conditions, des justifications acceptables d'une réglementation nation prévoyant un avantage fiscal (…), il n'apparaît pas que cet objectif ne puisse être atteint que si le bien de remplacement relève également du pouvoir d'imposition des autorités [nationales] : CJUE, 3e ch., 16 avr. 2015, aff. C-591/13, *Commission c/ Allemagne*, pt 76. – V. également CJCE, 4e ch., 25 oct. 2007, aff. C-464/05, *Maria Geurts et Dennis Vogten c/ Administratie van de BTW, registratie en domeinen, Belgische Staat*, pt. 26. Si la Cour avait déjà jugé, au sein d'une même décision, qu'une autre mesure moins restrictive à une liberté de circulation aurait permis de réaliser ledit objectif, elle se place directement au stade de l'adaptation et rappelle alors sa jurisprudence antérieure qu'elle applique au cas d'espèce : CJUE, 3e ch., 16 avr. 2015, aff. C-591/13, *Commission c/ Allemagne*, pt 77 ; CJCE, 2e ch., 26 oct. 2006, aff. C-345/05, *Commission c/ Portugal*, pts 31 à 35. Par ailleurs, alors même qu'un intérêt général non fiscal n'est pas retenu, la Cour mentionne, appuyant sa décision, que la mesure fiscale présente une disproportionnalité par défaut de proportionnalisation (CJUE, 5e ch., 8 juin 2017, aff. C-580/15, *Van der Weegen et Pot c/ Belgique*, pt. 42), accentuant l'absence de rationalité légitime.

[4] Cf. *infra*. Titre II.

[5] *Comp.* les considérations morales et théologiques sous-tendant l'impôt : v. not. J.-C. MARTINEZ (dir.), *Dieu et l'impôt*, , éd. G. de Bouillon, 2001, 502 p.

[6] Sans exclure des considérations plus sociologiques, mais biaisés par une présentation erronée de la réalité : en ce sens, sur l'amalgame fait entre la fraude fiscale et le transfert d'une résidence fiscale hors de France, et par transitivité, entre la fraude et l'optimisation fiscale, D. GUTMANN, «

441. Plan. Conseil constitutionnel (A) et Cour de justice (B) se rejoignent dans l'appréhension de ces dispositifs à partir de leur champ d'application ou de la matérialité de la pratique ou du montage cible.

A. L'exigence constitutionnelle d'une rationalité abstraite des dispositifs de lutte contre la fraude et l'évasion fiscales

442. Problématique. La distanciation opérée par le rattachement de la norme d'imposition à un objectif transcendant, extérieur à celle-ci, produit un déplacement du contrôle constitutionnel dans la matérialité de la pratique ou du montage cible, qu'il s'agisse du contrôle *a priori* ou du contrôle *a posteriori*, le second étant dans la continuité du premier[1]. Ainsi, si la lutte contre la fraude et l'évasion fiscales peut légitimer une différence de traitement ou une aggravation de la charge fiscale du contribuable, les modalités de mise en œuvre de la norme d'imposition doivent coïncider avec la pratique ou la situation ciblée, celle-ci pouvant être vérifiée dans sa matérialité ou de la projection de ses effets potentiels[2]. Le contrôle de la rationalité ne se situe donc pas dans l'efficacité du dispositif, ou dans sa logique interne, et prend les nuances déjà évoquées dans le contrôle des lois fiscales de procédure[3].

L'argument sociologique en droit fiscal », *op. cit.*). Par ailleurs, la possibilité d'une nouvelle raison impérieuse d'intérêt pourrait s'affermir dans la lutte contre les paradis fiscaux, dans une application toutefois limitée à la libre circulation des capitaux et dans les relations avec le pays tiers à l'Union européenne (en ce sens, CJUE, gde ch., 1er avr. 2014, aff. C-80/12, *Felixtowe Dock and Railway Company et a.*, pt. 32. – V. également, CJUE, 1ère ch., 10 avr. 2014, aff. C-190/12, *Emerging Markets Series of DFA investment Trust Company c/ Dyrekto Izby Skarbowej w Bydgoszczy*, pts 102-104).

[1] En ce sens, E. DUBOUT, « L'efficacité structurelle de la question prioritaire de constitutionnalité en question », *op. cit.*

[2] Par ex., à propos du plafonnement de l'ancien impôt de solidarité sur la fortune : la limitation de « l'avantage tiré par les détenteurs des patrimoines les plus importants du plafonnement de cet impôt par rapport aux revenus du contribuable » correspond à la volonté du législateur de « faire obstacle à ce que les contribuables n'aménagent leur situation en privilégiant la détention de biens qui ne procurent aucun revenu imposable » (Cons. const., 11 fév. 2011, déc. n°2010-99 QPC, *Mme Noblins*, cons. 5). – V. également, en ce sens : Cons. const., 29 déc. 2013, déc. n°2013-685 DC, *Loi de finances pour 2014*, cons. 36. *Comp.* Cons. const., 30 nov. 2018, déc. n°2018-748 QPC, *Sté Zimmer Biomet France Holdings*, cons. 7.

[3] Avec toutefois une teinte nouvelle distinguant l'évasion fiscale ou la lutte contre l'optimisation fiscale seules ou combinées à la fraude fiscale, le juge se montrant plus clément dans le premier cas, plus exigeant dans le second. Par ex., Cons. const., 16 juin 2017, déc. n°2017-638 QPC, *M. Gérard S.*, spé. cons. 6 et 7 : le Conseil constitutionnel ayant retenu comme « buts d'intérêt général » le fait de « favoriser les restructurations d'entreprises susceptibles d'intervenir par échange de titres » tout en luttant contre l'évasion fiscale, il globalise les deux justifications du principe de l'exclusion du sursis d'imposition de la plus-value de cession des titres, et ne vérifie pas la réalité de la pratique de fraude ou d'évasion fiscales contre laquelle le législateur a entendu lutter, bien qu'il approuve au regard des facultés contributives le seuil de 10% de la soulte, déclenchement de l'imposition, en ce qu'elle « rend compte de l'importance de l'opération d'échange de titre au regard du capital social de l'entreprise qui fait l'objet d'une restructuration », tandis que la valeur vénale tient compte de la prime d'émission, élevant ainsi le seuil matériel de déclenchement de l'application de l'article 150-0 B du CGI. Or, d'une part, on peine à trouver un rapport logique et nécessaire entre la valeur de la soulte et le capital de l'entreprise, et son contrôle, l'opération pouvant aussi bien concerner des actionnaires majoritaires que des actionnaires minoritaires, bien que ces critères présentent un lien objectif et rationnel avec des opérations de restructuration, mais il n'est pas certain qu'ils suffisent à

443. Contrôle de la matérialité des pratiques visées : une structuration faible de la norme d'imposition. Le contrôle du Conseil, lequel se limite toutefois à s'assurer, plus ou moins explicitement de la réalité des difficultés rencontrées par l'administration dans l'établissement ou le contrôle de l'impôt, ou de la pratique visée, en déduisant alors, par la coïncidence entre les effets et l'objet de la norme fiscale, l'existence de critères objectifs et rationnels en fonction de l'objectif à valeur constitutionnelle, et donc, peut-on ajouter, en fonction de l'objectif législatif[1].

444. Autrement dit, bien que le juge constitutionnel ne vérifie pas lui-même cette réalité[2] et se repose sur l'appréciation faite par le Gouvernement[3], l'existence d'une difficulté administrative[4] ou d'une pratique « optimisante », sources de fraude ou d'évasion fiscales, constitue la justification instrumentale et l'assise du lien logique

---

établir de manière générale l'existence d'une pratique optimisante. D'autre part, en liant cette exclusion à la lutte contre l'évasion fiscale, le juge sous-entend dans une certaine mesure que la présence de soulte d'un montant dépassant une certaine limite pourrait relever de l'évasion fiscale, et ne serait donc pas fondée sur des motifs économiques sérieux, alors qu'il n'existe aucune possibilité pour le contribuable de renverser cette présomption, critère nécessaire dans les dispositifs de lutte contre la fraude fiscale.

[1] Par ex., le législateur a, par les dispositions de l'article 885 G ter du CGI, posé une présomption de rattachement au patrimoine du constituant d'un trust les biens, droits ou produits qui y sont placés, tenant ainsi « compte de la difficulté, **inhérente** aux trusts, de désigner la personne qui tire une capacité contributive de la détention de tels biens, droits ou produits » : il « s'est fondé sur des critères objectifs et rationnels en fonction de l'objectif de valeur constitutionnelle de lutte contre la fraude et l'évasion fiscales (…) » (Cons. const., 15 déc. 2017, déc. n°2017-679 QPC, *Courtois*, cons 7) ; de même, l'article 123 bis du CGI tend, relève le Conseil, « eu égard aux insuffisances des échanges d'information avec les États ou territoires en cause », à « remédier à la difficulté pour l'administration de disposer des éléments nécessaires à la détermination du résultat imposable de l'entité juridique et au calcul des revenus réputés acquis par la personne physique » (Cons. const., 1er mars 2017, déc. n°2016-614 QPC, *Dominique Lacquemant*, cons. 6 et 10).

[2] D'une part, il n'en a pas les moyens matériels, d'autre part, ce serait empiéter sur l'appréciation souveraine du législateur. En ce sens, C.-A. MORAND, « Les exigences de la méthode législative et du droit constitutionnel portant sur la formations de la législation », *op. cit.* p. 397-399.

[3] Ainsi, l'« amendement Charasse », fait « obstacle à ce que, dans une telle opération financée en tout ou partie par l'emprunt, la prise en compte des bénéfices de la société rachetée, pour la détermination du résultat d'ensemble, soit compensée par la déduction des frais financiers exposés pour cette acquisition » : or, cette situation « étant **effectivement** susceptible de donner lieu à un cumul d'avantage fiscaux, le législateur a retenu des critères objectifs et rationnels en fonction du but poursuivi » (Cons. const., 20 avr. 2018, déc. n°2018-701 QPC, *Sté Mi Développement 2*, cons. 6 et 7, nous soulignons) ; les droits de mutation appliqués lors du dénouement d'un contrat d'assurance vie manifestent également cette position de retrait de la part du Conseil constitutionnel : ainsi, ayant vérifié le respect des facultés contributives, le Conseil constitutionnel ne remet pas en cause, ni n'éprouve véritablement la rationalité des choix faits par le législateur dans la détermination de l'assiette, « compte tenu du but ainsi poursuivi » tenant à « décourager le recours tardif à cet instrument d'épargne dans le but d'échapper à la fiscalité successorale » (Cons. const., 3 oct. 2017, déc. n°2017-658 QPC, *M. Jean-Jacques M.*, cons. 7). – V. également, Cons. const., 29 déc. 2013, déc. n°2013-685 DC, *Loi de finances pour 2014,* cons. 36 (à propos de l'article 212 du CGI).

[4] Toutefois, le Conseil relève parfois l'existence de telles difficultés sans pour autant rattacher le dispositif légal à la lutte contre la fraude et l'évasion fiscales ou seulement des pratiques d'optimisation fiscale, ni plus d'ailleurs que le but tendant à « empêcher des ententes de nature à minorer le montant de l'impôt » (Cons. const., 24 mai 2019, déc. n°2019-784 QPC, *Sté Cosfibel Premium*, cons. 8 et 9).

dans l'adoption urticante d'une mesure propre, ou du moins destinée à la contrer *ab initio*[1]. Il en résulte donc que la poursuite d'un tel objectif doit nécessairement être ciblée dans son champ d'application[2], ce ciblage matérialisant le lien logique entre l'objectif et le contenu de la disposition.

445. Délimitation du champ d'application, structuration de la norme d'imposition. Ainsi, sur le fondement de l'article 13 de la Déclaration, l'aggravation de la charge fiscale motivée en particulier par la lutte contre l'évasion et la fraude fiscales peut justifier de déroger au lien logique primitif dans la définition des facultés ou capacités contributives : on retrouve alors une coïncidence entre cette partie de l'assiette de l'impôt et la pratique ou un montage relevant de manière générale, voire systématique de la fraude ou de l'évasion fiscales, et que le législateur a entendu contrer, dans la perspective de l'imposition prise dans son ensemble. Cette pratique ou montage ciblé est appréhendé(e) par rapport à la circonscription du champ d'application matériel, personnel et temporel de la norme d'imposition[3], posant une

---

[1] V. également en ce sens : Cons. const., 25 nov. 2016, déc. n°2016-598 QPC, *Sté Eurofrance* ; Cons. const., 16 sept. 2011, déc. n°2011-165 QPC, *Sté Heatherbrae Ltd*, cons. 5.

[2] *Comp.* à propos de la taxe sur les éditeurs de télévision : Cons. const., 6 fév. 2014, déc. n°2013-362 QPC, *Sté TF1 SA*, cons. 5 et 6. *Comp.* pour les procédures de contrôle : Cons. const., 21 janv. 2011, déc. n°2010-88 QPC, *Mme Boisselier*.

[3] Le seul critère temporel ne peut cependant suffire, à lui-seul, à établir de manière générale la réalité d'une pratique d'optimisation ou de fraude fiscale : par ex., en matière de donation-cession, Cons. const., 29 déc. 2012, déc. n°2012-661 DC, *Loi de finances rectificative pour 2012 (III)*, cons. 24. En ce sens, A. MAITROT DE LA MOTTE, note sous Cons. const., 20 avr. 2018, déc. n°2018-701 QPC, *Sté Mi Développement 2 : DF* 2018, n°39, comm. 410

présomption[1], le juge constitutionnel semblant marquer une distinction selon la nature de l'imposition, c'est-à-dire selon qu'elle porte sur des flux[2], ou sur un capital[3].

---

[1] L'instauration de présomptions, outil utile et efficace de prévention des fraudes, évasions et autres pratiques abusives fiscales est un phénomène général que l'on retrouve « dans tous les États dits respectables du concert fiscal mondial » (P. MARCHESSOU et B. TRESCHER, « L'euro-compatibilité du dispositif français de lutte contre la fraude et l'évasion fiscales », *in* J. LASSERRE-CAPDEVILLE, P. MARCHESSOU, B. TRESCHER, C. CUTAJAR (dir.), *Fraude et évasion fiscales. États des lieux et moyens de lutte*, J. LASSERRE-CAPDEVILLE, P. MARCHESSOU, B. TRESCHER, C. CUTAJAR (dir.), éd. Joly, 2015, p. 99 et s.). D'autres décisions montrent une externalisation du contrôle de proportionnalité de la norme fiscale d'imposition contrôlée, par l'intrusion de l'objectif à valeur constitutionnelle de lutte contre la fraude et l'évasion fiscales, décliné en autant d'objectifs législatifs qu'il existe de pratiques identifiables. Ainsi, de la distinction selon que les investissements ou opérations financières sont réalisées ou non dans les États et territoires non coopératifs : volonté du législateur de lutter contre la fraude fiscale des sociétés, l'objectif législatif trouve sa traduction idoine dans la localisation desdits investissements ou opérations financières et génère alors une différence de traitement, à la fois moyen et effet, « fondée sur des critères en rapport direct avec l'objet de la loi » (Cons. const., 20 janv. 2015, déc. n°2014-437 QPC).

[2] Intéressante est, à ce titre, la motivation de la décision portant sur la taxe sur les éditeurs de télévisions : si cette taxe assise sur des sommes dont le contribuable ne dispose pas, et cela « quelles que soient les circonstances », méconnaît alors les exigences de l'article 13 de la Déclaration, l'incise met en exergue et suggère également la possibilité de distendre le lien entre l'assiette et l'imposition par un motif d'intérêt général ; la taxe aurait pu porter sur des revenus dont les éditeurs de télévisions ne disposent pas, pour autant qu'elle le soit dans des circonstances circonscrites relevant de la fraude ou de l'évasion fiscales (Cons. const., 29 déc. 2013, déc. n°2013-684 DC, *Loi de finances rectificative pour 2013*, cons. 29 et 30). De même, l'inconstitutionnalité de l'article 238-0 A du CGI tel que modifié par la loi relative à la lutte a fraude fiscale et à la grande délinquance financière résulte d'un champ d'application insuffisamment délimité, et dépendant du bon vouloir du gouvernement, eu égard à « l'absence de conventions passées au 1er janvier 2016 ou en l'absence d'engagement de passer de telles conventions ou en l'absence d'interprétations des conventions existantes comme permettant l'échange automatique d'informations, de figurer sur cette liste des États et territoires non coopératifs » de sorte que les conséquences importantes pour les entreprises qui ont une activité dans de tels pays, sont, « **en l'état** », « disproportionné[…] à l'objectif poursuivi et de nature à entraîner une rupture caractérisée de l'égalité devant les charges publiques » (Cons. const., 4 déc. 2013, déc. n°2013-679 DC, *Loi relative à la lutte contre la fraude fiscale et la grande délinquance économique et financière*, cons. 51, nous soulignons). *Comp.* la rationalité de l'article 155 A du CGI en ce qu'elle s'applique *« dans les cas limitativement énumérés »*, recouvrant des pratiques, pour lesquelles le contribuable est présumé avoir agi « *aux fins d'éluder l'imposition* », et sous réserve de la double imposition, ce second critère relevant de l'adaptation extrinsèque (Cons. const., 26 nov. 2010, déc. n°2010-70 QPC, *M. Moreau*, cons. 4. *Comp.* CE, 3e ch., 12 juil. 2018, n°418.890, *Sté Nateva* ; CE, 3e et 8e ss-sect., 2 fév. 2012, n°315.600, *Sté Sonepar* ; CE, 3e et 8e ss-sect., 2 mars 2011, n°342.099, *Sté Soutiran et Cie*).

[3] La volonté de lutte contre la fraude et l'évasion fiscales ne peut aboutir à asseoir l'impôt sur la fortune sur des biens dont un contribuable n'a pas la disposition, y compris lorsque ces biens sont logés dans des sociétés, filiales ou sous-filiales : ce serait dépasser les « facultés contributives » du contribuable en tenant compte d'élément du patrimoine extérieur au sien et sur lesquels il n'a pas de maîtrise (en ce sens, Cons. const., 29 déc. 2013, déc. n°2013-685 DC, *Loi de finances pour 2014*, cons. 12 ; Cons. const., 29 déc. 2012, déc. n°2012-662 DC, *Loi de finances pour 2013,* cons. 90 et 95. – V. également, concernant le plafonnement : Cons. const., 11 fév. 2011, déc. n°2010-99 QPC, *Mme Noblins*, cons. 5 et de manière plus mesurée, en ce que c'est par l'adaptation que le Conseil procède : Cons. const., 30 nov. 2018, déc. n°2018-748 QPC, *Sté Zimmer Biomet France Holdings*, cons. 7. Ce plafonnement à 100% des revenus réalisés ou disponibles, traduction des facultés contributives constituerait dès lors la mesure modératrice *a minima* de l'impôt sur la fortune, dont la

446. Ce critère agit ainsi par rétroaction dans la délimitation *a priori* du champ d'application de la norme contrôlée[1], souvent corroboré *a posteriori* par la possibilité adaptatrice d'apporter la preuve contraire, parfois énoncée dans une proportionnalisation performative[2]. C'est donc par l'adaptation qu'indirectement le juge constitutionnel vérifie et consolide la rationalité de la mesure anti-fraude et

---

mise en œuvre est purement hypothétique compte tenu du plafonnement légal et relève plus d'un argument rhétorique qu'un facteur d'adaptation. Nonobstant, capacité et faculté contributives deviendraient alors complémentaires, les secondes constituant un critère d'adaptation de la première, relais du plafonnement de l'impôt sur la fortune français, faisant écho à la jurisprudence de la Cour européenne des droits de l'Homme (cf. *infra*, Partie II, Titre I, Chapitre II). *Comp.* Cons. const., 29 déc. 2013, déc. n°2013-685 DC, *Loi de finances pour 2014*, cons. 20 à 24 à propos de la taxe sur les rémunérations individuelles supérieures à un million d'euros dont le Conseil écarte le caractère confiscatoire de la taxe au regard des « facultés contributives », centrées donc sur l'adaptation également intrinsèque de la taxe tout en incluant des considérations éthique et d'équité, non quantifiables ; Cons. const., 29 déc. 2012, déc. n°2012-661 DC, *Loi de finances rectificative pour 2012 (III)*, cons. 24 en matière de droit de mutation à titre gratuit entre vifs, à propos de la mesure de lutte contre la pratique d'optimisation de donation-cession de titres sociaux l'inconstitutionnalité d'« une imposition supplémentaire qui est sans lien avec leur situation mais est liée à l'enrichissement du donateur antérieur au transfert de propriété des valeurs cessions ». *Contra* Cons. const., 12 avr. 2019, déc. n°2019-775 QPC, *M. Joseph R.* : la différence entre les deux décisions s'explique par la différence de situation, les titres de la donation étant dans le second cas grevés d'un engagement antérieur, le donataire étant celui qui disposera du revenu ou de la ressource issue de la cession des titres, si cession il y a. *Comp.* les conclusions de K. CIAVALDINI sur l'arrêt de transmission (CE, 8e et 3e ch., 6 fév. 2018, n°425.447), la rapporteure publique exprimant des doutes sur cet objectif purement économique : *RJF* 2019, C467. Dans le même sens, v. CE, 8e et 3e ch., 26 nov. 2018, n°424.331).

[1] Ainsi, à propos de l'instauration de la taxe forfaitaire de 3% sur la valeur vénale des immeubles possédés en France par des personnes morales n'y ayant pas leur siège social, le Conseil n'éprouve pas séparément le lien logique et les critères d'adaptation, semblant au contraire présumé le premier « eu égard à l'objectif ainsi poursuivi » ; toutefois, la comparaison des taux et de l'assiette de l'ISF et de la taxe forfaitaire, ainsi que les exemptions énoncées à l'article 990 E du CGI assurent en réalité tant la réalisation de l'objectif, par l'effet dissuasif concret que son application ciblée (Cons. const. 29 déc. 1989, déc. n°89-268 DC, *Loi de finances pour 1990*, cons. 77), ce que la Cour de justice estimera toutefois insuffisant dans son arrêt *Elisa* (cf. *infra*).

[2] CE, 10e et 9e ch., 22 sept. 2017, n°412.408, *Gautier*. Le juge administratif écarte l'irréfragabilité de la présomption et interprète les dispositions d'une manière à assurer leur conformité au droit de l'Union européenne, c'est-à-dire à la fois la directive 90/434/CE du 23 juil. 1990 et la jurisprudence de la Cour de justice.

[2] Cons. const., 29 déc. 2013, déc. n°2013-685 DC, *Loi de finances pour 2014*, cons. 12 ; Cons. const., 29 déc. 2012, déc. n°2012-662 DC, *Loi de finances pour 2013*, cons. 95. – V. également, en ce sens, J.-P. MAUBLANC, note sous Com. 20 oct. 2015, n°14-19.598, P+B, *DGFiP c/ M. et Mme Cabri-Wiltzer* : *DF* 2016, n°6, comm. 162.

évasion fiscales[1], fusionnant donc les deux étapes, à travers d'abord l'assiette de l'imposition[2].

447. Transition. Tout en empruntant une dialectique différente, la Cour de justice vérifie également la rationalité de la norme d'imposition « anti-abus » à l'aune de son champ d'application ou de la réalité du caractère « abusif » et systématique d'une situation donnée.

B. L'exigence européenne d'une rationalité abstraite et factuelle des dispositifs de lutte contre les fraudes et autres pratiques fiscales abusives

448. Unité conceptuelle dans la structuration par la lutte contre les pratiques abusives. Moyens spécifiques de réalisation de la sauvegarde de la répartition équilibrée des pouvoirs d'imposition ou de la cohérence fiscale ou de préservation de la finalité des directives européennes, les dispositifs « anti-abus » sont justifiés par l'objectif de lutte contre les pratiques fiscales abusives[3], raison impérieuse d'intérêt

---

[1] D'autres vecteurs d'un tel contrôle de la rationalité existent. Ainsi, lors de l'instauration de la CSG, reliant trois impositions autour d'une unité fiscale (H. AGENEAU, *Le principe d'égalité dans les lois fiscales*, *op. cit.* p. 219 et s.), le Conseil énonce que ces contributions ayant « pour finalité commune la mise en œuvre **du principe de solidarité nationale**, la détermination des redevables des différentes contributions ne saurait aboutir à une rupture caractérisée de l'égalité devant les charges publiques entre tous les citoyens », même s'il vérifie néanmoins que le non-assujettissement de certains contribuables pour l'une des contributions en particulier trouve une justification propre, mesure de la rationalité et de l'adaptation de la différence en résultant, « dans les règles générales applicables à l'établissement et à la mise en recouvrement des impôts directs perçus par voie de rôle », règles dont le but est « d'éviter l'engagement de frais de recouvrement qui seraient excessifs par rapport à l'ampleur des sommes en jeu » (Cons. const., 28 déc. 1990, déc. n°90-285 DC, *Loi de finances pour 1991*, cons. 29, nous soulignons (v. également, cons. 50). *Comp.* Cons. const., 19 nov. 1997, déc. n°97-390 DC, *Loi organique relative à la fiscalité applicable en Polynésie française*, cons. 7.

[2] Par ex., si une différenciation en fonction d'une disproportion marquée entre le train de vie d'un contribuable et ses revenus et reposant sur des critères objectifs et vérifiables, tels les critères et forfaits à l'article 168 du CGI constitue des « critères objectifs et rationnels » ciblant le déclenchement cet article aux « **seuls** cas où une disproportion marquée entre le train de vie et les revenus déclarés est établie », en revanche, la majoration de 50% de somme forfaitaire ainsi obtenue ne trouve aucune explication rationnelle et logique justifiant son bien-fondé : au contraire, cette majoration déconnecte la base d'imposition de critères objectifs et vérifiables, rationnels et est susceptible de faire « peser, le cas échéant, sur certains contribuables une charge excessive au regard de leurs facultés contributives » (Cons. const., 21 janv. 2011, déc. n°2010-88 QPC, *Mme Boisselier*, cons. 7). Cette application ciblée implique également que la disproportionnalité, par l'inadaptation des revenus au train de vie du contribuable, ne déclenche l'application de l'article 168 que dans les cas avérés d'une insuffisance de déclaration. Il faut donc que le contribuable puisse apporter la preuve contraire : cf. *infra*, Partie II, Titre I.

[3] C'est ainsi que les régimes fiscaux adoptés dans le cadre de la lutte contre la fraude fiscale sont aussi aptes à contrer des comportements de « nature à compromettre le droit d'un État membre d'exercer sa compétence fiscale en relation avec les activités réalisées sur son territoire » selon son droit interne et les conventions fiscales bilatérales qu'il a signées : l'objectif de lutte contre la fraude fiscale est, au stade du contrôle du caractère approprié de la mesure, inclus dans l'objectif de la préservation de la répartition équilibrée du pouvoir d'imposition des États membres (CJUE, 3e ch., 17 déc. 2015, aff. C-388/14, *Timac Agro Deutschland GmbH*, pts 42-44 ; CJUE, 1ère ch., 5 juil. 2012,

général ou objectif particulier d'une directive[1], et plus largement, principe général du droit de l'Union européenne[2], applicable en tout état de cause[3].

449. Si cet objectif transcendant constitue une justification légitime[4], eu égard à la diversité des pratiques fiscales et des législations fiscales destinées à les contrer, la Cour de justice exige, de manière générale, que ces dispositifs législatifs trouvent une rationalité, par rapport à leur objectif spécifique[5], concret et immédiat, c'est-à-dire par rapport à la pratique visée, laquelle recouvre un « montage [purement] artificiel » [6]. Ainsi, une unité conceptuelle s'observe dans le contrôle de la rationalité des mesures destinées à lutter contre les pratiques fiscales abusives[7]. Toutefois, si ce principe

---

aff. C-318/10, *SIAT SA*, pts 46-48). Les mesures de lutte contre la fraude fiscale impliquent des contrôles fiscaux efficaces : cf. *supra*, Titre I du présent titre. En outre, d'autres parallèles sont possibles, la répartition équilibrée des pouvoirs d'impositions pouvant être rattachée au principe de souveraineté (art. 3 de la Constitution et de la Déclaration) et la prévention des doubles déductions et celle de l'évasion fiscale au principe d'égalité devant les charges publiques (art. 13 de la Déclaration). Cf. P. MARTIN, « La jurisprudence fiscale de la CJCE du point de vue du Conseil d'État (France) » : *DF* 2009, n°12-13, étude 247, spé. n°6.

[1] Par ex., la directive TVA offre à plusieurs reprises la possibilité aux États membres d'adopter des mesures destinées à lutter contre la fraude fiscale (art. 11, 19, 80, et 424), et plus largement, « la lutte contre la fraude, l'évasion fiscale et les abus éventuels est un objectif reconnu et encouragé par la directive TVA, et les justiciables ne sauraient frauduleusement ou abusivement se prévaloir des normes du droit de l'Union » : CJUE, 7e ch., 5 juil. 2018, aff. C-320/17, *Marle Participations SARL*, pt. 41 ; CJUE, 3e ch., 17 déc. 2015, aff. C-419/14, *WebMindLicenses Kft c/ Nemzeti Adó-és Vámhivatal Kiemelt Adó- és Vám Főigazgatóság*, pt. 35 ; CJCE, gde ch., 21 fév. 2006, aff. C-255/02, *Halifax Plc*, pt. 70) tandis que la directive 90/934/CEE comporte un article 11, paragraphe 1, sous a) qui autorise un État à refuser le bénéfice du régime favorable applicables aux fusions, scissions, apports d'actifs et échanges d'actions intéressant des sociétés d'États membres différents, lorsque l'opération a « comme objectif principal ou comme un de ses objectifs principaux la fraude ou l'évasion fiscale ».

[2] CJCE, 12 mai 1998, aff. C-367/96, *Kefalas*, pt. 20 ; CJCE, 9 mars 1999, aff. C-212/97, *Centros Ltd c/ Erhvervs-o, Selskabsstyrelsen*, pt. 24 ; CJCE, gde ch., 12 sept. 2006, aff. C-196/04, *Cadbury Schweppes*, pt. 35 ; CJUE, 4e ch., 22 nov. 2017, aff. C-251/16, *Edward Cussens, John Jennings, Vincent Kingston c/ T.G. Brosnan*, pt. 27 ; CJUE, gde ch., 26 fév. 2019, aff. C-115/16, *N Luxembourg 1 et a.*, pts 96-98. Par ailleurs c'est une obligation positive des États membres en vertu de l'article 325§1 du traité FUE : cette disposition impose en effet aux États membres de « lutter contre la fraude et toute autre activité illégale portant atteinte aux intérêts financiers de l'Union par des mesures effectives et dissuasives » (CJUE, gde ch., 2 mai 2018, aff. C-574/15, *Mauro Scialdone*, pt. 27 ; CJUE, gde ch., 20 mars 2018, aff. C-524/15, *Menci*, pt. 19).

[3] CJUE, gde ch., 26 fév. 2019, aff. C-115/16, *N Luxembourg 1 et a.*, pts 104-105 ; CJUE, 4e ch., 22 nov. 2017, aff. C-251/16, *Edward Cussens*, et as., pts. 28-31.

[4] De tels objectifs sont toujours motivés sur des considérations budgétaires, non admises comme justifications légitimes. En ce sens, A. MAITROT DE LA MOTTE relève que face à la planification des contribuables en fonction de la nature, de la structure et du montant de leurs revenus, les États ont mis en place des dispositifs susceptibles d'empêcher ou de gêner expatriations et délocalisations « au motif invoqué ou avéré de lutter contre l'évasion fiscale » et « au motif inavoué mais certain de limiter la perte de recettes fiscales » (*in Droit fiscal de l'Union européenne, op. cit.*, p. 33-34).

[5] Au sens d'exclusif. V. not, la possible confusion entre recevabilité de la justification et contrôle de sa proportionnalité : A. MAITROT DE LA MOTTE, *ibid.*

[6] Cf. *infra*, s'agissant de la définition des pratiques abusives, et de l'effet structurant de ces dispositifs sur les décisions d'ordre fiscal des contribuables, personnes physiques ou personnes morales.

[7] L'objectif de lutte contre la fraude ou l'évasion fiscales « a la même portée qu'il soit invoqué en application de l'article 11, paragraphe 1, sous a) de la directive 90/434 ou comme une justification

général s'applique indépendamment de la norme européenne en cause[1], son caractère transversal ne peut occulter le caractère complexe de la structuration induite par certaines normes de droit dérivé, et notamment dans le domaine de la TVA (1). Toutefois, les évolutions récentes tant réglementaires que jurisprudentielles dilue la structuration induite par la définition des pratiques abusives, dans un mouvement de subjectivisation (2).

1. Les structurations des normes d'imposition « anti-abus » par un champ d'application précis

450. Problématique. La Cour de justice doit manier différents équilibres, fonctions des objectifs propres aux directives dont la réglementation nationale est la transposition, mais aussi de la sécurité juridique[2]. La spécificité des mesures justifiées par la lutte contre la fraude et l'évasion fiscale en constitue le moyen, prémisses à l'adaptation ultérieure : par une forte structuration des normes d'imposition, le juge européen modère l'action législative des États membres et préserve l'effectivité des directives européennes, et par extension l'effectivité des libertés de circulation[3].

---

d'une entrave au droit primaire. Dès lors, les considérations (…) concernant la proportionnalité de la législation en cause au principal (…) s'appliquent également à l'analyse de la proportionnalité de la législation au regard de la liberté d'établissement » (CJUE, 1ère ch., 8 mars 2017, aff. C-14/16, *Euro Park Service*, pt. 69 ; CJUE, 6e ch., 20 déc. 2017, aff. C-504/16 et C-613/16 (4e esp.), *Deister Holding* AG, pts 61 et 97, spé. pt. 61 ; CJUE, 6e ch., 7 sept. 2017, aff. C-6/16, *Eqiom SAS et Enka SA c/ France*, pts 26, 31 et 64). Ainsi, « une présomption générale de fraude et d'abus ne saurait justifier ni une mesure fiscale qui porte atteinte aux objectifs d'une directive, ni une mesure fiscale portant atteinte à l'exercice d'une liberté fondamentale garantie par le traité » (*ibid*.- V. également, CJUE, 6e ch., 7 sept. 2017, aff. 6/16, *Eqiom SAS*, pt. 31 ; CJUE, 1ère ch., 5 juil. 2012, aff. C-318/10, *SIAT SA*, pt. 38).

[1] CJUE, gde ch., 26 fév. 2019, aff. C-115/16, *N Luxembourg 1 et a*., pt. 101 ; CJUE, 4e ch., 22 nov. 2017, aff. C-251/16, *Edward Cussens*, et a., pts 30 et 31.

[2] Cet impératif qui s'impose avec « une rigueur particulière lorsqu'il s'agit d'une règlementation susceptible de comporter des charges financières, afin de permettre aux intéressés de connaître avec exactitude l'étendue des obligations qu'elle leur impose » (CJCE, gde ch., 21 fév. 2006, aff. C-255/02, *Halifax plc*, pt. 72). Cependant, elle n'exige pas nécessairement une base légale prévoyant le refus d'un droit ou d'un avantage : cette mesure prise « en raison de faits abusifs ou frauduleux n'est que la simple conséquence de la constatation selon laquelle, en cas de fraude ou d'abus de droit, les conditions objectives requises aux fins de l'obtention de l'avantage recherché ne sont, en réalité, pas satisfaites et que, dès lors, un tel refus ne nécessite pas de base légale spécifique » (CJUE, 4e ch., 22 nov. 2017, aff. C-251/16, *Edward Cussens*, et a., pt. 32 ; CJCE, gde ch., 21 fév. 2006, aff. C-255/02, *Halifax*, pt. 93).

[3] En effet, le contrôle de proportionnalité des juges de Luxembourg n'est pas étanche et marque une synergie propre à créer des points de convergences en ce que les directives relatives à la fiscalité directe organisant la répartition du pouvoir d'imposition entre les États membres, cette raison impérieuse d'intérêt général devient inopérante à justifier une mesure nationale de transposition au regard d'une liberté économique, tandis que la lutte contre la fraude et l'évasion fiscales a la même portée qu'elle soit invoquée en application d'une directive, ou comme une justification d'une entrave au droit primaire (CJUE, 1ère ch., 8 mars 2017, aff. C-14/16, *Euro Park Service*, pts 66 et 69).

451. Structuration dans le cadre des directives. Illustration à partir des directives « mère-filiale »[1] et « fusion »[2]. Si « nul ne saurait bénéficier abusivement ou frauduleusement des droits prévus par le système juridique de l'Union », cette faculté offerte par les directives fait l'objet d'une interprétation restrictive[3], alors même que leur rédaction aurait pu laisser une marge de manœuvre relativement importante aux États membres et à leurs administrations fiscales[4] : la Cour de justice restreint leur champ d'application aux seules opérations visant « exclusivement à obtenir un avantage fiscal et n'[étant] donc pas effectuée pour des motifs économiques valables[5] » ou à des comportements consistant à « créer des montages purement artificiels, dépourvus de réalité économique, dont le but est de bénéficier indûment d'un avantage fiscal »[6]. Tel n'est pas le cas de présomptions générales, même réfragables[7].

452. La structuration induite par les dispositions du droit dérivé, et matérialisée par le champ d'application et les modalités de mises en œuvre des dispositions nationales, se mesure à l'aune de la rationalité instrumentale, c'est-à-dire à partir de l'objectif spécifique, concret et immédiat, identifié par la situation visée en cause, ou lorsque la législation présente un caractère plus général, par le fait que cette situation est systématiquement source d'une pratique abusive[8].

---

[1] Directive 2011/96/UE du Conseil du 30 nov. 2011 concernant le régime fiscal commun applicable aux sociétés mères et filiales d'États membres différents (JOUE du 29 déc. 2011, L 345, p. 8–16) abrogeant et remplaçant la directive 90/435/CEE du Conseil, du 23 juil. 1990 (JOUE du 20 août 1990, L 225, p. 6–9)

[2] Directive 2009/133/CE du Conseil du 19 oct. 2009 concernant le régime fiscal commun applicable aux fusions, scissions, scissions partielles, apports d'actifs et échanges d'actions intéressant des sociétés d'États membres différents, ainsi qu'au transfert du siège statutaire d'une SE ou d'une SCE d'un État membre à un autre : (JOUE du 25 nov. 2009, L 310, p. 34–46) abrogeant et remplaçant la directive 90/434/CEE du Conseil du 23 juil. 1990 (JOUE 20 août 1990, n° L225, p. 1)

[3] Par ex. à propos de la directive « mère-filiale » : CJUE, 6e ch., 20 déc. 2017, aff. C-504/16 et C-613/16 (4e esp.), *Deister Holding AG*, pt. 59 ; CJUE, 6e ch., 7 sept. 2017, aff. 6/16, *Eqiom SAS*, pt. 26 ; CJUE, 1ère ch., 8 mars 2017, aff. C-14/16, *Euro Park Service*, pt. 49. Elle nécessite par ailleurs une disposition nationale la transposant (CJUE, 1ère ch., 5 juil. 2007, aff. C-321/05, *Hans Markus Kofoed c/ Danemark*, pt. 42).

[4] Par ex. la directive 90/434/CEE du Conseil du 23 juil. 1990 concernant le régime fiscal commun applicable aux fusions, scissions, apports d'actifs et échanges d'actions intéressant des sociétés d'État membres différents, laisse aux États la possibilité de refuser le bénéfice du régime de faveur lorsque l'opération « a comme objectif principal ou comme un de ses objectifs principaux la fraude ou l'évasion fiscales » (art. 11, §1, sous a)

[5] CJUE, 1ère ch., 8 mars 2017, aff. C-14/16, *Euro Park Service*, pt. 53 ; CJUE, 5e ch., 10 nov. 2011, aff. C-126/10, *Foggia SGP*, pt 36 ; CJCE, plén., 17 juil. 1997, aff. C-28/95, *A. Leur-Bloem*, pt. 45.

[6] CJUE, 6e ch., 20 déc. 2017, aff. C-504/16 et C-613/16 (4e esp.), *Deister Holding AG*, pt. 60 ; CJUE, 6e ch., 7 sept. 2017, aff. 6/16, *Eqiom SAS*, pt. 30, renvoyant aux décisions CJCE, gde ch., 12 sept. 2006, aff. C-196/04, *Cadbury Schweppes* (pt. 55) et CJUE, 1ère ch., 5 juil. 2012, aff. C-318/10, *SIAT SA*, pt. 40).

[7] CJUE, 6e ch., 7 sept. 2017, aff. 6/16, *Eqiom SAS*, pt. 26 ; CJUE, 6e ch., 20 déc. 2017, aff. C-504/16 et C-613/16 (4e esp.), *Deister Holding AG*, pt. 69 ; CJUE, 1ère ch., 8 mars 2017, aff. C-14/16, *Euro Park Service*, pt. 55; CJUE, 1ère ch., 5 juil. 2012, aff. C-318/10, *SIAT SA*, pt. 38.

[8] Ainsi, n'est pas justifiée, en application de la directive « mère-filiale » une mesure dont objectif « spécifique » immédiat et concret, n'est pas d'exclure du bénéfice d'un avantage fiscal « les montages purement artificiels dont le but serait de bénéficier indûment de cet avantage, mais vise,

453. Structuration dans le cadre des libertés de circulation. Principe. Si la lutte contre les pratiques abusives justifie certaines restrictions aux libertés de circulation, elle nécessite parcimonie et modération dans sa mise en œuvre : il importe que la législation en cause poursuive un « but spécifique[1] ». Cette définition restrictive du but s'explique par l'objectif même des libertés de circulation qui ne s'harmonise guère avec la présomption générale et systématique selon laquelle leur exercice est motivé par des intentions frauduleuses[2], et par le caractère d'exception à une liberté de circulation que constitue une raison impérieuse d'intérêt général[3]. La lutte contre la fraude et l'évasion fiscale, objectif médiat et abstrait (rationalité axiologique) ne justifie une restriction à une liberté de circulation, que si cette restriction poursuit un objectif concret et immédiat précis (rationalité instrumentale). La rationalité de la restriction se vérifie alors à l'aune de son champ d'application[4]. Dès lors, le seul constat des modalités de mise en œuvre la législation suffit à la Cour de justice[5], soit qu'elle se concentre sur le champ d'application seul, soit qu'elle va au-delà en vérifiant la réalité de la pratique abusive ciblée, soit encore qu'elle accentue le

---

de manière générale, **toute** situation dans laquelle une société mère contrôlée directement ou indirectement par des résidents d'États tiers a son siège, **pour quelle que raison que ce soit**, en dehors de France » (CJUE, 6e ch., 7 sept. 2017, aff. 6/16, *Eqiom SA*, pt. 33, nous soulignons) alors même qu'une telle situation de contrôle ne constitue pas nécessairement un montage purement artificiel, et de surcroît que la présomption posée présente un caractère irréfragable (CJUE, 6e ch., 20 déc. 2017, aff. C-504/16 et C-613/16 (4e esp.), *Deister Holding AG*, pts 70 et 71-74). En pointant cette inadaptation par la généralité de la présomption, la Cour de justice relève une concordance partielle entre l'objectif et l'objet de la législation nationale, lequel n'est pas spécifique ou circonstancié, cette discordance manifestant l'inexistence du lien logique dans sa complétude.

[1] Tendant à « faire obstacle à des comportements consistant à créer des montages purement artificiels, dépourvus de réalité économique, dans le but d'éluder l'impôt normalement dû sur les bénéfices générés par des activités réalisées sur le territoire national » : CJCE, 28 janv. 1986, aff. C-270/83, *Commission c/ France*, pt. 21 ;CJCE, gde ch., 12 sept. 2006, aff. C-196/04, *Cadbury Schweppes*, pt 55 ; CJCE, gde ch., 13 mars 2007, aff. C-524/04, *Test Claimants in the Thin Cap Group Litigation*, pt. 74. – V. également, CJUE, 3e ch., 17 déc. 2015, aff. C-388/14, *Timac Agro Deutschland GmbH*, pts 44 ; CJUE, 1ère ch., 7 nov. 2013, aff. C-322/11, K, pt. 61 ; CJUE, 1ère ch., 5 juil. 2012, aff. C-318/10, *SIAT SA*, pts 46-48.

[2] CJCE, gde ch., 12 sept. 2006, aff. C-196/04, *Cadbury Schweppes*, pt 50 ; CJCE, 16 juil. 1998, aff. C-264/96, *Imperial Chemical Insutrie plc (ICI)*, pt 26, *préc.*; CJCE, 5e ch., 4 mars 2004, aff. C-334/02, *Commission c/ France*, pt. 27 ; CJCE, 5e ch., 21 nov. 2002, aff. C-436/00, *X et Y*, pt. 64 ; CJCE, 26 sept. 2000, aff. C-478/98, *Commission c/ Belgique*, pt. 45.

[3] La Cour de justice se réfère parfois à l'exposé des motifs de la disposition nationale pour en déduire l'objectif poursuivi, avant d'en vérifier la cohérence à partir d'une application *in abstracto* de ladite disposition (CJUE, gde ch., 17 juil. 2014, aff. C-48/13, *Nordea Bank DanmarkA/S c/ Skatteministeriet*, pts 28 à 30).

[4] CJUE, 8e ch., 13 nov. 2014, aff. C-112/14, *Commission c/ Royaume-Uni*, pt. 28 ; CJCE, 5e ch., 11 mars 2004, aff. C-9/02, *Lasteyrie du Saillant*, pt. 52. Toutefois, ce constat ne se retrouve pas dans chaque décision et dépend des conditions concrètes de mise en œuvre de la loi. En effet, pour que cette dynamique ascendante de l'adaptation intrinsèque vers le lien logique et rationnel s'opère, encore faut-il que la législation ne cible pas un comportement qui, de manière générale et objective, est fortement susceptible de présenter un caractère frauduleux ou artificiel, mais conditionne son application à l'existence d'indices laissant présumer une fraude.

[5] À moins que ce point ne soit pas contesté par la Commission dans le cadre d'un recours en manquement (par ex., CJUE, 8e ch., 13 nov. 2014, aff. C-112/14, *Commission c/ Royaume-Uni*, pt. 26).

caractère subsidiaire de ces législations en imposant une preuve préalable de l'administration[1].

454. Ainsi, n'est pas légitime la restriction fiscale s'appliquant à tout contribuable exerçant une des libertés de circulation[2], même pour profiter d'une fiscalité plus avantageuse[3] ou venant compenser un avantage fiscal obtenu dans un autre État membre à la fiscalité moins élevée[4]. En revanche, une législation visant de manière générale les comportements qui, par l'utilisation des régimes fiscaux de différents États membres, sont susceptibles de relever de la fraude ou de l'évasion fiscales, en ce qu'ils ne recouvrent aucune réelle et sincère activité économique, ce que la Cour de justice vérifie, sera justifiée par l'objectif de lutte contre la fraude ou l'évasion fiscale[5].

---

[1] CJUE, 1ère ch., 5 juil. 2012, aff. C-318/10, *SIAT SA*, pts 55 et 56. Ce critère se lit aussi en combinaison avec la sécurité juridique, vecteur d'un surcroît de proportionnalisation, et complète le droit à la preuve contraire.

[2] CJUE, 1ère ch., 7 nov. 2013, aff. C-322/11, *K*, pt.62.

[3] CJUE, 1ère ch., 5 juil. 2012, aff. C-318/10, *SIAT SA*, pt 38 ; CJCE, gde ch., 13 mars 2007, aff. C-524/04, *Test Claimants in the Thin Cap Group Litigation*, pt. 73 ;CJUE, 3e ch., 4 déc. 2008, aff. C-330/07, *Jobra Vermögensverwaltungs-Gesellschaft mbH c/ Finanzamt Amstetten Melk Scheibbs (Autriche),* pt. 37 ; CJCE, 4e ch., 17 janv. 2008, aff. C-105/07, *Lammers & Van Cleef*, pt. 27 ; CJCE, gde ch., 12 sept. 2006, aff. C-196/04, *Cadbury Schweppes*, pt. 50 ; CJCE, 5e ch., 21 nov. 2002, aff. C-436/00, *X et Y*, pt. 62. Y compris si le contribuable exploite, dans une certaine mesure, la concurrence que se livreraient les États membres en raison du défaut d'harmonisation de l'imposition des revenus (en ce sens, CJUE, gde ch., 26 fév. 2019, aff. C-115/16, *N Luxembourg 1 et a.*, pt. 108).

[4] CJUE, 1ère ch., 17 mai 2017, aff.C-68/15, *X c/ Ministraad*, pt. 58 ; CJUE, 1ère ch., 5 juil. 2012, aff. C-318/10, *SIAT SA*, pt 39 ; CJCE, gde ch., 12 sept. 2006, aff. C-196/04, *Cadbury Schweppes*, pt. 49 ; CJCE, 28 janv. 1986, aff. C-270/83, *Commission c/ France*, pt. 21.

[5] CJCE, gde ch., 13 mars 2007, aff. C-524/04, *Test Claimants in the Thin Cap Group Litigation*, pts 75 et 76 ;CJCE, gde ch., 12 sept. 2006, aff. C-196/04, *Cadbury Schweppes*, pt. 56. Par ex., la taxe française de 3% sur la valeur vénale des immeubles détenues par des sociétés permet de « lutter contre **des pratiques qui pour seul but** de faire échapper des personnes physiques au paiement de l'impôt sur la fortune en France, ou à tout le moins de rendre ces pratiques moins attrayantes » et est donc « appropriée à l'objectif consistant à lutter contre la fraude fiscale » : en effet, « [e]n taxant toutes les sociétés qui ne satisfont pas à [la condition de l'article 990 E du CGI], la législation française (…) a **pour effet** de taxer les immeubles détenues par des sociétés utilisées comme « écrans » par des personnes physiques qui, en l'absence de telles sociétés, seraient soumises à l'impôt sur la fortune » (CJCE, 4e ch., 11 oct. 2007, aff. C-451/05, *Européenne et Luxembourgeoise d'Investissement SA (Elisa)*, pts 87- 88, nous soulignons). *Comp.* CJUE, 3e ch., 28 oct. 2010, aff. C-72/09, *Ets Rimbaud SA*, pt 36. Ces montages relevant *a priori* des comportements frauduleux, il suffit alors que la législation en cause permette de les contrer en les visant spécifiquement. – V. également, CJUE, 1ère ch., 5 juil. 2012, aff. C-318/10, *Société d'investissement pour l'agriculture tropicale SA (SIAT)*, à propos de la présomption simple de non-déductibilité des frais professionnels pour la détermination de la base imposable, dans l'hypothèse où cette déduction bénéficierait à un contribuable non-résident fournissant des prestations dans d'autres États membres où il n'est pas soumis à l'impôt sur le revenu ou à un taux notablement plus avantageux. – V. encore, les transferts de pertes intragroupes, notamment lorsque les taux d'imposition des États membres où sont établies les sociétés du groupe : CJUE, 3e ch., 17 déc. 2015, aff. C-388/14, *Timac Agro Deutschland GmbH*, pts 44 ; CJCE, gde ch., 12 sept. 2006, aff. C-196/04, *Cadbury Schweppes*, pt. 59. *Comp.* en matière de délais de reprise, notamment, CJUE, 2e ch., 15 sept. 2011, aff. C-132/10, *Halley ;* CJCE, 4e ch., 11 juin 2009, aff. C-155/08, X et aff. C-157/08, *E. H. A. Passenheim-Van Shoot.*

455. Dilution de la structuration par les rationalités instrumentales. Lorsque d'autres raisons impérieuses d'intérêt général s'ajoutent à des objectifs tenant à la lutte contre des pratiques abusives, on observe un assouplissement tenant à l'existence du lien logique par rapport à ce dernier objectif, le champ d'application de la réglementation nationale étant envisagée plus largement. Ainsi, l'application ciblée sur ces pratiques abusives, à la fois mesure du lien logique et de l'adaptation, ne semble pas requise dans la vérification de l'aptitude par le lien logique : plus exactement, la mesure nationale doit être de nature à contrer un comportement déterminé abstraitement, telle l'organisation, au sein d'un groupe de société, d'un transfert de pertes réalisées par les établissements stables non-résidents[1], mais sans aboutir à un ciblage précisément circonscrit pour en déterminer la rationalité[2]. L'admission cumulée avec la répartition équilibrée du pouvoir d'imposition permet alors l'admission de la raison tenant à la lutte contre les mesures abusives : les deux raisons se recoupent[3]. Il y a alors une plus nette dissociation entre le contrôle de la rationalité de la norme et de son adaptation. L'invocation cumulée donc de ces deux justifications aboutit à l'absorption de l'une par l'autre, au profit de la plus générale.

456. Structuration complex(ifié)e en matière de TVA[4]. La Cour transposa, en ce domaine notamment dans son arrêt *Halifax* du 21 février 2006, le principe général de non-abus ou de fraude ou d'interdiction de pratiques abusives dans l'application du droit communautaire[5], la lutte contre la fraude, l'évasion fiscale et les abus

---

[1] CJUE, 3e ch., 17 déc. 2015, aff. C-388/14, *Timac Agro Deutschland GmbH*, pts 42-44.

[2] La généralité de la législation assurant la cohérence fiscale absorbe la spécificité du but de lutte contre les pratiques abusives (CJCE, 5e ch., 11 mars 2004, aff. C-9/02, *Lasteyrie du Saillant*, pt. 65) : la réalité d'un risque d'évasion fiscale constitue alors un facteur d'adaptation, laquelle peut être corroborée par l'absence de mesure moins contraignante (CJUE, 3e ch., 21 janv. 2010, aff. C-311/08, *Société de Gestion Industrielle SA (SGI)*, pts 66 à 69 ; CJCE, gde ch., 18 juil. 2007, aff. C-231/05, *Oy AA*, pts 59, 64-65). A l'inverse, si la réalisation de la répartition équilibrée du pouvoir d'imposition suit une logique de symétrie, ayant permis de justifier les objectifs de cohérence fiscale et de lutte contre un comportement spécifique relevant de la fraude ou de l'évasion fiscale, la symétrie entre le pouvoir d'imposer les bénéfices et la faculté de déduction des pertes suffit à établir le caractère proportionné des trois raisons impérieuses d'intérêt général prises ensemble (CJUE, 3e ch., 17 déc. 2015, aff. C-388/14, *Timac Agro Deutschland GmbH*, pts 50-51).

[3] CJUE, 3e ch., 21 janv. 2010, aff. C-311/08, *Société de Gestion Industrielle SA (SGI)*, pt. 66 ;CJCE, gde ch., 18 juil. 2007, aff. C-231/05, *Oy AA*, pts 62 et 63.

[4] Les dispositifs anti-abus présentent parfois une dimension punitive, en dehors du champ d'application de la Charte des droits fondamentaux. Cf. *infra*, Titre III. Par ex., en matière de TVA, les refus de droit à déduction de TVA ou d'exonération semblent envisagés, dans certaines décisions, d'abord comme des mesures punissant les assujettis pour n'avoir pas respecté les conditions de forme ou de fond posées par le droit national, mais d'autres mesures, souvent des règles de procédures ou de preuves, sont prises en vue de lutter contre la fraude en matière de TVA, comme d'ailleurs dans les autres directives relatives à la fiscalité. Proches des sanctions, elles échappent à cette qualification en raison de leur objet : il ne s'agit pas de réprimer un comportement passé, érigé en infraction, mais de déterminer les règles d'imposition. Ces mesures participent du bien-fondé de l'imposition. On retrouve la distinction faite par le Conseil constitutionnel entre la procédure d'abus de droit et les clauses anti-abus.

[5] CJUE, 3e ch., 21 juin 2012, aff. jtes C-80/11 et C-142/11, *Mahagében kft et Péter David c/ Nemzeti Adó-és Vámhivatal Dél-dunántúli Regionális Adó Föigazgatósága*, pt. 41 ; CJCE, gde ch., 21 fév. 2006, aff. C-255/02, *Halifax*, pt. 70. Ce principe présente ainsi « le caractère général qui est, par

éventuels étant par ailleurs un objectif reconnu et encouragé par la directive[1]. Mais les États membres doivent aussi composer avec, d'une part, les principes fondamentaux du système commun de la TVA, et en particulier le principe de neutralité[2], et d'autre part, les principes généraux du droit de l'Union européenne, et notamment le principe de proportionnalité[3], outil juridique de la conciliation[4].

457. Qu'il s'agisse des règles d'exonération ou du droit à déduction, le contrôle de l'existence du lien logique entre l'objectif de lutte contre la fraude et les dispositions de la législation nationale n'est guère approfondi en tant que tel s'agissant des mesures de lutte contre la fraude[5]: tout au plus est-elle présumée, la Cour de justice se concentrant sur l'application adaptée de la mesure. Autrement dit, admettant que la réglementation nationale poursuive un tel objectif, le juge européen procède, par une dynamique inversée, à un contrôle des conditions d'application, lesquelles, si elles sont générales ou systématiques, apporte la preuve d'une absence de circonscription du champ d'application, et ainsi l'absence d'explication rationnelle de la mesure restrictive[6], plus encore si cette dernière ne repose sur aucune réalité concrète d'une

---

nature, inhérent aux principes généraux du droit de l'Union » (CJUE, 4e ch., 22 nov. 2017, aff. C-251/16, *Edward Cussens*, et a., pt. 30).

[1] CJCE, gde ch., 21 fév. 2006, aff. C-255/02, *Halifax* ; CJCE, 1ère ch., 10 juil. 2008, aff. C-25/07, *Alicja Sosnowska c/ Dyrekto Izby Skarbowej we Wrocławiu Ośrodek Zamiejscowy w Wałbrzychu*, pt. 22 ; CJUE, 3e ch., 21 juin 2012, aff. jtes C-80/11 et C-142/11, *Mahagében kft et Péter David*, pt. 41 ; CJUE, 3e ch., 17 déc. 2015, aff. C-419/14, *WebMindLicenses Kft*, pt. 35. Le fait que la directive TVA encourage cette lutte contre les pratiques abusives ne subordonne pas l'application du principe général à une exigence de transposition (CJUE, 4e ch., 22 nov. 2017, aff. C-251/16, *Edward Cussens* et a., pt. 28), d'autant plus que le domaine de la TVA n'est pas le seul concerné.

[2] Ces mesures ne sauraient être utilisées « de manière telle qu'elles remettraient systématiquement en cause le droit à déduction de la TVA et, partant, la neutralité de la TVA » : CJUE, 3e ch., 21 juin 2012, aff. jtes C-80/11 et C-142/11, *Mahagében kft et Péter David*, pt. 57 ; CJUE, 3e ch., 21 oct. 2010, aff. C-385/09, *Nidera Handelscompagnie BV c/ Valstybinė mokesčių inspekcija prie Lietuvos Respublikos finansų ministerijos*, pt. 49 ; CJCE, 3e ch., 27 sept. 2007, aff. C-409/04, *Teleos e. a.*, pt. 46 ; CJCE, gde ch., 21 fév. 2006, aff. C-255/02, *Halifax*, pt. 92. – V. également, CJCE, 11 juin 1998, aff. C-361/96, *Sté générale des grandes sources d'eaux minérales françaises.*

[3] CJUE, 9e ch., 14 juin 2017, aff. C-26/16, *Santogal M-Comércio e Reparação de Automóveis Lda c/ Autoridade Tributária e Aduaneira*, pt. 50 ; CJUE, 2e ch., 18 nov. 2010, aff. C-84/09, *X c/ Skatteverket*, pts 35 et 37 ; CJCE, 3e ch., 27 sept. 2007, aff. C-409/04, *Teleos e. a.*, pt. 45 ; CJCE, gde ch., 21 fév. 2006, aff. C-255/02, *Halifax*, pt. 93.

[4] Ainsi, « les États membres doivent avoir recours à des moyens qui, tout en permettant d'atteindre l'objectif poursuivi par le droit interne, portent le moins possible atteinte aux objectifs et aux principes posés par la législation communautaire en cause » : CJUE, 7e ch., 21 déc. 2011, aff. C-499/10, *Vlaamse Oliemaatschappij NV c/ FOD Financiën*, pt. 21 ; CJCE, 4e ch., 21 fév. 2008, aff. C-271/06, *Netto Supermarkt GmbH & Co. OHG*, pt. 19 ; CJCE, 1ère ch., 10 juil. 2008, aff. C-25/07, *Alicja Sosnowska*, pt. 23 ; CJCE, 3e ch., 27 sept. 2007, aff. C-409/04, *Teleos e. a.*, pt. 52. Relevons d'ores et déjà que si les principes de sécurité juridique et de neutralité entrent dans l'appréciation de la proportionnalité d'une mesure destinée à lutte contre les pratiques abusives, elles sont susceptibles à la fois de faire intervenir le principe de proportionnalité et, réciproquement, de constituer un critère d'adaptation extrinsèque. Cf. *infra*.

[5] Souvent associée à l'obligation faite aux États membres d'adopter des mesures propres à assurer l'exacte perception de la TVA.

[6] Par ex., la volonté de lutter contre certaines fraudes ou évasions fiscales concernant le secteur automobile ne peut justifier une modification réglementaire de la base d'imposition (par référence à un prix catalogue national) « d'une manière si absolue et générale », et sans tenir compte des

pratique, systématique ou très fréquente, de nature abusive[1], les assujettis ayant le droit de choisir la voie la moins imposée, en préférant telle structuration de son activité plutôt qu'une autre[2], et disposant, critère d'adaptation dans l'application de la norme d'imposition, de la possibilité d'apporter la preuve contraire[3] : ainsi « la constatation de l'existence d'une pratique abusive exige, d'une part, que les opérations en cause, malgré l'application formelle des conditions prévues par les dispositions pertinentes de la sixième directive et de la législation nationale transposant cette directive, aient pour résultat l'obtention d'un avantage fiscal dont l'octroi serait contraire à l'objectif poursuivi par ces dispositions » et qu'il résulte « d'un ensemble d'éléments objectifs que le but essentiel des opérations est l'obtention d'un avantage fiscal »[4], le caractère

---

ristournes et rabais éventuels. Une telle dérogation « globale et systématique » aux règles de la directive est ainsi disproportionnée (CJCE, 10 avr. 1984, aff. C-324/82, *Commission c/ Belgique*). De même, l'assujetti demandant le remboursement d'un crédit de TVA n'a pas l'obligation de produire l'original de la facture ou du document d'importation lorsque la perte de ce document ne lui est pas imputable, dans des cas exceptionnels où il n'existe aucun doute que la transaction qui est à l'origine de la demande de remboursement a eu lieu et qu'il n'y a pas de risque de demandes de remboursement ultérieures (CJCE, 5e ch. 11 juin 1998, aff. C-361/96, *Sté générale des grandes sources d'eaux minérales françaises*).

[1] En ce cas, cette absence de délimitation précise peut venir non pas établir, mais accentuer une disproportionnalité préexistante, comme dans la notion de délai raisonnable dans le remboursement des crédits de TVA. Ainsi, usant de l'argument comparatif, la Cour de justice juge qu'un délai de 180 jours pour les nouveaux assujettis, soit six fois plus long que la période d'un mois de déclaration de TVA, et trois fois plus long que le délai appliqué aux autres assujettis, « sans que les autorités [nationales] n'aient avancé d'élément permettant d'expliquer la nécessité d'instaurer, afin de lutter contre l'évasion et la fraude fiscales, une différence de traitement d'une telle ampleur » et alors que, « en tout état de cause, l'administration fiscale peut, [en vertu de la loi nationale] s'il s'avère utile de vérifier plus amplement la légalité du remboursement et afin d'obtenir les éclaircissement nécessaires, prolonger le délai de 60 jours dans lequel le remboursement doit être effectué » (CJCE, 1ère ch., 10 juil. 2008, aff. C-25/07, *Alicja Sosnowska*, pt. 28). La différence de traitement n'est pas en elle-même contraire à la directive, mais son amplitude l'a rend disproportionnée en l'absence de justification rationnelle. En l'espèce, la caution demandée était elle-aussi disproportionnée, accentuant encore le caractère injustifié et déraisonnable du délai de remboursement imposé aux nouveaux assujettis.

[2] CJUE, 3e ch., 17 déc. 2015, aff. C-419/14, *WebMindLicenses Kft*, pt. 42 ; CJCE, gde ch., 21 fév. 2006, aff. C-255/02, *Halifax*, pt 73. *Comp.* CE, 7 juil. 1958, n°35.977, *Sté les entreprises de travaux publics André Borie* ; Civ., 20 août 1867.

[3] Laquelle s'imposera toujours, même en présence d'une délimitation suffisante du champ d'application de la mesure anti-abus. Par ex., s'agissant de l'exonération de certaines opérations, notamment intracommunautaires ou si les modalités de remboursement de l'excédent de TVA sont plus onéreuses pour une catégories d'assujettis, en raison d'un risque de fraude présumée, la Cour ne vérifie pas la réalité de ce risque, mais pointe immédiatement l'absence de faculté, pour ces assujettis, d'apporter la preuve de l'absence de fraude ou d'évasion fiscale, alors que la loi s'applique de manière générale et préventive : CJCE, 1ère ch., 10 juil. 2008, aff. C-25/07, *Alicja Sosnowska*, pt. 24, renvoyant par analogie à la décision *Ampafrance* du 19 septembre 2000 (aff. C-177/99 et aff. C-181/99, pt. 62), mais aussi à la décision *Molenheide* relative à des procédures de saisies conservatoires en cas de litige en matière de TVA (CJCE, 5e ch., 18 déc. 1997, aff. jtes C-286/94, C-340/95, C-401/95 et C-47/96, pt. 51).

[4] CJCE, gde ch., 21 fév. 2006, aff. C-255/02, *Halifax*, pts 74 et 75.

essentiel du motif fiscal étant entendu, par la Cour, comme exclusif[1] ou comme prépondérant[2].

458. Transition. Si la circonscription du champ d'application dépend de la définition des pratiques abusives, les évolutions récentes sur le caractère « principalement » ou « essentiellement » fiscal de la motivation marquent une subjectivisation de la notion, relativisant alors la structuration de la norme d'imposition, mais accentuant alors la structuration comportementale du contribuable.

2. Le motif « principalement » fiscal : subjectivisation de l'abus de droit et dilution de la structuration de la norme d'imposition

459. Unification de la notion d'abus de droit autour du but « essentiellement » fiscal en droit de l'Union européenne. Alors que les directives fiscales autorisaient déjà l'adoption de mesures destinées à faire obstacle à des opérations motivées par un objectif principal ou des objectifs principaux de nature fiscale, la Cour de justice a, notamment par son arrêt *Halifax*, entendu cette proportion dans un sens restrictif, tendant vers l'exclusivité ou du moins une forte prépondérance[3], assimilant le but principalement fiscal au but essentiellement fiscal[4], en partant de la situation, c'est-à-dire de l'existence d'un montage « purement artificiel » sur le plan économique et commercial[5]. Mettant fin à l'hésitation d'une appréciation différenciée selon qu'il s'agirait de fiscalité directe ou indirecte, la Cour de justice a, par plusieurs arrêts du 26 février 2019, unifié la notion d'abus de droit à

---

[1] CJUE, 3e ch., 17 déc. 2015, aff. C-419/14, *WebMindLicenses Kft*, pt. 36.

[2] CJUE, 4e ch., 22 nov. 2017, aff. C-251/16, *Edward Cussens et a.*, pt. 53 : « Si des opérations poursuivant exclusivement un tel objectif sont susceptibles de remplir l'exigence de cette jurisprudence, (…) il en allait de même lorsque la recherche d'un avantage fiscal constitue le but essentiel des opérations en cause ». Sur la proportionnalisation de l'intérêt fiscal aux fins de qualification d'une pratique abusive : cf. *infra*.

[3] CJCE, gde ch., 21 fév. 2006, aff. C-255/02, *Halifax*, pt 73 ; CJCE, gde ch., 12 sept. 2006, aff. C-196/04, *Cadbury Schweppes*, pts 61-62. – V. postérieurement, CJUE, 14 déc. 2000, aff. C-110/99, *Emsland Stärke ;* CJCE, 3e ch., 22 mai 2008, aff. C-162/07, *Ampliscientifica Srl et Amplifin SpA*, pt. 28 ; CJUE, 3e ch., 17 déc. 2015, aff. C-419/14, *WebMindLicenses Kft*, pt. 36. – V. également, CJUE, 6e ch., 7 sept. 2017, aff. 6/16, *Eqiom SAS ;* CJUE, 1ère ch., 8 mars 2017, aff. C-14/16, *Euro Park Service*, pt. 53.

[4] « [L]e principal renvoie donc à l'essentiel, autrement dit à la substance du montage » (F. DEBOISSY, « Articulation de la procédure d'abus de droit et des clauses anti-abus » : *DF* 2016, n°49, étude 632 ; *Ibid.*, « Sociétés holdings et clause anti-abus : le régime mère-fille est-il réservé aux entreprises ? » : *DF* 2016, n°16, étude 287).

[5] CJUE, gde ch., 26 fév. 2019, aff. C-115/16, *N Luxembourg 1 et a.*, pts 109 et 125 *;* CJCE, gde ch., 12 sept. 2006, aff. C-196/04, *Cadbury Schweppes*. Notion définie par la Cour à partir de critère objectifs et factuels, notamment tels « le degré d'existence physique (…) en termes de locaux, de personnel et d'équipements » démontrant une « implantation réelle ayant pour objet l'accomplissement d'activités économiques effectives », en sus des outils communautaires d'assistance administrative entre États membres. L'opportunité, ou plutôt l'opportunisme, d'un montage en particulier par rapport à un autre, n'entre pas en considération (CJCE, gde ch., 12 sept. 2006, aff. C-196/04, *Cadbury Schweppes*, pts 66-67, 69 et 71).

partir du principe général du droit de l'Union européenne, aboutissant ainsi à un concept unique[1].

460. La quantification des motivations n'est pas exempte d'une proportionnalisation. D'un point de vue quantitatif, la Cour de justice jugea, sous réserve de l'appréciation des juges nationaux, que les motifs économiques non-fiscaux avancés, tels l'économie structurelle réalisée par une fusion-absorption, présentent un caractère « tout à fait marginal » par rapport à l'importance de l'avantage fiscal attendu, qui de ce fait, donne une place prépondérante, essentielle, motrice même à l'avantage fiscal[2]. Nonobstant la question de l'existence de motifs commerciaux ou économiques pour les sociétés holdings, notamment patrimoniales[3], cette seconde condition tenant à l'authenticité des montages[4] vient alors compléter ou corroborer la première : la proportionnalisation est alors quantitative et qualitative.

461. Subjectivisation de la notion européenne d'abus de droit. Toutefois, précisant les éléments constitutifs de l'abus de droit, la Cour rappelle que l'appréciation porte sur « un ensemble de circonstances objectives d'où il résulte que, malgré un respect formel des conditions prévues par la règlementation de l'Union,

---

[1] CJUE, gde ch., 26 fév. 2019, aff. C-115/16, *N Luxembourg 1 et a.*, pts 96 et 101, et aff. C-116/16 et C-117/16, *T. Danmark*, pts 70 et 71.

[2] CJUE, 5e ch., 10 nov. 2011, aff. C-126/10, *Foggia SGP*, pts 42-47, où la Cour emploie l'expression d'un « avantage purement fiscal » ; CJCE, 2e ch., 21 fév. 2008, aff. C-425/06, *Part Service Srl*, pt. 45 évoquant « un seuil minimal permettant de qualifier une pratique abusive ». Toutefois, marquant une relativisation accrue : CJUE, 4e ch., 22 nov. 2017, aff. C-251/16, *Edward Cussens*, et a., pts 60 et 74. Dans le cadre de la TVA, sont à prendre en considération, pour déterminer le contenu et la signification des contrats en cause, le caractère purement artificiel des opérations ainsi que le critère temporel ou les liens de nature juridique, économique et personnelle entre les opérateurs en cause, de tels éléments étant de nature à montrer que l'obtention de l'avantage fiscal constitue le but essentiel poursuivi, « nonobstant l'existence éventuelle, par ailleurs, d'objectifs économiques » (*Comp.* CJCE, gde ch., 21 fév. 2006, aff. C-255/02, *Halifax*, pt. 75 et 81). – V. également, à propos des sociétés holdings patrimoniales : CJUE, 6e ch., 20 déc. 2017, aff. C-504/16 et C-613/16 (4e esp.), *Deister Holding AG*, v. aussi, J. KOKOTT, concl. du 1er mars 2018, dans l'affaire C-117/16, Y *Denmark Aps*, pts 55-57. *Comp.* CE, 9e et 10e ss-sect., 17 juil. 2013, n°356.523, *min. c/ SAS Garnier Choiseul Holding*, n°352.989, *min. c/ SARL Garnier Choiseul Holding* et n°360.706, *min. c/ SARL Garnier Choiseul Holding.*

[3] J. KOKOTT admet qu'une certaine souplesse doit être admise, dans ses conclusions sur l'affaire C-117/16 *préc.*, pts. 55 et s., spé. pt. 56-57 : « Étant donné que les sociétés de gestion d'actifs en particulier exercent (peuvent exercer), en soi, peu d'activités, on ne peut certes assortir ce critère que d'exigences minimales. Toutefois, si une société valablement créée ne dispose même plus, sur place, des moyens matériels et humains appropriés pour atteindre son objectif (…) par elle-même, on peut alors raisonnablement parler de montage dépourvu de toute réalité économique. (…). Une personne morale qui est passive au point que toute participation envisageable à la vie des affaires implique, le cas échéant l'intervention de tiers, qui n'exerce aucune activité propre et qui n'en tire pas non plus de revenus ni de charges propres, pourrait être qualifiée (…) de montage purement artificiel ». – V. également, F. DEBOISSY, « Sociétés holdings et clause anti-abus : le régime mère-fille est-il réservé aux entreprises ? », *op. cit.*.

[4] L'existence d'un montage implique une certaine complexité du montage mis en œuvre, non pas nécessairement en lui-même mais en ce qu'il a pour conséquence que « l'inapplication de la loi fiscale ne se saisit pas immédiatement par l'esprit » (D. URY, « La définition de l'abus de droit « non authentique » par la CJUE » : *BF* 6/2019).

l'objectif poursuivi par [celle-là] n'a pas été atteint, et que d'autre part, un élément subjectif consistant en la volonté d'obtenir un avantage résultant de cette réglementation en créant artificiellement les conditions requises pour son obtention »[1]. Dès lors, même l'existence d'une réalité économique ne suffit plus à écarter l'abus de droit, dès lors que la motivation première du contribuable consiste à obtenir un avantage fiscal en créant de manière *ad hoc* les conditions matérielles pour ce faire : pour écarter l'abus de droit, chronologiquement les objectifs économiques ou patrimoniaux doivent être le moteur, la motivation première d'une opération, et non le prétexte ajouté *a posteriori* à l'intention originelle purement tournée vers un gain d'ordre fiscal.

462. Tout en apportant des indications quant aux situations factuelles concernées, objectivisation propice à une propagation spatiale de la décision, par une limitation de fait du pouvoir d'appréciation des autorités et juges nationaux[2], la Cour accentue donc la proportionnalité qualitative[3] et apporte les conditions propices à une unification globale des mécanismes contrant les pratiques fiscales abusives, que le seuil de déclenchement soit une motivation « principalement », « essentiellement » ou « exclusivement » fiscale.

Conclusion de la Sous-section 2.

463. Par la rationalité décidée par le législateur, le juge donne une structuration à l'inégalité de traitement, avec une force variant selon la norme de contrôle mise en œuvre, selon que le juge se saisit pleinement de la rationalité instrumentale ou prend acte de la rationalité axiologique. La lutte contre la fraude et l'évasion fiscale tend cependant à réunir ces deux rationalités.

Conclusion de la Section 2.

464. La mise en œuvre des principes d'égalité, marquée par l'attachement des contribuables et juristes, opère une structuration des normes d'imposition dont le juge parvient à contrôler la rationalité à partir des objectifs immédiats et concrets, laissant les objectifs lointains à la politique fiscale voulue par le législateur.

---

[1] CJUE, gde ch., 26 fév. 2019, aff. C-115/16, *N Luxembourg 1 et a.*, pt. 124 ; CJUE, 14 déc. 2000, aff. C-110/99, *Emsland Stärke*, pts 52 et 53.

[2] D'autant plus que la Cour de justice peut délimiter très précisément la notion, ainsi que les conséquences à en tirer. Les institutions de l'UE peuvent également apporter des lignes directrices, y compris via des résolutions sans portée juridique. Ainsi, de la résolution du 8 juin 2010 : « en proposant une "sphère de sécurité" et des critères d'appréciation des situations abusives, l'initiative du Conseil a le mérite d'éclairer la jurisprudence de la CJUE en apportant des précisions utiles sur les critères de substance », tout en contribuant à plus long terme « à l'achèvement de la convergence des jurisprudences nationales et à une harmonisation des pratiques des administrations fiscales dans le cadre des contrôles » (F. LUGAND, M. VERBAN et D. TOF, « La notion de substance en fiscalité internationale » : *DF* 2011, n°9, étude 228).

[3] V. les précisions apportées par la Cour de justice : CJUE, 4e ch., 22 nov. 2017, aff. C-251/16, *Edward Cussens* et a., pt. 53 ; CJCE, 2e ch., 21 fév. 2008, aff. C-425/06, *Part Service Srl*, pts 43-45 ; CJCE, gde ch., 12 sept. 2006, aff. C-196/04, *Cadbury Schweppes*, pts 66-67.

Conclusion du Chapitre I.

465. La forte structuration qui s'en infère sur la norme d'imposition, et aboutit aussi à une modération dans l'action législative[1], présente bien un même schéma et est favorisée, par ailleurs, par l'interprétation neutralisante du droit interne et des conventions internationales[2] par le juge national, juge de droit commun de l'Union européenne, dans un sens conforme au droit de l'Union européenne, à ses directives en particulier[3], s'appuyant expressément sur la jurisprudence de la Cour de justice, avec réticence parfois[4], la citant parfois dans ses décisions[5], ou renvoyant à la Cour des questions préjudicielles sur le fondement de l'article 267 du TFUE[6], dans un

---

[1] La structuration à l'aune du droit dérivé se double d'une modération par les règles régissant les aides d'État, la Commission considérant que les règles anti-abus peuvent constituer de telles mesures : Comm. UE, comm. 2016/C262/01 : JOUE 19 juil. 2016, n°C262, p. 1 ; *DF* 2016, n°30-35, act. 488. A l'inverse, les *tax rulings* ou décisions de rescrits sont susceptibles de constituer de telles aides d'États au sens de l'article 107 §1 du TFUE, en raison de la seule inégalité de traitement entre des opérateurs économiques se trouvant dans une même situation (la condition de sélectivité n'est plus alors exigée : CJUE gde ch., 21 déc. 2016, aff. C-20/15P et C-21/15P, *Commission c/ World Duty Free Group SA, Banco Santander SA, Santusa Holding SL*). *Comp.* la décision (UE) 2017/1283 de la Commission du 30 août 2016 concernant l'Irlande et le recours en annulation de cette décision par cet État membre devant le Tribunal de l'Union européenne (aff. T. 778/16).

[2] CE, 9e et 10e ss-sect., 27 juil. 2012, n°337.656, *min. c/ M. Regazzaci* et n°337.810, *M. Regazzacci*. Pour l'interprétation conforme aux règles et principes constitutionnels : CE, Ass., 3 juil. 1996, n°169.219, *Koné*.

[3] CE, Ass., 22 déc. 1989, n°86.113, *Cercle militaire mixte de la Caserne Mortier*. Par ailleurs, la contrariété d'une disposition interne aux objectifs d'une directive emporte non-conformité de la première, manifestation de la complexification de la structuration des normes internes d'imposition, mais aussi des restrictions dans la marge de manœuvre du législateur (CE, Ass., 3 fév. 1989, n°74.052, *Compagnie Alitalia*).

[4] Ainsi des discriminations à rebours : après un refus initial (CE, Ass. 27 juil. 1979, n°9 664, *Syndicat national des fabricants de spiritueux consommés à l'eau* ; CE, 10e et 8e ss-sect., 25 juil. 1986, n°63.643, *Sté Sea Land Service*), le juge administratif accepta de les sanctionner, en application de la jurisprudence de la Cour de justice des communautés européennes (CJCE, 16 juil. 1998, aff. C-264/96, *Imperial Chemical Industrie plc (ICI)*) avec la décision *SARL Coréal Gestion* (CE, Sect., 30 déc. 2003, n°249.047) L'invocabilité du droit de l'Union par un ressortissant d'un État membre contre son propre fisc, « limite bien le pouvoir de chaque État d'imposer les bénéfices de ses propres nationaux », « noy[ant] la jurisprudence français des spiritueux consommés à l'eau » (J. TUROT, « L'article 209 B est-il soluble dans le droit communautaire ? À propos de l'arrêt CJCE 16 juil. 1998, Imperial Chemical Industrie (ICI) » : *RJF* 12/1998, p. 940).

[5] CE, 8e et 3e ss-sect., 15 fév. 2016, n°357.667, *M. Lieser ;* CE, 3e et 8e ss-sect. 16 mai 2011, n°330.153, *Sté Crédit coopératif Copamat.*

[6] CE, Avis, 14 juin 2006, n°288.163, *SA Cedillac* ; CJCE, 1ère ch., 18 déc. 2007, aff. C-368/06, *SA Cedillac*, pts 38 et 43. Ce faisant, la Cour de justice valide *in abstracto* le régime, dans sa rationalité et son adaptation, mais laisse au juge national le soin de vérifier que l'application au cas d'espèce correspond effectivement à une telle transition, objectif poursuivi par ces dispositions de la loi de finances rectificative pour 1993.

« dialogue des juges », selon l'expression consacrée[1], relativement fécond, même si un échec n'est pas exclu[2].

466. La rationalité dans les normes d'imposition s'adresse au législateur, opérant ainsi une structuration par la régulation de son action, mais aussi *in fine*, de l'application de la loi par l'administration. Le juge de l'impôt, en particulier le juge administratif, par ses créations prétoriennes ou s'appuyant des outils législatifs, contribue aussi à réguler, structurer les comportements des contribuables, afin de préserver la *ratio legis* : une rationalité lui est alors imposée[3].

---

[1] V. not. les différentes contributions in *Le dialogue des juges. Mélanges en l'honneur du président Bruno GENEVOIS*, éd. Dalloz, 2009, 1166 p.

[2] CJUE, 5e ch., 4 oct. 2018, aff. C-416/17, *Commission c/ France*.

[3] De même qu'ils assurent la préservation de la structuration de la loi en invalidant pour excès de pouvoir les interprétations erronées de l'Administration, les dispositifs de garantie contre les changements de doctrine sauvegardent les prévisions légitimes des contribuables (articles L 80 A et suivants du LPF). – V. par ex., F. DOUET, *Contribution à l'étude de la sécurité juridique en droit fiscal interne français, op. cit.*,. p. 190 et s. ; P. MARCHESSOU, *L'interprétation des textes fiscaux, op. cit.* p. 104 et s.

CHAPITRE II. LA PRÉSERVATION DE LA STRUCTURE INTERNE DES NORMES D'IMPOSITION PAR LA RATIONALITÉ IMPOSÉE AUX CONTRIBUABLES

467. Gestion des entreprises et habilité fiscale : *allegro non troppo*. Les contribuables, les entreprises en particulier, font preuve d'inventivité et d'audace pour construire leur entreprise, développer leur activité, en France et à l'international, et « jouer », de gré ou de force, avec les règles du jeu fiscal : une audace et une habileté fiscale contraintes par le cadre juridique fiscal. La créativité fiscale trouve sa limite dans la rationalité même de la norme fiscale, qui s'impose à lui, avec une force d'autant plus forte qu'elle ne lui laisse aucune opportunité de choix, structurant son action fiscale dans le sens voulu par le législateur, au besoin par la remise en cause de leurs décisions en raison de leur illégalité, le principe d'égalité devant la loi et devant les charges publiques, habillant habilement l'équité et l'éthique, n'étant jamais loin[1].

468. Création des conditions d'une contractualisation du droit fiscal. Par l'interventionnisme fiscal, « arme fiscale tactique »[2], le législateur, tout en laissant un choix au contribuable, l'oriente vers tel ou tel comportement qu'il juge socialement ou économiquement souhaitable ou utile[3], dans un but plus ou moins avoué de recherche permanente de légitimité du prélèvement fiscal[4]. Ces « espaces de libertés

---

[1] L'égalité devant la loi (fiscale) imprègne le droit fiscal et vient au fondement de nombreuses règles ou jurisprudences, dont les mécanismes structurants relatifs aux actes anormaux de gestion ou à l'abus de droit. – V. en ce sens, E. TAUZIN, *L'intérêt de l'entreprise et le droit fiscal*, éd. L'Harmattan, 2011, spé. p. 247 et s, et p. 299 et s. ; P.-E. SPITZ, « De l'égalité à l'équité fiscale ? », note sous Cons. const., 19 déc. 2000, déc. n°2000-437 DC, *Loi de financement de la sécurité sociale pour 2001* : *RDP* 2001, n°1, p. 267 et s. Plus largement, la loi est ainsi un « procédé rationnel de direction des comportements humains » (C.-A. MORAND, « Les exigences de la méthode législative et du droit constitutionnel portant sur la formations de la législation », *op. cit.*, p. 393).

[2] G. HISPALIS, « L'arme fiscale tactique », *Pouvoirs* 1982, n°23, p. 69.

[3] Atténuant ainsi le principe de neutralité de l'impôt : M. COLLET, *Droit fiscal*, *op. cit.*, pp. 175 et 177

[4] M. COLLET, « La régulation fiscale » : *DF* 2008, n°12, étude 220, soulignant que « de droite comme de gauche, l'ensemble des partis de gouvernement proposent des politiques fiscales ayant plus qu'intégré la grande sensibilité des contribuables au point que la notion même de "réforme fiscale" soit devenue difficile à concilier avec l'idée d'une hausse des niveaux d'imposition » et « les mécanismes de contractualisation de l'impôt visent à donner à ceux qui le subissent le sentiment d'une moins grande brutalité de prélèvement », d'une « certaine individualisation du traitement fiscal », comme tous les dispositifs à visée pédagogique, de remises ou modérations gracieuses, pour parvenir à une meilleure acceptabilité de l'impôt et à un meilleur taux de recouvrement. – V. également, du même auteur, *L'impôt confisqué*, Odile Jacob, coll. Corpus, 2014, 101 p. Le contribuable est ainsi invité « à opérer des arbitrages », « condition[nant] la charge finale de l'impôt au choix éclairés de l'intéressé », ce qui implique donc une loi accessible et intelligible (Cons. Const., 29 déc. 2005, déc. n°2005-530 DC, cons. 79), et ainsi un équilibre avec la complexification qui résulte de cette politique fiscale. Cf. *supra*.

au profit du contribuable »[1] sont cependant bornés « mais sans pour autant les réduire à néant »[2], sorte de normalisation des comportements[3] des contribuables « en ne sanctionnant que les déviances les plus caractérisées »[4]. Suggérer et dissuader, sans imposer ni interdire. Or, si de tout temps, « tout homme qui a du pouvoir est porté à en abuser »[5], tout contribuable à qui des possibilités d'optimisation fiscale sont ouvertes est tenté également d'en abuser : aussi, si « le pouvoir arrête pouvoir », c'est le droit fiscal lui-même, par une « espèce d'autodéfense, de défense immunologique en quelque sorte » qui déjouera les dévoiements de la pratique[6].

469. Régulation par la structuration. Les pouvoirs de qualification et de requalification jouent un rôle primordial[7], alliant trois acteurs « horlogers »[8] que sont le législateur, et surtout l'administration et le juge de l'impôt, et mettant en œuvre trois mécanismes. Aussi, la première régulation par la structuration, positive, a donc une origine légale, dont il appartient au juge d'en préserver la logique interne[9]. Pour se faire, cette régulation se double d'une seconde, négative, légale et prétorienne, à partir des limites posées aux déductibilités de certaines charges (Section 1), ou des

---

[1] M. COLLET, « La régulation fiscale », *op. cit.*, n°5. – V. également, G. TIMSIT, « Normativité et régulation » : la régulation renvoie d'une part à une forme particulière de normativité, de production des décisions juridiques, s'écartant du modèle traditionnel du droit étatique « impératif, général et impersonnel », et répondant aux « crises dont sont affectées les sociétés contemporaines dans leur fonctionnement normatif » C'est donc une « forme de parade que l'État tente d'opposer à la critique que subissent ses modes d'action traditionnels », la régulation juridique ayant pour objet d'une part des normes particulières, « formulées non pas sur le mode impératif » mais privilégiant « au contraire la recommandation, l'incitation, l'invitation ou encore la dissuasion », usant de notions « relativement floues, en ne suggérant la sanction que des violations les plus flagrantes du modèle qu'elles posent ». Elle renvoie d'autre part à des méthodes d'élaboration du droit spécifiques également, reposant sur « la participation des destinataires de la norme à sa formation, à travers des mécanismes de dialogue plus ou moins formels et plus ou moins poussés » (*Cah. Const. const.* 2006, n°21, p. 84 et s., accessible en ligne).

[2] M. COLLET, « La régulation fiscale », *op. cit.*, n°5

[3] J.-J. BIENVENU et T. LAMBERT, *Droit fiscal*, éd. PUF, coll. « Droit fondamental », 4e éd., 2010, p. 189 et s.

[4] M. COLLET, « La régulation fiscale », *op. cit.*, n°5 ; P. AMSELEK, « Les mécanismes régulateurs de la pratique du droit fiscal en France » : *DF* 1983, n°40, étude 100058.

[5] Montesquieu, *De l'Esprit des lois* (1748), Livre XI, Chapitre VI.

[6] P. AMSELEK, « Les mécanismes régulateurs de la pratique du droit fiscal en France », *op. cit.*

[7] À ce titre, P. AMSELEK considère que le réalisme fiscal participe de cette régulation, par la faculté d'adaptation propre au droit fiscal : donner au texte une « interprétation et une application sur mesure, tout à fait différente de celles que pourrait suggérer leur lettre même à la lueur des solutions couramment admises dans les autres branches du droit », « une espèce de droit à géométrie variable, adaptable, (…), capable de manière assez remarquable tout à la fois de recevoir les accommodements nécessaires mais aussi d'en imprimer à l'environnement juridique dans lequel s'insère son fonctionnement, ce qui permet précisément de déjouer les combinaisons juridiques que les contribuables rusés pourraient être tentés de monter » (P. AMSELEK, « Les mécanismes régulateurs de la pratique du droit fiscal en France », *op. cit.*). – V. également, F. MARTINET et A. ANGOTTI, « Conseil d'État et Cour de cassation, juges de l'impôt : étude comparative (troisième volet) – La fiscalité civile et pénale, ou la fable du chêne et du roseau » : *DF* 2013, n°40, étude 454, spé. n°12.

[8] P. AMSELEK, « Les mécanismes régulateurs (…) », *op. cit.*

[9] Les mécanismes régulateurs peuvent également prendre la forme d'une bilatéralisation des relations entre l'Administration et le contribuable : ainsi des procédures de rescrits, certains dispositifs d'agréments. – V. M. COLLET, « La régulation fiscale », *op. cit.*

dispositifs anti-évasion fiscale internationale ou encore par la procédure de l'abus de droit (Section 2)[1].

470. Enjeux : sécurité juridique et rationalisation des décisions du contribuable. La normalisation des comportements[2] passe par la recherche d'une référence de normalité, un standard[3] aux contours évanescents, non dénué d'une idée de stigmatisation ou de moralisation[4], guidé par des considérations d'équité et d'éthique[5]. Si le flou entourant ces notions « garanti[t] ainsi aux agents une importante marge d'appréciation et donc une plus grande latitude d'action »[6], sans nécessiter la mise en mouvement de l'arsenal répressif, il est une source « inévitable » d'insécurité juridique[7]. Sa définition repose sur l'intention, le mobile ayant animé le contribuable. Et c'est ici que, par la confrontation de l'intention du contribuable à celle portée par la loi fiscale, le premier se voit imposer la rationalité de la seconde. Une rationalité imposée, une structuration verticale dans les choix fiscaux du contribuable, mêlant règles de droit et factualité, proportion et proportionnalité[8].

---

[1] La distinction entre les choix et erreurs de gestion, si elle manifeste une certaine moralisation (en ce sens, S. AUSTRY, « Une survivance du "moralisme" en droit fiscal : la théorie des erreurs comptables délibérées » : *RJF* 6/1997, p. 359), revient plus à responsabiliser le contribuable.

[2] J.-J. BIENVENU et T. LAMBERT, *Droit fiscal*, *op. cit.* – V. également, les conclusions sur l'arrêt *Di Fazio* de 1991 de J. ARRIGHI DE CASANOVA invitant le Conseil d'État à suivre la formule du président ODENT, par « souci de préserver, au-delà de la réforme du contentieux administratif, le principe fondamental de l'égalité des contribuables devant l'impôt » : « l'égalité devant l'impôt serait gravement compromise s'il appartenait aux juges du fond, par des appréciations divergentes mais souveraines de situations identiques, d'y soustraire ou d'y soumettre arbitrairement tel ou tel contribuable ». (…) « en d'autres termes, votre fonction de régulateur du droit doit pleinement s'exercer afin d'éviter que ce qui n'est pas taxable à Lyon ou Nancy le soit à Bordeaux, Paris ou Nantes » (concl. sur CE, 8e et 9e ss-sect., 10 avr. 1991, n°107.710, *Di Fazio* : *RJF* 6/1991, p. 424). Le commissaire du gouvernement, afin d'éviter un encombrement du prétoire, préconisait de réserver un « noyau dur » du contrôle de cassation, notamment sur les conditions d'application des régimes d'imposition ou de sanction.

[3] S. RIALS, *Le juge administratif français et la technique du standard. Essai sur le traitement juridictionnel de l'idée de normalité*, éd. LGDJ, « Bibl. droit public », t. n°135, 1980, 564 p. ; A.-A. AL-SANHOURY, « Le standard juridique », *in Recueil d'études en l'honneur de F. GENY, t. II, Les sources générales des systèmes juridiques actuels*, éd. Topos-Duchemin, 1977, p. 144 et s. *Comp.* la distinction opérée par c. EISENMANN entre les normes abstraites, norme de « conduite permanente » et les normes concrètes, prescrivant un « acte unique, parfaitement individualisé » (*Cours de droit administratif*, t. 1, éd. LGDJ, 1982, p. 405 et s. et t. 2, éd. LGDJ, p. 407 et s.)

[4] Il s'agit ainsi de « souligner que leur mise en œuvre concerne uniquement les contribuables qui s'écartent de l'usage commun » avec l'idée "moralisatrice" de juste contribution de chacun aux charges publiques. « D'une certaine manière, ces notions viennent ainsi rappeler les termes du contrat social (…), rétabli[ssant] une forme d'égalité de traitement que l'application "mécanique" des dispositions d'assiette ne permettait pas d'assurer » (M. COLLET, « La régulation fiscale », *op. cit.*, n°13).

[5] P. RIVIERE, concl. sur CE, Sect., 24 fév. 1978, n°2 372 : *DF* 1978, n°30, comm. 1212. ; E. TAUZIN, *L'intérêt de l'entreprise et le droit fiscal*, *op. cit.* p. 281 et s.

[6] M. COLLET, « La régulation fiscale », *op. cit.* n°13

[7] *Ibid.*, n°14 : « précisément, les notions d'actes anormal de gestion, d'abus de droit comme de fraude à la loi ont vocation à combler certaines "lacunes" des textes, en permettant la répression de comportements contestables que les textes n'avaient pas pu ou pas su anticiper ».

[8] Nous n'étudierons pas les recours pour excès de pouvoir à l'encontre des doctrines administratives illégales assurant, à l'initiative des contribuables, le respect de la loi.

Section 1. La normalité, condition de déductibilité des dépenses catégorielles : une rationalité imposée dans les décisions fiscales des contribuables

471. Déductibilité des dépenses et charges professionnelles : un point névralgique. La déductibilité des dépenses engagées pour l'acquisition d'un revenu constitue une question cruciale pour les professionnels et les entreprises, la diminution de l'assiette ayant un impact direct sur le montant de la charge fiscale finale. La question est alors de déterminer comment le législateur, l'Administration et le juge parviennent à encadrer la déductibilité des dépenses, par l'exigence d'une rationalité à la fois structurante et modératrice. Cette rationalité conduisant à établir un lien logique entre la dépense ou la charge engagée, son but ou son objet, par rapport à la règle de droit, correspond à la nécessaire adaptation du comportement des contribuables à l'environnement juridique fiscal[1] : modération et structuration imprègnent cette rationalité, l'idée d'une juste répartition devant les charges publiques restant sous-jacente[2].

472. Règles générales et spéciales. Cet environnement se subdivise en règles générales (article 13 du CGI) et particulières, propres à chaque catégorie de revenus constituant le revenu global[3], les premières influençant les secondes, bien que chronologiquement inverses. En effet, l'article 13-1 du CGI pose une condition générale de déductibilité des charges catégorielles, fondée sur la nécessité[4], derrière laquelle se cache en réalité d'abord, un contrôle plus ou moins resserré du caractère

---

[1] P. AMSELEK, « Les mécanismes régulateurs de la pratique du droit fiscal en France », *op. cit.* – V. également, X. SOUVIGNET écrit ainsi que l'acte anormal de gestion, « s'il ne se fonde pas exactement sur la même théologie [que l'abus de droit] », « sanctionne un comportement manifestement anormal dont l'appréciation n'est pas dénuée de tout jugement de valeur » (*in* « Le principe de non-immixtion de l'Administration fiscale dans la gestion des entreprises existe-t-il ? » : *RFFP* 2012, n°117, p. 239 et s).

[2] La finalité de l'encadrement de règles de déductibilité, et notamment l'acte anormal de gestion, n'est pas de préserver le contribuable lui-même ou contre lui-même, mais d'abord et avant tout les intérêts du Trésor (M. COLLET, « La régulation fiscale », *op. cit.*, n°13). – V. également, C. DAVID, O. FOUQUET, B. PLAGNET et P.-F. RACINE, *Les grands arrêts de la jurisprudence fiscale*, éd. Dalloz, 2009, 5ème éd., p. 466 ; J. BURGUBURU, chron. sur CE, 3e et 8e ss-sect., 30 mai 2007, n°285.575, *SA Peronnet (1re espèce)* et, *SARL Peronnet et a. (2e espèce)* : *RJF* 4/2008, p. 331 ; CE, Sect., 10 juil. 1992, n°110.213, *Sté Musel SBP* et n°110.214, *M. Brunner* ; X. SOUVIGNET, *op. cit.* Dans le même sens, le commissaire du gouvernement RIVIERE considérait l'acte anormal de gestion comme « un outil indispensable d'équité fiscale » et qu'il est « légitime de sauvegarder l'intérêt de la collectivité en refusant de faire supporter à celle-ci, par un allègement d'impôt, une fraction des dépenses que l'entreprise est toujours libre d'exposer mais qui n'auraient pas dû l'être au regard d'une gestion normale » (concl. sur CE, Sect., 24 fév. 1978, n°2 372, *op. cit.*).

[3] Par renvoi du I de l'article 209 du CGI, les règles applicables en matière de bénéfices industriels et commerciaux s'appliquent à la détermination de l'assiette de l'impôt sur les sociétés, sous réserve de quelques adaptations.

[4] A savoir « **les dépenses effectuées en vue de l'acquisition et de la conservation du revenu** » (nous soulignons). La locution « en vue de » a été interprétée comme une condition de nécessité par le Conseil d'État : seules sont déductibles du revenu catégoriel les dépenses nécessaires pour acquérir ou conserver les produits bruts retenus pour le calcul du revenu catégoriel (CE, Sect., 20 juil. 1971, n°81.146).

approprié de la dépense pour l'acquisition ou la conservation du revenu, à partir du lien logique reliant l'objet ou l'objectif de la dépense et le revenu ou bénéfice, et ensuite, un contrôle de proportionnalité du montant de la dépense, plus exactement à la fois un contrôle de la proportionnalisation de la dépense et un contrôle proportionnalisant cette dépense à la rationalité préalablement établie.

473. Trois acceptions de la normalité. Trois raisonnements autour de la « normalité », critère de déductibilité, peuvent être distingués, dans un ordre croissant de créativité normative du juge dans la détermination des termes du lien logique : les dépenses « nécessitées par l'exercice de la profession » non commerciales (II)[1], les frais professionnels « inhérents à la fonction ou l'emploi » dont les revenus sont soumis aux règles de la catégorie des traitements et salaires (III)[2] et surtout, la théorie de « l'acte anormal de gestion » en matière de bénéfices industriels et commerciaux et d'impôt sur les sociétés (I)[3].

I. Une rationalité singularisée de la charge déductible en matière de bénéfices industriels et commerciaux : l'acte anormal de gestion

474. Insuffisante structuration par la loi fiscale. En matière de bénéfices industriels et commerciaux[4], le Code général des impôts définit le résultat imposable à partir « des opérations de toute nature effectuées par les entreprises » ou à partir de la variation de l'actif net de l'entreprise[5]. Certes, certaines dépenses sont exclues de cette déductibilité, considérant qu'elles ne peuvent en principe, répondre à l'intérêt social de l'entreprise[6]. Mais la définition générale des charges déductibles par les articles 39 et suivants du CGI s'est révélée insuffisante à préserver efficacement la matière imposable[7], conduisant le juge de l'impôt à élaborer la notion d'acte anormal

---

[1] Art. 93 du CGI.
[2] Art. 83, 3° du CGI.
[3] Art. 38 et 39 du CGI. Quant aux bénéfices agricoles, l'adaptation est d'origine légale, par la loi, contenue tant dans le Code général des impôts et ses annexes que dans d'autres dispositions éparses. Ainsi, de l'article 72 du CGI, prévoyant la transposition des règles de détermination de l'assiette applicables aux BIC « avec **des règles et modalités adaptées aux contraintes et caractéristiques particulières de la production agricole, et de leur incidence sur la gestion** *(...)* » (nous soulignons) ou de l'article 20 de la loi n°62-933 du 8 août 1962 sur l'entraide entre agriculteurs (ces prestations n'étaient assujetties ni à la TVA, ni à l'ancienne taxe professionnelle). De même, le Conseil d'État a transposé la théorie de l'acte anormal de gestion, forgée dans le cadre des BIC, aux bénéfices agricoles, tout en prenant en considération les particularités de cette activité (CE, 9e et 8e ss-sect., 23 nov. 1998, n°159.131, *Michel* (à propos de location de terres moyennant un loyer inférieur à ceux qui étaient couramment pratiqués dans la région pour des terres similaires) ; et la théorie des actes anormaux de gestion s'applique, avec quelques tempéraments en matière de TVA : sur ce point, v. F. DEBOISSY et M. CHADEFAUX, *Précis de fiscalité des entreprises*, éd. LexisNexis, 42e éd., 2018, spé. p. 637 et s.
[4] Et d'impôt sur les sociétés par extension (art. 209 du CGI).
[5] Art. 38, 1° et 2°.
[6] Art. 39, 4.
[7] Elles seraient susceptibles de permettre la déductibilité de toutes charges effectuées par une entreprise, alors même qu'elles ne présenteraient aucun lien logique avec cette dernière.

de gestion, « fruit de l'acclimatation ou de la transplantation en droit fiscal du concept commercial d'acte non conforme à l'intérêt social »[1].

475. Définition(s) de l'acte anormal de gestion. L'acte anormal de gestion, « correctif face à des situations abusives »[2] recouvre les opérations « qui, en raison de leur objet ou de leurs modalités, sont étrangères à une gestion normale »[3], tel l'acte « par lequel une entreprise décide de s'appauvrir à des fins étrangères à son intérêt »[4] ou encore, les actes de gestion n'apportant à l'entreprise qu'une contrepartie insuffisante, si ce n'est nulle, cette contrepartie pouvant être réelle ou seulement escomptée[5]. La contrepartie reçue ou attendue, critère matérialisant la réalisation de l'objet social, dans une logique utilitariste[6], sans s'y confondre, marque aussi l'intentionnalité de l'acte de gestion par rapport à l'intérêt de l'entreprise, une impulsion[7] : ainsi, relève d'une gestion normale « l'ensemble des dépenses engagées **pour** la réalisation de l'objet social de l'entreprise » alors qu'à l'inverse, « les actes ou opérations qui ont été réalisés **à des fins autres que celle de satisfaire les besoins, ou, de manière générale, les intérêts de l'entreprise** »[8], et des seuls intérêts propres

---

[1] P.-F. RACINE, concl. sur CE, plén., 27 juil. 1984, n°34.588, *SA Renfort service* : *RJF* 10/1984, p. 563. En ce sens, également : M. COLLET, « *Contrôle des actes de gestion ; pour un retour à l'anormal* » : *DF* 2003, n°14, étude 14. *Comp.* le processus d'adaptation de la règle de droit privée en tenant compte des caractères propres du droit fiscal, alternant influence, attraction et répulsion, et enfin adaptation : A. HAURIOU, « L'utilisation en droit administratif des règles et principes du droit privé », *in Recueil d'études en l'honneur de F. Gény, t. III, Les sources des diverses branches du droit*, éd. Sirey, 1934, p. 92 et s.

[2] M.-A. NICOLAZO DE BARMON, « Stratégie marketing et acte anormal de gestion ; du libre choix de dépenser pour promouvoir ses produits », note sur CE, 9e et 10e ss-sect., 23 janv. 2015, n°369.214, *SAS Rottapharm* : *FR Lefebvre* 10/2015, inf. 2, n°13

[3] CE, plén. fisc., 21 déc. 2018, n°402.006, *Sté Croë Suisse* ; CE, 9e et 10e ss-sect., 23 janv. 2015, n°365.525, *Sté Ferrari et Cie*, cons. 1 ; CE, 9e et 10e ch., 17 fév. 2019, n°401.938, *SCI Apollo*.

[4] CE, plén. fisc., 21 déc. 2018, n°402.006, *Sté Croë Suisse ;* CE, 9e et 10e ch., 17 fév. 2019, n°401.938, *SCI Apollo*.

[5] M. COZIAN opère la distinction selon que l'acte est contraire à l'intérêt de l'entreprise (aspect négatif) ou est accompli au seul profit d'un tiers étranger à l'entreprise (aspect positif), ce qui suppose l'existence d'un tiers doté de la personnalité morale : M. COZIAN, « *La théorie de l'acte anormal de gestion* », in *Les grands principes de la fiscalité des entreprises*, éd. Litec, 5e éd., 1999 p. 92 et s.

[6] Pour une présentation de la théorie utilitariste développée par J. BENTHAM, et poursuivie notamment par J.S. MILL : J. S. MILL, *De l'utilitarisme*, trad. G. TANESSE, éd. Privat, 1964 ; A. CAILLE, *Critique de la raison utilitaire*, éd. La Découverte, 1989 ; P. GERARD, F. OST et M. VAN DE KERCHOVE (dir.), *Actualités de la pensée juridique de Jeremy Bentham*, éd. PFSL, 1987, spé. F. OST, « Codification et temporalité dans la pensée de J. BENTHAM, p. 218 et s. et A.-M. DILLENS, « Économisme et critique des droits de l'homme », p. 231 et s.

[7] Il s'agit d'établir non pas une mauvaise gestion mais une « intention consciente » (O. FOUQUET, concl. sur CE, 7e et 9e ss-sect., 27 janv. 1989, n°61.422 : *DF* 1989, n°25, comm. 1229. – V. également, F. DEBOISSY et G. WICKER, note sous CE, plén. fisc., 21 déc. 2018, n°402.006, *Sté Croë Suisse* : *DF* 2019, n°9, comm. 176, « Acte anormal de gestion, cession d'actif immobilisé à prix minoré et taxation du cédant : entre innovation, confirmation et interrogation »), et c'est pourquoi les erreurs ou fautes de gestion ne sont pas sanctionnées : en ce sens, G. DEDEURWAERDER, « *La distinction des erreurs et des décisions de gestions. Essais de présentation renouvelée d'une théorie générale* » : *DF* 2014, n°28, étude 427.

[8] CE, Sect., Avis, 24 mai 2011, n°385.088, nous soulignons.

de cette entité[1], sont qualifiés d'acte anormal de gestion, à moins que l'entreprise puisse en établir « la nécessité »[2].

476.Plan. L'anormalité de l'acte de gestion[3] présente donc plusieurs facettes selon que la normalité est en quelque sorte présumée dès lors que l'entreprise justifie du principe et du montant de la charge (A), ou qu'à l'inverse, la dépense est considérée *a priori* comme affectée d'une anormalité (B), le standard[4] de normalité étant dessiné à l'aune de l'intérêt de l'exploitation.

A. L'*a priori* normalité de la charge engagée par la preuve apportée

477.Dialectique de la preuve. La déductibilité des charges dépend de la justification, par le contribuable, de la nature, de la valeur et des contreparties qu'il en a retirées : la charge est alors présumée déductible comme répondant à l'intérêt social de l'entreprise[5]. C'est ensuite à l'administration d'apporter la preuve contraire, c'est-à-dire que la charge n'est pas déductible « par nature, qu'elle est dépourvue de contrepartie, qu'elle a une contrepartie dépourvue d'intérêt pour le contribuable ou que la rémunération de cette contrepartie est excessive »[6], ou encore que la charge ne lui ait pas été imposée par nécessité[7].

478.Plan. Il appartient à l'Administration d'établir, sous le contrôle du juge, l'absence de contrepartie réelle, c'est-à-dire l'impossibilité de relier logiquement, rationnellement la dépense à l'intérêt de l'entreprise (1), ou le caractère excessif de cette rémunération, c'est-à-dire la disproportionnalité emportant disqualification de la

---

[1] CE, Sect.,13 juil. 2016, n°375.801, *SA Paschi Banque*.

[2] CE, plén. fisc., 21 déc. 2018, n°402.006, *Sté Croë Suisse ;* CE, 9e et 10e ch., 17 fév. 2019, n°401.938, *SCI Apollo*.

[3] Sur la distinction entre les erreurs comptables et les décisions de gestion, V. M. COZIAN, « La distinction des erreurs comptables et des décisions de gestion », *in Les grands principes de la fiscalité des entreprises*, *op. cit.*; M. COZIAN et C. BYRAMJEE, « La distinction des erreurs comptables et des décisions de gestion » : *DF* 1993, n°43, chron. p. 1712 et s. ; C. DAVID, O. FOUQUET, B. PLAGNET et P.-F. RACINE, *Les grands arrêts de la jurisprudence fiscale*, *op. cit.*, th. n°33 et 34 ; S. AUSTRY, « Une survivance du "moralisme" en droit fiscal : la théorie des erreurs comptables délibérées » : *RJF* 6/1997, p. 359 ; G. DEDEURWAERDER, « La distinction des erreurs et des décisions de gestions. Essais de présentation renouvelée d'une théorie générale »,*op. cit.* Sur l'incidence de cette qualification sur la correction symétrique des bilans et la règle d'intangibilité du bilan d'ouverture, cf. : CE, Ass., 7 juil. 2004, n°230.169, *Min. c/ SARL Ghesquière équipement*.

[4] S. RIALS, *Le juge administratif français et la technique du standard, op. cit.*. ; C. PERELMAN et R. VANDER ELST (dir.), *Les notions à contenu variable en droit,* éd. Bruylant, 1984, spé. p. 39 et s.

[5] A défaut, l'administration doit « être regardée comme apportant la preuve du caractère anormal de l'acte de gestion [en l'occurrence une cession d'un actif immobilisé] si le contribuable ne justifie pas que l'appauvrissement qui en est résulté, a été **décidé dans** l'intérêt de l'entreprise, soit que celle-ci se soit trouvée dans la **nécessité** de procéder à la cession à un tel prix, soit qu'elle en ait tiré une **contrepartie** » (CE, plén. fisc., 21 déc. 2018, n°402.006, *Sté Croë Suisse*).

[6] CE, Sect., 20 juin 2003, n°232.832, *Sté Établissement Lebreton-Comptoir général de peintures et annexes*. – V. également sur la charge de la preuve en cas d'avis favorable au contribuable de la Commission départementale des impôts directs et des taxes sur le chiffre d'affaires : CE, 9e et 7e ss-sect., 8 août 1990, n°92.997, *SA International transport (Intertrans) Paris*.

[7] CE, plén. fisc., 21 déc. 2018, n°402.006, *Sté Croë Suisse*.

normalité en anormalité (2)[1]. La structuration *a priori* se double donc d'une structuration *a posteriori*, corrective de la disproportionnalité de la charge.

1. L'établissement d'un lien logique entre l'objet de l'opération et l'intérêt de l'exploitation : l'existence d'une contrepartie ou d'une impérieuse contrainte

479. L'intérêt de l'exploitation, référence de normalité. La rationalité de l'acte de gestion se mesure à l'aune de l'intérêt de l'exploitation ou de l'entreprise, notion dont la détermination n'est cependant pas librement opérée par l'entreprise[2], mais aussi par l'administration fiscale sous le contrôle du juge de l'impôt, légitimant une forme d'immixtion dans la gestion de l'entreprise, bien qu'il ne s'agisse pas d'en contrôler l'opportunité ou l'efficience[3]. Elle repose aussi sur un lien logique et rationnel entre l'intérêt de l'entreprise et un élément appréhendable et concret, s'il est réalisé, à savoir la contrepartie reçue ou l'avantage retiré de l'opération, voire sur le critère de la nécessité dans laquelle l'entreprise a dû prendre des décisions qui l'ont appauvrie. La référence au seul intérêt propre de l'entreprise, si elle peut présenter un degré de généralité pour un type d'activité, se caractérise par une certaine relativité, à la fois source de prévisibilité et douée d'une malléabilité utile et indéniable, marque des notions floues, à l'origine d'un « aléa »[4] juridique certain[5].

480. Vigilance du juge quant à l'immixtion dans la gestion des entreprises. Le maniement de cette notion d'acte anormal de gestion, apte à saisir les comportements qu'une application simple et mécanique de la loi ne pourrait pas, induit une modération de l'administration fiscale, eu égard notamment au principe,

---

[1] Cette dialectique de la preuve participe de la proportionnalisation de la notion de l'acte anormal de gestion, l'enserrant dans « un régime de preuve sourcilleux garantissant que les gestionnaires ne soient placés en situation de devoir rendre des comptes qu'en cas d'anomalie renforcée » (A. BRETONNEAU, concl. sur CE, plén. fisc., 21 déc. 2018, n°402.006, *Sté Croë Suisse* : *DF* 2019, n°9, comm. 176).

[2] En particulier, elle ne se réduit pas aux statuts de l'entreprise, marque de son *auto*-nomie (X. SOUVIGNET, « Le principe de non-immixtion de l'Administration fiscale dans la gestion des entreprises existe-t-il ? », *op. cit*). Comme le relève A. BRETONNEAU, la théorie de l'acte anormal de gestion « se fonde sur l'idée qu'une entreprise n'est pas censée évoluer dans l'indétermination la plus complète, mais est au contraire légalement programmée pour poursuivre la satisfaction de son intérêt social, c'est-à-dire pour réaliser et partager des bénéfices (ou à la rigueur réaliser des économies(…)) » (concl. sur CE, plén. fisc., 21 déc. 2018, n°402.006, *Sté Croë Suisse*, *op. cit.*). Il s'agit donc de rechercher l'ADN d'une entreprise.

[3] M. COLLET est critique à cet égard : «il (…) semble que, tout au contraire, ce critère aboutisse au résultat opposé » car « en fondant l'identification de l'acte anormal de gestion sur le critère de l'intérêt de l'exploitation, (…) en évitant de se pencher sur les rapports de l'entreprise avec les tiers, l'Administration et le juge font pire, d'une certaine façon : ils viennent à s'immiscer dans la manière dont l'entreprise pense son propre intérêt. Si l'entreprise est libre d'agir comme elle l'entend, elle n'est en revanche pas libre de définir son intérêt comme elle l'entend. » (« Contrôle des actes de gestion ; pour un retour à l'anormal », *op. cit.* n°16). – V. également, F. DEBOISSY et M. CHADEFAUX, *Précis de fiscalité des entreprises*, éd. LexisNexis, 42e éd., 2018, p. 118 et s.

[4] M. COLLET, « Contrôle des actes de gestion ; pour un retour à l'anormal », *op. cit.*

[5] Au point d'être le « premier risque fiscal pour l'entreprise » (cf. C. BUR, *L'acte anormal de gestion ou le premier risque fiscal pour l'entreprise,* Paris, EFE 2000, spé. 1ère partie, titres I et II.)

« incontestable » selon certains auteurs[1], une règle d'action selon d'autres auteurs[2], de non-immixtion dans la gestion des entreprises[3]. En soi, une proportionnalisation de son action.

481. Or « seule l'administration peut l'invoquer [l'anormalité de l'acte de gestion] et elle peut agir d'office »[4]. Le Conseil d'État tend à sécuriser par l'objectivisation du lien logique la mise en application de la théorie de l'acte anormal de gestion, et le contrôle de qualification qu'il opère[5]: si le lien logique dépend de l'objectif ayant motivé la décision de gestion et de l'intérêt social, question de droit par laquelle le Conseil d'État peut jouer un rôle régulateur et modérateur sur l'action administrative, il trouvera une traduction concrète dans une contrepartie ou un avantage.

482. L'intérêt de l'exploitation à partir de l'objet social : la recherche d'une objective normalité. Le caractère approprié, voire nécessaire[6], d'un acte ou d'une charge s'apprécie au regard des intérêts de l'entreprise, ceux-ci se définissant par rapport à son objet social (son activité lucrative) ou le cas échéant, par rapport à l'entreprise elle-même. L'administration, sous le contrôle du juge, cherche donc à reconstituer l'intention ayant animé le dirigeant ou chef d'entreprise lorsqu'il a engagé la dépense[7] : celle-ci doit trouver son explication logique d'une part, dans l'intérêt propre de l'exploitation, « boussole de l'entrepreneur[8] », et non dans l'intérêt du groupe[9], au moment de la mise en mouvement de l'opération, sans égard, d'autre part

---

[1] B. PLAGNET, La non-immixtion de l'administration fiscale dans la gestion des entreprises : *BF* 11/1999, p. 687 et s.

[2] X. SOUVIGNET, « Le principe de non-immixtion de l'Administration fiscale dans la gestion des entreprises existe-t-il ? », *op. cit.* Ou une règle d'« habitude » selon l'expression d'O. FOUQUET (concl. sur CE, 7e et 8e ss-sect., 17 oct. 1990, n°83.310, *Loiseau* : *DF* 1991, n°48, comm. 228).

[3] CE, 7 juil. 1958, n°35.977, *Sté les entreprises de travaux publics André Borie* ; CE, 7e et 8e ss-sect., 27 juin 1984, n°35.030, *min. c/ Sté Courtaulds* ; CE, 8e et 9e ss-sect., 20 mars 1989, n°56.087, *Sté Malet Matériaux* ; CE, 9e et 10e ss-sect., 11 avr. 2014, *Min. c/ Sté Unicredit*, n°s346.687 et 349.015 ; CE, 9e et 10e ss-sect., 23 janv. 2015, n°369.214, *SAS Rottapharm*.

[4] P.-F. RACINE, concl. sur CE, plén., 27 juil. 1984, n°34.588, *SA Renfort service*, *op. cit.*

[5] En effet, « dire qu'un acte de gestion est anormal, c'est le qualifier. Or, **une qualification est une question de droit** et de telles questions échappent en général à toute preuve. En second lieu, un acte n'est anormal que dans la mesure où **un contexte** permet de voir qu'il n'a été accompli que dans l'intérêt d'un tiers. Or, un contexte, c'est un ensemble de faits et d'actes dont l'appréciation est soumise aux règles normales de preuve » (*ibid.*, p. 563-564, nous soulignons). *Comp.* G. TIMSIT, « La transdiction à l'œuvre », Enquête [en ligne], 7 | 1999, mis en ligne le 17 juil. 2013 ; J. FREMONT, « Transformation du texte, transformation du droit », in D. BOURCIER et C. THOMASSET (dir.), *L'Écriture du droit. Législation et technologie de l'information*, éd. Diderot, coll. « Arts et sciences », 1996, 655 p., p. 81 et s.

[6] Par ex., CE, 9e et 8e ss-sect., 29 déc. 1999, n°171.859, *M. Robardey* (abandon de loyer non nécessaire à la cession d'un fonds de commerce) ; CE, plén. fisc., 21 déc. 2018, n°402.006, *Sté Croë Suisse ;* CE, 9e et 10e ch., 17 fév. 2019, n°401.938, *SCI Apollo.*

[7] M. COLLET, *Droit fiscal, op. cit.*, p. 211-212 ; E. TAUZIN, *L'intérêt de l'entreprise et le droit fiscal, op. cit.*, p. 309 et s.

[8] M.-A. NICOLAZO DE BARMON, « Stratégie marketing et acte anormal de gestion ; du libre choix de dépenser pour promouvoir ses produits », *op. cit.*

[9] CE, plén. fisc. 26 juil. 1982, n°2533 et n°19645. Or, cet intérêt de l'entreprise n'est pas défini par le contribuable, mais par l'administration et le juge, lesquels s'auto-instituent « porte-parole » de

à l'échec de celle-ci ou un succès moindre qu'attendu[1], ni à l'existence d'autres décisions ou moyens potentiellement plus efficients en termes de profits[2], ni encore à la légalité de la décision de gestion[3].

483. Autrement dit, dès lors que les choix d'investissement ou de développement commercial exposés correspondent ou sont liés directement, rationnellement et logiquement à l'intérêt social de l'entreprise, ils sont présumés appropriés et nécessaires à la réalisation de cet intérêt. Si à l'inverse, l'acte ou l'opération n'est qu'indirectement lié(e) à l'objet social de la société, il ou elle n'est plus présumé(e) remplir la condition relative au lien logique, d'autant plus s'il ou elle profite à un tiers[4]. Toutefois, la possibilité d'arguer de la nécessité d'un acte de gestion tend à dépasser cet objet social, pour se confondre dans l'intérêt de l'entreprise, comprise comme une entité dont il convient de sauvegarder la pérennité, eu égard aux contraintes auxquelles elle doit faire face.

484. Rationalité et détournements de fonds par les salariés. Cette recherche de l'intention ayant motivé la dépense se retrouve dans le cadre du « comportement délibéré » ou de la « carence manifeste » des dirigeants, mandataires sociaux ou associés « dans l'organisation de la société et la mise en œuvre des dispositifs de contrôle », ayant permis des détournements de fonds par un salarié ou encore de ces mêmes dirigeants, mandataires sociaux ou associés[5]. Le juge administratif apprécie « le comportement *intuitu personae* du dirigeant » afin de déterminer si le détournement relève ou non d'une « libéralité constitutive d'un acte anormal de gestion », c'est-à-dire ne répondant pas à l'intérêt social de l'entreprise[6]. En effet, en ce cas, « les dirigeants aur[ont] **sciemment** accepté une telle prise de risque [par le salarié] par une absence totale d'encadrement et de contrôle de l'activité du salarié[7] ».

---

l'entreprise (O. CAYLA, Y. THOMAS, « Du droit de ne pas naître. À propos de l'affaire Perruche », Le Débat-Gallimard, 2002, p. 51, cité par M. COLLET, *Droit fiscal*, *op. cit.*, p. 213).

[1] CE, 8e et 9e ss-sect., 28 sept. 1983, n°34.626. – V. à propos des cotisations versées à des associations responsable du développement du réseau auquel appartient la société versante : CE, 8e et 3e ss-sect., 6 mars 2006, n°281.034, *Sté Disvalor*.

[2] Le contribuable « n'éta[nt] jamais tenu de tirer des affaires qu'il traite le maximum de profit que les circonstances lui auraient permis de réaliser » (CE, 7 juil. 1958, n°35.977, *Sté les entreprises de travaux publics André Borie*. Dans le même sens, Civ., 20 août 1867 ; CJUE, 3e ch., 17 déc. 2015, aff. C-419/14, *WebMindLicenses Kft*, pt. 42 ; CJCE, gde ch., 21 fév. 2006, aff. C-255/02, *Halifax*), l'administration n'a pas *à « se prononcer sur l'opportunité des choix de gestion opérés par l'entreprise »* (CE, Sect.,13 juil. 2016, n°375.801, *SA Paschi Banque ;* CE, plén. fisc., 21 déc. 2018, n°402.006, *Sté Croë Suisse*). *Comp.* en matière de prix de transfert : CE, Sect., 30 déc. 2003, n° 233.894, *SA Andritz*.

[3] CE, 8e et 9e ss-sect., 7 janv. 2000, n°186.108, *Époux Philippe*. – V. également, P. LOSAPPIO, « Déductibilité fiscale des sanctions pécuniaires ? »: *DF* 2000, n°28, étude 100203 ; M. COLLET, « Contrôle des actes de gestion ; pour un retour à l'anormal » , *op. cit.*, n°15, et plus amplement sur ce sujet, R. GOUYET, *L'illicite et le droit fiscal*, ANRT, éd. 2000, 391 p.

[4] En ce sens, M.-A. NICOLAZO DE BARMON, « Stratégie marketing et acte anormal de gestion : du libre choix de dépenser pour promouvoir ses produits », *op. cit.* Cf. *infra*.

[5] CE, 9e et 10e ch., 12 avr. 2019, n°410.042, *Sté de distribution saint-maximoise (SDSM)*.

[6] CE, Sect., Avis, 24 mai 2011, n°385.088, cons. 1, b).

[7] *Ibid.*, cons. 1, c). *Comp.* CE, 9e et 10e ch., 12 avr. 2019, n°410.042, *SDSM* : « ne sont pas déductibles les détournements commis par les dirigeants, mandataires sociaux ou associés ainsi que ceux commis

485. Hors cette hypothèse, il ne s'agit donc pas tant d'apprécier si l'entreprise a bien ou mal agi d'un point de vue moral ou économique, que de déterminer si elle s'inscrit bien, rationnellement, dans le cadre légal, juridique[1], défini par l'intérêt de l'exploitation[2], ou plus largement de l'entreprise elle-même[3] : le mobile ou l'intention est ainsi objectivisé, dans une optique de structuration comportementale des contribuables[4].

486. Subjectivisation de la normalité. La mise en œuvre de ce critère, porteuse d'une instabilité juridique sérieuse dans les années 1980[5], moindre depuis, si elle repose sur des critères objectifs, n'en demeure pas moins empreinte de la subjectivité inhérente à la fonction de juger d'autant plus si le juge introduit une proportionnalisation de l'intérêt de l'entreprise, en n'exigeant plus un intérêt exclusif[6]. En s'écartant de la logique binaire, le juge rend plus incertaine l'appréhension du lien logique, lequel se déduit à partir d'un faisceau d'indices et de la perception, par l'Administration et le juge, de ces indices[7].

---

par un salarié de la société, qui ont pour origine, directe ou indirecte, le comportement délibéré des dirigeants, mandataires sociaux ou associé ou leur carence manifeste dans l'organisation de la société et la mise en œuvre des dispositifs de contrôle, contraires à l'intérêt de la société ».

[1] Sans nuance, en ce que « [l]es salariés étant juridiquement soumis au contrôle de l'entreprise, il existe une différence de nature dans la relation qui les lie à leur employeur de nature à justifier une différence d'approche fiscale en présence de vols ou de détournements et pas seulement une simple différence de degré de contrôle d'erreurs manifestes » (E. BOKDAM-TOGNETTI, concl. *op. cit.*).

[2] En ce sens, P. SERLOOTEN, « Liberté de gestion et droit fiscal : la réalité et le renouvellement de l'encadrement de la liberté » : *DF* 2007, n°12, 301. *Contra* : M. COLLET, « *Contrôle des actes de gestion ; pour un retour à l'anormal* », *op. cit.*. n°13 et n°19 ; M.-D. HAGELSTEEN, "Les relations commerciales normales entre les entreprises" : *RJF* 5/1978, chron. p. 146 ; P. RIVIÈRE, concl. sur CE, Sect., 24 fév. 1978, n°2 372, *op. cit.*

[3] Le Conseil d'État, par son arrêt du 21 décembre 2018, semble faire une distinction en laissant la possibilité au contribuable d'écarter l'anormalité de l'acte de gestion, mise en évidence par une sous-évaluation du prix de cession d'un actif immobilisé, par la preuve d'une contrepartie ou du caractère nécessaire de cette cession et de ce prix. Cela pourrait constituer alors une faculté de rétablir un lien logique non pas tant avec l'objet social, au sens de l'activité sociale, qu'avec l'intérêt de l'entreprise en tant qu'entité (CE, plén. fisc., n°402.006, *Sté Croë Suisse*). Par ailleurs, l'administration ne peut se contenter, pour remettre en cause le prix de cession, d'un simple écart de prix entre des biens intrinsèquement différents et vendus de plus à des dates différentes (CE, 9e et 10e ch., 17 fév. 2019, n°401.938, *SCI Apollo*). *Comp.* la jurisprudence relative aux aides entre entreprises.

[4] *Comp.* l'intentionnalité de recevoir une libéralité combinée à la qualification d'un avantage occulte : CE, 10e et 9e ss-sect., 19 juil. 2011, n°327.762 ; CE, 3e et 8e ss-sect., 5 janv. 2005, n°254.556, *Sté Raffypack* ; CE, plén. fisc., 9 mai 2018, n°387.071, *Sté Cérès* ; CE, sect., 28 fév. 2001, n 199.295.

[5] V. en ce sens, T. LAMORLETTE, *Les actes anormaux de gestion*, éd. Economica 1985, 2e éd., spé. p. 16 ; R. FAUROUX, « L'acte normal ou anormal de gestion » : *Gaz. Pal.*. 1980, doctr. p. 571

[6] CE, Sect., 10 juil. 1992, n°110.213, *Sté Musel SBP* et n°110.214, *M. Brunner*. Cf. *infra*. À propos des aides entre entreprises. *Comp.* le contrôle de la rationalité des lois, et la proportionnalisation dans l'appréciation des objectifs : cf. *supra*, Partie I, Titre I.

[7] Par ailleurs, hormis l'hypothèse de la dénaturation, le juge du droit ne pourra que tirer des conclusions des appréciations souveraines faites par les juges du fond sur les indices soumis à leur examen. – V. F. MARTINET et A. ANGOTTI, « Conseil d'État et Cour de cassation, juges de l'impôt : étude comparative (troisième volet) *op. cit.* , n°10.

487. Nonobstant cette inévitable part de subjectivité, le recours à l'intérêt de l'exploitation comme critère d'identification de la normalité de la décision de gestion apporte une sécurisation juridique, accentuée, certes de manière défavorable aux entreprises, par l'existence de présomptions légales ou prétoriennes d'anormalité. Aussi, il ne nous semble pas opportun d'aller au-delà et d'opter pour la référence aux seuls « usages de la profession ou des contribuables placés dans des situations comparables »[1]. L'opération de comparaison, pour objective qu'elle puisse être, n'exclut pas la subjectivité et présenterait par ailleurs un caractère plus restrictif, par l'impossibilité d'appréhender les situations atypiques et néanmoins conformes ou nécessaires à la réalisation de l'intérêt social, une rigidité que ne justifierait pas nécessairement, pour les mêmes raisons, le surcroît d'égalité devant l'impôt qu'elle serait susceptible d'apporter[2].

488. Transition. Cependant, la rationalité de la décision de gestion n'est pas concentrée dans le seul intérêt de l'exploitation ou de l'entreprise : la contrepartie ou l'avantage reçu, retiré ou escompté doit avoir une consistance suffisante, mais non nécessairement substantielle.

2. La disproportionnalité de la charge par rapport à la contrepartie ou l'avantage retiré

489. Logiques performative et disruptive. Si la caractérisation du lien logique entre la dépense et les intérêts sociaux peut conduire à une proportionnalité, opérant alors une confusion performative de la proportionnalité dans le lien logique de la dépense avec ces intérêts, cette règle de proportion peut résulter également d'une définition légale ou jurisprudentielle, abstraite et générale.

490. A l'inverse, la disproportionnalité du montant d'une dépense par rapport à l'objet social, ou en en négatif, la disproportionnalité du manque à gagner, peut disqualifier l'acte ou l'opération, les faire basculer dans l'anormalité. Ainsi en est-il des rémunérations excessives de prestations ou des dirigeants et salariés (a). La disproportionnalité pouvait encore, jusqu'à l'arrêt *SA Paschi Banque*[3], se matérialiser dans le risque qu'elle induisait (b).

a. *L'excessivité de la charge par rapport à la contrepartie reçue ou escomptée*

491. Proportionnalisation de la charge à l'aune de la contrepartie. Une définition uniforme et abstraite de l'anormalité d'un acte de gestion est *a priori* impossible eu égard à la variété des actes de gestion possibles. Toutefois, eu égard au caractère lucratif des entreprises relevant des BIC ou de l'impôt sur les sociétés, la définition générale de l'acte anormal de gestion met en évidence le critère tiré de la

---

[1] M. COLLET, « Contrôle des actes de gestion ; pour un retour à l'anormal », *op. cit.*. n°18 et 19.

[2] Si cet argument comparatif peut constituer un indice, la normalité de l'acte de gestion ne peut s'y réduire. *Contra* M. COLLET, *ibid.* n°21.

[3] CE, Sect.,13 juil. 2016, n°375.801, *SA Paschi Banque*.

contrepartie reçue, ou du moins par l'avantage économique ou financier retiré[1], matérialisation de la réalisation de l'intérêt social et du lien logique unissant l'acte de gestion (en lui-même et dans son but) à cet intérêt.

492. Par l'appréciation de la consistance de cette contrepartie, la théorie de l'acte anormal de gestion n'est donc pas sans inconfort pour le juge de l'impôt, partagé entre le principe de non-immixtion dans la gestion des entreprises et son contrôle le conduisant « à apprécier ce qui contribue ou non à l'intérêt de l'entreprise ». Pour ce faire, apportant ainsi un surcroît de prévisibilité, le Conseil d'État établit certaines règles ou présomptions, critères de droit dont il contrôle l'application, y compris dans le choix des indices pouvant établir l'anormalité, tout en gardant comme critère central l'intérêt de l'exploitation.

493. Normalité présumée des avantages retirés par un tiers. Ainsi, « la simple circonstance qu'une opération effectuée par une entreprise ou une société comporte un avantage même appréciable pour un tiers, ne suffit pas à rendre cette opération anormale[2] ». De même, le seul critère de l'échec ou de la réussite d'une opération, donc l'absence ou la présence d'une contrepartie ou d'un avantage, ne peut permettre d'établir l'anormalité ou la normalité de cette opération, ni plus d'ailleurs d'une pratique inusuelle dans la profession[3]. Ces présomptions de normalité ne sont pas tant des circonstances où une opération ne correspond pas aux intérêts de l'exploitation de l'entreprise, que des barrières mises à la caractérisation d'une anormalité[4].

494. Recherche d'une objectivisation de l'insuffisante proportionnalisation de la charge. Toutefois, la notion de l'excès est plus délicate à apprécier et à délimiter, alors même que cette disproportionnalité conduit à remettre en cause la déductibilité de la charge enregistrée. Mais là encore, le juge administratif veille, à moins que le législateur n'ait apporté une définition de l'excès, le cas échéant en instituant des règles de proportion.

495. Objectivisation dans l'appréciation des rémunérations excessives de prestations de services. L'administration peut prendre comme points de comparaison les usages établis de la profession et un taux de rémunération (exprimé en pourcentage du chiffre d'affaires) à partir d'une comparaison des honoraires pratiqués par des sociétés intervenant dans le domaine concerné[5]. Toutefois, le caractère excessif des rémunérations des prestations externalisées de prospections commerciales ne peut s'établir à partir de la seule comparaison du chiffre d'affaires réalisé à l'export avant

---

[1] CE, Sect., 24 fév. 1978, n°2 372. Le commissaire du gouvernement écrivait ainsi que nonobstant la variété des actes de gestion, le critère de la contrepartie constitue « une **norme de portée générale (...)** valable dans toutes les hypothèses, et quels que puissent être les liens, juridiques ou commerciaux, existant entre l'entreprise et les tiers » (nous soulignons).

[2] P.-F. RACINE, concl. sur CE, plén., 27 juil. 1984, n°34.588, *SA Renfort Service*, *op. cit.* – V. également, CE, Sect., 10 juil. 1992, n°110.213, *Sté Musel SBP* et n°110.214, *M. Brunner.*

[3] CE, 8e et 9e ss-sect., 28 sept. 1983, n°34.626.

[4] Autrement dit, le Conseil d'État cherche, par sa jurisprudence, à réguler l'action de l'Administration pour éviter qu'elle ne soit trop prompte à remettre en cause l'engagement de dépenses par les entreprises, arguant de leur anormalité.

[5] CE, 3e et 8e ss-sect., 19 nov. 2008, n 291.041, *Sté Auteuil Investissement.*

et après l'externalisation[1] et du caractère élevé des ratios rapportant le montant des dépenses externalisées de prospection commerciale internationale au chiffre d'affaires réalisé à l'exportation[2], ni plus à partir du seul taux de marge du prestataire par rapport à son prix de revient dès lors que le prix pratiqué n'est pas anormal par rapport au marché[3]. De même, un dépassement des frais de promotions par rapport à une moyenne constatée dans un secteur économique ne permet pas de fonder une présomption d'anormalité de la dépense[4]. Autrement dit, les critères d'appréciation, objectifs et quantitatifs, varient selon les secteurs considérés et le type de prestations en cause et présentent un lien matériel avec l'activité, objet social de l'entreprise en cause.

496. Le Conseil d'État ne remet pas en cause l'appréciation souveraine des faits, mais la pertinence des critères avancés par l'administration pour établir le caractère exagéré de la dépense engagée par rapport à la contrepartie reçue. Ainsi les critères de ratio dépenses/ chiffre d'affaires ont, comparativement aux usages de la profession ou des contribuables placés dans une situation analogue, « davantage leur place dans le cadre d'un redressement fondé sur l'article 57 du CGI en matière de prix de transfert que dans celui d'un redressement sur le terrain de l'acte anormal de gestion »[5].

497. Objectivisation dans l'appréciation des rémunérations des dirigeants. Si la rémunération globale[6] présente *a priori* un lien logique, rationnel, avec le ou les intérêts sociaux, dès lors qu'il repose sur un travail effectif et sur de réels services rendus[7] ce dernier doit être corroboré par d'autres éléments, notamment l'importance du service rendu. L'appréciation de la disproportionnalité inclut des critères quantitatifs et qualitatifs, parfois plus volatils tels que les fonctions assurées[8], l'activité déployée dans l'entreprise par rapport aux résultats obtenus[9], l'échec ou une pâle réussite devenant alors un critère de proportionnalité : une rémunération ne sera

---

[1] Ce serait réintroduire le critère de l'échec ou de la réussite de l'opération.

[2] CE, 9e et 10e ch., 22 fév. 2017, n°387.786, *Sté Additek*, cons. 2 et 6. Ces critères étaient, selon la rapporteure public, impropres à renseigner, à eux seuls, sur la proportionnalité de la dépense par rapport à la contrepartie reçue : « Ce ratio [dépenses/chiffre d'affaires] permet seulement de constater que la dépense de prospection est lourde ou ne l'est pas. Mais à lui seul, il ne renseigne en rien sur le caractère proportionné de la charge à la valeur intrinsèque de la prestation pour la société, à la contrepartie que celle-ci en retire et moins encore à la contrepartie (…) que celle-ci en attend lorsqu'elle expose la dépense » (E. BOKDAM-TOGNETTI : *DF* 2017, n°28, comm. 395)

[3] CE, 9e et 10e ss-sect., 23 déc. 2010, n°318.070 et 310.946, *min. c/ Sté de produits pharmaceutiques et d'hygiène* ; CE, 3e et 8e ss-sect., 16 mai 2008, n°288.101, *SELAFA Geomat*.

[4] CE, 9e et 10e ss-sect., 23 janv. 2015, n°369.214, *SAS Rottapharm*, cons. 4. *Comp.* en matière de prix de transfert, l'absence d'intérêt : CE, 9e et 10e ss-sect, 9 nov. 2015, n°370.974, *Sté Sodirep Textiles SA-NV*.

[5] E. BOKDAM-TOGNETTI, concl. sur CE, 9e et 10e ch., 22 fév. 2017, n°387.786, *Sté Additek, préc. Comp.* le critère comparatif et la détermination de sa mise en œuvre, pour l'application de l'article 57 du CGI : CE, 3e et 8e ss-sect., 7 nov. 2005, n°s266.436 et 266.438, *Sté Cap Gemini ;* CE, 9e et 10e ss-sect., 16 mars 2016, n°372.372, *Sté Amycel France* ; CE, 9e et 10e ch., 21 sept. 2016, n°382.733, *Sté Property Investment Holding France*.

[6] En ce qu'elle inclut les remboursements de frais : CE, 5 juin 1991, n°85.002, *M. et Mme Vignoud*.

[7] CE, 9e et 8e ss-sect., 15 mai 1985, n°43.439 ; CE, 8e et 7e ss-sect., 23 juin 1986, n°48.465.

[8] CE, 8e et 7e ss-sect., 11 oct. 1990, n°s54.616 et 54.617, *SA Union internationale immobilière*.

[9] CE, 9e et 8e ss-sect., 18 déc. 1992, n°74.206, *M. Véron* et n°74.227, *M. Véron-Meubles*. *Comp.* le rejet de l'échec ou de la moindre réussite comme critère de l'anormalité.

déductible que pour autant que son augmentation suit l'évolution du chiffre d'affaire ou la croissance de l'entreprise[1], la disproportionnalité pouvant être limitée à une partie de la rémunération octroyée[2]. La proportionnalisation de la déductibilité rétablit une certaine rationalité.

498. Transition. L'objectivisation n'est toutefois pas toujours suffisante à garantir une prévisibilité juridique adéquate aux contribuables et entreprises.

b. *L'illustration de l'insécurité juridique par la défunte théorie du « risque manifestement excessif »*[3]*.*

499. Irrationalité *a priori* par l'anormalité *a posteriori* des conséquences. Lorsqu'une opération réussit, les faits, les chiffres sont là pour attester des effets positifs de la gestion commerciale, et ainsi l'intérêt de l'entreprise, sans qu'il faille nécessairement que l'opération s'inscrive dans les pratiques usuelles d'une profession[4]. En revanche, lorsque l'entreprise échoue à atteindre l'objectif poursuivi, il est plus délicat, faute de contrepartie tangible, d'établir que la décision répondait à l'intérêt de l'exploitation[5]. À cet égard, la présence d'un aléa majeur autorisait une remise en cause, *a posteriori*, du lien logique entre l'acte de gestion commerciale et l'intérêt social de l'entreprise : le « risque manifestement excessif »[6], agissait comme une « soupape de sécurité »[7] permettant au Conseil d'État de sanctionner certaines situations qui, bien que remplissant *a priori* les critères de la normalité de l'acte, n'en demeuraient pas moins disproportionnées dans leurs conséquences. Celles-ci, prévisibles dès la prise de décision, auraient dû conduire l'entreprise à ne pas prendre ladite décision : par les risques encourus, la décision ne pouvait correspondre ou servir l'intérêt de l'entreprise dès son origine[8].

---

[1] En ce sens, CE, 7e et 9e ss-sect., 8 juil. 1988, n°67.832 et 67.833 ; CE, 7e et 9e ss-sect., 4 nov. 1988, n°56.793.

[2] CE, 8e et 3e ss-sect., 22 mai 2002, n 221.541, *Sté Blanchisserie industrielle du Marais*.

[3] Bien que la théorie du « risque manifestement excessif » appartienne au passé et ne permette plus de remettre en cause la déductibilité d'une charge (CE, Sect., 13 juil. 2016, n°375.801, *SA Paschi Banque*), contrairement à la « carence manifeste » des dirigeants dans l'organisation de l'entreprise et la mise en œuvre des dispositifs de contrôle, ces deux courants jurisprudentiels n'étaient pour le premier et ne sont pour le second qu'une illustration de la notion d'acte anormal de gestion, appliquée à des situations particulières : en effet, dans le premier cas, la notion de disproportion permettait de disqualifier la charge en acte anormal de gestion, tandis que dans le second cas, l'impossibilité rationnelle de relier l'intérêt social et l'attitude des dirigeants conduit à considérer la charge subie par l'entreprise comme relevant d'une gestion anormale.

[4] CE, 8e et 9e ss-sect., 28 sept. 1983, n°34.626 (intermédiaire en immobilier et fonds de commerce)

[5] Alors même que l'échec ne constitue pas un critère de présomption d'anormalité : CE, 7 juil. 1958, n°35.977, *Sté les entreprises de travaux publics André Borie*.

[6] Not. CE, 7e et 8e ss-sect., 17 oct. 1990, n°83.310, *Loiseau* ; CE, 3e et 8e ss-sect., 30 mai 2007, n°285.575, *SA Peronnet (1re espèce)* : *JD* 2007-081.191 et n°285573, *SARL Peronnet et a. (2e espèce)*.

[7] O. FOUQUET, « Retour à une conception stricte de l'acte anormal de gestion : l'abandon de la théorie du risque manifestement excessif », note sous CE, Sect., 13 juil. 2016, n°375.801, *SA Paschi Banque* : *DF* 2016, n° 36, comm. 464.

[8] C. RAQUIN, note sous CE, 8e et 3e ss-sect., 27 avr. 2011, n°327764, *Sté Legeps* : *RJF* 7/2011, p. 699 et s.

La disproportion résidant dans les conséquences de l'acte disqualifie ce dernier en acte anormal de gestion ; la disproportionnalité est le révélateur *a posteriori* de l'anormalité et de la méconnaissance de l'intérêt de l'entreprise, de l'absence d'une rationalité[1].

500. Subtil équilibre avec le principe de non-immixtion dans la gestion des entreprises par un cantonnement aux cas extrêmes. Les considérants de principe du Conseil d'État allaient clairement en ce sens[2]. La disproportion révèle l'absence de poursuite de l'intérêt propre à l'entreprise, mais ne pouvait aboutir à remettre en cause l'opportunité d'une prise de décision[3]. Le Conseil d'État contrôlait ainsi la légalité de la prise de risque en se focalisant sur l'existence d'une contrepartie pour l'entreprise et opérait à ce titre un rigoureux contrôle de qualification sur l'appréciation par les juges du fond du caractère excessif du risque[4], définissant les critères nécessaires à la caractérisation d'un risque manifestement excessif, eu égard à l'imprévisibilité propre à l'appréciation de ce risque, sans pour autant que les critères puissent conduire à une « automaticité »[5], notamment lorsqu'il s'agit de mesurer la proportionnalité entre l'intérêt propre et les risques pris par une société au soutien de sa filiale en difficulté[6].

501. Cependant, le maniement de cette théorie, cantonnée par les commissaires du gouvernement à des cas extrêmes[7], a introduit une insécurité juridique, voire une inégalité des contribuables devant la loi[8]. L'insécurité juridique en ce que, nonobstant

---

[1] « La prise en compte du risque ne s'est pas substituée au critère de l'intérêt social ; elle s'y est ajoutée permettant au juge et à l'Administration de suppléer les insuffisances de ce concept flou d'intérêt social, dépourvu de définition légale » (J.-L. MÉDUS, « Acte anormal de gestion et théorie du risque manifestement excessif en fiscalité » : *JCP E* 2016, n°41, étude 1551, n°17).

[2] Par ex., au sujet des placements financiers, l'intérêt de l'entreprise est méconnu « si, **compte tenu des circonstances dans lesquelles il intervient et de l'objet qu'il poursuit**, un placement financier excède manifestement les risques qu'un chef d'entreprise peut, eu égard aux informations dont il dispose, être conduit à prendre, dans une situation normale, pour améliorer les résultats de son entreprise » (CE, 8e et 3e ss-sect., 27 avr. 2011, n°327.764, *Sté Legeps*, nous soulignons.

[3] « [C]'est au regard du seul intérêt propre de l'entreprise que l'administration, à qui il n'appartient toutefois pas de se prononcer sur l'opportunité du choix arrêté par une entreprise pour la gestion de sa trésorerie, doit apprécier si les placements (...) correspondent à des actes de gestion commerciale normale » (CE, 8e et 3e ss-sect., 27 avr. 2011, n°327.764, *Sté Legeps*). Ce que l'arrêt *SA Paschi Banque* a rappelé : CE, Sect., 13 juil. 2016, n°375.801.

[4] Le Conseil d'État ne pouvait « *laisser au pouvoir souverain du juge du fond l'appréciation du caractère excessif du risque. De cette appréciation dépend entièrement la qualification juridique donnée à l'acte.* » : G. BACHELIER, concl. sur CE, 8e et 9e ss-sect., 7 janv. 2000, n°186.108, *Époux Philippe* : *DF* 2000, n°11, comm. 204.

[5] *Ibid.*

[6] CE, 3e et 8e ss-sect., 11 juin 2014, n°363.168, *Sté Fralsen Holding*.

[7] En ce sens, G. BACHELIER, concl. *préc.* (pointant aussi les risques de dérapages sur la prise en compte de considérations morales). – V. également, J.-L. MÉDUS, « Acte anormal de gestion et théorie du risque manifestement excessif en fiscalité », *op. cit.*. *Comp.* les conclusions d'A. BRETONNEAU sur l'anormalité d'une cession d'un actif immobilisé à un prix trop bas : concl. sur CE, plén. fisc., 21 déc. 2018, n°402.006, *Sté Croë Suisse*, *op. cit.*).

[8] O. FOUQUET, « Acte anormal de gestion résultant de la prise d'un risque manifestement excessif : quelles limites ? » : *FR Lefebvre* 31/2012, inf. 19 p. 24 ; R. RUTSCHMANN et J. GAYRAL, « Le risque manifestement excessif : immixtion rampante dans la gestion de l'entreprise ou simple garde-fou ? » : *DF* 2012, n°45, étude 500 ; F. LACROIX, « Risque manifestement excessif : un abandon presque total d'une théorie défavorable aux entreprises », note sur CE, Sect.,13 juil. 2016, n°375.801,

les mises en gardes réitérées du Conseil d'État, l'administration employait assez promptement et facilement la théorie du risque manifestement excessif pour remettre en cause les charges déduites des résultats imposables, confinant une substitution critique à l'entité de direction de l'entreprise.

502. Inégalité devant la loi ensuite, en ce que si le Conseil d'État, y compris dans la définition des critères du risque manifestement excessif, opérait un contrôle si resserré qu'il laissait peu de place à l'appréciation souveraine des juges du fond[1] , cela n'a pas permis de canaliser les pratiques de contrôle des agents des impôts, ni d'exclure une appréciation divergente, quant au caractère excessif, des faits soumis à leur appréciation et à celle des juges du fond[2].

503. Retour au seul critère de l'intérêt de l'entreprise. Cette solution ne devrait toutefois pas apporter de bouleversements significatifs : comme le souligne J.-L. MEDUS, « l'Administration demeure libre de se livrer à une analyse économique des transactions, ce qui peu ou prou nous ramène à une appréciation du risque pris par les entreprises dans leurs décisions de gestion, mais on objectera que l'Administration procède alors par recours à des données financières et juridiques applicables à des opérations comparables, rendant l'exercice quelque peu plus objectif que la stricte appréciation de l'ampleur des risques »[3]. L'abandon de la théorie du risque manifestement excessif marque un retour au seul intérêt de l'entreprise, et donc sur la rationalité appréhendée par la contrepartie escomptée en l'occurrence.

504. Transition. Par l'appréciation de la disproportionnalité, remise en cause de la rationalité des décisions de gestion, l'insécurité juridique se cristallise, et nécessite parfois l'établissement de seuils de proportion ou le renoncement à ce critère de disproportionnalité. La dialectique de la preuve est importante et se manifeste aussi dans l'existence de présomptions d'anormalité.

SA Paschi Banque : *FR Lefebvre* 35/2016, inf. 3 ; P. DURAND et M. SERAILLE, « La théorie du risque manifestement excessif : le glas a sonné ! », obs. sur CE, Sect.,13 juil. 2016, n°375.801, *SA Paschi Banque* : *DF* 2016, n° 36, act. 489.

[1] En ce sens, G. BACHELIER, concl. sur CE, 8e et 9e ss-sect., 7 janv. 2000, n°186.108, *Époux Philippe*, *op. cit.*. – V. également, CE, 8e et 3e ss-sect., 27 avr. 2011, n°327.764, *Sté Legeps*.

[2] Par ailleurs, ainsi que l'a souligné E. BOKDAM-TOGNETTI, dans ses conclusions sous la décision *SA Paschi Banque* du 13 juillet 2016, il n'appartient pas au droit fiscal de sanctionner un entrepreneur pour les risques qu'il a fait prendre à son entreprise, alors que d'autres mécanismes issus du droit civil ou du droit commercial permettent d'y parvenir (concl. sur CE, Sect., 13 juil. 2016, n°375.801, *SA Paschi Banque* : *DF* 2016, n° 36, comm. 464). – V. également, X. SOUVIGNET, « Le principe de non-immixtion de l'Administration fiscale dans la gestion des entreprises existe-t-il ? », *op. cit.*

[3] *in* « Acte anormal de gestion et théorie du risque manifestement excessif en fiscalité », *op. cit.* n°17. Toutefois, les juges du Palais Royal ont réaffirmé la possibilité pour le contribuable de rétablir la normalité de l'acte de gestion, par la preuve de « la nécessité » de ce dernier dans « l'intérêt de l'entreprise » (CE, plén. fisc., 21 déc. 2018, n°402.006, *Sté Croë Suisse*). Nouvelle « soupape de sécurité », au profit du contribuable, cette nécessité s'entendrait strictement, comme une absence d'alternative (*Comp.* CE, 9e et 8e ss-sect., 29 déc. 1999, n°171.859, *M. Robardey*).

B. L'*a priori* anormalité et la proportionnalisation du but poursuivi par l'entreprise

505. Plan. Par détermination de la loi (1) ou par règle prétorienne (2), certains actes de gestions sont présumés anormaux, comme ne pouvant répondre à l'intérêt social[1], dispensant alors l'Administration de la preuve d'une intention « consciente ».

1. Les dépenses somptuaires et les sanctions pécuniaires : la proportionnalisation prétorienne par une rationalité démontrée

506. Plan. Les présomptions légales d'anormalité recouvrent par exemple des dépenses somptuaires visées à l'article 39,4° du CGI, manifestation d'un moralisme fiscal suranné[2] (a)[3], ainsi que certaines sanctions pécuniaires (b).

a. *Les dépenses somptuaires : l'inutilité du luxe*

507. Présomptions légales. La loi, en l'article 39, 4° du CGI, interdit la déductibilité de certaines dépenses dites « somptuaires »[4], en raison de leur nature : cette exclusion imprégnée, dans une sorte de moralisation, dispensant l'administration d'apporter la preuve du caractère non déductible de l'acte de gestion, porte l'idée que de telles dépenses ne peuvent *a priori,* et quelle que soit la forme de leur financement, constituer des charges présentant un lien logique avec l'intérêt social, alors même que

---

[1] Ils sont « si anormaux par nature qu'il est impossible d'envisager *a priori* qu'ils aient été inconsciemment accomplis » (A. BRETONNEAU, concl. sur CE, plén. fisc., 21 déc. 2018, n°402.006, *Sté Croë Suisse, op. cit.*).

[2] « C'est le fisc vertueux pourchassant le luxe dispendieux » (F. DEBOISSY et M. CHADEFAUX, *Précis de fiscalité des entreprises*, éd. LexisNexis, 42e éd., 2018, p. 115).

[3] D'autres règles légales poursuivent aussi une présomption d'anormalité, en tout ou partie, tel l'encadrement des prix de transferts (art. 57 du CGI) : certaines opérations intra-groupes seront réintégrées dans les résultats de l'entreprise lorsqu'il apparaît que les prix pratiqués s'écartent d'une « normalité », laquelle n'est, toutefois, définie de manière abstraite, ni en France, ni de manière coordonnée entre les pays de l'OCDE (en ce sens, C. SILBERZSTEIN et G. CAULLIEZ, « Intervalle de pleine concurrence, interquartile et médiane : des concepts souvent mal maîtrisés ? », note sous CAA Versailles, 3e ch., 29 déc. 2016, n°14VE02126 et n°15VE02451, *Sté TCL Belgium* : *DF* 2017, n°16, comm. 265 ; v. pour une étude consacrée aux droits de propriétés intellectuelles : A.-G. HAMONIC-GAUX, *Le régime fiscal des prix de transfert pratiqués entre les sociétés françaises et américaines : le cas des droits de propriétés incorporelles*, Th. Dact. Paris 2, 1999, 432 p.). La proportionnalisation des charges déductibles objectivisée par les règles de proportion est relativisée dans sa mise en application. Les autres « parades » à l'évasion internationale (P. BERN, « La législation française anti-évasion fiscale internationale », in G. COHEN-JONATHAN, Y. GAUDEMET, R. HERTZOG (dir.), *Mélanges Paul Amselek*, éd. Bruylant, 2005, p. 79 et s., spé. p. 83 et s.) sont principalement contenues dans les articles 238 A, 155 A et 209 B pour les entreprises, et l'article 123 bis pour les particuliers, du CGI. – V. également, P. MARCHESSOU et B. TRESCHER, « L'euro-compatibilité du dispositif français de lutte contre la fraude et l'évasion fiscales », *in* J. LASSERRE-CAPDEVILLE, P. MARCHESSOU, B. TRESCHER, C. CUTAJAR (dir.), *Fraude et évasion fiscales. États des lieux et moyens de lutte*, éd. Joly, 2015, p. 151 et s., p. 99 et s.).

[4] C'est-à-dire qui relève du luxe, voire du luxe inutile (http://www.cnrtl.fr/definition/somptuaire). Et pourtant « le superflu, chose très nécessaire » écrivait Voltaire (*Le Mondain*, 1736)

ces dépenses constitueraient le prolongement direct de l'activité commerciale[1], ou présenteraient un caractère de nécessité[2]. Elles s'inscrivent dans une structuration comportementale axée sur une idée de normalisation[3].

508. Du caractère (ir)réfragable de certaines présomptions. Si une présomption légale peut se justifier eu égard à la circonstance qu'en général, ces dépenses luxueuses ne répondent pas effectivement à l'intérêt social, son caractère irréfragable nous semble en revanche excessif, dans un degré moindre il est vrai depuis l'assouplissement apporté par la loi de finances pour 2009[4], en ce qu'il ne permet pas aux entreprises concernées de démontrer que les dépenses exposées servent l'intérêt social, ou du moins un objectif spécifique en relevant, cette spécificité étant de nature à prouver la normalité de la gestion commerciale dans sa particularité[5].

509. La pratique administrative assouplit l'interdiction initiale, dès lors que l'objet social de l'entreprise consiste en l'acquisition et l'exploitation lucrative des dépenses visées par la loi, neutralisant alors l'inadaptation de celle-ci[6], dans un sens similaire et plus précis : s'il ne s'agit pas d'établir le caractère indispensable de la charge somptuaire, ni une exploitation lucrative spécifique, mais de sa conformité à un objet social dont le but est précisément l'exploitation de biens visés par l'article 39,4° du CGI. C'est par ailleurs le raisonnement sous-jacent à l'une des exceptions prévues par la loi, à savoir certaines dépenses relatives aux voitures de prix élevé ou à la mise à disposition ou à l'entretien de yachts ou bateaux de plaisance à voile ou à moteur, appuyées de justifications (aliéna 2). Or, ces justifications de nature à légitimer la déductibilité des charges exposées consistent *in fine* à démontrer un lien logique avec l'intérêt de l'exploitation, d'un point de vue général : elles reposent sur le caractère nécessaire des dépenses à raison de l'objet social spécifique de l'entreprise et correspondent à la structuration qui s'en infère.

---

[1] CE, 9e et 10e ss-sect., 24 mars 2006, n°257.330, *SA Martell & Co* ; CE, 8e et 9e ss-sect., 23 fév. 2000, n 178.743, *Borie* ; CE, plén. 25 nov. 1981, n°11.383.

[2] CE, 8e et 9e ss-sect., 23 fév. 2000, n 178.743, *Borie* ; CE, 9e et 10e ss-sect., 27 nov. 2000, n°197.078, *M. et Mme Coiffe* ; CE, 9e et 10e ss-sect., 24 mars 2006, n°257.330, *SA Martell & Co*.

[3] E. TAUZIN, *L'intérêt de l'entreprise et le droit fiscal, op. cit.*, p. 204 et s.

[4] A l'exception des monuments historiques, ont été ajoutées deux autres exceptions : les résidences servant à la fois d'habitation et d'adresse ou de siège social de l'entreprise, ou faisant partie intégrante d'un établissement de production et qui servent à l'accueil de la clientèle (L. n°2008-1425, 27 déc. 2008, *Loi de finances pour 2008*, art. 6 : JO 28 déc. 2008, p. 20224 ; *DF* 2009, n°1-2, comm. 24), à condition que l'intérêt pour l'exploitation soit établi. On rejoint les conditions de déductibilité générales. « Tel est le cas par exemple d'un château intégré à un domaine viticole, y compris lorsque ce château est séparé par des vignes de l'établissement de production. » (BOI-BIC-CHG-30-20, 18 fév. 2014, §50).

[5] A ce titre, une exception *contra-legem* existait et était strictement entendue : la charge somptuaire recouvrait son caractère déductible s'il est démontré que les résidences d'agrément (CE, 8e et 9e ss-sect., 23 fév. 2000, n°178.743, *Borie ;* CE, 9e et 10e ss-sect., 28 déc. 2007, n°284.899, *min. c/ SA Domaine Clarence Dillon*, et n°285.506, *SA Domaine Clarence Dillon*) ou bateaux de plaisance (CE, 9e et 10e ss-sect., 20 nov. 2013, n°338.170, *Sté Immotn*) font « l'objet d'une exploitation lucrative spécifique », aujourd'hui en tant que partie intégrante d'un établissement de production et servant à l'accueil de la clientèle.

[6] BOI-BIC-CHG-30-20, 18 fév. 2014, qu'il s'agisse de la chasse ou de la pêche professionnel, des bateaux…

510. Transition. Le luxe et ses ambivalences[1] génèrent une méfiance plus uniforme[2] que les règles de déductibilité des sanctions pécuniaires.

b. *Les sanctions pécuniaires : variabilité dans l'anormalité du comportement illicite*

511. Déductibilité et illicéité. Les dépenses présentant un caractère illicite demeurent déductibles du résultat imposable dès lors qu'elles ont été exposées dans l'intérêt de l'entreprise[3]. En revanche sont considérées, par l'article 38, 2° du CGI, comme ne relevant pas d'une gestion commerciale normale les sanctions pécuniaires en raison de la violation d'une obligation légale, le juge de l'impôt pouvant y inclure les charges illicites sur le fondement de l'acte anormal de gestion (telles l'astreinte assortissant une condamnation, eu égard à sa finalité[4])[5].

512. Certaines dépenses de corruption sont également non-déductibles en application de textes spéciaux (article 39, 2 bis du CGI), non pas tant en ce qu'elles ne répondraient pas à l'intérêt social de l'entreprise, mais en ce que la légalité de la dépense agit comme facteur d'adaptation à visée morale. Cependant, l'article 39, 2 bis est si facile à détourner via les prête-noms ou des sociétés écrans, que l'interdiction légale « n'a en pratique guère plus d'efficacité qu'un épouvantail à moineaux »[6].

513. Transition. Si la loi structure la gestion des entreprises par ces présomptions d'anormalité, le juge pose également des règles excluant a priori une rationalité particulière correspondant à l'intérêt de l'exploitation.

2. Les avantages consentis à des tiers : l'égoïsme décentré des entreprises dans les aides entre entreprises, entre nuances et proportionnalisation du but

514. Degré d'(a)normalité des aides entre entreprises. Parmi les indices prétoriens d'anormalité de la charge exposée par les entreprises, figurent les avantages consentis à des entreprises liées, tels que les abandons de créances, prêts ou avances sans intérêt[7].

---

[1] D'un point de vue étymologique, « allant du *lux*, lumière, c'est-à-dire le rayonnement, le goût, l'éclairage, l'élégance, à la *luxuria*, c'est-à-dire l'excès, le clinquant, le rare, l'extrême, ou plutôt « *luxus* », qui serait l'origine indo-européenne, déviation, rupture », le luxe « a perpétuellement balancé entre ces deux pôles du paraître et de l'être » (J. CASTAREDE, *Le Luxe*, éd. PUF, coll. QSJ ?, n°2687, p. 3).

[2] Et si paradoxale eu égard à la recherche de cette élégance et au rayonnement du luxe français : v. notamment, J. CASTAREDE, *Le Luxe*, *ibid.* pp. 29-58 et 103-116.

[3] CE, Sect., 1er juil.. 1983, n 28.315 ; CE, 8e et 9e ss-sect., 11 juil. 1983, n°33.942 ; CE, 8e et 9e ss-sect., 7 janv. 2000, n°186.108, *Époux Philippe.*

[4] CE, 3e et 8e ss-sect., 20 juin 2012, n°342.714, *Sosaca.*

[5] Les dommages et intérêts versés en raison de l'inexécution d'une obligation contractuelle restent déductibles, à moins qu'ils ne relèvent de l'acte anormal de gestion.

[6] F. DEBOISSY et M. CHADEFAUX, *Précis de fiscalité des entreprises*, *op. cit.* p. 117.

[7] Il en va également des amortissements et des provisions, toutes ces opérations se traduisant par une diminution des valeurs d'actifs. Ainsi « les prêts sans intérêt ou l'abandon de créances accordés par

515. La frontière entre le principe de non-immixtion et l'acte anormal de gestion diffère donc selon le niveau envisagé : l'entreprise, l'entreprise et les tiers, selon que ces derniers lui sont liées ou pas[1]. Les choix relevant de la gestion interne de l'entreprise sont donc présumés relevés d'une gestion normale et correspondre à des choix d'opportunité par la société (stratégie commerciale, gestion courante, financements ou placements financiers, politique de ressources humaines et organisation du travail des employés…). En revanche, dès lors qu'on dépasse le périmètre de la société comme celle retirant les bénéfices directs (ou les conséquences néfastes en cas de mauvais choix), le critère de l'anormalité revient de façon nuancée : appliqué de manière restrictive dans les rapports financiers entre les sociétés mères et leurs filiales, il trouve application dans les rapports commerciaux entre ces dernières, et plus encore son « domaine d'élection[2] » dans les avantages consentis à des tiers à l'entreprise[3].

516. Le rapport logique à l'intérêt de l'exploitation constitue un des critères de la normalité : la société peut renverser la présomption en établissant qu'en son principe, l'acte ou l'opération répondait rationnellement à son intérêt propre, bien qu'indirect,

---

une entreprise au profit d'un tiers, ainsi que (…) les avances consenties sans intérêts dont l'entreprise admet dès l'origine le caractère irrécouvrable en les provisionnant, ne relèvent pas, en règle générale, d'une gestion commerciale normale, sauf s'il apparaît qu'en consentant de tels avantages l'entreprise a agi dans son propre intérêt » (CE, 9e et 10e ss-sect., 23 janv. 2015, n°365.525, *Sté Ferrari et Cie*, cons. 1). De même en est-il de la renonciation à toute contrepartie financière à une concession de licence (CE, 10e et 9e ss-sect., 10 fév. 2016, n 371.258, *SA Hôtels et Casino de Deauville*), pour des rabais de facturation de frais administratifs (CE, 9e et 10e ss-sect., 20 mai 2015, n 369.373, *Sté Universal Aviation France (UAF)*) ou pour le choix d'une absence de procéder à une compensation légale (CE, 9e et 10e ch., 22 fév. 2017, n°387.661, *Sté Altran Technologies*). – V. également, la cession de certains actifs : pour A. BRETONNEAU, « l'opération consistant à céder un actif immobilisé [lui] semble très spécifique. Par construction, il ne peut pas s'agir d'une opération courante, puisqu'elle consiste à se départir d'un actif initialement destiné à rester durablement dans l'entreprise. Effectuée à mauvais prix, elle emporte un appauvrissement structurel de cette dernière, amputée d'une partie de sa substance, et voyant tarie à concurrence la source de ses revenus, sans qu'une rémunération adéquate vienne le compenser. Compte tenu de ces conséquences structurelles, l'opération de cession d'actif immobilisé fait normalement l'objet d'une vigilance particulière de la part du gestionnaire, qui ne saurait *a priori* brader le patrimoine de l'entreprise sans avoir conscience de le faire.» (concl. sur CE, plén. fisc., 21 déc. 2018, n°402.006, *op. cit.*).

[1] M.-A. NICOLAZO DE BARMON, note sur CE, 9e et 10e ss-sect., 23 janv. 2015, n°369.214, *SAS Rottapharm*, *op. cit.*

[2] *Ibid.*

[3] Même si l'avantage retiré par un tiers ne suffit pas à conférer à l'aide un caractère anormal : CE, Sect., 10 juil. 1992, n°110.213, *Sté Musel SBP* et n°110.214, *M. Brunner*. – V. également, CE, 8e et 3e ss-sect., 28 avr. 2006, n°275.147, *Sté financière Agache*. À ce propos, V. DAUMAS considère que le Conseil d'État renonce à remettre en cause la déductibilité en tout ou partie de ces aides, même si elles profitaient à titre subsidiaire ou incident à des tiers, « peut-être, certes, parce qu'il serait très difficile en pratique d'évaluer dans quelle mesure les sommes prises en charge par la société qui pratique la déduction ont profité aux tiers » mais « avant tout parce qu'en dépit de cette circonstance, [le juge administratif admet] qu'elles ont été exposées, pour la totalité de leur montant, dans l'intérêt de l'entreprise » (concl. sous CE, 3e et 8e ss-sect., 4 déc. 2013, n°355.694, *Sté Kepler Equities* : *DF* 2014, n°30, comm. 465)

par les contreparties qu'elle en a ou pouvait en retirer[1], l'administration devant prouver, le cas échéant, que ces contreparties sont dépourvues d'intérêt ou que sa rémunération est excessive[2].

517. Ainsi, dépassant la variété des actes de gestion, le juge administratif s'interroge sur l'objectif et les effets, le cas échéant, de ces décisions : elles doivent avoir pour objet le développement de l'activité de l'entreprise versante, l'accroissement du chiffre d'affaires, le succès d'une opération, ce but pouvant par ailleurs faire l'objet d'une proportionnalisation[3]. Elles doivent avoir une contrepartie[4], ou en l'absence de contrepartie, un avantage économique ou financier, et donc s'inscrire dans des relations commerciales rationnelles.

518. Dans le cadre des relations mères-filiales[5]. En présence de difficultés financières d'une filiale, ou de la société mère, la vigilance du Conseil d'État s'accroît, particulièrement lorsqu'une filiale vient en aide à sa société mère ou à une société sœur[6], l'appréciation du lien logique de l'aide de la filiale avec l'intérêt propre de la société mère est plus libérale, la seconde ayant intérêt, sinon la vocation de venir au secours de la première[7].

---

[1] Par ex., CE, 8e et 9e ss-sect., 28 sept. 1983, n°34.626 ; CE, 9e et 8e ss-sect., 29 déc. 1999, n°171.859, *M. Robardey* ;CE, 9e et 10e ss-sect., 26 fév. 2003, n°223.092, *Sté Pierre de Raynal et Cie* ; CE, 9e et 10e ss-sect., 23 janv. 2015, n°365.525, *Sté Ferrari et Cie*. À défaut, pour l'entreprise, d'apporter la preuve qu'elle a bénéficié en retour de contreparties, l'administration est réputée apporter la preuve de l'anormalité de l'avantage (CE, 9e et 10e ss-sect., 26 fév. 2003, n°223.092, *Sté Pierre de Raynal et Cie* ; CE, 9e et 10e ss-sect., 26 mars 2008, n°296.625, *SA Tornier*). Ces règles et présomptions d'anormalité sont donc davantage des règles gouvernant la preuve que des règles de fond (cf. P.-F. RACINE : *RJF* 10/1982, p. 439 et s.).

[2] CE, 9e et 10e ss-sect., 23 janv. 2015, n°365.525, *Sté Ferrari et Cie*. Déjà P.-F. RACINE énonçait dans ses conclusions sur l'arrêt *SA Renfort service* que l'anormalité s'attache à l'acte « accompli dans l'intérêt d'un tiers par rapport à l'entreprise ou qui n'apporte à cette entreprise qu'un intérêt minime hors de proportion avec l'avantage que le tiers peut en retirer » (concl. sur CE, plén., 27 juil. 1984, n°34.588, *SA Renfort service*, *op. cit.*). Ces règles et présomptions d'anormalité sont donc davantage des règles gouvernant la preuve que des règles de fond (P.-F. RACINE, « BIC. Acquisition anormale de titres de participation », chron sur CE, plén. fisc. 26 juil. 1982, n°2533 et n°19645 : *RJF* 10/1982 p. 439 et s).

[3] CE, 8e et 3e ss-sect., 27 oct. 2010, n°325.281, *min. c/ Caisse d'Épargne de Lorraine Champagne-Ardenne* ; CE, 3e et 8e ss-sect., 4 déc. 2013, n°355.694, *Sté Kepler Equities*.

[4] En ce sens, P. RIVIÈRE, concl. sur CE, Sect., 24 fév. 1978, n°2 372, *op. cit.*

[5] V. par ex., M. CHADEFAUX, « La gestion fiscale des aides intragroupe en droit interne » : *DF* 2012, n° 50, comm. 556 ; M.-D. HAGELSTEEN, Bénéfices industriels et commerciaux. Les relations commerciales normales entre les entreprises : *RJF* 5/1978, p. 146.

[6] Ainsi « cette [présomption d'anormalité] doit recevoir application même si le bénéficiaire de ces avances est une filiale, hormis le cas où la situation des deux sociétés serait telle que la société mère puisse être regardée comme ayant agi dans son propre intérêt en venant en aide à une filiale en difficulté » : CE, 9e et 10e ss-sect., 23 janv. 2015, n°365.525, *Sté Ferrari et Cie*. – V. également, CE, 9e et 7e ss-sect., 12 juil. 1978, n°2.138 et n°2.769.

[7] CE, 7e et 9e ss-sect., 5 juil. 1978, n°7.717. – V. M.-D. HAGELSTEEN, Les relations commerciales normales entre les entreprises, *op. cit.* ; CE, .3e et 8e ss-sect., 11 juin 2014, n°363.168, *Sté Fralsen Holding*. Alors, la théorie du risque manifestement excessif pouvait servir d'argument mis en avant l'administration pour établir le caractère anormal de l'aide.

519. S'inscrivant dans la logique commerciale, le Conseil d'État contrôle la présence et la pertinence, mais non l'appréciation, des critères permettant de mesurer le respect du principe de proportionnalité par l'octroi de cette aide, eu égard aux relations commerciales entretenues entre les deux sociétés : clients communs, l'interdépendance du chiffre d'affaires des deux sociétés (progression, stabilité)[1], la comparaison de ce dernier avec les dividendes perçus[2], et enfin le montant de l'aide ou la durée pendant laquelle elle est versée[3]. On retrouve la volonté d'objectiviser l'appréciation de la rationalité de l'aide entre entreprises, la proportionnalité de l'aide contribuant à sa proportionnalisation : l'aide doit être motivée, de manière prépondérante, voire incontestable[4], par la volonté de préserver ou développer l'activité commerciale de l'entreprise versante[5].

520. Proportionnalisation des corrections nées de la disproportionnalité de la charge. Par la mise en œuvre de la théorie de l'acte anormal de gestion, l'administration puis le juge sont conduits à rétablir le lien logique. Mais ils doivent aussi s'assurer que ce rétablissement ne soit pas lui-même disproportionné[6]. Ainsi, si l'administration prouve qu'une société commerciale aurait dû comprendre dans ses bénéfices les contreparties des services qu'elle a rendus à ses filiales, ces réintégrations doivent être adaptées à la situation de cette société, et particulièrement aux liens les unissant à ses filiales[7].

521. Par cette adaptabilité, le juge administratif confirme, conforte le lien logique rétabli. Par les critères objectifs qu'il donne dans la définition de la règle d'adaptabilité, il permet par un mouvement ascendant de solidification du lien logique mis en exergue par l'anormalité de l'acte de gestion et sa correction subséquente. La

---

[1] CE, 9e et 10e ch., 7 fév. 2018, n°398.676, *Sté France Frais* ; CE, 8e et 3e ss-sect., 27 oct. 2010, n°325.281, *min c/ Caisse d'Épargne de Lorraine Champagne-Ardenne*.

[2] Ce critère permet notamment de faire le départ entre les aides à caractère commercial des aides à caractère financier.

[3] Par ex., CE, 9e et 10e ss-sect., 23 janv. 2015, n°365.525, *Sté Ferrari et Cie*.

[4] CE, 3e ch., 28 avr. 2017, n 388.540, *Sté Franki fondation*.

[5] CE, plén., 27 nov. 1981, n 11.930 et 16.814.

[6] *Comp.* en droit de l'Union européenne : lorsqu'une opération « dépasse ce que les sociétés concernées auraient convenu dans des circonstances de pleine concurrence, afin de ne pas être considérée comme disproportionnée, la mesure fiscale correctrice doit se limiter à la fraction qui dépasse ce qui aurait été convenu dans de telles circonstances » (CJUE, 1ère ch., 5 juil. 2012, aff. C-318/10, *SIAT SA*, pt 50 ; CJUE, 3e ch., 21 janv. 2010, aff. C-311/08, *Société de Gestion Industrielle SA (SGI)*, pt. 72 ; CJCE, gde ch., 13 mars 2007, aff. C-524/04, *Test Claimants in the Thin Cap Group Litigation*, pt. 83).

[7] Il convient donc de reconstituer les facturations qui auraient dû être faites en se fondant non pas sur le prix facturé usuellement dans la profession à la généralité des clients, mais sur les frais réellement exposés selon la méthode définie par le Conseil d'État. – V. notamment : CE, Sect., 24 fév. 1978, n°2 372, *op. cit.* : « à cet effet, [l'entreprise] peut être conduite à **ajuster** les prix facturés aux filiales **sur ses prix de revient réels, ceux-ci comprenant, d'une part, les frais et charges proportionnels qu'entraîne chaque opération, d'autre part, une quote-part des charges fixes de l'entreprise** » (nous soulignons). Le juge donne donc une sorte de définition, de mode d'emploi de l'adaptabilité afin de garantir le respect du principe de proportionnalité. V. également, pour la partie jugée excessive des rémunérations de dirigeants : CE, 8e et 3e ss-sect., 22 mai 2002, n 221.541, *Sté Blanchisserie industrielle du Marais*.

proportionnalité ne vient pas donc seulement réguler et modérer l'imposition des sociétés, mais également les corrections extracomptables opérées par l'administration[1].

522. Transition. Si les règles gouvernant la détermination de l'assiette imposable des bénéfices industriels et commerciaux laissent une certaine souplesse dans la définition des charges déductibles, en application du principe de proportionnalité, la nécessité des dépenses exposées dans le cadre des bénéfices non commerciaux est entendue de manière plus stricte.

II. La stricte nécessité dans les professions non commerciales : une rationalité objectivisée ?

523. Appréhension positive et négative des dispositions légales. En matière de BNC, la notion d'acte anormal de gestion n'est pas applicable « à l'état pur »[2] : l'article 93 du CGI énumère, de façon non exhaustive, les dépenses susceptibles de diminuer les bénéfices réalisés à la condition qu'elles aient été « nécessitées par l'exercice de la profession »[3]. Or le caractère nécessaire implique une acception plus

---

[1] *Comp.* la proportionnalisation objectivisée par l'application de l'article 57 du CGI : dans l'objectif de replacer le contribuable dans une situation de pleine concurrence, il appartient à l'administration, dans chaque cas, d'identifier des comparables permettant d'établir ou une médiane, ou un « intervalle de pleine concurrence » et, le cas échéant de quantifier les transferts de bénéfices. La médiane constitue une règle de proportion en ce qu'elle est considérée comme « la rémunération de pleine concurrence vers laquelle doit tendre l'entreprise pour ses transactions intra-groupes » (BOI-BIC-BASE-80-10-10, 18 fév. 2014, §280). Mais cette règle de proportion, à l'aune de laquelle la proportionnalité des prix intra-groupes sera mesurée, n'est pas intangible et peut être « assouplie » par la notion d'intervalle de pleine concurrence, intervalles de prix considérés comme « acceptables », et donc raisonnables (OCDE, *Principes de l'OCDE applicables en matière de prix de transfert à l'intention des entreprises multinationales et des administrations fiscales* 2017, éd. OCDE, Paris, 2017, 668 p., spé. p. 29). Sa détermination, basée sur des chiffres et faits objectifs, est fortement empreinte de relativité : d'une part, la définition de cette règle (médiane ou intervalle) dépendra de chaque cas particulier, en fonction des caractéristiques propres à l'entreprise vérifiée, et des termes de comparaison choisie ; d'autre part, les méthodes préconisées par l'OCDE ne peuvent aboutir à un prix « unique » mais seulement à une approximation du prix représentatif de la pleine concurrence. La casuistique, propre au principe de proportionnalité, s'en trouve accentuée, alors même qu'il s'agit par ce mécanisme légal de rétablir la proportionnalité des prix intra-groupes pratiqués, axée sur une normalité (E. TAUZIN, *L'intérêt de l'entreprise et le droit fiscal*, *op. cit.* p. 274 et s., p. 324 et s.). Elle peut même aboutir à des résultats sévères, au-delà de ce qu'il est nécessaire pour réaliser l'objectif de l'article 57 du CGI : elle présenterait alors « un caractère punitif » (en ce sens, C. SILBERZSTEIN et G. CAULLIEZ, « Intervalle de pleine concurrence, interquartile et médiane : des concepts souvent mal maîtrisés ? », *op. cit.*).

[2] CE, plén. fisc., 23 déc. 2013, n°350.075, *min. c/ M. Uguen*. Une certaine adaptation est exigée, même si les principes sous-jacents à cette théorie ne sont pas propres aux seuls BIC (v. V. DAUMAS, dans ses conclusions : *DF* 2014, n°14, comm. 252).

[3] Le juge administratif fonde sa jurisprudence sur le seul article 93, et non ces dispositions et celles de l'article 13 du même code, insistant ainsi sur l'acception stricte de la condition de nécessité, qu'il incombe au contribuable d'établir. Cela est d'autant plus marqué que le commissaire du gouvernement, B. MARTIN LAPRADE avait soutenu la possibilité de fonder la décision sur les deux dispositions combinées, « dans l'idée que l'article 13 vient tempérer quelque peu la rigueur du caractère « nécessaire », c'est-à-dire en principe « inéluctable » » (concl. sur CE, 7e et 8e ss-sect., 14 fév. 1979, n°10.812 : *DF* 1979, n°40, comm. 1884).

stricte que la « normalité » de la gestion commerciale[1] : la rationalité structurante ne se situe pas seulement dans un lien logique avec la profession ; l'exercice « normal » de la profession doit en quelque sorte en dicter l'engagement[2] (B). Quant à la détermination des recettes, la loi est moins précise, laissant alors une plus grande latitude au Conseil d'État (A).

A. L'irrationalité d'une renonciation à recettes dans les BNC

524. Indétermination légale des recettes. L'article 93 du CGI est silencieux quant aux recettes à retenir. C'est pourquoi le Conseil d'État se fonde sur l'article 12 et l'article 13 du CGI pour déterminer les recettes imposables, et notamment l'anormalité d'une renonciation à recettes[3].

525. Renonciation à recettes et contrepartie proportionnée. L'administration est fondée à réintégrer les recettes auxquelles ont renoncées des contribuables lorsque cette renonciation « est dépourvue de contrepartie équivalente pour ces contribuables, qu'elle ne peut être regardée comme relevant de l'exercice normal de leur profession ou d'une pratique normale dans le cadre de leur occupation ou exploitation lucrative ou de l'utilisation de la source de profit dont ils tirent parti ou qu'elle n'est justifiée par aucun autre motif légitime[4] ». Le Conseil d'État contrôle ainsi que la renonciation à recettes poursuit bien un but, un objectif professionnel : il vérifie donc le caractère approprié de la renonciation par rapport à l'activité, qui bien que non commerciale, n'en tend pas moins vers un gain de nature pécuniaire.

526. Objectivité et subjectivité de l'anormalité de la renonciation à recettes. Ce contrôle se veut dans un premier temps objectif en recherchant l'existence d'une « contrepartie équivalente » ou d'une « normalité » résidant dans la conformité aux « règles et usages » de la profession du contribuable, ou bien encore l'existence d'un motif légitime[5]. Cette objectivité se traduit par le contrôle du juge de cassation, qui censure les juges du fond pour erreur de droit s'ils n'effectuent pas cette recherche[6]. Elle cache toutefois une part de subjectivité : d'une part, l'équivalence en termes de contrepartie se mesure quantitativement et qualitativement en termes de relations commerciales ou autres, en fonction du contribuable concerné ; d'autre part, le « motif

---

[1] Dans la mesure où le texte le permet (en ce sens, V. DAUMAS, concl. précitées), le Conseil d'État adopte donc une jurisprudence rapprochant les règles fiscales applicables aux BIC et aux BNC, et met ainsi en évidence l'unicité du contrôle de proportionnalité, tant dans la rationalité que dans l'adaptation, dans sa définition mais sa diversité dans sa mise en œuvre. Cette diversité s'observe notamment dans le lien logique.

[2] En ce sens, P.-F. RACINE, concl. sur CE, plén., 27 juil. 1984, n°34.588, *SA Renfort service*, *op. cit.* p. 562 ; M. BUCHET, « L'adaptation de la théorie de l'acte anormal de gestion aux titulaires de BNC renonçant à la perception de recettes », note sous CE, plén. fisc., 23 déc. 2013, n°350.075, *min. c/ M. Uguen* : *DF* 2014, n°14, comm. 252.

[3] Not., CE, plén. fisc., 23 déc. 2013, n°350.075, *min. c/ M. Uguen*, n°350511, min. c/ M.B.

[4] *Ibid.*

[5] Par exemple, pour un notaire dont les tarifs, ainsi que les remises sont encadrés par le décret n°78-262 du 8 mars 1978 : CE, plén. fisc., 23 déc. 2013, n°350.075, *min. c/ M. Uguen*, n°350511, min. c/ M. B.

[6] *Id.*

légitime » n'est pas défini *in abstracto*, la preuve incombant au contribuable d'un lien rationnel et logique entre la renonciation à recettes, inhabituelle et son activité.

527. Cette souplesse dans l'appréciation de l'objet de la renonciation, et par les trois critères énoncés par le Conseil d'État, s'avère opportune au regard de la diversité des activités relevant de la catégorie des revenus commerciaux[1]. Elle instaure une certaine subjectivité mais l'encadrement par le juge du droit sécurise et objectivise l'appréciation de la nécessité de cette dépense négative, ce que l'on retrouve également dans l'appréciation des dépenses positives.

B. La stricte définition des dépenses déductibles par l'article 93-1 du CGI : la nécessité de la dépense, fondement de la rationalité

528. Atténuation de la stricte normalité des dépenses déductibles. Le Conseil d'État exerce un contrôle plus restreint qu'en matière de BIC, même s'il se réfère, pour caractériser la nécessité de la dépense, à l'exercice normal de la profession : le texte même de l'article 93 du CGI conditionne « entièrement »[2] la déductibilité des dépenses à leur nécessité[3]. Le contrôle de proportionnalité relatif au lien logique est alors plus strict, la dépense devant correspondre à l'intérêt de l'activité non commerciale, mais plus encore être nécessitée rationnellement par celle-ci, être « inéluctable »[4]. Toutefois, la complémentarité de l'article 13 du CGI, disposition générale, atténue l'exigence de nécessité, la cantonnant à l'utilité de la dépense à l'exercice de la profession[5].

529. La détermination du caractère déductible étant une question de droit, le Conseil d'État dispose d'un pouvoir de contrôle plus ferme et étendu sur la qualification juridique de la nécessité des dépenses[6] : c'est par rapport aux obligations professionnelles que le Conseil d'État se prononce, ces dites obligations incluant la règlementation et les usages[7]. Ces références lui permettent de déterminer les critères de normalité, de manière objective.

---

[1] En ce sens, M. BUCHET, « L'adaptation de la théorie de l'acte anormal de gestion aux titulaires de BNC renonçant à la perception de recettes », note sous CE, plén. fisc., 23 déc. 2013, *op. cit.*

[2] G. BACHELIER, concl. sur CE, 8e et 9e ss-sect., 13 nov. 1996, n°128.088, *M. Betous* : *DF* 1997, n°12, comm. 319.

[3] Tandis que l'article 39-1 du CGI autorise la déductibilité des dépenses engagées dans l'intérêt de l'entreprise.

[4] B. MARTIN LAPRADE, concl. sur CE, 7e et 8e ss-sect., 14 fév. 1979, n°10.812, *op. cit.*. *Comp.* P-F. RACINE à propos des frais professionnels relevant de la catégorie des traitements et salaires : ils ne doivent pas seulement avoir pour « *cause* » l'exercice de l'emploi ou de la fonction, mais y être nécessaires (CE, Plén., 22 déc. 1989, n°56.905, *Biau*).

[5] CE, Plén., 9 oct. 1992, n°116.181, *M. Serafini.*

[6] CE, 8e et 9e ss-sect., 13 nov. 1996, n°128.088, *M. Betous*.

[7] Ainsi, concernant un expert-comptable déposant tardivement les déclarations fiscales de ces clients, de manière répétée et sur une longue période : CE, 7e et 9e ss-sect. 27 fév. 1991, n°69.971, *M. Guet.*

530. Critères objectifs de l'anormalité. Ainsi, une infraction à une réglementation générale ou propre à une profession[1] exclut *de facto* le caractère déductible de la dépense, quand bien même cette dépense a été utile à l'essor de l'activité, et qu'elle a été exposée dans cet objectif[2]. Le constat inverse, c'est-à-dire la conformité à la réglementation ou aux règles et usages de la profession, caractérise une « normalité » de la dépense, et partant sa nécessité[3]. La rationalité se structure, tout autant qu'elle structure le comportement du contribuable par référence à son activité professionnelle, aux usages et règles professionnelles et déontologiques qui la régissent.

531. Distanciation du lien logique par l'interposition d'entité juridique. Lorsqu'entre le contribuable et son activité, s'interpose une entité juridique, la distanciation opère également sur l'établissement du lien logique, manifestation de la stricte rationalité de la dépense : le juge use alors de critères objectifs et en lien avec la profession exercée. Ainsi une clinique est une exploitation nécessaire à l'activité des médecins qui y exercent « eu égard à la nécessité qu'il y avait d'hospitaliser certaines des personnes traitées par [eux] et à la nature des matériels mis en œuvre[4] ». Les charges exposées pour son fonctionnement sont alors déductibles des revenus des médecins[5], de même que les intérêts d'emprunts contractés pour l'acquisition des titres sociaux de la clinique[6]. Il n'y pas de référence à un exercice normal de la profession, même s'il est implicite.

532. Subjectivisation de l'anormalité par le critère itératif des anormalités ?. Le contrôle de la normalité n'est pas exempt de critères plus subjectifs, brouillant alors la frontière avec les règles et usages de la profession : en effet, par une interprétation *a contrario* des décisions du juge administratif, il appert que la répétition ou la durée des irrégularités sont prises en compte[7]. Le juge administratif ne retient que le non-respect marqué des dites obligations, mis en exergue la répétitivité ou la longue période de ces manquements[8], ce caractère répétitif objectivisant le caractère

---

[1] CE, 8e et 9e ss-sect., 13 nov. 1996, n°128.088, *M. Betous* (infraction à la réglementation des notaires leur interdisant de s'immiscer dans des opérations de placement de billets à ordre). – V. également en cas de contrariété aux règles et usages de la profession : CE, Sect., 29 oct. 1971, n°80.766 ; CE, Sect., 5 nov. 1975, n°95.562.

[2] De même en est-il en cas de détournement de fonds par un salarié : CE, 8e et 3e ss-sect., 27 avr. 2011, n°319.472, *Ferrand*. – V. antérieurement : CE, 9e et 8e ss-sect., 4 juil. 1984, n°36.207 et 37.364 ; CE, 7e et 9e ss-sect., 27 fév. 1991, n°69.971, *M. Guet*.

[3] CE, 7e et 8e ss-sect., 20 déc. 1978, n°8.233.

[4] CE, 7e et 8e ss-sect., 25 avr. 1984, n°35.556 et n°35.558.

[5] *Ibid.* Il s'agissait en l'occurrence de subventions d'équilibre versées par la SCP des médecins. Cf. *infra.*, s'agissant de la proportionnalité.

[6] Que cette acquisition soit obligatoire, notamment par le règlement intérieur de la clinique (CE, 9e et 7e ss-sect., 22 juin 1988, n°60.228, *Chardac*) ou pas, dès lors que ces titres sont utiles à l'exercice de la profession (CE, 7e et 8e ss-sect., 21 avr. 1989, n°60.502, *Patrice* ; CE, 8e et 3e ss-sect, 30 avr. 2004, n°247.436, *M. Paulin*). *Comp. infra* à propos des intérêts payés par les salariés.

[7] Par ex., pour un expert-comptable : CE, 9e et 7e ss-sect., 27 fév. 1991, n°69.971, *M. Guet*. Pour un cabinet d'assurance : CE, 9e et 8e ss-sect., 3 juin 1985, n°45.087 et 45.091.

[8] CE, 9e et 7e ss-sect., 27 fév. 1991, n°69.971, *M. Guet* ; CE, 9e et 8e ss-sect., 3 juin 1985, n°45.087 et 45.091.

subjectif[1]. On s'approche alors de la théorie du risque manifestement excessif en matière de BIC : cette répétition ou la durée des manquements donnent la mesure de l'ampleur du risque pris, et une intentionnalité étrangère à la profession exercée. La disproportionnalité participe donc d'une confirmation ou d'une infirmation d'une rationalité.

C. Le retour d'un contrôle de proportionnalité plus complet dans certaines dépenses ?

533. Adaptation de la dépense, corroborant la normalité rationnelle. La nécessité d'une dépense au sens de l'article 93-1 du CGI ne suffit pas toujours. Ainsi, s'agissant, par exemple, de subventions d'équilibre versées par une SCP de médecins à une clinique dans laquelle un médecin exerçait, le Conseil d'État juge qu'elles « n'étaient pas disproportionnées par rapport aux revenus des médecins, correspondaient aux besoins de la clinique et avaient pour objet de permettre à cette société de poursuivre son exploitation[2] ». Alors qu'il avait déjà affirmé que la clinique présentait un caractère nécessaire à l'activité des médecins, le juge administratif part de la proportionnalité *stricto sensu* pour en déduire son caractère adapté tant aux revenus non commerciaux des médecins qu'aux besoins de la clinique, et partant un objet prouvant la nécessité desdites subventions : tout en s'appuyant sur des critères objectifs (les revenus des médecins, la structure d'exploitation) et des arguments comparatifs, il se prononce de manière discrétionnaire, par affirmation. On perçoit ainsi le mouvement ascendant du principe de proportionnalité qui vient confirmer, conforter le lien logique précédemment établi : l'affirmation de la proportionnalité d'une dépense présente alors un caractère performatif.

534. Engagements de caution : la proportionnalisation du risque. La proportionnalité s'observe également dans la notion de risque, bien que le Conseil d'État n'use pas de la théorie du risque manifestement excessif comme en matière de BIC, jusqu'à récemment[3]. Topiques à cet égard sont les engagements de caution, dont la déductibilité fut admise par le Conseil d'État dans un arrêt du 14 février 1979[4], en fonction de notions faisant intervenir le principe de proportionnalité[5].

---

[1] Autrement dit, une irrégularité ou une faute professionnelle isolée ne serait pas de nature à caractériser un exercice anormal de la profession et partant, une dépense non nécessaire. Mais il n'y a pas de quantification précise, uniquement une appréciation discrétionnaire du juge qu'on peut difficilement remettre en question, faute d'élément saisissable.

[2] CE, 7e et 8e ss-sect., 25 avr. 1984, n°35.556 et n°35.558.

[3] Cf. *supra*. Si le juge administratif évoque l'anormalité du risque, il n'en contrôle pas moins, de manière plus feutrée, l'ampleur du risque pris par le non-respect des règlementations propres à une profession, des règles et usages ou plus largement des obligations professionnelles.

[4] CE, 7e et 8e ss-sect., 14 fév. 1979, n°10.812.

[5] L'objet de la dépense, le respect des règles déontologiques de la profession (en l'espèce, un architecte), l'absence de risque excessif par rapport aux revenus escomptés sont les éléments pris en compte par le juge de cassation pour en déduire que l'opération de cautionnement relevait bien de l'exercice normal de la profession et que la perte occasionnée devait être regardée comme « une dépense nécessitée par l'exercice de la profession au sens de l'article 93-1 [du CGI] » (CE, 7e et 8e ss-sect., 14 fév. 1979).

535. Cette nécessité se découpe en plusieurs éléments : l'intérêt professionnel à la souscription de l'engagement en qualité de caution en raison des contreparties potentielles espérées[1] et la proportionnalité du risque pris par rapport aux revenus que le professionnel libéral peut escompter de l'opération ainsi garantie. Elle comporte donc l'exigence d'une rationalité de la dépense par rapport à l'exercice de la profession, et appréhendée par la vérification de l'existence d'une contrepartie, mais également une adaptation de la somme exposée, cette proportionnalisation pouvant remettre en cause, par effet de ricochet, la rationalité de la dépense par rapport à la profession exercée.

536. Contrairement au dirigeant ou gérant salarié[2], il n'y a pas toujours de double lien logique entre l'intérêt personnel et celui de la société : en l'absence de structure juridique distincte, l'intérêt du professionnel imposé dans la catégorie des BNC se confond avec l'intérêt de son activité. Il suffit alors que l'engagement de caution s'explique rationnellement par l'exercice de l'activité professionnelle libérale « en raison des contreparties » que le professionnel pouvait attendre de cette société tierce[3]. Bien que le caractère lucratif ne caractérise pas systématiquement toutes les professions non commerciales, du moins toute l'activité[4], il n'en reste pas moins que les professionnels ont pour but de s'assurer un revenu.

537. Le Conseil d'État, sans se prononcer directement sur l'opportunité ou non d'accepter de s'engager en qualité de caution au profit d'un tiers, exige que le contribuable, pour la détermination de ses revenus non commerciaux, démontre le lien, la nécessité qui l'a poussé à se porter ainsi caution[5] : il s'agit de faire le départ entre les engagements de caution répondant à un intérêt professionnel et ceux caractérisant un engagement personnel, et ainsi d'en structurer l'activité.

538. Transition. La rationalité imposée se caractérise donc par une moindre liberté des titulaires de BNC, en particulier s'ils appartiennent à une profession réglementée : l'encadrement de la déductibilité des dépenses est proportionnel à l'encadrement professionnel. La déductibilité de la dépense dépend également de sa proportionnalité, c'est-à-dire de sa proportionnalisation par l'adaptation. Rationalité et proportionnalisation par l'adaptation ne se retrouvent dans les règles de déductibilité des dépenses professionnelles des salariés.

---

[1] Par ex., CE, 7e et 9e ss-sect., 21 oct. 1987, n°50.087.
[2] Cf. *infra*.
[3] CE, 7e et 9e ss-sect., 21 oct. 1987, n°50.087.
[4] En ce sens, P.-O. SUR et J. TUROT, « AMR sur Saint-Yves ? – A propos de CE, plén. fisc., 23 déc. 2013, Uguen » : *DF* 2014, n°6, act. 86. Les auteurs s'inquiètent de l'évolution de la jurisprudence du Conseil d'État pour l'activité *pro bono* des avocats.
[5] Ainsi, par exemple, la société qui a pu, par ce cautionnement, obtenir un prêt bancaire, présente des liens d'affaires avec le professionnel libéral : par l'engagement de caution, le professionnel a donc ainsi pérennisé son activité et ses revenus professionnels.

III. Déductibilité dans les traitements et salaires : les versements des dirigeants en qualité de caution ou suite à une condamnation judiciaire

539. Plan. Eu égard à l'étendue de la catégorie des traitements et salaires[1], une étude exhaustive de l'application du principe de proportionnalité pour chaque dépense de chaque profession serait longue, répétitive et finalement inutile. C'est pourquoi il convient de se limiter à quelques cas suffisamment significatifs dans le cadre des frais professionnels réels (A), et singulièrement les versements en qualité de caution ou en exécution d'une condamnation au paiement des dettes sociales effectués par les dirigeants (B). Ces hypothèses manifestent la proportionnalisation des conditions de déductibilité des frais professionnels par l'action adaptatrice de l'article 13 du CGI.

A. Les frais professionnels réels : « inhérence » et rationalité

540. Règle légale de proportion supplétive. La loi offre aux salariés et fonctionnaires la possibilité de choisir entre l'application d'une déduction forfaitaire de 10%, censée représentée les frais professionnels exposés, ou l'application d'un régime réel, représentant exactement les frais professionnels exposés par le salarié ou fonctionnaire. Dans le premier cas, alors même que les frais réels seraient inférieurs, la loi facilite la détermination des frais déductibles des traitements et salaires en posant la présomption, irréfragable à défaut d'option pour les frais réels, tant du principe (c'est-à-dire le lien existant entre d'une part, l'engagement (but) de la dépense, et d'autre part, l'exercice de la profession et donc l'acquisition du revenu) que de la proportion par le taux de 10% et des montants minimal et maximal autorisés[2]. La loi organise alors la structuration et la proportionnalisation des frais professionnels déductibles.

541. Proportionnalisation accrue par l'option pour frais réels. Salariés et fonctionnaires, s'ils estiment leurs frais professionnels supérieurs au taux de 10% ou au plafond autorisé, peuvent opter pour la déduction de ces frais selon le régime réel. Hormis le terrain probatoire[3], la déductibilité de ces frais professionnels dépend de leur nécessité et de leur proportionnalité : l'article 83, 3° du CGI autorise la déduction des seuls frais « **inhérent** à l'emploi ou à la fonction » du salarié : les frais professionnels déductibles sont ceux qui résultent de l'exercice de l'activité professionnelle, en ce qu'il n'existe qu'en raison de cette dernière, sans pour autant

---

[1] La catégorie des traitements et salaires, pensions et rentes viagères regroupent deux sous-catégories de revenus : d'une part, les traitements et salaires correspondant aux revenus obtenus par l'exercice d'un travail sous un lien de subordination avec un employeur, ainsi que les rémunérations qui y sont assimilées par la loi ; et d'autre part, les pensions et rentes viagères (art. 79 du CGI). Par ailleurs, certaines rémunérations perçues par les dirigeants de société ou par certains professionnels indépendants sont assimilées fiscalement à des salaires [par ex., les rémunérations des dirigeants de sociétés visés à l'article 62 du CGI, celles perçues par les agents généraux d'assurance (art. 93, 1° ter du CGI) ou les produits de droits d'auteur perçus par les écrivains, compositeurs et artistes et auteurs d'œuvres de l'esprit (art. 93, 1 quater du CGI)]

[2] Article 83, 3° du CGI.

[3] Les contribuables devant toujours être à même de justifier des charges imputées sur leurs revenus.

être nécessaire. Autrement dit, les frais professionnels sont générés pour leur utilité à l'exercice de la profession salariée[1].

542.La normalité à travers la notion d'inhérence. La mesure de ce caractère inhérent se dessine elle-aussi par le recours à une notion floue de « normalité » et à des présomptions de normalité ou d'anormalité. Ainsi, concernant les frais de transport et de double résidence, il est admis de longue date, que ces frais exposés pour se rendre à son lieu de travail ou en revenir sont, « en règle générale », inhérents à la fonction ou à l'emploi exercé et doivent donc, à ce titre, être admis en déduction en vertu de l'art. 83, à moins qu'« eu égard aux circonstances, l'installation ou le maintien du domicile dans un lieu éloigné du travail présente un caractère anormal, sauf justifications particulières »[2]. La prégnance de ce caractère « inhérent à la fonction ou à l'emploi exercé » induit l'idée de contrainte, d'absence d'alternative raisonnable et exclut donc la « simple convenance personnelle »[3]. La rationalité se fait obligation.

543. La proportionnalité dans la déductibilité consiste en la proportionnalisation des frais de transports, en fonction de faits objectifs[4] ou de présomptions objectives[5], tandis que la proportionnalité de la déductibilité dépend de l'inversabilité des présomptions au profit des contribuables. Ce faisant, l'influence comportementale est importante sur la structuration de la vie même des contribuables[6]. Rationalité instrumentale et équité se mêlent.

---

[1] *Contra* P.-F. RACINE énonçait à partir de la définition du terme « *inhérent* » « qu'il doit exister entre l'acte réputé professionnel (…) et la dépense (…) **non seulement *un lien de causalité mais encore un lien de nécessité*** » (concl. contraires sur CE, Plén., 22 déc. 1989, n°56.905, *Biau*, *op. cit.*).
[2] CE, 7e et 9e ss-sect., 17 mai 1982, n 22.770 ; CE, 9e et 7e ss-sect., 13 mai 1987, n°70.620 et n° 47.959, *Winkel.*
[3] CE, 9e et 10e ss-sect., 6 oct. 2004, n°256.092, *Lagedamont. Comp.* Rép. min. n° 8925 à *M. Alain Néri*: JO Sénat Q, 25 sept. 2014, p. 2180. Toutefois, le juge n'impose pas aux contribuables, en raison du droit à l'emploi et de la difficulté de comparer les emplois dans le secteur privé, les caractéristiques des emplois dans le secteur privé, de diligences particulières en vue d'obtenir un rapprochement des lieux de travail (CE, 9e et 10e ss-sect., 6 oct. 2004, n°256.092, *Lagedamont*). Le commissaire du gouvernement S. VERCLYTTE énonçait ainsi que « [l]e choix professionnel ne se limite pas à l'alternative emploi/inactivité. Il porte aussi sur les caractéristiques de l'emploi lui-même, qui ne se valent pas d'un poste à l'autre, qu'il s'agisse des responsabilités ou du niveau de rémunération, (…), mais aussi des perspectives de carrière ou, de manière plus générale, de l'environnement professionnel.» (concl. sous CE, 9e et 10e ss-sect., 6 oct. 2004, n°256.092, *Lagedamont* : *DF* 2004, n°48, comm. 857).
[4] Tels le caractère précaire des fonctions exercés (CE, 8e et 3e ss-sect, 3 mai 2000, n°186.252 et n°186.255, *M. Guise*), la situation du conjoint, partenaire ou concubin, la présence d'enfants, la santé des ascendants (CAA Nantes, 8 fév. 2000, n°97NT226, *M. Haguet*), l'exercice de fonctions électives (CAA Marseille, 6 mars 2003, n°99MA279).
[5] Ainsi, du critère des 40 premiers kilomètres : au-delà, la déductibilité des frais de transport dépend de la justification de l'éloignement entre le domicile et le lieu de travail par des contraintes d'ordre familial ou social, ou des circonstances liées aux caractéristiques de l'emploi occupé (BOI-RSA-BASE-30-50-30-20 du 24 fév. 2017).
[6] V. et *comp.* pour une étude plus exhaustives des autres frais déductibles : *JCl*, « TRAITEMENTS ET SALAIRES. – Détermination du revenu net. – Dépenses professionnelles : déductions des frais réels » : fasc. 425-20, mise à jour du 23 avr. 2018.

544. Inhérence et déductibilité des intérêts d'emprunt. C'est également dans une volonté d'équité que le juge administratif admit la déductibilité des intérêts d'emprunt souscrit par un salarié en vue d'acquérir les titres de la société dans laquelle il travaille, fondant sa décision sur les dispositions spéciales de l'article 83,3° et celles générales de l'article 13 du CGI. Faisant le départ entre la constitution d'un patrimoine et l'acquisition ou la conservation de ses revenus, les juges du Palais Royal usent à la fois de l'objet et de la proportionnalisation des intérêts payés comme déterminant la nécessité de telles dépenses[1], « alors même que ni les circonstances de fait ni aucun texte ne les rendraient obligatoires »[2]. La proportionnalité intervient encore comme rempart à la démesure des intérêts payés par rapport aux « revenus attendus de la poursuite de ce contrat »[3]. Cette jurisprudence par la suite légalisée, en reprenant les mêmes critères[4], marque la dynamique du principe de proportionnalité, à la fois dans les conditions de déductibilité et dans le principe de déductibilité des frais professionnels, en gardant toujours comme socle un lien logique et rationnel, plus ou moins intense, entre l'objectif final de la dépense et l'exercice de l'activité professionnelle en cause.

545. Transition. Ce lien, ici simple, se complexifie dans l'appréciation des versements opérés par un dirigeant salarié en sa qualité de caution ou en exécution d'une condamnation au paiement des dettes sociales.

B. Les versements du dirigeant effectués en qualité de caution ou en exécution d'une condamnation au paiement des dettes sociales

546. Plan. La proportionnalité dans la déductibilité des rémunérations des mandataires sociaux ou salariés des entreprises n'épuise pas le sujet du principe de proportionnalité, celui-ci intervenant également dans les charges déductibles par le bénéficiaire de la rémunération, pour les versements réalisés en qualité d'engagement de caution de la société qu'il dirige (1), ou suite à sa condamnation au paiement des dettes sociales (2)[5].

---

[1] L'acquisition de ces titres sociaux doit être utile ou de nature à faciliter directement la poursuite du contrat de travail et une certaine demande préalable doit exister (CE, 8e et 9e ss-sect., 6 mai 1996, n°133.870, *M. Petitjean*).
[2] CE, 8e et 3e ss-sect., 25 oct. 2004, n° 255.092, *Boutourlinsky*, et n°255.093, *M. François* ; CE, 3e et 8e ss-sect., 30 juin 2008, n°274.480, *M. et Mme Henri* et n°271.246, *M. Maurice*.
[3] CE, 8e et 3e ss-sect., 25 oct. 2004, n° 255.092 : *Boutourlinsky*, et n°255.093, *M. François*.
[4] L. n° 2008-1143, 30 déc. 2008, *Loi de finances rectificative pour 2008*, art. 37 : *DF* 2009, n° 5, comm. 105
[5] Le Conseil d'État ayant interdit l'imputation sur le revenu global des sommes versés à ce titre par le dirigeant, c'est au niveau de la détermination du revenu catégoriel que tout se joue, en application de la condition générale de déductibilité des charges catégorielles énoncées à l'article 13, 1° du CGI. (CE, 7e et 9e ss-sect., 28 mai 1984, n°40.168, *M. Galtier* ; CE, 7e ss-sect., 15 janv. 1992, n°102.223, *M. Cote ;* CE, 8e et 9e ss-sect., 6 mai 1996, n°133.870 *;* CE, 9e et 10e ss-sect., 31 mai 2000, n°181.432, *M. Bouyer*).

1. L'exécution d'un engagement de caution : d'une rationalité dédoublée et confortée par une règle de proportion

547. Imbrication de la proportionnalité dans les conditions de déductibilité. Pour notamment permettre à sa société d'obtenir des fonds de la banque, le dirigeant de société peut accepter de garantir par sa caution personnelle le règlement des dettes sociales. Lorsqu'il est appelé à exécuter son engagement, les sommes versées à ce titre peuvent venir diminuer le montant imposable de ses rémunérations perçues à raison de ses fonctions, ou en cas de déficit catégoriel, son revenu global, à trois conditions :

- L'engagement se **rattache** directement à la qualité de dirigeant du contribuable ;
- Il a été pris **en vue de** servir les intérêts de l'entreprise ;
- Et il n'est pas hors de proportion avec les rémunérations versées à l'intéressé à la date de l'engagement ou celles qu'il avait la perspective de percevoir à court terme, le Conseil d'État ayant défini la proportionnalité au **triple** de la rémunération annuelle du dirigeant[1].

548. Plan. Dès lors, le lien logique entre l'engagement de caution et la qualité de dirigeant du contribuable se double d'un lien logique avec l'intérêt de la société dirigée, traduction d'une l'inhérence « atténuée » de l'engagement (a). Mais c'est le premier des liens logiques qui conditionnera l'appréciation de la proportionnalité des versements en qualité de caution (b).

a. *La dualité des liens logiques, mesure de la rationalité de l'engagement de caution par le dirigeant-salarié*

549. Lien logique avec les fonctions sociales exercées. L'engagement en qualité de caution doit résulter de l'exercice des fonctions sociales et être motivé par l'acquisition ou la préservation de sa rémunération[2], l'intérêt de l'entreprise faisant le liant entre ces deux éléments. Ce faisant, ce lien logique dédoublé rend compte d'une nécessité, sans être impérative, d'accepter de se porter caution de la société dirigée. La préservation de sa rémunération entre parmi les préoccupations salariales pouvant nécessiter un tel engagement[3]. On s'écarte alors de l'inhérence mentionnée à l'article

---

[1] CE, Plén., 22 déc. 1989, n°56.905, *Biau,* nous soulignons. – V. également G. GOULARD, « Déductibilité des sommes versées en exécution d'un engagement de caution » : *RJF* 11/1993, p. 815 ; CE, 7e et 9e ss-sect., 28 mai 1984, n°40.168, *M. Galtier*/

[2] Ce qui suppose l'existence ou la perception à court terme d'une rémunération. En ce sens, CE, 7e et 8e ss-sect., 29 avr. 1985, n°44.737.

[3] En ce sens, M.-A. LATOURNERIE énonçait que « si un dirigeant social n'est pas juridiquement tenu de souscrire un engagement de caution personnel d'une dette contractée par la société, il est quand même difficile d'affirmer que la décision qu'il prend à cet égard et qui a pour objet de facilité l'obtention de crédits à l'entreprise ne se rattache qu'indirectement à son activité de dirigeant, alors que l'action en comblement du passif, qui repose sur une présomption légale de responsabilité des dirigeants sociaux, a précisément pour objet de sanctionner civilement leur obligation légale d'activité et diligence dans l'intérêt de la société » (concl. sur CE, Plén., 9 avr. 1986, n°49.992, 54.466, 66.869 et 68.863 : *DF* 1986, n°25, comm. 1213).

83,3° du CGI, ce qui explique le visa de l'article 13, disposition plus large permettant d'atténuer la « rigueur » des dispositions spécifiques[1].

550. Toutefois, le Conseil d'État fait une stricte distinction entre les charges déductibles liées à l'acquisition d'un revenu professionnel et celles, non déductibles, liées à l'acquisition d'un patrimoine privé[2]. C'est d'ailleurs l'objet de cette règle de déductibilité[3] : « apprécier si, à la date à laquelle il a souscrit l'engagement de caution, le dirigeant avait le souci de conserver son salaire ou de préserver son patrimoine[4] ». L'intentionnalité, l'impulsion motrice, entre ainsi en considération dans la vérification de l'existence d'un lien logique, à partir d'une coïncidence factuelle entre l'objet de l'engagement de caution et le revenu en question[5].

551. Non sans considérations d'équité, voire d'éthique, ce raisonnement s'applique d'ailleurs aux intérêts d'emprunts souscrits par un salarié[6], le Conseil d'État souhaitant faire obstacle à des montages qui permettraient de financer l'acquisition d'un patrimoine privé[7] : il s'agit bien d'une structuration par la

---

[1] Initialement, le Conseil d'État fondait ses décisions sur les dispositions de l'article 83 du CGI pour admettre que les sommes versées en qualité de caution par le dirigeant correspondaient à des « frais inhérents à la fonction » du dirigeant (CE, 7e et 8e ss-sect., 22 juin 1983, n°32.531). Il s'est ensuite prononcé au regard de l'article 13, 1° du CGI, seul ou combiné aux articles 83 et 156 du CGI. Cette évolution dans le fondement des décisions du juge administratif marque l'unicité du principe de proportionnalité autour du « lien de nécessité », selon les termes de P.-F. RACINE (concl. sur CE, Plén., 22 déc. 1989, n°56.905, *Biau, op. cit.*) qui sous-tend la déduction des charges professionnelles, mais dont l'appréciation peut varier dans l'application en fonction de la catégorie de revenus envisagée. *Comp.* en matière de BNC, les conclusions précitées du commissaire du gouvernement B. MARTIN LAPRADE sur CE, 7e et 8e ss-sect., 14 fév. 1979, n°10.812, *op. cit.*)

[2] CE, Sect., 20 juil. 1971, n°81.146 ; CE, 3e et 8e ss-sect., 30 juin 2008, n°274.480, *M. et Mme Henri* et n°271.246, *M. Maurice ;* CE, 10e et 9e ss-sect., 7 juil. 2010, n°318.936, *M. Ringeisen.*

[3] Et non pas seulement la règle de proportion, si l'on suit les conclusions du rapporteur public F. ALADJIDI sur CE, 9e et 10e ss-sect., 26 nov. 2014, n°358.736, *min. c/M. d'Agrosa* : *DF* 2015, n°10, comm. 184.

[4] CE, 9e et 10e ss-sect., 26 nov. 2014, n°358.736, *min. c/M. d'Agrosa*. – V. également, G. GOULARD, « Déductibilité des sommes versées en exécution d'un engagement de caution », *op. cit.*

[5] Ainsi, l'engagement souscrit par l'un des époux, actionnaire non salarié de la société dont son conjoint est salarié ne peut être regardé comme ayant été consenti pour la conservation du second et à ce titre déductible de ses revenus salariaux : CE, Plén., 9 oct. 1992, n°113.045, *M. Acquaviva.*

[6] Ainsi, à défaut d'une affectation à une activité professionnelle, les valeurs mobilières et les charges financières qui s'y rattachent constituent un élément du patrimoine privé du contribuable ; à propos des intérêts d'emprunt contractés pour l'acquisition de valeurs mobilières « de nature à permettre au contribuable d'accéder à un mandat de participation aux organes de direction de la société émettrice », déductibles dans la catégorie des traitements et salaires, v. notamment : CE, 3e et 8e ss-sect., 30 juin 2008, n°274.480, *M. et Mme Henri* et n°271.246, *M. Maurice* ; CE, 10e et 9e ss-sect., 7 juil. 2010, n°318.936, *M. Ringeisen.*

[7] E. GLASER concluait ainsi : « ce qui avec un minimum de connaissances en matière de fiscalité et de bourse, ou de bons conseils, permettrait de s'enrichir aux frais de l'État, avec un effet de levier non négligeable et la possibilité de créer un déficit dans cette catégorie déductible du revenu global, [ce qui n'est pas] le meilleur emploi possible des deniers publics », ajoutant que si les dispositions de l'article 13 du CGI autoriseraient une telle interprétation, les conséquences financières sont telles que seul le législateur peut « décider s'il veut favoriser à ce point les placements mobiliers » (concl. sur CE, 3e et 8e ss-sect., 30 juin 2008, n°274.480, *M. et Mme Henri* et n°271.246, *M. Maurice: DF* 2008, n°39, comm. 503, n°4).

proportionnalité. Dès lors, ce cantonnement aux seuls revenus professionnels, expliquant la condition tenant à la souscription de l'engagement de caution en qualité de dirigeant de la société, marque ici la volonté du Conseil d'État de réguler, canaliser l'imputation des charges[1], en fonction d'une rationalité instrumentale et axiologique.

552. Lien logique avec l'intérêt social de l'entité. Cependant, cette seule qualité serait bien insuffisante pour garantir, du moins affermir, le caractère professionnel de l'engagement de caution : bien souvent actionnaire de la ou les sociétés qu'il dirige, l'engagement de caution du dirigeant-salarié est susceptible de poursuivre l'acquisition ou la conservation tant de ses revenus professionnels que de son patrimoine privé. D'où, en sus de la règle de proportion, l'exigence d'un lien avec la société dirigée : l'utilisation de l'intérêt de la société se justifie par le caractère accessoire de la caution par rapport à l'opération principale réalisée par la société, la rémunération du dirigeant dépendant de la santé économique et financière de la société[2].

553. Dans certaines circonstances, les liens direct et indirect paraissent plus distendus, mais n'en demeurent pas moins. Il en est ainsi notamment si l'engagement de caution a permis à un tiers à la société d'obtenir un prêt. Le caractère « inhérent » des frais exposés par un salarié et l'intérêt social expliquent les conditions supplémentaires posées par le Conseil d'État : le dirigeant doit justifier d'une part, que la société ne pouvait pas elle-même se porter caution et d'autre part, que l'engagement avait pour but de préserver sa rémunération par l'enjeu considérable que le tiers présentait pour la société[3]. Dès lors, le caractère indirect, l'intérêt du dirigeant et de la société se confondant, s'accentue lorsque l'opération bénéficie de prime abord à un tiers.

---

[1] Bien que critique sur l'interprétation des articles 13 et 83 du CGI, P.-F. RACINE relevait, parmi les considérations d'opportunités justifiant le maintien de la jurisprudence du Conseil d'État, qu'il « [lui] paraît sain **d'amener** les dirigeants, salariés ou non, sollicités pour cautionner une dette équivalant à plusieurs fois leur revenu annuel à bien analyser, y compris sur le plan fiscal, les conséquences pouvant résulter de la mise en jeu éventuelle de leur engagement » (ce qui traduit aussi la fonction modératrice du principe de proportionnalité), ce qui pourrait par voie de conséquence conduire les banques à changer leurs exigences « quasi systématique de la caution des dirigeants » dans de telles hypothèses (concl. sur CE, Plén., 22 déc. 1989, n°56.905, *Biau*, *op. cit.*).

[2] CE, Plén., 6 janv. 1993, n°78.729, *Bonnet*. – V. également G. GOULARD, « Déductibilité des sommes versées en exécution d'un engagement de caution », *op. cit.*. L'intention qui motive le dirigeant ou le gérant à souscrire à l'engagement de caution se confond le plus souvent avec l'intérêt social de la société, notamment si les prêts ou avances ont pour objet la continuation de l'exploitation, son développement, sa restructuration.

[3] CE, Plén., 9 oct. 1992, n°116.181, *M. Serafini*. Ainsi, le dirigeant doit établir la stricte nécessité de son engagement en raison des circonstances propres de la société, dans l'optique de préserver sa rémunération. On rejoint alors la théorie de l'acte anormal de gestion, mais appliquée à l'engagement de caution du dirigeant : s'il est considéré comme *a priori* normal que le dirigeant facilite l'obtention de prêt ou avances pour la société qu'il dirige et qui le rémunère, il est *a priori* anormal qu'il s'engage auprès d'un tiers à la société qu'il ne dirige pas et qui ne le rémunère pas, sauf à démontrer qu'en agissant ainsi, ce sont les intérêts propres de la société qu'il protégeait, et par suite les siens. *Comp.* dans le cadre des aides entre entreprises : il existe une présomption d'anormalité à moins de démontrer qu'il en va de l'intérêt propre de la société aidante. Cf. *supra*.

554. Transition. Quoiqu'il en soit, le caractère nécessaire et logique de l'engagement de caution n'emporte pas la proportionnalité de la déductibilité des versements : il permet de déterminer le champ d'application de la déductibilité et ainsi réguler les agissements des dirigeants salariés. La structuration comportementale se prolonge donc dans l'adaptation, consolidation de la rationalité non dénué d'une axiologie d'équité.

b. *La proportionnalisation de la déductibilité par la règle du triple : l'objectivité et la prévisibilité juridique*

555. Règle du triple. La règle de proportion a pour objet de modérer ces agissements en précisant le caractère nécessaire[1], raisonnable[2] ou normal de l'engagement, ces trois qualificatifs étant ici synonymes de proportion[3]. En complétant les liens logiques, le Conseil d'État parvient ainsi à faire la distinction entre « le souci de conserver son salaire ou de préserver son patrimoine »[4], à partir d'un critère de droit à l'application « prévisible ».

556. Sécurisation juridique et prévisibilité. Dans les premières décisions, il n'était pas aisé de déterminer sur quels critères se fondait le juge administratif pour déterminer le caractère disproportionné des versements effectués par le dirigeant en qualité de caution, son appréciation étant limitée : ainsi, si l'appréciation du caractère excessif se faisait par rapport au salaire versé[5] ou au salaire escompté à court terme[6], le Conseil d'État n'a sanctionné que la disproportion manifeste lorsque les engagements représentaient un multiple d'au moins 15 de la rémunération du dirigeant[7]. Toutefois, une telle jurisprudence « audacieuse » laissait place à une certaine incertitude juridique et à une perte de sens[8].

---

[1] En ce sens, S. NONORGUE, « Rémunération des dirigeant de sociétés. La situation fiscale du dirigeant, caution de la société' » : *DF* 2003, n°25, étude 25

[2] CE, 8e et 9e ss-sect., 8 oct. 1993, n°125.052, *Mesplet.*

[3] Par ex., M.-A. LATOURNERIE énonçait qu'il « y a engagement de caution anormal du dirigeant social si celui-ci prend, (...), le risque d'avoir à verser des sommes hors de proportions avec la rémunération que peut lui assurer sur une moyenne période, compte tenu des caractéristiques de la société la poursuite de l'exploitation sociale grâce à ces crédits » (concl. sur CE, Plén., 9 avr. 1986, n^os^49.992, 54.466, 66.869 et 68.863, *op. cit.).*

[4] CE, 9e et 10e ss-sect., 26 nov. 2014, n°358.736, *min. c/M. d'Agrosa*. – V. également, G. GOULARD, *op. cit.*

[5] CE, 7e et 8e ss-sect., 22 juin 1983, n°32.531.

[6] CE, Plén., 22 déc. 1989, n°56.905, *Biau* ; CE, Plén., 9 avr. 1986, n^os^49.992, 54.466, 66.869 et 68.863. Le commissaire du Gouvernement P-F. RACINE avait souligné l'absence de motifs de droit s'opposant à l'absence de rémunération et la nécessaire souplesse du juge administratif pour tenir compte notamment des entreprises nouvelles (concl. *préc.* sur l'affaire *Biau*).

[7] CE, 9e et 8 ss-sect., 28 juil. 1989, n°65.338, *M. Pascault* (rapport de 1 à 15) ; CE, Plén., 6 janv. 1993, n°78.729, *Paul Bonnet* (rapport de 1 à 18).

[8] Des rapports de 6 à 1, voire 10 à 1 n'ont pas été jugés disproportionnés (par ex., CE, Plén., 9 avr. 1986, n^os^49.992, 54.466, 66.869 et 68.863 ; CE, 7e et 8e ss-sect., 28 juin 1989, n°79.342 ; CE, 7e et 8e ss-sect., 4 déc. 1989, n°89.712. P.-F. RACINE, s'interrogeant sur le seuil au-delà duquel s'arrêterait la « bienveillance » du Conseil d'État, relevait ainsi qu' « [a]ucune banque n'accepterait de prêter à un salarié 7 fois son revenu annuel compte tenu (...) de la limitation très généralement

557. De la logique floue à la logique binaire. En fixant la règle du triple, le Conseil d'État a donc érigé une règle de droit, qui s'impose aux juges du fond et lui permet de modérer, *in fine*, les engagements de caution pris par les dirigeants salariés dans l'exercice de leur droit à déduction[1]. La règle de proportionnalité implique la proportionnalisation de la déductibilité, dans un mouvement performatif de rationalité.

558. Cette évolution jurisprudentielle illustre avec netteté le passage d'une logique floue, où la marge d'appréciation par rapport à une normalité, par ailleurs indéterminée, laisse une incertitude juridique quant au caractère déductible des versements, à une logique binaire à partir d'une règle de proportion chiffrée et fixe en son principe. Si cette dernière paraît *in fine* plus sévère, elle apporte néanmoins une prévisibilité certaine, par la simplicité de sa mise en œuvre. Sa détermination relève toutefois du pouvoir du juge de cassation : si la référence au ratio d'endettement dans les conclusions du commissaire du gouvernement en explicite une raison, très probable, le juge eût très bien pu s'en écarter. Ce faisant, cette référence, admise par les milieux bancaires et économiques, légitimise ainsi la décision et donne à cette règle une rationalité dans la proportionnalisation qu'elle opère.

559. Par ailleurs, dans la continuité de son rôle de juge cassation, le Conseil d'État a lui-même explicité les critères d'application de la règle du triple : auteur de la règle de proportion, il est également à l'origine de l'adaptation de la règle aux réalités économiques, toujours dans une optique abstraite, générale[2]. Il cherche ainsi à préserver l'« essence » de la règle de proportionnalité qu'il a créée en faisant obstacle aux montages qui détourneraient la règle pour des préoccupations fiscales, ou à l'inverse, en tenant compte d'une réalité économique, et notamment des groupes de sociétés[3].

560. Proportionnalisation des corrections de la disproportionnalité des engagements de caution. Elle consiste à neutraliser la seule disproportion existant

---

pratiquée au tiers du revenu annuel – au grand maximum – des charges de remboursement en principal comme en intérêts » (concl. sur CE, Plén., 22 déc. 1989, n°56.905, *Biau*, *op. cit.*).

[1] En ce sens, S. NONORGUE, « Rémunération des dirigeant de sociétés. La situation fiscale du dirigeant, caution de la société' » : *DF* 2003, n°25, étude 25

[2] *Ibid.*

[3] Ainsi, en présence d'engagements successifs, les juges du Palais royal mesurent la proportionnalité de chaque engagement en tenant compte du montant des engagements déjà souscrits par le dirigeant (CE, 8e et 9e ss-sect., 8 oct. 1993, n°125.052, *Mesplet*) : le nouvel engagement qui porte le montant cumulé des engagements pris au-delà de la règle du triple, apprécié l'année de la souscription, ne sera pas considéré comme proportionné, ou « raisonnable » (note anonyme sous CE, 8e et 9e ss-sect., 8 oct. 1993, n°125.052, *Mesplet* : *DF* 1994, n°3, comm. 31) et la mise en jeu de la caution n'ouvrira pas à déduction au profit du dirigeant. Les engagements de caution illimités ne sont pas exclus par principe du droit à déduction, le plafond étant toujours le plafond égal à trois fois la rémunération du salaire annuel, prévisible ou de référence (même arrêt). De même, si la proportionnalité des engagements est globalisée au niveau d'une société, cette appréciation est segmentée société par société, sauf si d'une part, les sociétés appartiennent au même groupe, et d'autre part, elles ont des activités complémentaires et des intérêts économiques ou capitalistiques étroitement liés (CE, 8e et 7e ss-sect., 20 fév. 1991, n°75.514, *M. Pelissier* ; CE, 9e et 10e ss-sect., 26 nov. 2014, n°358.736, *min. c/M. d'Agrosa*).

entre le montant de la caution et celui des rémunérations perçues ou escomptées à court terme[1]. Ainsi, seule la partie excédent le plafond de la règle du triple sera neutralisée, c'est-à-dire non déductible.

561. La solution inverse, dans un premier temps adoptée par le Conseil d'État, aboutissait à une... disproportion : même la partie respectant le principe de proportionnalité était refusée comme charge déductible, annihilant pleinement le caractère déductible des engagements de caution[2]. La disproportion rejaillissait donc sur le lien logique et le rompait : l'engagement de caution en lui-même ne répondait pas au critère de nécessité, faute de pouvoir être relié rationnellement ni à la fonction sociale du dirigeant salarié, ni à l'intérêt social de l'entreprise. L'engagement avait donc pour seul but la préservation d'un patrimoine privé. Et c'était bien l'ensemble des versements effectués par le dirigeant, et non pas une partie seulement, qui ne pouvait être imputé sur les revenus catégoriels concernés. Une solution faisant le départ entre les versements respectant le principe de proportionnalité, et l'excédent, c'est-à-dire entre les préoccupations salariales des préoccupations capitalistes, aurait poussé le Conseil d'État à une appréciation poussée des faits, et en l'absence de règle fixe, prédéterminée, à un certain arbitraire.

562. Dès lors, la règle prétorienne du triple présente cet avantage d'opérer par elle-même la distinction entre les engagements de caution proportionnés et disproportionnés, entre les préoccupations salariales et capitalistes. Elle a également pour effet de concilier les qualités de salarié et d'actionnaire en considérant, jusqu'à un certain plafond, que l'objectif poursuivi est bien la préservation ou l'acquisition d'un revenu professionnel. Seuls les engagements répondant à un objectif de préservation d'un élément du patrimoine privé seront neutralisés. Cette règle abstraite et générale du triple ne souffre toutefois d'aucune atténuation : la partie excédent le plafond est réputée répondre à un objectif de préservation d'un élément du patrimoine privé.

563. Ainsi, la règle de proportion du triple complète bien le lien logique, le corrobore en tout ou partie., dans une perspective axiologique teintée d'équité et d'une certaine moralisation. Par le lien logique, il délimite si on entre dans le champ d'application de la déductibilité des versements en qualité de caution ; par la règle de proportion, il permet l'application de la déduction en l'enserrant dans une modération, affermissant la rationalité initiale.

564. Transition. La déductibilité des versements effectués suite au paiement des dettes sociales présente un raisonnement plus simple de proportionnalité.

---

[1] CE, Plén., 6 janv. 1993, n°78.729, *Paul Bonnet*.

[2] Cette solution s'expliquait alors par l'absence de règle de proportion fixe et par la « bienveillance » du Conseil d'État qui n'a sanctionné que des cas extrêmes, manifestement disproportionnés : avec des rapports de 1 à 15 ou 18.

2. La condamnation au paiement des dettes sociales : de la suffisance du seul lien logique

565. Fixité de la structuration par la décision du juge des procédures collectives. Le caractère déductible des versements ou abandons de créance effectués par le dirigeant pour régler les dettes sociales résulte de la décision de justice condamnant le dirigeant au comblement du passif social de sa société en liquidation ou redressement judiciaire : cette décision de justice fixe le lien logique mais aussi le caractère proportionné de la somme[1]. La condamnation au paiement du passif social est donc entièrement liée à l'exercice de la fonction sociale du dirigeant, et non à son éventuelle participation capitaliste dans la société. Il n'est donc pas utile, comme pour les engagements de caution, de fixer une règle de proportion : le lien logique emporte proportionnalisation de la déductibilité, et donc sa proportionnalité. Il constitue donc le critère de rationalité sur lequel se concentre toute l'attention[2].

566. Subjectivisation du lien logique : les fautes personnelles du dirigeant. Le juge de l'impôt réserve la possibilité de refuser cette déduction dans le cas où ce lien logique ferait défaut. Ainsi, si les éventuelles erreurs de gestion commises par le dirigeant ou le gérant, par imprudence ou par incompétence, n'influent pas sur le caractère déductible des versements effectués en exécution d'une condamnation au comblement du passif social[3], l'usage des biens de la société et des pouvoirs de direction d'une manière que le dirigeant savait contraire à l'intérêt de cette société, à des fins personnelles ou pour favoriser d'autres sociétés dans lesquelles il était intéressé, y fait obstacle[4].

567. Le Conseil d'État aurait certes pu refuser la déductibilité d'une charge en raison des fautes du contribuable, quelle qu'en soit la gravité[5], toutefois il ne sanctionne que les fautes personnelles du dirigeant et se rapproche ainsi de la théorie de l'acte anormal de gestion[6]. Refusant de faire une distinction selon la « gravité » des

---

[1] L'action en comblement de passif repose sur une présomption légale de responsabilité des dirigeants sociaux et sanctionne seulement, mais entièrement, un manquement à leur obligation légale d'activité et de diligence dans l'intérêt de la société. Déjà en ce sens, les conclusions de M.-A. LATOURNERIE sur CE, Plén., 9 avr. 1986, n[os]49.992, 54.466, 66.869 et 68.863, *op. cit.*

[2] Ce lien logique s'exprime également dans la catégorie de revenus sur lesquels les versements vont s'imputer : il s'agit en effet de la catégorie de revenus correspondant à la rémunération du dirigeant (CE, 7e et 8e ss-sect., 18 fév. 1985, n°41.356).

[3] CE, Plén. 29 avr. 1977, n° 808 ; CE, 8e et 9e ss-sect., 27 mai 1987, n°46.529 ; CE, 7e ss-sect., 15 janv. 1992, n°81.806, M. *Le Glaunec*.

[4] CE, 7e et 8e ss-sect., 7 déc. 1987, n°65.891.

[5] P. RIVIERE affirmait ainsi qu'« on ne saurait admettre, en effet, qu'au moyen d'une déduction, un contribuable fasse supporter à la collectivité tout ou partie des conséquences pécuniaires de ses fautes personnelles » (concl. sur CE, Plén. 29 avr. 1977, n°808, op. cit.

[6] Ce n'est pas alors tant le caractère fautif des agissements du dirigeant que l'absence de lien, même indirect avec l'intérêt social, et donc avec l'exercice du mandat social qui justifie la non-déductibilité des versements effectués. Pour établir que la condamnation au paiement du passif social résulte de l'exercice du mandat social, et donc que les agissements du dirigeant ont pu servir à l'acquisition ou à la conservation de son revenu, il faut passer par l'intérêt de l'entreprise : il est le liant entre la condamnation du dirigeant et l'exercice de son mandat social ; il caractérise le lien logique, emportant (dis)proportionnalité de la déduction.

erreurs ou fautes de gestion, le Conseil d'État utilise donc l'absence d'intérêt social pour établir l'intention personnelle (et étrangère aux intérêts de la société) du dirigeant dans ses agissements[1]. La ligne de démarcation par l'intérêt social de la société dirigée a le mérite de la simplicité et de limiter la non-déductibilité aux seuls versements dont l'origine n'est pas le mandat social du dirigeant.

568. Ainsi, si dans ces deux hypothèses analysées, le Conseil d'État refuse la déductibilité des versements effectués dehors de toute obligation juridique, même si la société est en difficulté[2], l'application du principe de proportionnalité diffère tout en se rejoignant sur le critère de l'intérêt social de la société que le contribuable dirige.

Conclusion de la Section 1.

569. Les règles de déductibilité des charges et dépenses exposées en vue de l'acquisition d'un revenu catégoriel présentent ainsi certaines similarités dans le raisonnement, notamment dans l'aspect structurant de la proportionnalité, la proportionnalisation elle-même pouvant faire l'objet d'appréciation plus ou moins objective, selon l'existence de règles de proportion[3].

---

[1] Par ex. un détournement des fonds sociaux : CE, 7e et 8e ss-sect., 7 déc. 1987, n°65.891. Distinguer parmi les erreurs de gestion, celles qui autorisent la déduction de celles qui la prohibent, serait d'une part délicat dans le cadre du pouvoir de cassation, et d'autre part, laisserait place à une grande incertitude tant l'appréciation de la gravité est variable d'un contribuable à un autre, d'une administration à une autre, d'un juge à un autre, et que l'incompétence ou l'imprudence du gérant ou dirigeant est plus souvent la cause de ces fautes que leur malhonnêteté (v. en ce sens, CE, 8e et 9e ss-sect., 27 mai 1987, n°46.529 ; CE, 7e ss-sect., 15 janv. 1992, n°81.806, *M. Le Glaune*c)

[2] CE, 7e et 9e ss-sect., 28 mai 1984, n°40.168, *M. Galtier ;* CE, 7e ss-sect., 15 janv. 1992, n°102.223, *M. Cote ;* CE, 8e et 9e ss-sect., 6 mai 1996, n°133.870, *M. Petitjean ;* CE, 9e et 10e ss-sect., 31 mai 2000, n°181.432, *M. Bouyer.*

[3] Ainsi, en matière de revenus fonciers, la proportionnalité s'observe dans ses deux facettes : la renonciation en tout ou partie à un loyer constitue en principe un acte de disposition de ce revenu, et donc un revenu imposable à moins que le contribuable puisse justifier cette décision par des circonstances indépendantes de sa volonté (CE, 9e et 7e ss-sect., 13 fév. 1980, n°16.937 ; CE, 7e et 8e ss-sect., 18 déc. 1987, n°69.532 et 71.301) ou par l'existence d'une contrepartie, comme l'abandon de loyers en contrepartie du départ immédiat du locataire insolvable (CE, 7e et 9e ss-sect., 1er juin 1990, n°68.313, M. *Coutaz-Repland*). Le juge administratif vérifie, objectivement, le lien logique entre la renonciation à loyer et la perception de revenus fonciers, et contrôle donc que la décision prise par le contribuable est bien rationnelle et proportionnée à l'activité de location. C'est le même raisonnement que suit le Conseil d'État à propos des loyers anormalement bas : le loyer est inapproprié, par l'absence de proportionnalité, s'il n'existe pas de justification propre à fonder le montant du loyer et la disproportionnalité inversée ou négative résulte de la comparaison avec la valeur locative normale (CE, 9e et 7e ss-sect., 13 fév. 1980, n°16.937 ; CE, 8e et 9e ss-sect., 26 mai 1976, n°98.816). Constitue une justification l'application de la loi *Barre* du 29 octobre 1976 ayant limité l'augmentation des baux commerciaux (CE, 7e et 8e ss-sect., 18 déc. 1987, n°69.532 et 71.301). Finalement, la même logique que l'acte anormal de gestion s'applique par transposition, manifestant donc l'unicité du contrôle de cassation à travers le principe de proportionnalité (en ce sens, V. DAUMAS, concl. sur CE, plén. fisc., 23 déc. 2013, n°350.075, *min. c/ M. Uguen*, et n°350.511, *min. c/ M. B., op. cit.*).

570. La proportionnalité s'exprime également dans d'autres règles d'imposition, selon les mêmes principes, parfois en vertu d'exigence légale expresse[1]. L'usage des règles de proportion est ainsi fréquent aux fins de déterminer le champ d'application d'une mesure, telle que le droit à déduction en matière de TVA[2], l'exonération des plus-values professionnelles en fonction des recettes[3], la détermination de la valeur des locaux professionnels, leur caractère industriel dépendant de la prépondérance des moyens techniques, matériels et d'outillages de l'ensemble du site en cas d'activité mixte[4], ou encore en matière de droit d'enregistrement, à travers la qualification des

---

[1] Ainsi de la taxe d'enlèvement des ordures ménagères qui n'a « pas le caractère d'un prélèvement opéré sur les contribuables en vue de pourvoir à l'ensemble des dépenses budgétaires, mais a exclusivement pour objet de couvrir les dépenses exposées par la commune pour assurer l'enlèvement et le traitement des ordures ménagères et non couvertes par des recettes non fiscales », il « en résulte que le produit de cette taxe et, par voie de conséquence, son taux, ne doivent pas être manifestement disproportionnés par rapport au montant de ces dépenses, tel qu'il peut être estimé à la date du vote de la délibération fixant ce taux » (CE, 8e et 3e ss-sect., 31 mars 2014, n°368.111, 368.123 et 368.124, *min. c/ Sté Auchan France* ; CE, 8e et 3e ch., 25 juin 2018, n°414.056, *SA Auchan France*). La rationalité dicte la proportionnalisation, et donc la proportionnalité du taux, par la sélection des critères d'appréciation, matériels et temporels : à défaut d'avoir pour objet de financer l'élimination des déchets non ménagers, ne doivent pas être retenues, en toute logique, tant pour les recettes que pour les dépenses, des données relatives au traitement des déchets non ménagers ; par ailleurs, lesdites dépenses exposées « sont constituées de la somme de toutes les dépenses de fonctionnement réelles exposées pour le service public de collecte et de traitement des déchets ménagers et des dotations aux amortissements des immobilisations qui lui sont affectées », l'appréciation de la proportionnalité s'effectuant prioritairement par rapport au montant estimé à la date du vote de la délibération, et à titre subsidiaire à partir d'éléments postérieurs à cette dernière (CE, 8e et 3e ch., 25 juin 2018, n°414.056, *SA Auchan France*). V. également, CE, 9e et 10e ch., 19 mars 2018, n°402.946, *SAS CORA*). La proportionnalité ne repose pas tant sur le taux de la taxe en lui-même que sur la comparaison entre les dépenses et les recettes en cause et, à ce titre une règle de proportion parachève le contrôle de proportionnalité, la disproportion n'étant pas établie si l'excédent du produit de la TEOM par rapport au coût des services des seuls déchets ménagers non couverts par les recettes non fiscales est inférieur d'environ 10%, (CE, 8e et 3e ch., 25 juin 2018, n°414.056, *Sté Auchan France*), mais l'est à l'inverse si la différence est de 15%(CE, 8e et 3e ss-sect., 31 mars 2014, n°368.111, 368.123 et 368.124, *min. c/ Sté Auchan France*). Ainsi, l'excédent du produit rend disproportionné le taux et, par la voie de l'exception, conduit à la décharge des cotisations de taxe en leur totalité, eu égard aux limites du contrôle du juge administratif (CE, 8e et 3e ch., 24 oct. 2018, n°413.895, *Sté L'immobilière Groupe Casino*), sans exclure la possibilité d'une substitution de taux (CE, 8e et 3e ch., 24 oct. 2018, n°413.896, *SA Mercialys*).

[2] Il s'agit de déterminer s'il existe une contrepartie « normale « , le droit à déduction étant exclu pour la taxe ayant grevé les biens cédés par l'assujetti sans rémunération ou moyennant une rémunération très inférieure à leur prix normal, tout en faisant une exception pour les biens de très faible valeur (art. 238 de l'annexe II au CGI).

[3] Art. 151 septies du CGI. L'évaluation des recettes est adaptée en fonction de la structure d'exploitation : ainsi, lorsque la société de personnes réalisant la plus-value est détenue par des associés ou membres (art. 151 septies IV), le Conseil d'État, prenant appui sur les travaux préparatoires de la loi du 28 décembre 2001 (LFR) et celle du 27 décembre 2008 (LF 2009), énonce que cette fraction est « calculée en fonction de la proportion de leurs droits dans les bénéfices comptables de la société ou du groupement, tels qu'ils résultent du pacte social » (CE, 3e et 8e ch., 14 nov. 2018, n°407.063. *Comp.* à propos de l'article 150-0 B : CE, 9e et 10e ch., 27 fév. 2019, n°408.457).

[4] Art. 1469 et 1499 du CGI. Ainsi, « revêtent un caractère industriel (…) les établissements dont l'activité nécessite d'importants moyens techniques, non seulement lorsque cette activité consiste dans la fabrication ou la transformation de biens corporels mobiliers, mais aussi lorsque le rôle des

dons d'usage[1] et des donations rémunératoires[2], le caractère manifestement exagéré des primes d'assurance-vie[3], la qualification d'une société à prépondérance immobilière, selon des critères variables[4], ou encore l'ancien impôt de solidarité sur la fortune ou le nouvel impôt sur la fortune immobilière.

571. À ce titre, l'approche par la Cour de cassation, en matière de droits d'enregistrement[5], se concentre davantage sur la qualification d'une opération d'où découlera le régime applicable. En somme, la qualification assure la coïncidence des liens logiques légaux et particuliers, ces derniers étant éventuellement relus à l'aune des faits. En dehors de l'application d'une norme supra-législative, la règle de proportionnalité intervient peu, ou de manière feutrée. La Cour de cassation respecte le lien logique, refusant toute règle d'adaptation qui priverait d'effectivité le but assigné à la norme fiscale[6].

---

installations techniques, matériels et outillages mis en œuvre, fût-ce pour les besoins d'une autre activité, est prépondérant » (CE, Sect. 27 juil. 2005, n°261.899 et 273.663, *min. c/ Sté Pétrole Miroline*). V. également, CE, 8e et 3e ch., 25 juin 2018, n°413.466, *SAS Loison*. Comp. à propos de l'exonération de taxe professionnelle des auteurs d'œuvres écrites : CE, 7e et 8e ss-sect., 21 mars 1983, n°42.830, *M. Boucher*.

[1] Alors que la modicité des sommes données n'influence guère, en principe, sur la qualification d'une donation imposable, et plus exactement sur la caractérisation de l'intention libérale des donateurs (Com. 5 oct. 2004, n°03-15.709), une tolérance est admise pour les dons d'usage.

[2] Une donation rémunératoire inclut une proportionnalité du montant de la libéralité par rapport au service rendu : de cette proportionnalité dépendra le régime fiscal applicable pour le tout (Com, 30 mai 1989, n°87-17.643), celui des actes à titre onéreux si elle existe, celui des actes à titre gratuit s'il y a une disproportionnalité. Le critère de proportionnalité est un indice important de l'intention libérale, du mobile du donateur, mais non suffisant (même arrêt : « les motifs énoncés, tirés de **la seule analyse objective de la clause** stipulant une charge constituée par le paiement aux donateurs d'une somme d'un montant inférieur à la valeur du bien transmis, n'étaient pas propres à établir que les donateurs avaient entendu stipuler sans intention libérale pour le tout ». Nous soulignons). Mais dès lors que l'on s'extrait des données objectives, la Cour de cassation s'efface derrière l'appréciation souveraine des juges du fond, tout en se maintenant sur l'existence d'une contrepartie (Com., 19 déc. 2006, n°05-17.076).

[3] L'appréciation souveraine de la disproportionnalité des primes d'assurance, manifestant une volonté de contourner les règles de dévolution successorale ou les droits de mutation à titre gratuit entre personnes n'ayant pas de lien de parenté, est encadrée : elle dépend de critères, d'une part, objectifs et comparatifs traduisant les « facultés » mentionnées à l'article L 132-13 du Code des assurances (le montant de la prime versée, la situation patrimoniale et familiale du souscripteur, son âge) et, d'autre part temporels (au moment du versement), voire plus subjectifs (comme l'utilité du contrat) : Civ. 1ère, 1er juil. 1997, n°95-15.674, D. *Regent c/ R. Regent* ; Cass, Ch. mixte, 23 nov. 2004 ; Civ. 2e, 4 juil. 2007, n°06-14.048, P+B, *Cts P. c/ B.*

[4] La prépondérance immobilière, si elle dépend d'une règle de proportion, diffère dans les critères d'application selon qu'il s'agit des droits d'enregistrement ou des plus-values. V. également, B. DELABRE et B. OLIVE, « La société à prépondérance immobilière » : *JCP N*, 2012, 1392.

[5] Art. L 199 du LPF ; Com., 1er juil. 2008, n°07-13.456 ; CE, 7e et 8e ss-sect., 13 oct. 1986.

[6] Ainsi, concernant les démembrements de propriété, le juge judiciaire a exclu l'application d'un abattement dont l'objet serait de constater une diminution de valeur du bien au titre ce démembrement, en raison notamment du but de l'ancien article 885 G du CGI, consistant à faire obstacle à la prise en compte du démembrement de propriété pour la détermination de l'assiette, en dehors des hypothèses légalement déterminées (Com. 20 mars 2007, n°05-16.751 ; Com., 27 oct. 2009, n°08-11.362).

572. L'exonération des biens professionnels faisait également intervenir à double titre la proportionnalité, par la condition de nécessité du bien à l'exercice de l'activité professionnelle, mais aussi du caractère prépondérant de cette dernière ainsi que de la « *normalité* » de la rémunération qui en est retirée par le contribuable[1]. Si la condition légale de nécessité est un facteur de structuration, modulable dans ses effets, et présumée lorsque le contribuable exerce son activité dans la société dont il détient des titres, le départ avec l'activité principale ou accessoire est une question de proportion. La condition tenant au caractère normal d'une rémunération, lorsque la société est soumise à l'impôt sur les sociétés, était doublée d'une règle objective de proportion globale[2].

573. La proportionnalité est alors critère de qualification, jouant une double fonction de structuration et de modération : elle est l'écart admis avec une « normalité » propre à chaque entreprise ou secteurs. Mais, loin de laisser toute latitude de choix et d'appréciation quant aux critères de comparaison, la Cour a apporté des précisions sur la définition de la rémunération, excluant l'absence de toute rémunération[3], ou sa limitation aux cotisations de sécurité sociale[4], mais admettant à l'inverse, les rémunérations en nature pour autant qu'un lien rationnel avec l'exercice de la fonction dirigeante puisse être établie[5].

574. Transition. Alors que les règles de déductibilité présentent une rationalité instrumentale marquée, la structuration comportementale s'accentue dans les dispositifs anti-abus, irriguée de considérations éthiques et d'équité.

Section 2. Abus de droit et clauses anti-abus : le (r)établissement d'une rationalité imposée ou la rationalisation par la proportionnalité

575. Structuration accrue par la rationalité imposée. Selon des règles différentes, les dispositifs de lutte contre les pratiques abusives, qu'il s'agisse du dispositif de répression des abus de droit fiscal ou de clauses anti-abus éparses, se distinguent des règles de non-déductibilité des charges et des dépenses par leur caractère contraignant, voire répressif, bien qu'ils agissent tous comme régulateurs[6] par la structuration de l'action des contribuables qu'ils imposent, à partir de notions

---

[1] Anc. art. 885 N du CGI.
[2] Anc. art. 885 O bis du CGI.
[3] Com. 14 fév. 2006, n°03-14.210.
[4] Com. 15 mai 2007, n°06-11.701.
[5] Com., 29 juin 1999, n°97-12.68. *Comp.* art. 975 et suivants du CGI.
[6] M. COLLET, « La régulation fiscale », *op. cit.* , n°14. V. également, L. DUBOUIS, *La théorie de l'abus de droit et la jurisprudence administrative*, éd. LGDJ, « Bibl. Dr. Publ. », t. n°45, 1962, p. 405 et s.

plus ou moins définies[1]. « [S]ignificatives de la démarche de régulation fiscale »[2], ces notions s'appuient sur la prise en compte du mobile poursuivi par le contribuable, laissant à l'Administration, sous le contrôle du juge, « une grande marge d'appréciation des multiples indices susceptibles de justifier la qualification d'un montage "abusif" ou "frauduleux »[3].

576. Si les dispositifs des articles L 64 et désormais L 64 A[4] du LPF interviennent après l'application de la règle fiscale par le contribuable, les dispositifs anti-abus constituent des règles d'assiette dans un but préventif ou dissuasif[5]. L'intervention du principe de proportionnalité intervient à un degré différent, au stade de la qualification[6], déclenchement de l'application de la règle de droit fiscal : cette dernière ne se justifie dans son application concrète pour autant qu'une certaine proportionnalité dans la motivation fiscale soit établie, le cas échéant à l'aune d'une « normalité » relative[7].

577. Évolutions législatives et sécurité juridique : du motif principalement fiscal. Les récentes modifications, impulsées ou non par le droit de l'Union

---

[1] Il s'agit au sens large de préserver la cohérence du droit. En ce sens, A. SÉRIAUX, « Abus de droit », in *Dictionnaire de la culture juridique*, D. ALLAND et S. RIALS (dir.), Paris, éd. PUF, coll. « Quadrige », 2e éd., 2007, *s.v.*

[2] Toutefois n'y a-t-il pas quelques contradictions à encourager les contribuables par divers mécanismes d'incitation fiscale, reposant sur la recherche d'optimisation fiscales des entreprises, mais à sanctionner les montages « abusifs » en ce qu'ils sont motivés par une volonté optimisation fiscale ? Le caractère exclusivement fiscal nous semble le plus à même à proportionnaliser la lutte contre les pratiques abusives. En ce sens, M. COLLET, « La régulation fiscale », *op. cit.* spé. n°29.

[3] « Dans tous les cas, le flou de la norme implique une évidente insécurité juridique, puisque le contribuable peine à déterminer à l'avance ceux de ses comportements qui pourront, le cas échéant, lui être reprochés » (ibid.., n°14). *Comp. supra*, les détournements de procédures.

[4] L. n°2018-1317, 28 déc. 2018, *Loi de finances pour 2019,* art. 108 et 109 : JO 30 déc. 2018 ; *JCP N* 2019, 1084, note J. RUTSCHMANN et P.-M. ROCH.

[5] Privant le contribuable, auteur de montages abusifs du bénéfice de régime fiscal particulier, d'une convention internationale ou de la loi dans un domaine déterminé, ces clauses spécifiques ou générales constituent des règles d'assiette, échappant de ce fait aux exigences constitutionnelles et conventionnelles relatives aux sanctions ayant un caractère pénal (F. DEBOISSY, « Articulation de la procédure d'abus de droit et des clauses anti-abus » : *DF* 2016, n°49, étude 632). Cf. *supra*, sur les conséquences en termes de contrôle de la constitutionnalité.

[6] En ce sens, L. DUBOUIS, *La théorie de l'abus de droit et la jurisprudence administrative, op. cit.*

[7] Ainsi, l'article L 64 du LPF prévoit que la motivation exclusivement fiscale s'établit par comparaison avec la charge fiscale que le contribuable « aurait normalement supportée eu égard à sa situation ou à ses activités réelles ».

européenne[1] ou le droit international[2], tendent à rebattre les cartes, et à grandement relativiser la notion d'abus de droit, la diluant dans un concept transversal mais « fragmenté » d'abus de droit, source d'une insécurité juridique manifeste[3] :à la clause anti-abus générale a été ajoutée à propos de l'impôt sur les sociétés (nouvel article 205 A du CGI), s'est adjointe une procédure d'abus de droit « allégée », applicable à tous les impôts, autorisant l'administration à regarder comme ne lui étant pas opposables les montages juridiques guidés par un motif **principalement** fiscal (nouvel article L 64 A)[4].

578.L'enjeu de sécurité juridique est donc important, l'abus de droit au sens de l'article L 64 du LPF n'étant pas exclusif d'un risque pénal[5], ni le non-respect des autres dispositifs de l'application des majorations fiscales en cas de rectification des bases d'imposition[6] : l'assouplissement de la proportionnalité dans la motivation

---

[1] Not. avec une rédaction des clauses anti-abus dans les mêmes termes : une première directive du 25 janvier 2015 en matière de distributions transfrontalières (Cons. UE, dir. n°2015/121/UE, 27 janv. 2015 (JOUE n°L 21, 28 janv. 2015, p. 1 ; *DF* 2015, n°6, act. 77), transposée par la loi de finances rectificatives n°2015-1786 du 29 déc. 2015 (art. 29 et 36 : *DF* 2016, n°1, comm. 26, note M.-P. HÔO), sans que le Conseil constitutionnel n'y trouve matière à critiquer (à ce propos, v. not. Y. AGUILA, J. GAYRAL et Y. RUTSCHMANN, « La nouvelle clause anti-abus du régime des sociétés mères : critique de la décision du Conseil constitutionnel et opportunité d'une saisine de la CJUE » : *DF* 2016, n°13, 248 ; F. DEBOISSY, « Sociétés holdings et clause anti-abus : le régime mère-fille est-il réservé aux entreprises ? » : *DF* 2016, n°16, étude 287) et une seconde « anti-évasion fiscale » en juil. 2016 (Cons. UE, dir. n°2016/1164, 12 juil. 2016 établissant des règles pour lutter contre les pratiques d'évasion fiscale qui ont une incidence directe sur le fonctionnement du marché intérieur : JOUE n°L 193, 19 juil. 2016 ; *DF* 2016, n°29, comm. 424), modifiée par la directive n°2017/952/UE du Conseil du 29 mai 2017 relativement aux dispositifs hybrides faisant intervenir des pays tiers (JOUE 7 juin 2017, n°L 144, p. 1). A ce sujet, v. O. FOUQUET, « Les deux nouvelles procédures de "mini-abus de droit" instituées par le projet de loi de finances pour 2019 sont-elles constitutionnelles » ? : *DF* 2018, n°49, act. 519 ; G. ABATE L. BROCHET, N. MOGNETTI, C. POURREAU, Y. RUTSCHMANN, P. SUET et O. TAILLARDAT, « Quelles évolutions pour l'impôt sur les sociétés ? Actes de la soirée annuelle de l'IFA organisée le 6 nov. 2018 » : *DF* 2018, n°49, comm. 488, spé. n°89 et s.

[2] Et not. l'action 6 du projet BEPS de l'OCDE visant à « empêcher l'utilisation abusive des conventions fiscales lorsque les circonstances ne s'y prêtent pas ». La France choisit d'utiliser la clause dite du motif principal, qu'elle a inséré d'ailleurs dans plusieurs conventions internationales. - V. not., J.-P. LIEB, J. ARDOUIN et M. VAIL, « Le projet BEPS : les mesures anti-abus de lutte contre les pratiques fiscales dommageables » : *FR Lefebvre* 25/2016, n° 6.

[3] Y. RUTSCHMANN et P.-M. ROCH, « Transposition de la clause anti-abus générale en matière d'IS (CGI, art. 205 A) et nouvelle procédure d'abus de droit (LPF, art. L. 64 A) : les paradoxes de la réforme » : *JCP N* 2019, 1084

[4] V. S. AUSTRY, « La fin de l'abus de droit, À propos des nouvelles clauses anti-abus du projet de loi de finances » : *FR Lefebvre* 54/18, 13 déc. 2018.

[5] Réel eu égard à la similitude des éléments constitutifs, F. DEBOISSY estime que ce risque est limité « compte tenu de la politique de l'administration fiscale » jusqu'en 2014 du moins, l'auteure ajoutant que « si l'on considère que la lutte contre la fraude fiscale est un objectif légitime, et dans une société de droit, il l'est nécessairement, il est légitime que l'arme pénale soit utilisée pour combattre les montages d'optimisation fiscales frauduleux » (*in « Abus de droit : quel est le risque pénal ? », op. cit.*). – V. également, G. BACHELIER, G. EL KAROUI, M. GUICHARD, et E. OBADIA, « *La détection des fraudes : table ronde sur l'articulation des incriminations pénales et des qualifications fiscales* » : *DF* 2014, n°46, étude 624.

[6] Et quand bien même la loi laisserait l'opportunité à l'Administration de ne pas les appliquer (l'administration n'y est en effet pas tenue), il est fort probable qu'elle le fasse, au moins les

fiscale animant les contribuables ajoute à l'insécurité juridique pouvant résulter de l'emploi de mécanismes ou notions aux contours vagues[1].

579. Plan. Aussi, si tous ces dispositifs contribuent à la lutte contre les montages abusifs et reposent sur un référentiel de « normalité » relative[2], il convient de distinguer par ordre d'intensité, mais non nécessaire d'efficience, les dispositifs ou clauses « anti-abus » reposant sur un but principalement fiscal (I) de la procédure de répression des abus de droit prévue à l'article L 64 du LPF et subordonné à la mise en évidence d'une motivation exclusivement fiscale (II). L'interprétation de ces qualificatifs « principal » ou « exclusif » constitue le cœur de la problématique, dont la solution pourrait aboutir *in fine* à un rapprochement des dispositifs autour d'une unité de la notion d'abus de droit, et à de nouveaux questionnements notamment sur les principes d'égalité.

I. Les clauses fiscales « anti-abus » et le mini « abus de droit »[3] : la préservation préventive par une proportionnalisation accrue

580. Problématique. Parce qu'elles correspondent à des mécanismes préventifs ou dissuasifs touchant à l'assiette des impositions, la moindre exigence en termes de seuil de déclenchement interrogeait déjà quant à la compatibilité avec le droit de l'Union européenne, questionnement que l'adoption de l'article L 64 A du LPF renouvelle avec acuité : en effet, leur seuil de déclenchement de leur application renvoie donc à l'idée d'une proportion entre 51% et 99%[4] si l'on pouvait chiffrer ainsi ce but, parfois ciblé sur la fraude ou l'évasion fiscales[5]. Or, l'appréciation du mobile du contribuable ne se prête guère à de telles analyses mathématiques : il faut, pour l'appréhender, établir un faisceau d'indices concordants matériels, temporels et fiscaux, matérialisant une proportionnalité selon l'appréciation que l'Administration fiscale puis le juge de l'impôt pourront en faire.

581. Toutefois, le nouvel article L 64 A du LPF étant, selon les travaux parlementaires[6], une extension à l'ensemble des impôts de la clause anti-abus générale

---

majorations pour manquement délibéré, si ce n'est les manœuvres frauduleuses, le seront. En ce sens, O. FOUQUET, « Les deux nouvelles procédures de "mini-abus de droit" instituées par le projet de loi de finances pour 2019 sont-elles constitutionnelles ? », *op. cit.*; Y. RUTSCHMANN et P.-M. ROCH, « Transposition de la clause anti-abus générale en matière d'IS (CGI, art. 205 A) et nouvelle procédure d'abus de droit (LPF, art. L. 64 A) », *op. cit.*

[1] En ce sens, M. COLLET, « La régulation fiscale », *op. cit.*, n°14

[2] *Comp.* la proportionnalisation opérée par l'article 57 du CGI.

[3] O. FOUQUET, « Les deux nouvelles procédures de "mini-abus de droit" instituées par le projet de loi de finances pour 2019 sont-elles constitutionnelles ? », *op. cit.*

[4] Mais plus certainement proche de 99%, à suivre l'étymologie du terme « principal » : https://www.cnrtl.fr/definition/principal

[5] Par ex., l'art. 210-0-A du CGI.

[6] Amendement n°II-CF1066 présenté par Mme Peyrol sur le projet de loi de finances pour 2019.

de l'article 205 A du CGI[1], transposition fidèle de la directive ATAD[2], une interprétation uniforme s'amorce, comme l'annonce la jurisprudence récente de la Cour de justice[3].

582. Convergence dans l'interprétation restrictive de la proportionnalité des motivations fiscales et économiques : un but quasi-exclusivement fiscal. Par l'interprétation restrictive qui en est faite, les dispositifs anti-abus conduisent à exiger, pour leur mise en œuvre, un but (quasi-)exclusivement fiscal, en ce sens que c'est la ou les motivations à l'origine d'un montage ou d'un acte juridique qui importeront, non celles qui n'en seront qu'une conséquence ou un accessoire[4] : ni le Conseil constitutionnel[5], ni la Cour de justice[6], ni le juge de cassation[7], ne semblent reconnaître que cette moindre exigence de proportionnalité des buts économiques par rapport au but fiscal ne puisse conduire, *de facto*, à un net assouplissement dans la mise en œuvre de ces procédures[8]. Au contraire, tel que conçu, le but principalement fiscal reposerait sur une absence de sous-jacent économique ou patrimonial **précédant** la mise en œuvre du montage juridique : l'opération ne serait alors pas structurée par une rationalité économique, laquelle n'est pas exclusive de motifs fiscaux, mais uniquement par une rationalité fiscale, divergente de celle portée par les dispositions appliquées. On retrouverait alors peu ou prou les critères de l'abus de droit « historique », à la différence que certains dispositifs s'appliquent *ab initio* sans que l'administration ait à apporter la preuve du caractère fictif[9], et que, dans le cas

---

[1] Ce dispositif s'appliquera si le montage ou la série de montage n'est pas « authentique » c'est-à-dire « n'est pas **mis en place** pour des motifs commerciaux valables qui reflètent la réalité économique ». On rejoint à nouveau l'idée de « substance » et de mise en mouvement de l'élaboration dudit montage à partir d'un motif économique, l'optimisation fiscale intervenant comme paramètres de réalisation, donc chronologiquement postérieur.

[2] Plus généralement, es clauses anti-abus générale insérées dans la directive mère-fille en 2015 ou faisant l'objet d'une directive comme en 2016, présentent une rédaction similaire et accordent aux États membres le droit de ne pas tenir compte de montage ou d'une série de montages « qui, ayant été mis en place pour obtenir, à titre d'objectif principal ou au titre d'un des objectifs principaux, un avantage fiscal allant à l'encontre de l'objet ou de la finalité de ce régime, n'est pas authentique compte tenu de l'ensemble des faits et circonstances pertinents ».

[3] Cf. *supra*.

[4] *Comp.* la définition des régimes fiscaux privilégiés : le seuil du taux d'imposition des bénéfices ou du revenu est passé de 50% à 40% ou plus par rapport au taux applicable en France, suite à la loi relative à la fraude adoptée en octobre 2018 (L. n°2018-898, art.32 : JO 24 oct. 2018, texte n°1 : *DF* 2018, n°46, comm. 452). La détermination objective et chiffrée du seuil de qualification apporte une sécurité juridique accrue par rapport à l'indétermination du motif « principalement » fiscal.

[5] Par ex., Cons. const., 29 déc. 2016, déc. n°2016-744 DC, *Loi de finances pour 2017,* cons. 21 et 22..

[6] CJCE, gde ch., 21 fév. 2006, aff. C-255/02, *Halifax Plc ;* CJUE, 5e ch., 10 nov. 2011, aff. C-126/10, *Foggia-SGPS SA c/ Secretário de Estado dos Assuntos Fiscais*, pt 47.

[7] Par exemple à propos de l'article 155 A du CGI : CE, 9e et 10e ss-sect., 20 mars 2013, n°346.642 ; *M. et Mme Piazza.*

[8] Par ailleurs, le Conseil d'État a déjà, par ailleurs, reconnu la possibilité d'une proportionnalisation dans les motifs économiques et fiscaux avancés par le contribuable pour échapper à l'application de la procédure de répression de l'abus de droit « historique ». Cf. *infra.*

[9] Encore faut-il en ce cas-là que la réalité saisie par la loi constitue une situation quasi-systématique de fraude ou d'évasion fiscale. Ainsi de la fiction de l'article 155 A du CGI, fondée sur la présomption selon laquelle la société interposée n'a pas de réelle consistance, n'est qu'une façade et frappe ainsi

contraire, c'est-à-dire en cas de rectification, il n'y aura pas la protection accordée aux contribuables par l'article L 64 du LPF, hormis cependant dans le cadre de l'article L 64 A du LPF[1].

583. Transition. Eu égard à l'interprétation des conditions d'application de ces dispositifs anti-abus, et notamment de la motivation « exclusivement fiscale »[2], la question est posée d'une discrimination entre les contribuables[3], les garanties dont ils bénéficieraient dépendant du choix discrétionnaire de l'Administration quant à la procédure[4].

---

le prestataire réel et non apparent, sans avoir à rechercher si les sommes en cause ont effectivement été perçues par le premier (les travaux préparatoires étant très explicites sur la justification de cette fiction) : CE, 10e et 9e ss-sect., 28 mars 2008, n°271.366, *Aznavour*.

[1] V. not. : S. AUSTRY, « La fin de l'abus de droit, À propos des nouvelles clauses anti-abus du projet de loi de finance », *op. cit.* ; Y. RUTSCHMANN et P.-M. ROCH, « Transposition de la clause anti-abus générale en matière d'IS (CGI, art. 205 A) et nouvelle procédure d'abus de droit (LPF, art. L. 64 A) », *op. cit.*

[2] Certains dispositifs ne reposent pas sur une la qualification de la motivation, mais uniquement sur des critères quantitatifs : ainsi de l'article 57 du CGI, des articles 209 B et 123 du CGI.

[3] Si l'interprétation restrictive assure une certaine prévisibilité juridique, elle ne résout pas la question de la détermination des critères d'application (en ce sens, E. DE CROUY-CHANEL, « Chronique de procédures fiscales 2018 »: *DF* 2019, n°10, étude 196, spé. n°8), laissant augurer une hétérogénéité casuistique (Y. RUTSCHMANN et P.-M. ROCH, *op. cit.* – V. également, Y. AGUILA, G. FROGER, J. GAYRAL et Y. RUTSCHMANN, « *La réforme de l'abus de droit au prisme de la Constitution* » : *FR Lefebvre* 50/2013, p. 13. – V. également : O. FOUQUET, La réforme de l'abus de droit pour quoi faire ? : *FR Lefebvre* 39/2013, p. 23 et 24), temporaire dans le meilleur des cas (P. MARTIN et B. GOUTHIÈRE envisagent « 10 à 15 ans d'ajustement » (*in* Les conflits de normes : les clauses anti-évasion : *DF* 2017, n° 39, étude 471), et cela bien que la Cour de justice s'attache à définir *in abstracto* des situations susceptibles d'entrer dans la qualification d'« abus de droit » au sens du principe général du droit de l'Union not., CJUE, gde ch., 26 fév. 2019, aff. C-115/16, *N Luxembourg 1 et a.*, pts 124 et s.).

[4] Pour le Conseil en effet, la notion de but « principalement fiscal », n'est pas contraire à l'objectif d'intelligibilité et d'accessibilité de la loi pour un dispositif anti-abus assimilé à une règle d'assiette (Cons. const., 29 déc. 2013, déc. n°2013-685 DC, *Loi de finances pour 2014*), alors que le principe de légalité des délits et des peines s'y oppose dans l'application de la procédure de l'article L 64 du LPF (Cons. const., 29 déc. 2014, déc. n°2014-708 DC, *Loi de finances rectificative pour 2014).* Comme le relève à juste titre F. DEBOISSY, cette « instrumentalisation » de l'objectif d'accessibilité et d'intelligibilité de la loi « semble bien être devenu le moyen commode pour le Conseil constitutionnel d'invalider ou non une disposition, cela sans aucune justification et en fonction du seul résultat qu'il souhaite atteindre » (*in* « Sociétés holdings et clause anti-abus : le régime mère-fille est-il réservé aux entreprises ? », *op. cit.*). Cette instrumentalisation l'est d'autant plus que l'automaticité des sanctions en présence d'un abus de droit ne l'est pas nécessairement, en raison du régime de preuve (en ce sens, v. P. COLLIN, concl. sur CE, 9e et 10e ss-sect., 29 sept. 2010, n°341.065, *Sté SNERR Théâtre de Paris* : *DF* 2010, n° 45, comm. 551 ; CE, 9e et 10e ch., 19 mars 2018, n°399.862, *min. c/ A*), bien que les faits attestent du contraire : cf. *infra*. Dans le sens d'une discrimination sanctionnable : v. M. COLLET, « *Les bienfaits du « dialogue des juges* », *op. cit.* , du même auteur, « La régulation fiscale », *op. cit.*

II. Les dispositifs de répression de l'abus de droit : l'impossible coïncidence des intentions du législateur et du contribuable

584. Problématique. Envisagé sous l'angle répressif par l'article L 64 du LPF[1], l'abus de droit, principe général du droit[2], n'exclut pas une fonction « fonction préventive »[3] consistant à « préserver les praticiens des excès auxquels pourrait les porter leur imagination créatrice »[4]. L'abus de droit recouvre deux notions : la simulation, « mensonge juridique » [5] délibéré[6], et la fraude à la loi, caractérisée par l'artificialité d'un montage juridique dans le seul but d'obtenir un avantage fiscal, en contrariété avec la volonté de l'auteur de la règle fiscale, donc du lien logique de cette règle, et établi par un écart à une « norme »[7].

585. Plan. La démonstration d'un lien logique étranger à la norme fiscale appliquée[8] s'effectue à partir de l'inadaptation des montages juridiques, ou plus

---

[1] Sans revenir sur le détail de l'historique de cette disposition, rappelons que sa définition actuelle de l'abus de droit, issue de la loi de finances rectificative pour 2008 (L. n°2008-1143, 30 déc. 2008, art. 35), reprend la jurisprudence du Conseil d'État et en particulier, l'arrêt Janfin (CE, Sect., 27 sept. 2006, n°260.050, *min. c/ Sté Janfin*).

[2] L'article L 64 ne constitue pas le seul fondement à partir duquel l'Administration peut réprimer l'abus de droit (et désormais l'article L 64 A) : elle le peut, même sans texte, puisqu'il s'agit d'un principe général du droit.

[3] M. COLLET, *Droit fiscal*, *op. cit*, p. 218-219.

[4] G. GOULARD, L'abus de droit à la lumière du droit communautaire. À propos de l'arrêt CE, 18 mai 2005, *SA Sagal* : *DF* 2005, n°44-45, étude 39.

[5] M. COZIAN, « L'abus de droit », *in Les grands principes de la fiscalité des entreprises*, *op. cit*, p. 23. – V. également, F. DEBOISSY, *La simulation en droit fiscal,* LGDJ, Bibl. de droit privé, t. n°256, éd. 1997, 472 p.

[6] F. DEBOISSY, *ibid.* p. 35 et s.

[7] Plus largement, la conception prétorienne de l'abus de droit dépasse la notion d'abus de droit, et englobe les notions de fraude à la loi ou de détournement de pouvoir ou de procédure. En effet, l'abus de droit est « aux droits subjectifs l'équivalent de ce qu'est la fraude à la loi pour le droit objectif : **un correctif**, révélateur parmi d'autres de l'influence de la règle morale sur les règles juridiques » et permet de sanctionner « non seulement les comportements révélateurs d'une intention de nuire », « mais encore **tout exercice déraisonnable d'un droit, c'est-à-dire, en définitive, tout détournement de sa finalité objective** : celle que requiert son usage normal, pour lequel il a justement été reconnu » (A. SÉRIAUX, « Abus de droit », in *Dictionnaire de la culture juridique*, *op. cit.*. Nous soulignons). C'est pourquoi, conceptuellement, abus de droit, fraude à la loi ou détournement de pouvoir ou de procédure sont des quasi-synonymes, leurs modalités précises de définition ou de mises en œuvre pouvant les différencier, ainsi que le contrôle juridictionnel qui en découle : c'est plus généralement **le mauvais usage du droit subjectif**, comme en témoigne la notion d'abus de droit par l'article L 64 du livre des procédures fiscales (…) » (D. GUTMANN, « Droit subjectif », in *Dictionnaire de la culture juridique*, *op. cit.*, *s.v.*. Nous soulignons). Ce « mauvais usage » caractérise donc une rupture du lien logique dans la mise en œuvre de la norme.

[8] Comp. l'article 17 de la Convention EDH selon lequel « aucune des dispositions de la présente Convention ne peut être interprétée comme impliquant pour un État, un groupement ou un individu, un droit quelconque de se livrer à une activité ou d'accomplir un acte visant à la destruction des droits ou libertés reconnus dans la présente Convention ou à des limitations plus amples de ces droits et libertés que celles prévues à ladite Convention », dont la Cour donne une lecture restrictive, limitant son application aux « groupements totalitaires » (CEDH, 1er juil. 1961, n°332/57, *Lawless c/Irlande* n°3, §6 et 7 ; CEDH, 5e sect., 2 oct. 2008, n°36109/03, *Leroy c/ France*, §26) et négative, en ce qu'elle s'oppose au bénéfice d'une disposition de la Convention. D'où une application rarement admise.

exactement d'une sur-adaptation de ses derniers[1], aboutissant au bénéfice d'un avantage fiscal « anormal », et démontrant ainsi une motivation purement fiscale. Dès lors, si l'impossibilité de faire coïncider l'objectif poursuivi par le contribuable avec l'objectif concret et immédiat, plus ou moins extra-fiscal, portée par la norme fiscale ou l'ensemble de normes fiscales en cause traduit l'exclusivité du but fiscal[2], notamment dans le cadre fraude à la loi[3] (A), son appréciation n'est pas exclusive d'une proportionnalisation des buts poursuivis, dans une démarche plus quantitative (B).

A. Le but exclusivement fiscal, traduction de rationalités irréconciliables

586. L'exclusivité du but fiscal. L'exclusivité résulte de la jurisprudence *Sagal*[4], elle-même inspirée du droit de l'Union européenne, et a influé le juge judiciaire également[5]. Ce caractère exclusif traduit l'absence totale de coïncidence avec la rationalité imposée par le législateur[6] : l'acte du contribuable ne trouve aucun appui

---

[1] Un mésusage, une perversion de la liberté : J.-P. PRADIN et J.-B. GEFFROY, *Traité du droit fiscal de l'entreprise*, éd. PUF, 2003, p. 834.

[2] Un but « égoïste » en quelque sorte, portant préjudice aux intérêts de l'État, mais plus encore à la collectivité et à la légitimité de l'impôt, ou « la sauvegarde du système fiscal » (L. CADIET, « Remarques sur la notion fiscale d'abus de droit », *in* E. NEVEU et L. CADIET (dir.), *Regards sur la fraude fiscale*, éd. Economica, 1986, p. 33 et s.).

[3] Concernant la simulation juridique, la démonstration de la fictivité implique celle d'une volonté délibérée dans la création de la simulation, une nuance devant toutefois être apportée concernant les possibles erreurs de qualification de la convention par les parties à l'acte : les mobiles fiscaux sont présumés alors être exclusivement fiscaux, sans qu'une possibilité d'apporter une preuve contraire ne soit ouverte. V. not., F. DEBOISSY, *La simulation en droit fiscal, op. cit.*, p. 35-39 et p. 65 et s.

[4] CE, 8e et 3e ss-sect., 18 mai 2005, n°267.087, *min. c/ Sté Sagal.*

[5] M. BETCH, *Le juge judiciaire et l'impôt*, éd. Litec, 2010, p. 133. Après que le juge judiciaire ait aussi initié la théorie de l'abus de droit (Civ., 20 août 1867) et influé à son tour le Conseil d'État (CE, 12 déc. 1930).

[6] Il trouve sa justification dans l'application de majorations fiscales de 80% ou 40% selon que « le contribuable a eu l'initiative principale du ou des actes constitutifs de l'abus de droit ou en a été le principal bénéficiaire » (art. 1729, b du CGI). Cette caractéristique a ainsi motivé la non-conformité à la Constitution de la tentative de réforme de la procédure de répression de l'abus de droit prévue à l'article L64 du LPF en 2013, en raison du risque arbitraire dans la détermination par les autorités administratives ou juridictionnelles de définition relevant de la compétence législative (Cons. const., 29 déc. 2013, déc. n°2013-685 DC, *Loi de finances pour 2014*. – V. également à propos du principe de légalité des délits et des peines : CE, 8e et 9e ss-sect., 17 janv. 1994, n°120.157, *Chollet* ; CE, 8e et 3e ss-sect., 18 mai 2005, n°267.087, *min. c/ Sté Sagal.*). En l'occurrence, l'adaptation prétorienne a été précisée : le nouveau régime des pénalités pour abus de droit, issu de l'article 35 de la loi n°2008-1443 du 30 décembre 2008 est compatible avec l'article 6§1 de la Convention EDH compte tenu de la modulation des peines en fonction de leur gravité prévue par le législateur et de la nature du contrôle exercé par le juge sur une telle sanction (CE, 3e et 8e ss-sect., 27 juil. 2009, n°295.358, *Caisse interfédérale de Crédit mutuel (CICM)* et n°295.805, *Sté Conforama Holding),* le juge étant tenu, saisi d'une demande en ce sens, d'appliquer la majoration pour abus de droit de 40 % et de substituer ce taux à celui de 80% lorsque les éléments invoqués le justifient (CE, 9e et 10e ch., 19 mars 2018, n°399.862, *min. c/ A.* ; déjà en ce sens, CE, 9e et 10e ss-sect., 29 sept. 2010, n°341.065, *Sté SNERR Théâtre de* Paris). *Comp.* en matière de pénalités fiscales : CE, plén., 9 janv. 1981, n° 17.580 et 18.418 ; CE, 3e et 8e ss-sect., 9 mars 2012, n°330.760, *Sté Rebmeister Automobiles*).

rationnel sur le lien logique de la norme[1], ce qu'énoncent les dispositions de l'alinéa 1 de l'article L 64 du LPF. La divergence entre les buts immédiats et concrets poursuivis par le législateur et le contribuable est si nette qu'elle manifeste une exclusivité de la motivation fiscale. La notion d'abus de droit ou de fraude à la loi, en ce qu'elle touche à la rationalité même, implique un motif exclusivement fiscal contraire à la volonté des auteurs de la norme fiscale[2].

587. Disproportionnalité qualitative. Cette disproportionnalité s'observe dans la discordance entre les objectifs du législateur et les effets des opérations voulus par le contribuable, c'est-à-dire dans le critère subjectif de l'abus de droit. Partant des objectifs du législateur, le juge vérifie que le contribuable les a mis en œuvre ou du moins les a respectés. Mais cela suppose que le juge détermine ce ou ces objectifs. Reprenant la méthodologie du Conseil constitutionnel, le juge administratif a, à cet égard, retenu, une conception extensive, en s'attachant à établir « la raison d'être du dispositif fiscal, autrement dit sa rationalité économique, pour en vérifier l'utilisation concrète par les contribuables »[3]. La rationalité instrumentale opère la structuration comportementale du contribuable en lui imposant une proportionnalisation de son action[4].

---

[1] L'abus de droit est « l'usage d'un droit avec une fin contraire à celle définie par le législateur » (MM. COLIN, CAPITANT et de LA MORANDIÈRE, *Traité de droit civil*, 1953, t. II, p. 237, cité par L. OLLÉON, concl. sur CE, Sect., 27 sept. 2006, n°260.050, *min. c/ Sté Janfin* : *DF* 2006, n°47, comm. 744), tandis que la fraude à la loi, « détournement de la finalité de la loi, afin de faire bénéficier son auteur d'un avantage auquel il n'a manifestement pas droit » (L. OLLÉON, *ibid.*). *Comp.* l'article 147 de l'avant-projet du Code civil définissait l'abus de droit comme « *[t]*out acte ou fait q**ui excède manifestement par l'intention de son auteur, par son objet ou par les circonstances** dans lesquelles il est intervenu, l'exercice normal d'un droit ». Cf. N. CHAHID-NOURAÏ, *Optimisation fiscale et abus de droit*, éd. Litec, coll. « Fiscalité Européenne », 1990, spé. p. 48 cité par OLLÉON dans ses conclusions sur l'arrêt *Janfin préc.*). Nous soulignons.

[2] Si cette condition est envisagée séparément et non déduite de l'artificialité des montages juridiques : CE, plén. fisc., 25 oct. 2017, *Cts Verdannet*.

[3] F. DEBOISSY et G. WICKER, note sur CE, 9e et 10e ss-sect., 17 juil. 2013, n°356.523, *min. c/ SAS Garnier Choiseul Holding*, n°352.989, *min. c/ SARL Garnier Choiseul Holding* et n°360.706, *min. c/ SARL Garnier Choiseul Holding* : *DF* 2013, n°41, comm. 477. Cet arrêt adopte une position opposée à celles des arrêts de 2009, dans lesquels le Conseil d'État avait retenu une approche formelle (CE, 8e et 3e ss-sect., 7 sept. 2009, n°305.586, *min. c/ SA Axa* et n°305.596, *Sté Henri GolDFarb*). *Comp.* CE, 9e et 10e ch., 3 déc. 2018, n°406.617, *Sté Manpower France Holding*.

[4] Par ex., dans le cadre du régime fiscal des sociétés mères, s'appuyant sur « l'ensemble des travaux préparatoires du régime fiscal des sociétés mères, en particulier les travaux préparatoires [des articles 27 de la loi du 31 juillet 1920 portant fixation du budget général de l'exercice 1920, 53 de la loi du 31 décembre 1936 portant réforme fiscale, 45 de la loi n°52-401 du 14 avril 1952 portant loi de finances pour 1952, 20 et 21 de la loi n°65-566 du 16 juillet 1965 modifiant l'imposition des entreprises et des revenus de capitaux mobiliers et 9 de la loi de finances pour 2001], ainsi que de la circonstance que le bénéfice de ce régime fiscal a toujours été subordonné à une condition de détention des titres depuis l'origine ou de durée minimale de détention, et, depuis 1936, à une condition de seuil de participation minimale dans le capital des sociétés émettrices », le Conseil d'État en déduit que « le législateur, en cherchant à supprimer ou à limiter la succession d'impositions susceptibles de frapper les produits que les sociétés-mères perçoivent de leurs participations dans les sociétés filles et ceux qu'elles redistribuent à leurs propres actionnaires, a eu pour objectif de favoriser l'implication de sociétés mères dans le développement économique de sociétés filles pour les besoins de la structuration et du renforcement de l'économie française » (CE, 9e et 10e ss-sect.,

588. Il n'en reste pas moins que l'interprétation extensive du but poursuivi par le législateur conduit à une subjectivisation de la disproportionnalité[1] : alors qu'une conception formelle de ces objectifs, à travers les travaux préparatoires, objectivise le critère subjectif de l'abus de droit, cette conception plus extensive le subjectivise et le rend plus évolutif, notamment dans une « perspective de long terme », et interroge alors sur son interprétation et la sécurité juridique ou l'insécurité juridique qui en infère[2].

589. Détermination factuelle de la rationalité du contribuable. Plus casuistique est la détermination du mobile du contribuable, en l'absence, naturelle, de « textes préparatoires » formalisant son intention[3]. Aussi, le juge ou le législateur

---

17 juil. 2013, n°356.523, *min. c/ SAS Garnier Choiseul Holding*, n°352.989, *min. c/ SARL Garnier Choiseul Holding* et n°360.706, *min. c/ SARL Garnier Choiseul Holding*, cons. 5). Dès lors il serait contraire à cet objectif d'accorder le bénéfice du régime mère-fille, ou d'empêcher la remise en cause de ce bénéfice, lorsque le contribuable n'acquiert « des sociétés ayant cessé leur activité initiale et liquidé leurs actifs dans le but d'en récupérer les liquidités par le versement de dividendes exonérées d'impôt sur les sociétés en application du régime de faveur des sociétés mères, sans prendre aucune mesure de nature à leur permettre de reprendre et développer leur ancienne activité ou d'en trouver un nouvelle » : ces distributions de dividendes ont eu « pour effet de priver définitivement les trois sociétés de tout moyen susceptible de leur permettre de retrouver une activité » (*ibid.*). Certes, le régime d'exonération des dividendes perçus par les sociétés mères de leurs filiales n'a pas vocation à s'appliquer aux seules société-mères participant activement à l'activité de leurs filles, conformément à l'objectif de neutralité fiscale de ce régime et de la directive européenne du 30 novembre 2011 (en ce sens, v. notamment F. DEBOISSY et G. WICKER : *DF* 2013, n°41, comm. 477). Mais il suppose une substance économique durable, laquelle est inexistante si les sociétés filiales n'ont plus aucune activité, même de simple gestion de son patrimoine, du fait de la distribution massive de dividendes. L'inadaptation du montage était alors patente, à la fois quantitativement et qualitativement, la disproportionnalité prouvant l'incohérence du comportement économique par rapport à la raison d'être du régime des sociétés mères-filles (*Comp.* CE, 9e et 10e ch., 3 déc. 2018, n°406.617, *Sté Manpower France Holding*).

[1] En ce sens, E. DE CROUY-CHANEL, "Chronique de procédures fiscales 2018": *DF* 2019, n°10, étude 196, spé. n°8. – V. également, D. GUTMANN, « L'argument sociologique en droit fiscal », in D. FENOUILLET (dir.), *L'argument sociologique en droit. Pluriel et singularité*, éd. Dalloz, 2015, p. 275 et s.. L'auteur y souligne les dangers de l'argument sociologique en ce que « dans la mesure où il fausse le débat politique, il conduit le législateur à réagir de façon inappropriée », notamment par une « sur-réaction », « l'édiction de règles générales ayant une portée totalement disproportionnée par rapport à l'objectif de lutte contre l'abus » (*ibid.*, p. 277). V. également. « l'effet macédonien » : J. CARBONNIER, *Flexible droit, Pour une sociologie du droit sans rigueur*, éd. LGDJ, 7e éd., spé. p. 231 et s.

[2] Si l'interprétation stricte des travaux préparatoires, dans les arrêts du 7 septembre 2009, lui paraissait « raisonnable compte tenu des conséquences répressives de la qualification d'abus de droit », O. FOUQUET observait qu'en l'espèce, que « l'interprétation donnée de l'avoir fiscal est une interprétation mécanique qui n'a pas besoin de perspective. Qu'en sera-t-il d'une disposition fiscale dotée d'une perspective à plus long terme et dont l'interprétation sera dès lors susceptible d'évoluer avec son temps ? » (*in* « Fraude à la loi : l'explication du « critère subjectif » » : *DF* 2009, n°39, act. 287).

[3] Ou autres documents officiels.

recourent-ils à des critères temporels ou matériels, faisceaux d'indices[1] à l'aune duquel est appréciée la discordance qualitative de la finalité poursuivie[2].

590. En particulier, le critère temporel[3] consiste dans l'établissement d'une chronologie, le moteur de l'opération devant être d'ordre économique et non fiscal : le montage purement artificiel est « une série d'actes cohérents et convergents, passés en vue de créer une situation juridique ou économique artificielle **à seule fin** d'entrer dans les prévisions d'une disposition fiscale favorable »[4]. L'adaptation parfaite de cette série d'actes témoigne d'une volonté de retirer un bénéfice fiscal déterminé et antérieur à la motivation économique ou patrimonial, lorsque celle-ci existe : elle révèle l'antériorité de l'intention exclusivement fiscale, le montage étant une construction *ad hoc*, spécifiquement conçue pour ce faire[5] ; elle met donc en exergue l'intention déterminante, celle qui impulse la mise en place du montage, non celle qui en constitue le prétexte, l'habillage[6].

591. Plusieurs décisions ont retenu l'absence **cumulée** d'éléments matériels tels qu'une vie juridique et sociétaire, un pouvoir de décision localement exercé, des compétences au regard de l'objectif allégué par la société, et l'absence d'éléments d'actifs autres que des valeurs mobilières[7], l'identité des personnes parties aux opérations, nonobstant l'interposition de sociétés, notamment dans l'activité de marchand de bien[8].

---

[1] *Comp.* les indices factuels et autres « coïncidences et proximités temporelles » : CJUE, gde ch., 26 fév. 2019, aff. C-115/16, *N Luxembourg 1 et a.*,pt. 133.

[2] A ce titre, la Cour de cassation définit l'objectif de l'opération au regard du droit civil, et tient notamment compte de l'optique patrimoniale, la gestion et la dévolution d'un bien ou d'un patrimoine en préservant les intérêts propres du contribuable et le principe d'égalité entre les héritiers, le tout dans une sécurité juridique optimisée.

[3] Critère particulièrement utile dans la détermination, par exemple, d'une éventuelle volonté de détournement de la loi fiscale pour les souscriptions d'assurance-vie la veille du décès (Civ. 1ère, 1er juil. 1997, n°95-15.674, *D. Regent c/ R. Regent, op. cit.* ; Cass, Ch. mixte, 23 nov. 2004, *op. cit.*; Civ. 2e, 4 juil. 2007, n°06-14.048, P+B, *Cts P. c/ B, op. cit.*), de la vente d'un immeuble cachant une donation (Com. 21 oct. 1998, n°07-19.345 : en l'occurrence, la vente en viager de l'immeuble d'une tante à son neveu, par ailleurs légataire universel, deux mois seulement avant le décès de la tante, et la présentation, le même jour peu après le décès, de trois chèques représentant les premiers termes de la rente viagère, constitue les deux critères matériels et temporels, ayant conduit les juges à requalifier le contrat en donation déguisée), des cessions de fonds de commerce dissimulées derrière des conventions de location-gérance et d'une vente du matériel d'exploitation (Com. 18 janv. 1984, n°82-13.331 : *Bull. civ.* IV, n°25 ; Com. 20 mars 2007, n° 05-20.599), ou des opérations d'apport-cession, réalisées sur un laps de temps très court (Com. 20 mars 2007, *préc.*).

[4] P. COLLIN, concl. sur CE, 8e et 3e ss-sect., 18 mai 2005, n°267.087, *min. c/ Sté Sagal, préc.*

[5] En ce sens, CE, 9e et 10e ch., 3 déc. 2018, n°406.617, *Sté Manpower France Holding, préc.*

[6] *Comp.* à propos de la cause en matière de droit des obligations, avant l'ordonnance n°2016-131 du 10 février 2016 portant réforme du droit des contrats, du régime général et de la preuve des obligations (JO 11 fév. 2016, texte n°26) : F. TERRE, P. SIMLER et Y. LEQUETTE, *Les obligations*, éd. Dalloz, coll. « Précis », 12e éd., 2019, p. 439 et s.

[7] CE, 8e et 3e ss-sect., 18 mai 2005, n°267.087, *min. c/ Sté Sagal* ; CE, 10e et 9e ss-sect., 10 déc. 2008, n°295.977, *Sté Andros & Cie* ; CE, 8e et 3e ss-sect., 18 fév. 2004, n°247.729, *SA Pléiade*.

[8] Com. 12 juin 2007, n°05-19.735 ; Com. 19 déc. 2006, n°05-17.835 ; Com. 3 avr. 2007, n°06-10.702.

592. Objectivité et subjectivité de l'appréciation de la rationalité du contribuable. Les juges ordinaires, et le juge de cassation en particulier, s'efforcent « d'objectiver, dans la mesure du possible, la démarche permettant à l'Administration de prouver, le cas échéant, une telle infraction fiscale [l'abus de droit] en suggérant les éléments **formels** dont l'administration doit privilégier la recherche »[1].

593. Nonobstant l'emploi de critères objectifs, factuels ou abstraits, on ne peut nier une certaine part de subjectivité dans cette disproportionnalité qualitative d'autant plus qu'« il existe autant de substances que de sociétés »[2]. L'égalité des contribuables devant la loi et la sécurité juridique justifient alors une disproportionnalité quantitative manifeste.

594. Transition. La quantification de l'intention repose en partie sur l'établissement d'un écart, d'une anormalité par rapport à la charge fiscale que le contribuable « aurait normalement supportée eu égard à sa situation ou à ses activités réelles ».

B. La proportionnalisation du but à l'aune d'une normalité relative

595. Disproportionnalité quantitative. À partir de l'écart par rapport à la charge fiscale normale, l'administration sous le contrôle du juge, établit une disproportionnalité quantitative, confortant la disproportionnalité qualitative. Cette recherche de l'anormalité s'observe dans les arrêts du Conseil d'État et de la Cour de cassation, et l'évolution rédactionnelle accentue l'importance du critère quantitatif de l'évitement de la charge fiscale afin de déterminer l'existence d'un abus de droit par fraude à la loi, et par extension l'irréconciliable divergence de but poursuivi par le contribuable et l'auteur des dispositions en cause, ou des stipulations d'une convention internationale[3].

596. Ainsi, consacrant la dualité de la notion d'abus de droit, le Conseil d'État en 1981 définissait la fraude à la loi comme couvrant les actes passés par le contribuable qui « n'ont pu être inspirés par aucun motif autre que celui d'éluder ou atténuer les charges fiscales que l'intéressé, s'il n'avait pas passé ces actes, aurait **normalement** supportées eu égard à sa situation et à ses activités réelles »[4]. Puis, suite à l'arrêt *Halifax* de la Cour de Justice, dans l'arrêt du 27 septembre 2006, *Sté Janfin*, le juge administratif a affiné sa définition de la fraude à la loi en jugeant qu'elle correspond aux actes qui, « **recherchant le bénéfice d'une application littérale des textes à**

---

[1] M. COLLET, « La régulation fiscale », *op. cit.*, n°28. Souligné par l'auteur.

[2] F. LUGAND, M. VERBAN et D. TOF, « La notion de substance en fiscalité internationale » : *DF* 2011, n°9, étude 228. Ces auteurs ajoutent que cela « explique[rait] pourquoi ni l'administration fiscale, ni le législateur, ne se sont risqués à ériger des critères précis, laissant ce rôle au juge national et communautaire » et ils proposent une typologie de la substance en fonction de la société interposée, selon qu'il s'agit de holding de participations étrangères, de fonds et véhicules d'investissement, de structures à objet opérationnel (degré de substance croissant).

[3] CE, plén. fisc., 25 oct. 2017, *Cts Verdannet*.

[4] CE, plén., 10 juin 1981, n°19.079 ; CE, 7e et 8e ss-sect., 2 juil. 1986, n°38.610 ; CE, Ass., avis, 8 avr. 1998, n°192.539, *Sté de Distribution de chaleur de Meudon*. – V. pour le juge judiciaire, Cass. com., 19 avr. 1988, n° 86-19079, *Donizel*.

l'encontre des objectifs poursuivis par leurs auteurs, (…) n'ont pu être inspirés **par aucun autre motif** que celui d'éluder ou d'atténuer les **charges fiscales** que l'intéressé, s'il n'avait pas passé ces actes, aurait **normalement** supportées, **eu égard à sa situation ou à ses activités réelles** »[1]. Dès lors, la nécessité d'une disproportion quantitative exclut la qualification d'abus de droit lorsque les actes passés par le contribuable n'ont pas conduit à une réduction de sa charge fiscale[2].

597. La mise à l'écart des buts économiques « négligeables » : proportionnalisation quantitative du but exclusivement fiscal. Établir cette disproportion suppose de comparer, non pas tant les conséquences fiscales des différentes options offertes au contribuable, mais plutôt de comparer l'économie d'impôt réalisée avec les avantages économiques retirés, et le cas échéant en faisant jouer de manière abstraite et hypothétique les conventions fiscales internationales[3].

598. Ainsi, le fait que le contribuable ait dégagé un gain de trésorerie ne suffit à lui seul pour justifier le bien-fondé économique de l'opération lorsque ce gain est, par rapport à l'économie d'impôt réalisée, « négligeable et sans commune mesure avec l'avantage fiscal retiré de ces opérations »[4]. Un gain limité constitue donc « plus un effet collatéral positif de l'opération que d'un but en vue duquel elle a été conduite[5] », comme le sont les considérations de marketing ou d'organisation[6]. L'opération a donc, chronologiquement, été motivée par le gain fiscal, de sorte que les motifs s'adjoignant en cours de réalisation de l'opération ne peuvent être retenus dans la détermination du but président à l'élaboration de l'opération. Le but initial demeure exclusivement fiscal, alors que cette proportionnalisation quantitative pourrait aboutir à un but quasi-exclusivement fiscal, rapprochant alors les dispositifs de lutte contre la fraude et l'évasion fiscale étudiés ci-avant[7].

---

[1] CE, Sect., 27 sept. 2006, n°260.050, *min. c/ Sté Janfin*, nous soulignons. – V. également, CE, 9e et 10e ss-sect., 28 fév. 2007, n°284.566, *min. c/ Croset* et n°284.565, *min. c/ Persicot*.
[2] CE, 8e et 3e ss-sect., 5 mars 2007, n°284.457, *SELARL Pharmacie de Chalonges*; CE, 8e et 3e ss-sect., 23 juil. 2012, n°342.017, *M. et Mme Bazin-Faucon* ; CE, 9e et 8e ss-sect., 9 déc. 1992, n°71.859, *M. Ravot*.
[3] Par ex., CE, sect., 30 déc. 2003, n°233.894, *SA Andritz ;* CE, 3e et 8e ss-sect., 29 déc. 2006, n°283.314, *min. c/ Sté Bank of Scotland* ; CE, 9e et 10e ch., 21 juil. 2017, n°392.908, *SAS Thermo Electron Holdings*.
[4] CE, 9e et 10e ss-sect., 17 juil. 2013, n°356.523, *min. c/ SAS Garnier Choiseul Holding*, n°352.989, *min. c/ SARL Garnier Choiseul Holding* et n°360.706, *min. c/ SARL Garnier Choiseul Holding*, cons. 4. – V. également, CE, 9e et 10e ch., 3 déc. 2018, n°406.617, *Sté Manpower France Holding*..
[5] F. ALADJIDI, concl. sur CE, 9e et 10e ss-sect., 17 juil. 2013, n°356.523, *min. c/ SAS Garnier Choiseul Holding*, n°352.989, *min. c/ SARL Garnier Choiseul Holding* et n°360.706, *min. c/ SARL Garnier Choiseul Holding, préc.* – V. également : CE, 8e et 9e ss-sect., 10 nov. 1993, n°62.445, *Gianoli*/
[6] CJCE, 2e ch., 21 fév. 2008, aff. C-425/06, *Parl Service Srl*, pt. 62.
[7] E. DE CROUY-CHANEL évoque ainsi « le seuil à partir duquel l'intérêt fiscal devient prépondérant au point de vider de sens des considérations résiduelles » (in « Chronique de procédures fiscales 2018 »: *DF* 2019, n°10, étude 196, spé. n°8).

599. Quant au juge judiciaire, la Cour de cassation adopte une position plus stricte en droit interne, définissant l'objectif de l'opération au regard du droit civil[1]: l'existence d'un but autre que fiscal exclut, quel que soit par ailleurs son caractère minime – semble-t-il, une finalité purement fiscale susceptible d'emporter la qualification d'abus de droit[2].

Ainsi, le critère objectif de l'abus de droit consiste à rechercher la raison d'être, voire la cause de l'opération : par la recherche d'une disproportionnalité quantitative entre les avantages fiscaux et les autres avantages économiques ou patrimoniaux retirés de l'opération, le juge recrée l'intention déterminante du contribuable, rationalité d'ordre qualitatif. La disproportionnalité est évidente, et l'emploi de l'adverbe « exclusivement » ou des adjectifs « négligeable » ou « minime » en atteste : elle tend à objectiviser l'intention du contribuable, mais laisse néanmoins des interrogations quant à la frontière avec les autres dispositifs fiscaux.

Conclusion de la Section 2.

600. Rationalité imposée aux contribuables[3], elle contribue à la rationalité des dispositifs anti-abus, tels que décidée par les législateurs nationaux, par une dynamique allant de l'adaptation du champ d'application au lien logique entre la norme et l'objectif de lutte contre la fraude fiscale, par le truchement de l'objectif spécifique de cette norme. Cette interprétation restrictive, fruit de la proportionnalisation de la notion d'abus de droit[4], assure alors l'équilibre entre la liberté des contribuables et les intérêts financiers des États membres, dans une sécurité juridique optimisée.

601. Que la motivation fiscale du contribuable soit « principale », « essentielle » ou « exclusive », sa proportion par rapport aux motifs économiques ou patrimoniaux tend, que le dispositif soit préventif ou curatif, à une quasi-exclusivité, établissant que l'intention, l'impulsion motrice, fondant la rationalité de l'opération, s'écarte nettement de la rationalité décidée par le législateur présidant à l'adoption de la

---

[1] Elle tient compte notamment de l'optique patrimoniale, la gestion et la dévolution d'un bien ou d'un patrimoine en préservant les intérêts propres du contribuable et le principe d'égalité entre les héritiers, le tout dans une prévisibilité juridique optimisée. V. à ce sujet, M. BETCH, *Le juge judiciaire et l'impôt*, op. cit., p. 138-143.

[2] Par ex., Com. 3 oct. 2006, n°04-14.272 ; Com. 20 mai 2008, n°07-18.397 ; Com. 23 sept. 2008, n°07-15.210 et Com. 21 oct. 2008, n°07-18.770.

[3] Le critère tiré de la contrariété à la finalité ou l'objet du texte oriente le dispositif vers une approche téléologique, marquant de manière accrue une certaine régulation des comportements des contribuables, ces derniers devant adopter en quelque sorte la rationalité du texte fiscal : « (…) se trouve privilégiée une approche téléologique fondée sur la recherche de l'adéquation de l'intention du contribuable à la raison d'être du texte » (F. DEBOISSY, « Sociétés holdings et clause anti-abus : le régime mère-fille est-il réservé aux entreprises ? », *op. cit.*).

[4] « S'il est nécessaire, ne serait-ce que pour des raisons d'équité fiscale, de lutter contre l'évasion fiscale, il n'en faut pas moins assurer avec constance le respect du principe de proportionnalité dans ce cadre », affirma J. KOKOTT, dans ses conclusions sur l'arrêt Eqiom (concl., 19 janv. 2017, pt. 3).

disposition en cause, à supposer d'ailleurs que cette intention ait jamais effleurée la seconde dans sa substance.

602. Cette convergence pouvait interroger dès lors sur la possibilité d'une inégalité devant la loi, sanctionnable, en particulier entre les articles L 64 et L 64 A du LPF, deux dispositifs correctifs *a posteriori*, la neutralisation de la disproportionnalité se matérialisant dans l'inopposabilité de l'acte ou de la série d'actes[1]. Toutefois, la possibilité de saisir le comité d'abus de droit fiscal et l'absence d' « automaticité » dans la sanction applicable prévues dans le cadre de l'article L. 64 A du LPF atténue les critiques à cet égard.

603. Cette critique d'inégalité perd en force dans la comparaison entre ces dispositifs et ceux intervenant *a priori*, dans le mouvement d'application de la loi, mais aussi avec les règles de déductibilité : certes, en présence d'un ensemble de dispositifs et concepts de normalisation des comportements, les contribuables poursuivis sont « dans des situations quasiment analogues », mettant en exergue une différence dans les régimes procéduraux qui les opposent[2]. Toutefois, eu égard aux évolutions jurisprudentielles relatives à la fraude fiscale, en particulier au principe *non bis in idem*, ces dispositifs, au contraire, peuvent être considérés comme un tout, appréhendant chacun, dans une logique de gradation[3], une facette de la fraude, de l'abus ou de l'anormalité, ces notions n'étant pas tout à fait synonymes par ailleurs, nonobstant une interprétation tendant à un rapprochement (mais non une unification notionnelle) et une finalité structurante commune[4].

CONCLUSION DU CHAPITRE II.

604. Poursuivant la structuration par la rationalité opérée par les juridictions supérieures dans la norme d'imposition, les juridictions ordinaires des deux ordres, la préservent usant pour ce faire de mécanismes législatifs, comme l'abus de droit ou les dispositifs anti-évasion fiscales (ou fraudes fiscales), ou de constructions

---

[1] Mais aussi pour le seul dispositif de l'abus de droit à motif principalement fiscal, lequel, relevant de l'appréciation souveraine des juges du fond, pourrait échapper au juge de cassation et aboutirait alors à ce que « dans le cas de deux contribuables associés à l'opération critiquée mais domiciliés dans le ressort de deux cours administratives d'appel différentes, l'un pourrait être jugé à Marseille comme étant l'auteur d'un abus de droit [...] tandis que l'autre serait déchargé à Nancy » (O. FOUQUET, « La réforme de l'abus de droit pour quoi faire ? » : *FR Lefebvre* 39/2013, p. 23 et 24).

[2] Au regard de l'article 14 CEDH, mais aussi une parenté par le critère de la finalité : « prouver qu'un comportement avait bien pour objet de satisfaire l'intérêt de l'entreprise ou qu'un montage ne poursuivait pas un mobile exclusivement fiscal, implique la discussion d'éléments essentiellement subjectifs et intentionnels que, dès lors, seuls des indices permettent d'étayer » (M. COLLET, « La régulation fiscale », *op. cit.* ; v. également, du même auteur, « Les bienfaits du « dialogue des juges », *op. cit.*)

[3] X. SOUVIGNET, « Le principe de non-immixtion de l'Administration fiscale dans la gestion des entreprises existe-t-il ? » : *RFFP* 2012, n°117, p. 239 et s.

[4] En ce sens, les motifs de l'amendement ayant conduit à l'adoption de la procédure de l'article L 64 A du LPF présentaient ce dispositif, portant sur les « *actes* » abusifs comme « *complémentaire* » du dispositif de l'article 205 A du CGI relatif à des « montages » abusifs, créant ainsi un abus de droit « à deux étages » « plus souple et adapté à notre droit » : AN, amdt n°1255, 31 oct. 2018.

prétoriennes, comme dans le contrôle de la déductibilité des charges et dépenses professionnelles : le juge cherche à appréhender la rationalité propre au contribuable et à en vérifier la coïncidence avec la *ratio legis* de la loi fiscale, consolidant cette rationalité imposée en retour.

605. La logique du flou à l'œuvre a pour pivot l'idée de « normalité », dans une acception plus ou moins stricte selon ce que permettent les textes de loi : pour sauvegarder une prévisibilité de l'application de la norme fiscale, l'administration, sous le contrôle du juge, s'appuie sur des critères objectifs destinés à mettre en évidence la présence ou l'absence d'une intention rationnelle du contribuable compatible avec la loi[1].

606. Ce faisant, ces notions structurantes des décisions et comportements des contribuables assurent, dans un même mouvement, une régulation et une modération de ces derniers, de sorte que la rationalité conduit, tout autant qu'elle est déterminée, dans une logique performative, par l'adaptation de la décision du contribuable.

CONCLUSION DU TITRE II

607. De la rationalité décidée à la rationalité imposée, la structuration de la norme d'imposition se poursuit dans son application, le juge contribuant à cet égard à la structuration comportementale de l'appropriation de la norme d'imposition par les contribuables. Il ne s'agit plus de prémunir ces derniers des velléités de l'administration fiscale, mais bien de protéger l'État et la collectivité qu'il représente de l'inventivité des contribuables, particuliers ou entreprises[2].

---

[1] Un autre exemple de concrétisation de la proportionnalité s'observe également dans la définition du caractère prépondérant des moyens techniques, matériels et outillages dans le caractère industriel des locaux. Ainsi, si l'appréciation par le juge du fond de l'importance des moyens techniques utilisés par le contribuable ou du rôle prépondérant de la mise en œuvre des matériels et outillages dans l'exploitation est souveraine (CE, 8e et 3e ss-sect., 15 déc. 2010, n°309.678, *SAS Carrières du Boulonnais*), le Conseil d'État encadre cette appréciation et notamment, précisa, concernant le caractère de prépondérance : qu'elle doit s'apprécier au regard de l'importance dans le « processus » mis en œuvre de ces installations (CE, 8e et 3e ss-sect., 27 fév. 2006, n°267.181, *SA Larivière*) ; ce rôle s'apprécie au regard de l'activité déployée, prise de manière globale, tout particulièrement en cas de pluriactivité, sans s'en tenir à des seuls données comptables ou matérielles, en opérant une « pesée » du poids respectifs des facteurs de production, notamment humain et technique (CE, 8e et 3e ch., 25 juin 2018, n°413.466, *SAS Loison* ; CE, 9e et 10e ss-sect., 28 juin 2013, n°359.715, *min. c/ SAS Micel ;* CE, 9e et 10e ss-sect., 9 oct. 2013, n°354.632, *Sté Place du Marché* ; CE, 8e et 3e ss.-sect., 5 fév. 2014, n°365.583, *min. c/ Sté JM Bruneau*). La prise en considération de données comptables tels que la valeur des immobilisations dans le bilan n'est pas proscrite mais ne saurait suffire à elle-seule, l'indice déterminant étant ce rôle dans le processus (CE, 9e et 10e ss-sect., 20 juin 2007, n°290.265, *min. c/ SARL Ets Roger Rondy*).

[2] Si la fiscalité transcende la *summa divisio* entre le droit privé et le droit public, elle n'en reste pas moins fortement imprégnée de l'idée d'utilité publique, idée propre au droit public dont elle est issue (en ce sens, A. HAURIOU, « L'utilisation en droit administratif des règles et principes du droit privé », *in Recueil d'études en l'honneur de F. Gény, t. III, Les sources des diverses branches du droit*, éd. Sirey, 1934, p. 92 et s.) et idée qu'elle permet de servir.

608. En raison des politiques interventionnismes d'ordre économique, social ou encore environnemental, l'aspect politique est cependant plus important qu'en matière de procédure fiscale, et la rhétorique plus délicate à manier : convaincre du bien-fondé de l'adoption de certaines procédures par l'argument de la lutte contre « les fraudeurs » est une tâche plus aisée que faire accepter une norme d'imposition accroissant, de manière réelle ou supposée, la charge fiscale pesant sur le contribuable. Il en découle une relative liberté du législateur fiscal, la vigilance du juge s'accentuant à mesure que la norme fiscale s'écarte de sa fonction primaire de financement des charges publiques.

609. La même volonté de préserver l'égalité des contribuables devant les charges publiques anime le juge de l'impôt, notamment à travers l'encadrement de la déductibilité des charges et l'abus de droit, sans que ces exemples topiques n'épuisent l'utilisation de la proportionnalité aux fins d'application de la norme d'imposition. L'approche du juge de l'impôt, si proche de la situation d'application, inclut l'adaptation dans un mouvement ascendant.

TITRE III. LA STRUCTURATION DES NORMES FISCALES RÉPRESSIVES : L'IMBRICATION DES RATIONALITÉS

611. Nécessité d'une répression fiscale, légitimité *per se* de la répression fiscale. La répression des infractions fiscales commises répond, à l'instar de la répression pénale[1], à la nécessité de préserver le système fiscal dans son ensemble contre des comportements dont le législateur estime qu'ils doivent être ainsi réprimés. Cette nécessité, affirmée sur le principe même de la répression fiscale par le Conseil constitutionnel[2], est cependant plus large que la protection de la société : la répression fiscale repose et participe également sur l'égalité des contribuables devant les charges publiques : il « suit **nécessairement** [des dispositions de l'article 13 de la Déclaration] ayant force constitutionnelle que l'exercice des libertés et droits individuels ne saurait en rien excuser la fraude fiscale, ni en entraver la légitime répression[3] ».

612. Toutefois, pour légitime que soit la répression fiscale, elle ne peut être ni arbitraire, ni disproportionnée : « 'il appartient au législateur d'assurer la conciliation de l'objectif de valeur constitutionnelle de lutte contre la fraude fiscale, qui découle nécessairement de l'article 13 de la Déclaration des droits de l'homme et du citoyen, avec le principe énoncé par son article 8 (…) »[4] et donc de trouver un équilibre dans une répression effective de la méconnaissance des obligations fiscales[5]. Cette conciliation résulte également de dispositions européennes, à savoir l'article 6 de la Convention EDH ou l'article 49 de la Charte des droits fondamentaux[6], et avant son entrée en vigueur, le principe général de proportionnalité.

613. Or, si le mouvement mondial d'intensification de la lutte contre la fraude fiscale au sens large, sur fond de crise des équilibres budgétaires et d'égalité devant

---

[1] La répression pénale est ainsi une réaction du corps social contre le phénomène criminel. V. également, B. BOULOC, *Droit pénal général*, éd. Dalloz, 26e éd., 2019, p. 1 et s., plus spé. p. 16 et s.

[2] Tandis qu'elle constitue plutôt un facteur d'adaptation des sanctions fiscales pour les juridictions européennes.

[3] Cons. const., 29 déc. 1983, déc. n°83-164 DC, *Loi de finances pour 1984,* cons. 26 et 27 ; Cons. const., 30 déc. 1997, déc. n°97-395 DC, *Loi de finances pour 1998*, cons. 36.

[4] Cons. const., 30 déc. 1997, déc. n°97-395 DC, *Loi de finances pour 1998*, cons. 36 ; Cons. const. 29 déc. 1999, déc. n°99-424 DC, *Loi de finances pour 2000,* cons. 52 : JO 31 déc. 1999 ; Cons. const., 29 déc. 2003, déc. n°2003-489 DC, *Loi de finances pour 2004,* cons. 10..

[5] Cons. const., 16 sept. 2016, déc. n°2016-564 QPC, *Lucas M.*

[6] Son paragraphe 3 énonce : « l'intensité des peines ne doit pas être disproportionnée par rapport à l'infraction ».

la contribution publique[1], apporte une justification accrue de la répression fiscale prise dans son ensemble[2], cet impératif ne suffit pas à apporter une rationalité suffisante de chaque sanction prise isolément, voire dans certains cas, de manière cumulée, et impose d'exclure l'objectif transcendant aux fins de contrôler l'existence d'un lien logique tangible. Toutefois, la rationalité axiologique n'est pas absente de la structuration, selon un axe complexe.

614. De la qualification à la structuration des normes fiscales répressives : omniprésence de la proportionnalité structurante. Sans nier la possibilité d'un but indemnitaire, le caractère prépondérant du but répressif et dissuasif emporte la qualification de « sanction ayant un caractère de punition » ou d'« accusation en matière pénale » : la proportionnalisation est donc à l'œuvre dans l'opération de qualification (Section 1), cette rationalité qualificative commandant alors une structuration selon un raisonnement propre aux sanctions et selon leur nature, élargissant ainsi le champ d'application des normes supérieures relatives au droit pénal (Section 2)[3]. Cette structuration se prolonge dans son application, le rôle des juridictions ordinaires étant certes limitées par le principe de légalité des délits et de peines, mais tout aussi fondamental (Section 3).

Section 1. But punitif et proportions dans la qualification des sanctions fiscales : l'imbrication des rationalités instrumentale et axiologique

615. Pénalités fiscales et sanction. Une sanction (du latin *sanctio*, du verbe *sancire*, établir une loi) recouvre, dans un sens restreint, toute « punition, peine

---

[1] O. DEBAT, « Souveraineté, citoyenneté, liberté : le droit pénal fiscal en quête d'équilibre », *in Livre du bicentenaire du Code pénal et du Code d'instruction criminelle*, éd. Dalloz, 2010, p. 785 et s..

[2] D. GUTMANN, « La "pénalisation" du droit fiscal : mythe ou réalité ? » : *DF* 2010, étude 122 ; P. MORVAN, « Le droit pénal fiscal ou la rencontre du troisième type » : *Gaz. Pal.* 12 mars 2002, n°71, p. 26 et s. ; P. DEROUIN, « La pénalisation du droit fiscal – Compte-rendu de la conférence de l'IACF du 18 avr. 2013 » : *DF* 2013, n°25, act. 309.

[3] Sans s'y restreindre. Ainsi, même en présence d'une sanction ayant un caractère de punition, l'applicabilité de l'article 6 de la Déclaration n'est pas exclue : cf. Cons. const., 16 fév. 2018, déc. n°2017-692 QPC, *Époux Fischer* (à propos de l'article 1736, IV du CGI et de l'article L 152-2 du CMF et relatifs aux amendes sanctionnant le défaut de déclaration de comptes bancaires ouverts, utilisés ou clos à l'étranger) ; Cons. const., 16 sept. 2016, déc. n°2016-564 QPC, *Lucas M.* (à propos de l'article 1731 bis, 1 du CGI privant le contribuable de la possibilité d'imputer déficits et réductions d'impôt sur les rehaussements d'assiette consécutifs à certains manquements) ; Cons. const., 4 déc. 2013, déc. n°2013-679 DC, *Loi relative à la lutte contre la fraude fiscale et la grande délinquance économique et financière,* cons. 11 à 18. Mais le principe de proportionnalité serait privilégié (en ce sens, Cons. const. 22 juil. 2016, déc. n°2016-554 QPC, *M. Gilbert B.*, cons. 4). En revanche, la qualification d'une « sanction ayant un caractère de punition » exclut une contestation sur le terrain du droit de la propriété ou d'égalité devant les charges publiques (cf. Cons. const., 8 oct. 2014, déc. n°2014-418 QPC, *Sté SGI*), tandis que l'article 1er du premier protocole additionnel constitue un moyen opérant (CEDH, 2e sect., 4 mars 2014, n°18640/10, n°18647/10, n°18668/10 et n°18698/10, *Stevens et a. c./ Italie*, §194 ; CEDH, 1ère sect., 26 fév. 2009, n°28336/02, *Grifthorst c/ France*, §89 ; CEDH, 5e sect., 9 juil. 2009, n°39973/03, *Moon c/ France*, §47), mais toujours porteur (CE, 10e et 9e ch., 4 déc. 2017, n°379.685, *Sté Edenred*).

infligée par une autorité à l'auteur d'une infraction, mesure répressive destinée à le punir »[1] et dans un sens plus large, « toute mesure, même réparatrice, justifiée par la violation d'une obligation »[2]. Une acception large pourrait donc inclure les intérêts de retard ou les déchéances de régimes fiscaux favorables. Cependant, c'est au contraire une définition stricte qui a été privilégiée, quelle que soit la norme de contrôle[3].

616. La proportionnalité du but punitif, critère de qualification. Si le caractère mixte des pénalités fiscales, les intérêts de retard et les pénalités propres dites faisant bloc[4] avait été à l'origine de l'accessoirisation de celles-ci par rapport aux impositions[5], l'évolution prétorienne entraîna, dans un même mouvement de

---

[1] *Vocabulaire juridique*, G. CORNU, éd. PUF, coll. Quadrige, 7e éd., 2005, p.830

[2] *Ibid.* p. 831. C'est ainsi que la sanction au sens large peut être définie comme « une réaction en réponse à une violation antérieure de la règle » (J. CARBONNIER, *Sociologie juridique*, éd. PUF, coll. « Quadrige », 2004, p. 188), une réaction « urticante » (M. PELLETIER, « Vers un élargissement discret de la qualification de sanction fiscale » : *DF* 2014, n°31-35, act. 432. – V. également, J. LAMARQUE, O. NÉGRIN et L. AYRAULT, *Droit fiscal général*, *op. cit.*, n°330 ; D. GUTMANN, « Sanctions fiscales et Constitution » : *Nouv. Cah. Const. const.* 2011, n° 33, p. 41 et s.). *Comp.* la définition de la peine, incluant la notion de proportionnalité, d'E. DURKEIM : la peine consiste donc essentiellement dans « une **réaction** passionnelle d'**intensité graduée** » que la société exerce par l'intermédiaire d'un corps constitué sur ceux de ses membres qui ont violé certaines règles de conduites (*De la division du travail social*, éd. PUF, coll. « Quadrige », 2013 (1ère éd. en 1893), 420 p., p. 57 et plus largement p. 52 et s.). Nous soulignons.

[3] Y compris aux fins d'application de la loi du 11 juil. 1979, qui impose de motiver l'infliction d'une sanction administrative, l'article 1er de la loi incluant les sanctions fiscales (CE, 9e et 7e ss-sect., 17 fév. 1992, n°58.299, *Époux Vermeersch*. – V. également J. ARRIGHI DE CASANOVA, « Le procès équitable dans la jurisprudence fiscale du Conseil d'État » : *RFFP* 2003, n°83, p. 25 et s.).

[4] M.WALINE, « Nature juridique des pénalités fiscales », *RSLF* 1949 p. 44 ; L. SFES, « La nature juridique des sanctions fiscales non pécuniaires », *RSLF* 1966, p. 361.

[5] En effet l'ancien article 1736 du CGI n'opérait pas de distinction : les « amendes, majorations et intérêts de retard », sont « constatés » par l'Administration, et recouvrés et contestés « selon les règles applicables à la catégorie d'impôts qu'ils concernent ». Ainsi, Conseil d'État et Cour de cassation refusaient de reconnaître ce but répressif et analysaient les sanctions fiscales comme des accessoires de l'impôt dus au principal destinés à préserver les intérêts du Trésor public (CE, 10 mai 1952, *Sté X* ; Com. 25 oct. 1960, *Percepteur d'Orléans-Ouest c/ Caisse d'allocations familiales du Loiret et autres*). Les sanctions fiscales constituaient alors une catégorie particulière de sanctions administratives, dont le but répressif était étouffé. Les conséquences pour le contribuable étaient non négligeables eu égard aux principes des articles 8 et 16 de la Déclaration de 1789. Ainsi, si, dès 1922, le Conseil d'État a reconnu au profit de l'administration fiscale, le pouvoir d'établir une sanction en vue d'assurer le remboursement d'une taxe (CE, 5 mai 1922) ou des retards dans le paiement de l'impôt ou des manœuvres frauduleuses destinées à éluder l'impôt, il a refusé que le principe d'application immédiate de la loi pénale plus douce puisse concerner des pénalités, constituant l'accessoire de l'impôt (CE, 5 oct. 1973, *Sté X*, n°82.836). Il en a été de même ultérieurement de l'article 6 de la Convention EDH (CE, 9e et 10e ss-sect., 28 juil. 2000, n°184.510, *Vanackere* ; CE, 9e et 10e ch., 25 oct. 2017, n° 374.836, *Sté Holcim France SAS venant aux droits de la société Euro Stockage et Sté Enka*. *Comp.* CEDH, 5 oct. 1999, n°43.604/98, *Gantzer c/ France*), et cela alors même que l'administration recommandait, dans le même temps, à ses services de faire application des pénalités moins sévères… Ce fut aux tournants des années 1980, encouragé par les droits européens et constitutionnel que le Conseil d'État amorça une évolution fondée sur le but répressif et dissuasif des sanctions : il considéra en effet que les sanctions fiscales constituaient non plus un accessoire de l'impôt, mais des sanctions administratives (not. CE, 9E et 7e ss-sect., 5 déc. 1983, n°35.478, *Restaurant Djerba ;* CE, Plén. 9 nov. 1988, n°68.965, *Grisoni* ; CE, 9e et 7e ss-sect., 17

pénalisation, appelé et salué par la doctrine[1], un changement de paradigme, par une proportionnalisation des buts poursuivis par la norme fiscale, la prépondérance du but répressif emportant la qualification d'une « sanction »[2]. Ce but constitue une rationalité axiologique associée aux considérations d'éthique et d'équité propres à la lutte contre la fraude fiscale dans la recherche d'une préservation de l'égalité devant les charges publiques, objectifs transcendants, voire transversaux.

617. Convergence conceptuelle dans l'identification des sanctions. Qu'elle que soit la juridiction envisagée, l'objectif répressif et dissuasif ou préventif constitue un élément majeur de la qualification[3], faisant déjà intervenir la notion de proportion, la proportionnalité proprement dite de la sanction venant corroborer la qualification d'« accusation en matière pénale » ou y conduire, mais non l'infirmer en principe (I)[4]. Ce but est déterminé à partir de la rationalité instrumentale, c'est-à-dire à partir de l'identification du manquement sanctionné[5], dont l'antériorité à l'application de la sanction, permet de faire la distinction entre les règles d'assiette au caractère dissuasif

---

fév. 1992, n°58.299, *Époux Vermeersch*. *Comp. anté*. CE, Ass, 27 avr. 1979, n°7 309, *Yacht Motors Corporation*).

[1] Par ex. : P. DEROUIN, « L'apport du droit pénal au régime juridique des sanctions fiscales » : *LPA*, 6 oct. 1993, n° 120, p. 70 ; M. BORNHAUSER, « La modération des pénalités fiscales devant le juge de l'impôt », *BF* 10/1993, chron. p. 617-619 ; J.-P. LE GALL et L. GÉRARD, « Les recours des contribuables sur le fondement de la Convention européenne de sauvegarde des droits de l'homme et des libertés fondamentales – à propos de l'arrêt Bendenoun », *DF* 1994, n°21-22, étude 100027 p. 878 ; J-F. FLAUSS, « Droit administratif et Convention européenne des droits de l'homme », (janv.-avr. 1994) » : *AJDA* 1994, p. 511 ; du même auteur, « Sanctions fiscales et Convention européenne des droits de l'homme » : *RFFP* 1999, n°65, p. 77 à 99 ; M. BORNHAUSER, « Sanctions fiscales et procès équitable – La compatibilité du contentieux des pénalités fiscales avec l'article 6 de la Convention EDH », *DF* 1995, n°28, comm. 100049. – V. également, S. AUSTRY, « Les sanctions administratives », *op. cit.* ; M. GUYOMAR, *Les sanctions administratives*, *op. cit.*

[2] Sur cette évolution, cf. S. AUSTRY, « Les sanctions administratives en matière fiscale », *op. cit.*; M. GUYOMAR, *Les sanctions administratives*, *op. cit.*. Déjà, la doctrine ne niait pas cet aspect punitif : M. WALINE les définissait comme « des mesures ayant **pour objet de sanctionner la conduite** d'un contribuable ou d'un assujetti **portant illégalement préjudice** aux intérêts du fisc (…) » (*in* « Nature juridique des pénalités fiscales », *op. cit.* Nous soulignons) et L. SFES, comme celle « qui, décidée par l'Administration ou par le juge, a pour **but** de **pénaliser** une infraction proprement fiscale » (*in* « La nature juridique des sanctions fiscales non pécuniaires », *op. cit.*, nous soulignons).

[3] Les pénalités « visent à faire pression sur les contribuables pour qu'ils respectent leurs obligations fiscales, ainsi qu'à punir les infractions » (CEDH, 1ère sect., 23 juil. 2002, n°34619/97, *Janosevic c/ Suède*, §107)

[4] En sus du rejet d'une qualification selon l'autorité qui prononce la sanction : « même si le législateur a cru devoir laisser le soin de la prononcer à une autorité de nature non judiciaire », selon les termes du Conseil constitutionnel (v. Cons. const., 30 déc. 1982, déc. n°82-155 DC, *Loi de finances rectificative pour 1982*, cons. 33 ; Cons. const. 30 déc. 1987, déc. n°87-237 DC, *Loi de finances pour 1988*, cons. 15 ; Cons. const. 29 déc. 1989, déc. n°89-268 DC, *Loi de finances pour 1990*, cons. 88 . *Comp.* Anté. Cons. const., 30 déc. 1980, déc. n°80-126 DC, *Loi de finances pour 1981*, cons. 8.

[5] Notamment devant les juridictions internes : « les amendes et majorations **qui tendent à réprimer** le comportement des personnes qui **ont méconnu** leurs obligations fiscales doivent (…) être considérées comme des sanctions ayant le caractère de punition » (Cons. const., 4 mai 2012, déc. n°2012-239 QPC, *Mme Altmann*, cons. 5, nous soulignons).

et les sanctions fiscales, toutes contribuant à la lutte contre la fraude fiscale, mais laissant cependant certaines interrogations sans réponse satisfaisante (II).

I. Proportion répressive et proportionnalité de la sanction, critères de qualification d'une « sanction » fiscale

618. Divergences dans les méthodes d'identification des « sanctions » fiscales. Alors que la Cour européenne des droits de l'homme, utilise deux méthodes, l'une principale reposant sur trois critères alternatifs (la qualification interne[1], la nature de l'infraction, à savoir son champ d'application et son but répressif et préventif, et le degré de sévérité de la sanction encourue)[2], l'autre subsidiaire[3] à partir d'un faisceau d'indices « additionnés et combinés »[4] (champ d'application matériel, objectif indemnitaire ou préventif et répressif, contenu de la norme, à savoir son champ d'application et son but, et la gravité de la décision prise)[5], les juridictions internes privilégient une qualification par une double opposition entre d'une part, le but indemnitaire et le but punitif, et d'autre part, les règles d'assiette et les sanctions

---

[1] Critère formel et examiné « à la lumière du dénominateur commun aux législations respectives des divers États contractants », il n'est utile toutefois qu'autant que la qualification pénale est retenue par le droit interne.

[2] CEDH, plén., 8 juin 1976, n°5100/71, 5102/71, 5354/72 et 5370/72, *Engel et a. c/ Pays-Bas*, §82 ; CEDH, 21 fév. 1984, *Öztürk c/ Allemagne*, série A n°73, p. 18, §50. – V. également, CEDH, gde ch., 10 fév. 2009, n°14939/03, *Zolotoukhine c/ Russie*.

[3] Alors que l'arrêt *Bendenoun* avait semblé abandonné la méthode alternative issue de l'arrêt *Engel*, par l'arrêt *Janosévic contre Suède* du 23 juil. 2002, la Cour EDH a réaffirmé les critères posés par cet arrêt et a posé le raisonnement à suivre. La priorité (chronologique) est ainsi donnée à la classification juridique en droit interne : les majorations d'impôts, prévues par les dispositions fiscales, prononcées par l'Administration et les tribunaux administratifs, et définies par le législateur et les juges « plutôt comme des pénalités administratives » ne permettent pas de les inclure dans la matière pénale dans l'ordre juridique interne. A défaut de remplir ce critère, la Cour s'intéresse alors aux deux autres critères, subsidiaires, « alternatifs » en principe, et cumulatifs si cela permet d'aboutir à une « conclusion claire quant à l'existence d'une "accusation en matière pénale" ». Ils correspondent à la nature « pénale » de l'infraction au regard de la Convention ou à une sanction « qui **par sa nature et son degré de sévérité**, relève, en général, de la matière pénale » (CEDH, 1ère sect., 23 juil. 2002, n°34619/97, *Janosevic c/ Suède*, §66-67, nous soulignons).

[4] CEDH, 24 fév. 1994, n°3/1993/398/476, *Bendenoun c/ France*, §47.

[5] Les termes exacts sont : le champ d'application générale de la loi prescrivant un comportement déterminé ; le but punitif en ce que les majorations d'impôt « visent pour **l'essentiel** à punir pour empêcher la réitération d'agissements semblables » ; « le caractère général de la norme dont le but est à la fois préventif et répressif » ; enfin, l'« **ampleur** » des majorations dans leur montant, ainsi que les risques de mise en œuvre d'une contrainte par corps pour le contribuable (CEDH, 24 fév. 1994, n°3/1993/398/476, *Bendenoun c/ France*, §47, nous soulignons). On remarque d'emblée que le troisième critère est redondant par rapport aux deux premiers. Il constitue plus une synthèse de ces derniers, de sorte que seuls trois critères, comme en 1976, permettent de définir les sanctions fiscales ayant une « coloration pénale ». Le quatrième critère quant à lui semble correspondre à la proportionnalisation de la majoration, du moins à son montant pris en lui-même. En revanche, la référence à la classification juridique en droit interne est absente, consacrant alors une complète autonomie de la qualification européenne d'« accusation en matière pénale » au regard de l'article 6 de la Convention EDH : celle-ci dépend du but poursuivi, punitif et préventif, par la norme sanctionnatrice, en plus des autres critères. La décision de 1994 a également innové en ce que la Cour refuse de déduire le caractère pénal d'une sanction d'un seul critère : « aucun d'eux n'apparaît décisif en lui-même ».

proprement dites, tandis que, sur le fondement de la Charte des droits fondamentaux[1], tandis que la Cour de justice se repose d'abord sur les trois critères « pertinents » de la première méthode de la Cour EDH[2], sans exclure une dichotomie entre les sanctions pénales et les réparations, rejoignant alors également les juridictions internes, sans qu'aucune des normes de contrôle ne perde son autonomie[3].

619. Plan. La qualification d'une mesure en tant que « sanction »[4] est le résultat d'une démarche déductive à partir de la norme fiscale en cause : il s'agit de déterminer la prépondérance de l'objectif punitif, attaché à toute sanction « pénale », « pierre de touche de l'identification d'une sanction ayant le caractère de punition »[5], en partant soit du contenu de la norme, soit plus en amont des effets de celle-ci et ainsi faire le départ entre les mesures indemnitaires ou les mesures de solidarité financière (A), cette qualification étant renforcée par une démarche plus comparative à partir d'éléments extérieurs à la norme ou à ses effets (B).

A. La prépondérance du but répressif, critère d'une « sanction »

620. Distinction réparation-répression, fonction d'une proportion. Sans exclure l'existence d'autres buts d'ordre indemnitaire, les juges tendent à considérer ces derniers comme négligeables, et affirment la quasi-exclusivité du but répressif,

---

[1] En dehors de ce texte, et avant son entrée en vigueur, la Cour de justice admettait une acception plus large de la notion de « sanction », mais réserve les garanties de la Charte, aux seules mesures « de nature pénale ». La sanction ou assimilée est alors envisagée comme une restriction ou une entrave à une liberté fondamentale, notamment de circulation, ou au regard d'une disposition de droit dérivé, tel une directive. – V. CJUE, 6e ch., 7 déc. 2000, aff. C-213/99, *José Teodoro de Andrade et DIrector da Alfândega de Leixões*, pts 22 et 37 ; CJCE, 6e ch., 12 juil. 2001, aff. C-262/99, *Paraskevas Louloudakis*, pt. 65 : Rec. p. 5547 ; CJUE, 5e ch., 26 oct. 1995, aff. C-36/94, *Siesse – Soluções Integrais em Sistemas Software e Aplicações Ld.a*, pt. 18.

[2] CJUE, gde ch., 20 mars 2018, aff. C-524/15, *Menci*, pts 27 à 33 ; CJUE, gde ch., 20 mars 2018, C-537/16, *Garlsson Real Estate SA*, pts 34-35 ; *ibid.*, aff. C-596/16, *Di Puma*, aff. C-597/16, *Zecca*, pt. 38 ; CJUE, gde ch., 26 fév. 2013, aff. C-617/10, *Aklagaren c/ Hans Akerberg Fransson*, pt. 35 ; CJUE, gde ch., 5 juin 2012, aff. C-489/10, *Bonda*, pt. 37.

[3] Même si cette autonomie n'est pas pleinement affirmée. A travers les décisions des juges de cassation, et tout particulièrement de la juridiction administrative, la convergence des démarches déductives est mise en évidence : les décisions des juges de cassation, et notamment les conclusions de leurs rapporteurs publics, montrent que si le juge de l'impôt part de l'objectif de la norme fiscale et le juge européen de l'adaptation pour parvenir à la qualification de la disposition, cette différence d'approches n'aboutit pas à une conclusion différente et au contraire elles présentent, au fond, une profonde similarité quant à l'opération de qualification. – V. par ex. D. RITLENG, « De l'articulation des systèmes de protection des droits fondamentaux dans l'Union : les enseignements des arrêts *Akerberg Fransson et Melloni* », note sous CJUE, gde ch., 26 fév. 2013, aff. C-617/10, *Aklagaren c/ Hans Akerberg Fransson*: *RTD eur.* 2013, p. 267 et s.

[4] Si nous privilégions l'usage des terminologies propres à chaque juridiction ou norme de contrôle, nous emploierons, le cas échéant, ce terme générique pour désigner les « sanctions ayant le caractère de punition » au sens de l'article 8 de la Déclaration, les « accusations en matière pénale » au sens de l'article 6 de la Convention des droits de l'Homme, ou encore les « sanctions », « de nature pénale » au sens du droit de l'Union européenne et de la Charte des droits fondamentaux.

[5] E. BOKDAM-TOGNETTI, concl. sur CE, 9e et 10e ch., 18 janv. 2017, n°389.268, *Remy* : *DF* 2017, n°18-19, comm. 296. En ce sens, également : L. OLLÉON, concl. sur CE, 8e et 3e ss-sect., 27 oct. 2009, n°312.302, *min. c/ Dervillez* : *DF* 2010, n°3, comm. 86.

entraînant alors la qualification d'une sanction fiscale au caractère « pénal », et ainsi sa proportionnalisation au regard des normes de contrôle. En des termes différents, juges internes et européens excluent l'applicabilité des garanties propres aux peines à des mesures dont le but prépondérant, ou exclusif, est l'indemnisation du préjudice subi par l'État du fait de l'infraction : les juridictions internes et, dans une certaine mesure la Cour de justice de l'Union européenne, raisonnent à partir du contenu de la norme, tandis que la Cour EDH, eu égard aux méthodes employées, inclut dans son analyse les effets de cette dernière. La question s'est particulièrement posée pour les normes fiscales répressives dont le taux est peu élevé ou pour les pénalités de retard, à la faveur de la loi *Aicardi* du 8 juillet 1987[1].

621. Intérêts et majorations de retard : exclusivité du but indemnitaire selon le Conseil constitutionnel. Les indemnités de retard ayant une finalité indemnitaire, principale sinon exclusive, elles ne peuvent être considérées comme des « sanctions ». Ainsi, ni les intérêts de retard prévus à l'article 1727 du CGI[2], ni la majoration de 10% en cas de paiement tardif de l'article 1730 du même code[3] ne constituent des sanctions : ils ont pour **seul** objet de compenser le préjudice subi par le Trésor public en raison de l'absence de paiement de l'impôt dans les délais légaux[4]. Le caractère ouvert de la définition des « sanctions » n'a donc pas conduit à l'inclusion de toutes les mesures qui pourraient s'appliquer à l'occasion d'un manquement : le Conseil

---

[1] En distinguant nettement les intérêts et majoration de retard parmi les pénalités, cette loi a favorisé cette évolution, sans pour autant exclure l'éventualité d'une requalification en présence d'un différentiel de taux excessif.

[2] Cons. const., 30 déc. 1982, déc. n°82-155 DC, *Loi de finances rectificative pour 1982*, cons. 34. Il s'agit d'une « réparation pécuniaire ». – V. B. NÉEL, *Les pénalités fiscales et douanières*, éd. Economica, coll. « Finances publiques », 1989, spé. 173.

[3] Cons. const., 29 avr. 2011, déc. n°2011-124 QPC, *Mme Boitel*. Le changement de terminologie ne semble pas avoir de conséquences sur l'exclusion de la qualification de sanction, la « compensation » pouvant être employé comme synonyme de « réparation » ; toutefois, la première met l'accent sur le fait que le préjudice subi par l'État est avant tout financier et prend la forme d'une sorte de prêt forcé dont il convient de « compenser » le coût par les intérêts de retard. *Comp.* CE, 10 mai 1952, *Sté X* : la majoration de 10% pour paiement tardif « ne présente pas le caractère d'une peine qui ait pour objet de réprimer la carence du redevable dans le cas où celui-ci [...] néglige de s'acquitter des impôts mis à sa charge, mais doit être regardée comme un accessoire de l'impôt institué pour préserver les intérêts du Trésor public » ; Com. 25 oct. 1960, *Percepteur d'Orléans-Ouest c/ Caisse d'allocations familiales du Loiret et autres* : cette majoration de 10% « ne présente pas le caractère d'une peine ayant pour objet de sanctionner la négligence du redevable, mais doit être considérée comme un impôt supplémentaire soumis aux mêmes règles de recouvrement que l'impôt lui-même et garanti en conséquence par le privilège [du Trésor Public, alors prévu à l'article 1920 du CGI] ».

[4] V. également à propos de la majoration pour paiement tardif, de la redevance pour création de locaux à usage de bureaux dans la région Île-de-France : Cons. const., 30 mars 2012, déc. n°2012-225 QPC, *Sté Unibail-Rodamco*. En ce sens, également J. LAMARQUE, O. NÉGRIN et L. AYRAULT, *Droit fiscal général*, éd. Litec, 4e éd., 2016, n°337. Il en résulte alors que intérêts et majorations de retard peuvent être appliqués rétroactivement, notamment en cas de validation législative (Cons. const., 30 déc. 1982, déc. n°82-155 DC, *Loi de finances rectificative pour 1982*, cons. 34. *Contra*, réservant l'hypothèse d'une disposition législative expresse : CE, Sect., 11 déc. 1987, n°61.531, *SCI Rudel*.

constitutionnel s'en tient à une conception particulièrement stricte de la notion de punition, tendant à une dichotomie nette[1].

622. Exclusivité relative du but indemnitaire devant les juridictions européennes. Les juridictions européennes tendent à exiger une exclusivité du but indemnitaire pour refuser la qualification de sanction. Ainsi, la Cour de justice[2] affirme sans ambigüité qu'« une mesure qui **se limite** à réparer le préjudice causé par l'infraction concernée ne présente pas une nature pénale » au sens de la Charte des droits fondamentaux[3]. Autrement dit, une mesure mêlant répression et réparation n'est pas en soi une mesure indemnitaire ; mais une mesure uniquement indemnitaire ne saurait être qualifiée d'une sanction pénale[4]. Toutefois, en dehors de la Charte des droits fondamentaux, le juge européen adopte une acception plus large de la notion de « sanction », englobant les majorations ou intérêts de retard[5] : sa démarche déductive n'est alors plus fonction d'une dichotomie entre répression et réparation[6].

---

[1] L'alternative est simple : « [V]éritable punition ou simple réparation pécuniaire » (P. MARTIN, concl. sur CE, 9e et 7e ss-sect., 17 fév. 1992, n°58.299, *Époux Vermeersch, préc.*). Voir anté.: CE, Plén. 9 nov. 1988, n°68.965, *Grisoni.* (le critère de distinction dépendait du pouvoir d'appréciation de l'Administration sur le comportement des contribuables, ce qui aurait pu avoir pour effet d'exclure de la catégorie des sanctions l'ensemble des pénalités infligées en présence d'infractions objectives). – V. postérieurement : L. OLLÉON, concl. sur CE, 8e et 3e ss-sect., 27 oct. 2009, n°312.302, *min. c/ Dervillez, op. cit.).*

[2] La Cour de justice s'appuie sur trois critères « pertinents », à savoir la qualification en droit interne (auquel est assimilé le droit de l'Union), la nature même de l'infraction et le degré de sévérité de l'infraction (CJUE, gde ch., 20 mars 2018, aff. C-524/15, *Menci*, pt 26 ; CJUE, gde ch., 20 mars 2018, C-537/16, *Garlsson Real Estate SA*, pts 34-35 ; *Ibid.*, aff. C-596/16, *Di Puma*, aff. C-597/16, *Zecca*, pt. 38 ; CJUE, gde ch., 26 fév. 2013, aff. C-617/10, *Aklagaren c/ Hans Akerberg Fransson*, pt. 35 ; CJUE, 5 juin 2012, aff. C-489/10, *Bonda*, pt. 37), reprenant ainsi les décisions *Engel* et *Zolotoukhine* de la Cour EDH, mais sans nécessairement rappeler cette origine (CJUE, gde ch., 20 mars 2018, aff. C-524/15, *Menci*, pts 27 à 33, renvoyant toutefois à l'arrêt *Bonda* mentionnant les arrêts de la Cour EDH :CJUE, gde ch. 5 juin 2012, aff. C-489/10, *Bonda*, pt. 39).

[3] CJUE, gde ch., 20 mars 2018, aff. C-524/15, *Menci*, pt. 31, nous soulignons. En revanche, le fait qu'une mesure poursuive également une finalité préventive n'est « de nature à lui ôter **toute** qualification de sanction pénale » dès lors qu'elle poursuit « **notamment** », c'est-à-dire spécialement et donc en premier lieu, une finalité répressive (CJUE, gde ch., 20 mars 2018, aff. C-524/15, *Menci*, pt. 31 ; CJUE, 5 juin 2012, aff. C-489/10, *Bonda*, pt. 39). Nous soulignons.

[4] Toutefois, cette qualification n'a pas toujours été ainsi retenue : les majorations de retard ont été antérieurement considérées comme des sanctions, devant respecter le principe général de proportionnalité : CJUE, 2e ch., 12 juil. 2012, aff. C-284/11, *EMS-Bulgaria Transport OOD*, pts 75-76 ; CJUE, 2e ch., 6 fév. 2014, aff. C-424/12, *SC Fatorie SRL*, pt. 50.

[5] Ces intérêts de retard doivent alors respecter le principe général de proportionnalité, et en matière de TVA, ne pas aboutir à la suppression du droit à déduction de l'assujetti : CJUE, 2e ch., 12 juil. 2012, aff. C-284/11, *EMS-Bulgaria Transport OOD*, pts 75-76 ; CJUE, 2e ch., 6 fév. 2014, aff. C-424/12, *SC Fatorie SRL*, pt. 50.

[6] Ainsi, par exemple, en matière d'infraction douanière, une majoration de 5% de la valeur des marchandises « **vise à pénaliser** les opérateurs économiques **n'ayant pas respecté** les formalités et délais prévus. Il s'agit **donc d'une sanction et non de la contrepartie** d'une livraison de biens, d'une prestation de services ou d'une importation de biens » (CJUE, 6e ch., 7 déc. 2000, aff. C-213/99, *José Teodoro de Andrade et DIrector da Alfândega de Leixões*, pt. 37, nous soulignons) ; en matière de TVA, les législateurs nationaux conservent « la possibilité d'assortir les obligations formelles des assujettis de **sanctions de nature à inciter** ces derniers à respecter lesdites obligations,

623. Bien qu'ayant une approche factuelle, la Cour européenne des droits de l'homme opère une discrète distinction selon que les majorations d'impôts sont « **conçues** » comme « une indemnisation de frais » ou consistent « à exercer des pressions sur les contribuables pour les amener à respecter leurs obligations légales et à punir les manquements à ces obligations » [1], la remise en cause de la bonne foi pouvant constituer un indice[2]. Elle en déduit alors, en sus des autres critères[3], la nature préventive et répressive des pénalités, le but répressif étant une caractéristique « qui distingue d'habitude les sanctions pénales »[4] : l'identification de la nature répressive est une recherche de la rationalité axiologique générale d'ordre punitif.

624. Juridictions ordinaires, creuset convergent des approches constitutionnelles et européennes. En synergie avec les juridiction supérieures, s'est affirmé et affermi un raisonnement à partir du but de la norme fiscale, selon une dichotomie entre les sanctions ayant le caractère de punition et tendant à empêcher la réitération des agissements visés[5] et les autres mesures fiscales, y compris les sanctions à caractère de réparation pécuniaire (intérêts et majorations de retard) : la jurisprudence des juridictions ordinaires témoigne à ce titre d'une profonde similarité

---

en vue d'assurer un bon fonctionnement du système de la TVA » (CJUE, 9e ch., 26 avr. 2018, aff. C-81/17, *Zabrus Siret SRL*, pts 48 et 49, nous soulignons). *Comp.* le contrôle des systèmes de responsabilité solidaire objective, qui se caractérise par une contrainte et l'incitation exercées sur les assujettis au respect des obligations fiscales, dans un but de prévention de la fraude fiscale : si ces mesures recouvrent la notion de « sanction » lato sensu, (CJUE, 16e ch., 2 juin 2016, aff. C-81/15, *Kapnoviomichania Karelia*, pt.48), en revanche, subordonner une régularisation d'une situation douanière au paiement d'une taxe n'est pas une sanction mais « une mesure de sûreté destinée à garantir le paiement effectif du droit correspondant » (CJUE, 5e ch., 26 oct. 1995, aff. C-36/94, Siesse – Soluções Integrais em Sistemas Software e Aplicações Ld.a, pt. 23).

[1] CEDH, 1ère sect., 23 juil. 2002, n°34619/97, *Janosevic c/ Suède*, §68 et 107. La Cour tint compte également du fait que le changement de système répond « à la nécessité d'obtenir une plus grande efficacité ».

[2] CEDH, 2e sect., 3 déc. 2002, n°52938/99, *Mieg de Boofzheim* : les intérêts de retard « qui impliquent que la bonne foi du contribuable est admise ne revêtent, pas en principe, le même caractère de majorations d'impôts et ne constituent pas une accusation en matière pénale au sens de l'article 6§1 ». – V. également, CEDH, 5e sect., 9 déc. 2008, n°31050/06, *SCI Parc de Vallauris c/ France*.

[3] La Cour EDH tout en déduisant cette nature du champ d'application à un comportement déterminé et « à toutes les personnes assujetties à l'impôt (…) et non un groupe donné doté d'un statut particulier », tient également compte de degré de sévérité de la sanction en cas de non-respect des obligations déclaratives fiscales (« une pénalité financière très élevée »), de l'historique (le système suédois antérieur de nature pénal a été remplacé par un systèmes de majoration d'impôt « fondé sur des facteurs objectifs ») et du but poursuivi par la norme.

[4] CEDH, 1ère sect., 23 juil. 2002, n°34619/97, *Janosevic c/ Suède*, §68. En effet, et notamment le critère tiré champ d'application général semble plus approprié pour établir une discrimination, c'est-à-dire justifier d'une sanction ou son quantum eu égard aux obligations particulières pesant sur une catégorie de contribuables, que pour établir le caractère punitif d'une sanction.

[5] CE, Sect., Avis, 31 mars 1995, n°164.008, *min. c/ SARL Auto-Industrie Méric*, n°164.911-165.321, *SA sté d'expertise comptable du Languedoc – SARL Cara*. – V. également, sur cette évolution, J. ARRIGHI DE CASANOVA, concl. sur CE, Sect., Avis, 5 avr. 1996, n°176.611, *Houdmond* :*DF* 1996, n°25, comm. 765 ; S. AUSTRY, « Les sanctions administratives en matière fiscale », *op. cit.* ; M. GUYOMAR, *Les sanctions administratives*, *op. cit.*

dans le raisonnement aboutissant à la qualification d'une sanction « ayant un caractère de punition »[1] ou « d'accusation en matière pénale »[2].

625. Proportionnalité du but indemnitaire devant le juge administratif. Pour déterminer ce but indemnitaire, le juge administratif recourt à l'exégèse, sonde les intentions des rédacteurs[3], d'autant plus que le texte est récent[4] et déduit de l'absence de but répressif, le caractère non punitif de la mesure fiscale envisagée[5], ou sans exclure un but répressif ou dissuasif, considère ce dernier comme minoritaire[6]. Inversement, le caractère indemnitaire n'est pas nécessaire évacué par la prépondérance du but répressif, voire l'affirmation de sa seule présence[7], ce but immédiat pouvant être rattaché à une finalité plus lointaine, abstraite qui n'est pas nécessairement la lutte contre la fraude et l'évasion fiscale[8]. Mais, par la suite, le

---

[1] Mais, ils avaient également devancé cette opération de qualification à partir du but punitif avant, dès les années 1980 suite à la décision du Conseil constitutionnel du 30 décembre 1982 et à la loi du 11 juillet 1979, qui impose de motiver l'infliction d'une sanction administrative, parmi lesquelles l'article 1er de la loi incluent les sanctions fiscales (CE, 9e et 7e ss-sect., 17 fév. 1992, n°58.299, *Époux Vermeersch*. – V. également J. ARRIGHI DE CASANOVA, « Le procès équitable dans la jurisprudence fiscale du Conseil d'État », *op. cit.* ; CE, Sect., Avis, 31 mars 1995 n°164.008, *min. c/ SARL Auto-Industrie Méric*, n°164.911-165.321, *SA sté d'expertise comptable du Languedoc – SARL Cara, préc.*

[2] Ce qui n'exclut pas de « sérieuses difficultés d'ordre théorique » : D. GUTMANN, « La portée de l'article 6 de la Convention des droits de l'homme en matière fiscale » : *DF* 2016, n°38, étude 501

[3] S'appuyant parfois explicitement sur les travaux parlementaires : par ex., CE, 8e et 3e ss-sect., 30 nov. 2007, n°292.705, *Sté Sidème*.

[4] Par exemple, CE, Ass., 28 mai 1976, n°88.803, *Centre technique des Conserves de Produits agricoles c./ Ets Grégori*. – V. également, concl. de B. MARTIN LAPRADE sur CE, Ass, 27 avr. 1979, *Yacht Motors Corporations* : *RJF* 6/1979, p. 192

[5] Certaines décisions semèrent le trouble, dans le mouvement de pénalisation : cependant, plutôt que d'opter pour une qualification pénale des intérêts de retard, nonobstant leur « *large aspect répressif* » (B. MARTIN-LAPRADE, concl. sur CE, Sect., 11 déc. 1987, n°61.531, *SCI Rudel* : *DF* 1988, n°19, comm. 924), il semblerait qu'il s'agisse plus de décisions en opportunité ou en équité, pour faire obstacle à une application rétroactive de la loi permise par une loi de validation (même arrêt). On ne peut alors déduire de cette application extensive du principe de non-rétroactivité une qualification

[6] Ainsi, pour le juge administratif, « l'intérêt de retard institué par l'article 1727 du CGI **vise essentiellement** à réparer le préjudice subi par l'État » : CE, Ass., Avis, 12 avr. 2002, n°239.693, *SA Financière Labeyrie*. *Comp.* CE, 9e et 7e ss-sect., 17 fév. 1992, n°58.299, *Époux Vermeersch*. – V. également, pour le juge judiciaire : Com. 29 juin 1999, n°1334 D, *Lamandé e. a.* ; Com. 6 oct. 1998, n°1487 P, *SNC Sofon* ; Com., 27 sept. 2005, n°03-14.636, *Sté Octogone immobilier*.

[7] Ainsi, si la pénalité instituée par l'article 1759 du CGI (anc. art. 1763 du CGI) a pour objet de réparer le préjudice pécuniaire subi par le Trésor du fait du refus opposé par la société de désigner les personnes bénéficiaires des distributions occultes, elle a pour but premier « d'instituer une sanction destinée à lutter contre la fraude fiscale en incitant les personnes morales qu'elle vise à respecter leurs obligations déclaratives » : CE, 3e et 8e ss-sect., 25 juin 2010, n°336.708, *M. Rudant*. *Comp.* CE, 8e et 3e ch., 25 oct. 2017, n°413.277, *SARL La Maison autonettoyante Orléans*, cons. 5 et 6.

[8] Par ex., l'amende prévue à l'article 1788 A, 4° du CGI, ancien article 1788 septies, « a **essentiellement pour objet**, dans un cas où la TVA non déclarée est elle-même immédiatement déductible, d'inciter les redevables de la taxe à s'acquitter avec exactitude de leurs obligations déclaratives [objet immédiat], afin de permettre le bon fonctionnement des procédures d'échanges d'informations entre administrations fiscales des États membres de la Communauté européenne, prévue par le système communautaire de TVA [finalité] » (CE, 8e et 3e ss-sect., 30 nov. 2007, n°292.705, *Sté Sidème*, nous soulignons). De cet objet principal, le Conseil d'État en déduit que l'amende « présente **ainsi** le caractère d'une punition tendant à empêcher la réitération des

Conseil d'État s'est orienté vers une qualification reposant sur le seul objet répressif[1], marquant ainsi l'aspect négligeable de réparation pécuniaire[2], et en particulier dans le cadre des QPC[3]. Le contrôle de constitutionnalité *a posteriori* contribue à un alignement, voire une harmonisation autour de l'objectif de répression[4].

---

agissements qu'elle vise » ouvrant l'application des droits garantis par l'article 6 de la Convention EDH. Dans cette décision, on retrouve l'idée de la double nature des pénalités fiscales, à la fois réparatrices et répressives. – V. également, CE, 8e et 3e ch., 25 oct. 2017, n°413.277, *SARL La Maison autonettoyante Orléans,* cons. 5 et 6, nous soulignons.

[1] Par ex., à propos des manœuvres frauduleuses : CE, 9e et 10e ss-sect., 30 juil. 2010, n°306.318, *Pasco*. Ce qui explique sans doute la disparition de l'adverbe « *essentiellement* », faisant écho à la méthode de qualification de la Cour EDH. De même s'agissant des intérêts de retard, si le Conseil d'État emploie en 2002 l'adverbe « essentiellement » pour décrire le rôle indemnitaire que jouent les intérêts de retard, il revient cependant à une interprétation exclusive en 2007 : « les intérêts de retard prévus à l'article 1727 du CGI ne constituent pas une sanction mais la **seule** réparation du préjudice subi par le Trésor du fait du défaut d'acquittement par le redevable, dans le délai légal, des impositions au paiement desquelles il était tenu » (CE, 8e et 3e ss-sect., 30 nov. 2007, n°292.705, *Sté Sidème,* nous soulignons). Cette décision ne remet pas en cause la dualité des finalités des intérêts de retard, à notre sens, elle met seulement l'accent sur l'objectif indemnitaire, sans nier le but incitatif ou répressif, ou comminatoire. Ce changement de rédaction pourrait trouver une explication dans la diminution du taux de l'intérêt de retard, et non pas tant par un changement de jurisprudence.

[2] V. l'évolution, concernant les articles 117 et 1759 du CGI, pour lesquels le Conseil d'État mentionne dans un premier temps l'objet pour partie indemnitaire (CE, 3e et 8e ss-sect., 27 oct. 2010, n°342.925, *J-.C. Cuaz,* cons. 5 ; CE, 3e et 8e ss-sect., 25 juin 2010, n°336.708, *M. Rudant,* cons. 5), puis, moins d'un an après, se focaliser sur le seul objet répressif (CE, 8e et 3e ss-sect., 31 juil. 2011, n°346.742 et n°346.744, *M. Meniane,* cons. 7). Il en résulte l'impossibilité de tenir compte du préjudice subi par l'État, notamment lorsque ce dernier est nul, pour établir la proportionnalisation de la sanction puisqu'une pénalité ne vise justement pas à compenser un préjudice, car alors elle serait une réparation et non une sanction (en ce sens, L. OLLEON, concl. sur CE, 8e et 3e ss-sect., 30 nov. 2007, n°292.705, *Sté Sidème* : *DF* 2008, n°7, comm. 178 ; v. également, Cons. const. 10 mai 2019,, n°2019-779/780, *M. Hendrik A*).

[3] Reproduisant ainsi les étapes du raisonnement du Conseil constitutionnel, et tout particulièrement, dans les décisions de non-renvoi au juge constitutionnel : au regard de l'article 8 de la Déclaration de 1789, le juge administratif suprême peut examiner en premier lieu le lien logique, puis la modulation des peines en fonction de la gravité des comportements réprimés, avant d'envisager l'objet immédiat et concret et la finalité de la sanction, et enfin de rappeler le plein contrôle du juge sur les faits invoqués et la qualification retenue par l'administration (par ex., CE, 8e et 3e ch., 29 mars 2017, n°406.590, *SAS Jade*, cons. 4), ou au contraire placer en premier la détermination de l'objet concret et la finalité de la disposition contestée (CE, 8e et 3e ch., 25 oct. 2017, n°413.277, *SARL La Maison autonettoyante Orléans*, cons. 5 et 6). Le juge de cassation se montre en effet moins prolixe dans les décisions de renvoi au Conseil constitutionnel, laissant à ce dernier toute latitude pour se prononcer, et notamment lorsque ce dernier n'a pas encore examiné les dispositions contestées, alors que les conclusions des rapporteurs publics montrent une recherche plus fouillée de la question de la conformité à la Constitution. Par ex., CE, 9e et 10e ss-sect., 5 juin 2015, n°386.430, *Sté Gecop* (au sujet de l'article 1724 quater du CGI et de son potentiel caractère de sanction) ; CE, 9e et 10e ss-sect., 16 juil. 2014, n°380.406, *Sté SGI,* au sujet de l'ancien article 1756, devenu 1740 du CGI).

[4] Cependant, lorsque la qualification n'est pas l'enjeu principal, cette mise en évidence de l'objet immédiat, ainsi que le rattachement à la finalité ou l'objectif de la lutte contre la fraude et l'évasion fiscales ne semblent pas jouer au niveau de la qualification, mais plutôt comme argument *a posteriori* justifiant une adaptation *in abstracto*, voire le lien logique (CE, 8e et 3e ch., 29 mars 2017, n°406.590, *SAS Jade* : en l'espèce, après avoir détaillé les critères d'adaptation de la sanction, le juge ajoute que « **en outre**, les obligations déclaratives dont le manquement est sanctionné (…) ont **pour but** de mettre l'administration fiscale à même de contrôler la manière dont les opérations intra-groupes sont

626.Proportionnalisation du but indemnitaire devant le juge judiciaire. Néanmoins, la Cour de cassation aborde la qualification des sanctions d'une manière plus nuancée, teintée d'une proportionnalité dans l'appréciation du but. Cela s'observe notamment dans le cadre des délits douaniers, pour lesquels la chambre criminelle relève « le caractère mixte, répressif et indemnitaire »[1], mais aussi à propos des majorations fiscales comparativement aux sanctions pénales en ce que « les **pénalités** fiscales visent notamment à **garantir** le recouvrement de l'impôt[2] tandis que les **sanctions** pénales **répriment** l'atteinte à l'égalité qui doit exister entre les citoyens, en raison de leurs faculté, dans la contribution aux charges publiques »[3].

627. Le choix des termes marque une dissociation intéressante[4], faisant écho à la jurisprudence de la Cour EDH écartant les « majorations d'impôts » du « noyau dur du droit pénal »[5], mais aussi critiquable : l'aspect punitif des majorations fiscales se distingue nettement du seul recouvrement de l'impôt, du moins en fonction du manquement sanctionné. De plus, cet argument tend à confondre les sanctions fiscales avec les mesures de solidarité, « garantie pour le recouvrement des impôts » alors que pour ces dernières, l'objet punitif est moindre par rapport à son objectif premier de « garantie pour le recouvrement »[6].

628.Transition. L'exclusivité ou quasi-exclusivité du but indemnitaire n'est acquise qu'après, le cas échéant, la confrontation à des éléments extérieurs.

---

comptabilisées (…) ainsi que de contrôler les régularisations (…). Elles poursuivent ainsi **un but de lutte contre la fraude fiscale** (…) » (nous soulignons). – V. également, CE, 8e et 3e ch., 25 oct. 2017, n°413.277, *SARL La Maison autonettoyante Orléans*, cons. 5 à 8 ; CE, 8e et 3e ss-sect., 31 juil. 2011, n°346.742 et n°346.744, *M. Meniane*, cons. 6 ; CE, 3e et 8e ss-sect., 27 oct. 2010, n°342.925, *J.-C. Cuaz*, cons. 5.

[1] Crim., 26 janv. 2011, n°10-85.341 (à propos de l'art. 369 du Code des douanes). La prépondérance du caractère indemnitaire exclut le caractère de punition dans les intérêts de retard, mais qu'à l'inverse, c'est le but répressif majoritaire qui maintient les amendes fiscales du code des douanes dans le champ d'application de l'article 8 de la Déclaration. Toutefois, la Chambre criminelle ne relève pas systématiquement cette distinction dans le cadre de son rôle de filtre, depuis une décision du 7 septembre 2011 (Crim., n°11-90.076), même lorsque la QPC portait précisément sur l'absence de délimitation par la loi de cette proportionnalité entre réparation et sanction (Crim., 19 juin 2013, n°12-88.092). *Comp.*, Crim. 27 juin 2012, n°11-86.679 (où le caractère mixte, à la fois indemnitaire et répressif, fait échapper, de manière contestable, les amendes douanières à la règle du non-cumul des peines) ; Crim., 16 avr. 2013, n°11-19.191, *Sté Gondrand Frères (« caractère fiscal et indemnitaire »).*

[2] « la sanction fiscale du manquement délibéré ou des manœuvres frauduleuses s'inscrit, de façon indivisible, dans cette procédure administrative qui vise principalement à rétablir les impôts éludés ».

[3] Crim. 30 mars 2016, n°16-90.007, P+B+I, *A. Wildenstein et s.* et n°16-90.005, P+B, *J. Cahuzac et a.* ; Crim., 19 mai 2016, n°15-84.526. Nous soulignons.

[4] Dont on pourrait en voir une manifestation dans l'affirmation que « les majorations de droits prévues à l'article 1729, a et c, du code général des impôts en cas de manquement délibéré ou de manœuvres frauduleuses constituent, **selon la jurisprudence du Conseil constitutionnel**, des sanctions ayant le caractère d'une punition » (Crim. 30 mars 2016, n°16-90.007 et n°16-90.005. ; Crim., 19 mai 2016, n°15-84.526), nous soulignons.

[5] CEDH, gde ch., 23 nov. 2006, n°73053/01, *Jussila c/ Finlande*, § 43. – V. également, CEDH, 1ère sect., 12 mai 2010, n°32435/06, *Kammerer c/ Autriche*, §26-27.

[6] Cf. *infra*.

B. La comparaison avec des éléments extérieurs : de la validation à une potentielle requalification

629.Plan. L'apport des éléments extérieurs[1] conduisent, par une comparaison, explicite s'il est fait avec d'autres mesures, implicite lorsqu'elle repose sur l'appréciation de la gravité de la sanction, à l'aune d'un référent non mentionné, renforce plus qu'il n'invalide la (non)-qualification ou de « sanction » ou de « réparation »[2], le raisonnement tenu n'étant pas toujours pleinement satisfaisant (1). D'autres critères formels jouent sur l'opération de qualification (2).

1. Les critères comparatifs

630.Argument comparatif explicite : l'impossible qualification d'une sanction en présence d'autres « sanctions ». Si la présence de sanctions prévues par d'autres dispositions peut effectivement constituer un indice que la mesure fiscale ne constitue pas une « punition », cet argument est trompeur, et même spécieux[3]. Néanmoins, cet argument[4] a été plusieurs fois employé, notamment par le juge constitutionnel[5], tandis que pour la Cour de justice, si l'acception de la sanction en dehors du champ d'application de la Charte est plus large, incluant par exemple la déchéance d'un régime fiscal favorable, la faculté d'instaurer des « vraies » sanctions est de nature non pas à conférer un caractère de sanction à la législation en cause, mais à lui donner un caractère disproportionné, en sus de leur éventuelle contrariété aux actes de droit dérivé[6]. Autrement dit, alors que ce critère extérieur exclut la

---

[1] Ils consistent en des mesures distinctes de celle dont on cherche la qualification, sans qu'ils soient énoncés nécessairement dans une norme ou un ensemble de normes eux-mêmes distincts.

[2] Certaines mesures administratives, par ailleurs, nécessitent une décision juridictionnelle pour devenir juridiquement des « sanctions » : par ex., la confiscation en matière de contributions indirectes (Cons. const. 29 déc. 1989, déc. n°89-268 DC, *Loi de finances pour 1990*, cons. 98).

[3] S'il n'y avait que cet argument, il serait tautologique : le dispositif ne serait pas une sanction car il existerait des sanctions par ailleurs, alors même qu'il eût pu intrinsèquement constituer une « sanction ayant un caractère de punition ». Dès lors, si un dispositif constitue en lui-même une sanction, l'existence d'autres sanctions pourrait aboutir à refuser la qualification de « sanction ayant le caractère de punition » et priver ainsi le contribuable de toutes les garanties de l'article 8 de la Déclaration, et en particulier les principes de nécessité et de proportionnalité. *Comp.* concernant les amendes sanctionnant le non-respect des obligations déclaratives des plus-values en report ou sursis d'imposition : la loi du 30 déc. 1999 (n°99-1173) avait supprimé la déchéance du régime du sursis ou de report d'imposition, ne laissant qu'une amende, la taxation immédiate des plus-values étant apparue « disproportionnée au regard de la faute et de la nature des opérations d'apport et d'échange de titres » (M. Christian Sautter, ministre de l'économie, des finances et de l'industrie, compte rendu des débats de l'Assemblée nationale, troisième séance du 16 déc. 1999).

[4] Il semble plus rhétorique que véritablement argumentatif.

[5] Ainsi, par exemple, de la « cotisation 1% logement » : alors que le seul régime fiscal pouvait suffire à établir l'absence de caractère punitif de l'article 235 bis du CGI, le Conseil constitutionnel énonce néanmoins que « l'absence de paiement de cette cotisation est passible des sanctions applicables aux taxes sur le chiffre d'affaires » et « qu'eu égard à **ces** caractéristiques, ladite cotisation ne constitue pas une sanction ayant le caractère de punition au sens de l'article 8 de la Déclaration de 1789 » : Cons. Const., 13 janv. 2011, déc. n°2010-84 QPC, *SNC Eiffage Construction Val-de-Seine et a.*, cons. 4, nous soulignons.

[6] Par ex., CJUE, 7e ch., 9 juil. 2015, aff. C-183/14, *Radu Florin Salomie et Nicolae Vasile Oltean c/ Roumanie*.

qualification de sanction devant le Conseil constitutionnel, il constitue un facteur d'inadaptation de la mesure punitive devant la Cour de justice[1].

631. Argument comparatif implicite : le degré de sévérité de la mesure. L'appréciation de la gravité de la sanction, dont la subjectivité est accentuée par l'absence de référent de comparaison, vient conforter la qualification retenue : si la qualification fait alors intervenir un critère de proportionnalité dans les finalités poursuivies, cette proportion est ensuite corroborée par une seconde proportionnalité, celle de la sanction, tant devant la Cour de justice[2] que pour la Cour européenne des droits de l'Homme[3].

632. Toutefois, cet argument comparatif a été relativisé par la suite, notamment dans le cas des majorations aux taux plus faibles : en effet, si dans un premier temps, la modicité du *quantum* de la majoration pouvait exclure celle-ci du champ d'application de l'article 6[4], par son arrêt *Jussila contre Suède*, la Cour a privilégié le but répressif et préventif comme critère de qualification, au point d'en faire parfois le seul critère[5]. Autrement dit, d'une qualification dépendante d'un but traduit à la fois

---

[1] En dehors de la Charte, l'existence d'une « sanction » dépend parfois d'éléments objectifs d'ordre factuel : par exemple l'obligation de verser de la TVA mentionnée sur une facture, indépendamment de l'existence effective d'une opération imposable, « ne saurait être considérée comme conférant au paiement dû un caractère de sanction » tant qu'une possibilité de correction existe et que perdure le risque que la facture mentionnant indûment la TVA soit utilisée aux fins de l'exercice du droit à déduction (CJUE, 3e ch., 31 janv. 2013, aff. C-642/11, *Stroy trans EOOD* et aff. C-643/11, *LVK – 56 EOOD*, pt. 34).

[2] CJUE, gde ch., 20 mars 2018, aff. C-524/15, *Menci*, pt. 33 : l'amende, prenant la forme d'une majoration égale à 30% des montants dus « présente (…) un degré de sévérité élevé qui est susceptible de **conforter** » la nature pénale de la sanction (*op. cit.*). Nous soulignons.

[3] L'existence d'une « accusation en matière pénale » au sens de l'article 6 de la Convention est « également attesté[e]… » par « la gravité de la sanction encourue et celle réellement infligées » : dans l'affaire *Janosévic*, elle relève que calculées en pourcentage des droits éludés (20 ou 40%), les majorations ne sont pas plafonnées et ainsi « peuvent atteindre des sommes considérables », comme « [d]e fait, en l'espèce » sans qu'il soit nécessaire, à supposer que cela soit possible, de convertir ces sommes en peine d'emprisonnement (CEDH, 1ère sect., 23 juil. 2002, n°34619/97, *Janosevic c/ Suède*, §69). – V. également, CEDH, 3[e] sect., 26 sept. 2000, n°41715/98, *Kadri c/ France* ; CEDH, 3e sect., 10 oct. 2009, n°38436/97, *Sté d'Edition des artistes peignant de la bouche et du pied (APBP) c/ France* ; CEDH, 21 mars 2006 n°28584/03, *Flament c/ France*.

[4] CEDH, 2e sect., 3 juin 2003, n°54559/00, *Morel c/ France*. La Cour s'est, en l'espèce, fondée à la fois sur le taux et la valeur absolue de l'amende infligée, comparativement à l'amende en cause dans l'affaire *Bendenoun*, ajoutant alors une relativité supplémentaire à la délimitation du champ d'application de l'article 6§1 : « tant par son taux que par son montant en valeur absolue, cette majoration est de faible importance et qu'elle est loin de revêtir l'"ampleur considérable" des sommes sur lesquelles la Cour s'était fondée dans l'arrêt *Bendenoun* (…) pour retenir le caractère pénal de l'affaire ».

[5] CEDH, gde ch., 23 nov. 2006, n°73053/01, *Jussila c/ Finlande*, §31 : bien qu'une majoration de 10% peut sembler modique dans son montant, elle n'en garde pas moins la qualification d'« accusation en matière pénale », la poursuite d'un but à la fois répressif et préventif « suffi[sant] **à elle seule** à conférer à l'infraction infligée un caractère pénal » (nous soulignons). En ce sens, CE, 8e et 3e ss-sect., 30 nov. 2007, n°292.705, *Sté Sidème*. D'ailleurs, L. OLLEON, dans ses conclusions, relevait que cette modicité trouvait une explication dans l'infraction en question, à savoir un « défaut de déclaration d'une TVA déductible, dans lequel le préjudice pour le Trésor est, en principe, nul

dans la norme, par un taux et, dans les faits, par un montant adapté à ce but, la nature pénale d'une majoration fiscale repose, depuis l'arrêt *Jussilia*, prioritairement sur le but et le taux, donnant ainsi une qualification abstraite et générale, et non plus relative et particulière à chaque espèce[1].

633. Disqualification du caractère indemnitaire par l'argument comparatif : une hypothèse d'école ?. Si le Conseil constitutionnel n'a pas réservé, à l'instar du Conseil d'État[2], l'hypothèse d'une requalification en fonction de la disproportion manifeste du taux prévu par le Livre des procédures fiscales par rapport à un taux de référence, tel celui pratiqué par les prêteurs privés pour un découvert non négocié, cette décision peut trouver une explication dans la nature abstraite de son contrôle, incompatible en effet avec le contrôle *in concreto* qu'implique la jurisprudence du juge administratif. Le juge administratif a gardé, en effet, sous couvert de proportionnalité, l'hypothèse d'une requalification des intérêts de retard prévus par l'article 1727 en sanction si son taux devient « manifestement excessif au regard du taux moyen pratiqué par les prêteurs privés pour un découvert non négocié »[3]. Toutefois, les récentes réformes abaissant le taux de l'intérêt de retard à 0,20% mensuel reculent plus encore la réalisation d'une telle hypothèse[4].

634. Pour autant, s'agissant de l'article 1730 du CGI, la forfaitisation, l'absence de calcul *prorata temporis* pouvait laisser accroire qu'il s'agissait d'une pénalité, la

---

puisque (…) la déclaration par le contribuable autorise immédiatement la déductibilité » ; la modicité tend ainsi à démontrer le caractère adapté du taux de l'amende par rapport à l'infraction réprimée, mais ne joue pas dans l'opération de qualification, déterminante de l'applicabilité de l'article 6§1 (*op. cit.*). Toutefois, l'absence de conséquence financière pour le Trésor pour un manquent à une obligation déclarative ne semble plus avoir d'incidence (Cons. const. 10 mai 2019,, n°2019-779/780, *M. Hendrik A* ; v. déjà ; Cons. const., 5 oct. 2018, n°2018-736 QPC, *Sté CSF*).

[1] Cette objectivisation constitue une mutation qui implique aussi une mutation du contrôle de proportionnalité, « en l'envisageant de manière plus globale non pas seulement au niveau du cas individuel soumis à la Cour, mais en fonction d'une évaluation du cadre normatif dans son ensemble », renforçant par ailleurs le rôle quasi-constitutionnel de la Cour (M. AFROUKH, « L'identification d'une tendance récente à l'objectivisation du contentieux dans le contrôle de la Cour européenne des droits de l'homme » : *RDP* 2015, p. 1357 et s. – V. également, G. COHEN-JONATHAN, « La fonction quasi-constitutionnelle de la Cour européenne des droits de l'homme », *in Renouveau du droit constitutionnel. Mélanges en l'honneur de Louis Favoreu*, éd. Dalloz, 2007, p. 1139 et s. ; F. LAZAUD, « L'objectivisation du contentieux européen des droits de l'homme : *RRJ*, 2005, n°2, p. 913-934).

[2] CE, Ass., Avis, 12 avr. 2002, n°239.693, *SA Financière Labeyrie*, cons. 1. La proportionnalité « mathématique » du but indemnitaire est toutefois entendue plus souplement par les juridictions internes de cassation : si le caractère mixte des pénalités fiscales n'exclut pas la présence d'un caractère indemnitaire minoritaire, la prépondérance de ce dernier exclut la qualification de sanction ; à l'inverse, le but indemnitaire n'est pas exclusif de la présence d'un but comminatoire, dont l'intensité pourrait aboutir à une requalification (cf. *infra*).

[3] CE, Ass., Avis, 2 avr. 2002, n°239.693, *SA Financière Labeyrie*, *ibid. Comp.* CE, Ass., 28 mai 1976, n°88.803, *Centre technique des Conserves de Produits agricoles c./ Ets Grégori*, espèce où le caractère disproportionné des majorations de retard eut pour conséquence leur requalification en sanction.

[4] L. n°2017-1775, 28 déc. 2017, *Loi de finances rectificative pour 2017*, art. 55 : JO 29 déc. 2017, texte n° 1 ; *DF* 2018, n°3, comm. 129.

majoration étant alors déconnectée du prix du temps[1] ; par ailleurs, le taux mensuel de la majoration de 10% était égal à deux fois le taux de l'intérêt de retard, différence accrue du double depuis 2018[2], rendant alors possible requalification de la mesure dans la catégorie des « sanctions ayant un caractère de punition », eu égard à la disproportionnalité de cette différence. Toutefois, le caractère comminatoire, bien qu'accentué, ne devrait pas avoir cet effet[3] : la « compensation du préjudice » demeurerait essentiellement l'objet de la majoration de l'article 1730, son objectif premier[4]. Le taux corrobore donc une qualification préétablie à partir d'une rationalité axiologique punitive[5].

635. Par ailleurs, les modalités d'application des intérêts de retard pourraient constituer un argument en faveur de la qualification d'une sanction ayant le caractère de punition, la loi prévoyant une échelle des pénalités de retard en fonction du comportement du contribuable. Ainsi, lorsque le législateur a modifié le calcul du dernier acompte de l'impôt sur les sociétés, en modulant son importance en fonction du chiffre d'affaires réalisé par l'entreprise, l'application des intérêts de retard est elle-même modulée, limitée à la seule « erreur significative », laquelle se définit par un double seuil[6], ou même exclue[7] : la décision du Conseil constitutionnel est ambigüe,

---

[1] En ce sens, J. LAMARQUE, O. NÉGRIN et L. AYRAULT, *Droit fiscal général*, *op. cit.*, n°337. *Contra* : P. MARTIN, concl. (contraires) sur CE, 9e et 7e ss-sect., 17 fév. 1992, n°58.299, *Époux Vermeersch*.

[2] La loi de finances pour 2017 a divisé par deux le taux de l'intérêt de retard et des intérêts moratoires : L. n°2017-1775, *préc.*

[3] Qualification corroborée, par ailleurs, par l'argument comparatif résultant d'une lecture combinée des articles 1727 du CGI et L 209 du LPF relatifs respectivement aux intérêts de retard et aux intérêts moratoires, la pénalité de l'article 1730 se substituant en effet aux intérêts de retard ou moratoires et revêt par mimétisme leur qualification non répressive, ce qui pose alors la conformité à la Constitution de la majoration de 5% prévue par l'article 1731 du CGI qui s'ajoute, et non remplace, aux intérêts de retard. En ce sens, S. AUSTRY, « Constitutionnalité de la majoration de 10% », note sous Cons. const., 29 avr. 2011, déc. n°2011-124 QPC, *Mme Boitel* : *FR Lefebvre* 23/2011, inf. 23, p. 23 et s. *Comp.* CE, Ass., Avis, 12 avr. 2002, n°239.693, *SA Financière Labeyrie*, où les taux supérieurs à deux voire près de trois fois le taux de l'intérêt légal n'ont pas été jugés disproportionnés. – V. également les conclusions de P. COLLIN sous CE, 9e et 10e ss-sect., 24 fév. 2011, n°344.610, *Mme Boitel* : *DF* 2011, n°12, comm. 277.

[4] Cons. const., 29 avr. 2011, déc. n°2011-124 QPC, *Mme Boitel*. – V. également à propos de la majoration pour paiement tardif, de la redevance pour création de locaux à usage de bureaux dans la région Île-de-France : Cons. const., 30 mars 2012, déc. n°2012-225 QPC, *Sté Unibail-Rodamco*.

[5] *Comp.* Crim., 25 juin 2014, n°14-90.017, rejetant le caractère punitif des articles 1560 et 1653 du CGI relatifs à l'impôt sur les maisons de jeux, en ce que le taux de 70% du barème progressif « n'est que marginal » « et, en toute hypothèse, ne relève pas du juge pénal ».

[6] Les intérêts de retard ne seront dus que si l'erreur porte sur un montant supérieur à la fois à 20% du montant de l'impôt dû et 8 millions d'euros lorsque la société réalise un chiffre d'affaires supérieur à 1 milliard d'euros ou à 2 millions d'euros lorsque la société réalise un chiffre d'affaires compris entre 250 millions d'euros et 1 milliard d'euros (article 1731 A du CGI). Cependant, le Conseil ne retient que le seuil de 8 millions (Cons. const., 29 déc. 2016, déc. n°2016-744 DC, *Loi de finances pour 2017*, cons. 35).

[7] L'article 1731 A exclut en effet le paiement des intérêts de retard et de la majoration de 10% lorsque « le montant d'impôt sur les sociétés estimé a été déterminé à partir du compte de résultat prévisionnel mentionné à l'article L. 232-2 du code de commerce, révisé dans les quatre mois qui suivent l'ouverture du second semestre de l'exercice, avant déduction de l'impôt sur les sociétés ».

en ce que, soit il a, par une rédaction maladroite, souhaité insister sur la non-qualification de sanction, soit, ce qui pourrait être envisagé eu égard aux prémices de sa motivation, il manifeste la possibilité que l'intérêt de retard puisse, non pas tant par son taux, que par ses modalités d'application, devenir une « sanction ayant un caractère de punition »[1]. Toutefois, eu égard à la conception stricte des « sanctions » par le Conseil, cette hypothèse, si elle est plausible[2], est peu probable.

2. Les critères formels

636.Qualification par absorption?. Bien que cette décision semble particulière et suivant un raisonnement qui n'est pas sans rappeler celui conduit relativement au principe *non bis in idem*[3], la Cour EDH aurait consacré une qualification par « absorption »[4] dans sa décision *Chambaz contre Suisse* : l'article 6 de la Convention est applicable « **dans certaines circonstances** » à « **un ensemble de procédures** » si d'une part, il existe un lien suffisant « pour des raisons tenant soit aux faits sur lesquels elles portent, soit à la manière dont elles sont menées par les autorités nationales », et d'autre part, si l'un d'elle porte sur une accusation en matière pénale[5]. Si, la présence de la rationalité axiologique est discrète mais réelle[6], toutefois, cette décision ne porte pas sur la qualification d'une accusation en matière pénale, mais sur une contamination du caractère pénal de l'enquête pénale à une procédure administrative[7],

---

[1] Ayant déjà affirmé que l'intérêt de retard, en raison de son objet, « ne constitue donc pas une sanction ayant le caractère de punition », les arguments tenant à la modulation de leur application étaient superfétatoires pour écarter le grief tiré de la méconnaissance du principe de nécessité des délits et des peines, une telle conclusion étant inutile si la mesure n'entre pas dans le champ d'application de l'article 8 de la Déclaration. De plus, si le Conseil relève que d'une part, les dispositions contrôlées « garantissent que seules les insuffisances de paiement caractérisées soient sanctionnées » (Cons. const., 29 déc. 2016, déc. n°2016-744 DC, *Loi de finances pour 2017,* cons. 35) et d'autre part, emploie le terme de « majoration » pour désigner l'intérêt de retard (*ibid.*), ce qui n'est pas inexact même si ce terme est généralement réservé aux majorations ayant le caractère de sanction, hormis pour la majoration de 10% prévue à l'article 1731 du CGI pour laquelle le Conseil a jugé qu'il ne s'agissait pas d'une sanction ayant le caractère de punition : Cons. const., 29 avr. 2011, déc. n°2011-124 QPC, *Mme Boitel..*

[2] Le commentaire officiel n'apporte aucune indication sur cet article 12 de la loi de finances pour 2017.

[3] Cf. *infra*.

[4] L. AYRAULT, « Droit fiscal européen des droits de l'homme : chronique de l'année 2012 » : *DF* 2013, n°9, chron. 177, spé. n°7 et s.

[5] CEDH, 5e sect., 5 avr. 2012, n°11663/04, *Chambaz c/ Suisse*, §43, nous soulignons. – D. GUTMANN, « La portée de l'article 6 de la Convention des droits de l'homme en matière fiscale » : *DF* 2016, n°38, étude 501, spé. n°8.

[6] La Cour « peut être amenée » à se prononcer ainsi (*ibid.*).

[7] Ainsi, la Cour conclut-elle à l'applicabilité de l'article 6 sous son volet pénal en ce que « l'enquête pour soustraction d'impôts dirigée contre le requérant s'inscrivait dans le prolongement de la procédure qui s'est déroulée devant le tribunal administratif [et] par conséquent, que les deux procédures étaient étroitement liées de sorte que le caractère manifestement pénal de l'enquête [pénale] s'est étendu à la procédure [administrative] ayant donné lieu à la présente requête » (CEDH, 5e sect., 5 avr. 2012, n°11663/04, *Chambaz c/ Suisse,* §48).

ne comportant pas, en l'espèce[1], l'infliction de sanction, aux fins d'y étendre les garanties de l'article 6, et notamment le droit de ne pas s'auto-incriminer[2].

637. Cette décision, pragmatique, manifeste une création-révélation d'un lien logique punitif de la procédure administrative, et non de l'imposition elle-même, dans un raisonnement similaire à celui conduit sur le fondement de l'article 4 du Protocole n°7[3], et trouve un parallèle intéressant dans l'application des garanties des articles 8 et 9 de la Déclaration à la procédure de répression des abus des droits, en raison d'une procédure pénale, mais de pénalités fiscales lues par le Conseil constitutionnel comme présentant un caractère automatique[4].

638. Clauses « anti-abus » et procédure d'abus de droit de l'article L 64 du LPF. La procédure spécifique de répression des abus de droit, régie par l'article L 64 du LPF étant lié expressément à des pénalités[5], la sécurité juridique, notamment sous

---

[1] D. GUTMANN relève ainsi que le « luxe de précisions données dans l'arrêt sur l'interdépendance des procédures fiscales et pénales au cas d'espèce visait à circonscrire la portée de la solution à des situations très particulières (avec toute l'incertitude qui s'attache toutefois à cette méthode casuistique) » (*in* « La portée de l'article 6 de la Convention des droits de l'homme en matière fiscale », *op. cit.*).

[2] La Cour rappela en effet que l'interprétation de la Convention doit permettre de « garantir le caractère concret et effectif des droits » qui y sont énoncés (CEDH, 9 oct. 1979, *Airey c/ Irlande*, §24) et qu'à cette fin, elle ne saurait être tenue par « les qualifications contenues dans l'ordre juridique interne », ni donc exclure l'applicabilité de l'article 6 « lorsque l'examen des griefs allégués par le requérant l'amène inévitablement à se pencher peu ou prou sur des actes ou des fragments de procédures, auxquels l'article 6 n'est en principe pas applicable (…), notamment lorsque différents éléments se trouve combinés dans une même procédure de telle manière qu'il est impossible de distinguer les phases de celle-ci portant sur une "accusation en matière pénale" de celle qui ont un autre objet » (CEDH, 5e sect., 5 avr. 2012, n°11663/04, *Chambaz c/ Suisse*, § 41 et 42). – V. également, CEDH, gde ch., 23 nov. 2006, n°73053/01, *Jussila c/ Finlande*, §45.

[3] Les éléments procéduraux (échanges mutuelles d'information entre les différentes autorités, identité des procédures de perquisition fondant les poursuites), factuels (identités des faits à l'origine des deux procédures), et temporels (succession des procédures) ont en effet conduit à une coloration rétrospective de la procédure administrative, dans le prolongement de laquelle s'est inscrite la procédure pénale (CEDH, 5e sect., 5 avr. 2012, n°11663/04, *Chambaz c/ Suisse*, §45-48).

[4] Cons. const., 29 déc. 2013, déc. n°2013-685 DC, *Loi de finances pour 2014*, cons. 117 et 118. – V. également, V. BERGER, « L'obligation de déclaration de comptes ouverts à l'étranger et le droit à un procès équitable » : *DF* 2017, n°8, étude 163. L'auteur soutient que la taxation d'office aux droits de mutation dans le cas particulier de non-déclaration de comptes ouverts à l'étranger, par la combinaison des articles L 71 du LPF et 755 du CGI, relève du volet pénal de l'article 6 de la CEDH, tant en raison des droits de mutation frappant un contribuable que de l'articulation procédurale entre les procédures pénale et fiscale organisée par les article 40 du Code de procédure pénale et L 82 C et L 101 du LPF.

[5] Cons. const., 29 déc. 2013, déc. n°2013-685 DC, *Loi de finances pour 2014*, cons. 113 et 114. *Comp.* anté., la jurisprudence du Conseil d'État refusant en raison de la nature non répressive des dispositions de l'article L64 du LPF et « en l'absence de critique des dispositions de l'article 1729 du [CGI] », tout en relevant que le grief tiré du principe du respect des droits de la défense, applicable uniquement en cas de sanction ayant le caractère de punition, « manque fait dès lors qu'il résulte des termes même de cet article que la procédure qu'il prévoit en cas d'abus de droit revêt un caractère contradictoire » (CE, 10e et 9e ss-sect., 28 nov. 2011, n°352.520, *Sté Verneuil et associés*, spé. cons. 3-4).

les traits du principe de légalité des délits et des peines, parmi d'autres exigences constitutionnelles[1] lui a été étendu, imposant alors la condition d'exclusivité du but fiscal afin de protéger le contribuable de l'arbitraire de l'administration par l'incomplétude de la loi fiscale[2]. Toutefois, si la procédure est rattachée à l'article 8 de la Déclaration, elle n'acquiert pas de ce fait un caractère pénal et l'administration n'est pas exemptée de la preuve des éléments constitutifs des infractions reprochés.

639. A l'inverse, les clauses anti-abus destinées à lutter contre des montages ayant un objet « principalement fiscal », ne sont pas considérées comme relevant indirectement de l'article 8 de la Déclaration, en raison d'un objet « différent » et portant sur la détermination de la base imposable et « déterminent donc une règle d'assiette »[3], quand bien même leur définition ressemble fort à celle de l'abus de droit, l'exclusivité du but fiscal en moins[4], et que l'application de la clause anti-abus sera de nature à autoriser l'application des mêmes sanctions que la procédure de l'abus de droit, sans qu'il soit distingué entre les bénéficiaires ou initiateurs principaux et les contribuables jouant un rôle plus secondaire[5].

---

[1] Le Conseil ne s'est pas spécifiquement prononcé sur l'article 34 de la Constitution et l'article 8 de la Déclaration, mais aussi au regard des articles 4, 5, 6 et 16 de la Déclaration : Cons. const., 29 déc. 2013, déc. n°2013-685 DC, *Loi de finances pour 2014*, cons. 113 et 114.

[2] « (...) compte tenu des conséquences ainsi attachées à la procédure d'abus de droit » : Cons. const., 29 déc. 2013, déc. n°2013-685 DC, Loi de finances pour 2014, cons. 118. – V. également, à propos de la version antérieure à l'ordonnance de 2005 : F. DEBOISSY, *La simulation en droit fiscal,* éd. LGDJ, 1997, p. 286-287.

[3] Par ex., pour les clauses destinées à contrecarrer les montages anti-plafonnement de l'ISF : Cons. const., 29 déc. 2016, déc. n°2016-744 DC, *Loi de finances pour 2017,* cons. 18 et 25 (la règle tendant à *« «* éviter certains détournements des modalités de calcul du plafonnement des revenus soumis à l'impôt sur la fortune *»)* ; pour la clause anti-abus dans le cadre du régime mère-filiale : Cons. const., 29 déc. 2015, déc. n°2015-726 DC, *Loi de finances rectificative pour 2015*, cons. 9 à 12, spé. cons. 12 (les dispositions « se born[ant] à prévoir une nouvelle condition à laquelle est subordonné le bénéfice du régime fiscal des sociétés mères »).

[4] Cons. const., 29 déc. 2016, déc. n°2016-744 DC, *Loi de finances pour 2017,* cons. 21. Sur la définition de l'abus de droit : cf. *supra*, Partie II, Titre II, Chapitre II, Section 2.

[5] Certes le non-respect des conditions nouvelles n'emportera pas « l'application des majorations du b de l'article 1729 du code général des impôts en cas d'abus de droit **au sens de** l'article L 64 du livre des procédures fiscales » (Cons. const., 29 déc. 2015, déc. n°2015-726 DC, *Loi de finances rectificative pour 2015*, cons. 12 ; Cons. const., 29 déc. 2015, déc. n°2015-725 DC, *Loi de finances pour 2016*, cons. 18, nous soulignons). Mais il pourra donc emporter l'application des majorations de l'article 1729 en cas d'abus de droit au sens de ces dispositions « anti-abus » car n'est-ce pas lors d'un contrôle fiscal, que l'Administration fiscale remettra en cause le régime appliqué, rétablissement de la base imposable emportant le cas échéant application des sanctions de l'article 1729 du CGI ? Et cela d'autant plus que, ce rétablissement nécessitera d'établir l'existence d'un montage construit dans un but « principalement fiscal », un « montage non authentique » : dès lors, la volonté au moins délibérée d'éluder l'impôt sera de facto établi : une telle structure juridique induit un minimum d'anticipation et d'organisation, du moins pour leur initiateur ou initiatrice, susceptible de créer « des apparences de nature à égarer l'administration dans l'exercice de son pouvoir de contrôle » (CE, 9e et 8e ss-sect., 8 janv. 1997, n°139.711, *Fattell* ; CE, 3e et 8e ss-sect., 30 déc. 2015, n°377.855, *min. c/ Sté Opportunités Finances*). En ce sens, v. P. COLLIN, concl. sur CE, 9e et 10e ss-sect., 29 sept. 2010, n°341.065, *Sté SNERR Théâtre de Paris : DF* 2010, n° 45, comm. 551. Le rapporteur public relève que « cette distinction peut sembler un peu artificielle dès lors que l'incrimination recoupe très exactement la qualification d'abus de droit au sens de l'article L. 64 du LPF [en l'espèce, dans sa rédaction issue de l'ordonnance du 25 mars 2004 :Ord. n°2004-281, 25 mars 2004 : *DF* 2004, n°21,

640. Dès lors, le détour par la différence de l'objet, s'il fonde logiquement le raisonnement, constitue un artifice permettant au Conseil constitutionnel d'écarter la qualification de « sanction ayant le caractère de punition »[1], et ainsi d'assurer à l'administration fiscale, une arme redoutable au champ d'application plus large et à une maniabilité plus aisée que dans le cadre de l'article L 64 du LPF[2], qui ne pourra jouer, toutefois pour l'article L 64 A du LPF, pour laquelle n'existe pas ce rattachement matériel à des pénalités, posant alors la question d'une inégalité devant la loi dans son application.

641. La faible incidence de la place du dispositif au sein du CGI. La place de la mesure fiscale au sein du code général des impôts ou encore le mécanisme mis en œuvre sont loin d'être décisifs, l'objectif de la norme primant[3]. Par exemple s'agissant de l'article 302 nonies du CGI[4], le fait qu'il soit inséré dans un chapitre intitulé « Suppression des avantages fiscaux prévus en faveur des entreprises en cas de non-respect des obligations déclaratives en matière de taxe sur la valeur ajoutée », dont les termes pourtant invitent à une idée de répression, de sanction d'un manquement, n'est pas considéré comme un « élément d'interprétation décisif »[5]: le juge refuse d'aller au-delà du vocabulaire employé pour rechercher d'abord l'intention du législateur,

---

comm. 510], de sorte que l'on a coutume de qualifier la pénalité pour abus de droit de pénalité automatique » mais la distinction entre le régime de preuve de l'imposition, à partir de l'article L64, règle d'assiette, et celui de la majoration « montre que face à un dossier dans lequel le comité de l'abus de droit fiscal se serait laissé convaincre sans pour autant qu'il contienne des éléments décisifs pour démontrer l'abus de droit, il est possible que le contribuable obtienne la décharge des pénalités même si le bien-fondé de l'imposition est confirmé ». Mais alors, la distinction entre les procédures anti-abus et celles de l'article L 64 du LPF n'est justifié que de manière artificielle.

[1] V. F. DEBOISSY, « Articulation de la procédure d'abus de droit et des clauses anti-abus » : *DF* 2016, n°49, étude 632.

[2] Toutefois, on perçoit une certaine gêne du juge constitutionnel : s'il exclut l'application de l'article 8 de la Déclaration, il prend parfois soin de relever la précision des dispositions d'assiette, étrange parallèle avec le principe de légalité des délits et des peines. Par exemple : Cons. const., 29 déc. 2015, déc. n°2015-726 DC, *Loi de finances rectificative pour 2015*, cons. 13 : les dispositions « qui déterminent une règle d'assiette suffisamment précise conditionnant le bénéfice du régime fiscal des sociétés mères, n'instituent pas une sanction ayant le caractère d'une punition ». – V. également : Cons. const., 29 déc. 2016, déc. n°2016-744 DC, *Loi de finances pour 2017,* cons. 25.

[3] En sus de l'absence de normativité des intitulés des divisions et subdivisions : CE, 4e et 5e ss-sect., 7 oct. 2015, n°386.436, *Synd. national des enseignements de second degré.*

[4] Cette disposition subordonne certains allègements d'impôt sur le revenu ou d'impôt sur les sociétés au respect des obligations déclaratives : ainsi ces allègements « ne s'appliquent pas lorsqu'une ou des déclarations de chiffre d'affaires se rapportant à l'exercice concerné n'ont pas été souscrites dans les délais et qu'il s'agit de la deuxième omission successive ». – V. également, à propos des mesures de solidarités financières, dont la place au sein du chapitre I « Pénalités » du Livre II du CGI ne les transforme pas en sanction : cf. *infra.*

[5] E. BOKDAM-TOGNETTI, concl. sur CE, 9e et 10e ch., 18 janv. 2017, n°389.268, *Remy, op. cit.*, qui ajoute que « tout au plus peuvent-ils [les intitulés des chapitres et sections de codes] colorer une interprétation mais ils ne sauraient (…) la dicter » et relève, par ailleurs, une distinction sémantique en ce que bien que le mécanisme a une portée plus vaste que les seules « omissions » de déclaration, cette disposition emploie le verbe « s'appliquer » et non la « perte » ou la « privation » de l'avantage fiscal. – V. également L. OLLÉON, concl. sur CE, 8e et 3e ss-sect., 27 oct. 2009, n°312.302, *min. c/ Dervillez,* : *DF* 2010, n°3, comm. 86.

laquelle prime [1], et étaye son raisonnement de l'argument comparatif, tenant à l'existence de sanctions fiscales[2]. On retrouve le même écueil relevé dans la jurisprudence constitutionnelle, à savoir la référence à des normes répressives pour exclure ce caractère d'autres normes[3].

642. L'action récursoire, un critère pertinent ?. « [G]arantie pour le recouvrement des créances du Trésor public », la mesure de solidarité, qu'elle résulte des dispositions des articles 1724 quater, 1745 ou 1754, V, 3° du CGI, ne constitue pas une sanction certes en raison de son objet[4], mais aussi de l'existence d'une action récursoire aux mains du débiteur solidaire, également critère d'adaptation par ailleurs.

---

[1] En l'occurrence, les débats parlementaires montraient une volonté de « subordonner » le bénéfice des exonérations aux entreprises « bonnes citoyennes » :JO AN, 20 mai 1998, p. 41 cité par E. BOKDAM-TOGNETTI, concl. sur CE, 9e et 10e ch., 18 janv. 2017, n°389.268, *Remy* : *DF* 2017, n°18-19, comm. 296. En ce sens également, CE, 9e et 10e ss-sect., 5 fév. 2014, n°371.352, *Sté EBC Pharmexport* (ainsi que le souligne le rapporteur public, l'ancien article 238 du CGI, en ce qu'il fait obstacle à la déductibilité de certaines sommes « ne vise pas à réparer un préjudice subi par l'Administration mais à être répressif, dans la mesure où il s'applique même si les conditions de déductibilité avaient été remplies. » : *DF* 2014, n°12, comm. 233).

[2] CE, 9e et 10e ch., 18 janv. 2017, n°389.268, *Remy.*

[3] Le juge relève ainsi que la méconnaissance du respect des obligations de déclaration du chiffre d'affaires « est par ailleurs réprimée par les sanctions fiscales prévues par l'article 1728 du [CGI] » (*ibid.*). – V. toutefois, CE, 9e et 10e ss-sect., 5 fév. 2014, n°371.352, *Sté EBC Pharmexport*, espèce où la sanction prévue par l'article 1770 quater prenait le relais de celle énoncée par l'article 238 du CGI lorsque cette dernière ne s'appliquait pas. Cette alternative renforçait alors la qualification de « sanction ayant le caractère de punition » de l'article 238 du CGI.

[4] Cependant, d'une part, s'agissant de la solidarité de l'article 1745, cette « mesure pénale prononcée par le juge répressif » suppose que la personne condamnée à cette solidarité ait été reconnue responsable ou complice d'un délit de fraude fiscale (en ce sens, Crim, 29 fév. 1996, n° 93-84 616, *M. Zinck. Comp.* CE, Plén. 9 nov. 1988, n°68.965, *Grisoni*). Or, en matière de droits d'enregistrement, si, la qualification de punition peut être écartée pour les mesures de solidarités prévues par les articles 1827, alinéa 2 et 1840 E du CGI, 1707 et 1708 (en ce qu'ils ne supposent pas d'imputation personnelle du manquement et qu'une action récursoire est possible), elle ne peut l'être pour l'article 1754, V, 4, la solidarité reposant sur un manquement personnel (la production d'une fausse attestation) consistant à s'être rendu complice de manœuvres frauduleuses (L. AYRAULT, « Répression fiscale et droits d'enregistrement » : *DF* 2017, n°17, étude 280). D'autre part, la Cour de cassation avait adopté une position plus mitigée, reconnaissant la mesure de solidarité de l'article 1745 constituait une « sanction complémentaire facultative » (Crim., 21 mars 1996, n°94-85.492, *Leclaire c/ DGI*), et que la doctrine pénaliste décrivait comme ayant un caractère mixte, à la fois répressif et restauratif (par ex. A. LEPAGE, P. MAISTRE DU CHAMBON et R. SALOMON, *Droit pénal des affaires*, éd. LexisNexis, 4e éd., 2015, p. 825), tout en rejetant plusieurs questions prioritaires de constitutionnalité fondées sur l'article 8 de la Déclaration de 1789 en ce que la solidarité de l'article 1745 n'a pas de caractère obligatoire, sans infirmer ni confirmer son caractère punitif prépondérant (Crim., 4 mai 2011, n°10-88.279 ; Crim., 6 avr. 2011, n°10-87.634). Enfin, concernant la solidarité de l'article 1754 du CGI (laquelle porte sur le paiement de l'amende prévue au IV bis de l'article 1736 du CGI), le critère d'adaptation tenant en l'existence d'une action récursoire peut en certains cas ne pas être pertinent : en effet, d'une part, « l'existence d'une action récursoire des constituants et bénéficiaires réputés constituants peut dépendre de l'acte constitutif du trust ou du droit applicable aux relations qu'ils entretiennent avec l'administrateur, et où, d'autre part, l'existence d'une obligation de payer (fût-ce provisoirement) prête à discussion lorsqu'elle porte sur un montant dont on peut observer par ailleurs le caractère potentiellement disproportionné » (D. GUTMANN, « La portée de l'article 6 de la Convention des droits de l'homme en matière fiscale », *op. cit.*).

Sur ce point, cette solution, conforme au droit constitutionnel[1], ne semble pas contraire à la jurisprudence de la Cour européenne des droits de l'homme, qui, si elle ne s'est pas encore prononcée sur ces mesures de solidarité, accorde une attention particulière à ce qu'un contribuable ne soit pas sanctionné pour un acte commis par un tiers[2], ce que doit permettre normalement l'action récursoire[3].

643. Or, comme le relève D. GUTMANN, concernant la solidarité de l'article 1754 du CGI[4], en sus des doutes que l'on peut avoir sur la pertinence du critère d'adaptation tenant en l'existence d'une action récursoire, toutes les dispositions de l'article 1754 ne sont pas exempts d'un caractère punitif, déduit de leur objectif concret et immédiat[5] : certaines mesures de solidarité financière, notamment les 4° et

---

[1] Cons. const., 21 janv. 2011, déc. n°2010-90 QPC, *M. Cuaz*. – V. également, les juridictions de cassation : certaines mesures de solidarité prévues à l'article 1745 du CGI en cas de fraude fiscale « qui constitue seulement une garantie pour le recouvrement de la créance du Trésor public » (Cass. crim., 23 mars 2016, n° 14-88.507, *Genet et a. c/ DGFIP*), ne revêtent pas le caractère d'une punition entrant dans le champ de l'article 8 de la Déclaration de 1789, « **dès lors que** celui qui s'est acquitté du paiement des impôts fraudés et des pénalités correspondantes dispose d'une action récursoire contre le débiteur principal et, le cas échéant, contre les débiteurs solidaires » (CE, 8e et 3e ch., 8 déc. 2017, n°414.303, *M. B*, cons. 5 ; Crim., 12 sept. 2012, n°12-80.574, *Manuel c/ DSF ;* Crim., 25 juin 2014, n°13-87.692. Nous soulignons. – V. également, CE, 9e et 10e ch., 22 fév. 2017, n°386.430, *Sté Gecop ;* déjà, CE, 10e et 9e ss-sect., 13 nov. 2013, n°340.267, *Mme Duploye et a. (1ère esp.). Comp.* CE, 8e et 3e ch., 25 sept. 2017, n°412.024 et n°412.031, cons. 5 et 6, à propos de la solidarité de l'article 990 J, III, alinéa 8 du CGI regroupant la même motivation pour exclure la qualification de sanction ayant le caractère de punition et le grief tiré de la rupture d'égalité devant les charges publiques. La chambre criminelle ajoutant que le débiteur solidaire doit également « conserve[r] le pouvoir de contester le bien-fondé et l'exigibilité de la dette et de s'opposer aux poursuites devant les juridictions compétentes » (Crim., 12 sept. 2012, n 12-80.574, *Manuel c/ DSF ;* Crim., 25 juin 2014, n°13-87.692 ; Crim., 25 fév. 2015, n 14-85.300 ; Crim., 21 mars 2018, n°17-87.423. Cette qualification écarte dès lors l'existence d'un cumul de sanctions (Crim., 30 déc. 2017, n°17-82.469).

[2] En ce sens, CEDH, 29 août 1997n°75/1996/684/886, *EL, RL et JOL c/ Suisse* et n°71/1996/690/882, *AP, MP et TP c/ Suisse*. – V. également, L. AYRAULT, « Droit fiscal européen des droits de l'homme : chronique de l'année 2017 » : *DF* 2018, n°9, chron. 207.

[3] Toutefois, les motivations diffèrent légèrement en ce que, si le Conseil constitutionnel avait déduit notamment de l'objet de la solidarité et de l'existence d'une action récursoire, mais également de l'absence de faute commise par le dirigeant (Cons. const., 21 janv. 2011, déc. n°2010-90 QPC, *M. Cuaz*, cons. 6. *Comp.* à propos des articles 1724 quater du CGI et L 8222-2 du code du travail : Cons. const., 31 juil. 2015, déc. n°2015-479 QPC, *Sté Gecop*), la possibilité d'une action récursoire semble seule déterminante pour le Conseil d'État. – V. toutefois, sur le fondement de l'article 6 de la CEDH : CE, 9e et 10e ch., 22 fév. 2017, n°386.430, *Sté Gecop*, cons. 8, centré sur le seul objet de la solidarité financière (à propos de l'article 1724 quater du CGI combiné à l'article L8222-2 du code du travail), mais les conclusions d'E. BOKDAM-TOGNETTI et la décision elle-même s'appuient sur la décision du Conseil constitutionnel du 31 juillet 2015 précitée), afin de préserver le lien logique, l'objectif de la solidarité prévue et précisé en incise, mais non tout à fait pour la Cour de cassation qui ne la mentionne pas systématiquement (par exemple, Cass. crim., 23 mars 2016, n 14-88.507, *Genet et a. c/ DGFIP*).

[4] Laquelle porte sur le paiement de l'amende prévue au IV bis de l'article 1736 du CGI.

[5] Toutefois, le principe de sécurité juridique impose un énoncé clair et précis des cas et conditions de mise en œuvre des mesures de solidarité financières (tout en faisant par ailleurs intervenir la notion de proportionnalité dans la caractérisation d'une clarté et d'une prévisibilité suffisante des dispositions en cause :CJUE, 16e ch., 2 juin 2016, aff. C-81/15, *Kapnoviomichania Karelia*, pts 45-47), à partir duquel le juge européen opère son contrôle : ces régimes, proches d'une certaine manière des sanctions, en ce qu'ils se déclenchent à la suite de méconnaissances des règles fiscales, s'en

5° du V de cet article, reposent précisément sur un manquement personnel, imputable à la personne déclarée solidaire[1]. Si cette imputation du manquement vient remettre en cause l'objectif premier de garantie du recouvrement des créances fiscales, prenant le pas sur celui, il y aurait alors une proportionnalisation des buts démasquant une qualification de sanction ayant un caractère pénal[2].

644. Par ailleurs, le critère de l'action récursoire n'est pas toujours opérant, comme par exemple s'agissant de la responsabilité solidaire du dirigeant, pour laquelle une action récursoire est impossible, eu égard aux conditions de mises en œuvre de l'article L 267 du LPF, faisant *in fine* supporter par le dirigeant les majorations fiscales, pénalités infligées à la société[3].

645. Transition. Ainsi, si les critères d'identification des pénalités fiscales ayant un caractère de punition ou d'accusation en matière pénale illustrent une relative communion entre les différentes juridictions, l'identification en elle-même reste une opération délicate, non exempt d'une proportionnalisation soit dans les buts poursuivis eux-mêmes, soit à partir d'éléments extérieurs à la norme fiscale envisagée. Le but, l'objectif répressif de la norme fiscale demeure prépondérant toutefois[4]. Or, il dépend de l'existence d'un manquement à une obligation fiscale : par un raisonnement inductif, la rationalité instrumentale est le support de la rationalité axiologique.

---

distinguent néanmoins par leur philosophie plus axée sur la responsabilité. S'insérant bien souvent dans des dispositifs de lutte contre la fraude fiscale et assimilée, ils poursuivent également des finalités protectrices des intérêts financiers des États membres, mais il ne s'agit pas de punir un contribuable ou assujetti pour un acte qu'il aurait commis, mais pour sa négligence « coupable ». En ce sens, l'opérateur économique doit prendre « toute mesure pouvant raisonnablement être requise de lui pour s'assurer que l'opération qu'il effectue ne le conduit pas à participer à une fraude fiscale » (même arrêt, pt. 42 ; CJUE, 7e ch., 21 déc. 2011, aff. C-499/10, *Vlaamse Oliemaatschappij NV c/ FOD Financiën*, pt. 25 ; CJCE, 4e ch., 21 fév. 2008, aff. C-271/06, *Netto Supermarkt GmbH & Co. OHG*, pt. 24 ; CJCE, 3e ch., 27 sept. 2007, aff. C-409/04, *Teleos e. a.*, pt. 65)

[1] En ce sens, L. AYRAULT, « Répression fiscale et droits d'enregistrement », *op. cit.*

[2] *Ibid.* L'auteur considère ainsi ces mesures comme des « mesures répressives déguisées ».

[3] *Comp.* à propos de l'article 1804 B du CGI : Crim., 24 juil. 2014, n°14-90.032, n°14-90.033 et n°14-90.034.

[4] Cette rationalité instrumentale permet encore le départage entre les normes fiscales de procédure et les sanctions, bien qu'unies dans l'objectif transcendant de lutte contre la fraude et l'évasion fiscales, rationalité axiologique. Ainsi, les dispositions qui allongent des délais de reprise n'ont pas un tel caractère en raison précisément de leur objet, même si elles tendent à lutter contre la fraude et l'évasion fiscales et qu'elles ont été adoptées pour ce faire (CE, 6e ch., 1er mars 2017, n°405.711, cons. 3 : elles ont « **pour seul objet** d'allonger le délai de reprise dont dispose l'administration lorsqu'un contribuable, titulaire de comptes bancaires à l'étranger, a omis de respecter ses obligations déclaratives. Elles n'ont **donc** pas le caractère d'une sanction », nous soulignons). Plus largement les procédures de contrôle ne constituent pas une sanction : ainsi en est-il de la procédure propre au Crédit Impôt Recherche prévue à l'article L 45 B (CE, 9e et 10e ch., 19 juil. 2016, n°393.302, *SARL Eskape*).

II. L'existence d'un manquement antérieur, critère d'identification d'un but répressif

646. Problématique. L'identification d'un manquement antérieur constitue une étape importante afin de distinguer les sanctions des mesures incitatives ou dissuasives, mesures de « contrainte douce »[1], sans toutefois que la finalité répressive qui en résulte, rattachée à l'objectif de valeur constitutionnelle de lutte contre la fraude et l'évasion fiscales, ne résout pas l'artificialité de certains arguments ou l'insuffisance des seules affirmations, notamment devant le juge constitutionnel français.

647. Plan. Si l'existence d'un manquement érigé en infraction[2] permet d'abord la distinction des « sanctions » et des règles d'assiette à caractère incitatif (A), le critère de l'antériorité de ce manquement du contribuable à ses obligations fiscales[3] fait le départ entre les sanctions et les règles d'assiette à caractère dissuasif (B)[4].

A. Un manquement constitutif d'une infraction, critère de distinction avec les mesures incitatives

648. Plan. Afin de distinguer « sanctions » et mesures incitatives, y compris dans la remise en cause de leurs effets, les juges, et notamment le Conseil constitutionnel, identifient l'existence d'un manquement, érigé en infraction par le législateur (1), emportant des conséquences pratiques sur le caractère non punitif de certains régimes (2).

1. De l'explicitation de la condition tenant à l'existence d'un manquement constitutif d'une infraction

649. Un manquement. Un manquement à une obligation fiscale doit exister[5] et être identifié, ce que le juge effectue en le décrivant avec plus ou moins de détail.

---

[1] J. CARBONNIER, *Sociologie juridique*, *op. cit.*, p. 200, et s. *Rapp.* P. JESTAZ, « La sanction ou l'inconnue du droit » : *D* 1986, chron. p. 197 et s.

[2] Ainsi, une obligation de conservation des documents comptables pendant une certaine durée ne constitue pas, par elle-même, une sanction (Cons. const. 29 déc. 1989, déc. n°89-268 DC, *Loi de finances pour 1990*, cons. 66), ni plus l'encadrement des conditions et délais dans lesquels l'administration fiscale a la faculté de réparer omissions ou insuffisances d'imposition (*ibid.*, cons. 71).

[3] La référence aux obligations légales et réglementaires des contribuables permet de définir de manière suffisante les infractions sanctionnées, au sens de l'article 8 de la Déclaration (Cons. const., 12 juil. 2013, déc. n°2013-332 QPC, *Mme Agnès B*, à propos de l'article L 313-13 du code de la construction et de l'habitation sanctionnant des irrégularités commises par un organismes collecteur de fonds au titre du « 1% logement » ; Cons. const., 29 déc. 2016, déc. n°2016-743 DC, *Loi de finances rectificative pour 2016*, cons. 10).

[4] *Comp.* CE, 5e et 6e ch., 17 juin 2019, n°427.921, *Sté Smoke House* : la fermeture temporaire d'un établissement fondée sur l'article 1825 du CGI a « pour objet de prévenir le risque d'atteinte à l'ordre public que constituerait la réitération de manquements constatés et présente, par suite, le caractère non d'une sanction, mais d'une mesure de police ».

[5] Et être imputable à la personne l'ayant commis. En ce sens, Cons. const., 4 mai 2012, déc. n°2012-239 QPC, *Mme Altmann* ; Cons. const., 8 oct. 2014, déc. n°2014-418 QPC, *Sté SGI*, cons. 8 (à propos

Ainsi, le Conseil peut seulement énoncer qu'une disposition sanctionne « la méconnaissance d'une obligation déclarative annuelle » ou tout autre agissement répréhensible, ce qui établit l'existence d'un manquement à une obligation fiscale et dont la sanction intervient *a posteriori*[1]. Cette conclusion est implicite lorsque la qualification de « sanction » n'est pas contestée[2], explicite dans le cas contraire[3]. En l'absence de manquement à une obligation fiscale l'existence d'une sanction est donc *de facto* exclue[4].

650. Sans nécessairement l'expliciter, la Cour de justice emploie ce critère de manquement, d'une manière impliquant une antériorité[5]. Elle conditionne cependant l'existence de ce manquement à la compatibilité de la norme fiscale nationale au droit de l'Union européenne : un tel manquement n'existe pas si l'obligation dont la méconnaissance est sanctionnée constitue une restriction contraire au droit de l'Union européenne[6], ou si ce manquement est dû à l'État membre[7], ces qualifications pouvant faire intervenir le principe de proportionnalité.

651. Un manquement érigé en infraction. L'existence d'un manquement ne suffit pas, il faut encore que ce manquement soit érigé en infraction. Or cette infraction n'existe que par l'existence de la norme répressive elle-même : autrement dit, une mesure fiscale est une punition en ce qu'elle punit un manquement antérieur à son

---

de l'anc. art. 1756 quater du CGI, devenu art. 1740, sanctionnant les personnes ayant contribué à l'obtention, par un tiers, d'un avantage fiscal indu).

[1] Par ex. à propos de l'amende prévue par l'alinéa 2 de l'article 1766 du CGI : Cons. const., 27 oct. 2017, déc. n°2017-667 QPC, *M. Didier C* ; à propos de la majoration de la contribution supplémentaire à l'apprentissage prévue par l'article 230 H du CGI : Cons. const., 7 mars 2014, déc. n°2013-371 QPC, *SAS Labeyrie*, cons. 4.

[2] Par ex., Cons. const., 27 oct. 2017, déc. n°2017-667 QPC, *M. Didier C.*

[3] Par ex., Cons. const., 30 mars 2012, déc. n°2012-225 QPC, *Sté Unibail-Rodamco*. Elle l'est encore lorsque la qualification permet d'exclure les griefs tirés de l'atteinte au droit de propriété ou au principe d'égalité devant les charges publiques (cf. Cons. const., 8 oct. 2014, déc. n°2014-418 QPC, *Sté SGI*).

[4] Par ex., la suppression d'une exonération fiscale (Cons. const. 29 déc. 1989, déc. n°89-268 DC, *Loi de finances pour 1990*), ou d'une obligation de conservation de documents (*Ibid.*, cons. 66), ou encore la constitution d'une garantie, celle-ci n'étant exigée en réaction à « **aucune infraction** », et en l'occurrence, « le **but** de la disposition (…) consiste à assurer l'exacte perception de la TVA à l'avenir », et non de punir ou réprimer (CJUE, 9e ch., 26 oct. 2017, aff. C-534/16, *Finančné riaditeľstvo Slovenskej republiky c/ BB Construct s.r.o.*, pt. 32, nous soulignons. *Comp.* CJUE, 16e ch., 2 juin 2016, aff. C-81/15, *Kapnoviomichania Karelia*). *Comp.* les mesures de solidarités financières.

[5] Par ex., en matière d'infraction douanière, une majoration de 5% de la valeur des marchandises « vise à pénaliser les opérateurs économiques **n'ayant pas respecté** les formalités et délais prévus » : CJUE, 6e ch., 7 déc. 2000, aff. C-213/99, *José Teodoro de Andrade et DIrector da Alfândega de Leixões*, pt. 37, nous soulignons. – V. également, CJUE, 9e ch., 26 oct. 2017, aff. C-534/16, *Finančné riaditeľstvo Slovenskej republiky c/ BB Construct s.r.o.*, pt. 32.

[6] CJUE, 6e ch., 28 fév. 2018, aff. C-3/17, *Sporting Odds Ltd c/ Nemzeti Adó-és Vámhivatal Központi Irányítása*, pts 66 à 69.

[7] CJCE, gde ch., 6 mars 2007, aff. jtes C-338/04, *Massimiliano Placanica*, C-359/04, *Christian Plaazzese*, et C-360/04, *Angelo Sorrichio*, pt. 69.

application, lequel n'est infraction que parce qu'il est réprimé par la mesure fiscale[1]. De ce raisonnement tautologique, il en résulte bien que le Conseil constitutionnel ait ouvert la catégorie des sanctions fiscales « ayant un caractère de punition », refusant d'y apporter une définition, l'identité de la norme fiscale répressive au manquement ferme cette qualification aux seules infractions décidées par le législateur. En somme, le juge constitutionnel explicite un raisonnement, plus qu'il n'en éprouve le bien-fondé : seul le législateur reste maître de l'opportunité des infractions et donc des sanctions « ayant un caractère de punition ».

652. En revanche, les méthodes d'identification des « sanctions » par les juridictions européennes tendent, par leur approche transnationale, à se départir de cette qualification interne[2], sans que, *in fine*, puisse s'observer certaines convergences dans l'absence de caractère punitif dans la déchéance des mesures incitatives.

2. Du caractère non répressif de certaines mesures fiscales

653. Mesures incitatives[3] et déchéance. Si la perte du régime de faveur naît du non-respect par le contribuable de ses engagements, les conséquences de ce « manquement » auraient pu être analysée comme une sanction. Cependant, ce « manquement » n'est pas d'une infraction : il s'agit seulement de tirer les conséquences de la constatation de l'absence de réunion des conditions d'application d'un régime fiscal favorable, à savoir la déchéance de ce dernier et le retour au *statu*

---

[1] En ce sens, Cons. const., 9 juin 2017, déc. n°2017-636 QPC, *Sté Edenred* France ; Cons. const. 29 déc. 1989, déc. n°89-268 DC, *Loi de finances pour 1990*, cons.53 et 54.

[2] V. not. : CEDH, 1ère sect., 23 juil. 2002, n°34619/97, *Janosevic c/ Suède*, §69. Cf. *supra*.

[3] Les mesures fiscales incitatives conduisent en principe à orienter le comportement des contribuables dans un sens jugé favorable par le législateur mais non à le sanctionner pour un manquement passé : le régime fiscal appliqué au contribuable sera donc fonction des règles posées par le législateur, et du choix opéré par le contribuable au regard de ces dispositions. L'interventionnisme fiscal n'a pas pour but instrumental de punir un contribuable, mais, par une contribution fiscale plus lourde, de lui faire supporter le coût social, économique ou environnemental de sa décision. La rationalité instrumentale, structuration comportementale, emporte la qualification juridique. Toutefois, les hésitations du juge administratif sur la qualification d'une « accusation pénale » au sens de l'article 6 de la Convention EDH relativement à certains régimes, notamment la majoration de 25% en cas de non-adhésion à un centre de gestion agréée, laissent un goût d'inachevé, et, « l'on observe que la mise en œuvre par le Conseil d'État des exigences formulées par la Cour européenne des droits de l'Homme se heurte à de sérieuses difficultés d'ordre théorique » (D. GUTMANN, « La portée de l'article 6 de la Convention des droits de l'homme en matière fiscale », *op. cit.*). C'est d'ailleurs en raison de l'existence d'un manquement passé qu'une hésitation du juge de cassation sur la qualification de la disposition contestée peut naître, et ainsi justifier le renvoi d'une question prioritaire de constitutionnalité (CE, 9e et 10e ss-sect., 13 oct. 2010, n°341.536 et 341.830, *SNC Eiffage construction Val de Seine*). Inversement, une décision de renvoi du juge de cassation, plus affirmative quant à la nature répressive d'une mesure, peut se trouver contredite ultérieurement par la décision du Conseil constitutionnel sur la question de la qualification, par exemple, s'agissant des mesures de solidarité, et notamment celle prévue par l'article 1754 du CGI : par ex., CE, 3e et 8e ss-sect., 27 oct. 2010, n°342.925, *J.-C. Cuaz*, cons. 8 et Cons. const., 21 janv. 2011, déc. n°2010-90 QPC, *M. Cuaz*..

quo ante[1]. Cette déchéance peut être perçue comme punitive par le contribuable, mais elle ne vient pas réprimer une infraction.

654. Ainsi, la remise en cause d'une exonération ou d'un avantage fiscal, lorsqu'une des conditions exigées n'est pas remplie, et cela quelles que soient les raisons du non-respect de cette condition[2] n'est pas une punition au sens de l'article 8 de la Déclaration[3] : à l'instar des conditions résolutoires (article 1304-7 du Code civil), le constat de l'absence d'une condition entraîne rétroactivement l'effacement du bénéfice du régime fiscal favorable, et application du régime de droit commun[4].

---

[1] Par ex., Cons. Const., 29 déc. 1984, déc. n°84-184 DC, *Loi de finances pour 1985*, cons 27 à 29..

[2] Cons. const., 29 déc. 1984, déc. n°84-184 DC, *Loi de finances pour 1985*, cons. 27 à 29. Le refus ou la remise en cause de ces régimes du fait du non-respect d'une des conditions posées par la loi n'est donc qu'une conséquence « de ce que le contribuable ne remplit pas cette condition ». – V. également : CE, 8e sect., 17 sept. 2010, n°341.293, cons. 6, à propos de la majoration de 25% en cas de revenus distribués (articles 11, c et 158, 7° du CGI) (« ces dispositions n'instituent ni une incrimination, ni une peine, ni une sanction ») ou CE, 8e et 3e ss-sect., 27 oct. 2009, n°312.302, *min. c/ Dervillez* (« en ne faisant pas application de [l'abattement prévu par l'ancien article 158 4 bis du CGI] à la partie des bénéfices qu'elle redresse, l'Administration ne prononce pas une sanction devant être motivée (…), mais se borne à tirer les conséquences de ce qu'un contribuable ne remplit pas l'une des conditions d'ouverture du droit au bénéfice de cet abattement »). Il est vrai que, précédemment, le Conseil d'État avait jugé que la réintégration au résultat imposable de sommes non déclarées par la partie versante des commissions et honoraires constituait une sanction en raison de son objet immédiat et de sa finalité (sanctionner « le non-respect d'obligation permettant à l'administration fiscale de procéder aux recoupements nécessaires au contrôle du respect, par les bénéficiaires des versements, de leurs obligations fiscales et, ainsi, contribue au respect de l'objectif de valeur constitutionnelle de lutte contre la fraude fiscale ») (CE, 9e et 10e ss-sect., 5 fév. 2014, n°371.352, *Sté EBC Pharmexport,* cons. 4). Cependant, en l'occurrence, le législateur a expressément précisé que cette réintégration constituait une sanction, contrairement à l'arrêt de 2009 précité, lequel insiste sur le fait que la solution ne constituant pas un revirement de jurisprudence car les textes ont évolué et n'évoquent plus la notion de « perte ». Comp. les décisions dénotant une appréciation du comportement du contribuable : CE, 9e et 10e ss-sect., 28 mai 2014, n°351.935, *M. et Mme Matallah* ; CE, 7e et 8e ss-sect., 14 juin 1989, n°64.630, *Delaere* ; CE, 9e et 8e ss-sect., 2 avr. 1993, n°89.508, *Chopy ;* Com. 10 mars 1989, n°95-15.729, *SARL Corevim. Contra* , pour le juge administratif, CE, 8[e] et 3[e] ss-sect., 16 mars 2009, n°304.749, *M. Gumuschian* ; CE, 8e et 3e ss-sect., 27 oct. 2009, *min. c/ Dervillez ;* CE, 9e et 10e ss-sect., 9 nov. 2015, n°366.457, *M. Waldner* ; CE, 3e et 8e ch., 29 mars 2017, n°397.658, *min. c/ Regourd.* Pour le juge judiciaire : Com. 15 sept. 2009, n°08-18.013, P+B, *DGI c/ Darras* ; Com. 24 nov. 2009, n°08-21.166, Sté *Roquefirst.*

[3] Le législateur ne prévoit aucune sanction de caractère pénal, « ni même fiscal », insiste le Conseil (Cons. Const., 29 déc. 1984, déc. n°84-184 DC, *Loi de finances pour 1985*, cons. 29). Le juge administratif adopte une même position : ainsi, les dispositions qui « **subordonnent** le bénéfice d'avantages fiscaux (…) à une **condition** liée au respect d'obligation de déclaration du chiffre d'affaires (…) n'ont **pas** pour **objet** de prévenir ou de réprimer la méconnaissance de ces obligations, mais seulement de réserver le bénéfice de ces avantages aux contribuables remplissant les conditions prévues par la loi » ; le refus ou la remise en cause de ces régimes du fait du non-respect d'une des conditions n'est donc qu'une conséquence « de ce que le contribuable ne remplit pas cette condition » (nous soulignons).

[4] Par ex., Cons. Const., 29 déc. 1984, déc. n°84-184 DC, *Loi de finances pour 1985*, cons 27 à 29. *Contra* : Cons. const. 29 déc. 1989, déc. n°89-268 DC, *Loi de finances pour 1990*, cons. 53 ; Cons. const., 26 juin 2015, déc. n°2015-473 QPC, *Époux Palhon*, cons. 9. Cette distinction n'est pas toujours évidente. Ainsi, concernant les avantages fiscaux accordés aux adhérents d'un centre ou d'une association de gestion agréé(e), le Conseil constitutionnel a, en 1989, validé leur remise en

655. L'approche de la Cour de Strasbourg est similaire et précise aussi l'étendue des conséquences, c'est-à-dire la proportionnalité de ces dernières : si la déchéance du régime fiscal favorable prévu à l'article 1115 du CGI ne constitue pas une « accusation en matière pénale », mais la conséquence logique de l'absence d'une condition à son application[1], cette conséquence s'entend d'une stricte adaptation des sommes réclamées au contribuable, **limitées au rappel d'impôt**, assorti d'un intérêt de retard, sans ajout d'« **aucune pénalité** mise à la charge de la requérante, dont la bonne foi n'apparaît pas contestée »[2]. Il convient alors de distinguer les mesures de déchéances, conséquences légales du non-respect des conditions d'application du régime fiscal, des pénalités qui s'ajoutent au rappel des droits dus au principal, faisant écho à l'ancienne assimilation des pénalités à l'imposition elle-même par la théorie de l'accessoire[3].

656. En revanche, plus nuancée en dehors de champ d'application de la Charte des droits fondamentaux, la Cour de justice identifie une sanction dans la remise en

---

cause en cas de déclaration tardive, celle-là ne méconnaissant « ni le principe de proportionnalité ni le principe d'égalité [...] du moins lorsqu'il s'agit de la ''deuxième infraction successive concernant la même catégorie de déclaration'' ou lorsque sa mauvaise foi sera établie », après avoir énoncé que ces avantages était la contrepartie de l'adhésion à ces organismes institués « pour procurer à leurs adhérents une assistance technique en matière de tenue de comptabilité et favoriser une meilleure connaissance des revenus non salariaux destinées à remédier à l'évasion fiscale » (Cons. const. 29 déc. 1989, déc. n°89-268 DC, *Loi de finances pour 1990*, cons. 52 et 53. *Comp.* Cons. const., 9 juin 2017, déc. n°2017-636 QPC, *Sté Edenred* France, cons. 8). Dès lors, l'on peut considérer que ce serait implicitement, dans une motivation plus condensée que son contrôle *a posteriori*, que le juge constitutionnel reconnaitrait l'existence d'un manquement et donc d'une « sanction ayant le caractère de punition », mais aussi l'objectif immédiat et la finalité de lutter contre l'évasion fiscale. La mention de la « deuxième infraction » ou de la « mauvaise foi », critères de qualification et d'adaptation de la sanction, va en ce sens. Toutefois, une lecture différente serait possible et rejoindrait l'idée d'un avantage conditionnel au respect, par le contribuable, de ses obligations déclaratives : la remise en cause de l'avantage ne constitue pas la « punition » proprement dite, contrairement aux pénalités pour déclarations tardives ; en l'absence d'un cumul de sanctions, le principe de proportionnalité ne pouvait être méconnu par la seule remise en cause des avantages conditionnels. *Comp.*, à propos de l'article 1731 bis du CGI : Cons. const., 16 sept. 2016, déc. n°2016-564 QPC, *Lucas M.*

[1] La Cour relève que cet article ne pose que des conditions que les marchands de biens doivent remplir s'ils souhaitaient bénéficier d'une exonération des droits normalement dus en cas d'acquisition immobilière et que s'ils n'en respectent pas les conditions, « qui constituaient une partie déterminante de ce système fiscal », « il en résulte, de façon logique » qu'ils s'en voient retirer le bénéfice : CEDH, 5e sect., 17 mai 2016, n°76959/11, *Sté Oxygène + c/ France*, pt. 49. Dans le même sens : Com. 10 mars 1998, n°95-15.729, *SARL Corevim* ; Com. 24 nov. 2009, n°08-21.166, Sté *Roquefirst*.

[2] CEDH, 5e sect., 17 mai 2016, n° 76959/11, *Sté Oxygène + c/ France*, pt. 50, nous soulignons.

[3] Dès lors, certaines mesures, telles les droits supplémentaires prévus par les articles 1840 G ou 1840 G ter devraient recevoir la qualification de « sanction » : en effet, l'article 1840 G prévoit, en cas de non-respect de l'engagement pris par un groupe forestier, un droit supplémentaire de 30, 20 ou 10% de la réduction accordée, tandis que l'article 1840 G ter applique pour certains manquements, un droit supplémentaire de 1% ou 15% (en ce sens, L. AYRAULT, « Répression fiscale et droits d'enregistrement », *op. cit.*). On retrouve ainsi l'idée d'une réaction « urticante » du droit fiscal. Cf. *supra*.

un refus ou la perte du droit à déduction[1], du bénéfice d'une exonération[2], ou d'un régime de faveur[3]. Cependant, ces mesures interviennent en réaction à un manquement de l'assujetti et ont une finalité punitive ou incitative, mais pas nécessairement répressive, manifestant ainsi une notion de « sanction » plus large, par rapport à la sanction ayant un caractère pénal.

657. Mécanismes à double détente, exclusif d'une sanction. Une même logique irrigue la qualification des mécanismes incitatifs à double détente : ces derniers reposant sur, tout d'abord, une contribution facultative, puis à défaut sur une imposition, ne constituent pas une « sanction ayant un caractère de punition ». Imposition et sanction sont donc deux qualifications exclusives[4].

658. Mesures de garantie financière de l'État, exclusives d'un caractère répressif. Si la présence d'action récursoire exclut les mesures de solidarité financières de la catégorie des « sanctions », elles échappent à cette qualification également en ce que, si elles participent de l'appareil répressif, elles constituent davantage un accessoire de son effectivité, leur objectif premier étant de garantir le recouvrement du Trésor public[5]. L'absence de manquement comme fait générateur de

---

[1] CJUE, 7e ch., 9 juil. 2015, aff. C-183/14, *Radu Florin Salomie et Nicolae Vasile Oltean c/ Roumanie*, *préc.* ; CJUE, 3e ch., 31 janv. 2013, aff. C-642/11, *Stroy trans EOOD* et aff. C-643/11, *LVK – 56 EOOD*, pts 46-48 ; CJUE, 2e ch., 12 juil. 2012, aff. C-284/11, *EMS-Bulgaria Transport OOD* ; CJCE, 3e ch., 8 mai 2008, aff. C-95/07 et aff. C-96/07, *Ecotrade SpA*.

[2] CJUE, 1ère ch., 27 juin 2018, aff. C-90/17, *Turbogás – Produtora Energética SA*, pt. 44.

[3] *Comp.* CJUE, 9e ch., 2 juin 2016, aff. C-418/14, *ROZ-ŚWIT Zakład Produkcyjno-Handlowo-Usługowy Henryk Ciurko, Adam Pawłowski spółka jawna* (remise en cause d'un taux moindre en cas de non-respect d'une obligation déclarative, dans le cadre des droits d'accise sur les carburants et combustibles).

[4] Par ex., relève de la catégorie des impositions, et non des sanctions, la cotisation « 1% logement » prévue par l'article 235 bis 1 du CGI (dans sa rédaction antérieure au décret n°2015-608 du 3 juin 2015) « eu égard à [ses] caractéristiques » : cette cotisation ne vient pas sanctionner un manquement, mais seulement prendre le relais de l'absence d'investissements dans des installations de chauffage et de climatisation par les employeurs, incitant donc ces derniers à « développer l'effort de construction », objectif poursuivi par les dispositions en cause (Cons. const., 13 janv. 2011, déc. n°2010-84 QPC, *SNC Eiffage Construction Val-de-Seine et a.*, cons. 4. *Comp.* Cons. const., 18 déc. 1998, déc. n°98-404 DC, *Loi de financement de la sécurité sociale pour 1999*, cons. 25). L'employeur dispose donc d'un choix entre procéder à des investissements suffisants ou payer la cotisation « 1% logement » : le régime fiscal sera bien fonction du choix opéré par le contribuable au regard des dispositions légales. En l'espèce, cette « caractéristique » permettait, à elle seule, de démontrer l'absence de caractère punitif de cette cotisation, sans qu'il eût été nécessaire d'ajouter les risques de sanctions infligées en cas d'absence de paiement. *Comp.* Cons. const., 29 juil. 1992, déc. n°92-311 DC, *Loi portant adaptation de la loi n°88-1088 du 1er déc. 1988 relative au revenu minimum d'insertion et relative à la lutte contre la pauvreté et l'exclusion sociale et professionnelle*, cons. 6 (à propos de la majoration de la contribution sociale due par l'employeur au profit du régime de l'assurance-chômage en cas de licenciement d'un salarié âgé). *Comp.* Crim., 25 juin 2014, n°14-90.017.

[5] Cons. const., 21 janv. 2011, déc. n°2010-90 QPC, *M. Cuaz*, cons. 6. *Comp.* Cons. const., 31 juil. 2015, déc. n°2015-479 QPC, *Sté Gecop*, cons. 7 et 8 (à propos de l'article L8222-2 du Code du travail) ; Cons. const., 13 janv. 2012, déc. n°2011-208 QPC, *Consorts B.*, cons. 7 (à propos des articles 374 et 376 du code des douanes) ; Cons. const. 28 déc. 1990, déc. n°90-286 DC, *Loi de finances rectificative pour 1990*, cons. 22 (à propos de mesures conservatoires prévues par l'article 387 du code des douanes)

certaines mesures de solidarité financière[1], ou de l'obligation de constitution de garantie[2] participe également de l'absence de caractère punitif.

659. Transition. Si l'absence de manquement constitue un point commun avec les mesures dissuasives, généralement dans un but de lutte contre la fraude et l'évasion fiscale, c'est davantage le critère temporel qui permet de distinguer ces mesures des « sanctions ».

B. L'antériorité du manquement à l'application initiale de la règle fiscale d'imposition, critère de distinction avec les mesures dissuasives

660. Problématique : mesures dissuasives et sanctions. Une mesure ne présente un caractère répressif pour autant qu'elle s'applique à des manquements qui lui sont antérieurs : l'existence d'une seule fonction préventive exclut la qualification de « sanction »[3]. Or, les mesures visant à dissuader les montages faisant intervenir les

---

[1] En ce sens, CEDH, 29 août 1997, n°75/1996/684/886, *EL, RL et JOL c/ Suisse* et n°71/1996/690/882, *AP, MP et TP c/ Suisse.* S'agissant de la solidarité des dirigeants prévue par l'article 1754, V, 3° du CGI pour le paiement de la pénalité de l'article 1759, elle n'est pas « subordonnée à la preuve d'une **faute** des dirigeants », mais dépend des « fonctions exercées par les dirigeants au moment du fait générateur de la sanction » (nous soulignons). Par ailleurs, elle laisse la faculté aux dirigeants solidaires de se retourner « contre le débiteur principal, et le cas échéant, contre les codébiteurs solidaires », alors même que ce débiteur principal est la société qu'il dirige (cf. note précédente). Toutefois, ces deux éléments tenant à l'existence d'une action récursoire et l'absence d'un manquement personnel ne sont toutefois systématiquement présents dans l'ensemble des dispositions de l'article 1754, et notamment les 4° et 5° du V, laissant augurer une qualification punitive (V. not., L. AYRAULT, « Répression fiscale et droits d'enregistrement », *op. cit.*). Par ailleurs, il n'est pas assuré que la nouvelle responsabilité solidaire des plateformes en ligne pour le paiement de la TV due par les vendeurs et prestataires (nouv. art. 283 bis du CGI) échappe à la qualification d'une sanction en raison notamment de l'existence d'un manquement tenant à l'absence de mesures prises après le signalement de l'Administration : cf. L. n°2018-898, 23 oct. 2018, *Loi relative à la lutte contre la fraude*, art. 11 : JO 24 oct. 2018, texte n°1 : *DF* 2018, n°46, comm. 451. – V. J. BUISSON, « Les aspects de procédure pénale dans la Loi relative à la lutte contre la fraude » : *Procédures* 2018, comm. 377; S. DETRAZ, « Les temps modernes de la poursuite de la fraude fiscale : le ministère public et les engrenages du "verrou de Bercy" » : *Dr. pén.* 2018, dossier 10 ; du même auteur, « Armement et réarmement du droit pénal et du droit fiscal à l'encontre de la soustraction à l'impôt. A propos de la loi du 23 octobre 2018 relative à la lutte contre la fraude » : *JCP G* 2018, doctr. 1393

[2] La constitution de garantie, en l'absence de but punitif, ne constitue pas une sanction, même en dehors de l'application de la Charte, et sans que l'importance de la mesure puisse opérer un changement de qualification : ainsi, bien que la constitution d'une garantie d'un montant certain puisse « représenter une charge très lourde pour la personne morale nouvellement constituée », cela ne permet pas de considérer la garantie comme une sanction pénale car cette exigence « ne poursuit pas une finalité répressive, étant donné qu'il est constant que la personne morale (…) n'a commis **aucune infraction** et que le **but** de la disposition (…) consiste à assurer l'exacte perception de la TVA à l'avenir » (CJUE, 9e ch., 26 oct. 2017, aff. C-534/16, *Finančné riaditeľstvo Slovenskej republiky c/ BB Construct s.r.o.*, pt. 32, nous soulignons. *Comp.* CJUE, 16e ch., 2 juin 2016, aff. C-81/15, *Kapnoviomichania Karelia*).

[3] En ce sens : CE, 9e et 10e ss-sect., 28 mai 2014, n°351.935, *M. et Mme Matallah ;* CE, 7e et 8e ss-sect., 14 juin 1989, n°64.630, *Delaere ;* CE, 9e et 8e ss-sect., 2 avr. 1993, n°89.508, *Chopy* ; Com. 10 mars 1989, n°95-15.729, *SARL Corevim ;* Com. 15 sept. 2009, n°08-18.013, P+B, *DGI c/ Darras* ; Com. 24 nov. 2009, n°08-21.166, *Sté Roquefirst. Contra* : CE, 8e et 3e ss-sect., 16 mars 2009, n°304.749, *M. Gumuschian* ; CE, 8e et 3e ss-sect., 27 oct. 2009, *min. c/ Dervillez* ; CE, 9e et 10e ss-

États et territoires non coopératifs (ci-après ETNC) relèvent de cette finalité de prévention en ce qu'elles s'appliquent *ab initio*, et non en présence d'un comportement ou d'une décision passée et érigé en infraction par le législateur[1].

661. Prévention des fraudes et évasions fiscales. Poursuivant ce but d'intérêt général transcendant, le législateur établit les règles qui lui permettent de protéger, par anticipation, son intérêt financier et plus largement l'intérêt général de la collectivité, contre des agissements qui portent atteinte très fréquemment aux finances publiques[2] : les contribuables qui recourent à des montages ou à des ETNC acceptent les règles d'imposition *ab initio*[3]. Bien que certains taux, particulièrement élevés, auraient pu traduire une sanction pour avoir utilisé tels ou tels montages, la finalité préventive exclut la qualification de sanction, à la fois par elle-même mais aussi par ses modalités d'application (par exemple, le dispositif de l'article 155 A du CGI[4], la retenue à la source appliquée lorsqu'intervient des personnes morales ou physiques établies dans des ETNC[5], ou encore la taxe forfaitaire de 3% portant sur la valeur vénale des immeubles situés en France[6]).

662. Cependant, d'un point de vue temporel, dans l'infliction d'une sanction, la dissuasion a un but anti-récidive en ce qu'elle vise le contribuable auteur du manquement, pour qu'il ne réitère pas ses agissements, et peut-être aussi un but préventif à l'égard des autres contribuables[7] : la dissuasion est, pour le contribuable concerné, *a posteriori*. A l'inverse, dans le cadre de l'application d'un dispositif anti-fraude ou évasion fiscale, la dissuasion est préventive : il s'agit certes de pénaliser un comportement spécifique mais dès l'imposition initiale ; le dispositif ou le taux doivent permettre de dissuader *a priori*, de manière préventive[8], le recours à des États

---

sect., 9 nov. 2015, n°366. n°366.457, *M. Waldner ;* CE, 3e et 8e ch., 29 mars 2017, n°397.658, *min. c/ Regourd.*

[1] Cette condition d'antériorité se retrouve également pour les règles d'assiette. Cf. note précédente.

[2] V. les réflexions de M. BOUVIER, *in* « Sens et légitimité de l'impôt » : *Pouvoirs* 4/2014, n°151, p. 27 et s.

[3] Ou du moins sont censés les avoir acceptées. Ces règles contribuent à la structuration comportementale des contribuables : cf. *infra*, Titre II, Chapitre II, Section 2, de la présente Partie.

[4] Cons. const., 26 nov. 2010, déc. n°2010-70 QPC, *M. Moreau. Comp.* Crim., 18 juin 2010, n°09-86.657, le juge judiciaire écartant la qualification de sanction d'une part, en ce qu'elles « ne fondent pas les poursuites et ne peuvent influer sur la caractérisation et la répression de l'infraction [de fraude fiscale] poursuivie », d'autre part, parce que son objet même exclut le caractère punitif alors même qu'il « tend à assurer la nécessaire conciliation entre l'exercice des libertés constitutionnellement garanties et la lutte contre la fraude et l'évasion fiscales qui constitue un objectif de valeur constitutionnelle » (décision d'autant plus éloquente que la QPC portait sur une non-conformité aux articles 13 et 17 de la Déclaration de 1789).

[5] Cons. const., 25 nov. 2016, déc. n°2016-598 QPC, *Sté Eurofrance..*

[6] Cons. const., 16 sept. 2011, déc. n°2011-165 QPC, *Sté Heatherbrae Ltd* , cons. 5. *Comp.*, la jurisprudence du judiciaire insistant seulement sur l'absence de comportement fautif, Com. 11 avr. 2018, n°17-21.938, *Fondation Nafond Privatstiftung c/ DDFiP Alpes-Maritimes* : les articles 990 D et 990 E du CGI, « ne visant pas à sanctionner un **comportement fautif**, mais à assurer l'effectivité du principe d'égalité devant la loi et les charges publiques », ils ne revêtent pas le caractère d'une punition (nous soulignons).

[7] Soit que la condamnation fera l'objet d'un affichage, soit que la « presse » s'empare du sujet.

[8] Le contribuable agit ainsi en connaissance des règles du jeu fixée par le législateur.

ou territoires non coopératifs ou à d'autres montages ressortant de la fraude ou de l'évasion fiscale, portant atteinte aux finances publiques et donc à l'intérêt général[1].

Conclusion de la Section 1.

663. La qualification des pénalités, cadre de référence de la structuration. Le mouvement de pénalisation des sanctions fiscales, fruits d'un dialogue fructueux entre les juges, n'a pas anéanti la pluralité des buts poursuivis, à savoir un but répressif et dissuasif, et un but indemnitaire, et induit une proportionnalisation des buts, afin de déterminer lequel, prépondérant, emporte la qualification.

664. Coloration pénale de la structuration. Dès lors, la structuration par la rationalité prend résolument et globalement les couleurs du droit pénal : les juges, « à l'origine de cette transmutation des sanctions fiscales, ont procédé de manière progressive et (...) pragmatique »[2] et ainsi trouver un « indispensable équilibre »[3] avec l'efficacité des sanctions fiscales, « principale source de leur légitimité » hier comme aujourd'hui.

Si la finalité répressive de la norme fiscale est le point d'arrivée de l'opération de qualification, elle peut entrer en résonnance avec l'objectif à valeur constitutionnelle de lutte contre la fraude et l'évasion fiscales[4], imbriquant les rationalités axiologiques et instrumentales[5], sans que ce rattachement ne joue au stade de l'examen du lien logique entre l'infraction et la sanction, ni n'implique par lui-même le caractère de sanction mais justifie une distinction artificielle entre certaines mesures auxquelles sont attachées des sanctions fiscales, et d'autres dont le but est le même sans toutefois contenir une sanction propre[6].

Section 2. La structuration différenciée des pénalités fiscales à partir de la rationalité instrumentale

665. Problématique. L'identification d'un but punitif et dissuasif à l'aune d'un manquement antérieur à une obligation fiscale et érigé en infraction par le législateur

---

[1] Sur la proportionnalité du dispositif, notamment par rapport à la charge de la preuve : cf. *infra*.
[2] S. AUSTRY, « Les sanctions administratives en matière fiscale », *op. cit.*
[3] *Ibid.*
[4] L'intensification de la lutte contre la fraude et l'évasion fiscales aidant, une évolution s'observe dans la motivation des décisions du Conseil constitutionnel, et notamment dans le cadre des QPC (en ce sens, E. BOKDAM-TOGNETTI, concl. sur CE, 9e et 10e ch., 18 janv. 2017, n°389.268, *Remy*, *op. cit.*. : les décisions récentes montrent de manière plus évidente ces étapes du raisonnement, en particulier le rattachement à un objectif et à une finalité de lutte contre la fraude et l'évasion fiscales ; les décisions relatives au contrôle *a priori*, quant à elles, sont plus frustres dans la motivation de la qualification, voire ne se prononcent pas dans la mesure où cette qualification n'est pas contestée).
[5] L'objectif immédiat peut également consister en l'effectivité renforcée de la répression de certains manquements : il ne s'agit alors plus de préciser la finalité, que la renforcer dans sa réalisation (par ex. : Cons. const. 16 sept. 2016, déc. n°2016-564 QPC, *Lucas M.*, cons. 3 et 5 ; Cons. const., 10 déc. 2010, déc. n°2010-72/75/82 QPC, *Alain D. et a.*, cons.4).
[6] Ainsi de l'opposition entre la procédure de l'abus de droit prévues à l'article L 64 du LPF et les différentes clauses anti-abus : cf. *infra*.

repose sur les éléments intrinsèques de la norme fiscale répressive, et annonce un contrôle de la rationalité limité, en raison du pouvoir d'appréciation du législateur[1].

---

[1] Ainsi, aussi restreint soit-il, ce contrôle juridictionnel suppose une précision normative, exigence unanime de légalité des délits et des peines (sécurité juridique), variable en intensité selon les juridictions françaises et européennes, par la prévisibilité qu'elle apporte aux contribuables et en ce qu'elle permet l'effectivité du contrôle juridictionnel. La Cour de justice manifeste, à cet égard, une grande exigence n'employant pas de termes faisant appel à la notion de proportionnalité, ce qui aurait pu atténuer l'exigence de précision normative : cette exigence, inhérente au principe de sécurité juridique « implique que la loi définisse de manière claire les infractions et les peines qui les répriment. Cette condition se trouve remplie lorsque le justiciable peut savoir, à partir du libellé de la disposition pertinente et au besoin à l'aide de l'interprétation qui en est donnée par les tribunaux, quels actes et omissions engagent sa responsabilité pénale » (CJUE, gde ch., 5 déc. 2017, aff. C-42/17, *M.A.S. et M.B.*, pt. 56). Toutefois, le respect des principes de sécurité juridique et de confiance légitime conditionne **l'infliction** de sanctions pour des manquements à une réglementation fiscale (CJUE, 7e ch., 9 juil. 2015, aff. C-183/14, *Radu Florin Salomie et Nicolae Vasile Oltean c/ Roumanie*, pt. 53, nous soulignons). La proportionnalisation est alors d'une certaine manière plus précise, nette : le caractère adapté des dispositions législatives en termes de précision, en ce qu'elle permet au contribuable une anticipation et une action en connaissance de cause, agit dans une dynamique performative sur la proportionnalité de la norme répressive. Le Conseil constitutionnel, tout en faisant preuve d'une même exigence, énonce que la norme fiscale répressive doit être définie « en termes suffisamment clairs et précis » afin « d'exclure l'arbitraire dans le prononcé des peines » et « d'éviter une rigueur non nécessaire lors de la recherche des auteurs d'infraction » (Cons. const., 29 déc. 2012, déc. n°2012-661 DC, *Loi de finances rectificative pour 2012 (III)*, cons. 7 et 8 ; Cons. Const., 29 déc. 1984, déc. n°84-184 DC, *Loi de finances pour 1985*, cons. 33) : l'encadrement par la norme répressive explique ainsi le moindre rôle du juge dans la structuration de la norme d'imposition, mais non moins primordial dans la préservation de cette structuration (Cons. const. 29 déc. 1999, déc. n°99-424 DC, *Loi de finances pour 2000*, cons. 54 ; Cons. const., 29 déc. 2013, déc. n°2013-685 DC, *Loi de finances pour 2014*, cons. 113 et 114 ; Crim., 24 juil. 2014, n°14-90.032, n°14-90.033 et n°14-90.034), la QPC posée sur le fondement de l'article 34 de la Constitution ne présentant pas « à l'évidence » un caractère sérieux. – V. également, Crim., 26 janv. 2011, n°10-90.120 (à propos de l'expression balai « toute autre manœuvre frauduleuse ») ; CE, 9e et 10e ss-sect., 23 juin 2014, n°360.709, *Sté Kerry*, cons 8 et n°360.708, *Sté Groupement Charbonnier Montdidérien*, cons.8 : l'interprétation de l'article L 64 du LPF, telle qu'elle est énoncée par une jurisprudence constantes résultant notamment des décisions du 10 juin 1981 (n°19.079) et du 8 fév. 2007 (n°284.565), donne une définition sans « aucune ambiguïté » des infractions réprimées par les articles L64 du LPF et 1729, b du CGI. En ce sens également : CE, 10e et 9e ch., 22 sept. 2017, n°412.408 (à propos des opérations d'apport-cession entrant dans le dispositif de l'article 150-0 B du CGI). En revanche, l'article 7 de la Convention européenne est interprété souplement par la Cour EDH. Si les juges de Strasbourg posent également une exigence de précision de la norme fiscale répressive, cette précision est envisagée largement, par les notions de prévisibilité et d'accessibilité, selon une approche globale, fonction notamment du nombre des destinataires de la norme et de leur qualité, ou encore du recours à un avocat (CEDH, 15 nov. 1996, n°17862/91, *Cantoni c/France*, §35 ; CEDH, 25 mai 1993, n°14307/88, *Kokkinakis* ; CEDH, 5e sect., 1er sept. 2016, n°48158/11, *X et Y c/ France*, § 58 et s.) : « [en] raison même du caractère général des lois, le libellé de celles-ci ne peut pas présenter une précision absolue » et ajoute d'une part, qu'« aussi clair que le libellé d'une disposition légale puisse être, y compris une disposition de droit pénal, il existe inévitablement un élément d'interprétation judiciaire » (afin d'élucider les points douteux et s'adapter aux changements de situation), malléabilité préférable à la certitude, qui, bien que hautement souhaitable, s'accompagne parfois d'une rigidité excessive faisant obstacle à une adaptation aux changements de situation (CEDH, gde ch., 12 fév. 2008, n°21906/04, *Kafkaris c/ Chypre* [GC], §141 ; CEDH, gde ch., 21 oct. 2013, n°42750/09, *Del Río Prada*, § 92) et d'autre part, que l'article 7 de la Convention ne proscrit pas « la clarification graduelle des règles de la responsabilité pénale par l'interprétation judiciaire d'une affaire à l'autre, à condition que le résultat soit cohérent avec la substance de l'infraction et

666. Plan. La structuration par la rationalité diffère selon la nature des pénalités, c'est-à-dire si elles sont pénales ou administratives, et en particulier pour les secondes, en fonction de leurs modalités de calcul (I), le cumul des deux faisant l'objet d'un traitement particulier (III).

I. L'appréciation différenciée du lien logique de la sanction fiscale

667. Problématique. Le contrôle de la rationalité des sanctions fiscales et pénales fiscales prises isolément est accentuée devant le juge constitutionnel, ce dernier s'attachant à donner une structure plus ferme que les juges européens, davantage portés sur la modération par l'adaptation, les juridictions ordinaires par l'appropriation et la transposition des contrôles de constitutionnalité ou de conventionnalité opérant une connexion entre les normes de contrôles. Aussi, suivrons-nous prioritairement le raisonnement des juges de la rue de Montpensier.

668. Plan. Si le Conseil relève, plus qu'il ne contrôle, le principe même de la nécessité de l'instauration d'une infraction et de la sanction correspondante[1], il vérifie, dans une certaine mesure, que la sanction présente bien un lien logique avec l'infraction, mesure de sa rationalité du couple « infraction-sanction » à partir de critères objectifs appréhendables *in abstracto* par le juge[2], en dissociant les majorations et les amendes calculées en proportion (A), ou les sanctions non-proportionnelles, y compris les sanctions pénales (B).

A. La structuration des sanctions fiscales proportionnelles

669. Problématique. Les sanctions proportionnelles recouvrent majoration et amendes établies par rapport à une infraction : celle-ci constitue l'assise de la

---

raisonnablement prévisible » (CEDH, 5e sect., 1er sept. 2016, n°48158/11, *X et Y c/ France*, § 54-55 et s.). Ainsi, « le caractère inédit, au regard notamment de la jurisprudence, de la question juridique posée ne constitue pas en soi une atteinte aux exigences d'accessibilité et de prévisibilité de la loi, dès lors que la solution retenue faisait partie des interprétations possibles et raisonnablement prévisibles » (*ibid*., §61). Au regard de l'article 1er du premier protocole, la légalité de la mesure inclut également un fondement légal, clarté et accessibilité (CEDH, 2e sect.., 4 mars 2014, n°18640/10, n°18647/10, n°18668/10 et n°18698/10, *Stevens et a. c./ Italie*, §188), la Cour EDH s'appuyant le cas échéant sur les décisions de la Cour de justice validant non pas la sanction mais les obligations administratives dont le non-respect est à l'origine de la sanction (par ex., CEDH, 26 fév. 2009, n°28336/02, *Grifhorst c/ France*, §90), le but étant d'offrir aux justiciables « une certaine protection contre des atteintes arbitraires de la puissance publique au droit au respect des biens » (CEDH, 2e sect.., 4 mars 2014, n°18640/10, n°18647/10, n°18668/10 et n°18698/10, *Stevens et a. c./ Italie*, §187).

[1] Le Conseil constitutionnel n'ayant pas le même pouvoir d'appréciation que le législateur, il n'a pas à se prononcer sur l'opportunité de l'instauration d'une sanction pénale : Cons. const., 23 nov. 2018, déc. n°2018-746 QPC, *M. Djamal Eddine C.*, cons. 5 ; Cons. const., 27 oct. 2017, déc. n°2017-667 QPC, *M. Didier C*, cons. 3 ; Cons. const., 29 déc. 2016, déc. n°2016-744 DC, *Loi de finances pour 2017,* cons. 91 ; Cons. const., 29 déc. 2016, déc. n°2016-743 DC, *Loi de finances rectificative pour 2016*, cons. 9.

[2] Si l'absence de lien logique est sanctionnée sur le fondement du principe de proportionnalité, l'impossibilité d'établir ce lien, en raison du flou des critères choisis, est censurée sur le fondement du principe de légalité des délits et des peines : cf. Cons. const., 29 déc. 2014, déc. n°2014-707 DC, *Loi de finances pour 2015*, cons. 54-55.

sanction, sa mesure rationnelle, voire cumulativement sa modération lorsqu'elle répond au plafond de la pénalité.

670. Plan. Le lien logique et rationnel impose donc une assiette coïncidant au comportement. Cette démarche imprègne le contrôle constitutionnel (1), tandis qu'elle est plus évanescente devant la Cour de justice (2), et plus encore devant la Cour européenne des droits de l'homme (3), apportant une structuration différenciée de la norme répressive.

1. La structuration « constitutionnelle » des sanctions fiscales proportionnelles à l'aune de la rationalité instrumentale.

671. Problématique. La rationalité de la sanction fiscale proportionnelle, qu'il s'agisse d'une majoration ou d'une amende, se vérifie à l'aune de la coïncidence entre l'étendue de l'infraction et la sanction : cette rationalité instrumentale structure ainsi la norme fiscale répressive, principes et méthodes constitutionnelles (a) que les juridictions ordinaires transposent (b).

a. *Principes et méthodes constitutionnelles*

672. Majorations fiscales, sanctions de nature financière[1]. Ces sanctions sont par nature liées à l'infraction réprimée, celle-ci consistant majoritairement en des retards ou insuffisances de la déclaration de la base d'imposition ou des éléments servant à la liquidation de l'impôt[2]. L'impôt étant une obligation d'ordre pécuniaire[3], il en résulte une identité de nature entre la sanction et l'infraction qui, par une ellipse, suffit à établir le lien logique : de la sanction[4] et de son objet[5], le Conseil en déduit que « [l]a nature de ces sanctions financières est directement liée à celle des infractions réprimées »[6]. En réalité, l'identification du lien logique et rationnelle est plus aisée de par cette identité de nature, mais résulte de la coïncidence entre l'infraction et l'assiette de la sanction, les majorations étant calculées sur une assiette

[1] Cons. const. 17 mars 2011, déc. n°2010-103 QPC, *Sté Séras II*, cons. 6 et déc. n°2010-105/106 QPC, *M. Soares et a.*, cons. 7 ; Cons. const. 24 juin 2016, déc. n°2016-545 QPC, *M. Alec Wildenstein*, cons. 10 et déc. n°2016-546 QPC, *M. Jérôme Cahuzac*, cons. 10)

[2] Par ex., Cons. const. 17 mars 2011, déc. n°2010-103 QPC, *Sté Séras II*, cons. 6 et déc. n°2010-105/106 QPC, M. Soares et a, cons. 7 ; Cons. const. 24 juin 2016, déc. n°2016-545 QPC, *M. Alec Wildenstein*, cons. 10 et déc. n°2016-546 QPC, *M. Jérôme Cahuzac*, cons. 10 ; Cons. const., 7 mars 2014, déc. n°2013-371 QPC, *SAS Labeyrie*, cons. 10.

[3] Sur la définition de l'impôt, v. O. NEGRIN, « Une légende fiscale : la définition de l'impôt de Gaston Jèze » : *RDP* 2008, n°1, p. 139 et s. ; E. DE CROUY-CHANEL, « La définition juridique de l'impôt. L'exemple de la doctrine française », in T. BERNS, J.-C. K. DUPONT et M. XIFARAS (dir.), *La philosophie de l'impôt, Actes d'un colloque internationale, Université libre de Bruxelles*, 29 avr. 2004, éd. Bruylant, coll. « Penser le droit », 2006, p. 135-167.

[4] L'application de la majoration.

[5] La prévention et la répression, par exemple, des retards (…) ou des insuffisances volontaires de déclaration de la base d'imposition ou des éléments servant à la liquidation de l'impôt ou encore l'effectivité de la répression.

[6] Cons. const. 24 juin 2016, déc. n°2016-545 QPC, *M. Alec Wildenstein*, cons. 10 et déc. n°2016-546 QPC, *M. Jérôme Cahuzac*, cons. 10, *préc.*

égale aux droits éludés, c'est-à-dire correspondant au manquement commis par le contribuable[1].

673. Amendes proportionnelles. Une même exigence de coïncidence s'observe, sans l'artifice de l'identité de nature entre la sanction et l'infraction[2] : le lien logique s'établit avec l'assiette à laquelle est appliqué le taux, et plus précisément avec les critères de calcul permettant de déterminer l'assiette[3]. Celle-ci doit porter sur l'objet de l'obligation dont la méconnaissance est réprimée[4], certaines décisions marquant un

---

[1] Ce qui, dans le cadre de l'article 1728 sanctionnant le défaut ou retard de déclaration, exclut de l'assiette des droits éludés les acomptes déjà payés par le contribuable : CE, 8e et 3e ch., 20 sept. 2019, n°428.750, *SNC du Val*.– V. également., Cons. const., 7 mars 2014, déc. n°2013-371 QPC, *SAS Labeyrie* (à propos de la majoration de la contribution supplémentaire à l'apprentissage ; article 230 H du CGI). Toutefois, L. AYRAULT se montre plus critique : « Considérer (…) que l'existence d'un pourcentage proportionne dans une certaine mesure la pénalité à la gravité du comportement du contribuable conduirait(….), à juger que celui qui manque à son obligation déclarative est, de manière générale, d'autant plus fautif que le montant des droits éludés est élevé » et serait « confondre la gravité du manquement et l'importance du préjudice financier subi par l'État » (L. AYRAULT, « L'absence de modulation des sanctions fiscales par le juge et la Convention EDH : sens et conséquences de la décision Segame de la CEDH », note sous CEDH, 5e sect., 7 juin 2012, n°4837/06, *Segame c/ France* : *DF* 2012, n°29, comm. 387). Fondée à notre sens, cette critique s'estompe lorsque la sanction est insérée dans une échelle, notamment de taux.

[2] Toutefois, v. Cons. const., 9 juin 2017, n°2017-636 QPC, *Sté Edenred* France, cons. 8.

[3] Cela résulte parfois implicitement de la décision, le contrôle du Conseil se focalisant sur l'adaptation ou inadaptation, étape postérieure (contrôle *a priori* et *a posteriori* sont tous deux concernés) : par ex. Cons. const., 16 mars 2017, déc. n°2016-618 QPC, *Mme Michelle Theresa B.*, cons. 7 ; Cons. const. 22 juil. 2016, déc. n°2016-554 QPC, *M. Gilbert B.*, cons. 7 (l'assiette des amendes portait en effet sur l'objet de l'obligation déclarative) ; Cons. const. 30 déc. 1987, déc. n°87-237 DC, *Loi de finances pour 1988*, cons. 12 à 16 (l'assiette consistait en l'objet de la divulgation des informations, mais non du préjudice par la personne privée) ; Cons. const., 29 déc. 2016, déc. n°2016-744 DC, *Loi de finances pour 2017,* cons. 92 (l'assiette portait sur l'achat ou la somme des achats supérieur à 863 000 €, objet d'une obligation de signalement).

[4] Ainsi, si le manquement à une obligation documentaire dans le cadre des prix de transfert ne peut être sanctionné par une amende calculée sur le chiffre d'affaires, notion plus large englobant les bénéfices transférés (Cons. const., 29 déc. 2013, déc. n°2013-685 DC, *Loi de finances pour 2014*, cons. 97 et 110), tandis que la même amende calculée sur le « montant **des seules transactions** pour lesquels les documents ou complémentes spécialement désignés et réclamés par mise en demeure de l'administration n'ont pas été mis à sa disposition ou ne l'ont été que partiellement » établit, concrétise le lien logique existant entre l'infraction et la sanction : « [l]e législateur a retenu un critère de calcul du maximum de la peine encourue en lien avec les infractions réprimées » (Cons. const., 29 déc. 2014, déc. n°2014-707 DC, *Loi de finances pour 2015*, cons. 48, nous soulignons). V. également, Cons. const., 5 oct. 2018, déc. n°2018-736 QPC, *Sté CSF*, cons. 6 et 7 ; Cons. const., 23 nov. 2018, déc. n°2018-746 QPC, *M. Djamal Eddine C.*, cons. 9; Cons. const., 9 juin 2017, n°2017-636 QPC, *Sté Edenred* France, cons. 6 et 8 ; Cons. const. 10 mai 2019,, n°2019-779/780, *M. Hendrik A*). De même s'agissant de la sanction pour le défaut de déclaration des sommes versées à des tiers (article 1736,1 du CGI), le lien logique s'exprime à travers l'assiette de l'amende constituée des sommes versées non déclarées : « **en fixant l'amende encourue par l'auteur des versements en proportion des sommes versées**, le législateur a poursuivi un but de lutte contre la fraude fiscale qui constitue un objectif de valeur constitutionnelle ; […] il a proportionné la sanction en fonction de la gravité des **manquements réprimés appréciée à raison de l'importance des sommes non déclarées** » (Cons. const., 20 juil. 2012, déc. n°2012-267 QPC, *Mme Lherbeil*, cons. 5, nous soulignons. – V. également : Cons. const., 8 oct. 2014, déc. n°2014-418 QPC, *Sté SGI* (à propos de l'amende fiscale sanctionnant les personnes ayant permis à des tiers d'obtenir indûment un avantage

contrôle plus approfondi[1]. Une distanciation peut s'opérer lorsque l'amende sanctionne la personne à l'origine de l'obtention d'un avantage indu, l'ampleur du manquement étant alors appréhendée indirectement par référence à cet avantage[2], le juge constitutionnel pouvant apporter des réserves d'interprétation en restreignant le champ d'application aux infractions commises délibérément[3].

---

fiscal) ; Cons. const., 23 nov. 2018, déc. n°2018-746 QPC, *M. Djamal Eddine C.*, cons. 9 ; de manière plus elliptique, Cons. const., 12 oct. 2018, déc. n°2018-739 QPC, *Sté Dom Com Invest*, cons. 5 et 6).

[1] Notamment par une pluralité de rationalités imbriquées et au caractère instrumental plus ou moins marqué. Par ex., l'état de suivi l'état de suivi des plus-values en sursis ou report d'imposition a pour but principal de permettre l'établissement de l'impôt sur la plus-value dû à l'années au cours de laquelle aura lieu l'évènement mettant fin aux sursis), l'amende proportionnelle sanctionnant le défaut de production ou le caractère inexact ou incomplet a également d'autres objectifs, tels qu'ils ressortent des travaux préparatoires, à la fois par l'état de suivi même (« assortir d'une contrepartie les régimes fiscaux favorables, dérogatoires au droit commun (…) ») et par la sanction (l'objectif de valeur constitutionnelle de lutte contre la fraude et l'évasion fiscales). Toutefois, une fois identifié ces objectifs, le Conseil reprend alors le raisonnement « habituel » : l'amende ayant pour assiette les « résultats omis » (et non les « sommes omises » comme en dispose l'article 1736, I du Code général des impôts, ce changement de terminologie montre que, pour le Conseil constitutionnel, les deux expressions recouvrent la même notion, validant ainsi l'interprétation faite par l'Administration fiscale (BOI-IS-FUS-60-10-30, 12 sept. 2012, §10), un lien logique existe entre le manquement à l'obligation déclarative et l'amende (Cons. const., 9 juin 2017, n°2017-636 QPC, *Sté Edenred* France, cons. 8).

[2] Cons. const., 8 oct. 2014, déc. n°2014-418 QPC, *Sté SGI*, cons. 8 ;Cons. const., 12 oct. 2018, déc. n°2018-739 QPC, *Sté Dom Com Invest. Comp.* le nouvel article 1740 A bis du CGI, sanctionnant les professionnels du chiffre et du droit qui fournissent intentionnellement et directement des prestations, déterminées par la loi de manière limitative mais assez large, permettant des fraudes fiscales sanctionnées par une majoration de 80% sur le fondement des articles 1728, c, 1° ou 1729, b ou c, ou 1729-0 A du CGI : la sanction, une amende égale à 50% du profit tiré de la prestation, avec une peine plancher de 10 000€, prête à la critique quant au lien logique *a priori*, eu égard à l'expression « tout acte destiné à égarer l'administration ». Toutefois, les adverbes « intentionnellement » ou « délibérément » seront-ils vraiment aptes à garantir le contribuable contre une application « arbitraire et extensive » ? Rien n'est moins sûr. *Contra*, J.-H. ROBERT, « Le verrou qui cache la forêt – Commentaire d'importantes dispositions de la loi n°2018-898 du 23 oct. 2018 relative à la lutte contre la fraude » : *Dr. pénal* 2018, n°13, étude 28, n°25), alors que sa mise en œuvre est susceptible de le distendre ou le rompre plus encore, notamment en ce que, nonobstant le dégrèvement subséquent au dégrèvement ou décharge pour un motif lié au bien-fondé dont bénéficie le « fraudeur », la sanction du professionnel s'appliquera sans attendre le caractère définitif de la sanction du contribuable fraudeur. Toutefois, à travers la notion de décharge ou dégrèvement pour un motif de fond, on aura reconnu le critère autorisant une exception à l'application du principe *non bis in idem*, préservant alors le caractère dissuasif et l'efficacité du dispositif qui vise d'abord et avant tout certains professionnels, ceux relevant de l'article L 86 du LPF (*Sénat, projet n°385, étude d'impact, 28 mars 2018*) ; de plus, ces derniers disposeront de voies de recours, au même titre que le contribuable dont ils auront encouragé ou facilité la fraude, de manière directe et intentionnelle (L. n°2018-898, 23 oct. 2018, *Loi relative à la lutte contre la fraude*, art. 19, I, II et IV : *DF* 2018, n°46, comm. 464 ; *DF* 2013, n°46, act. 491, obs. C. SAND. – V. également, C. SAND et S. DETRAZ, « La répression de la "complicité fiscale" des conseils (CGI, art. 1749 A bis) » : *DF* 2019, n°17, étude 244). Aussi, l'inconstitutionnalité, s'il y a, n'est pas exclue et porterait plutôt sur la consistance du lien logique et sur le délai entre le prononcé de la sanction et l'établissement du critère définitif de la sanction infligée au contribuable : la source de la disproportionnalité serait alors l'inadaptation des procédures et non le lien logique en lui-même.

[3] Cf. *infra*, l'intrusion prétorienne dans la norme sanctionnant des infractions objectives : Section 3, § I.

674. La structuration demeure dans cette coïncidence avec les droits éludés : à un manquement à une obligation donnée doit donc correspondre une assiette de l'amende égale aux sommes sur lesquelles portait cette obligation[1]. L'objectif de lutte contre la fraude et l'évasion fiscales n'influence donc pas sur le lien logique, mais il pourra justifier, au stade du contrôle de l'adaptation, une plus grande sévérité de la sanction, accentuant la potentielle déconnexion entre le montant de l'amende et l'impôt effectivement éludé. Majorations et amendes proportionnelles présentent ainsi une même structuration, ce qui se retrouve d'ailleurs dans certaines sanctions pénales.

675. Structuration différenciée selon l'objectif immédiat. Lorsque l'obligation fiscale méconnue a pour objet de permettre l'établissement de l'imposition, le taux de la sanction proportionnelle n'est pas disproportionné[2], quand bien même cette sanction ne serait pas plafonnée autrement que par son taux et son assiette[3] et qu'elle serait susceptible de se répéter[4]. En ce cas, pour justifier cette sévérité, le juge peut relever une difficulté particulière que l'obligation déclarative avait pour objet de pallier[5] ou une gravité des manquements, notamment lorsque l'on aborde les

---

[1] La décision *Sté SGI* se focalise sur la proportionnalité de la sanction au regard de la gravité des faits. Mais si la lutte contre la fraude fiscale joue ici un rôle important pour justifier cette proportionnalité, elle est indifférente, semble-t-il, pour influer sur l'assiette de l'amende : celle-ci est bien limitée aux « sommes [versées et] non déclarées » ou « obtenues indûment » (Cons. const., 8 oct. 2014, déc. n°2014-418 QPC, *Sté SGI*. – V. également, Cons. const., 12 oct. 2018, déc. n°2018-739 QPC, *Sté Dom Com Invest ;* Cons. const., 23 nov. 2018, déc. n°2018-746 QPC, *M. Djamal Eddine C.*, cons. 9). En revanche, l'objectif peut justifier la sévérité, la proportionnalité de la sanction infligée ici à la partie versante et débitrice de l'obligation déclarative visée. *Comp.* Cons. const., 30 déc. 1991, déc. n°91-302 DC, *Loi de finances pour 1992* (à propos d'une sanction visant à réprimer toute divulgation du revenu des personnes physiques).

[2] Cons. const., 30 déc. 1997, déc. n°97-395 DC, *Loi de finances pour 1998*, cons. 40 ; Cons. const. 29 déc. 1999, déc. n°99-424 DC , *Loi de finances pour 2000,* cons. 54 à 56. (implicitement, ce qu'a confirmé la décision du 17 mars 2011 déc. n° 2010-104 QPC) ; Cons. const. 17 mars 2011, déc. n°2010-103 QPC, *Sté Séras II*, cons. 6 et déc. n°2010-105/106 QPC, *M. Soares et a.*, cons. 7 ; Cons. const., 20 juil. 2012, déc. n°2012-267 QPC, *Mme Lherbeil*, cons. 8 ; Cons. const., 8 oct. 2014, déc. n°2014-418 QPC, *Sté SGI*, cons. 8 ; CE, 8e et 3e ch., 25 oct. 2017, n°413.277, *SARL La Maison autonettoyante Orléans*, cons. 7 et 8 ; Cons. const., 5 oct. 2018, déc. n°2018-736 QPC, *Sté CSF*, cons. 6..

[3] *A fortiori* si elle l'est : v. Cons. const., 30 mars 2012, déc. n°2012-225 QPC, *Sté Unibail-Rodamco*, cons. 7.

[4] Cons. const., 9 juin 2017, déc. n°2017-636 QPC, *Sté Edenred* France, cons. 8.

[5] Par ex., *les « difficultés propres au suivi des obligations fiscales* [relatives au report ou au sursis d'imposition des plus-values] » (Cons. const., 9 juin 2017, déc. n°2017-636 QPC, *Sté Edenred* France, cons. 8). En l'occurrence, l'existence d'une contrepartie à l'avantage fiscal ne semble pas influer au stade de l'adaptation, mais plutôt au niveau de la justification de l'obligation déclarative, et donc de la sanction de sa méconnaissance. *Comp.* CE, 8e et 3e ch., 25 oct. 2017, n°413.277, *SARL La Maison autonettoyante Orléans*, cons. 6 : la déclaration des allocations des frais d'emploi par la partie versante permet à l'administration fiscale « de procéder aux recoupements nécessaire au contrôle du respect, par les bénéficiaires des versements mentionnés à l'article 87 [du CGI], de leurs obligations fiscales, **ainsi que de pré-remplir les déclarations de revenus de ces derniers** ». Nous soulignons.

manœuvres frauduleuses ou la fraude fiscale. L'adaptation est contenue dans la norme répressive elle-même, dans le lien logique et rationnel[1].

676. Si l'obligation fiscale déclarative n'a pour objet que de permettre des recoupements d'informations par l'administrative fiscale[2], une sanction proportionnelle est quasi-systématiquement considérée comme disproportionnée[3], en l'absence de plafond[4], le juge relevant parfois comme argument supplémentaire mais décisif semble-t-il, l'infliction de la sanction même lorsqu'il n'y a pas eu de soustraction à l'impôt[5]. Lorsque le plafond résulte de l'application d'un taux, le lien rationnel entre l'assiette de la sanction et l'infraction suffit à établir le caractère adapté de la sanction et de son taux[6] : le taux proportionnel, « par définition, établit un lien entre le montant de l'amende et la gravité de la faute du contribuable »[7], complété le cas échéant par une possibilité de modulation par le juge[8].

b. *Transposition par les juridictions ordinaires*

677. Problématique. Dans le cadre des QPC, juge administratif et juge judiciaire reproduisent le raisonnement du Conseil constitutionnel, sans toutefois s'y tenir strictement ou dans une motivation succincte éludant la question du lien logique et rationnel, ou du moins le présumant.

678. Transposition et appropriation par le juge administratif. Si le juge administratif n'apporte pas une motivation développée quant à la détermination du lien logique et rationnel, il approfondit la démonstration de la structuration par la

---

[1] Ce qui ne fait pas obstacle à une certaine mansuétude de l'administration, modulation de fait que l'on peut trouver dans la loi elle-même (article L 247 du LPF), mais aussi dans la doctrine administrative (par exemple, BOI-CF-INF-20-10-20, 3 oct. 2018, §90).

[2] Ou de « prémunir [le débiteur d'une obligation de signalement] contre les conséquences attachées à la participation à un circuit de fraude à la taxe sur la valeur ajoutée », ce qui contribue également au recoupement d'information (Cons. const., 29 déc. 2016, déc. n°2016-744 DC, *Loi de finances pour 2017,* cons. 92).

[3] Cons. const. 22 juil. 2016, déc. n°2016-554 QPC, *M. Gilbert B.*, cons. 7 ; Cons. const., 29 déc. 2013, déc. n°2013-685 DC, *Loi de finances pour 2014*, cons. 97 et 110 (si l'on considère que les déclarations des tiers versant des commissions n'a pas pour objet d'établir l'imposition des bénéficiaires : sur cette question, cf. *infra.*) ; Cons. const., 29 déc. 2016, déc. n°2016-744 DC, *Loi de finances pour 2017,* cons. 92.

[4] La mention « non plafonné(e) » est alors mise en évidence par son placement entre deux virgules. En ce sens, Cons. const., 16 mars 2017, déc. n°2016-618 QPC, *Mme Michelle Theresa B.*, cons. 8 ; Cons. const., 27 oct. 2017, déc. n°2017-667 QPC, *M. Didier C*, cons. 6. Mais elle n'est pas toujours présente : Cons. const. 22 juil. 2016, déc. n°2016-554 QPC, *M. Gilbert B.*, cons. 6.

[5] Cons. const., 16 mars 2017, déc. n°2016-618 QPC, *Mme Michelle Theresa B.*, cons. 5 et 8; Cons. const. 22 juil. 2016, déc. n°2016-554 QPC, *M. Gilbert B.*, cons.7. Ou lorsque « la personne sanctionnée ne pouvait savoir que son cocontractant ne reverserait pas la taxe sur la valeur ajoutée » (Cons. const., 29 déc. 2016, déc. n°2016-744 DC, *Loi de finances pour 2017,* cons. 92)

[6] Cons. const., 29 déc. 2014, déc. n°2014-707 DC, *Loi de finances pour 2015*, cons. 48 ; CE, 8e et 3e ch., 25 oct. 2017, n°413.277, *SARL La Maison autonettoyante Orléans.*

[7] L. OLLÉON, concl. sur CE, 8e et 3e ss-sect., 27 juin 2008, n° 301.342, *M. Melki* et n°301.343, *Sté Ségame* : *DF* 2008, n°38, comm. 501.

[8] Cf. *infra*, Partie II, Titre I, Chapitre III.

rationalité instrumentale des sanctions proportionnelles, marque de l'adaptation intrinsèque, par un effort de motivation.

679. Ainsi, si le Conseil d'État relève que l'assiette d'une sanction proportionnelle correspond au manquement réprimé et qu'ainsi, la sanction a une nature « directement liée à celle du manquement réprimé »[1], ce n'est pas systématique ou expressément mentionné[2]. Ce faisant, du lien logique il en infère que le principe de nécessité ne peut être méconnu[3]. Toutefois, parfois les précisions tenant à l'objet et à la finalité de la sanction viennent après l'affirmation de l'adaptation de la sanction, comme un argument supplémentaire[4], tandis que dans d'autres décisions, le raisonnement est inversé, le rattachement à ce but étant déduit de l'objectif immédiat de la disposition répressive[5] : si, ainsi énoncés, la finalité et l'objectif contribuent alors plus à étayer le caractère adapté de la sévérité de la sanction, ils traduisent la concentration, au sein d'une affirmation, de la structuration par la rationalité et de l'adaptation subséquente[6].

---

[1] CE, 8e et 3e ch., 29 mars 2017, n°406.590, *SAS Jade*, cons. 4. Pour un raisonnement plus élaboré : CE, 8e et 3e ss-sect., 31 juil. 2011, n°346.742 et n°346.744 (de l'objet et de la finalité de la pénalité de l'article 1763 A devenu l'article 1759 du CGI, le Conseil en déduit que « la pénalité encourue par une société qui, bien que dûment informée de la sanction encourue, s'abstient dans le délai qui lui a été imparti de répondre ou oppose un refis à la demande de l'administration fiscale, est, **dans son principe, en rapport direct avec cet objectif** », nous soulignons. Déjà : CE, 3e et 8e ss-sect., 27 oct. 2010, n°342.925, *J.-C. Cuaz ;* CE, 3e et 8e ss-sect., 25 juin 2010, n°336.708, *M. Rudant*). *Comp.* CEDH, 31 janv. 2006, n°60495/00, *Dukmedjian c/ France*, §56-58, la Cour statuant sur le fondement de l'article 1er du Premier protocole : « un intérêt général évident commande de veiller à ce que les bénéfices dégagés par une société soient déclarés, afin que leurs destinataires puissent être assujettis à l'impôt. (…), l'État peut ainsi poursuivre judiciairement le recouvrement de taxes éludées et infliger au besoin des amendes fiscale s(…), afin de contraindre au paiement des sommes dues et d'éviter la réitération d'agissements frauduleux (…) ».

[2] Ainsi le lien logique peut être déduit de ce que la sanction encourue par l'auteur d'un manquement est déterminée « en proportion des sommes versées » (par exemple, CE, 8e et 3e ch., 25 oct. 2017, n°413.277, *SARL La Maison autonettoyante Orléans*, cons. 7) ou qu'elle correspond « aux agissements du contribuable en vue de dissimuler des distributions de revenus », c'est-à-dire à l'obligation déclarative non respectée (CE, 3e et 8e ss-sect., 27 oct. 2010, n°342.925, *J.-C. Cuaz*, cons. 5). Du lien logique il en infère que le principe de nécessité ne peut être méconnu (CE, 8e et 3e ss-sect., 31 juil. 2011, n°346.742 et n°346.744, cons. 6).

[3] CE, 8e et 3e ss-sect., 31 juil. 2011, n°346.742 et n°346.744, *M. Meniane*, cons. 6 ; CE, 3e et 8e ss-sect., 27 oct. 2010, n°342.925, *J.-C. Cuaz*, cons. 5.

[4] En effet, le Conseil d'État précise que « **en outre**, les obligations déclaratives (…), qui incombent à la seule société mère, ont **pour but** de mettre l'administration fiscale à même de contrôler la manière dont les opérations intra-groupes sont comptabilisées dans les résultats individuels des sociétés et les retraitements qui leur sont appliqués pour la détermination du résultat d'ensemble ainsi que de contrôler les régularisations qu'il convient de faire en cas de sortie d'une société du groupe fiscalement intégré. Elles poursuivent **ainsi** un **but de lutte contre la fraude fiscale** qui constitue un objectif de valeur constitutionnelle » (CE, 8e et 3e ch., 29 mars 2017, n°406.590, SAS Jade, cons. 4, nous soulignons).

[5] CE, 8e et 3e ch., 25 oct. 2017, n°413.277, *SARL La Maison autonettoyante Orléans*, cons. 5, 6 et 7 ; CE, 9e et 10e ss-sect., 5 fév. 2014, n°371.352, *Sté EBC Pharmexport*, cons. 4.

[6] V. également, CE, 3e et 8e ss-sect., 27 juil. 2009, n°295.358, *Caisse interfédérale de Crédit mutuel (CICM)* et n°295.805, *Sté Conforama Holding* ; CE, 10e et 9e ch., 4 déc. 2017, n°379.685, *Sté Edenred*, cons. 6.

680. Le Conseil d'État se montre parfois plus précis : dans la décision *SAS Jade*, tout en rappelant l'objectif de l'obligation fiscale méconnue, le Conseil d'État a mis en exergue l'adaptation intrinsèque de l'amende proportionnelle de l'article 1763, I du CGI[1] en rappelant sa rationalité par la coïncidence entre l'assiette de la sanction et l'obligation déclarative méconnue, outre l'échelle de taux et la limitation temporelle de cette assiette[2]. La structuration par la rationalité apporte alors à la norme répressive une proportionnalité, par la complétude de la proportionnalisation[3]. L'adaptation intrinsèque résultant de la rationalité de la norme répressive est donc double : à la fois par l'existence des taux, dont la réduction rendrait plus évidente la proportionnalité, et par les modalités d'application matérielle et temporelle de la norme fiscale répressive, manifestant la matérialisation du lien logique et sa modération[4].

681. Transposition et appropriation par le juge judiciaire. Dans une motivation plus condensée encore que le juge administratif, la Cour de cassation opère une même concentration de la structuration par la rationalité et de l'adaptation intrinsèque.

682. Par exemple, en matière douanière, une amende fiscale étant « de nature à répondre proportionnellement aux manquements constatés et aux préjudices qui en résultent »[5], la Cour de cassation ne vérifie pas expressément si la sanction peut être reliée rationnellement, logiquement à l'infraction, notamment par son assiette[6] et se focalise sur l'adaptation[7]. Concernant les majorations fiscales, la motivation de la

---

[1] Ancien article 1734 ter du CGI.

[2] CE, 8e et 3e ch., 29 mars 2017, n°406.590, *SAS Jade*, cons. 4. : « en retenant [comme assiette les sommes qui n'ont pas été déclarées par le contribuable dans l'état prévu par l'article 223 Q du CGI,] en ramenant le taux prévu de 5% à 1% lorsque ces sommes sont réellement déductibles et en prévoyant que l'amende ne s'applique qu'au seul exercice au titre duquel l'infraction est mise en évidence, la loi a elle-même assuré, par des taux non disproportionnés, la modulation des peines en fonction de la gravité des comportements réprimés, appréciée à raison de l'importance des sommes non déclarées et des conséquences qui peuvent en résulter au regard des impôts à acquitter par le contribuable ».

[3] Il en résulte dès lors que le contrôle sur les faits invoqués et la qualification retenue par l'administration suffit à assurer la proportionnalisation *in concreto* de la sanction, le juge administratif refusant de remettre en cause la proportionnalité de la sanction, y compris sur le fondement de l'article 6 de la Convention ou, de manière plus contestable, de l'article 1er du premier protocole : CE, 10e et 9e ch., 4 déc. 2017, n°379.685, *Sté Edenred.*

[4] *Ibid.* – V. également, CE, 9e et 10e ss-sect., 5 fév. 2014, n°371.352, *Sté EBC Pharmexport*, cons. 4.

[5] Crim., 26 janv. 2011, n°10-85.341 (à propos de l'article 369 du Code des douanes) ; Crim., 9 déc. 2015, n°15-82.744 (à propos de l'article 1800 du CGI) ; Crim., 24 juil. 2014, n°14-90.032, n°14-90.033 et n°14-90.034 ; Crim., 22 oct. 2014, n°14-85.848 (à propos de l'article 1804 B du CGI) ; Crim., 19 juin 2013, n°12-88.092 ; Crim., 9 mars 2011, n°10-90.128 (à propos des articles 1791, 1794 et 1804 du CGI) ; Crim. 7 sept. 2011, n°11-90.076 (à propos des articles 1791, 1794 et 1818 du CGI) ; Crim., 18 juin 2010, n°09-88.235 (à propos des articles 1791 et 1798 ter du CGI) ; Crim., 18 juin, n°09-87.766 (à propos des articles 1791 et 1794 du CGI). Ou y « sont proportionnées » (Crim., 22 oct. 2014, *préc.*), sans que cette différence sémantique semble avoir une influence.

[6] Ce qui n'appartient pas au juge pénal de faire : ce dernier « se borne à condamner le prévenu au paiement des sommes fraudées ou indûment obtenues sans en fixer lui-même l'assiette et le taux » (Crim., 3 oct. 2012, n°12-90-055). *Comp.* Crim., 18 juin 2010, n°10-90.050.

[7] Relevons qu'en matière douanière, les amendes fiscales sont forfaitaires ou calculées en tenant compte de l'objet de la fraude, l'amende étant enserrée dans un minimum et un maximum.

Cour de cassation est plus étayée : « les majorations fiscales sont de nature fort différente [des sanctions pénales] en ce qu'elles sont **assises sur le montant de l'impôt éludé** et sont **donc proportionnelles** et **variables** » ; ce faisant, leur montant « est fixé, par la loi elle-même, en fonction de la gravité des comportements réprimés »[1]. Le juge judiciaire établit le lien entre l'infraction et l'assiette de la sanction, celle-ci correspondant au montant des impôts éludés, reflet du manquement, sans reprendre toutefois la distinction en fonction de l'objectif concret et immédiat général[2].

2. L'absence de contrôle du lien logique par la Cour de justice

683. Problématique. Si, en vertu de leur autonomie procédurale, les États membres conservent le choix d'adopter des sanctions administratives ou pénales[3], ces dernières doivent répondre, avant comme après l'entrée en vigueur de la Charte, à « des conditions de fond et de procédure qui soient analogues à celles applicables aux violations du droit national d'une nature et d'une importance similaires[4] et qui, en tout état de cause, confèrent à la sanction un **caractère effectif, proportionné et**

[1] Crim. 30 mars 2016, n°16-90.007, P+B+I, *A. Wildenstein*, et n°16-90.005, P+B, *J. Cahuzac et a.* et 19 mai 2016, n°15-84.526. Nous soulignons.

[2] *Ibid.* Elle relativise par ailleurs l'appréciation de l'adaptation par la reconnaissance d'un pouvoir de modulation du juge, que la décision *Segame contre France* a fragilisée (*contra*, B. HATOUX, « La Cour de cassation n'est pas tenue de revenir sur la jurisprudence "Ferreira" », note sous CEDH, 5e sect., 7 juin 2012, n°4837/06, *Segame c/ France* : *FR Lefebvre* 32/12, inf. 34 p. 33). À ce titre, l'absence de mention expresse relative au pouvoir de modulation dans certaines décisions tendrait à renforcer l'adaptation intrinsèque des sanctions fiscales proportionnelles, voire à marquer un discret abandon de l'adaptation *in concreto* prétorienne (cf. *infra*).

[3] Les sanctions font partie des « mesures propres à assurer la portée et l'efficacité du droit de l'Union européenne » qu'ont l'obligation de prendre les États membres (CJUE, 5e ch., 26 oct. 1995, aff. C-36/94, *Siesse – Soluções Integrais em Sistemas Software e Aplicações Ld.a*, pt. 20 ; CJUE, 6e ch., 7 déc. 2000, aff. C-213/99, *José Teodoro de Andrade et DIrector da Alfândega de Leixões*, pt. 19. L'article 325§1 du TFUE énonce d'ailleurs leur obligation « à lutter contre la fraude et toute autre activité illégale portant atteinte aux intérêts financiers de l'Union par des mesures effectives et dissuasives », ces intérêts comprenant les recettes provenant de la TVA (CJUE, gde ch., 2 mai 2018, aff. C-574/15, *Mauro Scialdone*, pt. 27 ; CJUE, gde ch., 20 mars 2018, aff. C-524/15, *Menci*, pt. 19). – V. toutefois, la Convention PIF imposant l'adoption de sanctions pénales dans les cas de fraudes les plus graves, c'est-à-dire d'un montant d'au moins 50 000 € (CJUE, gde ch., 2 mai 2018, aff. C-574/15, *Mauro Scialdone*, pt. 36 ; CJUE, gde ch., 8 déc. 2015, aff. C-105/14, *Taricco et a*, pt. 41). De plus, la Cour juge que des sanctions pénales sont indispensables pour combattre de manière effective et dissuasive certains cas de fraude graves à la TVA (CJUE, gde ch., 8 déc. 2015, aff. C-105/14, *Taricco et a* , pt.39 ; CJUE, gde ch., 5 déc. 2017, aff. C-42/17, *M.A.S. et M.B.*, pts 34-35), et peut appuyer la légitimité de l'instauration de sanctions par le législateur national (en ce sens, CJUE, 1ère ch., 7 juin 2007, aff. C-156/04, *Commission c/ Grèce*, pt. 71 : « *Les impératifs de répression et de prévention, ainsi que de protection des intérêts ;* CJCE, 6e ch., 12 juil. 2001, aff. C-262/99, *Paraskevas Louloudakis*, pt. 10).

[4] Les différences entre des infractions n'excluent pas une comparabilité des sanctions et « ne sauraient justifier un écart manifestement disproportionné dans la sévérité des sanctions prévues (…) » (CJCE, 25 fév. 1988, aff. C-299/86, *Rainer Drexl*, pt. 23). Le contrôle de proportionnalité permet de vérifier que les sanctions d'infraction à la TVA ne constituent pas une entrave cachée à une liberté de circulation, en l'occurrence des marchandises.

dissuasif »[1]. Obligation positive autant que limitation de la marge de manœuvre des États, le principe général de proportionnalité est donc à l'œuvre[2], comme les principes d'équivalence et d'effectivité, même si l'étanchéité n'est pas parfaite[3].

684. Que la sanction fiscale soit abordée sous l'angle du principe général de proportionnalité[4], ou sous celui énoncé par l'article 49 de la Charte[5], vérifier l'existence d'un lien rationnel et logique suppose d'identifier non pas tant le but

---

[1] CJUE, gde ch., 2 mai 2018, aff. C-574/15, *Mauro Scialdone*, pt. 28 ; CJUE, 6e ch., 7 déc. 2000, aff. C-213/99, *José Teodoro de Andrade et DIrector da Alfândega de Leixões*, pt. 19 ; CJUE, 5e ch., 26 oct. 1995, aff. C-36/94, *Siesse – Soluções Integrais em Sistemas Software e Aplicações Ld.a*, pt. 20 (nous soulignons). À défaut, l'État membre s'expose à une procédure en manquement : CJCE, 21 sept. 1989, aff. C-68/88, *Commission c/ Grèce*, pts 23-24.

[2] Avant l'adoption de l'outil juridique que constitue la Charte, c'est par le biais des libertés fondamentales garanties par le droit communautaire que le juge procédait à un contrôle de proportionnalité (CJCE, gde ch., 6 mars 2007, aff. jtes C-338/04, *Massimiliano Placanica*, C-359/04, *Christian Plaazzese*, et C-360/04, *Angelo Sorrichio*, pt. 69). Par ailleurs, si les États membres disposent d'une certaine liberté dans le choix des sanctions, ils sont « toutefois tenus d'exercer leur compétence dans le respect du droit de l'Union et de ses principes généraux et, par conséquent, dans le respect du principe de proportionnalité » (CJUE, 10e ch., 22 mars 2017, aff. jtes C-497/15 et C-498/15, *Euro-Team*, pt. 39 ; CJUE, 7e ch., 9 juil. 2015, aff. C-183/14, *Radu Florin Salomie et Nicolae Vasile Oltean*, pt. 50 ; CJCE, 6e ch., 12 juil. 2001, aff. C-262/99, *Paraskevas Louloudakis*, pt. 67 ; CJUE, 2e ch., 12 juil. 2012, aff. C-263/11, *Ainārs Rēdlihs*, pt. 44 ; CJUE, 2e ch., 6 fév. 2014, aff. C-424/12, *SC Fatorie SRL*, pt. 50 ; CJUE, 5e ch., 26 oct. 1995, aff. C-36/94, *Siesse*, pt. 21. Il en est de même des infractions douanières : CJUE, 6e ch., 7 déc. 2000, aff. C-213/99, *José Teodoro de Andrade*, pt. 20). Sur l'effectivité de la Charte, v. notamment L. PAILLER, *Le respect de la Charte des droits fondamentaux de l'Union européenne dans l'Espace judiciaire européen en matière civile et commerciale*, éd. Pédone, 2017, p. 181 et s.

[3] Notamment, le principe d'équivalence marque aussi l'élargissement des contestations possibles des sanctions, puisqu'il revient à comparer les sanctions d'une violation du droit de l'Union européenne à celles infligées aux violations du droit national d'une nature et d'une importance similaire (CJUE, gde ch., 2 mai 2018, aff. C-574/15, *Mauro Scialdone*, pts 53 à 60). C'est donc un critère d'adaptation extrinsèque qui vient soit consolider la norme répressive, soit la fragiliser ou l'anéantir. Cf. *infra*.

[4] Le principe général de proportionnalité implique en effet que les normes répressives « ne doivent pas excéder les limites de ce qui est approprié et nécessaire à la réalisation des objectifs légitimement poursuivis par cette législation, étant entendu que, lorsqu'un choix s'offre entre plusieurs mesures appropriées, il convient de recourir à la moins contraignante et que les inconvénients causés ne doivent pas être démesurés par rapport aux objectifs visés » (CJUE, 10e ch., 22 mars 2017, aff. jtes C-497/15 et C-498/15, *Euro-Team*, pt. 40 ; CJUE, 7e ch., 9 juil. 2015, aff. C-183/14, *Radu Florin Salomie et Nicolae Vasile Oltean*, pt. 51).

[5] La Charte comprend certes une disposition générale relative à la proportionnalité des limitations apportées aux droits et libertés, mais elle encadre également, de manière spécifique, l'application des sanctions par les États membres : « l'intensité des peines ne doit pas être disproportionnée par rapport à l'infraction » (art. 49§3). Les termes invitent à un contrôle de proportionnalité, centré sur l'adaptation.

punitif, que l'objectif d'intérêt général que vise la norme répressive[1], mais les éléments constitutifs de l'infraction et de la sanction[2].

685. Absence de structuration par la rationalité instrumentale « subjectivisée ». Or, si la Cour de justice n'effectue formellement qu'un contrôle des critères d'adaptation, bien qu'à travers ce dernier se cache parfois un contrôle feutré de la rationalité de la norme répressive, par l'appréhension du lien logique à travers les éléments constitutifs de l'infraction et de la sanction[3] : seul l'effet incitatif à l'adoption d'un comportement précis, correspondant à l'incrimination, entre en considération dans le contrôle de la rationalité[4]. Le contrôle de la rationalité par la Cour de justice est donc différent[5] : au lieu de porter sur la corrélation entre le manquement et l'assiette, il porte sur l'effet rationnel supposé qu'une sanction fiscale

---

[1] Ce but varie. Ainsi, lorsque la sanction fiscale est appréhendée, seule ou de manière cumulée, par le biais des libertés économiques, on retrouve alors les justifications d'intérêt général admise au titre de ces libertés, à savoir un objectif prévu par le TFUE, ou à tout le moins une raison impérieuse d'intérêt général (CJUE, 1ère ch., 31 mai 2018, aff. C-190/17, *Lu Zheng*, pts 36-38 ; CJCE, 6e ch., 12 juil. 2001, aff. C-262/99, *Paraskevas Louloudakis*, pt. 69). Les libertés économiques font alors office de critères d'adaptation extrinsèque (CJCE, 25 fév. 1988, aff. C-299/86, *Rainer Drexl*). Ainsi indirectement, ces libertés sont également un argument permettant d'écarter une sanction dont la disproportionnalité est double : à la fois par rapport à la gravité du comportement réprimé et en ce qu'elle en devient une entrave à la liberté de circulations garantie par le droit communautaire, même lorsque la sanction vise des infractions à la TVA. Si la réglementation nationale transpose une directive, c'est en fonction des objectifs poursuivis par celle-ci que s'opère le contrôle de proportionnalité, ces objectifs consistant souvent en une déclinaison de la lutte contre la fraude fiscale, voire l'évasion fiscale (CJUE, 7e ch., 9 juil. 2015, aff. C-183/14, *Radu Florin Salomie et Nicolae Vasile Oltean*, pt. 51, *préc.* ; CJUE, 4e ch., 29 juil. 2010, aff. C-188/09, *Dyrektor Izby Skarbowej w Białymstoku*, pts 24-28 : *RJF* 12/2010, n°1244 ; CJUE, 2e ch., 12 juil. 2012, aff. C-263/11, *Ainārs Rēdlihs*, pt. 4). La superposition des exigences des actes de droit dérivé et du droit primaire complexifie le lien logique.

[2] « [L]a rigueur des sanctions doit être en adéquation avec la gravité des violations qu'elles répriment, notamment en assurant un effet réellement dissuasif, tout en respectant le principe général de proportionnalité » qui s'impose « non seulement en ce qui concerne la détermination des éléments constitutifs d'une infraction et la détermination des règles relatives au niveau du montant des amendes, mais également en ce qui concerne l'appréciation des éléments dont il peut être tenu compte pour la fixation du montant de l'amende » (CJUE, 10e ch., 22 mars 2017, aff. jtes C-497/15 et C-498/15, *Euro-Team*, pts 42-43 ; CJUE, 6e ch., 17 juil. 2014, aff. C-272/13, *Equoland Soc. Coop. Arl*, pt. 35 ; CJUE, 8e ch., 20 juin 2013, aff. C-259/12, *Teritorialna direktsia na Natsionalnata agentsia za prihodite – Plovdiv*, pt. 38 ; CJUE, 1ère ch., 9 fév. 2012, aff. C-210/10, *Márton Urbán*, pt. 54 ; CJUE, 4e ch., 26 avr. 2017, aff. C-564/15, *Tibor Farkas*, pt 60.

[3] Même en présence une correspondance entre le manquement réprimé et l'assiette de la sanction, le lien logique et rationnel ne semble pas être (systématiquement) vérifié par la Cour de justice. En ce sens, CJUE, 4e ch., 29 juil. 2010, aff. C-188/09, *Dyrektor Izby Skarbowej w Białymstoku*, pt. 37.

[4] En ce sens, CJUE, 4e ch., 26 avr. 2017, aff. C-564/15, *Tibor Farkas*, pt. 63 ; CJUE, 4e ch., 29 juil. 2010, aff. C-188/09, *Dyrektor Izby Skarbowej w Białymstoku*, pts 24-28 ; CJUE, 6e ch., 7 déc. 2000, aff. C-213/99, *José Teodoro de Andrade et DIrector da Alfândega de Leixões*, pt. 22 ; CJUE, 5e ch., 26 oct. 1995, aff. C-36/94, *Siesse – Soluções Integrais em Sistemas Software e Aplicações Ld.a*, pt. 22.

[5] Voire absent dans certains cas, le contrôle étant centré sur l'adaptation : CJUE, 9e ch., 2 juin 2016, aff. C-418/14, *ROZ-ŚWIT* ; CJUE, 4e ch., 29 juil. 2010, aff. C-188/09, *Dyrektor Izby Skarbowej w Białymstoku*, pt. 37.

peut avoir sur le comportement réprimé, à partir d'un but légitime poursuivi[1]. La rationalité axiologique importe donc mais n'induit pas une structuration particulière de la norme répressive, dans ses éléments constitutifs.

686. Distinction devant la Cour de justice de l'Union européenne. Si, à l'instar du Conseil constitutionnel, la Cour de justice opère une distinction similaire de prime abord, selon la gravité du comportement, les distinctions ne se recoupent pas tout à fait : axée sur le comportement du contribuable, cette distinction européenne tend à opérer une structuration comportementale de ce dernier et à justifier la pénalité sans égard pour le lien logique, tout en emportant une adaptation intrinsèque.

687. En effet, les juges de Luxembourg autorisent une répression accrue, voire présentant une certaine automaticité[2], quelles que soient les modalités de calcul de la sanction pécuniaire, lorsque le manquement en cause correspond à une violation substantielle[3], notamment en cas de fraude[4] ou d'une activité illégale portant atteinte aux budgets de l'État ou de l'Union européenne[5] ou encore d'une contrariété avec les objectifs de l'Union européenne, contrairement au non-respect d'une exigence

---

[1] L'identification d'un objectif se résout par le recours au droit primaire ou au droit dérivé. Ainsi en matière de TVA, la directive astreint les États membres à adopter les mesures nécessaires afin d'atteindre les objectifs de la directive, dont le recouvrement de la TVA ou la lutte contre la fraude, l'évasion fiscale et les abus éventuels (CJUE, 4e ch., 29 juil. 2010, aff. C-188/09, *Dyrektor Izby Skarbowej w Białymstoku*, pts 24-25 ; CJUE, 2e ch., 12 juil. 2012, aff. C-263/11, *Ainārs Rēdlihs*, pts 44-45).

[2] *A contrario*, CJUE, 9e ch., 2 juin 2016, aff. C-418/14, *ROZ-ŚWIT*, pts 35-36.

[3] CJUE, 9e ch., 26 avr. 2018, aff. C-81/17, *Zabrus Siret SRL*, pt. 51. – V. également, CJUE, 3e ch., 21 oct. 2010, aff. C-385/09, *Nidera Handelscompagnie BV c/ Valstybinė mokesčių inspekcija prie Lietuvos Respublikos finansų ministerijos*, pts 50-52 ; CJUE, 1ère ch., 31 mai 2018, aff. C-190/17, *Lu Zheng*, pts 43 et 44 ; CJUE, 2e ch., 16 juil. 2015, aff. C-255/14, *Robert Micham Chmielewski*, pts 29 à 31. Plus largement, si une pénalité est de nature à « inciter les assujettis à régulariser aussi rapidement que possible les cas d'insuffisance de paiement de la taxe », elle l'est « dès lors, à atteindre l'objectif d'assurer l'exacte perception de celle-ci » (par ex., CJUE, 8e ch., 20 juin 2013, aff. C-259/12, *Teritorialna direktsia na Natsionalnata agentsia za prihodite – Plovdiv*, pt. 40).

[4] Une fraude à la TVA ne peut résulter de la seule omission de versement de la TVA, « indépendamment du caractère intentionnel ou non », dès lors que l'assujetti a dûment rempli ses obligations déclaratives en matière de TVA car alors, l'administration fiscale « dispose d'ores et déjà des données nécessaires pour constater le montant de la TVA exigible et une éventuelle omission de versement de celle-ci » (CJUE, gde ch., 2 mai 2018, aff. C-574/15, *Mauro Scialdone*, pts 38-39, et 42). Cette violation substantielle correspond à une intention frauduleuse, rejoignant la définition de l'abus de droit par l'arrêt *Halifax*: l'opération doit avoir pour résultat l'obtention d'un avantage fiscal dont l'octroi serait contraire à l'objectif poursuivi par les dispositions pertinentes du droit de l'UE et du droit national, et également, avoir pour but essentiel l'obtention de cet avantage (CJUE, 6e ch., 17 juil. 2017, aff. C-272/13, *Equoland Soc. Coop. Arl*, pt. 39 ; CJUE, 2e ch., 12 juil. 2012, aff. C-284/11, *EMS-Bulgaria Transport OOD*, pt. 74 ; CJCE, gde ch., 21 fév. 2006, aff. C-255/02, *Halifax Plc, Leeds Permanent Development Services Ltd, County Wide Property Investments Ltd*, pts 74-76).

[5] Ainsi en est-il de l'omission de versement de la TVA déclarée, en ce qu'elle résulte d'un « comportement de l'assujetti consistant à utiliser, pour ses propres besoins, les liquidités correspondant à la taxe exigible au détriment du Trésor public » (CJUE, gde ch., 2 mai 2018, aff. C-574/15, *Mauro Scialdone*, pt. 44).

formelle à des fins de contrôle[1], tels les obligations déclaratives ou un paiement tardif de la TVA[2].

688. Certaines décisions marquent toutefois une coïncidence au moins partielle avec le lien logique : en effet, ce dernier étant déterminé par la correspondance entre l'effet incitatif et le comportement visé, il s'en déduit qu'une sanction pécuniaire est adaptée, « appropriée » si elle s'applique « à l'assujetti en situation d'infraction, et seulement pendant la durée de cette dernière »[3]. Mais cette adaptation intrinsèque temporelle se combine en réalité avec l'adaptation extrinsèque, laquelle prend une place particulière dans la jurisprudence de la Cour de justice de l'UE[4], ce qui pourrait laisser entrevoir une divergence avec la solution retenue, en termes identiques, par le juge administratif, sur le principe général du droit communautaire et l'article 6§1 de la Convention EDH[5].

3. L'absorption du lien logique et rationnel dans le contrôle de l'adaptation de la Cour EDH

689. L'absence de contrôle explicite du lien logique et rationnel. Sur le fondement de l'article 6 de la Convention EDH, la motivation relative à la rationalité des sanctions fiscales proportionnelles contraste avec la motivation habituellement si développée de la Cour européenne des droits de l'homme. Se focalisant sur l'adaptation, la Cour EDH n'en vérifie pas moins la rationalité des pénalités, par l'appréhension de la coïncidence entre l'assiette de la sanction et l'étendue de l'infraction fiscale, celle-ci suffisant par ailleurs à écarter le pouvoir de modulation des juges : dans l'affaire *Segame contre France*, la Cour EDH relève que « la loi elle-même proportionne dans une certaine mesure l'amende à la gravité du

---

[1] En ce sens, CJUE, 2e ch., 12 juil. 2012, aff. C-263/11, *Ainārs Rēdlihs*, pt. 48. Sauf « si la violation de telles exigences formelles a pour effet d'empêcher d'apporter la preuve certaine que les exigences de fond [du droit à déduction de la TVA d'amont] ont été satisfaites », la violation formelle prenant alors un aspect plus substantiel : CJUE, 2e ch., 12 juil. 2012, aff. C-284/11, EMS-Bulgaria Transport OOD, pt. 71 ; CJCE, 3e ch., 27 sept. 2007, aff. C-146/05, *Albert Collée*, pt. 31 : *RJF* 12/2007, n°1512.

[2] Ainsi, les obligations déclaratives peuvent certes contribuer à l'établissement des droits dus, mais elles peuvent ne pas constituer une violation substantielle (CJUE, 2e ch., 16 juil. 2015, aff. C-255/14, *Robert Micham Chmielewski*, pt. 31) ; l'acquittement tardif de la TVA n'est pas une violation formelle suffisamment grave pour remettre en cause le droit à déduction de l'assujetti, « en l'absence de tentative de fraude ou d'atteinte au budget de l'État ». D'ailleurs, en ce domaine, le champ d'application de ces violations substantielles est relativement réduit, le régime d'autoliquidation permettant « notamment, de lutter contre la fraude et l'évasion fiscales constatées dans certains types d'opérations » : CJUE, 6e ch., 17 juil. 2014, aff. C-272/13, *Equoland Soc. Coop. Arl*, pt. 42. ; CJUE, 2e ch., 12 juil. 2012, aff. C-284/11, *EMS-Bulgaria Transport OOD*, pt. 74 ; CJUE, 1ère ch., 29 mars 2012, aff. C-414/10, *Véleclair*, pt 34 : *RJF* 6/2012, n°672 ; CJCE, gde ch., 21 fév. 2006, aff. C-255/02, *Halifax*, pts 74-75).

[3] CJUE, 4e ch., 29 juil. 2010, aff. C-188/09, *Dyrektor Izby Skarbowej w Białymstoku*, pt. 32. Le caractère préventif de la sanction exclut la prise en compte de la gravité de l'infraction et l'absence de caisses enregistreuses fait obstacle « à toute appréciation du caractère adapté de la sanction au montant d'éventuelles erreurs comptables » (*ibid.* pt. 37).

[4] Cf. *infra*.

[5] CE, 8e et 3e ss-sect., 30 nov. 2007, n°292.705, *Sté Sidème* (à propos du principe général de proportionnalité du droit communautaire)

comportement du contribuable, **puisqu'elle est fixée en pourcentage des droits éludés** » dont le contribuable peut en discuter l'assiette[1]. À chaque fois, la proportionnalité aux faits reprochés est assurée par l'assiette des pénalités : celle-ci constitue la mesure de la gravité des comportements à l'issue d'un débat contradictoire. La coïncidence entre l'assiette de la sanction et l'étendue des manquements manifeste l'existence d'un lien logique et rationnel, contribuant à la structuration de la norme répressive, sans qu'une distinction en fonction des objectifs poursuivis ou du caractère formel du manquement n'influe *a priori* sur l'intensité de la sanction. Toutefois, en ne dissociant pas nettement le contrôle de la rationalité et le contrôle de l'adaptation, il est difficile de déterminer à quel point le lien logique fait figure de préalable au contrôle de l'adaptation ou s'il est mis en évidence uniquement par une méthode ascendante.

690. En faisant siens les arguments tenant à l'impératif d'efficacité nécessaire pour préserver les intérêts de l'État et l'exclusion du « noyau dur du droit pénal », la Cour EDH tendrait donc à considérer que les pénalités fiscales, dès lors qu'elles reposent sur une rationalité, dont l'étendue peut être discutée via l'assiette, ou indirectement sur la qualification des faits, sont intrinsèquement proportionnées[2].

691. Tout autre est le raisonnement fondé sur **l'article 1er du Premier protocole additionnel**, la Cour EDH vérifiant non pas, même indirectement, tant l'existence d'une structuration par la rationalité du triptyque « infraction-assiette-sanction », mais seulement l'erreur manifeste d'appréciation du législateur dans le but qu'il s'est assigné[3], et sur lequel par ailleurs elle n'exerce un contrôle restreint. En effet cette norme de contrôle n'a pas d'effet structurant de la norme fiscale répressive mais a pour utilité première de proportionnaliser les amendes ou pénalités pécuniaires ou patrimoniale au patrimoine des contribuables sanctionnés. Aussi, si la Cour exige qu'un motif d'intérêt général puisse justifier l'infliction de telle pénalité[4], approuvant

---

[1] CEDH, 5e sect., 7 juin 2012, n°4837/06, *Segame c/ France*, § 59 (nous soulignons). *Comp.* CEDH, 2e sect., 2 juil. 2002, n°33402/96, *Göktan c/ France*, §58 ; CE, 8e et 3e ss-sect., 27 juin 2008, n°301.342, *M. Melki* et n°301.343, *Sté Segame*. – V. *anté*., la position de la Commission EDH : s'agissant des majorations infligées pour l'insuffisance, l'inexactitude ou le caractère incomplet des déclarations, elle avait considéré que si les juges du fond, compétents pour réformer en fait comme en droit la décision administrative infligeant les sanctions, n'avaient pas pouvoir pour moduler le taux des pénalités, la loi y suffisait car « le montant des pénalités est **calculé sur la base et en pourcentage du montant des redressements infligés**, selon qu'il a « mauvaise foi » ou « manœuvres frauduleuses » (Comm. EDH, 29 juin 1998, n°36118/97, *Taddei*, nous soulignons).

[2] CEDH, 5e sect., 7 juin 2012, n°4837/06, *Segame c/ France*, § 59 ; CEDH, gde ch., 23 nov. 2006, n°73053/01, *Jussila c/ Finlande*, § 42. *Comp.* CEDH, 2e sect., 2 juil. 2002, n°33402/96, *Göktan c/ France*, §58.

[3] CEDH, 2e sect., 4 mars 2014, n°18640/10, n°18647/10, n°18668/10 et n°18698/10, *Stevens et a. c./ Italie*, §19.

[4] Par ex., la lutte contre le blanchiment d'argent (CEDH, 1ère sect., 26 fév. 2009, n°28336/02, *Grifhorst c/ France*, §89 ; CEDH, 5e sect., 9 juil. 2009, n°39973/03, *Moon c/ France*, §47), la préservation de l'intégrité des marchés financiers et de la confiance du public dans la sécurité des transactions (CEDH, 2e sect., 4 mars 2014, n°18640/10, n°18647/10, n°18668/10 et n°18698/10, *Stevens et a. c./ Italie*, §194-195), ou encore assurer le respect de la « législation sur les ventes de carburants et protéger ainsi l'intérêt public », et plus largement assurer le respect de la loi nationale.

parfois la pertinence ou l'opportunité de l'objectif poursuivi[1], ce dernier influera sur l'appréciation de la proportionnalité de la sanction finale et pourra conduire à une atténuation ou son annihilation le cas échéant. La subjectivité dans l'appréciation du *quantum* de la sanction s'observe donc devant la juridiction européenne, mais dans une plus grande neutralité, la sanction pouvant être corrigée ensuite par la confrontation au droit au respect de ses biens[2].

692. Transposition par le juge de l'impôt. Une fois la qualification d'une sanction établie à partir du but répressif et dissuasif, le juge fiscal se focalise sur l'adaptation de la norme fiscale répressive, lorsqu'il se prononce sur la compatibilité de cette punition avec l'article 6 de la Convention européenne des droits de l'Homme[3], A l'instar de la transposition du droit constitutionnel, si le lien logique entre l'infraction et la sanction n'est pas explicité et se déduit de l'affirmation du caractère adapté de la norme fiscale répressive, la recherche d'une proportionnalité, dans l'adaptation abstraite de la sanction, s'appuie sur les modalités de calcul, à la fois le taux et l'infraction, et implicitement l'assiette le cas échéant, de sorte que si la décision ne manifeste pas expressément le contrôle d'une rationalité, celui afférent à l'adaptation en contient les éléments et traduit alors une adaptation intrinsèque découlant du lien logique[4]. La motivation condense en une affirmation, rationalité

---

[1] En particulier le « nombre croissant d'instruments internationaux (…) et de normes communautaires (…) » démontrant l'importance partagée par les États pour un but donné, et le cas échéant, justifiant une plus grande sévérité dans la répression (CEDH, 2e sect., 4 mars 2014, n°18640/10, n°18647/10, n°18668/10 et n°18698/10, *Stevens et a. c./ Italie*, §195 ; CEDH, 26 fév. 2009, n°28336/02, *Grifthorst c/ France*, §93).

[2] Par ex., CEDH, 1ère sect., 11 janv. 2007, n°35533/04, *Mamidakis c/Grèce*. En revanche, dans l'affaire *Segame* si le gouvernement arguait d'une gravité accentuée par l'enrichissement sans cause, la Cour n'a pas repris cet argument dans son appréciation, donnant d'autant plus, un caractère généralisable à sa décision (CEDH, 5e sect., 7 juin 2012, n°4837/06, *Segame c/ France*, § 49 et §54 et s.). *Contra* : L. AYRAULT, « L'absence de modulation des sanctions fiscales par le juge et la Convention EDH : sens et conséquences de la décision Segame de la CEDH » : *DF* 2012, n°29, comm. 387

[3] En ce sens, CE, 8e et 3e ss-sect., 30 nov. 2007, n°292.705, *Sté Sidème*.

[4] Les conclusions des rapporteurs publics montrent également un contrôle concentré de la rationalité et de la proportionnalité dans la seule adaptation, le but punitif étant d'abord employé aux fins de qualification, et les griefs des requérants étant alors aussi orientés sur l'existence ou non d'un pouvoir de modulation juridictionnel dans l'infliction des sanctions. Cette adaptation intrinsèque a longtemps été occultée par la place de l'adaptation extrinsèque : si le Conseil d'État par exemple, reprenant la formulation de la Cour européenne, énonce que « la loi elle-même a ainsi assuré, dans une certaine mesure, la modulation des peines en fonction de la gravité des comportements réprimés », c'est après avoir mentionné l'existence d'une échelle de sanctions à partir de dispositions relatives à des infractions de même nature et concernant un même impôt (CE, 8e et 3e ss-sect., 30 nov. 2007, n°292.705, *Sté Sidème*). Ce n'est qu'*a posteriori*, par l'arrêt *Melki* de 2008 et sa confirmation par la décision *Segame contre France* en 2012 qu'il possible de relire les arrêts antérieurs du juge administratif comme contenant la prémisse de l'affirmation nette de l'arrêt Melki d'une adaptation intrinsèque et abstraite des majorations fiscales à partir du lien logique défini dans la loi (CE, 8e et 3e ss-sect., 27 juin 2008, n°301.342, *M. Melki* et n°301.343, *Sté Segame* ; CEDH, 5e sect., 7 juin 2012, n°4837/06, *Segame c/ France*).

instrumentale et adaptation intrinsèque[1], la caution constitutionnelle pouvant l'appuyer[2].

693. Transition. Tout autre est la structuration par la rationalité des sanctions s'agissant des sanctions non-proportionnelles en raison de la déconnexion entre l'infraction et la sanction, le truchement de l'étendue chiffrable de l'obligation fiscale méconnue n'existant pas.

B. La structuration des sanctions non-proportionnelle par une dynamique inversée

694. Plan. Parmi ces sanctions, peuvent être distinguées les sanctions pénales (1) et les sanctions fiscales forfaitaires (2).

1. Les sanctions pénales

695. Problématique. Proportionnellement moins souvent appliquées par rapport aux pénalités administratives fiscales[3], les sanctions pénales fiscales sont plus variées

---

[1] Ainsi, le Conseil d'État énonce simplement que « pour proportionner, le taux de l'amende [prévue à l'article 1761 du CGI] à l'infraction, l'ordonnance du 7 décembre 2005 a fixé ce taux à 25% » avant de poursuivre sur le plein contrôle du juge sur les faits invoqués et la qualification retenue (CE, 8e et 3e ss-sect., 27 juin 2008, n°301.342, *M. Melki* et n°301.343, *Sté Segame)* ou que les dispositions de l'article 1728 du CGI « proportionnent les pénalités qu'elles instaurent à la gravité des agissements du contribuable en prévoyant des taux de majoration différents (…). »(CE, 9e et 10e ss-sect., 8 mars 2002, n°224.304, *SARL Clinique Médicale de Mazargues. Comp.* CE, 9e et 10e ss-sect., 6 juin 2007, n°270.955, *min. c/ Lemarinier* où la question de la qualification ou du lien logique n'est pas discutée, seule l'application du principe de rétroactivité *in mitius* est pleinement affirmée). – V. également pour les dispositions de l'article 1729 du CGI :CE, 10e et 9e ss-sect., 27 juil. 2012, n°325.436, *M. Catusse* ; CE, 8e et 9e ss-sect., Avis, 8 juil. 1998, n°195.664, *Fattell*), pour celles de l'ancien article 1763 A, repris à l'article 1759 du CGI :CE, 9e et 10e ss-sect., 24 mars 2006, n°257.330, *SA Martell & Co* ; ou encore, pour l'amende prévue à l'article 1740 du CGI :CE, 9e ch., 20 déc. 2017, n°396.153, *Sté SGI*, cons. 6, et dans le même sens, CE, 10e et 9e ch., 4 déc. 2017, n°379.685, *Sté Edenred*, cons. 6). *Comp.* CE, 3e et 8e ss-sect., 27 oct. 2010, n°342.925, *J.-C. Cuaz*, cons. 5 ; CE, 3e et 8e ss-sect., 25 juin 2010, n°336.708, *M. Rudant.*

[2] Toutefois, à l'instar des normes de procédures et d'imposition, bien qu'il puisse être « conceptuellement difficile de retenir une portée différente pour l'article 8 de la Déclaration et l'article 6§1 de la Convention EDH, s'agissant des principes de proportionnalité et de personnalité qui régissent les sanctions fiscales, et d'attribuer au second article un caractère plus protecteur du contribuable que pour le premier » (J.-L. PIERRE, « Contrôle de la conformité d'une amende à la Convention EDH : le Conseil d'État retient le principe du miroir du contrôle de constitutionnalité opéré quelques mois auparavant pour cette sanction »: *DF* 2018, n°15, comm. 256), une déduction d'une compatibilité avec les stipulations à partir de la conformité à la Constitution nous semble erronée d'un point de vue du raisonnement, même si le résultat peut être *in fine* le même.

[3] Aux dispositions communes établies par les articles 1741 à 1753 bis C du CGI sanctionnant la fraude fiscale, l'opposition à contrôle fiscal ou encore le refus de l'impôt, s'ajoutent des dispositions spécifiques : les articles 1771 à 1783 B pour les impôts directs, l'article 1789 pour les taxes sur le chiffre d'affaires, les articles 1810 à 1821 réprimant les fraudes aux contributions indirectes, les articles 1837 à 1839 concernant les infractions aux droits d'enregistrement, et les articles 1840 O à 1840 Q pour les droits de timbre.

et ont un impact médiatique plus important[1], au-delà de l'emblématique fraude fiscale[2]. Ces sanctions consistant en des amendes forfaitaires et des peines d'emprisonnement présentent une moindre appréhendabilité de leur rationalité, en raison de leur déconnexion matérielle d'avec le manquement[3], bien qu'une rationalité puisse s'observer, dans une dynamique inversée, par l'adaptation modératrice. Une distinction peut s'opérer entre les personnes physiques et les **personnes morales**.

696. Ces dernières ne pouvant être enfermées entre quatre murs, les sanctions des infractions financières sont punies par des amendes plus fortes que celles visant les personnes physiques. Or, si ces amendes sont calculées ou plafonnées, elles doivent l'être en fonction de critères présentant un lien rationnel avec l'infraction : ainsi, ces plafonds des peines prévues par l'article 131-38 du Code pénal ne peuvent, en toute hypothèse, reposer sur un critère de calcul tiré du seul chiffre d'affaires, l'objet de l'infraction n'étant pas nécessairement fonction du chiffre d'affaires[4]. Il n'est pas alors tant question d'objectif ou de finalité[5], mais d'absence de lien logique et rationnel entre l'infraction pénale et la sanction. On retrouve alors le raisonnement du contrôle de la rationalité des sanctions proportionnelles : processus de rationalisation par la modération, l'instauration d'un plafond permet de garantir tant l'effectivité de la peine que sa proportionnalité. Cette rationalité, par dynamisme inversée, impose alors que le critère de calcul de l'assiette de la peine soit relié d'un point de vue rationnel à l'infraction sanctionnée, et donc aux manquements visés, et non posé globalement pour plusieurs infractions[6] : pour préserver ce lien logique et rationnel, une détermination au cas par cas, infraction par infraction, est nécessaire.

697. Concernant les personnes physiques, il n'y a pas en principe de connexion entre la sanction, ses modalités de calcul et le manquement réprimé : faute de pouvoir établir un lien logique et rationnel entre la sanction, son assiette, et l'infraction, comme pour les sanctions fiscales proportionnelles, seule l'inadaptation manifeste de la sanction aux manquements réprimés peut faire l'objet d'un contrôle effectif du juge,

---

[1] A cet éventail plus complet, comprenant notamment une « palette de peines complémentaires » et notamment la privation des droits civiques et politiques, s'ajoute un « impact médiatique de la sanction pénale avec l'opprobre social dont elle est porteuse », et une atteinte à l'image et à la réputation des grands groupes internationaux (S. DETRAZ, « Les sanctions de la fraude fiscale à l'épreuve des principes constitutionnels et européens » : *DF* 2014, n°46, étude 625)

[2] Et les délits assimilés. V. C. CLAVERIE-ROUSSET, « Le délit de fraude fiscale et les délits voisins » : *DF* 2014, n°46, étude 622. Ainsi, du délit d'escroquerie ou du blanchiment d'argent de fraude fiscale : Crim., 3 mars 1960 ; Crim., 6 oct. 2010, n°09-87.879 ; Crim. 11 sept. 2019, n°18-81.040

[3] Toutefois, les sanctions pénales applicables en cas d'infraction aux contributions indirectes et prévues par les articles 1791 du CGI sont, au moins pour partie, calculées en fonction de l'objet de la fraude, ce qui autorise alors un lien logique au moins partiel entre la sanction et l'infraction.

[4] En ce sens, L. AYRAULT, « Le renforcement des sanctions » : *DF* 2014, n°51-52, étude 701

[5] Bien que dans le cadre de la loi relative à la lutte contre la fraude fiscale et la grande délinquance financière, les objectifs de la loi étaient clairement affirmés.

[6] Ainsi, si le « critère de fixation du montant maximum de la peine encourue ne dépend pas du lien entre l'infraction à laquelle il s'applique et le chiffre d'affaires », alors il en résulte une disproportion manifeste de la peine avec la gravité de l'infraction constatée : Cons. const., 4 déc. 2013, déc. n°2013-679 DC, *Loi relative à la lutte contre la fraude fiscale, préc.*, cons. 10– V. également L. AYRAULT, « Le renforcement des sanctions » : *DF* 2014, n°51-52, étude 701.

présumant l'existence d'un tel lien entre l'infraction et la sanction[1], la gravité de l'infraction justifiant *per se* une sanction pénale[2]. Ainsi, la gravité sous-entendue de la fraude fiscale justifie l'existence de cette incrimination et des sanctions pénales, (amendes et emprisonnement), ainsi que leur quantum et leur cumul[3].

698. En revanche, les peines complémentaires trouvent une rationalité dans l'accentuation du caractère infamant de la peine principale[4], à l'égard du condamné et des autres contribuables qui pourraient être tentés par de telles manœuvres frauduleuses.

699. Transition. La structuration des lois fiscales répressives d'ordre pénale suit une dynamique inversée, l'adaptation modératrice apportant la rationalité de la peine par sa rationalisation autour d'un lien logique présumé, et que l'on retrouve dans les sanctions fiscales non-proportionnelles.

2. Les sanctions fiscales non-proportionnelles

700. Problématique. De par la déconnexion entre la sanction non-proportionnelle, qu'il s'agisse d'un montant forfaitaire ou d'une mesure particulière, et les modalités de calcul, le lien logique et rationnel est plus difficile à appréhender. Plus encore, il n'y a pas d'explication rationnelle appréhendable par le juge, lequel se concentrera sur l'adaptation, dans une dynamique inversée.

---

[1] Par ex., l'article 1741 du CGI sanctionnant les « contribuables qui, **d'une façon frauduleuse**, dissimulent volontairement des sommes soumises à l'impôt » (l'objet de la disposition), « **[a]u regard de l'incrimination** prévue par les dispositions contestée, les peines instituées par le législateur ne sont pas manifestement disproportionnées : Cons. const. 24 juin 2016, déc. n°2016-545 QPC, *M. Alec Wildenstein*, cons. 12 et déc. n°2016-546 QPC, *M. Jérôme Cahuzac*, cons. 12 (nous soulignons). – V. également : Cons. const. 22 juil. 2016, déc. n°2016-556 QPC, cons. 11 à 13 ; Cons. const. 22 juil. 2016, déc. n°2016-554 QPC, M. Gilbert B.

[2] A moins que cette gravité ne soit déduite du caractère pénal de la sanction, empruntant alors une logique circulaire.

[3] À ce titre, le Conseil constitutionnel souligne notamment que « les poursuites engagées sur le fondement de l'article 1741 ont un **caractère public** qui leur confère **une exemplarité et une portée dissuasive supplémentaire** pour l'ensemble des personnes susceptibles de manquer frauduleusement à leurs obligations fiscales :Cons. const. 24 juin 2016, déc. n°2016-545 QPC, *M. Alec Wildenstein*, cons. 19, et déc. n°2016-546 QPC, *M. Jérôme Cahuzac*, cons. 19 (nous soulignons). *Comp.* la chambre criminelle de la Cour de cassation insiste sur la sévérité des peines d'emprisonnement, des amendes ou des peines complémentaires, elle ne s'interroge pas sur le lien logique entre les peines et l'infraction : Crim. 30 mars 2016, n°16-90.007, P+B+I, *A. Wildenstein* et a., n°16-90.005, P+B, *J. Cahuzac et a.* et 19 mai 2016, n°15-84.526.

[4] Ainsi, en instituant une peine obligatoire de publication et d'affichage du jugement de condamnation pour des faits de fraude fiscale, la disposition contestée vise à **renforcer la répression de ce délit en assurant à cette condamnation la plus large publicité** » (Cons. const., 10 déc. 2010, déc. n°2010-72/75/82 QPC, *Alain D. et a.*, cons. 4, nous soulignons). *Comp.* À propos de l'article 1731 bis du CGI : Cons. const., 16 sept. 2016, déc. n°2016-564 QPC. Cf. *infra*.

701. Plan. Toutefois, si tel est le cas du Conseil constitutionnel (1), la Cour de justice tend à approfondir son contrôle faisant apparaître une rationalité structurante de la sanction fiscale (2)[1].

a. *La structuration « constitutionnelle » atténuée des normes fiscales répressives non-proportionnelles*

702. Une rationalité instrumentale générale et abstraite. Un lien logique résultera du rattachement de la sanction à un objectif immédiat et abstrait, l'établissement de l'imposition ou le recoupement d'information[2], et une rationalité axiologique éthique par l'objectif à valeur constitutionnelle de lutte contre la fraude et l'évasion fiscale. La propriété structurante du lien logique est amoindrie, par la distanciation opérée par l'objectif. Par exemple, les amendes forfaitaires pour défaut de déclaration de comptes bancaires ouverts à l'étranger ou des trusts à l'étranger sont liées à un manquement à « une obligation déclarative poursuivant l'objectif de lutte contre la fraude et l'évasion fiscales[3] » et portant sur des « informations substantielles »[4] : le législateur ayant ainsi « entendu faciliter l'accès de l'administration fiscale aux informations relatives aux trusts et prévenir la dissimulation d'actifs à l'étranger[5] », le caractère substantiel des informations caractérise une gravité justifiant la sanction en son principe, en ce que ces obligations déclaratives constituent un maillon essentiel à l'efficacité ou l'effectivité des contrôles fiscaux, et donc de la lutte contre la fraude et l'évasion fiscales. Or, ce n'est pas cet objectif qui permet d'établir le lien entre l'infraction et la sanction : il permet principalement de justifier du montant de l'amende, de sa sévérité[6].

---

[1] Tandis que la Cour EDH occulte le lien logique, se concentrant sur la modulation de la sanction tant par la norme répressive qu'au cas particulier : en ce sens, CEDH, 23 sept. 1998, n°68/1997/852/1059, *Malige c/ France* (à propos des retraits de points du permis de conduire).

[2] Ou encore l'effectivité des pénalités fiscales : Cons. const., 16 sept. 2016, déc. n°2016-564 QPC, *M. Lucas L*, cons. 5 et 7. Cet affinement des objectifs permet au Conseil constitutionnel d'approcher d'un peu plus près l'application de la norme fiscale répressive.

[3] Cons. const., 16 mars 2017, déc. n°2016-618 QPC, *Mme Michelle Theresa B.*, cons. 10 ; Cons. const., 17 sept. 2015, déc. n°2015-481 QPC, *Époux B.*, cons. 6.

[4] Cons. const., 16 mars 2017, déc. n°2016-618 QPC, *Mme Michelle Theresa B.*, cons. 10. En l'occurrence, le manquement porte sur une obligation déclarative permettant le recoupement et la vérification du correct établissement des impositions, et non l'imposition elle-même.

[5] Cons. const., 16 mars 2017, déc. n°2016-618 QPC, *Mme Michelle Theresa B.*, cons. 7 ; Cons. const., 17 sept. 2015, déc. n°2015-481 QPC, *Époux B.*, cons. 6 (à propos des informations bancaires)

[6] En affirmant par principe l'existence d'un tel lien, l'application de la sanction sera automatique au moindre manquement, sans considération aucune sur la pertinence des informations ou de l'importance du patrimoine contenu dans le trust ou dans les comptes bancaires, ni sur l'objet de ses informations (établir l'imposition ou effectuer des recoupements), ou encore sur la soustraction à l'impôt, contrairement aux sanctions proportionnelles. L'obligation déclarative, l'infraction et sa sanction instaurent une présomption générale de fraude ou d'évasion fiscales, sans laisser la possibilité pour le contribuable de démontrer l'absence de conséquences fiscales dans le manquement réprimé. – V. toutefois, à propos des opérations susceptibles de caractériser l'utilisation d'un compte à l'étranger et sanctionné par l'article 1736, IV du CGI : CE, 9e et 10e ch., 4 mars 2019, n°410.492, *M. et Mme K.*

703. Autrement dit, le contrôle de la rationalité se déplace sur la gravité de l'infraction commise : la rationalité et l'adaptation sont condensées en un mouvement, la seconde permettant d'établir la première. Le lien entre l'infraction et la sanction forfaitaire est général et abstrait et pourrait nécessiter l'ajout de critères supplémentaires afin d'en cibler ou moduler l'application[1], tel l'instauration d'un plafond, rejoignant alors le raisonnement des sanctions proportionnelles exposé ci-avant[2].

704. Structurations indirectes par la superposition des pénalités fiscales. La privation de la possibilité d'imputer sur les rehaussements d'assiette consécutifs à des manquements, déficits et réductions d'impôt, se superpose aux sanctions proportionnelles des articles 1728, 1729 et 1732 du CGI afin de leur assurer une effectivité. En raison de cette combinaison, le Conseil ne vérifie pas la proportionnalité de l'article 1731 bis, 1° du CGI en elle-même mais par le truchement de celle des pénalités, en ce que cette disposition est par elle-même un moyen d'adapter les pénalités pour en préserver la rationalité[3]. L'imbrication des dispositifs renoue avec le raisonnement du contrôle des pénalités proportionnelles : le lien logique et rationnel entre le but et la sanction se matérialise par le truchement des pénalités dont l'effectivité est ainsi assurée.

b. *La structuration « européenne » des sanctions fiscales forfaitaires*

705. Structuration par l'adaptation : une subjectivisation objectivée par les critères matériels. Lorsque la sanction forfaitaire est appréhendée par le biais des libertés économiques, cette sanction, mesure restrictive, répond à l'objectif légitime poursuivi par la législation, mais le lien logique entre l'infraction et la sanction n'est pas abordé, au profit de la seule adaptation[4]. Or, celle-ci, sous les traits de la modulation, doit traduire un rapport avec l'infraction, et plus précisément à la gravité du comportement, objet de la sanction. Par exemple, dans la taxation des poids lourds, ce rapport ne peut exister dans le nombre d'essieux du véhicule : « une telle modulation, **dépourvue de tout rapport avec le comportement** de l'exploitant du véhicule ou de son chauffeur, ne tient pas compte de la nature et de la gravité de l'infraction commise » ; en revanche, un tel rapport serait établi si le montant de l'amende variait en fonction des kilomètres parcourus sans autorisation ou en tenant compte du paiement du montant du péage pour un itinéraire donné[5].

---

[1] Cf. *infra*. *Comp*., Cons. const., 30 déc. 1991, déc. n°91-302 DC, *Loi de finances pour 1992* (la sanction visant à réprimer toute divulgation du revenu des personnes physiques)

[2] Cons. const., 29 déc. 2016, déc. n°2016-743 DC, *Loi de finances rectificative pour 2016*, cons. 10 et 11. Cf. *supra*.

[3] L'« effectivité renforcée de la répression manquements » visés, en ce que l'article 1731 bis fait « obstacle à ce qu'un contribuable échappe, de fait, au moyen des déficits et réductions d'impôt dont il dispose ou bénéficie, aux sanctions prévues par le législateur pour [les dits manquements] » : Cons. const., 16 sept. 2016, déc. n°2016-564 QPC, M. Lucas L, cons. 6 et 7.

[4] CJUE, 1ère ch., 31 mai 2018, aff. C-190/17, *Lu Zheng*, pts 41-42.

[5] CJUE, 10e ch., 22 mars 2017, aff. jtes C-497/15 et C-498/15, *Euro-Team*, pt. 47 ; CJUE, 1ère ch., 9 fév. 2012, aff. C-210/10, *Márton Urbán*, pt. 41. En effet, l'objet de la sanction est de punir les

706. Ce rapport entre la sanction et l'infraction, matérialisé par les éléments constitutifs de l'infraction permet d'appréhender indirectement le lien logique structurant la norme répressive. Si les objectifs d'intérêt général poursuivis par le droit dérivé ou le droit primaire que l'État membre, en adoptant les sanctions, est censé avoir fait siens[1], peuvent justifier une moindre adaptation, le contrôle du lien logique se situe bien dans le contrôle de l'adaptation, les critères de cette dernière découlant du lien logique, de ce « rapport », avec l'infraction[2]. Ainsi, en contrôlant les éléments constitutifs des infractions et les règles relatives à leur niveau de sévérité, la Cour de justice vérifie donc bien l'existence d'un lien logique et rationnel par le biais du contrôle de l'adaptation.

707. Système de « responsabilité objective »[3] : la rationalité globale d'un ensemble punitif. Dans ce cadre, on observe un découplage du contrôle de la rationalité, un premier axe fondé sur le but donnant une rationalité axiologique globale au « système »[4], un second centré sur les effets incitatifs marquant une rationalité instrumentale subjectivisée[5]. Toutefois, cet effet dissuasif se loge dans la correspondance avec l'élément constitutif de l'infraction, à savoir le manquement à l'obligation de paiement préalable de la redevance routière, et donc l'objectif concret et immédiat des pénalités en question[6]. La rationalité des sanctions par rapport aux infractions fonde la légitimité d'ensemble du système de responsabilité objective.[7].

708. Transition. Dépassant la norme fiscale répressive, les juridictions constitutionnelle et européennes ont, d'un même mouvement, créer une rationalité

---

manquements aux obligations relatives aux péages routiers, ces manquements ne variant pas selon le nombre d'essieu du véhicule.

[1] CJUE, 10e ch., 22 mars 2017, aff. jtes C-497/15 et C-498/15, *Euro-Team*, pt. 41.

[2] Si l'on reprend l'exemple précédent, en l'espèce, l'infraction et sa gravité doivent conduire à une répression graduelle, fonction la distance parcourue mais aussi du comportement du conducteur. Cette modulation doit également faire écho aux règles d'établissement de la taxe, notamment si la proportionnalité à l'utilisation d'une facture en constitue le fondement : c'est alors l'objet concret et immédiat qui dicte les critères de calcul de la sanction (CJUE, 10e ch., 22 mars 2017, aff. jtes C-497/15 et C-498/15, *Euro-Team*, pt 48 : en l'occurrence, « la participation des usagers à l'entretien de l'infrastructure [par le paiement d'un droit de péage est] proportionnelle à leur utilisation de celle-ci et [tient] compte de la classe d'émission dont relève le véhicule utilisé » ; l'absence de modulation en fonction notamment de la distance parcourue est de nature à aller « à l'encontre de ce principe de participation »).

[3] Contrairement aux juridictions françaises, la Cour de justice assimile également sous l'appellation de « sanction » les régimes de responsabilité solidaire. Toutefois, leur visée punitive est moindre : il s'agit plus exactement de mesures destinées à assurer le recouvrement des dettes et pénalités fiscales.

[4] Il s'agit des buts poursuivis par les actes de droit dérivé, recouvrant le cas échéant ceux du traité : dans l'affaire *Euro-Team* du 22 mars 2017, les objectifs sont constitués de la lutte contre les distorsions de concurrence entre les entreprises de transport, ainsi que de la mise en application du principe pollueur-payeur, objectifs de la directive 1999/62.

[5] Ainsi, si des infractions objectivement définies ne sont pas en elles-mêmes incompatibles avec le droit de l'Union, elles doivent être « de nature à inciter les personnes visées à respecter les dispositions d'un règlement » et reposer sur des objectifs revêtant un intérêt général : CJUE, 10e ch., 22 mars 2017, aff. jtes C-497/15 et C-498/15, *Euro-Team*, pts 53 et 54.

[6] *Ibid.*, pts 55 et 56. *Comp.* CJUE, 1ère ch., 9 fév. 2012, aff. C-210/10, *Márton Urbán*, pts 49 à 51.

[7] CJUE, 10e ch., 22 mars 2017, aff. jtes C-497/15 et C-498/15, *Euro-Team*, pt. 56.

commune aux pénalités fiscales et pénales dans le cadre spécifique de la fraude fiscale, les considérations éthiques étant particulièrement prégnantes.

II. La mise en évidence d'un lien logique et rationnel commun aux pénalités fiscales et pénales réprimant la fraude fiscale

709. Problématique. Le législateur fiscal considérant certaines infractions fiscales particulièrement graves, en elles-mêmes, a instauré la possibilité d'une double répression, à la fois fiscale et pénale, interrogeant alors la comptabilité de leur coexistence et commune mise en œuvre[1] avec le principe *non bis in idem* qu'il découle de normes constitutionnelles, l'article 8 de la Déclaration, ou de normes conventionnelles, l'article 4 du Protocole n°7 additionnel à la Convention EDH ou l'article 50 de la Charte des droits fondamentaux.

710. Approche convergente de la proportionnalisation du principe *non bis in idem*. Conseil constitutionnel, Cour de justice de l'Union européenne[2] et Cour européenne des droits de l'homme adoptent une démarche similaire de complémentarité des procédures pénales et fiscales réprimant les fraudes fiscales[3], afin d'opérer la conciliation nécessaire entre, d'une part, la préservation des intérêts des États et de l'égalité entre les contribuables par une répression effective de la fraude fiscale, et d'autre part, le principe de proportionnalité des sanctions[4].

711. Plan. Par la complémentarité des intérêts protégés, unis à travers des mêmes faits, les juridictions européennes et constitutionnelles ont, d'un même mouvement,

---

[1] Sur la coexistence des deux systèmes sanctionnateurs et leur convergence, v. par ex., D. GUTMANN, « La "pénalisation" du droit fiscal : mythe ou réalité ? », *op. cit.* ; P. MORVAN, « Le droit pénal fiscal ou la rencontre du troisième type », *op. cit.*; F. DEBOISSY et S. DETRAZ, « Droit pénal et droit fiscal », *in Droit pénal et autres branches du droit. Regards croisés, Actes du XXe congrès de l'Association française de Droit Pénal*, oct. 2011, éd. Cujas, 2012, p. 221 à 245.

[2] Suite à son revirement de jurisprudence par rapport à l'arrêt du 26 février 2013 (*Akerberg Fransson*, aff. C-617/10), la Cour de justice rejoint ainsi le juge constitutionnel français et la Cour EDH dans l'exception de la prohibition du cumul des poursuites en matière fiscale : CJUE, gde ch., 20 mars 2018, aff. C-524/15, *Menci*, aff. C-537/16, *Garlsson Real Estate SA*, aff. C-596/16, *Di Puma*, aff. C-597/16, *Zecca*.

[3] Mettant fin à une étanchéité stricte des procédures, en application du principe d'indépendance des procédures pénales et fiscales. – V. sur ce point, P. PHILIPPE, « Le principe d'indépendance des procédures en matières fiscales » : *DF* 2004, étude 23 ; F. DEBOISSY et S. DETRAZ, « Droit pénal et droit fiscal », *in Droit pénal et autres branches du droit. Regards croisés*, *op. cit.*, p. 242-245.

[4] Comme le relèvent certains auteurs, « les "passerelles" établies par [les décisions du 24 juin 2016] entre procédures de sanctions fiscale et pénale (…) renvoient très évidemment aux exigences formulées par la Cour EDH et semblent ainsi de nature à prévenir l'éventuelle condamnation de la France pour violation de l'article 4 du protocole 7 » (M. COLLET et P. COLLIN, « Le cumul des sanctions pénale et fiscale face aux exigences constitutionnelles et européennes. – A propos de Cons. const., 24 juin 2016, déc. n°2016-546 QPC et 2016-545 QPC » : JCP G 2016, 847). Ces décisions « matérialisent de nouveau le souci du juge constitutionnel de rapprocher ses interprétations de celles de la CEDH et de la CJUE dans le sens d'une modération des sanctions » (C. ROULHAC, « L'apport de la question prioritaire de constitutionnalité en matière fiscale » : *DF* 2017, n°51-52, 586, spé. n°4). Toutefois, le Conseil constitutionnel avait déjà initié une jurisprudence sur le cumul des poursuites dans le cadre de son contrôle a priori (Cons. const., 28 juill. 1989, n°89-260 DC, *Loi relative à la sécurité et à la transparence du marché financier*, cons. 16 et s.).

créé ou découvert l'existence d'un lien logique et rationnel commun aux procédures fiscales et pénales (A) complétant cette structuration de ces normes répressives par la circonscription du champ d'application (B). Ce faisant, les juridictions établissent les critères matériels d'une adaptation intrinsèque au lien logique commun.

A. La complémentarité de procédures, reflet de la complémentarité des objectifs poursuivis

712. Réticences initiales à la reconnaissance créative d'un lien logique commun. Le juge européen de Strasbourg[1], et à sa suite, juges judiciaires et juges administratifs[2] ont été réticents, de prime abord, à admettre l'existence d'un lien logique commun transcendant, lequel eût pu conduire à l'inconventionnalité du cumul de poursuites et de peines pénales et fiscale, tant sur l'article 4 du Protocole n°7 de la Convention EDH[3], que sur l'article 14§7 du Pacte international de New-York[45].

---

[1] La Cour européenne considéra ainsi que « les articles 1741 et 1728 du [CGI] n'[avaient] pas trait à la même infraction, de sorte qu'aucune question ne [pouvait alors] se poser en l'espèce sous l'angle de l'article 4 du Protocole n°7 » (CEDH, 14 sept. 1999, n°36855/97 et n°41731/98, *Ponsetti et Chesnel c/ France*).

[2] Concernant les seules sanctions administratives, le Conseil d'État applique la règle « *non bis in idem* » en tant que principe général du droit : ainsi, un même manquement ne peut donner lieu qu'à une seule sanction administrative, à moins que le législateur n'en dispose autrement (par ex. CE, 2e ss-sect., 29 oct. 2009, n°310.604 et n°310.610, *Société Air France c/ ACNUSA*, et CE, 2e et 7e ch., 30 déc. 2016, n°395.681, *Autorité de contrôle des nuisances aéroportuaires (ACNUSA)*), mais une infraction déjà sanctionnée peut être prise en compte lors de l'infliction d'une seconde sanction afin d'apprécier le degré de gravité des nouveaux manquements (CE, 5e et 3e ss-sect., 14 juin 1991, n°107.365, n°107.859, n°110.270, *Association Radio Solidarité).*

[3] Bien que s'abritant derrière la réserve française relative à l'article 4 du Protocole n°7 de la Convention EDH, la chambre criminelle avait ainsi validé le raisonnement de la Cour d'appel en ce que « les poursuites pénales du chef de fraude fiscale [prévues par l'article 1741 du CGI], qui visent à réprimer des comportements délictueux tendant à la soustraction à l'impôt, ont une nature et **un objet différents** de ceux poursuivis, par l'Administration, dans le cadre du contrôle fiscal et qui tend au recouvrement des impositions éludées » (Crim. 20 juin 1996, n°2851, *Ponsetti,* nous soulignons) : si toutes ont un but répressif, l'objet particulier des majorations fiscales constituait, selon le juge judicaire, une divergence excluant la similitude dans la nature de la sanction, et donc une « *contamination* » à la nature de la juridiction prononçant les pénalités fiscales. *Comp.* CEDH, 5e sect., 5 avr. 2012, n°11663/04, *Chambaz c/ Suisse*.

[4] Dont l'effet direct a été reconnu, compte tenu du principe et du caractère prescriptif de son énoncé, par la décision *Gasparini* du 9 décembre 1983 (CE, Sect., n°54.382).

[5] Crim., 5 juin 2002, n°01-85.005 ; CE, 8e et 9e ss-sect., 4 avr. 1997, n°183.658, *Jammet.* Déjà antérieurement : CE, 9e et 8e ss-sect., 9 mai 1990, n°113.056, *Halff.* Dans ses conclusions sur l'avis *Jammet*, F. LOLOUM avait cherché à interpréter uniformément en quelque sorte l'article 14§7 du Pacte : partant de l'idée que le principe *non bis in idem* joue principalement pour le concours idéal qui « traduit une **indivisibilité des agissements**, ce caractère étant constaté, en cas de faute intentionnelle, par **l'unité d'intention** de l'auteur de l'acte, ou, en cas de faute non intentionnelle, par l'unité de l'élément matériel de l'acte », F. LOLOUM justifiait le cumul des poursuites « pour obtenir la répression d'atteintes à des valeurs sociales différentes et une réparation propre à chacun des intérêts lésés » : ainsi, sanctions fiscales et peines « se distinguent pas tant par leur nature que **par leur objet**, c'est-à-dire ce qu'elles visent à punir ou réparer. **Le juge pénal sanctionne les atteintes portées par la fraude fiscale à la société, les pénalités fiscales se rapportent aux dommages causés aux intérêts propres du Trésor public**. La répression pénale sanctionne la violation de l'ordre public, en ce qu'il constitue le fondement de l'organisation de la société ;

713. Si la différence de lien logique des sanctions pénales et fiscales justifiait alors la non-application du principe, quel que soit le fondement juridique envisagé[1], reliés, par un lien transcendant, les procédures n'en formeront plus qu'une, légitimant l'exception à l'application du principe : ce lien transcendant s'expliquera par la convergence des objectifs poursuivis, tout autant que par une indivisibilité des agissements envisagés dans leur globalité, dans l'intérêt général de la collectivité[2]. La gravité de la fraude fiscale en ce qu'elle porte atteinte à l'égalité entre les contribuables ou aux finances des États, et donc à la société dans son ensemble, nécessite une sanction exemplaire apte à saisir tous les aspects de l'atteinte du corps social[3].

714. Complémentarité des procédures, critère discret devant le juge constitutionnel. La complémentarité des procédures réside dans les finalités communes des procédures pénales et fiscales, pour le Conseil constitutionnel, mais dans la complémentarité des buts, et donc l'appréhension des différentes facettes de la fraude fiscale, financière et sociale, pour les juridictions européennes. Toutefois, la motivation ramassée du juge constitutionnel autorise à déduire de ses finalités communes, qu'implicitement, ce sont les différentes facettes de la fraude fiscale qui sont prises en compte par les doubles poursuites. Ainsi, pour le juge constitutionnel français, l'article 1729 vise « à garantir la perception de la contribution commune et à préserver les intérêts financiers de l'État » et assure également « le bon fonctionnement du système fiscal qui repose sur la sincérité et l'exactitude des

---

l'Administration fiscale sanctionne, (…), les atteintes portées aux finances publiques constituant un domaine spécifique à protéger reposant sur une organisation particulière (**même si la finalité en est, en dernière instance, la satisfaction de l'intérêt général**) » (concl. sur CE, 8e et 9e ss-sect., 4 avr. 1997, n°183.658, *Jammet*, nous soulignons). N'y avait-il pas là, en germes, les motifs qui fonderont le renouvellement des jurisprudences constitutionnelles et européennes relativement au principe *non bis in idem,* et notamment le lien logique global ?

[1] Bien que les précédentes décisions tendaient à une similarité de la nature et de l'objet des sanctions pénales et fiscales, et not. CE, Sect., Avis, 31 mars 1995, n°164.008, *SARL Auto-Industrie Méric* ; CE, Sect., Avis, 5 avr. 1996, n°176.611, *Houdmond.* En ce sens, S. AUSTRY, « Cumul des sanctions fiscales et des sanctions pénales : requiem en trois temps pour la règle *non bis in idem* » : *RJF* 5/1997, chron., pp. 287 et 289.

[2] Pointant la rareté relative des poursuites pénales, voulue pour leur conférer un caractère exemplaire et ainsi viser « les fraudeurs les plus importants », F. LOLOUM relève aussi l'injustice qu'il y aurait à ce que « ceux-ci puissent bénéficier de la décharge des pénalités fiscales au seul motif que le juge pénal aura rendu sa décision (…) avant que la procédure devant le juge de l'impôt ne soit arrivée à son terme, alors surtout que les pénalités pour manœuvres frauduleuses ou pour absence de bonne foi sont bien souvent d'un montant supérieur aux amendes encourues au pénal. Le bon sens risquerait d'en être affecté, **et bien plus le principe d'égalité de tous devant les charges publiques** » (F. LOLOUM, concl. sur CE, 8e et 9e ss-sect., 4 avr. 1997, n°183.658, *Jammet*). Nous soulignons.

[3] La fraude fiscale est une « blessure faite au contrat social exigeant une contribution de chacun en fonction de ses capacités pour couvrir des charges communes » (G. BACHELIER, in « La détection des fraudes : table ronde sur l'articulation des incriminations pénales et des qualifications fiscales » : *DF* 2014, n°46, étude 624). Relevons par ailleurs que fraude fiscales et délits annexes n'ont pas pour seuls enjeux les sanctions, mais aussi elle donne des moyens d'investigations particuliers à l'Administration et aux enquêteurs (v. P. OUDENOT et A. LAUMONIER, « Les nouveaux moyens de l'administration fiscale pour lutter contre la fraude fiscale » : *DF* 2014, n°46, étude 618).

déclarations souscrites par les contribuables »[1], tandis que l'article 1741 permet « également de recouvrer la contribution commune » en raison de la solidarité des personnes condamnées au paiement des droits éludés et majorations afférentes, tout en conférant « une exemplarité et une portée dissuasive supplémentaire pour l'ensemble des personnes susceptibles de manquer frauduleusement à leurs obligations fiscales »[2]. Les articles 1729 et 1741 du CGI « permettent [donc] d'assurer **ensemble** la protection des intérêts financiers de l'État ainsi que l'égalité devant l'impôt, en poursuivant des **finalités communes**, à la fois dissuasive et répressive » et le Conseil en conclut que « le recouvrement de la nécessaire contribution publique et l'objectif de lutte contre la fraude fiscale **justifient** l'engagement de procédures complémentaires dans les cas de fraudes les plus graves »[3]. Ces finalités communes font écho à la définition des infractions autorisant l'application simultanée des sanctions fiscales et pénales[4].

715. Complémentarité des procédures, critères explicites devant les juridictions européennes. Ces juridictions sont en effet plus explicites, voire catégorique pour la Cour EDH[5] : si la Cour de justice énonce sobrement que les sanctions fiscales et pénales, visent, en vue de la réalisation de l'objectif tendant à garantir la perception de l'intégralité de la TVA due, « des buts complémentaires ayant pour objet, le cas échéant, des aspects différents du même comportement infractionnel »[6], la Cour européenne, partant du constat fait par l'avocat général près la Cour de justice de l'UE dans l'affaire *Fransson* (conclusions non suivies par la Cour de justice) que l'application cumulée de sanctions administrative et pénale pour la même infraction est très répandue dans les États membres de l'Union européenne, notamment en matières fiscale, environnementale ou de sécurité publique, affirme nettement que les États peuvent choisir les « réponses juridiques **complémentaires**

---

[1] Cons. const., 24 juin 2016, déc. n°2016-545 QPC, *M. Alec Wildenstein*, cons. 18 et déc. n°2016-546 QPC, *M. Jérôme Cahuzac*, cons. 18. V. également à propos de l'article 1728 du CGI : Cons. const., 23 nov. 2018, déc. n°2018-745 QPC, *M. Thomas et a.*, cons. 16.

[2] Cons. const., 24 juin 2016, déc. n°2016-545 QPC, *M. Alec Wildenstein*, cons. 19 et déc. n°2016-546 QPC, *M. Jérôme Cahuzac*, cons. 19 ; Cons. const., 23 nov. 2018, déc. n°2018-745 QPC, *M. Thomas et a.*, cons. 17.

[3] Cons. const. 24 juin 2016, déc. n°2016-545 QPC, *M. Alec Wildenstein*, cons. 20 et déc. n°2016-546 QPC, *M. Jérôme Cahuzac*, cons. 20 (nous soulignons). Contrairement au droit fiscal, la répression des délits financiers, par des sanctions administratives et pénales, poursuivent « une seule et même finalité de protection du bon fonctionnement et de l'intégrité des marchés financiers » et protègent « les mêmes intérêts sociaux » (Cons. const. 30 sept. 2016, déc. n°2016-572 QPC, *M. Gilles M. et autres*, cons. 10) et le Conseil relève également l'identité de définition et de qualification des manquements réprimés et l'identité de nature des sanctions (*ibid.*, cons. 9, 12 et 13), alors que cela n'apparaît pas dans les décisions relatives à la fraude fiscale. – V. également, Cons. const., 23 nov. 2018, déc. n°2018-745 QPC, *M. Thomas et a.*, cons. 18.

[4] Cons. const. 24 juin 2016, déc. n°2016-545 QPC, *M. Alec Wildenstein*, cons. 15 et 16, et déc. n°2016-546 QPC, *M. Jérôme Cahuzac*, cons. 15 et 16 : « Les insuffisances volontaires de déclaration d'éléments servant à la détermination de l'assiette de l'impôt et à sa liquidation sont réprimées par l'article 1729 et par les dispositions contestées de l'article 1741. (…) Par conséquent, une personne sanctionnée sur le fondement de l'article 1729 du code général des impôts est susceptible de faire également l'objet de poursuites pénales sur le fondement de l'article 1741 du même code ».

[5] Contrastant avec sa réserve, la Cour impose une rationalité axiologique.

[6] CJUE, gde ch., 20 mars 2018, aff. C-524/15, *Menci*, pt. 44.

face à certains comportements **socialement inacceptables** (…) au moyen de différentes procédures format un tout cohérent de manière à traiter sous ses **différents aspects** le problème social en question, pourvu que ces réponses juridiques combinées ne représentent pas une charge excessive pour la personne en cause[1] ». Toutefois, elle tempère cette affirmation en exigeant que cette complémentarité se vérifie *in concreto*[2], relativisant alors le critère objectif par une nécessaire contextualisation et individualisation de l'appréciation.

716. Évolution des jurisprudences administratives et judiciaires. Les évolutions jurisprudentielles européennes et constitutionnelles se sont propagées, telles une onde, devant les juridictions internes des deux ordres, la Cour de cassation modifiant sa motivation dès sa décision relative aux QPC du 24 juin 2016[3].

717. Si les juridictions s'accordent sur les finalités communes ou complémentaires des procédures, justifiant leur mise en œuvre de manière cumulée par exception au principe *non bis in idem*[4], ce lien prétorien doit se concrétiser dans le champ d'application de cette exception.

B. La circonscription du champ d'application

718. Plan. Concernant les autres critères matérialisant le lien logique, ils présentent des différences entre les juridictions et ne sont pas toujours d'une nette précision, mais tendent à la circonscription du champ d'application de cette exception

---

[1] CEDH, gde ch., 15 nov. 2016, n°24130/11 et n°29758/11, *A et B c./Norvège*, §121. Nous soulignons.
[2] *Ibid.* §133.
[3] Crim. 30 mars 2016, n°16-90.007, P+B+I, *A. Wildenstein et s.*, et n°16-90.005, P+B, *J. Cahuzac et a.*, et 19 mai 2016, n°15-84.526. Suite aux décisions QPC du 18 mars 2015 et 14 janvier 2016 rendues par le Conseil constitutionnel dans des matières non fiscales, la Cour de cassation a esquissé les éléments qui constitueront le lien logique, fondement légitimisant les doubles poursuites pénale et fiscale en présence d'une fraude fiscale, à la fois d'un point de vue matériel et finaliste. Eloignant le grief d'une méconnaissance du principe de proportionnalité *stricto sensu*, en raison de la règle posée par le Conseil constitutionnel, elle s'interroge sur la nécessité des doubles poursuites pénales et fiscales « au regard des critères actuellement dégagés par le Conseil constitutionnel ». Ainsi, sur le lien matériel, elle relève les points communs dans le champ d'application des dispositions contestées des articles 1729, a et c et 1741 du CGI : si les éléments matériels diffèrent, « **l'élément moral** est **semblable dans les deux cas** » de sorte « qu'on ne peut pas exclure que les dispositions contestées soient considérées comme susceptibles de réprimer, pour une part, les mêmes faits qualifiés de manière similaire, à savoir les insuffisances de déclarations des éléments d'impositions dans l'intention d'éluder, même partiellement, l'impôt » (nous soulignons). Dans un second temps, la chambre criminelle déduit de la place des dispositions en cause et de leur objectifs communs, que ces « répressions fiscale et pénale pourraient être admises comme protégeant les mêmes intérêts sociaux ». Cependant, elle semble introduire une certaine distinction dans l'objectif même des répressions : « les pénalités fiscales visent **notamment** à garantir le recouvrement de l'impôt, tandis que les sanctions pénales répriment l'atteinte à l'égalité qui doit exister entre les citoyens, à raison de leurs facultés, dans la contribution aux charges publiques », distinction propice à écarter les griefs tirés d'une méconnaissance d'un principe d'égalité. V. également, *infra* à propos du « changement de circonstances » : Partie II, Titre II, Chapitre II, Section 2.
[4] Pour la Cour EDH, ce n'est pas tant une exception au principe non bis in idem, qu'un cas de non-application de l'article 4 du protocole n°7 : « dès lors qu'il y a non pas une répétition des poursuites à proprement parler mais plutôt une combinaison des procédures (…) » (CEDH, gde ch., 15 nov. 2016, n°24130/11 et n°29758/11, *A et B c/ Norvège*, §134).

au principe *non bis in idem* : il s'agit, pour le Conseil constitutionnel de la définition de la notion de « fraudes les plus graves » (1) et, pour les juridictions européennes de la sécurité juridique (2).

719. Divers, les critères matériels sont, par leur caractère objectif, de nature à apporter une certaine prévisibilité aux contribuables, par la matérialisation réelle ou anticipée de leur réalisation. Toutefois, ils ne suffisent pas à garantir une proportionnalisation complète des doubles poursuites, pénale et fiscale, dans leur mise en œuvre[1].

1. Un triptyque constitutionnel : la définition des « fraudes les plus graves »

720. Triple critère de ciblage des fraudes fiscales « les plus graves ». Ainsi, pour le Conseil constitutionnel, la nécessité de la mise en œuvre combinée des poursuites pénales et fiscales doit être mesurée à l'aune de trois (autres) critères. Les fraudes fiscales les plus graves résultent ainsi « du montant des droits fraudés, de la nature des agissements de la personne poursuivie ou des circonstances de leur intervention[2] ». Ces critères factuels énoncés par le Conseil constitutionnel ne sont pas nouveaux[3] : ce sont effectivement ces considérations d'ordre fiscal, pénal et personnel qui motivaient la transmission d'un dossier à la Commission des infractions fiscales par l'administration fiscale[4]. Ils constitueront aussi des critères à l'aune desquels le juge pénal devra décider des poursuites pénales[5]. La gravité de l'infraction est alors la mesure de la légitimité de l'engagement de double poursuite.

721. Consécration de critères objectifs indéterminés. Le Conseil constitutionnel a érigé en critères de droit ces considérations pénales, fiscales et personnelles, leur appréciation résultant toujours cependant d'une appréciation *in*

---

[1] Cf. *infra*. Partie II.

[2] Cons. const. 24 juin 2016, déc. n°2016-545 QPC, *M. Alec Wildenstein*, cons. 21 et déc. n°2016-546 QPC, *M. Jérôme Cahuzac*, cons. 21 ; Cons. const., 23 nov. 2018, déc. n°2018-745 QPC, *M. Thomas et a.*, cons. 19.

[3] Conseil des prélèvements obligatoires, « La fraude aux prélèvements obligatoire et son contrôle », rapport, 1er mars 2007, p. 193 et s., cité notamment dans le Commentaire officiel des décisions du 24 juin 2016, déc. n°2016-545 QPC, *M. Alec Wildenstein* et déc. n°2016-546 QPC, *M. Jérôme Cahuzac*, p. 9-10. Ces critères de sélection des dossiers, indéterminés, marquaient la volonté de l'administration de privilégier la sanction pécuniaire fiscale, l'administration ne souhaitant réserver une suite pénale qu'aux « agissements particulièrement élaborées (…) ou qui s'accompagnent de manœuvres ou de procédés ayant pour objet de donner une apparence de régularité à des opérations frauduleuses, mais encore des agissements qui, pour banales qu'en aient été les modalités d'exécution, n'en sont pas moins efficaces et révélateurs de la volonté de leurs auteurs de ne pas se soumettre à l'établissement ou au paiement de l'impôt (…) » (Instr. 3 nov. 1981 ; Circ. (Justice-Budget), 30 oct. 1981 : BOI 13 N-3-81 ; *DF* 1982, n°1, instr. 7147).

[4] Dont « l'avis sur l'opportunité des poursuites n'a d'autre objet que de **limiter le pouvoir discrétionnaire du ministre compétent** » (CE, 10e ch., 10 mai 2017, n°408.132 ; Crim., 4 déc. 2014, n°14-82.526). Nous soulignons.

[5] Crim. 11 sept. 2019, n°18-81.067, 18-81.040 et 18-84.144. Sous réserve que ces critères soient validés par la Cour de justice, suite aux questions préjudicielles posées par la chambre criminelle (Crim. 21 oct. 2020, n°19-81.929).

concreto, par l'administration fiscale, sous le contrôle du juge de l'impôt[1]. Ainsi, s'il ne remet pas en cause la nécessité même de la lutte contre la fraude fiscale, dans tous ses aspects, le juge constitutionnel encadre prudemment la mise en œuvre de cette procédure afin qu'elle soit appropriée à la situation visée, et donc strictement nécessaire. Alors qu'il aurait appartenu au législateur, en application du principe de légalité des délits et des peines, d'épuiser sa compétence sur ce point, il se substitue exceptionnellement au législateur, car une décision déclarant l'inconstitutionnalité de l'application cumulée des articles 1729 et 1741 du CGI eut sans doute provoqué des conséquences pratiques, sociales et politiques[2] telles qu'il n'était envisageable que le Conseil se prononçât autrement.

722. Toutefois, par leur caractère imprécis et, appliqués de manière cumulée, ces critères ne permettent pas d'opérer un contrôle adéquat, de nature à garantir à la fois l'égalité des contribuables devant la loi et la proportionnalité des poursuites, et par suite, des pénalités. Les décisions du Conseil constitutionnel renvoient ainsi aux juges le soin de déterminer les contours de ces critères[3].

723. Égalité des contribuables devant la loi et les charges publiques, enjeux de l'objectivité des critères. En constitutionnalisant cependant les critères d'ores et déjà appliqués pour sélectionner les dossiers soumis à la Commission des infractions fiscales, sa démarche, audacieuse, demeure teintée de retenue[4], guidant les autorités dans l'application de la loi, et laissant au Parlement le soin de modifier les critères d'identification d'une infraction, conformément aux articles 8 de la Déclaration et 34 de la Constitution[5]. Elle a permis néanmoins de mettre en exergue les critères employés par l'administration de longue date[6], l'opacité et la discrétionnarité de leur mise en œuvre, l'impossibilité donc de s'assurer *a priori* ou *a posteriori*[7] du respect

---

[1] En ce sens, M. COLLET et P. COLLIN, « Le cumul des sanctions pénale et fiscale face aux exigences constitutionnelles et européennes. », *op. cit.*

[2] Et médiatiques.

[3] En ce sens, l'une des questions préjudicielles de la chambre criminelle portant sur la clarté et la prévisibilité des circonstances de nature à permettre des doubles poursuites : Crim. 21 oct. 2020, n°19-81.929, spé. pt 52 à 56. Comp. Crim. 6 mars 2019, n°18-90.035.

[4] En ce sens, notamment O. FOUQUET et B. HATOUX, « Cumul des sanctions fiscales et pénales possible pour les cas de fraudes les plus graves » note sous Cons. const. 24 juin 2016, déc. n°2016-545 QPC, *M. Alec Wildenstein* et°2016-546 QPC, *M. Jérôme Cahuzac* : *DF* 2017, n°20, comm. 313

[5] M. COLLET et P. COLLIN, *op. cit.*

[6] V. not. la circulaire conjointe des ministres du Budget et de la Justice n°13 N-3-81 du 30 oct. 1981 indiquant que « le choix des affaires susceptibles de donner lieu à l'engagement de poursuites correctionnelles s'effectue essentiellement en considération de la nature, de l'importance et de la gravité de la fraude, sans qu'il soit fait exception de la qualité sociale ou professionnelle de ses auteurs. Ceci n'exclut pas, bien entendu, qu'il soit tenu compte, le cas échéant, des circonstances humaines, notamment propres à chaque cas particulier ».

[7] L'intermédiation de la Commission des infractions fiscales, organisme administratif indépendant, n'y suffisant pas, nonobstant le fait que son avis « sur l'opportunité des poursuites n'a d'autre objet que de limiter le pouvoir discrétionnaire du ministre compétent » (CE, 10e ch., 10 mai 2017, n°408.132 ; Crim., 4 déc. 2014, n°14-82.526).

de l'égalité entre les contribuables[1], alimentant les fantasmes[2]. En revanche, sa position est plus affirmée et a brisé une jurisprudence de la Cour de cassation faisant obstacle à une certaine coordination des procédures[3], et objectivisant ainsi cette dernière[4]. La démarche diffère donc des sanctions fiscales proportionnelles, le cumul des sanctions étant apprécié au regard de l'adaptation[5].

724. Consécration législative : automatisme, sécurité juridique et égalité devant la loi. Alors que la faculté de l'administration fiscale d'engager cumulativement les procédures pénales et fiscales, en vertu de l'article L 228 du LPF, pouvait, selon certains auteurs, constituer une source d'inconventionnalité[6], la fragilité du dispositif français et plus encore la pression de l'opinion a conduit à une légalisation de certains critères, objectifs et alternatifs par la loi du 23 octobre 2018[7], amenuisant le « verrou de Bercy » par une automatisation de la transmission au ministère public de certains dossiers, mais non la poursuite elle-même, le procureur restant juge de l'opportunité des poursuites[8], et les critères de gravité de la fraude

---

[1] « [D]ans un objectif de récupération des deniers publics, l'administration donne la priorité aux sanctions de nature administratives (…), que celle-ci peut modérer ou encore utiliser comme levier pour transiger avec les contribuables et ainsi assurer le retour dans les caisses de l'État de sommes importantes contre la garantie donnée à ces derniers que des poursuites judicaires ne seront pas engagées. Si l'on ajoute à ce constat la subjectivité et le flou juridique entourant les critères de sélection des dossiers (…), cette phase décisive de la procédure et le secret qui l'entoure porte clairement la marque d'une entorse au principe d'égalité des citoyens devant la loi » (S.-M. CABON, « Le particularisme du déclenchement des poursuites pénales : le maintien du "verrou de Bercy" » : *DF* 2014, n°46, étude 620, spé. n°11).

[2] « (…) il n'est pas possible avec certitude de retenir des critères objectifs et rationnels qui, mis en œuvre systématiquement par le ministre, conduisent le contribuable devant la Commission des infractions fiscales. Le secret dont s'entoure l'administration, dans cette phase décisive de la procédure, ne peut être que de nature à alimenter les fantasmes les plus extravagants » (T. LAMBERT, « La place des sanctions pénales dans le dispositif général de lutte contre la fraude fiscale » : *LPA* 30 avr. 1999, n°86, p. 4 et s.).

[3] Supprimant l'appréciation souveraine quant à la poursuite de la procédure pénale en une telle hypothèse. - V. toutefois, Crim. 28 juin 2017, n°16-81.149, P+B.

[4] Cons. const. 24 juin 2016, déc. n°2016-545 QPC, *M. Alec Wildenstein*, cons. 13 et déc. n°2016-546 QPC, *M. Jérôme Cahuzac*, cons. 13. G. BACHELIER s'interrogeait ainsi : « Comment expliquer rationnellement à un contribuable, poursuivi pour fraude fiscale, qui a obtenu la décharge totale de l'impôt (…) pour un motif de fond, ce qui signifie que l'impôt n'est pas légalement dû, qu'il puisse néanmoins être ultérieurement condamné pénalement pour une telle fraude (…) ? » (*in* « La détection des fraudes : table ronde sur l'articulation des incriminations pénales et des qualifications fiscales » : *DF* 2014, n°46, étude 624).

[5] Cf. *supra*.

[6] En ce sens, N. GUILLAND, « Cumul de sanctions de la fraude fiscale : pas de requiem pour *non bis in idem* », note sous CJUE, gde ch., 20 mars 2018, aff. C-524/15, *Menci* : *DF* 2018, n°21, comm. 285.

[7] L. n°2018-898, 23 oct. 2018, *Loi relative à la lutte contre la fraude* : JO 24 oct. 2018, texte n°1.

[8] En sus de cet élément, la Commission des infractions fiscales, si elle ne protège pas le contribuable de l'action antérieure des services fiscaux, pouvait et peut encore empêcher l'action publique, en freinant l'administration, bien qu'en pratique elle n'a pas eu un effet « de goulet d'étranglement » (F. DEBOISSY et S. DETRAZ, « Droit pénal et droit fiscal », *in Droit pénal et autres branches du droit. Regards croisés*, *op. cit.*, p. 239). – V. également. L. AYRAULT et M. SIERACZEK, « La commission des infractions fiscales : analyse critique après trente ans d'existence », *in Écrits de fiscalité des entreprises. Études à la mémoire du Professeur Maurice Cozian*, M. CHADEFAUX, F.

dégagés par le Conseil constitutionnel serviront de curseur. Cet automatisme apporte une prévisibilité accrue, vérifiable objectivement et de nature à assurer l'égalité devant la loi de manière plus transparente, par le recours à des seuils chiffrés[1], et en certains cas, selon les obligations de transparence auxquelles sont astreintes les contribuables en cause Il s'ensuit un champ d'application plus précis des « fraudes les plus graves »[2], de nature à circonscrire la mise en mouvement de l'action publique parallèlement à la procédure fiscale, ces critères sont plus stricts que ceux résultant des décisions du Conseil constitutionnel, mais aussi, par leur automatisme, plus sévères. Pour autant, sans remettre en cause l'opportunité de l'instauration de ces critères, ces derniers ont été considérés comme objectifs et rationnels, en lien avec le but poursuivi par le législateur, à savoir la transmission automatique des faits de fraude fiscale les plus graves[3].

725.Transition. Les juges européens adoptent une démarche différente, centrée sur la mise en œuvre des procédures et non sur la définition des infractions en cause, même si ces dernières ne sont pas étrangères à l'exception au principe non bis in idem.

2. Une dualité européenne : entre coordination matérielle entre les procédures et sécurité juridique

726.Convergence dans les critères matériels européens. Les juridictions européennes, quant à elles, insistent plus particulièrement sur la prévisibilité de l'engagement de ces doubles poursuites et une certaine coordination matérielle entre les procédures indépendantes.

727.Prévision et précision des normes fiscales répressives. Ainsi, la Cour de justice insiste sur le fait que la réglementation nationale doit « tout d'abord, prévoir des **règles** précises et claires, permettant au justiciable de prévoir quels actes et omissions sont susceptibles de faire l'objet d'un tel cumul de poursuites et de sanctions »[4]. De même, mais dans une moindre mesure, la Cour européenne requiert que « les éventuelles conséquences découlant d'une telle organisation du traitement

---

DEBOISSY et C. DE LA MARDIÈRE (dir), éd. Litec, 2009, p. 690. *Comp.* S. DETRAZ, note sous Cons. const., 22 juil. 2016, déc. n°2016-556 QPC : *RSC* 2016, p. 529.

[1] D'autres considérations tenant à la nature des agissements et les circonstances de leur intervention sont également prévues.

[2] L. n°2018-898, 23 oct. 2018, *Loi relative à la lutte contre la fraude.*

[3] Cons. const., 27 sept. 2019, n°2019-804 QPC, *AFEP* : *DF* 2019, n°46, étude 436

[4] CJUE, gde ch., 20 mars 2018, aff. C-524/15, *Menci*, pt. 49. Et plus largement, l'article 49 de la Charte des droits fondamentaux de l'Union européenne consacre les principes de légalité ainsi que de proportionnalité des délits et des peines. Or la Cour de justice a eu l'occasion d'affirmer que selon ces principes, « notamment, nul ne peut être condamné pour une action ou une omission qui, au moment où elle a été commise, ne constituait pas une infraction d'après le droit national ou le droit international » (CJUE, 8 déc. 2015, aff. C-105/14, *Taricco et a.*, pt. 54). Relevons l'existence de la Convention relative à la protection des intérêts financiers des Communautés européennes du 26 juil. 1995 (JOUE C 316, p. 4), dont l'article 1er définit la notion de fraude fiscale comme « tout acte ou omission intentionnel relatif à l'utilisation ou à la présentation de déclarations ou de documents faux, inexacts ou incomplets, ayant pour effet la diminution illégale de ressources du budget général des Communautés européennes ou des budgets gérés par les Communautés européennes ou pour leur compte », et sur lequel la Cour de justice s'est fondée dans sa décision *Taricco* (*ibid.*, pts 40 à 42).

juridique du comportement en question doivent être proportionnées et **prévisibles** pour le [contribuable] »[1], cette prévisibilité devant se vérifier « **aussi bien en droit qu'en pratique** »[2]. La sécurité juridique matérielle constitue donc un critère d'adaptation, et donc de proportionnalité[3]. La question est alors de savoir si la définition de la gravité selon le Conseil constitutionnel, précisée par la loi du 23 octobre 2018[4], répond à cette exigence de prévisibilité juridique : en effet, si le législateur a imposé la transmission de certains dossiers en application de critères objectifs, l'administration conserve la possibilité de saisir la Commission des infractions fiscales concernant d'autres contribuables[5]. Or, le juge constitutionnel ayant consacré sans les définir les critères de la gravité suffisante à l'engagement cumulé de poursuites pénales et fiscales, le contribuable se trouve dans une incertitude relative similaire, bien qu'il puisse, en raison de cette jurisprudence, contester la constitutionnalité de ces poursuites, forçant alors l'Administration à motiver sa décision.

728. Coordination matérielle des procédures pénales et administratives. Cette coordination résulte des règles de preuves pour la Cour EDH, mais rejoint, devant la Cour de justice, la jurisprudence constitutionnelle française.

729. Coordination matérielle devant la Cour de justice. Employant l'expression d'une « charge supplémentaire », la Cour considère que la « stricte nécessité » « implique l'existence de règles assurant une coordination visant à réduire au strict nécessaire la charge supplémentaire que comporte un tel cumul pour les personnes concernées »[6] ; mais cette coordination semble établie par le fait que la réglementation italienne « semble limiter les poursuites pénales aux infractions présentant une **certaine gravité**, à savoir celles portant sur un montant de TVA impayée supérieur à 50 000 €, pour lesquelles le législateur national a prévu une peine d'emprisonnement, **dont la sévérité paraît justifier la nécessité** d'engager, aux fins d'imposer une telle peine, une procédure de poursuites indépendantes de la procédure administrative de nature pénale[7] ». Si donc, les critères français de délimitation des fraudes « les plus graves » sont prétoriens et légaux désormais, ceux validés par la Cour de justice sont d'origine légale.

730. Si la Cour de justice rouvrit la brèche de la subjectivité en autorisant une nouvelle procédure si les premières sanctions ne présentaient pas un degré suffisant d'efficacité, de proportionnalité et de dissuasion[8], sa décision du 20 mars 2018

---

[1] CEDH, gde ch., 15 nov. 2016, n°24130/11 et n°29758/11, *A et B c/Norvège*, §130.

[2] *Ibid*, §131 (nous soulignons). – V. déjà, à propos des sanctions pénales : CEDH, 26 fév. 2009, n°28336/02, *Grifthorst c/ France*, §103.

[3] Elle participe donc à la proportionnalité de l'exception du principe *non bis in idem*. Cf. *infra*, Partie III.

[4] L. n°2018-898, 23 oct. 2018, *Loi relative à la lutte contre la fraude*.

[5] En ce sens, S.-M. CABON : « Comment estimer la nécessité d'une sanction pour des faits dont la qualification juridique est identique – le délit de fraude fiscale – mais dont le sort est différencié par la décision d'un organe non juridictionnel, qui plus est à la disposition de Bercy ? » (*in* « Le particularisme du déclenchement des poursuites pénales », *op. cit.* n°13).

[6] CJUE, gde ch., 20 mars 2018, aff. C-524/15, *Menci*, pt. 53.

[7] *Ibid.*, pt. 54, nous soulignons.

[8] CJUE, gde ch., 26 fév. 2013, aff. C-617/10, *Aklagaren c/ Hans Akerberg Fransson*, pts 34 et 36.

remplace le critère de la proportionnalité par d'autres, renversant le paradigme : le cumul des poursuites pénales et fiscales est désormais autorisé, sous certaines conditions, même lorsque la poursuite pénale est engagée une fois la procédure fiscale close[1].

731. Coordination matérielle de la Cour EDH. La complémentarité des buts se déduit d'une certaine complémentarité ou connexité des preuves et des faits puisque les procédures doivent être « conduites d'une manière qui évite autant que possible toute répétition dans le recueil et dans l'appréciation des éléments de **preuves**, notamment grâce à une interaction adéquate entre les diverses autorités compétentes, faisant apparaître que **l'établissement des faits** effectué dans l'une des procédures a été reprise dans l'autre »[2]. Cependant, une certaine récurrence est permise[3], sans pouvoir la quantifier objectivement. Par ailleurs, la Cour EDH exclut l'engagement d'une nouvelle procédure si une première procédure a été close définitivement[4], sans que le contribuable ne puisse obtenir une rectification de ces premières sanctions[5] : ce critère factuel présente alors une objectivité certaine.

732. D'une certaine manière, Cour EDH et Conseil constitutionnel se rapprochent donc, chacun exigeant une coïncidence des faits retenus, soit dans l'établissement des faits, soit dans l'obstacle mis à l'infliction des pénalités pénales en présence d'une décision juridictionnelle prononçant, pour un motif de fond, une décharge de l'impôt, mais non des pénalités. Toutefois, aucune n'est véritablement complète puisque la question de la qualification du comportement ne joue pas un rôle dans le lien matériel. D'une part, les pénalités ne se confondent pas avec l'impôt : or, l'impôt peut fort bien être maintenu, et les pénalités fiscales rejetées, le juge de l'impôt estimant non établi les manquements reprochés. D'autre part, l'établissement des faits ne se confond pas nécessairement avec la qualification des faits, ainsi qu'en atteste le principe de l'autorité relative de la chose jugée au pénal sur le droit fiscal[6]. Les critères d'adaptation retenus ne sont donc pas d'une grande rigidité, posant une stricte coïncidence entre les procédures : ils marquent au contraire la complémentarité des buts et une certaine souplesse.

733. Indulgence de la Cour européenne face à la lutte contre la fraude fiscale. En excluant les majorations d'impôt du « noyau dur du droit pénal »[7], la Cour autorise assez largement l'exception au principe *non bis in idem* en matière fiscale : « [d]es procédures mixtes satisferont plus vraisemblablement aux critères de complémentarité et de cohérence si les sanctions imposables dans la procédure non formellement qualifiée de "pénale" sont spécifiques au comportement en question et ne font donc pas partie du "noyau dur du droit pénal" (...). [I]l y a **moins de chances**

---

[1] CJUE, gde ch., 20 mars 2018, aff. C-524/15, *Menci.*

[2] CEDH, gde ch., 15 nov. 2016, n°24130/11 et n°29758/11, *A et B c./Norvège*, §132, nous soulignons.

[3] Cette répétition doit être évitée « *autant que possible* » (*Ibid.*).

[4] CEDH, gde ch., 10 fév. 2009, n°14939/03, *Zolotoukhine c/ Russie*, §83 ; CEDH, 27 nov. 20/14, n°7356/10, *Lucky Dev. c/ Suède*, §52 à 55.

[5] CEDH, 20 mai 2014, n°758/11, *Hakka c/ Finlande*, §52.

[6] Et les décisions de renvoi de la Cour de cassation : Crim. 30 mars 2016, n°16-90.007, P+B+I, A. *Wildenstein et s.*, et n°16-90.005, *P+B, J. Cahuzac et a* ; Crim., 19 mai 2016, n°15-84.526, *préc.*

[7] CEDH, gde ch., 23 nov. 2006, n°73053/01, *Jussila c/ Finlande*, §43.

qu'elle fasse peser une charge disproportionnée sur l'accusé »[1]. Il n'y a donc aucune permission absolue.

Conclusion de la Section 2.

734. Diversités des rationalités. A la rationalité instrumentale appréhendable des sanctions proportionnelles, dictant par un mouvement descendant, l'adaptation intrinsèque, s'oppose le dynamisme ascendant des sanctions non-proportionnelles, l'adaptation modératrice enserrant lesdits sanctions dans une rationalité dont les limites sont indéterminées. Quant aux poursuites pénales et fiscales en matière de fraude fiscale, le contrôle de proportionnalité met particulièrement en évidence la rationalisation des normes fiscales répressives par l'effet structurant du contrôle juridictionnel de proportionnalité, à travers la création ou la découverte d'un lien logique commun et transcendant, apte à donner la rationalité à ces doubles poursuites, tout en renouvelant l'approche des autres infractions susceptibles d'une telle répression[2]. Elles ont été l'occasion d'une rationalisation de leur mise en œuvre, les juges leur découvrant à la fois une rationalité propre et transcendante des procédures, envisagées par les sanctions y afférentes, et cherchant dans le même temps à circonscrire l'application de cette norme « prétorienne ». Il en résulte à chaque fois une structuration plus ou moins forte de ou des normes répressives, isolément ou prise ensemble. À ce titre, le contrôle des rationalités n'épuise toutefois pas le sujet de la structuration.

735. Le prolongement de la structuration des pénalités fiscales et pénales : l'égalité, réminiscence du principe *non bis in idem*, un vain espoir ?. La portée limitée, relativement à la rationalité, des articles 8 de la Déclaration de 1789[3] et 6 de la Convention européenne des droits de l'homme[4] n'ont pas découragé les contribuables, qui ont ainsi reporté leurs espoirs sur les principes d'égalité. Toutefois,

---

[1] CEDH, gde ch., 15 nov. 2016, n°24130/11 et n°29758/11, *A et B c./Norvège*, §133, nous soulignons.

[2] Sur le terrain constitutionnel, le Conseil constitutionnel ayant limité, sur le fondement des principes de nécessité et de proportionnalité, l'application cumulée des articles 1728 et 1741 du CGI aux fraudes les plus graves, cette réserve d'interprétation est circonscrite aux seules dissimulations volontaires d'une partie des sommes sujettes à l'impôt (Crim., 22 fév. 2017, n°16-82.047, P+B, *Lagou*) : une extension aux omissions déclaratives et autres cas mentionnés à l'article 1741, au fur et à mesure des QPC posées sur le même fondement (et non sur le principe de légalité des délits et des peines : CE, 8e ch., 12 juil. 2017, n°410.740, *M. Benmussa*), s'opère, les juges de l'impôt se gardant de toute audace, par un raisonnement *a pari*, et laissant au Conseil le soin d'étendre de lui-même sa jurisprudence, aussi évidente soit la solution (par ex., Crim. 12 sept. 2018, n°18-81.067 ; Cons. const., 23 nov. 2018, déc. n°2018-745 QPC, *M. Thomas et a.*). *Comp.* en dehors des pénalités fiscales : CE, 9e et 10e ch., 9 mai 2017, n°407.999, *M. Herzi* ; CE, 8e et 3e ch., 24 mai 2017, n°408.725, *Lacquemant* ; Cons. const., 7 juil. 2017, déc. n°2017-643/650 QPC, *Herzi et Lacquemant*, cons. 12.

[3] Cf. *supra*.

[4] Les sanctions de nature pénale peuvent générer entre elles des différences de traitement, relevant de la qualification des discriminations à défaut de justification objective et raisonnable. En effet, l'article 14 de la Convention, combiné à l'article 6, permet d'écarter une pénalité fiscale, la disproportion étant la conséquence d'une absence de rationalité. Par exemple, CAA Versailles, 6e ch., 9 fév. 2017, n°15VE01869 et 16VE01215, F.

cet argument est une porte étroite, loin du « déferlement de QPC »[1] annoncé et il sera bien difficile de franchir : si le principe non bis in idem ne saurait faire obstacle « à ce que les mêmes faits commis par une même personne puissent faire l'objet de poursuites différentes aux fins de sanctions de nature administrative ou pénale en application de corps de règles distincts »[2], ces mêmes faits peuvent donner lieu à des sanctions administrative et pénale différentes sans que le principe d'égalité devant la loi pénale ne s'y oppose[3], « **l'objet même** de la répression administrative [étant] d'instituer des sanctions d'une nature différente de celles prévues par la répression pénale »[4].

736. Renouant alors avec les arguments ayant justifiées les réticences initiales du juge quant à l'applicabilité du principe *non bis in idem* aux procédures pénales et fiscales en matière de fraude fiscale[5], cette confrontation au principe d'égalité conduit le juge de cassation à vérifier que *l'objet général* des sanctions administratives présente un lien logique avec la différence de sanctions pénales et fiscales réprimant une infraction en particulier, dans un but d'intérêt général de protection des intérêts financiers de l'État[6] : le raisonnement ne se situe plus sur la qualification des

---

[1] J.-H. ROBERT, « Alignement par le bas », note sur Cons. const. 28 juin 2013, déc. n°2013-328 QPC, *Assoc. Emmaüs Forbach* : *Dr. pénal* 213, comm. 141 ; *JD* 2013-014.412.

[2] Cons. const. 24 juin 2016, déc. n°2016-545 QPC, *M. Alec Wildenstein* et°2016-546 QPC, *M. Jérôme Cahuzac*.

[3] Les différences existant dans les pénalités instaurées pour une même infraction seront contraires à la Constitution, d'une part, qu'à défaut d'une « différence de situation en rapport direct avec l'objet de la loi [pénale] » et, d'autre part, si elles ne concernent que des « dispositions législatives instituant des sanctions pénales prononcées par les juridictions répressives de l'ordre judiciaire » (CE, 10e ch., 24 mai 2017, n°408.484). Dès lors que la majoration de 100 % des droits rappelés en cas d'opposition à contrôle fiscal, prévue par l'article 1732, ne constitue pas une telle sanction pénale, elle ne peut être utilement contestée la conformité au principe d'égalité devant la loi pénale du cumul de cette majoration avec l'amende pénale de 25 000 € prévue à l'article 1746, 1, du CGI. – V. également, Cons. const. 28 juin 2013, déc. n°2013-328 QPC, *Assoc. Emmaüs Forbach*.

[4] CE, 8e ch., 13 avr. 2018, n°418.411, cons. 3 ; CE, 9e et 10e ch., 5 oct. 2016, n°401.229, *M. Bernard*. En prenant position sur l'exclusion de la sanction administrative de l'article 1732 de la catégorie des sanctions pénales, le Conseil d'État ne nous semble pas se fonder sur l'argument le plus idoine, voire se contredit (*Comp.* CE, 9e et 10e ch., 18 mai 2016, n°397.826), également au regard du principe d'égalité devant la loi (Cons. const., 16 sept. 2016, déc. n°2016-564 QPC. En ce sens également, S. DETRAZ, obs. sous CE, 10e ch., 24 mai 2017, n°408.484 : *JCP G* 2017, doctr. 1173, n°14). Plus convaincante donc est l'affirmation selon laquelle « l'objet même de la répression administrative est d'instituer des sanctions d'une nature différente de celles prévues par la répression pénale », même si elle n'est pas dénuée d'un caractère opératoire très opportun. *Comp.* Crim., 30 mai 2018, n°17-86.290, P+B : le principe d'égalité devant la loi, lequel « n'interdit pas au législateur de prévoir des règles différentes selon les faits, les situations et les personnes auxquels elles s'appliquent, à la condition que ces différences ne procèdent pas de discrimination injustifiées et que soient assurées aux justiciables des garanties égales » ; or « la différence tenant aux critères d'individualisation des amendes douanières [article 389 du code des douanes] et de droit commun [article 1800 du CGI] [sont] **justifiées par la spécificité des règles du droit douanier dont la violation est pénalement sanctionnée** et **la différence de nature** existant entre les amendes douanières et de droit commun » (nous soulignons.– V. également, Crim. 18 juil. 2017, n°15-86.153).

[5] Cf. *supra*.

[6] CE, 8e ch., 13 avr. 2018, n°418.411, cons. 3.

sanctions, mais sur la proportionnalité dans la différence des sanctions[1], celle-ci étant ici toute entière contenue dans le lien logique direct[2]. Ce dernier est envisagé par un raisonnement tautologique[3] et quelque peu « surprenant »[4], au regard de l'assimilation partielle des pénalités fiscales à des sanctions « ayant un caractère de punition » ou d' « accusation en matière pénale »[5].

737. Le lien logique global, réminiscence du principe *non bis in idem*. Le lien logique est ainsi appréhendé de manière abstraite de sorte que l'application différenciée des sanctions administratives et pénales réprimant des faits semblables se trouve *globalement* validée au regard de l'article 6 de la Déclaration de 1789, dans une motivation différant toutefois de celle reposant sur l'article 8[6]. Une certaine réminiscence des règles guidant l'application du principe *non bis in idem* n'est pas exclue, l'identité d'objectif immédiat et global de la répression administrative se cumulant à une complémentarité implicite des procédures distinctes « **dans le but** d'assurer la protection des intérêts financiers de l'État »[7], signant alors la spécificité fiscale de la répression. *In fine*, l'argument de l'inégalité devant la loi a permis aux juges de conforter, consolider la proportionnalité des pénalités fiscales et pénales, à l'aune de leur rationalité appréhendée à partir d'un objectif d'intérêt général lointain et commun, et affermissant ainsi l'échelle globale des sanctions[8].

---

[1] *Comp.* Cons. const., 28 juin 2013, déc. n°2013-328 QPC, *Assoc. Emmaüs Forbach ;* Cons. const., 13 mars 2014, déc. n°2014-690 DC, *Loi sur la consommation*, cons. 70 à 76.

[2] En ce qu'il est logique et donc adapté de sanctionner ainsi certains faits.

[3] Mais sans relever l'identité des faits d'opposition à contrôle fiscal, alors que cela était soulevé par le requérant. *Comp.* CE, 3e et 8e ch., 22 déc. 2017, n°409.358, *Époux F* (décision de renvoi d'une QPC portant sur la rupture d'égalité dans la répression par le CGI et le Code monétaire et financiers de la non-déclaration des comptes ouverts à l'étranger) et Cons. const., 16 fév. 2018, déc. n°2017-692 QPC, *Époux Fischer*.

[4] S. DETRAZ, obs. sous CE, 10e ch., 24 mai 2017, n°408.484, *op. cit.* Les juges administratif et constitutionnel refusent ainsi d'étendre à la coexistence d'une infraction pénale et d'une infraction administrative la jurisprudence sanctionnant la méconnaissance du principe d'égalité (not. Cons. const., 28 juin 2013, déc. n°2013-328 QPC, *Assoc. Emmaüs Forbach ;* Cons. const., 13 mars 2014, déc. n°2014-690 DC, cons. 70 à 76) si des peines ou procédures sensiblement différentes, mais de même nature, répriment les mêmes faits car « l'individu est alors soumis à l'arbitraire du ministère public dans sa décision de recourir à telle qualification plutôt que telle autre (ce qui, au demeurant, est inexact) » (S. DETRAZ, *op. cit.*)

[5] On retrouve alors la distinction entre les peines et les sanctions fiscales « ayant le caractère de punition », lesquelles n'intègrent pas le « noyau dur » du droit pénal et autorisent ainsi une plus grande marge de manœuvre du législateur dans la répression.

[6] CE, 9e et 10e ch., 18 mai 2016, n°397.826, bien qu'en l'espèce, si le juge a relevé le caractère nouveau et sérieux du grief tiré de l'atteinte au principe d'égalité, le Conseil constitutionnel a déclaré non-conforme à la Constitution l'une des sanctions soumises à son examen en relevant d'office sa disproportionnalité (Cons. const. 22 juil. 2016, déc. n°2016-554 QPC, *M. Gilbert B*) reportant ainsi l'inéluctable moment où il devra se prononcer sur cet argument (Cons. const., 16 fév. 2018, déc. n°2017-692 QPC, *Époux Fischer*).

[7] CE, 8e ch., 13 avr. 2018, n°418.411, cons. 3 (à propos de l'opposition à contrôle fiscal). Nous soulignons

[8] Sur l'article 13 de la Déclaration de 1789 et l'article 1er du premier protocole additionnel, critères d'adaptation et vecteur de proportionnalité : cf. *infra*. Partie II, Titre I, Chapitre III.

Section 3. La structuration dans l'application de la norme répressive fiscale et pénale

738. Plan. Si eu égard au principe de légalité des délits et des peines[1], la structuration de la norme répressive dans son application est peu marquée par l'effort d'interprétation du juge de cassation, elle s'observe néanmoins par le contrôle de cassation relative au champ d'application par l'attention portée sur la qualification des manquements constatés (I) et l'obstacle mis à certains détournements, potentiellement néfastes quant à la préservation du lien logique (II).

I. La qualification des manquements constatés : entre structuration comportementale des contribuables et modération de l'action administrative

739. Plan. Prolongeant le lien logique dans l'application de la norme répressive fiscale, le juge de l'impôt, et parfois les juridictions supérieures, tendent à encadrer leur application par le contrôle de la qualification des manquements, délimitant ainsi le champ d'application de ces normes. La structuration de l'action administrative est donc comprise dans la loi, tandis que la structuration comportementale des contribuables constitue le point névralgique des pénalités : les critères d'identification de l'infraction doivent ainsi établir la rationalité du contribuable agissant dans un sens volontairement contraire à la loi fiscale (A), cette volonté étant présumée s'agissant des infractions objectives (B)[2].

A. La caractérisation de l'élément intentionnel par la rationalité agissante du contribuable

740. La recherche d'objectivité dans la caractérisation de l'intention du contribuable. Concernant les sanctions intentionnelles, l'administration, sous le contrôle du juge recouvre une certaine marge de manœuvre dans l'appréciation de l'élément intentionnel,[3] et réciproquement, une ligne de défense pour le contribuable[4].

741. Ainsi, s'agissant du manquement délibéré (anciennement l'absence de bonne foi[5]) si certains critères de qualification, tant quantitatifs que qualitatifs, se dégagent

---

[1] Cf. *supra*.

[2] Si elle n'est pas prépondérante, toute adaptation intrinsèque n'est donc pas exclue : elle résulte principalement du pouvoir de contrôle du juge de l'impôt dans la correcte qualification des faits réprimés par la loi fiscale l'impôt, et donc dans la matérialisation conforme à un lien logique présumé entre l'infraction et la sanction.

[3] Cette appréciation s'opère en se plaçant au moment du manquement, à savoir la déclaration ou la présentation de l'acte comportant l'indication des éléments à retenir pour l'assiette ou la liquidation de l'impôt (CE, 8e et 3e ss-sect., 27 juin 2012, n°342.991, *min. c/ M. Desprez*).

[4] *Comp.* l'évolution quant à l'appréciation de l'élément intentionnel dans la procédure de répression de l'abus de droit : cf. *supra*, Chapitre II, Section 2.

[5] Sur cette notion, v. notamment, E. KORNPROBST, *La notion de bonne foi – Application au droit fiscal français*, éd. LGDJ, « Bibl. Droit privé », t. n°165, 1980, p. 143 et s.

des multiples décisions du juge de l'impôt[1], ils peuvent seuls, à raison de leur gravité, ou cumulés, caractériser le caractère délibéré du manquement, c'est-à-dire une volonté rationnelle d'éluder les obligations fiscales. Leur appréciation par l'administration et les juges du fond retire au juge de cassation un certain pouvoir de contrôle, là où il le conserve dans la définition des mêmes critères.

742. Néanmoins, certains critères semblent conduire à une quasi-irréfragable présomption d'intentionnalité, en particulier s'agissant des professionnels du droit[2] et du chiffre[3], sans distinction aucune sur les spécialisations de ces professionnels, bien que l'importance des sommes non déclarées ou les qualités d'actionnaires, par exemple, ne semblent pas tout à fait étrangers à la caractérisation d'une intention délibérée, corroborant la présomption d'intentionnalité plus qu'ils n'établissent cette volonté[4]. Par ailleurs, on observe certaines tendances, les apparentes contradictions pouvant être la conséquence du pouvoir souverain d'appréciation des juges du fond

---

[1] Tels l'importance quantitative des omissions (CE, 8e et 9e ss-sect., 3 nov. 1989, n°56.500 et 56.501, *M. Claude Biancale* ;CE, 9e et 10e ss-sect., 20 nov. 2002, n°221.440, *SARL New Sports* ; CE, 9e et 10e ss-sect., 30 déc. 2002, n°189.572, *Boniface ;* CE, 8e et 3e ss-sect., 25 avr. 2003, n°234.812, *Sté Impremanus* ; CE, 9e et 10e ss-sect., 16 juil. 2014, n°358.415, *Sellem*), l'absence ou le caractère insuffisant, erroné ou faux des informations déclarées (par ex., CE, 8e et 9e ss-sect., 8 janv. 1997, n°139.711, *Fattell ;* CE, 8e et 3e ss-sect., 1er juin 2005, n°256.296, *Sté informatique de gestion financière ;* CE,8e et 3e ss-sect., 30 déc. 2011, n°332.088, *Le Goff* ; CE, 9e et 10e ss-sect., 16 juil. 2014, n°358.415, *Sellem*), la répétition des manquements (par ex., CE, 8e et 9e ss-sect., 29 oct. 1997, n°141.390, *Voivret* ; CE, 8e et 9e ss-sect., 29 janv. 1992, n°98.849, *Contamin ;* CE, 9e et 10e ss-sect., 20 nov. 2002, n°221.440, *SARL New Sports ;* CE, 8e et 3e ss-sect., 25 avr. 2003, n°234.812, *Sté Impremanus ;* CE, 9e et 10e ss-sect., 7 nov. 2012, n°339.441, *M. et Mme Roumiantsev*). La répétition inclut la « récidive » (CE, 8e et 3e ss-sect., 6 juin 2008, n°285.629, *SA Gustave Muller*), sous réserve qu'il n'y ait plus de doute quant à l'application de la loi fiscale (CE, 8e et 3e ss-sect., 3 juil. 2009, n°293.154, *Nachim*), le degré du caractère défectueux de la comptabilité (par ex., CE, 8e et 9e ss-sect., 10 déc. 1999, n°180.691, *SARL Boulangerie auvergnate* ; CE, 8e et 3e ss-sect., 25 avr. 2003, n°234.812, *Sté Impremanus ;* CE, Sect., 22 avr. 2005, n° 257.254, *Sté Limelight Boys)*, les fonctions exercées par le contribuable au sein d'une société (CE, 8e et 9e ss-sect., 11 fév. 1998, n°178.841, SA *Etudes et recherches mécaniques* ; CE, 8e et 3e ss-sect., 29 nov. 2002, n°228.367, *Mikutajcis ;* CE, 10e et 9e ss-sect., 14 nov. 2005, n°254.313, *Lemoine* ; CE, 9e et 10e ss-sect., 16 juil. 2014, n°358.415, *Sellem*), sa qualité d'associé (CE, 8e et 3e ss-sect., 26 sept. 2012, n°346.556, *M. et Mme Tedesco*) ou les corrélations fiscales entre le contribuable, associé ou dirigeant, et la société (CE, 8e et 9e ss-sect., 19 oct. 1988, n°67.683: *RJF* 12/1988, n°765 ; CE, 9e et 10e ch., 22 fév. 2017, no 387.661 *Sté Altran Technologies*), sa profession (juridique : CE, 7e et 8e ss-sect., 24 nov. 1976, n°94.105 ; CE, 9e et 10e ss-sect., 27 juil. 2001, n°211.313, *Sté Meuble Georges* ; CE, 8e et 3e ss-sect., 8 fév. 2012, n°336.125, *Beladina* ; CE, 9e et 10e ss-sect., 7 nov. 2012, n°338.465, *Carreau ;* CE, 8e et 3e ch., 24 fév. 2017, n°390.467, *Melison*), ou le caractère international (CE, 9e et 10e ss-sect., 7 nov. 2012, n°339.441, *M. et Mme Roumiantsev*), d'autant plus suspect qu'il a trait à des « paradis fiscaux » (CE, 9e et 10e ss-sect., 16 avr. 2012, n°323.592, *Paupardin*).

[2] Particulièrement, les avocats (CE, 9e et 10e ss-sect., 27 juil. 2001, n°211.313, *Sté Meuble Georges* ; CE, 8e et 3e ss-sect., 8 fév. 2012, n°336.125, *Beladina*) et les professeurs de droit (CE, 9e et 10e ss-sect., 7 nov. 2012, n°338.465, *Carreau*). Ainsi, précise le Conseil d'État, « en sa qualité d'avocat honoraire, il **ne pouvait** ignorer le caractère imposable de cette somme » (CE, 8e et 3e ch., 24 fév. 2017, n°390.467, *Melison*, cons. 8, nous soulignons)

[3] Les experts-comptables : CE, 7e et 8e ss-sect., 24 nov. 1976, n°94.105.

[4] CE, 8e et 3e ch., 24 fév. 2017, n°390.467, *Melison ;* CE, 9e et 10e ss-sect., 27 juil. 2001, n°211.313, *Sté Meuble Georges*. Autrement dit, le professionnel du droit devra, sur le terrain des pénalités, axer son argumentation sur le caractère véniel des manquements constatés.

quant à l'existence d'une intention délibérée d'éluder l'impôt. Ainsi, l'importance des omissions déclaratives, en elle-même ou mises en comparaison avec d'autres éléments chiffrés[1], associée à leur caractère itératif[2], caractérisent en principe l'existence de cette intention[3]. Il s'agit toujours de chercher la volonté, la rationalité qui a conduit, motivé le contribuable à agir ainsi. Cette rationalité est d'autant plus établie que des manœuvres frauduleuses sont démontrées.

743.L'objectivité renforcée des manœuvres frauduleuses. Ces manœuvres, « agissements destinés à égarer ou à restreindre le pouvoir de contrôle de l'Administration »[4] impliquent donc une préparation, en amont, afin d'éluder l'impôt normalement dû : il ne s'agit plus d'une omission « simple », dans l'instant, mais d'une véritable élaboration, pensée et réfléchie, qui se déduit des actes eux-mêmes et des difficultés auxquelles l'Administration doit faire face, ces dernières devant présenter un degré d'intensité suffisant, manifestation d'un contrôle de proportionnalité[5], proportionnalisant alors la sanction appliquée par l'opération de qualification de l'infraction.

744. La matérialité des actes ou opérations mis en place par le contribuable, doublée du caractère objectivisé des obstacles mis au pouvoir de contrôle de l'administration, cantonne les pénalités pour manœuvres frauduleuses, tout en assurant au juge du droit un pouvoir de contrôle, dans la qualification[6]. Dès lors que

---

[1] CE, 9e et 10e ss-sect., 19 déc. 2008, n°292.286, *Flament*. En l'espèce, les revenus d'origine indéterminée ont été comparés aux revenus déclarés, revenus d'origine indéterminée dont le contribuable ne pouvait ignorer l'existence dès lors qu'ils constituaient l'essentiel de ses ressources financières.

[2] CE, 8e et 9e ss-sect., 3 nov. 1989, n°56.500 et 56.501, *M. Claude Biancale* ; CE, 9e et 10e ss-sect., 20 nov. 2002, n°221.440, *SARL New Sports ;* CE, 9e et 10e ss-sect., 3 sept. 2008, n°278.120, *Sté internationale Leasure SA* ; CE, 9e et 10e ss-sect., 7 nov. 2012, n°339.441, *M. et Mme Roumiantsev* ; CE, 9e et 10e ch., 7 juin 2019, n°412.536, *M. et Mme von und zu Hoensbroech.*

[3] Ainsi, l'importance des omissions et leur caractère répété ne suffisent à eux seuls, à caractériser la mauvaise foi du contribuable : CE, 9e et 8e ss-sect., 8 juil. 1998, n°153.937, *Bouanich ;* CE, 8e et 3e ss-sect., 29 juin 2001, n°223.663, *Belmes. Contra* : CE, 10e ss-sect., 24 août 2011, n°327.695, *min. c/ M. Lipskind* ; CE, 9e et 7e ss-sect, 14 avr. 1986, n°45.884 ; CE, 9e et 10e ch., 7 juin 2019, n°412.536, *M. et Mme von und zu Hoensbroech.*

[4] CE, 9e et 10e ss-sect., 30 juil. 2010, n°306.318, *Pasco*. Qu'il s'agisse d'acte, d'opération, d'artifice ou de toute autre manœuvre : CE, 7e et 8e ss-sect., 19 déc. 1979, n°13.072, *Chaussat Pierre ;* CE, 9e et 10e ss-sect., 23 fév. 2000, n°187.055, *SARL Paris Hong-Kong.*

[5] L'administration ne doit pas rester passive mais user des outils à sa disposition, tel que le droit de communication : les agissements doivent présenter un obstacle total, ou seulement partiel, mais en cas, les difficultés auxquelles elle se heurte, doivent présenter un caractère suffisant. (CE, 8e et 3e ss-sect.,12 fév. 2016, n°380.459, *M. Bouakkaz* ; *RJF* 5/2016, n°457. *Comp.* CAA Nancy, 9 juil. 1992, n°320).

[6] Toutefois, une certaine « automaticité » de fait existe dans le cadre de la procédure de répression de l'abus de droit (article L64 du LPF, article 1728, b du CGI ; en ce sens, v. F. DEBOISSY, *La simulation en droit fiscal, op. cit.*, p. 286-287, à propos de la version antérieure à l'ordonnance de 2005), bien que juridiquement, une distinction soit faite : cf. *supra.* Si cette automaticité est exclue de prime abord pour la nouvelle procédure de « mini-abus de droit » (Cons. const., 29 déc. 2013, déc. n°2013-685 DC, *Loi de finances pour 2014*), la jurisprudence relative aux pénalités pour manœuvres frauduleuses ainsi que pour manquement délibéré pourrait tendre, *de facto,* à cette automaticité, sans que la charge de la preuve pesant sur l'Administration (CE, 9e et 10e ss-sect., 21

ces manœuvres caractérisent une rationalité contraire à la loi fiscale[1], aucun élément, tel la moindre importance quantitative en termes de montant ou de répétition, ne permet d'atténuer la sanction, par une proportionnalisation de la rationalité du contribuable[2].

745. Transition. La structuration comportementale *a posteriori* (puisqu'il s'agit de sanction) est cependant plus faible concernant les infractions objectives.

B. La présomption du caractère intentionnel dans les infractions objectives

746. L'absorption du caractère intentionnel. L'effet structurant est moindre dans les sanctions objectives, le manquement matériellement constaté absorbant l'élément intentionnel, lequel est présumé irréfragablement, qu'il y ait ou pas manquement délibéré ou manœuvres frauduleuses[3]. Cette objectivité est gage d'efficacité, et d'une certaine manière, d'une égalité devant la loi et les charges publiques, la sanction ne pouvant être proportionnalisée selon le degré d'intentionnalité de contrevenir à la loi fiscale. Toutefois, le juge, soucieux d'équité mais conscient du risque de tout brèche dans le dispositif, réintroduit un caractère intentionnel, dans certains cas, tout en restant dans une perspective objective.

747. Intrusion prétorienne dans la norme. L'infraction objective peut conduire à une automaticité, nécessitant alors d'en limiter le champ d'application. C'est pourquoi les juges ont pu censurer des dispositions qui, par leur application systématique ou mécanique, auraient pu conduire à une disproportionnalité manifeste « dans nombre de cas » selon l'expression du Conseil constitutionnel français[4], ou qui, en l'espèce, sont « démesurées par rapport aux objectifs poursuivis » selon l'expression de la Cour de justice[5], en ce qu'elles ne prennent pas en compte de la

---

mars 2001, n°202.490, *Egot*) n'atténue cette conséquence. D'une part, le fait qu'une opération fictive a été mise en œuvre suffit à l'existence de manœuvres frauduleuses au sens de l'article 1729 du CGI (en ce sens, CE, 7e et 9e ss-sect., 31 mai 1978, n°4.788, *Sieur X* ; CE, 7e et 9e ss-sect., 24 avr. 1981, n°24.097 ; CE, 7e et 8e ss-sect., 7 oct. 1988, n.°42.924, *M. Dieutegard* ; CE, 3e et 8e ss-sect., 30 déc. 2015, n°377.855, *min. c/ Sté Opportunités Finances ;* CE, 10e et 9e ss-sect., 11 mai 2015, n 369.261, *M. et Mme Von Doellinger* et n°369.257, *Mme Susanne*), la nature du procédé important plus que sa répétition (E. CORTOT-BOUCHER, concl. sur CE, 3e et 8e ss-sect., 30 déc. 2015, n°377.855, *min. c/ Sté Opportunités Finances* : *DF* 2016, n°12, comm. 245). Ces manœuvres se définissent en effet comme des « *agissements destinés à égarer ou à restreindre son pouvoir de contrôle* » (CE, 9e et 10e ss-sect., 30 juill. 2010, n°306.318, M. *Pasco*). D'autre part, les juges du fond ont parfois considéré qu'un manquement délibéré est établi à partir de la seule référence aux considérations de fait caractérisant une fraude à la loi (CAA Nantes, 7 avr. 2008, n°06-976, *Paumard*, et n°06-453, *Ciavatta*).

[1] CE, 7e et 9e ss-sect., 4 nov. 1988, n°58.952, *Michel Peril ;*CE, 9e et 8e ss-sect., 15 avr. 1991, n°63.885, *Sté Sorep.*

[2] CE, 3e et 8e ss-sect., 30 déc. 2015, n°377.855, *min. c/ Sté Opportunités Finances.*

[3] CE, 7e et 8e ss-sect., 10 fév. 1989, n° 58.873, *Vanian ;* CE, 8e et 9e ss-sect., 25 juil. 1980, n°15.016.

[4] Cons. const. 30 déc. 1987, déc. n°87-237 DC, *Loi de finances pour 1988*, cons. 16 ; Cons. const., 30 déc. 1997, déc. n°97-395 DC, *Loi de finances pour 1998,* cons. 39.

[5] Par ex., CJUE, 10e ch., 22 mars 2017, aff. jtes C-497/15 et C-498/15, *Euro-Team*, pt. 65. *Comp.* CJUE, gde ch., 8 déc. 2015, aff. C-105/14, *Taricco et a.*

gravité du manquement[1]. Si l'interprétation de la disposition fiscale répressive peut corriger dans certains cas cette disproportion[2], cela n'est pas toujours possible.

Ainsi le juge est aussi parfois amené à apporter des précisions, ajoutant ainsi des critères d'application de la norme fiscale répressive, recentrant l'application d'une sanction par sa transformation en infraction intentionnelle, participant de ce mouvement de subjectivisation dissociant l'honnête contribuable, des autres, nécessairement mus par des intentions « illégales »[3]. Par exemple, concernant l'article 1756 quater du CGI sanctionnant les personnes ayant permis l'obtention de certains avantages fiscaux indus, le Conseil constitutionnel a jugé que « compte tenu des modalités de fixation de son montant en proportion de l'avantage obtenu par un tiers, cette amende pourrait revêtir un caractère manifestement hors de proportion avec la gravité des manquements réprimés si elle était appliquée sans que soit établi l'élément intentionnel de ces manquements », et donc a émis une réserve d'interprétation, à la fois neutralisante et constructive, afin que cette sanction ne soit appliquée **qu'aux** « personnes qui ont agi sciemment et dans la connaissance soit du caractère erroné des informations qu'elles ont fournies, soit de la violation des engagements qu'elles avaient pris envers l'administration, soit des agissements, manœuvres ou dissimulations [ayant conduit à a remise en cause de ces aides pour autrui] »[4]. La sévérité de la sanction, exempte de modulation en fonction des « gains ou parts de responsabilité dans les opérations en cause, ainsi qu'avec les ressources de la personne à qui la sanction est infligée »[5] incite ici le Conseil à en réserver l'application aux seules personnes ayant délibérément agi.

748. Dans une dynamique inversée, en considération de la gravité du manquement, la structuration est alors complétée, affermie par une réserve d'interprétation du juge constitutionnel, limitant l'application « en toute hypothèse » de l'amende fiscale et lui donnant une cohérence d'ensemble[6]. Toutefois, si la loi elle-même ne contient pas cette prémisse, le juge écarte la loi sans y apporter la moindre adaptation[7].

749.La subjectivité objectivisée de l'erreur. L'erreur excusable dans le cadre d'un activité professionnelle occulte peut écarter l'infliction de la majoration de 80%

---

[1] CJUE, 10e ch., 22 mars 2017, aff. jtes C-497/15 et C-498/15, *Euro-Team*, pts 60 à 66.

[2] Cons. const., 8 oct. 2014, déc. n°2014-418 QPC, *Sté SGI*..

[3] V. notamment, E. DE CROUY-CHANEL, « Chronique de procédures fiscales 2018 »: *DF* 2019, n°10, étude 196.

[4] Cons. const., 8 oct. 2014, déc. n°2014-418 QPC, *Sté SGI*, cons. 9. *Comp.* à propos des opérations susceptibles de caractériser l'utilisation d'un compte à l'étranger et sanctionné par l'article 1736, IV du CGI : CE, 9e et 10e ch., 4 mars 2019, n°410.492, *M. et Mme K.*

[5] F. ALADJIDI, concl. sur CE, 9e et 10e ss-sect., 16 juil. 2014, n°380.406, *Sté SGI* : *DF* 2014, n°31-35, comm. 483

[6] Cons. const., 8 oct. 2014, déc. n°2014-418 QPC, *Sté SGI*, cons. 5, 9 et 10 ; Cons. const. 30 déc. 1987, déc. n°87-237 DC, *Loi de finances pour 1988*, cons. 16 à propos de l'inconstitutionnalité de la prohibition de la publication ou la diffusion de toute indication se rapportant à la liste des personnes assujetties à l'impôt sur le revenu et concernant une personne nommément désignée : l'amende fiscale, infligée « en toute hypothèse » à toute infraction aux dispositions de l'article L. 111 du LPF, est censurée en raison de la disproportion manifeste qu'elle engendrerait « dans nombre de cas »

[7] Cons. const., 12 oct. 2018, déc. n°2018-739 QPC, *Sté Dom Com Invest*, cons. 7.

prévue à l'article 1728 du CGI[1]. Mais cette erreur est objective[2], sans exclure une proportionnalisation par l'emploi de critères comparatifs[3]. La structuration comportementale revient donc : rationalité instrumentale et axiologique se combinent, par une adaptation prétorienne de la norme ; par la possibilité d'apporter la preuve d'une erreur, le juge écarte une automaticité et concentre l'application de la sanction à des agissements intentionnellement dissimulés par le contribuable, ainsi que cela ressort de la genèse de l'article 1728, 3° du CGI et particulièrement des travaux parlementaires sur lesquels il s'appuie[4].

750. En revanche, si la Cour EDH ne rejette pas, par principe, les présomptions d'intentionnalité posées par les sanctions objectives[5], elle exige également que le contribuable puisse apporter la preuve du caractère excusable de l'infraction « en raison de la nature des renseignements en cause ou d'autres circonstances particulières (…)[6] », selon des modalités qui n'annihile pas cette compensation probatoire[7].

---

[1] Cette activité occulte, déduite de l'absence de dépôt des déclarations fiscales dans le délai légal et de l'absence de signalement de l'activité à un centre de formalités des entreprises ou au greffe du tribunal de commerce, n'est pas démontrée si le contribuable est « en mesure d'établir qu'il a commis une erreur justifiant qu'il ne se soit acquitté d'aucune de ces obligations déclaratives » (CE, 9e et 10e ch., 21 juin 2018, n°412.124, *Époux A* ; CE, plén. 7 déc. 2015, n°368.227, *min. c/ Sté Frutas y Hortalizas Murcia SL* ; CE, 10e et 9e ch., 18 oct. 2018, n°405.468, *Sté Aravis Business Retreat Ltd.* – V. également, CE, 10e et 9e ch., 21 juin 2018, n°411.195 et CE, 8e et 3e ch., 22 nov. 2019 à propos de l'article L 169 du LPF ; et CE. 9e et 10e ch., 4 déc. 2019, n°420.488 à propos de l'article L. 68 du LPF). *Comp.* l'objectivité du fait exonératoire tiré de la force majeure, expressément prévu par l'article 1729 B, 2° du CGI.

[2] *Comp.* CEDH, 1ère sect., 23 juil. 2002, n°34619/97, *Janosevic c/ Suède*, §103-104.

[3] Ainsi, si le contribuable argue du fait qu'il a satisfait à l'ensemble de ses obligations fiscales dans un État autre que la France, « la justification de l'erreur commise doit être appréciée en tenant compte tant du niveau d'imposition dans cet autre État que des modalités d'échange d'informations entre les administrations fiscales des deux États » : CE, plén. 7 déc. 2015, n°368.227, *min. c/ Sté Frutas y Hortalizas Murcia SL*). Cette jurisprudence a été transposée à l'article L 169 du LPF, concernant les délais de reprise à propos d'un contribuable n'ayant pas déposé de déclaration eu égard à l'incertitude quant au caractère imposable des gains de jeu (poker) : CE, 9e et 10e ch., 21 juin 2018, n°412.124, *Époux A*.

[4] CE, plén. 7 déc. 2015, n°368.227, *min. c/ Sté Frutas y Hortalizas Murcia SL*. Le rapporteur public déduisait de l'échange entre le Sénat et l'Assemblée nationale que « **l'intention** commune était de trouver une solution pour contourner l'impossibilité, en l'état du texte antérieur, de pénaliser, pour des raisons de charge de la preuve, la mauvaise foi des contribuables dans l'hypothèse particulières où ils ne satisfaisaient même pas à leur obligations déclaratives » (F. ALADJIDI, concl. sur CE, plén. 7 déc. 2015, n°368.227, *min. c/ Sté Frutas y Hortalizas Murcia SL* : *RJF* 2/2016, n°160)

[5] CEDH, 7 oct. 1988, n°10519/83, *Salabiaku c/ France* ; CEDH, 1ère sect., 23 juil. 2002, n°34619/97, *Janosevic c/ Suède*, §101 : dans l'usage des présomptions en matière pénale et de l'administration de la preuve contraire, les États doivent « ménager **un équilibre** entre l'importance de l'enjeu et les droits de la défense ; en d'autres termes, les moyens employés doivent **être raisonnablement proportionnés** au but légitime poursuivi ».

[6] CEDH, 1ère sect., 23 juil. 2002, n°34619/97, *Janosevic c/ Suède*, §100. Déjà en matière douanière, CEDH, 7 oct. 1988, n°10519/83, *Salabiaku c/ France*, §28 : l'article 6§2 « ne se désintéresse donc pas des présomptions de fait ou de droit qui se rencontrent dans les lois répressives. Il commande aux États de les enserrer **dans des limites raisonnables prenant en compte la gravité de l'enjeu et préservant les droits de la défense** ». Nous soulignons.

[7] Si des difficultés, si elles existent, ne doivent pas laisser le justiciable « totalement dépourvu de moyens de défense » (CEDH, 1ère sect., 23 juil. 2002, n°34619/97, *Janosevic c/ Suède*, §102). Plus largement, les présomptions irréfragables sont donc exclus en droit comme en fait, bien que la matière

Cependant, le caractère subjectif de cette erreur est marqué[1], dans une mesure relative eu égard au rôle important que joue l'intérêt financier de l'État[2], ou à l'inverse de manière prononcée lorsque l'argument d'équité intervient[3].

751. Transition. Cette structuration comportementale prend appui sur la rationalité du contribuable. Elle intervient à l'inverse comme élément modérateur dans la préservation de la structuration de la norme fiscale, tant au regard de son objectif immédiat et concret, que de l'objectif médiat de lutte contre la fraude et l'évasion fiscale.

II. La préservation du lien logique des pénalités fiscales dans le champ des possibles

752. Plan. L'inclusion partielle des pénalités fiscales dans le droit pénal élargit les possibilités de contestation, en dehors du principe de légalité des délits et des peines et du principe de proportionnalité. Toutefois, le juge de l'impôt veille à ce que les principes de personnalité et d'individualisation des peines ou le principe de rétroactivité *in mitius* n'atteignent l'effectivité de la concrétisation du lien logique des pénalités par une instrumentalisation de ces principes (A). Toutefois, certaines mesures laissent interrogateur quant à la possibilité pour le juge de préserver l'existence du lien logique, sa concrétisation étant temporellement décalée (B).

A. Proportionnalisation des sanctions de et par les principes de personnalité et d'individualisation des peines et de rétroactivité *in mitius*

753. Plan. Les principes de personnalité et d'individualisation des peines sont des manifestations de la proportionnalisation des sanctions fiscales au regard du manquement réprimé (1), tout comme le principe de rétroactivité *in mitius* (2), tout

---

fiscale offre une particularité favorable aux États, ce qui implique un contrôle *in concreto* de ce caractère : la Cour, s'appuyant sur la décision de la Cour administrative suprême suédoise du 15 décembre 2011, dont d'ailleurs elle ne s'est guère écartée dans son propre raisonnement, énonce que la possibilité de sanctions objectives « implique que les tribunaux (...) procèdent effectivement dans chaque cas individuel à une appréciation nuancée et non pas trop restrictive du point de savoir s'il existe des motifs d'annuler ou de remettre la majoration d'impôts » (CEDH, 1ère sect., 23 juil. 2002, n°34619/97, *Janosevic c/ Suède*, §104). Ainsi, même en cas de sanction objective, l'administration puis le juge de l'impôt doivent prendre en compte des éléments subjectifs sur le caractère excusable des infractions commises afin d'assurer le plein respect de la présomption d'innocence.

[1] CEDH, 1ère sect., 23 juil. 2002, n°34619/97, *Janosevic c/ Suède*, §104.

[2] CEDH, 1ère sect., 23 juil. 2002, n°34619/97, *Janosevic c/ Suède*, §101-103 : l'intérêt financier de l'État en matière fiscales, les impôts étant la principale source de revenus de ce dernier », le système fiscal déclaratif « ne saurait fonctionner correctement sans une forme quelconque de sanction en cas de communication de renseignements incorrects ou incomplets ». Par ailleurs, le traitement d'un nombre important de déclarations fiscales chaque année, « joint à la nécessité d'assurer une application prévisible et uniforme des sanctions, impose sans nul doute d'appliquer celles-ci selon des règles standardisées »).

[3] Une sanction fiscale peut être annulée *« lorsqu'en prononcer une serait manifestement déraisonnable »* : CEDH, 1ère sect., 23 juil. 2002, n°34619/97, *Janosevic c/ Suède*, §100. Déjà en matière douanière, CEDH, 7 oct. 1988, n°10519/83, *Salabiaku c/ France*, §28.

autant que ces principes sont objet de proportionnalisation, les sanctions fiscales n'étant pas de « pures » peines[1].

1. La préservation du lien logique médiat à partir du principe de personnalité et d'individualisation des peines

754. Ces principes[2] ont **une portée concrète**, leur acception est objectivement définie par le juge de l'impôt de l'ordre administratif. Ce dernier s'oppose également à l'utilisation de cet argument juridique : les pénalités fiscales ont un sens, un caractère répressif et dissuasif qu'il convient de préserver.

755. Ainsi, si le Conseil d'État juge, sur le fondement de l'article 6§2 de la Convention EDH, que « tant le principe de responsabilité personnelle que le principe de personnalité des peines s'opposent à ce que des pénalités fiscales, qui présentent le caractère d'une punition tentant à empêcher la réitération des agissements qu'elles visent, puissent être prononcées à l'encontre de contribuables, personnes physiques, lorsque ceux-ci n'ont pas participé aux agissements que ces pénalités répriment »[3], il assouplit ce principe concernant les personnes morales, opérant de fait une proportionnalisation de l'application abstraite du principe, « eu égard aux objectifs de

---

[1] Ainsi à propos de la rétroactivité des lois pénales plus douces, C. LEGRAS relevait très justement que si « le droit pénal qui a vocation à défendre la société contre les écarts de conduite de ceux qui portent atteinte aux valeurs qu'elle véhicule, et qui est empreint d'une forte connotation morale », il existe un autre droit répressif « qui n'a pas la même perspective : sans être amoral, il vise à réprimer les manquements aux obligations instituées en matière économique ou fiscale, (….), afin de garantir le financement des dépenses publiques, l'organisation des marchés, la sauvegarde des sites ou la protection de la santé publique. La sanction, qui n'existe que parce qu'elle est nécessaire à une application égale et efficace de la réglementation, est ici seconde (…). Les sanctions fiscales, douanières ou administratives sont, elles, plutôt envisagées sous l'aspect technique de manquement à une réglementation. »(C. LEGRAS, concl. sur CE, Sect., 16 juil. 2010, n°294.239, M. Colomb : *DF* 2010, n°41, comm. 529).

[2] Articles 8 de la Déclaration et 6§2 de la Convention EDH (pour ce dernier, cf. CEDH, 29 août 1997, n°75/1996/684/886, *EL, RL et JOL c/ Suisse* et n°71/1996/690/882, *AP, MP et TP c/ Suisse ;* CE, Sect., Avis, 31 mars 1995, n°164.008 *SARL Auto-Industrie Méric*, et n°164.911-165.321, *SA sté d'expertise comptable du Languedoc – SARL Cara*).

[3] CE, 9e et 10e ss-sect., 5 nov. 2014, n°356.148, *min. c/ M. et Mme Smet* et n°357.672, *M. et Mme Smet (2e esp.)*, n°356.797, *M. Boudou (3e esp.)* et n°356.798, *SCI Agathe (4e esp.)* ; CE, 10e et 9e ch., 27 juin 2016, n°376.513. *Comp.* CEDH, 29 août 1997, n°19958/92 et 20919/92, A.*P., M.P. et T.P. et E.L, R.L. Et J.O.L. c/ Suisse*, §47-48 : sans s'interroger sur le point de savoir si la culpabilité du défunt a été légalement établie, la Cour énonce qu'il « existe une règle fondamentale du droit pénal, selon laquelle la responsabilité pénale ne survit pas à l'auteur de l'acte délictueux », règle également « requise par la présomption d'innocence consacrée à l'article 6§2 de la Convention » et qu'ainsi, « [h]ériter de la culpabilité du défunt n'est pas compatible avec les normes de la justice pénale dans une société régie par la prééminence du droit ». – V. également, sur le fondement de l'article 1er du Premier protocole, l'impossibilité pour l'État d'opposer à un assujetti à la TVA la défaillance de son fournisseur pour lui refuser l'exercice de son droit à déduction ou de lui imposer un double paiement de la TVA en raison de manquements imputables à son partenaire commercial : CEDH, 22 janv. 2009, n°3991/03, *Bulves c/ Bulgarie*, § 66-71, la Cour transposant son raisonnement dans une seconde affaire, après avoir écarté une différence n'ayant pas d'influence en l'espèce : CEDH, 18 mars 2010, n°6698/03, *Business Support Centre c/ Bulgarie*, §21-26.

prévention et de répression de la fraude et de l'évasion fiscales », dans le cas d'une transmission universelle du patrimoine[1].

756. Le Conseil d'État veille ainsi à ce que, à la faveur d'opération de restructuration, l'effet dissuasif et l'efficacité des sanctions fiscales s'étiolent ou disparaissent : il garantit la rationalité des pénalités fiscales, par l'obstacle mis à une instrumentalisation du principe de la personnalité des peines[2], au gré des fusions, acquisition, scission…[3].

2. La préservation du lien logique direct à partir du principe de rétroactivité *in mitius*

757. Proportionnalité et rétroactivité *in mitius* : une influence réciproque. Dégagée du principe de nécessité des peines de l'article 8 de la Déclaration des droits

---

[1] Ce principe de personnalité des peines « ne fait pas obstacle à ce que, à l'occasion d'une opération de fusion ou de scission, les sanctions pécuniaires infligées à la société absorbée ou scindée soient, compte tenu de la transmission universelle du patrimoine, mises à la charge de la société absorbante ou des sociétés bénéficiaires des apports » (CE, 3e et 8e ss-sect., avis, 4 déc. 2009, n°329.173, *Sté Rueil Sports venant aux droits et obligations de la Sté Sidonie*. – V. F. DEBOISSY et G. WICKER, « L'absence d'application du principe de personnalité des peines aux personnes morales en cas de transmission universelle du patrimoine » : *DF* 2010, n°3, act. 18 ; M. COLLET, « L'application du principe de personnalité des peines aux personnes morales en matière administrative et fiscale. A propos de l'avis du Conseil d'État du 4 déc. 2009, Société Rueil Sports » : *RJEP* 2010, n°673, étude 5. Comp. à propos des fusions-absorptions en matière pénale : Crim. 25 nov. 2020, n°18-86.955 P+B+I, *Sté Iron Mountain France*.

[2] *Comp.* Cons. const., 16 sept. 2016, déc. n°2016-564 QPC (à propos de l'article 1731 bis du CGI).

[3] S'il fait également obstacle à l'application du principe de personnalité des peines dans le cadre de l'imposition commune d'un couple marié, ce n'est pas tant en raison de ce risque d'instrumentalisation, qu'en raison des principes d'imposition communes énoncés à l'article 6 du CGI et les modalités de calcul prévues à l'article 156 du même code : ainsi « lorsqu'un seul des époux a pris part à des agissements fautifs, les sanctions fiscales en résultant doivent être regardées comme ayant été prononcées uniquement à son encontre, même si elles majorent, au titre du revenu concerné par ces agissements, l'impôt qui est dû, par le foyer fiscal formé par les deux époux, sur l'ensemble de leurs revenus » : CE, 3e et 8e ch., 5 oct. 2016, n°380.432, *Teles Pinto*. Au demeurant, V. DAUMAS relevait, dans ses conclusions, trois arguments démontrant que la solution inverse serait presque sans incidence fiscale : d'abord, « l'Administration est déjà tenue, lorsqu'est en cause l'imposition de revenus provenant d'une activité propre à l'un des deux conjoints, exercée à titre indépendant, de conduire la procédure avec celui des conjoints titulaire des revenus, en vertu de l'article L. 54 du LPF, ce qui englobe très certainement la procédure suivie pour l'établissement d'une majoration assise sur les montants découlant de l'imposition de ces mêmes revenus ». Par ailleurs, la majoration d'impôt sur le revenu « est assise sur un impôt qui, lui, n'est pas une sanction et resterait en tout état de cause calculé conformément aux règles découlant de l'imposition commune ». Enfin, concernant les obligations de paiement des époux à l'égard du Trésor public, « la lettre même de la loi inclut dans la solidarité de paiement, qui n'a pas non plus le caractère d'une sanction (…), les majorations consécutives à la rectification d'un bénéfice ou revenu propre à l'un des conjoints – et notamment les majorations de l'article 1729 du CGI. » (concl. sur l'arrêt précité : *DF* 2016, n°50, comm. 652).

de l'Homme[1], ou de l'article 7 de la Convention EDH[2], affirmée comme principe général du droit de l'Union européenne[3], ou règle constante dans la jurisprudence depuis le code pénal de 1810[4], la rétroactivité *in mitius* recueille l'unanimité dans son principe[5].

758. Manifestation de l'influence temporelle dans l'appréciation de la disproportionnalité[6] et principe correcteur de la disproportionnalité, le principe de rétroactivité *in mitius,* présente une certaine analogie avec le principe de proportionnalité, sans pour autant s'y confondre totalement : la rétroactivité de la loi pénale plus douce est une application rétroactive du principe de proportionnalité en raison d'une modification dans l'intensité de la répression des manquements des contribuables à leurs obligations. Elle vient ainsi neutraliser une sévérité qui ne se justifie plus en ce que le législateur a jugé inutile ou seulement excessive l'infliction d'une sanction. Mais, il ne s'agit pas d'un principe absolu, mais modelé, proportionné à son objet : certes ce principe « éternel » prescrit « en matière criminelle, qu'il faut toujours adopter l'opinion la plus favorable à l'humanité comme à l'innocence »[7], toutefois le contribuable fautif est moins innocent que les autres. Ainsi, une conception mécanique du principe est exclue en ce qu'elle pourrait avoir un effet contraire à son objet, à sa raison d'être. La rétroactivité in mitius est ainsi modéré en son principe et dans son application.

759. Proportionnalisation du principe de rétroactivité *in mitius*. On retrouve alors l'idée commune que le droit répressif fiscal n'appartient pas au « noyau dur du droit pénal »[8] : comme le relevait Cécile LEGRAS, si « le droit pénal qui a vocation à défendre la société contre les écarts de conduite de ceux qui portent atteinte aux valeurs qu'elle véhicule, et qui est empreint d'une forte connotation morale », il existe un autre droit répressif « qui n'a pas la même perspective : sans être amoral, il vise à réprimer les manquements aux obligations instituées en matière économique ou fiscale, dans le domaine de l'urbanisme ou de l'environnement, afin de garantir le financement des dépenses publiques, l'organisation des marchés, la sauvegarde des

---

[1] Cons. const., 19 et 20 janv. 1981, déc. n°80-127 DC, *Loi Sécurité et Liberté*, cons. 75. Décision confirmée et étendue à toutes les sanctions ayant le caractère de punition : Cons. const., 25 juil. 1990, déc. n°90-277 DC, *Loi relative à la révision générale des évaluations des immeubles retenues pour la détermination des bases des impôts directs locaux*, cons. 26.
[2] CEDH, gr. ch., 17 sept. 2009, n°10249/03, *Scoppola c/ Italie*. – V. également, CEDH, 3e ch., 12 janv. 2016, n°33427/10, *Gouarré Patte c/ Andorre*, § 28.
[3] CJCE, 5e ch., 8 mars 2007, aff. C-45/06, *Campina GmbH & Co.*
[4] Et même dès le code de 1791. Aujourd'hui, cette règle est énoncée à l'article 112-4 du Code pénal depuis la loi du 16 décembre 1992.
[5] On peut encore cité l'article 15-1 du Pacte international relatif aux droits civils et politiques, dit de New-York. A ce titre, le commissaire du gouvernement J. ARRIGHI DE CASANOVA, dans ses conclusions sur l'avis *Houdmond*, notait que le visa de l'avis du Conseil d'État du 27 mai 1993, à savoir l'article 8 de la Déclaration de 1789 et l'avis du 29 prairial an VII « montre bien que l'adhésion de la France à cet instrument international n'a fait, sur ce point comme sur bien d'autres, que consacrer des règles préexistantes » (*DF* 1996, n°25, comm. 765)
[6] Cf. *infra*, titre II de la partie II.
[7] CE, Avis, 29 prairial an VIII, cité par J. ARRIGHI DE CASANOVA, *op. cit.*
[8] Déjà, expressément : CEDH, 5e sect., 7 juin 2012, n°4837/06, *Segame c/ France*, §59 ; CEDH, gde ch., 23 nov. 2006, n°73053/01, *Jussila c/ Finlande*, §43.

sites ou la protection de la santé publique. La sanction, qui n'existe que parce qu'elle est nécessaire à une application égale et efficace de la réglementation, est ici seconde »[1]. La nature des obligations et des infractions en droit fiscal et douanier conduit alors à atténuer l'application du principe, et donc à une proportionnalisation moindre.

760. Proportionnalisation dans l'application du principe de rétroactivité *in mitius*. Sans exclure une proportionnalisation par le Conseil constitutionnel[2], juge judiciaire et juge administratif adoptent à ce titre des méthodes différentes.

761. Devant le juge administratif, tout d'abord, le mouvement part de l'objet de la loi pour en déduire ou non l'existence d'une *lex mitior*[3] : si l'abrogation ou la modification a pour objet les sanctions elles-mêmes, alors l'objet de la loi est d'adoucir la répression et le lien logique conduit à une extension, par la redéfinition de la proportionnalité des sanctions passées ; en revanche, si seule l'obligation fiscale est supprimée, et par voie de conséquence les sanctions y afférentes, ces dernières ne sont pas annihilées en raison de leur disproportionnalité, et l'objet de la loi conduit à une limitation de son application[4]. Ensuite, la rétroactivité *in mitius*, d'ordre public[5], ne joue que dans la mesure des sanctions proprement dites, ce qui exclut les intérêts de retard[6], et l'appréciation du caractère moins sévère de la loi répressive s'effectue *in concreto* et n'est pas toujours aisé, notamment lorsque la sanction ne consiste pas en l'application d'un taux unique et proportionnel[7].

---

[1] C. LEGRAS, concl. sur CE, Sect., 16 juil. 2010, n°294.239, *M. Colomb, op. cit.*. Elle poursuit : « Dans le cas du droit pénal classique, une infraction est la violation d'une valeur essentielle. Les sanctions fiscales, douanières ou administratives sont, elles, plutôt envisagées sous l'aspect technique de manquement à une réglementation. »

[2] V. par ex., Cons. const., 12 oct. 2018, déc. n°2018-739 QPC, *Sté Dom Com Invest*, cons. 10 et 11 : si les effets de la déclaration d'inconstitutionnalité sont neutralisés par le report dans le temps, le Conseil corrige partiellement la disproportionnalité durant ce laps de temps par une réserve d'interprétation, mettant en évidant la rationalité axiologique propre aux pénalités.

[3] Et non l'intention du législateur, « méthode trop incertaine, sinon divinatoire » (C. LEGRAS, concl. sur CE, Sect., 16 juil. 2010, n°294.239, *M. Colomb, op. cit.*). *Comp.* J. ARRIGHI DE CASANOVA, dans ses conclusions sur l'avis *Houdmond, op. cit.*

[4] CE, Sect., 16 juil. 2010, n°294.239, *M. Colomb*. C. LEGRAS relevait ainsi que « [l]es circonstances économiques, les objectifs politiques, les contraintes environnementales peuvent conduire les autorités publiques à regarder comme inadaptée une réglementation ou un impôt sans pour autant remettre en cause la pertinence des sanctions dont ils étaient assortis. En abrogeant dans son entier une réglementation, les pouvoirs publics n'adoptent pas des dispositions plus douces : les sanctions qui l'accompagnaient ne disparaissent, en effet, que parce que leur « sous-jacent » a lui-même disparu. » (concl. *op. cit.).*

[5] CE, 9e et 10e ss-sect. 23 avr. 2008, n°308.865, *Min. c/ Sté Bisico France.*

[6] CE, 9e et 10e ss-sect., 28 oct. 2002, n°227.610, *SARL Lobelle*. – V. également : CE, Ass., Avis, 12 avr. 2002, n°239.693, *SA Financière Labeyrie.*

[7] Ainsi, c'est en considération de l'objet du principe, et de la volonté du législateur que le Conseil d'État a, dans son avis *Houdmond*, privilégié une application mesurée du principe de rétroactivité *in mitius*, en ciblant uniquement les cas où la loi a effectivement eu **pour effet** d'adoucir la pénalité, et non les intérêts de retard (CE, Sect., Avis, 5 avr. 1996, n°176.611, *Houdmond : DF* 1996, n°25, comm. 765) : il faut alors prendre en considération le fait que la loi du 7 juillet 1987 a considérablement modifié l'univers répressif fiscal en dissociant nettement les intérêts de retard des majorations, alors qu'antérieurement, ils faisaient masse. Or, « la lecture de ses travaux préparatoires

762. Devant le juge judiciaire. Le juge judiciaire[1] détermine le champ d'application à partir de la nature de la norme abrogée ou modifiée : s'il s'agit d'une loi, la rétroactivité de la loi pénale plus douce s'impose pour autant que le législateur ne s'y oppose pas[2], tandis qu'en présence d'un texte réglementaire, cette rétroactivité ne s'applique pas tant qu'aucun acte de poursuite n'a été encore accompli au jour de l'abrogation ou de la modification ou que la disposition législative, support sous-jacent de l'incrimination, reste en vigueur[3]. On part cette fois-ci de critères extérieurs au lien logique pour déduire l'objet, et ainsi ajuster l'application du principe de la rétroactivité *in mitius*.

763. Transition. Bien qu'opposées dans le sens de la dynamique entre lien logique et adaptation, les jurisprudences administratives et judiciaires montrent que le principe de proportionnalité constitue là encore la matrice d'application du principe de rétroactivité *in mitius*, tout autant que ce dernier est lui-même modelé, ajusté, adapté par le principe de proportionnalité, dans une optique de préservation du lien logique des pénalités.

B. L'impossible contrôle de la rationalité des saisies pénales dans le cadre des enquêtes judiciaires fiscales :

764. Rationalité *a priori* des confiscations pénales. Si les procédures de saisie pénale, sorte de recouvrement anticipé des « futures impositions » dans le cadre des enquêtes judiciaires fiscales[4], génèrent des critiques, ces dernières ne portent non pas

---

témoignent surtout de la volonté qu'a eue le Parlement, à la suite des travaux de la commission Aicardi, de simplifier et de clarifier le régime, dans le sens d'une meilleure distinction entre la réparation du préjudice pécuniaire du Trésor et la sanction de comportements répréhensibles », mais « nullement d'instituer un régime moins sévère » (J. ARRIGHI DE CASANOVA, concl. sur l'avis *Houdmond, op. cit.*). Bien que l'objet de la loi n'était pas d'adoucir les pénalités, cette loi de 1987 a eu cet effet : c'est pourquoi le Conseil d'État retient, à propos de la majoration de 40% sanctionnant l'absence de bonne foi, qu'il convient, aux fins de comparaison, « ne prendre en compte que la part de majorations qui, en vertu des règles antérieurement applicables, présentaient le caractère d'une sanction. Il convient donc d'en défalquer la fraction correspondant aux intérêts (…). Il suit de là que le juge ne doit appliquer le taux de 40% que s'il ressort du dossier que cette comparaison en fait apparaître le caractère moins sévère ». – V. également, CE, 9e et 10e ss-sect., 28 oct. 2002, n 227.610, *SARL Lobelle* ; CE, 9e et 10e ss-sect., 27 mai 2009, n°301.927, *SNC Saint-Honoré*.

[1] La Cour de cassation applique le principe de rétroactivité *in mitius* aux amendes fiscales depuis un arrêt de 1978 (Crim., 9 nov. 1978, n°76-91.801).

[2] Crim. 28 nov. 1996, B, n°95-85.916 ; Crim. 6 fév. 1997, n°94-84.670.

[3] Crim. 7 juin 1990, n°89-83.815, *Delfolie* (en matière de douanes).

[4] Cette procédure, prévue à l'article 28-2 du Code de procédure pénale, dotant les agents de l'Administration fiscales de prérogatives judiciaires, préalablement aux opérations de contrôle fiscal proprement dites, a été instaurée, dans un but d'adaptation des moyens de lutte contre la fraude fiscale, particulièrement les fraudes éphémères ou complexes, par la loi de finances rectificative pour 2009 (L. n°2009-1674, 30 déc. 2009, art. 23 : *DF* 2010, n°5, comm. 136*)*, et dont le champ d'application a été aménagé et étendu successivement par la loi de finances pour 2010 (L. n°2010-1658, 29 déc. 2010, art. 63, I et IV : JO 30 déc. 2010, p. 23127 ; *DF* 2011, n°5, comm. 198), et plus largement « à toute manœuvre destinée à égarer l'administration » par la loi de finances rectificative pour 2012 (L. n°2012-1510, 29 déc. 2012, art. 11, VIII : JO 30 déc. 2012, p. 20920 : *DF* 2013, n°5, comm. 134, note O. NEGRIN, et comm. 135), et modifié dernièrement par la loi du 23 octobre 2018

tant sur l'objectif poursuivi, à savoir la sécurisation des recouvrements par les saisies judiciaires pratiquées dès le début des opérations, que sur sa concrétisation et sa délimitation.

En effet, ce recouvrement anticipé des « futures impositions » prend la forme, avant même la perquisition pénale, de la saisie pénale des biens du contribuable[1], une confiscation en valeur permettant la saisie conservatoire de biens n'ayant pas nécessairement de lien direct ou indirect avec l'infraction, mais dont la valeur correspond au montant du profit qui a été généré par l'infraction[2]. La rationalité de cette confiscation, sanction pénale, dépend donc de l'assiette des droits éludés, représentative de l'infraction commise et présentant un caractère *a priori*, dont la conformité au droit au respect de ses biens n'est pas assurée[3], nonobstant sa confirmation ou infirmation ultérieure lors de l'exercice des recours juridictionnels.

765. En effet, l'enquête judiciaire précédant le contrôle fiscal, le juge ne peut disposer à ce stade des éléments lui permettant de vérifier concrètement la probabilité de ces "futures impositions", et à supposer également qu'il ait les connaissances de droit fiscal pour ce faire. Aussi, c'est « en définitive l'Administration qui décide de la mise en recouvrement préalable des impositions qu'elle attend, estimées par elle sans contrôle, à titre conservatoire certes mais cette saisie peut durer plusieurs années »[4]. Par ailleurs, à l'instar des principes de personnalité des peines ou de rétroactivité *in mitius*, le principe de proportionnalité, à l'aune duquel le juge judiciaire se reconnaît un pouvoir de modulation, fait l'objet d'une proportionnalisation en ce qu'il ne s'applique pas à la confiscation d'un bien « qui, dans sa totalité, est le produit ou l'objet des infractions dont le prévenu a été déclaré coupable »[5].

766. Dès lors donc, la question est de savoir si l'impossibilité de déterminer *a priori* un montant en valeur de la confiscation, correspondant raisonnablement à ces « futures impositions », constitue un vice intrinsèque de cette faculté de confiscation, ou si le contrôle et le rétablissement *a posteriori* peut suffire, l'erreur commise par l'Administration dans l'évaluation disproportionnée des impositions pouvant alors engager sa responsabilité. La structuration de l'action administrative et judiciaire semble en effet faible.

767. Ainsi, soit l'adaptation intrinsèque *a posteriori* et l'adaptation extrinsèque par l'action en responsabilité peuvent assurer la proportionnalisation de la saisie pénale, eu égard à l'objectif de lutte contre la fraude fiscale, soit cet objectif,

---

(L. n°2018-898, 23 oct. 2018, *Loi relative à la lutte contre la fraude*, *préc.*). V. également, V. DUSSART, « La police fiscale » : *DF* 2014, n°51-52, étude 695.

[1] Art. 131-21 du Code pénal depuis la loi n°2012-409 du 27 mars 2012.

[2] Art. 131-21 du Code pénal. – V. également, G. BACHELIER, G. EL KAROUI, M. GUICHARD, E. OBADIA et R. SALOMON, « La détection des fraudes : table ronde sur les nouvelles armes de l'administration fiscale » : *DF* 2014, n°46, étude 619.

[3] Cependant, en ce que sont préservés les contribuables de bonne foi, il n'y a pas d'atteinte inconstitutionnelle au droit de propriété : Cons. const. 26 nov. 2010, déc. n°2010-66 QPC, *M. Thibaut G.* ; Crim. 24 avr. 2013, n°12-87.473 QPC.

[4] G. BACHELIER, G. EL KAROUI, M. GUICHARD, E. OBADIA et R. SALOMON, « La détection des fraudes : table ronde sur les nouvelles armes de l'administration fiscale », *op. cit.*

[5] Crim. 7 déc. 2016, n°16-80.879; Crim. 3 mai 2018, n°17-82.098 P.

extrinsèque à la norme pénale, sera jugé insuffisant. La prégnance et l'affichage d'une volonté politique de lutter contre les pratiques abusives et les fraudes fiscales de grandes envergures ont déjà conduit à une certaine mansuétude de la part des juridictions. Toutefois, le champ d'application relativement large de ces peines et procédures pourrait conduire à leur « irrationalité ».

Conclusion de la Section 3.

768. Nonobstant cet aspect particulier du droit fiscal pénal, le juge de l'impôt opère, autant qu'il le peut, un contrôle de la rationalité concrète à travers l'opération de qualification et de la proportionnalisation des principes adaptateurs des sanctions « ayant un caractère de punition », en sus de sa participation à la structuration de la norme fiscale répressive à travers les contrôles de constitutionnalité ou de conventionnalité.

CONCLUSION DU CHAPITRE III

769. La structuration des pénalités fiscales et pénales se démarquent par une complexité née de l'imbrication des rationalités instrumentales et axiologiques, les considérations d'éthique étant prégnantes, y compris ou surtout dans la question de l'application du principe non bis in idem. Le contrôle de la rationalité dépende de l'appréhensibilité des éléments constitutifs des normes fiscales répressives, dans un effort constructif important des juges, constitutionnels et européens, mais aussi administratifs et judiciaires.

770. La co-existence des contrôles de constitutionnalité et de conventionnalité, notamment depuis l'instauration de la question prioritaire de constitutionnalité, marque le creuset conciliateur opéré par les juges de l'impôt, tout autant qu'ils ont pu conduire à certaines évolutions, notamment dans la création du lien logique commun aux pénalités fiscales et pénales dans le cadre du principe *non bis in idem.*

771. Les juges administratifs et judiciaire de l'impôt contribuent également à la préservation de la structuration des pénalités, par la sauvegarde de leur rationalité propre, les considérations éthiques et d'équité étant toujours sous-jacentes.

CONCLUSION DU TITRE II

772. Les règles de procédures, d'assiette ou de pénalités présentent des différences dans l'appréhension du lien logique de la norme elle-même ou dans son application, bien qu'elles marquent chacune une certaine harmonisation, confinant parfois à une unification, dans l'application des règles et principes ou méthodes issus de la jurisprudence du Conseil constitutionnel ou des juridictions européennes, et en particulier de la Cour européenne des droits de l'Homme.

773. Si les règles procédurales marquent un effort de précision par le juge administratif, plus que judiciaire, dans l'encadrement de l'Administration, par un prolongement du lien logique dans l'objet de la procédure, cet effort est principalement dirigé vers les contribuables s'agissant des règles d'imposition, par la recherche d'une rationalité du contribuable, motrice de ses décisions, et d'une coïncidence directe ou indirecte, par le médiat de l'intérêt de l'entreprise ou de la profession exercée, avec l'objectif sous-jacent de la norme fiscale d'imposition.

774. L'effort constructif est moindre s'agissant des pénalités, le principe de légalité des délits et des peines s'imposant avec force. Toutefois, la vigilance du juge demeure, tant dans le contrôle de la qualification des manquements constatés, par une objectivisation du caractère intentionnel, que dans la préservation du lien logique avec l'objectif médiat ou immédiat de la norme fiscale répressive, par une proportionnalisation de et par les principes issus du droit pénal, de personnalité et d'individualisation des peines et de rétroactivité *in mitius*.

CONCLUSION DE LA PREMIÈRE PARTIE

775. Au fur et à mesure que la loi perdit de son aura, le législateur fut contraint de justifier ses propres lois, et les atteintes qu'elles pouvaient porter aux droits fondamentaux des contribuables. Toute justification n'est pas acceptée ou acceptable : une exigence de rationalité, de logique doit pouvoir être vérifiée dans la norme.

776. Cette rationalité, que les juridictions constitutionnelle et européennes, tentent d'appréhender à partir des éléments intrinsèques et extrinsèques de la norme fiscale, constitutifs du lien logique, conduit à une structuration de cette dernière, laquelle devra se concrétiser dans l'application par l'Administration, sous le contrôle du juge de l'impôt, et les contribuables.

777. Ce lien logique présente une appréhendabilité variable selon l'objet de la norme contrôlée et la norme de contrôle. Lois d'ordre procédurale ou lois répressives, si elles poursuivent l'objectif de lutte contre la fraude et l'évasion fiscale, présentent une rationalité concentrée dans l'objectif immédiat et concret, saisi à partir du champ d'application de la procédure ou du manquement réprimé, entendu plus ou moins strictement par les juges constitutionnel ou européens, dans une relative constance nonobstant les différences entre les normes de contrôle[1].

778. Les lois d'imposition marquent une appréhension multiple, selon que sont privilégiés les principes d'égalité, ou la protection d'autres droits fondamentaux. Cependant, touchant plus encore au cœur de la souveraineté du pouvoir d'imposition en raison du caractère interventionniste de la législation fiscale, les juges effectuent

---

[1] On retrouve la différence dans l'appréhension de la structure logique de la loi, Conseil constitutionnel et Cour de justice privilégiant un contrôle des moyens mis en œuvre à partir du champ d'application (présupposé), tandis que la Cour européenne se focalise davantage sur les effets de la loi fiscale. Or, cette dernière tendant à accentuer le caractère axiologique du but légitime, elle marque ainsi plus fortement le caractère réducteur de cette approche dans le contrôle de proportionnalité (en ce sens, v. C. BLANC-FILY, *Valeurs dans la jurisprudence de la Cour européenne des droits de l'Homme. Essai critique sur l'interprétation axiologique du juge européen*, éd. Bruylant, 2016, p. 521 et s.)

un contrôle, confinant parfois à une validation objective de l'intention subjective du législateur, parfois à partir d'un raisonnement tautologique concernant la rationalité, tout en remettant en cause cette dernière par la mise en évidence d'une inadaptation de la norme à son objectif.

779. Si les juridictions ordinaires constituent le creuset conciliateur ou harmonisateur des principes et règles constitutionnels et européens, leur rôle ne s'y limite pas : l'interprétation des normes fiscales leur permet ainsi de prolonger la concrétisation du lien logique des normes fiscales, contribuant à la structuration de l'action administrative et celle du contribuable, et ainsi à une certaine régulation fiscale, par l'appréhension de la rationalité agissante des uns et des autres. Ce rôle structurant présente des différences importantes : prégnant et à l'adresse de l'administration dans le cadre des procédures, il est moindre dans le cadre des lois fiscales répressives, en raison du principe de légalité des délits et des peines, tandis qu'il recouvre une force certaine dans l'interprétation et l'application les lois d'imposition, y compris à partir de la notion d'abus de droit.

780. Dans cette application des normes fiscales, il s'agit alors de vérifier la rationalité motivant l'administration ou le contribuable et sa coïncidence, ou sa contrariété dans le cadre des lois répressives, avec l'objectif immédiat et concret, voire médiat de la loi fiscale. Ce faisant, le juge de l'impôt contribue, par la préservation de la structure rationnelle de la norme fiscale, à structurer tout autant qu'à modérer l'action de l'Administration et les décisions des contribuables.

781.Dès lors, l'on perçoit que la rationalité structurante permet, dans certains cas, de garantir l'adaptation de la norme fiscale à la situation d'application, partie la plus visible du principe de proportionnalité

BIBLIOGRAPHIE GÉNÉRALE[1]

OUVRAGES, MANUELS, ACTES DE COLLOQUE ET THÈSES HORS DROIT FISCAL[2]

D. ALLAND et S. RIALS (dir.), *Dictionnaire de la culture juridique*, Paris, éd. PUF, coll. « Quadrige », 2e éd., 2007, 1649 p.

J. ALLARD et A. GARAPON, *Les juges dans la mondialisation : la nouvelle révolution du droit*, éd. du Seuil, Coll. « La république des idées », 2005, 94 p.

J. ALLARD, A. GARAPON et F. GROS, *Les vertus du juge*, éd. Dalloz, 2008, 184 p.

S. BELAÏD, *Essai sur le pouvoir créateur et normatif du juge*, éd. LGDJ, Bibl. Philosophie du droit, t. n°17, 1974, 360 p.

A. BÉNABENT, *Droit des obligations*, éd. LGDJ, coll. « DOMAT « Droit privé », 16e éd., 2017, 727 p.

C. BLANC-FILY, Valeurs dans la jurisprudence de la Cour européenne des droits de l'Homme. Essai critique sur l'interprétation axiologique du juge européen, éd. Bruylant, coll. « Droit de la Convention européenne des droits de l'homme », t. n°7, 2016, 756 p.

B. BOULOC, *Droit pénal général,* éd. Dalloz, 26e éd., 2019, 794 p.

E. CARPANO, État de droit et droits européens. L'évolution du modèle de l'État de droit dans le cadre de l'européanisation des systèmes juridiques, éd. L'Harmattan, coll. « Logique juridique », 2005, 662 p.

G. COHEN-JONATHAN, Y. GAUDEMET, R. HERTZOG (dir.), *Mélanges Paul Amselek*, éd. Bruylant, 2005, 857 p.

J.-P. COLIN, *Le gouvernement des juges dans les communautés européennes*, éd. LGDJ, Coll. « Bibl. de droit international », t. n°31, 1966, 544 p.

I. CORNESSE, *La proportionnalité en droit du travail*, éd. Litec, coll. « Bibl. droit de l'entreprise », 2001, 567 p.

---

[1] Plutôt que de rendre dans le détail l'entièreté des références lues itérativement, toutes utiles à la construction d'une pensée, et citées tout le long de cette étude, à partir de chaque chapitre, il nous a semblé pertinent de n'exposer présentement que les références doctrinales ayant servi expressément à notre démonstration, laissant ainsi lectrices et lecteurs, consulter les autres références citées.

[2] Concernant les ouvrages collectifs, lorsqu'une seule contribution a été retenue, elle figure au sein de la bibliographie au nom de l'auteur de la contribution ; au-delà, seul est mentionné l'ouvrage collectif au nom des directeurs scientifiques.

J. CARBONNIER :

- *Sociologie juridique*, éd. PUF, coll. « Quadrige », 2004, 415 p.
- *Droit civil, Vol. 4 : Les obligations*, éd. PUF, coll. « Thémis. Droit privé », 22e éd., 2000, 656 p.
- Flexible droit, Pour une sociologie du droit sans rigueur, éd. LGDJ, 10e éd., 2014, 493 p.

G. CORNU :

- *Vocabulaire juridique*, Association Henri Capitant, PUF, coll. « Quadrige », 7e éd., 2005, 986 p.
- *Vocabulaire juridique*, Association Henri Capitant, PUF, coll. « Quadrige », 12e éd., 1103 p.

M. DELMAS-MARTY :

- Les forces imaginantes du droit. T. 4. Vers une communauté de valeurs ?, éd. du Seuil, coll. « La couleur des idées », 2011, 432 p.
- *Les forces imaginantes du droit. T. 2. Le pluralisme ordonné*, éd. du Seuil, coll. « La couleur des idées », 2006, 303 p.

T. DI MANNO, « Recours devant le Conseil constitutionnel par voie préjudicielle : la question prioritaire de constitutionnalité » : *JCl. Libertés* (archives), fasc. 210, spé. n°123 et s.

M. DISANT, *L'autorité de la chose interprétée par le Conseil constitutionnel*, éd. LGDJ, coll. « Bibl. const.et de sc. polit. », t. n°135, 2010, 868 p.

L. DUBOUIS, *La théorie de l'abus de droit et la jurisprudence administrative*, éd. LGDJ, coll. « Bibl. droit public », t. n°45, 1962, 471 p.

L. DUBOUIS et C. BLUMANN, *Droit matériel de l'Union européenne*, éd. LGDJ-Lextenso, coll. « Domat Droit public », 7e éd., 2015, 878 p.

C.-A. DUBREUIL, « Introduction de l'instance » : *JCl Justice Administrative*, Fasc. 43, 6 fév. 2017

J.-B. DUCLERCQ, *Les mutations du contrôle de proportionnalité dans la jurisprudence du Conseil constitutionnel*, éd. LGDJ-Lextenso, coll. « Bibl. Const. et de sc. polit., t. n°146, 2014, 537 p.

J. DUCLOS, *L'opposabilité : essai d'une théorie générale*, éd. LGDJ, coll. « Bibl. droit privé », t. n°179, 1984, 544 p.

C. EISENMANN, *Cours de droit administratif, T. 2*, éd. LGDJ, 1983, 908 p.

D. FENOUILLET (dir.), L'argument sociologique en droit. Pluriel et singularité, éd. Dalloz, 2015, 328 p.

J.-F. FLAUSS et E. LAMBERT-ADBELGAWAD (dir.), *La pratique d'indemnisation par la Cour EDH*, éd. Bruylant, coll. « Publications de l'institut international des droits de l'homme », n°14, 2011, 357 p.

M. FOULETIER, *Recherches sur l'équité en droit public français*, éd. LGDJ, Coll. « Bibl. droit public », t. n°226, 2003, 298 p.

Le dialogue des juges. Mélanges en l'honneur du président Bruno GENEVOIS, éd. Dalloz, 2008, 1166 p.

B. GENIAUT, *La proportionnalité dans les relations de travail : de l'exigence au principe*, éd. Dalloz, coll. « Nouv. Bibl. des th. », t. n°86, 2009, 474 p.

Recueil d'études sur les sources du droit en l'honneur de F. GENY :

- t. II, Les sources générales des systèmes juridiques actuels, éd. Topos-Duchemin, 1977, 573 p.
- t. III, Les sources des diverses branches du droit, éd. Topos-Duchemin, 1977, 546 p.

P. GERARD, F. OST et M. VAN DE KERCHOVE (dir.), *Actualités de la pensée juridique de Jeremy Bentham*, éd. Presse de l'Université de Saint-Louis, 1987, 740 p.

S. GOYARD-FABRE, *La philosophie du droit de Kant*, éd. J. Vrin, 1996, 292 p.

C.-J. GUILLERMET, *La motivation des décisions de justice : la vertu pédagogique de la justice*, L'Harmattan, coll. « Bibl. droit processuel », éd. 2006, 106 p.

S. GUINCHARD et a. *Droit processuel. Droits fondamentaux du procès*, éd. Dalloz, Coll. « Précis », éd. 2019, p. 1537.

M. GUYOMAR, *Les sanctions administratives*, LGDJ, coll. « Système », 2014, 201 p.

J. HABERMAS, *Droit et démocratie. Entre faits et normes*, éd. Gallimard, coll. « NRF Essais », 1997, 551 p.

F. HAMON, M. TROPER, *Droit constitutionnel*, éd. LGDJ-Lextenso, 35e éd., 2014, 800 p.

P. JOURDAIN, « Lien de causalité – Détermination des causes du dommage » : *JCl Civil,* Fasc. 160, « Droit à réparation », act. 14 août 2013

H. KELSEN, *Théorie pure du droit*, (trad. C. EISENMANN), éd. Bruylant-LGDJ, coll. « La pensée juridique », 2e éd., 1999, 367 p.

J. LENOBLE, Droit et communication : la transformation du droit contemporain, Les éd. du Cerf, 1994, 115 p.

S. LE GAC-PECH, *La proportionnalité en droit privé des contrats*, éd. LGDJ, Coll. « Bibl. droit privé », t. n°335, 2000, 580 p.

P. LE TOURNEAU, « Responsabilité en général », *in Répertoire de droit civil*, act. sept. 2017

A LEPAGE, P. MAISTRE DU CHAMBON et R. SALOMON, *Droit pénal des affaires*, éd. LexisNexis, coll. « Manuel », 4e éd., 2015, 947 p.

P. MALAURIE, L. AYNES, P. STOEFFEL-MUNCK, *Droit des obligations*, éd. LGDJ-Lextenso, 10e éd., 2017, 897 p.

P. MALINVAUD, D. FENOUILLET, M. MEKKI, *Droit des obligations*, éd. LexisNexis, 14e éd., 2017, 961 p.

J.-P. MARGUENAUD, *La Cour européenne des droits de l'homme*, éd. Dalloz, Coll. « Connaissance du droit », 6e éd. 2012, 200 p.

A. MARZAL YETANO, La dynamique du principe de proportionnalité. Essai dans le contexte des libertés de circulation du droit de l'Union européenne, éd. Institut universitaire Varenne, 2014, 546 p.

M.-L. MATHIEU, *Logique et raisonnement juridique*, PUF, coll. « Thémis », 2e éd., 2015, 446 p.

B. MATHIEU et M. VERPEAUX, L'autorité des décisions du Conseil constitutionnel, Actes de la cinquième journée d'études annuelle du CRDC de l'Université Paris I Panthéon-Sorbonne, éd. Dalloz, coll. « Thème et commentaires », 2010, 163 p.

C. MAUBERNARD, *Droit matériel de l'Union européenne*, éd. Ellipses, coll. « tout le droit », 2007, 316 p.

M. MEKKI, L'intérêt général et le contrat. Contribution à une étude de la hiérarchie des intérêts en droit privé, éd. LGDJ, Coll. « Bibl. de droit privé », t. n°411, 2004, 910 p.

F. MÉLIN-SOUCRAMANIEN, Le principe d'égalité dans la jurisprudence du Conseil constitutionnel, éd. Economica, 1997, 397 p.

L. MILANO, Le droit à un tribunal au sens de la Convention européenne des droits de l'homme, éd. Dalloz, Coll. « Nouv. Bibl. des th. », t. n°57, 674 p.

P. MUZNY, La technique de proportionnalité et le juge de la Convention européenne des droits de l'homme. Essai sur un instrument nécessaire dans une société démocratique, PUAM 2005, t. 1 et 2, 734 p.

P. OLERON, *Le Raisonnement*, PUF, coll. « QSJ ? », n°1671, 5e éd., 1996, 125 p.

B. OPPETIT, *Philosophie du droit*, éd. Dalloz, coll. « Précis », 1999, 156 p.

L. PAILLER, Le respect de la Charte des droits fondamentaux de l'Union européenne dans l'Espace judiciaire européen en matière civile et commerciale, éd. Pédone, 2017, 547 p.

C. PERELMAN, *Logique juridique. Nouvelle rhétorique*, éd. Dalloz, 1999, 193 p.

C. PERELMAN, *Droit, morale et philosophie*, éd. LGDJ, 2e éd., 1976, 202 p.

C. PERELMAN et P. FORIES (dir.), *La motivation des décisions de justice*, Bruylant, 1978, 428 p.

C. PERELMAN et R. VANDER ELST (dir.), *Les notions à contenu variable en droit*, éd. Bruylant, 1984, 377 p.

C. PERELMAN et L. OLBRECHTS-TYTECA, *Traité de l'argumentation. La nouvelle rhétorique*, éd. Université de Bruxelles, 5e éd., 1992, 734 p.

L-E. PETTITI, E. DECAUX et P-H. IMBERT (dir.), La Convention européenne des droits de l'homme. Commentaire article par article, éd. Economica, 1999, 1230 p.

X. PHILIPPE, Le contrôle de proportionnalité dans les jurisprudences constitutionnelles et administratives françaises, Economica, PUAM, 1990, 541 p.

T. PIAZZON, *La sécurité juridique*, éd. Défrénois, coll. « Doctorat et notariat », t. n°35, 2009, 630 p.

C. PICHERAL-BOITEUX, *L'ordre public européen, droit communautaire et droit européen des droits de l'Homme,* éd. La documentation française, Coll. « Monde européen et international », 2001, 426 p.

C. PUIGELIER et F. TERRE (dir.), *La Vengeance*, éd. Panthéon-Assas, coll. « Colloques », 2011, 317 p.

J.-F. RENUCCI, *Droit européen des droits de l'homme*, éd. LGDJ, 7e éd., 2017, 552 p.

S. RIALS, Le juge administratif français et la technique du standard. Essai sur le traitement juridictionnel de l'idée de normalité, éd. LGDJ, Coll. « Bibl. droit public », t. n°135, 1980, 564 p.

J. ROCHFELD, « Cause », in *Répertoire de droit civil Dalloz*, act. juin 2016

P. ROUBIER, Théorie générale du droit, histoire des doctrines juridiques et philosophie des valeurs sociales, éd. Dalloz, 2e éd., 2005, 337 p.

D. ROUSSEAU, *Droit du contentieux constitutionnel*, éd. LGDJ-Lextenso, 10e éd., 2013, 584 p.

H. RUIZ FABRI et J.-M. SOREL (dir.), *La motivation des décisions des juridictions internationales*, éd. Pédone, 2008, 286 p.

A. SCHAHMANECHE, La motivation des décisions de la Cour européenne des droits de l'homme, éd. Pédone, 2014, 794 p.

D. SCHNAPPER, *Une sociologue au Conseil constitutionnel*, éd. Gallimard, 2010, 452 p.

D. SIMON, *Le système juridique communautaire*, éd. PUF, coll. « Droit fondamental », 3e éd., 2001, 779 p.

F. SUDRE, Droit européen et international des droits de l'homme, éd. PUF, 10e éd., 2011, 925 p.

F. TERRE, P. SIMLER et Y. LEQUETTE, *Les obligations,* éd. Dalloz, coll. « Précis », 12e éd., 2019, 2036 p.

G. TIMSIT, Gouverner ou juger : blason de la légalité, éd. PUF, 1995, 126 p.

S. VAN DROOGHENBROECK, La proportionnalité dans le droit de la Convention européenne des droits de l'Homme. Prendre l'idée simple au sérieux, Bruylant, 2001, 785 p.

J. VAN MARBEECK, De la certitude à la confiance : le principe de sécurité juridique dans la jurisprudence de la Cour de justice de l'Union européenne, éd. Anthémis-Université de Saint-Louis, 2014, 736 p.

P. ROSANVALLON, La légitimité démocratique : impartialité, réflexivité, proximité, éd. Seuil, 2008, 384 p.

G. VEDEL et P. DEVOLVE :

- *Droit administratif, t. 2,* éd. PUF, coll. « Thémis », 12e éd., 1992, 802 p.
- *Droit administratif,* éd. PUF, Coll. « Thémis », 10e éd., 1988, 1206 p.

R. VIANDIER, *Recherche de légistique comparée,* éd. Springer-Verlag, 1988, 175 p.

Gouverner, administrer, juger. Liber amicorum Jean Waline, éd. Dalloz, 2002, 797 p.

M. WEBER :

- *Le Savant et le Politique*, éd. 10/18, 2002, 221 p.
- *Sociologie du droit*, éd. PUF, coll. « Quadrige », 2017, 324 p.

G. XYNOPOULOS, Le contrôle de proportionnalité dans le contentieux de la constitutionnalité et de la légalité en France, Allemagne et Angleterre, éd. LGDJ, Coll. « Bibl. droit public », t. n°179, 1995, 463 p.

OUVRAGES, MANUELS, ACTES DE COLLOQUE ET THÈSES SPÉCIALISÉS EN DROIT FISCAL

H. AGENEAU, Le principe d'égalité dans les lois fiscales. Essai sur la jurisprudence du Conseil constitutionnel, ANTR, 1998, 374 p.

J.-L. ALBERT, J.-L. PIERRE et D. RICHER (dir.), *Dictionnaire de droit fiscal et douanier*, éd. Ellipses, 2007, 598 p.

G. ARDANT

- H*istoire de l'impôt. Livre I : de l'Antiquité au XVIIe siècle*, éd. Fayard, coll. « Les Grandes études historiques », 1971, 634 p.
- *Histoire de l'impôt. Livre 2 : XVIIe et XXIe siècle*, éd. Fayard, coll. « Les Grandes études historiques », 1972, 870 p.

L. AYRAULT, *Le contrôle juridictionnel de la régularité de la procédure d'imposition*, éd. L'Harmattan, coll. « Finances publiques », 2004, 444 p.

L. AYRAULT et O. NEGRIN, *Code de procédure fiscale annoté et commenté*, Dalloz 2019, 26e éd., 1884 p.

L. BARONE, L'apport de la Convention européenne des droits de l'homme au droit fiscal français, éd. L'Harmattan, 2000, 439 p.

J.-L. BEDIER, « Domaine du contentieux fiscal – Répartition des compétences entre les deux ordres de juridictions » : *JCl Procédures fiscales*, Fasc. 405, act. du 21 déc. 2017

D. BERLIN, *Droit fiscal communautaire*, coll. « Droit fondamental », éd. PUF, coll. « Droit fondamental », 1988, 410 p.

P. BERN, *La nature juridique du contentieux de l'imposition*, éd. LGDJ, Coll. « Bibl. de droit public », t. n°109, 1972, 197 p.

T. BERNS, J.-C. K. DUPONT et M. XIFARAS (dir.), La philosophie de l'impôt, Actes d'un colloque internationale, Université libre de Bruxelles, 29 avril 2004, éd. Bruylant, coll. « Penser le droit », 2006, 270 p.

M. BETCH, *Le juge judiciaire et l'impôt*, éd. Litec, 2010, 358 p.

J.-J. BIENVENU et T. LAMBERT, *Droit fiscal*, éd. PUF, coll. « Droit fondamental », 4e éd., 2010, 470 p.

F. BIN, L'influence de la pensée chrétienne, sur les systèmes fiscaux d'Europe occidentale, éd. L'Harmattan, coll. « Finances publiques », 2007, 462 p.

F. BOUCHER, « Secret professionnel des agents de l'administration fiscale », *JCl Procédures fiscales*, Fasc. 312, act. du 30 janv. 2017

M. BOUVIER, *Introduction au droit fiscal général et à la théorie de l'impôt*, éd. LGDJ-Lextenso, coll. « Systèmes », 11e éd., 2012, 316 p.

J. BUISSON, *Le sursis de paiement de l'impôt*, éd. LGDJ, Bibl. sc. fin., t. n°33, 1996, 231 p.

C. BUR, L'acte anormal de gestion ou le premier risque fiscal pour l'entreprise, éd. EFE, 1999, 486 p.

M. COLLET :

- *Droit fiscal*, éd. PUF, coll. « Thémis », 6e éd., 2017, 431 p.
- *L'impôt confisqué*, éd. Odile Jacob, coll. « Corpus », 2014, 101 p.

M. COZIAN, Les grands principes de la fiscalité des entreprises, éd. Litec, 4e éd., 1999, 513 p.

M. COZIAN, P. DIBOUT, J.-L. PIERRE, *Droits et garanties du contribuable. Évolution et perspectives 20 ans après le rapport Aicardi*, éd. Litec-LexisNexis, coll. « Colloques et débats », 2008, 656 p.

M. CHADEFAUX, F. DEBOISSY et C. DE LA MARDIÈRE (dir), Écrits de fiscalité des entreprises. Études à la mémoire du Professeur Maurice Cozian, éd. Litec, 2009, 948 p.

M. COZIAN, F. DEBOISSY et M. CHADEFAUX, *Précis de fiscalité des entreprises* : 2018-2019, éd. LexisNexis, coll. « Précis Fiscal », 42e éd., 2018, 1034 p.

C. DAVID, O. FOUQUET, B. PLAGNET, P.-F. RACINE

- *Les grands arrêts de la jurisprudence fiscale*, éd. Dalloz, coll. « Grands arrêts », 5 éd., 2009, 1158 p.
- *Les grands arrêts de la jurisprudence fiscale*, éd. Dalloz, coll. « Grands arrêts », 4e éd., 2000, 972 p.

F. DEBOISSY, *La simulation en droit fiscal*, éd. LGDJ, Coll. « Bibl. de droit privé », t. n°256, 1997, 472 p.

P. DEVOLVE, *Le principe d'égalité devant les charges publiques*, éd. LGDJ, « Bibl. droit public », t. n°88, 1969, 467 p.

F. DOUET :

- *Fiscalité 2.0 –Fiscalité du numérique*, éd. LGDJ, coll. « Précis Fiscal », 2019, 356 p.
- Contribution à l'étude de la sécurité juridique en droit fiscal interne français, éd. LGDJ, Coll. « Bibl. droit privé », 1997, 383 p.

J.-P. FRADIN et J.-B. GEFFROY, *Traité du droit fiscal de l'entreprise*, éd. PUF, coll. « Droit fondamental », 2003, 974 p.

P.-M. GAUDEMET et J MOLINIER, *Finances publiques, Tome 2 : Fiscalité*, éd. Montchrestien, coll. « Domat droit public », 6e éd., 1997, 493 p.

R. GOUYET, *L'illicite et le droit fiscal*, éd. ANRT, 2000, 391 p.

J.-J. GROSCLAUDE

- « Historique et problématique », *JCl Impôt sur la fortune*. Fasc. 15, act. 1er juin 2014
- *L'impôt sur la fortune*, éd. Berger-Levrault, coll. « L'administration nouvelle », 1976, 225 p.

D. GUTMANN, *Droit fiscal des affaires*, LGDJ, 6ème éd., 2015, 796 p.

A.-G. HAMONIC-GAUX, Le régime fiscal des prix de transfert pratiqués entre les sociétés françaises et américaines : le cas des droits de propriétés incorporelles, Th. Dact. Paris 2, 1999, p. 432 p.

B. HATOUX (dir.), *Droits du contribuable. État des lieux et perspectives*, éd. Economica, Coll. « Entreprise et perspectives économiques », 2002, 170 p.

E. KORNPROBST, *La notion de bonne foi – Application au droit fiscal français*, éd. LGDJ, « Bibli. Droit privé », t. n°165, 1980, 409 p.

J. LAMARQUE, « Droits fondamentaux constitutionnels. Principe d'égalité devant l'impôt », *JCl. Procédures fiscales*, fasc. 112, n°67, actualisation 31 mars 2016

J. LAMARQUE, O. NÉGRIN et L. AYRAULT, *Droit fiscal général*, Litec, 4e éd., éd. 2016, 1642 p.

T. LAMORLETTE, *Les actes anormaux de gestion*, éd. Economica, coll. « Bibl. Gestion. Série Entreprise, 2e éd., 1985, 86 p.

J. LASSERRE-CAPDEVILLE, P. MARCHESSOU, B. TRESCHER, C. CUTAJAR (dir.), *Fraude et évasion fiscales. États des lieux et moyens de lutte*, éd. Joly, Coll. « Pratique des affaires », 2015, 211 p.

M. LAURE, *Traité de politique fiscale*, éd. PUF, 1956, 427 p.

O. LEMAIRE, « Sanctions des vices de procédures », *JCl. Procédures fiscales*, fasc. n°480, , actualisation juil. 2016

G. LEGRAND, H. MARTIN, P. DE LAGARDE, *Le recouvrement de l'impôt,* éd. LexisNexis, 2e éd., 2014, 430 p.

M. LEROY, L'impôt, l'État et la société. La sociologie fiscale de la démocratie interventionniste, éd. Economica, coll. « Finances publiques », 2010, 376 p.

A. MAITROT DE LA MOTTE,

- Souveraineté fiscale et construction communautaire. Recherche sur les impôts directs, éd. LGDJ, coll. « Bibl. sc. fin. », t. n°44, 2005, 537 p.
- *Droit fiscal de l'Union européenne*, éd. Bruylant, Coll. « Droit de l'Union européenne », 2e éd., 2016, 867 p.

A. MANGIAVILLANO, Le contribuable et l'État : l'impôt et la garantie constitutionnelle de la propriété (Allemagne-France), éd. Dalloz, coll. « Nouv. Bibl. Th », t. n°126, 2013, 676 p.

P. MARCHESSOU, *L'interprétation des textes fiscaux*, éd. Economica, Coll. « Droit des affaires et de l'entreprise. Études et recherches », 1980, 258 p.

J.-C. MARTINEZ (dir.), *Dieu et l'impôt*, éd. G. de Bouillon, 2001, 528 p.

B. NÉEL, *Les pénalités fiscales et douanières*, Economica, coll. « Finances publiques », 1989, 424 p.

G. NOËL :

- « Demande d'éclaircissement ou de justification (LPF, Art. L. 16). – Demande de justifications "contrôle" (LPF, art. L. 16, al. 3). – Mise en œuvre de la procédure. – Domaines et conditions de fond », *JCl Procédures fiscales*, fasc. 339-20, act. juin 2016
- *JCl Procédures fiscales*, fasc. 218, actualisation 30 septembre 2015

G. ORSONI, *L'interventionnisme fiscal*, éd. PUF, 1995, 305 p.

M. PELLETIER, *Les normes fiscales*, éd. Dalloz, coll. « Nouv. Bibl. de thèses, t. n°78, 2008, 593 p.

V. PERRON, Le contrôle juridictionnel des perquisitions en matière fiscale, thèse Paris II – Panthéon-Assas, 2007, 643 p.

M. ROBBEZ-MASSON, *La notion d'évasion fiscale en droit interne français,* éd. LGDJ, Coll. « Bibl. sc. fin. », 1990, t. n°29, 503 p.

A. K. SID, Droits fondamentaux du contribuable et procédures fiscales. Études comparatives, éd. L'Harmattan, 2008 :

- T. 1.Les droits d'origine non procédurale du contribuable (438 p.)
- T. 2. Les droits d'origine procédurale du contribuable (329 p.)

A. SPIRE, Résistance à l'impôt, attachement à l'État, éd. du Seuil, 2018, 312 p.

E. TAUZIN, *L'intérêt de l'entreprise et le droit fiscal,* éd. L'Harmattan, coll. « Finances publiques », 2011, 366 p.

L. TROTABAS, *Précis de science et technique fiscales,* éd. Dalloz, Coll. "Précis", 1958, 419 p.

G. VEDEL, *Cours de législation financière 1952-1953*, éd. Les Cours de droit, 1953, 687 p.

ÉTUDES, CHRONIQUES ET ACTES DE COLLOQUES

G. ABATE L. BROCHET, N. MOGNETTI, C. POURREAU, Y. RUTSCHMANN, P. SUET et O. TAILLARDAT, « Quelles évolutions pour l'impôt sur les sociétés ? Actes de la soirée annuelle de l'IFA organisée le 6 novembre 2018 » : *DF* 2018, n°49, comm. 488,

« La fiscalité environnementale à l'épreuve des réalités sociales. Y a-t-il une issue entre "la fin du mois et la fin du monde" ? » - Actes du colloque organisé le 12 juin 2019 par l'Association des fiscalités de Paris V : *DF* 2019, n°30-35, étude 338 à 343

M. AFROUKH,

- « L'identification d'une tendance récente à l'objectivisation du contentieux dans le contrôle de la Cour européenne des droits de l'homme » : *RDP* 2015, p. 1357 et s.
- « La modulation des peines » : *RFDA* 2012, p. 625 et s.

Y. AGUILA, « Cinq questions sur l'interprétation constitutionnelle » : *RFDC* 1995, n°21, p. 9 et s.

Y. AGUILA, G. FROGER, J. GAYRAL et Y. RUTSCHMANN, « La réforme de l'abus de droit au prisme de la Constitution » : *FR Lefebvre* 50/2013, p. 13 et s.

J. ALLARD, « La cosmopolisation de la justice : entre mondialisation et cosmopolitisme », *Rev. de phil. Polit. de l'Ulg* (Univserité de Liège), déc. 2008, n°1, pp. 61-83

M. AMELIER, « *Principes d'interprétation constitutionnelle et autolimitation du juge constitutionnel* », Exposé présenté à l'occasion d'une rencontre organisée à Istanbul en mai 1998 par l'OCDE : https://www.conseil-constitutionnel.fr/les-membres/principes-d-interpretation-constitutionnelle-et-autolimitation-du-juge-constitutionnel

P. AMSELEK, « Les mécanismes régulateurs de la pratique du droit fiscal en France » : *DF* 1983, n°40, étude 100058.

J. ANDRIANTSIMBAZOVINA,

- « La conception des libertés par le Conseil constitutionnel et par la Cour européenne des droits de l'homme » : *Cah. Cons. const.*, 2011, n°32, p. 19 et s. - accessible en ligne sur le site du Conseil constitutionnel ;
- « La Convention européenne des droits de l'homme, instrument de convergence des droits constitutionnels nationaux et du droit communautaire », in H. GAUDIN, *Droit constitutionnel, Droit communautaire, Vers un respect réciproque mutuel ?*, éd. Economica-PUAM, coll. « Droit public positif », 2001, p. 180 et s.

J. ARRIGHI DE CASANOVA,

- « Pouvoir normatif du Conseil constitutionnel et stabilité de la norme » : *Cah. Cons. const.*, juil. 2008, n°24 – accessible en ligne sur le site du Conseil constitutionnel ;
- « Le procès équitable dans la jurisprudence fiscale du Conseil d'État » : *RFFP* 2003, n°83, p. 25 et s.

J.-B. AUBY, « Le recours aux objectifs des textes dans leur application en droit public » : *RDP* 1991, p. 327 et s.

J.-M. AUBY, « L'influence du changement de circonstances sur la validité des actes administratifs unilatéraux » : *RDP* 1959, p. 431 et s.

M. AUJEAN, G. GEST, J.-P. LE GALL, P. MARTIN, P. POULIGUEN et P. SAINT-AMAND, « L'ordre fiscal international » : *DF* 2007, n°37, étude 822

S. AUSTRY :

- La fin de l'abus de droit, À propos des nouvelles clauses anti-abus du projet de loi de finances : *FR Lefebvre* 54/18, 13 déc. 2018
- « QPC fiscale et effets de la décision dans le temps » : *Cah. Cons. const.* 2011/4, n°33, p. 69 et s.
- « Les sanctions administratives en matière fiscale » : *AJDA* 2001, p. 51 et s.
- « Directives communautaires non transposées : articulation entre les conditions d'invocabilité et le droit à réparation devant le juge national » : *RJF* 12/1996, p. 803
- « L'application des principes généraux du droit pénal aux pénalités fiscales : étendue et limites » : *RJF* 5/1996, p. 314

L. AYRAULT :

- « Droit fiscal européen des droits de l'homme : chronique de l'année 2017 » : *DF* 2018, n°9, chron. 207 ;
- « Répression fiscale et droits d'enregistrement » : *DF* 2017, n°17, étude 280 ;
- « Le renforcement des sanctions » : *DF* 2014, n°51-52, étude 701 ;
- « Droit fiscal européen des droits de l'homme : chronique de l'année 2013 » : *DF* 2014, n°10, chron. 201 ;
- « Droit fiscal européen des droits de l'homme : chronique de l'année 2012 » : *DF* 2013, n°9, étude 177 ;
- « Droit fiscal européen des droits de l'homme : chronique de l'année 2011 » : *DF* 2012, n°9, étude 166 ;
- « QPC et droit fiscal » : *LPA* 29 septembre 2011, n°194, p. 55
- « Droit fiscal européen des droits de l'homme : chronique de l'année 2010 » : *DF* 2011, n°11, chron. 240
- « Droit fiscal européen des droits de l'homme : l'année 2008 » : *DF* 2009, n°9, étude 222

D. BARANGER, « Sur la manière française de rendre la justice constitutionnelle. Motivations et raisons politiques dans la jurisprudence du Conseil constitutionnel » : *Jus Politicum* 2012, n°7

A. BÉNABENT, « Un culte de la proportionnalité… un brin disproportionné ? » : *D* 2016, p. 137 et s.

V. BERGER,

- « L'obligation de déclaration de comptes ouverts à l'étranger et le droit à un procès équitable » : *DF* 2017, n°8, étude 163 ;
- « Le contrôle de proportionnalité exercé par la Cour européenne des droits de l'homme » : *LPA* 5 mars 2009, n°46, p. 40 et s.

M.-C. BERGERES,

- « Droit communautaire et conventions fiscales internationales » : *DF* 2007, n°19, étude 487 ;
- « Vers un contrôle élargi de la loi fiscale par le Conseil d'État ? » : *DF* 2002, n°43, étude 35 ;
- « La substitution de base légale : un joker contentieux de l'administration fiscale » : *Procédures* 2002, chron. 8 ;
- « Les normes jurisprudentielles en droit fiscal » : *DF* 2000, n°13, étude 109 ;
- « La contingence et le droit fiscal » : *DF* 1999, n°10, étude 95

L. BERTHIER et A.-B. CAIRE, « La motivation des décisions de justice et la Convention européenne des droits de l'homme » : *RFDA* 2009, p. 677 et s.

J.-J. BIENVENU, « Naissance de la doctrine administrative » : *RFFP* 2001, n°75, p. 11 et s.

C. BLAZY MALAURIE : « Constitution et confiance légitime » : *RFFP* 2015, p. 33 et s.

R. BONNARD, « Le pouvoir discrétionnaire des autorités administratives et le recours pour excès de pouvoir » : *RDP* 1923, p. 388

A. BONNET, « L'impulsion du juge national et la Convention EDH : incertitude ou rééquilibrage ? » : *DF* 2009, n°51, étude 583

L. BORE, « La motivation des décision de justice et la CEDH » : *JCP G* 2002, I, 104

M. BORNHAUSER,

- « Sanctions fiscales et procès équitable – La compatibilité du contentieux des pénalités fiscales avec l'article 6 de la Convention EDH » : *DF* 1995, n°28, comm. 100049
- « La modération des pénalités fiscales devant le juge de l'impôt », *BF* 10/1993, chron. p. 617 et s.

D. BOTTEGHI et A. LALLET, « De l'art faussement abstrait (et pas vraiment concret du contrôle de conventionnalité » : *ADJA* 2010, p. 2416.

J.-C. BOUCHARD et P. FUMENIER, « De la question préjudicielle de constitutionnalité : vers une société de confiance » : *DF* 2008, n°36, étude 433

J. BOULOUIS, « À propos de la fonction normative de la jurisprudence. Remarque sur l'œuvre jurisprudentielle de la Cour de justice des Communautés européennes », in *Le juge et le droit public, Mélanges offerts à Marcel Waline. T. 1.*, éd. LGDJ, 1974, p. 149 et s.

R. BOUSTA,

- « De la créativité du juge fiscal : l'exemple de l'indépendance des procédures fiscale et pénale » : *DF* 2011, n°16, chron. 310 ;
- « Contrôle constitutionnel de proportionnalité. La spécificité française à l'épreuve des évolutions récentes »: *RFDC* 2011, p. 913 et s.

B. BOUTEMY et E. MEIER, « Substitution de base légale : nouvelle ardoise magique de l'administration ? » : *DF* 2002, n 51, étude 42

M. BOUVIER,

- « Sens et légitimité de l'impôt » : *Pouvoirs* 4/2014, n°151, p. 27 et s.
- « Pour une renaissance de la théorie de l'impôt » : *DF* 2006, n°24, étude 28
- « La doctrine administrative en droit fiscal : entre droit et politique : *RFFP* 2001, n°75, p. 79 et s.

N. DE BOYNES, « Les fragilités du régime français d'intégration fiscale dans la jurisprudence de la CJUE » : *DF* 2016, n°39, étude 513

G. BRAIBANT, « Le principe de proportionnalité », *in Mélanges Marcel Waline, Le juge et le droit public. T. 2*, éd. LGDJ, 1974, p. 297 et s.

A. BRETONNEAU et X. DOMINO, « Les suites de la QPC : histoire et géographie du dialogue des juges » : *AJDA* 2011, p. 1139 et s

J. BUISSON,

- « Les aspects de procédure pénale dans la loi relative à la lutte contre la fraude » : *Procédures* 2018, comm. 377 ;
- « La substitution de base légale » : *DF* 2014, n°11, étude 202.

L. CADIET, « Remarques sur la notion fiscale d'abus de droit », *in* E. NEVEU et L. CADIET (dir.), *Regards sur la fraude fiscale*, éd. Economica, 1986, p. 33 et s.

G. CANIVET :

- « Comprendre le délibéré ? Ou le mystère de la chambre du Conseil », in Mélanges en l'honneur de Serge Guinchard. Justice et droit du procès : du légalisme procédural à l'humanisme processuel, éd. Dalloz, 2010, p. 205 et s.
- « La politique jurisprudentielle », *in Mélanges en l'honneur de Jacques Bore*, éd. Dalloz, 2007, p. 79 et s.

E. CARPANO, « La définition du standard européen de l'État de droit » : *RTD eur.* 2019, p. 255 et s.

H. CASSAGNABERE, « Le juge du droit de l'Union et la modulation dans le temps » : *Nouv. Cah. Cons. const.*, 2017, n°54 – accessible en ligne sur le site du Conseil constitutionnel

P. CASSIA et E. SAULNIER, « Le Conseil d'État et la Convention européenne des droits de l'Homme » : *AJDA* 1997, p. 411

Y. CHARTIER, « Le rapport de la Cour de cassation. À propos du Rapport pour l'année 1999 » : *JCP G* 2000, 238

M. CHADEFAUX, « La gestion fiscale des aides intragroupe en droit interne » : *DF* 2012, n° 50, comm. 556.

A. CHAUTARD-ANGOTTI, « Bonne foi, mauvaise foi, manœuvres frauduleuses : intérêt de la distinction », *in Les sanctions administratives fiscales : aspects de droit comparé,* T. LAMBERT (dir.), L'Harmattan, 2006, p. 137 et s.

J.-Y. CHEROT, « Quelques observations sur le principe d'égalité dans la Constitution et dans la jurisprudence du Conseil constitutionnel », *in Mélanges offerts au Doyen Charles Cadoux*, éd. PUAM, 1999, p. 67 et s.

M. CHIROLEU-ASSOULINE, « La fiscalité environnementale, instrument économique par excellence » : *RFFP* 2011, n°114, p. 17 et s.

C. CLAVERIE-ROUSSET, « Le délit de fraude fiscale et les délits voisins » : *DF* 2014, n°46, étude 622

G. COHEN-JONATHAN,

- « Quelques considérations sur la réparation accordée aux victimes de la CEDH », *in Les droits de l'homme au seuil du troisième millénaire, Mélanges en hommage à Pierre Lambert*, éd. Bruylant, 2000, p. 119 et s.
- « La fonction quasi-constitutionnelle de la Cour européenne des droits de l'homme », *in Renouveau du droit constitutionnel. Mélanges en l'honneur de Louis Favoreu*, éd. Dalloz, 2007, p. 1139 et s.

M. COLLET

- « Effet d'aubaine » : *RJEP* 2013, repère 11 ;
- « Réforme fiscale : la contrainte constitutionnelle » : *RFFP* 2011, n°116, p. 19 et s. ;
- « La question prioritaire de constitutionnalité en matière fiscale » : *RJEP* 2011, n°16, étude 5 ;
- « Les conditions de recevabilité de la doctrine administrative » : *RFFP* 2010, n°112 p. 71 ;
- « Les bienfaits du « dialogue des juges ». Remarques sur la mise en œuvre par le juge fiscal des articles 14 de la Convention EDH et 1er de son premier protocole additionnel » : *DF* 2006, n°51, étude 70 ;
- « La régulation fiscale » : *DF* 2008, n°12, étude 220 ;
- « Contrôle des actes de gestion ; pour un retour à l'anormal » : *DF* 2003, n°14, étude 14.

M. COLLET, et E. CREPEY, et S. ROBERT, « Capacité contributive de l'entreprise et imposition confiscatoire » : *DF* 2015, n°39, étude 583

P. COLLIN :

- « Procédures fiscales : chronique de l'année 2012 » : *DF* 2013, n°9, étude 176
- « Procédures fiscales : chronique de l'année 2011 » : *DF* 2012, n°9, étude 165
- « Fiscalité environnementale et Constitution » : *Nouv. Cah. Cons. const.* 2014, n°43, p. 73 et s.
- « Procédures fiscales : chronique de l'année 2010 » : *DF* 2011, n°9, étude 239

J.-P. COSTA :

- « La Cour EDH : un juge qui gouverne ? *in Etudes en l'honneur de G. TIMSIT*, éd. Bruylant, 2004, p. 67 et s
- « Le principe de proportionnalité dans la jurisprudence du Conseil d'État » : *AJDA* 1988, p. 434 et s.

M. COZIAN :

- « Vente à soi-même d'un cabinet médical et exonération « Sarkozy » : abus de droit ou effet d'aubaine ? » : *DF* 2008, n°11, étude 204
- « L'opposabilité à l'administration des actes sous seing privé » : *RJF* 11/1994, p. 661 et s.

M. COZIAN et L. TROTABAS, « Propos désobligeants sur une tarte à la crème : l'autonomie et le réalisme du droit fiscal : *DF* 1999, n°13, étude 100125

M. COZIAN et C. BYRAMJEE, « La distinction des erreurs comptables et des décisions de gestion » : *DF* 1993, n°43, chron. p. 1712 et

C. GREWE, « Les conflits de norme entre droit communautaire et droits nationaux en matière de droits fondamentaux », *in* S. LECERC, J.-F. AKANDJI-KOMBE, M.-J. REDOR, *L'Union européenne et les droits fondamentaux*, éd. Bruylant, 1999, p. 57 et s

E. DE CROUY-CHANEL:

- « Chronique de procédures fiscales 2018 »: *DF* 2019, n°10, étude 196 ;
- « Procédures fiscales : chronique de l'année 2017 » : *DF* 2018, n°9, étude 206 ;
- « Le consentement à l'impôt » : *Pouvoirs* 4/2014, n°151, p. 5 à 14 ;
- « La définition juridique de l'impôt. L'exemple de la doctrine française », *in* T. BERNS, J.-C. K. DUPONT et M. XIFARAS (dir.), *La philosophie de l'impôt, Actes d'un colloque internationale, Université libre de Bruxelles, 29 avril 2004*, éd. Bruylant, coll. « Penser le droit », 2006, p. 135 et s.
- « L'impôt sur la fortune, le mal-aimé du système fiscal français » : *Rev. polit. parl.* oct./déc. 2005, n°1037, p. 21 et s. ;
- « L'arrêt Ferrazzini de la Cour européenne des Droits de l'Homme (CEDH) (12 juillet 2001) : réflexions sur la singularité du droit public » : *RRJ* 2003, p. 1493 et s..

O. De DAVID BEAUREGARD-BERTHIER, « La notion de détournement de procédure en droit administratif » : *Dr. Adm.* 2006, n°1, étude 2

E. DAVOUDET et O. EL ARJOUN, « Opposabilité de la doctrine contraire au droit de l'Union européenne : état des lieux et perspectives » : *DF* 2013, n°37, étude 405

L. DAYDIE, « La détermination des effets des décisions QPC : illustration d'un usage perfectible de la Constitution » : *RFDC* 2018, n°113, p. 47 et s.

O. DEBAT, « Souveraineté, citoyenneté, liberté : le droit pénal fiscal en quête d'équilibre », *in Livre du bicentenaire du Code pénal et du Code d'instruction criminelle*, éd. Dalloz, 2010, p. 785 et s.F. DEBOISSY :« Articulation de la procédure d'abus de droit et des clauses anti-abus » : *DF* 2016, n°49, étude 632 ;

- « Sociétés holdings et clause anti-abus : le régime mère-fille est-il réservé aux entreprises ? » : *DF* 2016, n°16, étude 287

- « Vente à soi-même » d'une clientèle libérale pour bénéficier du dispositif « Sarkozy » d'exonération des plus-values : habileté fiscale ou fraude à la loi ? » : *DF* 2009, n°17, étude 261.

F. DEBOISSY et S. DETRAZ, « Droit pénal et droit fiscal », in Droit pénal et autres branches du droit. Regards croisés, Actes du XXe congrès de l'Association française de Droit Pénal, oct. 2011, éd. Cujas, 2012, p. 221 à 245.

G. DEDEURWAERDER, « La distinction des erreurs et des décisions de gestions. Essais de présentation renouvelée d'une théorie générale » : *DF* 2014, n°28, étude 427

B. DELABRE et B. OLIVE, « La société à prépondérance immobilière » : *JCP N*, 2012, 1392

B. DELAUNAY :

- « L'évolution de la jurisprudence fiscale de la Cour de justice en matière de liberté de circulation des capitaux » : *DF* 2012, n°47, étude 526 ;
- « L'évolution de la jurisprudence relative aux justifications des restrictions fiscales aux libertés communautaires » : *DF* 2009, n°12, comm. 248

M. DELMAS-MARTY,

- « La jurisprudence de la Cour européenne des droits de l'homme et la logique du flou » : *RDP* 1992, p. 1031 et s. ;
- « Droits de l'homme et systèmes de droit », *Le Débat* 1995/1, n°83, p. 146 et s. ;
- « Quand l'Europe raisonne la raison d'État », *Revue Projet* 2011/5 (n°324-325), p. 16 et s.

D. DERO-BUGNY, « La cohérence dans le système européen de protection des droits fondamentaux », *in*. B. BERTRAND, F. PICOD et S. ROLAND (dir.), *L'identité du droit de l'Union européenne. Mélanges en l'honneur de Claude Blumann*, éd. Bruylant, 2015, p. 109 et s.

O. DESAULNAY, « La responsabilité de l'État du fait d'une loi inconstitutionnelle : l'inévitable pas de deux du Conseil d'État et du Conseil constitutionnel », *in Mélanges Pierre Bon*, éd. Dalloz, 2014, p. 792 et s.

P. DEROUIN :

- « La pénalisation du droit fiscal – Compte-rendu de la conférence de l'IACF du 18 avril 2013 » : *DF* 2013, n°25, act. 309.
- « Fiscalité des fusions de sociétés et échanges d'action. Droit communautaire et droit national (à propos de l'arrêt. Leur-Bloem de la CJCE du 17 juil. 1997) » : *DF* 1997, n°38, étude 100050.
- « L'apport du droit pénal au régime juridique des sanctions fiscales » : *LPA* 6 octobre 1993, n° 120, p. 70 et s.

S. DETRAZ :

- « Les temps modernes de la poursuite de la fraude fiscale : le ministère public et les engrenages du “verrou de Bercy” » : *Dr. pén.* 2018, dossier 10 ;
- « Armement et réarmement du droit pénal et du droit fiscal à l'encontre de la soustraction à l'impôt. À propos de la loi du 23 octobre 2018 relative à la lutte contre la fraude » : *JCP G* 2018, doctr. 1393 ;
- « Les sanctions de la fraude fiscale à l'épreuve des principes constitutionnels et européens » : *DF* 2014, n°46, étude 625.

P. DEUMIER, « Les effets dans le temps des décisions QPC : un droit des conséquences des décisions constitutionnelles » : *Nouv. Cah. Cons. const*, 2015, n°47, p. 65

P. DIBOUT, « L'extension des prérogatives de l'administration fiscale dans le contrôle des opérations internationales (L. 12 avril 1996 portant DDOEF, art. 39 et 40) » : *DF* 1996, n°18-19, étude 100036

E. DINH, « Le régime de l'intégration française et le droit de l'Union européenne : la cohérence rompue » : *JCP E* 2016, p. 1230.

M. DISANT :

- « L'appréhension du temps par la jurisprudence du Conseil constitutionnel » : *Nouv. Cah. Cons. const.*, 2017, n°54, p. 19 – accessible en ligne sur le site du Conseil
- « Les effets dans le temps des décisions QPC : le Conseil constitutionnel, « maître du temps » ? Le Législateur, bouche du Conseil constitutionnel ? » : *Nouv. Cah. Cons. const.* 2013, n°40, p. 63 – accessible en ligne
- « La responsabilité de l'État du fait de la loi inconstitutionnelle : *RFDA* 2011, p. 1181

G. DRAGO, « Les droits fondamentaux entre juge administratif et juges constitutionnel et européens » : *Dr. adm.* 2004, étude 11

P. DRAÏ, « Le délibéré et l'imaginaire du juge », *in Nouveaux juges, nouveaux pouvoirs. Mélanges en l'honneur de R. Perrot*, éd. Dalloz, 1996, p. 114 et s.

A. DREMCZEWSKI, « Quelques réflexions sur l'autorité de la chose interprétée par la Cour de Strasbourg », *in La conscience des droits, Mélanges Jean-Paul Costa*, éd. Dalloz, 2011, p. 243 et s.

P. DUBOUCHET, « La théorie normative du droit et le langage du juge » : *RRJ* 1994, p. 657 et s.

E. DUBOUT, « L'efficacité structurelle de la question prioritaire de constitutionnalité en question » : *RDP* 2013, p. 107 et s.

T. DUCHARME, « L'effet inutile des QPC confronté aux droits européens » : *RDP* 2019, n°1, p. 107 et s.

M.-L. DUSSART, « Les choix de politiques fiscales du législateur, l'égalité devant les charges publiques et le pouvoir d'appréciation du juge constitutionnel » : *RDP* 2010, n°4, p. 1003 et s.

V. DUSSART, *La police fiscale* : *DF* 2014, n°51-52, étude 695

O. DUTHEILLET DE LA MOTTE, « L'effet dans le temps des décisions rendues en matière de QPC – Les enseignements de l'affaire Foot Locker » : *JCP G* 2018, doctr. 89

G. EVEILLARD, « L'exigence de critères objectifs et rationnels dans le contrôle de l'égalité devant l'impôt par le Conseil constitutionnel » : *LPA* 28 janv. 2000, n°20, p. 8 et s.

M. EYNARD, « La modulation des effets dans le temps des déclarations d'inconstitutionnalité prononcées dans le cadre de questions prioritaires de constitutionnalité : typologie des solutions et perspectives » : *RFDC* 2018, n°114, p. 317 et s.

M. FATIN-ROUGE STEFANINI, « La singularité du contrôle exercé *a posteriori* par le Conseil constitutionnel : la part de concret, la part d'abstrait » : *Nouv. Cah. Cons. const.*, 2013, n°38, p. 205 et s. – accessible en ligne

R. FAUROUX, « L'acte normal ou anormal de gestion » : *Gaz. Pal.* 1980, doctr. p. 571

J.-P. FELDMAN, « Le Conseil constitutionnel et l'ISF. De l'égalité et de la progressivité de l'impôt », à propos de la décision n°2010-44 QPC : *D* 2010, p. 2620 et s.

L. FERIEL, « Le législateur et le principe d'égalité devant les charges publiques : O tempora, o mores… » : *DF* 2013, n°22, étude 299

C. FERNANDES, « Le contrôle de constitutionnalité *a priori* exercé sur les lois ordinaires depuis l'entrée en vigueur de la question prioritaire de constitutionnalité » : *RFDA* 2018, p. 387

J.-F. FLAUSS, « Sanctions fiscales et Convention européenne des droits de l'homme » : *RFFP* 1999, n°65, *Les sanctions fiscales,* p. 77 à 99

S. FORFAIT, « Quel modèle de taxe écologique ? » : *RFFP* 2019, n°147, p. 253 et s.

O. FOUQUET :

- « Les deux nouvelles procédures de "mini-abus de droit" instituées par le projet de loi de finances pour 2019 sont-elles constitutionnelles » ?: *DF* 2018, n°49, act. 519 ;
- « La réforme de l'abus de droit pour quoi faire ? » : *FR Lefebvre* 39/2013, p. 23 et 24 ;
- « Acte anormal de gestion résultant de la prise d'un risque manifestement excessif : quelles limites ? » : *FR Lefebvre* 31/2012, inf. 19 p. 24 ;
- « Fraude à la loi : l'explication du « critère subjectif » » : *DF* 2009, n°39, act. 287 ;
- « Indépendance des procédures et déontologie du juge » : *Rev. adm.* 1995, p. 590

A. FOURNIER, « Charte des droits fondamentaux et Convention européenne des droits de l'homme : redondance ou renforcement de la protection des contribuables ? » : *DF* 2018, n°21, 281

R. FRAISSE, « Le Conseil constitutionnel exerce un contrôle conditionné, diversifié et modulé de la proportionnalité » : *LPA* 5 mars 2009, n°46, p. 74 et s

A. FRANK, « Les critères objectifs et rationnels dans le contrôle constitutionnel de l'égalité » : *RDP* 2009, n°1, p. 77 et s.

P. de FRÉMINET, « La Communauté européenne dispose-t-elle d'un véritable juge fiscal ? » : *DF* 2007, n°25, étude 647

J. FREMONT, « Transformation du texte, transformation du droit », in D. BOURCIER et C. THOMASSET (dir.), *L'Écriture du droit. Législation et technologie de l'information*, éd. Diderot, coll. « Arts et sciences », 1996, p. 81 et s.

N. FRICERO, « L'autorité de la chose jugée des décisions de la CEDH » : *Procédures* 2007, étude 21

M. FROMONT, « *Le principe de proportionnalité* » : *AJDA* n°spé., 1995, p. 156 et s.

H. FULCHIRON, « Grandeurs et servitudes du contrôle de proportionnalité » : *D* 2016, p. 2496

B. GENEVOIS, note sous Cons. const. 29 déc. 1989, n° 89-268 DC : *RFDA* 1990, p. 143 et s.

F. GENY, « Le particularisme du droit fiscal » : *RTD civ.* 1931, p. 832 et s.

S. GJIDARA, « La motivation des décisions de justice : impératifs anciens et exigences nouvelles » : *LPA* 26 mai 2004, n°105, p. 3

E. GLASER, « Droit de communication : quelles garanties pour le contribuable ? » : *RJF* 8-9/2008, p. 787 et s.

V. GOESEL-LE BIHAN :

- « À quoi sert le contrôle de l'adéquation dans la jurisprudence récente du Conseil constitutionnel ? » : *RFDC* 2017, n°109, p. 89-102 ;
- « Le contrôle de proportionnalité exercé par le Conseil constitutionnel, figures récentes » : *RFDC* 2007, p. 281 et s. ;
- « Les figures du contrôle de proportionnalité en droit français : *LPA* 5 mars 2009, n°46, p. 5 ;
- « Le contrôle de proportionnalité exercé par le Conseil constitutionnel » : *LPA* 5 mars 2009, n°46, p. 62 ;
- « Le contrôle de proportionnalité exercé par le Conseil constitutionnel, technique de protection des libertés publiques *? »* : *Jus politicum* 2012, n°7

G. GOULARD,

- « L'abus de droit à la lumière du droit communautaire. À propos de l'arrêt CE, 18 mai 2005, SA Sagal » : *DF* 2005, n°44-45, étude 39 ;

- « L'indépendance des procédures. Retour à un principe traditionnel » : *RJF* 1/1996, p. 2 (à propos de CE, Sect., 6 déc. 1995, n°90.914, Navon et n°126.826 SA Samep) ;
- « Déductibilité des sommes versées en exécution d'un engagement de caution » : *RJF* 11/1993, p. 815

J.-C. GROSCLAUDE, « De l'inconstitutionnalité de l'impôt sur la fortune en France et en Allemagne » : *DF* 2002, n°24, étude 21

C. GRZEGORCZYK, « L'impact de la théorie des actes de langage dans le monde juridique : essai de bilan », *in* P. AMSELEK (dir.), *Théorie des actes de langages, éthique et droit*,

J.-P. GRIDEL, « Le contrôle de proportionnalité exercé par le juge judiciaire français » : *LPA* 2009, n°46, p. 113

M. GROS, « Le juge administratif, la procédure et le temps » : *RDP* 1999, n°6, p. 1709

M.-J. GUEDON, « Régularité interne de l'acte administratif et pouvoir de substitution du juge » : *AJDA* 1981, p. 443 et s.

M. GUIBAL, « De la proportionnalité » : *AJDA*, octobre 1978, p. 477 et s.

M. GUILLAUME, « Question prioritaire de constitutionnalité et Convention européenne des droits de l'homme : *Nouv. Cah. Cons. const.*, 2011, n°32 – accessible en ligne

J. DE GUILLENSCHMIDT, « Le contrôle de proportionnalité dans la jurisprudence du Conseil constitutionnel français, 5e conférence des Chefs d'institution de l'ACCF, Libreville, 8-13 juillet 2008, https://accf-francophonie.org/publication/bulletin-n9/#le-controle-du-principe-de-proportionnalite-dans-la-jurisprudence-du-conseil-constitutionnel-francais

D. GUTMANN :

- « La portée de l'article 6 de la Convention des droits de l'homme en matière fiscale » : *DF* 2016, n°38, étude 501 ;
- Le contrôle du Conseil constitutionnel sur les sanctions fiscales : *DF* 2015, n°13, étude 233 ;
- Sanctions fiscales et Constitution : *Nouv. Cah. Cons. const.* 2011, n° 33, p. 41 et s. – accessible en ligne ;
- « La "pénalisation" du droit fiscal : mythe ou réalité ? » : *DF* 2010, étude 122

M.-D. HAGELSTEEN, "Les relations commerciales normales entre les entreprises" : *RJF* 5/1978, chron. p. 146

B. HATOUX, « La preuve illicite est irrecevable ou Le vol est un péché capital », étude à propos de Com. 31 janv. 2012, n°11-13.097 (n°141 FS-P+B) : *RJF* 4/2012, p. 384

J. HERON, « Étude structurale de l'application de la loi dans le temps à partir du code civil » : *RTD Civ.* 1985, p. 277 et s.

G. HISPALIS, « L'arme fiscale tactique » : *Pouvoirs* 1982, n°23, p. 69 et s.

M. HOTTELIER, « L'insécurité juridique pouvant résulter des conflits » : *AIDH* 2009, p. 115

F. HOURQUEBIE, « L'emploi de l'argument conséquentialiste par les juges de common law », *in* F. HOURQUEBIE et M.-C. PONTHOREAU (dir.), *La motivation des décisions des cours suprêmes et cours constitutionnelles*, éd. Bruylant, 2012, p. 31 et s.

J.-G. HUGLO, « La Cour de cassation et le principe de la sécurité juridique » : *Cah. Cons. const.*, n°11, déc. 2001 – accessible en ligne

IRDAP et ISCJ, « Lutte pénale contre la fraude fiscale : quels enjeux pour quels équilibres ?. - Actes du colloque organisé le 3 octobre 2014 par l'IRDAP et l'ISCJ » : *DF* 2014, n°46, études 616 à 626

T. JACQUEMONT, « Les effets d'une décision QPC sur le droit de réclamation » : *DF* 2015, n°18, étude 291

P. JESTAZ, « La sanction ou l'inconnue du droit » : *D* 1986, chron. p. 197 et s.

E. JOANNARD-LARDANT, « Les principes de sécurité juridique et de confiance légitime en droit fiscal – A propos de la décision n°2013-682 DC du 19 décembre 2013, *Loi de financement de la sécurité sociale pour 2014* » : *DF* 2014, n°10, étude 191.

O. JOUANJAN, « Le Conseil constitutionnel, gardien de l'égalité ? », *in Jus Politicum*, 2012, n°7, p. 3 et s. : http://juspoliticum.com/article/Le-Conseil-constitutionnel-gardien-de-l-egalite-459.html].

E. JOUANNET, « La notion de jurisprudence internationale en question », *in* SFDI, *La juridictionnalisation du droit international*, éd. Pédone, 2003, p. 384 et s.

G. KALINOWSKI, « Sur les langages respectifs du législateur, du juge et de la loi », *in Le langage du droit*, éd. Dalloz, Coll. « APD », 1974, p. 73 et s.

R. KOERING-JOULIN, « Le juge impartial » : *Justices* 1998, n°10, p. 1 et s.

C.(DE) LA MARDIÈRE :

- « Le pouvoir créateur du juge de l'impôt », *in La création du droit par le juge,* éd. Dalloz, coll. « APD », t. n°50, 2007, p. 229 et s.
- « L'interprétation de la doctrine administrative » : *RFFP* 2001, n°75, p. 31 et s.

J. LAMARQUE, « L'article 16 de la déclaration de 1789 » : *DF* 2015, n°13, étude 232

T. LAMBERT, « La place des sanctions pénales dans le dispositif général de lutte contre la fraude fiscale » : *LPA* avr. 1999, n°86, p. 4 et s.

T. LAMULLE, « La responsabilité pour faute des services fiscaux » : *DF* 2012, n°18-19, étude 285

T. LARROUTUROU, « Premières décisions de la CEDH relative aux effets des décisions du Conseil Constitutionnel » : *Constitutions* 2018, p. 74 et s.

F. LAZAUD, « L'objectivisation du contentieux européen des droits de l'homme » : *RRJ* 2005, n°2, p. 913 et s.

J-P. LE GALL et L. GÉRARD, « Les recours des contribuables sur le fondement de la Convention européenne de sauvegarde des droits de l'homme et des libertés fondamentales – à propos de l'arrêt Bendenoun » : *DF* 1994, n°21-22, étude 100027

A. LEVADE, « Renvoi préjudiciel versus Question prioritaire de constitutionnalité : la Cour de cassation cherche le conflit » : *D* 2010, p. 1254

J.-P. LIEB, J. ARDOUIN et M. VAIL, « Le projet BEPS : les mesures anti-abus de lutte contre les pratiques fiscales dommageables » : *FR Lefebvre* 25/2016, n 6

D. LINOTTE, « Déclin du pouvoir jurisprudentiel et ascension du pouvoir juridictionnel en droit administratif » : *AJDA* 1980, p. 632 et s.

F. LOCATELLI :, « La soulte de l'article 150-0 B ter et la fraude à la loi » : *DF* 2018, n°50, étude 495

C. LOPEZ, « Le principe d'indépendance des procédures appliqué au contrôle fiscal » : *DF* 2003, n°37, étude 32

A. LOUVARIS, « Les rétroactivités de la loi en droit des affaires et en droit fiscal : brefs propos et illustrations » : *JCP E* 2013, 1509

A. LOUVARIS et P. SCHIELE, « Secret des affaires et droit fiscal. Quelles notations sur un duo ambivalent » : *JCP E* 2016, 1459

F. LUCHAIRE,

- « Le Conseil constitutionnel et la Convention européenne des droits de l'homme » : *Gaz. Pal.* 10 juin 2007, n°161, p. 11 et s.
- « La lecture actualisée de la Déclaration de 1789 », in La déclaration des droits de l'homme et du citoyen et les jurisprudence, Actes du colloque des 25 et 26 mai 1989 organisé par le Conseil constitutionnel, éd. PUF, coll. « Recherches politiques », 1989, p. 227 et s. ;

- « Un Janus constitutionnel : l'égalité » : *RDP* 1986, p. 1266 et s.

F. LUGAND, M. VERBAN et D. TOF, « La notion de substance en fiscalité internationale » : *DF* 2011, n°9, étude 228

P. LUPPI, « La substitution de base légale en matière fiscale », *in Mélanges en l'honneur de Pierre Beltrame*, éd. PUAM, 2010, p. 303 et s.

F. LYN, « La procéduralisation du droit à la liberté d'expression par la Cour européenne des droits de l'homme », *Légipresse* 2010, n°278.

N. McCORMICK, « La texture ouverte des règles juridiques », *in* P. AMSELEK et C. GRZEGORCYK (dir.), *Controverses autour de l'ontologie du droit,* éd. PUF, 1989, p. 109 et s.

X. MAGNON, « La modulation dans le temps des effets des décisions des juges constitutionnels » : *AIJC* 2011, 558

J. MAÏA, « L'agrément fiscal : instrument d'intervention économique ou de sécurité juridique ? »: *RJF* 2/2001, p. 99 et s.

A. MAITROT DE LA MOTTE :

- « Les libertés européennes de circulation et les "pays tiers" » : *DF* 2014, n°25, étude 384
- « Les aides d'État sous forme fiscale – Compte rendu du colloque organisé à l'Université Paris XII les 25 et 26 septembre 2008 » : *DF* 2008, n°48, étude 595

A. MANGIAVILLANO, « Le caractère excessif de l'impôt » : *RDP* 2014, n°1, p. 121 et s.

A. MARAIS, « Le temps, la loi et la jurisprudence : le bon, la brute et le truand », in *Au-delà des codes, Mélanges M.-S. Payet*, éd. Dalloz 2012, p. 383 et s.

P. MARTENS,

- « Réflexions sur le maniérisme judicaire » : *RTDH* 2002, p. 335 et s.
- « La tyrannie de l'apparence » : *RTDH* 1996, n°28, p. 627 et s.

F. MARTINEAU et L. MAILHOT, « Le jugement comme outil de communication », *in Quel juge pour quelle société ?, Actes du Congrès de la Magistrature du Québec,* 2008, 145 p., pp. 113-118.

P. MARTIN,

- « Le régime français des sociétés mères à la lumière de la directive : les méthodes d'interprétation du juge fiscal » : *DF* 2014, n° 41, étude 569 ;
- « La jurisprudence fiscale de la CJCE du point de vue du Conseil d'État (France) » : *DF* 2009, n°12-13, étude 247

S. MARTIN, « Analyse comparée des régimes de répétition de l'indu et de récupération des aides d'État » : *RUE* 2013, p. 497 et s.

B. MARTIN LAPRADE, « La modification de la base légale de l'impôt par le juge administratif : *RJF* 5/1975, p. 163 et s.

F. MARTINET et A. ANGOTTI,

- « Conseil d'État et Cour de cassation, juges de l'impôt : étude comparative (introduction générale et premier volet). La fiscalité européenne et constitutionnelle ou "la théorie des lasagnes" » : *DF* 2012, n°42, étude 480
- Conseil d'État et Cour de cassation, juges de l'impôt : étude comparative (deuxième volet) La procédure fiscale, ou la « théorie des jeux » : *DF* 2013, n°39, étude 435
- « Conseil d'État et Cour de cassation, juges de l'impôt : étude comparative (troisième volet) – La fiscalité civile et pénale, ou la fable du chêne et du roseau » : *DF* 2013, n°40, étude 454

B. MATHIEU, « Réflexions en guise de conclusion sur le principe de sécurité juridique » : *Cah. Cons. const.*, 2001, n°11, p. 106 – accessible en ligne

M.-L. MATHIEU-IZORCHE, « La marge nationale d'appréciation, enjeu de savoir et de pouvoir, ou jeu de construction ? »: *RSC* 2006, n°1, p. 25

J. MATRINGE, « Le contrôle de la licéité internationale de la loi nationale par la Cour européenne des droits de l'homme », *in Justice et tolérance, Mélanges en hommage au Doyen Gérard Cohen-Jonathan*, éd. Bruylant, 2004, p. 1228 et s.

C. MAUBERNARD (dir.), « Le principe de la répétition de l'indu en droit de l'Union européenne. Bilan provisoire et perspectives nouvelles » : *RUE* 2013, n°571, p. 474 et s.

J.-L. MÉDUS, « Acte anormal de gestion et théorie du risque manifestement excessif en fiscalité » : *JCP E* 2016, n°41, étude 1551

M. MEZAGUER, « L'appréciation du délai raisonnable de jugement par le Conseil d'État : la mise en lumière d'un principe structurant du contentieux administratif » : *Dr. adm.* 2017, n°4, étude n°13

C. MICHEAU, « La récupération des aides d'État illégales et incompatibles sous forme fiscale. Analyse critique des fondements et développements récents » : *RTD eur.* 2014, n°2, p. 343 et s.

E. MIGNON, « Validation législatives : vers l'équilibre jurisprudentiel ? » : *RJF* 2/2000, chron. p. 90

L. MILANO, « Les lois rétroactives, illustration de l'effectivité du dialogue des juges « : *RFDA* 2006, p. 447 et s.

N. MOLFESSIS, « La résistance immédiate de la Cour de cassation à la QPC » : *Pouvoirs* 2011 n°137, p. 85 et s.

P. MOOR, « Systématique et illustration du principe de proportionnalité », *in Les droits individuels et le juge en Europe, Mélanges en l'honneur de Michel Fromont*, PUS, 2001, pp. 319 et s.

J. MONSENEGO, « Réflexions sur les conséquences de l'abrogation de l'article 293, alinéa 2 du Traité CE » : *DF* 2011, n°9, étude 227

C.-A. MORAND, « Les exigences de la méthode législative et du droit constitutionnel portant sur la formations de la législation », *in Droit et société*, n°10, 1988, *Pratique de recherches, questions théoriques et problèmes épistémologiques sur le droit et la société*, p. 391 et s.

G. MORANGE, « L'interprétation des lois fiscales » : *RSLF* 1951, p. 638 et s.

P. MORVAN, « Le droit pénal fiscal ou la rencontre du troisième type » : *Gaz. Pal.* 12 mars 2002, n°71, p. 26 et s.

J.-D. MOUTON, « Les arrêts de la Cour EDH comme acte de discours » in *Mélanges offerts à C. CHAUMONT*, éd. Pedone, 1984, p. 407 et s.

P. MOUZET, « Sur les revirements du Conseil constitutionnel » : *RDP* 2002, n°6, p. 1639 et s.

O. NEGRIN, « Une légende fiscale : la définition de l'impôt de Gaston Jèze » : *RDP* 2008, p. 139 et s.

B. NGUYEN, « Bachmann, Warner, Schumacker, Wielockx et les autres… ou quand la Cour de justice harmonise la fiscalité européenne » : *Europe* 1995, chron. n°12.

G. NOEL :

- « Le juge de l'imposition et la régulation fiscale. La technique de la « chrysalidation juridique » de préceptes contenus dans la Charte du contribuable » : *DF* 2014, n°21, étude 335 ;
- « Une manifestation pernicieuse d'"impressionnisme" fiscal : la perméabilité de la procédure de vérification de comptabilité » : *DF* 2007, n°8, chron. 201 ;
- « La Charte du contribuable ou l'administration fiscale de service : véritable « révolution » ou simple « miroir aux alouettes » ? – Les réponses de l'administration fiscale aux souhaits des usagers contribuables » : *DF* 2005, n°47, étude 41 ;
- L'opposabilité des prises de position de l'administration fiscale sur la situation des contribuables » in L'amélioration des rapports entre l'administration fiscale et les contribuables, Colloque université Orléans, Société Française de droit fiscal, éd. PUF, 1989, p. 109 et s.

S. NONORGUE, « Rémunération des dirigeant de sociétés. La situation fiscale du dirigeant, caution de la société' » : *DF* 2003, n°25, étude 25

F. OST :

« Temporalité juridique », in A.-J. ARNAUD (dir.), *Dictionnaire encyclopédique de théorie et de sociologie du droit*, éd. LGDJ, 1993, p. 607 et s.

« Le code et le dictionnaire, acceptabilité linguistique et validité juridique », *in* L. INGBER et P. VASSART (dir.), *Le langage du droit*, éd. Bruylant, 1991, p. 163-194

M. PACTEAU, « La sécurité juridique : un principe qui nous manque » : *AJDA* 1995, n° spécial p. 151 et s

I. PAPADAMAKI, « L'évolution d'une catégorie fiscale : le rescrit fiscal » : *DF* 2019, n°12, étude 203

J.-P. PASTOREL, « Qu'est-ce qu'une imposition confiscatoire ? » : *RDP* 2016, p. 685 et s.

B. PASTRE-BELDA, « La Cour européenne des droits de l'homme, entre promotion de la subsidiarité et protection effective des droits » : *RTDH* 2013, n°94, p. 251 et s.

L. PECH, « Le remède au gouvernement des juges : le judicial self restraint *? » in Gouvernement des juges et démocratie, CRDC,* éd. Publication de la Sorbonne, coll. « Sc. Politique », n°3, 2001, p. 63 et s.

J.-R. PELLAS, « La notion d'impôt dans la Revue Française de Finances publiques (1983-2017) » : *RFFP* 2018, n°142, p. 291 et s.

M. PELLETIER :

- « La spécificité du contrôle de constitutionnalité des lois fiscales. Conseil constitutionnel versus Cour de justice de l'Union européenne et Cour européenne des droits de l'homme » : *DF* 2015, n°13, étude 230
- « Vers un élargissement discret de la qualification de sanction fiscale ? » : *DF* 2014, n°31-35, act. 43
- « La résurrection du principe *non bis in idem* ? »: *DF*2014, n°19, act. 276 ;

F. PERALDI-LENEUF, « L'articulation des compétences fiscales à l'échelon européen » : *DF* 2001, n°44, étude 233

C. PERELMAN, « L'interprétation dans le droit », *in L'interprétation dans le droit*, éd. Dalloz, coll. « APD », 1972, t. n°17, p. 29 et s.

F. PEZET, « Le caractère confiscatoire de l'impôt et les exigences constitutionnelles françaises » : *DF* 2013, n°22, étude 300

L. PHILIP :

- « Solidarité et politique fiscale », *in* J-C. BEGUIN et P. CHARLOT (dir.), *La solidarité en droit public,* L'Harmattan, coll. « Logiques juridiques », 2005, p. 250 et s.
- « Le principe constitutionnel d'égalité en matière fiscale » : *DF* 1990, n°12, étude 100009

P. PHILIP :

- « Principes d'égalité et de proportionnalité : vers des solutions plus harmonieuses » : *LPA* 3 juin 2008, n°111, p. 4 et s.
- « Le principe d'indépendance des procédures en matières fiscales » : *DF* 2004, étude 23

X. PHILIPPE, « Le contrôle de proportionnalité exercé par les juridictions étrangères : l'exemple du contentieux constitutionnel » : *LPA* 5 mars 2009, n°46, p. 6

X. PHILIPPE, A. VIDAL-NAQUET, A. DUFFY-MEUNIER et O. LE BOT, « Les délibérations du Conseil constitutionnel – Année 1983 » : *Nouv. Cah. Cons. const.*, 2011, p. 76 et s

J.-L. PIERRE, « Substitution de base légale et compensation », *in Mélanges Christian Louit* , éd. Bruylant, 2015, p. 305 et s.

J. PILOTIN, « Vers des avancées de la fiscalité environnementale ? » : *RDP* 2019, n°1, p. 235 et s.

R. PINTO, « La fin du gouvernement des juges » : *RDP* 1950, p. 833 et s.

B. PLAGNET :

- « La non-immixtion de l'administration fiscale dans la gestion des entreprises » : *BF* 11/1999, p. 687 et s.
- « L'Europe fiscale » : *JCP E* 1991, n°12, p. 2 et s.

B. PLESSIX, « Sécurité juridique et confiance légitime » : *RDP* 2016, p. 799 et s.

Y. POIRMEUR, « Le Conseil constitutionnel protège-t-il véritablement les droits de l'homme ? », *in La légitimité de la jurisprudence du Conseil Constitutionnel*, G. DRAGO, B. FRANÇOIS et N. MOLFESSIS (dir.), éd. Economica, 1999, p. 295 et s.

M. PONCELET et T. AFANTROUSS, « Le régime mère-fille : un régime d'exonération à la faveur d'un actionnariat stable. A propos de la jurisprudence récente du Conseil d'État et du Conseil constitutionnel » : *DF* 2016, n°18-19, étude 308

J.-M. PONTIER, « La notion de réparation intégrale du préjudice » : *AJDA* 2019, p. 848

J.-P. PUISSOCHET, Le délibéré de la Cour de justice des Communautés européennes, éd. Dalloz, 2002, p. 131 et s

J.-P. PUISSOCHET et H. LEGAL, « Le principe de sécurité juridique dans la jurisprudence de la Cour de justice des Communautés européennes », *Cah. Cons. const.*, n°11, déc. 2001 – accessible en ligne

H. RABAULT :

- « L'article L. 80 A du Livre des procédures fiscales comme protection restrictive de la loyauté due au contribuable » : *LPA* 25 nov. 2015, n°235, p. 6 et s.
- « La fraude fiscale aggravée : vers une criminalisation de l'évitement de l'impôt ? » : *LPA* 13 août 2014, n°161, p. 5

E. RAINGEARD DE LA BLETIERE, « Droit de l'Union européenne et sécurité fiscale : garant ou "trouble-fête" ? » : *DF* 2013, n°18-19, étude 272

S. RIALS « L'office du juge » : *Droits* 1989, n°9, p. 3 et s.

D. RIBES, « Les progrès de l'égalité devant l'impôt. A propos des décisions du Conseil constitutionnel 99-424 DC et 2000-437 DC » : *RFFP* 2001, n°76, p. 261-284

M. RIFAT TINC, « Le contrôle de proportionnalité des mesures nationales restrictives des échanges. Un instrument de légalité au service de l'intégration » : *RDUE* 2010/4, p. 791 à 844

J. RIVERO, « Le juge administratif français, un juge qui gouverne ? » : *D* 1951, chron. p. 21 et s.

C. ROULHAC, « L'apport de la question prioritaire de constitutionnalité en matière fiscale » : *DF* 2017, n°51-52, 586

D. ROUSSEAU, « Le Conseil constitutionnel, maître des horloges » : *Nouv. Cah. Cons. const.*, 2017, n°54, p. 314 et s. – accessible en ligne

R. RUTSCHMANN et J. GAYRAL, « Le risque manifestement excessif : immixtion rampante dans la gestion de l'entreprise ou simple garde-fou ? » : *DF* 2012, n°45, étude 500

Y. RUTSCHMANN et P.-M. ROCH, « Transposition de la clause anti-abus générale en matière d'IS (CGI, art. 205 A) et nouvelle procédure d'abus de droit (LPF, art. L. 64 A) : les paradoxes de la réforme » : *JCP N* 2019, 1084

W. SABETE, « De l'insuffisance argumentation des décisions du Conseil constitutionnel » : *AJDA* 2011, p. 885.

J. SALOMON, « Les notions à contenu variable en droit international public », *in* Ch. PERELMAN et R. VANDER ELST (dir.), *Les notions à contenu variable en droit*, éd. Bruylant, 1984, p. 264

C. SAND et S. DETRAZ, « La répression de la "complicité fiscale" des conseils (CGI, art. 1749 A bis) » : *DF* 2019, n°17, étude 244

T. SAUVEL, « Histoire du jugement motivé » : *RDP* 1955, p. 5 et s.

P. SCHIELE, « Cumul des sanctions fiscales « répressives » et des sanctions pénales pour fraude fiscale » : *Procédures* 1998, chron. 9

P. SCHIELE et E. TALEC, « Visites domiciliaires et protection du secret professionnel » : *DF* 2014, act. 482

C.-E. SENAC, « Le renouveau de la jurisprudence État d'urgence en Nouvelle-Calédonie » : *RDP* 2013, p. 1453 et s.

A. SÉRIAUX, « Les enjeux éthiques de l'activité de jurisdictio », *in La conscience du juge dans la tradition juridique européenne*, éd. PUF, 1999, p. 293 et s.

P. SERLOOTEN, « Liberté de gestion et droit fiscal : la réalité et le renouvellement de l'encadrement de la liberté » : *DF* 2007, n°12, 301

L. SFES, « La nature juridique des sanctions fiscales non pécuniaires » : *RSLF* 1966, p. 361.

F. SICARD, « Quand la sélectivité n'est plus sélective, ou le nécessaire rééquilibrage des critères des aides d'État » : *DF* 2017, comm. 367

M. SIERAZCEK « L'indépendance des procédures pénale et fiscale : un principe prétorien contestable » : *DF* 2007, n°50, étude 1039

M. SIERACZEK-ABITAN, « Les sanctions des irrégularités de forme en matière fiscale, pénale et civile » : *DF* 2001, n°10, étude 56

D. SIMON :

- « Des influences réciproques entre CJCE et CEDH : je t'aime, moi non plus » : *Pouvoirs*, n°96/2001
- « La responsabilité de l'État saisie par le droit communautaire : la jurisprudence Factorfarme, British Telecom, Hedley Lomas » : *AJDA* 1996, 489

D. SIMON et A. RIGAUX :

- « Drôle de drame : la Cour de cassation et la question prioritaire de constitutionnalité » : *Europe* 2010, étude 5
- « Le feuilleton de la question prioritaire de constitutionnalité : drôle de drame, Quai des brumes, le jour se lève ? » : *Europe* 2010, repère 6

D. SOULAS DE RUSSEL et P. RAIMBAULT, « Nature et racines du principe de sécurité juridique : une mise au point » : *RIDC*, 2003, vol. 55, n°1, p. 85 et s.

X. SOUVIGNET, « Le principe de non-immixtion de l'Administration fiscale dans la gestion des entreprises existe-t-il ? » : *RFFP* 2012, n°117, p. 239 et s.

A. SPIRE, « Les formes élémentaires de l'inégalité devant l'impôt »: *Pouvoirs* 2014/4, n°151, p. 117 et s.

F. SUDRE :

- « Le contrôle de proportionnalité de la Cour européenne des droits de l'homme. De quoi est-il question ? » : *JCP G* 2017, doctr. 589
- « La subsidiarité, "nouvelle frontière" de la Cour européenne des droits de L'homme – A propos des Protocoles 15 et 16 à la Convention » : *JCP G* 2013, doctr. 1086
- « L'ordre public européen », in L'ordre public : ordre public ou ordres publics – Ordre public et droits fondamentaux, colloque de Caen, 11-12 mai 2001, éd. Bruylant/Nemesis, coll. Droit ét Justice, 2001, p. 109 et s
- « Existe-il un ordre public européen ? » in P. TAVRENIER (dir.), *Quelle Europe pour les droits de l'homme ?: la Cour de Strasbourg et la réalisation d'une union plus étroite*, éd. Bruylant, coll. Organisation internationale et relations internationales, 1996, p. 39 et s.

D. SZYMCZAK, « La manipulation par la Cour EDH de ses propres précédents », in F. HOURQUEBIE et M.-C. PONTHOREAU, *La motivation des décisions des cours suprêmes et cours constitutionnelles*, éd. Bruylant, 2012, p. 61 et s.

P. TAVERNIER, « La contribution de la jurisprudence de la Cour EDH relative à la responsabilité internationale en matière de réparation, une remise en cause nécessaire » : *RTDH* 2007, n°75, p. 945-966

T. PERROUD, « Le Conseil constitutionnel et les portes étroites » : *JP Blog*, 16 mars 2017, disponible en ligne

G. TIMSIT :

- « La transdiction à l'œuvre », Enquête [en ligne], 7 | 1999, mis en ligne le 17 juil. 2013
- « Normativité et régulation » : *Cah. Cons. const.* 2006, n°21, p. 84 et s., accessible en ligne

G. TOURNIE, « De l'impôt et des mots : réflexion sur le déficit conceptuel du droit fiscal », *in Constitution et Finances publiques, Etudes en l'honneur de Loïc Philip*, éd. Economica, 2005, p. 603 et s.

M. TROPER :

- « Le pouvoir judiciaire et la démocratie » , *in Le Droit et la nécessité*, Paris, PUF, 2011, spé. p. 200 et s.
- « Existe-t-il un concept de gouvernement des juges », *in Gouvernement des juges et démocraties, CRDC,* éd. Publication de la Sorbonne, coll. « Sc. Politique », n°3, 2001, p.
- « L'interprétation de la Déclaration des droits. L'exemple de l'article 16 », *in Droits* 1988, n°8, « La déclaration de 1789 », p. 111 et s.
- « Autorité et raison en droit public français », *in* P. VASSART, G. HAARSCHER, L. INGBER, R. VANDER ELST (dir.), *Arguments d'autorité et arguments de raison en droit*, éd. Némésis, 1988, p. 107 et s.

A. TOUFFAIT, « Pour une motivation plus explicite des décisions de justice notamment de la Cour de Cassation » : *RTD Civ.* 1974, p.487 et s.

L. TROTABAS, « La nature juridique du contentieux fiscal en droit français », *in Mélanges Hauriou,* éd. Sirey, 1929, p. 711 et s.

J. TUROT :

- « De la proportionnalité en matière de prescription » : *DF* 2019, n°27, étude 312
- « Indispensable prescription » : *DF* 2015, n°42, étude 628
- « L'article 209 B est-il soluble dans le droit communautaire ? À propos de l'arrêt CJCE 16 juillet 1998, *Imperial Chemical Industrie (ICI)* » : *RJF* 12/1998, p. 940
- « Moins de laine ou moins de mouton ? - A propos du colloque tenu au Sénat le 10 novembre 1995 sur « les lois fiscales rétroactives face au principe de sécurité juridique » : *DF* 1996, n°3, étude 100004

D TURPIN, « L'autorité judiciaire gardienne de la liberté individuelle » : *AJDA*, 1983, p. 653 et s.

D. URY, « La définition de l'abus de droit « non authentique » par la CJUE » : *BF* 6/2019

E. J. VAN BRUSTEM, « Les lois rétroactives et la Convention EDH. A la recherche de l'équilibre entre l'espérance légitime du contribuable et l'ingérence du législateur en raison d'impérieux motifs d'intérêt général » : *DF* 2009, n°25, étude 373.

S. VAN DROOGHENBROECK, « Le temps, la proportionnalité et le juge européen des droits de l'homme », *in* P. GERARD, F. OST et M. VAN DE KERCHOVE (dir.), *L'accélération du temps juridique*, éd. des Facultés de Saint-Louis, 2000, p. 335 et s.

G. VEDEL, « Excès de pouvoir législatif et excès de pouvoir administratif », *Cah. Cons. const.,* 1996, n°1 : https://www.conseil-constitutionnel.fr/nouveaux-cahiers-du-conseil-constitutionnel/exces-de-pouvoir-legislatif-et-exces-de-pouvoir-administratif-i

A. VIALA, « De la puissance à l'acte : la QPC et les nouveaux horizons de l'interprétation conforme » : *RDP* 2011, n°4, p. 965 et s.

R. VIDAL, « L'évolution du détournement de pouvoir dans la jurisprudence administrative » : *RDP* 1952, p. 275 et s.

P. WACHSMANN

- « L'oracle des libertés ne parle qu'une seule fois » : *Jus Politicum*, 2012, n°7, p. 1
- « La volonté de l'interprète », *Droits* 1999, p. 29 et s.

M.WALINE,

- « Nature juridique des pénalités fiscales », *RSLF* 1949 p. 44
- Le pouvoir normatif de la jurisprudence, in *Mélanges G. Scelle*, t. II, p.612 et s.

F. ZENATI, « La motivation des décisions de justice et les sources du droit » : D 2007, p. 1553-1560

J. ZILLER, « Le principe de proportionnalité » : *AJDA* 1996, p. 185

E. ZOLLER, « Splendeurs et misères du constitutionnalisme » : *RDP* 1994, p. 160 et s.

CONCLUSIONS[1]

F. ALADJIDI. :

- CE, plén. 7 déc. 2015, n°368.227, *min. c/ Sté Frutas y Hortalizas Murcia SL* : *RJF* 2/2016, C160 ;
- CE, 9e et 10e ss-sect., 26 nov. 2014, n°358.736, *min. c/M. d'Agrosa* : *DF* 2015, n°10, comm. 184 ;
- CE, 9e et 10e ss-sect., 16 juil. 2014, n°380.406, *Sté SGI* : *DF* 2014, n°31-35, comm. 483 ;
- CE, 9e et 10e ss-sect., 23 juin 2014, n°355.801, *Polynésie française c/ Zannier* : *DF* 2014, n°41, comm. 582 ;
- CE, 9e et 10e ss-sect., 5 fév. 2014, n°371.352, *Sté EBC Pharmexport* : *DF* 2014, n°12, comm. 233 ;
- CE, 9e et 10e ss-sect., 17 juil. 2013, n°356.523, min. c/ SAS Garnier Choiseul Holding, n°352.989, min. c/ SARL Garnier Choiseul Holding et n°360.706, min. c/ SARL Garnier Choiseul Holding : DF 2013, n°41, comm. 477 ;
- CE, 9e et 10e ss-sect., 20 mars 2013, n°346.642, *M. et Mme Piazza* : *DF* 2013, n°20, comm. 282.

J. ARRIGHI DE CASANOVA :

- CE, 9e et 8e ss-sect., Avis, 8 juil.1998, n°195.664, *Fattell* : *RJF* 9/1998, p. 640
- CE, Avis, Sect. 5 avr. 1996, *Houdmond* : *DF* 1996, n°25, comm. 765
- CE, Sect., Avis, 31 mars 1995 n°164.008, min. c/ SARL Auto-Industrie Méric, n°164.911-165321, SA sté d'expertise comptable du Languedoc – SARL Cara : RJF 5/1995, p. 32
- CE, Sect., 13 déc. 991, n°65.940 et 66.868, *ASET* : *RJF* 1/1992, p. 17 et s.
- CE, 7e et 8e ss-sect., 11 oct. 1991, n°112.790, *Framatome* : *DF* 1991, n°49, comm. 2389
- CE, Ass., 28 juin 1991, n°63.006, *min. c/ Sté Blumet et* fils : *DF* 1991, n°42, comm. 2004
- CE, 8e et 9e ss-sect., 10 avr. 1991, n°107.710, *Di Fazio* : *RJF* 6/1991, p. 424

---

[1] Les conclusions des avocats généraux près la Cour de justice sont, en principe, accessibles en ligne, à partir du site Curia

G. BACHELIER :

- CE, 8e et 9e ss-sect., 7 janv. 2000, n°186.108, *Époux Philippe* : *DF* 2000, n°11, comm. 204
- CE, Sect., 1er oct. 1999, n 170.598, *Assoc. pour l'unification du christianisme mondial* : *DF* 2000, n°12, comm. 240
- CE, 8e et 9e ss-sect., 13 nov. 1996, n°128.088, *M. Betous* : *DF* 1997, n°12, comm. 319
- CE, Sect., 6 déc. 1995, n°90.914, *Navon*, et n°126.826, *SA Samep* : *DF* 1996, n°7, comm. 203

Y. BENARD :

- CE, 9e et 10e ch., 29 juin 2018, n°416.346, *SAS Cie exploitation et répartition pharmaceutique (CERP) de Rouen* : *DF* 2018, n°50, comm. 503
- CE, 9e et 10e ch., 14 mars 2018, n°416.697, *Sté Elengy et Fosmax LNG* : *DF* 2018, n°12, comm. 233

E. BOKDAM-TOGNETTI :

- CE, 9e et 10e ch., 12 avr. 2019, n°410.042, *Sté de distribution saint-maximoise* : *DF* 2019, n°25, comm. 303
- CE, 9e et 10e ch., 18 juil. 2018, n°402.226, *Sté BNP Paribas* : *DF* 2018, n°48, comm. 485
- CE, 9e et 10e ch., 30 mai 2018, n 412.964, *Sté HighCo* : *DF* 2018, n°42-43, comm. 426
- CE, 9e et 10e ch. 7 juin 2017, n°386.627, *Sté Le Muselet Valentin* : *DF* 2017, n°46, comm. 545
- CE, 9e et 10e ch., 22 fév. 2017, n°387.786, *Sté Additek* : *DF* 2017, n°28, comm. 395
- CE, 9e et 10e ch., 18 janv. 2017, n°389.268, *Remy* : *DF* 2017, n°18-19, comm. 296
- CE, Sect.,13 juil. 2016, n°375.801, *SA Paschi Banque* : *DF* 2016, n° 36, comm. 464

B. BOHNERT :

- CE, Sect., 31 mars 2017, n°389.842, *M. Amar* : *DF* 2017, n°24, comm. 351
- CE, 8e et 3e ch. 7 déc. 2016, n°384.309, *L'EURL CORTANSA* : *DF* 2017, n°12, comm. 219

J. BOUCHER :

- CE, 10e et 9e ss-sect., 24 sept. 2010, n°341.573, *M. Moreau* : *DF* 2010, n°48, comm. 577

- CE, 10e et 9e ss-sect., 5 juil. 2010, n°305.563, *Sté Dariosecq* : *DF* 2010, n°46, comm. 564

G. BRAIBANT, concl. sur CE, Ass., 10 janv. 1964, *Simonnet* : *RDP* 1964, p. 182 et s.

A. BRETONNEAU :

- CE, plén. fisc., 21 déc. 2018, n°402.006, *Sté Croë Suisse* : *DF* 2019, n°9, comm. 176

- CE, 10e et 9e ss-sect., 4 mai 2016, n°387.466, *Sté Le Blevenec et associés* : *DF* 2016, n°25, comm. 385

J. BURGUBURU, concl. CE, 10e et 9e ss-sect, 25 juin 2010, n°326.363, *M. Mortagne* : *DF* 2010, n°27, comm. 403

K. CIAVALDINI, concl. CE, 8e et 3e ch., 6 fév. 2018, n°425.447: *RJF* 5/2019, C467

P. COLLIN :

- CE, 9e et 10e ss-sect., 28 juil. 2011, n°315.028, *Mme Aubert et Syndicat national des auteurs et compositeurs* : *DF* 2011, n°44, comm. 571

- CE, 9e et 10e ss-sect., 24 fév. 2011, n°344.610, *Boitel* : *DF* 2011, n°12, comm. 277

- CE, 9e et 10e ss-sect., 29 sept. 2010, n°341.065, *Sté SNERR Théâtre de Paris* : *DF* 2010, n° 45, comm. 551

- CE, 9e et 10e ss-sect., Avis, 1er avr. 2010, n°334.465, *SAS Marsadis* : *DF* 2010, n°17-18, comm. 299

- CE, 9e et 10e ss-sect., 31 juil. 2009, n°316.525, *Sté Ulysse SAS*, n°324.925, *SAS Cargill France,* et n°325.172, *min. c/ SAS Cargill France* : *DF* 2009, n°47, comm. 549

- CE, 8e et 3e ss-sect., 18 mai 2005, n°267.087, *min. c/ Sté Sagal* : *DF* 2005, n°44-45, comm. 726,

E. CORTOT-BOUCHER :

- CE, 3e ch., 12 juil. 2018, n°418.890, *Sté Nateva* : *DF* 2018, n°47, comm. 476

- CE, 3e et 8e ch., 17 juil. 2017, n° 410.766, *Epoux Tartarin* : *DF* 2017, n° 38, comm. 461

- CE, 3e et 8e ss-sect., 22 juil. 2015, n°367.567, *Sté Halliburton Manufactoring and Services France* : *DF* 2016, n°10, comm. 213

J. COURTIAL :

- CE, 9e et 10e ss-sect., 21 déc. 2001, n°211.663, *SCI Le Complexe* :*DF* 2002, n°22-23, comm. 461

- CE, Sect., 25 avr. 2001, n° 213460, *Sté Parfival*: *DF* 2001, n°29, comm. 711

E. CREPEY :

- CE, 10e et 9e ch., 4 déc. 2017, n°379.685, *Sté Edenred* : *RJF* 3/2018, C284
- CE, 10e et 9e ch., 8 juin 2016, n°383.259, *Assoc. française des entreprises privées (AFEP) et a.* : *DF* 2016, n°40, comm. 536
- CE, 10e et 9e ss-sect., 10 fév. 2016, n°394.701 : *DF* 2016, n°12, comm. 243
- CE, 10e et 9e ss-sect., 10 déc. 2015, n°374.816, *SARL Lovie Style* : *DF* 2016, n°12, comm. 244

N. ESCAUT :

- CE, 8e et 3e ss-sect., 26 janv. 2011, n°311.808, *M. Weissenburger* : *DF* 2011, n°18, comm. 343.
- CE, 8e et 3e ss-sect., 23 juil. 2010, n°308.019, *M. Marmajou* : *DF* 2010, n°44, comm. 541

V. DAUMAS :

- CE, 3e et 8e ch., 5 oct. 2016, n°380.432, *Teles Pinto* : *DF* 2016, n°50, comm. 652
- CE, Sect., 16 juil. 2014, n°355.201, *M. Ganem c/ Cne de Jouy-en-Josas* : *RFDA* 2014, p. 924
- CE, plén. fisc., 23 déc. 2013, n°350.075, *min. c/ M. Uguen* : *DF* 2014, n°14, comm. 252
- CE, 3e et 8e ss-sect., 4 déc. 2013, n°355.694, *Sté Kepler Equities* : *DF* 2014, n°30, comm. 465
- CE, 3e et 8e ss-sect., 30 mai 2012, n°345.418, *min. c/ SAS Aficom* : *DF* 2012, n°37, comm. 437

F. G. JACOBS :

- CJCE, 5e ch., 3 oct. 2002, aff. C-136/00, *Rolf Dieter Danner*
- CJCE, plén., 17 juil. 1997, aff. C-28/95, *A. Leur-Bloem*

O. FOUQUET :

- CE, 7e et 8e ss-sect., 17 oct. 1990, n°83.310, *Loiseau* : *DF* 1991, n°48, comm. 2281
- CE, Plén., 22 mai 1989, n°68.832, *Redjala* : *Gaz. Pal.* 1989, I, p. 777 et s
- CE, 7e et 9e, 27 janv. 1989, n°61.422 : *DF* 1989, n°25, comm. 1229

E. GEFFRAY, concl. CE, 3e et 8e ss-sect., 13 fév. 2009, n°296.117, *SNC Saupic* : *BDCF* 5/2009, n°61

E. GLASER, concl. CE, 3e et 8e ss-sect., 30 juin 2008, n°274.480, *M. et Mme Henri* et n°271.246, *M. Maurice* : *DF* 2008, n°39, comm. 503

G. GOULARD :

- CE, Ass., 14 déc. 2001, *de Lasteyrie du Saillant* : *DF* 2002, n°12, comm. 255
- CE, Ass., Avis, 8 avr. 1998, n°192.539, Centre de distribution et de chaleur de Meudon-Orélans, et du même jour, n°189.179, Sté Gras Savoye, n°189.180, Sté Essence et carburants de France, n°190.556, Sté NSC Groupe : RJF 5/1998, p. 378 et s.
- CE, Ass., 30 oct. 1996, n°141.043, *SA Jacques Dangeville* : *RJF* 12/1996 p. 809

G. GUILLENSCHMIDT, concl. CE, plén., 11 fév. 1987, n°40.565, *M. Bon* : *DF* 1987, n°44, comm. 1985

D. HEDARY, concl. CE, 10ᵉ et 9ᵉ ss-sect., 11 avr. 2014, n°349.719, *M. Hoarau* : *DF* 2014, n°22, comm. 358

M. HEUMANN, concl. CE, Ass., 24 juin 1960, *SARL « Le Monde » et Sté Frampar* : Rec. p. 412.

J. KOKOTT :

- Dans l'affaire, C-117/16, *Y Denmark Aps* : accessible en ligne sur le site Curia
- CJUE, 6ᵉ ch., 7 sept. 2017, aff. 6/16, *Eqiom SAS Eqiom SAS et Enka SA c/ France*
- CJCE, 2ᵉ ch., 7 sept. 2006, aff. C-470/04, *N*

M.-A. LATOURNERIE, concl. CE, Plén., 9 avr. 1986, n°49.992, 54.466, 66.869 et 68.863 : *DF* 1986, n°25, comm. 1213

C. LEGRAS :

- CE, 9ᵉ et 10ᵉ ss-sect., 21 oct. 2011, n°314.767, *min. c/ SNC Peugeot Citroën Mulhouse*, et n°314.768, *min. c/ Sté Mécanique Automobile de l'Est* : *DF* 2011, n°50, comm. 630
- CE, Sect., 16 juil. 2010, n°294.239, *M. Colomb* : *DF* 2010, n°41, comm. 529

F. LOLOUM :

- CE, 5 mars 1999, n 164.412, *Bancarel* : *DF*. 1999, n°39, comm. 716
- CE, 8ᵉ et 9ᵉ ss-sect., 4 avr. 1997, n°183.658, *Jammet* : *DF* 1997, n°24, comm. 660
- CE, 9ᵉ et 8ᵉ ss-sect., 12 avr. 1996, n°133.539, *Mme Rottier* : *DF* 1996, n°38, comm. 1132

P. MARTIN :

- CE, 9ᵉ et 7ᵉ ss-sect., 17 fév. 1992, n°58.299, *Époux Vermeersch* : *DF* 1992, n°45, comm. 2117

- CE, Plén., 28 nov. 1986, n°15.196, *Delattre et Cie*: *DF* 1987, n°26, comm. 1239

B. MARTIN LAPRADE :

- CE, Sect., 11 déc. 1987, n°61.531, *SCI Rudel* : *DF* 1988, n°19, comm. 924
- CE, 7e et 8e ss-sect., 14 fév. 1979, n°10.812 : *DF* 1979, n°40, comm. 1884

P. MENGOZZI, concl. CJUE, 3e ch., 17 oct. 2013, aff. C-181/12, *Yvon Welte*

M.-A. NICOLAZO DI BARMON:

- CE, 9e et 10e ss-sect., 9 nov. 2015, n°366. n°366.457, *M. Waldner* : *DF* 2016, n°6, comm. 166
- CE, 9e et 10e ss-sect., 24 juin 2015, n°367.288, *SELAS Pharmacie Reveillon* : *DF* 2015, n°38, comm. 572

L. OLLEON :

- CE, 8e et 3e ss-sect., 27 oct. 2009, n°312.302, *min. c/ Dervillez* : *DF* 2010, n°3, comm. 86.
- CE, 8e et 3e ss-sect., 30 nov. 2007, n°292.705, *Sté Sidème* : *DF* 2008, n°7, comm. 178,
- CE, Sect., 27 sept. 2006, n°260.050, *min. c/ Sté Janfin* : *DF* 2006, n°47, comm. 744

L.-M. POIARES MADURO, concl. CJCE, gde ch., 13 déc. 2005, aff. C-446/03, *Marks & Spencer plc* : *BDCF* 2/2006, n°13

P.-F. RACINE :

- CE, Plén., 22 déc. 1989, n°56.905, *Biau* : *DF* 1990, n°17, comm. 858 (concl. contraires)
- CE, plén., 27 juil. 1984, n°34.588, *SA Renfort service* : *RJF* 10/1984, p. 563

P. RIVIERE :

- CE, Sect., 24 fév. 1978, n°2 372 : *DF* 1978, n°30, comm. 1212.
- CE, Plén. 29 avr. 1977, n°808 : *DF* 1977, n°38, comm. 1313

F. SENERS, concl. CE, Avis, Ass., 12 avr. 2002, n°239.693, *SA Financière Labeyrie* : *DF* 2002, n°26, comm. 55

L. VALLEE, concl. CE, 9e et 10e ss-sect., 24 mars 2006, n°257.330, *SA Martell & Co* : *DF* 2006, n°39, comm. 623,

S. VERCLYTTE :

- CE, 9e et 10e ss-sect., 20 juin 2007, n°290.554, *SA Ferrette* : *DF* 2007, n°39, comm. 875
- CE, 9e et 10e ss-sect., 6 oct. 2004, n°256.092, *Lagedamont*: *DF* 2004, n°48, comm. 857

R. VICTOR :

- CE, 8e et 3e ch., 24 oct. 2018, n°413.896, *SA Mercialys* : *DF* 2019, n°9, comm. 179
- CE, 8e et 3e ch., 27 juin 2018, n°419.370, *Sté Corstyrène* : *DF* 2018, n°45, comm. 439
- CE, 8e et 3e ch., 29 mars 2017, n°407.057, *SAS Sintex France* : *RJF* 6/2017, C 608
- CE, 8e et 3e ch., 29 mars 2017, n°399.506, *Sté Layher SAS* : *RJF* 6/2017, C 614
- CE, 8e et 3e ch., 20 oct. 2016, n°390.639, *M. Issan* : *DF* 2017, n°18-19, comm. 295

M. WATHELET, concl. CJUE, gde ch., 16 mai 2017, aff. C-682/15, *SA de droit luxembourgeois Berlioz Investment SA*

ÉTUDES, NOTES ET OBSERVATIONS SOUS DÉCISIONS ET RÈGLEMENTATION

Y. AGUILA, J. GAYRAL et Y. RUTSCHMANN, « La nouvelle clause anti-abus du régime des sociétés mères : critique de la décision du Conseil constitutionnel et opportunité d'une saisine de la CJUE » : *DF* 2016, n°13, étude 248 (à propos de Cons. const, déc. 29 décembre 2015, déc. n°2015-726 DC, *Loi de finances rectificative pour 2015*)

A. ANGOTTI et M. RODRIGUES, « Visites domiciliaires (LPF, art. L. 16 B) : les premières décisions de la Cour de cassation sur le nouveau contentieux issu de la LME » : *DF* 2010, n°15, étude 269

S. AUSTRY, note sous :

- Cons. const., 29 avr. 2011, n°2011-124 QPC, *Mme Boitel* : *FR Lefebvre* 23/2011, inf. 23, p. 23
- CE, 8e et 9e ss-sect., 12 mai 1977, n°160.777, *min. c/ SARL Intraco* : *RJF* 6/1997, p. 359 et s.
- Crim. 20 juin 1996, n°2851, 4e ch., *Ponsetti* et CE, 8e et 9e ss-sect., 4 avr. 1997, n°183.658, *Jammet*: *RJF* 5/1997, chron. pp. 287 et 289

S. AUSTRY et D. GUTMANN, notes et études sous :

- CE, Ass., 31 mai 2016, n°393.881, *Marc Jacob* : *DF* 2016, n°37, étude 476
- Cons. const., 3 fév. 2016, déc. n°2015-520 QPC, *Sté Métro Holding* : *RJF* 4/2016, p. 418

- CE, 9e et 10e ss-sect., 30 janv. 2013, n°346.683, *Sté Ambulances de France* : *FR Lefebvre* 10/2013, inf. 14, p. 32

L. AYRAULT :

- CE, 9e et 10e ch., Avis, 11 janv. 2019, n°424.819, *SCI Maximoise de création* et n°424.821, *SAS AEGIR* ; CE, Avis, 6 fév. 2019, n°425.509, *A. B.* et n°425.511, *SAS Bourgogne Primeurs* : *Procédures* 2019, comm. 146
- Cons. const., 21 juil. 2017, déc. n°2017-646/647 QPC, *M. Alexis K. et a.* : *Procédures* 2017, comm. 293
- CEDH, 5e sect., 7 juin 2012, aff. 4837/06, *Segame c/ France* : *DF* 2012, n°29, comm. 387
- Cons. const., 17 mars 2011, déc. n°2010-103 QPC, *Sté Séras II* et n°2010-105/106 QPC, *M. Soares et a. : Procédures* 2011, n°6, comm. 216

Y. BENARD, note sous CE, 10e et 9e ss-sect., 18 mai 2005 , n°261.623 et n°261.791, *min. c/ Banque populaire Loire et Lyonnais* : *RJF* 10/2005, p. 706

M.-C. BERGERES, note sous TGI Nanterre, 4 juil. 2000, n°99-14.939, *Association "Les Témoins de Jéhova" »* : *DF* 2001, n°25, étude 140

A.-C. BEZZINA, note sous CE, Sect., 13 juil. 2016, n°375.801, *SA Monte Paschi Banque* : *DF* 2016, n°47, étude 598.

G. BLANLUET, note sous Cons. const., 3 févr. 2016, déc. n°2015-520 QPC, *Sté Métro Holding SA venant aux droits de la société CRFP Cash*: *DF* 2016, n°12, 233

E. BOKDAM-TOGNETTI, chron. sous CE, 3e et 8e ss-sect., 10 fév. 2014, n°361.424, *Deloison* et CE, 9e et 10e ss-sect., 12 mars 2014, n°355.306, *Dege* : *RJF* 5/2014, p. 432 et s.

B. BOHNERT, note sous CE, 8e et 3e ch., 20 déc. 2017, n°414.974, *Sté Worms et Cie* : *FR* 7/2018, inf. n°3

A. BRETONNEAU et G. ODINET, note sur CE, 9e et 10e ch., Avis, 11 janv. 2019, n°424.819, *SCI Maximoise de création* et n°424.821, *SAS AEGIR* ; CE, Avis, 6 fév. 2019, n°425.509, *A. B.* et n°425.511, *SAS Bourgogne Primeurs* : *Gaz. Pal.* 12 mars 2019, n°344 p. 22 et s.

M. BUCHET, CE, plén. fisc., 23 déc. 2013, n°350.075, *min. c/ M. Uguen* : *DF* 2014, n°14, comm. 252

E. CARTIER, « L'ambiguïté des effets de la déclaration d'inconstitutionnalité sur le procès », *in La QPC. Etude sur le réaménagement du procès et de l'architecture juridictionnelle, Rapport GIP Droit et justice*, 2012, dact., p. 141 et s.

H. CASSAGNABERE, note sous CJUE, 2e ch., 19 déc. 2013, aff. C-262/12, *Vent de colère !* : *RJEP*, 2014, n°20

B. CASTAGNEDE, « La loi n°77-1453 du 29 décembre 1977, accordant des garanties de procédures aux contribuables en matière fiscale et douanières » : *JCP* 1978, 2892

N. CATELAN, note sous :

- Cons. const. 22 juil. 2016, déc. n°2016-554 QPC, *M. Gilbert B.* : *RFDC* 2017, n°109, p. 245
- Cons. const., 14 janv. 2016, déc. n°2015-513/514/526 QPC : *RFDC* 2016, n°107, p. 714

N. CHIFFLOT, note sous CE, Ass., 24 déc. 2019, n°425.983, *Sté Hôtelière Paris Eiffel Suffren*, n°425.981, *Sté Paris Clichy* et n°428.162, Laillat : *Procédures* 2020, comm. 51

M. COLLET et P. COLLIN, note sous Cons. const., 24 juin 2016, déc. n°2016-545 QPC, *M. Alec Wildenstein* et déc. n°2016-546 QPC, *M. Jérôme Cahuzac* : *JCP G* 2016, p. 847 et s.

E. CORTOT-BOUCHER, note sous CE, Ass., 31 mai 2016, n°393.881, *Marc Jacob* : *FR Lefebvre* 31/2016, p. 11 et s.

L. COUTRON, note sous CJUE, gde ch., 2 déc. 2014, aff. C-196/13, *Commission c/ Italie* : *RTD eur.* 2015, p. 365 et s.

E. DE CROUY-CHANEL et A.-S. LE BRIS, étude sous Cons. const., 29 sept. 2010, déc. n°2010-44 QPC, *M. et Mme Mathieu* : *DF* 2011, n°9, étude 230

V. DAUMAS, note sous CE, 3e et 8e ss-sect., 11 fév. 2011, n°316.500, *Sté Philips France* : *RJF* 5/2011, p. 475 et s.

F. DEBOISSY et G. WICKER, note sous CE, 9e et 10e ss-sect., 17 juil. 2013, n°356.523, *min. c/ SAS Garnier Choiseul Holding*, n°352.989, *min. c/ SARL Garnier Choiseul Holding* et n°360.706, *min. c/ SARL Garnier Choiseul Holding* : *DF* 2013, n°41, comm. 477

O. DECIMA, note sous :

- Cons. const., 24 juin 2016, déc. n°2016-545 QPC, *M. Alec Wildenstein* et déc. n°2016-546 QPC, *M. Jérôme Cahuzac* : *D.* 2016, p. 2442
- Cons. const., 14 janv. 2016, déc. n°2015-513/514/526 QPC : *D* 2016, n°16, p. 931

S. DETRAZ, note sous

- CE, 10e ch., 24 mai 2017, n°408.484 : *JCP G* 2017, doctr. 1173, n°14
- Cons. const., 22 juil.2016, déc. n°2016-556 QPC : *RSC* 2016, p. 529

P. DIBOUT, note sous :

- CJCE, 4e ch., 27 nov. 2008, aff. C-418/07, *Sté Papillon : DF* 2008, n°52, étude 640
- CJCE, plén., 6 juin 2000, aff. C-35/98, *Staatssecretaris van Financiën et Verkooijen : DF* 2000, n°42, étude 100260
- CJCE, 29 avr. 1999, aff. C-311/97, *Royal Bank of Scotland*, CJCE 8 juil. 1999, aff. C-254/97, *Sté Baxter*, CJCE 21 sept. 1999, aff. C-307/97, *Compagnie Saint-Gobain*, et CJCE, 18 nov. 1999, aff. C-200/98, *XAB-YAB* : *DF* 2000, n°11, 100098

- CJCE, 16 juil. 1998, aff. C-264/96, Imperial Chemical Insutrie plc (ICI) c/ Kenneth Hall Colmer (Her Majesty's Inspector of Taxes) : DF 1998, n°48, étude 100390
- CJCE, Plén., 2 déc. 1997, aff. 188/95, *Fantask* : *DF* 1998, n°11, comm. 198

F. DONNAT, note sous :

- CJUE, 3e ch., 28 oct. 2010, aff. 72/09, *Ets Rimbaud SA.* : *RJF* 1/2011 p. 16
- CJCE, 4e ch., 15 mai 2008, aff. C-414/06, *Lidl Belgium GmbH & Co KG:FR Lefebvre* 31/2008, inf. 1 p. 3

F. DOUET, note sous :

- CE, 8e et 3e ss-sect., 16 fév. 2015, n°373.976, *Boy* : *DF* 2015, n°16, comm. 227
- CE, plén. fisc., 9 mai 2012, n°308.996, *min. c./ Sté EPI* : *JCP E* 2013 p. 1510 et s.
- CE, 8e et 3e ss-sect., Avis, 21 déc. 2006, n°293.749, *Duguay* : *DF* 2007, n°3, comm. 93

T. DUCHARME, note sous TA Paris, 7 févr. 2017, n°1505725/3-1, *Sté Paris Clichy* : *RDP* 2017, n°5, p. 1227

O. DUFOUR, note sous :

- Cons. const. 24 juin 2016, déc. n°2016-545 QPC, *M. Alec Wildenstein* et déc. n°2016-546 QPC, *M. Jérôme Cahuzac* : *Gaz. Pal.*, 28 juin 2016, n°24, p. 6
- Cons. const., 18 mars 2015, déc. n°2014-453/454 QPC et déc. n°2015-462 QPC : *LPA* 24 mars 2015, n°59, p. 4 et s.

O. DUGRIP, note sous Cass., Ch. mixte, 15 déc. 1988, n°168 P, n°170 P, n°171 P et n°176 P : *JCP G* 1989, II, 21263

P. DURAND, note sous CE, 9e et 10e ss-sect., 9 mars 2016, n°375.818, *CRCAM de Normandie* : *DF* 2016, n°15, comm. 285

P. DURAND et M. SERAILLE, note sous CE, Sect.,13 juil. 2016, n°375.801, *SA Paschi Banque* : *DF* 2016, n°36, act. 489

L. DUTHEILLET DE LA MOTTE et O. ODINET, note sous CE, Ass., 31 mai 2016, n°393.881, *Marc Jacob* : *AJDA* 2016, p. 1392

A. ESMEIN note sous Cass., Ch. réunies, 9 mars 1927, 28 mai 1932 et 16 juin 1933 : *S.* 1934, I, p. 241

G. EVEILLARD, note sous :

- TA Paris, 7 fév. 2017, n°15-05725, *Sté Paris Clichy* : *Dr. adm.* 2017, n°6, comm. 30
- CE, Ass. 13 juil. 2016, n°387.763, *M. Czabaj* : *Dr. adm.* 2016, n°12, comm. 63

O. FOUQUET, notes et études sous :

- CE, Sect.,13 juil. 2016, n°375.801, *SA Paschi Banque* : *DF* 2016, n° 36, comm. 464
- Cons. const., 3 fév. 2016, déc. n°2015-520 QPC, *Sté Métro Holding SA venant aux droits de la société CRFP Cash* : *DF* 2016, n°6, act. 74
- CE, 9e et 10e ss-sect., 30 janv. 2013, n°346.683, *Sté Ambulances de France* : *DF* 2013, n°10, comm. 185
- CE, 9e et 10e ss-sect., 21 oct. 2011, n°314.767, *min. c/ SNC Peugeot Citroën Mulhouse*, et n°314.768, *min. c/ Sté Mécanique Automobile de l'Est* : *DF* 2011, n°50, comm. 630
- Cons. const., 21 janv. 2011, déc. n°2010-88 QPC, *Mme Boisselier* : *DF* 2011, n°4, act. 30

O. FOUQUET et B.HATOUX, note sous Cons. const., 24 juin 2016, déc. n°2016-545 QPC, *M. Alec Wildenstein* et°déc. n°2016-546 QPC, *M. Jérôme Cahuzac* : *DF* 2017, n°20, comm. 313

C. FROGER, note sous CEDH, 1ère sect., 23 juin 2009, n°36963/06, *Zouboulidis c/ Grèce* : *Dr. adm.* 2009, comm. 131

P. FUMENIER et C. MAIGNAN, note sous CE, 8e et 3e ss-sect., 12 mars 2014, n°359.643, n°359.644, n°361.975, n°362.191, *min. c/ M. Favreau*, et n°359.645, *min. c/ Sté MJA agissant en qualité de mandataire judiciaire de la société de gestion Laborde* : *DF* 2014, n°22, comm. 361

B. GENEVOIS, note sous :

- Cons. const., 29 déc. 2012, déc. n°2012-662 DC, *Loi de finances pour 2013,* Cons. const., 13 déc. 2012, déc. n°2012-659 DC, *Loi de financement de la sécurité sociale pour 2013 : RFDA* 2013, p.1
- Cons. const., 9 août 2012, déc. n°2012-654 DC, *Loi de finances rectificative pour 2012 (II)* : *RFDA* 2013, p 1
- Cons. const., 30 déc. 1987, n 87-237 DC, *Loi de finances pour 1988* : *RFDA* 1988, p. 350

E. GINTER, note sous

- CE, 3e et 8e ss-sect., 2 juin 2006, n°275.416, *M. Chauderlet* : *DF* 2006, n°46, comm. 725
- CJCE, 5e ch., 21 nov. 2002, aff. C-436/00, *X et Y* : *DF* 2003, n°15, comm. 301

G. GOULARD, note sous CE, 8e et 9e ss-sect., 13 fév. 1995, n°137.014, *Jacquet : RJF* 3/1995. p. 163

N. GUILLAND, note sous :

- CJUE, gde ch., 20 mars 2018, aff. C-524/15, *Menci* :*DF*. 2018, n°21, comm. 285

- CJUE, 4e ch., 5 avr. 2017, aff. C-217/15 et C-350/15, *Massimo Orsi et Luciano Baldetti* : *DF* 2017, n°20, comm. 307

B. HATOUX, études et notes sous :

- Com., 28 mai 2013, n°12-16.317, F-P+B, *Pegasus Farms Ltd* : *RJF* 10/2013, p. 794
- CEDH, 5e sect., 7 juin 2012, aff. 4837/06, *Segame c/ France* : *FR Lefebvre* 31/13, inf. 5 p. 12 ; *ibid.* 32/12, inf. 34 p. 33

N. JACQUOT et P. MISPELON, notes et observations sous :

- Cons. const. 24 juin 2016, déc. n°2016-545 QPC, M. *Alec Wildenstein* et déc. n°2016-546 QPC, *M. Jérôme Cahuzac* : *DF* 2016, n°26, act. 409
- CE, Ass., 31 mai 2016, n°393.881, *Marc Jacob* : *DF* 2016, n°2, act. 354 et act. 369

E. KORNPROBST, note sous :

- CJCE, Plén., 2 déc. 1997, aff. 188/95, *Fantask* :*Rev. sociétés* 1998 p. 367
- CJCE, 28 janv. 1992, aff. C-204/90, *M. Bachmann c/ Belgique* : *DF* 1992, n°29, comm. 1503

P. KOURALEVA-CAZALS, note sous Cons. const., 20 janv. 2015, déc. n°2014-437 QPC : *DF* 2015, n°12, comm. 223

L

C. DE LA MARDIERE, note sous ;

- CE, plén. fisc., 25 oct. 2017, *Cts Verdannet* : *DF* 2018, n° 24, étude 297
- Cons. const., 4 déc. 2013, déc. n°2013-679 DC, Loi relative à la lutte contre la fraude fiscale et la grande délinquance économique et financière : DF 2013, n°51 (numéro spé.), comm. 563
- CE, 9e et 10e ss-sect., 20 mars 2013, n°346.642, *M. et Mme Piazza* : *DF* 2013, n°20, comm. 282

N. LABRUNE, note sous CE, Ass., 31 mai 2016, n°393.881, *Marc Jacob* : *RJF* 8-9/2016, p. 929.

F. LACROIX, note sous CE, Sect.,13 juil. 2016, n°375.801, *SA Paschi Banque* : *FR Lefebvre* 35/2016, inf. 3

G. LADREYT, note sous CE, 3e et 8e ss-sect., 15 avr. 2016, n°385.737, *min. c/ M. Mori* : *DF* 2016, n°23, comm. 371

F. LAFFAILLE, note sous :

- CJUE, 2e ch., 2 sept. 2015, aff. C-386/14, *Groupe Steria SCA* : *DF* 2015, n°38, act. 515
- Cons. const., 20 janv. 2015, déc. n°2014-437 QPC : *DF* 2015, n°12, act. 169

J. LAMARQUE, note sous Com., 29 avr. 1997, n°95.20-001, n°1068 P+B, *Ferreira* : *RGDP* 1998, p. 118 et p. 126

T. LAMBERT, note sous Com., 12 juil. 2004, n° 01-11.403, FS-P+B+I, *Cts Pelat* : *LPA* 27 janv. 2005, n°19, p. 10 et s

B. de LAMY, note sous Cons. const., 4 mai 2012, déc. n°2012-239 QPC, *Mme Altmann* : *RSC* 2013, n°2, p. 430

E. LAPORTE, note sous CE, 9e et 10e ss-sect., 27 juil. 2012, n°331.748, *Manseau* : *DF* 2012, n°42, comm. 487

M. LARCHE, note sous CJUE, gde ch., 19 juil. 2012, aff. C-591/10, *Littlewoods Retails Ltd and other e. a.*: *Europe* 2012, comm. 364

J. LASSERRE-CAPDEVILLE, note sous :

- Cons. const. 24 juin 2016, déc. n°2016-545 QPC, M. *Alec Wildenstein* et déc. n°2016-546 QPC, M. *Jérôme Cahuzac* : *AJ pénal*, 2016, n°9, p. 430
- Cons. const., 17 sept. 2015, déc. n°2015-481 QPC, *Epoux B.* :*Gaz. Pal.*, 21-22 octobre 2015, n°294-295, p. 10
- Cons. const., 18 mars 2015, déc. n°2014-453/454 QPC et déc. n°2015-462 QPC : *AJ Pénal* 2015, p.182

J. LE CALVEZ, note sous CJCE, 5e ch., 11 mars 2004, aff. C-9/02, *Lasteyrie du Saillant* : *D* 2004, p. 933

A.-V. LE FUR, note sous Cons. const., 18 mars 2015, déc. n°2014-453/454 QPC et déc. n°2015-462 QPC : *D* 2016, p. 1091 et s.

R. LE GUIDEC, note sous Civ. 1ère, 1er juil. 1997, n°95-15.674, *D. Regent c/ R. Regent* : *JCP G* 1998, I, 133

F. LE MENTEC, note sous :

- CE, 8e et 3e ss-sect., 12 juil. 2013, n°359.314, *M. Gibier* : *DF* 2013, n°37, comm. 417
- CE, 9e et 10e ss-sect., 27 juil. 2012, n°337.656, *min. c/ M. Regazzaci* et n°337.810, *M. Regazzacci* : *DF* 2012, n°41, comm. 473

L. LECLERCQ, J. DU PASQUIER et C. DELSOL, note sous CE, 9e et 10e ch. 7 juin 2017, n°386627, *Sté Le Muselet Valentin* : *DF* 2017, n°46, comm. 545

L. LECLERCQ, G. CHAVRIER, F. PUEL et J. DU PASQUIER, « Récupération d'aides d'État illicites : quels moyens de défense invoquer ? », note sous CE, 3e et 8e ss-sect., 22 juil. 2015, n°367.567, *Sté Halliburton Manufactoring and Services France* : *DF* 2016, n°10, comm. 213

M. LEVINET, note sous CEDH, 5e sect., 17 fév. 2011, n°12884/03, *Wasmuth c/ Allemagne*: *JCP G* 2011, 317

F. LOCATELLI, note sous CJUE, 5e ch., 4 oct. 2018, aff. C-416/17, *Commission c/ France* : *DF* 2018, n°41, comm. 407

LOSAPPIO, note sous CE, 8e et 9e ss-sect., 7 janv. 2000, n°186.108, *Époux Philippe* : *DF* 2000, n°28, étude 100203

F. MAHLER et J.-L. SAURON, note sous CE, 9e et 10e ch. 7 juin 2017, n°386.627, *Sté Le Muselet Valentin* : *JCP E* 2017, 1437

J. MAÏA, note sous :

- CE, Sect., 6 oct. 2000, n°207.765, *SARL Trace*: *RJF* 12/00, p. 895
- CEDH, gde ch., 12 juil. 2001, n°44759/98, *Ferrazzini c./ Italie* : *RJF* 1/2002 p. 3

A. MAITROT DE LA MOTTE, note sous :

- Cons. const., 20 avr. 2018, déc. n°2018-701 QPC, *Sté Mi Développement 2* : *DF* 2018, n°39, comm. 410.
- CJUE, 1ère ch., 23 nov. 2017, aff. C-292/16, *A Oy* : *RTD eur.* 2018, p. 479 et s.
- Cons. const., 3 fév. 2016, déc. n°2015-520 QPC, *Sté Métro Holding SA venant aux droits de la société CRFP Cash*: *DF* 2016, n°37, étude 475

B. MARTIN LAPRADE, note sous CE, Sect.14 juin 1974, n°89.865 ; CE, Sect.,12 juil. 1974, n°87.076, CE, Sect. 8 nov. 1974, n°83.219, CE, 7e et 8e ss-sect., 27 nov. 1974, n°82.699 ; CE, 7e et 9e ss-sect., 11 déc. 1974, n° 85.413 : *RJF* 1/1975, p. 9

F. MARTINET, note sous Com. 14 déc. 2010, n°10-13.601, F-D : *DF* 2011, n°4, comm. 135

C. MASCALA, note sous :

- Cons. const., 24 juin 2016, déc. n°2016-545 QPC, *M. Alec Wildenstein* et déc. n°2016-546 QPC, *M. Jérôme Cahuzac* : *D* 2016, p.1836
- Cons. const., 14 janv. 2016, déc. n°2015-513/514/526 QPC : *D 2016*, p. 1839

J.-P. MAUBLANC, note sous Com, 20 oct. 2015, n°14-19.598, FS-P+B, *DGFiP c/ M. et Mme Cabri-Wiltze*r : *DF* 2016, n°6, comm. 162

C. MAURO, note sous :

- Cons. const., 18 mars 2015, déc. n°2014-453/454 QPC et déc. n°2015-462 QPC : *AJ Pénal* 2015, n°4, 172
- Crim., 22 janv ; 2014, n 12-83.579, P+B+R+I : *JCP G* 2014, 345

C. MENARD, note sous CE, 8e et 3e ss-sect., 3 fév. 2011, n°322.857, *Sté Groupe Président Electronics* : *DF* 2011, n°26, comm. 408

O. NEGRIN, note sur CE, 10e et 9e ch., 21 juin 2018, n°411.195, *min. c/ M. B* : *Procédures* 2018, comm. 278

M.-A. NICOLAZO DE BARMON, note sur CE, 9e et 10e ss-sect., 23 janv. 2015, n°369.214, *SAS Rottapharm* : *FR Lefebvre10*/2015, inf. 2, n°13

S. NONORGUE, note sous CE, 8e et 9e ss-sect., 6 mai 1996, n°133.870, *M. Petitjean* : *RJF* 1/2000, p. 10 et s.

M. PELLETIER, notes et études sous :

- Cons. const., 24 mai 2019, déc. n°2019-784 QPC, *Sté Cosfibel Premium : DF* 2019, n°23, act. 273
- Cons. const., 21 sept. 2018, déc. n°2018-733 QPC, *Sté d'exploitation des moyens de carénage* : *DF* 2018, n°40, act. 435
- CEDH, gde ch., 15 nov. 2016, n°24130/11 et n°29758/11, *A et B c./Norvège*: *DF* 2016, n°47, comm. 603

F. PEZET, note sous Cons., const., 21 sept. 2018, n°2018-733 QPC, *Sté d'exploitation des moyens de carénage* : *DF* 2018, n°49, comm. 492

J.-L. PIERRE, note sous :

- CE, 9e et 10e ch., 18 juil. 2018, n°404.226, *Sté BNP Paribas* : *DF* 2018, n°48, comm. 485.
- CE, 10e et 9e ch., 4 déc. 2017, n°379.685, *Sté Edenred* : *DF* 2018, n°15, comm. 256
- CJUE, 1ère ch., 15 sept. 2011, aff. C-310/09, *Accor* : *DF* 2012, comm. 67

J.-M. PRIOL, note sur :

- les conclusions de L.-M. POIARES-MADURO, sur CJCE, gde ch., 13 déc. 2005, aff. C-446/03, *Marks & Spencer plc* : Lexbase n°3516AI3, n°165, 28 avr. 2005
- Com., 25 janv. 2005, n°03-10.068, *Époux Imbert de Trémiolles* : *Lexbase* n°N4587ABI, 10 fév. 2005, n°154

P PUIG., note sous Cons. const., 30 juil. 2010, déc. n°2010-14/22 QPC, *M. Daniel W. et a.* : *RTD civ.* p. 513 et s.

P.-F. RACINE, note sous CE, plén. fisc. 26 juil. 1982, n°2533 et n°19645 : *RJF* 10/1982, p. 439 et s.

E. RAINGEARD DE LA BLÉTIÈRE et P. DURAND, note sous Cons. const., 3 fév. 2016, déc. n°2015-520 QPC, *Sté Métro Holding SA venant aux droits de la société CRFP Cash* : *DF* 2016, n°18-19, étude 309

C. RAQUIN, note sous CE, 8e et 3e ss-sect., 27 avr. 2011, n°327764, *Sté Legeps* : *RJF* 7/2011, p. 699 et s.

A. RIGAUX, note sous :

- CJCE, gde ch. 15 oct. 2014, aff. C-331/13, *Ilie Nicolae Nicula* : *Europe* 2014, comm. 510
- CJCE, gde ch., 27 janv. 2009, aff. C-318/07, *Hein Persche* : *Europe* 2009, comm. 122

J.-H. ROBERT note sous :

- « Le verrou qui cache la forêt – Commentaire d'importantes dispositions de la loi n°2018-898 du 23 octobre 2018 relative à la lutte contre la fraude » : *Dr. pénal* 2018, n°13, étude 28
- Cons. const., 28 juin 2013, n°2013-328 QPC : *Dr. pénal* 2013, comm. 141

R. ROME, obs. sous Cons. const., 29 déc. 2012, déc. n°2012-662 DC, *Loi de finances pour 2013 : D* 2013, 1, édito

C. SAND, commentaires sur :

- L. n°2018-898, 23 oct. 2018, *loi relative à la lutte contre la fraude* : *DF* 2018, n°46, comm. 450 à 466
- « Doute sur la constitutionnalité et la conventionalité de l'amende fiscale contre les professionnels permettant la commission de fraude fiscale » : *DF* 2018, n°46, act. 491

O. SCHRAMECK, note sous Cons. const., 30 déc. 1996, déc. n°96-385 DC, *Loi de finances pour 1997* : *AJDA* 1997, p. 161

C. SILBERZSTEIN et G. CAULLIEZ, note sous CAA Versailles, 3e ch., 29 déc. 2016, n°14VE02126 et n°15VE02451, *Sté TCL Belgium* : *DF* 2017, n°16, comm. 265

D. SIMON, note sous :

- CJUE, 4e ch., 22 nov. 2017, aff. C-251/16, Edward Cussens, John Jennings, Vincent Kingston c/ T.G. Brosnan: Europe 2018, comm. 2
- CJUE, 3e ch., 17 déc. 2015, aff. C-419/14, WebMindLicenses Kft c/ Nemzeti Adó-és Vámhivatal Kiemelt Adó- és Vám Főigazgatóság : Europe 2016, comm. 37
- CJUE, gde ch., 26 fév. 2013, aff. C-617/10, *Aklagaren c/Hans Akerberg Fransson*: *Europe* 2013, comm. 154
- CJCE, Plén., 19 nov. 1991, aff. C-6/90 et C-9/90, *Andréa Francovich c/ Italie et Daniela Bonifaci c/ Italie* : *Europe* 1991, n°12

E. SIMON-MICHEL, étude sur Cons. const., 13 juil. 2018, déc. n°2018-719 QPC, *Mme Estelle E* : *RFP* 2018, étude 12

D. SIQUIER, note sous Cons. const., 29 déc. 2005, n°2005-530 *DC, Loi de finances pour 2006 : Les Nouvelles fiscales*, 15 janv. 2006, n°950, p. 2.

P.-E. SPITZ, note sous Cons. const., 19 déc. 2000, déc. n°2000-437 DC, *Loi de financement de la sécurité sociale pour 2001 :* *RDP* 2001, n°1, p. 267 et s.

F. SUDRE, note sous :

- CEDH, 5e sect., 5 avr. 2012, n°11663/04, *Chambaz c/ Suisse* : *JCP G* 2012, p. 924
- CEDH, 23 sept. 1998, n°68/1997/852/1059, *Malige c/ France* : *RDP* 1999, p. 883
- Com., 29 avr. 1997, pourvoi n°95.20-001, n°1068 P+B, *Ferreira* : JCP G 1997, II, 22935

P.-O. SUR et J. TUROT, note sur CE, plén. fisc., 23 déc. 2013, *min. c/ Uguen* : *DF* 2014, n°6, act. 86.

A. TAILLEFAIT, note sous CE, sect., 25 avr. 2001, n° 213460, *Sté Parfival*: *DF* 2002, n°29, comm. 26

G. TIXIER et T. LAMULLE, note sous :

- Com. 7 avr. 2002, *Mme Pavie c/ Directeur général des impôts* : *DF* 1992, n°30, comm. 1547
- Crim. 28 janv. 1991, n°90-81.606, *M. Carles*, n°90-81.526, *M. Lavigne* et n°89-86.597, *M. et Mme Sennesaël et Bazin* : *DF* 1991, n°21-22, comm. 1160
- CE, Plén., 22 déc. 1989, n°56.905, *Biau* : *DF* 1990, n°17, comm. 858

B. TOULEMONT et H. ZAPF, note sous Cons. const., 30 juil. 2010, déc. n°2010-19/27 QPC, *Époux Pipolo et a.* :*Gaz. Pal.* 11 déc. 2010, n°345, p. 40 et s.

J. TUROT, note et étude sous :

- Cons. const., 15 déc. 2017, déc. n°2017-679 QPC, *Courtois* : *DF* 2018, n°10, étude 208
- CJCE, 16 juil. 1998, aff. C-264/96, Imperial Chemical Insutrie plc (ICI) c/ Kenneth Hall Colmer (Her Majesty's Inspector of Taxes) : RJF 11/1998, p. 240 et s.
- CAA Paris, 17 déc. 1991, n°357, *Restauration Gestion Service* et CE, 8e et 9e ss-sect., 30 mars 1992, n°114.926, *Sté Générale* : *RJF* 5/1992, p. 371 et s.
- CE, 7e et 8e ss-sect., 17 oct. 1990, n°83.310, *Loiseau* : *RJF* 11/1990, p. 735

L. USINIER, note sous CJUE, gde ch., 26 fév. 2013, aff. C-617/10, *Aklagaren c/Hans Akerberg Fransson* : *RTD civ.* 2014, 312

R. VABRES, note sous :

- Cons. const. 21 juil. 2017, déc. n°2017-646/647 QPC, *M. Alexis K. et a.* : *Dr. sociétés* 2017, comm. 193
- CE, 10e et 9e ch., 8 juin 2016, n°383.259, *Assoc. française des entreprises privées (AFEP) et a.* : *DF* 2016, n°40, comm. 536

E. J. VAN BRUSTEM, note sous :

- CEDH, 5e sect., 23 juil. 2009, n°30345/05, *Joubert c/ France* : *DF* 2009, n°38, comm. 474,
- CEDH, 3e sect., 4 janv. 2008, n°25834/05 et 27815/05, *Imbert de Trémiolles* :*DF* 2008, n°15, comm. 264
- CEDH, gde ch., 23 nov. 2006, n°73053/01, *Jussila c/ Finlande* : *DF* 2007, n°46, comm. 956

AUTRES

Conseil d'État, rapport d'activité pour 2017: https://www.ladocumentationfrancaise.fr/var/storage/rapports-publics/184000286.p*DF*

Cour de cassation :

- Rapport de la Commission de réflexion sur la réforme de la Cour de cassation, 15 mai 2017, 366 p.
- Rapport annuel pour 2016, p. 335. Le délai moyen, toutes chambres du contentieux civil confondues, est de 414 jours pour l'année 2017 (https://www.courdecassation.fr/publications_26/rapport_annuel_36/rapport_2017_8791/livre_4_activite_cour_8816/i._activite_juridictionnelle_8817/bis._donnees_statistiques_8840/1._activite_generale_8841/delai_contentieux_39620.html)

Cour de justice de l'Union européenne, Rapport d'activité pour 2017. Accessible en ligne : https://curia.europa.eu/jcms/upload/docs/application/p*DF*/2018-04/ra_2017_fr.p*DF*

OUVRAGES NON JURIDIQUES

B. ANDRE-SALVINI, *Le Code d'Hammurabi*, Somogy éditions d'arts, coll. « Solo », 2016, 82 p.

Aristote, *Éthique à Nicomaque*, Livre V « De la justice »

Aristote, *Réfutation sophistiques*, (trad. J. TRICOT), éd. Vrin, 1969

J. L. AUSTIN, *Quand dire c'est fair*e (trad. G. LANE), éd. du Seuil, coll. « Points d'essais », 1970, 183 p.

C. BAUDELAIRE, Peintre de la vie moderne, I. Le beau, la mode et le bonheur, éd. 1001 nuits, 2010, 112 p.

J.-Y. BOSSEUR, *Du Son au signe, Histoire de la notation musicale*, éd. Alternatives, coll. Écritures, 2005, 143 p.

S. BOUISSOU, C. GOUBAULT et J.-Y. BOSSEUR, *Histoire de la notation, de l'époque baroque à nos jours*, éd. Minerve, Coll. « Musique ouverte », 294 p.

A. CAILLE, *Critique de la raison utilitaire*, Agalma, ed. La Découverte, 1989

B. CASSIN, Quand dire, c'est vraiment faire. Homère, Gorgias et le peuple en arc-en-ciel, éd. Fayard, 2018, 260 p.

J. CASTAREDE, *Le Luxe*, éd. PUF, coll. « QSJ ? », n°2687, 2012, 127 p.

Centre national de ressources textuelles et lexicales : http://www.cnrtl.fr/

J. CHAILLEY, *La musique et le signe,* éd. d'aujourd'hui, coll. « Les introuvables », 1985, 164 p.

F. CORBALAN, *Le nombre d'or. Le langage mathématique de la beauté*, éd. RBA, coll. « Le monde est mathématique », 2013, 164 p.

A. DÜRER, *Traité des proportions accompagné des Lettres et Écrits théoriques*, Textes traduits et présentés par Pierre VAISSE, éd. Hermann, Coll. « Arts », 2008, 199 p.

L. FERRY, *Le sens du beau. Aux origines de la culture contemporaine*, Le livre de Poche, coll. « Essais », 2011, 349 p.

M.C. GHYKA, Esthétique des proportions dans la nature et dans les arts, éd. du Rocher, 1998, 320 p.

G.W.F. HEGEL, *Introduction à l'esthétique : le Beau*, éd. Flammarion, coll. « Champs », 1979, 379 p.

D. GODFRIDI, La passion de l'égalité. Essai sur la civilisation socialiste, éd. Texquis, 2017, 152 p.

E. KANT, *Critique de la faculté de juger*, éd. Gallimard Flammarion, 2015, 540 p.

J. S. MILL, *De l'utilitarisme,* trad. G. TANESSE, éd. Privat, 1964

E. PIAGET, *Le structuralisme*, éd. PUF, Coll. « Quadrige », 2e éd., 2016, 144 p.

S. ROMMEVAUX, P. VENDRIX et V. ZARA (dir.), Proportions. Sciences, Musique, Peinture & Architecture, Actes du LIe colloque International d'Études Humanistes, 30 juin – 4 juillet 2008, éd. Brepols, coll. « Études Renaissantes », éd. 2011, 461 p.

F. SCHARPF, *Gouverner l'Europe*, trad., Paris, Presse de Sciene Po, 2000, 238 p.).

BIBLIOGRAPHIE PAR DÉCISION JURIDICTIONNELLE

CONSEIL CONSTITUTIONNEL

DE 1970 À 1989

Cons. const., 27 déc. 1973, déc. n°73-51 DC, *Loi de finances pour 1974* : JO 28 déc. 1973, p. 14004 ; Rec. p. 25

Cons. const., 15 janv. 1975, déc. n°74-54 DC, *Loi relative à l'interruption volontaire de grossesse* : JO 16 janv. 1975, p. 671 ; Rec. p. 19

Cons. const., 30 déc. 1980, déc. n°80-126 DC, *Loi de finances pour 1981 :* JO 31 déc. 1980, p. 3242 ; Rec. p. 53

Cons. const., 30 déc. 1981, déc. n°81-133 DC, *Loi de finances pour 1982* : JO 31 déc. 1981, p. 3609 ; Rec. p. 41 ; *DF* 1982, n°14, étude 100026, L. PHILIP ; *D* 1982, p. 305, note L. HAMON ; *GAJF*, éd. Dalloz, 5e éd. 2009, th. n°7).

Cons. const., 16 janv. 1982, n°81-132 DC, *Loi de nationalisation* : JO 17 janv. 1982, p. 299 ; Rec. p. 18

Cons. const., 28 juin 1982, déc. n°82-140 DC, *Loi de finances rectificatives pour 1982* : JO 29 juin 1982, p. 2043 ; Rec. p. 45

Cons. const., 30 déc. 1982, déc. n°82-155 DC, *Loi de finances rectificative pour 1982 :* JO 31 déc. 1982, p. 4034 ; Rec. p. 88

Cons. const., 29 déc. 1983, déc. n°83-164 DC, *Loi de finances pour 1984* : JO 30 déc. 1983, p. 3871 ; Rec. p. 67 ; *DF* 1984, n°2, comm. 49 ; *RJF* 1984, n°1186 ; *JCP* 1984, 20160, note R. DRAGO et A. DECOCQ ; *RSC* 1984, p. 473, note O. FOUQUET

Cons. const., 26 déc. 1984, déc. n°84-186 DC, *Loi de finances rectificative pour 1984* : JO 30 déc. 1984, p. 4171 ; Rec. p. 107 ; *DF* 1985, n°2-3, comm. 56 ; *RJF* 3/1985, n°482

Cons. const., 29 déc. 1984, déc. n°84-184 DC, *Loi de finances pour 1985 :* JO 30 déc. 1984, p. 4167 ; Rec. p. 94; *RJF* 3/1985, n°482 ; *DF* 1985, n°2, comm. 56

Cons. const., 25 janv. 1985, déc. n°85-187 DC, *Loi relative à l'état d'urgence en Nouvelle-Calédonie et dépendances :* JO 26 janv. 1985, p. 1137 ; Rec. p. 43

Cons. const., 16 janv. 1986, déc. n°85-200 DC, Loi relative à la limitation des possibilités de cumul entre pensions de retraite et revenus d'activité : JO 18 janv. 1986, p. 920 ; Rec. p. 9.

Cons. const., 3 juil. 1986, déc. n°86-209 DC, *Loi de finances rectificative pour 1986 :* JO 4 juil. 1986, p. 8342; Rec. p. 86 ; *RJF* 11/1986, n°995

Cons. const., 28 juill. 1989, n°89-260 DC, *Loi relative à la sécurité et à la transparence du marché financier :* Rec. p. 71 ; *RFDA* 1989, p. 671, note B. GENEVOIS

Cons. const., 29 déc. 1986, déc. n°86-223 DC, *Loi de finances rectificative pour 1986* : JO 30 déc. 1986, p. 15802 ; Rec. p. 184 ; *DF* 1987, n°2-3, comm. 510 ; *JCP G* 1987, II, 20903, note N. QUOC VINH

Cons. const. 30 déc. 1987, déc. n°87-239 DC, *Loi de finances rectificative pour 1987* : JO 31 déc. 1987, p. 15763 ; Rec. p. 69

Cons. const. 30 déc. 1987, déc. n°87-237 DC, *Loi de finances pour 1988 : RJF* 3/1988, n°334 ; *RJF* 5/1988, n°650 ; *DF* 1988, n°43, comm. 1228, note L. PHILIP – V. B. GENEVOIS, « L'application du principe de proportionnalité aux amendes fiscales (à propos de Cons. const., déc. n°87-237 DC, 30 déc. 1987) » : *RFDA* 1988, n°4, p. 350.

Cons. const., 29 déc. 1988, déc. n 88-250 DC, *Loi de finances rectificative pour 1988* : JO 30 déc. 1988, p. 16700 ; Rec. p. 267

Cons. const., 28 juill. 1989, n°89-260 DC, *Loi relative à la sécurité et à la transparence du marché financier* : Rec. p. 71 ; *RFDA* 1989, p. 671, note B. GENEVOIS

Cons. const., 29 déc. 1989, déc. n°89-268 DC, *Loi de finances pour 1990*: JO 30 déc. 1989, p. 16498 ; Rec. p. 110 ; *DF* 1990, n°2-3, comm. 57 ; *RJF* 2/1990, n°127 et n°195 ; *GAJF*, éd. Dalloz, 2009, 5e éd., th. n°7; *RFDA* 1990. 143, chron. B. GENEVOIS.

Cons. const., 29 déc. 1989, déc. n°89-270 DC, *Loi de finances rectificative pour 1989* : JO 30 déc. 1989, p. 16504 ; Rec. p. 129 ; *RJF* 2/1999, n°194

DE 1990 À 1999

Cons. const., 25 juil. 1990, déc. n°90-277 DC, Loi relative à la révision générale des évaluations des immeubles retenues pour la détermination des bases des impôts directs locaux : JO 27 juil. 1990, p. 9021 ; Rec. p. 70

Cons. const., 28 déc. 1990, déc. n°90-285 DC, *Loi de finances pour 1991* : JO 30 déc. 1990, p. 16609 ; Rec. p. 95 ; *DF* 1991, n°2-3, comm. 48 ; *RJF* 2/1991, n°213 ; *JCP G* 1991.I.3522, étude F. QUEROL. – V. également, L. PHILP, « La décision du 29 déc. 1990 du Conseil constitutionnel sur la contribution sociale généralisée » : *DF* 1991, n°14, étude 100012

Cons. const. 28 déc. 1990, déc. n°90-286 DC, *Loi de finances rectificative pour 1990* : JO 30 déc. 1990, p. 16613 ; Rec. p. 107 ; *RJF* 2/1991, n°213

Cons. const., 24 juil. 1991, déc. n°91-298 DC, *Loi portant diverses dispositions d'ordre économique et financier* : JO 26 juil. 1991, p. 9920 ; Rec. p. 82

Cons. const., 30 déc. 1991, déc. n°91-302 DC, *Loi de finances pour 1992* : JO 31 déc. 1991, p. 17434 ; Rec. p. 137

Cons. const., 29 juil. 1992, déc. n°92-311 DC, Loi portant adaptation de la loi n°88-1088 du 1er déc. 1988 relative au revenu minimum d'insertion et relative à la lutte contre la pauvreté et l'exclusion sociale et professionnelle : JO 30 juil. 1992, p. 10 261 ; Rec. p. 73 ; RJS 8-9/1992, n°1105

Cons. const., 21 juin 1993, déc. n°93-320 DC, *Loi de finances rectificative pour 1993* : JO 23 juin 1993, p. 8869 ; Rec. p. 146 ; *RJF* 8-9/1993, n°1198 et 11/1993, n°1446 ; *Droit social* 1993, p. 787, note X. PRÉTOT. – V. également B. MATHIEU et M. VERPEAUX, « Chronique de jurisprudence constitutionnelle (juin-août 1993 – 1ère partie) » : *LPA,* 5 janv. 1994, n°2

Cons. const., 29 déc. 1993, déc. n°93-330 DC*, Loi de finances pour 1994* : JO 31 déc. 1993, p. 18728 ; Rec. p.572 ; *RJF* 3/1994, n°280 ; *DF* 1993, n°1-2, comm. 3.

Cons. const., 18 janv. 1995, déc. n°94-352 DC, *Loi d'orientation et de programmation relative à la sécurité* : JO 21 janv. 1995, p. 1154 ; Rec. p. 67

Cons. const., 28 déc. 1995, déc. n°95-369 DC, *Loi de finances pour 1996* : JO 31 déc. 1995, p. 19099 ; Rec. p. 257 ; ; *DF* 1996, n°1-2, comm. 3 ; *RJF* 2/1996, n°209 ; *RFDC* 1995, n°25, p. 119 et s., note E. OLIVA

Cons. const., 29 déc. 1995, déc. n°95-371 DC, *Loi de finances rectificative pour 1995* :JO 31 déc. 1998, p. 19108 ; Rec. p. 265 ; *RJF* 2/1996, n°173

Cons. const., 9 avr. 1996, déc. n°96-375 DC, *Loi portant diverses dispositions d'ordre économique et financier :* JO 13 avr. 1996, p. 5730 ; Rec. p. 60

Cons. const., 30 déc. 1996, déc. n°96-385 DC, *Loi de finances pour 1997* : JO 31 déc. 1996, p.19557 ; Rec. p. 145 ; *AJDA* 1997, p. 161, note O. SCHRAMECK

Cons. const., 7 nov. 1997, déc. n°97-391 DC, *Loi portant mesures urgentes à caractère fiscal et financier* : JO 11 nov. 1997, p. 16390 ; Rec. p. 232

Cons. const., 19 nov. 1997, déc. n°97-390 DC, *Loi organique relative à la fiscalité applicable en Polynésie française* : JO 25 nov. 1997, p. 17020 ; Rec. p.254 ; *RJF* 4/1998, n°516

Cons. const., 18 déc. 1997, n°97-393 DC, *Loi de financement de la sécurité sociale pour 1998* : JO 23 déc. 1997, p. 18649 ; Rec. p.320 ; *RJF* 2/1998, n°202

Cons. const., 30 déc. 1997, déc. n°97-395 DC, *Loi de finances pour 1998* : JO 31 déc. 1997, p. 19313 ; Rec. p. 333 ; *DF* 1998, n°1-2, comm. 1 ; *RJF* 2/1998, n°182 ; *Procédures* 1998, comm. 108, note J.-L. PIERRE ; *RFDC* 1998, p. 160 et s., note L. PHILIP. – V. O. FOUQUET, « Cumul des sanctions fiscales et pénales » : *Rev. adm.* 1997, n°296, p. 170 et s. ; P. SCHIELE, « Cumul des sanctions fiscales « répressives » et des sanctions pénales pour fraude fiscale »: *Procédures* 1998, chron. 9 ; S. AUSTRY, « Les sanctions administratives en matière fiscale » : *AJDA* 2001, n°spécial sur les sanctions administratives, p. 51 et

Cons. const., 10 juin 1998, déc. 98-401 DC, *Loi d'orientation et d'incitation relative à la réduction du temps de travail* : JO 14 juin 1998, p. 9033 ; Rec. p. 258

Cons. const., 18 déc. 1998, déc. n°98-404 DC, *Loi de financement de la sécurité sociale pour 1999* : JO 27 déc. 1998, p. 19663 ; Rec. p. 315 ; *DF* 1999, n°1, comm. 2 ; *RJF* 1999, n°348 ; *AJDA* 1999, p. 22, note J.-E. SCHOETTL ; *RFDC* 1999, p. 123 ; *JCP G* 1999, p. 117, X. PRÉTOT ; *D* 2000, somm. p. 63, obs. F. MELIN-SOUCRAMANIEN ; *LPA* août 1999, n°152, note B. MATHIEU et S. AIVAZZADEH

Cons. const., 29 déc. 1998, déc. n°98-405 DC, *Loi de finances pour 1999* : JO 27 déc. 1999, p. 19663 ; Rec. p. 326 ; *AJDA* 1999, p. 14, note J.-E. SCHOETTL ; *D* 2000, p. 54, note L. PHILIP ; *RFDC* 1999, n°37, p. 123, note F. MÉLIN-SOUCRAMANIEN ; *ibid.*, p. 129, note L. PHILIP ; *Dr. sociétés* 1999, n°2, p. 4, obs. J.-L. PIERRE

Cons. const., 29 déc. 1998, déc. n°98-406 DC, *Loi de finances rectificative pour 1998* : JO 31 déc. 1998, p. 20160 ; Rec. p. 340 ; *RJF* 2/1999, n°195 ; *AJDA* 1999, p. 20, note J.-E. SCHOETTL

Cons. const., 23 juil. 1999, déc. n°99-416 DC, *Loi portant création d'une couverture maladie universelle :* JO 28 juil. 1999, p. 11250 ; Rec. p. 100

Cons. const., 21 déc. 1999, déc. n°99-422 DC, *Loi de financement de la sécurité sociale pour 2000* : JO 30 déc. 1999, p. 19730 ; *RJF* 2/2000, n°250 et p. 90, chron. E. MIGNON

Cons. const. 29 déc. 1999, déc. n°99-424 DC, *Loi de finances pour 2000* : JO 31 déc. 1999 ; Rec. p. 156 ; *RJF* 2/2000, n°248 et p. 90, chron. E. MIGNON ; RJC 1999, I, p. 871. – V. également D. RIBES, « Les progrès de l'égalité devant l'impôt. À propos des décisions du Conseil constitutionnel 99-424 DC et 2000-437 DC » : *RFFP* 2001, n°76, p. 261-284

Cons. const. 29 déc. 1999, déc. n°99-425 DC, *Loi de finances rectificative pour 1999* : JO 31 déc. 1999, p. 20 012 ; Rec. p. 168 ; *RJF* 2/2000, n°249 et p. 90, chron. E. MIGNON.

DE 2000 À 2009

Cons. const., 27 juil. 2000, déc. n°2000-433 DC, Loi modifiant la loi n °86-1067 du 30 septembre 1986 relative à la liberté de communication : JO 2 août 2000, p. 11922 ; Rec. p. 121

Cons. const., 19 déc. 2000, déc. n°2000-437 DC, *Loi de financement de la sécurité sociale pour 2001* : JO 24 déc. 2000, p. 20576 ; Rec. p.190 ; *RJF* 3/2001, n°351 ; *RFDC* 2001, n°45, p. 129, note L. PHILIP ; *RDP* 2001, n°1, p. 267, note P.-E. SPITZ. – V. également D. RIBES, « Les progrès de l'égalité devant l'impôt. À propos des décisions du Conseil constitutionnel 99-424 DC et 2000-437 DC » : *RFFP* 2001, n°76, p. 261-284 ; GAJF, éd. Dalloz, 2009, 5[è] éd., th. n°7

Cons. const., 28 déc. 2000, déc. n°2000-441 DC, *Loi de finances rectificative pour 2000* : JO 31 déc. 2000, p. 21204 ; Rec. p. 201 ; *RJF* 3/2001, n°350

Cons. const., 28 déc. 2000, déc. n°2000-442 DC, *Loi de finances pour 2001* : JO 31 déc. 2000, p. 21119 ; Rec. p. 211 ; *RFDC* 2001, n°45, p. 137, note L. PHILIP

Cons. const., 16 janv. 2001, déc. n°2000-439 DC, *Loi relative à l'archéologie préventive* : JO 18 janv. 2001, p. 931 ; Rec. p. 42

Cons. const., 27 nov. 2001, déc. n°2001-451 DC, Loi portant amélioration de la couverture des non salariés agricoles pour les accidents du travail et les maladies professionnelles : JO 1er déc. 2001, p. 19112 ; Rec. p. 145

Cons. const., 27 déc. 2001, déc. n°2001-456 DC, *Loi de finances pour 2002 :* JO 29 déc. 2001, p. 21159 ; Rec. p. 180 ; *RJF* 3/2002, n°316

Cons. const., déc. 27 déc. 2001, n°2001-457 DC, *Loi de finances rectificative pour 2001* : JO 29 déc. 2001, p. 21172 ; Rec. p. 192

Cons. const., 12 déc. 2002, déc. n°2002-463 DC, *Loi de financement de la sécurité sociale pour 2003* : JO 24 déc. 2002, p. 21500 ; Rec. p. 540.

Cons. const., 18 déc. 2002, déc. n°2001-453 DC, *Loi de financement de la sécurité sociale pour 2002* : JO 26 déc. 2001, p. 20582 ; Rec. p. 16 ; *RJF* 3/2002, n°314

Cons. const., 27 déc. 2002, déc. n°2002-464 DC, *Loi de finances pour 2003 :* JO 31 déc. 2002, p. 22103 ; Rec. p. 583 ; *RJF* 2/2003, n°349

Cons. const., 31 juil. 2003, déc. n°2003-477 DC, *Loi pour l'initiative économique* : JO 5 août 2003, p. 13464 ; Rec. p. 418 ; *RFDC* 2003, n°56, p. 807, obs. S. NICOT

Cons. const.,11 déc. 2003, déc. n°2003-486 DC, *Loi de financement de la sécurité sociale pour 2004* : JO 19 déc. 2003, p. 21679 ; Rec. p. 467

Cons. const., 29 déc. 2003, déc. n°2003-488 DC, *Loi de finances rectificative pour 2003 :*JO 31 déc. 2003, p. 22652 ; Rec. p. 480 ; *RJF* 3/2004, n°285

Cons. const., 29 déc. 2003, déc. n°2003-489 DC, *Loi de finances pour 2004 :* JO 31 déc. 2003, p. 22636 ; Rec. p. 487 ; *RJF* 3/2004, n°284

Cons. const., 2 mars 2004, déc. n°2004-492 DC, *Loi portant adaptation de la justice aux évolutions de la criminalité* : JO 4 mars 2002, p. 4637, texte n°4 ; Rec. p. 66

Cons. const., 29 déc. 2004, déc. n°2004-511 DC, *Loi de finances pour 2005 :* JO 31 déc. 2004, p. 22571, texte n°5 ; Rec. p. 236 ; *RJF* 3/2005, n°258

Cons. const., déc. 22 juil. 2005, n°2005-520 DC, Loi précisant le déroulement de l'audience d'homologation de la comparution sur reconnaissance préalable de culpabilité : JO 27 juil. 2005, p. 12441, texte n°16 ; Rec. p. 118

Cons. const., 29 déc. 2005, déc. n°2005-530 DC, *Loi de finances pour 2006* : JO 30 déc. 2005, p. 20.705, texte n°3 ; Rec. p. 168 ; *RJF* 3/2006, n°290 ; *JCP A* 2006, act. 1 ; *RFDC* 2006, n°66, p. 356 et s., note L. PHILIP ; *Les Nouvelles fiscales*, 15 janv. 2006, n°950, p. 2. obs. D. SIQUIER.

Cons. const., 29 déc. 2005, n°2005-531 DC, *Loi de finances rectificative pour 2005* : JO 31 déc. 2005, p. 20630, texte n°3 ; Rec. p. 186 ; *RJF* 3/2006, n °290 et 291 ; *LPA* 2006, n°11, p. 14, note J.-R. SCHOETTL ; *RFDC* 2006, n°66, p. 367, note J. PINI. – V. Y. BERNARD, « Highway to Hell ou quand l'État passe au péage » : *RJF* 4/2006, p. 267

Cons. const., 16 août 2007, déc. n°2007-555 DC, *Loi TEPA* : JO 22 août 2007, p. 13959, texte n°3 ; Rec. p. 310 ; *RJF* 11/2007, n°1301 ; *RFDC* 2008, n°73, p. 99, note A. MANGIAVILLANO ; *Le Courrier Juridique des Finances et de l'Industrie* 2007, n°47, note S. MARASCO

Cons. const., 29 déc. 2009, déc. n°2009-599 DC, *Loi de finances pour 2010* : JO 31 déc. 2009, p. 22995, texte n°3 ; Rec. p. 218 ; *DF* 2010, n°4, comm. 98, note L. VALLÉE ; *RJF* 3/2010, n°273 et 274 ; *JCP A* 2010, 2038, note P. BILLET

Cons. const., 29 déc. 2009, déc. n°2009-600 DC, *Loi de finances rectificative pour 2009* : JO 31 déc. 2009, p. 22031, texte n°7 ; Rec. p. 238 ; *DF* 2010, n°4, comm. 98, note L. VALLÉE ; *RJF* 3/2010, n°273 et 274

DE 2010 À 2014

Cons. const., 12 mai 2010, déc. n°2010-605 DC, Loi relative à l'ouverture à la concurrence et à la régulation du secteur des jeux d'argent et de hasard en ligne : JO 13 mai 2010, p. 8897, texte n°2 ; Rec. p. 78

Cons. const., 18 juin 2010, déc. n°2010-5 QPC, *SNC Kimberly Clark* : JO 19 juin 2010, p. 11149, texte n°70 ; Rec. p. 119 ; *DF* 2010, n°48, comm. 576, note M. GUICHARD et R. GRAU ; *RJF* 10/2010, n°940 ; *FR Lefebvre* 39/10 p. 8, note S. AUSTRY

Cons. const., 2 juil. 2010, déc. n°2010-9 QPC, *Section française de l'Observatoire international des prisons* : JO 3 juil. 2010, p. 12120, texte n°90 ; Rec. p. 128

Cons. const., 23 juil. 2010, déc. n°2010-16 QPC, *M. Philippe Extrabayat* : JO 24 juil. 2010, p. 13728, texte n°121 ; Rec. p. 164 ; *DF* 2010, n°35, act. 321 ; *RJF* 2010, n°172 ; *Constitutions* 2010, p. 598, note A. BARILARI

Cons. const., 30 juil. 2010, déc. n°2010-14/22 QPC, *M. Daniel W. et a.* : JO 31 juil/ 2010, p. 14198, texte n°5 ; Rec. p. 179 ; *Procédures* 2010, comm. 382, note A.-S. CHAVENT-LECLERE ; *RTD civ.* 2010, p. 513, note P. PUIG (à propos de la garde à vue)

Cons. const., 30 juil. 2010, déc. n°2010-19/27 QPC, *Époux Pipolo et a.* : JO 31 juil. 2010, p. 14202, texte n°106 ; Rec. p. 190 ; *DF* 2010, n°41, comm. 526, note F. MARTINET ; *RJF* 10/2010, n°941 ; *Procédures* 2010, comm. 393, note L. AYRAULT ; *Gaz. Pal.* 11 déc. 2010, n°345, p. 40, note B. TOULEMONT et H. ZAPF ; *Constitutions* 2010, p. 595, note C. DE LA MARDIÈRE

Cons. const., 29 sept. 2010, déc. n°2010-40 QPC, *Thierry B.* : JO 30 sept. 2010,p. 17782, texte n°106 ; Rec. p. 255 ; *JCP G* 2010, 1149, note A. LEPAGE et H. MATSOPOULOU (annulation du permis de conduire)

Cons. const., 29 sept. 2010, déc. n°2010-44 QPC, *M. et Mme Mathieu* : JO 30 sept. 2010, p. 17783, texte n°108 ; Rec. p. 259 ; *DF* 2010, n°40, act. 379 ; *RJF* 11/2010, n°1073 ; *FR Lefebvre* 42/2010, p. 3 ; D 2010, p. 2620, note J.-P. FELDMAN ; *LPA* 11 oct. 2010, n°202, p. 3, note F. PERROTIN. – V. O. FOUQUET, « L'assiette de l'ISF est-elle constitutionnelle ? » : *DF* 2010, n°42, act. 398 ; E. DE CROUY-CHANEL et A.-S. LE BRIS, « La décision n°2010-44 QPC du Conseil constitutionnel : réflexions sur la notion de faculté contributive » :*DF* 2011, n°9, étude 230

Cons. const., 14 oct. 2010, déc. n°2010-52 QPC, *Cie agricole de la Crau* : JO 15 oct. 2010, p. 18540, texte n°62 ; Rec. p. 283 ; *JCP G* 2010, doctr. 1163, n°4, chron. B. MATHIEU ; *ibid.*, 1071 ; *Gaz. Pal.* 2010, p. 12, note D. ROUSSEAU ; *RTD civ.* 1/2011, p. 96, note. P. DEUMIER

Cons. const., 14 oct. 2010, déc. n°2010-53 QPC, *Sté Plombinoise de Casino* : JO 15 oct. 2010, p. 18541, texte n°63 ; Rec. p. 28 ; *RJF* 1/2011, n°81.

Cons. const., 18 oct. 2010, déc. n°2010-57 QPC, *Sté SITA FD et a.* : JO 19 oct. 2010, p. 18698, texte n°84 ; Rec. p. 299 ; *RFDC* 2011, n°86, p. 295, note A. LE QUINIO ; *Environnement* 2011, n°1, p. 30, note P. BILLET ; *JCP A* 2010, n°50, p. 28, note P. BILLET ; *RJF* 3/2011, n°361

Cons. const., 18 oct. 2010, déc. n°2010-58 QPC, *PROCOS et autres* : JO 19 oct. 2010, p. 18699, texte n°85 ; Rec. p. 302 ; *RFDC* 2011, n°86, p. 295, note A. LE QUINIO

Cons. const., 26 nov. 2010, déc. n°2010-70 QPC, *M. Moreau* : JO 27 nov. 2010, p. 21118, texte n°41 ; Rec. p. 340 ; *DF* 2010, n°48, act. 458 ; *DF* 2011, n°6, comm. 209, note F. DIEU ; *RJF* 12/2010, n°1218 ; *Gaz. Pal.* 2011, n°58, p. 18, note E. GLASER ; *Procédures*, 2011, n°1, p. 34, note L. AYRAULT – V. B. GOUTHIÈRE, « Article 155 A du CGI : compatibilité avec les normes juridiques supérieures ? »: *BF Lefebvre* 6/2011 ; *Cah. Const. const.*, 2010, n°30 p. 3

Cons. const., 26 nov. 2010, déc. n°2010-66 QPC, *M. Thibaut G.* : JO 27 nov. 2010, p. 21117, texte n°39 ; Rec. p. 334 ; *JCP* 2011, n° 15, note J.-H. ROBERT ; *Gaz. Pal.* 2011. 1. p. 258, note E. DREYER

Cons. const., 10 déc. 2010, déc. n°2010-72/75/82 QPC, *Alain D. et a.* : JO 11 déc. 2010, p. 21712, texte n°81 ; Rec. p. 382 ; *DF* 2010, n°50, act. 405 et 477 ; *RJF* 2/2011, n°211 ; *Procédures* 2011, comm. 80, note L. AYRAULT

Cons. const., 10 déc. 2010, déc n°2010-78 QPC, *Sté IMNOMA* : JO 11 déc. 2010, p. 21712, texte n°83 : Rec. p.387 ; *DF* 2010, n°51-52, p. 2-3, note E. MEIER et G.-H. BOUCHERON ; *FR Lefebvre* 2011, n°2, note S. AUSTRY ; *RFDC*, 2011, n°87, p. 586-588, note A. LE QUINIO ; *Constitutions* 2011, n°2, p. 191-198, C. DE LA MARDIÈRE ; *Gaz. Pal.* 2011, n°58-60, p. 12-21, chron. D. ROUSSEAU, J.-H. HENRI, X. PRÉTOT, R. FRAISSE

Cons. const., 16 déc. 2010, déc. n°2010-620 DC, *Loi de financement de la sécurité sociale pour 2011* : JO 21 déc. 2010, p. 22439, texte n°2 ; Rec. p. 394

Cons. const., 28 déc. 2010, déc. n°2010-622 DC, *Loi de finances pour 2011* : JO 30 déc. 2010, p. 23190, texte n°3 ; Rec. p. 416 ; *RJF* 3/2011, n°360

Cons. const., 13 janv. 2011, déc. n°2010-84 QPC, *SNC Eiffage Construction Val-de-Seine et a.* : JO 14 janv. 2011, p. 812 , texte n°122 ; Rec. p.60 ; *DF* 2011, n°3, act. 29 ; *LPA* 8-10 mai 2011, n°128-130, p. 12, note D. ROUSSEAU ; *LPA* 31 juil. 2012, n°152, p. 27, obs. L. BAGHESTANI.

Cons. const., 21 janv. 2011, déc. n°2010-88 QPC, *Mme Boisselier* : JO 22 janv. 2011, p. 1385, texte n°65 ; Rec. p. 74 ; *DF* 2011, n°4, act. 30, note O. FOUQUET ; *ibid.*, n°7, comm. 219, note M. PELLETIER ; *RJF* 4/2011, n°482 ; *RFDC* 2011, n°87, p. 608, note A. LE QUINIO ; *ibid.* p. 627, note E. OLIVA ; *LPA* 13 juil. 2012, n°140, p. 4-5, note F. PERROTIN

Cons. const., 21 janv. 2011, déc. n°2010-89 QPC, *Sté Chaud Colatine* : JO 22 janv. 2011, p. 1387, texte n°66 ; Rec. p. 79 (arrêté de fermeture hebdomadaire de l'établissement)

Cons. const., 21 janv. 2011, déc. n°2010-90 QPC, *M. Cuaz* : JO 22 janv. 2011, p. 1387, texte n°67 ; Rec. p. 81 ; *DF* 2011, n°4, act. 35 ; *RJF* 4/2011, n°483 ; *LPA* 31 juil. 2012, n°152, p. 27, note L. BAGHESTANI ; *Rev. sociétés* 2011, n°12, p. 721, note S. JAMBORT ; *RFDC* 2011, n°87, p. 611, note G. MATHIEU ; *ibid.*, p. 627, note E. OLIVA

Cons. const., 4 fév. 2011, déc. n°2010-97 QPC, *Sté LAVAL DISTRIBUTION* : JO 5 fév. 2011, p. 2355, texte n°89 ; Rec. p. 105 ; *JCP A* 2011, n°10, p. 27, note B. FLEURY et B. SCHAEFFE

Cons. const., 11 fév. 2011, déc. n°2010-99 QPC, *Mme Noblins* : JO 12 fév. 2011, p. 2757, texte n°50 ; Rec. p. 111 ; *DF* 2011, n°7-8, act. 58 ; *RJF* 4/2011, n°485 ; *JCP G* 2011, 433, note F. ROEMER ; *RFDC* 2011, n°87, p. 627, note E. OLIVA

Cons. const., 17 mars 2011, déc. n°2010-103 QPC, *Sté Séras II* et déc. n°2010-105/106 QPC, *M. Soares et a.* : JO 18 mars 2011, p. 4934, texte n°93 ; Rec. p. 142 ; *DF* 2011, n°27, comm. 416, not F. SUBRA et M. LE TACON ; *RJF* 6/2011, n°731 ; *Procédures* 2011, n°6, comm. 216, comm. L. AYRAULT ; *Constitutions* 2011 p. 377, note A. BARILARI ; *Les Nouvelles fiscales*, 8 juin 2011, note M. LE TACON ; *RFDC* 2011, n°87, p. 627, note E. OLIVA ; *LPA* 5 avr. 2011, n°67, note F. PERROTIN ; *LPA*, 31 juil. 2012, n°152, p. 28, note L. BAGHESTANI ; *LPA*, 1er août 2012, n°153 ; p. 12-15, note A.-L. CASSARD-VALEMBOIS

Cons. const., 29 avr. 2011, déc. n°2011-121 QPC, *Sté UNILEVER France* : JO 30 avr. 2011, p. 7534, texte n°69 ; Rec. p. 208 ; *RJF* 7/2011, n°866 ; *LPA* 31 juil. 2012, n°152, p. 5, obs. A.-L. CASSARD-VALEMBOIS

Cons. const., 29 avr. 2011, déc. n°2011-124 QPC, *Mme Boitel* : JO 30 avr. 2011, p. 7537, texte n°72 ; Rec. p. 215 ; *DF* 2011, n°27, comm. 416, note F. SUBRA et M. LE TACON ; *RJF* 7/2011, n°867 ; *FR Lefebvre* 23/2011, inf. 23, p. 23, note S. AUSTRY ; *Constitutions* 2011, p. 380, obs. C. DE LA MARDIÈRE ; *LPA* 11-12 août 2011, n°159-160, p. 3, note F. PERROTIN

Cons. const., 28 juil. 2011, déc. n°2011-638 DC, *Loi de finances rectificative pour 2011* : JO 30 juil. 2011, p. 13001, texte n°3 ; Rec. p. 390 ; *RJF* 11/2011, n°1191

Cons. const., 5 août 2011, déc. n°2011-158 QPC, *SIVOM de la Communauté du Bruaysis* : JO 6 août 2011, p. 13477, texte n°55 ; Rec. p. 433 ; *JCP A* 2011, n°42, p. 15, P. NEVEU

Cons. const., 16 sept. 2011, déc. n°2011-165 QPC, *Sté Heatherbrae Ltd* : JO 17 sept. 2011, p. 15 602, texte n°76 ; Rec. p. 452 ; *RJF* 12/2011, n°1349

Cons. const. 23 sept. 2011, déc. n°2011-166 QPC, *Yannick N.* : JO 24 sept. 2011, p. 16016, texte n°76 ; Rec. p. 455 ; *Constitutions* 2012/1, p. 122, note C. de LA

MARDIÈRE ; *LPA* 14 oct. 2011, n°205, p. 3, note F. PERROTIN ; *RJF* 2011, n°1350 – V. E. MEIER et G.-H. BOUCHERON, « La lutte contre la fraude fiscale peut-elle justifier une loi rétroactive ? » : *DF*. 2011, n°40, act. 289

Cons. const., 13 oct. 2011, déc. n°2011-180 QPC, *M. Jean-Luc O. et a.* : JO 15 oct. 2011, p. 17463, texte n°75 ; Rec. p. 498 ; *JCP S* 2011, 1563, note V. ROULET ; *Gaz. Pal.* 11 janv. 2012, n°11-12, p. 12, note W. GILLES ; *RJS* 12/2011, n°1019

Cons. const., 28 déc. 2011, déc. n°2011-644 DC, *Loi de finances pour 2012* : JO 29 déc. 2011, p. 22562, texte n°5 ; Rec. p. 605 ; *RJF* 2/2012, n°284

Cons. const., 28 déc. 2011, déc. n°2011-645 DC, *Loi de finances rectificative pour 2011* : JO 29 déc. 2011, p. 22568, texte n°8 ; Rec. p. 611

Cons. const., 13 janv. 2012, déc. n°2011-208 QPC, *Consorts B.* : JO 14 janv. 2012, p. 752, texte n°94 ; Rec. p. 75 ; *RFDC* 2012, n°197, p. 893, note S. ANANE ; *AJP* 2012, n°4, p. 232, obs. G. ROUSSEL

Cons. const., 27 janv. 2012, déc. n°2011-214 QPC, *Sté COVED SA* : JO 28 janv. 2012, p. 1676, texte n°81 ; Rec. p. 94 ; *LPA* 2 oct. 2012, n°197, p. 10, obs. J.-E. GICQUEL ; *RFDC* 2012, n°92, p. 893, obs. S. ANANE ; *Dr. pénal* 2012, n°3, p. 43, note J.-H. ROBERT

Cons. const., 10 fév. 2012, déc. n°2011-220 QPC, *M. Ardouin* : JO 11 fév. 2011, p. 2441, texte n°72 ; Rec. p. 115 ; *DF* 2012, n°7-8, act. 87 ; *RJF* 4/2012, n°400 et p. 299, chron. C. RAQUIN ; *Procédures* 2012, n°3, comm. 100, note L. AYRAULT ; *RPDP* 2012, p. 742 ; *RFDC* 2013, n°93, p. 182, note M. PELLETIER ; *Dr. pénal* 2012, n°3, p. 37, J.-H. ROBERT ; *LPA* 20 fév. 2012, n°36, p. 3, note F. PERROTIN ; *RSC* 2012, n°1, p. 131, note E. FORTIS

Cons. const., 30 mars 2012, déc. n°2012-225 QPC, *Sté Unibail-Rodamco* : JO 31 mars 2012, p. 5917, texte n°137 , Rec. p. 172 ; *DF* 2012, n°14, act. 178 ; *RJF* 6/2012, n°636 ; *RFDC* 2013, n°94, p. 461, note M. PELLETIER ; *LPA* 2 oct. 2012, n°197, p. 8, note J.-E. GICQUEL ; *RJEP* 2012, n°700, p. 25, note R. FRAISSE

Cons. const., 20 avr. 2012, déc. n°2012-238 QPC, *SA PSG Football* : JO 21 avr. 2012, p. 7198, texte n°80 ; Rec. p. 214 ; *DF* 2012, n°17, act. 200 ; *RJF* 7/2012, n°737 ; *RFDC* 2013, n°93, p. 185, note M. PELLETIER ; *LPA* 12 oct. 2012, n°205, p. 5, E. TESSIER

Cons. const., 4 mai 2012, déc. n°2012-239 QPC, *Mme Altmann :* JO 5 mai 2012, p. 8014, texte n°149 ; Rec. p. 230 ; *DF* 2012, n°27, comm. 365, note J.P. GRANDEMANGE ; *RJF* 7/2012, n°736 ; *RFDC* 2013, n°93, p. 220, note J.-B. PERRIER ; RSC 2013, n°2, p. 430, note B. de LAMY ; *LPA* 15 juil. 2013, n°140, p. 12, note P. BLACHER. – V. R. SALOMON, «Droit pénal fiscal»: *DF* 2012, n°43, étude 493

Cons. const., 8 juin 2012, déc. n°2012-251 QPC, *COPACEL et a.* : JO 9 juin 2012, p. 9795, texte n°40 ; Rec. p. 285 ; *DF* 2012, n°24, act. 260 ; *RJF* 8-9/2012, n°859

Cons. const., 20 juil. 2012, déc. n°2012-267 QPC, *Mme Lherbeil* : JO 21 juil. 2012, p. 12003, texte n°80 ; Rec. p. 394 ; *DF* 2012, n°40, comm. 461, note L. AYRAULT ; *RJF* 12/2012, n°1150

Cons. const., 9 août 2012, déc. n°2012-654 DC, *Loi de finances rectificative pour 2012 (II)* : JO 17 août 2012, p. 13496, texte n°2 ; Rec. p. 461 ; *RJF* 11/2012, n°1051 ; *FR Lefebvre* 38/2012, inf. 22, p. 25, note O. FOUQUET ; *ibid.*, inf. 23, p. 26, note B. GOUTHIÈRE ; *Constitutions* p. 631, obs. C. DE LA MARDIÈRE ; *RFDA* 2013, p 1, note B. GENEVOIS ; *AJDI* 2012, 737, étude J.-P. MAUBLANC

Cons. const., 30 nov. 2012, déc. n°2012-285 QPC, *M. Christian S.* : JO 1er déc. 2012, p. 18908, texte n°93 ; Rec. p. 636

Cons. const., 13 déc. 2012, déc. n°2012-659 DC, *Loi de financement de la sécurité sociale pour 2013* : JO 18 déc. 2012, p. 19861, texte n°4 ; Rec. p. 680 ; *AJDA* 2012, 2410 ; *Constitutions* 2013, p. 85, obs. A. BARILARI ; *RFDA* 2013, p.1 note B. GENEVOIS. – V. M. COLLET, « Chronique annuelle 2012 de droit fiscal » : *RJEP* 2013, chron. 1.

Cons. const., 29 déc. 2012, déc. n°2012-661 DC, *Loi de finances rectificative pour 2012 (III)* : JO 30 déc. 2012, p. 21007, texte n°8 ; Rec. p. 715 ; *RJF* 3/2013, n°336

Cons. const., 29 déc. 2012, déc. n°2012-662 DC, *Loi de finances pour 2013:* JO 30 déc. 2012, p. 20966, texte n°3 ; Rec. p. 724 ; *RJF* 3/2013, n°335 ; *AJDA* 2013, 9 ; *D* 2013, 1, édito, R. ROME et 19, chron. A. MANGIAVILLANO ; *ibid.* 581, chron. H. MOUTOUH ; *Constitutions* 2013, p. 86 et p. 88, note C. DE LA MARDIÈRE ; ibid. p. 89 et 90, obs. A. BARILARI ; *ibid.* p. 156, obs. P. BACHSCHMIDT ; RFDA 2013, p. 1, note B. GENEVOIS ; *ibid.* 2013, p. 1273 et s., note E. OLIVA

Cons. const., 28 mars 2013, déc. n°2012-298 QPC, *SARL Majestic Champagne* : JO 30 mars 2013, p. 5457, texte n°113 ; Rec. p.513 ; *DF* 2013, n°22, comm. 302, note C. DE LA MARDIÈRE ; *RJF* 3/2013, n°640 ; *RFDC* 2013, n°96, p. 1009, note M. PELLETIER ; *Constitutions* 2013, n°3, p. 430, C. DE LA MARDIÈRE ; *Procédures* 2013, n°6, p. 31, note L. AYRAULT

Cons. const., 21 juin 2013, déc. n°2013-327 QPC, *SA Assistance Sécurité et Gardiennage*: JO 23 juin 2013, p. 10457, texte n°44 ; Rec. p. 851

Cons. const. 28 juin 2013, déc. n°2013-328 QPC, *Assoc. Emmaüs Forbach* : JO 30 juin 2013, p. 109-3, texte n°34 ; Rec. p.854 ; *Dr. pénal* 213, comm. 141, note J.-H. ROBERT ; *ibid.* comm. 149, obs. V. PELTIER et J.-H. ROBERT ; *Gaz. Pal.* 5 sept. 2013, n°249, p. 12, note S. DETRAZ

Cons. const., 28 juin 2013, déc. n°2013-330 QPC, *Mme Bosc* : JO 30 juin 2013, p. 10965, texte n°36 ; Rec. p. 860 ; *DF* 2013, n°28, act. 399 ; *RJF* 10/2013, n°960 ; *JCP N* 2013, act. 752 ; *RFDC* 2014, n°97, p. 149, note O. NEGRIN

Cons. const., 25 oct. 2013, déc. n°2013-351 QPC, *Sté Boulanger* : JO 27 oct. 2015, p. 17557, texte n°21 ; Rec. p. 1014 ; *RJF* 1/2014, n°66 ; *JCP A* 2013, p. 23, note M. MORITZ

Cons. const., 29 nov. 2013, n°2013-357 QPC, *Sté Wesgate Charters Ltd :* JO 1er déc. 2013, p. 19 603, texte n°7 ; Rec. p. 1053 ; *RJF* 2/2014, n°168 ; *Dr. pén.* 2014, comm. 10 , obs. J.-H. ROBERT ; *Procédures* 2014, comm. 27 , note J. BUISSON

Cons. const., 4 déc. 2013, déc. n°2013-679 DC, *Loi relative à la lutte contre la fraude fiscale et la grande délinquance économique et financière :* JO 7 déc. 2013 texte n°8 ;

Rec. p. 1060 ; *DF* 2013, n°50, act. 655 ; *ibid.*, n°51 (numéro spé.), comm. 563, note C. DE LA MARDIÈRE ; *RJF* 1/2014, n°173 ; *Constitutions* 2014, p. 68, note A. BARILARI

Cons. const., 19 déc. 2013, déc. n°2013-682 DC, *Loi de financement de la sécurité sociale pour 2014* : JO 24 déc. 2013, p. 21069, texte n°4 ; Rec. p. 1094 ; *DF* 2014, n°10, étude 191, E. JOANNARD-LARDANT ; *RJF* 3/2014, n°270 ; *AJDA* 2014, p. 649, note B. DELAUNAY

Cons. const., 29 déc. 2013, déc. n°2013-684 DC, *Loi de finances rectificative pour 2013* : JO 30 déc. 2013, p. 22232, texte n°7 ; Rec. p. 1116 ; *DF* 2014, n°5, comm. 140 ; *RJF* 3/2014, n°269

Cons. const., 29 déc. 2013, déc. n°2013-685 DC, *Loi de finances pour 2014* : JO 30 déc. 2013, p. 22188, texte n°3 ; Rec. p. 1127 ; *DF* 2014, n°1-2, act. 3, note O. FOUQUET ; *ibid.*, comm. 70 ; *RJF* 3/2014, n°267 ; *Constitutions* 2014, p. 68, note A. BARILARI

Cons. const., 28 janv. 2014, déc. n°2013-361 QPC, *Cts P de B* : JO 30 janv. 2014, p. 1799, texte n°78 ; *DF* 2014, n°6, act. 96 ; *RJF* 4/2014, n°369 ; *Dr. fam.*, 2014, n°2, p. 356-357, note J.-D. AZINCOURT ; *RTD civ.* 2014, n°2, p. 356, note J. HAUSER

Cons. const., 6 fév. 2014, déc. n°2013-362 QPC, *Sté TF1 SA* : JO 7 fév. 2014, p. 2386, texte n°39 ; *DF* 2014, n°19, comm. 313, note P. ROLLAND et J. THIRY ; *RJF* 3/2014, n°482

Cons. const., 6 fév. 2014, déc. n°2013-365 QPC, *Époux M.* : JO 9 fév. 2014, p. 2387, texte n°40 ; *RJF* 5/2014, n°481

Cons. const., 14 fév. 2014, déc. n°2013-366 QPC, *Selarl PJA, ès qualité de liquidateur de la Sté Maflow France* :JO 16 fév. 2014, p. 2724, texte n°44 ; *RJF* 2014, n°483 ; *JCP G* 2014, doctr. 548, n°37, obs. B. MATHIEU

Cons. const., 7 mars 2014, déc. n°2013-371 QPC, *SAS Labeyrie* : JO 9 mars 2014, p. 5035, texte n°29 ; *DF* 2014, n°11, act. 180 ; *RJF* 7/2014, n°712

Cons. const., 13 mars 2014, déc. n°2014-690 DC, *Loi sur la consommation* : JO 18 mars 2014, p. 5450, texte n°2 ; *Dr. pén.* 2014, comm. 93 et 94,, note J.-H. ROBERT.

Cons. const., 6 juin 2014, déc. n°2014-400 QPC, *Sté Orange SA* : JO 8 juin 2014, p. 9674, texte n°30 ; *DF* 2014, n°30, comm. 466, note S. AUSTRY ; *Rev. adm.* 2014, n°400, p. 379, note P. DURAND

Cons. const., 20 juin 2014, déc. n°2014-404 QPC, *Époux Machillot* : JO 22 juin 2014, p. 10315, texte n°35 ; *DF* 2014, n°30, comm. 467, note A. DE BISSY et M. FERRE ; *RJF* 10/2014, n°927 ; *RFFP* fév. 2015, n°129, p. 185 et s., note A.-C. BEZZINA

Cons. const., 19 sept. 2014, déc. n°2014-413 QPC, *Sté PV- CP Distribution* : JO 21 sept. 2014, p. 15471, texte n°31 ; *DF* 2015, n°5, comm. 119, note E. MEIER et E. DE RANCHER ; *RJF* 12/2014, n°1132

Cons. const., 19 sept. 2014, déc. n°2014-417 QPC, *Sté Red Bull On Permise et a.* : JO 21 sept. 2014, p. 15472, texte n°32 ; *DF* 2014, n°39, act. 489 ; *RJF* 12/2014, n°1133

Cons. const., 8 oct. 2014, déc. n°2014-418 QPC, *Sté SGI* : JO 10 oct. 2014, p. 16484, texte n°75 ; *DF* 2014, n°42, act. 531 ; *RJF* 12/2014, n°1131 ; *Dr. pén.* 2014, n°12, p. 27, note J.-H. ROBERT

Cons. const., 8 oct. 2014, déc. n°2014-419 QPC, *Sté Praxair :* JO 10 oct. 2014, p. 16485, texte n°76; *DF* 2014, n°42, act. 530 ; *RJF* 12/2014, n°1130

Cons. const., 14 nov. 2014, déc. n°2014-425 QPC, *Sté Mutuelle Saint-Christophe* : JO 16 nov. 2014, p. 19329, texte n°49 ; *DF* 2014, n°47, act. 586 ; *RJF* 4/2015, n°349

Cons. const., 28 nov. 2014, déc. n°2014-431 QPC, *Stés ING Direct Nv et ING Bank NV* : JO 10 déc. 2014, p. 20645, texte n°107 ; *DF* 2015, n°7-8, comm. 159, note C. CASSAN et P. DURAND ; *RFDC* 2015, n°102, p. 494-495, obs. A. MANGIAVILLANO

Cons. const., 18 déc. 2014, déc. n°2014-706 DC, *Loi de financement de la sécurité sociale pour 2015* : JO 24 déc. 2014, p. 21 789, texte n°2

Cons. const., 29 déc. 2014, déc. n°2014-707 DC, *Loi de finances pour 2015* : JO 24 déc. 2014, p. 21 789, texte n°2 ; *RJF* 3/2015, n°242

Cons. const., 29 déc. 2014, déc. n°2014-708 DC*, Loi de finances rectificative pour 2014* : JO 24 déc. 2014, p. 22 697, texte n°8 ; *RJF* 3/2015, n°244 et 245

A PARTIT DE 2015

Cons. const., 15 janv. 2015, déc. n°2014-436 QPC, *Mme Silberman* : JO 17 janv. 2015, p. 805, texte n°70 ; *DF* 2015, n°11, comm. 209, note M. PELLETIER ; *RJF* 4/2015, n°348 ; *LPA* 30 janv. 2015, n°22, p. 4-7, note F. PERROTIN

Cons. const., 20 janv. 2015, déc. n°2014-437 QPC, *AFEP et a.* : JO 23 janv. 2015, p. 1025, texte n°81 ; *DF* 2015, n°12, act. 169, F. LAFAILLE et comm. 223, note. P. KOURALEVA-CAZALS ; *RJF* 4/2015, n°346 ; *LPA* 16 fév. 2015, n°33, p.4-6, note F. PERROTIN

Cons. const., 6 mars 2015, déc. n°2014-456, *Sté Nextradio TV* : JO 8 mars 2015, p. 4313, texte n°22 ; *DF* 2015, n°11, act. 164 ; *RJF* 6/2015, n°512 ; *LPA* 25 et 26 mai 2015, n°0103-104, p. 3, note F. PERROTIN

Cons. const., 18 mars 2015, déc. n°2014-453/454 QPC et n°2015-462 QPC : JO 20 mars 2015, p. 5183, texte n°98 ; *DF* 2015, n°13, act. 198 ; *AJP* 2015, n°4, 172, note C. MAURO ; *ibid.*, p.182, note J. LASSERRE-CAPDEVILLE ; *D* 2016, p. 1091 et s., note A.-V. LE FUR ; *RFDA* 2015, p. 1019 et s., note C. ARNAUD *; JCP G* 2015, p. 605-609, note F. SUDRE ; *LPA* 24 mars 2015, n°59, p. 4-7, note O. DUFOUR. – V. D. GUTMANN, « Le contrôle du Conseil constitutionnel sur les sanctions fiscales » : *DF* 2015, n°13, étude 233 ; G. BLANLUET, S. AUSTRY et L. AYRAULT, « Encadrement de la lutte contre la fraude et l'évasion fiscale » : *DF* 2015, n°39, étude 582, not. n°4 (décision relative au cumul des poursuites pour délit d'initié et des poursuites pour manquement d'initié)

Cons. const., 7 mai 2015, déc. n°2015-466 QPC, *Époux P.* : JO 10 mai 2015, p. 8060, texte n°73 ; *RJF* 7/2015, n°617 ; *RFP* 2015, n°6, comm. 131

Cons. const., 26 juin 2015, déc. n°2015-473 QPC, *Époux Pahlon* : JO 28 juin 2015, p. 10956, texte n°54 ; *DF* 2016, n°3, p. 90, note P. GIRAUD ; *RJF* 10/2015, n°483 ; *LPA* 15 sept. 2015, n°184-185, p. 4, note A. PANDO

Cons. const., 26 juin 2015, déc. n°2015-474 QPC, *Sté ICADE* : JO 28 juin 2015, p. 10958, texte n°55 ; *RJF* 10/2015, n°824 ; *LPA*, 15-16 sept. 2015, n°184-185, p. 4, note A. PANDO

Cons. const., 17 juil. 2015, déc. n°2015-475 QPC, *Sté Crédit Agricole SA* : JO 19 juil. 2015, p. 12289, texte n°47 ; *DF* 2016, n°6, comm. 165, note G. BLANLUET

Cons. const., 31 juil. 2015, déc. n°2015-479 QPC, *Sté Gecop* : JO 2 août 2015 p.13259, texte n°59 ; *RJF* 11/2015, n°942

Cons. const., 5 août 2015, déc. n°2015-715 DC, *Loi pour la croissance, l'activité et l'égalité des chances économiques* : JO 7 août 2015, p. 13616, texte n°2

Cons. const., 17 sept. 2015, déc. n°2015-481 QPC, *Époux B.* : JO 19 sept. 2015, p. 16585, texte n°55 ; *RJF* 12/2015, n°1040 ; *LPA* 3 fév. 2016, n°24, p. 7, note G. LEGRAND ; *ibid*, 7 oct. 2015, n°200, p. 3, note F. PERROTIN ; *Gaz. Pal.* 21-22 oct. 2015, n°294-295, p. 10, note J. LASSERRE CAPDEVILLE ; *ibid.* 8-10 nov. 2015, n°312-314, p. 15, note M. ROUSSILLE

Cons. const., 17 sept. 2015, déc. n°2015-482 QPC, *Sté Gurdebeke SA.* : JO 19 sept. 2015, p. 16586, texte n°56 ; *RJF* 12/2015, n°1041

Cons. const., 17 sept. 2015, déc. n°2015-483 QPC, *M. Jean-Claude C.* : JO 19 sept. 2015, p. 16585, texte n°37 ; *DF* 2015, n°39, act. 541 ; *RJF* 12/2015, n°1042

Cons. const., 20 nov. 2015, déc. n°2015-498 QPC, S*ociété SIACI Saint-Honoré SAS et a.* : JO 22 nov. 2015, p. 21747, texte n°37 ; *RJF* 1/2015, n°61 ; D 2015, p. 2384 ; *Constitutions* 2016, p. 86, note F. KESSLER

Cons. const., 4 déc. 2015, déc. n°2015-503 QPC, *M. Gabor R.* : JO 6 déc. 2015, p. 22500, texte n°33 ; *RJF* 2/2016, n°174.

Cons. const., 17 déc. 2015, déc. n°2015-723 DC, *Loi de financement de la sécurité sociale pour 2016* : JO 22 déc. 2015, p. 23 685, texte n°7

Cons. const., 29 déc. 2015, déc. n°2015-725 DC, *Loi de finances pour 2016* : JO 30 déc. 2015, p. 24763, texte n°3 ; *RJF* 3/2016, n°273.

Cons. const., 29 déc. 2015, déc. n°2015-726 DC, *Loi de finances rectificative pour 2015* : JO 30 déc. 2015, p. 24 775, p. 7 ; *DF* 2016, n°1, comm. 26, note M-P. HÔO n°32 et 33 ; *ibid.*, n°4, act. 50, note O. FOUQUET ; *RJF* 3/2016, n°274 ; *Constitutions* 2016, p. 93, note H. DAÏMALLAH

Cons. const., 14 janv. 2016, déc. n°2015-513/514/526 QPC : JO 16 janv. 2016, texte n°54 ; *Constitutions* 2016, p. 261, note M. DISANT ; *D* 2016, n°16, p. 931, note O. DECIMA ; *ibid.*, n°31, p. 1839, note C. MASCALA ; *RFDC* 2016, n°107, p. 714, note N. CATELAN ; *RSC* 2016, n°2, p. 293, note F. STASIAK

Cons. const., 14 janv. 2016, déc. n°2015-515 QPC, *M. Marc François-Xavier M.-M.*: JO 16 janv. 2016, texte n°55 ; *Nouv. Cah. Const. const.* 2016, n°52, p. 145 et s., chron. S. AUSTRY

Cons. const., 3 fév. 2016, déc. n°2015-520 QPC, *Sté Métro Holding SA venant aux droits de la société CRFP Cash* : JO 5 fév. 2016, texte n°76 ; *DF* 2016, n°12, comm. 241, note E. MEIER et M. VALETEAU ; *RFDA* 2016, n°3, p. 597, note A. ROBLOT-TROIZIER. – V. G. BLANLUET, « Discrimination à rebours :le droit interne à l'épreuve du droit de l'Union européenne » : *DF* 2016, n°12, 233 ; E. RAINGEARD DE LA BLÉTIÈRE et P. DURAND, « Affaire Metro Holding : le principe constitutionnel d'égalité devant l'impôt au secours de la jurisprudence Leur Bloem » : *DF* 2016, n°18-19, étude 309 ; O. FOUQUET, « La discrimination à rebours franco-européenne sanctionnée » : *DF* 2016, n°6, act. 74 ; S. AUSTRY et D. GUTMANN, « Discrimination par ricochet et principe d'égalité : jusqu'où peut aller la jurisprudence Metro Holding ? » : *RJF* 4/2016, p. 418 ; A. MAITROT DE LA MOTTE, « L'extension des régimes fiscaux européens aux situations originellement exclues de leurs champ : vers l'élimination des discriminations européenne par le principe constitutionnel d'égalité corrélative ? » : *DF* 2016, n°37, étude 475 ; M. PONCELET et T. AFANTROUSS, « Le régime mère-file : un régime d'exonération à la faveur d'un actionnariat stable. A propos de la jurisprudence récente du Conseil d'État et du Conseil constitutionnel : *DF* 2016, n°18-19, étude 308.

Cons. const., 10 mai 2016, déc. n°2016-539 QPC, *Mme Eve G.* : JO 12 mai 2016, texte n°38 ; *RJF* 7/2016, n°645

Cons. const., 22 avr. 2016, déc. n°2016-537 QPC, *Sté Sofadig Exploitation* : JO 24 avr. 2016, texte n°29 ; *RJF* 7/2016, n°643

Cons. const., 22 avr. 2016, déc. n°2016-538 QPC, *M. et Mme Moinel-Delalande* : JO 24 avr. 2016, texte n°30 ; *DF* 2016, n°36, comm. 461, note J.-C. CAVAILLE ; *RJF* 7/2016, n°644 ; *LPA* 29 août 2016, n°172, p. 4, note A. PANDO

Cons. const. 24 juin 2016, déc. n°2016-545 QPC, *M. Alec Wildenstein* et déc. n°2016-546 QPC, *M. Jérôme Cahuzac* : JO 30 juin 2016, texte n°110 ; *DF* 2016, n°27, comm. 405, note S. DETRAZ ; *RJF* 10/2016, n°862, et p. 1077, étude de B. HATOUX ; *Gaz. Pal.*, 28 juin 2016, n°24, p. 6, note O. DUFOUR ; *Constitutions* 2016, p. 436, note C. MANDON ; *D* 2016, p. 2442, note O. DECIMA ; *ibid.* 1836, obs. C. MASCALA ; RSC 2016, 524, obs. S. DETRAZ ; *AJP* 2016, n°9, p. 430, note J. LASSERRE CAPDEVILLE. – V. également N. JACQUOT et P. MISPELON, « QPC sur le cumul des sanctions pénales et fiscales : une décision sans gravité ? »: *DF* 2016, n°26, act. 409 ; M. COLLET et P. COLLIN, « Le cumul des sanctions pénale et fiscale face aux exigences constitutionnelles et européennes » : *JCP G* 2016, 847 ; M. PELLETIER, « De quelques conséquences (inattendues) des décisions Alec W. et Jérôme C » : *DF* 2016, n°30-35, act. 466 ; O. FOUQUET et B. HATOUX, « Cumul des sanctions fiscales et pénales possible pour les cas de fraudes les plus graves » : *DF* 2017, n°20, comm. 313.

Cons. const., 8 juil. 2016, déc. n°2016-553 QPC, *Sté Natixis* : JO 10 juil. 2016, texte n°30 ; *RJF* 11/2016, n°998

Cons. const. 22 juil. 2016, déc. n°2016-554 QPC, *M. Gilbert B.* : JO 24 juil. 2016, texte n°28 ; *RJF* 11/2016, n°999 ; *RFDC* 2017, n°109, p. 245, note N. CATELAN

Cons. const., 22 juil. 2016, déc. n°2016-555 QPC, *M. Karim B.* : JO 24 juil. 2016, texte n°29 ; D 2016, p. 1569 ; RSC 2016, p. 529, note S. DETRAZ. – V. également, R. SALOMON, « Droit pénal fiscal » : *DF* 2016, n°30-35, chron. 439, spé. n°17

Cons. const. 22 juil. 2016, déc. n°2016-556 QPC, *M. Patrick S.* : JO 24 juil. 2016, texte n°30 ; *RJF* 12/2016, n°1110 ; *RJF* 10/2016, p. 1077, étude de B. HATOUX ; D 2016, p. 1569 ; *RSC* 2016, p. 529, note S. DETRAZ ; *AJDA* 2016, p. 1925, note A.-L. CASSARD-VALEMBOIS ; *Constitutions* 2016, p. 651, note L. A. BOUVIER

Cons. const., 16 sept. 2016, déc. n°2016-564 QPC, *Lucas M* :JO 18 sept. 2016, texte n°36 ; *RJF* 2016, n°1109

Cons. const., 30 sept. 2016, déc. n°2016-571 QPC, *Sté Layher SAS* : JO 2 oct. 2016, texte n°58 ; *RJF* 12/2016, n°1008 ; *DF* 2016, n°40, act. 567, note P. DEROUIN et M. PELLETIER ; *DF* 2016, n°46, comm. 592, note G. BLANLUET ; *JCP E* 2016, n°47, p. 2150, note M. COLLET ; *LPA* 21 nov. 2016, n°232, p.4, note A. PANDO

Cons. const. 30 sept. 2016, déc. n°2016-572 QPC, *M. Gilles M. et autres* : JO 2 oct. 2016, texte n°59 ; *RJF* 1/2017, n°55; *Rev. sociétés* 2017, n°2, p. 99 et s., note H. MATSOPOULOU ; *JCP G* 2016, n°49, p. 2276, note J.-H. ROBERT ; *AJP* 2016, n°12 p. 588, note J. LASSERRE CAPDEVILLE

Cons. const., 14 oct. 2016, déc. n°2016-587 QPC, *Époux Fischer*: JO 16 oct. 2016, n°49 ; *DF* 2016, n°42-43, act. 609 ; *RJF* 1/2017, n°57

Cons. const., 21 oct. 2016, déc. n°2016-591 QPC, *Mme Helen S.* : JO 23 oct. 2016, texte n°38 ; *DF* 2016, n°48, comm. 620, note M. KHAYAT et S. PANNETIER ; *D* 2016, p. 2121 ; *Constitutions* 2016, p. 650, obs. L.A. BOUVIER ; *LPA* 2017, n°35, p. 7-8, note E. BENDELAC

Cons. const., 4 nov. 2016, n°2016-594 QPC, *Mme Sylvie T.* : JO 6 nov. 2016, texte n°30 ; *Dr. adm.* 2016, alerte 139

Cons. const., 25 nov. 2016, déc. n°2016-598 QPC, *Sté Eurofrance* : JO 27 nov. 2016, texte n°72 ; *DF* 2016, n°48, act. 672 ; *RJF* 2/2017, n°160

Cons. const. 9 déc. 2016, déc. n°2016-603 QPC, *Consorts C.* : JO 14 déc. 2016, texte n°124

Cons. const., 22 déc. 2016, déc. n°2016-742 DC, *Loi de financement de la sécurité sociale pour 2017* : JO 24 déc. 2016, texte n°3 ; *RJF* 12/2017, n°1217

Cons. const., 29 déc. 2016, déc. n°2016-743 DC, *Loi de finances rectificative pour 2016* : JO 30 déc. 2016, texte n°9 ; *RJF* 3/2017, n°253 et 254

Cons. const., 29 déc. 2016, déc. n°2016-744 DC, *Loi de finances pour 2017 :* JO 30 déc. 2016, texte, n°5 ; *RJF* 3/2017, n°251 et 252

Cons. const., 10 fév. 2017, déc. n° 2016-610 QPC, *Époux Garancini :* JO 12 fév. 2017, texte n°45 ; *DF* 2017, n°7, act. 89 ; *RJF* 5/2017, n°472

Cons. const., 1er mars 2017, déc. n°2016-614 QPC, *Dominique Lacquemont* : JO 3 mars 2017, texte n°95 ; *DF* 2017, n°10, act. 159 ; *ibid.*, n°11, p. 3, M. PELLETIER ; ibid., n°21, p. 57, note C. ACARD ; *RJF* 5/2017, n°473 ; *LPA* 27 avr. 2017, n°84, p. 4, note A. PANDO

Cons. const., 9 mars 2017, déc. n°2016-615 QPC, *Époux V. :* JO 11 mars 2017, texte n°84 ; *DF* 2017, n°12, act. 176, note X. CABANNES ; *ibid.*, n°21, comm. 322, note A. MAITROT DE LA MOTTE ; *RJF* 6/2017, n°600 ; *LPA* 25 avr. 2017, n°82, p. 4, note F. PERROTIN ;

Cons. const., 16 mars 2017, déc. n°2016-618 QPC, *Mme Michelle Theresa B.* : JO 17 mars 2017, texte n°65 ; *DF* 2017, n°21, comm. 323, note N. JACQUOT et P. MISPELON ; *RJF* 6/2017, n°604 ; *LPA* 27 avr. 2017, n°84, p. 4, note A. PANDO ; *Dr. pénal* 2017, n°5, comm. 82, note V. PELTIER

Cons. const., 30 mars 2017, déc. n°2016-620 QPC, *Sté EDI-TV* : JO 1er avr. 2017, texte n°103 ; *DF* 2017, n°14, act. 230 ; *RJF* 4/2017, n°603

Cons. const., 28 avr. 2017, déc. n°2017-627/628 QPC, *Sté Orange* : JO 29 avr. 2017, texte n°106 ; *JCP S* 2017, 1200, note B. DORIN

Cons. const., 19 mai 2017, déc. n°2017-629 QPC, *Société FB Finance* : JO 20 mai 2017, texte n°15 ; *DF* 2017, n°21, act. 306, note. M. PELLETIER ; *ibid.*, n°26, comm. 375, note R. ZAGHDOUN et Q. PHILIPPE ; *RJF* 8-9/2017, n°845

Cons. const., 9 juin 2017, déc. n°2017-636 QPC, *Sté Edenred France* : JO 11 juin 2017, texte n°29 ; *RJF* 10/2017, n°973

Cons. const., 16 juin 2017, déc. n°2017-638 QPC, *M. Gérard S.* : JO 17 juin 2017, texte n°88 ; *RJF* 10/2017, n°972

Cons. const., 7 juil. 2017, déc. n°2017-642 QPC, *M. Alain C.* : JO 9 juil. 2017, texte n°2 ; *RJF* 10/2017, n°970 ; *LPA*, 16 oct. 2017, n°206, p. 6, note A. PANDO

Cons. const., 7 juil. 2017, déc. n°2017-643/650 QPC, *Herzi et Lacquemant* : JO 9 juil. 2017, texte n°26 ; *DF* 2017, n°28, act. 413 ; *RJF* 10/2017, n°971

Cons. const. 21 juil. 2017, déc. n°2017-646/647 QPC, *M. Alexis K et a.* : JO 23 juil. 2017, texte n°15 ; *Dr. sociétés* 2017, comm. 193, note R. VABRES ; *Procédures* 2017, comm. 293, note L. AYRAULT ; *Dr. pénal* 2017, comm. 149

Cons. const., 28 sept. 2017, déc. n° 2017-654 QPC, *Sté BPCE* : JO 30 sept. 2017, texte n°141 ; *DF* 2017, n°40, act. 536 ; *RJF* 12/2017, n°1216

Cons. const., 3 oct. 2017, déc. n°2017-658 QPC, *M. Jean-Jacques Menage* : JO 5 oct. 2017, n°64 ; *DF* 2017, n°41, act. 551 ; *RJF* 11/2017, n°1217

Cons. const., 6 oct. 2017, déc. n°2017-660 QPC, *Société de participations financière* : JO 8 oct. 2017, n°27 ; *DF* 2017, n°41, p. 3-5, note M. PELLETIER ; *ibid.* p. 68-73, note N. JACQUOT et P. MISPELON ; *RJF* 12/2017, n°1219 ; *LPA*, 20 nov. 2017, n°231, p. 3-6, note F. PERROTIN

Cons. const., 19 oct. 2017, déc. n°2017-663 QPC, *Époux Tartarin* : JO 22 oct. 2017 ; *RJF* 1/2018, n°8

Cons. const., 27 oct. 2017, déc. n°2017-667 QPC, *M. Didier C* : JO 29 oct. 2017, texte n°35 ; *RJF* 1/2018, n°77

Cons. const., 29 nov. 2017, déc. n°2017-755 DC, *Loi de finances rectificative pour 2017* : JO 2 déc. 2017, texte n°78 ; *RJF* 2/2018, n°197

Cons. const., 1er déc. 2017, déc. n°2017-676 QPC, *Mme Elise D. :* JO 2 déc. 2017, texte n°76 ; *RJF* 2/2017, n°198 ; *DF* 2017, n°49, act. 653

Cons. const., 15 déc. 2017, déc. n°2017-679 QPC, *Courtois* : JO 16 déc. 2017, texte n°88 ; *DF* 2017, n°51-52, act. 692 ; *RJF* 3/2108, n°293

Cons. const., 15 déc. 2017, déc. n°2017-681 QPC, *SCI Marlin :* JO 16 déc. 2017, texte n°89 ; *DF* 2017, n°51-52, act. 689 ; *RJF* 3/2018, n°292

Cons. const., déc. 21 déc. 2017, déc. n°2017-756 DC, *Loi de financement de la sécurité sociale pour 2018* : JO 31 déc. 2017, texte n°7

Cons. const., 28 déc. 2017, déc. n°2017-758 DC, *Loi de finances pour 2018*: JO 31 déc. 2017, texte n°11 ; *RJF* 3/2018, n°289 ; *RFFP*, 2018, n°141, p. 287, A. BARILARI

Cons. const., 28 déc. 2017, déc. n°2017-759 DC, *Loi de finances rectificative pour 2017 (II)* : JO 29 déc. 2017, texte n°2

Cons. const., 8 fév. 2018, déc. n°2017-689 QPC, *M. Gabriel S. :* JO 9 fév. 2018, texte n°96 ; *DF* 2018, n°7-8, act. 79 ; *RJF* 4/2018, n°417

Cons. const., 13 avr. 2018, déc. n°2018-700 QPC, *Sté Technicholor :* JO 14 avr. 2018, texte n°100

Cons. const., 18 avr. 2018, déc. n°2018-699 QPC, *Sté Life Sciences Holdings France* : JO 14 avr. 2018, texte n°99 ; *DF* 2018, n°20, comm. 277, note L. NAYBERG et N. VERGNET ; *RJF* 7/2018, n°783

Cons. const., 20 avr. 2018, déc. n°2018-701 QPC, *Sté Mi Développement 2 :* JO 21 avr. 2018, texte n°72 ; *DF* 2018, n°39, comm. 410, note A. MAITROT DE LA MOTTE ; *RJF* 7/2018, n°782

Cons. const., 1er juin 2018, déc. n°2018-708 QPC, *Sté Elengy et a.* : JO 2 juin 2018, n°87 ; *DF* 2018, n°23, act. 243 ; *RJF* 9/2018, n°883

Cons. const., 13 juil. 2018, déc. n°2018-719 QPC, *Mme Estelle E.* : JO 14 juil. 2018, texte n°97 ; *RJF* 12/2018, n°1156 – V. E. SIMON-MICHEL, « L'inégalité fiscale dans les partages : quelques réflexions sur l'effet déclaratif du partage » : *RFP* 2018, étude 12

Cons. const., 21 sept. 2018, déc. n°2018-733 QPC, *Sté d'exploitation des moyens de carénage* : JO 22 sept. 2018, texte n°83 ; *DF* 2018, n°40, act. 435, note M. PELLETIER ; *ibid.*, n°49, comm. 492, note F. PEZET ; *RJF* 12/2018, n°1243

Cons. const., 27 sept. 2018, déc. n°2018-735 QPC, *M. Xavier B et a.* : JO 28 sept. 2018, texte n°51

Cons. const., 5 oct. 2018, déc. n°2018-736 QPC, *Sté CSF* : JO 6 oct. 2018, texte n°74 ; *RJF* 12/2018, n°1262

Cons. const., 11 oct. 2018, déc n°2018-738 QPC, M. *Pascal D.* : JO 12 oct. 2018, texte n°75 ; *JCP G* 2019, act. 11, obs. C. VAUTROT-SCHWARZ

Cons. const., 12 oct. 2018, déc. n°2018-739 QPC, *Sté Dom Com Invest* : JO 13 oct. 2018, texte n°83 ; *RJF* 12/2018, n°1264

Cons. const., 23 nov. 2018, déc. n°2018-745 QPC, *M. Thomas et a.* : JO 24 nov. 2018, texte n°70 ; *DF* 2018, n°48, act. 515 et 516 ; *RJF* 2/2019, n°187 et p. 154, chron. N. PLANCHON

Cons. const., 23 nov. 2018, déc. n°2018-746 QPC, *M. Djamal Eddine C.* : JO 24 nov. 2018, texte n°71 ; *DF* 2018, n°48, act. 517 ; *RJF* 2/2019, n°185 et p.154, chron. N. PLANCHON

Cons. const., 23 nov. 2018, déc. n°2018-747 QPC, *M. Kamel H. :* JO 24 nov. 2018, texte n°72 ; *DF* 2018, n°48, act. 514 ; *RJF* 2/2019, n°188

Cons. const., 30 nov. 2018, déc. n°2018-748 QPC, *Sté Zimmer Biomet France Holdings* : JO 1er déc. 2018, texte n°82 ; *DF* 2018, n°49, act. 524 ; *RJF* 2/2019, n°186

Cons. const., 7 déc. 2018, déc. n°2018-750/751 QPC, *Sté Long Horn International e. a. :* JO 8 déc. 2018, texte n°107 ; *DF* 2018, n°50, act. 547 ; ibid., n°51-52, comm. 513, note L. PEYEN.

Cons. const., 7 déc. 2018, déc. n°2018-752 QPC, *Fondations Ildys* : JO 8 déc. 2018, texte n°108 ; *DF* 2018, n°50, act. 544 ; *RJF* 3/2019, n°288

Cons. const., 14 déc. 2018, déc. n°2018-753 QPC, *M. Jean-Guilhem G* : JO 15 déc. 2018, texte n°8 ; *DF* 2018, n°51-52, act. 564 ; *RJF* 3/2019, n°287 ; *RFP* 2019, n°2, comm. 3

Cons. const., 15 fév. 2019, déc. n°2018-764 QPC*, M. Paulo M.* : JO 16 fév. 2019, texte n°78

Cons. const., 22 fév. 2019, déc. n°2018-767 QPC, *Sté ODDO BHF* : JO 23 fév. 2018, texte n°78 ; *RJS* 4/2019, n°240

Cons. cons., 12 avr. 2019, déc. n°2019-775 QPC, *M. Joseph R.* : JO 13 avr. 2019, texte n°59 ; *RJF* 2019, n°692

Cons. const., 10 mai 2019, n°2019-779/780, *M. Hendrik A* : JO 11 mai 2019, texte n°106

Cons. const., 24 mai 2019, déc. n°2019-784 QPC, *Sté Cosfibel Premium* : JO 25 mai 2019, texte n°125 ; *DF* 2019, n°23, act. 273, obs. M. PELLETIER ; *RJF* 8-9/2019, n°828

Cons. const., 24 mai 2019, déc. n°2019-785 QPC, *M. Mario S.* : JO 25 mai 2019, texte n°126 *; Dr. pén.*, comm. 123, note P. CONTE

Cons. const., 28 juin 2019, n°2019-793 QPC, *Epx Champion* : JO 29 juin 2019, texte n°106 ; *DF* 2019, n°27, act. 328

Cons. const., 27 sept. 2019, n°2019-804 QPC, *AFEP* : JO 28 sept. 2019, texte n°71 ; *DF* 2019, n°46, étude 436

CONSEIL D'ETAT

JUSQU'À 1979

CE, Sect., 28 juil. 1898, *Département des Hauts de Seine* : Rec. p. 169

CE, 5 mai 1922, *Fontan* : Rec. p. 386

CE, 5 mai 1922 : Rec. p. 386

CE, 19 mai 1922, *Dame Sempey* : Rec. p. 453

CE, 30 mai 1913 : Rec. p. 583 ; S 1915, p. 39

CE, 10 janv. 1930, *Sieur Despujol* : Rec. p. 30

CE, 12 déc. 1930 : Rec. p. 1063

CE, Sect., 10 juin 1932, *Ollier* : Rec. p. 570 ;

CE 30 mai 1934, *Sieur Carricand*, Rec. p. 607

CE, 25 oct. 1935, *Époux Fleur-Santucci* : Rec. p. 983

CE, 27 juil. 1936 : Rec. 1936, p. 271

CE, 23 nov. 1936, *Abdoulhoussen* : Rec. p. 1015 ; S 1937, 3, p. 25, note LETOURNEUR

CE, Ass. 14 janv. 1938, n°51.704, *SA des produits laitiers « La Fleurette »* : Rec. p. 25

CE, 14 mars 1941, *Sté Job* : Rec. p. 40

CE, Sect., 4 fév. 1944, *Guieysse* : Rec. p. 45

CE, 2 juin 1944, *Fays* : Rec. p. 159

CE 8 mars 1950, *Salgues* : Rec. p. 149

CE, Ass., 12 avr. 1953, *Sarovitch* : Rec. p. 520

CE, 29 juil. 1953, *Berger* : Rec. T, p. 651 ;

CE, 7 juil. 1958, n°35.977, *Sté les entreprises de travaux publics André Borie* : Dupont p. 575 ; *DF* 1958, n°44, comm. 938 ; RI 8707 ; RO p. 188

CE, Ass. plén., 20 nov. 1959, n°42.560, *Secrétaire d'État au Budget* : Rec. p. 613 ; *DF* 1959, n°49, comm. 830 ; *JCP G* 1960, II, 11431, concl. M. POUSSIERE ; *D* 1960, p. 158, note R. SAVATIER ; *Gaz. Pal.* 1960, 1, p. 204

CE, 13 mai 1960, n°34.197, *Secrétaire d'État d'Agriculture c/ Sieur Manière* : Rec. p. 328 ; *D* 1961, p. 136, concl. A. BENARD

CE, sect., 14 avr. 1961, *Min. Reconstruction et Logement c/ Sté Sud-Aviation* : Rec. p. 236, concl. du Président HEUMANN

CE, Sect., 14 oct. 1966, n°60.783, *Marais* : Rec. 1966, p. 548 ; D. 1966, jurispr. p. 636, concl. Y. GALMOT

CE, plén., 13 mars 1967, n°62.338 : Rec. p. 119 ; *DF* 1967, n° 16, comm. 471 et n° 45, doctr., concl. F. LAVONDES

CE, 7e et 8e ss-sect, 8 déc. 1968, n°74.520 : Rec. p. 66

CE, Sect., 20 juil. 1971, n°81.146 : *DF* 1972, n°50, comm. 1821, concl. J. DELMAS-MARSALET

CE, Sect., 29 oct. 1971, n°80.766 : *DF* 1972, n°1-2, comm. 15 ; Dupont 1971, p. 422

CE, sect., 30 juin 1972, n 81.054 : *DF* 1972, n°38, comm. 1365 ;

CE, Ass. 21 juil. 1972, n°72.508 : *DF* 1973, n° 18-19, comm. 726, concl. G. SCHMELTZ

CE, 5 oct. 1973, *Sté X*, n°82.836 : *DF* 1974 n°3, comm. 36, concl. D. MANDELKERN

CE, sect., 1er fév. 1974, n°82.229, *Dame Huber* : Rec. p. 77 ; *DF* 1974, n°44, comm. 1341, concl. D. MANDELKERN

CE, plén. fisc., 20 fév. 1974, n°83.270, *Lemarchand* : *DF* 1974, n°30 ; comm. 958, concl. D. MANDELKERN ; *RJF* 1/1974, n°5. – V. C. DAVID, O. FOUQUET, B. PLAGNET et P.-F. RACINE, *Les grands arrêts de la jurisprudence fiscale,* éd. Dalloz, 2000, p. 164 et s.

CE, 7e et 9e ss-sect., 11 déc. 1974, n°85.413 : *DF* 1975 n°16, comm. 572, concl. M.-A. LATOURNERIE ; *RJF* 1/1975, n°33, B. MARTIN LAPRADE, chron. p. 9

CE, Sect., 21 mars 1975, n°85.496 : Rec. p. 217 ; *DF* 1975, n°23, comm. 775, concl. D. FABRE ; *RJF* 5/1975, n°226, B. MARTIN LAPRADE, chron. p. 166

CE, Sect., 21 mars 1975, n°87.573 : *DF* 1977, n°20, comm. 680, concl. contraires D. FABRE ; *RJF* 3/1975, n°258, B. MARTIN LAPRADE, chron. p. 162

CE, Ass., 31 oct. 1975, n°97.234, *Sté Coq France* : Rec. p. 534 ; *DF* 1975, n°51, comm. 1656 ; *RJF* 12/1975, n°578, et p. 373, chron. B. MARTIN LAPRADE, concl. M.-A. LATOURNERIE

CE, Sect., 5 nov. 1975, n°95.562 : *RJF* 1/1976, n°18

CE, plén. fisc., 7 nov. 1975, n°85.284 : *DF* 1976, n°4, comm. 96

CE, Sect., 21 mai 1976, n°94.052 : *DF* 1976, n°25, comm. 878, concl. M.-A. LATOURNERIE ; *RJF* 7-8/1976, n°344, B. MARTIN LAPRADE, chron. p. 224

CE, 8e et 9e ss-sect., 26 mai 1976, n°98.816 : Rec. p. 278 ; *DF* 1976, n°38, comm. 1247 ; *ibid.*, n°51, comm. 1910, concl. P. LOBRY ; *RJF* 7/1976, n°303

CE, Ass., 28 mai 1976, n°88.803, *Centre technique des Conserves de Produits agricoles c./ Ets Grégori* : *DF* 1977, n°13, comm. 515, concl. M.-D. LATOURNERIE ; *RJF* 7-8/1976, n°318

CE, 7e et 8e ss-sect., 24 nov. 1976, n°94.105: *DF* 1976, n°53, comm. 1988; *RJF* 1/1977, n°20

CE, plén., 29 avr. 1977, n°92.446 : Rec. p. 197 ; *DF* 1977, n°24, comm. 941 ; *RJF* 6/1977. 236, chron. M.-A. HAGELSTEEN

CE, Plén. 29 avr. 1977, n°808 : *DF* 1977, n°38, comm. 1313, concl. P. RIVIÈRE

CE, 7e et 8e ss-sect., 18 mai 1977, n°2.387 : *RJF* 7-8/1977, n°423

CE, Sect., 24 fév. 1978, n°2.372 : *DF* 1978, n°30, comm. 1212, concl. P. RIVIÈRE ; *RJF* 4/1978 n°161 et 5/1978, p. 146, chron. M.-D. HAGELSTEEN

CE, 7e et 9e ss-sect., 31 mai 1978, n°4.788, *Sieur X* : *DF* 1978, n°40, comm. 1513

CE, 7e et 9e ss-sect., 5 juil. 1978, n°7.717 : *DF* 1979, n°10, comm. 453, concl. P. LOBRY ; *RJF* 10/1978, n°401

CE, 9e et 7e ss-sect., 12 juil. 1978, n°2.138 et n°2.769 : *DF* 1978, n°42, comm. 1592 ; *RJF* 10/1978, n° 401.

CE, 7e et 8e ss-sect., 20 déc. 1978, n°8.233 : *DF* 1979, n°39, comm. 1823, concl. D. FABRE ; *RJF* 2/1979, n°75

CE, 7e et 8e ss-sect., 25 avr. 1979, n°7.253 et 7.254 : Rec. p. 167 ; *DF* 1979, n°39, comm. 1845 ; *DF* 1980, n°12, comm. 671, concl. D. FABRE ; *RJF* 1979, n°398

CE, Ass, 27 avr. 1979, n°7.309, *Yacht Motors Corporation* : *RJF* 6/1979 n° 366 et p. 219, concl. B. MARTIN-LAPRADE

CE, Ass. 27 juil. 1979, n°9.664, *Syndicat national des fabricants de spiritueux consommés à l'eau* : Rec. p. 335 ; *RDP* 1980, p. 214, note R. DRAGO

CE, 7e et 8e ss-sect., 19 déc. 1979, n°13.072, *Chaussat Pierre* : *DF* 1980, comm. 1426, concl. B. MARTIN LAPRADE ; *D* 1980. 286, note P. AMSELEK; *RJF* 2/1980, n°129

DE 1980 À 1989

CE, 9e et 7e ss-sect., 13 fév. 1980, n°16.937 : *DF* 1980, n°21, comm. 1143, concl. B. MARTIN-LAPRADE ; *RJF* 3/1980, n°221

CE, 8e et 9e ss-sect., 25 juil. 1980, n°15.016 : *RJF* 11/1980, n°879

CE, 8e et 9e ss-sect., 25 juil. 1980, n°19.898 : *DF* 1980, comm. 2199 ; *RJF* 11/1980, n°900

CE, 7e et 9e ss-sect., 15 oct. 1980, n°17.482, *SARL SEVMA* : *DF* 1980, comm. 2675 ; *RJF* 12/1980, n°997

CE, plén., 9 janv. 1981, n°17.580 et 18.418 : Rec. T., p. 699 ; *DF* 1981, n°23, comm. 1230, concl. J.-F. VERNY ; *RJF* 3/1981, n°178

CE, 9e et 8e ss-sect., 25 fév. 1981, n°19.169 : *DF* 1981, n° 29, comm. 1490, concl. J.-F. VERNY

CE, 7e et 9e ss-sect., 24 avr. 1981, n°24.097 : *DF* 1981, n°41, comm. 1779 ; *RJF* 6/1981, n 546

CE, plén., 10 juin 1981, n°19.079: *DF* 1981, comm. 2187, concl. LOBRY ; *RJF* 1981, n°787

CE, 7e et 9e ss-sect., 9 oct. 1981, n°26.590, *Virotte-Ducharme* : *DF* 1982, n°52, comm. 2496

CE, plén. 25 nov. 1981, n°11.383 : *DF* 1982, n°13, comm. 680, concl. J.-F. VERNY ; *RJF* 1982, n°18, chron. P. LEGER, p. 3.

CE, plén., 27 nov. 1981, n 11.930 et 16.814 : *DF* 1982, n 3, comm. 1630 ; *RJF* 7/1982, p. 8, concl. J.-F. VERNY ; *Rev. sociétés* 1982, p. 321, note R. BLANCHER

CE, 7e et 8e ss-sect., 7 déc. 1981, n°16.576 : *DF* 1982, n°11, comm. 522 ; *RJF* 2/1982, n°123

CE, 7e et 8e ss-sect., 22 janv. 1982, n 23.454 : *DF* 1982, n 16, comm. 917 ; *RJF* 3/1982, n°238

CE, Ass. 12 mars 1982, n°11.413, 11.414, 11.466, 11.099, 11.100 et 11.451, *Conseil national de l'ordre des médecins et a.* : Rec. p. 109 ; *DF* 1982, n°23, comm. 1225, concl. J.-F. VERNY ; *RJF* 5/1982, n°475, chron. P.-F. RACINE, p. 270

CE, 7e et 8e ss-sect. 7 mai 1982, n° 18.920, *M. Rollet* : *DF* 1982, n°49, comm. 2335, concl. J.-F. VERNY ; *RJF* 1982, n°319, chron. P.-F. RACINE

CE, 7e et 9e ss-sect., 17 mai 1982, n 22.770 : *DF* 1983, n°10, comm. 403, concl. P. RIVIÈRE

CE, 7e et 9e ss.-sect., 9 juil. 1982, n°26.309 : Rec. p. 275 ; *DF* 1983, n° 14, comm. 701, concl. D. LEGER

CE, plén. fisc. 26 juil. 1982, n°2533 et n°19645 : Rec. p. 296 ; *DF* 1983, n°10, comm. 378, concl. P. RIVIÈRE ; *RJF* 10/1982, n°903, et p. 439 et s. chron. P.-F. RACINE

CE, 7e et 9e ss-sect., 17 nov. 1982, n°30.587 : *DF* 1983, n 16-17, comm. 819, concl. P. RIVIERE ; *RJF* 1/1983, n°24

CE, 7e et 8e ss-sect., 21 mars 1983, n°42.830, *M. Boucher : DF* 1983, n°45, comm. 2107, concl. P. BISSARA ; *RJF* 1973, n°663, chron. p. 259

CE, 7e et 8e ss-sect., 22 juin 1983, n°32.531 : *DF* 1983, n°43, comm. 1992

CE, Sect., 1er juil. 1983, n 28.315 : *DF* 1984, n°5, comm. 149, concl. P. RIVIÈRE ; *RJF* 10/1983, n°1108 ; *RJF* 1984, chron. G. de GUILLENSCHMIDT, p. 50

CE, 8e et 9e ss-sect., 11 juil. 1983, n°33.942 : *DF* 1984, n°16, comm. 823 ; *RJF* 10/1983, n° 1109

CE, plén., 29 juil. 1983, n°27.794, *SA Edouard Knecht* : *RJF* 1983/10, n°1173, avec concl. contraires de J.-F. VERNY, p. 499

CE, 8e et 9e ss-sect., 28 sept. 1983, n°34.626 : Rec. T. p. 700 ; *DF* 1984, n°4, comm. 75 ; *RJF* 11/1983, n°1284

CE, 9e et 7E ss-sect., 5 déc. 1983, n°35.478, *Restaurant Djerba* : Rec. T. p. 674 ; *DF* 1984, n°21-22, comm. 1084 ; *RJF* 2/1984, n° 213

CE, Sect., 9 déc.1983, n°54.382, *Gasparini* : Rec. p. 495

CE, plén. 3 fév. 1984, n°38.230, *Mme Bilger Gillet* : *DF* 1984, n°26, comm. 1278, concl. M.-A. LATOURNERIE ; *RJF* 4/1984, n°499

CE, 8e et 9e ss-sect., 20 avr. 1984, n°20.904: *DF* 1985, comm. 233; *RJF* 1984, n°372

CE, 7e et 8e ss-sect., 25 avr. 1984, n°35.556 et n°35.558 : *DF* 1986, n°4, comm. 81

CE, 7e et 9e ss-sect., 28 mai 1984, n°40.168, *M. Galtier* : *DF* 1984, n° 40, comm. 1658, concl. P.-F. RACINE ; *RJF* 7/1984, n°832

CE, 7e et 9e ss-sect., 6 juin 1984, n°42.802 : *RJF* 8-9/1984, n°1014, concl. O. FOUQUET

CE, 7e et 8e ss-sect., 27 juin 1984, n°35.030, *min. c/ Sté Courtaulds* : *DF* 1985, n°22-23, comm. 1063, concl. M-A. LATOURNERIE ; *RJF* 8-9/1984, n°937

CE, 9e et 8e ss-sect., 4 juil. 1984, n°36.207 et 37.364 : *DF* 1985, n°11, comm. 511, concl. P.-F. RACINE ; *RJF* 10/1984, n°1152

CE, 7e et 8e ss-sect., 11 juil. 1984, n°45.920, n°46.920, 46.285, et 46.283, *Sté industrielle de Saint-Ouen (SISO)* : *DF* 1984, comm. 1868 ; *RJF* 11/1984, n°1256 et chron. J GAEREMYNCK ; *Gaz. Pal.* 1984, n°2, p. 765, concl. O. FOUQUET

CE, 7e et 9e ss-sect., 31 oct. 1984, n°23.117, et n°35.965 : *DF* 1986, n°13, comm. 628, concl. P.-F. RACINE ; *RJF* 1/1985, n°16

CE, Sect., 19 déc. 1984, n°34.731, *Vignals* : Rec. p. 430 ; *DF* 1985, n°26, comm. 278, concl. M.-A. LATOURNERIE ; *RJF* 2/1985, n°190, et chron. p. 91, J. GAEREMYNCK

CE, 9e et 7e ss-sect., 6 fév. 1985, n°39.792 : *DF* 1985, comm. 1581, concl. P.-F. RACINE; *RJF* 1985, n°318

CE, 7e et 8e ss-sect., 18 fév. 1985, n°41.356 : *DF* 1985, n°19, comm. 953

CE, 8e et 9e ss-sect., 20 mars 1985, n°45.589 : *DF* 1985, n°42, comm. 1765 ; *RJF* 5/1985, n°747

CE, 7e et 8e ss-sect., 29 avr. 1985, n°44.737 : *DF* 1985, n°39, comm. 1565, concl. P. BISSARA

CE, 9e et 8e ss-sect., 15 mai 1985, n°43.439 : *RJF* 1985, n°1019

CE, 9e et 8e ss-sect., 3 juin 1985, n°45.087 et 45.091 : *DF* 1986, n°10, comm. 441, concl. P. BISSARA ; *RJF* 7/1985, n°1042

CE, plén., 26 juil. 1985, n°41.149, *Sté Lefebure Isolants Réunion* : *RJF* 12/1985, n°1283 et p. 659, chron. P. CROUZET

CE, 9e et 7e ss-sect., 2 oct. 1985, n°45.549 : *RJF* 11/1985, n°1457

CE, Plén., 9 avr. 1986, nos49.992, 54.466, 66.869 et 68.863 : *DF* 1986, n°25, comm. 1213, concl. M.-A. LATOURNERIE ; *RJF* 6/1986, n°565, chron. CROUZET

CE, 9e et 7e ss-sect., 14 avr. 1986, n°45.884 : *RJF* 6/1986, n°565, chron. CROUZET et p. 102, concl. P-F. RACINE

CE, 7E et 8e ss-sect., 21 avr. 1986, n°43.402 : *DF* 1986, n° 26, comm. 1242, concl. M.-A. LATOURNERIE ; *RJF* 6/86, n°652

CE, 8e et 9e ss-sect., 14 mai 1986, n°59.590, *M. Petitdemange* ; Rec. T. p. 467 ; *DF* 1986, n°40, comm. 1674, concl. P.-F. RACINE ; *RJF* 7/1986, n°917

CE, 8e et 7e ss-sect., 23 juin 1986, n°48.465 : *DF* 1986, n°49, comm. 2188, concl. G. de GUILLENSCHMIDT ; *RJF* 1986, n°866

CE, 7e et 8e ss-sect., 2 juil. 1986, n°38.610 : *DF* 1986, comm. 2266, concl. O. FOUQUET ; *RJF* 1986, n°924

CE, 9e et 8e ss-sect., 9 juil. 1986, n°30.770 : *DF* 1986, n°52, comm. 2393, concl. P.-F. RACINE ; *RJF* 7/1986 n°719

CE, 10e et 8e ss-sect., 25 juil. 1986, n°63.643, *Sté Sea Land Service* : Rec. p. 417

CE, 7e et 9e ss-sect., 25 juil. 1986, n°45.871 et 45.872 ; *DF* 1986, n°51, comm. 2340, concl. O. FOUQUET ; *RJF* 11/1986, n°1010

CE, 7e et 8e ss-sect., 13 oct. 1986, n°72.113 : *RJF* 1986, p. 690

CE, 7e, 8e et 9e ss-sect., 11 fév. 1987, n°40.565, *M. Bon* : Rec. p. 40 : *DF* 1987, n°44, comm. 1985, concl. G. GUILLENSCHMIDT

CE, plén., 11 fév. 1987, n°55.363, *Sté de fait Goujon-Vessat* et n°59.652, *M. Passicousset* : *DF* 1987, n°44, comm. 1985

CE, 9e et 7e ss-sect., 13 mai 1987, n°70.620 et n° 47.959, *Winkel*: *RJF* 1987, n°761 ; *DF* 1987, n°28, comm. 1310

CE, 8e et 9e ss-sect., 27 mai 1987, n°46.529 : *DF* 1987, n°43, comm. 1918 ; *RJF* 7/1987, n°722

CE, 7e et 9e ss-sect., 21 oct. 1987, n°50.087 : *DF* 1988, n°7, comm. 295

CE, 7e et 8e ss-sect., 21 oct. 1987, n°60.512 : *RJF* 12/1987, n°1256

CE, 7 déc. 1987, n°65.891 : *DF* 1988, n°24, comm. 1177 ; *RJF* 2/1988, n°174 et p. 89, concl. MARTIN-LAPRADE

CE, Sect., 11 déc. 1987, n°61.531, *SCI Rudel* : *RJF* 4/1988, n°190 ; *DF* 1988, n°19, comm. 924, concl. B. MARTIN LAPRADE et 972

CE, 7e et 8e ss-sect., 18 déc. 1987, n°69.532 et 71.301 : *DF* 1988, n°20, comm. 995

CE, 7e et 8e ss-sect., 10 fév. 1988, n°64.722, *M. Gandolfi* : *DF* 1988, n°51, comm. 2327, concl. B. MARTIN LAPRADE ; *RJF* 4/1988, n°451

CE, 9e et 7e ss-sect., 22 juin 1988, n°60.228, *Chardac* : *DF* 1998, n°52, comm. 2365, note P. MARCHESSOU et T. SCHMITT ; *RJF* 1988, n°979, concl. P. MARTIN

CE, 7e et 9e ss-sect., 8 juil. 1988, n°67.832 et 67.833 ; *RJF* 1988, n°1099

CE, Plén., 27 juil. 1988, n°50.020, *SARL Boutique 2 M* : *DF* 1988, n°49, comm. 2202 ; *RJF* 10/1988, n°1139, concl. O. FOUQUET, p. 577

CE, 7e et 8e ss-sect., 7 oct. 1988, n.°42.924, *M. Dieutegard* : *DF* 1989, n°8, comm. 325 ; *RJF* 12/1988, n°1361

CE, 8e et 9e ss-sect., 19 oct. 1988, n°67.683 : *DF* 1989, n°7, comm. 259 ; *RJF* 12/1988, n°765

CE, 7e et 9e ss-sect., 4 nov. 1988, n°56.793 : *DF* 1989, n°30-31, comm. 1528, concl. B. MARTIN LAPRADE ; *RJF* 1/1989, n°17

CE, 7e et 9e ss-sect., 4 nov. 1988, n°58.952, *Michel Peril* : *RJF* 1/1989, n°23

CE, Plén. 9 nov. 1988, n°68.965, *Grisoni* : *DF* 1989, n°27, comm. 1360, concl. B. MARTIN LAPRADE ; *RJF* 2/1989, n°179

CE, Ass., 3 fév. 1989, n°74.052, *Compagnie Alitalia* : *DF* 1989, n°10, comm. 492

CE, 7e et 8e ss-sect., 10 fév. 1989, n° 58.873, *Vanian*: *DF* 1989, n°24, comm. 1151, concl. B. MARTIN LAPRADE ; *RJF* 4/1989, n°392

CE, 8e et 9e ss-sect., 20 mars 1989, n°56.087, *Sté Malet Matériaux* : *DF* 1990, n°11, comm. 533 ; *RJF* 5/1989, n°548 et p. 271, concl. P. MARTIN

CE, 7e et 8e ss-sect., 21 avr. 1989, n°60.502, *Patrice* : *DF* 1989, n°39, comm. 1670, concl. B. MARTIN LAPRADE ; *RJF* 1989, n°677

CE, 9e et 7e ss-sect., 26 avr. 1989, n°67.002, *L'Henoret* : *DF* 1989, n°50, comm. 2343 ; *RJF* 1989, n°1052, concl. P.-F. RACINE

CE, 7e et 8e ss-sect., 14 juin 1989, n°64.630, *Delaere* : Rec. p. 577 ; *DF* 1989, n°42, comm. 1928 ; *RJF* 8-9/1989, n°992

CE, 7e et 8e ss-sect., 28 juin 1989, n°79.342 : *DF* 1990, n° 23-24, comm. 1143 ; *RJF* 1989, n°1064

CE, Ass. 7 juil. 1989, n°106.284, *Cie financière et industrielle des autoroutes* : *DF* 1990, n°11, comm. 553, concl. P. MARTIN

CE, 9e et 8e ss-sect., 28 juil. 1989, n°65.338, *M. Pascault* : *DF* 1990, n°15, comm. 736 ; *RJF* 11/1989, n°1222

CE, 8e et 7e ss-sect., 25 sept. 1989, n°59.495, *Grenier* : *RJF* 11/1989, n°1251

CE, 8e et 9e ss-sect., 3 nov. 1989, n°56.500 et 56.501, *M. Claude Biancale* : *DF* 1990, n°9, comm. 446, concl. P.-F. RACINE ; *RJF* 1/1990, n°45

CE, 9e et 8e ss-sect., 8 nov. 1989, n°58.818, *Rodach* : *DF* 1990, comm. 743 ; *RJF* 1/1990, n°53

CE, 7e et 8e ss-sect., 4 déc. 1989, n°89.712 : *DF* 1990, n° 40, comm. 1757, concl. M.-D. HAGELSTEEN ; *RJF* 1990, n° 143 ; *JCP E* 1990, II, 15927

CE, Ass., 22 déc. 1989, n°86.113, *Cercle militaire mixte de la Caserne Mortier* : Rec. p. 260 ; *DF* 1990, n 14, comm. 716 ; *RJF* 2/1990, n° 130 ; *BDCF* 2/1990, n°130, concl. M.-D. HAGELSTEEN ; *AJDA* 1990, p. 328

CE, Plén., 22 déc. 1989, n°56.905, *Biau* : *DF* 1990, n°17, comm. 858, concl. contraires P.-F. RACINE, note G. TIXIER et T. LAMULLE ; *RJF* 2/1990, n°105

DE 1990 À 1999

CE, 8e et 9e ss-sect., 12 janv. 1990, n°67.745, *Vanel* : *RJF* 3/1990, n 337

CE, 9e et 7e ss-sect., 31 janv. 1990, n°63.959, *min. c/ M. d'Août* : *RJF* 3/1990, n°349

CE, 7e et 9e ss-sect., 14 mars 1990, n°65.110, *Kaufmann : DF* 1990, n°27, comm. 1344 ; *RJF* 5/1990, n°364 ; *LPA* 13 juin 1990, n° 71, concl. O. FOUQUET

CE, 7e et 8e ss-sect., 25 avr. 1990, n°76.752, *M. Ruch* : *DF* 1991, n°41, comm. 1875 ; *RJF* 6/1990, n°720

CE, 7e ss-sect., 2 mai 1990, n°58.212 à 58.215, *Donati et Lagardère* : *RJF* 6/1990, n°721

CE, 9e et 8e ss-sect., 9 mai 1990, n°113.056, *Halff* : *RJF* 7/1990, n°896, concl. P. MARTIN ; *DF* 1991, n°14, comm. 774 et 791

CE, 7e et 9e ss-sect., 1er juin 1990, n°68.313, M. *Coutaz-Repland* : *DF* 1991, n°42, comm. 1921, concl. O. FOUQUET ; *RJF* 8-9/1990, n°1030

CE, Sect., 27 juil. 1990, n°44.676, *Bourgeois* : *DF* 1990, n°40, comm. 1778 ; *RJF* 1990, n°1102 et p. 548, concl. N. CHAHID-NOURAÏ

CE, 8e et 7e ss-sect., 8 août 1990, n°54.500, *Sté Homecare France* : *RJF* 10/1990, n 1262

CE, 9e et 7e ss-sect., 8 août 1990, n°92.997, *SA International transport (Intertrans) Paris* : *DF* 1993, n°43, comm. 2033 ; *RJF* 10/1990, n°1252, concl. P. MARTIN, p. 661

CE, 7e et 8e ss-sect., 8 août 1990, n°71.821, *Mme Fériel* : *DF* 1991, n°52, comm. 2565, concl. O. FOUQUET

CE, 7e et 8e ss-sect., 3 oct. 1990, n° 98.430 : *DF* 1991, comm. 433 ; *RJF* 10/1990, n°799

CE, 8e et 7e ss-sect., 11 oct. 1990, nos54.616 et 54.617, *SA Union internationale immobilière* : *DF* 1991, n°50, comm. 2417, concl. J. ARRIGHI DE CASANOVA ; *RJF* 12/1991, n°1475

CE, 7e et 8e ss-sect., 17 oct. 1990, n°83.310, *Loiseau* : Rec. p. 282 ; *DF* 1991, n°48, comm. 2281, concl. O. FOUQUET ; *RJF* 11/1990, n°1317 et p. 735, chron. J. TUROT

CE, sect., 8 fév. 1991, n°61.025, Association « Capitale Nationale de l'Age de l'Illumination » CNAI, et n°61 093, Compagnie William Gillet, Guillet et Rennepont : RJF 1991, n°360 et p. 156, concl. O. FOUQUET

CE, 8e et 7e ss-sect., 20 fév. 1991, n°75.514, *M. Pelissier* : *DF* 1994, n°11, comm. 501

CE, 7e et 9e ss-sect., 27 fév. 1991, n°69.971, *M. Guet* : *DF* 1992, n°5, comm. 145, concl. O. FOUQUET ; *RJF* 4/1991, n°430

CE, 8e et 9e ss-sect., 10 avr. 1991, n°107.710, *Di Fazio* : *RJF* 6/1991, p. 424

CE, 9e et 8e ss-sect., 15 avr. 1991, n°63.885, *Sté Sorep*: *RJF* 6/1991, n°842

CE, 5 juin 1991, n°85.002, *M. et Mme Vignoud* : *RJF* 12/1991, n°1132

CE, Ass., 28 juin 1991, n°63.066, *min. c/ Sté Blumet et fils* : Rec. p. 259 ; *DF* 1991, n°42, comm. 2004 ; *RJF* 8-9/1991, n°1073, concl. J. ARRIGHI DE CASANOVA

CE, 7e et 8e ss-sect., 11 oct. 1991, n°112.790, *Framatome* : *DF* 1991, n°49, comm. 2389

CE, 8e et 7e ss-sect., 9 déc. 1991, n°79.516 et n°79.518, *Sté Centre de Chirurgie et de Cardiologie Convention* : *DF* 1992, n°15, comm. 790

CE, 7e ss-sect., 15 janv. 1992, n°81.806, *M. Le Glaunec : DF* 1993, n°25, comm. 1281.

CE, 7e ss-sect., 15 janv. 1992, n°102.223, *M. Cote* : *DF* 1993, n°14, comm. 705 ; *RJF* 3/1992, n°283

CE, 8e et 9e ss-sect., 29 janv. 1992, n°98.849, *Contamin* : *RJF* 3/1992, n°370

CE, 8e et 9e ss-sect., 12 fév. 1992, n°76.740 : *RJF* 4/1992, n° 559 ; *LPA* 24 juin 1992, n° 76, concl. J. ARRIGHI DE CASANOVA

CE, 9e et 7e ss-sect., 17 fév. 1992, n°58.299, *Époux Vermeersch* : *DF* 1992, n°45, comm. 2117, concl. contraires P. MARTIN ; *RJF* 4/1992, n°503, et p. 263, chron. J. TUROT

CE, Ass., 28 fév. 1992, *Sté Arizona Tobacco Products* : Rec. p. 78 ; *AJDA* 1992, p. 210, concl. M. LAROQUE, p. 328, note C. MAUGÜE et R. SCHWARTZ

CE, 7e et 8e ss-sect., 18 mars 1992, n°80.772, *SA Ets Garcia* : *DF* 1992, n°29, comm. 1435 ; *RJF* 5/1992, n°712

CE, 8e et 7e ss-sect., 15 mai 1992, n°66.884, *Mattelin* : *RJF* 8-9/1992, n°1199

CE, Sect., 10 juil. 1992, n°110.213, *Sté Musel SBP* et n°110.214, *M. Brunner* : *DF* 1993, n°27, comm. 1392 ; *RJF* 8-9/1992, n°1249 et p. 673, concl. O. FOUQUET

CE, Plén., 9 oct. 1992, n°116.181, *M. Serafini* : *DF* 1994, n°18, comm. 836 ; *RJF* 1992, p. 868 concl. P. MARTIN.

CE, Plén., 9 oct. 1992, n°113.045, *M. Acquaviva* : *DF* 1993, n°27, comm. 1385

CE, 7e et 8e ss-sect., 9 oct. 1992, n°82.144, *SCI Pasteur* : *DF* 1993, n°17-18, comm. 993, concl. M.-D. HAGELSTEEN ; *RJF* 12/1992, n°1646

CE, 9e et 8e ss-sect., 9 déc. 1992, n°71.859, *M. Ravot* : *DF* 1993, n°41, comm. 1944, concl. P. MARTIN ; *RJF* 2/1993, n°207

CE, 9e et 8e ss-sect., 18 déc. 1992, n°74.206, *M. Véron* et n°74.227, *M. Véron-Meubles* : *DF* 1993, comm. 1136 ; *JCP E* 1993, 478

CE, 8e ss-sect., 18 déc. 1992, n°81.659 et n°84.596, *SARL Manufacture Mézinaise de lièges et bouchons* et n°90.234, *Mme Ducasse* : *DF* 1993, n°25, comm. 1307 ; *RJF* 2/1993, n°178 et n°244

CE, Plén., 6 janv. 1993, n°78.729, *Paul Bonnet* : *DF* 1994, n°28 comm. 1355 ; *RJF* 3/1993, n°355

CE, 9e et 8e ss-sect., 2 avr. 1993, n°89.508, *Chopy* : *RJF* 6/1993, n°652

CE, 8e et 9e ss-sect., 28 avr. 1993, n° 116.049, *Lambert* : *DF* 1993, n°39, comm. 1828 ; *RJF* 6/1993, n 905

CE, 8e et 9e ss-sect., 26 mai 1993, n°119.854, *Mme Guenet* : *DF* 1993, n° 43, comm. 2071 ; *RJF* 7/1993, n° 1065

CE, 8e et 9e ss-sect., 23 juin 1993, n°96.477, *Mme Bichet* : *RJF* 8-9/1993, n°1183

CE, 8e et 9e ss-sect., 23 juil. 1993, n°135.582, *Mme Vansteenbrugge* : *DF* 1993, n°45, comm. 2160 ; *RJF* 10/1993, n°1390

CE, 8e et 9e ss-sect., 8 oct. 1993, n°125.052, *Mesplet* : *DF* 1994, n°3, comm. 31 ; *RJF* 11/1993, n°1452 et p. 815, étude G. GOULARD

CE, 8e et 9e ss-sect., 8 oct.1993, n°118.827, *Lesage* : *RJF* 11/1993, n° 1483

CE, 8e et 9e ss-sect., 10 nov. 1993, n°62.445, *Gianoli* : *DF* 1994, n°9, comm. 416, concl. O. FOUQUET ; *RJF* 1/1994, n°68

CE, 8e et 9e ss-sect., 10 nov. 1993, n°124.444, *Mme Kruse* : *DF* 1994, n°11, comm. 519 ; *RJF* 1/1994, n°99

CE, 3e et 5e ss-sect., 26 nov. 1993, n°108.851, *SCI Les jardins de Bibemus* : Rec. p. 327 ; *JCP G* 1994, IV, 24131, note M.-C. ROUAULT

CE, 8e et 9e ss-sect., 1er déc. 1993, n°117.505, *Mme Sender-Trouette:* *DF* 1994, n°7, comm. 294 ; *RJF* 1/1994, n°100

CE, 9e et 8e ss-sect., 5 janv. 1994, n°62.737, *Vajou* : *RJF* 3/1994, n°311

CE, 8e et 9e ss-sect., 17 janv. 1994, n°120.157, *Chollet* : *DF* 1994, n°15, comm. 746, concl. G. BACHELIER ; *RJF* 3/1994, n°304

CE, 8e et 9e ss-sect., 16 fév. 1994, n°116.460, *Francelet* : *RJF* 4/1194, n°374, concl. J. ARRIGHI DE CASANOVA, p. 210

CE, 8e et 9e ss-sect., 18 mars 1994, n°61.379, *Sté Sofitam ex-SA Satam* : *DF* 1994, n°47, comm. 1988 ; *RJF* 5/1994, n° 542, concl. P. MARTIN, p. 298

CE, 8e et 9e ss-sect., 30 nov. 1994, n°128.516, *SCI Résidence Dauphine :* Rec. p. 515 ; *DF* 1995, n°8, comm. 319 ; *RJF* 1/1995, n°132 et p. 9, concl. G. BACHELIER

CE, 8e et 9e ss-sect., 21 déc. 1994, n°132.237, *Mme Hutin* : *DF* 1995, n°43, comm. 2048 ; *RJF* 2/1995, n°262

CE, Sect., Avis, 31 mars 1995, n°164.008 *SARL Auto-Industrie Méric*: JO 5 mai 1995, p. 6901 ; Rec. p. 154 ; *RJF* 5/1995 n°623, et p. 326, concl. J. ARRIGHI DE CASANOVA

CE, Sect., Avis, 1er mars 1996, n°174.245 et 174.246, *SARL Finibéton* et CE, Sect., avis, 1er mars 1996, *Egot* : JO 4 avr. p. 5230 ; *DF* 1996, comm. 1153, concl. LOLOUM ; *RJF* 4/1996, n°462 et S. AUSTRY, chron. p. 231.

CE, Sect., Avis, 5 avr. 1996, n°176.611, *Houdmond* : JO 2 mai 1996, p. 6635 ; Rec. p. 116 ; *DF* 1996, n°25, comm. 765, concl. J. ARRIGHI DE CASANOVA ; *RJF*

5/1996, n°607 et p. 311, chron. S. AUSTRY ; *Procédures* 1996, comm. 318, note J.-L. PIERRE ; *RFDA* 1997, p. 843, note J. PETIT

CE, 8e et 9e ss-sect., 6 mai 1996, n°134.415, *M. Colomer* : *DF* 1996, n°38, comm. 1130, concl. J. ARRIGHI DE CASANOVA ; *RJF* 6/1996, n°734, et p. 39, chron. S. AUSTRY

CE, 8e et 9e ss-sect., 6 mai 1996, n°133.870, *M. Petitjean* : *DF* 1996, n°31-36, comm. 1012, concl. G. BACHELIER ; *RJF* 1/2000, p. 10, chron. S. NONORGUE

CE, 9e et 8e ss-sect., 10 mai 1996, n°154.791, *min. c/ Fourrey Curtet* : *DF* 1996, n°47, comm. 1432, concl. F. LOLOUM ; *RJF* 7/1996, n°858

CE, Ass., 3 juil. 1996, n°169.219, *Koné* : Rec., p. 255 ; *JCP G* 1996, II, 22720, note X. PRÉTOT ; *LPA* 20 déc. 1996, p. 19, note G. PELISSIER ; *LPA* 27 déc. 1996, p. 12, note G. GUIHEUX ; *RFDA* 1996, p. 870, concl. J.-M. *DELARUE*, notes L. FAVOREU, P. GAÏA, H. LABAYLE et P. DELVOLVE

CE, 1ère ss-sect., 5 juil. 1996, n°150.398, *SCI Saint-Michel* : Rec. p. 269 ; *RJF* 8-9/1996, n°1055

CE, Ass., 30 oct. 1996, n°141.043, *SA Jacques Dangeville* : *RJF* 12/1996, n°1469

CE, 8e et 9e ss-sect., 13 nov. 1996, n°128.088, *M. Betous* : *DF* 1997, n°12, comm. 319, concl. G. BACHELIER ; *RJF* 1/1997, n°27

CE, 9e et 8e ss-sect., 8 janv. 1997, n°139.711, *Fattell* : Rec. p. 773 ; *DF* 1997, n°10, comm. 2575, concl. G. GOULARD ; *RJF* 3/1997, n°195

CE, 9e et 8e ss-sect., 5 mars 1997, n°80.362, *Sté immobilière La Perdrix Rouge* : *DF* 1997, n° 22, comm. 619, concl. G. GOULARD ; *RJF* 4/1997, n 307

CE, 9e et 8e ss-sect., 5 mars 1997, n 141.219, *Mme Falque* : *DF* 1997, n°24, comm. 669 ; *RJF* 4/1997, n°404

CE, Ass., 28 mars 1997, n°176.049, *Société Baxter* : Rec. p. 114 ; *RJF* 1977/5, n°508 ; *RFDA* 1997, 450, concl. J.-F. BONICHOT, note F. MELIN-SOUCRAMANIEN

CE, 8e et 9e ss-sect., 4 avr. 1997, n°183.658, *Jammet* : *DF* 1997, n°24, comm. 660, concl. F. LOLOUM ; *RJF* 5/1997, n°451 et p. 287, chron. S. AUSTRY

CE, 9e et 8e ss-sect. 3 sept. 1997, n°147.419, *Goldenberg-Korn* : Rec. T. p. 762 ; *DF* 1998, n°3, comm. 33, concl. G. GOULARD ; *RJF* 10/1997, n°880

CE, 8e et 9e ss-sect., 29 oct. 1997, n°141.390, *Voivret* : *RJF* 12/1997, n°1103

CE, 8e et 9e ss-sect., 11 fév. 1998, n°178.841, SA *Etudes et recherches mécaniques* : *RJF* 4/1998, n°442

CE, Ass., avis, 8 avr. 1998, n°192.539, *Sté de Distribution de chaleur de Meudon*: JO 14 mai 1998 p. 7273 ; *DF* 1998, comm. 398, concl. G. GOULARD ; *RJF* 1998, n°593, chron. S. VERCLYTTE

CE, 8e et 9e ss-sect., Avis, 8 juil. 1998, n°195.664, *Fattell* : JO 15 oct. 1998, p. 15619 ; Rec. T. p. 849 ; *RJF* 8-9/1998, n°970 et p. 640, concl. J. ARRIGHI DE CASANOVA

CE, 9e et 8e ss-sect., 8 juil. 1998, n°153.937, *Bouanich*: *DF* 1998, n°51, comm. 1158, concl. G. GOULARD ; *RJF* 10/1998, n°1075

CE, 9e et 8e ss-sect., 23 nov. 1998, n°159.131, *Michel* : *DF* 1999, n°14, comm. 290, concl. G. GOULARD ; *RJF* 1/1999, n°30

CE, Sect., 3 fév. 1999, n°149.722 et n°152.848, *Montaignac* : Rec. p. 6 ; *RJF* 8-9/1994, n°949

CE, 9e et 8e ss-sect., 5 mars 1999, n 164.412, *Bancarel* : *DF* 1999, n°39, comm. 716, concl. F. LOLOUM ; *RJF* 4/1999, n°377

CE, 8e et 9e ss-sect., 5 mars 1999, n°132.717, *Mme Arnal-Malaguiti* : *DF* 2000, n°50, comm. 1008 ; *RJF* 4/1999, n°485 ; *LPA* 26 juill. 1999, n° 147, note V. HAÏM.

CE, 9e et 8e ss-sect., 22 mars 1999, n°144.530, n°144.585 et n°144.619, *SA Jean Lemosse*, n°163.361 et 163.362, *M. Descat* et n°169.586, *M. Azais*: Rec. p. 81 ; *DF* 1999, n°44, comm. 806 ; *RJF* 5/1999, n°585 ; *BDCF* 5/1999, n°55, concl. J. COURTIAL

CE, 8e et 9e ss-sect., 28 juil. 1999, n°186.982, *Sté nouvelle ALT* : *DF* 2000, n°8, comm.120 ; *RJF* 10/1999, n°1222

CE, Sect., 1er oct. 1999, n°170.598, *Assoc. pour l'unification du christianisme mondial* : *DF* 2000, n°12, comm. 240, concl. G. BACHELIER

CE, 8e et 9e ss-sect., 13 oct. 1999, n°181.539, *M. Queyroi* : *DF* 2000, n°12, comm. 247 ; *RJF* 12/1999, n°1590 ; *BDCF* 12/99, n°123, concl. J. ARRIGHI DE CASANOVA ; *Procédures* 2000, comm. 138, note J.-L. PIERRE

CE, 8e et 9e ss-sect., 13 oct. 1999, n°181.010 et n°181.209, *M. et Mme Blanc* : *DF* 2000, n°15, comm. 314 ; *Procédures* 2000, comm. 158, note J.-L. PIERRE ; *RJF* 12/1999, n°1582

CE, 8e et 9e ss-sect., 13 oct. 1999, n°186.135, *Pujos* : *DF* 2000, n°10, comm. 183 ; *RJF* 12/1999, n 1600 ; *Procédures* 2000, comm. 157, note J.-L. PIERRE

CE, Sect., 27 oct. 1999, n°188.685, *Cne Houdan c/ Lhemery* : Rec., p. 326, concl. C. MAUGÜE ; *JCP N* 1999, 1764, note J.-L. BOURGOIS

CE, 8e et 9e ss-sect., 10 déc. 1999, n°180.691, *SARL Boulangerie auvergnate* : *DF* 2000, n°17, comm. 364 ; *RJF* 2/2000, n°220

CE, 8e et 9e ss-sect., 10 déc. 1999, n°192.453, *MM. Cohen et Ferrey* : *DF* 2001, n°13, comm. 297 ; *RJF* 2/2000, n°258

CE, 9e et 8e ss-sect., 29 déc. 1999, n°171.859, *M. Robardey* : *DF* 2000, n°21, comm. 427, concl. J. COURTIAL ; *RJF* 2/2000, n°153

DE 2000 À 2009

CE, 8e et 9e ss-sect., 7 janv. 2000, n°186.108, *Époux Philippe* : *DF* 2000, n°11, comm. 204, concl. G. BACHELIER; *RJF* 2/2000, n°162 ; *RTD Com.,*2000 p. 760, obs. F. DEBOISSY – V. également, P. LOSAPPIO, « Déductibilité fiscale des sanctions pécuniaires ? »: *DF* 2000, n°28, étude 100203 et plus amplement sur ce sujet, R. GOUYET, *L'illicite et le droit fiscal*, ANRT, éd. 2000, 391 p.

CE, 8e et 9e ss-sect., 23 fév. 2000, n 178.743, *Borie* : *DF* 2000, n° 27, comm. 549, concl. J. COURTIAL ; *RJF* 4/2000, n 462

CE, 9e et 10e ss-sect., 23 fév. 2000, n°187.055, *SARL Paris Hong-Kong*: *RJF* 4/2000, n°534

CE, 9e et 10e ss-sect., 19 avr. 2000, n°163.222, *Bouguerra* : *DF* 2000, n°39, comm. 721, concl. J. COURTIAL ; *RJF* 5/2000, n°600

CE, 8e et 9e ss-sect., 19 avr. 2000, n°156.598, *Lachaud* : *DF* 2000, n°50, comm. 1015 ; *RJF* 5/2000, n°597

CE, 8e et 3e ss-sect, 3 mai 2000, n°186.252 et n° 186.255, *M. Guise* : *DF* 2000, n°52, comm. 1054; *RJF* 2000, n°784

CE, 9e et 10e ss-sect., 31 mai 2000, n°181.432, *M. Bouyer* : *DF* 2001, n°6, comm. 94, concl. G. GOULARD ; *RJF* 7-8/2000, n°1004

CE, 9e et 10e ss-sect., 28 juil. 2000, n°184.510, *Vanackere* : *DF* 2000, n°19-20, comm. 444 ; *RJF* 11/2000, n°1396

CE, Sect., 6 oct. 2000, n°207.765, *SARL Trace* : *DF* 2000, n°49, comm. 975, concl. G. BACHELIER ; *RJF* 12/2000, n°1497, chron. J. MAÏA, p. 895

CE, 9e et 10e ss-sect., 10 nov. 2000, n°186.301 et 186.303, *Sté SGAP Expansion,* n°186.302, *SA Christian de Clarens* : Rec. T. p. 938 ; *DF* 2001, n°11, comm. 246 ; *RJF* 1/2001, n°109, concl. J. COURTIAL, p. 15

CE, 9e et 10e ss-sect., 27 nov. 2000, n°197.078, *M. et Mme Coiffe* : *DF* 2001, n°14, comm. 309

CE, 8e et 3e ss-sect., 29 déc. 2000, n°209.523, *M. Rouch* : Rec. p. 661 ; *DF* 2002, n°6, comm. 110, concl. E. MIGNON ; *Procédures* 2001, comm. 141, note J.-L. PIERRE ; *RJF* 3/2001, n°341

CE, sect., 28 fév. 2001, n 199.295 : *DF* 2001, n°26, comm. 592, concl. G. BACHELIER ; *RJF* 5/2001, n°620, chron. J. MAÏA, p. 395

CE, 9e et 10e ss-sect., 16 mars 2001, n°198.050, *M. Le Pen* : *DF* 2001, n°38, comm. 839 ; *RJF* 6/2001, n°826

CE, 9e et 10e ss-sect., 21 mars 2001, n°202.490, *Egot* : *DF* 2001, n°24, comm. 549, concl. E. GLASER

CE, 9e et 10e ss-sect., 6 avr. 2001, n°194.347, *Levêque* : Rec. T. p. 1185 ; *RJF* 6/2001 n°847

CE, Sect., 25 avr. 2001, n° 213.460, *Sté Parfival*: *DF* 2001, n°29, comm. 711, concl. J. COURTIAL ; *RJF* 7/2001, n° 1012, p. 611, chron. J. MAÏA ; *LPA* 27 juil. 2001, n° 149, note J.-M. FEVRIER ; *DF* 2002, n°29, comm. 26, note A. TAILLEFAIT ; *RFDA* 2002. 991, note J. CLERCKX

CE, 6e et 4e ss-sect., 9 mai 2001, n 210.944, *Entreprise personnelle Transports Freymuth :* Rec. T. p. 855

CE, 8e et 3e ss-sect., 29 juin 2001, n°223.663, *Belmes*: *DF* 2001, n°46, comm. 1043 ; *RJF* 10/2001, n° 1233, concl. S. AUSTRY, p. 807 ; *Dr. sociétés* 2001, comm. n°184, obs. critiques J.-L. PIERRE ; *LPA* 30 mai 2002, p 20, obs. A. DE BISSY

CE, 9e et 10e ss-sect., 29 juin 2001, n°104.981, *Rossetto* : *DF* 2001, n°48, comm. 1124 ; *RJF* 10/2001, n°1293 ; *BDCF* 10/2001, n°125, concl. G. GOULARD

CE, Ass. 11 juil. 2001, n°219.312, *min. c/ Préaud* : Rec. p. 345 ; *RFDA* 2001, 1047, concl. C. BERGERAL ; *AJDA* 2001, 841, chron. M. GUYOMAR et P. COLLIN ; *RTDH* 2003, 1043, note J. KISSANGOULA

CE, 9e et 10e ss-sect., 27 juil. 2001, n°211.313, *Sté Meuble Georges* : *DF* 2001, n°50, comm. 1156, concl. G. GOULARD ; *RJF* 12/2001, n°1363

CE, 8e et 3e ss-sect., 30 nov. 2001, n°208.446, *M. Attia* : *DF* 2002, n 13, comm. 280 ; *RJF* 2/2002, n°135

CE, Sect., 7 déc. 2001, n°206.145, *SA Ferme de Rumont* : *DF* 2002, n°15, comm. 332 ; *RJF* 2/2002, n°180, et p. 287, chron. J. MAÏA : *BDCF* 2/2002, p. 24, concl. F. SENERS

CE, 9e et 10e ss-sect., 21 déc. 2001, n°211.663, *SCI Le Complexe* : *DF* 2002, n°22-23, comm. 461, concl. J. COURTIALS

CE, 9e et 10e ss-sect., 8 mars 2002, n°224.304, *SARL Clinique Médicale de Mazargues* : *DF* 2002, n°30-35, comm. 648, concl. G. GOULARD ; *RJF* 6/2002, n°671

CE, Ass., Avis, 12 avr. 2002, n°239.693, *SA Financière Labeyrie* : JO 12 mai 2002, p. 9167, texte n°13 ; *DF* 2002, n°26, comm. 55, concl. F. SÉNERS, note B. BOUTEMY et E. MEIER *;* *RJF* 6/2002 n°673 et p. 447, chron. L. OLLÉON ; *BDCF* 6/2002, n°83, concl. F. SÉNERS

CE, 8e et 3e ss-sect., 22 mai 2002, n 221.541, *Sté Blanchisserie industrielle du Marais* : *RJF* 8-9/2002, n°905

CE, Ass. 28 juin 2002, n°239.575, *Magiera :* Rec. p. 248 ; *LPA* 2 oct. 2002, n°197, p. 15, concl. F. LAMY ; *ibid.* 2 nov. 2002, n°221, p. 17, note M.-C. ROUAULT ; D 2003, p. 23, note V. HOLDERBACH-MARTIN ; *Dr. adm.* 2002, comm. 27, note M. LOMBARD

CE, 10^{e} et 9^{e} ss-sect., 8 juil. 2002, n°225.159, *M. Lecat* : *DF* 2002, n°41, comm. 801 ; *RJF* 11/2002, n°1202

CE, 10^{e} et 9^{e} ss-sect., 2 oct. 2002, n°228.436, *Delarue :* *DF* 2003, n°7, comm. 126, concl. M.-H. MITJAVILE ; *RJF* 2002, n°1348

CE, 9^{e} et 10^{e} ss-sect., 28 oct. 2002, n°227.610, *SARL Lobelle* : Rec. T, p. 675 ; *DF* 2003, n 5, comm. 67, concl. L. VALLEE ; *RJF* 1/2003, n°66

CE, 9e et 10e ss-sect., 20 nov. 2002, n°221.440, *SARL New Sports* : *DF* 2003, n°9, comm. 174 ; *RJF* 2/2003, n°222

CE, 8e et 3e ss-sect., 29 nov. 2002, n°228.367, *Mikutajcis*: *DF* 2003, n°13, comm. 251; *RJF* 2/2003, n°178

CE, 9e et 10e ss-sect., 30 déc. 2002, n°189.572, *Boniface*: *DF* 2003, n°15, comm. 293 ; *RJF* 5/2003, n°293

CE, 9e et 10e ss-sect., 26 fév. 2003, n°223.092, *Sté Pierre de Raynal et Cie* : *RJF* 5/2003, n°607 et p. 403

CE, 8e et 3e ss-sect., 24 avr. 2003, n°235.177, *Boulongne* : *DF* 2003, n°51, comm. 925, concl. G. BACHELIER ; *RJF* 7/2003, n°876

CE, 8e et 3e ss-sect., 25 avr. 2003, n°234.812, *Sté Impremanus* : *DF* 2003, n°48, comm. 859 ; *RJF* 7/2003, n°878 ; *BDCF* 7/2003, n°98, concl. G. BACHELIER

CE, Sect., 20 juin 2003, n°232.832, *Sté Établissement Lebreton-Comptoir général de peintures et annexes* : *DF* 2004, n°5, comm. 200 ; *RJF* 10/2003, n°1140 et p. 574, concl. P. COLLIN ; *Procédures* 2003, comm. 230, note J.-L. PIERRE

CE, 9e et 10e ss-sect., 2 juil. 2003, n°233.944, *Guth* : *RJF* 10/2003, n°1110

CE, 10e et 9e ss-sect., 3 déc. 2003, n°239.514, *Ebel* : *DF* 2004, n°37, comm. 679, concl. BOISSARD; *RJF* 2/2004, n°167

CE, Sect., 30 déc. 2003, n°249.047, *SARL Coréal Gestion* : *DF* 2004, n°16, comm. 428, note. A. LEFEUVRE ; *RJF* 3/2004, n°333 et p. 275, concl. G. GOULARD ; *RJF* 2/2004, p. 83 et s., chron. L. OLLÉON

CE, Sect., 30 déc. 2003, n° 233.894, *SA Andritz* : *DF* 2004, comm. 427, concl. G. BACHELIER, note P. MASQUART ; *RJF* 2/2004 n°238 et p. 83, chron. L. OLLÉON

CE, 9e et 10e ss-sect., 7 janv. 2004, n°232.465, *M. Colomb*ani : Rec. p. 2 ; *AJDA* 2004, p. 1653, note O. DORD

CE, 8e et 3e ss-sect., 18 fév. 2004, n°247.729, *SA Pléiade* : *DF* 2004, n°47, comm. 849 ; *RJF* 5/2004, n°510 ; *BDCF* 5/2004, n°65, concl. P. COLLIN ; *Dr. sociétés* 2004, comm. 91 ; *LPA* 9 juil. 2004, p. 17, note J.-C. PAROT

CE, 8e et 3e ss-sect, 30 avr. 2004, n°247.436, *M. Paulin* : *DF* 2004, n° 50, comm. 880 : *BDCF* 7/04 concl. P. COLLIN, p. 27 à 30

CE, 1ère et 6e ss-sect., 23 juin 2004, n°257.797, *Sté Laboratoires Genévrier* : Rec. p. 256

CE, 3e et 8e ss-sect., 7 juil. 2004, n°253.771, *min. c/ Wiedemann* : Rec. p. 320 ; *DF* 2004, n°44-45, comm. 841, concl. F. SENERS ; *RJF* 10/2004, n°1023 ; *Procédures* 2004, comm. 249, note J.-L. PIERRE

CE, Ass., 7 juil. 2004, n°230.169, *Min. c/ SARL Ghesquière équipement* : Rec. p. 310, concl. P. COLLIN ; *DF* 2005, n°12, comm. 302, note J.-L. PIERRE

CE, 9e et 10e ss-sect., 15 juil. 2004, n°264.494, *SA GEMO* : *DF* 2004, n°47, comm. 852, note B. BOUTEMY et E. MEIER ; *JCP A* 2004, 1829, note D. KATZ ;

CE, 9e et 10e ss-sect., 6 oct. 2004, n°256.092, *Lagedamont*: *DF* 2004, n°48, comm. 857, concl. S. VERCLYTTE ; *RJF* 2004, n°1245

CE, 9e ss-sect., 8 oct. 2004, n°260.507, *Hollander* : *Procédures* 2005, comm. 54, note J.-L. PIERRE

CE, 8e et 3e ss-sect., 25 oct. 2004, n° 255.092, *Boutourlinsky*, et n°255.093, *M. François* : *DF* 2005, n°8, comm. 224, concl. E. GLASER ; *RJF* 2005, n°27 ; *JCP E* 2005, p. 462, note M. COZIAN

CE, 8e et 3e ss-sect., 1er déc. 2004, n°258.774, *M. et Mme Jallet* : *DF* 2005, n°6, comm. 187 ; *RJF* 2/2005, n°108 ; *BDCF* 2/2005, n°12, concl. P. COLLIN ; *Procédures* 2005, comm. 52, note J.-L. PIERRE

CE, 8e et 3e ss-sect., 1er déc. 2004, n°250.344, *Sté France télécom transpac* : *RJF* 2/2005, n°167

CE, 3e et 8e ss-sect., 5 janv. 2005, n°254.556, *Sté Raffypack* : *DF* 2005, n°13, comm. 318, concl. E. GLASER, note A. BRICET et M. GAUTIER ; *RJF* 3/2005, n°213

CE, 3e et 8e ss-sect., 18 mars 2005, n°260.353, *Mme Parise* : *DF* 2005, n°51, comm. 833, concl. E. GLASER ; *RJF* 6/2005, n°526

CE, Sect., 22 avr. 2005, n°257.254, *Sté Limelight Boy's international* : *DF* 2005, n°24, comm. 481, concl. P. COLLIN, note O. FOUQUET ; *RJF* 7/2005, n°724. – V. F. BEREYZIAT, « Les pénalités fiscales sous les feux de la rampe » : *RJF* 7/2005, p. 463 et s.

CE, 8e et 3e ss-sect., 18 mai 2005, n°267.087, *min. c/ Sté Sagal* : Rec. p. 203 ; *DF* 2005, n°44-45, comm. 726, concl. P. COLLIN ; *RJF* 8-9/2005, n°910 et 12/2005, p. 943, chron. Y BÉNARD ; *Rev. adm.* n°347, p. 482, obs. O. FOUQUET. – V. G. GOULARD, *L'abus de droit à la lumière du droit communautaire. À propos de l'arrêt CE, 18 mai 2005, SA Sagal* : *DF* 2005, n°44-45, étude 39.

CE, 8e et 3e ss-sect., 18 mai 2005, n°256.297, *Farge : DF* 2006, n° 3, comm. 76 ; *RJF* 8-9/2005, n°965

CE, Ass., 27 mai 2005, n°277.975, *Provin* : *JCP A* 2005, 1252 ; *AJDA* 2005, 1455 ; *RF adm.* 2005, p. 1003, concl. C. DEVYS

CE, 8e et 3e ss-sect., 1er juin 2005, n°256.296, *Sté informatique de gestion financière*: *DF* 2006, n°13, comm. 295, concl. P. COLLIN ; *RJF* 8-9/2005, n°829

CE, 10e et 9e ss-sect., 8 juin 2005, n°255.918, *SA Vetter* : Rec. p., 241 ; *DF* 2005, n°38, comm. 624, concl. L. VALLEE ; *RJF* 8-9/2005, n°855 et 893

CE, 10e et 9e ss-sect., 27 juin 2005, n°259.368, *Dufresnes : DF* 2005, n°38, comm. 626, concl. M.-H. MITJAVILE, note F. NAÏM ; *RJF* 10/2005, n°1101

CE, Ass., 8 juil. 2005, n°247.976, *Sté Alusuisse-Lonza-France* : Rec. p. 311, concl. M. GUYOMAR ; *D* 2005, 3075, note B. QUIRINY ; *RFDA* 2006, 375, note B. PLESSIX

CE, Sect., 27 juil. 2005, n°261.899 et 273.663, *min. c/ Sté Pétrole Miroline* : Rec. p. 338 ; *DF* 2005, n°47, comm. 754, concl. L. OLLÉON, note O. FOUQUET ; *RJF* 2005, n°1201, chron. Y. BÉNARD, p. 811

CE, 10e et 9e ss-sect., 27 juil. 2005, n°252.847, *Manoukian*: *DF* 2005, n°38, comm. 614, concl. MITJAVILE, note J.-L. PIERRE ; *RJF* 11/2005, n°1185

CE, 10e et 9e ss-sect., 27 juil. 2005, n°268.136, *Bernard* : *RJF* 11/2005, n°1445, chron. G. GOULARD, p. 163

CE, 9e et 10e ss-sect., 10 août 2005 n°259.741, M. Sarteur : Rec. p. 380 ; *DF* 2005, n°48, act. 190 ; *RJF* 11/2005, n°1305 ; BDCF 11/2005, n°141, concl. L. VALLÉE

CE, 3e et 8e ss-sect., 5 oct. 2005, n°270.341, *min. c/ Mme Blondeau* : *DF* 2006, n°14, comm. 314 ; *RJF* 12/2005, n°1438 ; *Procédures* 2006, comm. 22, note J.-L. PIERRE

CE, 3e et 8e ss-sect., 7 nov. 2005, nos266.436 et 266.438, *Sté Cap Gemini* : *RJF* 1/2006, n° 17 ; *DF* 2006, comm. 311, concl. E. GLASER

CE, 8e et 3e ss-sect., 9 nov. 2005, n°269.669 et n°269.670, *Danglehant* : *DF* 2006, n°15, comm. 335, concl. L. OLLEON, note P. MASQUART ; *RJF* 2/2006, n°193

CE, 10e et 9e ss-sect., 14 nov. 2005, n°254.313, *Lemoine : DF* 2006, n°36, comm. 560 ; *RJF* 2/2006, n°201

CE, 9e et 8e ss-sect., 5 déc. 2005, n°265.456, *Slevak* : *DF* 2006, n°36, comm. 561 ; *RJF* 3/2006, n 297 ; *BDCF* 3/2006, n°37, concl. E. GLASER

CE, 10e et 9e ss-sect., 18 janv. 2006, n 265.790 et n°265.791, *Serfaty* : *DF* 2006, n°41, comm. 649, concl. C. VEROT, note E. MEIER ; *RJF* 4/2006, n 378 ; *Procédures* 2006, comm. 92, note J.-L. PIERRE

CE, 8e et 3e ss-sect., 27 fév. 2006, *Cie Ryanair*, n°264.406 et 264.545 et CE, 10e et 9e ss-sect., 29 mars 2006, n°274.923 et 274.967, *Centre d'exportation du livre français (CELF)* : *Europe* 2006, comm. 160, note P. CASSIA

CE, 8e et 3e ss-sect., 27 fév. 2006, n°267.181, *SA Larivière* : *DF* 2006, n°48, comm. 747, concl. L. OLLÉON, note P. MASQUART ; *RJF* 5/2006, n°548

CE, 8e et 3e ss-sect., 27 fév. 2006, n°257.964, *Krempff* : *RJF* 5/2006, n°649

CE, 8e et 3e ss-sect., 6 mars 2006, n°281.034, *Sté Disvalor* : *DF* 2007, n°19, comm. 490 ; *RJF* 5/2006, n°502 ; *Dr. sociétés* 2006, comm. 117, note J.-L. PIERRE

CE, 9e et 10e ss-sect., 6 mars 2006, n°260.345, *Min. c/ Noal* : *DF* 2006, n°23, comm. 436 ; *RJF* 5/2006, n°501

CE, 9e et 10e ss-sect., 24 mars 2006, n°257.330, *SA Martell & Co* : *DF* 2006, n°39, comm. 623, concl. L. VALLÉE ; *RJF* 6/2006, n°667

CE, 8e et 3e ss-sect., 28 avr. 2006, n°275.147, *Sté financière Agache* : *DF* 2006, n°42, comm. 668, concl. F. SÉNERS ; *RJF* 7/2006, n°825

CE, 3e et 8e ss-sect., 2 juin 2006, n°275.416, *M. Chauderlet* : *DF* 2006, n°46, comm. 725, concl. E. GLASER, note E. GINTER ; *RJF* 2006, n°1035

CE, Avis, 14 juin 2006, n°288.163, *SA Cedillac* : JO 29 juin 2006, p. 9755 ; texte n°93 ; *DF* 2006, n°51, comm. 812, concl. L. VALLÉE ; *RJF* 10/2006, n°1179

CE, 9e et 10e ss-sect., 20 juin 2006, n°276.374, *Mlle Kaji* : *RJF* 10/2006, n 1214 ;

CE, 4e ss-sect., 10 juil. 2006, n°285.311, *Croayne* : *RJF* 2/2007, n°207

CE, 10e et 9e ss-sect., 4 août 2006, n°264.624, *Louerat* : *RJF* 11/2006, n°1384 ; *BDCF* 2006, n°138, concl. M. VEROT

CE, Sect., 27 sept. 2006, n°260.050, *min. c/ Sté Janfin* : *DF* 2006, n°47, comm. 744, concl. L. OLLÉON et étude 65, O. FOUQUET ; *RJF* 12/2006, n°1583 et p. 10783, chron. Y. BÉNARD ; *Procédures* 2006, comm. 284, note J-L. PIERRE ; *JCP E* 2006, p. 2820, étude P. DIBOUT

CE, 8e et 3e ss-sect., 2 oct. 2006, n 271.057, *Sté Geldoc Holding* : *DF* 2007, n°10, comm. 258, note A. LEFEUVRE ; *RJF* 12/2006, n 1581

CE, 10e et 9e ss-sect., 11 déc. 2006, n°278.806, *Pessey* : *RJF* 3/2007, n°380

CE, 8e et 3e ss-sect., 13 déc. 2006, n°280.131, *Bensabath* : *RJF* 3/2007, n°315

CE, 5e et 4e ss-sect., 15 déc. 2006, n°284.144, *Sté La niçoise* : *Procédures* 2007, comm. 72, note J.-L. PIERRE

CE, 8e et 3e ss-sect., Avis, 21 déc. 2006, n°293.749, *Duguay* : JO 13 fév. 2007, p. 2693, texte n°78 ; *DF* 2007, n°40, comm. 895, concl. P. COLLIN ; *ibid.*, n°3, comm. 93, note F. DOUET ; *RJF* 3/2007, n°314 ; *Procédures* 2007, comm. 70, note J.-L. PIERRE

CE, 3e et 8e ss-sect., 29 déc. 2006, n°283.314, *min. c/ Sté Bank of Scotland* : Rec. p. 578 ; *DF* 2007, n°4, comm. 87, concl. F. SÉNERS, note O. FOUQUET ; *RJF* 3/2007, n°322 ; *RJF* 4/2007, p. 319, chron. Y. BÉNARD ;

CE, Ass., 8 fév. 2007, *Gardedieu* : Rec. p. 78; *AJDA* 2007, 1097, tribune P. CASSIA ; *JCP G* 2007, 10045, note M.-C. ROUAULT ; *JCP A* 2007, 2083, note C. BROYELLE ; *RFDA* 2007, p. 361, concl. L. DEREPAS, *ibid.* p. 525, note D. POUYAUD, *ibid.*, p. 789, note M. CANEDO-PARIS

CE, 8e et 3e ss-sect., 28 fév. 2007, n°283.441, *SARL Louvigny* : *DF* 2007, n°41, comm. 910, P. COLLIN ; *RJF* 5/2007, n°424

CE, 9e et 10e ss-sect., 28 fév. 2007, n°284.566, *min. c/ Croset* et n°284.565, *min. c/ Persicot* : Rec. p. 107 ; *DF* 2007, n°14, comm. 386, concl. L. VALLÉE, note O. FOUQUET ; *RJF* 5/2007, n°599.

CE, 8e et 3e ss-sect., 5 mars 2007, n°284.457, *SELARL Pharmacie de Chalonges* : *DF* 2007, n°20, comm. 522, note O. FOUQUET ; *RJF* 5/2007, n°600 et p. 426, concl. P. COLLIN ; *Procédures* 2007, comm. 153, note J.-L. PIERRE

CE, 4e et 5e ss-sect., 25 avr. 2007, n°296.665, *min. c/ Transports Hébert* : Rec. p. 175 ; *JCP A* 2007, 2203, note D. JEAN-PIERRE ; *RFDA* 2007, 1019, concl. R. KELLER

CE, 9e et 10e ss-sect., 10 mai 2007, n°298.590, *Winkler* : *DF* 2007, n°52, comm. 1094, note J.-L. PIERRE ; *RJF* 8-9/2007, n°976 ; *AJDA* 2007, 2044, concl. L. VALLEE

CE, 3e et 8e ss-sect., 21 mai 2007, n°284.719, *Sté Sylvain Joyeux* : *DF* 2007, n°46, comm. 970, concl. E. GLASER, note C. DE LA MARDIÈRE ; *RJF* 8-9/2007, n°7 et 953, et p. 631, chron. O. FOUQUET

CE, 3e et 8e ss-sect., 30 mai 2007, n°285.575, *SA Peronnet (1re espèce)* et n°285573, *SARL Peronnet et a. (2e espèce)* : *DF* 2007, n°46, comm. 958, concl. F. SÉNERS, note A. BONNET ; *RJF* 10/2007, n°1012 , *RJF* 4/2008, p. 331, chron. J. BURGUBURU ; *Dr. sociétés* 2007, comm. 188, obs. J.-L. PIERRE ; *Rev. adm.*1/2008, n°361, p. 36 obs. O. FOUQUET ;

CE, 9e et 10e ss-sect., 6 juin 2007, n°270.955, *min. c/ Lemarinier* : Rec. T. p. 793 ; *DF* 2007, n°38, comm. 846 ; *RJF* 10/2007, n°1042

CE, ord. réf., 13 juin 2007, n°306.252, *Michel Soppelsa* : *DF* 2007, n°40, comm. 897, note O. FOUQUET

CE, 9e et 10e ss-sect., 20 juin 2007, n°290.265, *min. c/ SARL Ets Roger Rondy* : Rec. p. 795 ; *DF* 2007, n°51, comm. 1060 ; *RJF* 10/2007, n°1064 ; *BDCF* 10/2007, n°110, concl. S. VERCLYTTE

CE, 8e et 3e ss-sect., 30 nov. 2007, n°292.705, *Sté Sidème* : *DF* 2008, n°7, comm. 178, concl. L. OLLÉON ; *RJF* 2/2008, n°172 et p. 83, chron. J. BURGUBURU. – V. L. AYRAULT, « Droit fiscal européen des droits de l'homme : l'année 2007 » : *DF* 2008, n°hors-série, chron. 14

CE, 9e et 10e ss-sect., 28 déc. 2007, n°284.899, *min. c/ SA Domaine Clarence Dillon*, et n°285.506, *SA Domaine Clarence Dillon* : *DF* 2008, n°14, comm. 246, concl. L. VALLÉE, note J.-L. PIERRE ; *RJF* 3/2008, n°269 ; *LPA* 26 janv. 2009, p. 6, note J.-P. MAUBLANC

CE, 9e et 10e ss-sect., 26 mars 2008, n°296.625, *SA Tornier* : *RJF* 6/2008, n°639 ; *BDCF* 6/2008, n°72, concl. P. COLLIN

CE, 10e et 9e ss-sect., 28 mars 2008, n°271.366, *Aznavour* : *DF* 2008, n°17, comm. 293, concl. C. LANDAIS ; *RJF* 6/2008, n°629 ; *FR Lefebvre* 26/2008, inf. 8 p. 9, obs. B. GOUTHIÈRE ; *Dr. sociétés* 2008, comm. 140 ; *RTD Com.,*2008, p. 439, note O. FOUQUET

CE, 9e et 10e ss-sect. 23 avr. 2008, n°308.865, *Min. c/ Sté Bisico France* : *DF* 2008, n°24, comm. 379, concl. L. VALLEE,, note J.-L. PIERRE

CE, 3e et 8e ss-sect., 16 mai 2008, n°288.101, *SELAFA Geomat* : *DF* 2008, n° 30, comm. 430, concl. F. SÉNERS, note C. DE LA MARDIERE ; *RJF* 8-9/2008, n°1002

CE, 3e et 8e ss-sect., 26 mai 2008, n°288.583, *Sté Norelec* : *DF* 2008, n°28, comm. 411, concl. F. SÉNERS, note J.-L. PIERRE ; *RJF* 8-9/2008, n°981

CE, 8e et 3e ss-sect., 4 juin 2008, n°301.776, *Sté Sparflex*, n°30.777, *M. Soutiran*, n°304.523, *M. et Mme Chaudron :* Rec. T. p. 665 ; *DF* 2008, n°29, comm. 418, concl. N. ESCAUT ; *RJF* 10/2008, n°1055 ; *JCP E* 2008, n°36, comm. 2078, note F. DIEU

CE, 8e et 3e ss-sect., 6 juin 2008, n°285.629, *SA Gustave Muller* : *DF* 2008, n°39, comm. 507, concl. L. OLLEON, note P. FUMENIER ; *RJF* 10/2008, n°1058

CE, 8e et 3e ss-sect., 27 juin 2008, n°305.702, *SCI Ingrid : DF* 2008, n°44-45, comm. 563, concl. L. OLLEON, note M. GUICHARD et R. GRACIA

CE, 8e et 3e ss-sect., 27 juin 2008, n°301.342, *M. Melki* et n°301.343, *Sté Segame* : *DF* 2008, n°38, comm. 501, concl. L. OLLÉON ; *RJF* 11/2008, n°1213. – V. L.

AYRAULT, « Droit fiscal européen des droits de l'homme : l'année 2008 » : *DF* 2009, n°9, étude 222, n°7

CE, 3e et 8e ss-sect., 30 juin 2008, n°274.480, *M. et Mme Henri* et n°271.246, *M. Maurice* : *DF* 2008, n°39, comm. 503, concl. E. GLASER

CE, 9e et 10e ss-sect., 3 sept. 2008, n°278.120, *Sté internationale Leasure SA* : *DF* 2008, n°41, comm. 358, concl. L. VALLEE ; *RJF* 12/2008, n°1352

CE, 7e et 8e ss-sect., 7 nov. 2008, n°305.609, *Chambre départementale des notaires de Seine-et-Marne* : Rec. p. 414 ; *DF* 2008, n°51, comm. 633, concl. L. OLLEON ; *RJF* 1/2009, n°54

CE, 8e et 3e ss-sect., 7 nov. 2008, n°301.642, *M. Fontana et Mme de Framond* : *DF* 2008, n°52, comm. 646, concl. L. OLLEON

CE, 3e et 8e ss-sect., 19 nov. 2008, n 291.041, *Sté Auteuil Investissement* : *DF* 2008, n°49, comm. 605 ; *RJF* 2/2009, n°111 ; *BDCF* 2/2009, n 14, concl. F. SÉNERS

CE, 10e et 9e ss-sect., 10 déc. 2008, n°295.977, *Sté Andros & Cie* : *DF* 2009, n°20, comm. 323 ; *RJF* 3/2009, n°255

CE, 9e et 10e ss-sect., 19 déc. 2008, n°292.286, *Flament* : *DF* 2009, n°4, comm. 92, concl. C. LEGRAS ; *RJF* 4/2009, n°389

CE, 8e et 3e ss-sect., 13 fév. 2009, n°298.108, *Sté Stiching Unilever Pensioenfonds Progress et a.* : *DF* 2009, n°12, comm. 253, concl. E. GEFFRAY, note V. AGULHON et N. SENECHAULT ; *RJF* 2/2009, n°113

CE, Ass. 16 fév. 2009, n°274.000, *Sté Atom* : *DF* 2009, n°15, comm. 275, concl. C. LEGRAS ; *RJF* 5/2009, n°470 ; *Procédures* 2009, comm. 220, note L. AYRAULT ; *JCP G* 2009, II, 10087, note K. GRABARCZYK

CE, 8e et 3e ss-sect., 16 mars 2009, n°304.749, *M. Gumuschian* : *DF* 2009, n°18, comm. 301, concl. N. ESCAUT ; *RJF* 6/2009, n°540

CE, 8e et 3e ss-sect., 27 avr. 2009, n°308.445, *M. Imbert* et n°295.346, *M. Bouget* : *DF* 2009, n°27, comm. 399, concl. N. ESCAUT, note M. GUICHARD et R. GRAU ; *RJF* 7/2009, n°614 et 667

CE, 10e et 9e ss-sect., 27 avr. 2009, n°289.570, *min. c/ M. Barbero* : *DF* 2009, n°24, comm. 367, concl. J. BURGUBURU ; *RJF* 2009, n°616

CE, 3e et 8e ss-sect., 29 avr. 2009, n°299.949, *M. et Mme Aubry* : *DF* 2009, n°27, comm. 398, concl. E. GLASER, note J.-L. PIERRE

CE, 8e et 3e ss-sect., 18 mai 2009, n°307.711, *min. c/ Sté SAEM Reims Développement* : *DF* 2009, n°38, comm. 475, concl. L. OLLEON, note C. MENARD ; *RJF* 8-9/2009, n°769

CE, 9e et 10e ss-sect., 27 mai 2009, n° 301.927, *SNC Saint-Honoré* : *DF* 2009, n°28, comm. 412, concl. C. LEGRAS

CE, 8e et 3e ss-sect., 3 juil. 2009, n°293.154, *Nachim* : *DF* 2009, n°44-45, comm. 517, concl. E. GEFFRAY, note J.-P. MAUBLANC ; *RJF* 11/2009, n°946

CE, 9e ss-sect., 9 juil. 2010, n°309.411, *Sté Générale d'optique* : *RJF* 2/2011, n°230

CE, 8e et 3e ss-sect., 24 juil. 2009, n°304.674, *Sté Leuchtturm* : *DF* 2009, n° 49, comm. 564 ; *RJF* 11/2009, n°989

CE, 3e et 8e ss-sect., 27 juil. 2009, n°295.358, *Caisse interfédérale de Crédit mutuel (CICM)* et n°295.805, *Sté Conforama Holding* : *DF* 2009, n°42, comm. 506, concl. E. GLASER ; *RJF* 12/2009, n°1140

CE, 9e et 10e ss-sect., 31 juil. 2009, n°316.525, *Sté Ulysse SAS*, n°324.925, *SAS Cargill France*, et n°325.172, *min. c/ SAS Cargill France* : *DF* 2009, n°47, comm. 549, concl. P. COLLIN, note M. GUICHARD et R. GRAU ; *RJF* 11/2009, n°992

CE, 3e et 8e ss-sect., 31 juil. 2009, n°297.308, *Sté financière François 1er* : *DF* 2009, n°40, comm. 492, concl. E. GLASER, note J.-L. PIERRE ; *RJF* 12/2009, n°1131

CE, 9e et 10e ss-sect., 31 juil. 2009, n°298.973 : *RJF* 12/2009, n°1165 ; *BDCF* 23/2009, n°147, concl. C. LEGRAS

CE, 8e et 3e ss-sect., 7 sept. 2009, n°305.586, *min. c/ SA Axa* et n°305.596, *Sté Henri GolDFarb* : *DF* 2009, n°39, comm. 484, concl. L. OLLÉON, note E. MEIER et R. TORLET ; *RJF* 12/2009, n°1138 et 1139

CE, 8e et 3e ss-sect., 27 oct. 2009, n°312.302, *min. c/ Dervillez* : *DF* 2010, n°3, comm. 86

CE, 8e et 3e ss-sect., 27 oct. 2009, n°307.418, *Goléa* : *DF* 2010, n°2, comm. 77, concl. L. OLLEON ; *Procédures* 2010, comm. 27, note L. AYRAULT ; *RJF* 1/2010, n°52

CE, 3e et 8e ss-sect., avis, 4 déc. 2009, n°329.173, *Sté Rueil Sports venant aux droits et obligations de la Sté Sidonie* : JO 10 fév. 2010, p. 2412, texte n°87 ; *DF* 2010, n°6, comm. 181, concl. E. GLASER, note J.-L. PIERRE ; *RJF* 2/2010, n°145. – V. F. DEBOISSY et G. WICKER, « L'absence d'application du principe de personnalité des peines aux personnes morales en cas de transmission universelle du patrimoine » : *DF* 2010, n°3, act. 18 ; M. COLLET, « L'application du principe de personnalité des peines aux personnes morales en matière administrative et fiscale. A propos de l'avis du Conseil d'État du 4 déc. 2009, Société Rueil Sports » : RJEP 2010, n°673, étude 5.

CE, 8e et 3e ss-sect., 11 déc. 2009, n°332.058, *Min. c/ M. et Mme Cento* : *DF* 2010, n°7, comm. 191 ; *RJF* 2010, n°277

De 2010 a 2014

CE, 8e et 3e ss-sect., 13 janv. 2010, n°289.804 et 311.072, *min. c/ Besnier* et n°311.660, *Besnier* : Rec. T. p. 721 ; *DF* 2010, n°15, comm. 275, concl. N. ESCAUT ; *RJF* 4/2010, n°417

CE, 8e et 3e ss-sect., 12 mars 2010, n°313.142, *M. et Mme Coueste* : *DF* 2010, n°21, comm. 335, concl. L. OLLEON ; *RJF* 5/2010, n°522

CE, 8e et 3e ss-sect., 17 mars 2010, n°309.197, *SARL Café de la Paix* : *DF* 2010, n°21, comm. 336, concl. N. ESCAUT, note L. AYRAULT ; *RJF* 6/2010, n°653

CE, 10e et 9e s-sect., 31 mars 2010, n°297.305, *Petit* : Rec. T. p. 712, 713, 717 et 735 ; *DF* 2010, n°20, comm. 321 ; *RJF* 6/2010, n°618 ; *BDCF* 2010, n°67, concl. J. BURGUBURU

CE, 9e et 10e ss-sect., Avis, 1er avr. 2010, n°334.465, *SAS Marsadis* : JO 15 avr. 2010, p. 7055 ; texte n°58 ; *DF* 2010, n°17-18, comm. 299, concl. P. COLLIN ; *RJF* 6/2010, n°632 ; *RJEP* 2010, comm. 42, note M. COLLET ; *AJDA* 2010, p. 1327, note H. BELRHALI-BERNARD

CE, 3e et 8e ss-sect., 18 mai 2010, n°324.976, *Machado* : *RJF* 8-9/2010, n°830 ; *BDCF* 8-9/2010, n°95, concl. E. GEFFRAY

CE, 10e et 9e ss-sect., 26 mai 2010, n°296.808, *M. Beckman* : *DF* 1010, n°37, comm.483 ; *RJF* 8-9/2010, n°767

CE, 9e et 10e ch., 2 juin 2010, n°300.412, *Saina*s : *DF* 2010, n° 27, comm. 410 ; *RJF* 8-9/2010, n°856

CE, 8e et 3e ss-sect., 10 juin 2010, n°306.832, *min. c/ M. Méjean* : *DF* 2010, n°37, comm. 475, concl. L. OLLEON ; *RJF* 2010, n°877

CE, 10e et 9e ss-sect, 25 juin 2010, n°326.363, *M. Mortagne* : *DF* 2010, n°27, comm. 403, concl. J. BURGUBURU

CE, 3e et 8e ss-sect., 25 juin 2010, n°336.708, *M. Rudant* : *DF* 2010, n°27, comm. 405, concl. E. GEFFRAY ; *RJF* 10/2010, n°946

CE, 10e et 9e ss-sect., 5 juil. 2010, n°305.563, *Sté Dariosecq* : *DF* 2010, n°46, comm. 564, concl. J. BOUCHER ; *RJF* 11/2010, n°1063

CE, 10e et 9e ss-sect., 7 juil. 2010, n°318.936, *M. Ringeisen* : *DF* 2010, n°41, comm. 521, concl. J. BURGUBURU

CE, 8e et 3e ss-sect., 9 juil. 2010, n°339.081, *Époux Mathieu* : *DF* 2010, n°36, comm. 462, concl. L. OLLÉON, note J. CUBER et F. SUBRA ; *RJF* 11/2010, n°1079 ; *BDCF* 11/2010, n°120, concl. L. OLLEON

CE, 8e et 3e ss-sect., 23 juil. 2010, n°308.019, *M. Marmajou* : *DF* 2010, n°44, comm. 541, concl. N. ESCAUT, note R. POIRIER ; *RJF* 11/2010, n°1024

CE, 9e et 10e ss-sect., 30 juil. 2010, n°306.318, *Pasco*: *DF* 2010, n°50, comm. 596 ; *RJF* 11/2010, n°1004

CE, 9e et 10e ss-sect., 29 sept. 2010, n°341.065, *Sté SNERR Théâtre de* Paris : *DF* 2010, n°45, comm. 551, concl. P. COLLIN ; *RJF* 12/2010, n°1219 ; *RJF* 1/2011, p. 5, chron. V. DAUMAS

CE, 8e et 3e ss-sect., 8 oct. 2010, n°334.160, *Wendehenne* : *DF* 2011, n° 15, comm. 305 ; *RJF* 1/2011, n°98

CE, 9e et 10e ss-sect., 13 oct. 2010, n°341.536 et 341.830, *SNC Eiffage construction Val de Seine* : *DF* 2010, n°45, p. 23, concl. C. LEGRAS ; *RJF* 1/2011, n°84

CE, 3e et 8e ss-sect., 20 oct. 2010, n°317.565, *M. et Mme Mufoletto* : ; *DF* 2010, n°51, comm. 607, concl. E. GEFFRAY ; *RJF* 1/2011, n°11

CE, 8e et 3e ss-sect., 27 oct. 2010, n°325.281, *min. c/ Caisse d'Épargne de Lorraine Champagne-Ardenne* : *DF* 2011, n° 7-8, chron. 212, C. ACARD ; *ibid.*, n°9, comm. 232, chron. L. LENCZNER ; *DF* 2012, n°50, comm. 557, étude G. BLANLUET ; *RJF* 1/2011, n° 22

CE, 3e et 8e ss-sect., 27 oct. 2010, n°342.925, *J-.C. Cuaz*: *RJF* 2/2011, n°215 ; *BDCF* 2/2011, n°25, concl. E. GEFFRAY

CE, 10e ss-sect., 29 oct. 2010, n°339.200, *Limousin* : *RJF* 1/2011, n°85 ; *Procédures* 2011, comm. 124, note L. AYRAULT

CE, 8e et 3e ss-sect., 15 déc. 2010, n°309.678, *SAS Carrières du Boulonnais* : *DF* 2011, n°11, comm. 256, concl. N. ESCAUT ; *RJF* 3/2011, n°379

CE, 9e ss-sect., 16 déc.. 2010, n°309.412, *SNC Meubles Ikea France*: *RJF* 5/2011, n°645

CE, 3e et 8e ss-sect., 17 déc. 2010, n°330.666, *Throude* : *DF* 2011, n°10, comm. 346, concl. E. CORTOT-BOUCHER, note A. MAITROT DE LA MOTTE ; *RJF* 3/2011, n°270

CE, 9e et 10e ss-sect., 23 déc. 2010, n°318.070 et 310.946, *min. c/ Sté de produits pharmaceutiques et d'hygiène* : *RJF* 4/2011, n°479

CE, 8e et 3e ss-sect., 23 déc. 2010, n°315.422, *Vidalenc* : *RJF* 3/2011, n°367

CE, 8e et 3e ss-sect., 26 janv. 2011, n°311.808, *M. Weissenburger* : *DF* 2011, comm. 343, concl. N. ESCAUT ; *RJF* 4/2011, n°489

CE, 8e et 3e ss-sect., 3 fév. 2011, n°322.857, *Sté Groupe Président Electronics* : *DF* 2011, n°26, comm. 408, concl. L. OLLEON, note C. MENARD ; *RJF* 4/2011, n°499

CE, 3e et 8e ss-sect., 2 mars 2011, n°342.099, *Sté Soutiran et Cie* : Rec. p. 1109 ; *DF* 2011, n°18, comm. 339, concl. E. GEFFRAY ; *RJF* 6/2011, n°733 ; *BDCF* 6/2011, n°73, concl. E. GEFFRAY

CE, Sect., 21 mars 2011, n°306.225, *M. Kupra*: *JCP A* 2011, 2185, note L. ERSTEIN ; *AJDA* 2011, p. 1278, note F. BARQUE ; *RJEP* 2011, comm. 30, note M. COLLET

CE, 3e ss-sect., 30 mars 2011, n°315.066, *Mezelle* : *RJF* 12/2011, n°1323 ; BDCF 12/2011, n°140, concl. E. GEFFRAY

CE, 9e et 10e ss-sect., 15 avr. 2011, n°316.788, *min. c/ Barbin* : *DF* 2011, n°26, comm. 409 ; *RJF* 7/2011, n°777

CE, 9e et 10e ss-sect., 15 avr. 2011, n°327.955, *M. Chassagne* : *DF* 2011, n°23, comm. 383 ; *RJF* 7/2011, n°860

CE, 8e et 3e ss-sect., 27 avr. 2011, n°327.764, *Sté Legeps* : *DF* 2011, n°25, comm. 399, concl. L. OLLÉON, note O. FOUQUET ; *RJF* 7/2011, n°783, et p. 699 chron. C. RAQUIN ; *FR Lefebvre* 31/2012, inf. 19, p. 24 note O. FOUQUET

CE, 8e et 3e ss-sect., 27 avr. 2011, n°319.472, *Ferrand* : *DF* 2011, n° 26, comm. 403

CE, 9e et 10e ss-sect., 3 mai 2011, n°318.676, *min. c/ Arbogast* : Rec. T. p. 866 ; *BDCF* 7/2011, n°89, concl. P. COLLIN ; *RJF* 7/2011, n°851 ; *Procédures* 2011, comm. 249, note L. AYRAULT.– V. P. COLLIN, « Procédures fiscales : chronique de l'année 2011 » : *DF* 2012, n°9, étude 165, n°2

CE, Ass., 13 mai 2011, n°316.734, *Mme M'Rida* : *DF* 2011, n°41, comm. 560 ; *AJDA* 2011, 1136, chron. A. BRETONNEAU et X. DOMINO; *RFDA* 2011, 789, concl. E. GEFFRAY ; *ibid.* 806, note M. VERPEAUX

CE, 3e et 8e ss-sect. 16 mai 2011, n°330.153, *Sté Crédit coopératif Copamat : RJF* 8-9/2011, n°934 ; *BDCF* 8-9/2011, n°98, concl. E. GEFFRAY

CE, Sect., Avis, 24 mai 2011, n°385.088 : *DF* 2012, n°27, act. 298 ; *RJF* 8 9/2012, n°800 – V. O. FOUQUET, « Acte anormal de gestion résultant de la prise d'un risque manifestement excessif : quelles limites ? » : *FR Lefebvre* 31/2012, inf. 19 p. 24.

CE, 8e et 3e ss-sect., 8 juin 2011, n° 323.176, *Clouté* : *DF* 2011, n°29, comm. 433, concl. N. ESCAUT ; *RJF* 8-9/2011, n°982.

CE, 10e et 9e ss-sect., 18 juil. 2011, n°310.953, *M. et Mme Michot* : *DF* 2011, n°41, comm. 561.

CE, 10e et 9e ss-sect., 19 juil. 2011, n°327.762 : *DF* 2011, n 37, comm. 499, concl. D. HEDARY ; *RJF* 11/2011, n 1153

CE, 10e et 9e ss-sect., 26 juil. 2011, n°347.113, *Sté Renault Trucks* : Rec. T. p. 1116 ; *DF* 2011, n°35, act. 266 ; *RJF* 11/2011, n°1196

CE, 10e ss-sect., 26 juil. 2011, n°311.778, *min. c/ Magoga* : *RJF* 12/2011, n 1271

CE, 9e et 10e ss-sect., 28 juil. 2011, n°315.028, *Mme Aubert et Syndicat national des auteurs et compositeurs* : *DF* 2011, n°44, comm. 571, concl. P. COLLIN ; *RJF* 11/2011, n°1159

CE, 10e ss-sect., 24 août 2011, n°327.695, *min. c/ M. Lipskind* : *DF* 2011, n°38, comm. 525

CE, 9e et 10e ss-sect., 21 oct. 2011, n°314.767, *min. c/ SNC Peugeot Citroën Mulhouse* et n°314.768, *min. c/ Sté Mécanique Automobile de l'Est* : *DF* 2011, n°50, comm. 630, concl. C. LEGRAS, note O. FOUQUET

CE, 9e et 10e ss-sect., 16 nov. 2011, *Cne de Cherbourg-Octeville : DF* 2011, n°47, act. 353

CE, 9e et 10e ss-sect., 16 nov. 2011, n°349.751, *SNC Parc éolien de Saint-Léger* et n°348.810, *SAS Parc éolien du Bois-Clergeons* : *DF* 2011, n°49, comm. 619, concl. P. COLLIN ; *RJF* 2/2012, n°155

CE, 9e ss-sect., 16 nov. 2011, n°324.176, *Simeone* : *RJF* 4/2012, n°423

CE, 9e et 10e ss-sect., 16 nov. 2011, n°353.040, *Sté Benlux Louvre* : *RJF* 2/2012, n°157

CE, 9e et 10e ss-sect., 16 nov. 2011, n°349.751, *SNC Parc éolien de Saint-Léger* et n°348.810, *SAS Parc éolien du Bois-Clergeons* : *DF* 2011, n°49, comm. 619, concl. P. COLLIN

CE, 10e et 9e ss-sect., 28 nov. 2011, n°352.520, *Sté Verneuil et associés* : *RJF* 2/2012, n°156

CE, Ass., 23 déc. 2011, n°335.033, *Danthony* : Rec. p. 649 ; *JCP A* 2012, 2089, note C. BROYELLE ; *RFDA* 2012, 284, concl. G. DUMOURTIER, note P. CASSIA.

CE, 8e et 3e ss-sect., 30 déc. 2011, n°323.542, *Palusci* : *DF* 2012, n°18-19, comm. 290, note J.-M. COMMUNIER ; *RJF* 4/2012, n°411 ; *BDCF* 4/2012, n°48, concl. L. OLLÉON

CE,8e et 3e ss-sect., 30 déc. 2011, n°332.088, *Le Goff* : *DF* 2012, n°16, comm. 263, concl. L. OLLEON ; *RJF* 4/2012, n°362

CE, 8e et 3e ss-sect., 30 déc. 2011, n°316.738 et 316.741, *SAS Azego Technology Services et SAS Azego Technology Services France* : *RJF* 4/2012, n°354 ; *BDCF* 4/2012, n°43, concl. L. OLLEON

CE, 8e et 3e ss-sect., 1er fév. 2012, n°339.387, *Sté des logements modulaires (LOGMO)* et n°339.388, *Pino Garcia* : *DF* 2012, n°17, comm. 279, concl. N. ESCAUT, note S. DETRAZ ; *RJF* 4/2012, n°438

CE, 3e et 8e ss-sect., 2 fév. 2012, n°315.600, *Sté Sonepar* : *DF* 2012, n°10, comm. 180 ; *RJF* 4/2012 p. 299, chron. C. RAQUIN et *RJF* 5/2012, n°505 ; *BDCF* 5/2012, n°63, concl. P. COLLIN. – V. P. COLLIN, « Procédures fiscales : chronique de l'année 2011 » : *DF* 2012, n°9, étude 165, n°9

CE, 8e et 3e ss-sect., 8 fév. 2012, n°336.125, *Beladina* : *DF* 2012, n°27, comm. 368, note L. FAUCON et A. FOURNIER ; *RJF* 5/2012, n°479

CE, 3e et 8e ss-sect., 9 mars 2012, n°330.760, *Sté Rebmeister Automobiles* : *DF* 2012, n°21, comm. 310, concl. É. GEFFRAY ; *RJF* 5/2012, n°457

CE, 10e et 9e ss-sect., 26 mars 2012, n°325.404, *min. c/ Sté Sonavi* : Rec. p. 563 ; *DF* 2012, n°22, comm. 321, concl. D. HEDARY ; *RJF* 6/2012, n°644

CE, 3e et 8e ss-sect., 26 mars 2012, n°340.466, *Mme Dana* : *RJF* 6/2012, n°553

CE, 10e et 9e ss-sect., 4 avr. 2012, n°326.760, *min. c/ M. Goudy* : *DF* 2012, n°29, comm. 388, concl. D. HEDARY, note S. AUSTRY; *RJF* 6/2012, n°629

CE, Sect., 16 avr. 2012, n°320.912, *Meyer* : *DF* 2012, n°27, comm. 366, concl. D. HEDARY, note O. FOUQUET ; *RJF* 7/2012, n°679 et p. 491, chron. C. RAQUIN; *JCP G* 2012, 687, M. COLLET

CE, 9e et 10e ss-sect., 16 avr. 2012, n°323.592, *Paupardin* : *RJF* 7/2012, n°674

CE, 8e et 3e ss-sect., 24 avr. 2012, n°345.404, *M. Gelly* : *DF* 2012, n°38, comm. 447 ; *RJF* 7/2012, n°766

CE, plén. fisc., 9 mai 2012, n°308.996, *min. c./ Sté EPI* : *DF* 2012, n°26, comm. 355, note S. VAILHEN ; *RJF* 7/2012, n°786, et p. 595 concl. J. BOUCHER ; *JCP E* 2013 p. 1510, note F. DOUET ; *AJDA* 2012 p. 1392, note X. DOMINO et A. BRETONNEAU ; *FR Lefebvre* 28/2012, inf. 5 p. 6, obs. S. AUSTRY – V. L. AYRAULT, « Droit fiscal européen des droits de l'homme : chronique de l'année 2012 » : *DF* 2013, n°9, étude 177, n°53 et s

CE, 3e et 8e ss-sect., 30 mai 2012, n°345.418, *min. c/ SAS Aficom* : *DF* 2012, n°37, comm. 437, concl. V. DAUMAS

CE, 3e et 8e ss-sect., 20 juin 2012, n°342.714, *Sosaca* : *DF* 2012, n°38, comm. 440, concl. E. CORTOT-BOUCHER ; *RJF* 2012, n°901

CE, 9e et 10e ss-sect., 25 juin 2012, n°345.043, *min. c/ M. Abrial* et n°345.491, *M. Abrial*, n°328.771, *M. Tricot* et n°328.775, *M. Roche* : *DF* 2012, n°41, comm. 471, concl. F. ALADJIDI; *RJF* 10/2012, n°906

CE, 8e et 3e ss-sect., 27 juin 2012, n°342.991, *min. c/ M. Desprez* : *DF* 2012, n°41, comm. 476, concl. N. ESCAUT, note A. LEFEUVRE ; *RJF* 10/2012, n°932

CE, 8e et 3e ss-sect., 23 juil. 2012, n°342.017, *M. et Mme Bazin-Faucon* : *DF* 2012, n°48, comm. 538, concl. E. CORTOT-BOUCHER, note F. DEBOISSY ; *RJF* 11/2012, n°1043. - V. également, M. COZIAN, « Vente à soi-même d'un cabinet médical et exonération « Sarkozy » : abus de droit ou effet d'aubaine ? » : *DF* 2008, n°11, étude 204 ; F. DEBOISSY, « Vente à soi-même » d'une clientèle libérale pour bénéficier du dispositif « Sarkozy » d'exonération des plus-values : habileté fiscale ou fraude à la loi ? » : *DF* 2009, n°17, étude 261 ;

CE, 1ère et 6e ss-sect., 23 juil. 2012, n°359.922, *Association de défense des retraites chapeau et a.* – V . F. PEZET, « Le caractère confiscatoire de l'impôt et les exigences constitutionnelles françaises » : *DF* 2013, n°22, étude 300.

CE, 9e et 10e ss-sect., 27 juil. 2012, n°331.748, *Manseau* : *DF* 2012, n°42, comm. 487, concl. F. ALADJIDI, note E. LAPORTE ; *RJF* 11/2012, n°1073

CE, 9e et 10e ss-sect., 27 juil. 2012, n°337.656, *min. c/ M. Regazzaci* et n°337.810, *M. Regazzacci* : *DF* 2012, n°41, comm. 473, concl. F. ALADJIDI, note F. LE MENTEC

CE, 10e et 9e ss-sect., 27 juil. 2012, n°325.436, *M. Catusse* : *DF* 2012, n°51, comm. 571, note J.-L. PIERRE ; *RJF* 11/2012, n°1041 ; *RJF* 3/2013, p. 219, chron. E. BOKDAM-TOGNETTI

CE, 8e et 3e ss-sect., 26 sept. 2012, n°346.556, *M. et Mme Tedesco* : *DF* 2012, n°4, comm. 81, concl. N. ESCAUT ; *RJF* 12/2012, n°1098

CE, 10e et 9e ss-sect., 22 oct. 2012, n°326.806, *SARL Phuong Hoang* : *DF* 2013, n 7, comm. 160, concl. É. CREPEY, note R. TORLET et A. TAILFER ; *RJF* 1/2013, n 65

CE, 9e et 10e ss-sect., 7 nov. 2012, n°338.465, *Carreau* : *DF* 2013, n°6, comm. 146 ; *RJF* 2/2013, n°187

CE, 3e et 8e ss-sect., 21 nov. 2012, n°347.223, *M. et Mme Daumen* : *DF* 2013, n°6, comm. 145, concl. V. DAUMAS ; *RJF* 2/2013, n°164

CE, 8e et 3e ss-sect., 10 déc. 2012, n°317.075, *min. c/ Sté Accor* et n°317.074, *min. c/ Sté Rhodia* : *DF* 2013, n°10, comm. 184, concl. N. ESCAUT, note J.-L. PIERRE ; *RJF* 2/2013, n°161

CE, 3e et 8e ss-sect., 28 déc. 2012, n°345.111, *min. c/ Sté Technipex* : *DF* 2013, n°12, comm. 207, concl. E. CORTOT-BOUCHER

CE, 8e et 3e ss-sect., 22 janv. 2013, n°355.844, *Fédération nationale indépendante des mutuelles* : *DF* 2013, n°13, comm. 219, concl. N. ESCAUT ; *RJF* 4/2013, n°423. – V. L. AYRAULT, « Droit fiscal européen des droits de l'homme : chronique de l'année 2013 » : *DF* 2014, n°10, étude 201, n°62

CE, 9e et 10e ss-sect., 30 janv. 2013, n°346.683, *Sté Ambulances de France* : *DF* 2013, n°10, comm. 185, concl. C. LEGRAS, note O. FOUQUET ; *RJF* 4/2013, n°392 et p. 331, chron. E. BOKDAM-TOGNETTI ; *FR Lefebvre* 10/2013, inf. 14, p. 32, note D. GUTMANN et S. AUSTRY

CE, 10e et 9e ss-sect., 4 fév. 2013, n°336.593, *Paulin* : Rec. p. 317 ; *DF* 2013, comm. 230, concl. D. HEDARY, note X. ZHANG et R. GRAU

CE, Sect., Avis, 8 mars 2013, n°353.782, *Melle Monzani* : JO 17 mars 2013, p. 4709, texte n°18 ; *RJF* 2013, p. 403, chron. E. BOKDAM-TOGNETTI ; *Procédures* 2013, comm. 205, note O. NÉGRIN ; *Dr. adm.* 2013, comm. 40, note G. EVEILLARD ;

CE, 3e et 8e ss-sect., 20 mars 2013, n°349.834, *min. c/ Sté Bellon* : *DF* 2013, n°29, comm. 382, concl. E. CORTOT-BOUCHER ; *RJF* 6/2013, n°595

CE, 9e et 10e ss-sect., 20 mars 2013, n°346.642 ; *M. et Mme Piazza* : *DF* 2013, n°20, comm. 282, concl. F. ALADJIDI, note Ch. DE LA MARDIÈRE ; *RJF* 6/2013, n°578

CE, 2e et 7e ss-sect., 19 juin 2013, n°358.240, *Sté Bouygues Télécom* : *DF* 2013, n°26, act. 361 ; *RJEP* 2013, comm. 51, concl. B. BOURGEOIS-MACHUREAU

CE, 9e et 10e ss-sect., 28 juin 2013, n°359.715, *min. c/ SAS Micel* : *RJF* 1/2014, n°42

CE, 8e et 3e ss-sect., 12 juil. 2013, n°359.314, *M. Gibier* : *DF* 2013, n°37, comm. 417, concl. B. BOHNERT, note F. LE MENTEC ; *RJF* 11/2013, n°1028. – V. L. AYRAULT, « Droit fiscal européen des droits de l'homme : chronique de l'année 2013 » : *DF* 2014, n°10, chron. 201, n°61 et 62

CE, 9e et 10e ss-sect., 17 juil. 2013, n°352.273, *min. c/ Sté Coopérative Bressor : DF* 2013, n°49, comm. 540, concl. F. ALADJIDI, note L. AYRAULT ; *RJF* 11/2013, n°1110

CE, 9e et 10e ss-sect., 17 juil. 2013, n°356.523, *min. c/ SAS Garnier Choiseul Holding*, n°352.989, *min. c/ SARL Garnier Choiseul Holding* et n°360.706, *min. c/ SARL Garnier Choiseul Holding* : *DF* 2013, n°41, comm. 477, concl. F. ALADJIDI, note F. DEBOISSY et G. WICKER; *RJF*11/2013, n°1064.

CE, 9e et 10e ss-sect., 23 sept. 2013, n°369.684, *Sté Visiocom* : *DF* 2013, n°46, comm. 513, concl. C. LEGRAS ; *RJF* 12/2013, n°1164

CE, 9e et 10e ss-sect., 9 oct. 2013, n°354.632, *Sté Place du Marché* : *DF* 2013, n°47, comm. 519, concl. F. ALADJIDI ; *RJF* 1/2014, n°42

CE, 10e et 9e ss-sect., 16 oct. 2013, n°339.035 et 346.561, *min. c/ M. et Mme V : DF* 2014, n°6, comm. 158, concl. D. HEDARY

CE, 9e et 10e ss-sect., 7 nov. 2012, n°339.441, *M. et Mme Roumiantsev* : *DF* 2013, n°6, comm. 149 ; *RJF* 2/2013, n°181 ; *Procédures* 2013, comm. 33, note L. AYRAULT

CE, 10e et 9e ss-sect., 13 nov. 2013, n°340.267, *Mme Duploye et a. (1ère esp.)* : *RJF* 2/2014, n°190

CE, 9e et 10e ss-sect., 20 nov. 2013, n°338.170, *Sté Immotn* : *DF* 2013, n°48, act. 630 ; *DF* 2014, n°14, comm. 251, concl. F. ALADJIDI, note P. FUMENIER et C. MAIGNAN

CE, plén. fisc., 23 déc. 2013, n°350.967, *M. Patenôtre* : *DF* 2014, n°17-18, comm. 295, concl. E. CRÉPEY, note J.-L. PIERRE

CE, plén. fisc., 23 déc. 2013, n°350.075, *min. c/ M. Uguen* : *DF* 2014, n°14, comm. 252, concl. V. DAUMAS, note M. BUCHET

CE, Sect. 30 déc. 2013, n°350.100, *Sté Rallye* : *DF* 2014, n°14, comm. 256, concl. N. ESCAUT, note O. FOUQUET ; *RJF* 3/2014, n°290

CE, 8e et 3e ss.-sect., 5 fév. 2014, n°365.583, *min. c/ Sté JM Bruneau* : *DF* 2014, n°15, comm. 267 ; *RJF* 5/2014, n°463

CE, 9e et 10e ss-sect., 5 fév. 2014, n°371.352, *Sté EBC Pharmexport* : *DF* 2014, n°12, comm. 233, concl. F. ALADJIDI ; *RJF* 4/2014, n°373

CE, 3e et 8e ss-sect., 10 fév. 2014, n°361.424, *Deloison* : Rec. T. p. 612 ; *DF* 2014, n 15, comm. 270, concl. V. DAUMAS ; *Procédures* 2014, comm. 163, note O. NEGRIN ; *RJF* 5/2014, n 490, chron. É. BOKDAM-TOGNETTI, p. 432

CE, 8e et 3e ss-sect., 12 mars 2014, n°359.643, n°359.644, n°361.975, n°362.191, *min. c/ M. Favreau*, et n°359.645, *min. c/ Sté MJA agissant en qualité de mandataire judiciaire de la société de gestion Laborde* : *DF* 2014, n°22, comm. 361, concl. B. BOHNERT, note P. FUMENIER et C. MAIGNAN; *RJF* 6/2014, n°608 et n°609

CE, 9e et 10e ss-sect., 12 mars 2014, n°354.812, *Sté Medipar* : *DF* 2014, n°19, comm. 314 ; *RJF* 2014, n°591 ; *Procédures* 2014, comm. 162, note O. NEGRIN

CE, 9e et 10e ss-sect., 12 mars 2014, n° 355.306, *Dege* : *DF* 2014, n° 20, comm. 331 ; *RJF* 6/2014, n°632 ; *Procédures* 2014, comm. 161, note O. NEGRIN

CE, 8e et 3e ss-sect., 31 mars 2014, n°368.111, 368.123 et 368.124, *min. c/ Sté Auchan France* : Rec. T. p. 623 ; *DF* 2014, n°28, comm. 434, note E. MEIER et R. TORLET ; *RJF* 6/2014, n°639 ; *BDCF* 6/2014, n°62, N. ESCAUT

CE, 10e et 9e ss-sect., 11 avr. 2014, n°349.719, *M. Hoarau* : *DF* 2014, n°22, comm. 358, concl. D. HEDARY, note F. MARTINET

CE, 9e et 10e ss-sect., 11 avr. 2014, *Min. c/ Sté Unicredit*, n°s346.687 et 349.015 : *DF* 2014, comm. 305, concl. D. HEDARY ; *RJF* 2014, n°667

CE, 9e et 10e ss-sect., 28 mai 2014, n°351.935, M. *et Mme Matallah* : *DF* 2014, n°29, comm. 448, concl. C. LEGRAS ; *RJF* 8-9/2014, n°771

CE, 3e et 8e ss-sect., 11 juin 2014, n°363.168, *Sté Fralsen Holding* : *DF* 2015, n°5, comm. 115, note P. FUMENIER et C. MAIGNAN ; *RJF* 10/2014, n°872 ; *BDCF* 10/2014, n°90, concl. M.-A. NICOLAZO DE BARMON ; *Dr. sociétés* 2014, n°11, comm. 177, note J.-L. PIERRE

CE, 3e ss-sect., 19 juin 2014, n°371.099, *Pillot* : *RJF* 11/2014, n°975

CE, 9e et 10e ss-sect., 23 juin 2014, n°360.709, *Sté Kerry* et n°360.708, *Sté Groupement Charbonnier Montdidérien :* *RJF* 10/2014, n°925

CE, 9e et 10e ss-sect., 23 juin 2014, n°355.801, *Polynésie française c/ Zannier* : *DF* 2014, n°41, comm. 582, concl. F. ALADJIDI, note S. AUSTRY ; *RJF* 10/2014, n°934 ; *Procédures* 2014, comm. 258, obs. O. NÉGRIN ;

CE, 9e et 10e ss-sect. réunies, 23 juin 2014, n°360.708, *Sté Groupement Charbonnier Montdidérien* : *DF* 2014, n°43, comm. 598, concl. F. ALADJIDI, note O. FOUQUET ; *RJF* 10/2014, n°925

CE, 8e et 3e ss-sect., 2 juil. 2014, n° 363.734, *Djenane* : Rec. T., p. 586 ; *DF* 2014, n° 38, comm. 538, concl. B. BOHNERT ; *RJF* 10/2014, n°944 ; *Procédures* 2014, comm. 284, note O. NEGRIN. – V. notamment, E. BOKDAM-TOGNETTI, « Le contribuable touché par la grâce » : *RJF* 5/2014, p. 427.

CE, 9e et 10e ss-sect., 16 juil. 2014, n°358.415, *Sellem* : *DF* 2014, n°41, comm. 574, concl. C. LEGRAS ; *RJF* 11/2014, n°1010

CE, 9e et 10e ss-sect., 16 juil. 2014, n°380.406, *Sté SGI* : *DF* 2014, n°31-35, comm. 483, concl. F. ALADJIDI ; *RJF* 11/2014, n°1038

CE, 3e et 8e ss-sect., 23 juil. 2014, n°364.466, *Cne Vendranges* : *JCP A* 2014, act. 673 ; *JCP A* 2015, 2028

CE, 9e et 10e ss-sect., 5 nov. 2014, n°356.148, *min. c/ M. et Mme Smet* et n°357.672, *M. et Mme Smet (2e esp.)*, n°356.797, *M. Boudou (3e esp.)* et n°356.798, *SCI Agathe (4e esp.)* : *DF* 2014, n°51-52, comm. 705, concl. M.-A. NICOLAZO DE BARMON ; *RJF* 2015, n°129 et 132

CE, 10e et 9e ss-sect., 15 déc. 2014, n°380.942, *SA Technicolor* : *DF* 2015, n°11, comm. 203, concl. E. CREPEY, note O. FOUQUET ; *RJF* 3/2015, n°190 ;

CE, 10e et 9e ss-sect., 30 déc. 2014, n°361.842, *Versogungswerk der Zahnärtzekammer aus Berlin (VZB)* : *DF* 2015, n°21, comm. 317, concl. F. ALADJIDI, note A. DE WAAL

A PARTIR DE 2015

CE, 9e et 10e ss-sect., 16 janv. 2015, n°386.081, *Sté Métropole Télévision* : *DF* 2015, n°28, comm. 469, concl. M.-A. NICOLAZO DE BARMON, note S. AUSTRY

CE, 9e et 10e ss-sect., 23 janv. 2015, n°365.525, *Sté Ferrari et Cie* : *RJF* 4/2015, n°299 ; *BDCF* 4/2015, n°41, concl. M.-A. NICOLAZO DE BARMON

CE, 9e et 10e ss-sect., 23 janv. 2015, n°369.214, *SAS Rottapharm* : *DF* 2015, n°16, comm. 268, concl. M-A. NICOLAZO DE BARMON, note A. DE MASSIAC et R. BAGDASSARIAN ; *RJF* 4/2015, n°300 ; *RTD Com.*,2015, p. 173, obs. O. FOUQUET DE BARMO

CE, 8e et 3e ss-sect., 16 fév. 2015, n°386.505, *Époux P.* : *RJF* 5/2015, n°421

CE, 8e et 3e ss-sect., 16 fév. 2015, n°373.976, *Boy*: *DF* 2015, n° 16, comm. 276 ; *ibid.*, comm. 227, note F. DOUET ; *RJF* 2015, n°441

CE, 8e et 3e ss-sect., 10 avr. 2015, n°377.207, *Sté Red Bull on Premise et Sté Red Bull off Premise :* Rec. T. p. 675 et 676 et 827 à 850 ; *DF* 2015, n 26, comm. 434, concl. B. BOHNERT ; *RJF* 7/2015, n°626 et n°634

CE, 9e et 10e ss-sect., 15 avr. 2015, n°373.269, *Sté Car Diffusion 78* : *DF* 2015, n°19-20, act. 289, obs. C. CASSAN ; *ibid.*, n°25, comm. 419, concl. F. ALADJIDI, note R. TORLET et A. TAILFER ; *RJF* 7/2015, n°613 ; *Procédures* 2015, comm. 248, note O. NEGRIN

CE, 8e et 3e ss-sect., 17 avr. 2015, n°373.650, *SA Canal +* : *DF* 2015, n°21, comm. 319, concl. N. ESCAUT ; *RJF* 7/2015, n°637

CE, 10e et 9e ss-sect., 11 mai 2015, n 369.261, *M. et Mme Von Doellinger* et n°369.257, *Mme Susanne* : *DF* 2015, n°39, comm. 585, concl. É. BOKDAM-TOGNETTI, note A. DE BISSY ; *RJF* 8-9/2015, n°691.

CE, 9e et 10e ss-sect., 20 mai 2015, n°369.373, *Sté Universal Aviation France (UAF)* : *DF* 2015, n°47, comm. 687, concl. M.-A. NICOLAZO DE BARMON, note P. KOURALEVA-CAZALS.

CE, 9e et 10e ss-sect., 5 juin 2015, n°386.430, *Sté Gecop* : *DF* 2017, n°24, comm. 353, concl. E. BOKDAM-TOGNETTI ; *RJF* 10/2015, n°825

CE, 9e et 10e ss-sect., 24 juin 2015, n°367.288, *SELAS Pharmacie Reveillon* : *DF* 2015, n°38, comm. 572, concl. M.-A. NICOLAZO DE BARMON, note J.-C. GILBERT ; *RJF* 10/2015, n°812

CE, 3e et 8e ss-sect., 22 juil. 2015, n°367.567, *Sté Halliburton Manufactoring and Services France* : *DF* 2016, n°10, comm. 213, concl. E. CORTOT-BOUCHER, note L. LECLERCQ, G. CHAVRIER, F. PUEL et J. DU PASQUIER ; *RJF* 11/2015, n°976

CE, 9e et 10e ss-sect, 9 nov. 2015, n°370.974, *Sté Sodirep Textiles SA-NV* : *DF* 2016, n°24, comm. 377, note C. SILBERZTEIN, B. GRANEL, A. CALLOUP et M. VALETEAU ; *RJF* 1/2016, n°121, concl. M.-A. NICOLAZO DE BARMON

CE, 9e et 10e ss-sect., 9 nov. 2015, n°366.457, *M. Waldner* : *DF* 2016, n°6, comm. 166, concl. M.-A. NICOLAZO DE BARMON ; *RJF* 2/2016, n°119

CE, 3e et 8e ss-sect., 25 nov. 2015, n°373.128, *Sté Kermadec* : *DF* 2016, n°5, comm. 148, concl. E. CORTOT-BOUCHER ; *RJF* 2/2016, n°139

CE, plén. 7 déc. 2015, n°368.227, *min. c/ Sté Frutas y Hortalizas Murcia SL* : *RJF* 2/2016, n°160, concl. F. ALADJIDI et chron. N. LABRUNE, p. 129

CE, 10e et 9e ss-sect., 10 déc. 2015, n°374.816, *SARL Lovie Style* : *DF* 2016, n°12, comm. 244, concl. E. CREPEY ; *RJF* 3/2016, n°264

CE, 3e et 8e ss-sect., 30 déc. 2015, n°377.855, *min. c/ Sté Opportunités Finances* : *DF* 2016, n° 2, act. 34 ; *ibid.*, n°12, comm. 245, concl. E. CORTOT-BOUCHER ; *RJF* 3/2016, n°261

CE, 3e et 8e ss-sect., 30 déc. 2015, n°386.126, *Min. c/ M. Zomati* : *DF* 2016, n°11, comm. 228, concl. E. CORTOT-BOUCHER ; *RJF* 3/2016, n°266

CE, 8e et 3e ss-sect., 21 janv. 2016, n°373.559, *Sté AXA*: *DF* 2016, n° 16, comm. 295, note J.-J. PROVOST; *ibid.*, n° 18-19, act. 284, note L. BERNARDEAU; *RJF* 4/2016, n° 380

CE, 10e et 9e ss-sect., 10 fév. 2016, n 371.258, *SA Hôtels et Casino de Deauville* : *DF* 2016, n 24, comm. 374, concl. A. BRETONNEAU, note F. TEPER

CE, 8e et 3e ss-sect., 12 fév. 2016, n°380.459, *M. Bouakkaz* : *DF* 2016, n°15, comm. 284, concl. V. DAUMAS ; *RJF* 5/2016, n°457

CE, 8e et 3e ss-sect., 15 fév. 2016, n°357.667, *M. Lieser* ; *DF* 2016, n°21, comm. 343, concl. B. BOHNERT

CE, 9e et 10e ch., 15 avr. 2016, n°393.721, *Assoc. Vent de Colère ! Fédération nationale* : *DF* 2016, n°49, comm. 638, concl. E. BOKDAM-TOGNETTI ; *RJF* 7/2016, n°675

CE, 10e et 9e ss-sect., 4 mai 2016, n°387.466, *Sté Le Blevenec et associés* : *DF* 2016, n°25, comm. 385, concl. A. BRETONNEAU

CE, 8e et 3e ss-sect., 16 mars 2016, n°377.874, *SAS Rapa* : *DF* 2016, n°22, comm. 354, concl. B. BOHNERT, note L. LECLERCQ et J. DU PASQUIER

CE, 9e et 10e ss-sect., 16 mars 2016, n°372.372, *Sté Amycel France* : *DF* 2016, n°49, comm. 639, note C. SILBERZTEIN et L. NGUYEN-LAPIERRE ; *RJF* 5/2016, n°517, concl. F. ALADJIDI

CE, 3e et 8e ss-sect., 15 avr. 2016, n°385.737, *min. c/ M. Mori* : *DF* 2016, n°23, comm. 371, concl. V. DAUMAS, note G. LADREYT

CE, 9e et 10e ch., 18 mai 2016, n°397.826 : *RJF* 8-9/2016, n°749, concl. E. BOKDAM-TOGNETTI

CE, Ass., 31 mai 2016, n°393.881, *Marc Jacob* : *DF* 2016, n°2, act. 354 et 369, note N. JACQUOT et P. MISPELON ; *ibid.*, n°37, 476, étude D. GUTMANN et S. AUSTRY. – V. L. DUTHEILLET DE LAMOTHE et G. ODINET, « QPC et question préjudicielle : la logique et ses impasses » : *AJDA* 2016, p. 1392. - N. LABRUNE, « Discrimination à rebours, inconstitutionnalité et inconventionnalité : deux procédures, trois juges, un casse-tête » : *RJF* 8-9/2016, p. 929 ; E. CORTOT-BOUCHER, « Discrimination à rebours : articulation entre la QPC et le renvoi préjudiciel à la CJUE » : *FR Lefebvre* 31/2016, p. 11 et s.

CE, 8e et 3e ch., 1er juin 2016, n°384.892 : *RJF* 8-9/2016, n°732

CE, 10e et 9e ch., 8 juin 2016, n°383.259, *Assoc. française des entreprises privées (AFEP) et a.* : *DF* 2016, n°40, comm. 536, concl. E. CRÉPEY, note R. VABRES

CE, 3e et 8e ch., 13 juin 2016, n°388.277, *Sté Veolia Transport Sverige* : *DF* 2016, n°46, comm. 588 ; *RJF* 10/2016, n°827

CE, 9e et 10e ch., 20 juin 2016, n°386.146, *SA Société Générale et a.*: *DF* 2016, n°42-43, comm. 559, concl. R. VICTOR ; *RJF* 10/2016, n°828

CE, 10e et 9e ch., 27 juin 2016, n°376.513 : *DF* 2016, n°41 comm. 550, M. FILY ; *RJF* 2016, n°847, concl. E. CREPEY

CE, 8e et 3e ch., 27 juin 2016, n°399.024, *Association française des entreprises privées (AFEP) et a.*, n°399.506, *Sté Layher,* n°399.757, *Sté SOPARFI,* et n°398.585, *Sté ASPIC* : *DF* 2016, n°27, comm. 397, concl. N. ESCAUT ; *RJF* 6/2016, n°866

CE, Ass. 13 juil. 2016, n°387.763, M. Czabaj : *RJF* 12/2016, n°1127 ; *FR Lefebvre* 45/2016, inf. 8, note S. AUSTRY ; *LPA* 15 nov. 2016, n°228, p. 7, note H. RABAULT ; *Dr. adm.* 2016, n°12, comm. 63, note G. EVEILLARD ; *Procédures* 2016, comm. 1312, note S. DEYGAS

CE, Sect., 13 juil. 2016, n°375.801, *SA Paschi Banque* : *DF* 2016, n° 36, act. 489, obs. P. DURAND et M. SERAILLE ; *ibid.*, comm. 464, concl. E. BOKDAM-TOGNETTI, note O. FOUQUET ; *RJF* 11/2016, n°937 et p. 1245, chron. N. LABRUNE ; *FR Lefebvre* 35/2016, inf. 3, note F. LACROIX ;

CE, 9e et 10e ch., 19 juil. 2016, n°393.302, *SARL Eskape* : *RJF* 11/2016, n°1002

CE, 9e et 10e ch., 5 oct. 2016, n°401.229, *M. Bernard* : *DF* 2016, n°50, comm. 651, concl. M.-A. NICOLAZO DE BARMON ; *RJF* 12/2016, n°1114

CE, 3e et 8e ch., 5 oct. 2016, n°380.432, *Teles Pinto* : *DF* 2016, n°50, comm. 652, concl. V. DAUMAS, note L. PEYEN ; *RJF* 12/2016, n°1099 ; *Procédures* 2016, n°12, comm. 388, obs. O. NEGRIN. – V. L. AYRAULT, « Droit fiscal européen des droits de l'homme : chronique de l'année 2016 » : *DF* 2017, n°9, chron. 191, spé. n°13 et s.

CE, 8e et 3e ch., 20 oct. 2016, n°390.639, *M. Issan* : *DF* 2017, n°18-19, comm. 295, concl. R. VICTOR, note E. MEIER et A. TAILFER

CE, 9e et 10e ch., 27 oct. 2016, n°391.678, *Comptoir de Bonneterie Rafco* : *RJF* 6/2018, n°596

CE, 9e et 10e ch., 21 sept. 2016, n°382.733, *Sté Property Investment Holding France* : *DF* 2016, n°51-52, comm.. 677, note F. LUGAND ; *RJF* 2016, n°1066, concl. E. BOKDAM-TOGNETTI

CE, 8e et 3e ch., 23 nov. 2016, n°387.485 : *DF* 2017, n°5-6, comm. 153, note C. CASSAN ; *RJF* 2/2017, n°141 et C141, concl. B. BOHNERT ; *Procédures* 2017, comm. 25, note L. AYRAULT

CE, 8e et 3e ch., 23 nov. 2016, n°392.894, *Sté Mimosa* : *RJF* 2017, n°148, concl. B. BOHNERT

CE, 8e et 3e ch. 7 déc. 2016, n°384.309, *L'EURL CORTANSA* : *DF* 2017, n°12, comm. 219, concl. B. BOHNERT

CE, 9e et 10e ch., 18 janv. 2017, n°400.298, *Sté REPCCAP* : *DF* 2017, n°20, comm. 309

CE, 9e et 10e ch., 18 janv. 2017, n°389.268, *Remy* : *DF* 2017, n°18-19, comm. 296, concl. E. BOKDAM-TOGNETTI

CE, 9e et 10e ch., 18 janv. 2017, n°386.434, *Sté MRB*: *DF* 2017, n°13, comm. 228, concl. E. BOKDAM-TOGNETTI ; *RJF* 4/2017, n°373

CE, 9e et 10e ch., 10 fév. 2017, n°387.398, *SARL Melissa* : *RJF* 2017, n°457, concl. M.-A. NICOLAZO DE BARMON

CE, 6e ch., 10 fév. 2017, n°405.811 et n°405.812, *Époux A* : *RJF* 7/2017, n°725.

CE, 9e et 10e ch., 22 fév. 2017, n°386.430, *Sté Gecop* : *DF* 2017, n°24, comm. 353, concl. E. BOKDAM-TOGNETTI

CE, 9e et 10e ch., 22 fév. 2017, n°387.786, *Sté Additek : DF* 2017, n°28, comm. 395, concl. E. BOKDAM-TOGNETTI, note O. FOUQUET ; *RJF* 1/2017, n°41

CE, 9e et 10e ch., 22 fév. 2017, n 387.661, *Sté Altran Technologies* : *DF* 2017, n° 21, comm. 320, concl. É. BOKDAM-TOGNETTI, note C. CASSAN et K. DJAMAH ; *RJF* 5/2017, n°418

CE, 8e et 3e ch., 24 fév. 2017, n°390.467, *Melison : DF* 2017, n°38, comm. 447 ; *RJF* 5/2017, n°409.

CE, 3e et 8e ch., 24 fév. 2017, n°395.844, *Sté Luchard Industrie* : *DF* 2017, n°27, comm. 387

CE, 6e ch., 1er mars 2017, n°405.711 : *RJF* 7/2017, n°724

CE, 8e et 3e ch., 29 mars 2017, n°407.057, *SAS Sintex France : RJF* 6/2017, n° 608 et concl. R. VICTOR

CE, 3e et 8e ch., 29 mars 2017, n°397.658, *min. c/ Regourd* : *DF* 2017, n°30-35, comm. 420, concl. E. CORTOT-BOUCHER

CE, 3e et 8e ch., 29 mars 2017, n°391.200, *Sekhri* : *DF* 2017, n°30-35, comm. 419, concl. E. CORTOT-BOUCHER

CE, 8e et 3e ch., 29 mars 2017, n°399.506, *Sté Layher SAS : DF* 2017, n°25, comm. 365, concl. R. VICTOR ; *: RJF* 6/2017, n° 614

CE, 8e et 3e ch., 29 mars 2017, n°406.590, *SAS Jade* : *DF* 2017, n°20, comm. 310, concl. R. VICTOR ; *RJF* 6/2017, n°609

CE, 10e et 9e ch., 29 mars 2017, n°379.685, *Sté Edenred France* : *DF* 2017, n°50, act.677 ; *DF* 2018, n°15, comm. 256, note J.-L. PIERRE ; *RJF* 3/2018, n°284, concl. E. CREPEY, et p. 331, chron. A. ILJIC

CE, sect., 31 mars 2017, n°389.842, *M. Amar* : *DF* 2017, n°24, comm. 351, concl. B. BOHNERT, note J.-L. PIERRE

CE, 9e et 10e ch., 26 avr. 2017, n°398.405, *Adam* : *DF* 2017, n°36, comm. 431

CE, 3e ch., 28 avr. 2017, n 388.540, *Sté Franki fondation* : *Dr. sociétés* 2017, comm. 180, note J.-L. PIERRE

CE, 9e et 10e ch., 9 mai 2017, n°407.999, *M. Herzi* : *DF* 2017, n°24, comm.350, concl. M.-A. NICOLAZO DE BARMON ; *RJF* 8-9/2017, n°846

CE, 10e ch., 10 mai 2017, n°408.132 : *RJF* 11/2017, n 1098, concl. R. VICTOR

CE, 8e et 3e ch., 24 mai 2017, n°408.725, *Lacquemant* : *DF* 2017, n°23, comm. 339, concl. R. VICTOR ; *RJF* 6/2018, n°622

CE, 10e ch., 24 mai 2017, n°408.484 : *RJF* 2017, n°976; *JCP G* 2017, doctr. 1173, n°14 obs. S. DETRAZ

CE, 9e et 10e ch. 7 juin 2017, n 386.627, *Sté Le Muselet Valentin* : *DF* 2017, n°46, comm. 545, concl. É. BOKDAM-TOGNETTI, note L. LECLERCQ, J. DU PASQUIER et C. DELSOL ; JCP E 2017, 1437, note F. MAHLER et J.-L. SAURON

CE, 10e et 9e ch., 9 juin 2017, n°403.096, *Sté GBL Energy* : *DF* 2017, n°36, comm. 432, note M. COLLET ; *RJF* 10/2017, n°984

CE, 9e et 10e ch., 26 juin 2017, n°406.437, *Sté BPCE* : *RJF* 10/2018, n°942, concl. E. BOKDAM-TOGNETTI

CE, 9e et 10e ch., 26 juin 2017, n°392.870, *CRCAM du Nord-Est* : *DF* 2017, n°27, act. 400

CE, 9e et 10e ch., 26 juin 2017, n°404.874, *Sté Air Liquide France Industrie* : *RJF* 10/2017, n°1003, concl. E. BOKDAM-TOGNETTI

CE, 9e et 10e ch., 26 juin 2017, n°410.437, *Sté PalmElit* : *RJF* 8-9/2017, n°920, concl. E. BOKDAM-TOGNETTI

CE, 8e et 3e ch., 7 juil. 2017, n°399.757, *Sté SOPARFI* : *DF* 2017, n°29, comm. 409, concl. R. VICTOR

CE, 10e et 9e ch., 10 juil. 2017, n°395.318, *Sté GDF Suez énergie services* : *DF* 2017, n° 49, comm. 578, concl. É. CREPEY ; *RJF* 2017, n°1038

CE, 8e ch., 12 juil. 2017, n°410.740, *M. Benmussa* : *DF* 2017, n°37, comm. 443, concl. R. VICTOR ; *RJF* 11/2017, n°1097

CE, 8e ch., 12 juil. 2017, n°411.264, *SARL Lupa patrimoine France*, et n°411.270, *SARL Lupa immobilière France* : *DF* 2017, n°37, comm. 442, concl. R. VICTOR ; *RJF* 2017, n°1096

CE, 9e et 10e ch., 21 juil. 2017, n°392.908, *SAS Thermo Electron Holdings* : *DF* 2017, n°49, comm. 577, concl. M-A. NICOLAZO DE BARMON

CE, 10e et 9e ch., 28 juil. 2017, n°392.386, *Rodriguez* : *DF* 2018, n°10, comm. 215 ; *RJF* 11/2017, n°1071

CE, 9e et 10e ch., 20 sept. 2017, n°394.564, *Sté Turbo's Hoët Parts France* : *DF* 2017, n°45, comm. 358, concl. E. BOKDAM-TOGNETTI, note M. COLLET

CE, 10e et 9e ch., 22 sept. 2017, n°412.408, *Gautier* : *DF* 2018, n°29, comm. 347, concl. A. BRETONNEAU ; *RJF* 12/2017, n°1226

CE, 8e et 3e ch., 25 sept. 2017, n°412.024 et n°412.031 : *RJF* 12/2017, n°1223 et 1225, concl. B. BONHERT

CE, 3e et 8e ch., 11 oct. 2017, n°398.684 : *DF* 2018, n°40, comm. 415.

CE, plén. fisc., 25 oct. 2017, n°403.320, *min. c/ Sté Vivendi* : *DF* 2018, n°7-8, comm. 188, concl. E. CRÉPEY ; *RJF* 1/2018, n°131, p. 7, chron. A. ILJIC

CE, 9e et 10e ch., 25 oct. 2017, n°374.836, *Sté Holcim France SAS venant aux droits de la société Euro Euro Stockage et Sté Enka* : *DF* 2017, n°45, act. 596 ; *RJF* 1/2018, n°32 , concl. É. BOKDAM-TOGNETT

CE, 8e et 3e ch., 25 oct. 2017, n°413.277, *SARL La Maison autonettoyante Orléans* : *RJF* 1/2018, n°78, concl. R. VICTOR

CE, plén. fisc., 25 oct. 2017, *Cts Verdannet* : *DF* 2018, n°2, comm. 64, concl. E. CREPEY, note F. DEBOISSY ; *ibid.*, n°24, étude 297, C. DE LA MARDIÈRE

CE, 9e et 10e ch., 22 nov. 2017, n°397.220 : *DF* 2018, n°49, comm. 493, concl. Y BÉNARD ; *RJF* 3/2018, n°306

CE, 10e et 9e ch., 4 déc. 2017, n°379.685, *Sté Edenred* : *DF* 2017, n°50, act.677 ; *DF* 2018, n°15, comm. 256, note J.-L. PIERRE ; *RJF* 3/2018, n°284, concl. E. CREPEY, et p. 331, chron. A. ILJIC

CE, 8e et 3e ch., 8 déc. 2017, n°414.303, M. B : *RJF* 3/2018, n°300

CE, 10e et 9e ch., 15 déc. 2017, n°397.913, *SAS Autogrill Gares Métropoles*, et n°404.990, *Sté Score* : *DF* 2018, n°16-17, comm. 261, concl. A. BRETONNEAU ; *RJF* 1/2018, n°17 et 3/2018, n°258

CE, 8e et 3e ch., 20 déc. 2017, n°414.974, *Sté Worms et Cie* : *DF* 2018, n°2, act. 19 ; *RJF* 3/2018, n°254 – V. B. BOHNERT, « Le caractère optionnel du régime mère-fille en droit français est conforme à la directive » : *FR Lefebvre* 7/2018, inf. n°3

CE, 9e ch., 20 déc. 2017, n°396.153, *Sté SGI* : *RJF* 4/2018, n°400

CE, 8e ch., 22 déc. 2017, n°406.791, *El Mir* : *RJF* 2018, n° 460, concl. R. VICTOR

CE, 8e ch., 28 déc. 2017, n°415.281, *Sté Lupa Immobilière France* : *DF* 2018, n°7-8, comm. 187, concl. B. BOHNERT ; *RJF* 2018, n°424

CE, 9e et 10e ch., 24 janv. 2018, n°402.167, *California Public Employee's Retirement System (CalPERS)* : *DF* 2018, n°22, comm. 293, note A. DE WAAL et T. PULCINI ; *RJF* 4/2018, n°439. – V. également, E. DE CROUY-CHANEL, « Chronique de procédures fiscales 2018 »: *DF* 2019, n°10, étude 196

CE, 9e et 10e ch., 7 fév. 2018, n°398.676, *Sté France Frais* : *DF* 2018, n°50, comm. 501

CE, sect., 16 fév. 2018, n°395.371, *Thoma : Dr. adm.* 2018, comm. 32, note G. EVEILLARD

CE, plén. fisc., 16 fév. 2018, n°395.371 : *DF* 2018, n°9, act. 90 ; *ibid.*, n°15, act. 146, note N. JACQUOT et N. GUILLAND ; *RJF* 5/2018, n°536

CE, 9e et 10e ch., 14 mars 2018, n°416.697, *Sté Elengy et Fosmax LNG* : *DF* 2018, n°12, comm. 233, concl. Y. BÉNARD

CE, 9e et 10e ch., 19 mars 2018, n°402.946, *SAS CORA* : *DF* 2018, n°30, comm. 355

CE, 9e et 10e ch., 19 mars 2018, n°399.862, *min. c/ A* : *DF* 2018, n°28, comm. 334, concl. Y. BÉNARD ; *RJF* 2018, n°64

CE, 8e ch., 13 avr. 2018, n°418.411 : *RJF* 11/2018, n°1162, concl. B. BONHERT

CE, plén. fisc., 9 mai 2018, n°387.071, *Sté Cérès* : *DF* 2018, n°26, comm. 317, concl. Y. BENARD, note F. DONNEDIEU DE VABRES et Y. CHEMAMA ; *RJF* 7/2018, n 726

CE, 9e et 10e ch., 30 mai 2018, n°402.177, *min. c/ B.* : *DF* 2019, n°6, comm. 148, concl. E. BOKDAM-TOGNETTI ; *RJF* 8-9/2018, n°880

CE, 9e et 10e ch., 30 mai 2018, n°412.964, *Sté HighCo* : *DF* 2018, n°42-43, comm. 426, concl. É. BOKDAM-TOGNETTI, note S. ESPASA-MATTEI, J.-P. RENAUDIN, N. DRAGUTINI ; *RJF* 8-9/2018, n°886

CE, 3e et 8e ss-sect., 6 juin 2018, n°414.482, *SAS Dekra France* : *RJF* 10/2018, n°1057

CE, 8e et 3e ch., Avis, 6 juin 2018, n°418.863, *SAS BT Zimat* : JO 10 juin 2018, texte n°27 ; *DF* 2019, n°5, comm. 139, concl. R. VICTOR.

CE, 9e et 10e ch., 21 juin 2018, n°412.124, *Époux A.* : *DF* 2018, n°26, act. 286 et 293 ; *RJF* 10/2018, concl. E. CREPEY C 991 ; *Procédures* 2018, comm. 278, note O. NEGRIN

CE, 10e et 9e ch., 21 juin 2018, n°411.195 et CE, 8e et 3e ch., 22 nov. 2019 : *DF* 2020, n°11, comm. 191

CE, 10e et 9e ch., 21 juin 2018, n°411.195, *min. c/ M. B* : *DF* 2019, n°22, comm. 284 ; *Procédures* 2018, comm. 278, note O. NEGRIN

CE, 8e et 3e ch., 25 juin 2018, n°414.056, *SA Auchan France* : *DF* 2018, n°48, comm. 484, concl. B. BOHNERT

CE, 8e et 3e ch., 25 juin 2018, n°413.466, *SAS Loison :* *DF* 2018, n°45, comm. 441, concl. B. BOHNERT.

CE, 8e et 3e ch., 25 juin 2018, n°414.056, *Sté Auchan France* : *DF* 2018, n°48, comm. 484, concl. B. BOHNERT ; *RJF* 10/2018, n°1030

CE, 8e et 3e ch., 27 juin 2018, n°411.301 : *DF* 2018, n°27, act. 307

CE, 9e et 10e ch., 29 juin 2018, n°416.346, *SAS Cie exploitation et répartition pharmaceutique (CERP) de Rouen* : *DF* 2018, n°50, comm. 503, concl. Y. BENARD ; *RJF* 10/2018, n°873

CE, 3e et 8e ch., 5 juil. 2018, n°401.157 : *RJF* 12/2018, n°1100, concl. V. DAUMAS

CE, 3e ch., 12 juil. 2018, n°418.890, *Sté Nateva* : *DF* 2018, n°47, comm. 476, concl. E. CORTOT-BOUCHER ; *RJF* 2/2019, n°190

CE, 3e et 8e ch., 26 sept. 2018, n°406.865 : *RJF* 12/2018, n°1259

CE, 10e et 9e ch., 1er oct. 2018, n°422.050, *Fondations Ildys* : *RJF* 12/2018, n°1268

CE, 8e et 3e ch., 12 oct. 2018, n°422.427, *Sté Inter Invest et A.* : *DF* 2018, n°49, comm. 490, concl. B. BOHNERT ; *RJF* 1/2019, n°68

CE, 10e et 9e ch., 18 oct. 2018, n°405.468, *Sté Aravis Business Retreat Ltd* : *DF* 2019, n°38, comm. 379

CE, 8e et 3e ch., 24 oct. 2018, n°416.676 : *DF* 2018, n°45, act. 488

CE, 8e et 3e ch., 24 oct. 2018, n°423.256 : *DF* 2018, n°45, comm. 438, concl. R. VICTOR ; *RJF* 1/2019, n°70

CE, 8e et 3e ch., 24 oct. 2018, n°413.896, *SA Mercialys* : *DF* 2019, n°9, comm. 179, concl. R. VICTOR, note J. THIRY

CE, 3e et 8e ch., 14 nov. 2018, n°407.063 : *DF* 2018, n°47, act. 502

CE, 8e et 3e ch., 26 nov. 2018, n°424.331 : *DF* 2019, n°8, comm. 163, concl. R. VICTOR ; *RJF* 2/2019, n°191.

CE, 9e et 10e ch., 3 déc. 2018, n°406.617, *Sté Manpower France Holding* : *DF* 2019, n°4, comm. 132, concl. E. BOKDAM-TOGNETTI, note F. DEBOISSY

CE, 9e et 10e ch., 3 déc. 2018, n°399.115, SAS Messer France, venant aux droits et obligations de la SAS Praxair : DF 2018, n°50, act. 546

CE, 5e et 6e ch., 20 déc. 2018, n 418.637, *Cne de Chessy*

CE, plén. fisc., 21 déc. 2018, n°402.006, *Sté Croë Suisse* : *DF* 2018, n°4, act. 6 ; *DF* 2019, n°9, comm. 176, concl. A. BRETONNEAU, note F. DEBOISSY et G. WICKER ; *RJF* 3/2019, n°246, chron. V. VILLETTE, p. 303 et s.

CE, 9e et 10e ch., Avis, 11 janv. 2019, n°424.819, *SCI Maximoise de création* et n°424.821, *SAS AEGIR : FR Lefebvre* 7/2019, n°8, note N. JACQUOT et T. MERCEY. – V. également, L. AYRAULT : *Procédures* 2019, comm. 146 ; A. BRETONNEAU et G. ODINET ; *Gaz. Pal.* 12 mars 2019, n°344 p. 22.

CE, Avis, 6 fév. 2019, n°425.509, A. B. et n°425.511, *SAS Bourgogne Primeurs*. – V. également, L. AYRAULT : *Procédures* 2019, comm. 146 ; A. BRETONNEAU et G. ODINET *: Gaz. Pal.* 12 mars 2019, n°344 p. 22.

CE, 9e et 10e ch., 17 fév. 2019, n°401.938, *SCI Apollo* : *DF* 2019, n°37, comm. 364

CE, 9e et 10e ch., 27 fév. 2019, n°398.662, *Sofina* : *DF* 2019, n°26, comm. 311, concl. E. BOKDAM-TOGNETTI, note A. MAITROT DE LA MOTTE

CE, 9e et 10e ch., 27 fév. 2019, n°408.457 : *DF* 2019, n°37, comm. 363, concl. E. BOKDAM-TOGNETTI

CE, 9e et 10e ch., 4 mars 2019, n°410.492, *M. et Mme K.* : *DF* 2019, n°23, comm. 293, concl. A. BRETONNEAU, note J.-C. LEON AGUIRRE

CE, 3e et 8e ch., 12 mars 2019, n°419.826 : *DF* 2019, n°44-45, comm. 428, concl. E. CORTOT-BOUCHER

CE, 8e et 3e ch., 13 mars 2019, n°417.536, *Sté Ferropem* : *RJF* 6/2019, n°615, concl. L. CYTERMANN, chron. p. 699, V. VILLETTE

CE, 9e et 10e ch., 12 avr. 2019, n°410.042, *Sté de distribution saint-maximoise (SDSM) : DF* 2019, n°25, comm. 303, concl. E. BOKDAM-TOGNETTI, note O. FOUQUET

CE, 9e et 10e ch., 7 juin 2019, n°412.536, *M. et Mme von und zu Hoensbroech* : *DF* 2019, n°43, comm. 423.

CE, 8e et 3e ch., 20 sept. 2019, n°428.750, *SNC du Val* : *DF* 2020, n°48, comm. 468

CE. 9e et 10e ch., 4 déc. 2019, n°420.488 : *DF* 2020, n°11, comm. 189

CE, 30 janv. 2020, n°418.797, *Sté Cutting Tools managment Services* : *DF* 2020, n°14, comm. 220

COUR DE CASSATION

JUSQU'EN 1979

Civ., 20 août 1867 : DP 1867, 1, p. 337.

Civ., 20 août 1867 : DP 1867, 1, p. 337

CE, 10 mai 1952, *Sté X* : *JCP* 1952.II.7151

Crim., 3 mars 1960 : *Bull. Crim.,*1960, n°138 ; *RSC* 1961, p. 105, obs. A. LEGAL

Crim., 6 oct. 2010, n°09-87.879. – V. R. SALOMON, «Droit pénal fiscal»: *DF* 2011, n°3, étude 111 ; Crim.,11 sept. 2019, n°18-81.040 : R*DF* 2019, n°40, comm. 390.

Com.,25 oct. 1960, Percepteur d'Orléans-Ouest c/ Caisse d'allocations familiales du Loiret et autres : Bull. IV, n° 337

Crim.,1er fév. 1977, n°75-93.432, *German* : *Bull. Crim.,*n°40

Crim., 9 nov. 1978, n°76-91.801 : *Bull. Crim.,*n° 310

Crim.,21 mai 1979, n°78-92.805 : *Bull. Crim.,*n°178

DE 1980 À 1989

Com., 18 janv. 1984, n°82-13.331 : *Bull. civ.* IV, n°25

Com., 3 janv. 1985, n°83-10.784, *Sté Simon Frères Ltd* : Bull. IV n°5

Com., 24 nov. 1987, n°86-16.678, *Brion* : *DF* 1990, comm. 390

Com., 19 avr. 1988, n° 86-19079, *Donizel* : *DF.* 1988, n° 32-38, comm. 1733 ; *RJF* 1989, n° 250

Cass., Ch. mixte, 15 déc. 1988, n°168 P, n°170 P, n°171 P et n°176 P : JCP G 1989, II, 21263

Cass., Ch. mixte, 15 déc. 1988, n°87-11.944 (n°168 P), *Maene* : *JD*1988-703.193 ; *Bull. civ.* Ch. mixte n°4 ; *RJF* 3/1989, n°328 ; *JCP G* 1989, II, 21263, note O. DUGRIP

Cass., ch. mixte, 15 déc. 1988, (n°170 P), *Farnaud* : *RJF* 3/1989, n°328 ; *JCP E* 1989, n°7, act. 18212 ; *JCP G* 1989, n°7, 100469. – V. P. DIBOUT, « A propos du contrôle juridictionnel du droit de visite et de saisie de l'administration fiscale » : *DF* 1989, n°9, étude 412. V. également, Crim.. 14 mars 2007, n°06-81.099, F-D : *JD* 2007-038.889 ; *DF* 2007, n°37, étude 824.

Com., 17 janv. 1989, n°87-13.579, *M. Decelle* : *DF* 1989, n°14, comm. 754 ; *RJF* 3/1989, n°386

Com., 10 mars 1989, n°95-15.729, *SARL Corevim* : *DF* 1998, n°22, comm. 486

Com., 21 mars 1989, n°88-12.016 et n°87-17.918, *Torrès-Duchêne* : *JCP G* 1989, n° 13, act. 100882 et n°22, 101474

Com, 30 mai 1989, n°87-17.643 : *Bull. civ.*, IV, n°173

Com., 28 nov. 1989, *Bruneau* : *RJF* 2/1990, n°207

Com., 30 oct. 1989, n°89-10.741 *Sté Roga* : Bull. IV, n°267 ; *RJF* 1/1990, n°43

DE 1990 À 1999

Crim., 26 mars 1990, n°89-82.637, *Blanchet* : *Bull. Crim.*,n°131 ; *DF* 1991, n°14, comm. 785

Crim., 7 juin 1990, n°89-83.815, *Delfolie* : *Bull. Crim.*,n°232 ; *D* 1990, p. 584, note J. PANNIER ; *Gaz. Pal.* 1990, 2, p. 495

Com., 20 nov. 1990, *Donsimoni* : *RJF* 1/1990, n°123

Com., 8 janv. 1991, *SA Hesnault*, n°89-18.264, et *Hervé et Fadoul*, n°89-16.278 : *DF* 1991, n°20, comm. 1088 ; *RJF* 3/1991, n°323

Com., 8 janv. 1991, n°88-15.018, *M Cohen-Addet* : *RJF* 3/1991, n°377

Crim., 28 janv. 1991, n°90-81.606, *M. Carles*, n°90-81.526, *M. Lavigne* et n°89-86.597, *M. et Mme Sennesaël et Bazin* : *Bull. Crim.*,1991, n°45 ; *DF* 1991, n°21-22, comm. 1160, note G. TIXIER et T. LAMULLE ; *RJF* 4/1991, n°528

Com., 29 oct. 1991, *Fouquet et Pelfanian*, n°90-13.368 : Bull. civ. 1991, n°322 ; *DF* 1992, n°12, comm. 625 ; *RJF* 1/1992, n°80

Com., 27 nov. 1991, n°90-10.608, n°90-10.607, n°90-11.980 et n°90-11.985, *Cts Michaut* : *Bull. civ.* IV, n°363 ; *DF* 1992, n°15, comm. 789 ; *JCP E* 1992, II, 248, concl. M. JEOL

Com., 28 janv. 1992, *Parigot*, n°90-16.170 : *RJF* 4/1992, n°492

Crim., 2 mars 1992, n°90-84.272, *Marty* : *RJF* 1/1993, n°153 ;

Com., 21 avr. 1992, n°90-17.376, *Jurquet*

Crim., 28 sept. 1992, n°92-80.401, *Maurel* : *RJF* 11/1993, n°1503

Com., 26 janv. 1993, n°109 D, *Cts Durand* : *RJF* 4/1993, n°604

Com., 9 fév. 1993, n°91-21.699, *Feingold* : *RJF* 5/1993, n°671 ; *DF* 1993, comm. 938

Com., 23 nov. 1993, *Diata*, n°1820 D : *RJF* 1994, n°162 ;

Com., 13 déc. 1994, *Abelsohn*, n° 92-20.920 P: *RJF* 2/1995, n° 284, concl. M. RAYNAUD; *DF* 1995, n°13, comm. 669

Com., 14 déc. 1999, n°97-17.308, *Abella* : *RJF* 4/2000, n°569

Com., 16 mai 1995, *Sté Générale sucrière et a.*, n°93-20.748 : *RJF* 10/1995, n°1140

Com., 30 mai 1995, *SCI de la Gare*, n°1136 D : *RJF* 8-9/1995, n°988

Com., 30 mai 1995, n°93-17.915, *Sté United distillers France* : *RJF* 8-9/1995, n°1070

Com., 13 juin 1995, *Braun*, n° 93-21.403 P: *DF* 1995, n°43, comm. 2046 ; *RJF* 10/1995, n°1228

Crim, 29 fév. 1996, n° 93-84 616, *M. Zinck* : *DF* 1996, n°27, comm. 881 ; *RJF* 10/1993, n°1269

Crim., 21 mars 1996, n°94-85.492, *Leclaire c/ DGI* : *Bull. Crim.,*n°130 ; *DF* 1996, n°31, comm. 1055 ; *RJF* 11/1996, n°1358

Crim., 28 mars 1996, *Pedoussaud,* n°95-80.930 : *DF* 1996, n°39, comm. 1152.

Com., 18 mai 1996, n°94-17.312, *Peysselier* : *Bull. civ.* IV, n°182 ; *DF* 1996, n°38, comm. 1128 ; *RJF* 11/1996, n°1363

Com., 4 juin 1996, *Davidas*, n°1081 D : *RJF* 10/1996, n°1174

Crim., 20 juin 1996, n°2851, *Ponsetti* : *RJF* 12/1996, n°1503 ; *RJF* 5/1997, p. 287, chron. S. AUSTRY ; *DF* 1997, n°15, comm. 427, note P. SCHIELE

Cass., Ass. plén., 14 juin 1996, n°402 P, *Kloeckner* : *RJF* 8-9/1996, n°1118, concl. contraires Y. MONNET, *DF* 1996, n°30, comm. 98

Com., 2 juil. 1996, *SCP Mouial* (n°1239 D): *RJF* 12/1996, n°1400

Com., 1er oct. 1996, *Blan*, n°1318 D : *RJF* 1/1997, n°43

Crim., 28 nov. 1996, B, n°95-85.916 : *Bull. Crim.,*n°436

Com., 5 oct. 1996, *Mme Goût*: n° 94-20.763 P: *DF* 1996, n°48, comm. 1464

Com., 12 nov. 1996, *Sté BP France* : *RJF* 1/1997, n°41

Com., 4 fév. 1997, n°95-30.008, *EURL Jacky Chris* : *RJF* 5/1997, n°447

Crim., 6 fév. 1997, n°94-84.670 : *Bull. Crim.,*n°51 ; *Dr. pén.* 1997, comm. 80 ; D 1997, p. 615, note P. CONTE

Com., 29 avr. 1997, n°95-20.001, n°1068 P+B, *Ferreira* : Bull. IV, n°110, p. 96 ; *RJF* 6/1997, n°641 ; *DF* 1997, n°25, comm. 688 ; *JCP E* 1997, p. 990, note Y. BRARD ; *JCP G* 1997, II, 22935, note F. SUDRE ; *LPA* 1er déc. 1997, p. 6 et s., note G. TIXIER et A.-G. HAMONIC-GAUX ; *Procédures* 1997, comm. 229, note J.-L. PIERRE ; *Gaz. Pal.* 1997, n°1, p. 20, note E. ROBINOT-LAFORTUNE ; *RGDP* 1998, p. 118 et p. 126, note J. LAMARQUE ; *RTDH* 1998, p. 168, n°33 note J.-J. LOUIS

Civ. 1ère, 1er juil. 1997, n°95-15.674, D. *Regent c/ R. Regent* : *Bull. civ.* 1997, I, n°217 ; *D* 1998, p. 543, note CHOISEZ ; *Resp. civ. et assur.* 1997, comm. 317 ; *RGDA* 1997, p. 822, note J. BIGOT ; *JCP G* 1998, I, 133, note R. LE GUIDEC

Crim., 6 nov. 1997, Pini : *RJF* 12/1998, n°1467 ; *DF* 1998, n°24, comm. 521, note M. CLIQUENNOIS

Com., 13 janv. 1998, *Guilloux*, n°96-30.097 : *RJF* 4/1998, n°417

Com., 5 mai 1998, n°96-30.116, *Sté Value Investing Partners Inc. et a.* : *DF* 1998, n° 43, comm. 939, note R. MARTIN

(Com., 19 mai 1998, *Sté GRC* : *RJF* 8-9/1998, n°961

Com., 6 oct. 1998, n°1487 P, SNC Sofon : *DF* 1998, n°48, comm. 1069; *RJF* 12/1998, n°1503

Com., 15 oct. 1998, *Jacob*, n°94-12.383 : *RJF* 1/1997, n°45 ; *LPA* 9 déc. 1996, n°148, note J. BRANDEAU

Com., 20 oct. 1998, *Ardoin* : *RJF* 1/1999, n°47

Com., 1er déc. 1998, *Greset*, n°96-30.193 : *RJF* 2/1999, n°176

Com., 12 janv. 1999, *Gombert*, n°97-30.140 : *RJF* 4/1999, n°432, *LPA* 13 sept. 2000, n°183, p. 4, note J. BRANDEAU

Crim.,19 mai 1999, n°98-80.267, *Elmalek* : *RJF* 8-9/1999, n°1106.

Com., 1er juin 1999, *Cloarec*, n°97-30.353 : *RJF* 8-9/1999, n°1010

Com., 29 juin 1999, n°97-12.68 : *Bull. civ.* IV, n°140 ; *DF* 2000, n°10, comm. 191.

Com., 29 juin 1999, n°1334 D, *Lamandé* e. a. : *RJF* 10/1999, n°1299

Com., 5 oct. 1999, *Cloarec*, n°97-30.308 P : *RJF* 12/1999, n°1567 ; *D* 1999, IR 273

Com., 19 oct. 1999, n°92-20.470, *Sté Nationale des Éts Piot Pneu:* *RJF* 1/2000, n°137

Com., 30 nov. 1999, n°1938 D, *Sté Sogea* et n°1937 P+B, *Sté Bec frères,* n°98-30.005 : *RJF* 3/2000, n°373 et p. 209, étude B. HATOUX ; *JCP* 2000, II, 10298, note B. BOULOC

DE 2000 À 2009

Com., 16 mai 2000, *Sté des Grands Magasins*, n°97-30.325 : *RJF* 7-8/2000, n°1104

Com., 20 mai 2000, n°98-30.028, *Lafay et a.* : *Bull. civ.* IV, n°117 ; *RJF* 9-10/2000, n°1105

Com., 30 mai 2000, *SCI du Château de la Jonchère*, n°98-30.052 P : *RJF* 9-10/2000, n°1106

Com., 18 avr. 2000, n°98-30.039, *Jacobson* : *RJF* 2000, n°951

Com., 11 juil. 2000, *Gille*, n°98-30.366 : *RJF* 12/2000, n°1288

Crim., 7 mars 2001, n°00-82.538, *Licciardi* : *Bull. Crim.*,n°60 ; *RJF* 2/2002, n°217 ;

Crim., 22 mars 2001, n°99-30.197, *Sté Trigone*: *RJF* 10/2001, n°1252

Com., 25 avr. 2001, n°98-15.471, *Cantin* : *DF* 2001, n°40, comm. 904, note A. LEFEUVRE

Crim., 16 mai 2001, n°00-82.649, Gaydama Arcadi c/ Min. Économie, Finances et industrie : RJF 2/2002, n°218

Crim., 14 juin 2001, n°00-30.170, *Sté Mainguet* : *RJF* 1/2002, n°54

Com., 15 janv. 2002, *SA Fournier*, n°00-16.255 P: *DF* 2002, comm. 203; *RJF* 5/2002, n°592

Civ. 1ère, 19 mars 2002, *M. Storck* : *RTD civ.* 2003, p. 137, obs. B. VAREILLE

Com., 7 avr. 2002, *Mme Pavie c/ Directeur général des impôts* : *Bull. civ.* IV, n°150 ; *DF* 1992, n°30, comm. 1547, note G. TIXIER et T. LAMULLE ; *RJF* 1992/5, n°758

Crim., 16 oct. 2002, *Sté Optical Center*, n°01-86.201 : *RJF* 3/2003, n°320

Crim., 14 nov. 2002, n°00-30.270, *Neang Chin et a.*: *RJF* 3/2003, n°323

Crim., 30 avr. 2003, n°02-81.789, *Victori* : *RJF* 10/2003, n°1119

Com., 17 oct. 2003, n°00-13.966, *M. Gallotte* : *JD* 2003-019.894 ; *RJF* 12/2003, n°1473 ; *DF*. 2004, comm. 411 ;

Com., 13 nov. 2003, n°01-15.611, *Binet* : *DF* 2004, n°53, comm. 940 ; *Dr. sociétés* 2004, comm. 34, note J.-L. PIERRE ; *RJF* 3/2004, n°325.

Crim., 19 nov. 2003, *Sté Screg Ile-de-France Normandie*, n°02-81.997 : *RJF* 6/2004, n°619

Com., 3 mars 2004, n°02-16.547 : *RJF* 2004/7, n°793

Com., 12 juil. 2004, n°01-11.403, FS-P+B+I, *Cts Pelat* : *Bull. civ.* IV, n° 153 ; *DF* 2004, n°42, comm. 764 ; *LPA* 14 janv. 2005, n°10, p. 16 et s., note E. GARAUD ; *LPA* 27 janv. 2005, n°19, p. 10 et s., note T. LAMBERT

Com., 5 oct. 2004, n°03-15.709 : *Bull. civ.* IV, n°178 ; *DF* 2004, 833

Cass, Ch. mixte, 23 nov. 2004 : *RGDA* 2005, p. 110, note L. MAYAUX

Com., 11 janv. 2005, n°02-16.597 : *Bull. civ.* IV, n°7

Com., 25 janv. 2005, n°03-10.068, *Époux Imbert de Trémiolles* : *DF* 2005, n°13, comm. 327, note J.-L. PIERRE ; ibid. n°17, comm. 391, note J. GROSCLAUDE ; *RJF* 4/2005, n°405 ; AJDI 2005, p. 823, note J.-P. MAUBLANC ;; D 2005, p. 1659, note J.-L. ALBERT ; Lexbase n°N4587ABI, 10 fév. 2005, n°154, note J.-M. PRIOL

Civ. 2e, 21 avr. 2005, n°02-21.148, *Rigat : DF* 2005, comm. 470 ; *RJF* 11/2005, n°1207

Com., 31 mai 2005, n°02-17.025, *Marin-Cudraz et Favray* : *DF* 2005, n°38, comm. 625 ; *AJDI* 2006, p. 297

Com., 27 sept. 2005, n°03-14.636, *Sté Octogone immobilier* : *DF* 2006, n°27, comm. 492, rapport C. GUEGUEN ; *RJF* 1/2006, n°103

Civ. 1ère, 6 déc. 2005, n°04-20.625 : *Bull. civ.* n°475

Com., 13 déc. 2005, n°03-13.984, *Cts Lemasson* : *RJF* 5/2006, n°628

Com., 31 janv. 2006, n°02-18.309, FS+P+B+R, *DGI c/ EURL Invest Immo* : *Bull. civ.* IV, n°25 ; *JCP E* 2006, 1538 ; *JCP G* 2006, 1433 ; *RJF* 5-2006, n°621

Com., 14 fév. 2006, n°03-14.210 : *RJF* 6/2006, n°792

Soc., 28 mars 2006, n 04-16.558, FS-P+B, *SA Entreprise Jean Spada et a. c/ Assedic Côte d'Azur* : *JCP E* 2006, 1781 ; *RJS* 6/2006, n°765

Com., 25 avr. 2006, *Dorsaz* : *RJF* 8-9/2006, n°1108

Com., 7 juin 2006, n°02-21.331 : *Bull. civ.* IV, n°135.

Crim., 28 juin 2006, *Antoine*, n°05-83.782 : *DF* 2007, n°28, comm. 738

Com., 3 oct. 2006, n°04-14.272 : *DF* 2007, n°12, comm. 302

Com., 19 déc. 2006, n°05-17.076 : *Bull. civ.* IV, n°260

Com., 6 fév. 2007, n°05-11.246, *Binet* : *RJF* 6/2007, n°762

Crim., 14 mars 2007, n°06-81.099, F-D : *DF* 2007, n°37, étude 824

Com., 20 mars 2007, n°05-20.599 : *RJF* 8-9/2007, p. 710, note B. HATOUX *; JCP E* 2007, 1698, note H. HOVASSE ; *Dr. sociétés* 2007, comm. 124, note J.-L. PIERRE

Com., 20 mars 2007, n°05-16.751 : *Bull. civ.* IV, n°94 ; *RJF* 2005, n°858

Com., 3 avr. 2007, n°06-10.702 : *Bull. civ.* IV, n°107 ; *RJF* 2007/8-9, p. 710, note B. HATOUX.

Civ. 2e, 4 juil. 2007, n°06-14.048, FS-P+B, Cts P. c/ B : *Dr. famille* 2007, comm. 176, note V. NICOLAS

Com., 6 nov. 2007, n°05-21.527, *DGI c/ Huber* : *Bull. civ.* IV, n°235 ; *Procédures* 2008, comm., note J.-L. PIERRE ; *RJF* 2/2008, n°238

Com., 20 mai 2008, n°07-18.397 : *DF* 2008, n°24, comm. 378 ; *Ibid.*, n°40, comm. 527, note J. LEDAN ;

Com., 23 sept. 2008, n°07-15.210 et Com., 21 oct. 2008, n°07-18.770 : *DF* 2008, n°47, act. 334, note E. MEIER et R. TORLET

Com., 23 sept. 2008, n°07-11.989, *Sté Kourou Bardage* : *RJF* 1/2009, n°85 ; *DF* 2008, n°47, comm. 589, note J.-P. MAUBLANC

Com., 7 oct. 2008, n°07-13.600, *Paillaud* : *DF* 2009, n°38, comm. 472 S. QUILICI ; *RJF* 1/2009, n°83

Cass., Ass. plén., 27 fév. 2009, n°07-19.841, *Sté Sédéa électronique c/ Sté Pace Europe et a.* : *JCP G* 2009, II, 10073, note P. CALLE

Civ. 2e, 28 mai 2009, n°08-16.829, *D.* 2009, 1606, obs. I. GALLEMEISTER ; *ibid.* 2010, p. 49, obs. P. BRUN et O. GOUT ; *RTD civ.* 2009, p. 534, obs. P. JOURDAIN. – V. également, l'étude globale de J.-M. PONTIER, « La notion de réparation intégrale du préjudice » : *AJDA* 2019, p. 848.

Com., 9 juin 2009, n°08-14.806, FS-P+B, *DGFiP c/ M. Le Saux* : *DF* 2009, n°36, comm. 446, note J-P. MAUBLANC ; *Procédures* 2009, comm. 297, note L. AYRAULT ; *RJF* 10/2009, n°890

Com., 23 juin 2009, n°08-17.681, *Cailliau* : *RJF* 11/2009, n°1024

Com., 23 juin 2009, n°08-15.494, *Loge* : *RJF* 11/2009, n°1025

Com., 7 juil. 2009, n°08-16.762, *Bacou* : *Bull. civ.* IV, n°102 ; *RJF* 11/2009, n°1023.

Com., 15 sept. 2009, n°08-18.013, FS-P+B, *DGI c/ Darras* : *DF* 2009, n°39, act. 299 ; *RJF* 2/2010, n°173 ;

Com.,24 nov. 2009, n°08-21.166, Sté *Roquefirst* : *DF* 2009, n°51, comm. 591 ; *RJF* 3/2010, n°299

Com., 8 déc. 2009, n°08-21.017, FS-P+B+R+I, *X et Sté Matex c/ DNEF et a.* : *DF* 2009, n°51, act. 376 ; *RJF* 3/2010 n°244. – V. A. ANGOTTI et M. RODRIGUES, « Visites domiciliaires (LPF, art. L. 16 B) : les premières décisions de la Cour de cassation sur le nouveau contentieux issu de la LME » : *DF* 2010, n°15, étude 269 ; R. SALOMON, « Droit pénal fiscal »: *DF* 2010, n 15, étude 270

Com., 15 déc. 2009, n°09-17.734, F-P+B, *Sté Agence maritime africaine (AMA)* : *DF* 2010, n°2, act. 6 ; *RJF* 4/2010, n°374

De 2010 a 2014

Com., 2 fév. 2010, n°09-13.795, FS-P+B+I+R, *Sté Locadis et Sté Centre viande Beauvallet et fils* : *DF* 2010, n°15, étude 269, A. ANGOTTI et M. RODRIGUES ; *RJF* 5/2010, n°498 ; *JCP G* 2010, 300, note B. BELDA

Com.,2 fév. 2010, n°09-14.821, FS-P+B+I+R, *Sté France Business Informatique Orléans (FBIO) et a.* et n°08-21.390 : *DF* 2010, n°15, étude 269, A. ANGOTTI et M. RODRIGUES ; *ibid.*, n°15, étude 270, R. SALOMON ; *RJF* 5/2010, n°498

Com.,9 mars 2010, n°09-14.707, *Glas*, F-P+B : *RJF* 6/2010, n°601. – V. A. ANGOTTI et M. RODRIGUES, « Visites domiciliaires (LPF, art. L. 16 B) »

Com., 23 mars 2010, n°09-14.101, F-D, Sté Artal Forest et a. : *RJF* 7/2010, n°695

Com., 7 avr. 2010, n°09-15.122 : *DF* 2010, n°22, comm. 355, note D. RAVON ; *RJF* 2010, n°696

Com., 1er juin 2010, *Sté DEG conseils*, n°09-16.464 : *RJF* 12/2010, n°1190

Com.,1er juin 2010, *Sté Inforad*, n°09-16.127 : *RJF* 12/2010, n°1189

Com., 18 juin 2010, n 09-86.657 : *DF*. 2010, n°26, act. 248

Com., 29 juin 2010, n°09-15.702 et n°09-15.704, *Sté Trimble Europe Bv* : *DF* 2010, n°39, comm. 507, note M. RODRIGUES ; *RJF* 12/2010, n°1191

Com., 14 sept. 2010, n°09-14.898, *Baranger* : *RJF* 1/2011, n°111 ; *BF Lefebvre* 1/2011, inf. 76

Crim., 6 oct. 2010, n°09-87.879. – V. R. SALOMON, «Droit pénal fiscal»: *DF* 2011, n°3, étude 111

Com., 14 déc. 2010, n°10-18.601, *Mme Noblins* : *RJF* 3/2011, n°364

Com., 14 déc. 2010, n°10-13.601, F-D : *DF* 2011, n°4, comm. 135, note F. MARTINET

Cass, Ass. plén., 7 janv. 2011, n°09-14.316 et n°09-17.667 : Bull. n°1 ; *JCP G* 2011, 208, note B. RUY *;* *D* 2011, p. 562, note F. FOURMENT

Com., 18 janv. 2011, *Aïm*, n°10-11.778 : *RJF* 6/2011, n°717

Com., 8 fév. 2011, n°10-10965 : *Bull. Com.,*n°17

Crim., 9 fév. 2011, n°10-86.072, F-D : *RJF* 6/2011, n°737

Com., 18 mars 2011, n°10-40.078 : *RJF* 6/2011, n°870

Com., 7 juin 2011, *Dobson,* n°10-18.108 : *RJF* 12/2010, n°1324 et 1326.

Com., 28 juin 2011, n°11-40.019, *Sté Heatherbrae Ltd* : *RJF* 11/2011, n°1203

Com., 29 mars 2011, *Sté Newedge Group*, n°10-30.001 : *RJF* 7/2011, n°831

Com., 29 nov. 2011, n°11-14.460 (n°1202 F-D), *Sté Clinique Matignon* : *RJF* 3/2012, n°261. – V. R. SALOMON, « Droit pénal fiscal » : *DF* 2012, n°16, étude 262.

Com., 31 janv. 2012, n°11-13.097 (n°141 FS-P+B) : *DF* 2012, n°12, comm. 207, note S. DETRAZ ; *RJF* 4/2012, n°381 et p. 384, étude B. HATOUX ; *Procédures* 2012, comm. 137, note L. AYRAULT ; *Rev. sociétés* 2012, 389, note C. LOPEZ

Com., 7 fév. 2012, n°11-21.263 (n°270 F-D), *Alamo* : *RJF* 5/2012, n°507

Com., 21 fév. 2012, n°11-15.162 (n°267 F-D) : *RJF* 5/2012, n°484. – V. B. HATOUX, « La preuve illicite est irrecevable ou le vol est un péché capital » : *RJF* 4/2012, p. 304

Com., 21 fév. 2012, n°11-40.097, *SA Paris-Saint-Germain Football* : *RJF* 5/2012, n°506

Com., 3 mai 2012, n°11-14.008 (n°486 FS-P+B), Sté Alexandre Holding : Procédures 2012, n°8, comm. 268, obs. L. AYRAULT ; *RJF* 8-9/2012, n°832. – V. R. SALOMON, « Droit pénal fiscal » : *DF* 2012, n° 28, étude 372

Com., 15 mai 2012, n°11-18.478, *Allegrini* : *RJF* 8-9/2012, n°873. – V. également, B. HATOUX, « Application de l'article 6-1 de la Convention européenne des droits de l'homme au contentieux fiscal. Analyse et perspectives d'un revirement du juge judiciaire » : *RJF* 11/2004, p. 804 à 807 ; L. AYRAULT, « Le volet civil de l'article 6-1 et le droit fiscal au lendemain de l'arrêt : Cass., 12 juil. 2004, *Consorts Pelât »*, in *L'année fiscale*, éd. PUF, 2005.

Crim., 16 mai 2012, n°11-83, 602, F-P+B : *RJF* 4/2013, n°432. –V. R. SALOMON, «Droit pénal fiscal»: *DF* 2012, n°28, étude 372, n°17

Com., 26 juin 2012, n°11-21.047 (n°726 F-P+B) et n°11-21.048 (n°727 F-P+B), *Sté Finworldgest* : *RJF* 11/2012, n°1030 et 1031

Crim., 12 sept. 2012, n°12-80.574, *Manuel c/ DSF* : *RJF* 10/2014, n°931

Com., 25 sept. 2012, n°11-24.526, *Sté BRM* : *DF* 2012, n°40, act. 383 ; *RJF* 1/2013, n°67

Com., 12 oct. 2012, n°09-70.591, *Clémence* : *RJF* 2/2011, n°182

Com., 6 nov. 2012, n°11-25.953, *Sté Pharmacie Riquelme* : *RJF* 2/2013, n°177

Com., 18 déc. 2012, n°11-28.786, *Sté Amazon* : *RJF* 4/2013, n°415

Com., 12 fév. 2013, n°12-13.399, *Esch* : *RJF* 5/2013, n°505. – V. L. AYRAULT, « Droit fiscal européen des droits de l'homme : chronique de l'année 2013 » : *DF* 2014, n°9, étude 201, n°26 et s.

Com., 26 fév. 2013, n°12-14.771, F-P+B, *Sté HR Access Solutions* : *Bull. civ.* 2013, I, n°4 ; *RJF* 6/2013, n°628 ; *Procédures* 2013, comm. 173, note L. AYRAULT. – V. R. SALOMON, «Droit pénal fiscal»: *DF* 2013, n°17, étude 253.

Crim., 24 avr. 2013, nº 12-87.473 QPC: *Dr. pénal* 2013, comm. 117, obs. A. MARON et M. HAAS.

Com., 28 mai 2013, n°12-16.317, F-P+B, *Pegasus Farms Ltd* : *RJF* 10/2013, n°940 et p. 794, étude B. HATOUX. – V. R. SALOMON, « Droit pénal fiscal » : *DF* 2012, n°29 ; étude 374 ; L. AYRAULT, « Droit fiscal européen des droits de l'homme : chronique de l'année 2013 » : *DF* 2014, n°10, chron. 201, n°9 et s.

Com., 29 oct. 2013, n°13-13.301 et n°13-13.302 : *RJF* 10/2014, n°950

Com., 26 nov. 2013, n°12-27.162, *Sté Futura finances* : *RJF* 3/2014, n°254. – V. R. SALOMON, « Droit pénal fiscal » : *DF* 2014, n°4, chron. 86

Com., 29 nov. 2013, *Tolga Guven*, n°13-40.055 : *RJF* 3/2014, n°279

Com., 21 janv. 2014, n°12-28.696, *Assoc. Fac Habitat* : *RJF* 4/2014, n°466

Crim., 22 janv. 2014, n 12-83.579, P+B+R+I : *Bull. Crim.*,2014, n°22 ; *JCP G* 2014, 345, C. MAURO ; *Dr. sociétés* 2014, comm. 56, note R. SALOMON ; *Dr. pén.* 2014, comm. 67, note É. BONIS-GARCON ; *Dr. pén.* 2014, étude 6, L. DE GRAËVE; *RSC* 2014, p. 106, obs. F. STASIAK

Crim., 25 juin 2014, n°13-87.692 : *RJF* 10/2014, n°931.

Com., 15 oct. 2014, *Silberman*, n°14-15.141 : *RJF* 1/2015, n°49

Civ. 1ère, 5 nov. 2014, n°13-22.605, F-D : *JCP* N 2014, n°47, act. 1193

Crim., 4 déc. 2014, n°14-82.526 : *RJF* 8-9/2017, n°626

A PARTIR DE 2015

Com., 3 mars 2015, n°13-27.605, *Sté Dolphin* : *DF* 2015, n°12, act. 179 ; *RJF* 6/2015, n°501

Com., 9 juin 2015, n°14-17.039, F-P+B, *Les éditions Méditerranée* : *DF* 2015, n°26, act. 380. – V. R. SALOMON, « Droit pénal fiscal » : *DF* 2015, n°31-35, étude 504, n°7

Com., 9 juin 2015, n°14-15.436 : *RJF* 10/2015, n°806

Com., 9 juin 2015, n°14-17.039, F-P+B, *Les éditions Méditerranée* : *DF* 2015, n°26, act. 380. – V. R. SALOMON, «Droit pénal fiscal»: *DF* 2015, n°31-35, étude 504, n°7

Com., 25 juin 2015, n°14-15.524, *Sté Aria* : *RJF* 11/2015, n°927

Com., 5 janv. 2016, n°14-24.666, *Sté Mondelez Europe GmbH et a.* : *RJF* 4/2016, n°354

Com., 8 mars 2016, n°14-26.929, *Sté Barjane* : *DF* 2016, n°11, act. 172 ; *RJF* 2016, n°535

Crim., 30 mars 2016, n°16-90.007, FS-P+B+I, *A. Wildenstein et s.* et n°16-90.005, FS-P+B, *J. Cahuzac et a.* : *RJF* 6/2016, n°551

Crim., 19 mai 2016, n°15-84.526 : *RJF* 9/2016, n°751

Com., 4 oct. 2016, n°15-10.775 et 15-10.778, F-P+B, *Sté France Classy Travel SIA*. – V. R. SALOMON, «Droit pénal fiscal»: *DF* 2016, n°45, étude 576, n°8

Crim., 7 déc. 2016, n°16-80.879 : *JCP* 2017, p. 13, obs.J.-H. ROBERT

Com., 6 déc. 2016, n°15-14.554, Sté Windrose BV : *RJF* 3/2017, n°247

Crim., 22 fév. 2017, n°16-82.047, FS-P+B, *Lagou* : *DF* 2017, n°20, comm. 313, note O. FOUQUET et B. HATOUX ; *RJF* 6/2017, n°625. – V. R. SALOMON, «Droit pénal fiscal»: *DF* 2017, n°18-19, étude 292, n°5)

Crim., 22 fév. 2017, n°14-82.526, P+B : *RJF* 8-9/2017, n°626 . – V. R. SALOMON, «Droit pénal fiscal»: *DF* 2017, n°18-19, étude 292

Com., 1er mars 2017, n°15-26.368 et 15-26.369. V. R. SALOMON, «Droit pénal fiscal»: *DF* 2017, n°18-19, étude 292, n°13

Com., 1er mars 2017, n°15-26.654, FS-P+B, *DGFiP c/ K* : *DF* 2017, n°11, act. 174. - V. R. SALOMON, «Droit pénal fiscal»: *DF* 2017, n°18-19, étude 292, n°14

Crim., 20 avr. 2017, n°15-86.227, P+B : *Dr. pén.* 2017, comm. 97, obs. J.-H. ROBERT

Com., 26 avr. 2017, n°15-27.800, *Sté Meuble Ikéa* : *RJF* 8-9/2017, n°827

Com., 11 mai 2017, n°16-12.526, *Sté Grande pharmacie de Poissy* : *RJF* 8-9/2017, n°826

Crim., 31 mai 2017, n°15-82.159, P+B.– V. R. SALOMON, «Droit pénal fiscal»: *DF* 2017, n°40, étude 485

Crim., 28 juin 2017, n°16-81.149, P+B : *DF* 2017, n°45, act. 587, note O. FOUQUET et B. HATOUX ; *RJF* 10/2017, n°1121. *Comp.* Crim., 31 mai 2017, n°15-82.159, P+B : *JD* 2017-010.656. – V. R. SALOMON, «Droit pénal fiscal»: *DF* 2017, n°40, étude 485

Com., 4 juil. 2017, n°17-40.037 : *RJF* 8-9/2017, n°979

Crim., 18 juil. 2017, n°15-86.153 : *Dr. pénal* 2017, comm. 156, note V. PELTIER et comm. 145

Com., 19 oct. 2017, n°17-15.023 : *RJF* 2/2018, n°202

Com., 21 sept. 2017, n°17-40.049 : *RJF* 1/2018, n°81

Com., 19 oct. 2017, n°17-11.934, *Sté Citrus Junos* : *DF* 2017, n°43-44, act. 585.

Com., 9 nov. 2017, n°17-16.464 : *RJF* 2/2018, n°203

Crim., 6 déc. 2017, n°16-81.857, F-P+B : *DF* 2018, n°5, comm. 165 ; *RJF* 9/2018, n°912. – V. R. SALOMON, «Droit pénal fiscal» : *DF* 2018, n 6, étude 167

Com., 22 mars 2018, n°17-24.593 : *RJF* 6/2018, n°787

Com., 11 avr. 2018, Fondation Nafond Privatstiftung c/ DDFiP des Alpes-Maritimes, n°17-21.938 : RJF 6/2018, n°788

Crim., 3 mai 2018, n° 17-82.098 P. : *Bull. crim.*, n°79

Crim., 30 mai 2018, n°17-86.290, P+B : *Dr. pénal* 2018, comm. 132, obs. J.-H. ROBERT

Crim., 12 sept. 2018, n°18-81.067, n°2266 P : *FR Lefebvre 42*/2018, inf. 2, p. 4

Crim., 12 sept. 2018, n°18-81.040, FS-D : *RJF* 2/2019, n°192

Com., 14 nov. 2018, n°17-16.071 et 17-16.072 : *DF* 2018, n°47, act. 507

Com., 24 janv. 2019, n°18-19.152 : *DF* 2019, n°20, chron . 262, R. SALOMON

Crim., 11 sept. 2019, n°18-81.040 : *DF* 2019, n°40, comm. 390

AUTRES DÉCISIONS JURIDICTIONNELLES FRANCAISES

TC, 8 fév. 1873, *Blanco* : Rec. p. 61, concl. DAVID

TC, 31 juil. 1875, n°81, Renaux : Rec. p. 758, concl. DAVID

TGI Paris, 18 nov. 1987 : *RJF* 1988 ; *DF* 1988, comm. 1362

CAA Nancy, 9 juil. 1992, n°320: *RJF* 2/1992, n°1625

CAA Nantes, 8 fév. 2000, n°97NT226, *M. Haguet*: *DF* 2000, n°43, comm. 805

TC, 1er juil. 2002, n°3.924, *Sté Pinault Bretagne et Cie* : Rec. p. 547

CAA Marseille, 6 mars 2003, n° 99MA279: *RJF* 2004, n°604

CAA Paris, 3e ch., 23 janv. 2006, n°04PA01092, *Sté Groupe Salomon Arc-en-ciel* : *JCP A* 2006, 1144, chron. E. COROUGE et O. GOHIN, n°26

CAA Nantes, 7 avr. 2008, n°06-976, *Paumard*, et n°06-453, *Ciavatta* : *RJF* 10/2008, n° 1104

CAA Paris, plén., 25 mars 2010, n° 08PA03658, *SARL A La Frégate*: *DF* 2010, n° 36, comm. 465, concl. GOUES, note M. GUICHARD et R. GRAU ; *RJF* 2010, n°709

CAA Lyon, 5e ch., 1er oct. 2015, n°14LY00340, *EDAP TMS France* : *DF* 2016, n°10, comm. 214

TA Paris, 7 fév. 2017, n°1505725/3-1, *Sté Paris Clichy* : *Dr. adm.* 2017, n°6, comm. 30, note G. EVEILLARD ; *RDP* 2017, n°5, p. 1227, note T. DUCHARME

CAA Versailles, 6e ch., 9 fév. 2017, n°15VE01869 et 16VE01215 : *RJF* 7/2017, n°769, concl. A. ERRERA. – V. S. RUDEAUX, « Sélection d'arrêts des cours administratives d'appel » : *DF* 2017, n°46, étude 541, spé. n°20

CAA Marseille, 18 juin 2018, n°17MA01653, *Sté nationale Corse Méditerranée*

CAA Paris, 5 oct. 2018, n°17PA01180 et 17PA01188 : *AJDA* 2018, 2352, concl. A.-L. DELAMARRE ; *Gaz. Pal.* 2019, 8 janv. 2019, n°1, p. 22, comm. T. DUCHARME

COUR DE JUSTICE DES COMMUNAUTÉS EUROPÉENNES PUIS DE L'UNION EUROPÉENNE

DE 1960 À 1979

CJCE, 6 avr. 1962, aff. C-13/61, *Bosch* : Rec. p. 97

CJCE, 17 déc. 1970, aff. C-11/70, Internationale Handelsgesellschaft mbH c./ Einführ- und Vorratsstelle füre Getreide und Futtermittel : Rec. p. 1125, concl. A. DUTHEILLET DE LAMOTHE, p. 1141

CJCE, 5 juin 1973, aff. C-81/72, *Commission c/ Conseil* : Rec. p. 576

CJCE, 12 juil. 1973, aff. C-70/72, *Commission c/ Allemagne* : Rec. p. 813

CJCE, 14 mai 1974, aff. C-41/73, *Nold* : Rec. p. 491

CJCE, 21 juin 1974, aff. C-2/74, *Reyners* : Rec. p. 631

CJCE, 14 mai 1975, aff. C-74-74, *CNTA* : Rec. p. 533

CJCE 28 oct. 1975, aff. C-361/75, *Rutili* : Rec. p. 1219

CJCE, 16 juil. 1976, aff. C-43/75, Gabrielle Defrenne c/ SA belge de navigation aérienne Sabena : Rec. p. 455

CJCE, 16 déc. 1976, aff. C-33/76, Rewe *Zentralfinanz* : Rec. p. 1989

CEJCE, 16 déc. 1976, aff. C-45/76, *Comet* : Rec. p. 2043

CJCE, 25 janv. 1977, aff. C-46/76, *W.J.G. Bauhuis c. Pays-Bas :* Rec. p. 5

CJCE, 9 mars 1978, aff. C-106/77, *Simmenthal* : Rec. p. 629.

CJCE, 20 fév. 1979, aff. C-120/78, *Rewe-Zentral* : Rec. p. 649 (affaire dite « Cassis de Dijon »)

CJCE, 16 mai 1979, aff. 84/78, *Tomadini* : Rec. p. 1802

DE 1980 À 1989

CJCE, 27 fév. 1980, aff. C-68/79, *Hans Just* : Rec. p. 501.

CJCE, 27 mars 1980, aff. C-61/79, *Denkavit italiana* : Rec. p. 1205 et concl. G. REISCHL

CJCE, 5 mai 1981, aff. C-112/80, *Dübreck* : Rec. p. 1096

CJCE, 3e ch., 9 juil. 1981, aff. C-169/80, Administration des douanes c/ SA Gondrand Frères et SA Garancini : Rec. p. 1931

CJCE, 17 mai 1983, aff. C-132/82, *Commission c. Belgique :* Rec. p. 1649

CJCE, 9 nov. 1983, aff. C-199/82, *San Giorgio:* Rec. p. 3595

CJCE, 10 avr. 1984, aff. C-324/82, *Commission c/ Belgique* : Rec. p. 1861

CJCE, plén., 28 janv. 1986, aff. C-270/83, *Commission c/ France* : *DF* 1986, n°18, comm. 903, concl. F. MANCINI ; *RJF* 11/1986, n°1020

CJCE, 5 mars 1986, aff. C-69/85, *Wünsche c/ Allemagne* : Rec. p. 947

CJCE, 24 fév. 1987, aff. C-310/85, *Deufil GmbH & Co KG c/ Commission* : Rec. p. 901

CJCE, 15 oct. 1987, aff. C-222/86, Union nationale des entraîneurs et cadres techniques professionnels du football et a. : Rec. p. 4097

CJCE, 2 fév. 1988, aff. C-24/86, *Blaizot C. Université de Liège* : Rec. p. 379

CJCE, 25 fév. 1988, aff. C-299/86, *Rainer Drexl :* Rec. p. 1213

CJCE, 25 fév. 1988, aff. jtes C-331/85, C-376/85 et C-378/85, Bianco SA et J. Girard Fils SA c/ Directeur général des douanes et droits indirects : Rec. p. 1099

CJCE, 24 mars 1988, aff. C-104/86, *Commission c/ Italie* : Rec. p. 1799

CJCE, 29 juin 1988, aff. 240/87, *Deville* : Rec. p. 3513, concl. G. SLYNN ; *RJF* 11/1988, n°1262

CJCE, 21 sept. 1989, aff. C-68/88, *Commission c/ Grèce* : Rec. p. 2965.

CJCE, 17 oct. 1989, aff. C-85/87, *Dow Benelux*

CJCE, 18 oct. 1989, aff. C-374/87, *Orkem c/ Commission* : Rec. p. 3343.

DE 1990 À 1999

CJCE, 21 mars 1990, aff. C-142/87, *Belgique c/ Commission* (affaire Tubemeuse) : Rec. p. 1005

CJCE, 20 sept. 1990, aff. C-5/89, *Commission c/ Allemagne* : Rec. p. 3437

CJCE, 6e ch., 6 déc. 1990, aff. C-180/88, *WitRSChaftsvereinigung Eisen c/ Commission* : Rec. p. 4413

CJCE, 18 juin 1991, aff. C-260/89, *ERT :* Rec. p. 2925

CJCE, 1er oct. 1991, aff. C-283/90 P, *Vidranyi c/ Commission* : Rec. p. 4339

CJCE, Plén., 19 nov. 1991, aff. C-6/90 et C-9/90, *Andréa Francovich c/ Italie et Daniela Bonifaci c/ Italie* : Rec. p. 5357 ; *RJF* 12/1991, n°1615 ; *JCP* 1991.II.21783, note A. BARAV ; *RFDA* 1992, p. 1, note L. DUBOUIS ; *JDI* 1992, n°2 p. 426, note V. CONSTANTINESCO

CJCE, 28 janv. 1992, aff. C-204/90, *M. Bachmann c/ Belgique* : Rec. p. 249 ; *DF* 1992, n°29, comm. 1503, note E. KORNPROBST ; *RJF* 12/1992, n°1589

CJCE, 28 janv. 1992, aff. C-300/90, *Commission c/ Belgique : RJF* 11/1992, n°1589

CJCE, 16 juil. 1992, aff. C-163/90, Administration des douanes et droits indirects c/ Legros e.a. : Rec. P. 4625

CJCE, 9 mars 1994, aff. C-188/92, *TWD Textilwerke Deggendorf GmbH c/ Allemagne* : Rec. p. 1833 ; *Europe* 1994, comm. 180 ; *JDI* 1995 p. 438, obs. D. SIMON

CJCE, 14 fév. 1995, aff. C-279/93, *Schumacker* : Rec. p. 225; *DF* 1995, n°20, comm. 1089, note A. DE WAAL ; *RJF* 3/1995, n°425 et p. 166, concl. P. LEGER

CJUE, 5e ch., 26 oct. 1995, aff. C-36/94, Siesse – Soluções Integrais em Sistemas Software e Aplicações Ld.a: Rec. p. 3573

CJCE, 13 fév. 1996, aff. C-197/94, *Sté Bautiaa* et aff. C-252/94, *Sté française maritime* : Rec. p. 505 ; *DF* 1996, n°10, comm. 299, concl. G. COSMAS

CJCE, 5 mars 1996, aff. C-46/93 et C-48/93, *Brasserie du Pêcheur et Factofarme* : Rec. p. 1029 ; *DF* 1996, n°45, comm. 1387 ; *RJF* 1996, n°529 ; *AJDA* 1996, p. 489, étude D. SIMON ; *AJDA* 1997, p. 342, chron. H. CHAVRIER, E. HONORAT et G. de BERGUES ; *RFDA* 1996, p. 583, note L. DUBOUIS ; *RSC* 1996, p. 674, obs. J-C. FOURGOUX ; *RTD eur.* 1997, n°1, p. 69, note F. FINES et p. 299, chron. D. BERLIN.

CJCE, 11 juil. 1996, aff. C-39/94, *Syndicat Français de l'Express international* : Rec. p. 3547

CJCE, 17 oct. 1996, aff. C-283/94, *Denkavit International BV*, aff. C-291/94, *VITIC Amsterdam BV* et aff. C-292/94, *Voormer BV c/ Bundesamt für Finanzen* : Rec. p. 5063

CJCE, 24 oct. 1996, aff. C-32/95 P, *Commission c/ Lisrestal et a.* : Rec. p. 5373

CJCE, 14 janv. 1997, aff. C-192/95, *Comateb c/ DGD* : *D* 1998, p. 71, note M.-C. BERGERÈS ; *RJF* 1997, n°290 ; *RTD eur.* 1997, p. 103, chron. D. BERLIN ; *RTD eur.* 1998 p. 137, note F. BERROD et N. NOTARO ; *RTD eur.* 1998 p. 257, chron. D. BERLIN.

CJCE, 20 mars 1997, aff. C-24/95, *Land Rheinland-Pfalz c/ Alcan Deutschland* : Rec. p. 1591 ;

CJCE, 15 mai 1997, aff. C-250/95, *Futura Participations SA et Singer* : Rec. p. 2471 ; *RJF* 1997, n°757 ; *RTD Com.*,1998, p. 723, note G. JAZOTTES

CJCE, plén., 17 juil. 1997, aff. C-28/95, *A. Leur-Bloem* : Rec. p.4 161, concl. F. G. JACOBS ; *DF* 1997, n°38, comm. 979, étude P. DEROUIN, p. 1 100 à 1 104 ; *RJF* 10/1997, 1002

CJCE, Plén., 2 déc. 1997, aff. C-188/95, *Fantask* : *DF* 1998, n°11, comm. 198, note P. DIBOUT ; *RJF* 2/1998, n°211 et p. 86, concl. F.G. JACOBS ; *Procédures* 1998, comm. 188, note J-L. PIERRE ; *Europe* 1998, comm. 44, note A. RIGOUX et D.SIMON ; N. NOTARO, *RMUE* 11/1998, p. 155 ; *AJDA* 1999, p. 62, note J. DUTHEIL DE LA ROCHERE ; D 1998 p.18 ; *RTD eur.* 1998 p. 257, chron. D. BERLIN ; *Rev. sociétés* 1998 p. 367 E. KORNPROBST ; *LPA* 25 nov. 1998, n°141, p. 26, note M-C. BERGERÈS

CJCE, 5e ch., 18 déc. 1997, aff. jtes C-286/94, C-340/95, C-401/95 et C-47/96, *Garage Molenheide BVBA et a. (Belgique) : RJF* 4/1998, n°523

CJCE, 12 mai 1998, aff. C-336/96, *Époux Robert Gilly* : Rec. p. 2793 ; *DF* 1998, n°38, act. 100315 ; *RJF* 7/1998, n°890 ; *Europe* 1998, comm. 242, obs. F. BERROD ; *BDCF* 4/1998, n°97, concl. D. RUIZ JARABO COLOMER

CJCE, 12 mai 1998, aff. C-367/96, *Kefalas* : Rec. p. 2843, concl. G. TESAURO ; *RTD Com.,* 1998, p. 1000, obs. M. LUBY

CJCE, 7 juin 1988, aff. C-63/87, *Commission c/ Grèce* : Rec. p. 2875

CJCE, 11 juin 1998, aff. C-361/96, *Sté générale des grandes sources d'eaux minérales françaises :* Rec. p. 3495 ; *DF* 1998, n°28, p. 903 ; *RJF* 10/1998, n°1238

CJCE, 16 juil. 1998, aff. C-264/96, *Imperial Chemical Insutrie plc (ICI) c/ Kenneth Hall Colmer (Her Majesty's Inspector of Taxes)* : Rec. p. 4 695; *RJF* 11/1998, n°1382 et p. 240, étude J. TUROT ; *BDCF* 6/1998, n°137, concl. G. TESAURO. – V. P. DIBOUT, « Territorialité de l'impôt, répression de l'évasion fiscale et liberté d'établissement dans la Communauté européenne » : *DF* 1998, n°48, étude 100390

CJCE, 20 sept. 1988, aff. C-302/86, *Commission c/ Danemark* : Rec. p. 4607

CJCE, 17 nov. 1998, aff. C-228/96, *Aprile Srl en liquidation* : Rec. p. 7141 ; *Europe* 1999, comm. 7, note M. PIETRI et D. SIMON ; *AJDA* 1999, 311, note H. CHAVRIER, H. LEGAL et G. DE BERGUES ; *RTD Com.,* 1999, p. 550, note G. JAZOTTES, M. LUBY et S. POILLOT-PERUZZETTO ; *JDI* 1999, p. 531, note R. MEDHI

CJCE, 3 déc. 1998, aff. C-381/97, *Belgocodex SA c/ Belgique* : Rec. p. 8153

CJCE, 9 fév. 1999, aff. C-343/96, *Dilexport* : Rec. p. 579

CJCE, 9 mars 1999, aff. C-212/97, *Centros Ltd c/ Erhvervs-o, Selskabsstyrelsen* : Rec. p. 1459 ; *RJDA* 1999, 603, concl. A. LA PERGOLA

CJCE, 29 avr. 1999, aff. C-311/97, *Royal Bank of Scotland*: Rec. p. 2651; *DF* 2000, n°11, 100098, chron. P. DIBOUT

CJCE, 8 juil. 1999, aff. C-254/97, *Sté Baxter* : Rec. p. 4809 ; *DF* 2000, n°11, 100098, chron. P. DIBOUT ; *RJF* 10/1999, n°1313

CJCE, 14 sept. 1999, aff. C-191/97, *Gschwind* : Rec. p. 5451 ; *RJF* 11/1999, n°1485

CJCE, plén., 21 sept. 1999, aff. C-307/97, *Cie de Saint-Gobain Zweigniederlassung Deustchland c/ Finanzamt Aachen-Innenstadt* : Rec. p. 6161, concl. MISCHO ; *DF* 2000, n°11, 100098, chron. P. DIBOUT ; *RJF* 12/1999, n°1629

CJCE, 18 nov. 1999, aff. C-200/98, *XAB-YAB* : Rec. p. 8261; *DF* 2000, n°11, 100098, chron. P. DIBOUT

DE 2000 À 2009

CJCE, plén. 15 fév. 2000, aff. C-169/98, *Commission c/ France (1ère esp.)* et aff. C-34/98, *Commission c/ France (2e esp.)* : *DF* 2000, n°11, act. 100091 ; *RJF* 3/2000, n°436 ; *BDCF* 3/2000, n°41, concl. A. LA PERGOLA

CJCE, plén., 6 juin 2000, aff. C-35/98, *Staatssecretaris van Financiën et Verkooijen* : Rec. p. 4701 ; *DF* 2000, n°42, comm. 792 et 100260, étude P. DIBOUT ; *RJF* 9-10/2000, n°1185

CJCE, 6e ch., 8 juin 2000, aff. C-396/98, *Grundstückgemeinschaft Schloßstraße GbR* : Rec. p. 4279 ; *RJF* 11/2000, n°1393

CJCE, 5e ch., 19 sept. 2000, aff. C-177/99, *Ampafrance SA* et aff. C-181/99, *Sanofi Synthélabo* : Rec. p. 7013 ; *DF* 2000, n°43, comm. 812 et étude 264, J. TUROT ; *RTD Com.*,2001, p. 280, obs. F. DEBOISSY ; *RJF* 11/2000, n°1392 ; *BDCF* 11/2000, n°131, concl. G. COSMAS

CJCE, 5e ch., 21 sept. 2000, aff. C-441/98 et C-442/98, *Michaïlidis* : Rec. p. 7145

CJUE, 26 sept. 2000, aff. C-478/98, *Commission c/ Belgique* : Rec. p. 7587 ; *RJF* 1/2001, n°122

CJCE, 1ère ch.,28 nov. 2000, aff. C-88/99, *Roquette frères SA* : Rec. p. 10465 ; *Europe* 2001, comm. 12, note M. PIETRI ; *RJF* 2/2001, n°271 ; *RTD Com.*,2001 p. 560, note M. LUBY

CJUE, 6e ch., 7 déc. 2000, aff. C-213/99, José Teodoro de Andrade et DIrector da Alfândega de Leixões : Rec. p. 11803

CJUE, 14 déc. 2000, aff. C-110/99, *Emsland Stärke* : Rec. p. 11569

CJCE, 5e ch., 8 mars 2001, aff. C-397/98 et C-410/98, *Metallgesellschaft Ltd e. a.* : Rec. p. 1724 ; *D* 2001.1142 ; *RTD eur.* 2001.743, chron. J-H. HUGLO ; *RTD eur.* 2003. 737, chron. D. BERLIN ; *RTD eur.* 2004.135, chron. D. BERLIN ; *Europe* 2001, comm. 157, note Y. GAUTIER

CJCE, 5e ch., 22 mars 2001, aff. C-261/99, *Commission c/ France (Lainière de Roubaix)* : Rec. p. 2537

CJCE, 6e ch., 12 juil. 2001, aff. C-262/99, *Paraskevas Louloudakis* : Rec. p. 5547

CJCE, 5e ch., 29 nov. 2001, aff. C-17/00, *François de Coster* : Rec. p. 9445

CJCE, 4 juin 2002, aff. C-367/98, *Commission c/ Portugal* : Rec. p. 4731.

CJCE, 5e ch., 11 juil. 2002, aff. C-62/00, *Marks et Spencer plc C/ Commissioners of Customs & Excise* : Rec. p. 6325, concl. L.A. GEELHOED ; *Europe* 2002, comm. 317, obs. A. RIGAUX et D. SIMON ; *JCP E* 2002, 1199

CJCE, 22 oct. 2002, aff. C-94/00, *Sté Roquette frères :* Rec. p. 9011 ; *RJF* 2/2001, n°271 ; *Europe* 2001, comm. 12, note M. PIETRI ; *RTD Com.,*2001 p. 560, note M. LUBY. – V. également, B. HATOUX « Visites domiciliaires : une triste histoire communautaire ou le naufrage d'une liberté » : *BF* 4/2004, chron. p. 223

CJCE, 5e ch., 21 nov. 2002, aff. C-436/00, *X et Y* : Rec p. 10 829 ; *DF* 2002, n°40, act. 240 ; *DF* 2003, n°15, comm. 301, note E. GINTER ; *RJF* 2/2003, n°250

CJCE, 5e ch., 12 déc. 2002, aff. C-324/00, *Lankhorst-Hohorst GmbH c/ Finanzamt Steinfurt*: Rec. p. 11 779; *RJF* 3/2003, n°391; *BDCF* 2003, n°43, concl. J. MISCHO

CJCE, 6e ch., 8 mai 2003, aff. jtes C-328 et 399/00, *Italie et SIM 2 multimédia* : Rec. p. 4035.

CJCE, 5e ch., 2 oct. 2003, aff. C-147/01, *Weber's Wine World Händel-GmbH e. a* : Rec. p.11365 ; *Europe* 2003, comm. 378, obs. D. SIMON.

CJCE, 5e ch., 4 mars 2004, aff. C-334/02, *Commission c/ France* : Rec. p. 2 229 ; *DF* 2004, n°44-45, comm. 813 ; *Europe* 2004, comm. 137, note L. IDOT ; *RJF* 5/2004, n°559 ; *BDCF* 2004, n°70, concl. D. RUIZ-JARABO COLOMER.

CJCE, 5e ch., 11 mars 2004, aff. C-9/02, *Lasteyrie du Saillant* : Rec. p. 2409 ; *DF* 2004, n°20, comm. 483, note B. BOUTEMY et E. MEIER ; *RJF* 5/2004, n°558, chron. L. OLLÉON, p. 347 ; *BDCF* 5/2004, n°69, concl. J. MISCHO ; *Europe* 2004, comm. 137, note L. IDOT ; *D* 2004, p. 933, note J. LE CALVEZ ; *JDI* 2005 ; p. 422, note de M. LUBY

CJCE, 5e ch., 1er avr. 2004, aff. C-99/02, *Commission c/ Italie* : Rec. p. 3353

CJCE, 5e ch., 29 avr. 2004, aff. C-224/02, *Pusa* : Rec. p. 5763

CJCE, 1ère ch., 17 juin 2004, aff. C-30/02, *Recheio-Cash & Carry SA* : Rec. p. 6051 ; *RJF* 10/2004, n°1060 : *Europe* 2004, comm. 281, note D. SIMON

CJCE, gde ch., 7 sept. 2004, aff. C-319/02, *Petri Manninen* : Rec. p. 7477 ; *DF* 2004, n°39, act. 170 ; *RJF* 12/2004, n°1211 ; *BDCF* 11/2004, n°141, concl. J. KOKOTT ; *Dr. sociétés* 2004, comm. 223, note J.-L. PIERRE

CJCE, 1ère ch., 15 juil. 2004, aff. C--365/02, *Marie Lindfors* : Rec. p. 7183

CJCE, 3e ch., 11 mars 2005, aff. C-39/04, *Laboratoire Fournier :* Rec. p. 2057 ; *DF* 2004, n°18-19, comm. 399, note B. BOUTEMY et E. MEIER ; *RJF* 5/2005, n°513

CJCE, 3e ch., 14 avr. 2005, aff. C-110/03, *Belgique c/ Commission* : Rec. p. 2801 ; *Europe* 2005, comm. 214, obs. L. IDOT

CJCE, gde ch., 7 juin 2005, aff. C-17/03, *VEMW e.a.* : Rec. p. 4983

CJCE, gde ch., 12 juil. 2005, aff. C-403/03, *Agon Schempp c/ Finanzamt München* : Rec. p. 6421

CJCE, gde ch., 13 déc. 2005, aff. C-446/03, *Marks & Spencer plc*, pt. 45 : Rec p. 10837 ; *RJF* 2/2006, n°227 ; *BDCF* 2/2006, n°13, concl. L. M. POIARES MADURO ; *FR Lefebvre* 59/2005, inf. 11 p. 27, obs. M. WHATELET ; *FR Lefebvre* 46/2006, inf. 30, p. 46, obs. J. SAÏAC ; *Europe* 2006, comm. 48, note F. MARIATTE ; *Dr. sociétés* 2006, comm. 31, note J.-L. PIERRE ; *JCP E* 2006, 1518, note B. BOUTEMY et E. MEIER ; *Lexbase* n°3516AI3, n°165, 28 avr. 2005, note J.-M. PRIOL sur les conclusions de l'avocat général ; *EUROPEAN TAXATION*, 2012, vol. 52, n°10, note F. BOULOGNE et N. SUMRADA SLAVNIC ; *EC TAX REVIEW* 2005/2, p. 61, note P. MARTIN. – V. B. BOUTEMY et E. MEIER, « Remontée et transfert des déficits et Liberté d'établissement » : *LPA* 2005, n°75, p. 3 ; M. LANG, « Marks and Spencer – more questions than answers : an analysis of the Opinion delivered by Advocat General Maduro » : *EC TAX REVIEW* 2005/2, p. 95 à 100 ; G. T.K. MEUSSEN, « Cross-Border Loss Relief in the European Union following the Advocate General's Opinion in the *Marks & Spencer* Case » : EUROPEAN TAXATION 2005/7, p. 282-286; H. ZAPF et D. ANDREAE-NEHLSEN, « L'affaire *Marks & Spencer* et ses incidences sur la fiscalité française », obs. sur les conclusions de l'avocat général dans l'affaire *Marks & Spencer* : *LPA*, 23 nov. 2005, n°233, p. 5.

CJCE, gde ch., 10 janv. 2006, aff. C-402/03, *Skov et Bilka:* Rec. p. 199

CJCE, 3e ch., 12 janv. 2006, aff. jtes C-354/03, Optigen Ltd, C-355/03, Fulcrum Electronics Ltd, et C-484/03, Bond House Systems Ltd c/ Commissionners of Customs & Excise: Rec. p. 483

CJCE, gde ch., 21 fév. 2006, aff. C-255/02, *Halifax Plc, Leeds Permanent Development Services Ltd, County Wide Property Investments Ltd* : Rec. p. 1609 ; *DF* 2006, n°16, étude 16, Y. SÉRANDOUR ; *RJF* 5/2006, n°648 et p. 383, O. FOUQUET ; *BDCF* 5/2006, n°68, concl. L.-M. POIARES MADURO ; *Europe* 2006, n°4, comm. 128, note F. MARIATTE

CJCE, 3e ch., 23 fév. 2006, aff. C-346/03 et C-529/03, *Giuseppe Atzeni et a. c/ Regione autonoma della Sardegna* : Rec. p. 1875

CJCE, gde ch., 26 avr. 2006, aff. C-376/02, *Stichting « Goed Wonen »* : Rec. p. 3345 ; *DF* 2005, n°22, comm. 447, note T. GEORGOPOULOS

CJCE, 2e ch., 7 sept. 2006, aff. C-470/04, *N :* Rec. p. 7 409 ; *RJF* 11/2006, n°1481

CJCE, gde ch., 12 sept. 2006, aff. C-196/04, *Cadbury Schweppes* : Rec. p. 7995; *DF* 2006, n°39, act. 176; *RJF* 12/0206 n°1644 ; *BDCF* 12/2006, n°146, concl. P. LEGER ; *FR Lefebvre* 39/2006, inf. 9 p. 21, note B. GOUTHIÈRE

CJCE, 3e ch., 14 sept. 2006, aff. C-386/04, *Centro du Musicologia Walter Stauffer* : Rec. p. 8203 ; *RJF* 12/2006, n°1645

CJCE, gde ch., 3 oct. 2006, aff. C-290/04, *FKP Scorpio Konzertpoduktionen GmBH* : Rec. p. 946

CJCE, 1ère ch., 5 oct. 2006, aff. C-232/05, *Commission c/ France* : Rec. p. 10071

CJCE, 3e ch., 5 oct. 2006, aff. C-368/04, *Transalpine Olleitung*: Rec. p. 9 957

CJCE, 2e ch., 26 oct. 2006, aff. C-345/05, *Commission c/ Portugal* : Rec. p. 10633

CJCE, gde ch., 14 nov. 2006, aff. C-513/04, *Kerkhaert et Morres* : Rec. p. 10967 ; *DF* 2007, n°21, act. 224 ; *RJF* 2/2007, n°244 ; *BDCF* 2/2007, n°25, concl. LEENDERT A. GEELHOED

CJCE, gde ch., 12 déc. 2006, aff. C-446/04, *Test Claimants in the FII Group Litigation:* Rec. p. 11 753 ; *DF* 2006, n°52, act. 265 ; *RJF* 3/2007, n°375 ; *Europe* 2007, comm. 50, obs. F. MARIATTE

CJCE, 8e ch., 18 janv. 2007, aff. C. 104/06, *Commission c/ Suède* : Rec. p. 671

CJCE, gde ch., 6 mars 2007, aff. jtes C-338/04, *Massimiliano Placanica*, C-359/04, *Christian Plaazzese*, et C-360/04, *Angelo Sorrichio* : Rec. p. 1891

CJCE, 5e ch., 8 mars 2007, aff. C-45/06, *Campina GmbH & Co* : Rec. p. 2089 ; *DF* 2007, n°5, comm. 152, note F. KAUFF-GAZIN.

CJCE, gde ch., 13 mars 2007, aff. C-524/04, *Test Claimants in the Thin Cap Group Litigation :* Rec. p. 2107; *DF* 2007, n°12, act. 299 et n°29, comm. 764, note H. KRUGER; *RJF* 6/2007, n°775

CJCE, 1ère ch., 22 mars 2007, aff. C-383/05, *Talotta* : Rec. p. 2555 ; *DF* 2007, n°38, comm. 850, note J. MALHERBE et M. WATHELET ; *RJF* 6/2007, n°774

CJUE, 1ère ch., 5 juil. 2007, aff. C-321/05, *Hans Markus Kofoed c/ Danemark* : Rec. p. 5795 ; *RJF* 10/2007, n°1185

CJCE, gde ch., 18 juil. 2007, aff. C-231/05, *Oy AA* : Rec. p. 6373 ; *DF* 2007, n°30, act. 772; *ibid.*, n°52, comm. 1092, note M.-C. BERGERÈS ; *RJF* 11/2007, n°1359.

CJCE, gde ch., 18 juil. 2007, aff. C-119/05, *Lucchini* : Rec. p. 6199

CJCE, 3e ch., 27 sept. 2007, aff. C-146/05, *Albert Collée :* Rec. p. 7861 ; *RJF* 12/2007, n°1512

CJCE, 3e ch., 27 sept. 2007, aff. C-409/04, *Teleos e. a. :* Rec. p. 7797; *DF* 2007, n°40, act. 1041 ; *RJF* 12/2007, n°1511

CJCE, 3e ch., 27 sept. 2007, aff. C-184/05, *Twoh International*: Rec. p. 7897; *DF* 2007, n°40, act. 1041 ; *RJF* 12/2007, n°1511

CJCE, 4e ch., 11 oct. 2007, aff. C-451/05, *Européenne et Luxembourgeoise d'Investissement SA (Elisa)* : Rec. p. 8251 ; *DF* 2007, n°50, comm. 1047, note J.-L. PIERRE ; *RJF* 1/2008, n°97 ; *Europe* 2007, comm. 336, note L. IDOT ; *Dr. sociétés* 2007, comm. 231, note J.-L. PIERRE ; *AJDI* 2008, p. 178, note J.-P. MAUBLANC ; *RMCUE* 2008, p. 178 et 290, note J.-P. MAUBLANC. – V. A. MAITROT DE LA MOTTE, « La taxe de 3% et le droit communautaire : l'Europe fiscale à la croisée des chemins. A propos de l'arrêt *Elisa* du 11 oct. 2007 » : *L'Année fiscale 2008* ; *DF* 2008, n°hors-série, étude 5 ; L. BERNARDEAU et F. SCHMIED, « Jurisprudence de la CJCE : fiscalité directe (oct./ déc. 2007) » : *DF* 2008, n°8-9, étude 183.

CJCE, 4e ch., 18 oct. 2007, aff. C-441/06, *Commission c/ France* : Rec. p. 8887

CJCE, gde ch., 23 oct. 2007, aff. C-112/05, *Commission c/ Allemagne* : Rec. p. 8995

CJCE, 4e ch., 25 oct. 2007, aff. C-464/05, Maria Geurts et Dennis Vogten c/ Administratie van de BTW, registratie en domeinen, Belgische Staat : Rec. p. 9 325 ; Europe 2007, comm. 334, note F. KAUFF-GAZIN

CJCE, 1ère ch., 6 déc. 2007, aff. C-298/05, *Columbus Container* : Rec. p. 10451 ; *RJF* 2/2008, n°246 ; *Europe* 2008, comm. 39, note E. MEISSE

CJCE, gde ch., 18 déc. 2007, aff. 101/05, *Skatteverket c/ A* : Rec. p. 11531 ; *DF* 2007, n°52, act. 1169 ; *RJF* 3/2008, n°378

CJCE, 3e ch., 18 déc. 2007, aff. C-281/06, *Jundt c/ Finanzamt Offenburg* : Rec. p. 12 231 ; *Europe* 2008, comm. 46, obs. A.-L. MOSBRUCKER

CJCE, 1ère ch., 18 déc. 2007, aff. C-368/06, *SA Cedillac* : Rec. p. 12. 327 ; *DF* 2008, n°8-9, comm. 187, M. GUICHARD et J. HERG ; *RJF* 3/2008, n°386

CJCE, 2e ch., 17 janv. 2008, aff. C-256/06, *Jäger* : Rec. p. 123 ; *RJF* 4/2008, n°528 ; *Europe* 2008, comm. 85, note V. MICHEL

CJCE, 4e ch., 17 janv. 2008, aff. C-105/07, *Lammers & Van Cleef* : Rec. p. 173 ; *Europe* 2008, comm. 89, note A-L. MOSBRUCKER

CJCE, gde ch., 12 fév. 2008, aff. C-199/06, Centre d'exportation du livre français (CELF) et min. Culture et Communication c/ Sté internationale de diffusion et d'édition (SIDE) : Rec. p. 469 ; Europe 2008, comm. 124, note L. IDOT ; JCP E 2008, 1315

CJCE, 2e ch., 21 fév. 2008, aff. C-425/06, *Parl Service Srl* : Rec. p. 897; *DF* 2008, n°23, comm. 366, note O. FOUQUET ; *RJF* 6/2008, n°765

CJCE, 4e ch., 21 fév. 2008, aff. C-271/06, *Netto Supermarkt GmbH & Co. OHG :* Rec. p. 771

CJCE, 4e ch., 28 fév. 2008, aff. C-293/06, *Deutsche Shell* : Rec. p. 1 129; *RJF* 5/2008, n°623 ; *Europe* 2008, comm. 119, obs. A.-L. MOSBRUCKER

CJCE, 3e ch., 13 mars 2008, aff. C-248/06, *Commission c/ Espagne* : Rec. p. 47 ; *RJF* 6/2008, n°760

CJUE, 3e ch., 10 avr. 2008, aff. C-309/06, *Marks & Spencer* : Rec. p. 2 283

CJCE, 3e ch., 8 mai 2008, aff. C-95/07 et aff. C-96/07, *Ecotrade SpA* : Rec. p. 3 457 ; *DF* 2008, n°48, note A. BONNET ; *RJF* 7/2008 n°920. – V. aussi Y. SÉRANDOUR, *TVA : chronique de l'année 2008, in l'Année fiscale* : *DF* 2009, n°9, 214.

CJCE, 4e ch., 15 mai 2008, aff. C-414/06, *Lidl Belgium GmbH & Co KG :* Rec. p. 3 601 ; *DF* 2008, n°39, comm. 512, note M.-C. BERGERÈS ; *RJF* 8-9/2008 n°1030, concl. E. SHARPSTON ; *FR Lefebvre* 31/2008, inf. 1 p. 3, comm. F. DONNAT ; *Europe* 2008, comm. 233, note D. SIMON

CJCE, gde ch., 20 mai 2008, aff. C-194/06, *Orange European Smallcap Fund NV:* Rec.p. 3 747; *RJF* 10/2008, n°1048 ; *RTD Com.,*2008, 645, chron. G. JAZOTTES

CJCE, 3e ch., 22 mai 2008, aff. C-162/07, *Ampliscientifica Srl et Amplifin SpA* : Rec. p. 9 911 ; *DF* 2008, n°24, act. 184, obs. O. FOUQUET ; *RJF* 8-9/2008, n°1031

CJCE, 2e ch., 18 déc. 2008, aff. C-349/07, *Sopropé :* Rec. p. 10 369

CJCE, 1ère ch., 10 juil. 2008, aff. C-25/07, Alicja Sosnowska c/ Dyrekto Izby Skarbowej we Wrocławiu Ośrodek Zamiejscowy w Wałbrzychu : Rec. p. 5129 ; RJF 11/2008, n°1278

CJCE, 3e ch., 11 sept. 2008, aff. C-11/07, *Hans Eckelkamp e.a.* : Rec. p. 6845 ; *Europe* 2008, comm. 369, note F. KAUFF-GAZIN ; *RJF* 12/2008, n°1406

CJCE, 4e ch., 23 oct. 2008, aff. C-157/07, *Krankenheim Ruhesitz am Wannsee-Seniorenheimstatt GmbH* : Rec. p. 8 601 ; *DF* 2008, n°50, comm. 616, note J.-C. GRACIA ; *RJF* 1/2009, n°98

CJCE, 1ère ch., 9 nov. 2008, aff. C-520/04, *Pirkko Marjatta Turpeinen* : Rec. p. 10 685

CJCE, 4e ch., 27 nov. 2008, aff. C-418/07, *Sté Papillon* : Rec. p. 8 947 ; *DF* 2008, n°52, comm.644, note J.-L. PIERRE ; *RJF* 2/2009, n°180 : *BDCF* 2/2009, n°16, concl. J. KOKOTT ; *FR Lefebvre* 62/2008, inf. p. 21 ; *JCP E* 2008, 534. – V. P. DIBOUT, « Le périmètre des groupes de sociétés et la liberté d'établissement » : *DF* 2008, n°52, étude 640 ; A. MAITROT DE LA MOTTE, « Régime des groupes (affaire Papillon) : l'atteinte à la liberté d'établissement est justifiée mais disproportionnée » : *DF* 2008 ; n°49, act. 353 ; L. BERNARDEAU et F. SCHMIED, « Jurisprudence de la CJCE : fiscalité directe (juill./déc. 2009) » : *DF* 2009, n°8, chron. 193, n°48 à 52 et 61 à 68 ;

CJCE, 2e ch., 13 nov. 2008, aff. C-214/07, *Commission c/ France* : Rec. p. 8 357; *DF* 2008, n°47, act. 341 ; *ibid.*, n°51, act. 365, obs. A. MAITROT DE LA MOTTE.

CJCE, 4e ch., 27 nov. 2008, aff. C-418/07, Sté Papillon : Rec. p. 8 947 ; *DF* 2008, n°52, comm.644, note J.-L. PIERRE ; *RJF* 2/2009, n°180 ; *BDCF* 2/2009, n°16, concl. J. KOKOTT ; *FR Lefebvre* 62/2008, inf. p. 21. – V. P. DIBOUT, « Le périmètre des groupes de sociétés et la liberté d'établissement » : *DF* 2008, n°52, étude 640 ; A. MAITROT DE LA MOTTE, « Régime des groupes (affaire Papillon) : l'atteinte à la liberté d'établissement est justifiée mais disproportionnée » : *DF* 2008 ; n°49, act. 353

CJCE, 4e ch., 22 déc. 2008, aff. C-282/07, *Truck Center SA* : Rec. p. 10 767 ; *DF* 2009, n°1-2, act. 10 ; *ibid.*, n°26, comm. 389 ; *RJF* 3/2009, n°302 ; *BDCF* 3/2009, n°40, concl. J. KOKOTT

CJCE, gde ch., 27 janv. 2009, aff. C-318/07, *Hein Persche* : Rec. p. 359 ; *DF* 2009, n°21, comm. 337, note M. GUICHARD et R. GRAU ; *RJF* 2009, n°416 ; *Europe* 2009, comm. 122, obs. A. RIGAUX

CJCE, 4e ch., 11 juin 2009, aff. C-155/08, *X* et aff. C-157/08, *E. H. A. Passenheim-Van Shoot :* Rec. p. 5 093 ; *DF* 2009, n°29, comm. 424, note E. J. VAN BRUSTEM ; *RJF* 10/2009, n°899

TPICE, 1er juil. 2009, aff. T-82 et 83/07, *KG Holding* : Rec. p. 2411.

CJCE, 1er ch., 16 juil. 2009, aff. C-128/08, *M. Damseaux c/ Belgique* : Rec. p. 6 823 ; *DF* 2009, n°30, act. 428 ; *RJF* 11/2009, n°1031 ; *RTD eur.* 2010, 159, chron. D. BERLIN ;

CJCE, 3e ch., 15 oct. 2009, aff. C-35/08, *Busley et Cibrian Fernandez* : Rec. p. 9 807 ; *DF* 2009, n°43, act. 328; *RJF* 2/2010, n°190

CJCE, 2e ch., 9 nov. 2009, aff. C-540/07, *Commission c/ Italie* : Rec. p. 10 983 ; *Europe* 2009, comm. 25, obs. A.-L. MOSBRUCKER

CJCE, 3e ch., 19 nov. 2009, aff. C-314/08, *Krzysztof Filipiak c/Dyrektor Izby Skarbowej w Poznaniu*: Rec. p. 11 049 ; *RJF* 2/2010, n°188 ; *RTD eur.* 2010, 113, chron. L. COUTRON

DE 2010 A 2014

CJUE, 3e ch., 21 janv. 2010, aff. C-311/08, *Société de Gestion Industrielle SA (SGI)* : Rec. p. 487, concl. J. KOKOTT ; *DF* 2010, n°4, act. 25 ; *RJF* 4/2010 n°446. – V. L. BERNARDEAU, *Jurisprudence de la CJUE : fiscalité directe (janv./juin 2010)* : *DF* 2010, n°41, chron. 520

CJUE, 2e ch., 25 fév. 2010, aff. C-337/08, *X Holding BV* : Rec. p. 1 215, concl. J. KOKOTT; *DF* 2010, n°10, act. 68 ; *RJF* 5/2010, n°552, et p. 377, chron. M. WATHELET. – V. L. BERNARDEAU, « Jurisprudence de la CJUE : fiscalité directe (janv./juin 2010) » : *DF* 2010, n°41, chron. 520, n°63 à 72 ; E. RAINGEARD DE LA BLÉTIÈRE, « Droit de l'Union européenne : chronique de l'année 2010 » : *DF* 2011, n°9, chron. 234

CJUE, 4e ch., 15 avr. 2010, aff. C-542/08, *Barth* : Rec. p. 3 189 ; *RJF* 10/2010, n°814

CJCE, 2e ch., 22 avr. 2010, aff. C-510/08, *Mattner* : Rec. p. 3 553 ; *DF* 2010, n°41, act. 520

CJUE, 4e ch., 10 mai 2010, aff. C-39/10, *Commission c/ Estonie* : *RJF* 10/2012, n°966

CJUE, gde ch., 22 juin 2010, aff. jtes C-188/10, *Melki*, et C-189/10, *Abdeli* : Rec. p. 5 667

CJUE, 3e ch., 15 juil. 2010, aff. C-582/08, *Commission c/ Royaume-Uni* : Rec. p. 7 195

CJUE, 4e ch., 29 juil. 2010, aff. C-188/09, *Dyrektor Izby Skarbowej w Białymstoku* : Rec. p. 7 639 ; *RJF* 12/2010, n°1244

CJUE, 3e ch., 21 oct. 2010, aff. C-385/09, Nidera Handelscompagnie BV c/ Valstybinė mokesčiųinspekcija prie Lietuvos Respublikos finansų ministerijos : Rec. p. 10 385 ; RJF 1/2011, n°126

CJUE, 3e ch., 28 oct. 2010, aff. C-72/09, *Ets Rimbaud SA* : Rec. p. 10 659 ; *DF* 2010, n°49, comm. 588, note A. MAITROT DE LA MOTTE et E. DUBOUT ; *RJF* 1/2011 n°128, p. 16 étude F. DONNAT ; *RDUE* 2010/4, p. 886, note R. GALANTE ; *Bull. Joly Sociétés*, 2011, n°1, p. 49, note F. MELIN.

CJUE, gde ch., 9 nov. 2010, aff. jtes C-92/09 et C-93/09, *Volker und Markus Schecke et Hartmut Eifert c/ Land Hessen* : Rec. p. 11 063

CJUE, gde ch., 7 déc. 2010, aff. C-285/09, R : Rec. p. 12 605 ; *RJF* 3/2011, n°394

CJUE, 4e ch., 22 déc. 2010, aff. C-507/08, *Commission c/ Slovaquie* : Rec. p. 13 489

CJUE, 3e ch., 5 mai 2011, aff. C-384/09, *Prunus SARL et Polonium SA* : Rec. p. 3 319 ; *DF* 2011, n°24, comm. 393, note A. MAITROT DE LA MOTTE ; *RJF* 7/2011, n°910

CJUE, 2e ch., 20 mai 2011, aff. C-56/09, *Emiliano Zanotti c/Agenzia delle Entrate – Ufficio Roma 2 :* Rec. p. 4 517 ; *RJF* 8-9/2010, n°866.

CJUE, 1ère ch., 30 juin 2011, aff. C-262/09, *Meilicke* : Rec. p. 5 669 ; *RJF* 11/2011, n°1250 ; *RTD eur*. 2012.193, chron. D. BERLIN

CJUE, 3e ch., 7 juil. 2011, aff. C-263/10, *Nisipeanu:* Rec. p. 97 (somm.)

CJUE, gde ch., 6 sept. 2011, aff. C-398/09, *Lady & Kids e. a.* : Rec. p. 7 375; *RTD eur.* 2012, p. 193, chron. D. BERLIN; *RTD eur.* 2012 p. 233, obs. A. DEFOSSEZ ; *Europe* 2011, comm. 382, note F. KAUFF-GAZIN

CJUE, 2e ch., 15 sept. 2011, aff. C-132/10, *Halley* : Rec. p. 8 353; *DF* 2011, n°38, act. 283 ; *RJF* 12/2011, n°1403

CJUE, 1ère ch., 15 sept. 2011, aff. C-310/09, *Accor* : Rec. p. 8 115 ; *DF* 2012, comm. 67, note J.-L. PIERRE ; *RJF* 12/2011, n°1402, concl. P. MENGOZZI ; *D* 2011, 2400 ; *RTD eur.* 2012.193, chron. D. BERLIN

CJUE, 5e ch., 10 nov. 2011, aff. C-126/10, *Foggia SGP* : Rec. p. 10 923 ; *RJF* 2/2012, n°201

CJUE, gde ch., 29 nov. 2011, aff. C-371/10, *National Grid Indus* : Rec. p. 12273 ; *DF* 2012, n°5, comm. 125, note G. BLANLUET ; *RJF* 2/2012, n°192. – V. L. BERNARDEAU, « Jurisprudence de la CJUE : fiscalité directe (sept./déc. 2011) » : *DF* 2012, n°6, chron. 130 ; E. RAINGEARD DE LA BLÉTIÈRE, « Droit de l'Union européenne : chronique de l'année 2011 » : *DF* 2012, n°9, chron. 161

CJUE, 3e ch., 15 déc. 2011, aff. C-427/10, *Banca Antoniana Popolare Veneta* : Rec. p. 13 377; *RJF* 3/2012, n°325

CJUE, 7e ch., 21 déc. 2011, aff. C-499/10, *Vlaamse Oliemaatschappij NV c/ FOD Financiën:* Rec. p. 14 191

CJUE, 1ère ch., 29 mars 2012, aff. C-414/10, *Véleclair* : *RJF* 6/2012, n°672

CJUE, 3e ch., 10 mai 2012, aff. jtes C-338/11 et C-347/11, *Santander Asset Management SGIIC* : *DF* 2012, n°20, act. 222 et 215, note S. DEFERT, V. LOUVEL et E. RAINGEARD DE LA BLÉTIÈRE ; *RJF* 7/2012, n°775 ; *Dr. sociétés* 2012, comm. 156, note J.-L. PIERRE.

CJUE, gde ch., 5 juin 2012, aff. C-489/10, *Bonda*, pt. 37.

CJUE, 3e ch., 21 juin 2012, aff. jtes C-80/11 et C-142/11, Mahagében kft et Péter David c/ Nemzeti Adó-és Vámhivatal Dél-dunántúli Regionális Adó Föigazgatósága : RJF 10/2012, n°973

CJUE, 1ère ch., 5 juil. 2012, aff. C-318/10, Société d'investissement pour l'agriculture tropicale SA (SIAT) c/ Belgique : RJF 11/2012, n°1084

CJUE, 2e ch., 12 juil. 2012, aff. C-263/11, *Ainārs Rēdlihs* : *RJF* 12/2012, n°1176

CJUE, 2e ch., 12 juil. 2012, aff. C-284/11, *EMS-Bulgaria Transport OOD* : *RJF* 11/2012, n°1093

CJUE, 1ère ch., 12 juil. 2012, aff. C-269/09, *Commission c/ Espagne* : *RJF* 12/2012, n°1172

CJUE, gde ch., 19 juil. 2012, aff. C-591/10, *Littlewoods Retails Ltd and other e. a.* : *RJF* 11/2012, n°1082 ; Europe 2012, comm. 364, obs. M. LARCHE

CJUE, 5e ch., 18 oct. 2012, aff. C-603/10, *Pelati* : *RJF* 1/2013, n°125

CJUE, 4e ch., 8 nov. 2012, aff. C-342/10, *Commission c/ Finlande : RJF* 2/2013, n°240

CJUE, gde ch., 13 nov. 2012, aff. C-35/11, *Test Claimants in the FII Group Litigation* :*Europe* 2013, comm. 27, note A.-L. MOSBRUCKER.

CJUE, 1ère ch., 19 déc. 2012, aff. C-207/11, *3D I* : *RJF* 3/2013, n°376

CJUE, 3e ch., 31 janv. 2013, aff. C-642/11, *Stroy trans EOOD* et aff. C-643/11, *LVK – 56 EOOD* : *DF* 2013, n°7, act. 93 ; *RJF* 4/2013, n°451 ; *Europe* 2013, comm. 142, note A.-L. MOSBRUCKER. – V. Y. SERANDOUR, « TVA et irrégularités de forme au sein de l'UE : illustration récentes » : *DF* 2013, n°41, étude 464

CJUE, gde ch., 26 fév. 2013, aff. C-617/10, *Aklagaren c/ Hans Akerberg Fransson* : *DF* 2013, n°40, comm. 460, note C. BROKELIND ; *RJF* 6/2013, n°681; *JCP G* 2013, 312, obs. F. PICOD ; *Europe* 2013, comm. 154, obs. D. SIMON ; *AJP* 2013 p. 270, obs. C. COPAIN ; *RTD eur.* 2013, p. 267, note D. RITLENG ; *AJDA* 2013, 1154, chron. M. AUBERT, E. BROUSSY et H. CASSAGNABERE ; *RFDA* 2013, 1231, chron. C. MAYEUR-CARPENTIER, L. CLEMENT-WILZ et F. MARTUCCI ; *RTD civ.* 2014, 312, obs. L. USUNIER. – V. L. BERNARDEAU et O. PEIFFERT, « Jurisprudence de la CJUE : fiscalité directe (janv./juin 2013) » : *DF* 2013, n°36, chron. 396, n°3 à 6

CJUE, 1ère ch., 28 fév. 2013, aff. C-544/11, *Helga Petersen et Petersen c/ Finanzamt Ludwigshafen : RJF* 6/2013, n°676 ; *Europe* 2013, comm. 168, note V. MICHEL

CJUE, 3e ch. 18 avr. 2013, aff. C-565/11, Mariana Irimie c/ Administraţia Fianţelor Publice Sibiu et Asministraţia Fondului pentru Mediu : RJF 2/2013, n°787

CJUE, 2e ch., 25 avr. 2013, aff. C-64/11, *Commission c/ Espagne* : *RJF* 8-9/2013, n°886

CJUE, 8e ch., 20 juin 2013, aff. C-259/12, Teritorialna direktsia na Natsionalnata agentsia za prihodite – Plovdiv : RJF 11/2013, n°1106

CJUE, 3e ch., 27 juin 2013, aff. C-93/12, *ET Agrokonsulting-04-Velko Stoyanov : Europe* 2013, comm. 332, note F. GAZIN

CJUE, 3e ch., 18 juil. 2013, aff. C-261/11, *Commission c/ Danemark* : *RJF* 8-9/2013, n°895 ; *Europe* 2013, comm. 400, obs. V. MICHEL ;.

CJUE, 4e ch., 3 oct. 2013, aff. C-282/12, *Itelcar – Automóveis de Aluguer Lda c/ Fazenda Pública* : *RJF* 12/2013, n°1186

CJUE, 3e ch., 17 oct. 2013, aff. C-181/12, *Yvon Welte* : *DF* 2014, n°4, comm. 91, concl. P. MENGOZZI, note A. MAITROT DE LA MOTTE ; *RJF* 1/2014, n°106

CJUE, 1ère ch., 7 nov. 2013, aff. C-322/11, *K* : *DF* 2013, n°46, act. 604 ; *RJF* 1/2014, n°105 ; *Europe* 2014, comm. 25, obs. A.-L. MOSBRUCKER ; *EC TAX REVIEW* 2014/1 p. 56, note M.-A. PEETERMANS et M. STAES

CJUE, 3e ch., 12 déc. 2013, aff. C-362/12, Test Claimants in the Franked Investment Income Group Litigation c/ Commissioners of Inland Revenue, Commissioners for Her Majesty's Revenue and Customs : DF 2013, n°51-52, act. 668; RJF 3/2014, n°303. – V. L. BERNARDEAU et O. PEIFFERT, « Jurisprudence de la CJUE : fiscalité directe (juill./déc. 2013) » : DF 2014, n°6, chron. 150, spé. n°21 et s

CJUE, 2e ch., 19 déc. 2013, aff. C-262/12, *Vent de colère !* : *RJEP*, 2014, n°20, note H. CASSAGNABERE ; *AJDA* 2014, p. 828, note C. BOITEAU.

CJUE, 10e ch., 23 janv. 2014, aff. C-296/12, *Commission c/ Belgique* : *DF* 2014, n°5, act. 78 ; *Europe* 2014, comm. 126, note M. MEISTER ; *RJF* 4/2014, n°416

CJUE, 1ère ch., 23 janv. 2014, aff. C-164/12, *DMC Beteilungsgesellschaft mBH : DF* 2014, n°14, comm. 253, note N. de BOYNES ; *RJF* 4/2014, n°418 - – V. L. BERNARDEAU, O. PEIFFERT et F. SCHMIED, « Jurisprudence de la CJUE : fiscalité directe (avr./juin 2015) » : *DF* 2015, n°30, chron. 488

CJUE, gde ch., 1er avr. 2014, aff. C-80/12, *Felixtowe Dock and Railway Company et a.* : *DF* 2014, n°25, comm. 391, note H. CASSAGNABERE. – V. A. MAITROT DE LA MOTTE, « Les libertés européennes de circulation et les "pays tiers" » : *DF* 2014, n°25, 384 ; du même auteur, *Droit fiscal de l'Union européenne*, *op. cit.*, p. 264.

CJUE, 1ère ch., 10 avr. 2014, aff. C-190/12, Emerging Markets Series of DFA investment Trust Company c/ Dyrekto Izby Skarbowej w Bydgoszczy : RJF 10/2010, n°964

CJUE, 6e ch., 17 juil. 2014, aff. C-272/13, *Equoland Soc. Coop. Arl* : *RJF* 11/2014, n°1061

CJUE, gde ch., 17 juil. 2014, aff. C-48/13, *Nordea Bank Danmark A/S c/ Skatteministeriet* : *RJF* 11/2014, n°1057

CJUE, 5e ch., 11 sept. 2014, aff. C-527/12, *Commission c/ Allemagne* : *Europe* 2014, comm. 472, note L. IDOT

CJCE, gde ch., 15 oct. 2014, aff. C-331/13, *Ilie Nicolae Nicula* : *DF* 2014, n°43-44, act. 544 ; *Europe* 2014, comm. 510, obs. A. RIGAUX

CJUE, 8e ch., 13 nov. 2014, aff. C-112/14, *Commission c/ Royaume-Uni*, pt 23 : *RJF* 2/2015, n°166

A PARTIR DE 2015

CJCE, gde ch., 3 fév. 2015, aff C-172/13, *Commission c/ Royaume-Uni : DF* 2015, n°15 comm. 263, note J. ARDOUIN et F. SICARD ; *RJF* 4/2015, n°373

CJUE, gde ch., 24 fév. 2015, aff. C-512/13, *C.G. Sopora c/ Staatssecretaris van Financiën* : *RJF* 5/2015, n°44

CJUE, 3e ch., 16 avr. 2015, aff. C-591/13, Commission c/ Allemagne : *RJF* 7/2015, n°661 ; *Europe* 2015, comm. 230, obs. A.-L. MOSBRUCKER

CJUE, 3e ch., 21 mai 2015, aff.C-657/13, *Verder LabTe GmbH & Co. KG c/ Finanzamt Hildenc* : *DF* 2015, n°22, act. 329 ; *RJF* 8-9/2015, n°743 ; *Dr. sociétés* 2015, comm. 162, note J.-L. PIERRE ; *Europe* 2015, comm. 263, obs. A.-L. MOSBRUCKER. – V. L. BERNARDEAU, O. PEIFFERT et F. SCHMIED, « Jurisprudence de la CJUE : fiscalité directe (avr./juin 2015) » : *DF* 2015, n°30, chron. 488

CJUE, 7e ch., 9 juil. 2015, aff. C-183/14, *Radu Florin Salomie et Nicolae Vasile Oltean c/ Roumanie* : *RJF* 12/2015, n°979

CJUE, 2e ch., 2 sept. 2015, aff. C-386/14, *Groupe Steria SCA : DF* 2015, n°38, act. 515, obs. F. LAFFAILLE ; *ibid.*, n°40, comm. 611, note M.-P. HÔO et C. MAIGNAN ; *RJF* 11/2015, n°972; *Dr. sociétés* 2015, comm. 207, obs. J.-L. PIERRE ; *JCP E* 2015, 1460, obs. F. LAFFAILLE ; *Dr. sociétés* 2015, comm. 207, obs. J.-L. PIERRE. – V. L. BERNARDEAU, O. PEIFFERT et F. SCHMIED, « Jurisprudence de la CJUE : fiscalité directe (juill./sept. 2015) » : *DF* 2015, n°43-44, chron. 647, n°23 à 29 et 38 et s

CJUE, 3e ch., 17 déc. 2015, aff. C-419/14, *WebMindLicenses Kft c/ Nemzeti Adó-és Vámhivatal Kiemelt Adó- és Vám Főigazgatóság* : *Europe* 2016, comm. 37, note D. SIMON ; *RTD eur.* 2017, p. 361, note F. BENOÎT-ROHMER

CJUE, 3e ch., 17 déc. 2015, aff. C-388/14, *Timac Agro Deutschland GmbH c/ Finanzamt Sankt Augustin*: *DF* 2016, n°2, act. 28; *RJF* 3/2016, n°305

CJUE, 6e ch., 4 fév. 2016, aff. C-194/15, *Baudinet et a. c/ Agenzia delle Entrate* : *RJF* 5/2016, n°496 ; *RTD eur.* 2017, 147, chron. A. MAITROT DE LA MOTTE

CJUE, 1ère ch., 26 fév. 2015, aff. C-623/13, *min. c/ de Ruyter*, concl. E. SHARPSTON : *DF* 2015, n°10, act. 144 et act. 124, note S. QUILICI

CJUE, 4e ch., 26 avr. 2017, aff. C-564/15, *Tibor Farkas* : *DF* 2017, n°20, act. 295 ; *RJF* 7/2017, n°765

CJUE, 7e ch., 26 mai 2016, aff. C-244/15, *Commission c/ Grèce* : *RJF* 8-9/2016, n°773

CJUE, 16e ch., 2 juin 2016, aff. C-81/15, *Kapnoviomichania Karelia* : *Europe* 2016, comm. 298, obs. S. CAZET

CJUE, 2e ch., 30 juin 2016, aff. C-123/15, *Max-Heinz Feilen c/ Finanzamt Fulda* : *RJF* 10/2016, n°908

CJUE, 2e ch., 30 juin 2016, aff. C-288/14, Silvia Ciup c/ Administraţia Judeţeană a Finanţelo Publice Timiş – Direcţia Generală Regională a Finanţelor Public Timişoara : RJF 10/2016, n°906

CJUE, gde ch., 21 déc. 2016, aff. C-203/15 et C-698/15, *Tele2 Sverige et Watson e.a.* : *AJDA* 2016, 2466 ; *ibid.* 2017, 1106, chron. E. BROUSSY, H. CASSAGNABERE,

C. GÄNSER et P. BONNEVILLE ; *RTD eur.* 2017, 884, obs. M. BENLOLO CARABOT ; *Rev. UE* 2017, 178, étude F.-X. BRECHOT ; *JCP* 2017, 1897, note D. BERLIN ; *Europe* 2017, n°2, comm. 2, F. GAZIN

CJUE gde ch., 21 déc. 2016, aff. C-20/15P et C-21/15P, *Commission c/ World Duty Free Group SA, Banco Santander SA, Santusa Holding SL* : *DF* 2017, comm. 373, note A. MAITROT DE LA MOTTE ; *RJF* 4/2017 et étude de H. CASSAGNABERE, p. 440 – V. également, F. SICARD, « Quand la sélectivité n'est plus sélective, ou le nécessaire rééquilibrage des critères des aides d'État » : *DF* 2017, comm. 367

CJUE, 1ère ch., 9 fév. 2017, aff. C-283/15, *X c/ Staatssecretaris van Financiën* : *RJF* 4/2017, n°395.

CJUE, 1ère ch., 8 mars 2017, aff. C-14/16, *Euro Park Service : DF* 2017, n°20, comm. 306, note N. DE BOYNES

CJUE, 7e ch., 16 mars 2017, aff. C-211/16, Bimotor SpA c/ Agenzia delle Entrate – Direzione Provinciale II di Torino : RJF 6/2017, n°649

CJUE, 10e ch., 22 mars 2017, aff. jtes C-497/15 et C-498/15, *Euro-Team : DF* 2017, n°13, act. 215 ; *Europe* 2017, comm. 187, note E. DANIEL

CJUE, 4e ch., 5 avr. 2017, aff. C-217/15 et C-350/15, *Massimo Orsi et Luciano Baldetti* : *DF* 2017, n°20, comm. 307, note N. GUILLAND ; *JCP G* 2017, 506, obs. D. BERLIN ;

CJUE, 7e ch., 4 mai 2017, aff. C-98/16 (1ère esp.), *Commission c/ Grèce* : *RJF* 7/2017, n°759

CJUE, gde ch., 16 mai 2017, aff. C-682/15, *SA de droit luxembourgeois Berlioz Investment SA* : *AJDA* 2017, p. 1081, note M. GAUTHIER-MELLERAY. – V. J. TUROT, « L'assistance administrative internationale a trouvé ses juges – A propos de l'arrêt Berlioz de la CJUE » : *DF* 2017, n°42, étude 506.

CJUE, 1ère ch., 17 mai 2017, aff.C-68/15, *X c/ Ministerraad (1ère espèce)* : *RJF* 9/2017, n°892 et899 ; *RTD eur.* 2018, 480, chron. A. MAITROT DE LA MOTTE

CJUE, 5e ch., 8 juin 2017, aff. C-580/15, *Van der Weegen et Pot c/ Belgique* : *RJF* 11/2017, n°1140 ; *Europe* 2017, comm. 308, note S. CAZET

CJUE, 9e ch., 14 juin 2017, aff. C-26/16, Santogal M-Comércio e Reparação de Automóveis Lda c/ Autoridade Tributária e Aduaneira : RJF 10/2017, n°1009

CJUE, 10e ch., 22 juin 2017, aff. C-20/16, *Bechtel c/ Finanzamt Offenburg* : *Europe* 2017, comm. 305, note L. DRIGUEZ

CJUE, 6e ch., 7 sept. 2017, aff. C-6/16, *Eqiom SAS et Enka SA c/ France* : *RJF* 11/2017, n°1145 ; *FR* 36/17, inf. 4 p. 7 ;

CJUE, gde ch., 12 sept. 2017, aff. C-648/15, *Autriche c/ Allemagne* : *DF* 2017, n°38, act. 507 ; *RJF* 2/2018, n°233

CJUE, 2e ch., 14 sept. 2017, aff. C-628/15, The Trustees of the BT Pension Scheme c/ Commissioners for Her Majesty's Revenue and Customs : RTD eur. 2018, 479, chron. A. MAITROT DE LA MOTTE ;

CJUE, gde ch., 19 sept. 2017, aff. C-552/15, *Commission c/ Irlande* : *RTD eur.* 2018, 480, chron. A. MAITROT DE LA MOTTE

CJUE, 2e ch., 27 sept. 2017, aff. C-73/16, *Peter Puškár c/ Finančné riaditeľstvo Slovenskej republiky, Kriminálny úrad finančnej správy* : *JCP* 2017, 1897, note D. BERLIN ; *RTD eur.* 2018, 461, obs. F. BENOÎT-ROHMER

CJUE, 9e ch., 26 oct. 2017, aff. C-534/16, Finančné riaditel'stvo Slovenskej republiky c/ BB Construct s.r.o. : RJF 1/2018, n°128

CJUE, 4e ch., 22 nov. 2017, aff. C-251/16, *Edward Cussens, John Jennings, Vincent Kingston c/ T.G. Brosnan* : *RJF* 2/2018, n°237 ; *Europe* 2018, comm. 2, note D. SIMON

CJUE, 1ère ch., 23 nov. 2017, aff. C-292/16, *A Oy* : *DF* 2017, n°50, act. 675 ; *RTD eur.* 2018, 479, chron. A. MAITROT DE LA MOTTE

CJUE, gde ch., 5 déc. 2017, aff. C-42/17, *M.A.S. et M.B.* : *DF* 2017, n°50, act. 671 ; *RJF* 2/2018, n°234

CJUE, 20 déc. 2017, aff. C-504/16 et C-613/16 (4e esp.), Deister Holding AG, anciennement Traxx Investments NV et Juhler Holding A/S c/ Bundesznetralamt für Steuern : RJF 11/2018, n°1195

CJUE, 2e ch., 20 déc. 2017, aff. C-500/16, *Caterpillar Financial Services sp. z o.o.* : *RJF* 3/2018, n°329.

CJUE, gde ch., 20 mars 2018, aff. C-524/15, *Menci* : *DF* 2018, n°14, act. 139, note M. PELLETIER ; *ibid.*, n°21, comm. 285, note N. GUILLAND ; *RJF* 6/2018, n°704 ; *Dr. pénal* 2018, n°5, comm. 95, note V. PELTIER

CJUE, 9e ch., 26 avr. 2018, aff. C-81/17, *Zabrus Siret SRL* : *RJF* 7/2018, n°814

CJUE, gde ch., 2 mai 2018, aff. C-574/15, *Mauro Scialdone* : *RJF* 7/2018, n°815

CJUE, gde ch., 12 juin 2018, aff. C-650/16, *A/S Bevola, Jens W. Trock ApS c/ Skatteministeriet* : *RJF* 11/2018, n°1084 et n°1186 ; *Dr. sociétés* 2018, comm. 201, note J.-L. PIERRE

CJUE, 5e ch., 21 juin 2018, aff. C-480/16, Fidelity Funds, Fidelity Investment Finds et Fidelity Institutional Funds : RJF 10/2018, n°1048

CJUE, 7e ch., 5 juil. 2018, aff. C-320/17, *Marle Participations SARL* : ; *DF* 2018, n°39, comm. 406, note A. GROUSSET ; *RJF* 10/2018, n°1053

CJUE, gde ch., 25 juil. 2018, aff. C-135/16, *Georgsmarienhütte* : *Europe*, comm. 237 ; *JCP A* 2018, 2332, note J.-L. SAURON

CJUE, 1ère ch., 25 juil. 2018, aff. C-103/17, *Messer France* : *DF* 2018, n°36, act. 378

CJUE, 5e ch., 4 oct. 2018, aff. C-416/17, *Commission c/ France* : *DF* 2018, n°41, act. 447, note L. BERNARDEAU ; *ibid.* comm. 407, note F. LOCATELLI ; *RJF* 12/2018, n°1298 et 1299

CJUE, 6e ch., 24 oct. 2018, aff. C-602/07, *Benoît Sauvage et Kristel Lejeune c/ Belgique* : *DF* 2018, n°47, act. 506

CJUE, gde ch., 6 nov. 2018, aff. C-622 à 624/16 P, *Scuola Elementare Maria Montessori c/ Commission* : *JCP A* 2018, 2332, note J.-L. SAURON ; *JCP G* 2018, n°46, 1189, note D. BERLIN

CJUE, 5e ch., 11 nov. 2018, aff. C-575/17, *Sofina SA, Rebelco SA, Sidro SA* : *DF* 2018, n°49, act. 532

CJUE, 4e ch., 21 nov. 2018, aff. C-648/16, *Fortunata Silvia Fontana* : *DF* 2018, n°49, act. 528 ; *RJF* 2/2019, n°234.

CJUE, gde ch., 26 fév. 2019, aff. C-115/16, *N Luxembourg 1 et a.* : *DF* 2019, n°21, comm. 275, note N. DE BOYNES ; *RJF* 7/2019, n°613.

CJUE, gde ch., 19 juin 2019, aff. C-607/17, *Skatteverket c/ Memira Holding AB* et aff. C. 608/17, *Skatteverket c/ Holmen AB* : *RJF* 10/2019, n°992 et 993 ; *FR Lefebvre* 34/2019, note V. RENOUX

COMMISSION ET COUR EUROPÉENNES DES DROITS DE L'HOMME

DE 1990 À 1999

CEDH, 26 mars 1992, n°11760/85, *Sté Éditions Périscope c/ France : RJF* 8-9/1992, n°1279

CEDH, gde ch., 25 fév. 1993, n°10828/83, *Funke c/ France* : *RJF* 8-9/1993, n°1254 ; JCP G 1993, II, 22073, note R. et A. GARNON ; D 1993, jurisp. p. 457, note J. PANNIER

CEDH, gde ch., 25 fév. 1993, n°12661/87, *Miailhe c/ France* : *RJF* 8-9/1993, n°1254

CEDH, gde ch., 25 fév. 1993, n°11471/85, *Crémieux c/ France* : *RJF* 8-9/1993, n°1254

Comm. EDH, 6 avr. 1994, n°18978/91, *Miailhe* : *RJF* 7/1995, n°936

CEDH, 24 fév. 1994, n°3/1993/398/476, *Bendenoun c/ France* : *DF* 1994, n°21-22, étude 100027, étude J.-P. LE GALL et L. GÉRARD *;* *RJF* 4/1994, n°503 et 6/1994 p. 383, chron. G. GOULARD ;; *AJDA* 1994 p. 512, chron. J.-F. FLAUSS ; *JCP G* 1995, II, n°22372, note S.N. FROMMEL ; *LPA* 1994, n°56, p. 21 s, note J.-F. FLAUSS.

CEDH, 22 sept. 1994, n°23/1993/418/497, *Hentrich c/ France : RJF* 1/1995, n°131 ;*GAJF*, éd. Dalloz, 2009, 5e éd., n°5

CEDH, 23 fév. 1995, n°15375/89, Gasus Dosier- und Fördertechnik GmBH c/ Pays-Bas : RJF 7/1995, n°937

CEDH, 26 sept. 1996, n°18978/91, *Miailhe c/ France (n°2)* : *RJF* 11/1996, n°1375

CEDH, 15 nov. 1996, n°17862/91, *Cantoni c/France* : *Dr. pén.* 1997, comm. 11, obs. J.-H. ROBERT

CEDH, gde ch., 17 déc. 1996, n°19187/91, *Saunders c/ Royaume-Uni* : *JCP G* 1997, I, 4000, chron. F. SUDRE

CEDH, 23 oct. 1997, n°117/1996/736/933 à 935, *National & Provincial Building Society e. a. c/ Royaume-Uni* : *RJF* 12/1997, n°1215

CEDH, 23 fév. 1995, n°15375/89, Gasus Dosier- und Fördertechnik GmBH c/ Pays-Bas : RJF 7/1995, n°937

CEDH 21 janv. 1999, n°29183/95, *Fressoz et Roire c/ France* : *JCP G* 1999, II, 10120, note E. DERIEUX

CEDH, 3e sect., 5 oct. 1999, n°43604/98, *Gantzer c/ France* : *RJF* 4/2000, n°590

CEDH, 29 août 1997, n°75/1996/684/886, *EL, RL et JOL c/ Suisse* et n°71/1996/690/882, *AP, MP et TP c/ Suisse* : *RJF* 11/1997, n°1097

CEDH, 27 mars 1998, n°21351/93, *J.J. c/ Pays-Bas* : *RJF* 10/1998, n°1239.

Comm. EDH, 29 juin 1998, n°36118/97, *Taddei* : *RJF* 3/1999, n°366

CEDH, 14 sept. 1999, n°36855/97 et n°41731/98, *Ponsetti et Chesnel c/ France* : *RJF* 3/2000, n°443

CEDH, 23 sept. 1998, n°68/1997/852/1059, *Malige c/ France* : *RJF* 11/1998, n°1384 ; *RDP* 1999, p. 883 et s., note F. SUDRE

CEDH, 5 oct. 1999, n°43.604/98, *Gantzer c/ France* : *RJF* 4/2000, n°590

DE 2000 À 2009

CEDH, 3e sect., 11 janv. 2000, n°41544/98, *Le Meignen c/ France* : *RJF* 3/2001, n°426

CEDH, 2e sect., 3 mai 2001, n°31827/96, *J.B c/ Suisse* : *RJF* 12/2001, n°1618

CEDH, gde ch., 12 juil. 2001, n°44759/98, *Ferrazzini c./ Italie* : *DF* 2002, n°10, comm. 187 ; *RJF* 1/2002, n°128, et p. 3, chron. J. MAÏA *; JCP G* 2002, I, 105, chron. F. SUDRE. – V. L. GÉRARD, « Sur l'applicabilité de l'article 6, volet civil, de la convention européenne des droits de l'homme aux contentieux fiscaux (A propos de l'arrêt CEDH, 12 juil. 2001, Ferrazzini c./ Italie » : *DF* 2002, n°10, étude 9 ; E. de CROUY-CHANEL, « L'arrêt Ferrazzini de la Cour européenne des Droits de l'Homme (CEDH, 12 juil. 2001) : réflexions sur la singularité du droit public » : *RRJ* 2003, p. 1493 et s.

CEDH, 3e sect., 8 janv. 2002, n°51578/99, *Keslassy c/ France : DF* 2002, n°36, comm. 651 ; *RJF* 5/2002, n°597

CEDH, 3e sect., 16 avr. 2002, n°36677/97, *Dangeville c/ France* : *RJF* 7/2002, n°889

CEDH, 1ère sect., 23 juil. 2002, n°34619/97, *Janosevic c/ Suède* : *RJF* 11/2002, n°1340

CEDH, 2e sect., 15 oct. 2002, n°52116/99, *Vieziez c/ France* : *RJF* 1/2003, n°136

CEDH, 2e sect., 3 déc. 2002, n°52938/99, *Mieg de Boofzheim* :*RJF* 5/2003, n°663

CEDH, 2e sect., 3 juin 2003, n°54559/00, *Morel c/ France* : *RJF* 11/2003, n°1337

CEDH, 1ère sect., 3 juil. 2003, n°38746/97, *Buffalo Srl en liquidation c/ Italie* : *RJF* 2003, n°1476

CEDH, 2e sect, 19 oct. 2004, n°58867/00, Caisse régionale de crédit agricole mutuel Nord de France c/ France : RJF 2/2005, n°209

CEDH, 1ère sect., 9 déc. 2004, n°41872/98, *Van Rossem c/ Belgique* : *Europe* 2005, comm. 113, note N. DEFFAINS

CEDH, 2e sect., 14 fév. 2006, n°67847/01, *Lecarpentier et a.* : *JCP G* 2006, II, 10171 ; *RJDA* 11/2006, n°1193

CEDH, gde ch., 23 nov. 2006, n°73053/01, *Jussila c/ Finlande : DF* 2007, n°46, comm. 956, note E. J. VAN BRUSTEM *;* *RJF* 4/2007, n°527. – V. L. AYRAULT, « Droit fiscal répressif » : *DF* 2007, suppl. au n°25, chron. 632.

CEDH, 1ère sect., 25 janv. 2007, n°70160/01, *Aon conseil et Courtage S.A. et autres c/ France : DF* 2007, n°27, étude 699, J. TUROT ; *ibid.* , n°38, comm. 852 ; *RJF* 2007, n°1001 ; *Procédures* 2007, comm. 101, note J.-L. PIERRE.

CEDH, 3e sect., 4 janv. 2008, n°25834/05 et 27815/05, *Imbert de Trémiolles* : *DF* 2008, n°15, comm. 264, note E. J. VAN BRUSTEM ; *RJF* 5/2008, n°615.

CEDH, 3e sect., 21 fév. 2008, n°18497/03, *Ravon c/ France* : *DF* 2008, n°12, comm. 227, note D. RAVON et C. LOUIT ; *RJF* 5/2008, n°571 et p. 454, étude B. HATOUX ; *RJF* 6/2008, p. 552, étude B. HATOUX

CEDH, 5e sect., 24 juil. 2008, n°18603/03, *André et a. c/ France : DF* 2008, n°43, comm. 552, note C. LOUIT. – V. également M. COLLET, « Visite domiciliaire et droit de l'homme : le point de vue du fiscaliste », in P. TAVERNIER (dir.), La France et la Cour européenne des droits de l'Homme, la jurisprudence en 2008, éd. Bruylant, 2010, p. 146 et s.

CEDH, 5e sect., 16 oct. 2008, n°1044/03, *Maschino c/ France : DF* 2008, n°49, comm. 611, note C. LOUIT ; *RJF* 2/2009, n°137

CEDH, 5e sect., 9 déc. 2008, n°31050/06, *SCI Parc de Vallauris c/ France*. – V. E. J. VAN BRUSTEM, « Les lois rétroactives et la Convention EDH. À la recherche de l'équilibre entre l'espérance légitime du contribuable et l'ingérence du législateur en raison d'impérieux motifs d'intérêt général » : *DF* 2009, n°25, étude 373

CEDH, 1ère sect., 26 fév. 2009, n°28336/02, *Grifthorst c/ France : JCP G* 2009, II, 10075, note J. PANNIER ; *RSC* 2009, p. 597, obs. H. MATSOPOULOU

CEDH, 5e sect., 19 mai 2009, n°43387/05, *SA LPG Finance Industrie c/ France* : *RJF* 2/2010, n°142

CEDH, 5e sect., 23 juil. 2009, n°30345/05, *Joubert c/ France* : *DF* 2009, n°38, comm. 474, note E. J. VAN BRUSTEM ; *RJF* 11/2009, n°1041 ; *Procédures* 2009, comm. 315, note N. FRICERO ; *ibid.* comm. 345, note L. AYRAULT ; *JCP A* 2009, 2268, note B. PACTEAU : *JCP E* 2010, 1249, chron. E. MEIER et R. TORLET. – V. L.

AYRAULT, *Droit fiscal européen des droits de l'homme : l'année 2009* : *DF* 2010, n°8-9, étude 209, n°16 et s.

CEDH, gr. ch., 17 sept. 2009, n°10249/03, *Scoppola c/ Italie* : *JCP G* 2010, p. 61, note F. SUDRE

A PARTIR 2010

CEDH, 5e sect., 11 mai 2010, n°11898/05, *M. Versini c/ France : DF* 2010, n°26, comm. 391, note L. AYRAULT ; *RJF* 8-9/2010, n°870

CEDH, 5e sect., 7 déc. 2010, n°16759/08, *EURL Auto-espace et a. c/ France*. – V. L. AYRAULT, « Droit fiscal européen des droits de l'homme : chronique de l'année 2010 » : *DF* 2011, n°9, étude 240, n°3.

CEDH, 9 nov. 2010, n°29437/08, *Sté Provitel Saint-Georges et J. Emery c/ France*. – V. L. AYRAULT, « Droit fiscal européen des droits de l'homme : chronique de l'année 2010 » : *DF* 2011, n°9, étude 240, n°3.

CEDH, 5e sect., 21 déc. 2010, n°29408/08, *Sté Canal plus et a. c/ France*. – V. L. AYRAULT, « Droit fiscal européen des droits de l'homme : chronique de l'année 2010 » : *DF* 2011, n°11, chron. 240

CEDH, 5e sect., 17 fév. 2011, n°12884/03, *Wasmuth c/ Allemagne* : *JCP G* 2011, 317, obs. M. LEVINET. – V. L. AYRAULT, « Droit fiscal européen des droits de l'homme : chronique de l'année 2011 » : *DF* 2012, n°9, chron. 166

CEDH, 2e sect., 11 oct. 2011, n°48225/08, *Beires Côrte-Real c/ Portugal*. – V. L. AYRAULT, « Droit fiscal européen des droits de l'homme : chronique de l'année 2011 » : *DF* 2012, n°9, étude 166, n°3 et s

CEDH, 5e sect., 5 avr. 2012, n°11663/04, *Chambaz c/ Suisse* : *JCP G* 2012, 924, obs. F. SUDRE, n°8. – V. L. AYRAULT, « Droit fiscal européen des droits de l'homme : chronique de l'année 2012 », *DF* 2012, n°9, étude 166 ; D. GUTMANN, « La portée de l'article 6 de la Convention des droits de l'homme en matière fiscale » : *DF* 2016, n°38, étude 501, spé. n°8.

CEDH, 5e sect., 10 mai 2012, n°26219/08, *Jean-Louis Magnin c/ France* : *Procédures* 2012, n°218, note N. FRICERO

CEDH, 5e sect., 7 juin 2012, n°4837/06, *Segame c/ France : DF* 2012, n°29, comm. 387, note L. AYRAULT *;* *RJF* 8-9/2012, n°888, et p. 699, chron. E. BOKDAM-TOGNETTI ; *FR Lefebvre* 31/12, inf. 5 p. 12 et inf. 34 p. 33, note Bernard HATOUX ; *JCP E* 2012, 922, note L. MILANO. – V. L. AYRAULT, « Droit fiscal européen des droits de l'homme : chronique de l'année 2012 » : *DF* 2013, n°9, chron. 177.

CEDH, 1ère sect., 14 mars 2013, n°24117/08, *Sté Bernh Larsen Holding c/ Norvège*. – V. L. AYRAULT, « Droit fiscal européen des droits de l'homme : chronique de l'année 2010 » : *DF* 2011, n°11, chron. 240

CEDH, 2e sect., 14 mai 2013, n°66529/11, *N.K.M. c/ Hongrie*. – V. L. AYRAULT, « Droit fiscal européen des droits de l'homme : chronique de l'année 2013 » : *DF* 2014, n°10, chron. 201, n°60.

CEDH, 5e sect., 18 avr. 2013, n°26419/10, *Saint-Paul Luxembourg SA c/ Luxembourg* : *D* 2013, 1066

CEDH, 2e sect., 2 juil. 2013, n°41838/11, *R.Sz c/ Hongrie*. – V. L. AYRAULT, « Droit fiscal européen des droits de l'homme : chronique de l'année 2013 » : *DF* 2014, n°10, chron. 201

CEDH, 2e sect., 4 mars 2014, n°18640/10, n°18647/10, n°18668/10 et n°18698/10, *Stevens et a. c./ Italie* : *Dr. sociétés* 2014, comm. 87, note S. TORCK ; *RJF* 7/2014, n°750 ; *RSC* 2014, p. 110, obs. F. STASIAK. – V. M. PELLETIER, « La résurrection du principe *non bis in idem* ? »: *DF* 2014, n°19, act. 276

CEDH, 5e sect., 2 avr. 2015, n°63629/10 et 63567/10, *Vinci construction et GTM Génie civil et Services c/ France* : *Procédures* 2015, comm. 213, note L. AYRAULT.

CEDH, 5e sect., 1er sept. 2016, n°48158/11, *X et Y c/ France* : *LPA* 9 sept. 2016, p. 4, obs. J.-P. PONS-HENRY

CEDH, gde ch., 15 nov. 2016, n°24130/11 et n°29758/11, *A et B c./Norvège* : *DF* 2016, n°47, comm. 603, note M. PELLETIER ; *JCP G* 2017, n°7-8, 183, note O. DECIMA

CEDH, 3e sect., 14 nov. 2017, n°46184/16, P. Plaisier B.V et a. c/ Pays-Bas : *RJF* 4/2018, n°458.

CEDH, 1er mars 2018, n°76186/11, *Chessa c/ France* – V. M. GUILLAUME, « Question prioritaire de constitutionnalité et Convention européenne des droits de l'homme : *Nouv. Cah. Const. const.*, 2011, n°32 – accessible en ligne

INDEX

De 1 à 782, tome 1 ; de 783 à 1424, tome 2

TABLE DES MATIÈRES

Structures éditoriales du groupe L'Harmattan

L'Harmattan Italie
Via degli Artisti, 15
10124 Torino
harmattan.italia@gmail.com

L'Harmattan Hongrie
Kossuth l. u. 14-16.
1053 Budapest
harmattan@harmattan.hu

L'Harmattan Sénégal
10 VDN en face Mermoz
BP 45034 Dakar-Fann
senharmattan@gmail.com

L'Harmattan Cameroun
TSINGA/FECAFOOT
BP 11486 Yaoundé
inkoukam@gmail.com

L'Harmattan Burkina Faso
Achille Somé – tengnule@hotmail.fr

L'Harmattan Guinée
Almamya, rue KA 028 OKB Agency
BP 3470 Conakry
harmattanguinee@yahoo.fr

L'Harmattan RDC
185, avenue Nyangwe
Commune de Lingwala – Kinshasa
matangilamusadila@yahoo.fr

L'Harmattan Congo
219, avenue Nelson Mandela
BP 2874 Brazzaville
harmattan.congo@yahoo.fr

L'Harmattan Mali
ACI 2000 - Immeuble Mgr Jean Marie Cisse
Bureau 10
BP 145 Bamako-Mali
mali@harmattan.fr

L'Harmattan Togo
Djidjole – Lomé
Maison Amela
face EPP BATOME
ddamela@aol.com

L'Harmattan Côte d'Ivoire
Résidence Karl – Cité des Arts
Abidjan-Cocody
03 BP 1588 Abidjan
espace_harmattan.ci@hotmail.fr

Nos librairies en France

Librairie internationale
16, rue des Écoles
75005 Paris
librairie.internationale@harmattan.fr
01 40 46 79 11
www.librairieharmattan.com

Librairie des savoirs
21, rue des Écoles
75005 Paris
librairie.sh@harmattan.fr
01 46 34 13 71
www.librairieharmattansh.com

Librairie Le Lucernaire
53, rue Notre-Dame-des-Champs
75006 Paris
librairie@lucernaire.fr
01 42 22 67 13

www.ingramcontent.com/pod-product-compliance
Lightning Source LLC
LaVergne TN
LVHW011223061026
849535LV00001BA/145